Die zentralbankpolitische Diskussion
des Maastrichter Vertrags
in Frankreich, Italien und Deutschland

Europäische Hochschulschriften

Publications Universitaires Européennes

European University Studies

Reihe V

Volks- und Betriebswirtschaft

Série V Series V

Sciences économiques, gestion d'entreprise

Economics and Management

Bd./Vol. 2708

PETER LANG

Frankfurt am Main · Berlin · Bern · Bruxelles · New York · Oxford · Wien

Silke Tönshoff

Die zentralbankpolitische Diskussion des Maastrichter Vertrags in Frankreich, Italien und Deutschland

Eine komparative Analyse

PETER LANG
Europäischer Verlag der Wissenschaften

Die Deutsche Bibliothek - CIP-Einheitsaufnahme

Tönshoff, Silke:

Die zentralbankpolitische Diskussion des Maastrichter Vertrags in Frankreich, Italien und Deutschland : eine komparative Analyse / Silke Tönshoff. - Frankfurt am Main ; Berlin ; Bern ; Bruxelles ; New York ; Oxford ; Wien : Lang, 2001
(Europäische Hochschulschriften : Reihe 5, Volks- und Betriebswirtschaft ; Bd. 2708)
Zugl.: Hannover, Univ., Diss., 2000
ISBN 3-631-37432-1

D 89
ISSN 0531-7339
ISBN 3-631-37432-1

Meinen Eltern

Geleitwort

Vor mehr als 150 Jahren schrieb John Stuart Mill in The Principles of Political Economy: „So much of barbarism, however, still remains in the transactions of most civilised nations, that almost all independent countries choose to assert their nationality by having, to their own inconvenience and that of their neighbours, a peculiar currency of their own" (1848, Band 2, Seite 176). Der große Denker brachte seine grimmige Verwunderung in einer Zeit zum Ausdruck, da Großbritannien soeben den modernen Goldstandard geschaffen, das Geld souveräner Willkür entrissen und statt dessen an einen natürlichen Anker gelegt hatte. Der Abschied von nationalen Eigentümlichkeiten blieb, wie Mill bezeugt, halbherzig; der victorianische Kult der splendid isolation kündigte sich bereits an. - Bis heute hätte John Stuart Mill guten Grund, seinen Tadel in gleiche Worte fassen! Doch immerhin elf europäische Nationen sprangen gerade noch rechtzeitig vor der Wende zum zweiten Jahrtausend über ihren Schatten: Sie haben den Euro zur gemeinsamen, einheitlichen Währung gekürt. Beobachter vom Schlage Mills könnten höchstens bemängeln, daß eine Seite der Münzen unverwandt in nationaler Symbolik schwelgt.

La fin de siècle verblüfft angesichts des geistes- und realgeschichtlichen Hintergrunds und ist dazu angetan, Hoffnungen auf das Erwachen eines versöhnlichen Geistes in Zentraleuropa zu setzen. Darum kommt der stattliche Beitrag von Frau Silke Tönshoff zur rechten Zeit. Er ist das Protokoll einer sorgfältigen Spurensuche: Wie kam es zur Entnationalisierung des Geldes?

Zu Zeiten des Bretton Woods-Systems schien Entnationalisierung nicht erstrebenswert, aber auch gar nicht möglich zu sein. Nach Verblassen des Ideals einer integralen Weltwährungsordnung fand sie nicht einmal im engeren europäischen Haus eine Heimstatt, obwohl der Gemeinsame Markt von den Währungsturbulenzen ernsthaft bedroht war. Erst das 1979 errichtete Europäische Währungssystem zwang zu klaren Entscheidungen. Die List der Geschichte schuf eine prekäre Aufgabenverteilung: Die Deutsche Bundesbank sorgte für die Stabilität des Geldwertes in Deutschland, die übrigen nationalen Zentralbanken des EWS mußten sich die Stabilität der Wechselkurse ihrer Währungen gegenüber der Deutschen Mark angelegen sein lassen. Notfalls war kostspielig zu intervenieren; es lief auf Refinanzierung bei der widerstrebenden Bundesbank hinaus. Selbst die Nationen, welche im Geiste Jean Bodins die eigenständige Währung als wertvolle Spange ihres Souveränitätspanzers schätzten, mußten sich bald eingestehen, daß es ihrem Nationalgefühl vielleicht besser bekäme, das Währungszepter einer gemeinsam errichteten Europäischen Zentralbank zu überantworten, als der autonomen Deutschen Bundesbank ausgeliefert zu sein.

Frau Tönshoff schreckte nicht davor zurück, in den Dschungel der öffentlichen Bekundungen, der heimlichen Motive und taktischen Winkelzüge einzudringen. Sie kartographisierte Spuren zur Entnationalisierung des Geldes in drei geistigen Landstrichen, die unterschiedlicher nicht sein konnten: Deutschland, Frankreich und Italien. Das Resultat ist bemerkenswert. In Deutschland wurden juristische Klingen gekreuzt, hohe Emotionen um die gute D-Mark geweckt und im Interesse der deutschen Einheit schließlich doch das Unvermeidliche getan. In Frankreich wurde mit Esprit und nationalem Elan gerungen, aber die D-Mark nüchtern für gefährlicher als der Euro eingeschätzt und das kleinere Übel gewählt. Italien verließ sich auf die Parole aus den Befreiungskriegen „Italia farà da sè" – und machte ohne viel Redens das Beste aus der Sache.

Die Besinnung auf die Antriebe der Vorleute auf dem Weg und die Kommentare der Zuschauer am Rande des Weges zur Europäischen Wirtschafts- und Währungsunion wird notwendig werden, wenn vielleicht einmal Zeiten der Verunsicherung kommen. Die einen oder anderen Europäer könnten dann nicht mehr wahrhaben wollen, daß in einer weltgeschichtlichen Sternstunde mit Brief und Siegel beschworen wurde: „Dieser Vertrag gilt auf unbegrenzte Zeit". Das Werk von Frau Tönshoff könnte bei solchen Fährnissen eine hilfreich Erinnerungsstütze bilden.

Hannover, im April 2000

Universitätsprofessor Dr. Friedrich Geigant

Vorwort

Diese Arbeit entstand zu einem großen Teil während meiner Tätigkeit als Unternehmensberaterin, die durch Studienaufenthalte in Italien und Frankreich im Rahmen eines Forschungsjahres unterbrochen wurde. Während meiner Forschungstätigkeit veränderten sich die Zentralbankgesetzgebungen. Dass diese Arbeit dennoch zu einem guten Ergebnis gekommen ist, habe ich der Unterstützung zu verdanken, die mir von vielen Seiten zuteil geworden ist.

Meinem Doktorvater, Herrn Prof. Dr. Friedrich Geigant, möchte ich herzlich für die Geduld mit mir bei den Höhen und Tiefen der Arbeit, die durch meine gleichzeitiges starkes berufliches Engagement in einem fachfremden Gebiet entstanden, danken. Seine fachlichen Hinweise und seine Ratschläge waren mir gerade in den schwierigen Phasen sehr wertvolle Unterstützung. Herrn Prof. Dr. Lothar Hübl danke ich für die Übernahme des Koreferats. Bedanken möchte ich mich auch für die besonders freundliche Aufnahme in der Bibliothek der Banca d'Italia und an der Universität Tor Vergata, wo mir bei meinen Rom-Aufenthalten jede mögliche Unterstützung in äußerst angenehmer Atmosphäre gewährt wurde.

Die letzte Zeit der „Produktion" des druckfertigen Exemplars hätte ich ohne die unermüdliche Hilfe meines alten Freundes und Kommilitonen, Martin Floren, nicht so problemlos bewältigt. Sein polyglottes Lektorat und sein Einsatz in der Endphase waren mir eine wichtige Hilfe. Unvergessen ist mir die technische Nothilfe meines Bruders Roman kurz vor der Abgabe der Arbeit.

Axel Schmidt hat diese Arbeit erst möglich gemacht.

Berlin, März 2000 Silke Tönshoff

„(It) is a special characteristic of the art of central banking that it deals specifically with the task of an authority directly entrusted with the promotion of human welfare, human motives, human behaviour supply material so baffling, and elusive that many people are sceptical of the possibility of building a scientific edifice on so shifting a foundation. But however complex the material, and however imperfect the data, there is always an advantage to be gained from systematic thought. We may have to be satisfied with probabilities, but we can at any rate see to it that our probabilities make the most of the data we have."

(R.G. Hawtrey, The Art of Central Banking; 1932; S. vi-vii)

Inhaltsverzeichnis

Verzeichnis der Abkürzungen 23

Verzeichnis der Abbildungen 27

Verzeichnis der Tabellen 28

Teil A: Einleitung 29

1. Zielsetzung 29

1.1. Motivation und Erkenntnisinteresse 29

1.2. Gang der Untersuchung 33

1.3. Begriffliche Abgrenzung - Zentralbankpolitik und Unabhängigkeit 36

2. Souveränität und Zentralbankunabhängigkeit 38

2.1. Souveränität und Währungshoheit 38

2.2. Unabhängigkeit der Zentralbank - Das Beispiel der Deutschen Bundesbank 44

2.2.1. Die Deutsche Bundesbank und die Exekutive 44

2.2.2. Die Deutsche Bundesbank und die Legislative 48

2.2.3. Die Deutsche Bundesbank und die Judikative 49

3. Von der währungspolitischen Kooperation zum „Souveränitätstransfer" auf supranationale Institutionen 50

3.1. Chronologie der Wirtschafts- und Währungsunion 50

3.2. Die Römischen Verträge 52

3.3. Der Werner-Plan 53

3.4. Das EWS 55

3.5. Die Einheitliche Europäische Akte (EEA) 58

3.6. Die Regierungskonferenz zur Wirtschafts- und Währungsunion 59

3.7. Der Verlauf der Regierungskonferenzen 61

3.7.1. Die französische Position 62

3.7.2. Die deutsche Position 64

3.7.3. Die italienische Position 67

3.7.4. Unterschiede zwischen dem deutschen und dem französischen Vertragsentwurf 69

3.8. Die Einigung in Maastricht 71

3.9. Die Ausgestaltung des Hoheitstransfers 73

3.9.1. Das ESZB 73

3.9.1.1. Ziele und Aufgaben des Systems 74

3.9.1.2. Organisation des ESZB 76

3.9.1.2.1. Leitungsorgane der EZB 77

3.9.1.2.1.1. Der EZB-Rat 77

3.9.1.2.1.2. Das Direktorium 78

3.9.1.2.1.3. Erweiterter Rat der EZB 79

3.9.1.2.2. Kompetenzverteilung zwischen EZB und nationalen Zentralbanken 79

3.9.1.2.3. Geldpolitisches Instrumentarium 80

3.9.2. Der geld- und währungspolitische Hoheitstransfer im Maastrichter Vertrag 82

3.9.2.1. Der Transfer der Währungshoheit auf supranationale Institutionen 82

3.9.2.2. Unabhängigkeit und Rechenschaftspflicht des ESZB 84

4. Theoretische Grundlagen der Zentralbankunabhängigkeit 87

4.1. Das Problem der Unabhängigkeit als Funktion der Zentralbankentwicklung 88

4.2. Der zentralbankpolitische Handlungsspielraum 95

4.3. Aspekte der Zentralbankunabhängigkeit 96

4.4. Zentralbanktheoretische Ansätze und empirische Studien 100

4.4.1. Das „Zeitinkonsistenz" - Problem als Fortsetzung der „Rules versus Discretion" - Diskussion 100

4.4.2. Neuere empirische Untersuchungen über die Wirkung von Zentralbankunabhängigkeit 105

4.5. Die wissenschaftliche Wechselrede 108

5. Der Aufbau der länderspezifischen Kapitel 113

5.1. Die konstituierenden Elemente der Zentralbankpolitik 113

5.2. Der Weg in die Wirtschafts- und Währungsunion 115

5.3. Die zentralbankpolitischen Debatten 116

Teil B: Frankreich 119

1. Konstituierende Elemente der französischen Zentralbankpolitik 119

1.1. Historische Entwicklung 119
1.1.1. Die Gründung der Banque de France 119
1.1.2. Die Zeit bis zum Ersten Weltkrieg 122
1.1.3. Zwischen den Weltkriegen 124
1.1.4. Von der Verstaatlichung bis zum Ende des Zweiten Weltkriegs 128
1.1.5. Die Nachkriegszeit 130
1.1.6. Der "Circuit du Trésor" 131
1.1.7. Die Reform der Statuten im Jahr 1973 133
1.1.8. Neue geldpolitische Konzeptionen 134
1.1.9. Eine neue Zielsetzung 135

1.2. Juristische Rahmenbedingungen 137
1.2.1. Verfassungsrechtliche Grundlagen der Zentralbankpolitik 138
1.2.2. Rechtsnatur der Banque de France 138
1.2.3. Das zentralbankrechtliche Normengefüge vor 1993 139
1.2.3.1. Die Aufgabenzuweisung an die Banque de France 139
1.2.3.2. Die Organisation der Banque de France und anderer Entscheidungsträger vor der Reform 143
1.2.3.2.1. Nationaler Kreditrat (Conseil national du crédit) 143
1.2.3.2.2. Leitende Organe der Banque de France 144
1.2.3.2.2.1. Gouverneur und Vizegouverneure 144
1.2.3.2.2.2. Generalrat (Conseil général) 144
1.2.3.2.2.3. Beratende Versammlung (Conseil consultatif) 145
1.2.3.2.3. Filialen (succursales) 145
1.2.3.2.4. Organe der Bank- und Finanzaufsicht 146
1.2.4. Aspekte der formalen Abhängigkeit der Banque de France 148

1.3. Faktischer Handlungsspielraum 150
1.3.1. Die Funktionen der französischen Zentralbank 150
1.3.1.1. Hüterin der Währung 150
1.3.1.1.1. Die Geldpolitik im Rahmen der allgemeinen Wirtschaftspolitik 150
1.3.1.1.2. Die geldpolitische Konzeption 153
1.3.1.1.3. Geldpolitische Steuerung 155
1.3.1.1.4. Geldpolitische Instrumente 157
1.3.1.1.5. Der Erfolg der faktischen Geldpolitik (1979 - 1992) 159
1.3.1.2. Bank des Staates 163

1.3.1.2.1. Fiscal agent 164
1.3.1.2.2. Financier der Regierung 164
1.3.1.2.3. Kapitalmarktagent der Regierung 166
1.3.1.2.4. Informations- und Beratungsdienste 166
1.3.1.3. Bank der Banken 167
1.3.1.3.1. Lender of last resort (Prêteur en dernier ressort) 167
1.3.1.3.2. Finanz- und Bankenaufsicht 168
1.3.1.3.2.1. Überwachung der Kreditinstitute 168
1.3.1.3.2.2. Überwachung der Finanzmärkte 169
1.3.2. Restringierende Aktoren 170
1.3.3. Restringierende Faktoren 171
1.3.4. Bestimmungsgründe des politischen Handlungsspielraums 173

2. Der Weg Frankreichs in die Wirtschafts- und Währungsunion 174

2.1. Der Ratifikationsprozeß des Maastrichter Vertrages 174

2.2. Die französische Zentralbankverfassung im Wandel 177
2.2.1. Reformversuche vor 1993 177
2.2.2. Die zweite Stufe der Wirtschafts- und Währungsunion 179
2.2.2.1. Funktionen der Banque de France nach der Reform von 1993 180
2.2.2.1.1. Gestaltung der Geldpolitik 180
2.2.2.1.2. Gestaltung der Wechselkurspolitik 181
2.2.2.1.3. Bank der Banken und des Staates 182
2.2.2.2. Organisationsstruktur nach der Reform 183
2.2.2.2.1. Geldpolitischer Rat 184
2.2.2.2.2. Generalrat 184
2.2.2.2.3. Nationaler Kreditrat 185
2.2.2.2.4. Aufsichts- und Beratungsorgane 186
2.2.2.3. Die Bedeutung der Reform für die Unabhängigkeit der Banque de France 186
2.2.3. Die Vorbereitung der dritten Stufe der Wirtschafts- und Währungsunion 189
2.2.3.1. Unabhängigkeit der Banque de France im Rahmen des ESZB 191
2.2.3.2. Integration der Banque de France in das ESZB 192
2.2.3.3. Stellungnahmen des EWI und der Europäischen Kommission zur rechtlichen Konvergenz 194
2.2.3.4. Kritische Betrachtung der rechtlichen Konvergenz 195

3. Dominanten der zentralbankpolitischen Diskussion in Frankreich ____ 198
3.1. Die Motivation für den geld- und währungspolitischen Hoheitstransfer und die Delegation auf eine unabhängige Zentralbank ____ 199
3.1.1. Die politische Argumentation ____ 199
3.1.1.1. Die politischen Stellungnahmen: Rückgewinnung politischer Handlungsspielräume durch den Maastrichter Vertrag? ____ 200
3.1.1.2. Die Reform der Banque de France – Mittel zum Zweck oder politisches Ziel? ____ 203
3.1.1.3. Exkurs: Zentralbankpolitik als Bestandteil nationaler Identität in der politischen Debatte ____ 207
3.1.1.3.1. Der Souveränitätsbegriff in Frankreich ____ 208
3.1.1.3.2. Maastricht und das traditionelle Souveränitätsverständnis ____ 210
3.1.2. Der Maastrichter Vertrag als Prüfstein des Souveränitätsverständnisses in den Urteilen des französischen Verfassungsrats ____ 212
3.1.3. Die ökonomische Argumentation ____ 216
3.1.3.1. Die ökonomische Ratio der Disinflationspolitik und der supranationale Hoheitstransfer ____ 216
3.1.3.2. Die Unabhängigkeit der Banque de France- Mythos oder Mittel zur Erlangung von Glaubwürdigkeit ____ 221
3.1.4. Interessengruppen, Stellungnahmen der Banque de France und eine gemeinsame europäische Zentralbankpolitik ____ 223
3.2. Die inhaltliche Diskussion ____ 230
3.2.1. Die theoretische Fundierung der „Glaubwürdigkeit" unabhängiger Zentralbankpolitik in der französischen Literatur ____ 230
3.2.2. Die vertragliche Ausgestaltung der Zentralbankpolitik ____ 232
3.2.2.1. Die Unabhängigkeit und Preisstabilität im ESZB ____ 232
3.2.2.2. Demokratische Legitimation der EZB ____ 234
3.2.2.3. Die Gewichtung nationaler Interessen innerhalb des ESZB ____ 235
3.2.3. Zentralbankpolitik im Rahmen der allgemeinen Wirtschaftspolitik ____ 236
3.2.3.1. Die Wechselkurspolitik ____ 236
3.2.3.2. Der Stabilitätspakt ____ 238
3.2.3.3. Organisation und Struktur der Fiskalpolitik auf Gemeinschaftsebene ____ 244
3.2.3.4. Der Policy mix in der dritten Stufe der Währungsunion ____ 245
3.3. Die neue Rolle der Banque de France ____ 248
3.3.1. Die Bedeutung der Banque de France im ESZB ____ 248
3.3.2. Aufgaben der Banque de France ____ 250

3.3.2.1. Halten des Kapitals der EZB und Gewinnverteilung 250
3.3.2.2. Die Verwaltung der Währungsreserven und wechselkurspolitische Sondervereinbarungen 251
3.3.2.3. Die Veränderung der Instrumente 254
3.3.2.4. Die mikroökonomischen Funktionen 254
3.3.2.5. Sonstige Aufgaben 255
3.4. Zwischenergebnis 256

Teil C: Italien 261
1. Konstituierende Elemente der italienischen Zentralbankpolitik 261
1.1. Historische Entwicklung 261
1.1.1. Die Gründung im Jahr 1893 262
1.1.2. Die Gesetzgebung von 1926 266
1.1.3. Die Legge Bancaria von 1936 267
1.1.4. Das Gouvernement Menichella (1948 – 1960) 272
1.1.5. Das Gouvernement Carli (1960 - 1975) 274
1.1.6. Das Gouvernement Baffi (1975 – 1979) 278
1.1.7. Das Gouvernement Ciampi (1979 – 1992) 280
1.2. Juristische Rahmenbedingungen 283
1.2.1. Verfassungsrechtliche Verankerung 284
1.2.2. Rechtsnatur der Banca d'Italia 288
1.2.3. Das zentralbankrechtliche Normengefüge vor 1992 289
1.2.3.1. Die Aufgabenzuweisung an die Banca d'Italia 289
1.2.3.2. Organisation der Banca d'Italia 293
1.2.3.2.1. Die leitenden Organe 293
1.2.3.2.2. Comitato Interministeriale per il Credito e il Risparmio (CICR) 295
1.2.4. Aspekte der formalen Abhängigkeit der Banca d'Italia 296
1.3. Faktischer Handlungsspielraum 300
1.3.1. Die Funktionen der italienischen Zentralbank 300
1.3.1.1. Die Banca d'Italia als Hüterin der Währung 300
1.3.1.1.1. Die Geldpolitik im Rahmen der allgemeinen Wirtschaftspolitik 300
1.3.1.1.2. Die geldpolitische Konzeption 304
1.3.1.1.3. Die geldpolitische Steuerung 306
1.3.1.1.4. Geldpolitische Instrumente 307
1.3.1.1.5. Der Erfolg der faktischen Geldpolitik (1979 - 1992) 310

1.3.1.2. Die Banca d'Italia als Bank der öffentlichen Haushalte 316
1.3.1.2.1. Fiscal agent 316
1.3.1.2.2. Financier des Staates 316
1.3.1.2.3. Kapitalmarktagent der Regierung 320
1.3.1.3. Die Banca d'Italia als Bank der Banken 321
1.3.1.3.1. Die Funktion des Lender of last resort 322
1.3.1.3.2. Die Funktion des Aufsichtsorgans 323
1.3.1.3.2.1. Überwachung der Finanzmärkte 323
1.3.1.3.2.2. Überwachung der Kreditinstitute 323
1.3.2. Restringierende Faktoren 325
1.3.3. Restringierende Aktoren 328
1.3.4. Bestimmungsgründe des politischen Handlungsspielraums 328
2. Der Weg Italiens in die Wirtschafts- und Währungsunion 331
2.1. Der Ratifikationsprozeß in Italien 331
2.2. Die italienische Zentralbankverfassung im Wandel 333
2.2.1. Die zweite Stufe der Wirtschafts- und Währungsunion 333
2.2.1.1. Das Gesetz von 1992 333
2.2.1.2. Die Gesetze von 1993 334
2.2.1.2.1. Das Finanzierungsverbot und die Mindestreserven 334
2.2.1.2.2. Die Neufassung des Bankengesetzes 337
2.2.2. Die Bedeutung der Normenänderungen für die Unabhängigkeit der Banca d'Italia 339
2.2.3. Die Vorbereitung der dritten Stufe der Wirtschafts- und Währungsunion 340
2.2.3.1. Die Unabhängigkeit der Banca d'Italia im Rahmen des ESZB 341
2.2.3.2. Die Integration in das ESZB 343
2.2.4. Stellungnahmen des EWI und der Europäischen Kommission zur rechtlichen Konvergenz 344
2.2.5. Die geplante Verfassungsreform 344
2.2.6. Bewertung der Normenänderungen 345
3. Dominanten der zentralbankpolitischen Diskussion in Italien 347
3.1. Die Motivation für den geld- und währungspolitischen Hoheitstransfer und die Delegation auf eine unabhängige Zentralbank 348
3.1.1. Die politische Argumentation 348
3.1.1.1. Die politischen Debatten über den Hoheitstransfer 348
3.1.1.2. Das Fehlen einer politischen Diskussion über die Unabhängigkeit der Banca d'Italia 351

3.1.2. Die verfassungsrechtliche Wirkung auf die Banca d'Italia 352
3.1.3. Die ökonomische Argumentation 353
3.1.3.1. Die Motivation für eine supranationale Kompetenzübertragung - das EWS und die politischen Strukturen Italiens 354
3.1.3.2. Reform oder Unabhängigkeit der Banca d'Italia? 357
3.1.4. Interessengruppen, Stellungnahmen der Banca d'Italia und eine gemeinsame europäische Zentralbankpolitik 357

3.2. Die inhaltliche Diskussion 363
3.2.1. Die Unabhängigkeit der Banca d'Italia im Spiegel der Literatur 363
3.2.1.1. Exkurs: Monetärer Konstitutionalismus in Italien 363
3.2.1.2. Zentralbankunabhängigkeit in der neueren Literatur 365
3.2.2. Die Gestaltung der weiteren Wirtschaftspolitik angesichts einer unabhängigen Geldpolitik 370
3.2.2.1. Die Wirkung des Stabilitätspaktes und die Weiterentwicklung der fiskalpolitischen Strukturen 371
3.2.2.2. Der „Policy-Mix" in der italienischen Debatte 376

3.3. Die neue Rolle der Banca d'Italia 379
3.3.1. Die Rolle der Banca d'Italia im ESZB 379
3.3.2. Die Aufgaben der Banca d'Italia 379
3.3.2.1. Die Veränderung der Instrumente 379
3.3.2.2. Verwaltung der Devisenreserven und der Gewinnanteil 380
3.3.2.3. Die mikroökonomischen Funktionen im ESZB 381
3.3.2.4. Sonstige Aufgaben 382

3.4. Zwischenergebnis 383

Teil D: Deutschland 387

1. Konstituierende Elemente der deutschen Zentralbankpolitik 387

1.1. Historische Entwicklung 387
1.1.1. Die Gründung der deutschen Reichsbank 388
1.1.2. Das Autonomiegesetz von 1922 392
1.1.3. Das Bankgesetz von 1924 und der Young-Plan 393
1.1.4. Die Reichsbank in den Jahren 1933-1945 398
1.1.5. Die Nachkriegszeit und die Gründung der Bank deutscher Länder 399
1.1.6. Das Bundesbankgesetz 402
1.1.7. Das Stabilitätsgesetz 404

1.1.8. Die Wiedervereinigung 407

1.2. Juristische Rahmenbedingungen 409

1.2.1. Das zentralbankrechtliche Normengefüge vor 1993 409

1.2.1.1. Aufgabenzuweisung an die Deutsche Bundesbank 409

1.2.1.2. Die Organisation der Deutschen Bundesbank 413

1.2.1.2.1. Zentralbankrat 413

1.2.1.2.2. Direktorium 414

1.2.1.2.3. Landeszentralbanken (LZB) 414

1.2.2. Aspekte der formalen Unabhängigkeit der Deutschen Bundesbank 416

1.3. Faktischer Handlungsspielraum 418

1.3.1. Die Funktionen der deutschen Zentralbank 418

1.3.1.1. Hüterin der Währung 418

1.3.1.1.1. Die Geldpolitik im Rahmen der allgemeinen Wirtschaftspolitik 418

1.3.1.1.2. Die geldpolitische Konzeption 420

1.3.1.1.3. Die geldpolitische Steuerung 421

1.3.1.1.4. Die geldpolitischen Instrumente 422

1.3.1.1.5. Der faktische Erfolg der Geldpolitik (1979-1992) 424

1.3.1.2. Bank des Staates 425

1.3.1.2.1. Kassendienste für den Staat 425

1.3.1.2.2. Financier der Regierung 427

1.3.1.2.3. Kapitalmarktagent der Regierung 428

1.3.1.3. Bank der Banken 429

1.3.1.3.1. Lender of last resort 429

1.3.1.3.2. Banken- und Finanzaufsicht 431

1.3.2. Restringierende Faktoren 431

1.3.3. Restringierende Aktoren 433

1.3.4. Bestimmungsgründe des politischen Handlungsspielraums 433

2. Der Weg Deutschlands in die Wirtschafts- und Währungsunion 437

2.1. Der Ratifikationsprozeß 437

2.2. Die deutsche Zentralbankverfassung im Wandel 440

2.2.1. Die zweite Stufe der Wirtschafts- und Währungsunion 440

2.2.2. Die Bedeutung der Normenänderungen in Vorbereitung der zweiten Stufe 443

2.2.3. Die Vorbereitung der dritten Stufe der Wirtschafts- und Währungsunion 444

2.2.3.1. Die Unabhängigkeit der Bundesbank nach Art. 108 EGV 444

2.2.3.2. Die Integration in das ESZB 445
2.2.3.3. Das Euro - Einführungsgesetz 447
2.2.4. Stellungnahmen des EWI und der Europäischen Kommission zur rechtlichen Konvergenz und die Bedeutung der Normenveränderung für die Stellung der Deutschen Bundesbank 448

3. Dominanten der zentralbankpolitischen Diskussion in Deutschland 450

3.1. Die Motivation für den geld- und währungspolitischen Kompetenztransfer 453
3.1.1. Politische Argumentation 453
3.1.2. Verfassungsrechtliche Argumentation 457
3.1.3. Ökonomische Argumentation 462
3.1.4. Interessengruppen, Stellungnahmen der Deutschen Bundesbank und eine gemeinsame europäische Zentralbankpolitik 467

3.2. Die inhaltliche Auseinandersetzung 473
3.2.1. Die vertragliche Gestaltung der Aufgabenerfüllung 473
3.2.2. Die geldpolitische Konzeption 481
3.2.3. Zentralbankpolitik im Rahmen der allgemeinen Wirtschaftspolitik 483
3.2.3.1. Fiskal- und Lohnpolitik in der Wirtschafts- und Währungsunion 487
3.2.3.2. Folgerungen für eine weitergehende politische Integration 491

3.3. Die neue Rolle der Deutschen Bundesbank 492
3.3.1. Die Bedeutung der Bundesbank im ESZB 492
3.3.1.1. Primus inter pares im EZB-Rat? 492
3.3.1.2. Die Veränderung der Instrumente 494
3.3.1.3. Die Verwaltung der Devisenreserven 495
3.3.1.4. Mikroökonomische Funktionen 495
3.3.1.5. Sonstige Aufgaben 498
3.3.1.6. Kapitalschlüssel und Gewinnverteilung 499
3.3.2. Die Rolle der Landeszentralbanken 504

3.4. Zwischenergebnis 508

Teil E: Zusammenfassung und Ausblick 513

Anhang 521

Literaturverzeichnis 543

Verzeichnis der Abkürzungen

A.N.	Assemblé Nationale (Nationalversammlung)
ABlEG	Amtsblatt der Europäischen Gemeinschaft
BBankG	Bundesbankgesetz
BBankGÄndG	Gesetz zur Änderung des Gesetzes über die Deutsche Bundesbank
BCE	Banque Centrale Européenne (Europäische Zentralbank)
BdL	Bank deutscher Länder
BGBl.	Bundesgesetzblatt
BIS	Bank for International Settlement
BIZ	Bank für Internationalen Zahlungsausgleich
BIZ	Bank für Internationalen Zahlungsausgleich
BNR	Banca Nazionale nel Regno d'Italia
BOT	Buoni Ordinari del Tesoro (Staatsanleihen)
Bull.BReg.	Bulletin der Bundesregierung
BVerfGE	Entscheidungen des Bundesverfassungsgerichts
BVerwGE	Entscheidungen des Bundesverwaltungsgerichts
CD	Certificates of Deposit
CECEI	Comité des établissements de crédit et des entreprises d'investissement (Komitee der Kreditinstitute und der Investmentgesellschaften)
CEPII	Centre d'études prospectives et d'informations internationales
CEPR	Center of Economic Policy Research
CFA	Communauté Financière Africaine (Afrikanische Finanzgemeinschaft)
CFP	Communauté Financière du Pacifique (Pazifische Finanzgemeinschaft)
CGIL	Confederazione Generale Italiana del Lavoro (Allgemeiner Italienischer Gewerkschaftsbund)
CICR	Comitato Interministeriale per il Credito e il Risparmio (Interministerielles Komitee für Kredit und Sparen)

CISL	Confederazione italiana sindacati lavoratori (Bund der Italienischen Arbeitergewerkschaften)
CONSOB	Commissione nazionale per le società a la borsa
CRBF	Comité de la Réglementation Bancaire et Financière
d.l.	decreto-legge (Gesetzesverordnung)
d.l.c.p.s.	decreto legislativo del Capo provisorio delo Stato (gesetzgebende Verordnung des provisorischen Staatsoberhauptes)
d.l.lgt.	decreto legge luogotenziale
d.lgs.	decreto legislativo (gesetzgebende Verordnung)
d.m.	decreto ministeriale (Ministerialverordnung)
d.p.r.	decreto del Presidente della Repubblica (Präsidentialdekret)
ECOFIN	Rat der EG-Wirtschafts- und Finanzminister
EGV	Vertrag über die Europäische Gemeinschaft
ENI	Ente Nazionale Idrocarburi (Staatliche Petroleumgesellschaft)
ESZB	Europäisches System der Zentralbanken
et. al.	et alii
EuGRZ	Europäische Grundrechte Zeitschrift
EUV	Vertrag über die Europäische Union
EWGV	Vertrag zur Gründung der Europäischen Wirtschaftsgemeinschaft vom 25.3.1957
EWI	Europäisches Währungsinstitut
EWS	Europäisches Währungssystem
EWU	Europäische Währungsunion
EZB	Europäische Zentralbank
FF	Französischer Franc
Fn	Fußnote
GG	Grundgesetz
HBl	Handelsblatt
HJfWG	Hamburger Jahrbuch für Wirtschafts- und Gesellschaftspolitik

i.d.F.	in der Fassung
IEDOM	Institut d'émission des départements d'outre-mer (Emissionsinstitut der Überseedepartements)
IEOM	Institut d'émission d'outre mer (Überseeemissionsinstitut)
IMI	Istituto Mobiliare Italiano
IRI	Istituto per la Ricostruzione Italiano (Institut für den italienischen Wiederaufbau)
IWF	Internationaler Währungsfonds
J.O.	Journal Officiel
KWG	Kreditwesengesetz
NJW	Neue Juristische Wochenschrift
No.	Numéro
Nr.	Nummer
n.	Numero
OECD	Organization for Economic Cooperation and Development
Ozf	Feinunze
P.C.F.	Parti communiste français
PlPr	Plenarprotokoll
r.d.	regio decreto (Königliches Dekret)
r.d.l.	regio decreto legge (Königliches Gesetzesdekret)
R.P.R.	Rassemblement pour la République
Rdnr.	Randnummer
RegE	Regierungsentwurf
Rz.	Randziffer
SICAV	Sociétés d'Investissement à Capital Variable (Offene Investmentfonds)
SIM	Società d'intermediazione mobiliare
SMIC	Salaire Minimum Interprofessionnel de Croissance (Mindestlohn)
StabG	Stabilitätsgesetz

TARGET	Trans-European Automated Real-Time Gross Settlement Express Transfer System
T.U.	Testo Unico
U.D.F.	Union pour la démocratie française
UIC	Ufficio Italiano dei cambi
UIL	Unione Italiana del Lavoro (Italienischer Gewerkschaftsbund)
v.a.	vor allem
WM	Wertpapier-Mitteilungen. Zeitschrift für Wirtschafts- und Bankrecht
WWU	Wirtschafts- und Währungsunion

Verzeichnis der Abbildungen

Abbildung 1: Struktur der Arbeit 34

Abbildung 2: Aufbau der ersten länderspezifischen Kapitel 114

Abbildung 3: Dominanten der zentralbankpolitischen Diskussion 118

Abbildung 4: Beteiligung der Banque de France an der Bankaufsicht 146

Abbildung 5: Leitzinssätze in Frankreich 156

Abbildung 6: Nominaler Wechselkurs Franc/DM (1979 - 1994) 159

Abbildung 7: Langfristige Zinssätze Frankreich/Deutschland (1981 - 1994) 161

Abbildung 8: Organigramm der Banque de France 183

Abbildung 9: Wechselkursentwicklung der Lira 311

Abbildung 10: Kurzfristige nominale und reale Zinssätze in Italien und Deutschland 312

Abbildung 11: Nettozeichnung der Banca d'Italia auf dem Primärmarkt 318

Abbildung 12: Maßnahmen der Banca d'Italia auf dem Staatstitelmarkt 318

Abbildung 13: Nettozeichnung der Banca d'Italia (1) und Deckungsverhältnis (2) 320

Abbildung 14: Der "circolo virtuoso" der monetären Stabilität 355

Abbildung 15: Inflation in Deutschland, Frankreich und Italien, 1975 - 1993 523

Abbildung 16: Aufteilung der Überweisungen der Banque de France an den Staat 526

Abbildung 17: Aufteilung der Aktivseite der Bilanz der Banca d'Italia 1980 - 1993 531

Verzeichnis der Tabellen

Tabelle 1: Aufgaben der Bankenaufsicht 76
Tabelle 2: Umfrage der Europäischen Bewegung im November 1993 in Frankreich 226
Tabelle 3: Geldpolitik in Italien von 1960 bis 1992 302
Tabelle 4: Kassenkreditplafonds* (in Mio. DM) der öffentl. Stellen bei der Deutschen Bundesbank 426
Tabelle 5: Bruttointerventionsvolumen der Deutschen Bundesbank im EWS und ihre Liquiditätswirkungen (März 1979 - März 1988) 433
Tabelle 6: Entwicklung der Geldpolitik 521
Tabelle 7: Wirkung auf den Bankkreditsatz nach einer Veränderung des Geldmarktzinses 522
Tabelle 8: Zinssätze auf dem Hypothekenmarkt 522
Tabelle 9: Zinssätze für Unternehmen 522
Tabelle 10: Kosten und Gewinne der Anpassung 523
Tabelle 11: Bilanz der Banque de France (1980 - 1993) 524
Tabelle 12: Kreditvergabe an die Regierung in Frankreich, Italien und Deutschland 527
Tabelle 13: Bilanz der Banca d'Italia (1980 - 1993) 529
Tabelle 14: Bilanz der Deutschen Bundesbank 532

Teil A: Einleitung

I. Zielsetzung

I.I. Motivation und Erkenntnisinteresse

„Die Dignität der Normen wird erst in ihrem lebendigen Vollzug entdeckt." [1]

Max Weber

Kein politisches Ereignis der letzten Jahre hat zu einer solchen Flut wissenschaftlicher Veröffentlichungen der Ökonomie, Politik- und Rechtswissenschaften, politischer Stellungnahmen und gesellschaftlicher Auseinandersetzungen geführt wie der sogenannte „Maastrichter Vertrag". Er wurde am 7. Februar 1992 als „Vertrag über die Europäische Union" (folgend EU-Vertrag oder EUV)[2] von den damals zwölf Mitgliedern der Europäischen Gemeinschaft[3] unterzeichnet. Am 1. Januar 1995 sind ihm Österreich, Schweden und Finnland beigetreten.[4]

Besonderes Interesse haben die zentralbankpolitischen Bestimmungen hervorgerufen, die im Mittelpunkt der vorliegenden Arbeit stehen.[5] Diese Bestimmungen sehen vor, daß die gemeinsame Geldpolitik[6] von einer Europäischen Zentralbank festgelegt und im Verbund mit den nationalen Zentralbanken durchgeführt wird. In Vorbereitung der dritten Stufe der Wirtschafts- und Währungsunion hatte jedes Mitgliedsland sicherzustellen, daß seine

---

[1] Zitiert bei Recktenwald (1983) S. 5.

[2] ABl.EG 1992/C 191/1; BGBl. 1992 II S. 1253; Bull. BReg. Nr. 16/12.2.1992, S. 113; am 1.11.1993 in Kraft getreten, vgl. Bekanntmachung des Bundesministers des Auswärtigen v. 19.10.1993 (BGBl. 1993 II S. 1947).

[3] Zur Denomination Bundesbank (1997) S. 12f.

[4] Der EU-Vertrag erweiterte den EWG-Vertrag (Vertrag zur Gründung der Europäischen Wirtschaftsgemeinschaft v. 25.3.1957 BGBl. 1957 II S. 766, i.d.F. der EEA v. 17./28.2.1986, ABl.EG 1986/L 169/1; BGBl. 1986 II S. 1102) um „... die unwiderrufliche Festlegung der Wechselkurse im Hinblick auf die Einführung einer einheitlichen Währung, der ECU, sowie die Festlegung und Durchführung einer einheitlichen Geld- und Wechselkurspolitik" (Art. 3a II Vertrag zur Gründung der Europäischen Gemeinschaft, folgend EGV, v. 25.3.1957 (BGBl. 1957 II S. 766 i.d.F. des EUV v. 7.2.1992, ABl.EG 1992/C 224/6).

[5] Artt. 4a, 109l I EGV, Art. 1.1. Satzung (Protokoll über die Satzung des Europäischen Systems der Zentralbanken und der Europäischen Zentralbank, ABl.EG 1992/C 191/68, BGBl. 1992 II S. 1297; Bull.BReg. Nr. 16/12.2.1992, S. 159) sehen die Errichtung eines Europäischen Systems der Zentralbanken (ESZB) und einer Europäischen Zentralbank (EZB) am Anfang der dritten Stufe der Währungsunion vor. Siehe dazu auch Weber (1995) S. 17.

[6] Geldpolitik ist hier als „interne Währungspolitik" zu verstehen, die gemeinsam mit der äußeren Komponente, der Wechselkurspolitik, die Währungspolitik bildet. Vgl. Weber (1995) S. 19. Zentralbankpolitik hingegen kann nicht als deckungsgleich mit der Währungspolitik angesehen werden, sie muß basierend auf allen Funktionen einer Zentralbank bestimmt werden. Siehe dazu Lück (1998) S. 27.

innerstaatlichen Rechtsvorschriften und die Satzung seiner Zentralbank - insbesondere die Unabhängigkeit der Zentralbank nach Art. 107 EGV - mit dem EGV und der Satzung des ESZB (Europäischen Systems der Zentralbanken) in Einklang standen. In den Statuten des ESZB haben sich wie selten zuvor in der Geschichte ökonomischen Denkens Vorstellungen niedergeschlagen, die man verallgemeinernd „geldpolitische Orthodoxie der letzten Jahre" nennen könnte.[1] Die Diskussion des Maastrichter Vertrages hat in den betrachteten Ländern Anlaß zu einer Intensivierung der zentralbanktheoretischen Debatte gegeben. Die Debatte hat dabei die Grenzen der Ökonomie weit überschritten. Illustriert wird diese Tatsache durch die Äußerungen des französischen Verfassungsrates anläßlich der Entscheidung über die Verfassungsmäßigkeit des Maastrichter Vertragswerkes: Die zentralbankpolitischen Bestimmungen führen in die Tiefen des Demokratie- und Staatsverständnisses, denn „... *le domaine affecté par la mise en œuvre de l'Union économique et monétaire ressortit incontestablement à ce qui touche au cœur même de la puissance régalienne d'un Etat.*"[2] Der gegenüber der einfachen Koordinierung ungleich weiter gehende Kompetenztransfer durch die Ratifizierung des Maastrichter Vertrages führt auf der politischen Ebene zu direkten Auseinandersetzungen mit der Rolle einer Zentralbank in einem demokratischen System.

Die Analyse einer wirtschaftspolitischen Debatte muß sich der Frage stellen, worin ein möglicher Erkenntnisfortschritt bestehen kann, der über reine Historiographie hinausgeht. Hier sei auf Akhtar und Howe (1991) verwiesen, die die Autonomie der Zentralbank von zwei Faktoren abhängig machen: dem Konsens der Ökonomen, was Geldpolitik leisten kann, und dem politischen und sozialen Konsens, was Geldpolitik leisten muß.[3] Das kann auch für die Zentralbankpolitik als einem über die Geldpolitik hinausgehenden Bereich geltend gemacht werden. Auf der anderen Seite steht die Überlegung, daß es Reaktions-

---

[1] Vgl. dazu Meltzer (1997, S.5), der die These in Frage stellt, daß die bedeutenden Tendenzen in der Zentralbankpraxis (Priorität der Preisstabilität, Unabhängigkeit von politischen Einflüssen) mehr Konvergenz zwischen Praxis und Theorie vermuten lassen.

[2] "... der Bereich, der durch die Errichtung der Währungs- und Wirtschaftsunion betroffen wird, gehört unbestreitbar zu dem, was das Herz der hoheitlichen Macht des Staates selbst berührt." Décision 92-308 DC du 9 Avril 1992. (Eigene Übersetzung, das betrifft auch alle folgenden Übersetzungen aus dem Französischen und Italienischen, die zum besseren Verständnis der häufig feststehenden politischen und juristischen Termini im Text im Original belassen und in der Fußnote übersetzt werden. Namen von Institutionen werden soweit möglich übersetzt und in der Übersetzung verwendet. Bei der Groß- und Kleinschreibung von im Original belassenen Namen von Institutionen wird dem mehrheitlichen Gebrauch in der jeweiligen Sprache gefolgt, S.T.)

[3] Akhtar/Howe (1991) S. 368. Damit wird über den inzwischen zur "Stabilitätskultur" gewordenen Begriff des "Stabilitätskonsenses" hinausgegangen, denn mit einem Stabilitätskonsens wird lediglich die Unterstützung eines der möglichen Ziele der Zentralbank erfaßt. Zur den Begriffen Bofinger/Hefeker/Pfleger (1998).

muster in der Wirtschaftspolitik gibt, die auf Länderspezifika zurückzuführen sind.[1] Es wird daher für die folgende Arbeit die Hypothese aufgestellt, daß es sich um unterschiedliche und auch länderspezifisch geprägte Diskussionen handelt[2].

Die vorliegende Arbeit hat das Ziel, die bestimmenden Faktoren der zentralbankpolitischen Debatten zu erarbeiten. Dabei werden die normativen Veränderungen im Anschluß an den Maastrichter Vertrag und die Debatten in den Ländern Frankreich, Italien und Deutschland den die bisherige Zentralbankpolitik konstituierenden Elementen gegenübergestellt.

Die Motivation für diese Untersuchung rührt aus folgenden Überlegungen:

- Aus theoretischer Sicht kann der Maastrichter Vertrag als ein typisches Beispiel für einen „unvollständigen Vertrag"[3] gelten. Die Zeit danach ist von „Nachbesserungen" wie dem EWS-II, dem Stabilitätspakt im Juni 1997 sowie zahlreichen Veröffentlichungen und Interpretationen geprägt worden. Eine systematische und komparative Analyse der wichtigsten Argumentationslinien auf politischer und ökonomischer Ebene in den einzelnen Ländern fehlte bisher.[4]

- Die Auswahl der Länder Italien, Frankreich und Deutschland gründet in ihrer Rolle im europäischen Integrationsprozeß[5] und den Charakteristika der jeweiligen Zentralbankstellung. Sowohl Frankreich als auch Italien verfügen über eine an keynesianischen Vorstellungen orientierte wirtschaftspolitische Tradition, litten bis 1982 unter zweistelligen Inflationsraten (Frankreich und Italien wiesen gegenüber Deutschland ein Inflationsdifferential von 6,7% bzw. 11,2% auf) und einer hohen Arbeitslosigkeit.[6] In beiden Ländern gab es eine Zentralbank, die nach formalen Gesichtspunkten nicht unabhängig war, und beide Länder haben während der achtziger Jahre ihre Inflationsraten drastisch reduziert, ohne daß der formale Status der Zentralbank wesentlich geändert worden wäre.[7]

---

[1] Siehe dazu Bofinger/Hefeker/Pfleger (1998)S. 18f.

[2] Eine andere Hypothese wäre, daß es sich bei den zentralbankpolitischen Äußerungen nur um einzeln zu bewertende Argumentationen ohne Bezug zur jeweiligen Zentralbankerfahrung handelte.

[3] Siehe dazu Marquardt (1994) und Sarcinelli (1998) S. 132f.

[4] Siehe dazu Ungerer (1997) S. 243.

[5] „Integration" betrifft auch die politischen, sozialen und kulturellen Bereiche. Dazu Marè/Sarcinelli (1998) S. 51.

[6] Onofri/Tomasini (1991) S. 7.

[7] Riché/Wyplosz (1993) S. 49 sprechen von zwei verschiedenen Europäischen Währungssystemen und zwei Formen der Inflationsbekämpfung: 1979 bis 1985 herrschte ihrer Meinung nach eine Koexistenz von Ländern mit einer geringen Inflationsrate wie Deutschland und anderen weniger inflationssensiblen Ländern wie Italien und Frankreich. Nach 1985 hat sich der Block Italien-Frankreich ihrer Meinung nach langsam den deutschen Positionen angenähert.

• Der Maastrichter Vertrag hat in Italien, Frankreich und Deutschland zu Veränderungen der Zentralbankstatuten geführt. Diese Länder verfügen über unterschiedliche Erfahrungen mit der Institution „Zentralbank". Der Vertrag fordert die Konvergenz der Zentralbankstatuten, was aber nicht mit einer vollkommenen Harmonisierung gleichzusetzen ist. Außer den Veröffentlichungen des EWI (Europäischen Währungsinstituts), die einen Schwerpunkt auf die Feststellung der gesetzlichen Konvergenz legen, sind derzeit noch keine komparativen Untersuchungen zu den Veränderungen der Zentralbankgesetzgebungen erfolgt.

• Theoretische Konzepte wie die „Credibility" - Problematik nehmen einen breiten Raum in der wissenschaftlichen und zunehmend auch in der politischen Debatte ein. Eine Analyse der ökonomischen Debatte kann die Bedeutung des Vertrages für die Entwicklung der Zentralbanktheorie verdeutlichen. Die Grenzen dieses Vorgehens scheinen jedoch gleich auf: Es kann nicht darum gehen, eine Metatheorie zu entwerfen, d.h. sich in einen theoretischen Diskurs über die Motivation wissenschaftlicher Theorien zu begeben. Ein solches Unterfangen wäre auch aufgrund der starken politischen Komponente des Maastrichter Vertrages zum Scheitern verurteilt. Der hier verfolgte Ansatz ist ein anderer: Während die Wirkung der theoretischen Ansätze auf die Gestaltung des Vertrages offensichtlich zu sein scheint, ist wesentlich seltener auf den umgekehrten Effekt verwiesen worden.

• In der wirtschaftswissenschaftlichen Debatte hat ebenso wie im allgemeinen Sprachgebrauch in geradezu inflationärer Weise das Suffix -kultur, hier in Verbindung mit Stabilität und Zentralbank, Einzug gehalten.[1] Ohne diese bislang wenig klar umrissenen Begriffe strapazieren zu wollen, kann die Untersuchung der zentralbankpolitischen Debatten einen Beitrag zu einem besseren Verständnis nationaler Argumentationen liefern. Die Beurteilung des Maastrichter Vertrages wird sich in der dritten Phase der Wirtschafts- und Währungsunion darin widerspiegeln, was von der Politik der EZB - so man diese als „animal politique" verstehen will[2] – erwartet und wie diese Politik rezipiert wird. Für die europäische Wirtschaftspolitik wird sie eine wichtige Rolle spielen.

[1] „Zentralbankkultur" kann allgemein als interdependentes Zusammenspiel historischer, politischer, juristischer und sozialer Elemente verstanden werden, das die Bedeutung und Funktionen einer Zentralbank in einem Staat bestimmt. Siehe dazu Finocchiaro/Contessa (1994) S. 49 und Lück (1998) S. 23. Carlo Ciampi, der ehemalige Gouverneur der Banca d'Italia, nimmt die Schöpfung des Begriffs „Stabilitätskultur" für sich in Anspruch und möchte diese Haltung für Italien geltend verstanden wissen. Zitat aus einem Interview gegenüber der Süddeutschen Zeitung vom 22. November 1996 in Gütgemann (1997) S. 24. Dazu auch Bofinger/Hefeker/Pfleger (1997, S. 18), die eine Stabilitätskultur dann für gegeben halten, wenn die institutionellen und kulturellen Faktoren in einem Land dahin wirken, daß „... in der Wirtschaftspolitik Reaktionsmuster vorherrschen, die in der Regel eine Einhaltung des Zieles der Geldwertstabilität gewährleisten".

[2] Zu dieser Frage Samm (1967) S. 62ff.

• Auch für eine übergeordnete politische Betrachtung kann die Untersuchung der zentralbankpolitischen Debatte von Nutzen sein, denn mit der Delegation der Währungskompetenz auf eine unabhängige Zentralbank und dem Transfer auf das ESZB wurde ein essentieller Bestandteil staatlicher Souveränität berührt. In der Vergangenheit wurde auf europäischer Ebene mit einem Begriff begrenzter Souveränität operiert. Veränderungen waren vornehmlich darauf gerichtet, größeren ökonomischen Nutzen durch einen gemeinsamen Markt zu erzielen. Funktionen, die gemeinhin einen souveränen Staat charakterisieren, hat die Gemeinschaft auf supranationaler Ebene nicht entwickelt.[1] Mit dem Maastrichter Vertrag ist diese Entwicklung an einem Wendepunkt angekommen. Es wird sich in Zukunft die Frage der noch bei den nationalen Regierungen verbleibenden Kompetenzen stellen, die durch eine Tendenz zu supranationalen Entscheidungen und eine zunehmende Dezentralisierung vermindert werden.[2] Die Beurteilung derartiger Kompetenztransfers in dem begrenzten Bereich der Zentralbankpolitik kann wesentliche Hinweise für den Umgang mit weiteren „Souveränitätsverlusten" und die politische Entwicklung der Europäischen Union geben.

1.2. Gang der Untersuchung

Die Bedeutung des Maastrichter Vertrages läßt sich nicht nur in einer ökonomischen Perspektive[3] erfassen, politische, und historisch institutionelle Entwicklungen müssen berücksichtigt werden. Die Bearbeitung eines so weiten Feldes stellt eine Herausforderung und ein Wagnis dar, da sich in jedem der Grenzbereiche vom interdisziplinären Ansatz vernachlässigte Tiefen abzeichnen können.[4] Formal gliedert sich die Arbeit in eine institutio-

---

[1] Auch auf Gemeinschaftsebene sind Elemente staatlichen Charakters durch einzelne Institutionen (Parlament, Rat, Kommission, Gerichtshof) vorhanden, Integrationsmaßnahmen haben jedoch weitgehend ohne die Berücksichtigung der Frage stattgefunden, ob die Gemeinschaftsinstitutionen dazu geeignet waren, zentrale Funktionen souveräner Nationalstaaten (Währung, Verteidigung, Besteuerung) zu übernehmen.

[2] Bemerkenswert ist, daß der Anstoß für diese Entwicklung von den klassischen Nationalstaaten kommen muß. Das „Europa der Regionen" von Drèze (1993) stellt daher für die nahe Zukunft allenfalls ein theoretisches Konstrukt dar.

[3] Siehe dazu Winkler (1997), der das Vertragsdesign als Mechanismus interpretiert, konfliktäre Interessenlagen miteinander zu vereinbaren, Glaubwürdigkeitsprobleme über einen Zeitraum zu lösen und Informationen über die „Stabilitätskultur" in der Vorphase der Vollendung zu erhalten. In der formalen Analyse versteht er den Maastrichter Vertrag als Spiel mit strategischer Interaktion.

[4] Diese „Grenzbereiche" erlangen an Bedeutung, wenn berücksichtigt wird, daß Zentralbankverfassungen und geldpolitische Regeln nur einen Rahmen vorgeben, innerhalb dessen sich der Handlungsspielraum der Zentralbanken entwickelt; der Grad an Unabhängigkeit der Zentralbank hängt von der institutionellen Einbettung und der Interpretation der Regeln durch die geldpolitischen Akteure ab. Die Basis für Zentralbankunabhängigkeit ist zudem ein - wie Caesar ihn bezeichnet - "doppelter gesellschaftlicher Konsens", der ebenso wie das Ziel der Preisstabilität auch die Akzeptanz eines Konfliktpotentials zwischen der Zentralbank und der Regierung umfaßt Caesar (1994) S. 37.

nelle und theoretische Einleitung sowie in drei Länderblöcke, innerhalb derer die bisherige Zentralbankpolitik den Veränderungen infolge des EU-Vertrages und den zentralbankpolitischen Debatten gegenübergestellt werden.

Mit dem Maastrichter Vertrag ist ein weitreichender Transfer auf die EZB sowie die nationalen Zentralbanken (ESZB), aber auch auf Rat[1], Kommission und Parlament vereinbart worden. Der Transfer nationaler Hoheitsrechte aus dem Bereich des Währungswesens besteht im Grunde - für Italien und Frankreich gegenüber ihrer Ausgangssituation und auch in den Schwerpunkten der eigentlichen Debatte - aus zwei Komponenten, denn die geldpolitischen Kompetenzen werden einer unabhängigen Zentralbank und in einem nächsten Schritt Institutionen der Gemeinschaft übertragen.[2]

Abbildung 1: Struktur der Arbeit

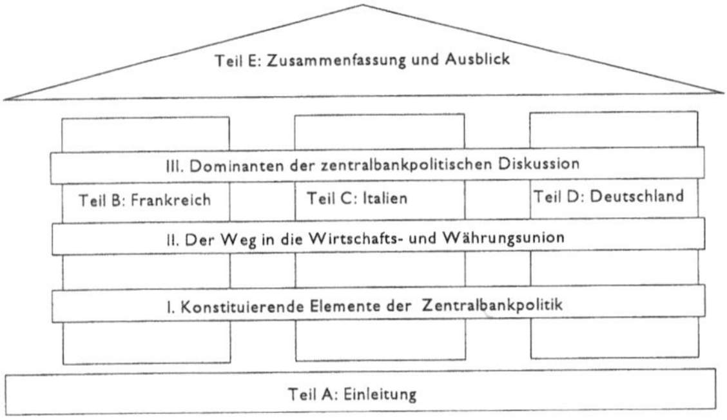

Somit ist zwischen der Delegation auf eine unabhängige Zentralbank und dem Transfer von Hoheitsrechten auf supranationale Institutionen[3] zu unterscheiden.

In der Diskussion wird diese Unterscheidung durch die Tatsache gerechtfertigt, daß sich anläßlich des Beginns der zweiten Stufe weitreichende Debatten über die Frage der Zen-

[1] Folgend wird analog zur Terminologie des Maastrichter Vertrages unter "Rat" der EU-Ministerrat verstanden. „Der Rat besteht aus je einem Vertreter der Mitgliedsstaaten auf Ministerebene, der befugt ist, für die Regierung des Mitgliedsstaats verbindlich zu handeln; in der Regel sind dies die zuständigen Fachminister der Mitgliedsstaaten." Davon zu unterscheiden ist der Europäische Rat der Staats- und Regierungschefs der EG-Länder, der seit 1975 regelmäßig zusammentritt. Siehe Deutsche Bundesbank (1997) S. 30 und 36.

[2] Es wird noch zu sehen sein, daß die EZB zwar nicht zu den Organen der Gemeinschaft zählt, dennoch mit diesen vergleichbare Befugnisse erhalten hat, die eine Bezeichnung als "Institution der Gemeinschaft" nahelegen. Vgl. Hahn (1992) S. 112.

[3] Selbst die Supranationalität der Gemeinschaft ist nicht unstrittig. Dazu Marè/Sarcinelli (1998) S. 26.

tralbankunabhängigkeit entwickelten. Hinsichtlich des zweiten, supranationalen Diskussionsteils wird hier von dem Transfer von Hoheitsrechten, nicht von einem Souveränitätstransfer auf die EZB oder das ESZB zu sprechen sein, auch wenn der Begriff „Souveränitätstransfer" im allgemeinen Sprachgebrauch zunehmend verwendet wird.[1]

Eine weiterführende Betrachtung erfordert die Klärung dessen, was unter Souveränität und Währungshoheit zu verstehen ist, und in einem nächsten Schritt, wie sich diese Konzepte zur Unabhängigkeit der Zentralbank verhalten. Seine Berechtigung erfährt dieses Vorgehen durch die Auseinandersetzung über die Unabhängigkeit der Zentralbank, die staatspolitische Elemente zu Bestandteilen wirtschaftswissenschaftlicher Argumente machte, und die Debatte des Maastrichter Vertrages selbst, die eine strenge Grenzziehung unmöglich erscheinen läßt.

Der Maastrichter Vertrag stellt den vorläufigen Endpunkt eines der drei Anläufe zu einer Europäischen Währungsunion dar; der Motivation für die Gestaltung des ESZB und der zentralbankpolitischen Debatte liegen auch die historische Entwicklung und insbesondere die Funktionsweise des EWS (Europäischen Währungssystems) zugrunde, so daß ein Blick auf das Werden des Maastrichter Vertrages und die vorvertraglichen Positionen unerläßlich erscheint.

Weder die Argumente noch das eigentliche Thema der zentralbankpolitischen Diskussion sind neu.[2] Viele Gedanken über die besondere Stellung der Institution „Zentralbank" im Staatsgefüge greifen auf theoretische Debatten des „Central banking" zurück, die in ähnlicher Weise auch schon früher geführt wurden. Im anschließenden theoretischen Kapitel soll die Bedeutung der Zentralbankunabhängigkeit in der wissenschaftlichen Diskussion erläutert werden.

In den länderspezifischen Kapiteln werden die unterschiedlichen Entwicklungen in Frankreich, Italien und Deutschland [3] im Rahmen einer komparativen Institutionenanalyse der

---

[1] Hoheitsrechte eines Staates sind nicht die Staatsgewalt selbst. Daher ist Souveränität auch nicht mit dem Begriff Hoheitsrechte gleichzusetzen. Hoheitsrechte stellen die „Ermächtigung zur Ausübung der Staatsgewalt dar, welche die Verfassung den Organen der Gesetzgebung, der vollziehenden Gewalt und der Rechtsprechung gegeben hat." Studt (1992) S. 220. Eine derartige Definition bringt zudem den Vorteil mit sich, daß sie die Frage, ob es sich bei dem Vertragswerk von Maastricht um einen Souveränitätsverlust auf seiten der Mitgliedsstaaten handelt, in den Bereich der staatsrechtlichen Auseinandersetzung verweist.

[2] Auch dieses Faktum ist nicht einzigartig. Demonstriert wird hier die Gültigkeit der Friedmanschen These : „... the substance of professional economic discussion has remained remarkably unchanged over the past century." Friedman (1991) S. 33. Dazu auch Giannini (1994), der konstatiert, daß die Theorie des „Central banking" seit den klassischen Beiträgen von Thornton (1802) und Bagehot (1873) nur geringe Fortschritte gemacht hat. Vgl. Giannini (1994) S. 5.

[3] Lassen sich beispielsweise in Frankreich zunächst Perioden größerer Unabhängigkeit nachweisen, die nach den dreißiger Jahren dieses Jahrhunderts abgelöst wurden von einer immer stärker werdenden Abhängigkeit, die so weit ging, daß die Banque de France nur noch als willfähriger Agent der Regierung bezeichnet

eigentlichen Debatte vorangestellt, da einzelne zentralbankpolitische Perioden nicht nur durch ihren Einfluß auf ein bestimmtes institutionelles Verständnis, sondern auch als „argumentum historicum" in der Debatte wieder hervortreten. Den normativen Veränderungen, die die Zentralbankpolitik als Folge des EU-Vertrages in Frankreich, Italien und Deutschland erfahren haben, nachzugehen, ist Inhalt des jeweiligen zweiten länderspezifischen Teils.[1]

In einem dritten Teil werden die thematischen Dominanten in der politischen und wissenschaftlichen Diskussion herausgearbeitet. Die Vielzahl der Veröffentlichungen erfordert eine Beschränkung auf die wichtigsten Argumentationslinien. Diese werden vor dem Hintergrund der spezifischen Zentralbanktradition betrachtet. Den Abschluß bildet ein zusammenfassendes Kapitel, in dem die länderspezifischen Erkenntnisse einander gegenübergestellt werden.

1.3. Begriffliche Abgrenzung - Zentralbankpolitik und Unabhängigkeit

Zentralbankpolitik: Der Begriff „Zentralbankpolitik"[2] wird häufig als Synonym für die Währungspolitik oder nur die Geldpolitik eines Landes genutzt.[3] Die makroökonomische Funktion einer „Währungsbank"[4] stellt jedoch historisch nur die jüngste Stufe in der Ent-

---

den dreißiger Jahren dieses Jahrhunderts abgelöst wurden von einer immer stärker werdenden Abhängigkeit, die so weit ging, daß die Banque de France nur noch als willfähriger Agent der Regierung bezeichnet wurde, so läßt sich für Deutschland eine gegenläufige Entwicklung zeigen, die in einen Status mündete, der gemeinhin als Beispiel für zentralbankpolitische Unabhängigkeit in der Diskussion genutzt wird. Anders verlief die Entwicklung in Italien, wo eine geringe normative Konkretisierung der Stellung der Zentralbank den Schwerpunkt der Betrachtung auf die faktischen Unabhängigkeit.

[1] Berücksichtigt werden konnten gesetzliche Veränderungen bis Ende Dezember 1998. Bei der Diskussion sind Quellen bis Ende Juni 1999 berücksichtigt worden.

[2] Lück (1998) unterscheidet mit dem Verweis auf Hahn (1993) zwischen innerer Politik, die auf interne Entscheidungen hinsichtlich der „Optimierung von Beschaffung, Leistungserstellung und Absatz," und äußerer Politik als „,... gemeinwohl- oder (spezieller) zielgruppenorientierter Entscheidungen mit Wirkungen außerhalb der Bank selbst. ... Diese äußern sich etwa in Beschlüssen über geldpolitische Parameter, Deviseninterventionen oder bankaufsichtsrechtlichen Maßnahmen." Siehe Lück (1998) S. 26.

[3] Unterzieht man den zweiten Teil des Terminus, die „-politik" einer genaueren Betrachtung, so tritt man im Grunde schon in die Debatte ein, die hier Gegenstand der Untersuchung sein soll: Die Bezeichnung „Politik" verweist sowohl auf die aktive Rolle der Zentralbank innerhalb eines Staates, die sie als Träger wirtschaftspolitischer Entscheidungen einnehmen kann, als auch auf ihre Position innerhalb der Gemeinschaft, die Untersuchungsgegenstand der Staatslehre ist. Siehe Schmidt (1978) S. 528. Die „Politik" einer Zentralbank im Sinne der ersten Interpretation impliziert die Setzung von Prioritäten, die Wahl von Zielen und das Eingehen von Kompromissen. Fiskalpolitik beispielsweise weist im Gegensatz zur Geldpolitik nach heutigem Verständnis eine Vielzahl von Zielen auf, die fiskalpolitische Entscheidungen in stärkerem Maße als geldpolitische Entscheidungen mit der politischen Sphäre verbinden. Vgl. Goodhart (1997) S. 166.

[4] Veit sieht in der Währungsbank eine Institution, die die beiden Funktionen einer Bank der Banken und eines Trägers der staatlichen Währungshoheit in sich vereinigt. Veit (1969) S. 24ff. Rittershausen hingegen (1962) betont den „behördlichen Charakter als wirtschaftspolitisches Aktivitätszentrum", Hahn (1993)

wicklung der Notenbankfunktionen dar. Währungspolitik, die sich in einen inneren (Geldpolitik) und einen äußeren Wirkungsbereich (Wechselkurspolitik) unterteilen läßt, ist nur eine der Aufgaben der Zentralbank.[1] Diese nimmt sie im Fall der Wechselkurspolitik in der Regel in Zusammenarbeit mit der Exekutive wahr.[2] Durch eine derartig eingeschränkte Definition werden die Interdependenzen, die zwischen geldpolitischen und mikroökonomischen Aufgaben bestehen, vernachlässigt.[3] Zentralbankpolitik wird daher hier nicht im engen Sinne verstanden, sie umfaßt im folgenden Text auf Außenwirkung gerichtete Maßnahmen und Entscheidungen, die auf sämtliche Zentralbankfunktionen zurückzuführen sind. Daß sich die Debatte des Maastrichter Vertrages dennoch auf die Währungspolitik konzentriert hat, ist darauf zurückzuführen, daß der Maastrichter Vertrag den Weg für die Abgabe nationalstaatlicher Kompetenzen in diesem Bereich bereitete.

Unabhängigkeit der Zentralbank: Der Begriff der „Zentralbankunabhängigkeit" nimmt folgend einen breiten Raum ein, dem mit einer genaueren Untersuchung im zentralbanktheoretischen Kapitel Rechnung getragen werden soll. Hier wird anfänglich in Anlehnung an die Begriffsunterscheidung von Louis (1989) zwischen institutioneller, personeller, funktioneller und finanzieller Unabhängigkeit eine Arbeitsdefinition gewählt, die sowohl eine erste Annäherung an die Mehrdimensionalität des Phänomens als auch einen Blick auf die souveränitätstheoretischen Aspekte des Maastrichter Vertrages erlaubt.[4]

---

ergänzt diese Liste um das Tätigkeitsmerkmal einer „Autorität" in Geld, Kredit- und Währungsfragen. In historischer Betrachtung wird die Funktion einer „Bank der Banken" auch als determinierend für die Bezeichnung „Zentralbank" beurteilt. Siehe Hahn (1990) S. 144.

[1] Siehe zu einer ausführlichen Definition Becker (1985) S. 17.

[2] Lück (1998) verweist auf die Aufgabe der „Ordnungspolitik des Währungswesens", die von der Legislative wahrgenommen wird. Dem ist hinzuzufügen, daß auch die Judikative an Bedeutung für die Ausübung der Zentralbankpolitik gewonnen hat, was durch die Entscheidungen des Bundesverfassungsgerichts und des Bundesverwaltungsgerichts illustriert wird. Siehe dazu Hahn (1990) S. 263. Diese Tendenz ist in eine generelle Entwicklung der Unterwerfung kritischer politischer Entscheidungen unter das Urteil der Judikative einzuordnen. Siehe zur „Juridifizierung" des politischen Systems Katz (1987) S. 230.

[3] Siehe dazu Goodhart (1987).

[4] Eine andere mögliche Differenzierung wäre die Unterscheidung zwischen „ökonomischer" und „politischer" Unabhängigkeit. Siehe dazu Grilli/Masciandaro/Tabellini (1991) S. 367.

2. Souveränität und Zentralbankunabhängigkeit

2.1. Souveränität und Währungshoheit

"Souveränität"[1], "Staatlichkeit" und "Währungshoheit"[2] sind Begriffe, die in der modernen Staatsgeschichte miteinander verbunden sind.[3] Folgend soll in Anlehnung an staatspolitische und verfassungsrechtliche Untersuchungen eine Klärung ihres Zusammenhangs herbeigeführt werden.

Der Staatsbegriff, d.h. die Eliminierung privater Gewalten und ihre Zusammenführung (und Ersetzung) durch eine oberste staatliche Macht, ist in einer engen Auslegung der Neuzeit zuzuordnen.[4] An die Stelle der vereinzelten Gewaltausübung und der Verteilung von Regalien durch die Person eines Herrschers, denen durch kriegerische Auseinandersetzungen Nachdruck verliehen wurde, trat die öffentliche Gewalt. Souveränität als Durchsetzungsmacht der Staatsgewalt stellt gegenüber den Lösungsmodellen von politischen Konflikten durch Terror, Schiedsspruch und Kompromiß eine vierte Möglichkeit zur Erzielung inneren (und später auch äußeren) Friedens dar. Frieden entsteht durch Souveränität, die Monopolisierung der Gewalt bei der öffentlichen Ordnung.[5]

Bei den früheren, ersten Definitionen staatlicher Souveränität handelte es sich noch nicht um die Beschreibung einer öffentlichen Gewalt und deren Kompetenzen im Sinne eines modernen Staatswesens: Motive für die frühe Prägung des Begriffs waren eher die Stär-

---

[1] „Souveränität" läßt sich aus dem klassischen Wort „super" (oben) ableiten, das im Mittelalter zu „superanus" (der oberste, höchste) wurde. Im Altfranzösischen wurde daraus „soverain" und „soveraineté". Die ursprüngliche Verwendung (erstmalig 1120 erwähnt) fand im religiösen Bereich statt, doch schon früh wurde der Begriff zur Bezeichnung von Herrschaftspositionen genutzt. Quaritsch (1986).

[2] Unter dem Begriff "Währung" ist nach Hahn die "... abstrakte oder ideelle Einheit eines Geldsystems, zugleich jedoch das gesamte Geldwesen eines Landes, seiner Geldordnung oder -verfassung" zu verstehen. Hahn (1990) S. 266. Im Unterschied zum Geld, das sich auf Instrumente bezieht, geht es bei der Währung um "... die Vorstellung vom *gesamten Geldwesen*" oder die Bezeichnung wird mit einer "abstrakten oder ideellen *Einheit des Geldsystems*" verbunden. Vgl. Samm (1997) S. 235 (Hervorhebungen des Autors). In einer weiteren Definition wird dieser Begriff auch mit Geldwesen oder Geldordnung gleichgesetzt. "Währungshoheit" ist kein verfassungsrechtlich klar bestimmter Begriff.

[3] Aus dieser Zusammengehörigkeit läßt sich eine staatliche Theorie des Geldes ableiten; "... durch die Gestattung des Umlaufs von Geld, das nicht vom Staat geschaffen oder wenigstens genehmigt ist, würde diese Währungshoheit verneint." Hahn (1990) S. 21. Staatlichkeit muß jedoch nicht der Währungshoheit vorausgehen wie das Beispiel Währungsunion zeigt. Zur Staatlichkeit der Europäischen Union Jeckel (1997). Zur Systematik siehe Veit (1969).

[4] Harder (1996) S. 56. Ähnlich Veit (1969). Damit werden in dieser Betrachtung die frühen Staatsformen außer acht gelassen.

[5] Bezeichnend für diesen Erklärungsansatz ist der historische Ursprung der ersten Souveränitätstheorien, die als Reaktion auf den blutigen Bürgerkrieg in Frankreich und die Hugenottenverfolgung gelesen werden können. Siehe dazu Kriele (1988) S. 58.

kung der Stellung des Königs, des Souveräns, und der Loyalität seiner Untertanen.[1] Souveränität hatte daher keine juristische, sondern eine politisch pragmatische Funktion.[2] In diesem Sinne definiert auch Jean Bodin (1529/30-1596), einer der wichtigsten staatspolitischen Denker, der 1576 die „Six Livres de la République" veröffentlichte, den Begriff. Souveränität ist bei Bodin die *"puissance absolue d'une République"*[3], die einem Staatsorgan zugesprochen wird.[4] Die Gesetzgebungskompetenz wurde als Hauptmerkmal der Souveränität bezeichnet. Sie wird als *"poinct principal de la maiesté souveraine"* beschrieben.[5] Alle anderen Befugnisse des Souveräns wurden aus dieser einen Generalkompetenz abgeleitet.[6] Zu den von Bodin aufgestellten acht Souveränitätsrechten zählte auch das Recht des „battre la monnaie" (Münzrecht). Vor der Entstehung des Papiergeldes im 17. Jahrhundert war dies gleichbedeutend mit der Geld- und Währungshoheit eines Staates.[7] In der modernen abendländischen Definition bedeuten Staatlichkeit und Souveränität Volkssouve-

---

[1] Im modernen Verfassungsstaat hingegen gibt es in diesem Sinne keinen Souverän, Volkssouveränität heißt nicht, daß das Volk Gewalt ausübt, sondern, daß die Gewalt vom Volk ausgeht und über die Verfassungsorgane in Form der Gewaltenteilung ausgeübt wird. Kriele (198) S. 226f.

[2] Daher war auch nicht die Rede von der Souveränität eines Verfassungsstaates im heutigen Sinne, sondern von der eines Souveräns. Kriele (1988) S. 56.

[3] Bodin 1583/1961, livre I, chapitre VIII, S. 122 und Matteucci (1993) S. 286.

[4] Bodin stand unter dem Eindruck des konfessionellen Bürgerkriegs. Die Könige waren nicht „souverän", sie waren zu schwach, sich gegen Partikularinteressen durchzusetzen. „Er legte dar, daß die natürliche Vernunft darin bestehe, den Stufenbau der Interessen von unten nach oben zu erkennen ... Seine Einsicht bestand aber darin, daß es nicht Aufgabe des Politischen ist, die höheren Werte zu verwirklichen, praktisch gesprochen: der katholischen Sache zum Sieg zu verhelfen, sondern Fundamente zu sichern." Diese Fundamente konnte der König nur sichern, wenn er die Eigenrechte der verschiedenen Parteien, Krieg zu führen, die ihnen im Feudalsystem zugestanden worden waren, aufheben konnte. „Die Theorie der Souveränität machte diese Rechte verfügbar und sprach dem König das Verfügungsrecht zu. Der König sollte „legibus abolutus", von den überlieferten Rechten unabhängig gedacht werden... " Kriele (1988) S. 52. Es standen somit zwei Legitimitätsgrundlagen nebeneinander, die je nach Bedarf genutzt werden konnten: Die Ableitung der Herrschaftsgrundlage aus dem Recht und die Ableitung aus der Theorie der Souveränität. Alle Gewalt befand sich ungeteilt in der Hand eines Souveräns. Staatsgewalt, die sich in anderen Händen befand, war von ihm delegierte Gewalt. Es gab keine Gewaltenteilung. Bei Bodin ist Souveränität die höchste, rechtlich unbeschränkte Gewalt über die Bürger und die Untergebenen, die „summa potestas". Kriele (1988) S. 59.

[5] Im Gegensatz zur mittelalterlichen Sichtweise, die die Legislative als eine ergänzende oder auch auf ein bestimmtes Sachgebiet beschränkte Kompetenz auffaßte, erhielt der Souverän damit eine allgemeine Handlungsvollmacht, die jedoch in Form des göttlichen Rechts und des Naturrechts Beschränkungen unterworfen war. „Die Sachkompetenzen des Souveräns – die 'Souveränitätsrechte' – dürfen nicht mißverstanden werden als Beschreibung von öffentlicher Gewalt oder Staatsgewalt schlechthin. Die Zuständigkeiten des Souveräns bilden auch keinen selbständigen Überbau; es sind Kriterien und Indizien, die der Bestimmung der Staatsform, also der Ermittlung des Inhabers der Souveränität dienen." Quaritsch (1986) S. 46f. Zum Wandel des Begriffs bei Hobbes siehe Harder (1996) S. 55f.

[6] Souveränität ist bei Bodin nicht als Generalvollmacht zu verstehen. Sie wurde auf vielerlei Weise begrenzt: neben dem bereits erwähnten Naturrecht durch Erbfolgegesetze, Verträge und das Steuerbewilligungsrecht der Stände. Vgl. Kriele (1988) S. 61.

[7] Matteucci (1993) S. 286.

ränität und demokratische Selbstbestimmung.[1] Staatsgewalt wird nicht als Bündel einzelner "Regalien", sondern als einheitliche, nicht teilbare, originäre und unabgeleitete Gewalt verstanden.[2] Die Souveränität stellt die höchste, wenn auch nicht schrankenlose Gewalt nach innen und Unabhängigkeit nach außen dar. Souveränität ist die *„Eigenschaft der Staatsgewalt, die höchste herrschende Gewalt im Staat zu sein."*[3] Hoheitsrechte sind demnach *"Befugnisse des Staates, aus der einheitlichen Staatsgewalt heraus, auf bestimmten Sachgebieten tätig zu werden"* d.h. "Ausübung von Staatsgewalt" oder "Kompetenzen":[4]

„Die Staatsgewalt selbst ist die Autonomie des Volkes (Art. 20 II 1 GG), welche nicht übertragen werden kann."[5]

Folgend werden unter der Währungshoheit Hoheitsrechte aus dem Bereich des Währungswesens verstanden, die sich sowohl auf die Währungspolitik als auch auf das Währungsrecht beziehen können.[6] Die Verbindung der historischen Anmerkungen zu den weiteren Ausführungen kann durch mehrere Beobachtungen hergestellt werden: Bodin hat mit seiner Liste von Souveränitätsrechten und der expliziten Erwähnung der Währungshoheit einen Grundstein für die auch heute noch gültige Auffassung gelegt, daß ein stabiles Geld- und Währungswesen die Grundlage für ein funktionierendes Wirtschafts- und Gesellschaftssystem darstellt und daß auch die Symbolkraft einer stabilen Währung eine Rolle spielt, die so weit gehen kann, daß sie - wie im Fall der D-Mark - zu einem Bestandteil nationalen Selbstbewußtseins oder staatlicher Identität wird.[7] Die Vernachlässigung einer Differenzierung zwischen innerer und äußerer Souveränität in dieser Arbeit basiert auf dem Gedanken, daß Souveränität innerhalb eines Staates die höchste - auch

---

[1] Zu unterscheiden ist hier gleichwohl zwischen Verfassungsstaat und Demokratie. Volkssouveränität ist nicht gleichbedeutend mit Volksherrschaft. Erst die Kombination von Volkssouveränität mit der Volksherrschaft macht einen demokratischen Verfassungsstaat aus. Kriele (1981) S. 227.

[2] Jeckel (1997) S. 30f.

[3] Jeckel (1997) S. 36.

[4] Jeckel (1997) S. 119f.

[5] Studt (1992) S. 220.

[6] Samm (1997) S. 236 versteht diese als Kompetenz zur Regelung der Geldverfassung, die dem Staat zusteht. Zwischen dieser Definition und dem später zu behandelnden Transfer von Hoheitsrechten besteht ein Spannungsverhältnis, das sich ohne eine vertiefende verfassungsrechtliche Analyse nicht auflösen läßt, so daß die sich ergebende obige unscharfe Definition auch aufgrund einer mehrheitlich in der Literatur vertretenen übereinstimmenden Auslegung des Begriffes Währungshoheit auch für das Objekt des Transfers auf die ESZB und EZB (der Empfänger von wechselkurspolitischen Rechten wird häufig unterschlagen) für den Rest der Arbeit in Kauf genommen wird. Deutlich muß allerdings sein, daß es sich nicht um den Transfer von Staatsgewalt handelt, Jeckel weist auf den Plural in der einschlägigen verfassungsrechtlichen Bestimmung des Grundgesetzes hin (Art. 24) der seiner Meinung nach eine Aufgabenteilung zwischen Übertragungsempfänger und Übertragendem nahelegt. Siehe dazu auch Hahn (1992) und Harder (1996), sowie Samm (1997) S. 228.

[7] Siehe Löffelholz (1998) S. 6.

rechtsetzende - Gewalt darstellt. Diese Autorität kann nicht durch eine äußere Macht beschränkt sein, ohne ihre Qualität zu verlieren.[1]

"Nur der souveräne Staat, d.h. der von Weisungen jedes anderen Staates unabhängige und nach außen als Wirkungseinheit auftretende Staat ist geborenes Völkerrechtssubjekt; er verkehrt mit anderen souveränen Staaten unmittelbar auf der Ebene des Völkerrechts (Völkerrechtsunmittelbarkeit)."[2]

Daraus läßt sich eine gegenseitige Bedingtheit der inneren und äußeren Souveränität ableiten, die zur Folge hat, daß beide Aspekte nicht getrennt voneinander betrachtet werden können.[3]

Souveränität kann nicht als absoluter Begriff verstanden werden, denn die Begrenzung und der Transfer einzelner Hoheitsrechte (Ermächtigungen zur Ausübung der Staatsgewalt) könnte auf diese Weise zu einem vollständigen Verlust staatlicher Souveränität führen.[4] Die europäische Integrationsgeschichte hat gezeigt, daß ein moderner Souveränitätsbegriff die Interdependenz der heutigen Staaten berücksichtigen muß. Auch eine quantifizierende Betrachtungsweise - in Form einer Abhängigkeit von der Zahl und der Tragweite der übertragenen Kompetenzen - führt bei zunehmender Übertragung von Hoheitsrechten zu einer schrittweisen Verminderung staatlicher Souveränität, ohne daß auf der anderen Seite Staatlichkeit "vergrößert" würde.[5] Fraglich ist, wo die Grenze für ein Verschwinden staatlicher Souveränität zu ziehen ist.[6] In Anlehnung an Harder (1996) wird

---

[1] Abgesehen von dem geringen Erkenntnisfortschritt, den eine derartige Differenzierung für das hier zu behandelnde zentrale Thema, die Währungshoheit, mit sich bringen würde, birgt die Definition der äußeren Souveränität Probleme in sich, die hier nur kurz erwähnt werden können: „... Denn Unabhängigkeit und Gleichheit der Staaten bedeutet nichts anderes als Anerkennung der Verbindlichkeit von Grundnormen des Völkerrechts. Völkerrechtliche Souveränität ist also ein Widerspruch in sich, denn sie bedeutet so viel wie Nichtsouveränität." Kriele (1988) S. 68.

[2] Vgl. Harder (1996) S. 59, Jeckel (1997) S. 31.

[3] Unterschieden wird hingegen sehr wohl zwischen der Übertragung der geldpolitischen Kompetenzen auf eine nationale Zentralbank und eine supranationale Institution. Diese Differenzierung läßt sich aber nicht durch die Unterscheidung zwischen innerer und äußerer Souveränität greifbar machen. Zudem fällt es auch schwer, im Bereich der Geld- und Währungspolitik von den starken internationalen Interdependenzen abzusehen.

[4] Die Debatte über die Gültigkeit eines modernen Souveränitätskonzeptes reicht von der Auflösung staatlicher Souveränität angesichts der zunehmenden internationalen Verflechtungen wie bei Camilleri/Falk (1992) bis hin zu einer Relativierung, die zwar die Auflösungserscheinungen berücksichtigt, jedoch den Staat immer noch als grundlegende politische Einheit begreift. Siehe dazu Goodwin (1974) und Harder (1996) S. 61ff und 67ff. Harder begreift bereits die Entstehung der Gemeinschaft als Berechtigung für das Infragestellen des herkömmlichen Souveränitätsbegriffs, da Gemeinschaftsgewalt selbständig neben die Staatsgewalt der Mitgliedsstaaten tritt.

[5] Siehe dazu Jeckel (1997).

[6] Zum Problem der Teilbarkeit und Dopplung staatlicher Souveränität etwa in einem Bundesstaat siehe Jeckel (1997) S. 34 und die dort dargestellten Meinungen. Bereits mit Gründung der Europäischen Ge-

folgend auf einen qualitativen Souveränitätsbegriff zurückgegriffen, der Souveränität als Gesamtheit einzelner Kompetenzrechte versteht, die auf verschiedene Träger aufgeteilt werden. Kritisch ist dabei die Existenz eines Kernbestands von Rechten, deren Existenz die Souveränität eines Staates sichert.[1]

Verfassungsrechtlich ergibt sich bei Verwendung des Kriteriums der Kernkompetenzen jedoch noch keine erschöpfende Antwort, denn die Qualität der nach deutschem Verfassungsrecht übertragbaren Hoheitsrechte wird von der Verfassung nicht eingegrenzt, d.h. es spielt verfassungsrechtlich zunächst keine Rolle, ob die *"Währungshoheit unter ganz besonderem Verfassungsschutz steht, die Geldhoheit gar als Attribut der Staatsgewalt, ja als Identifikationsmerkmal eines Gemeinwesens gilt ..."*[2] Der Frage, worin ein Kernbestand bestehen kann, kann man sich durch den Verweis auf einen Katalog unerläßlicher Staatsfunktionen nähern.[3]

Die Zusammengehörigkeit von Währung und Staatlichkeit,[4] wie sie auch Art. 73 Nr. 4 GG formuliert, der dem Bund die ausschließliche Gesetzgebungskompetenz auf dem Gebiet des Währungs-, Geld- und Münzwesens zuweist,[5] wird in der deutschen Literatur weithin unterstützt.[6]

"Ein funktionsfähiges Währungs- und Finanzwesen und dessen Glaubwürdigkeit gehören zu den Grundvoraussetzungen jedes ökonomischen, sozialen und gesellschaftlichen Zusammenhalts."[7]

---

meinschaften wäre bei einem absoluten Souveränitätsverständnis die Souveränität amputiert worden. Die Mitgliedsstaaten haben aber seither als souverän wahrgenommene Staaten gehandelt. Entscheidendes Kriterium für die Auflösung des Problems ist die Frage, ob die der Europäischen Union überantworteten Kompetenzen wieder zurückgeführt werden können, d.h. ob die Mitgliedsstaaten austreten können. Das Bundesverfassungsgericht hat diese Frage nach dem Maastrichter Vertrag bejaht, die Bundesrepublik Deutschland bleibt auch nach der Ratifikation noch einer der "Herren der Verträge". Siehe zu dieser umstrittenen Entscheidung Jeckel (1997) S. 90.

[1] Unterstützt wird diese Definition durch das Urteil des Bundesverfassungsgerichtes über den Maastrichter Vertrag, das aussagt, daß die Staaten einen Kernbestand ihrer Souveränität nicht verlieren, sondern lediglich Union und EG nach dem Prinzip der begrenzten Einzelermächtigung mit bestimmten Kompetenzen und Befugnissen ausgestattet werden. Siehe dazu BVerfGE 89 (1993), 155 (166/167; 169). Zum quantitativen Ansatz Harder (1996) 69ff.

[2] Hahn (1992) S. 109.

[3] Harder (1996, S. 75) zitiert Steinberger, der dazu neben der Außen- und Verteidigungspolitik auch die Wirtschafts-, Finanz- und Budgetpolitik zählt.

[4] Es handelte sich hier bei genauerer Betrachtung um Staatsgewalt (pouvoir constitué) im Gegensatz zur verfassungsgebenden Gewalt (pouvoir constituant). Kriele (1988) S. 87.

[5] Zur Analyse Hahn (1990) S. 228.

[6] Siehe beispielsweise Veit (1969) S. 178, Arnold (1993) S. 279, Hahn (1990) S. 228. Die wirtschaftswissenschaftlichen Positionen setzen in den Diskussionen über die Vor- und Nachteile der Geldwertstabilität einen solchen Zusammenhang voraus.

[7] Jochimsen (1994) S. 56, zitiert bei Harder (1996) S. 95.

Die Bedeutung, die der Geld- und Währungspolitik beigemessen wird, scheint sie also dem Bereich der Kernkompetenzen zuzuordnen.[1] So urteilt auch Hahn (1992):

"Währungssicherung stellt eine staatliche Obliegenheit dar, die mit Hilfe staatlicher Befugnisse erfüllt wird."[2]

Die Übertragung einzelner Kompetenzrechte führt demnach bei Verwendung eines qualitativen Souveränitätsbegriffes nicht zum Verlust staatlicher Souveränität, solange ein Kernbestand von Rechten nicht maßgeblich betroffen ist. Mit der Übertragung der Währungskompetenzen auf eine supranationale Ebene wird dieser Kernbestand berührt und es stellt sich somit die Frage nach dem Verbleib staatlicher Souveränität der Mitgliedsstaaten und der Staatlichkeit der Europäischen Union.[3]

Wenngleich mit den vorangehenden Äußerungen ein Versuch der Annäherung an den Komplex „Souveränität" versucht worden ist, so können die aufgezeigten Definitionen nicht vergessen machen, daß die Verwendung des Souveränitätsbegriffs an sich schon zu Problemen führt, die hier nicht vollständig aufgelöst werden können.[4] In Anlehnung an Hahn (1992) wird daher auch weitgehend auf den Terminus „Hoheitsrechte" zurückgegriffen.

---

[1] Siehe dazu auch Arnold (1993) S. 279.

[2] Vgl. Hahn (1992) S. 109.

[3] Jochimsen interpretiert den Transfer von Geld- und Währungskompetenzen als Verlust der Währungssouveränität und eines wesentlichen Teils nationalstaatlicher Hoheit, Doehring geht so weit, von einer "Souveränitätsamputation" zu sprechen. Vgl. Harder (1996) S. 97. Fraglich ist, ob man überhaupt von Währungssouveränität sprechen kann oder ob nicht vielmehr Souveränität als ein den währungspolitischen Kompetenzen übergeordneter Begriff gedacht werden muß. Entstehungsgeschichtlich ließe sich eine solche Auslegung mit der Motivation der ersten Souveränitätstheorien begründen. Kriele (1988). Verfassungsrechtlich stellt sich das Problem in Deutschland auf andere Weise, denn erst, wenn sich die "Fülle der Staatsgewalt" auf eine zwischenstaatliche Einrichtung verlagert, wird der Regelungsbereich des Art. 24 I GG, der den Transfer nationaler Hoheitsrechte erfaßt, überschritten. Hahn (1992) S. 109 und 100 sowie Jeckel (1997).

[4] Siehe zu der umfangreichen Literatur hinsichtlich des Verhältnisses von Souveränität und Hoheitsrechten Studt (1992) S. 219ff und Jeckel (1997).

2.2. Unabhängigkeit der Zentralbank - Das Beispiel der Deutschen Bundesbank

Ausgehend von der Feststellung, daß Währungshoheit eine originär dem Staat zuzuordnende Kompetenz ist, stellt sich die Frage, wie sich eine politisch unabhängige Zentralbank dazu verhält.[1] Papier (1981) setzt die Stellung von Zentralbanken - ob ihr Status unabhängig ist oder nicht - einer „Art Regierungsorgan" gleich:

"Die auf die Sicherung der Währung und die Wahrung des gesamtwirtschaftlichen Gleichgewichts bezogenen Aufgaben der Zentralbanken sind materiell Regierungsfunktionen. Ihre Wahrnehmung bedeutet Teilhabe an der politischen Staatsleitung. Daher kann die Notenbank als eine Art Regierungsorgan bezeichnet werden."[2]

Für eine unabhängige Zentralbank ergäbe sich die Möglichkeit, als Verfassungsorgan und „vierte Gewalt" im Sinne einer Gewaltenteilung zu fungieren oder aus der Exekutive herausgelöst eine besondere Stellung einzunehmen.[3] Am Beispiel der Deutschen Bundesbank vor dem Maastrichter Vertrag soll diese letztere Möglichkeit[4] aufgegriffen werden und das Verhältnis der Deutschen Bundesbank zu Exekutive, Legislative und Judikative näher erläutert werden.

2.2.1. Die Deutsche Bundesbank und die Exekutive

Die Bundesbank stellt verfassungsrechtlich einen Teil der Exekutive dar,[5] sie ist daher in das politische System eingebettet:

"Die Zentralbank ist als Gestaltungs- und Durchführungsorgan der staatlichen Währungspolitik heute Teil der Exekutive, an deren Spitze die Regierung steht. Die Währungspolitik ist nur ein Teil der gesamten Wirtschafts- und vor allem auch Konjunkturpolitik."[6]

---

[1] Dazu Samm (1997) S. 233: "Der gegenständliche Begriff des Geldes .... ergibt sich aus der staatlichen Theorie des Geldes, die zwingend aus der in den modernen Verfassungen verankerten Geldhoheit des Staates folgt."

[2] Papier (1981) S. 110.

[3] Siehe Lück (1998) S. 119.

[4] Die Deutsche Bundesbank ist kein Verfassungsorgan, da ihre Rechte und Pflichten nicht unmittelbar aus dem Grundgesetz hervorgehen. Maunz/Düring (1997) Art. 88 Rdnr. 6f. Eine indirekte Feststellung ergibt sich aus § 29 BBankG, der der Bundesbank die Stellung einer obersten Bundesbehörde zuweist. Siehe dazu auch Lampe (1971) S. 96, Bauer (1996) S. 483 und Studt (1992) S. 79.

[5] Die Position des Art. 88 im Abschnitt VIII des Grundgesetzes ("Die Ausführung der Bundesgesetze und die Bundesverwaltung") weist auf eine solche Auslegung hin. Siebelt (1988) S. 184.

[6] Dazu Bonin (1979) S. 192."Die Bundesregierung ist - mit der schon erwähnten Einschränkung (Kompetenz des Gesetzgebers, die nationale Währungshoheit durch völkerrechtliche Verträge einzuschränken,

Die Ausgliederung einer Zentralbank durch ihre Unabhängigkeit aus der "Einheit der staatlichen Exekutive"[1] stellt sie nicht außerhalb des Staatssystems.[2]

Einige Kommentatoren gehen so weit, in der Bundesbank eine "Gegenregierung"[3] oder eine "Nebenregierung für den Bereich der Geldpolitik" [4] zu vermuten. Dagegen sind eine Reihe von Argumenten anzuführen, die sowohl auf der verfassungsrechtlichen Stellung, der institutionellen Eingliederung der Bundesbank und dem ihr zur Verfügung stehenden Instrumentarium als auch auf ihren organisatorischen Beziehungen gründen.

Die Unabhängigkeit der Deutschen Bundesbank ist keine absolute Autonomie im Sinne von „Eigengesetzlichkeit". Sie ist in ein Beziehungsgeflecht eingebunden und wird auch durch die anderen Staatsgewalten begrenzt.[5] Zunächst ist die Unabhängigkeit nicht verfassungsrechtlich garantiert, sie kann von der Legislative durch ein einfaches Gesetz aufgehoben werden. Die Stellung der Bundesbank und ihre Aufgaben werden durch das Bundesbankgesetz[6] bestimmt. In ihm ist die Unabhängigkeit gegenüber der Bundesregierung (§ 12 BBankG) und die Aufgabe der Währungssicherung (§ 3 BBankG) verankert. Zudem erhält die Bundesbank dadurch eine "Sonderstellung im Gefüge der staatlichen Ordnung".[7] Sie wird der mittelbaren Staatsverwaltung zugerechnet[8] und ist eine bundesunmittelbare juristische Person des öffentlichen Rechts.[9] Das Grundkapital der Bundesbank betrug vor den

---

S.T.) Träger der Münzhoheit. Auf dem Gebiet der Geldpolitik besitzt die Regierung keine unmittelbaren Kompetenzen." Issing (1996) S. 26. Siehe dazu auch Sayers (1958) S. 65.

[1] Von Bonin (1979) S. 193, auch zitiert bei Harder (1996) S. 129.

[2] Das Bundesverfassungsgericht urteilte dazu, daß die Bundesbank "... kraft ihrer verfassungsrechtlichen unabhängigen Stellung keiner Aufsicht anderer Organe der Exekutive unterliegt." BVerfGE 62, 169, 183. Siehe auch Hahn (1990) S. 18.

[3] „(....) die Deutsche Bundesbank (....) ist auf dem Gebiet der Währungs- und damit der Wirtschaftspolitik als eine Kontre-Regierung errichtet und bewußt der Einwirkung und Kontrolle gesellschaftlicher Kräfte entzogen." Wildenmann zitiert von Hader (1996) S. 109.

[4] Arnim (1984) S. 341.

[5] Art. 20 II GG , Studt (1995) S. 79, Bauer (1996) S. 488.

[6] Künftig auch BBankGG.

[7] Veit (1961) S. 182, auch zitiert bei Harder (1996) S. 105.

[8] Die nunmehr in der Literatur auch als veraltet bezeichnete Unterscheidung zwischen mittelbarer und unmittelbarer Staatsverwaltung bezieht sich auf die Trägerschaft der öffentlichen Verwaltung. Ist der Staat in Gestalt von Bund oder Land der Träger, so handelt der Bund bzw. das Land durch seine Verwaltungsbehörden. Öffentliche Verwaltung durch vom Staat ausgegliederte rechtsfähige Verwaltungsträger des öffentlichen oder des Privatrechts werden auch mittelbare Staatsverwaltung genannt. Somit bezeichnet der Begriff „mittelbare Staatsverwaltung" die Wahrnehmung staatlicher Aufgaben durch relativ verselbständigte Untergliederungen des Staates. Bull (1997) S. 83, Rudolf (1988) S. 633.

[9] Harder (1996) S. 105. Die Bezeichnung „bundesunmittelbare Anstalt oder Körperschaft des öffentlichen Rechts" bezieht sich auf die Eingliederung in den Aufbau der Bundesverwaltung. Eine solche ist von den Bundesoberbehörden zu unterscheiden, die einer obersten Bundesbehörde (Ministerium) nachgeordnet sind, keinen Unterbau haben und für das gesamte Bundesgebiet zuständig sind. Nach Art. 87 Abs. 3 GG kann der Bund „bundesunmittelbare Körperschaften und Anstalten des öffentlichen Rechts" für Angelegenheiten errichten, für die ihm die Gesetzgebung zusteht. Broß (1996) S. 389. Die Stellung einer „bun-

mit dem Maastrichter Vertrag initiierten Gesetzesänderungen 290 Mio. DM und gehörte dem Bund, dem die ausschüttungsfähigen Notenbankgewinne zuflossen.[1] Die Unabhängigkeit läßt sich also nicht von der verfassungsrechtlichen Weisung des Artikels 88 GG ableiten, eine "Währungs- und Notenbank" zu errichten.[2]

Die institutionelle Stellung der Bundesbank als einer von mehreren wirtschaftspolitischen Entscheidungsträgern - neben dem mit haushaltspolitischer Kompetenz versehenen Bundestag und der Bundesregierung mit wechselkurspolitischen Entscheidungsrechten - wird durch den Auftrag des § 12 S. 1 BBankG ergänzt. Durch diesen wird die Deutsche Bundesbank dazu verpflichtet, subsidiär die allgemeine Wirtschaftspolitik der Bundesregierung zu unterstützen.[34] Zudem wird die Unabhängigkeit von Weisungen der Bundesregierung durch §12 S. 2 BBankG auf die im Bundesbankgesetz festgelegten Aufgaben beschränkt.

Das Prinzip der parlamentarischen Verantwortlichkeit besagt, daß es " ... *in einer parlamentarischen Demokratie keine Nebenregierung dergestalt geben (dürfe S.T.), daß bestimmte Stellen der Exekutive nicht der Regierung unterstellt seien mit der Folge, daß diese für das Handeln solcher Institutionen der Volksvertretung gegenüber keine Verantwortung trage."*[5]

Das Verbot ministerialfreier Räume, das daraus folgt, besteht jedoch nicht ausnahmslos, so daß eine solche Ausnahme auch für die Bundesbank geltend gemacht werden könnte.[6]

Dementsprechend urteilte das Bundesverwaltungsgericht:

"Die Unabhängigkeit der Bundesbank, so wie sie im Gesetz vom 26. Juli 1957 geregelt ist, wird

---

desunmittelbaren juristischen Person des öffentlichen Rechts" (§2 Satz 1 BBankG) heißt nicht, daß es sich um eine bundeseigene Verwaltung handelt, die als solche weisungsabhängig wäre. Hinsichtlich der Rechtsform als einer Körperschaft oder Anstalt öffentlichen Rechts gibt es abweichende Aussagen, wobei jedoch die h.M. zu einer Anstalt tendiert. Siehe Studt (1992) S. 78 Fußnote 4 und Donner/Neumann (1994) S. 153.

[1] § 2 BBankG i.d.F. vom 22.10.1992.

[2] Die fehlende verfassungsrechtliche Garantie ließe sich als Argument gegen Bedenken hinsichtlich der demokratischen Legitimität deuten: Wenn die Legislative die Unabhängigkeit der Bundesbank durch ein einfaches Gesetz aufheben könnte, dann besteht diese Unabhängigkeit nicht gegenüber der Legislative. Das gilt auch für die Normensetzungsbefugnis, die die Legislative der Bundesbank übertragen hat und jederzeit einschränken und korrigieren kann. Zudem muß die Bundesbank der Kontrolle der Judikative unterworfen sein, was durch Art. 19 IV GG belegt wird. Hahn (1990) S. 264.

[3] Hahn (1990) S. 263.

[4] Weitere Faktoren sind beispielsweise die Ernennung der Mitglieder des Zentralbankrats und das Teilnahmerecht der Regierungsmitglieder an Zentralbankratssitzungen. Siehe zum Zusammenwirken von Bundesbank und Bundesregierung Hahn (1990) S. 256f.

[5] Hahn (1990) S. 264.

[6] Beispielhaft sei die Bundesanstalt für Arbeit genannt. Hahn (1990) S. 264.

jedoch von Art. 88 GG nicht ausgeschlossen und steht auch nicht zu sonstigem Verfassungsrecht, insbesondere zu Art. 20 Abs. 1GG (Verfassungsgrundsatz des demokratischen Rechtsstaats, S.T.) im Widerspruch."[1]

Die Verfassungsmäßigkeit der Unabhängigkeit und das Entstehen eines ministerialfreien Raums müssen jedoch nach dem Grundsatz der Güterabwägung und der Verhältnismäßigkeit gerechtfertigt sein:[2] Hahn (1990) führt die verfassungsrechtliche Legitimation der Unabhängigkeit der Bundesbank von Weisungen der Regierung auf einen spezifischen Währungsbegriff zurück. Wenn Geld die Funktion eines allgemeinen Tauschmittels annehmen soll, dann bedarf es zur Erfüllung dieser Aufgabe des Vertrauens der Gesellschaft. Die Währungs- und Notenbank ist demnach von diesem Vertrauen abhängig, wenn sie ihre Aufgabe erfüllen soll.

"Das Gebot des Herstellens und Erhaltens dieses Vertrauens bildet also den grundlegenden Verfassungsauftrag an den Gesetzgeber, den er gegenüber dem Noteninstitut zu beachten hat. In solcher Sicht erscheint die Autonomie der Notenbank als ein mögliches Mittel zur Erfüllung jenes Verfassungsauftrags."[3]

Somit muß das Verfassungsgut "Währungsstabilität" im Rahmen des gesamtwirtschaftlichen Gleichgewichts (Art. 109, Abs. 2 GG) gegen das aus dem Demokratie- und Rechtsstaatsprinzip entstehende Gebot der ministerialen Leitungsbefugnis (Art. 65, Satz 2 GG) abgewogen werden.[4][5] Das deutsche Beispiel zeigt, daß auch bei weitgehender Unabhängigkeit der Zentralbank das Verhältnis zwischen Regierung und Zentralbank noch nicht gänzlich normativ erfaßt sein kann.

---

[1] BVerwGE 41, 334, 356.

[2] Siehe dazu Katz (1987) S. 265.

[3] Vgl. auch Hahn (1990) S. 267. Siehe zu anderen, verfassungsrechtlichen Begründungen der Weisungsfreiheit Hahn (1990) S. 261ff. Mit dieser Begründung verfolgt er eine funktionsbezogene Argumentation, betont jedoch, daß es sich bei der Unabhängigkeit nur um eine mögliche Entscheidung zur Herstellung des Vertrauens in die Währung handelt. Vgl. auch Ehrenberg (1974) S. 197. Bei anderen rechtswissenschaftlichen Abhandlungen wird häufig die ökonomische Argumentation zu einem Teil der staatsrechtlichen Beweisführung. Vgl. Coburger (1988) S. 33.

[4] Coburger (1988) S. 32. Für Harder (1996) stellt die demokratische Legitimation der Entscheidungsträger der Bundesbank das erste Kriterium für die Verfassungsmäßigkeit dar. In Deutschland wird durch die demokratische Legitimierung der Bundesregierung und des Bundespräsidenten, die maßgeblich für die Ernennung der Entscheidungsorgane der Bundesbank sind, dieser Anforderung entsprochen. Harder (1996) S. 115.

[5] Lampe (1971, S. 47) stellt fest, daß ,,... sowohl Bundesbank als auch Bundesregierung Teile der Exekutive sind und die Regierung als Spitze der Exekutive grundsätzlich zwar allen Trägern von Exekutivgewalt übergeordnet ist, zur Bundesbank aber im Verhältnis der *Koordination* steht." (Hervorhebung durch Autorin, S.T).

Wenngleich sich in der deutschen Literatur hinsichtlich der angesprochenen Unterstützungspflicht der Bundesbank gegenüber der allgemeinen Wirtschaftspolitik der Bundesregierung[1] die Auffassung durchgesetzt hat, daß diese Pflicht dort ihre Grenzen findet, wo sie die Kernfunktion der Bundesbank, die Geldmarktbeeinflussung zum Zwecke der Währungssicherung gemäß §3 BBankG, gefährden würde,[2] so handelt es sich auch im Falle des Bundesbankgesetzes um eine "lex imperfecta", da weder Sanktionen noch Vorkehrungen für die Lösung eines Konflikts vorgesehen sind.

2.2.2. Die Deutsche Bundesbank und die Legislative

Mit den Artt. 88 und 73 Abs. 4 GG werden dem Bund die Gesetzgebungskompetenzen auf dem Währungssektor zugewiesen.

"Die Legislative wird damit zum eigentlichen Träger der institutionierenden Währungspolitik."[3]

Die Bundesbank wäre völlig unabhängig vom Gesetzgeber, wenn dieser keine Möglichkeit mehr hätte, das Bundesbankgesetz zu ändern. Eine solche Unveränderlichkeit ist aber nach deutschem Recht nicht gegeben.[4]

"Zu Buch schlägt weiter, daß die Kontrolle der Verwaltung direkt durch das Parlament, ohne Einschaltung einer Minsterialinstanz erfolgen kann, und der Bundesgesetzgeber im Rahmen seiner Kompetenz nach Art. 73 Nr. 4 GG eine weitgehende Einflußnahme auf die Tätigkeit der Zentralbank vorzusehen mag. Insbesondere auf dem wichtigen Gebiet der Normsetzung kann die Legislative, die der Bundesbank ein Rechtssetzungsrecht unmittelbar übertragen hat, deren Maßnahmen jederzeit korrigieren und darüber hinaus die Normsetzungsermächtigung einschränken."[5]

---

[1] § 12 Satz 1 BBankG i.d.F. vom 22.10.1992.
[2] Hahn (1990) S. 256.
[3] Issing (1996) S. 26. Genauer bei Maunz-Dürig (1997) Art. 88 Rdnr. 5: "... nach Art. 73 Nr. 4 hat der Bund die ausschließliche Gesetzgebungszuständigkeit für das 'Währungs-, Geld- und Münzwesen' und nach Art. 74 Nr. 11 hat er die konkurrierende Gesetzgebungszuständigkeit für das 'Bank- und Börsenwesen'." (Hervorhebung des Autors, S.T.).
[4] Durch Zweidrittelmehrheit kann das Notenbanksystem in der Bundesrepublik aufgehoben werden. Ein einfaches Bundesgesetz kann die Ausgestaltung des Notenbanksystems ändern. Nach § 44 BBankG kann sogar die Unabhängigkeit der Bundesbank von der Regierung aufgehoben werden. Lampe (1971) S. 45. Diese Regelung bezieht sich auf den Zustand vor dem Maastrichter Vertrag. Zur Regelung nach der Ratifizierung siehe Jeckel (1997).
[5] Hahn (1990) S. 264.

Daher ist die Bundesbank vor direkten Eingriffen des Gesetzgebers nicht geschützt.[1] Damit ist noch keine Aussage über die geringe praktische Durchführbarkeit derartiger Intentionen gemacht worden. Lampe (1971) setzt jedoch die Unabhängigkeit von der gesetzgebenden Gewalt dagegen ab, da diese in der Freiheit von parlamentarischer Verantwortung bestehe.[2]

„Die Deutsche Bundesbank ist also vom Parlament als Gesetzgeber abhängig; einer unmittelbaren parlamentarischen Kontrolle unterliegt sie dagegen nicht."[3]

2.2.3. Die Deutsche Bundesbank und die Judikative

Die Beurteilung des Verhältnisses der Deutschen Bundesbank zur Judikative steht und fällt mit dem Rechtscharakter der Akte der Bundesbank.[4] Als Anstalt des öffentlichen Rechts kann die Deutsche Bundesbank im Bereich der von ihr ausgeübten Währungshoheit Verwaltungsakte, autonome Normen und gerichtsfreie Hoheitsakte erlassen.

„Anfechtbar sind die währungspolitischen Akte nur dann, wenn sie Verwaltungsakte sind, nicht anfechtbar sind sie hingegen, wenn sie als normative Bestimmungen oder gerichtsfreie Hoheitsakte zu qualifizieren sind. Von einer Unabhängigkeit von der rechtsprechenden Gewalt kann also nur im letzten Fall gesprochen werden."[5]

Insgesamt läßt sich aus den vorangehenden Erläuterungen schließen, daß es sich bei der Unabhängigkeit der Bundesbank um ein "dienendes Prinzip" handelt, das einer differenzierten Betrachtung und Interpretation bedarf. Es beruht auch in Deutschland weder auf einer „lex perfecta" noch wird die Deutsche Bundesbank in der Literatur einheitlich hinsichtlich ihrer demokratischen Legitimität beurteilt.[6]

---

[1] Lampe (1971) S. 45.
[2] Parlamentarische Kontrolle könnte durch Interpellationen, Resolutionen, parlamentarische Untersuchungen und mögliche Sanktionen ausgeübt werden. Lampe (1971) S. 47.
[3] Lampe (1971) S. 47.
[4] Lampe (1971) S. 33.
[5] Lampe (1971) S. 38.
[6] Harder (1996). Die genaue Stellung der Bundesbank wird in der Literatur als noch nicht hinreichend in der Verfassung konkretisiert beurteilt. Hahn (1990, S. 264) zitiert Schmidt (1987, § 82, Rz. 24), der darin ein "wichtiges Desiderat an den Verfassungsgeber sieht".

3. Von der währungspolitischen Kooperation zum „Souveränitätstransfer" auf supranationale Institutionen

Mit dem Maastrichter Vertrag ist ein wesentlicher Schritt im monetären Integrationsprozeß Europas vollzogen worden.[1] Wie die deutsch-deutsche Währungsunion gezeigt hat, bedeutet die Aufgabe der eigenen währungspolitischen Kompetenzen einen Verzicht auf ein wesentliches Kennzeichen der Staatsgewalt.[2]

"Im Zuge der Verwirklichung der Wirtschafts- und Währungsunion, wie sie die Beschlüsse von Maastricht vorsehen, gehen Hoheitsrechte aus dem Bereich Währungswesen auf EZB sowie die nationalen Zentralbanken als gemeinsamen Trägern des ESZB über, aber schließlich auch auf Rat, Kommission und Parlament, wie Art. 109 des Vertrages über die Europäische Union, der sich mit der Wechselkurspolitik gegenüber Drittländern auseinandersetzt, beispielhaft vor Augen führt."[3]

Ziel des folgenden Kapitels ist es, den Qualitätssprung,[4] der durch den Maastrichter Vertrag im Bereich des Währungswesens erfolgt ist, zu verdeutlichen.

3.1. Chronologie der Wirtschafts- und Währungsunion

Um den europäischen Entwicklungsprozeß zu erklären, sind zahlreiche Theorien formuliert worden, die sich gegenseitig nicht ausschließen und ökonomische und geopolitische Elemente sowie Bestandteile der Organisationstheorie enthalten. Die „geopolitische Theorie" interpretiert den Prozeß als eine Reaktion auf den Untergang des Kommunis-

---

[1] Mit dem vielfach genutzten Begriff "Souveränitätstransfer" ist kein Transfer staatlicher Souveränität oder ein endgültiger Verlust staatlicher Hoheitsgewalt präjudiziert. In der Überschrift wird er - im Gegensatz zu der ansonsten in dieser Arbeit erfolgenden Verwendung des Begriffes „Hoheitstransfer" - genutzt, um auf die Probleme hinzuweisen, die sich mit einem derartig weitgehenden Kompetenztransfer ergeben, wie ihn der Maastrichter Vertrag vorzeichnet. Siehe dazu Jeckel (1997) S. 98 ff und S. 195. Analog zu der weiter oben erarbeiteten Definition ist der Qualitätssprung in der Übertragung eines vollständigen Hoheitsbereiches zu sehen.

[2] Hahn (1992) S. 11.

[3] Hahn (1992) S. 109.

[4] Diese Bewertung entspricht der Einschätzung des Bundesverfassungsgericht, das den Vertrag von Maastricht wie folgt in seinem Urteil charakterisiert hat: „Der Vertrag von Maastricht räumt - insbesondere durch Erweiterung der EG-Kompetenzen und die Einbeziehung der Währungspolitik - europäischen Organen weitere wesentliche Aufgaben und Befugnisse ein, die auf der Ebene der Verträge bisher nicht von einer entsprechenden Stärkung und Erweiterung der demokratischen Grundlagen gestützt werden. Er errichtet eine neue Stufe der europäischen Einigung, die nach dem erklärten Willen der vertragsschließenden Parteien Demokratie und Effizienz in der Arbeit der Organe weiter stärken soll (Präambel, 5. Erwägung)." EuGRZ 1993 S. 446. Kritisch zu dem Begriff „Qualitätssprung" Lhotta (1997) S. 193.

mus in Osteuropa und das Risiko, daß Deutschland eine „Mark-Region" in Osteuropa der Europäischen Gemeinschaft hätte vorziehen können. Eng damit verbunden sind die „ökonomisch-politischen" Erklärungsmuster, die in der Währungsunion eine Möglichkeit sehen, die im EWS bestehende „Diktatur" der Bundesbank zu beenden. Bürokratietheoretische Erklärungen beziehen sich auf die bürokratischen Apparaten immanente Verhaltensweise, der auch die Europäische Gemeinschaft als „Superbürokratie" folgt, sich immer weiter auszudehnen. Die Expansion sollte im Lichte dieser Theorie auch von einem Zuwachs an Macht der „Eurokraten" begleitet sein, der sich in der Errichtung einer gemeinsamen Zentralbank manifestiert. Stärker ökonomisch argumentiert eine sogenannte „reine ökonomische Theorie", die Maastricht als einen "Spill over" des gemeinsamen Marktes betrachtet. Das erhöhte Transaktionsvolumen innerhalb des Marktes bringt höhere Transaktionskosten mit sich, die die Abschaffung unterschiedlicher nationaler Währungen zu einer natürlichen Forderung werden lassen.[1] Die zentralbanktheoretisch orientierten Theorien sehen in dem Vertrag den Wunsch der Regierungen, ein „tying one's hand" zu institutionalisieren, um Glaubwürdigkeit zu erzielen.[2] In Abgrenzung zu anderen, häufig integrationstheoretisch fundierten Arbeiten wird weiterhin die Währungshoheit im Mittelpunkt stehen, da hier nicht untersucht werden kann, inwieweit wirtschaftliche Integration der politischen Integration förderlich ist und welches politische Endziel jeweils angestrebt worden ist.[3] Es erfolgt eine Beschränkung auf einen Funktionsbereich des Staates,[4] es geht also zunächst nur um die Feststellung, welchen Wandel der Maastrichter Vertrag für die Wahrnehmung der Währungshoheit bedeutet.

---

[1] Dieser Theorie liegt die Annahme zugrunde, daß ein System flexibler Wechselkurse immer ein Hindernis (das Wechselkursrisiko) vor die Ausweitung der Warenströme stellt.

[2] Siehe dazu auch Addis (1994) S. 16ff.

[3] Bemerkenswert ist der Wandel, dem der Begriff „Integration" im Laufe der europäischen Geschichte unterworfen war. Im Zusammenhang mit dieser Arbeit ist insbesondere der Schritt von einem Verständnis als „Abbau mengenmäßiger Beschränkungen, von Zöllen und von monetären Barrieren innerhalb einer Region" zu einem sich zunächst auf französischer Seite Ende der vierziger Jahre entwickelnden Integrationskonzept zu sehen. „Französische Politiker sahen in der Supranationalität einen Weg, die direkten alliierten Kontrollen Deutschlands durch die indirekten Kontrollen supranationaler Behörden zu ersetzen." Dickhaus (1996) S. 28. Der Schuman-Plan im Mai 1950 wurde schon bald zum Sinnbild für diesen Integrationsbegriff. „Integration wurde von nun auch mit einem wirtschaftlichen Zusammenschluß einer Gruppe von Ländern, mit der Errichtung einer supranationalen Behörde, mit dauerhaftem Souveränitätsverzicht, gemeinsamer Politik und mit vollständigem Abbau von mengenmäßigen Beschränkungen wie Zöllen innerhalb dieses Zusammenschlusses gleichgesetzt." Dickhaus (1996) S. 28.

[4] Somit wäre bei integrationstheoretischer Betrachtungsweise die Bezeichnung eines funktionalistischen oder aus dogmengeschichtlicher Sicht neofunktionalistischen Ansatzes gerechtfertigt. Siehe dazu Harder (1996) S. 293ff.

3.2. Die Römischen Verträge

Als die Römischen Verträge[1] am 25. März 1957 geschlossen wurden, vereinbarten die Unterzeichnerstaaten, "... *eine harmonische und ausgewogene Entwicklung des Wirtschaftslebens innerhalb der Gemeinschaft, ein beständiges, nicht-inflationäres und umweltverträgliches Wachstum, einen hohen Grad an Konvergenz der Wirtschaftsleistungen, ein hohes Beschäftigungsniveau, ein hohes Maß an sozialem Schutz, die Hebung der Lebenshaltung und der Lebensqualität, den wirtschaftlichen und sozialen Zusammenhalt und die Solidarität zwischen den Mitgliedsländern zu fördern.*"[2]

Aber die Verträge erwähnten nicht, wie diese Ziele zu realisieren waren.[3][4] Erste Ansätze im geldpolitischen Bereich gehen bis in das Jahr 1959 zurück, in dem Jean Monnet eine Koordination der Haushalts- und Kreditpolitik und die die zentrale Verwaltung der Währungsreserven nebst einer Liberalisierung des Kapitalverkehrs vorschlug.[5] Dieser Versuch scheiterte an der Unwilligkeit der Gründerstaaten, eine schon durch das Bretton Woods-System vorhandene Einschränkung ihres geldpolitischen Handlungsspielraums noch zu

---

[1] Eine der vorhergehenden Episoden, der Versuch, eine - insbesondere von Jean Monnet, einem der maßgeblichen Betreiber der 1952 entstandenen Europäischen Gemeinschaft für Kohle und Stahl befürworteten - Europäische Verteidigungsgemeinschaft zu gründen, scheiterte an der Weigerung der französischen Nationalversammlung, im August 1954 den Vertrag zu ratifizieren und an der Weigerung Frankreichs, nationale Souveränität aufzugeben. Der französische Außenminister Schuman hatte in einer an Deutschland gerichteten Erklärung eine zunächst funktional begrenzte supranationale Gemeinschaft vorgeschlagen. Hinter dem Plan hatte damals sowohl die Einbindung als auch die Kontrolle eines im Wiederaufbau begriffenen Deutschlands gestanden. Dazu Pechstein/Koenig (1998) S. 16ff. Diese Episode illustriert die französische Lesart der Analogie von Geld- und Verteidigungspolitik, die als essentielle Bestandteile nationaler Souveränität auch in der Maastrichter Debatte ins Feld geführt wurde. Siehe dazu auch Maré/Sarcinelli (1998) S. 7.

[2] Art. 2 EGV.

[3] Der Begriff "Wirtschafts- und Währungsunion" wurde zum ersten Mal durch die Ergänzung um Art. 102a EWGV durch Art. 20 der Einheitlichen Europäischen Akte in Vertragstexten festgehalten, die ursprüngliche Fassung des EWGV berücksichtigte zwar durch die Art. 103ff EWGV und Art. 235 EWGV Koordination in der Währungspolitik bzw. eine Generalermächtigung, die auf den monetären Bereich anwendbar sein konnte, konkretisierte diese Absichten aber nicht in Form einer rechtlichen Basis für ein europäisches Zentralbanksystem. Zu der juristischen Beurteilung der Generalklausel (Art. 235 EWGV) siehe Stadler (1995) S. 30 Fußnote.

[4] Braun (1996) sieht daher die weithin verbreitete Ansicht, der Verlauf der europäischen Währungsintegration sei bereits in den Römischen Verträgen vorgezeichnet worden, als unbegründet an. Ausschlaggebend sei nicht die Zielfestschreibung, sondern der politische Wille für die Beurteilung. Hahn spricht von „währungspolitischer Enthaltsamkeit". Hahn (1992) S. 12. In Art. 105 Abs. 2 EWGV wurde die Währungspolitik als Teilbereich der allgemeinen Wirtschaftspolitik bezeichnet, ein beratender Währungsausschuß wurde eingesetzt, der die Koordinierung der Währungspolitik unterstützen sollte. In Art. 107 EWGV wurde der Wechselkurs jeder Währung als Angelegenheit gemeinsamen Interesses betrachtet, Art. 108 EWGV sah den Beistand bei Zahlungsbilanzkrisen vor. Zu den Ansätzen hinsichtlich der Währungspolitik (Art. 103 bis 109 EWGV) siehe Janzen (1996) S. 18.

[5] Weber (1995) S. 27.

vergrößern.[1] Zudem war angesichts der damals bestehenden vielfältigen monetären Regelungen der Bedarf für eine weitergehende gemeinschaftliche Verantwortlichkeit nicht offensichtlich.[2]

3.3. Der Werner-Plan

Der sogenannte "Werner-Plan" hat nicht nur in institutioneller Hinsicht Bedeutung. In den Problemen des Verhältnisses zwischen währungspolitischen Organen zu politischen Instanzen und der wirtschaftspolitischen Zielformulierung einer Währungsunion trat bereits ein grundlegender Integrationskonflikt hervor.[3]

Nachdem das System von Bretton Woods immer mehr unter Druck geraten war, und auch interne Entwicklungen die monetäre Stabilität der Gemeinschaft in Frage stellten,[4] wurde auf dem Gipfel von Den Haag 1969 auf Initiative des deutschen Kanzlers Willy Brandt die Idee einer Wirtschafts- und Währungsunion ins Leben gerufen.[5]

---

[1] Stadler führt als weiteren Grund für die Abneigung der Gründerstaaten, einer supranationalen Institution weitere Kompetenzen zu übertragen, die Existenz der Europäischen Zahlungsunion an, die in den fünfziger Jahren die Konvertibilität der Währungen herstellen sollte. Vgl. Stadler (1995) S. 30 und die dort angegebenen Quellen. Die ersten Versuche einer monetären Integration in Europa waren durch äußere Veränderungen, nicht interne Entwicklungen angestoßen worden. Monetäre Integration war keines der drängendsten internen Probleme. Die sechs Länder der Gemeinschaft hatten (mit Ausnahme Frankreichs 1958) von 1958 bis 1961 Zahlungsbilanzüberschüsse zu verzeichnen, und es schien keine bemerkenswerten wirtschaftlichen Ungleichgewichte im Inneren der Gemeinschaft zu geben. Siehe Van Ypserle (1988) S. 43.

[2] Hahn (1992) S. 13 weist auf die Entwicklung der Konvertibilität der EG-Mitgliedsländer hin, die bereits 1956/1957 voraussehbar war und nach einer Übernahme der IWF-Liberalisierungsverpflichtungen das weitgehende monetäre Regelwerk vervollständigen sollte.

[3] Hasse (1989) S. 55ff. Kontrovers wurde zudem das Verhältnis zwischen Wirtschafts- und Währungsunion und dem politischen Gehalt einer Währungsunion diskutiert.

[4] Die Abhängigkeit vom Leitwährungsland USA und die komplexen Mechanismen des gemeinsamen Agrarmarktes sind nur zwei der Gründe für ein Streben nach einem neuen europapolitischen Ziel, nachdem die Endphase des EWG-Vertrages erreicht worden war. Krägenau/Wetter (1993) S. 4. 1962 hatte die Kommission bereits Vorschläge für die Errichtung einer Währungsunion gemacht, die jedoch keine weitreichenden Folgen hatten, da das Bretton Woods - System zu der damaligen Zeit noch funktionierte. 1969 machte die Kommission erneut Anregungen für die Koordinierung der Wirtschaftspolitik und die währungspolitische Zusammenarbeit, die unter dem Namen "Barre-Plan" nach dem damaligen Vizepräsidenten bekannt wurden. Galahn (1996) S. 26.

[5] Brandt schlug einen zweistufigen Weg vor, der in einer ersten Phase die Harmonisierung der kurzfristigen Wirtschaftspolitik und der mittelfristigen quantitativen Ziele erreichen sollte. In der zweiten Etappe sollte die Errichtung eines europäischen Reservefonds erfolgen. Die Vorschläge Brandts wurden von den anderen europäischen Ländern positiv aufgenommen. Vgl. Van Ypserle (1988) S. 47. Die Ergänzung einer Wirtschaftsunion um eine Währungsunion ist eine Idee, die bereits 1962 in dem Aktionsprogramm der EWG-Kommission auftauchte, die die Errichtung einer Währungsunion in der dritten Stufe der Gemeinschaftsentwicklung plante. Bereits hier wurde von einem Stufenplan gesprochen, Ergebnis dieser Initiative war jedoch nur die Errichtung einiger Ausschüsse, unter anderem die Schaffung eines Ausschusses der

Die Konferenz beschloß,

"... daß im Rat, ausgehend vom Memorandum der Kommission vom 12. Februar 1969 und in enger Zusammenarbeit mit dieser, im Laufe des Jahres 1970 ein Stufenplan für die Errichtung einer Wirtschafts- und Währungsunion ausgearbeitet wird. Die Entwicklung der Zusammenarbeit in Währungsfragen sollte sich auf die Harmonisierung der Wirtschaftspolitik stützen."[1]

Eines der institutionellen Ergebnisse des Werner-Berichts[2] war die Errichtung des Europäischen Fonds für währungspolitische Zusammenarbeit (EFWZ), der in der Literatur auch als *"Nukleus eines zukünftigen Europäischen Zentralbanksystems"* beschrieben wird.[3] Der EWFZ sollte in der Endphase einer Wirtschafts- und Währungsunion in ein gemeinsames Zentralbanksystem übergehen, beschränkte sich jedoch auf Saldierungen der Devisenmarktinterventionen.

Doch die geplante währungspolitische Integration wurde durch die in der Zwischenzeit stärker um sich greifende internationale Währungskrise, den Zusammenbruch des Bretton Woods-Systems, Ölpreisschocks, und unterschiedliche wirtschaftspolitische Auffassungen aufgehalten.[4] Insbesondere die Vorstellungen Frankreichs und Deutschlands waren nicht kompatibel.[5]

Präsidenten aller Zentralbanken. 1964 beschloß der Rat die Zusammenarbeit zwischen den Mitgliedsstaaten auf dem Gebiet der internationalen Währungsbeziehungen. Alle diese Ansätze hatten jedoch gemein,nur Konsultationen den Weg zu ebnen und nicht zu Übertragungen von Souveränitätsrechten zu führen. Vgl. Krägenau/Wetter (1993) S. 4.

[1] Kommuniqué der Konferenz der Staats- und Regierungschefs der EWG-Mitgliedsstaaten (1969) Absatz 8.

[2] Zu den anderen Elementen siehe Stadler (1995) S.32f.

[3] Stadler (1995) S. 33.

[4] Am 9. Mai 1971 waren die Wechselkurse der D-Mark und des holländischen Gulden freigegeben worden. Schließlich war das Fixkurssystem von Bretton Woods völlig zusammengebrochen und am 15.8.1971 die Goldkonvertibilität des US-Dollars aufgehoben sowie die EG-Wechselkurse gegenüber dem US-Dollar suspendiert worden. Zu den währungspolitischen Turbulenzen des Jahres 1971 siehe Van Ypserle (1988) S. 50 und Deutsche Bundesbank (1997) S. 97ff. Zu den unterschiedlichen währungspolitischen Vorstellungen siehe Issing (1988).

[5] Der französische Minister Debré formulierte die "Grenzen der französischen Integrationsbereitschaft" im Jahr 1971 wie folgt: "Das Kennzeichen des Gaullismus ist die ständige Sorge um das Maß der Unabhängigkeit Frankreichs ... Frankreich, sicherlich, wird Verpflichtungen eingehen, aber Verpflichtungen nach seinem Maßstab, die mit seinem eigenen Willen übereinstimmen. .... Die Sorge um eine nationale Währung, die im Inland und im Ausland geschätzt wird, gehört zum gaullistischen Erbe. Die Währung ist in erster Linie das Kennzeichen einer politischen Autorität. Wer die Steuer hat, wer die Ersparnisse hat, wer den Kredit hat, der hat die Macht. Das Wort >europäische Währung< ist deshalb zweideutig. Um es ganz klar auszudrücken, das würde bedeuten, daß Europa eine Nation ist und daß alles entschieden ist. Das ist nicht unser Weg. Wir dagegen sind für eine Konzertierung und Zusammenarbeit, um exzessive Veränderungen der Wechselkurse zu vermeiden. Ebenso wie uns der letzte Aspekt realistisch zu sein scheint, ebenso ist der andere gegenwärOtig eine Utopie." Hasse (1989) S. 60.

3.4. Das EWS

Das EWS wird häufig im Zusammenhang mit seiner Vorreiterrolle für das ESZB diskutiert. Ökonomisch läßt sich diese Rolle nicht eindeutig beurteilen, denn es fehlen valide Erfolgskriterien.[1] Während des Gipfels des Europäischen Rates in Kopenhagen am 7. April 1978 wurde von Bundeskanzler Helmut Schmidt und Staatspräsident Valery Giscard d'Estaing die Errichtung eines Währungssystems initiiert,[2] das am 13. März 1979 in Kraft trat.[3]

Wie bei der "Europäischen Schlange"[4] wurde eine Stabilisierung der Wechselkurse angestrebt, darüber hinaus war der Eintritt in eine "institutionelle Phase" des EWS geplant, der nach zwei Jahren hätte erfolgen sollen.[5]

Wesentliche Elemente waren die "European Currency Unit" (ECU),[61] der Wechselkurs-

---

[1] Mißt man das EWS an seinen Zielen, der inneren und äußeren Stabilität, so könnte man diese als eine Zone stabiler Wechselkurse mit einer möglichst geringen Inflationsrate umschreiben. Geht man von der Zahl der Realignments aus, so ergibt sich keine positive Bilanz. Ein ähnlich schwieriges Bild ergibt die Betrachtung der inneren Stabilität, die vor dem Hintergrund einer weltweiten Disinflationstendenz kein eindeutiges Bild über die Wirkung des EWS zuläßt. Siehe dazu Issing (1988) S. 63f und De Grauwe (1989), die die Funktion des EWS als "Schrittmacher" der Währungsunion kritisch hinterfragen.

[2] Der EG-Kommissar Roy Jenkins äußerte diese Idee bei der ersten Jean Monnet - Vorlesung am 27.Oktober 1977 anläßlich der Gründung des Europäischen Hochschulinstituts. Jochimsen (1998) S. 41.

[3] Das EWS löste den Europäischen Wechselkursverbund ab, der eines der Elemente der ersten Stufe des von der Arbeitsgruppe Werner entwickelten dreistufigen Integrationsplanes darstellte. Nach dem Zusammenbruch des Bretton Woods - Systems "floateten" die Währungen für einen kurzen Zeitraum. Bereits am 18. Dezember 1971 wurde dieses Floaten durch das „Smithsonian Abkommen" beendet. Die Paritäten wurden neu festgesetzt und die maximale Abweichung der Währungen vom Leitkurs gegenüber dem Dollar wurde auf 4,5% festgesetzt. Damit ergaben sich mögliche Abweichungen von bis zu 9%. Die europäischen Regierungen und der Rat hatten jedoch eine Verringerung der Schwankungsbreiten zum Ziel, der mögliche Abstand zwischen zwei Währungen sollte 2,25% nicht überschreiten. Die Interventionen sollten in Gemeinschaftswährungen erfolgen und erst bei Überschreiten der 4,5% Marge des Smithsonian Abkommens in Dollar erfolgen. Am 24. April 1972 trat der Wechselkursverbund in Kraft; zentraler Bestandteil war das "Basler Abkommen", in dem die Zentralbanken der Mitgliedsstaaten das Festhalten an determinierten Wechselkursparitäten in Form einer Bandbreitenverringerung auf 2,25% innerhalb der bis zu 4,5% reichenden Bandbreiten des Smithsonian Abkommens vereinbarten (Schlange im Tunnel). Weitere Bestandteile der ersten Phase war die Vereinbarung mittelfristigen finanziellen Beistands bei Zahlungsbilanzkrisen und der Europäische Fonds für währungspolitische Zusammenarbeit (EFWZ). Die zweite Stufe des Währungsverbundes war für 1974 geplant gewesen, diese Pläne wurden jedoch durch die Ölkrise und die Auflösung des Bretton Woods - Systems vereitelt. Vgl. Van Ypserle (1989) 52-55 und Stadler (1995)S. 51.

[4] Siehe Krägenau/Wetter (1993) S. 12 zu einer Erläuterung der Entwicklungen der "Schlange".

[5] Das EWS führte nicht zu einer Änderung der Römischen Verträge, sondern wurde als Abkommen zwischen den Zentralbanken konzipiert; damit wurde eine Politik der "kleinen Schritte" auf europapolitischer Ebene verfolgt, da große strukturelle Veränderungen zum damaligen Zeitpunkt nicht konsensfähig schienen.

[6] Die "European Currency Unit" bildete den Kern des EWS. Als Währungskorb definiert, hatte sie innerhalb des EWS sowohl die Aufgabe, als Rechengröße für den Wechselkursmechanismus als auch Referenzeinheit für den Abweichungsindikator und als Rechengröße für die Operationen im Interventions- und Kreditmechanismus sowie als Zahlungsmittel zwischen den geldpolitischen Institutionen der Europäischen

und Interventionsmechanismus und der Europäische Währungsfonds. Der Wechselkurs- und Interventionsmechanismus basierte auf einem Gitter bilateraler Leitkurse (Paritätengitter)[2] zwischen den teilnehmenden Währungen und dem bereits erwähnten Abweichungsindikator. Jede Währung der am EWS teilnehmenden Staaten erhielt einen Leitkurs in ECU, der die Basis für ein Gitter bilateraler Leitkurse gab, um die bilaterale Fluktuationsmargen fixiert waren,[3] die in Form von obligatorischen und unbegrenzten Interventionen auf dem Devisenmarkt respektiert werden mußten.

Sobald eine Währung die obere und untere Grenze der Bandbreite gegenüber einer anderen Währung erreicht hatte, mußten beide Zentralbanken der betroffenen Währungen intervenieren, um die Währungen innerhalb der autorisierten Bandbreiten zu halten. Die Zentralbank der starken Währung kaufte die Schwachwährung auf ihrem Markt, wohingegen die Zentralbank der am unteren Interventionspunkt angelangten Währung die starke Währung verkaufte.[4]

"Cette symmetrie est évidemment assez formelle, car la charge d'intervention est plus lourde pour le pays à monnaie faible, qui doit puiser dans ses réserves, que pour le pays à monnaie forte, qui se limite à injecter des liquidités supplémentaires dans son économie."[5]

Das Überschreiten der sogenannten "Divergenzschwelle" diente als Signal, um anzuzeigen, daß eine Währung sich systematisch von allen anderen entfernte und konnte eine Reihe von Maßnahmen (multilaterale Interventionen, Maßnahmen interner Geldpolitik wie Veränderungen des Zinssatzes oder des Leitkurses) nach sich ziehen.[6] Um in ausreichendem Maße über Reserven in der starken Währung verfügen zu können, erhielt die Zentralbank

---

Gemeinschaft. Zu der Zusammensetzung siehe Van Ypserle (1988) S. 69 und Art. 109g Abs. 1 EGV. Die Funktion eines Reserveinstruments wurde der ECU durch die anfängliche Übertragung von 20 % der Dollar- und Goldbestände der Zentralbanken auf den Europäischen Fonds für währungspolitische Zusammenarbeit und deren Gutschrift in ECU übertragen. der Wechselkurs- und Interventionsmechanismus und der Europäische Währungsfonds.6 Das EWS ist jedoch nie in die geplante zweite Phase eingetreten.

[1] Für den Transfer dieser Reserven wurden revolvierende Dreimonatsswaps genutzt. Zur Funktionsweise der Swaps und ihrem Einsatz siehe Van Ypserle (1988) S. 70.

[2] Zur Ableitung Deutsche Bundesbank (1997) S. 112f.

[3] Die Schwankungsbreite betrug bei der Mehrheit der Währungen (Ausnahmen bildeten der portugiesische Escudo und die spanischer Peseta, deren Schwankungsbreite 6% nach oben und unten betrug und die italienische Lira) bis zum 2. August 1993 2,25% und dann für einen befristeten Zeitraum 15% nach oben und unten schwanken durfte. Stadler (1995)S. 36.

[4] Die Interventionsverpflichtung war theoretisch unbegrenzt.

[5] "Diese Symmetrie ist offensichtlich ziemlich formal, denn die Interventionsbelastung ist schwerwiegender für das Schwachwährungsland, das seine Reserven ausschöpfen muß, als für das Starkwährungsland, das sich darauf beschränkt, zusätzliche Liquidität in seine Ökonomie zu injizieren." Van Ypserle (1989) S. 57.

[6] Die Divergenzschwelle mußte jedoch nicht notwendigerweise vor dem Erreichen des Interventionspunktes liegen. Eine derartige Konstellation traf aber für die Mehrheit der Fälle zu. Zu den technischen Aspekten Van Ypserle (1989) S. 67.

der schwachen Währung im Rahmen der "sehr kurzfristigen Finanzierung" des EWS in unbegrenzter Höhe Kredite, die in ECU liefen und vom Europäischen Fonds für währungspolitische Zusammenarbeit verwaltet wurden.[1]

Neben der "sehr kurzfristigen Finanzierung" existierte die kurz- und die mittelfristige Finanzierung"[2] zur temporären Behebung von Zahlungsbilanzproblemen.[3]

Der mittelfristige Währungsbeistand beruhte auf einem qualifizierten Mehrheitsbeschluß des Rates auf Vorschlag der Kommission oder des die Finanzierung benötigenden Mitgliedslandes. Das Schuldnerland konnte über eine mittel- bis langfristige Laufzeit von bis zu sieben Jahren ein konditioniertes Darlehen erhalten.[4]

Das EWS wurde mit der dritten Stufe der Währungsunion durch einen neuen Wechselkursmechanismus ersetzt.[5] Insgesamt ist seine "Vorreiterrolle" für die Währungsunion aus ökonomischer Sicht sehr differenziert zu beurteilen, wenn man nicht einer *"Währungsunions-Illusion"* unterliegen will.[6][7]

---

[1] Nach Beginn der zweiten Stufe der WWU erfolgte die Verwaltung über das Europäische Währungsinstitut.

[2] Im Dezember 1978 wurde von dem Europäischen Rat in Brüssel die Konsolidierung aller bereits existierenden Kreditmechanismen beschlossen; die "kurz- und mittelfristige Finanzierung", die bereits seit 1970 respektive 1971 bestand, wurde mit der Resolution von Brüssel in Einklang gebracht.

[3] Grundlage für den kurzfristigen Währungsbeistand war ein System von debitären und kreditären Quoten, die für jede Zentralbank den Betrag bestimmten, über den sie in der Krise verfügen konnten und den sie zur Finanzierung bereitstellten. Die kurzfristigen (auf drei Monate mit zweimaliger Prolongationsmöglichkeit um weitere 3 Monate beschränkten) Kredite wurden nach einem vom Zentralbankgouverneursausschuß einstimmig zu fassenden Beschluß in bestimmter maximaler Höhe und normalerweise in der Währung der die Finanzierung gewährenden Zentralbank vergeben. Nur von Italien wurde diese Möglichkeit in Anspruch genommen. Stadler (1995) S. 38 Fußnote.

[4] Das den Kredit beantragende Land muß bestimmte wirtschaftspolitische und geldpolitische Bedingungen erfüllen, die seine Zahlungsbilanzsituation verbessern sollen und deren schrittweise Erreichung die Bedingung für die Auszahlung weiterer Teile der Kreditvaluta darstellen. Stadler (1995)S. 38, Van Ypserle (1989) S. 75. Asymmetrischen Liquiditätswirkungen entstanden durch die zunehmende Bedeutung intramarginaler Interventionen. Nach dem Abkommen von Basel vom 12. September 1987 wurde es möglich, auch intramarginale Interventionen über die "sehr kurzfristige Finanzierung" und den EFWZ zu finanzieren. Damit hatte sich Frankreich mit dem Argument auf diese Weise die Asymmetrie abbauen zu wollen durchgesetzt und erreicht, daß für Gläubigerländer die Möglichkeiten zur Sterilisierung verringert und somit ein insgesamt größerer Einfluß auf deren Geldmenge erzielt wurde. Die Möglichkeit einer flexiblen Offenmarktpolitik durch Wertpapierpensionsgeschäfte zur Sterilisierung von Liquiditätswirkungen des EWS war dadurch zwar nicht formal, jedoch faktisch eingeschränkt. Siehe dazu Hasse (1989) S. 74ff.

[5] Deutsche Bundesbank (1997) S. 131.

[6] Issing (1988).

[7] Die Entwicklung des EWS, die Notwendigkeit der Realignments und erweiterten Bandbreiten für einige Währungen und nicht zuletzt die Krisen seit 1992 könnte man politökonomisch auch als "Spiegelbild des Standes der (begrenzten) politischen Annäherung" betrachten. Siehe dazu Issing (1988) S. 78.

3.5. Die Einheitliche Europäische Akte (EEA)

Wenn auch die Tragweite der in der EEA niedergelegten Beschlüsse in der Literatur übereinstimmend als gering beurteilt wird, so ist doch außer dem Entwurf der Verfahrensweise für die weitere währungspolitische Integration die rechtlich verbindliche Qualifizierung des EWS und des Fernziels Währungsunion erreicht worden.[1] Am 4. November 1981 wurde die Genscher/Colombo-Initiative zur Ausarbeitung einer „Europäischen Akte" ins Leben gerufen. Damit sollte eine institutionelle Verklammerung der Europäischen Politischen Zusammenarbeit (EPZ), der Gemeinschaften und der Zusammenarbeit des Europäischen Rates und des Parlaments zum Aufbau einer Europäischen Union gestärkt werden.[2]

1984 wurde vom Europäischen Parlament der "Entwurf eines Vertrages zur Gründung der Europäischen Union"[3] angenommen, der die Errichtung eines Europäischen Währungsfonds mit der *"zur Sicherung der Währungsstabilität erforderlichen Autonomie"* und die konkurrierende Gesetzgebungskompetenz für die Europäische Union hinsichtlich der Geld- und Kreditpolitik vorsah.[4]

Der daraufhin gebildete "Dooge"-Aussschuß des Europäischen Rates äußerte Forderungen, die in die gleiche Richtung gingen. Die Einheitliche Europäische Akte von 1986 fügte einen neuen Artikel 102a in den EWG-Vertrag ein, der ein ganzes Kapitel über "Die Zusammenarbeit der Wirtschafts- und Währungspolitik (Wirtschafts- und Währungsunion)" bildete. Festgelegt wurde die Zusammenarbeit in der wirtschafts- und währungspolitischen Konvergenz[5] und die *"Respektierung der bestehenden Zuständigkeiten"*[6] sowie ein Plan, der im Fall von einschneidenden institutionellen Veränderungen vorsah, eine Regierungskonferenz einzuberufen.

"Mit dieser Bestimmung .... bestätigten die Mitgliedsstaaten zwar rechtlich verbindlich das Fernziel einer schrittweisen Verwirklichung einer Währungsunion, doch erschöpfte sich ihre rechtliche Bedeutung vor allem darin, der bisherigen monetären Zusammenarbeit eine eindeu-

---

[1] Die Entschließung des Europäischen Rates vom 5. Dezember 1978 war in einer Entscheidung des französischen Verfassungsrates als Erklärung politischen Inhalts bezeichnet worden, die nicht als völkerrechtlicher Vertrag oder internationales Abkommen gelten könne, da sie keine rechtlichen Wirkungen erzeuge und insofern nach französischem Verf74assungsrecht nicht ratifiziert werden müsse. Hahn (1990) S. 182. Siehe dazu und zum französischen Verfassungsrecht Galahn (1996) S. 59 und Genevois (1990). S. 355.

[2] Vertiefend dazu Pechstein/Koenig (1998) S. 17ff.

[3] Abl.EG Nr. C 77 vom 19.3.1984, S. 33ff.

[4] Letztere umfaßte die Umwandlung der ECU in ein Zahlungsmittel und eine Reservewährung sowie Auflagen hinsichtlich der Geldmengenziele an die Zentralbanken. Galahn (1996) S. 49.

[5] Die Mitgliedsstaaten wurden verpflichtet, den Binnenmarkt bis Ende 1992 zu vollenden. Deutsche Bundesbank (1997) S. 15.

[6] Art. 102 a Abs. 1 EWGV.

tige juristische Grundlage zu geben."[1]

Der Begriff "Wirtschafts- und Währungsunion" wurde zwar damit zum ersten Mal vertragstextlich erwähnt, die geldpolitische Verwirklichung hingegen nicht konkretisiert, sondern als weiterer vertraglicher Änderungen bedürftig bezeichnet.[2][3]

3.6. Die Regierungskonferenz zur Wirtschafts- und Währungsunion

Bereits kurz nach dem Inkrafttreten der Einheitlichen Europäischen Akte wurde von französischer Seite ein weiterer Anlauf gestartet, dem Ziel einer Währungsunion näherzukommen. Finanzminister Balladur veröffentlichte Ende Dezember 1987 ein Memorandum mit dem Titel "Der währungspolitische Aufbau Europas", in dem die Errichtung einer Europäischen Zentralbank thematisiert wurde. Darin machte er deutlich, daß die Politik der Deutschen Bundesbank für Frankreich ein Motiv für die weitere europäische Integration war.

Außenminister Genscher publizierte im Gegenzug im Februar 1988 ein zunächst von der Bundesregierung nicht unterstütztes "Memorandum für die Schaffung eines europäischen Währungsraumes und einer Europäischen Zentralbank", in dem bereits erste Elemente der zukünftigen Vertragsgestaltung formuliert waren. Mit diesem Memorandum wurde auch die Einsetzung eines Sachverständigenausschusses durch den Europäischen Rat vorgeschlagen, die 1988 auf der Sitzung in Hannover erfolgte.[4]

Der "Bericht zur Wirtschafts- und Währungsunion in der Europäischen Gemeinschaft" (Delors-Bericht) wurde im Juni 1989 dem Europäischen Rat der Staats- und Regierungschefs in Madrid vorgelegt. Er sah die Verwirklichung einer Wirtschafts- und Währungsunion in einem durch drei Phasen gegliederten Entwicklungsprozeß vor.[5]

---

[1] Weber (1995) S. 29.

[2] Für das Zustandekommen der Ratifikation der EEA war die zunehmende Konvergenz nationaler wirtschaftspolitischer Ziele verantwortlich.

[3] Harder (1996) S. 322. In Frankreich war mit der wirtschaftspolitischen Wende der Sozialisten der Grundstein dafür gelegt worden und auch in Italien machten sich marktorientierte Deregulierungstendenzen in der Wirtschaftspolitik bemerkbar. Zur deutschen Situation Kennedy (1991) S. 53. Zum französisch-deutschen Verhältnis Hasse (1989) S. 85.

[4] Vorsitzender des Ausschusses war der Präsident der Kommission; außerdem gehörten die zwölf Zentralbankgouverneure der Mitgliedsstaaten, ein Kommissionsmitglied und drei Währungsexperten dazu. Sie erhielten den Auftrag, "die konkreten Etappen zur schrittweisen Verwirklichung der Wirtschafts- und Währungsunion zu prüfen und binnen Jahresfrist zweckdienliche Vorschläge zu unterbreiten." Stadler (1995)S. 41.

[5] Im Gegensatz zum endgültigen EU-Vertrag wurden im Delors-Plan mit Ausnahme des Beginns der ersten Stufe keine eindeutigen Termine gesetzt. Für den Eintritt in eine Währungsunion wurden drei Bedingungen formuliert: die vollständige Konvertibilität der Währungen, uneingeschränkter Kapitalverkehr und die

Die Veröffentlichung des Delors-Berichts[1] führte bei der britischen Regierung und im Kreis deutscher Wirtschaftswissenschaftler zu starker Kritik.[2] Damit begann bereits, wie Hankel es bezeichnete, eine *"Ouvertüre der Debatte um ein europäisches Zentralbanksystem"*.[3]

Der Delors Bericht setzte für den Beginn der ersten Phase den 1. Juli 1990 fest: Diese erste Phase sollte eine verstärkte Koordinierung der Wirtschafts- und Währungspolitik sowie eine Überarbeitung und Ratifizierung der Veränderungen des EWG-Vertrages beinhalten. In einer als "Lern- und Übergangsphase" betrachteten zweiten Phase sollte ein Zentralbanksystem geschaffen werden, dem *"... bestehend aus einem ebenfalls neu errichteten Zentralinstitut und den schon bestehenden nationalen Zentralbanken in den Mitgliedsstaaten ... neben geldpolitischen Koordinierungsaufgaben die Durchführung der monetären Vorbereitungsarbeiten für die Endphase zugewiesen (war)."*[4]

In der Endphase der Umsetzung der WWU sollten die Entscheidungsbefugnisse über die Geldpolitik auf das Zentralbanksystem übertragen und die Wechselkurse unwiderruflich fixiert werden. Bereits im Delors-Bericht wurde als Ziel des Systems die Sicherung der Geldwertstabilität formuliert[5] und als Garant für diese die Weisungsunabhängigkeit der zentralbankpolitischen Entscheidungsträger sowie eine ausreichend lange Amtszeit gefordert.[6] Die Geldpolitik sollte die Aufgabe haben - soweit das primäre Ziel der Geldwertstabilität nicht beeinträchtigt würde - die allgemeine Wirtschaftspolitik der Gemeinschaft zu unterstützen. Hinsichtlich der Wechselkurspolitik wurden die Entscheidungsbefugnisse weniger eindeutig formuliert.[7] Empfehlungen für die geldpolitischen Instrumente hat der Delors-Bericht nicht gegeben.

---

unwiderrufliche Festlegung der Wechselkurse. In der dritten Stufe würde erst ein Transfer von Entscheidungsbefugnissen erfolgen. Weber (1996) S. 31. In Anbetracht der politischen Struktur der Gemeinschaft und angesichts der Vorteile, die sich ergäben, wenn die bestehenden Zentralbanken Teile des neuen Systems würden, sollte die interne wie die internationale Geldpolitik der Gemeinschaft in einem föderalen System organisiert werden. Siehe auch zu früheren Überlegungen Pöhl (1988) S. 2 und Carli (1988) S. 7.

[1] Neben dem Delors-Bericht wurde der Statutenentwurf des Ausschusses der Zentralbankpräsidenten und der Vertragsentwurf der Kommission während der Regierungskonferenz zur Wirtschafts- und Währungsunion in besonderem Maße berücksichtigt. Siehe Krägenau/Wetter (1993) S. 212-217 und 203-211. Zu den Unterschieden der Vorschläge siehe Weber (1995) S. 35f.

[2] Grundsätzliche Bedenken trugen die deutschen Wissenschaftler insbesondere gegen die Form der vom Delors-Bericht vorgeschlagenen Integration, die eine "Absage an die sogenannte Krönungstheorie" darstellte. Stadler (1995)S. 43.

[3] Hankel (1989) S. 351.

[4] Stadler (1995)S. 42.

[5] Delors-Bericht (1989) Ziff. 32.

[6] Stadler (1995)S. 45.

[7] Delors-Bericht (1989) Ziff. 32.

3.7. Der Verlauf der Regierungskonferenzen

Während der Konferenz des Europäischen Rates in Madrid im Juni 1989[1] wurde der Termin für die erste Stufe der Wirtschafts- und Währungsunion auf den 1. Juli 1990 festgesetzt und im Dezember 1989 wurde der Beginn einer Regierungskonferenz zu der Änderung des EWG-Vertrages sowie der zweiten und dritten Stufe der WWU beschlossen. Die Regierungskonferenz wurde am 15.12.1990 in Rom eröffnet.[2]

[1] Der Regierungskonferenz gingen eine Reihe von vorbereitenden Ausschüssen voraus:
Der Gigou-Bericht, erstellt von einer Gruppe persönlicher Vertreter der nationalen Außen-, Wirtschafts- und Finanzminister und der Kommission unter dem Vorsitz der Sonderbeauftragten Frankreichs Elisabeth Gigou im Bereich der institutionellen, organisatorischen und instrumentellen Realisierung des Zentralbanksystems zu Konkretisierungen. Weiter ging der Ausschuß der Präsidenten der Zentralbanken (Notenbankgouverneursausschuß), der im November 1990 unter der Leitung von Bundesbankpräsident Pöhl in einer ersten Fassung den "Entwurf des Statuts des Europäischen Systems der Zentralbanken (ESZB) und der Europäischen Zentralbank" vorlegte und diesen im April 1991 in einer zweiten Fassung ergänzte, die ohne große Veränderungen in die Satzung des ESZB und der EZB übernommen wurde. Trotz eines Konsenses in weiten Bereichen divergierten die Ansichten hinsichtlich der Kompetenzen der EZB bei der Wechselkurspolitik, im Bereich der Währungsreserven und über den Transfer von Befugnissen auf das Direktorium sowie hinsichtlich der Realisierung des Subsidiaritätsprinzips in der Geldpolitik. Wie im Delors-Bericht wurde eine föderative Struktur vorgeschlagen, die im Gegensatz zum Modell der Bundesbank der organisatorisch rechtlichen Selbständigkeit der nationalen Zentralbanken eine größere Bedeutung beimaß. Der Europäische Rat beauftragte den Währungsausschuß mit einem "Bericht zur Wirtschafts- und Währungsunion nach Vollendung der ersten Stufe", der in überarbeiteter Fassung im Juli 1990 erschien und sich mit der Organisationsstruktur und der demokratischen Legitimität der Leitungsorgane befaßte. Die Kommission veröffentlichte drei Dokumente in Vorbereitung der Regierungskonferenz, von denen die ersten beiden - eine "Vermerk" genannte Mitteilung und die Studie "Wirtschafts- und Währungsunion" eher beschreibenden Charakter hatten, wohingegen der "Vertragsentwurf zur Änderung des Vertrages zur Gründung der EWG im Hinblick auf die Errichtung einer Wirtschafts- und Währungsunion" vom 10. Dezember 1990 als Zusammenfassung der bereits erwähnten Dokumente ein Arbeitsdokument darstellte. Das Europäische Parlament nahm in Form von Entschließungen Stellung: Der nach dem deutschen Berichterstatter benannte Franz - Bericht wurde noch vor dem Delors-Bericht, am 14.4.1989 veröffentlicht, behandelte die Vertiefung der europäischen Währungsintegration und enthielt einen genauen Zeitplan für die Verwirklichung. Er enthielt im Anhang einen "Vorschlag für ein Statut der Europäischen Zentralbank", der sich am Bundesbankgesetz orientiert. Die Zentralbank wurde auf die Stabilität der Währung, nicht die Geldwertstabilität verpflichtet und Notenbankkreditgewährung an öffentliche Haushalte aus konjunkturpolitischen Gründen wurden in begrenztem Umfang erlaubt. Der Herman - Bericht, eine Entschließung des Europäischen Parlaments vom 16.5.1990 und 11.7.1990 enthielt einen geänderten Zeitplan und determinierte die Ernennungsmodalitäten der Direktoriumsmitglieder und die Länge der Amtszeit. Vgl. dazu Stadler (1995)S. 48 und die dort angegebenen Kommentare und die einzelnen Dokumenten bei Krägenau/Wetter (1993).

[2] Gleichzeitig mit der Regierungskonferenz zur Wirtschafts- und Währungsunion begann die Regierungskonferenz zur Politischen Union auf Initiative Deutschlands und Frankreichs. Zu den Wechselwirkungen zwischen politischer und wirtschaftlicher Union und den Schwierigkeiten bei der Planung der parallelen Verwirklichung siehe Weber (1995) S. 32, Galahn (1996) S. 58 und Bundesministerium des Innern (1998) S. 49ff.

3.7.1. Die französische Position

Das "Balladur-Memorandum" des französischen Finanzministers von 1987 stellte einen der Vorstöße Frankreichs dar, die nach französischer Auffassung bestehenden Mängel des Europäischen Währungssystems zu kritisieren und auf eine weitergehende monetäre Integration zu dringen:[1]

"Die Last der Angleichung und - in geringerem Umfang seit Nyborg - die Finanzierung der Interventionen obliegt den Ländern mit der am wenigsten begehrten Währung ... Es muß vermieden werden, daß ein einziges Land de facto für die Festlegung der wirtschafts- und währungspolitischen Ziele des gesamten Systems verantwortlich ist ... Währungsdisziplin und völlige Autonomie der nationalen Wirtschaftspolitiken können nicht nebeneinander existieren ... Kein Land darf a priori von der Verpflichtung entbunden werden, seine Politik zu korrigieren, wenn diese sich von den gemeinsam festgelegten Zielen entfernt, mag sie nun übermäßig expansiv oder übermäßig restriktiv sein."[2]

Balladur forderte eine Teilnahme aller europäischen Währungen an den engen Bandbreiten des EWS, Liberalisierung des Kapitalverkehrs,[3] die Verringerung der Asymmetrie des EWS, stärkere Kooperation im EWS gegenüber US-Dollar und Yen und eine mittelfristige Übertragung der monetären Kompetenzen auf eine Institution der Gemeinschaft.[4]

Bald nach dem Fall der Mauer wurde das französische Drängen stärker. Frankreich nahm zunächst eine „legalistische" Haltung ein: Das Streben nach der Wiedervereinigung wurde zwar für legitim erklärt, Mitterrand beurteilte einen entsprechenden Prozeß jedoch als „langwierig". Zudem könne man nicht mit französischer Unterstützung rechnen.[5] Die Motivation für diese Haltung trat deutlich hervor:

„(Die) Französische Regierung lege besonderen Wert auf die Erklärung des Bundeskanzlers, daß die Wiedervereinigung im Kontext der europäischen Integration erfolgen müsse."[6]

Die Wiedervereinigung war Mitterrand unwägbare Bedrohung und Entlohnung für deut-

---

[1] Frankreich beklagte vor allen Dingen die Asymmetrie des Systems und die unvollständige Teilnahme einiger EG-Länder am Wechselkursverbund. Siehe Krägenau/Wetter (1993) S. 337ff. Siehe auch S. 59.
[2] Krägenau/Wetter (1993) S. 64f. Siehe dazu auch Hasse (1989) S. 71.
[3] Mit dieser Forderung trat er in einen Gegensatz zur traditionell in Frankreich skeptischen Haltung gegenüber einem völlig freien Kapitalverkehr. Dazu Viebig (1999) S. 132, siehe auch weiter unten bei den Argumenten Mitterrands über die Vorleistungen Frankreichs.
[4] Viebig (1999) S. 132.
[5] Bundesministerium des Innern (1998) S. 60.
[6] Hervorhebung im Original, Vorlage des Ministerialdirektors Teltschik an Bundeskanzler Kohl vom 30.11.1989, wiederabgedruckt in Bundesminister des Innern (1998) S. 575.

sches Wohlverhalten zugleich.[1] Dazu auch Andreas Kees, Direktor des EG-Währungsausschusses:

„... Die stärksten Impulse zur Schaffung der WWU gingen in der Gemeinschaft von Frankreich aus. Die europäische Währungsintegration wird hier in dem Wunsch vorangetrieben, dem Anspruch als Welt- und Atommacht eine solidere Basis zu geben. Außerdem antwortet Frankreich erfahrungsgemäß auf Änderungen des politischen Bezugsfelds Deutschlands mit Initiativen in der europäischen Integration."[2]

Frankreich hatte nach Mitterrands Meinung bereits wesentliche Beiträge zur Herstellung der Wirtschafts- und Währungsunion geleistet, indem der Liberalisierung des Kapitalverkehrs zugestimmt und die Führungsrolle der D-Mark und die Ausrichtung auf Geldwertstabilität, Zentralbankunabhängigkeit und Subsidiarität akzeptiert worden war. Ein Grund für diese Haltung war die innenpolitische Lage in Frankreich, die Mitterrand mit europapolitischen Erfolgen zu überwinden suchte.

"Für M. (Mitterrand) geht es in den nächsten Jahren in erster Linie und vor allem um die Wirtschafts- und Währungsunion - sie ist für die verbleibenden Jahre seiner Amtszeit das Ziel schlechthin. Die anderen Fragenkomplexe - die weitere Etappen zur Europäischen Union darstellen - haben für ihn e[ine] Nebenrolle"(Klammereinfügung aus dem Original übernommen, S.T).[3]

Man war auf französischer Seite nicht daran interessiert, die Europäischen Gemeinschaften politisch-institutionell weiterzuentwickeln und die Rechte des Europäischen Parlaments auszuweiten.[4] Eine Politische Union stieß in Frankreich aufgrund des damit verbundenen Souveränitätsverzichts auf Akzeptanzprobleme. Durch die Verknüpfung der deutschen Frage mit der weiteren europäischen Integration konnte sich Mitterrand mit seiner Haltung durchsetzen. Auf Drängen Mitterrands wurde die Wirtschafts- und Währungsunion zum beherrschenden Thema auf dem Straßburger Gipfel im Dezember 1989.

„Er sieht in einer europäischen Wirtschafts- und Währungsunion die einmalige Chance, die D-Mark einzubinden."[5]

---

[1] Siehe dazu auch Bundesministerium des Innern (1998) S. 61, 231, 473ff.
[2] Kees (1992) S. 20, zitiert bei Viebig (1999) S. 114.
[3] Vorlage des Vortragenden Legationsrats I Bitterlich an Bundeskanzler Kohl, 2.3.12.1989, wiederabgedruckt in Bundesministerium des Innern (1998) S. 597ff.
[4] Bundesministerium des Innern (1998) S. 61 und Vorlage des Vortragenden Legationsrats I Bitterlich an Bundeskanzler Kohl, 2.3.12.1989, wiederabgedruckt in Bundesministerium des Innern (1998) S. 597.
[5] Bundesministerium des Innern (1998) S. 60.

Die europäischen Staats- und Regierungschefs hatten zwar bereits 1988 einer gemeinsamen Währung zugestimmt und auf dem Madrider Gipfel 1989 den Beginn der ersten Stufe für den 1. Juli 1990 bestimmt, jedoch hatte es keine konkreten Zeitpläne für die weiteren Stufen gegeben.[1] Am 9.12.1989 wurde daher der Beginn einer Regierungskonferenz für Dezember 1990 festgelegt.[2]

3.7.2. Die deutsche Position

Den Beginn deutscher Stellungnahmen machte das Genscher-Memorandum[3], in dem eine Europäische Zentralbank als "... *Katalysator für die notwendige Konvergenz der Wirtschaftspolitiken der Mitgliedsstaaten* ..."[4] bezeichnet wurde.[5]

Einzelne Elemente des Memorandums wie die Priorität der Geldwertstabilität, die personelle und funktionelle Autonomie der Europäischen Zentralbank sowie die Parallelität der Wirtschafts- und Währungsunion[6] fanden Eingang in das Maastrichter Vertragswerk. In diesem Papier kam aber nicht die sogenannte „Krönungs" - These zum Ausdruck. So äußerte sich die Deutsche Bundesbank skeptisch dazu, inwieweit eine Europäische Zentral-

---

[1] Bundeskanzler Kohl hatte noch am 27. November 1989 in einem Brief an Mitterrand seine Position deutlich gemacht und zugleich vorgeschlagen, daß der Europäische Rat bis zum Dezember 1992 darüber befinden sollte, ob die Gemeinschaft institutionelle Vorkehrungen getroffen hätte, um in den Folgejahren entsprechend der tatsächlich erreichten wirtschafts- und währungspolitischen Konvergenz nächste Schritte auf dem Weg zur Wirtschafts- und Währungsunion einleiten zu können. Schreiben des Bundeskanzlers Kohl an Staatspräsident Mitterrand, 27.11.1989 sowie Arbeitskalender, wiederabgedruckt in Bundesministerium des Innern (1998) S. 565ff.

[2] Am 20. April 1990 sandten Mitterrand und Kohl gemeinsam einen Brief an den irischen Ratspräsidenten, in dem sie für die Politische Union eintraten, um die demokratische Legitimierung der Union zu sichern. Am Tag danach schlug die italienische Abgeordnetenkammer vor, die Grenzen einer Wirtschafts- und Währungsunion zu überschreiten und dem Europäischen Parlament ein Mandat zum Entwurf einer europäischen Verfassung zu erteilen. Siehe Smits (1997) S. 30.

[3] Der damalige deutsche Außenminister gab in diesem Memorandum nicht die offizielle Regierungsposition wieder, Krägenau/Wetter sehen in der Forderung eines einheitlichen Währungsraumes, die Genscher aufstellte ein Abweichen von seiner ansonsten "ökonomistischen" Linie. Krägenau/Wetter (1993) S. 53. Genscher unterbreitete später, im Sommer 1989, zusammen mit Roland Dumas, dem französischen Außenminister einen Vorschlag zur Bildung einer „hochrangigen Gruppe" für erste Überlegungen zu gemeinsamen Positionen. Im Bundesfinanzministerium (dann unter Theo Waigel) betrachtete man dieses Vorgehen mit Skepsis. Vgl. Viebig (1999) S. 112.

[4] Krägenau/Wetter (1993) Dok. 50.

[5] Das deutsche Außenministerium hatte vor Beginn der Vertragsverhandlungen eine andere Haltung als das Finanzministerium eingenommen. War man im Außenministerium eher dazu geneigt, aus außenpolitischen Motiven den französischen Vorstellungen über eine baldige Wirtschafts und Währungsunion zu entsprechen, so wies das Finanzministerium auf die stabilitätspolitischen Notwendigkeiten hin. Vgl. Viebig (1999) S. 111.

[6] Krägenau/Wetter (1993) S. 54.

bank ein Katalysator für die notwendige Konvergenz der Wirtschaftspolitiken sein könnte.[1]

Demgegenüber vertrat der damalige deutsche Finanzminister Stoltenberg in seiner Stellungnahme die These, die Schaffung einer Europäischen Zentralbank solle die "Krönung" einer konvergenten Entwicklung der Wirtschaft und Politik darstellen.[2] Forderungen Stoltenbergs waren neben dem Ziel der Geldwertstabilität die Weisungsunabhängigkeit der Europäischen Zentralbank und ein *"ausgewogenes Verhältnis von zentralen und föderativen Elementen bei der Willensbildung"*[3] sowie Autonomie für die nationalen Zentralbanken in der Übergangsphase.

Die deutsch-französischen Beziehungen hatten im Frühherbst 1989 bereits an Intensität verloren. Bundeskanzler Kohl hielt eine Verknüpfung der Politischen Union mit einer Wirtschafts- und Währungsunion für unabdingbar.[4] Während die französische Seite auf eine rasche Wirtschafts- und Währungsunion drängte, machten die Berater des Bundeskanzlers deutlich, daß im Vorfeld erst die bestehenden Sachprobleme geklärt werden müßten.[5]

Nach dem Fall der Mauer mußte Bundeskanzler Kohl den Zweifeln an der Bündnistreue der Deutschen begegnen: *„Die Überwindung der Teilung Deutschlands muß einhergehen mit der Überwindung der Teilung Europas im Rahmen einer stabilen Friedensordnung.“*[6]

Noch 10 Tage vor Beginn der Konferenz in Maastricht definierte Kohl die Bedingungen für den Gipfel:

"Die Schaffung der Wirtschafts- und Währungsunion und der Politischen Union sind untrennbar miteinander verbunden. Die Politische Union ist das unerläßliche Gegenstück zur Wirtschafts- und Währungsunion. Wir können und werden nicht hinnehmen, daß wir die Verfügung über einen entscheidenden Bereich staatlicher Souveränität, die Währungspolitik abgeben, die Politische Union aber ein 'Luftschloß' bleibt."[7]

---

[1] Vgl. Viebig (1999, S. 146ff), der eine unveröffentliche Stellungnahme der Deutschen Bundesbank vom 3. März 1988 zitiert. In der Stellungnahme der Bundesbank war im Gegensatz zu dem Memorandum nicht von einer Europäischen Zentralbank, sondern von einem Europäischen Zentralbanksystem die Rede. Ein zweiter Grundgedanke, der in Frankfurt auf Widerspruch stieß, war die im Genscher-Memorandum vertretene Vorstellung von der ECU als Parallelwährung. Vgl. Viebig (1999) S. 142.

[2] Krägenau/Wetter (1993) Dok. 51. Das Stoltenberg - Memorandum war mit der Deutschen Bundesbank abgestimmt worden. Vgl. Schönfelder/Thiel (1994) S. 35 .

[3] Krägenau/Wetter (1993) S. 311f.

[4] Bundesministerium des Innern (1998) S. 60.

[5] Bundesministerium des Innern (1998) S. 60, siehe auch Marsh (1992) S. 300.

[6] Telefongespräch des Bundeskanzlers Kohl mit Präsident Bush, 17.11.1989, wiederabgedruckt in Bundesministerium des Innern (1998) S. 538, siehe auch S. 231.

[7] Marsh (1992) S. 320.

Die Bundesregierung hatte kurz nach Beginn der Regierungskonferenz einen Vertragsentwurf vorgelegt, der die Priorität der Geldwertstabilität betonte und *"für den Beginn der zweiten Stufe der EWWU die Errichtung eines Rates der Präsidenten der Zentralbanken der Mitgliedsländer vor(sah), nicht jedoch - wie von der französischen Regierung und der EG-Kommission gefordert - bereits die Etablierung des Europäischen Zentralbanksystems."*[1]

Eine Unterstützung der allgemeinen wirtschaftspolitischen Ziele der Mitgliedsländer sollte nur dann erfolgen, wenn das vorrangige Ziel der Preisstabilität nicht beeinträchtigt werden würde. Die Wechselkurspolitik sollte laut Vorschlag der Bundesregierung bezüglich der Entscheidungen für Wechselkursregimes gegenüber Drittwährungen und Leitkursen dem Rat der Wirtschafts- und Finanzminister überantwortet werden.[2,3]

Die Bundesbank veröffentlichte im September 1990 eine Stellungnahme, mit der sie weitgehend dem deutschen Vertragsentwurf entsprach, aber auch eindringlich vor Verhandlungskompromissen warnte.[4] Sie wies darauf hin, daß die Wirkungen einer Währungsunion wesentlich von der Wirtschafts- und Finanzpolitik sowie dem Verhalten der Tarifpartner abhingen. Die bestehenden wirtschaftspolitischen Divergenzen wären in den institutionellen Strukturen, wirtschaftspolitischen Grundorientierungen und dem Verhalten der Tarifpartner begründet, daher forderte sie die vertragliche Absicherung der Unabhängigkeit des ESZB und des Zieles der Preisstabilität sowie die Veränderung der Statuten der nationalen Zentralbanken, in denen die Unabhängigkeit und die Stabilitätsverpflichtung verankert werden sollten. Das ESZB sollte die Verantwortung für Devisenmarktinterventionen erhalten:

"Bei allen anderen Entscheidungen der äußeren Währungspolitik insbesondere auch bei Wechselkursentscheidungen - muß das EZBS rechtzeitig und mitverantwortlich beteiligt werden."[5]

Sie warnte zudem vor den Folgen einer nicht von einer Politischen Union begleiteten Währungsunion.

---

[1] Krägenau/Wetter (1993) S. 57. Mit diesem Vorschlag rief die Bundesregierung besonders bei J. Delors starke Kritik hervor. Delors wertete ihn als einen Verstoß gegen die Römer Beschlüsse, die jedoch von der Errichtung einer "neuen Institution", nicht aber davon, daß die Europäische Zentralbank bereits in der zweiten Stufe operieren sollte, gesprochen hatten. Vgl. Krägenau/Wetter (1993) S. 57.

[2] Entscheidungen sollten einstimmig und im Einvernehmen mit der Europäischen Zentralbank gefällt werden. Krägenau/Wetter (1993) Dok. 58.

[3] Auf diesen Vorschlag wird weiter unten noch näher eingegangen und insbesondere seine Unterschiede zum französischen Entwurf werden herausgestellt werden. Siehe dazu auch Neumann (1991) S. 57ff.

[4] Deutsche Bundesbank (1990) S. 6.

[5] Krägenau/Wetter (1993) Dok. 60.

"Letzten Endes ist eine Währungsunion damit eine nicht mehr kündbare Solidargemeinschaft, die nach aller Erfahrung für ihren dauerhaften Bestand eine weitergehende Bindung in Form einer verfassungsgebenden politischen Union benötigt."[1]

3.7.3. Die italienische Position

Die Asymmetriekritik wurde auch von Italien vorgetragen:

"... the Italian authorities agree with the French on the fact that the distribution mechanism of the EMS intervention obligations on the exchange market place a greater burden on the country whose currency is less sought after in the international markets, even when the cause of an imbalance is to be attributed to the 'less growth-oriented policy of the nation whose currency is in greater demand."[2]

Die deutsche Wachstumsschwäche und fundamentale Unterbewertung der D-Mark, die zu Leistungsbilanzüberschüssen und Abwertungsdruck auf die übrigen EG-Länder führten, wurden moniert:[3]

"An effective solution of the asymmetry issue implies an institutional transformation, capable of leading to the common identification of the objectives of economic policy, which include the stability of prices, but also growth."[4]

Zu den Forderungen Italiens gehörten eine gleichmäßigere Verteilung der Anpassungslasten und Schutzmechanismen für schwächere Währungen.[5]

"To the de facto reduction in the autonomy of monetary policies, which the 'dominating' currency exercises through the exchange rate constraint, is undoubtedly to be preferred an agreed loss of autonomy, through the creation of a European central bank, which would guarantee adequate consideration to national objectives in the context of EEC objectives."[6]

Hinsichtlich der konkreten Ausgestaltung wurde in italienischen Stellungnahmen auf das föderale System des Federal Reserve Boards verwiesen. Guido Carli sah in dessen Organi-

---

[1] Deutsche Bundesbank (1990) S. 1.
[2] Amatos Memorandum als Antwort auf Balladur 1988, zitiert bei Krägenau/Wetter (1993) S. 376.
[3] Dazu auch Morin/Thibault (1998) S. 80, Eichengreen/Wyplosz (1993).
[4] Amatos Memorandum als Antwort auf Balladur 1988, zitiert bei Krägenau/Wetter (1993) S. 376.
[5] Krägenau/Wetter (1993) S. 376.
[6] Amatos Antwort auf das Balladur-Memorandum vom 8.1.1988 in Krägenau/Wetter (1993) Dok. 71.

sationsform ein mögliches Vorbild für die Europäische Zentralbank. Diese sollte ermächtigt werden, die einzelnen Zentralbanken zu koordinieren, ohne selbst Transaktionen vorzunehmen.[1] Der Zweck eines von Carli beschriebenen europäischen "Boards" sollte die Währungsstabilität und nicht die Erhaltung der Kursstabilität sein. Das "Board" sollte auch die Grenzen der direkten und indirekten Finanzierung der öffentlichen Haushalte mittels Maßnahmen der einzelnen Zentralbanken festlegen, wobei der Kauf von Staatstiteln ausschließlich der Regulierung der Geldmenge dienen und selektive Kreditpolitik nicht erlaubt sein sollte.[2]

Auch in Italien wurde die deutsche Wiedervereinigung kritisch beobachtet.[3] Italien durfte trotz ausdrücklich geäußerten Interesses nicht an den Zwei-Plus-Vier-Verhandlungen teilnehmen[4] und hatte somit gegenüber Deutschland eine andere Verhandlungsposition als Frankreich. Auch von italienischer Seite wurde ein Nexus zwischen Wiedervereinigung und europäischer Wirtschafts- und Währungsunion angestrebt. Dabei spielten ähnlich wie in Frankreich Befürchtungen einer übermächtigen deutschen Wirtschaftsmacht eine Rolle. Gab es einerseits die Sorge, daß Deutschland die Wirtschafts- und Währungsunion vorantriebe, um eine Hegemonialstellung in Europa zu erreichen,[5] so wurde andererseits die entgegengesetzte These vertreten, der Maastrichter Vertrag könnte ein Mittel sein, eine Vormachtstellung zu vereiteln.[6]

Zwischen Italien und Frankreich bestand im Vorfeld des Maastrichter Vertrages Einigkeit darüber, daß die Vertragsverhandlungen zu einem festen Zeitplan für die weitere Vorgehensweise führen sollten. Am Vorabend der eigentlichen Verhandlungen kam es in Maastricht zwischen Ministerpräsident Andreotti und Staatspräsident Mitterrand zu einem Treffen, bei dem die verbindliche Einführung der Währungsunion für das Jahr 1999 vereinbart wurde.[7] Dem französisch-italienischen Kompromißvorschlag wurde am nächsten Tag zugestimmt. Damit war der deutsche Widerstand gegen einen festen Zeitplan des

---

[1] Carli in Krägenau/Wetter (1993) S. 377, ähnlich auch Ciampi, S. 378.

[2] Carli in Krägenau/Wetter (1993) S. 377.

[3] Für Unruhe sorgte eine kolportierte Nachricht, der italienische Außenminister De Michelis habe auf die Gefahr „deutschen Revanchismus" hingewiesen, er habe gesagt, „daß ein deutsches Problem existiert und daß es mit Phantasie und Erneuerungsgeist angegangen werden muß, damit es im Rahmen des gemeinsamen europäischen Hauses Fortschritte macht." Auch nach einer offiziellen Richtigstellung blieb eine generell distanzierte Haltung der italienischen Seite gegenüber der deutschen Wiedervereinigung offensichtlich. Vorlage des Ministerialdirektors Teltschik an Bundeskanzler Kohl, wiederabgedruckt in Bundesministerium des Innern (1998) S. 576.

[4] Bundesminister Genscher dazu: "You are not part of the game". Genscher zitiert in Bundesministerium des Innern (1998) S. 866 Fußnote 10.

[5] Rizzo (1996) S. 33.

[6] Zur deutsch-italienischen Frage Gütgemann (1997) S. 5ff.

[7] Die Bonner Regierung und auch die Bundesbank hatten sich zu diesem Zeitpunkt noch geweigert, sich auf einen bestimmten Zeitpunkt festzulegen. Marsh (1992) S. 313.

Beginns der Wirtschafts- und Währungsunion überwunden worden, der in Italien wie in Frankreich den Eindruck erweckt hatte, Deutschland stünde nicht mehr zur Wirtschafts- und Währungsunion.

3.7.4. Unterschiede zwischen dem deutschen und dem französischen Vertragsentwurf

Die französische Regierung veröffentlichte im Februar 1991 den Entwurf eines Vertrages über die Wirtschafts- und Währungsunion. Die deutsche Delegation folgte am 26. Februar 1991 nach französischen, spanischen und britischen Regierungsentwürfen. Hier sollen nur die Unterschiede zum französischen Vertragsentwurf behandelt werden, die in der späteren Debatte wieder aufscheinen werden:[1]

a) Wirtschaftspolitik

Der französische Vorschlag unterschied sich durch die Forderung nach einer „Wirtschaftsregierung" vom deutschen Vorschlag. Nach beiden Entwürfen sollte sich die Wirtschaftspolitik der Mitgliedsstaaten an den Zielen der Gemeinschaft orientieren. Nach dem französischen Entwurf sollten der Ministerrat und der Europäische Rat weitreichende wirtschaftspolitische Befugnisse erhalten.[2] Erkennbar wurde das französische Interesse, ein Gegengewicht zur Europäischen Zentralbank zu schaffen.

b) Haushaltspolitik

Gemein war beiden Entwürfen das Verbot „überhöhter Haushaltsdefizite" (Art. 1.4.2. des französischen und Art. 105 b (1) des deutschen Entwurfs). Im deutschen Entwurf war der Art. 115 GG übernommen worden: Die Mitgliedsstaaten sollten danach zu einer Haushaltspolitik verpflichtet werden, die durch *„strenge Ausgabendisziplin und Defizitbegrenzung zur Sicherung der Preisstabilität beiträgt."*[3] Dabei durfte das Defizit des Staatssektors weder in der Planung noch im Vollzug die Ausgaben für Investitionen überschreiten.[4] Es wurden

---

[1] Die folgenden Ausführungen basieren auf Neumann (1991) S. 61ff, beide Versionen sind dort auf den Seiten 138-162 abgedruckt.

[2] Art. 1.2 des Entwurfs spricht von der Festlegung der „Grundleitlinien" der Wirtschaftspolitik der Gemeinschaft durch den Europäischen Rat, während die deutsche Version von „Orientierungen" redet, die vom Ministerrat aus Wirtschafts- und Finanzministern erlassen werden. Die Befolgung der „Grundleitlinien" soll nach französischer Vorstellung durch Sanktionierung gewährleistet werden. Im deutschen Vorschlag wird dergleichen nur für die Haushaltspolitik vorgesehen. Neumann (1991) S. 61.

[3] Art. 105 b (Haushaltspolitik) des französischen Entwurfs, abgedruckt in Neumann (1991) S. 159.

[4] Zur problematischen Verwendung des Begriffes „Investition", der auch schon in der deutschen Finanzverfassung kritisiert wurde. Neumann (1991) S. 62.

konkrete Vorschläge für die Messung „exzessiver Haushaltsdefizite" gemacht.[1] Während der deutsche Vorschlag vorsah, daß der Ministerrat eine verbindliche Obergrenze für das Defizit setzen würde, sprach der französische Vorschlag nur von Empfehlungen. Beide Entwürfe enthielten Sanktionsmöglichkeiten bei der Nichteinhaltung der Obergrenzen. Nach dem französischen Vorschlag sollte der Rat das Recht erhalten, „... *das EZBS anzuweisen, seine Geschäfte mit Anleihen des betreffenden Staates einzuschränken oder auszusetzen, die einzelstaatlichen Banken- und Finanzaufsichtsbehörden anzuweisen, alle erforderlichen Maßnahmen zu ergreifen, um eine Gefährdung des Finanzsystems der Gemeinschaft auszuschließen.*"[2] Insgesamt war der deutsche Vorschlag also konkreter und auch restriktiver hinsichtlich der Haushaltspolitik.

c) Unabhängigkeit des Europäischen Zentralbankensystems

Zwar wurde die Unabhängigkeit des ESZB in beiden Entwürfen gefordert,[3] jedoch gab es im französischen Entwurf an entscheidenden Stellen Einschränkungen, die zu einer Verringerung des Handlungsspielraums des ESZB hätten führen können: So war der Europäische Rat nicht in der Liste der Institutionen enthalten, von denen das ESZB keine Weisungen erhalten durfte; zudem wurde gefordert, daß die „großen Leitlinien der Wirtschafts.- und Währungsunion" vom Europäischen Rat determiniert würden. Der Ministerrat erhielt die Entscheidungsbefugnis für die allgemeinen Vorschriften über die Methoden der monetären Kontrolle und mögliche Sanktionen.[4]

d) Wechselkursregime

Nach dem deutschen Vorschlag sollte die Entscheidungsbefugnis über das Wechselkursregime dem Ministerrat übertragen werden, der nach Konsultation des Europäischen Zentralbankrates einstimmig beschließen sollte. Der französische Entwurf sah zur Festlegung

---

[1] Dazu wurden das Verhältnis von staatlichen Defiziten zum Bruttosozialprodukt und das Verhältnis des Schuldenstands zum Bruttosozialprodukt vorgeschlagen. Art. 105 b französischer Entwurf.

[2] Art. 1.4. des französischen Entwurfs in Neumann (1991) S. 139.

[3] Nach französischem Vorschlag durfte das ESZB weder Weisungen des Rats der Kommission, des Parlaments noch der Mitgliedsstaaten einholen oder entgegennehmen und die Mitglieder des Rats und des Direktoriums der Bank sollten ihre Aufgaben „in vollständiger Unabhängigkeit zum allgemeinen Wohle der Gemeinschaft ausüben." (Art. 2.5) Der deutsche Entwurf enthielt folgenden Passus: "Bei der Wahrnehmung der übertragenen Befugnisse, Aufgaben und Pflichten darf weder die EZB noch eine nationale Zentralbank oder ein Mitglied ihrer Organe Weisungen von Gemeinschaftsinstitutionen, Regierungen der Mitgliedsländer oder einer anderen Institution einholen oder entgegennehmen." Vgl. Neumann (1991) S. 63.

[4] Neumann (1991) hält auch den Vorschlag, daß die Kommission dem Präsidenten der Bank „Bemerkungen und Empfehlungen" öffentlich machen könnte, für bedenklich, da so ein politischer Druck auf die EZB ausgeübt werden könnte.

der „Leitlinien der Wechselkurspolitik" nur eine qualifizierte Mehrheit vor. Zudem wurde für die Zusammenarbeit mit dem Zentralbankrat keine Zielformulierung im Hinblick auf einen Konsens gefordert, wie es im deutschen Entwurf stand. Somit war nach französischem Vorschlag die „... *Rolle der Europäischen Zentralbank in der Wechselkurspolitik ... auf eine mehr oder weniger technische Funktion in der Abwicklung der Geschäfte zur Verwaltung der Devisenreserven sowie der Interventionen auf den Devisenmärkten im Rahmen der vom Rat festgelegten Leitlinien begrenzt.*"[1]

e) Staatsfinanzierung durch das Europäische Zentralbankensystem[2]

Im Gegensatz zur deutschen Fassung wurde neben dem Verbot der Finanzierung von Haushaltsdefiziten durch unmittelbaren Beistand des ESZB oder bevorrechtigten Zugang der staatlichen Behörden zum Kapitalmarkt die Vergabe von Krediten an den Staat bei Nichtvorhandensein eines Defizits nach dem französischen Entwurf nicht explizit ausgeschlossen. Der Vergleich der beiden Entwürfe hat gezeigt, daß zunächst die Unterschiede der beiden Vertragsentwürfe nicht so groß waren, denn beide Entwürfe planten die Unabhängigkeit der Zentralbanken, sahen Begrenzungen des Staatsdefizits vor und traten für Sanktionen bei der Überschreitung der haushaltspolitischen Obergrenzen ein. An den wesentlichen Stellen der politischen Einflußnahme auf das ESZB differierten sie jedoch.

3.8. Die Einigung in Maastricht

Auf der Tagung des Europäischen Rats in Maastricht am 9. und 10.12.1991 kam es zum Abschluß der Regierungskonferenz über die Wirtschafts- und Währungsunion und die Politische Union. Am 7. Februar 1992 wurde das neu geschaffene Vertragswerk von den Finanz- und Außenministern unterzeichnet. Die Errichtung der Wirtschafts- und Währungsunion sollte in einem Prozess mit drei Etappen erfolgen.

a) Die erste Stufe

Die erste Stufe trat am 1. Juli 1990 in Kraft.[3] In dieser "Lern- und Koordinierungsphase"[4] sollte die Vollendung des Binnenmarktes sowie eine - vom Delors-Plan vorgesehene -

---

[1] Neumann (1991) S. 65.

[2] Eine weitere Divergenz bestand in der Ausgestaltung der Stufe II. Siehe dazu Neumann (1991) S. 64.

[3] Im Gegensatz zum Ende, das für den 31.12.1993 bestimmt wurde, ist über dieses Datum im EG-Vertrag keine Aussage gemacht worden.

[4] Stadler (1995)S. 63.

Anpassung des EWG-Vertrages in Vorbereitung der institutionellen Weiterentwicklung im geldpolitischen Bereich in der zweiten Stufe und eine verstärkte wirtschaftliche Konvergenz der Mitgliedsstaaten erfolgen. Durch währungs- und wirtschaftspolitische Kooperation in Form "multilateraler Überwachung" sowie die verstärkte Koordinierung der Geldpolitik sollten diese Ziele erreicht werden. Das Überwachungsverfahren sah vor, daß der Rat die Vereinbarkeit kurz- und langfristiger Aspekte der nationalen Wirtschaftspolitiken beobachten sollte.[1] Eine Verstärkung der Koordinierung der Geldpolitik durch Zusammenarbeit zwischen den Zentralbanken der Mitgliedsstaaten der Europäischen Gemeinschaft wurde durch den Transfer weiterer Aufgaben auf den Notenbankgouverneursausschuß beabsichtigt.[2] Über gegenseitige Konsultationen und die Einbeziehung von möglichst vielen Mitgliedsstaaten in das EWS sollten weitere Voraussetzungen für die geldpolitische Integration geschaffen werden.

Ein weiteres Element der Konvergenzbemühungen war die Liberalisierung des Geld- und Kapitalverkehrs.[34]

b) Die zweite Stufe

Entsprechend Art. 109e EGV begann die zweite Stufe der Verwirklichung der Wirtschafts- und Währungsunion am 1. Januar 1994.[5] Der Eintritt in die zweite Stufe war an die Bedingung geknüpft, daß vor dem 1. Januar 1994 jeder Mitgliedsstaat Maßnahmen zur Sicherstellung des freien Kapital- und Zahlungsverkehrs gemäß Art. 73b,[6] des Überziehungsverbots[7] und des Verbots der Bevorzugung von Regierungen und anderen öffentlichen Institutionen[8] durch die Finanzinstitute erlassen hatte. Ziel der zweiten Stufe war es nach den bereits vor Beginn der zweiten Stufe getroffenen Maßnahmen des Art. 109e

---

[1] Vgl. Art. 109e (2) Absatz b EGV und Smits (1997) S. 72ff.

[2] Der Notenbankgouverneursausschuß war 1964 mit dem Ziel der Förderung der Zusammenarbeit der Zentralbanken gegründet worden. Deutsche Bundesbank (1997) S. 135.

[3] Deutsche Bundesbank (1997) S. 132.

[4] Der Erfolg des Konvergenzstrebens ist - wie die Krise des EWS 1992 und 1993 zeigte - in wirtschafts- und währungspolitischer Hinsicht kritisch zu beurteilen. Siehe König (1994) S. 2f.

[5] In der Literatur wird die zweite Stufe auch als "Vorbereitungs-" und "Koordinierungs- oder Übergangsphase" - so das Bundesverfassungsgericht in seinem Urteil vom 12.10.1993 - bezeichnet. Um Begriffsverwirrungen zu vermeiden wird hier auf solche Präfixe verzichtet. BVerfG (1993) S. 430 und Stadler (1995)S. 67.

[6] Art. 73b EGV untersagt den Mitgliedsstaaten Beschränkungen des Kapital- und Zahlungsverkehrs untereinander und gegenüber dritten Ländern.

[7] Art. 104 EGV verbietet Überziehungs- und andere Kreditfazilitäten bei der EZB oder den Zentralbanken der Mitgliedsstaaten für Einrichtungen der Gemeinschaft, Regierungen und öffentliche Unternehmen sowie den direkten Erwerb von Schuldtiteln durch diese Institutionen bei den nationalen Zentralbanken oder der EZB.

[8] Art. 104a EGV

Abs. 2 EGV einen möglichst hohen Grad an dauerhafter monetärer, fiskalischer und konjunktureller Konvergenz herzustellen, sowie die innerstaatlichen Rechtsvorschriften und dabei insbesondere die Satzungen der nationalen Zentralbanken an den EGV und die Satzung der ESZB anzupassen.[1] In den Übergangsbestimmungen Art. 109e - 109m wurden die bis zum Beginn der dritten Stufe umzusetzenden Maßnahmen und Vorschriften beschrieben. Mit dem Eintritt in die zweite Stufe nahm das Europäische Währungsinstitut entsprechend Art. 109f Abs. 1 EGV seine Tätigkeit als Vorläufer der EZB auf.[2] Die Verantwortlichkeit für die Geld- und Wechselkurspolitik verblieb noch bei den nationalen Zentralbanken bzw. den Mitgliedsstaaten.[3] Das EWI hatte das Recht, Stellungnahmen und Empfehlungen abzugeben und war befugt, Leitlinien zu verabschieden, besaß aber keine monetäre Steuerungsfunktion.[4]

c) Die dritte Stufe

Am 1. Januar 1999 begann die Endstufe der Währungsunion.[5] Die geldpolitischen Befugnisse der nationalen Zentralbanken wurden auf das ESZB übertragen.

3.9. Die Ausgestaltung des Hoheitstransfers

3.9.1. Das ESZB

Da hier nicht auf die juristischen Diskussionen und Regelungen des Maastrichter Vertrages detailliert eingegangen werden kann, werden nur die wesentlichen Punkte, die in den nationalen Diskussionen thematisiert wurden, dargestellt.[6]

---

[1] Art. 108 EGV.

[2] Art. 2 des Protokolls des EUV über die Satzung des Europäischen Währungsinstituts.

[3] Damit entspricht der EU-Vertrag dem Vorschlag des Delors - Ausschusses. Siehe Stadler (1995)S. 70. Zu den Funktionen und Zuständigkeitsbereichen siehe Art. 109f Abs. 3 EGV Art. 4.2 EWI Satzung, Art. 2 zweiter Spiegelstrich.

[4] Kapitaleigner des EWI waren die nationalen Zentralbanken. Der Vizepräsident des EWI wurde aus der Reihe der Gouverneure der nationalen Zentralbanken gewählt. Die Wahl des Präsidenten erfolgte durch die Regierungen der Mitgliedsstaaten auf Empfehlung des Notenbankgouverneursausschuß. Art. 109f Abs. 1 EGV. EWI (1997a) S. 6.

[5] Art. 109j Abs. 4 S. 1 EGV. Die Automatismusklausel tritt in Kraft, da bis Ende 1997 keine Festlegung des Zeitpunktes erfolgt ist. Der Automatismus gilt nicht für Großbritannien und Dänemark. Zu den dort geltenden Regelungen siehe Stadler (1995)S. 78f und die entsprechenden Protokolle.

[6] Für eine juristisch differenzierte Analyse sei auf Weber (1995) und Galahn (1995) verwiesen.

3.9.1.1. Ziele und Aufgaben des Systems

Das vorrangige Ziel des Systems besteht in der Gewährleistung der Preisstabilität.[1] Preisstabilität wird hier als "*Erhaltung der Stabilität des Binnenwertes der zukünftigen Gemeinschaftswährung*" verstanden.[2] Nicht festgelegt war dieses Ziel in quantitativer Hinsicht. Die Gewährleistung der Preisstabilität soll jedoch nicht losgelöst von der übrigen Wirtschaftspolitik erfolgen. So hat das ESZB subsidiär die Aufgabe, "*die allgemeine Wirtschaftspolitik in der Gemeinschaft (zu unterstützen), um zur Verwirklichung der in Artikel 2 festgelegten Ziele der Gemeinschaft beizutragen.*"[3]

Die Weisungsunabhängigkeit des Zentralbankensystems und der Mitglieder ihrer Beschlußorgane ist eng mit dem Ziel der Preisstabilität verbunden.[4] Die Auffassung, daß Freiheit von geldpolitischer Einflußnahme durch nationale Regierungen oder supranationale Hoheitsträger langfristig die Grundbedingung für innere Währungsstabilität eines Landes bildet, hat insbesondere die deutsche Delegation bei den Vertragsverhandlungen vertreten. Diese Forderung wurde mit der Aufnahme des Art. 107 EGV und des Artikels 7 der Satzung berücksichtigt. Art. 109 b3 gibt dem Präsidenten und den anderen Mitgliedern des Direktoriums auf eigene Anfrage das Recht, von den zuständigen Ausschüssen des Europäischen Parlaments gehört zu werden. Mit dieser Regelung und der Verpflichtung, einen jährlichen Bericht vor dem Rat und dem Europäischen Parlament vorzustellen, über den anschließend diskutiert wird, wird den Forderungen nach einer fest verankerten „accountability" (Rechenschaftspflicht) entsprochen.[5]

Das dritte Ziel besteht in einem Agieren des Systems "*im Einklang mit dem Grundsatz einer offenen Marktwirtschaft mit freiem Wettbewerb*"[6] und beschreibt mehr noch als einen zu erreichenden wünschbaren Zustand die Leitlinien, nach denen die geldpolitische Umsetzung der Strategie und insbesondere die Auswahl und Verwendung der Instrumente zu erfolgen hat. Die zentralen Aufgaben des ESZB bestehen in der Festlegung und Ausführung der Geldpolitik. Entgegen vielfach geäußerter Forderungen wurde die vollständige Entscheidungskompetenz für die äußere Währungspolitik nicht dem ESZB übertragen.[7]

---

[1] Art. 105 Abs. 1 Satz 1 EGV. Bereits im Delors-Bericht wurde dieses Postulat als "zielbezogene Maxime" aufgestellt, über die Formulierung und genaue Bedeutung herrschten hingegen noch Unstimmigkeiten, das Europäische Parlament zog den Begriff "Sicherung der Währungsstabilität" vor. Vgl. Stadler (1995)S. 119f.
[2] Stadler (1995) S. 100 und die dort angegebenen Kommentare. Zu der Unterscheidung zwischen Binnen- und Außenwert siehe Hahn (1990) S. 221.
[3] Art. 105 Abs. 1 Satz 2 EGV.
[4] Siehe dazu Deutsche Bundesbank (1997) S. 150 und Smits (1996) S. 162 - 168.
[5] Lamfalussy (1997) S. 15.
[6] Art. 105 Abs. 1 Satz 3 EGV.
[7] Ausschuß der Präsidenten der Zentralbanken der Mitgliedsstaaten der Europäischen Wirtschaftsgemeinschaft (1992) S. 48f.

Das ESZB führt alle Devisengeschäfte in Einklang mit Art. 109 EGV durch.[1] In Art. 23 ESZB-Satzung werden diese Geschäfte als Befugnis spezifiziert, "... *alle Arten von Devisen und Edelmetallen per Kasse und per Termin zu kaufen und zu verkaufen; der Begriff 'Devisen' schließt Wertpapiere und alle sonstigen Vermögenswerte, die auf beliebige Währungen und Rechnungseinheiten lauten, unabhängig von deren Ausgestaltung ein;"* Die Entscheidungen über die "allgemeinen Orientierungen" der Währungspolitik in einem flexiblen Wechselkurssystem werden vom Rat gefällt.[2] Diese Orientierungen dürfen jedoch das Ziel der Preisstabilität nicht beeinträchtigen.[3] Die Veränderung von Leitkursen in einem Wechselkurssystem mit Drittländern liegt ebenso im Entscheidungsbereich des Rates, der mit qualifizierter Mehrheit nach Anhörung der EZB und Empfehlung der EZB oder der Kommission darüber befindet, wie das Eingehen einer Vereinbarung über ein Wechselkurssystem.[4] Weitere Aufgaben bestehen in der Verwaltung der Währungsreserven[5] und der Sorge für das reibungslose Funktionieren der Zahlungssysteme.[6] Aufgaben der Bankenaufsicht können der EZB vom Rat auf Vorschlag der Kommission übertragen werden.[7]

---

[1] Art. 109 EGV bestimmt die Kompetenzen des Rates hinsichtlich der Festlegung des Wechselkurssystems.

[2] Art. 109 Abs. 2 EGV. Zur Kritik siehe Lamfalussy (1997) S. 15f.

[3] Um eine solche Entscheidung herbeiführen zu können, muß es jedoch eine Empfehlung der Kommission, der EZB und eine Anhörung des Europäischen Parlaments geben.

[4] Art. 109 Abs. 1 EGV. Auch hier ist die Anhörung der EZB und die Empfehlung der Kommission oder der EZB erforderlich. Zu der Beteiligung der EZB, die Verhandlungsmandate übernehmen kann, siehe Stadler (1995)S. 174.

[5] Die EZB erhält von den Zentralbanken, für die keine Ausnahmeregelung gilt, Währungsreserven bis zu einem Gegenwert von 50 Mrd. ECU, die nicht aus Währungen der Mitgliedsstaaten, ECU, IWF - Reservepositionen und SZR gebildet werden dürfen. Entsprechende Forderungen werden den nationalen Zentralbanken gutgeschrieben. Die Festsetzung der Höhe der Beiträge erfolgt in Abhängigkeit von dem Anteil gezeichneten Kapitals an der EZB. Die 5 Mrd. ECU Kapital werden entsprechend einem Schlüssel bei Errichtung des ESZB aufgeteilt, dieser Schlüssel berücksichtigt zu 50% den Anteil des jeweiligen Mitgliedsstaates an der Bevölkerung der Europäischen Union und zu 50% seinen Anteil am Bruttoinlandsprodukt. Vgl. Art. 29.1.ESZB-Satzung. Aber auch die nationalen Zentralbanken können nach Art. 31 ESZB-Satzung weiterhin Währungsreserven halten.

[6] Artt. 105 und 105a EGV.

[7] Art. 105 Abs. 6 EGV. Galahn (1996) S. 202. Nach den Bestimmungen scheint das ESZB nur für eine beratende Rolle bei der Formulierung der Politik vorgesehen zu sein. Es gibt aber auch eine andere mögliche Interpretation, die die Bestimmungen als eine Verpflichtung des ESZB auslegt und eine stärker koordinierende als konsultative Rolle vorsieht. Auf diese Weise kann man zu dem Schluß gelangen, daß Art. 25.1 ESZB-Satzung eine Art Minimalanforderung an das ESZB darstellt, die keineswegs ausschließt, daß auch darüber hinausgehende Aufgaben wahrgenommen werden. Zu den Empfehlungen siehe Report of a Working Group of the ECU Institute (1995) S. 49 – 72.

Tabelle 1: Aufgaben der Bankenaufsicht

Artikel des EU-Vertrages	Artikel der Statuten des ESZB und der EZB	Aufgabe
105 (5)	3.3	Beitrag zur reibungslosen Durchführung der von den zuständigen Behörden für Kreditaufsicht und Stabilität des Finanzsystems ergriffenen Maßnahmen
-	25.1	Konsultative Rolle der EZB bei der Bankaufsicht und Aufsicht über das Finanzsystem
105 (4)	4	Konsultierung der EZB zu Gesetzesentwürfen
-	5	Sammeln und Harmonisieren von statistischen Daten
105 (6)	25.2	Potentielle direkte Rolle der EZB bei der Aufsicht

Quelle: Report of a Working Group of the ECU Institute (1995) S. 48.

Art. 105a EGV weist der EZB das ausschließliche Recht zu, die Ausgabe von Banknoten zu genehmigen, die nach dem Maastrichter Vertrag durch die EZB oder die nationalen Zentralbank erfolgen kann. Das Münzregal verbleibt bei den Mitgliedsstaaten, der Umfang seiner Ausübung unterliegt jedoch der Genehmigungspflicht durch die EZB.

Es ist dem ESZB untersagt, zur Finanzierung öffentlicher Defizite beizutragen, das ESZB kann aber als Fiskalagent dienen. Die EZB und die nationalen Zentralbanken können nach Art. 21.2. Satzung für öffentliche Stellen, Kreditinstitute und andere Marktteilnehmer Konten eröffnen und Vermögenswerte als Sicherheiten annehmen.

3.9.1.2. Organisation des ESZB

Das ESZB besteht nach Art. 106 I EGV aus der EZB und den nationalen Zentralbanken der Mitgliedsstaaten.[1] Die EZB bildet den Mittelpunkt des ESZB, die nationalen Zentralbanken unterstehen ihr funktional.[2]

---

[1] Aus den Artt. 109 k III, IV EGV und 43 ESZB-Satzung läßt sich ableiten, daß auch die Zentralbanken von Mitgliedsstaaten, die nicht an der Währungsunion teilnehmen, zum ESZB gehören. Weber (1995) S. 49.

[2] Art. 14.3 S.1 ESZB-Satzung. Von besonderer Bedeutung in der Frage der Souveränitätsabtretung ist die Tatsache, daß die EZB nicht zu den Gemeinschaftsorganen (Europäisches Parlament, Rat, Kommission, Gerichtshof und Rechnungshof) zählt, sie besitzt aber wie beispielsweise die Europäische Investitionsbank eine eigene Rechtspersönlichkeit. Anders hingegen Smits (1996) S. 93. Damit wurde der Forderung des Delors - Berichtes, dem neuen System den Status eines autonomen Organs der Gemeinschaft zu verleihen, nicht entsprochen. Gemeinschaftsorgane handeln für die mit eigener Rechtspersönlichkeit ausgestat-

3.9.1.2.1. Leitungsorgane der EZB

Die EZB wird wie die Deutsche Bundesbank von zwei Gremien geleitet, dem EZB-Rat und dem Direktorium.[2] Neben diesen beiden Organen wird ein "Erweiterter Rat" eingerichtet, dem neben Präsident und Vizepräsident der EZB die Präsidenten aller nationalen Notenbanken der EU angehören, d.h. auch der Länder, die sich noch nicht für eine vollständige Teilnahme an der Währungsunion qualifiziert haben oder für die noch Ausnahmeregelungen bestehen.

3.9.1.2.1.1. Der EZB-Rat

Der EZB-Rat ist das oberste "willensbildende" Entscheidungsorgan der EZB, er erläßt Leitlinien und Entscheidungen und legt die Geldpolitik der Gemeinschaft fest.[3] Im Rahmen dieser Aufgabe kann er geldpolitische Zwischenziele, Leitzinssätze und die Bereitstellung von Zentralbankgeld beschließen.[4] Außerdem verfügt er über die Berechnung und Bestimmung des Mindestreservesolls[5] und beschließt die Geschäftsordnung der EZB.[6] Die nationalen Zentralbanken sind "integraler Bestandteil" des ESZB und handeln nach Weisungen der EZB. Der EZB-Rat hat sicherzustellen, daß die Weisungen der EZB auch ein-

---

tete Europäische Gemeinschaft gemeinschaftsweit, besitzen aber keine eigene Rechtspersönlichkeit. Wollte man die Sonderstati von Dänemark und Großbritannien sowie die Möglichkeit berücksichtigen, daß bei Eintritt in die dritte Phase nicht alle Mitgliedsstaaten an der Währungsunion teilnehmen würden, so ergab sich für die EZB eine andere als die "klassische organschaftliche" Funktion. Zudem sollte die EZB, die als eine "juristische Person des internationalen Rechts" vorgesehen war, gerade in den Besitz einer Rechtspersönlichkeit gelangen. Stadler (1995)S. 94. In der Frage, ob die EZB sich als eine Institution der Gemeinschaft in die gemeinschaftsrechtliche Organisationsstruktur eingliedert oder gleichsam herausgestellt einen "eigenständigen Handlungsträger in der Europäischen Union" bildet wie es Hahn sieht, herrscht Uneinigkeit in der Literatur. Siehe Hahn (1992) S. 42.

".... sie stellt vielmehr eine funktionell autonome (Art. 107 EGV, Art. 7 ESZB-S.) Institution der Gemeinschaft und ihres Rechts dar." Weber (1995) S. 51.

[1] Die rechtliche Verhaftung der nationalen Zentralbanken in ihren jeweiligen Ländern durch den Besitz von aus den jeweiligen Gesetzgebungen entstehenden Rechtspersönlichkeiten kann als eine Form der Gewährleistung institutioneller Unabhängigkeit der nationalen Zentralbanken von ihren jeweiligen Regierungen betrachtet werden. Vgl. Smits (1997) S. 162.

[2] Weber sieht in diesem Zwei – Organ - Prinzip die Verwirklichung des auch in der amerikanischen Verfassung verankerten Systems des institutionellen Gleichgewichts, bei der einer dominierenden Stellung eines Organs vorgebeugt wird. Das institutionelle Gleichgewicht hebt danach die Einschränkung der parlamentarisch - demokratischen Einflußnahme durch die weitgehende funktionelle Autonomie wieder auf. Vgl. Weber (1995) S. 64f.

[3] Art. 12.1. Satz 1 und 2 ESZB-Satzung.

[4] Art. 12.1. Satz 2 ESZB-Satzung.

[5] Art. 19.1. ESZB-Satzung.

[6] Art. 12.3. ESZB-Satzung.

gehalten werden.[1] Eine weitere Aufgabe[2] ist neben der beratenden Funktion auf gemeinschaftlicher und nationaler Ebene[3] die Befugnis, Entscheidungen hinsichtlich der internationalen Zusammenarbeit zu treffen.[4] Der EZB-Rat besteht aus den Mitgliedern des Direktoriums und aus Präsidenten der nationalen Zentralbanken der Mitgliedsstaaten, für die keine Ausnahmeregelung gilt.[5][6] An den Sitzungen können der Präsident des Rates und ein Kommissionsmitglied teilnehmen.[7] Anders als im Bundesbankgesetz gibt es kein aufschiebendes Vetorecht. Entscheidungen werden mit einfacher Mehrheit getroffen, jedes Mitglied hat eine Stimme und die Stimme des Präsidenten gibt bei Gleichheit der Stimmen den Ausschlag.[8]

3.9.1.2.1.2. Das Direktorium

Das Direktorium ist das zentrale Exekutivorgan und trägt die Verantwortung für die operationalen Entscheidungen, d.h. Durchführungs- und Umsetzungsentscheidungen. Es hat gemäß Art. 12.1. Satzung Weisungsrecht gegenüber den nationalen Zentralbanken und kann diese zur Beteiligung an der Durchsetzung von Entscheidungen auffordern, wenn dies "möglich und sachgerecht erscheint." Es übernimmt die Verwaltung der EZB in Form der internen Organisation und der kaufmännischen und personellen Leitung. Das Direktorium setzt sich aus dem Präsidenten, dem Vizepräsidenten und vier weiteren Mitgliedern zusammen.[9]

---

[1] Art. 14.3. ESZB-Satzung.

[2] Andere Aufgaben sind die Feststellung des vom Direktorium erstellten Jahresabschluß nach Art. 26.2. und die Festlegung der Beschäftigungsbedingungen nach Art. 36.1. ESZB-Satzung.

[3] Art. 12.4. ESZB-Satzung und der dort erwähnte Art. 4 ESZB-Satzung.

[4] Artt. 12.5. und 6 ESZB-Satzung.

[5] Art. 109a Abs. 1 EGV und Art. 10.1. ESZB-Satzung. Ein Mitglied, das nach der Prüfung der Konvergenzkriterien vom Europäischen Rat von einer Ausnahmeregelung betroffen wurde, nimmt zwar nicht an der Währungsunion teil, die Zentralbank dieses Landes wird aber Mitglied im Erweiterten Rat der EZB. Art. 43 bis 48 ESZB-Satzung.

[6] Der Erfolg des Konvergenzstrebens ist - wie die Krise des EWS 1992 und 1993 zeigte - in wirtschafts- und währungspolitischer Hinsicht kritisch zu beurteilen. Im deutschen Zentralbankrat stehen maximal 8 Direktoriumsmitgliedern 9 LZB-Präsidenten gegenüber, wohingegen die Präsidenten der nationalen Zentralbanken gegenüber der in Art. 11.1. ESZB-Satzung auf maximal 6 festgelegten Mitgliederzahl des Direktoriums in der Überzahl sein werden. Vgl. §7 II BBankG.

[7] Art. 109 b I EGV.

[8] Eine Ausnahme bilden Entscheidungen über die Kapital- und Reserveeinbringung nach den Artt. 28-30 ESZB-Satzung und die Gewinn- und Verlustverteilung (Artt. 32,33,5146. ESZB-Satzung). Mitglieder des Direktoriums haben dabei kein Stimmrecht, die Gewichtung der Stimmen erfolgt nach dem gezeichneten Kapitalanteil. Zu Ausnahmen siehe Art. 28.3. ESZB-Satzung.

[9] Alle sechs Mitglieder werden nach Anhörung des Europäischen Parlaments und des EZB-Rates auf Empfehlung des Rates von den Staats- und Regierungschefs der Mitgliedsstaaten, die nicht von der Ausnahmeregelung des Art. 43.3 ESZB-Satzung betroffen sind, gewählt. Ihre nicht wiederholbare Amtszeit beträgt 8

Im Direktorium gilt der Grundsatz "one man, one vote", bei Stimmengleichheit entscheidet der Präsident.

3.9.1.2.1.3. Erweiterter Rat der EZB

Mitgliedsstaaten, die die Konvergenzkriterien nicht erfüllen, haben über dieses dritte Organ der EZB, dem der Präsident und der Vizepräsident der EZB sowie die Präsidenten aller Mitgliedsstaaten angehören, die Möglichkeit, die geldpolitische Koordination voranzutreiben. Dem Gremium wurden keine geldpolitischen Kompetenzen übertragen, es soll aber für eine enge Wechselkurskooperation unter den EU-Ländern verantwortlich sein.[1]

3.9.1.2.2. Kompetenzverteilung zwischen EZB und nationalen Zentralbanken

Die horizontale Aufgabenteilung innerhalb des ESZB auf zentraler Ebene erfolgt nach folgenden Grundsätzen:[2] Der EZB-Rat fällt alle über den Einzelfall hinausgehenden Grundsatzentscheidungen und das Direktorium trägt die Verantwortung für konkrete Durchführungs- und Umsetzungsentscheidungen.[3] Bei dem Übergang zur vertikalen Kompetenzverteilung stellt sich zunächst die Frage, welche Aufgabenbereiche auf die nationalen Zentralbanken entfallen. Grundsätzlich sind die nationalen Zentralbanken - abgesehen von der Teilnahme der Präsidenten am EZB-Rat - zu ausführenden Organen "degradiert" worden.[4] Die nationalen Zentralbanken sind dazu verpflichtet, den *"Leitlinien und Weisungen der EZB zu entsprechen"*.[5] Sie können ergänzend zu den oben beschriebenen Aufgaben andere Funktionen wahrnehmen, wenn der EZB-Rat nicht die Unvereinbarkeit mit den Zielen und Aufgaben des ESZB feststellt.

Die Formulierung der Aufgabenteilung ist ungenau: Lediglich die Teilhabe der nationalen Zentralbanken, ihre Heranziehung zur Durchführung von Aufgaben des ESZB und die Weisungsbefugnis der EZB sind festgeschrieben worden. Die Frage, wie die Kompetenzverteilung konkret aussehen soll, beantwortet die herrschende Meinung mit der Anwendung des Art. 12.1 Satzung.[6] Dieser Artikel unterscheidet sich vom allgemeinen Subsidia-

---

Jahre. Artt. 109 a II lit. a EGV und 11.1. Abs. 1 ESZB-Satzung.

[1] Deutsche Bundesbank (1997) S. 149.

[2] Siehe auch Goetze (1999) und Schnelting (1998) für eine detaillierte Darstellung.

[3] Im Unterschied zum Bundesbankverfahren bestimmt der EZB-Rat auch die Leitlinien für die Umsetzung. Weber (1995) S. 144.

[4] Art. 9.2. ESZB-Satzung.

[5] Art. 14.3. Satz 1 ESZB-Satzung.

[6] Lecheler (1993) S. 113ff. Alternativ zu diesem Prinzip hätte eine sogenannte "statische Aufgabenteilung" wie sie im Bundesbankgesetz festgelegt ist, angewendet werden können.

ritätsprinzip, das in Art. 3 b II EGV der Gemeinschaftstätigkeit zugrunde gelegt wurde[1] und das hier nach Smits (1997) nicht anwendbar ist,[2] da es für Bereiche gilt, die nicht zu den ausschließlichen Kompetenzen der Gemeinschaft zählen. Die Aufgaben des ESZB gehören jedoch zu den ausschließlichen Kompetenzen der Gemeinschaft.[3] Daher ist hier nicht von einem grundsätzlichen Subsidiaritätsprinzip auszugehen, auch wenn dies in allen Debatten immer wieder angenommen wird.[4]

Art. 12.1. Absatz 3 Satzung sieht vor, daß die EZB die "... *nationalen Zentralbanken zur Durchführung von Geschäften in Anspruch (nimmt), soweit dies möglich und sachgerecht erscheint.*" In dieser etwas weniger klaren Bestimmung ist die Betonung der dezentralen Ebene schwächer, es handelt sich nicht um ein Prinzip - was allein schon die Wortwahl "*möglich und sachgerecht*" deutlich macht, sondern um eine Art praktische Handlungsanweisung.[5] Wie die Aufgabenteilung zwischen zentraler und dezentraler Ebene genau aussieht, ist für das Gebiet der Geldpolitik auch abhängig von der monetären Strategie und den geldpolitischen Instrumenten.

3.9.1.2.3. Geldpolitisches Instrumentarium

Der Einsatz eines bestimmten Instrumentariums[6] setzt eine relativ weitgehende Festlegung

---

[1] Das Subsidiaritätsprinzip besagt: "In den Bereichen, die nicht in ihre ausschließliche Zuständigkeit fallen, wird die Gemeinschaft nach dem Subsidiaritätsprinzip nur tätig, sofern und soweit die Ziele der in Betracht gezogenen Maßnahmen auf Ebene der Nationalstaaten nicht ausreichend erreicht werden können und daher wegen ihres Umfanges oder ihrer Wirkungen besser auf Gemeinschaftsebene erreicht werden können." Art. 3 b II EGV.

[2] Anders Zeitler (1996) S. 137 und Schmidhuber (1993) S. 417ff.

[3] Smits (1997) S. 112.

[4] Ein weiteres Argument ist die Existenz des Art. 12.1. Absatz 3, denn wenn das Subsidiaritätsprinzip auch auf das ESZB anwendbar wäre, würde ein Passus, der einen anderen Wortlaut als Art. 3b II EGV hat, zu Verwirrung führen. Zur vertiefenden rechtlichen Diskussion Goetze (1999) S. 89ff.

[5] Vgl. Smits (1989). Anders Weber, der in der Formulierung der ESZB-Satzung eine Abschwächung des sich stärker auf Effizienzgesichtspunkte stützenden allgemeinen Subsidiaritätsprinzips sieht. Infolgedessen ist seiner Auffassung nach die dezentrale Umsetzung der Geldpolitik - er beschränkt den Art. 12.1. nur auf die Geldpolitik, während der Vertrag allgemein von den Aufgaben des ESZB spricht - nur dann nicht mehr "sachgerecht", wenn im Hinblick auf die Zielverwirklichung eine zentrale Umsetzung unabdingbar notwendig ist. Mit dieser Auslegung verweist er auf den Ursprung des Subsidiaritätsprinzipes in der katholischern Soziallehre und liberalen Staatstheorie. Pius XI. hat in der Sozialenzyklika "Quadrogesimo anno" 1931 geschrieben:".... so verstößt es gegen die Gerechtigkeit, das was, die kleineren und untergeordneten Gemeinwesen leisten und zum guten Ende führen können, für die weitere und übergeordnete Gemeinschaft in Anspruch zu nehmen .... Jedwede Gesellschaftstätigkeit ist ja ihrem Wesen und Begriff nach subsidiär... ." In der liberalen Staatstheorie ist Staatlichkeit nur legitim, wenn bestimmte Zwecke, nach denen Individuen streben, nur durch den Staat erreicht werden können. Galahn (1996) S. 224.

[6] Zu den Grundsätzen für die Wahl eines bestimmten geldpolitischen Instrumentariums siehe EWI (1997a) S. 15.

der zu verfolgenden geldpolitischen Strategie voraus.[1] Die Bestimmungen über das geldpolitische Instrumentarium nehmen sich im Hinblick auf eine bestimmte Strategie aber sehr allgemein aus.[2]

Die vertraglichen Grundlagen für die geldpolitischen Instrumente sind in den Artikeln 18 bis 21 der Satzung niedergelegt worden. Die EZB stellt die allgemeinen Grundsätze für die Nutzung der geldpolitischen Instrumente auf. Allen vorgesehenen Instrumenten ist unabhängig vom Schwerpunkt der Zwischenzielformulierung eine unterschiedlich stark ausgeprägte Marktorientierung gemein.[3] Die indirekte Steuerung im Gegensatz zu administrativen quantitativen Regelungen ist in den Vertragsbestimmungen bereits angelegt.

Das operative Ziel des ESZB wird mit Hilfe von Offenmarkt- und Kreditgeschäften erreicht.[4] Die Haltung von Mindestreserven war insoweit vorgesehen, als die Infrastruktur, die den Einsatz dieses Instruments ermöglicht, vorbereitet wurde.

Die Offenmarktpolitik[5] gemäß Art. 18.1. in Form von Käufen und Verkäufen von Forderungen, börsengängigen Wertpapieren und Edelmetallen (per Kasse oder Termin) oder über Rückkaufsvereinbarungen und Darlehensgeschäfte[6] eröffnet den nationalen Zentralbanken und der EZB ein fast unbegrenztes Reservoir an nutzbaren Papieren. Das genaue Verfahren wurde von der EZB festgelegt.[7] Laut Art. 23 zweiter Spiegelstrich ist das System zudem befugt, "... *alle Arten von Devisen und Edelmetalle per Kasse und per Termin zu kaufen und zu verkaufen*".[8][9][10]

---

[1] Vgl. Bofinger (1996) S. 2

[2] Stadler spricht von einem "Universalschlüssel", der erst durch die Festlegung des Handlungsrahmens durch das EWI konkretisiert wurde. Stadler sieht in den zum Vertragsabschluß herrschenden unterschiedlichen mittelfristigen Strategien einen Grund für die Unbestimmtheit. Siehe Stadler (1995)S. 194.

[3] Siehe dazu Hahn (1990) S. 273ff und die dort dargestellten geldpolitischen Instrumente. Marktorientierung wird aus den Zielen und Aufgaben des ESZB abgeleitet, das nach Art. 2 ESZB-Satzung dazu verpflichtet ist, "im Einklang mit dem Grundsatz einer offenen Marktwirtschaft mit freiem Wettbewerb" zu handeln.

[4] Hauptsächlich soll das ESZB auf Offenmarktgeschäfte durchführen. EWI (1997a) S. 16.

[5] Stadler weist darauf hin, daß sich keine indirekte Finanzierungsmöglichkeit ergibt, denn der Einsatz des geldpolitischen Instrumentariums des ESZB erfolgt stets "... zur Erreichung der Ziele ... und zur Erfüllung seiner Aufgaben... ." Art. 18.1. ESZB-Satzung. Aktivitäten zur bloßen Kurspflege werden dadurch verboten.

[6] Art. 18.1. 1. Spiegelstrich ESZB-Satzung.

[7] Zu weiteren Erläuterungen siehe EWI (1997a) S. 16f, Deutsche Bundesbank (1997e).

[8] Mit dieser Bestimmung wird das System zunächst in die Lage versetzt, die äußere Währungspolitik durchzuführen. Die auch unter diese Bestimmung fallenden Swap- und Outright - Geschäfte haben auch eine binnenwirtschaftliche Bedeutung, die in Deutschland seit 1979 vorherrscht. Bei einem Swap - Geschäft handelt es sich um einen Kauf (Verkauf) von Devisen per Kasse und gleichzeitigen Verkauf (Kauf) per Termin. Ein Outright - Geschäft ist ein reines Termingeschäft mit Devisen. Die Bundesbank nutzt die Swap - Geschäfte zur Feinsteuerung des Geldmarktes, eine Wechselkurswirkung war nicht beabsichtigt. Hahn (1990) S. 293ff.

[9] Zur tatsächlichen Ausformulierung des Instrumentariums Deutsche Bundesbank (1997e).

[10] Zum Begriff der Refinanzierungspolitik Hahn (1990) S. 273.

Für die Refinanzierungspolitik ist sehr allgemein formuliert worden, daß die EZB und die nationalen Zentralbanken "... *Kreditgeschäfte mit Kreditinstituten und anderen Marktteilnehmern abschließen, wobei für die Darlehen ausreichende Sicherheiten zu stellen sind.*"[1][2] Gemäß Art. 19.1. ESZB-Satzung kann die EZB zur Verwirklichung ihrer Ziele von den Geschäftsbanken verlangen, Mindestreserven auf Konten der EZB oder der nationalen Zentralbanken zu halten.[3] Die Basis für die Mindestreserven und die höchstzulässigen Relationen zwischen diesen Mindestreserven und ihrer Basis sowie bei Nichteinhaltung angemessene Sanktionen legt der Rat fest.[4]

Auch für den Fall der Erweiterung des Instrumentenkatalogs ist vertraglich vorgesorgt worden: Andere Instrumente können über eine Zweidrittelmehrheit des ESZB - Rates unter Beachtung der allgemeinen Grundsätze des Art. 2 ESZB-Satzung zugelassen werden.[5]

3.9.2. Der geld- und währungspolitische Hoheitstransfer im Maastrichter Vertrag

3.9.2.1. Der Transfer der Währungshoheit auf supranationale Institutionen

Ein anwendbarer Souveränitätsbegriff muß Interdependenzen wirtschaftspolitischer Art berücksichtigen.[6] Nach einem absoluten Begriff hätte man bereits bei Abschluß der Römischen Verträge von einem Souveränitätsverlust sprechen können. Daher kann der Souveränitätstransfer weder absolut noch quantitativ erfaßt werden. Angesichts des monetären

---

[1] Art. 18.1. zweiter Spiegelstrich ESZB-Satzung. Das EWI hat diese Rahmenbedingungen dahingehend konkretisiert, daß es zwei Formen von "ständigen" Fazilitäten vorsah, deren Zinssätze Ober- und Untergrenze des Tagesgeldsatzkorridors bilden sollten: Die Spitzenrefinanzierung dient der Deckung eines vorübergehenden Liquiditätsbedarfs und wird von den nationalen Zentralbanken in Form von Übernachtliquidität zu einem vorgegebenen Zinssatz gegen refinanzierungsfähige Sicherheiten vergeben. Es gibt dabei keine Beschränkungen. Die Einlagefazilität gibt den Kreditinstituten die Möglichkeit, Einlagen zu einem festgelegten Zinssatz über Nacht bei den nationalen Zentralbanken zu leisten. Auch hier gibt es keine betragsmäßigen Beschränkungen.

[2] EWI (1997a) S. 18. Zu den Merkmalen der refinanzierungsfähigen Sicherheiten EWI (1997a) S. 23.

[3] Das EWI grenzt das auf das Halten von Konten bei den nationalen Zentralbanken ein. EWI (1997a) S. 18.

[4] Artt. 19.2. und 42 ESZB-Satzung.

[5] Art. 20 ESZB-Satzung.

[6] Die Übertragung geldpolitischer Hoheitsrechte auf das ESZB bedeutet verfassungsrechtlich keinen "dinglichen Verzicht" auf die abgetretenen Kompetenzen. Ein Verlust der Souveränität würde für die EU eine eigene, den Mitgliedsstaaten übergeordnete Verfassungsautonomie voraussetzen. Die Bundesrepublik verzichtet in den "übertragenen" Bereichen darauf, ihre Kompetenzen auszuüben. Vgl. Jeckel (1997, S. 122) der zwischen einer solchen rein formellen Betrachtung, nach der die Mitgliedsstaaten - auch nach Inkrafttreten des Maastrichter Vertrages - noch "Herren der Verträge" bleiben, und einer materiellen Sicht, die die möglichen politischen Folgewirkungen betrachtet, unterscheidet und zu dem Schluß kommt, daß spätestens zum 1.1.1999 der "point of no return" überschritten ist.

Integrationsprozesses bietet sich ein qualitativer Souveränitätsbegriff an, da er Unterschiede zwischen den einzelnen auf Gemeinschaftsebene transferierten Kompetenzen zuläßt und zugleich die Frage offen läßt, ob der Maastrichter Vertrag zum Verlust nationaler Souveränität geführt hat.

Die ersten Ansätze monetärer Integration nach den Römischen Verträgen waren noch durch einen Mangel an politischem Willen und durch die Einbindung in das Bretton Woods-System gekennzeichnet. Mit dem Werner - Plan kristallisierten sich bereits unterschiedliche wirtschaftspolitische Vorstellungen und Integrationskonzepte in Deutschland und Frankreich heraus. Der nächste Schritt, die Einheitliche Europäische Akte, führte zu einer rechtlich verbindlichen Bestätigung des EWS und des Integrationsziels Währungsunion. Zudem zeichnete sich eine zunehmende Konvergenz wirtschaftspolitischer Vorstellungen ab. Dennoch gingen die politischen Vorstellungen über das Ausmaß eines Kompetenztransfers auf Gemeinschaftsebene noch auseinander, ähnliche Konfrontationen wie in der Werner-Kommission schienen zunächst weitergehende Entwicklungen aufzuhalten. Zudem enthielt die EEA noch integrationsdynamische und -hemmende Elemente.[1] Mit der Wiedervereinigung veränderten sich die Verhandlungspositionen. Die Vorstellung eines wiedervereinten Deutschland wirkte bedrohlich. Zugleich führte die Wiedervereinigung zu einer gestärkten Verhandlungsposition Frankreichs, das damit die Gangart einer Wirtschafts- und Währungsunion forcieren konnte, ohne daß die Frage einer Politischen Union und eines damit verbundenen weitergehenden Hoheitstransfers gelöst wurde.

Im Maastrichter Vertrag hat sich ein funktionalistischer Integrationsansatz durchgesetzt, der in seiner Idealform erst über das *"Herausbilden gleicher Werte, gleicher Präferenzen und kompatibler Gesellschafts- und Wirtschaftsstrukturen"*[2] zur politischen Integration schreitet.

Mit der Währungspolitik ist ein vollständiger, zudem noch qualitativ bedeutender Bereich staatlicher Hoheitsgewalt von dem Transfer betroffen. Die bisher vorherrschende Philosophie eines Zweckverbandes wird verlassen.[3] Der Umfang der übertragenen Kompetenzen zeigt, daß es sich bei den Bestimmungen des Maastrichter Vertrages nicht mehr nur um spezifische Sachkompetenzen handelt, sondern daß hier von einem "Qualitätssprung" die Rede sein kann.

---

[1] Zu den integrationsdynamischen Elementen können das Binnenmarktprogramm und das Mehrheitsprinzip und zu den hemmenden Elementen die intergouvernementale Komponente des Europäischen Rates gezählt werden. Lhotta (1997) S. 196.

[2] Tietmeyer (1998) S. B3. Das Pendant wäre ein institutioneller Integrationsansatz, der sich über das Stärken der Gemeinschaftsinstitutionen zu einer formal verfaßten politischen Union entwickelt.

[3] Tomuschat (1993) S. 493. Zum Qualitätssprung auch Scholz (1992) S. 2593. Siehe auch Jeckel (1997).

3.9.2.2. Unabhängigkeit und Rechenschaftspflicht des ESZB

Die eingangs beschriebene notwendige Bedingung für die Delegation der Geldpolitik auf eine unabhängige Zentralbank, die Gewährleistung der Einbettung in das Staatssystem, verweist auf die Frage nach einem solchen die EZB aufnehmenden System und ihrer demokratischen Legitimation. Hahn (1992) bezeichnet die EZB als eine *"Institution, die zwar der Gemeinschaft zugeordnet ist, aber letztendlich neben dieser steht".*[1]

Zunächst ist festzustellen, daß das ESZB nicht losgelöst von der Judikative agiert. Handlungen und Entscheidungen des ESZB in den vom Vertrag festgelegten Berechen[2] unterliegen nach Art. 35.1 ESZB-Satzung der Überprüfung durch den Gerichtshof der Europäischen Gemeinschaften. Die institutionelle Unabhängigkeit der EZB äußert sich in ihrer Weisungsunabhängigkeit, und in der Konstituierung einer ihr eigenen Rechtspersönlichkeit.[3]

Personelle Unabhängigkeit zeigt sich in der Ernennung und den Amtsmodalitäten der Entscheidungsträger. Das Direktorium wird aus einem Kreis von Personen gewählt, die nach Art. 109a (2) EGV und Art. 11.2 ESZB-Satzung *"in Währungs- oder Bankfragen anerkannte(n) und erfahrene(n) Persönlichkeiten"* sind. Dadurch soll neben einer fachlichen Kompetenz gewährleistet sein, daß nicht nach politischem Proporz entschieden wird. Ihre Amtszeit ist auf acht Jahre festgesetzt.[4] Außer im Fall schwerer Krankheit oder Fehlverhaltens gibt es keine Möglichkeit der Entlassung. Ein weiteres Element ist in der Ausschließlichkeit der Tätigkeit als Direktoriumsmitglied zu sehen.[5] Anzumerken wäre hier, daß sich durchaus auch aus der Zeit nach der Amtszeit Anreize für ein bestimmtes Verhalten während der Amtszeit oder durch sehr enge persönliche Beziehungen zu politischen Entscheidungsträgern, wie sie beispielsweise in Frankreich durch eine sehr homogene "Elitenbildung" entstehen, ergeben könnten. Diese Anreize sind aber institutionell nicht zu erfassen, möglich wäre höchstens eine Karenzzeit nach Ablauf der Amtszeit.[6] Gegen diese Anreize können Verhaltensmaßstäbe (rules of conduct) oder ein sogenannter "Becket"-Effekt wirken.[7] Auf Gemeinschaftsebene fehlt jedoch eine Exklusivitätsklausel, die Beschäftigungen

---

[1] Hahn (1992) S. 129.

[2] Artt. 173, 175, 177 EGV in Verbindung mit Art. 31.1 ESZB-Satzung. Damit sind auch die Rechtsakte, die die EZB nach Art. 34.1 ESZB-Satzung erlassen kann, einer Überprüfung unterstellt. Verordnungen bindenden Charakters kann die EZB nur in den Bereichen, die ihr zugewiesen worden sind, erlassen, d.h. für die Geldpolitik, die Aufsicht über die Zahlungssysteme und die Sammlung statistischer Daten über das Bankwesen. Die Regelungsbefugnis über die Bankenaufsicht ist zunächst noch durch den Art. 25.2 davon ausgenommen, kann jedoch aktiviert werden.

[3] Vgl. auch für die folgenden Ausführungen Smits (1997) S. 162. Siehe auch S. 96, wo die einzelnen Begriffe näher erläutert werden.

[4] In der Literatur wird diese Dauer auch kritisiert. Weber (1995) und Stadler (1995) halten sie für zu kurz.

[5] Art. 11.1 2. Paragraph ESZB-Satzung.

[6] Eine solche Karenzzeit besteht in Frankreich.

[7] Siehe dazu Neumann (1997). Die EZB hat keinen Einfluß auf die Wahl der nationalen Zentralbankgou-

außerhalb des Amtes untersagt. Solche Regelungen sind den nationalen Zentralbankverfassungen überlassen.[12]

Hinsichtlich der finanziellen Unabhängigkeit hat die EZB weitreichende Befugnisse erhalten. Ihr Budget ist nicht Teil des Gemeinschaftsbudgets, ihre Einkünfte kann sie aus der Investition offizieller Reserven und aus den Zinsen für Kredite sowie für Mindestreserven beziehen. Zudem stehen dem ESZB die monetären Einkünfte aus der Notenemission zu.[3] Die Nettogewinnverteilung erfolgt nach Abzug einer Reserve nach Maßgabe der von den Anteilseignern der EZB eingezahlten Anteile, so daß auch hier weitgehende Unabhängigkeit gewährleistet ist. Hinsichtlich der normalen Rechnungsprüfung unterliegt die EZB nicht dem europäischen Rechnungshof, lediglich die Effizienz der Verwaltung wird von ihm geprüft. Der Jahresabschluß wird externen Rechnungsprüfern vorgelegt, die vom EZB-Rat empfohlen und vom Rat anerkannt werden.[4]

Im Gegensatz zu denen anderer Zentralbanken sind die Elemente der Unabhängigkeit so verankert, daß sie Verfassungsrang haben.[5] Die europäische Zentralbankverfassung ist *"written in stone"*.[6]

Damit stellt sich die Frage, wie sich die Unabhängigkeit der EZB zum demokratischen Prinzip verhält. Der Maastrichter Vertrag hat eine Reihe von Vorkehrungen getroffen, um der Rechenschaftspflicht sowohl in Unterstützung des demokratischen Prinzips als auch in Form einer größeren Transparenz der Politik der EZB zu genügen. Dazu zählen der Dialog zwischen der EZB und den anderen Institutionen, die gegenseitige Teilnahme an Meetings, die Möglichkeit der Berichterstattung vor dem Europäischen Parlament[7] und das allgemeine Berichtswesen der EZB.[8] Das Europäische Parlament ist befugt, Mitglieder des

---

verneure. Die Amtszeit der Zentralbankgouverneure muß mindestens 5 Jahre betragen und sie sind wiederwählbar. Für ihre Entlassung gelten die gleichen Regelungen wie für Direktoriumsmitglieder.

[1] In der Eigenständigkeit der Wahlmodi und Heterogenität der Zentralbankverfassungen wird die auch weiterhin bestehende Verhaftung der nationalen Zentralbanken in ihren jeweiligen Staaten deutlich.

[2] Siehe Smits (1997) S. 166. Dagegen das EWI (1998), das sich explizit auf den Grundsatz der "Vereinbarkeit" mit dem EGV und der ESZB-Satzung und nicht der "Harmonisierung" der nationalen Zentralbankverfassungen beruft. Eine Harmonisierung wird vereinzelt in der Literatur gefordert, um einen gleichen Grad an Unabhängigkeit und Integrität zu fördern.

[3] Artt. 29, 32, 33 ESZB-Satzung.

[4] Artt. 26, 27 ESZB-Satzung und Art 109b (3) EGV.

[5] Hahn (1992) S. 7f und Zeitler (1996) S. 129.

[6] Eine andere als diese Lösung wäre weder politisch durchsetzbar gewesen, noch hätte sie die richtigen Signale an die Finanzmärkte ausgesandt. Vgl. Smits (1997) S. 168.

[7] Vgl. Viebig (1999) S. 466.

[8] Der Ausschuß der Zentralbankpräsidenten hatte sehr viel weitgehendere Vorschläge zu den Beratungsrechten der Europäischen Zentralbank gemacht. Anders als im Bundesbankgesetz § 13 geht die Aktivität von den nationalen Behörden und der Gemeinschaft aus, die die EZB bei allen währungspolitischen Fragen nach Art. 4 ESZB-Satzung konsultieren. Zudem kann der Rat den Rahmen und die Bedingungen festlegen, nach denen die EZB von den nationalen Behörden gehört wird. Siehe dazu auch Viebig (1999) S. 467 und

EZB-Direktoriums und den Präsidenten der EZB zur Berichterstattung in Ausschüssen des Parlaments aufzufordern.[1] Darüber hinaus unterbreitet die EZB dem Europäischen Parlament, dem Rat, der Kommission und dem Europäischen Rat einen Jahresbericht über die Tätigkeit des ESZB. Der Präsident hat diesen dem Rat und dem Europäischen Parlament vorzulegen, woraufhin eine „allgemeine Aussprache" stattfinden kann.[2] Eine institutionelle Einbettung ist zwar im Art. 109b EGV durch die Kooperation mit dem Rat, der Kommission und dem Europäischen Parlament vorgezeichnet worden, dem ESZB stehen aber auf Gemeinschaftsebene keine übergeordneten Regierungsinstitutionen gegenüber.

weiter unten. Zu einer detaillierten Darstellung Smits (1997) S. 169-175.

[1] Art. 109b EGV.

[2] Art. 109b Abs. 3 EGV.

4. Theoretische Grundlagen der Zentralbankunabhängigkeit

„Eine Analyse, die der Stellung heutiger (Zentral-) Notenbanken gerecht werden soll, hat von den Aufgaben einer modernen Notenbank auszugehen, wie sie der allgemeinen Auffassung entsprechen. Solche Aufgaben nach „allgemeinem Verständnis" stellen den Rahmen für notenbankpolitisches Handeln dar; demgegenüber sind die Vorschriften über die konkreten Aufgaben, die einer speziellen Notenbank in einem bestimmten Land durch Gesetz aufgetragen sind, bereits als Beschränkungen für ihr Handeln anzusehen."[1]

Ziel dieses Kapitels ist es, einen Überblick über bestehende zentralbanktheoretische Ansätze zu geben, die auch in den nationalen ökonomischen Debatten diskutiert werden und einen theoretischen Bezugsrahmen für die länderspezifischen Analysen der zentralbankpolitischen Stellung zu erarbeiten.

Zentralbanken und ihre heute typischen Funktionen sind nicht in Form vollständig definierter Institutionen entstanden[23] Es stellt sich die Frage, wie sich das „Prinzip der Autonomie"[4] und die Entwicklung der Zentralbanken zu „Hüterinnen der Währung" zueinander verhalten.

„Unabhängigkeit" hat in den sich mit der Zentralbank befassenden wissenschaftlichen Disziplinen eine Vielzahl von Bedeutungen erhalten. In der Regel wird mit dem Begriff aber das Einwirken anderer auf die Zentralbank verstanden. Demgegenüber verfügt der Begriff „Handlungsspielraum" über eine aktivischere Komponente, wenn er positiv definiert wird als *„Gesamtheit aller Möglichkeiten der Notenbank, ihre Aufgaben nach „allgemeinem Verständnis" zu erfüllen, ohne durch juristische Bestimmungen, politische Widerstände oder ökonomische Wirkungsweisen behindert zu werden."*[5]

Die Bedeutung des zentralbankpolitischen Handlungsspielraums basiert auf der Annahme, daß es eine Korrelation zwischen dem Grad an Freiraum einer Zentralbank und ihrem Erfolg bei der Stabilisierung des Geldwertes gibt.[6]

---

[1] Caesar (1981) S. 63.

[2] Der Begriff "Institution" wird hier nicht im juristischen Sinne, beispielsweise in Form der Zuweisung einer Rechtspersönlichkeit oder der Subsumption unter Organe der Europäischen Gemeinschaft verstanden. Vgl. dazu auch Smits (1997) S. 151 Fußnote 1.

[3] Dazu Capie/Goodhart/Schnadt (1994) S. 5: „Defining central banking is problematic. In one sense we recognise it when we see it." Vereinfachend wird hier der Begriff "Zentralbank" verwendet, eigentlich wäre die Bezeichnung abhängig von den jeweils übernommenen Funktionen der Notenbanken zu wählen. Siehe dazu auch Lück (1998) S. 44.

[4] Siehe dazu auch Neldner (1998) S. 288ff.

[5] Caesar (1981) S. 69.

[6] Caesar argumentiert, daß, selbst wenn diese Annahme nur zu einem gewissen Grad wahr wäre, jegliche

4.1. Das Problem der Unabhängigkeit als Funktion der Zentralbankentwicklung

„*La Banca centrale è un organismo che si sviluppò nel corso del tempo acquisendo progressivamente funzioni, compiti e fisionomia nuovi e sempre più complessi, instaurando relazioni via via più intricate e delicate col resto del sistema bancario e finanziario, con il potere politico, con il sistema economico in genere.*" [1]

Die heute bekannten Zentralbankfunktionen haben ihren Ursprung vor allem während des 19. Jahrhunderts gehabt. Ihre Entwicklung wird in der Literatur auf unterschiedliche Faktoren zurückgeführt.[2] Hier wird der Ansatz von Giannini (1994) verfolgt, da dieser an den grundlegenden Funktionen des Geldes ansetzt.[3] Giannini definiert das Ziel der institutionellen Veränderungen folgendermaßen:

„*Their function is to reconcile higher flexibility of the money supply with confidence in the monetary yardstick.*"[4]

Mit jedem Entwicklungsschritt veränderte sich die normative Basis der Institution und die ihr auferlegten Beschränkungen. Diese Sichtweise gründet auf einer Geldtheorie, die sowohl die Zahlungsmittelfunktion als auch den institutionellen Charakter des Geldes - das

---

Überlegung über effiziente Geldpolitik das Thema Unabhängigkeit berücksichtigen müßte. Caesar (1994) S. 5. Siehe auch Foresti (1994), Predieri (1996) S. 157 und zu anderen als den aufgeführten Studien Masciandaro/Spinelli (1992) S. 23ff. Dabei wird in den empirischen Untersuchungen der Stellenwert der institutionellen Gestaltung der Zentralbankpolitik, d.h. der „Zentralbankverfassung" betont, denn die Festschreibung eines expliziten Preisstabilitätsziels in den Zentralbanknormen ist keine ausreichende Bedingung für den Erfolg der Geldpolitik.

[1] „Die Zentralbank ist ein Organismus, der sich im Laufe der Zeit entwickelt hat, indem er fortschreitend neue und immer komplexere Funktionen, Aufgaben und Erscheinungsgestalten angenommen hat, immer verwickeltere und schwierigere Beziehungen zu dem Rest des Banken- und Finanzsystems, zur politischen Macht und zum allgemeinen Wirtschaftssystem entwickelt hat." Cipolla (1990) S. IX.

[2] Smith urteilt über die Entstehung von Zentralbanken: „ A central bank is not a natural product of banking development. It is imposed from outside or comes into being as the result of Government favors." Smith (1936) S. 169. Vgl. auch Goodhart (1987). Andere Ansätze verweisen auf die Zentralbankgestalt als Resultat des Finanzierungsbedürfnisses des Staates oder als „natürliche institutionelle Antwort auf die Instabilität des Bankwesens". Siehe dazu Giannini (1994). De Cecco (1988) sieht die Motivation für die Gründung der Zentralbanken in dem Wunsch der Regierung, die Macht der privaten Bankiers zurückzudrängen und die Kontrolle der Fiskalpolitik durch die Parlamente zu umgehen. Siehe dazu auch Bouveret (1979) und Ciocca (1993). Analog zu den unterschiedlichen Motivationen, die in der Literatur als wegweisend für die Entwicklung der Zentralbanken beschrieben werden, ergeben sich unterschiedliche zeitliche Angaben des Beginns des Zentralbankwesens. Vgl. Capie/Goodhart/Schnadt (1994).

[3] Siehe auch Hahn (1993) S. 21.

[4] Giannini (1994) S. 8. Siehe dazu auch Vicarelli (1988) und Masciandaro (1988). Die Ereignisse vor den Gründungen der Banca d'Italia und der Banque de France - Krisen mit schwerwiegenden Vertrauensverlusten in der Bevölkerung in das emittierte Papiergeld - können als Beleg für Gianninis These dienen.

Vertrauen in die Währung oder auch die Glaubwürdigkeit der Währung - berücksichtigt.[1] In einer historischen Betrachtung läßt sich als erste Funktion die eines *Emissionsinstitutes* feststellen,[2] die als Monopol oder in Form eines begrenzten Wettbewerbs von privaten Instituten ausgeübt wurde,[3] die nach Gewinnmaximierung strebten.[4]

Innerhalb des Bankensystems entwickelte eine der Emissionsbanken eine vorherrschende Stellung. Aus dieser Hegemonie entstand in einem nächsten Schritt die Funktion einer „*Bank der Banken*" und des „*Lender of last resort*".[1] Der begleitende oder vorausgehende Entwicklungsschritt der „payment technology" war die zunehmende Verwendung von Bankeinlagen. Da die Summe aus Bankeinlagen und Noten nicht mehr durch Goldbestände gedeckt war, konnte eine Vertrauenskrise das gesamte Bankensystem gefährden.[51] Mit

---

[1] „Confidence costs tend to increase with the supply elasticity of money ... One immediate implication of this approach is that, when analysing the economics of monetary exchange, the physical characteristics of money matter less than the institutions which permit coordination by sustaining confidence in that particular type of money." (Hervorhebungen des Autors wurden übernommen, S.T.) Giannini (1994) S. 8. Siehe auch Richter (1988).

[2] Vgl. Hahn (1993) S. 20.

[3] Die Notwendigkeit einer, zudem noch staatlichen Zentralbank ist nicht a priori gegeben und hat in der wissenschaftlichen Diskussion bereits breiten Raum eingenommen. An dieser Stelle sei auf die „free - banking versus central banking" - Debatte verwiesen, die erst 1875 ihr Ende fand. Es ging um die Frage, ob die Notenemission in den Händen einer einzelnen Bank oder einer begrenzten Anzahl von Banken liegen sollte, unter denen eine Bank eine Vormachtstellung einnehmen sollte, oder ob die Emissionstätigkeit analog zu anderen Industrien in Form eines unbeschränkten Wettbewerbs ausgeübt werden sollte. Zur Diskussion in Frankreich und Deutschland Smith (1936) S. 92ff und S. 114ff. In Italien standen sich mit den Politikern als Vertreter des central banking und den akademischen free banking Befürwortern zwei Lager gegenüber. Siehe Cardarelli (1990) S. 110f. Im Zusammenhang mit dieser Debatte steht auch die Kontroverse zwischen der „Banking Schule" und der „Currency Schule", deren Aussagen nicht immer eindeutig einer Argumentation für „free banking" oder „central banking" zugeordnet werden können. Siehe dazu Smith (1936) und Bofinger (1996) S. 176f. Neuere Ansätze sind Hayeks Wettbewerb der Emissionsbanken (1977) und ähnliche Vorschläge von Klein (1974) und Tullock (1975).

[4] Giannini (1994) nennt dieses Grundmodell „Bank Charter - Act Model" (BCAM). Das System miteinander konkurrierender Emissionsinstitute war dem mikroökonomischen Problem opportunistischen Verhaltens einzelner Banken und einem makroökonomischen Risiko in Form eines Emissionsüberschusses des gesamten Banksystems ausgesetzt. Im BCAM wurden diese Probleme durch staatliche Regulierung gelöst. Der Name verweist auf die „Bank Charter - Act" von 1844, mit der das Emissionsrecht der bereits Noten emittierenden Banken begrenzt wurde und durch die für jedes Emissionsinstitut ein Limit festgesetzt wurde. Zudem wurde neuen Instituten der Zutritt zur Emissionstätigkeit versperrt. Siehe dazu auch Cairncross (1988) S. 40f. Zu den Alternativen zur staatlichen Regulierung Giannini (1994) S. 23ff.

[5] Siehe Bofinger (1996) S. 227. Die privilegierte Position eines Emissionsmonopols ermöglichte den Notenbanken, eine risikoaverse Position einzunehmen und die Investition großer Teile ihres Kapitals in Staatsschuldtiteln führte dazu, daß sie nach Preisstabilität strebten. Capie/Goodhart/Schnadt (1994) S. 7ff. Giannini (1994) führt die Übernahme des vollen Umfanges der „Lender of last resort" - Funktion auf das Beispiel des Federal Reserve Systems (1913) und die Entwicklungen in den USA zurück. In der Folge wurden auch in Europa viele Zentralbanken neu gegründet oder umstrukturiert. Drei Elemente waren dabei wegweisend: Das Ablassen von der Gewinnorientierung zugunsten „öffentlicher" Funktionen, die Be-

der Übernahme der Funktion des Lender of last resort wurde auch ein Anstoß zur Entwicklung einer Zentralbank mit staatlichem Auftrag gegeben.[2,3]

In Italien bestand mit der Banca Nazionale (später Banca Nazionale nel Regno d'Italia) nach 1866 eine abgewandelte Version des entwicklungsgeschichtlichen Grundmodells, ein „residuales" Monopol.[4,5]

Mit der Funktion eines Lender of last resort war jedoch noch nicht automatisch die Übernahme der Bankenaufsicht verbunden, wenngleich beide Funktionen in engem Zusammenhang stehen.[6]

Die Funktion einer „*Bank für den Staat*"[7] beinhaltete – anders als nach heutigem Ver-

---

schränkung möglicher Interessenkonflikte zwischen Zentralbank und Geschäftsbanken im Aktiv- und Passivgeschäft sowie die Konkretisierung der Aufsichtsbefugnisse der Zentralbank.

[1] Die Aufgabe als „banker's bank" zu fungieren, läßt sich im technischen Sinn - in der Funktion einer Finanzierungsinstitution - nicht als „originäre Aufgabe" einer Zentralbank bezeichnen, sondern folgt nach Caesar (1981) aus dem ihr zugesprochenen Emissionsmonopol. Hawtrey sieht in der Aufgabe des "Lender of last resort" den Ursprung für die Verantwortlichkeit der Zentralbank für die Währung in einem Land. Selbst wenn es kein Emissionsrecht gäbe, und die Währung ausschließlich auf einem bestimmten Münzstandard basierte, wäre die Zentralbank abhängig von ihren Münzreserven, um eine gesteigerte Münznachfrage zu befriedigen. Vgl. Hawtrey (1970) S. 167f. Der Ausdruck „Lender of last resort" geht auf Sir Francis Baring zurück, der die Bank of England 1797 als „dernier resort" für solvente Banken im Krisenfall bezeichnete. Das klassische Konzept gründet auf Henry Thornton (1802) und Walter Bagehot (1873), weist jedoch viele Parallelen zur modernen Theorie des Lender of last resort auf. Vgl. Prigge (1997) S. 190ff, Thiel (1995).

[2] Hahn (1993) S. 23.

[3] Giannini (1994) S. 39.

[4] Giannini (1994) S. 40. Ein „residuales" Monopol besteht nach Smith (1936) dann, wenn es mehrere Notenemittenten gibt, aber alle bis auf einen unter engen Beschränkungen zu operieren haben und der privilegierte Emittent sowohl für einen Großteil des Notenumlaufs verantwortlich ist als auch als einziger über das notwendige Maß an Elastizität bei der Emission verfügt, um Kontrolle über das gesamte Geld- und Kreditvolumen auszuüben. Smith (1936) S. 168.

[5] Als Folge dieser Struktur verfügte die Banca Nazionale nel Regno d'Italia 1874 über 57% des italienischen Gesamtemissionsvolumens und war die einzige Notenbank, deren Noten landesweit zirkulierten. Zunehmende gesamtwirtschaftliche Schwierigkeiten, die sich auch in Bankenkrisen und Problemen der Industrie äußerten, ließen die Banca Nazionale nel Regno d'Italia immer weiter zu einem „Lender of last resort" werden. Die Aktivitäten, die sie im Auftrag des Staates zur Rettung anderer Kreditinstitute durchführte, zielten darauf, durch zunehmende Privilegien und die Stärkung ihrer Position zur einzigen Notenbank zu werden. Confalonieri (1979) S. 167.

[6] Die Bankenaufsicht wurde in Italien zunächst der Banca d'Italia überantwortet, ab 1936 einem „Ispettorato per l'esercizio del credito e la tutela del risparmio" übertragen, dem der Zentralbankgouverneur vorstand. In Deutschland übernahm eine unabhängige Bankenkommission diese Funktion. Siehe Holtfrerich (1988) S. 85f. Zu den Entscheidungen über die Bankaufsicht und der damals herrschenden Meinung Giannini (1994) S. 47.

[7] Siehe Bofinger (1996) S. 229. De Cecco (1988) sieht als Motivation für die Gründung der Zentralbanken die Formierung eines „braccio finanziario" (finanziellen Arms) der Regierung. Im Rahmen dieser Aufgabe waren die Zentralbanken für die Stabilität der Zinssätze und des Marktes für öffentliche Schuldtitel verantwortlich.

ständnis - nicht die Seigniorage-Finanzierung[1] der Regierung, sondern vielmehr die Verpflichtung als eine Art „Kreditsammelstelle" privaten Kapitals für die Staatsfinanzierung zu agieren.[2] Nicht die Unabhängigkeit der Zentralbank von der Regierung stand daher im Mittelpunkt des öffentlichen Interesses, sondern die Ungebundenheit von privaten Interessengruppen.[3]

Die Übernahme der Zentralbankfunktion einer *„Hüterin der Währung"* oder „Währungsbank"[4], der eigentlichen „makroökonomischen" Aufgabe verpflichtet,[5] die Preisstabilität zu sichern, erfolgte im Gegensatz zu frühen theoretischen Überlegungen erst relativ spät.[6] Einen bedeutenden Einfluß hatte auch hier die Entwicklung der Zahlungsmittel und die Veränderung der Währungsordnung. Erst mit der Einführung der „definitiven Papierwährungen"[7] nach dem Zusammenbruch des Bretton Woods-Systems wurde das „Prinzip der Autonomie" als institutioneller Schutz gegen den Mißbrauch der Geldpolitik im öffentlichen Bewußtsein verankert. Zunächst unterlagen die Zentralbanken mit dem „Internationalen Goldstandard" (1875-1914) und bei seiner Wiedereinführung (1925-1931) den Beschränkungen der Währungsordnung.[8] Geldpolitik war abhängig von den Goldreserven,

---

[1] Zur Seigniorage in Europa für den Zeitraum 1950-1986 siehe Grilli (1989). Zum Seignioragebegriff siehe Lange (1995).

[2] Bofinger (1996) S. 229. Die Kredite der Privaten wurden vom Staat in Gold zurückgezahlt. Die Finanzierung des Staates stand in keinem Widerspruch zum angestrebten Zentralbanksystem. Siehe Smith (1936).

[3] Besonders in Frankreich ist der Einfluß der Hochfinanz kritisiert worden, somit war die Reform von 1936 auch politisch motiviert, darauf gerichtet, den Einfluß der Regenten und insbesondere der Hochfinanz zu begrenzen. Siehe Prate (1987). Anders Caesar (1981) S. 50.

[4] Eine Währungsbank ist nach Hahn (1990, S. 266) eine Bank, "... der im monetär - kreditären Bereich eine währungspolitische Aufgabe obliegt, ohne daß damit schon die Art und Weise ihrer Erledigung, insbesondere im Verhältnis von Regierung und Notenbank feststünde." Vgl. Veit (1969) S. 24ff und Rittershausen (1962) S. 57.

[5] Vgl. Goodhart (1992).

[6] Zu den Faktoren ihrer Entstehung De Cecco (1988) und Giannini (1994). Zur Entwicklung des Autonomiegedankens in Deutschland Holtfrerich (1988). 1922 initiierte der Völkerbund mit einer Resolution einen ersten Versuch, Autonomie der Zentralbanken zu institutionalisieren: „Banks, and especially banks of issue, should be free from political pressure, and should be conducted solely on lines of prudent finance. In countries where there is no central bank of issue, one should be established." Die Inanspruchnahme finanzieller Unterstützung wurde von der Existenz einer autonomen Zentralbank abhängig gemacht. Der Einfluß des Völkerbunds war nicht groß genug, um den Autonomiegedanken im öffentlichen Bewußtsein zu verankern. Erst die definitive Papierwährung, die inflationären Erfahrungen der siebziger Jahre und eine anhaltende Vertrauenskrise führten zu einer weitergehenden Etablierung des Autonomiegedankens. Vgl. Giannini (1994) S. 49.

[7] Die Bezeichnung „definitive Papierwährung" oder valutarisches Geld geht auf Georg Friedrich Knapp zurück, darunter ist uneinlösbares Geld, das mit einem vom Staat verfügten Annahmezwang („obligatorisches Geld") versehen ist. Im Gegensatz dazu fehlt „akzessorischem Geld" der staatlich verfügte Annahmezwang. Siehe Knapp (1918) S. 94ff.

[8] Bofinger (1996) S. 230f. Die frühen „Modelle" für Währungsordnungen waren Großbritannien und Frankreich. Gold, bzw. Gold und Silber stellten die Basis dar. Das Europa Napoleons, darunter insbesondere auch das Piemont, folgte zunächst dem Beispiel Frankreichs. Erst mit der französischen Niederlage

die die Zentralbanken verwalteten, und dadurch dem externen Zahlungsbilanzziel untergeordnet. Die Frage der ökonomischen Unabhängigkeit von der Regierung spielte in einem solchen System eine untergeordnete Rolle, denn die Entscheidungen über Veränderungen der Zinssätze oder Ausweitung des Geldangebots konnten nicht ohne Einfluß auf die Reserven gefällt werden.[1] Die Finanzierung der Kriegsbudgets während des Ersten Weltkriegs veränderte die Positionen der Zentralbanken.[23] Die zunehmende Verpflichtung, die Regierungspolitik zu unterstützen, kontrastierte mit den noch vorhandenen privaten Besitzverhältnissen der Notenbanken, „*... even those central banks which were private-owned from a legal viewpoint became more and more ‚public companies' in reality.*"[4]

---

von 1870 nahm die Konvergenz zu einem auf Gold basierenden System ihren Anfang. Deutschland erhielt von Frankreich Reparationen in Höhe von 5 Mrd. Francs, die die Einführung des Goldstandards erleichterten. Siehe dazu Holtfrerich (1988). In Italien wurde die Einigung auf einen Standard heftig diskutiert, mit dem „Atto bancario" von 1893 wurde in Italien im Gegensatz zur allgemeinen Tendenz zum „Internationalen Goldstandard" ein „Gold Exchange Standard" eingeführt. Die Emissionsbanken durften Reserven bis zu 17,5% in Form von Devisen (attività sull'estero) halten. Siehe dazu Roccas (1990) und De Cecco (1990) S. 11ff. In Frankreich wurde der Goldstandard 1878 eingeführt. Vgl. Diatkine (1994) S. f. Zu den Hauptinstrumenten der Zentralbanken von 1873 – 1914 siehe Capie/Goodhart/Schnadt (1994) S. 11.

[1] Caesar bezeichnet die Wirkung des Gold - Standards mit einem Zitat von George Bernard Shaw als „vote of no - confidence against the government." Caesar (1994) S. 17. Capie/Goodhart/Schnadt (1994) sehen im Goldstandard den Grund für eine relativ weitgehende instrumentelle Unabhängigkeit der Zentralbanken, die unbehelligt von Regierungseinflüssen ihr Ziel, die Aufrechterhaltung der Konvertibilität der Währung in Gold, verfolgen konnten. Zum Goldstandard in Frankreich Bouvier (1988) S. 158, in Deutschland Seeger (1968) S. 128ff und in Italien Toniolo (1995) S. 28.

[2] Zur Kriegsfinanzierung Caesar (1994) S. 19f und Capie/Goodhart/Schnadt (1994) S. 17f. De Cecco beschreibt die Entwicklung der zentralbankpolitischen Autonomie als politischen Zyklus, während dessen auf die Nutzung der Zentralbanken als willfährigem Finanzierungsinstrument der Regierung eine zweite Phase folgte, in der die Zentralbanken als „Wächter der geldpolitischen Stabilität" agierten. Während der dreißiger und vierziger Jahre wurde diese durch eine dritte Phase abgelöst, in der der später von Giannini (1994) aufgenommene Gedanke der "Demokratisierung" der Geldpolitik durch die veränderte politische Landschaft an Bedeutung gewann. Die Mittelklasse verfügte fortan über politische Macht, die sie zur Kontrolle der Ausgaben der Regierung zu nutzen versuchte. Die Zentralbank, die kein Verfassungsorgan darstellte, gleichwohl aber in Form einer „taxation without representation" über Macht konstitutionellen Charakters verfügte, wurde von den neuen Mehrheiten mit Argwohn betrachtet. Diese äußerte sich in vielen Fällen als Forderung nach einer Verstaatlichung der Zentralbank. Danach erfolgte De Ceccos Meinung nach eine Phase der Stärkung des Autonomiegedankens innerhalb der von den Parlamenten und der Regierung gesetzten Grenzen, die mit der Rückkehr zur Konvertibilität der europäischen Währungen gegen Ende der fünfziger Jahre zeitlich übereinstimmte. Die letzte von ihm beschriebene Phase war durch Versuche der Regierung und der Parlamente geprägt, die Autonomie der Zentralbanken zu beschränken. Siehe De Cecco (1988) S. 312ff.

[3] Eine Folge der Notenbankfinanzierung war die Aussetzung der Konvertibilität. Bereits vor 1914 hatten die Napoleonischen Kriege und die Revolutionen in Frankreich und Deutschland zu Aussetzungen geführt. Capie/Goodhart/Schnadt (1994) S. 7ff.

[4] Caesar (1994) S. 20. Dazu auch De Cecco (1988) S. 313, der die Tatsache, daß es sich bei den Zentralbanken um private oder besser „hybride" Institutionen handelte, aufgrund ihrer wichtigen öffentlichen Rolle für sekundär hält.

Nach dem Krieg wurde der Goldstandard als unerwünschte Beschränkung der wirtschaftspolitischen Regierungspolitik angesehen.[1] Die Haushaltsdefizite stiegen und die Monetisierung führte zur Hyperinflation.[2] Die Depression und die veränderten politischen Strukturen hatten für die Zentralbanken mehrere Folgen: Die Emissionsbeschränkungen für Noten wurden gelockert oder abgeschafft, zahlreiche Zentralbanken verstaatlicht und ihnen wurden aufsichtsrechtliche Befugnisse verliehen.[3] Auf der anderen Seite standen die realwirtschaftlichen Probleme, die hohe Arbeitslosigkeit und der Zusammenbruch der Handels- und Finanzsysteme. In dieser Lage wurde der Ruf nach staatlichen Interventionen immer lauter.[45] Die Geldpolitik während des Zweiten Weltkriegs zielte darauf, bei niedrigen Zinsen die staatliche Zinslast gering zu halten und die Fehler des Ersten Weltkriegs durch Devisen-, Preis- und Kreditkontrollen zu vermeiden. Das bedeutete für die Zentralbanken eine völlige Unterordnung unter die wirtschaftspolitischen Ziele der Regierung. Das Bretton Woods - System führte zunächst zu keiner Veränderung des Stellenwerts der Geldpolitik innerhalb der allgemeinen Wirtschaftspolitik.[6]

„External convertibility was not seen mainly as a means to sustain confidence in individual currencies, but rather as a technical device to facilitate coordination of national economic policies. Its main goal was to limit the room for disruptive, and ultimately self-defeating, competitive devaluations."[7]

---

[1] „As a payment technology, the novelty of fiat money lays in the fact that its value rested directly on the perceived legitimacy of the issuing state." Giannini (1994) S. 52. Giannini (1994) macht zwei Entwicklungen für die zunehmende Kritik an wirtschaftlichem Liberalismus verantwortlich: Auf der einen Seite hatte die Depression die Nachfrage nach einem flexibleren Geldangebot gestärkt und auf der anderen Seite stärkte das damals in vielen Ländern eingeführte Wahlrecht die Rolle der Parlamente und übte indirekt auch eine Wirkung auf die Geldpolitik aus. Die Möglichkeit, die Zentralbank zur Finanzierung der Staatsausgaben direkt über die „Notenpresse" in Anspruch zu nehmen, wurde einer stärkeren Kontrolle unterworfen.

[2] Capie/Goodhart/Schnadt (1994) S. 20.

[3] Giannini (1994) S. 53. Diese verallgemeinernden Aussagen können sich nur auf grobe Entwicklungszüge beziehen. Zu unterscheiden ist beispielsweise bei der Emissionsbefugnis zwischen einer Kontingentierung und der Verpflichtung zur Deckung der Noten. Zu differenzieren ist auch bei der Verstaatlichung wie das Beispiel Italien zeigt. Vgl. dazu Predieri (1996) S. 102f, Prate (19987) S. 137f und Hahn (1990) S. 161ff.

[4] Capie/Goodhart/Schnadt sehen zwischen dieser Situation und dem Enthusiasmus, mit dem die Errichtung weiterer Zentralbanken in Form öffentlicher Institutionen propagiert wurde, einen direkten Zusammenhang. „.... the intensity of the economic and monetary disturbances in this period appeared to make it more necessary to have a central bank assuage the effect of such outside disturbances on the domestic economy." Capie/Goodhart/Schnadt (1994) S. 21.

[5] Die in den dreißiger Jahren erfolgende Aufgabe des Goldstandards wird auch als das Ende einer Ära bezeichnet, „monetary affairs were left principally to the basic rules of the classical financial and economic system, which were characterized by confidence in and reliance on the functioning of certain market mechanisms." Schokker zitiert von Caesar (1994) S. 26.

[6] Siehe dazu auch Hahn (1990) S. 174f, Capie/Goodhart/Schnadt (1994) S. 22 und Pauly (1997) S. 82ff.

[7] Giannini (1994) S. 55, Cottarelli/Giannini (1997) S. 14.

In der Nachkriegszeit verstummte zunächst auch die Diskussion über die geeignete institutionelle Ausgestaltung der Zentralbanken. Nach dem Zusammenbruch des Goldstandards wurde die Geldpolitik zunächst als relativ machtlos angesehen, die aggregierte Nachfrage über ein Niedrighalten der Zinsen hinaus zu stimulieren.

Als sich in den sechziger Jahren die Wachstumsraten verlangsamten, wurden die festen Wechselkurse von Bretton Woods zunehmend als Beschränkung wahrgenommen. Gleichzeitig wurden auch die geldpolitischen Eingriffe und Inflationstendenzen stärker.[1]

Erst der Zusammenbruch des Bretton Woods-Abkommens ließ die Frage nach der Zielgestaltung der Zentralbanken wieder in den Mittelpunkt des Interesses rücken.[2] Die negativen Erfahrungen der siebziger Jahre und die Ergebnisse in Form von Inflation und Arbeitslosigkeit führten zu der Erkenntnis, daß Geldpolitik langfristig nur das Preisniveau und nicht Output und Beschäftigung systematisch beeinflussen konnte und Versuchen, kurzfristige „Trade offs" auszunutzen, höhere Inflationsraten folgen mußten.[3] Von diesem Zeitpunkt an stand nicht das Endziel der Preisstabilität, sondern der Pfad, wie das Ziel zu erreichen wäre, im Mittelpunkt. Friedman formulierte das Problem folgendermaßen:

„The problem is to establish institutional arrangements that will enable government to exercise responsibility for money, yet will at the same time limit the power given to the government and prevent the power from being used in ways that will tend to weaken rather than strengthen a free society."[45]

---

[1] „The history of international monetary relations in the second half of the 1960s is by and large the story of the attempt to fix what had by then become a faltering monetary framework without squarely confronting the fundamental problem, namely its incompatibility with the mounting demand for policy activism." Cottarelli/Giannini (1997) S. 15.

[2] Siehe dazu im Überblick Bofinger (1996) S. 232, Caesar (1994), Smith (1992), Capie/Goodhart/Schnadt (1994), Van Ypserle (1988). Cottarelli/Giannini (1997) sehen den Hauptgrund für die starke Inflation der siebziger Jahre in den veränderten gesellschaftlichen Präferenzen, die eine "aktivistischere" Geldpolitik forderten, um die Arbeitslosigkeit zu bekämpfen und dabei auch höhere Inflation in Kauf nahmen.

[3] Capie/Goodhart/Schnadt (1994), Lamfalussy (1997) S. 12f. Zur grundsätzlichen Differenzierung zwischen Keynes und Friedman in bezug auf die Geldpolitik siehe Hankel (1971) S. 64ff.

[4] Friedman (1968) S. 174. Hayeks Lösung für das Inflationsproblem zielte hingegen auf die Aufgabe des staatlichen Notenbankmonopols, die "Entnationalisierung des Geldes" und die Errichtung einer Währungskonkurrenz privater Emittenten. Vgl. Hayek (1977), Starbatty/Gerding (1980) S. 6ff und Nuck (1994) S. 34 und 40f.

[5] Die Auseinandersetzung mit dem Monetarismus führte bei vielen Zentralbanken zur Formulierung von monetären Zwischenzielen: Für Frankreich wurden erstmals 1977 Geldmengenziele vorgegeben. Siehe Disch (1995) S. 80. In Italien wurde beginnend mit dem Jahr 1974 das Zwischenziel „credito totale interno" (gesamtes internes Kreditvolumen) genutzt. Siehe Nardozzi (1988) S. 239 und in Deutschland wurde erstmalig 1975 ein Geldmengenziel verwendet. Bofinger (1996) S. 271. Vgl. Capie (1997) S. 42ff.

4.2. Der zentralbankpolitische Handlungsspielraum

Der Handlungsspielraum[1] ist *„ein Konglomerat von politischem Freiraum und ökonomischen Wirkungsmöglichkeiten"* für den *„die juristischen Regelungen ... zwar wesentliche Grundlagen (bilden), ... der tatsächliche Handlungsspielraum (jedoch) letztlich dadurch bestimmt (wird), inwieweit die politische und ökonomische Realität der Notenbank die eigenständige Verwirklichung von Zielen erlaubt."*[2] Der formale Handlungsspielraum beruht auf den Rechtsquellen, die ein Beziehungsgeflecht zwischen der Zentralbank und anderen wirtschaftspolitischen Entscheidungsträgern oder politischen Interessengruppen beschreiben.

Dem formalen Handlungsspielraum, steht ein „de facto-Handlungsspielraum" gegenüber, der wesentlich schwieriger zu beurteilen ist als die formalen Voraussetzungen, da der faktische politische Spielraum der Zentralbank nicht unbedingt durch die institutionellen oder normativen Vorgaben bestimmt wird, sondern auch politischen Rahmenbedingungen (z.B. Kriegswirtschaft versus Frieden, die allgemeine politische Stimmung), der vorherrschenden politisch-ökonomischen Doktrin der jeweiligen Zeit[3] und der jeweiligen Währungsordnung unterworfen ist.[4] Ebenso wie der formale Handlungsspielraum erstreckt sich der faktische Handlungsspielraum dynamisch in einer zeitlichen Dimension.[5]

---

[1] Der Begriff "Handlungsspielraum" wurde von Hansmeyer (1968) geprägt. Caesar (1981) hat darauf eine Analyse der Einflußfaktoren und Interdependenzen aufgebaut. Gegenüber der traditionellen Betrachtung der "Autonomie"-Debatte eröffnet sich damit die Möglichkeit der Beschreibung eines "Kontinuum(s) an Möglichkeiten der Ausgestaltung einer Zentralbankverfassung". Vgl. dazu Willeke (1993) S. 55f, Caesar (1994) S. 12f, Bofinger (1996) S. 206.

[2] Caesar (1981) S. 70.

[3] In diesem Sinne kann beispielsweise auch die Bewegung zu verstärktem Regierungseinfluß als Reaktion auf den starken Keynesianismus seit den dreißiger Jahren interpretiert werden. Capie (1997) und Flandreau (1997). Auch die gegenwärtige Diskussion, in deren Mittelpunkt die „Glaubwürdigkeit" der Zentralbank steht, kann als Resultat der Lucas - Kritik an der nachfrageorientierten Politik und dem „Policy-Mix" betrachtet werden. Zur Lucas - Kritik Felderer/Homburg (1991) S. 269ff.

[4] Die Wirkung des Goldstandards auf die Unabhängigkeit der frühen Notenbanken ist bereits dargestellt worden. Siehe dazu auch Capie (1997). Die Wahl des Wechselkursregimes (fixe Bindung oder Goldstandard, flexible Wechselkurse) wird unterschiedlich beurteilt: Die Bindung an feste Wechselkurse kann als mögliche Begrenzung der Einflußnahme der Regierung auf die Geldpolitik gesehen werden. Alogoskoufis/Smith (1991) und Alogoskoufis (1992) weisen nach, daß Inflationstendenzen in flexiblen Wechselkurssystemen stärker sind als bei festen Wechselkursregimes. Zentralbankunabhängigkeit könnte als eine Art „Substitut" (anstelle einer komplementären Funktion) für ein festes Wechselkursarrangement betrachtet werden. Flandreau (1997) S. 59. Cukierman/Rodriguez/Webb (1997) zeigen, daß die Zentralbankunabhängigkeit zusätzlich zum Wechselkursregime den Grad an Akkommodierung von Lohnsteigerungen beeinflußt. Akkommodierung ist niedriger in Ländern mit „unilateral pegs" als in Ländern mit flexiblen Wechselkursen. Meltzer (1997) S. 3ff und Neumann (1997) S. 23f.

[5] Nardozzi (1988) S. 233.

4.3. Aspekte der Zentralbankunabhängigkeit

Die sehr unterschiedlichen Begriffsbestimmungen von „Unabhängigkeit"[1] und „Autonomie"[2] in ökonomischen, juristischen und politologischen Arbeiten haben, wie Caesar (1981) und Sieg (1950) es formulieren, eine „Uferlosigkeit des Autonomiebegriffs" generiert. Die daraus resultierende breite Verwendung des Begriffes „Unabhängigkeit" hat nicht das gewünschte Maß an Eindeutigkeit zur Folge gehabt.[3] Anders als bei Caesar (1981) kann hier nicht auf die weitere Verwendung des Begriffes „Unabhängigkeit" verzichtet werden, da er im Maastrichter Vertrag eine wesentliche Rolle spielt.

Folgend wird von der Unterscheidung zwischen institutioneller, funktioneller, finanzieller und personeller Unabhängigkeit ausgegangen, da diese Dimensionierung außer in der ökonomischen Diskussion auch in der politischen Debatte ihren Niederschlag gefunden hat und vom EWI als Kriterienkatalog verwendet wurde, um Unvereinbarkeiten mit im Bereich der Unabhängigkeit zwischen den Satzungen einzelner Zentralbanken und dem Vertrag und den Satzungen festzustellen.[4]

Von Bonin unterscheidet zwischen funktioneller Unabhängigkeit als dem *„Eigengewicht und dem Grad der Selbständigkeit innerhalb einer systemrationalen Verwaltungsorganisation"*[5] und politischer Autonomie als den Möglichkeiten, *„politisch unkontrollierte Entscheidungen gegen die Regierung zutreffen"*.[6] Letztere läßt sich auch als *institutionelle Unabhängigkeit* bezeichnen, die sich darin äußert, daß *„... eine Notenbank ihre Geldpolitik ohne jede Einflußnahme*

---

[1] Caesar stellt die Frage nach dem Bezugspunkt der (Un)abhängigkeit und unterscheidet vier verschiedene Interpretationsniveaus: institutionelle Unabhängigkeit in der Beziehung zwischen der Zentralbank und den politischen Entscheidungsträgern als Möglichkeit diskretionär über Formulierung und Durchführung der Geldpolitik zu entscheiden, in bezug auf Regeln für die Durchführung der Geldpolitik, Unabhängigkeit in Bezug auf externe Restriktionen beispielsweise durch feste Wechselkursvereinbarungen und schließlich als Ausdruck der „Macht" einer Zentralbank, ihre Absichten in wirksame Maßnahmen umsetzen zu können. Caesar (1994) S. 6f.

[2] "Autonomie" wird häufig als Synonym für Unabhängigkeit genutzt, hat aber auch die speziellere Bedeutung der Distanz zur Regierung oder zum Parlament. Smits (1997) S. 154 und Caesar (1981) S. 56.

[3] So stehen in Systematiken die faktische der juristischen Unabhängigkeit z.B. bei Veit (1969) gegenüber. Personelle wird bei Lampe (1971) von der funktionellen Unabhängigkeit abgegrenzt, institutionelle und vermögensrechtliche Unabhängigkeit wird beispielsweise von Uhlenbruck (1968) erörtert und haushaltsmäßige Selbständigkeit bei Starke (1957) diskutiert. Siehe auch Holtfrerich (1988) S. 84.

[4] Vgl. EWI (1996) S. 106ff; Europäisches Parlament (1993) S. 6f; Smits (1997) S. 157f, Lück (1998) S. 84.

[5] Alternativ dazu die Interpretation von Ungerer (1992) S. 7.

[6] Von Bonin (1977) S. 21. Caesar unterscheidet zwischen unterschiedlichen Faktoren politischer Unabhängigkeit: Funktionale Unabhängigkeit als Freiheit, über eigene Ziele und Maßnahmen zu entscheiden, ohne Kontrollen und Weisungen zu unterliegen, finanzielle Unabhängigkeit als Grad der Entscheidungsgewalt über eigene Haushaltsmittel und inwieweit die Bank direkt oder indirekt die Regierung durch Geldschöpfung finanzieren muß und die personelle Unabhängigkeit als Möglichkeit, die Führungspersonen der Bank ohne Druck der Regierung zu ernennen und ihnen die Möglichkeit zu geben, ihr Amt ohne denselben Druck auszuüben. Caesar (1994) S. 12.

eines anderen, insbesondere politischen Organs - beispielsweise des EG-Rates oder einer nationalen Regierung - formulieren und entscheiden darf."[1]

Gemäß der Definition des EWI in Konkretisierung des Art. 107 EGV bezieht sich institutionelle Unabhängigkeit nicht nur auf die Geldpolitik, sondern umfaßt auch den Bereich der Zahlungssysteme und die Bankenaufsicht, da diese Aufgaben als restringierende Faktoren für die makroökonomische Aufgabe der Preisstabilitätssicherung fungieren können.[2] *Institutionelle Unabhängigkeit* kann im Hinblick auf die Verteilung bestimmter Rechte geprüft werden.[3]

Funktionelle Unabhängigkeit bezieht sich auf die Funktionserfüllung der Zentralbank, sie beschreibt ihre Fähigkeit, autonome Entscheidungen hinsichtlich ihrer Instrumente zu fällen.[4] Die Regierung kann Grenzen für die Verfahrensweisen setzen wie z.B., welche Marktteilnehmer der Mindestreserve unterliegen sollen, die Entscheidung über die Nutzung der Instrumente hingegen sollte bei funktioneller Unabhängigkeit ausschließlich der Zentralbank obliegen. Besonderen Klärungsbedarf erfordert in diesem Zusammenhang die Frage, inwieweit die Entscheidungskompetenz über die Wechselkurspolitik, die traditionell im Kompetenzbereich der Regierung liegt, mit der geldpolitischen Entscheidungskompetenz in Konflikt tritt.[5]

Die *personelle Unabhängigkeit* zeigt sich in Vorschriften über die Wahl und Ernennung der leitenden Personen der Notenbank sowie deren Amtsdauer.[6] Sie läßt sich auch als ein

---

[1] Europäisches Parlament (1993) S. 6. Vgl. EWI (1996) S. 108f. Auch die rechtliche Unabhängigkeit in Form der Existenz einer von der Regierung separaten Rechtspersönlichkeit wird in der Literatur als Element der institutionellen Unabhängigkeit angeführt, ist jedoch im Fall des ESZB nicht anwendbar. Siehe dazu auch Smits (1997) S. 155.

[2] Die Verantwortung für Zahlungsverkehrs- und Saldenausgleichssysteme läßt sich zunächst von der originären Zentralbankfunktion, der Bereitstellung von Zentralbankgeld, ableiten, denn zwischen geldpolitischen Operationen und Zahlungsverkehrssystemen besteht eine enge Interaktion. Monetäre Strategien und insbesondere die geldpolitische Feinsteuerung können durch bestimmte Zahlungsverkehrsbedingungen konterkariert werden.

[3] Dazu zählen die Rechte verschiedener Aktoren, Weisungen zu erteilen, Entscheidungen zu genehmigen, auszusetzen, aufzuheben oder aufzuschieben, Entscheidungen aus rechtlichen Gründen zu zensieren, in Beschlußorganen einer nationalen Zentralbank mit Stimmrecht vertreten zu sein und das Recht, bei Entscheidungen einer nationalen Zentralbank (vorab) konsultiert zu werden. EWI (1998) S. 322f.

[4] Anders Lück (1998, S. 78), der die Feststellung funktioneller Unabhängigkeit an die strategischen Aspekte des geldpolitischen Entscheidungsprozesses knüpft.

[5] Smits (1997) sieht die funktionelle Unabhängigkeit des ESZB nur durch die Artikel 5 (Bestimmung des Kreises der berichtspflichtigen Personen für statistische Erhebungen durch den Rat), 19 (Festlegung der Basis und der höchstzulässigen Relationen für die Mindestreserven) und 20 (Festlegung des Anwendungsbereiches geldpolitischer Instrumente durch den Rat bei Verpflichtungen Dritter) der ESZB-Satzung und den Einfluß des Rates im Bereich der externen Währungspolitik begrenzt. Siehe S. 167 und Kapitel 6.

[6] In der Literatur wird für eine möglichst lange Amtszeit optiert, um den „persönlichen Diskontierungsfaktor" zu senken. Neumann (1997) S. 25. Auf der anderen Seite können zu lange Amtszeiten bei permanenten gesellschaftlichen Präferenzänderungen Kosten generieren. Vgl. Waller/Walsh (1996) und Tirole

Teilbereich der institutionellen Unabhängigkeit interpretieren.[1] Die Sicherung der personellen Unabhängigkeit erfordert, daß die zentralbankpolitischen Entscheidungsträger nicht durch politische Organe oder Einflußnahme entlassen werden können und daß die Ausübung ihrer Funktionen nicht mit anderen Interessen, die bei der Wahrnehmung anderer Aufgaben oder Ämter entstehen können, kollidiert.[2]

Die *finanzielle Unabhängigkeit* – auch als Verbot für den Staat, *„seine Ausgaben direkt und/oder indirekt über Notenbankkredite zu finanzieren"*[3] bezeichnet -, ist in dieser Interpretation ein Element der politischen Autonomie. Sie wird in der weiteren Arbeit aber als Fähigkeit der Zentralbank verstanden, ihre Aufgabenerfüllung durch die notwendigen finanziellen Mitteln zu gewährleisten, was maßgeblich durch den Grad bestimmt wird, in dem die Bank über eigene Haushaltsmittel verfügen und entscheiden kann.[4] Funktionelle und institutionelle Unabhängigkeit sind nicht gewährleistet, wenn eine Zentralbank nicht in der Lage ist, über ihr Budget zu bestimmen.[5] Im Rahmen der Bilanzunabhängigkeit wird auch die Rechenschaftspflicht der Zentralbank diskutiert. Die nachträgliche Prüfung der Bilanzen ist eines der Elemente, die die demokratische Kontrolle einer ansonsten finanziell unabhängigen Zentralbank gewährleisten. In der Kontrolle der Zentralbank durch Rechnungsprüfer wird die Gewähr dafür gesehen, daß die finanzielle Unabhängigkeit der Zentralbank vollständig vorhanden ist, denn gerade diese Kontrolle kann im Sinne größerer Transparenz als Nachweis der Unabhängigkeit der Zentralbank dienen.[6] Eine andere Dif-

---

(1994), der die Kosten langer Amtszeiten in einem „lock in"- Effekt schlechter politischer Maßnahmen sieht. Ein umstrittener Aspekt der personellen Unabhängigkeit ist die erfolgsabhängige Entlohnung der Verantwortlichen. Vaubel (1989) hat vorgeschlagen, das Einkommen abhängig von der Inflationsvermeidung zu gestalten. Siehe auch Walsh (1995). Weitere Faktoren personeller Unabhängigkeit sieht Neumann (1997) in einer Staffelung und Dezentralisierung der Ernennung von Zentralbankpolitikern, der Ernennung des Gouverneurs durch den Zentralbankrat und das explizite Recht der Zentralbank, die Regierung in allen die Geldpolitik betreffenden wirtschaftspolitischen Maßnahmen zu beraten.

[1] Im EU-Vertrag wird die personelle Unabhängigkeit über Art. 14.2 der Satzung des ESZB geregelt. Ein Kriterium ist die Unmöglichkeit, einen Präsidenten zu entlassen. Diese Bedingungen sind auch für die anderen Mitglieder der Beschlußorgane der Zentralbanken zu schaffen, sowie Interessenkonflikte für eben diese weitgehend auszuschließen, indem ihnen die Wahrnehmung von Funktionen - wie beispielsweise politischen Mandaten - die einen Interessenkonflikt generieren könnten, untersagt wird.

[2] EWI (1996) S. 110.

[3] Disch (1995) S. 10.

[4] Diese Form der Unabhängigkeit wird in der Literatur auch "materielle Unabhängigkeit" genannt. Vgl. Caesar (1994) S. 6. Materielle Unabhängigkeit ist die "Entscheidungsbefugnis in allen Fragen, die nicht die Festsetzung und Durchführung der Geldpolitik oder Personalangelegenheiten betreffen, (Entscheidungen, S.T.) zu fassen. Insbesondere kann eine Zentralbank nicht als unabhängig gelten, wenn ihr Haushalt von der Regierung genehmigt werden muß." Europäisches Parlament (1993) S. 7f.

[5] Hinzu kommen Möglichkeiten der Einflußnahme der Regierung oder anderer Interessengruppen auf die Gewinnverteilung und die Gestaltung der Bilanzen, die die finanzielle Unabhängigkeit beeinträchtigen können. Siehe dazu auch Lück (1998) S. 79f, der die Bedeutung der finanziellen Unabhängigkeit im Vergleich zu anderen Untersuchungen stärker herausstreicht.

[6] Vgl. dazu auch Lastra (1992) S. 500f und Smits (1997) S. 157f.

ferenzierung wählen Debelle/Fischer (1995), die zwischen „goal" und „instrument independence" unterscheiden. Während „goal independence" die Wahlfreiheit der Notenbank in bezug auf ihre Ziele oder Zielwerte umschreibt, besteht „instrument independence" in der Kontrolle der „Hebel" der Geldpolitik und der Möglichkeit, diese auch zu nutzen.[1] Diese Unterscheidung birgt jedoch, wie Bofinger (1996) gezeigt hat, eine Quelle von Mißverständnissen, die bereits bei der Unterscheidung zwischen Endzielen, Zwischenzielen und Operating targets anfangen. Versteht ein Teil der Literatur die Unabhängigkeit als „Endziel"- Unabhängigkeit, so daß auch die Determinierung eines Endziels der Preisstabilität wie in den Statuten der EZB die betreffende Zentralbank in diesem Sinne „abhängig" machen würde, so wird der Begriff von anderen Autoren dahingehend interpretiert, daß gerade die Festschreibung eines solchen Ziels die „goal independence" stärken würde.[2]

[1] Zur Kritik an dieser Vorgehensweise Bofinger (1996) S. 183f und siehe dazu beispielsweise die Äußerungen von Goodhart (1997) S. 166
[2] Siehe dazu Neumann (1995).

4.4. Zentralbanktheoretische Ansätze und empirische Studien

4.4.1. Das „Zeitinkonsistenz" - Problem als Fortsetzung der „Rules versus Discretion" - Diskussion

„It is said that the Government could not be safely entrusted with the power of issuing paper money; that it would most certainly abuse it ...There would, I confess, be great danger of this, if Government - that is to say, the ministers – were themselves to be entrusted with the power of issuing paper money. But I propose to place this trust in the hands of Commissioners, not removable from their official situation but by a vote of one or both Houses of Parliament. I propose also to prevent all intercourse between these Commissioners and ministers, by forbidding any species of money transactions between them. The Commissioners should never, at any pretense, lend money to the Government, nor in the slightest degree be under its control or influence ...If Government wanted money, it should be obliged to raise it in the legitimate way; by taxing the people; by the issue and sale of exchequer bills, by funded loans, or by borrowing from any of the numerous banks which might exist in the country; but in no case should it be allowed to borrow from those, who have the power of creating money."[1]

Die Wurzeln der heutigen Autonomiedebatte lassen sich bis zur Auseinandersetzung zwischen der „Banking"- und der „Currency" - Schule zurückverfolgen.[2] Im Zentrum stand die Frage, ob man der Zentralbank einen diskretionären Handlungsspielraum für die Formulierung von Zwischenzielgrößen, Operating targets oder bestimmten Instrumenten einräumen sollte oder ob ihr Regeln im Sinne von Handlungsvorschriften vorgegeben werden sollten.[3]

---

[1] Ricardo zitiert von Giannini (1994) S. 48.

[2] Die „Currency Schule" forderte die bis auf einen geringen Restbetrag vollständige Golddeckung der Banknoten und somit eine starre Regelbindung der Geldpolitik. Die „Banking Schule" vertrat die Ansicht, daß auch eine den Goldbestand der Zentralbank übersteigende Emission nicht notwendigerweise Inflation schaffen würde, wenn die Grundsätze soliden Bankwesens (good banking) beachtet würden. Diese Grundsätze sahen vor, daß die Vergabe von Krediten an die Realwirtschaft durch „real bills" (Handelswechsel) gebunden werden sollte. Gemäß „Fullartons Rückströmungsprinzip" würden Kredite und die Diskontierung von Wechseln nicht zur Inflation führen, da die privaten Marktteilnehmer bei einer Ausweitung der Emission ihre Kredite zurückzahlen würden. Siehe dazu Bofinger (1996) S. 176f und Felderer/Homburg (1991) S. 249. Vgl. auch S. 89 Fußnote 3.

[3] Bofinger (1996) S. 121. Zu möglichen Zielformulierungen auch Taylor (1997). Willeke (1993, S. 138) betrachtet die Lösungen "diskretionäre" und "regelgebundene" Geldpolitik nicht dichotomisch, sondern in Form eines Kontinuums von Möglichkeiten zur Ausgestaltung des Rechts über geldpolitische Entscheidungen.

Eine regelgebundene Geldpolitik ist dadurch gekennzeichnet, daß ihre Durchführung durch eine Formel im vorhinein festgelegt wird.[1] Dabei ist zwischen nicht rechtlich bindenden Selbstverpflichtungen und gesetzlich verankerten Regeln zu differenzieren. Ferner gilt es zwischen ergebnis- und instrumentenorientierten Regeln zu unterscheiden.[2] Ein Beispiel für ergebnisorientierte Regeln sind Preisindexregeln, die der Zentralbank die Stabilisierung eines bestimmten Preisindexes vorschreiben.[3]

Der bekannteste Entwurf einer instrumentenorientierten Regelbindung ist der Vorschlag von Milton Friedman, die Zentralbank durch die Anwendung einer „x - Prozent" - Regel zu binden. Die Zentralbank wäre bei Befolgung dieser Regel dazu verpflichtet, ein Geldmengenaggregat jeden Monat mit einer festgelegten Wachstumsrate ansteigen zu lassen.[4] Damit würden nach Ansicht Friedmans diskretionäre Entscheidungsspielräume beseitigt werden, denn Inflationserwartungen könnten gesenkt und die mit den fallweisen Interventionen der Zentralbank verbundenen Fluktuationen bei der Stabilisierung des Konjunkturzyklus vermieden werden.[5]

Ein Argument für eine regelgebundene Politik ist eine Gefahr der Destabilisierung durch die Geldpolitik aufgrund von Informationsdefiziten über die Transmission geldpolitischer Impulse und insbesondere über die zeitlichen Verzögerungen geldpolitischer Maßnahmen.[6]

---

[1] Willeke (1993) S. 138.

[2] Es lassen sich auch noch weitere Unterscheidungskriterien wie beispielsweise die Flexibilität der Regeln anführen. Ein Beispiel für eine starre Regel, die nicht in Abhängigkeit von der Veränderung anderer ökonomischer Parameter verändert wird, ist die Friedmansche Regel. Friedman schlug dabei zuerst M2 und dann die Geldbasis vor. Siehe dazu Friedman (1959) S. 90 und Friedman (1987) S. 368.

[3] Zur Diskussion Willeke (1996) S. 143ff.

[4] Siehe zu flexiblen Geldbasisregeln Meltzer (1997) S.3ff

[5] Siehe dazu Friedman (1985) und zu einer neueren Version Taylor (1997) S. 33f. Vgl. auch Neumann (1997) S. 21, Felderer/Homburg (1991) S. 252f. Als problematisch erweisen sich bei dieser Regel Veränderungen des langfristigen realen Wachstums oder des Trends der Umlaufgeschwindigkeit des Geldes durch strukturelle Faktoren. Im Falle einer Geldbasissteuerung muß zusätzlich die Stabilität des Geldschöpfungsmultiplikators betrachtet werden. Vgl. Willeke (1993) S. 147. Die ökonometrischen Ergebnisse scheinen den Kritikern Recht zu geben, denn insbesondere in den USA ließen sich Instabilitäten der Umlaufgeschwindigkeit durch strukturelle Veränderungen wie den technischen Fortschritt und Deregulierung im Finanzsektor nachweisen. Vgl. Fischer (1988) S. 16, Laidler (1990) S. 118. In Deutschland kamen empirische Studien überwiegend zu der Auffassung, daß eine stabile Beziehung zwischen M3 und dem Preisniveau existiert. Vgl. Bofinger (1996) S. 495f und die dort angegebenen Untersuchungen. Siehe dazu auch Buscher/Schröder (1983) S. 309ff.

[6] So werden von Befürwortern der regelgebundenen Politik auch der "inflationary bias" des politökonomischen Systems und ein mögliches Eigeninteresse der zentralbankpolitischen Entscheidungsträger vorgebracht. Siehe dazu auch Cottarelli/Giannini (1997) S. 17.

In der neueren Literatur wird die Existenz eines Problems, das „dynamische Zeitinkonsistenz“[1] optimaler geldpolitischer Strategien oder auch „Glaubwürdigkeits“- Problem[2] genannt wird, angeführt. Es erklärt basierend auf einer spieltheoretischen Problemstruktur die Existenz einer positiven Inflationsrate, obwohl alle Marktteilnehmer eine solche als inferiores Ergebnis bewerten. Häufig wird darin eine Fortführung der „rules versus discretion“ - Debatte mit einem Eintreten für die „Regellösung“ gesehen.[3] Dabei muß aber auf zwei wesentliche Punkte hingewiesen werden: Die Bedeutung des Begriffes „Glaubwürdigkeit“ in geldpolitischer Theorie und Praxis[4] sollte nicht darüber hinwegtäuschen, daß die Wege zur Erzielung von Glaubwürdigkeit weitaus weniger offensichtlich sind und daß auch bisher noch keine allgemeine Theorie der „Glaubwürdigkeit“ existiert.[5] Ein zweiter Punkt besteht darin, daß die Ankündigung von Regeln oder Politikpfaden für sich genommen weder eine notwendige noch eine hinreichende Bedingung für Preisstabilität darstellt.

„It was not sufficient, because announced rules were not necessarily credible. Nor was it necessary, because credibility of purpose could be achieved by directly altering the incentives faced by (or the utility function of) the policymaker.“[6]

Der „traditionellen“ geldtheoretischen Literatur zum Optimierungsproblem der Geldpolitik entstammend, hat der Begriff „Inkonsistenz“ hier eine andere als im allgemeinen Sprachgebrauch verwendete Bedeutung angenommen:

„Eine Maßnahme ist zeitlich inkonsistent, wenn sie zu Beginn des Planungshorizonts für einen zukünftigen Zeitpunkt t_1 als optimal angesehen, infolgedessen beabsichtigt und gegebenenfalls angekündigt wird, bei Eintritt von t_1 jedoch - aufgrund zwischenzeitlich geänderter Bedingungen

---

[1] Für einen Überblick siehe Loef (1988) S. 361f. Das Zeitinkonsistenzproblem der Geldpolitik wurde zunächst von Kydland und Prescott (1977) in ihrem Artikel "Rules Rather than Discretion: The Inconsistency of Optimal Plans" diskutiert. Siehe auch Goodhart (1992) S. 24. Bofinger (1996, S. 138f) führt den Ursprung der Zeitinkonsistenzdebatte auf eine Untersuchung von Strotz zurück, in der Auswirkungen von Präferenzänderungen auf die Entscheidungen von Nachfragern analysiert werden. Demgegenüber basieren die heute weitgehend die Literatur beherrschenden Modelle auf spieltheoretischen Erwägungen.

[2] Das Problem der "Glaubwürdigkeit" wird in der Literatur häufig als Synonym genutzt, dieser Verfahrensweise wird hier gefolgt werden, obwohl es sich um zwei unterschiedliche Problemebenen handelt. Vgl. Cottarelli/Giannini (1997) S. 16f, Grüner (1995) S. 385, Mourmouras (1997) S. 6. Zur Glaubwürdigkeit von Regeln Barro/Gordon (1983b).

[3] Bofinger (1996) S. 137.

[4] Cottarelli/Giannini (1997) S. 19.

[5] Die unterschiedlichen "Commitment" - Lösungen, die in der Literatur genannt werden, werden weiter unten behandelt. Im Unterschied zu Cottarelli/Giannini (1997) wird "Commitment" in einem weiteren Sinn verstanden, d.h. als ein Mechanismus, der zur Erzielung von Glaubwürdigkeit beiträgt.

[6] Cottarelli/Giannini (1997) S. 19f. Siehe auch Rogoff (1985) S. 1169f.

- nicht mehr optimal ist und daher auch nicht realisiert wird."[1]

Zeitkonsistenz bedeutet aber nicht, daß das Ergebnis wünschenswert ist, nur daß die Entscheidungsträger nicht fähig sind, unter den gegebenen Annahmen über die Erwartungshaltung der Öffentlichkeit ein besseres Ergebnis zu erzielen. Das „Zeitinkonsistenz"- Problem hat zu einer Reihe von Modellentwicklungen geführt:[2]

In dem Ansatz von Barro/Gordon (1983a)[3] stehen sich zwei Spieler, der zentralbankpolitische Entscheidungsträger und die privaten Marktteilnehmer gegenüber. Beide Spieler maximieren eine gegebene soziale Wohlfahrtsfunktion. Die privaten Marktteilnehmer erkennen aufgrund ihrer rationalen Erwartungen den Anreiz des zentralbankpolitischen Entscheidungsträgers, durch Überraschungsinflation positive Beschäftigungseffekte zu erzielen. Sie passen ihre Erwartungen an diese erhöhte Inflationsrate an.[4] Barro/Gordon plädieren für die Verpflichtung der Zentralbank auf eine glaubwürdige Regel, nach der die Wachstumsrate der nominellen Geldmenge einen Zielwert von null annehmen soll, um die sozialen Kosten zu senken.

Die sich anschließende Frage - die auch bei Berücksichtigung möglicher Modellerweiterungen und kritischer Anmerkungen noch bestehen bleibt[5] - führt zu den Methoden, mit deren Hilfe Glaubwürdigkeit[6] der zentralbankpolitischen Entscheidungen bei den privaten Marktteilnehmern erzielt werden kann.

Lösungen für dieses Problem konzentrieren sich auf vier verschiedene Wege:[7]

---

[1] Willeke (1993) S. 93. Siehe auch Englander (1991) S. 65.

[2] Siehe dazu Blackburn/Christensen (1989) S. 1ff und Mourmouras (1997) S. 10f. Den erwähnten Modellen sind drei Annahmen gemein:
- Die Erwartungsbildung der Individuen erfolgt nach dem Grundsatz rationaler Erwartungen, d.h. sie bilden Erwartungen, indem sie die ihnen zur Verfügung stehenden Informationen effizient nutzen und keine systematischen Fehler machen.
- Die makroökonomischen Entscheidungen sind das Resultat eines Spiels zwischen rationalen Teilnehmern.
- Die Entscheidungen werden auf einer nicht-kooperativen Basis gefällt, d.h. die Spieler sind unfähig, sich durch Selbstverpflichtung verbindlich auf eine bestimmte Handlungsweise festzulegen.

[3] Die folgende Darstellung stützt sich maßgeblich auf Bofinger (1996) S. 140f.

[4] Die Wirtschaftssubjekte bilden ihre Erwartungen auf der Grundlage aller verfügbaren Informationen. Bofinger (1996) S. 35.

[5] Siehe dazu Bofinger (1996) S. 150 - 171.

[6] In Anlehnung an Bini-Smaghi (1996) S.2f und Bofinger (1996, S. 173) wird unter "glaubwürdiger" Geldpolitik im weiteren Verlauf der Arbeit eine von der Zentralbank angekündigte Politik verstanden, die von den privaten Marktteilnehmern bei ihrer Erwartungsbildung zugrundegelegt wird.

[7] An dieser Stelle bilden Überlegungen der Neuen Politischen Ökonomie eine Ergänzung zu institutionenökonomischen Analysen. Die Zentralbank wird nicht mehr als eine "monolithische Entscheidungseinheit" betrachtet, die sich an gesamtwirtschaftlichen Zielen orientiert, sondern ihr Verhalten wird auf das der einzelnen Akteure zurückgeführt, die - wie Marquardt (1994) schreibt - "in Rückkopplung mit Interessengruppen" eigene Ziele (Macht, Prestige, Wiederwahl) verfolgen. Damit wird, auch wenn die formale Unabhängigkeit der Zentralbank garantiert ist, über einen gewissen Handlungsspielraum der Zentralbank

Reputation: Wenn das Spiel häufiger gespielt wird, kann es einen glaubwürdigen Anreiz für die Regierung geben, nicht inflationär zu handeln.[1] Unabhängigkeit der Notenbank kann in diesem Sinne einen Beitrag dazu leisten, daß geldpolitische Entscheidungen einem längerfristigen Zeithorizont unterliegen.[2]

Indexierung: Die Indexierung der Arbeitsverträge führt zu einer steileren Phillips-Kurve, so daß der Anreiz für die Regierung geringer wird, inflationär zu handeln, da die Inflation dann sehr viel höher sein muß, um den gleichen Beschäftigungseffekt zu erzeugen wie ohne Indexierung.[3]

Pegging an eine starke Währung: Die Glaubwürdigkeit der eigenen Währungspolitik kann durch das Nutzen eines starken „Ankers", einer Währung mit geringer Inflation, gesteigert werden.[4]

Delegation: Die Wahl eines konservativen Zentralbankiers ist zuerst von Rogoff (1985) propagiert worden. Rogoff argumentierte, daß es für eine Gesellschaft rational sein könne, ihre Zentralbank so zu gestalten, daß die zentralbankpolitischen Entscheidungsträger eine andere als die soziale Wohlfahrtsfunktion hätten. Einer durch Zeitinkonsistenz generierten hohen Inflationsrate könne durch die Wahl eines Zentralbankiersbegegnet werden, der ein „zu großes" (im Vergleich mit der Gesellschaft) Gewicht auf die Stabilisierung der Inflation lege.[5]

---

bzw. ihrer Entscheidungsträger die Bereitschaft zur permanenten Durchsetzung des Ziels der Preisstabilität in Frage gestellt.

[1] Vgl. Backus/Drifill (1985), Vickers (1989).

[2] Bofinger (1996) S. 172f.

[3] Vgl. Fischer/Summers (1989), Devereux (1987).

[4] Giavazzi/Pagano (1989), Giavazzi/Giovannini (1989).

[5] Dieses Gewicht sollte jedoch endlich sein, da die Zentralbank andernfalls Angebotsschocks direkt auf die Beschäftigung wirken lassen würde. Rogoff (1985) S. 1177ff. Debelle (1996) hat eine Erweiterung vorgeschlagen, die auch die Maßnahmen anderer wirtschaftspolitischer Entscheidungsträger berücksichtigt. Er untersuchte die Interaktion zwischen der geld- und fiskalpolitischen Autorität und kam zu dem Ergebnis, daß Inflation und Output - zusätzlich zum Einfluß durch die Ziele der Zentralbank - Funktionen der Ziele der fiskalpolitischen Autorität, der "Commitment technology" (hier im Sinne eines konkreten politischen Instruments der jeweiligen Autorität wie beispielsweise fiskalpolitische Planungen in Haushaltsplänen oder auch Gesetzgebungen wie die Gramm - Rudman Act und für die Zentralbank die Anwendung von Inflationszielen wie in Kanada und Neuseeland) und der Art der Schuldenrückzahlung sind. Wenn die Zentralbank über stärkere "Commitment technologies" verfügt, wird ein besseres Ergebnis ermöglicht als wenn die fiskalpolitische Autorität als "Leader" in dem Spiel agiert, das nunmehr in einer Stackelberg - Struktur betrachtet wird. Die optimale Inflationsaversion der Zentralbank hängt in diesem Modell von den Präferenzen der fiskalpolitischen Autorität und der Gesellschaft ab, es wird gezeigt, daß ein Ansteigen der Inflationsaversion der Zentralbank kein "free lunch" ist, und bei gleichzeitiger Reduzierung der Inflationsrate Output und Regierungsausgaben so beeinflussen kann, daß die gesellschaftliche Wohlfahrt reduziert wird. Canzoneri/Diba (1996) haben das Zusammenspiel von fiskalpolitischen Garantien, Unabhängigkeit und Preisstabilität untersucht.

Die Delegationslösung umfaßt noch weitere Lösungsansätze, die außer der Wahl eines konservativen Zentralbankiers, Geldmengenzielankündigungen und Anreizmechanismen für geldpolitische Entscheidungsträger beinhalten.[1] Walsh (1995) und Persson/Tabellini (1993) formulieren eine Lösung in Form eines Vertrages zwischen Regierung und Zentralbank, der der Zentralbank eine lineare Steuer auferlegt, wenn sie ein bestimmtes Inflationsziel überschreitet und ihr Subventionen zukommen läßt, falls sie dieses Ziel unterschreitet. Sie zeigen, daß damit der „Inflationary bias" vollständig beseitigt werden kann.[2]

4.4.2. Neuere empirische Untersuchungen über die Wirkung von Zentralbankunabhängigkeit

Zahlreiche Studien haben den Grad an Zentralbankunabhängigkeit auf der Basis quantitativer Indices bewertet und in Relation zur Inflation und zu realen wirtschaftlichen Variablen gesetzt.

Wegweisend war die Studie von Cukierman (1992), der auf der Basis von 16 Kriterien vier Hauptbereiche (Ernennung der Führungsgremien, Formulierung der geldpolitischen Strategie, zentralbankpolitische Ziele und Finanzierung der Regierung) identifiziert hat, aufgrund derer er einen Index der legalen Zentralbankunabhängigkeit erstellte.[3] Er kam zu dem Schluß, daß formale juristische Zentralbankunabhängigkeit in Industrieländern zwischen 1950 und 1989 einen negativen Effekt auf die durchschnittliche Inflation hatte.

Bade und Parkin (1987) haben 12 OECD-Länder für den Zeitraum von 1972 bis 1986 untersucht. Zielvariablen waren das Inflationsniveau und dessen Variabilität. Die Autoren konnten keine Rangordnung zwischen dem Unabhängigkeitsindikator der Zentralbank und der Variabilität der Inflation feststellen. Sie zeigten jedoch, daß die unabhängigsten Zentralbanken eine im Durchschnitt niedrigere Inflationsrate hatten. Aufgrund dieses Zusammenhangs folgerten sie, daß es eine inverse Beziehung zwischen dem Grad an politischer Unabhängigkeit einer Zentralbank und der durchschnittlichen Inflationsrate gibt.

Alesina und Summers (1993) weiteten das Untersuchungsspektrum aus, indem sie nicht nur das Inflationsniveau, sondern auch die Wirkung von Zentralbankunabhängigkeit auf reale Größen (Wachstum, Arbeitslosigkeit, Realzins) berücksichtigten. Sie stützten sich auf die Arbeit von Bade/Parkin und betrachteten den Zeitraum von 1973 bis 1988. Dabei

[1] Lohmann (1992), Neumann (1995), Marquardt (1994) S. 101.

[2] Zugleich wird die Stabilisierungspolitik nicht betroffen. Svensson (1995) hat gezeigt, daß das gleiche optimale Ergebnis durch ein geeignetes Inflationsziel erreicht werden kann. Vgl. Briault/Haldane/King (1996) S. 22.

[3] Andere ähnliche Studien wurden von Alesina (1988) und Grilli, Masciandaro und Tabellini (1991) durchgeführt.

verwendeten sie einen fast identischen Index, der nur im Fall von Italien differierte, da Bade/Parkin die institutionellen Veränderungen des Jahres 1982 nicht berücksichtigt hatten, die zu größerer ökonomischer Unabhängigkeit der Zentralbank geführt hatten. Sie führten zudem ein weiteres Kriterium ein, das die Rolle der Zentralbank bei der Absorption von überschüssigen kurzfristigen Staatsschuldtiteln beschrieb. Zwischen Zentralbankunabhängigkeit und Inflationsniveau wurde eine fast perfekte negative Korrelation festgestellt. Ähnliches galt für die Variabilität der Inflationsrate. Zwischen Zentralbankunabhängigkeit und Variabilität des wirtschaftlichen Wachstums wurde hingegen keine Korrelation festgestellt.[1] Die Ergebnisse für die Arbeitslosigkeit und die realen Zinsen ließen keine Schlüsse zu.

Eijffinger und Schaling (1993) erstellten einen anderen Index, der die Unabhängigkeit der Zentralbank aufgrund des Ausmaßes der Verantwortlichkeit der Zentralbank für die Geldpolitik, der Vertretung der Regierung in der Zentralbank und der Ernennung von mehr als der Hälfte der Zentralbankratsmitglieder von anderen Stellen als von der Regierung maß. Grilli, Masciandaro und Tabellini (1991) maßen die politische Unabhängigkeit der Zentralbank an drei Elementen: der Ernennungsprozedur der Entscheidungsträger, der Interaktion zwischen Regierung und Zentralbankrat und der juristischen Verantwortlichkeit der Zentralbank. Die ökonomische Unabhängigkeit, d.h. in der Definition von GMT (Grilli-Masciandaro-Tabellini), die Wahl der geldpolitischen Instrumente, wurde von zwei Elementen bestimmt, dem Einfluß der Regierung auf die Kreditvergabe der Zentralbank und den geldpolitischen Instrumenten, die der Notenbank zur Verfügung standen.

Nach Erstellung von zwei Indices über die politische und die ökonomische Unabhängigkeit, untersuchten GMT die Beziehung zwischen diesen und dem jeweiligen Inflationsniveau und kamen zu einer eindeutig inversen Beziehung.

Darüber hinaus betrachten sie die Beziehung von Zentralbankunabhängigkeit zu realen Variablen und schlossen, daß es keine systematische Korrelation zwischen den beiden Indices und dem BIP gab, auch wenn Unabhängigkeit der Zentralbank mit niedrigeren Wachstumsraten des Outputs verbunden zu sein schien.[2]

Die einfache Gegenüberstellung der Indices verdeutlicht bereits ein Grundproblem der Ansätze. Die Auswahl von Kriterien unterliegt einer starken Subjektivität und jegliche empirischen Ergebnisse müssen sich der Kritik stellen, daß formale Elemente von Zentralbankverfassungen sich von Normen, die einen wirklichen Effekt auf das Zentralbankver-

---

[1] Die Schweiz, mit einer der unabhängigsten Zentralbanken, wies für den Beobachtungszeitraum ein langsameres und variableres Wachstum auf als der Durchschnitt der Länder. Frankreich hingegen wies ein relativ stabiles Wachstum auf. Vgl. Alesina/Summers (1993) und Fischer (1996) S. 17.

[2] Bagella /Becchetti (1996) S. 60.

halten haben, unterscheiden können.

Malinvaud urteilte dazu:

„When discussing the politics or institutional conditions of economic policy, we are entering a field in which scientific experience is definitely still less advanced than in economics stricto sensu .... international cross-section regressions are notoriously exposed to errors due to omission of variables that have not been identified as potential explanatory factors."[1]

Zudem kann auch das Argument gleichzeitiger oder gar umgekehrter Kausalität geltend gemacht werden: Es kann durchaus möglich sein, daß diejenigen Wählerschaften ihren Zentralbanken einen besonders hohen Grad an Unabhängigkeit verleihen, die der Preisstabilität eine hohe Priorität beimessen. [2]

Ähnlich argumentiert auch Debelle (1996), der basierend auf einer spieltheoretischen Analyse auf die Bedeutung der zugrundeliegenden Präferenzen der Gesellschaft für die institutionelle Gestaltung der Zentralbank hinweist: Gesellschaften mit einer starken Anti-Inflationspräferenz haben möglicherweise schon eine unabhängige Zentralbank mit starker Inflationsaversion errichtet, wohingegen Gesellschaften mit einer höheren Inflation Zentralbanken gewählt haben könnten, deren Präferenzen stärker die gesellschaftlich schwächere Inflationsaversion widerspiegelt.[3]

Andere Kritikansätze konzentrieren sich auf die institutionelle Ausrichtung der Studien, die die Rolle des Arbeitsmarktes und der Kapitalmarktteilnehmer bei ab- und zunehmendem inflationärem Druck und die extreme Sensitivität makroökonomischer Variablen gegenüber sich ändernden Indexwerten nicht ausreichend berücksichtigt.[4]

Zusammenfassend betrachtet scheinen die empirischen Ergebnisse die These zu unterstützen, daß eine größere Unabhängigkeit der Zentralbank sowohl mit niedrigerer Inflation als auch mit niedrigerer Variabilität der Inflation verbunden ist. Ein Zusammenhang zwischen Unabhängigkeit und realen Variablen wie z.B. größerer Outputvariabilität konnte hingegen nicht festgestellt werden. Die Interpretation dieses zweiten Ergebnisses, das einen „free lunch" in Form eines Inflationsgewinns bei Unabhängigkeit ohne Outputkosten impliziert, führte zu einer Reihe von möglichen Erklärungen, die von der Schockabsorptionsfähigkeit von Volkswirtschaften über Effizienzgesichtspunkte bis hin zu nichtmonetären

---

[1] Malinvaud zitiert von Bagella /Becchetti (1996) S. 55.

[2] Goodhart (1992) S. 25. Eine andere Argumentation geht von einem dem Einfluß von "pressure groups" auf den Finanzmärkten aus. Siehe dazu Briault/Haldane/King (1996) S. 18.

[3] Debelle (1996) S. 17.

[4] Bagella/Becchetti (1996) S. 54.

institutionellen Faktoren oder der Vertragsgestaltung für Zentralbankiers reichte.[1]

4.5. Die wissenschaftliche Wechselrede

Folgend werden die Standpunkte, die über die bereits erwähnten Argumente hinausgehen, einander gegenübergestellt.[2]

Zu den Argumenten für Zentralbankunabhängigkeit zählen das sogenannte „ökonomische", das „politische" und das „technische" Argument:

Das ökonomische Argument[3] für die Unabhängigkeit der Zentralbank besteht aus einer Vielzahl von Argumenten und modelltheoretischen Kausalketten, die im Kern aber den Ausschluß der Möglichkeit eines Mißbrauchs der Zentralbank durch die Regierung über direkte Kreditvergabe Übernahme von Staatstiteln oder über die indirekte Staatsfinanzierung betreffen.[4] Der sogenannte „Inflationary bias" der Regierung kann sowohl durch Seignioragemotive[5] als auch durch konjunkturpolitische Motive erklärt werden.[6] Das erste Argument (auch Einkommensargument) beschreibt das Risiko, daß die Regierung die Fähigkeit der Zentralbank, „Kaufkraft" zu generieren ausnutzen könnte, um damit Ausgaben

---

[1] Briault/Haldane/King (1996) S. 18f.

[2] Für eine ausführlichere Darstellung sei auf Nuck (1994) S. 52 verwiesen.

[3] Siehe dazu auch Dickertmann/Hansmeyer (1973) S. 580.

[4] Indirekte Staatsfinanzierung beeinflußt als Unterstützung des Staates durch die Notenbank bei der Schuldtitelplazierung die Wirkung der Geldbasis- und Zinspolitik über Nachfrage- und Erwartungseffekte. Dazu Lück (1998, S. 47f): „Insbesondere, wenn sich durch die Plazierung staatlicher Titel in den Portefeuilles der Überschußeinheiten die Struktur zwischen Geld und zinstragenden Aktiva verschiebt, ergeben sich schwer prognostizierbare Nachfrageeffekte. tendenziell ist aber ein Bedeutungsverlust der Geldbasispolitik der Zentralbank zu erwarten ... je weniger die Zentralbank zu direkter Kreditvergabe verpflichtet ist, desto größer wird damit – über die Signalwirkung der Anleihefinanzierung – ihr disziplinierender Einfluß auf die Fiskalpolitik."

[5] Seigniorage entsteht dadurch, daß „.... eine Notenbank Geld in Form von Münzen, Noten und Depositen als unverzinsliche Verbindlichkeiten emittiert und als Gegenwert verzinsliche Aktiva zur Deckung des Geldumlaufs erwirbt." Schenk (1997) S. 20. Unterschiedliche Konzepte der Seigniorage werden in der Literatur definiert. Siehe dazu Lange (1995), Wesche/Weidmann (1995), Klein/Neumann (1990).

[6] "Inflationary bias" wird in der Literatur im Sinne des letzten Motivs als verzögerte Wirkung von Inflationssteigerungen der Regierung aus wahltaktischen Gründen bezeichnet. Im Rahmen eines kurzfristigen politischen Konjunkturzyklus wird die Regierung expansive und restriktive Maßnahmen auf die Wahltermine abstimmen. Da die geldpolitische Wirkung aufgrund der anzupassenden Erwartungen erst später eintritt, wird die Regierung bei Wirkungseintritt ihr Ziel, die Wiederwahl bereits erreicht haben. Siehe Nordhaus (1975) S. 169f. Die Regierung wird nach ihrer Wahl zunächst eine restriktive Wirtschaftspolitik betreiben, um sich vor der nächsten Wahl über eine expansive Politik der Gunst ihrer Wähler zu versichern. Für einen umfassenden Überblick und eine vertiefende Diskussion sei auf Frey (1978) verwiesen. Empirische Untersuchungen über den Zusammenhang makroökonomischer Indikatoren und Wählerverhalten weisen zum Teil einen Einfluß von Inflation, Arbeitslosigkeit und realen Einkommenszuwächsen auf das Wählerverhalten nach. Zu den empirischen Ergebnissen siehe Schneider/Frey (1988) und Alesina (1988 und 1989).

zu finanzieren, die sie nicht aus den gegenwärtigen oder zukünftigen Steuererträgen bezahlen möchte.[1]

Konjunkturpolitische Ziele der Regierung, die von wahlstrategischen Überlegungen geleitet werden, können dazu führen, daß die Zentralbankgeldschöpfung und die Zinspolitik der Zentralbank instrumentalisiert werden.[2] Das Problem der „Zeitinkonsistenz" ist bereits angesprochen worden. Damit gründet dieses Argument auf der Theorie politischer Konjunkturzyklen. Ein kurzfristiger Trade-off zwischen Beschäftigung und Preisstabilität und Output könnte die Regierung dazu bringen das Ziel der Preisstabilität hintanzustellen, um zeitweilige expansive Effekte zu generieren.[3]

Nach dem „Demokratie" - Argument bedarf es in einem demokratischen Staat auch einer politisch „neutralen" Instanz zum Schutz der Währung, die das Anliegen der Währungspolitik verkörpere und wirksam vertritt:[4]

„Money should be an element of the constitutional framework of democracy rather than an object of political struggle."[5]

Vom „technischen" Standpunkt aus wird der Willensbildungs- und Entscheidungsprozeß einer unabhängigen Zentralbank gegenüber der politischen Entscheidungsfindung als effizienter angesehen, diese Argumentation tritt gegenüber den ökonomischen und politischen Diskussionspunkten jedoch häufig in den Hintergrund. Ein Grund für die minore Bedeutung könnte in der Schwierigkeit liegen, politische Prozesse Kosten-Nutzen-Analysen zu unterziehen und auch bei diesen privatwirtschaftliche Effizienzkriterien anzulegen.[6]

---

[1] Siehe dazu Cottarelli (1993) S. 3.

[2] Zur Interessengruppentheorie Nuck (1994) S. 176ff, Willeke (1994) S. 85 und Olson (1965). "Schleichende Inflation" entsteht danach als Resultat eines Verteilungskampfes. Die Opposition befindet sich im wirtschaftspolitischen Entscheidungsprozeß in einem besonderen Dilemma, das zu den gemäß Zohlnhöfer (1975) parlamentarischen Demokratien immanenten Inflationstendenzen beitrage, da die Regierungspartei solange wiedergewählt werde, wie sie zu einem hinreichenden Maße in sie gesetzte Erwartungen erfülle. Herrsche nun in der Bevölkerung eine hohe sogenannte "Stabilitätsmentalität", so wäre es für die Opposition unklug, eine auf Preisstabilität zielende Regierungspolitik zu unterstützen. Eine solche Haltung dürfe aber nicht zu offensichtlich werden. Politischer Wettbewerb als Ursache für Inflationstendendenzen ist nach Zohlnhöfer in Ländern wie Italien aufgrund der Parteienvielfalt ein noch größerer Faktor. Vgl. Nuck (1994) S. 207. Die Ausdehnung des „Spiels" zwischen Zentralbank und Regierung auf die Opposition kann daher im Sinne der politischen Ökonomie der Inflation als Erklärung für die erhöhte Inflationsneigung parlamentarischer Demokratien dienen. Zohlnhöfer (1975) S. 535 beschreibt die "Konkurrenz von Regierungs- und Oppositionspartei(en) als eine Art von "Grobsteuerung" staatlicher Wirtschaftspolitik und demgegenüber das Verbändesystem eher als ein Instrument der "Feinsteuerung" in diesem (geld-) politischen Entscheidungsprozeß." Nuck (1994) S. 206.

[3] Cottarelli (1993) S. 3.

[4] Caesar (1991) S. 9, Disch (1995) S. 8.

[5] Lastra (1992) S. 477.

[6] Vgl. Disch (1995) S. 8, Briault/Haldane/King (1996) S. 18f und Predieri (1996) S. 79.

Gegen Zentralbankunabhängigkeit werden potentielle Zielkonflikte zwischen der Regierung und der Zentralbank in Bezug auf die Koordinierung der Geld- und Fiskalpolitik angeführt, die zu gesamtwirtschaftlichen Störungen führen könnten. Die ökonomischen Argumente, die für die Zentralbankunabhängigkeit aufgeführt wurden, werden auch von den Gegnern der Unabhängigkeit genutzt.[1] Im Extremfall steht hinter dieser Argumentation die Erwartung, daß die Zentralbank als „verlängerter Arm" der Regierung handeln sollte.

Die aus der Diskrepanz zwischen einer geringen „Stabilitätsmentalität" und einer auf Preisstabilität bedachten unabhängigen Zentralbankpolitik entstehenden politischen Probleme sind ein weiteres - seltener verwendetes - Argument.[2]

Nach dem staatspolitischen Argument sollten Zentralbanken der parlamentarischen Verantwortlichkeit und parlamentarischer Kontrolle unterworfen werden.[3]

Dieses Argument begleitete die Bundesbank seit ihrer Entstehung und kulminierte in der Frage *„Alle Staatsgewalt geht vom Volke aus - nur nicht die der Deutschen Bundesbank?"*[4]

Ein weiteres Argument gegen die Deutung der Unabhängigkeit als „Eigengesetzlichkeit" ist das Prinzip der „Rechenschaftspflicht" (accountability), das zunehmend als „Gegenleistung" der Zentralbank für die gewährte Unabhängigkeit verstanden wird, jedoch im Lichte der zentralbanktheoretischen Ansätze eine wesentliche Funktion zur Verstärkung der Transparenz und insofern der Glaubwürdigkeit der angekündigten Maßnahmen erhält.[5]

„Accountability may involve either a legal obligation for the central bank to give reckoning for the conduct of monetary policy or a commitment to explain its actions, for example, in regular reports and to Parliament. This allows central banks to take a medium-term orientation and not to be distracted by short-term political motives, an approach which benefits the credibility, transparency and efficiency of monetary policy."[6]

Eine andere Version des „staatspolitischen" Arguments besteht in der Frage, warum nicht auch die Fiskalpolitik einem unabhängigen Agenten oder gar der Zentralbank überant-

---

[1] Caesar (1994) S. 7f beschreibt die Argumentation der Gegner der Zentralbankunabhängigkeit.
[2] Goodhart (1992) S. 25 und Goodhart (1997) S. 168.
[3] Harder (1997) S. 112.
[4] Disch (1995) S. 9 zitiert Hoffmann (1989) S.53.
[5] Siehe dazu Briault/Haldane/King (1996) S. 7 und Neumann (1997) S. 28. Hinter dieser Argumentation, die sich vordergründig für eine oder mehrere unabhängige wirtschaftspolitische Entscheidungsträger ausspricht, die von den politischen Prozessen abgekoppelt sein sollen, verbirgt sich ein tieferliegendes Argument gegen Zentralbankunabhängigkeit, denn gerade die Differenzierung zwischen fiskalpolitischen Zielen und dem einzelnen vorrangigen geldpolitischen Ziel der Preisstabilität ermöglicht die Delegation von einem politischen Entscheidungsgremium zu einem Agenten, dem „instrument independence" verliehen wird.
[6] Lamfalussy (1997) S. 13.

wortet werden würde. Es ließen sich ähnliche Argumente wie „lobbying" und „rent-seeking" auch bei fiskalpolitischen Entscheidungen nachweisen, auch das Problem der Zeitinkonsistenz bestünde und politische Konjunkturzyklen seien sogar noch besser für die Fiskalpolitik als für die Geldpolitik dokumentiert.[1]

Den bisherigen Argumenten ist gemeinsam, daß sie die politische Einflußnahme auf die Zentralbank betrachten, die darauf abzielt, bestimmte politische oder ökonomische Ziele zu verwirklichen. Eine Zentralbank kann aber auch von Eigeninteressen geleitet werden, die dafür sorgen, daß wirtschaftspolitische Ziele und auch das Preisstabilitätsziel nicht verfolgt werden und ein zu hohes Angebot an öffentlichen Gütern, wie z.B. eine Aufblähung des Personalbestands – bereitgestellt wird. Zu diesen Eigeninteressen zählen Einkommen, Arbeitskomfort, Ansehen und Macht.[2]

Gegen jedes der vorgestellten Argumente können berechtigte Einwände vorgebracht werden:

„Dabei bleibt es angesichts der Tatsache, daß die verschiedenen Argumente zu gegensätzlichen Resultaten gelangen, letztlich eine Frage subjektiver Einschätzung, welcher der vorgetragenen Ansichten das größere praktische Gewicht zuerkannt wird; daß je nach der speziellen politischen und ökonomischen Situation eines Landes differierende Folgerungen gezogen werden mögen, verwundert keineswegs."[3]

Es ist weder möglich, noch eigentliches Ziel dieser Arbeit, die Argumente einzeln zu bewerten. Deutlich wird, daß die Unabhängigkeit der Zentralbank keinen Eigenwert besitzt.[4] Das Dilemma bleibt bestehen, daß zwar auf der einen Seite das demokratische Prinzip verfolgt werden, andererseits die Währung nicht dem „Zufall des Kräftespiels um die politische Macht" überantwortet werden soll.

---

[1] Goodhart (1997) S. 166.

[2] Siehe dazu Vaubel (1993) S. 24ff, der das Aufwandsverhalten der Deutschen Bundesbank untersucht hat und auf die EZB übertragen schließt, daß eine haushaltsrechtliche Autonomie der europäischen Zentralbank in dem Maße wie die Bundesbank sie besaß, zu noch größerer statischer und dynamischer Ineffizienz führen würde. Siehe auch Neumann (1990). Die Banca d'Italia ist im Rahmen politischer Auseinandersetzungen wiederholt Zielscheibe von Vorwürfen gewesen, die ihr eine Art "Verschwörungsfunktion" oder außerhalb des Staates stehende Macht unterstellt haben. Banca d'Italia (1995).

[3] Caesar (1981) S. 55.

[4] Dazu der amerikanische Kongreß im Jahr 1952:
„The final aim ... is not that the Federal Reserve System should be independent, but that the country should have a sound economic policy. The independence of the Federal Reserve System is a relative, not an absolute, concept. It is good insofar as it contributes to the formulation of sound policy, and bad insofar as it detracts from it." Caesar (1981) S. 55.

Über eine historische Betrachtung hinaus ist es nicht möglich, Zentralbankunabhängigkeit zu diskutieren, indem man sich außerhalb einer Theorie, die die Existenz und die evolutive Logik der Institution rechtfertigt, bewegt. In den ökonomischen Debatten ist somit auch immer der theoretische Standpunkt der Diskutanten zu berücksichtigen.

5. Der Aufbau der länderspezifischen Kapitel

5.1. Die konstituierenden Elemente der Zentralbankpolitik

Eine komparative Untersuchung der konstituierenden Elemente der Zentralbankpolitik in den einzelnen Ländern muß sich der Frage stellen, nach welchen Kriterien Vergleiche angestellt werden sollen und wie diese in einen Zusammenhang mit der vielschichtigen Debatte gebracht werden können. Die Literatur bietet für ein solches Problem keine Methode an.[1] Mit Rücksicht auf den Umfang des Problems, seine Mehrdimensionalität und die Relevanz für die zentralbankpolitische Debatte wird hier ein Ansatz gewählt, der den verschiedenen Problemebenen der Zentralbankpolitik Rechnung trägt und auf der anderen Seite flexibel genug ist, um die sehr unterschiedlichen Ausprägungen der generischen Zentralbankfunktionen zu berücksichtigen. Dabei werden unterschiedliche Dimensionen (geschichtliche Entwicklung, formale Gestaltung und faktische Ausübung des Handlungsspielraums) betrachtet, um den Unabhängigkeitsgrad der Zentralbank zu erfassen.[2]

Auf einer ersten Ebene wird die historische Entwicklung der Stellung der Zentralbank untersucht. Eine über das theoretische Konzept des Handlungsspielraums hinausgehende Begründung für ein solches Vorgehen wird durch den Inhalt der zentralbankpolitischen Diskussion selbst geliefert.[3] Diese bezieht sich in den einzelnen Ländern insbesondere in den politischen Debatten auf Ereignisse, die unterschiedlichen Abschnitten der Zentralbankgeschichte zuzuordnen sind.[4]

---

[1] Für den Vergleich des Handlungsspielraums nationaler Zentralbanken bietet sich jedoch die Verfahrensweise von Caesar (1981) an, nach formalem und faktischem Handlungsspielraum zu unterscheiden.

[2] Eine andere Strukturierung ergäbe sich bei Verwendung der Elemente des Handlungsspielraums (personell, funktionell, institutionell, finanziell) innerhalb der Unterscheidung von formalem und faktischem Handlungsspielraum. Eine solche detailliertere Analyse findet sich bei Lück (1998) für den Fall Italien. Dort werden auch weitere mögliche Dimensionen dargestellt wie beispielsweise die Unterscheidung zwischen strategischen, taktischen und operationalen Entscheidungen. Siehe auch von Bonin (1979) und Nuck (1994).

[3] Ein weiterer Grund wird insbesondere in Italien in dem paradigmatischen Charakter der Zentralbankentwicklungen für die europäischen Integration gesehen. Sannucci (1988) verweist auf die italienische Zentralbankgeschichte, die sich ihrer Meinung nach in zwei Aspekten als lehrreich für die europäische Einigung erweist. Einmal dadurch, daß zu dem Zeitpunkt der italienischen Einigung starke politische, verwaltungstechnische Divergenzen und unterschiedliche ökonomische Systeme in Italien bestanden. Dieser Zustand wird in der italienischen Literatur auch als "gegenseitige Fremdheit" der Regionen untereinander bezeichnet. Andererseits auch dadurch, daß zu diesem Zeitpunkt der Prozeß der Industrialisierung noch nicht abgeschlossen war, so daß der Zusammenhang zwischen politischer Einigung, Integration der Märkte und wirtschaftlichem Wachstum untersucht werden kann.

[4] Ein Beispiel liefert die französische Debatte, in der immer wie der auf die Rolle der Regenten und der „deux cent familles" während der politischen Krisen der zwanziger Jahre hingewiesen wurde und vor einer „Reprivatisierung" der Zentralbank durch die Unabhängigkeit gewarnt wurde.

Abbildung 2: Aufbau der ersten länderspezifischen Kapitel

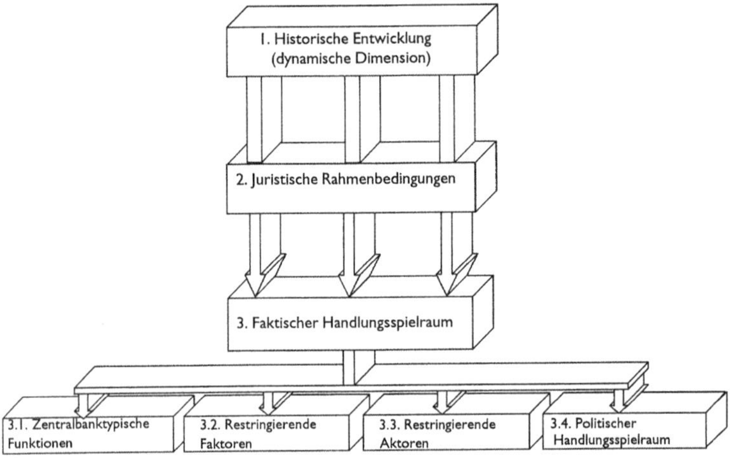

Die Analyse der Normen oder juristischen Rahmenbedingungen erfaßt den formalen Handlungsspielraum. Dabei werden Rechtsquellen, Rechtsnatur und die verfassungsrechtliche Verankerung der Zentralbank berücksichtigt, um eine Grundlage für die im Zuge der Vorbereitung der dritten Stufe der Wirtschafts- und Währungsunion erfolgten Veränderungen zu erarbeiten und die formalen Abhängigkeitsverhältnisse (zentralbankrechtliches Normengefüge) der Zentralbank zur Regierung, zum Parlament oder anderen Interessengruppen darzustellen.

Die Ausübung zentralbanktypischer Funktionen erfolgt in den betrachteten Ländern auf unterschiedliche Weise. Ein Schwerpunkt ist im Hinblick auf das zentrale Thema - die Übertragung der währungspolitischen Kompetenzen – die Funktion der „Hüterin der Währung", die den Anlaß für Zielkonflikte[1] zwischen der Zentralbank und anderen wirtschaftspolitischen Entscheidungsträgern bilden kann.[2]

---

[1] Da Zielkonflikte häufig nicht offensichtlich sind, bieten sich in einem weiteren Schritt konkrete Krisensituationen als Kriterium an. Siehe dazu Bouvier (1988) S. 153 und Caesar (1981).
[2] Siehe zu den Ebenen des geldpolitischen Zielbestimmungsprozesses Bofinger (1996) S. 123f.

Restringierende Faktoren/Aktoren[1]: Die Zentralbankpolitik kann auf unterschiedlichen Ebenen (ökonomisch, juristisch und politisch) beschränkt werden.[2] Dabei können für die ökonomische Ebene z.B. außenwirtschaftliche Einflüsse, finanzpolitische Einflüsse, die Struktur des Banken- und Finanzsystems oder auch die instrumentelle Ausstattung der Zentralbank eine Rolle spielen.[3] Mögliche Restriktionen kann die Zentralbank durch andere wirtschaftspolitische Entscheidungsträger wie Regierung, Parlament, Finanz- und Bankensystem, das Ausland oder unterschiedliche Interessengruppen erfahren.[4]

Bestimmungsgründe des politischen Handlungsspielraums: Über den rein faktisch-ökonomischen Bereich hinaus wird zu sehen sein, daß sowohl die Deutsche Bundesbank als auch die Banca d'Italia über eine große politische Bedeutung verfügten. Faktoren wie der Stellenwert der Zentralbankunabhängigkeit in der öffentlichen und wissenschaftlichen Diskussion und das „Element des Persönlichen", das sich in der fachlichen Kompetenz der Zentralbank und ihrer Rolle als Beratungsinstanz und Autorität sowie in der Persönlichkeit der leitenden Entscheidungsträger äußern kann, werden betrachtet werden.

5.2. Der Weg in die Wirtschafts- und Währungsunion

Die Zentralbankverfassungen haben im Anschluß an den Maastrichter Vertrag sehr unterschiedliche Veränderungsprozesse durchlaufen, die zwar nach rechtliche Konvergenz strebten, jedoch keine vollständige Harmonisierung der Zentralbanknormen zum Ziel hatten. Diesen Veränderungen nachzugehen, ist Ziel dieses weitgehend normativ orientierten Kapitels. Die Analyse der Veränderungen auf dem Weg zur Wirtschafts- und Währungsunion berücksichtigt den Ratifikationsprozeß des Maastrichter Vertrages und den Wandel, den die Zentralbankverfassungen bis hin zur Vorbereitung der dritten Stufe erfahren haben.

Die Ratifikationsprozesse sind vor allem wegweisend für die Behandlung des durch den geldpolitischen Kompetenztransfer entstehenden Souveränitätsproblems. Sie können in mehrfacher Hinsicht als Ausgangspunkt der zentralbankpolitischen Debatte gewertet werden: Zunächst macht die Komplexität die verfassungsrechtliche Problematik eines Hoheitstransfers in den einzelnen Ländern deutlich.[5] Dann werden durch Urteile wie die des

---

[1] Der Begriff „Aktor" oder auch „Aktuator" bezeichnet ein Bauelement am Ausgangsteil einer Steuer- oder Regelstrecke, der in Energie- oder Massenströme eingreift und darin als veränderlicher Widerstand wirkt. Duden (1990) S. 43. Von Caesar wurde der Begriff 1981 eingeführt.

[2] Lück (1998) unterscheidet zwischen institutionellen, konjunkturellen und informellen Faktoren.

[3] Caesar (1981) S. 125f.

[4] Die Struktur der restringierenden Aktoren und der zentralbanktypischen Funktionen läßt sich auch aus dem Modell der Geldbasisentstehung herleiten. Siehe dazu Issing (1995) S. 53.

[5] Im Gegensatz zu Frankreich verfügen sowohl Italien als auch Deutschland über eine einem solchen

französischen Verfassungsrates die politischen Divergenzen und Entscheidungssituationen und schließlich die Bedeutung der geld- und währungspolitischen Kompetenzen offenbar. In der Analyse der normativen Veränderungen geht es danach nicht um die Feststellung der rechtlichen Konvergenz - die bereits durch die Europäische Kommission und das EWI erfolgt ist, die keine Unvereinbarkeiten der Rechtsvorschriften mit den Anforderungen des EG-Vertrages und der ESZB-Satzung festgestellt haben[1] - sondern um die Bedeutung, die diese institutionellen Schritte im Rahmen der Zentralbankentwicklung der letzten Jahre einnehmen.

5.3. Die zentralbankpolitischen Debatten

In der Debatte spiegeln sich sowohl die zentralbankpolitischen Erfahrungen als auch die Vorstellungen dessen, was eine Zentralbank soll und leisten kann. Um diese Beziehungen bewerten zu können, ist das „Stimmengewirr" zu gliedern. Die Einführung hat zudem gezeigt, daß es sich im Grunde um die Behandlung zweier Problemkomplexe handelt: die Delegation geld- und währungspolitischer Kompetenzen auf eine unabhängige Zentralbank und der Hoheitstransfer auf eine supranationale Ebene. Damit ist eine Differenzierung vorgegeben, die noch nach politischer und ökonomischer Diskussion zu untergliedern ist.[2] Eine Ergänzung zur politischen Argumentation bildet die verfassungsrechtliche Behandlung der Zentralbankpolitik und des Souveränitätstransfers.

Die Struktur kann nur eine allgemeine Vorgabe sein, die länderspezifisch unterschiedlichen Schwerpunkten unterliegt, so ist beispielsweise für den deutschen Teil die Debatte über den Unabhängigkeitsstatus der Deutschen Bundesbank weitgehend ausgeklammert worden, da der Maastrichter Vertrag hier keine wesentlichen Impulse geliefert hat und eine angemessene Betrachtung auch einen Rückblick auf die Genese des Bundesbankgesetzes erfordern würde.

Transfer relativ offener gegenüberstehende verfassungsrechtliche Tradition, die auf eine ähnliche verfassungsrechtliche Entstehungsgeschichte zurückzuführen ist. Die nationale Unabhängigkeit ist in Frankreich aber erst mit der Verfassung von 1958 zu einem Leitmotiv geworden. In der Präambel der Verfassung von 1946 wurde noch eine ähnliche Formulierung wie in Italien gewählt, um Souveränitätsbegrenzungen verfassungsrechtlich zu verankern. Siehe dazu Martin Martinez (1993) S. 29ff.

[1] Eine genaue Analyse im Fall Frankreich wird zeigen, daß zum Zeitpunkt der Veröffentlichung der Konvergenzberichte diese Einschätzung ebenso wie die Feststellung der ökonomischen Konvergenz mit Blick auf ihre politische Signalwirkung beurteilt werden muß.

[2] Deutlich wurde bereits in der wissenschaftlichen Wechselrede, daß politische von ökonomischen Argumenten kaum zu trennen sind. Daher wird diese Differenzierung weniger als eine inhaltliche Aussage als vielmehr eine Bestimmung des Diskussionsumfeldes begriffen.

Die Motive für die Delegation währungspolitischer Kompetenzen auf eine unabhängige Zentralbank und auf die supranationale Ebene verweisen auf die Restriktionen, denen die Zentralbankpolitik bisher sowohl intern als auch extern unterworfen war. Zu berücksichtigen sind dabei die Zielvorstellungen, die mit unterschiedlichen theoretischen Ausrichtungen verbunden sind. Dabei wird bald festzustellen sein, daß das Diktum von einer nationalen „Stabilitätskultur" etwa in Form einer herrschenden Meinung, die sich in der Diskussion äußern würde, keine Verwendung finden kann und einer differenzierteren Berücksichtigung des Beziehungsgeflechts, in dem sich die Zentralbanken befinden, weichen muß. Hier ist zudem zwischen politischer und ökonomischer Diskussionsebene zu unterscheiden. Diese Unterscheidung bezieht sich vornehmlich auf den Ort der Auseinandersetzung - die Grundlage für die Analyse der politischen Diskussion bildeten die parlamentarischen Debatten in den relevanten Kammern - nicht auf die Argumente. Eine politökonomische Ergänzung wird durch die Darstellung von Stellungnahmen verschiedener Interessengruppen (Gewerkschaften, öffentliche Meinung, Geschäftsbanken, Unternehmer) geleistet, denen Erklärungsansätze für ihre Positionen hinzugefügt werden. Während die voranstehend genannten Gruppen aufgrund ihres mittelbaren Einflusses auf die Wirtschaftspolitik über Lohnabschlüsse z.B. oder Geschäftsbankstrategien aufgenommen wurden, ist die Position der nationalen Zentralbank noch aus einem weiteren Grund wichtig, den man unter „Policy making" fassen könnte: So haben die Zentralbanken entscheidenden Einfluß auf das Werden des Maastrichter Vertrages gehabt, bezogen auf die einzelnen Länder zeigen sich starke Unterschiede ihres Einflusses und auch in der Pronociertheit ihrer Aussagen.[1] Eine differenzierte Betrachtung nach Interessengruppen wird in den folgenden beiden Teilen nicht weitergeführt, da eine solche keinen wesentlichen Erkenntnisfortschritt mit sich brächte und auch die Grenzen des in einer solchen Arbeit Darstellbaren sprengen würden.

In dem zweiten zu untersuchenden Fragenkomplex werden die inhaltlichen Schwerpunkte thematisiert, über die jedes Land verfügte. Diese inhaltliche Auseinandersetzung kann einen Anhaltspunkt dafür liefern, welche Bedeutung die Veränderungen in den jeweiligen Ländern hatten.

Der dritte Block untersucht, welche Rolle den nationalen Zentralbanken in dem neuen System zukommt. Um zu einer Bewertung zu gelangen zu können, müssen zwei grundlegende Sachverhalte beachtet werden:

1) Welche Bedeutung und welchen Einfluß hatte die jeweilige nationale Zentralbank vor dem Maastrichter Vertrag?

---

[1] Zum „Policy Making" der Deutschen Bundesbank siehe Viebig (1999).

2) Welche Aufgaben waren ihr nach nationalem Recht überantwortet und werden es noch nach Beginn der dritten Stufe der Währungsunion sein?

Nach Art. 14.4. ESZB-Satzung besteht auch weiterhin Raum für zusätzliche Aufgaben der nationalen Zentralbanken, soweit diese mit den Zielen und Aufgaben des ESZB vereinbar sind. Ein Schwerpunkt wird auf den nationalen Charakteristika liegen.

Den Abschluß werden eine Zusammenfassung der wichtigsten Ergebnisse und ein Ausblick auf die zukünftige Entwicklung bilden.

Abbildung 3: Dominanten der zentralbankpolitischen Diskussion

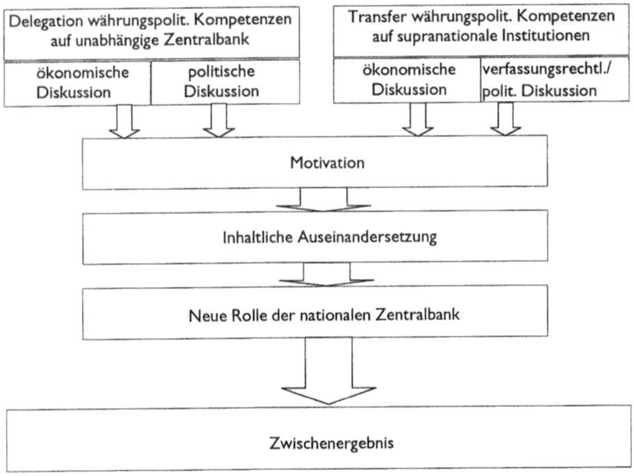

Teil B: Frankreich

1. Konstituierende Elemente der französischen Zentralbankpolitik

1.1. Historische Entwicklung

Die Basis französischer Geld- und Kreditpolitik war lange Zeit der politische Konsens, daß das Finanzsystem zur Erreichung nationaler Ziele kontrolliert werden müßte.[1] In diesem Kontext sind auch die langwährende, doch wechselhafte Tradition einer Zentralbank mit geringem Handlungsspielraum und die französischen Forderungen nach einer supranationale Wirtschaftsregierung zu sehen. Die Entwicklung bewegte sich in Frankreich von einer ursprünglich relativ unabhängigen Entscheidungsfindung zu Zuständen größerer Abhängigkeit, die durch Reformen Mitte der dreißiger Jahre dieses Jahrhunderts eingeleitet wurden.[2] Gegenüber der Notenbank läßt sich zunächst eine grundlegend kritische Haltung der französischen Öffentlichkeit konstatieren.[3]

1.1.1. Die Gründung der Banque de France

Die Vorgeschichte der Gründung der Banque de France ist durch massive Einflußnahme der Regierungen auf den Geldwert bestimmt.[45] Bereits in der Frühphase geldpolitischer

---

[1] Siehe dazu auch Hodgman (1974) und Goodman (1992) S. 40.

[2] Goodman (1992) S. 40 schließt aus dieser Entwicklung, daß die französische Zentralbankgeschichte einen der deutschen Entwicklung genau entgegengesetzten Verlauf genommen hat. Anzumerken ist aber, daß er die beiden Institutionen in zwei unterschiedlichen Zeiträumen vergleicht.

[3] Ein weiteres Motiv ist - wie Hodgman es ausdrückt - das positive "Commitment" der französischen Wirtschaftspolitik zu nationaler wirtschaftlicher Planung. Als Urheber der französischen Wirtschaftsplanung gilt Jean Monnet, der diese Idee nach dem zweiten Weltkrieg entwickelte. Pascallon (1974).

[4] Die Manipulationen ließen sich auf verschiedene Arten durchführen: Der Metallgehalt der Münzen konnte reduziert und das Verhältnis zwischen der schriftlich fixierten Geldeinheit, der "livre tournois" und den Gold- und Silbermünzen per Dekret verändert werden. Vgl. Prate (1987) S. 19. Auch die massive Geldschöpfung während der Französischen Revolution hat zu dem grundsätzlichen Mißtrauen der Bevölkerung beigetragen. Goodman (1992) S. 41.

[5] Das Projekt einer Bank von Frankreich tauchte erstmalig im Jahr 1608 im Kronrat von Ludwig dem XIII. auf. Pierre de Fontenu plante eine private, durch Anteilsscheine finanzierte Depositenbank mit Zweigstellen in den größten Städten. Vgl. Bouveret (1979) S. 2. John Law of Lauriston gründete erst 100 Jahre später im Jahr 1716 die private "Banque Générale", die 1719 zur "Banque Royale" und offiziellen Staatsbank wurde. Sie wurde mit der „Compagnie des Indes" fusioniert und rief schon 1721 durch Manipulationen und Spekulationen eine Krise herbei, die zur Zahlungseinstellung führte. Law hatte durch Emissionen von Banknoten eine tiefe Vertrauenskrise verursacht und die Idee des Papiergeldes - nicht mehr als 2% waren gedeckt - für lange Zeit in Frankreich kompromittiert. Die Filialen wurden geschlossen und Law mußte fliehen. Er starb 1729 in Venedig. Siehe dazu Faure (1977). Die Bezeichnung „Banque", die lange Zeit kein Geldinstitut in seiner Firmierung verwendete, war zu einem Schimpfwort geworden. Bouveret (1979). Vor der Gründung der Banque de France wurden noch zwei weitere Anläufe genommen, eine französische

Entwicklung sind Unterschiede in der Gestaltung der geldpolitischen Institutionen für die Stabilität des Geldwertes bestimmend gewesen.[1]

Die Banque de France wurde auf private Initiative[2] im Jahre 1800 mit einem Grundkapital von 30 Mio. Francs als private Aktiengesellschaft in Paris gegründet.[3] Der Zweck ihrer Gründung war nach der durch die Revolution hervorgerufenen Rezession die Belebung der französischen Wirtschaft.[4] Sie besaß alle Eigenschaften einer Geschäftsbank und erhielt darüber hinaus später noch das befristete Recht auf Notenemission.[5] Der Generalrat, das Verwaltungsorgan, bestand neben drei für die Überwachung der Geschäftstätigkeit zuständigen Prüfern aus 15 Regenten, die vollständige Verfügungsgewalt besaßen und ein aus drei Mitgliedern bestehendes Zentralkomitee (Comité central) wählten. Dessen Präsident saß sowohl dem Generalrat als auch der Aktionärsversammlung vor. Das Zentralkomitee war für die Geschäftstätigkeit der Banque de France zuständig.[6] Zu Beginn saßen im Generalrat (Conseil général) nur Bankiers und Händler.[7] Die Generalversammlung (Assemblée Générale) bestimmte die Politik der Banque de France durch die Festlegung

---

Zentralbank zu gründen: 1776 wurde die Caisse d'Escompte gegründet, die zu einer "Banque Nationale" ausgebaut werden sollte. Die übermäßige Emission von "Assignaten" - durch konfisziertes Kirchenvermögen anfänglich gedecktes Papiergeld, das durch immer neue Emissionen entwertet wurde - sorgte dafür, daß die Caisse d'Escompte 1793 von der Nationalversammlung wieder aufgelöst wurde. 1796 wurde mit der Caisse des Comptes Courants ein weiteres Institut gegründet, dessen Aufgabe die Diskontierung von Drei – Monats - Wechseln war. Außer der Caisse des Comptes Courants waren die Caisse d'Escompte du Commerce und Notenbanken in den Provinzen bedeutende Institute. Den Anstoß für die Schaffung einer Zentralbank sieht Smith in Napoleons Streben nach Zentralisierung des gesamten Staatswesens und - hier trifft Gianninis (1994) Argumentation zu - in den Vertrauensproblemen, die die Regierung bei der Diskontierung von Staatspapieren hatte. Die Caisse des Comptes Courants wurde daher auf Napoleons Intervention hin im Jahre 1800 in die neu gegründete Banque de France eingegliedert. Bouveret (1979) S. 3 und Smith (1936) S. 28ff.

[1] Prate identifiziert darüber hinaus auch noch konfessionelle Effekte auf die Geldpolitik: Länder mit mehrheitlich protestantischer Bevölkerung tendierten seiner Meinung nach weniger dazu, Manipulationen der Währung zuzulassen, die z.B. in Frankreich so verbreitet war, daß Philipp der Schöne den Beinamen "roi faux - monnayeur" (Fälscherkönig) erhielt. Prate (1987) S. 17. Dazu auch Bofinger (1997).

[2] Zwei Financiers, Le Couteulx de Canteleu und Perregaux, machten ihren Einfluß für die Gründung geltend. Banque de France (1983) S. 88.

[3] Der Erlaß (Arrêté du 28 Nivôse an VIII) zur Gründung der Banque de France erfolgte am 18. Januar 1800. République Française (1801) S. 7f.

[4] Banque de France (1995) S. 2, De Cecco (1988) S. 313. Capie/Goodhart/Schnadt (1994) führen die Gründung auf ihre Funktion als Investor in Staatsschulden zurück. Es wurde erwartet, daß durch die Existenz eines großen und einflußreichen Gläubigers der Markt für Staatspapiere vergrößert würde. Bouveret (1979) beschreibt die Gründung als wesentliches Element der Neuorganisation des kaum noch funktionsfähigen Staatswesens durch Napoleon.

[5] République Française (1804) S. 144f.

[6] Siehe zu den relevanten Bestimmungen République Française (1804) S. 144f.

[7] Die Mitglieder des Conseil général sollten Aktionäre sein, unter den 15 Regenten mußten mindestens fünf Kaufleute oder Fabrikanten, drei Generalsteuereinnehmer (Trésoriers - Payeurs généraux) und ein Vertreter der Landwirtschaft sein. Vgl. Veit (1969) S. 671.

der Diskontpolitik,[1] die anfänglich den Haupttätigkeitsbereich der Bank ausmachte.[2] Sie bestand aus den 200 Aktionären,[3] die die größten Kapitalanteile besaßen. Eine weitere Institution waren die Prüfer,[4] die von der Generalversammlung gewählt, die Geschäftsführung der Bank kontrollieren sollten, jedoch nicht stimmberechtigt waren.

Nach den Erfahrungen mit der Law'schen Banque Royale drängten die Gründer der Banque de France von Anfang an auf Unabhängigkeit von der Regierung. So erhielten sie im Gründungsjahr von Bonaparte die Zusicherung,

"... qu'on devait se persuader que le gouvernement favoriserait de tout son pouvoir la Banque de France, non pour faire un usage particulier du crédit qu'il pouvait obtenir, mais pour atteindre de grands résultats d'utilité générale dans la circulation et l'intérêt de l'argent."[5]

1803 erhielt die Banque de France das exklusive Emissionsprivileg für Paris,[6] das 1806 verlängert wurde, weitere Verlängerungen erfolgten 1840, 1857, 1897 und 1918 im Austausch gegen Leistungen für den Staat oder einschränkenden Auflagen für die Bank.[7] Mit dem Gesetz vom 14. April 1803 wurde die erste offizielle Charta der Banque de France verabschiedet.[8] Durch die Finanzierung des Krieges von Napoleon gegen Österreich war deutlich geworden, daß Napoleon ebenso wie andere französische Herrscher zuvor einer massiven Einflußnahme des Staates auf die Zentralbank nicht abgeneigt war. Der Notenumlauf stieg und eine erste Krise konnte nur dadurch beendet werden, daß der Sieg von Austerlitz das Vertrauen in den Staat und in die Bank des Staates wiederherstellte. Napoleon wollte nun die Rechte der Bank weiter beschränken und führte eine Statutenänderung herbei. Er brauchte die Finanzierungskraft der Bank, wollte aber ihren

---

[1] Die Generalversammlung wählte auch den Generalrat. Vgl. Veit (1969) S. 671.

[2] Die Noten der Banque de France besaßen zu Beginn keinerlei Privileg. Mit ihren Aktivitäten trat die Banque de France in direkten Wettbewerb zu anderen Institutionen. Es gab zur damaligen Zeit sechs verschiedene Institutionen, die Wechsel diskontierten.

[3] Die Aktionäre der Banque de France und in besonderer Form die Regenten sind über Jahrzehnte hinweg bedeutende französische Familien wie Mallet, Rothschild, Vernes, Neuflize, Hottinguer oder Repräsentanten der Schwerindustrie wie Schneider und Wendel gewesen. Damit wurde das Schlagwort der "banque des 200 familles" begründet. Siehe dazu Prate (1987) S. 87.

[4] Folgend wird der Begriff "censeur" mit "Prüfer" übersetzt. Damit wird der Übersetzung des EWI gefolgt. Europäisches Währungsinstitut (1996) S. 131.

[5] "... daß man versichert sein könnte, daß die Regierung mit ihrer ganzen Macht die Banque de France förderte, nicht um speziellen Gebrauch von dem Kredit zu machen, den sie erhalten könnte, sondern um die allgemeine Wohlfahrt durch den Umlauf und die Verzinsung des Geldes zu erhöhen." Prate (1987) S. 50.

[6] République Française (1804) S. 144f.

[7] Siehe dazu Smith (1936) S. 30. Erst 1808 wurde das Emissionsmonopol auf die Provinzstädte erweitert. Bis zu diesem Zeitpunkt gab es 9 Regionalbanken, die auch das Recht zur Notenemission hatten. Bouveret (1979) S. 4 und Mersch (1972) S. 15.

[8] République Française (1804) S. 144f.

Handlungsspielraum nicht vollständig einengen, um das Vertrauen der Bevölkerung in die Zentralbank nicht zu gefährden.

"La banque n'appartient pas seulement aux actionnaires; elle appartient aussi à l'Etat puisqu' il lui donne le privilège de battre monnaie .... Je veux que la Banque soit assez dans les mains du Gouvernement et n'y soit pas trop."[1]

Im Jahr 1806 wurde als Gegenleistung für eine Verlängerung des Emissionsprivilegs per Gesetz der Modus der Nominierung eines Gouverneurs und der Vizegouerneure verändert.[2] Fortan wurden sie per Dekret vom Staatsoberhaupt ernannt. Der Gouverneur erhielt durch den Vorsitz im Generalrat und in allen Komitees eine dominierende Stellung.[3] Somit wuchs der Einfluß der Regierung auf die Politik der Banque de France.

Der Erlaß von 1808, durch den die Statuten der Banque de France abschließend festgehalten wurden, verstärkte diese Tendenz, denn durch den neuen Artikel 22 wurden der Banque de France Berichtspflichten gegenüber der Regierung auferlegt.[4] Während des gesamten 19. Jahrhunderts bis 1936 sollte ein Machtgleichgewicht zwischen den Regenten und dem Gouverneur bestehen bleiben.[5]

1.1.2. Die Zeit bis zum Ersten Weltkrieg

Die Zeit bis zum Ersten Weltkrieg wird in der Literatur als ruhige Periode[6] bezeichnet, die nur von gelegentlichen Differenzen zwischen der Regierung und der Zentralbank unterbrochen wurde. Die Regierung forderte in der Regel niedrige Zinssätze und mehr Kredite, wohingegen die Banque de France unter Berufung auf die Konvertibilität des Franc für höhere Zinsen und geringere Kreditvolumina eintrat. Der staatliche Einfluß auf die Geldpolitik war jedoch beschränkt.[7][8]

---

[1] Prate (1987) S. 56, siehe dazu auch Queva (1994) S. 3, Montanari (1995) S. 74 und Goodhart (1988) S. 103, die die Veränderung von 1806 als Zuweisung der Funktion einer Staatsbank bewerten.

[2] République Française (1806) S. 439f.

[3] République Française (1806) S. 439f, vgl. Viebig (1999) S. 119.

[4] République Française (1808) S. 32 – 34., Viebig (1999) S. 120.

[5] Letzterer war für die interne Leitung, z.B. die Ernennung von Bankangestellten zuständig, die Regenten (drei Beamte der staatlichen Finanzverwaltung, 5 Industrielle und Händler sowie 7 Privatbankiers) trafen die Entscheidung über die zur Diskontierung zugelassenen Wechsel, die Notenemission und die Ausgaben für die Verwaltung und das Personal.

[6] 1848 wurden die zuvor in der Notenemission konkurrierenden Regionalbanken in Zweigstellen der Banque de France umgewandelt. Zur Entwicklung der Regionalbanken Smith (1936) S. 33.

[7] Das Interesse an höheren Zinsen resultierte auch aus dem privaten Status der Bank, deren Anteilseigner eine Dividende erwarteten. Goodman (1992) S. 42.

[8] Bis 1848 herrschte in Frankreich die Regelung des "cours libre", d.h. die Annahme der von der Banque

Die Revolution von 1848 führte zu einer neuerlichen Finanzkrise, während der die Banque de France unter starken Druck der Regierung gesetzt wurde, dem sie weitgehend standhielt.[1] Nach der Wirtschaftskrise im Jahr 1848 wurde der Franc zum gesetzlichen Zahlungsmittel (cours légal), und der sogenannte "cours forcé" (die Zentralbank wurde von ihrer Einlösungspflicht befreit) wurde eingeführt. Zudem wurde die Notenausgabe auf 452.100.000 Francs begrenzt.[2] Aus der Krise ging Frankreich mit einer vollständig zentralisierten Notenbank mit Emissionsmonopol hervor.[3][4]

In die Epoche des "Second Empire" fällt auch die Gründung der großen Geschäftsbanken.[5] Die Politik der Banque de France bestand zu dieser Zeit größtenteils darin, in Krisenzeiten ihren Diskontsatz zu erhöhen, um ihren Bestand an Edelmetallen zu schützen.[6][7]

Ein Wendepunkt in der französischen Zentralbankgeschichte ereignete sich 1865, als eine

---

de France emittierten Noten konnte verweigert werden. Der Emission waren keine absoluten Grenzen gesetzt, die Zentralbank mußte jedoch in der Lage sein, die emittierten Noten jederzeit gegen Münzen einzutauschen.

[1] Prate (1987) S. 65.

[2] République Française (1848) S. 113. Der "cours forcé" wurde je nach ökonomischer Lage später wieder aufgehoben oder in Kraft gesetzt. Die Regionalbanken hatten die gleichen Rechte wie die Banque de France erhalten. Nur ihr Emissionslimit lag wesentlich niedriger und ihre Noten waren nur in den jeweiligen Regionen gesetzliche Zahlungsmittel, während die Banque de France dieses Recht für das gesamte Land besaß.

[3] Smith (1936) S. 33.

[4] Am Beispiel der französischen Notenbank wird ersichtlich, daß nicht nur der Einfluß der Regierung auf die Zentralbank, sondern auch die Einflußnahme der Zentralbank auf die Regierung thematisiert werden kann: Die Banque de France ist wiederholt angeklagt worden, den Staatsstreich von 1851 unterstützt zu haben. Wie Ramon nachweist, ist eine Unterstützung zwar gefordert worden, denn einige Tage vor dem Staatsstreich, am 27. November 1851, hatte der Finanzminister 25 Millionen Francs von der Banque de France gefordert. Erst am 8. Dezember war diese Summe auf den Konten des Finanzministeriums aber gutgeschrieben worden. Vgl. Ramon (1929) S. 9.

[5] Crédit foncier wurde 1852 gegründet, Crédit Lyonnais 1863 und die Société générale im Jahre 1864.

[6] Die Banque de France stand aufgrund dieser Politik häufig im Mittelpunkt kritischer Diskussionen. Bedeutende Financiers forderten eine Beschränkung des Diskontsatzes auf maximal 4%; die Zentralbank sollte ihren Diskontsatz senken, aber nicht ohne Erlaubnis der Regierung erhöhen dürfen und die Bandbreite diskontfähiger Wechsel sollte ausgedehnt werden. Prate (1987) sah in diesen Vorschlägen eine Parallele zur Politik nach dem Zweiten Weltkrieg. Zur Diskontpolitik auch Smith (1936) S. 35ff.

[7] Das Notenemissionsmonopol wurde erst 1865 endgültig gesichert. 1860 hatte die Banque de Savoie auf ihrem Notenemissionrecht bestanden, als Savoien annektiert wurde. Sie wurde 1865 von der Banque de France gegen vier Millionen Franc übernommen. Grundlage der französischen Notenausgabe war die Banking - Theorie. Die Veränderung des Diskontsatzes wurde aber maßgeblich durch die Bewegung der Goldreserven bestimmt, die von der Banque de France durch die Erhebung einer Goldprämie verhindert wurde. So bewirkte ein Rückgang der Goldreserven einen Anstieg des Wechselportefeuilles. Vgl. dazu Veit (1969) S. 674.

Kommission die Banque de France auf eigenen Antrag hin untersuchte.[1] Als Folge dieser Untersuchung hörte die Banque de France auf, der Öffentlichkeit zinstragende Einlagen anzubieten und konzentrierte sich auf das Rediskontgeschäft. Von 1882 an begann sie, die Geschäftsbanken in Krisenzeiten zu unterstützen, also die Funktion eines Lender of last resort wahrzunehmen.[2]

1910 wurden die Statuten der Zentralbank neuerlich verändert und sie erhielt das Münzregal für ganz Frankreich.[3] In den Jahren bis zum Ersten Weltkrieg gewann die französische Zentralbank beständig an Stabilität und an internationaler Reputation.[4]

"... as a rule, the Banque de France guarded its autonomy and behaved as the government's equal."[5]

1.1.3. Zwischen den Weltkriegen

Die Finanzierung des Ersten Weltkriegs war mit Hilfe der Banque de France erfolgt.[6] Anstatt die Finanzpolitik nach dem Krieg durch Ausgabensenkungen oder Steuererhöhungen zu straffen, verließ sich die französische Regierung auf die von Deutschland zu leistenden

---

[1] Die einflußreichen Brüder Pereire hatten die Zentralbank schon lange kritisiert, in Krisenzeiten ihre Metallreserven durch eine Erhöhung des Diskontsatzes zu verteidigen. Sie vertraten damit wie viele andere die Auffassung, daß eine Erhöhung des Zinssatzes die wirtschaftliche Expansion behindern würde. Die Kommission wies alle Vorwürfe zurück und bestätigte die Banque de France in ihrer Politik. Die Kommission betonte jedoch, daß die Zentralbank stärker von rein geschäftlichen Erwägungen isoliert werden müsse. Giannini (1994) S. 38 und Prate (1987) S. 67.

[2] In den Jahren 1858 bis 1861 hatte die Banque de France einen wesentlichen Anteil an der ökonomischen Entwicklung Frankreichs, sie unterstützte beispielsweise die Eisenbahngesellschaften durch die Emission von Schuldscheinen. An der Finanzierung des Krieges von 1870/1871 hatte die Banque de France keinen Anteil, doch die Zahlungen Frankreichs an Deutschland - 5 Milliarden Francs - ermöglichten Deutschland einen Wechsel zum Goldstandard und setzten eine Reihe von Kettenreaktionen in Gang, die 20 Jahre später zur Konvergenz zum Goldstandard in Europa führen sollten. Siehe De Cecco (1990) S. 9.

[3] Bouveret (1979) S. 5.

[4] Der Stabilisierung folgte die Expansion: So wurden in den einzelnen Départements weitere Filialen und außerdem dreißig zusätzliche Büros gegründet. Die Banque de France kam sogar der Bank of England anläßlich einer Liquiditätskrise mit 80 Millionen Francs in Form von amerikanischen Goldmünzen zur Hilfe. Vgl. Prate (1987) S. 78.

[5] Richard Kuisel zitiert von Goodman (1992) S. 42. Anders Bonin, der auf zwei geheime Abkommen der Bank mit der Regierung hinweist, in denen sich die Zentralbank dazu verpflichtet, der Regierung im Fall eines Krieges bis zu 2,9 Mrd. Francs zu leihen. Dieser Betrag wurde in den folgenden Jahren permanent angehoben, so daß die Banque de France seiner Meinung nach faktisch zu einer staatlichen Institution wurde. Dazu auch Caesar (1994) S. 21.

[6] Von 1914 an wurde die Rolle des Financiers der Regierung immer deutlicher. Auch die Funktion der Hüterin der äußeren Währungsstabilität wuchs ihr in diesen Jahren zu. Als der Franc nach 1914 seine Goldkonvertibilität verlor, wurde die Banque de France damit beauftragt, die Devisen zu überwachen. Banque de France (1983) S. 90.

Reparationszahlungen: "*L'Allemagne paiera tout.*" Der Schuldendienst und die Ausgaben für den Wiederaufbau ließen bald keine andere Möglichkeit, als die Banque de France um zusätzliche Notenemission anzugehen.[1] In diese Zeit fiel auch ein immer größer werdender Konflikt zwischen Regierung und Zentralbank.

"*Peu à peu, devait s'accentuer le divorce entre la Banque de France, défendant à la fois la stabilité monétaire mais aussi quelquefois des théses trop conservatrices, et un gouvernement issu de la gauche, porté à confondre la générosité sociale et la facilité monétaire.*"[2]

Sowohl die konservative Regierung (1919-1924) als auch die Sozialisten (1924 - 1926) machten zunehmend Gebrauch von der Zentralbank in Form von Defizitfinanzierung.[3] Hinzu kam, daß der Franc von starken Abwertungen durch Kapitalflucht betroffen war.[4] Man war nun darauf bedacht, das Erreichen der offiziellen Obergrenze des Notenumlaufs nicht ruchbar werden zu lassen. Die Banque de France nahm gegenüber den Regierungen unterschiedliche Haltungen ein: War sie den Konservativen noch freundlich gesonnen, was 1920 zu einer indirekten Finanzierung durch die Diskontierung neuer Schatzwechsel führte, die von den großen Geschäftsbanken gekauft worden waren, so war man dem "Cartel de Gauche" aus Sozialisten und Radikalen weniger geneigt.

Ein Überschreiten der Kreditlinien und Umlaufgrenzen wurde öffentlich von der neuen linken Regierung abgelehnt, da man die Unterstützung der Mittelklasse und die Glaubwürdigkeit in den Augen der nationalen und internationalen Bankgemeinschaft auf diese Weise sichern wollte.[5] Daher wurde versucht, das Überschreiten des Limits zu verheimlichen.[6]

---

[1] Zur Währungspolitik in der Zwischenkriegszeit siehe Jarchow/Rühmann (1997) S. 71. Der Franc erfuhr in den Jahren 1922 bis 1924 und 1925/1926 zwei starke Abwertungsphasen, für die unter anderem die Budgetpolitik der hohen kurzfristig finanzierten Defizite des französischen Staates ursächlich war.

[2] „Schritt für Schritt sollte sich die Trennung zwischen der Banque de France, die bald die geldpolitische Stabilität verteidigte, bald auch zu konservative Thesen vertrat, und einer aus der Linken hervorgegangenen Regierung verstärken, die dazu neigte, soziale Großzügigkeit mit geldpolitischer Leichtfertigkeit zu verwechseln." Aubert (1975) S. 88.

[3] Der Außenwert des Franc wurde in dieser Zeit mit englischer und amerikanischer Hilfe bis 1918 stabil gehalten, nach Kriegsende verlor der Franc zunehmend an Boden und eine Folge von Abwertungen bis 1958 begann. Vgl. Veit (1969) S. 676.

[4] Die Situation expansiver Haushaltspolitik und Zinsstabilisierung auf niedrigem Niveau, die spekulative Kapitalexporte nach sich zog und den Franc immer stärkeren Abwertungserwartungen aussetzte war bald so ausgeprägt, daß auf ihrer Grundlage eine „psychologische Theorie" des Wechselkurses begründet wurde nach der „der Wechselkurs auf zunehmendes Unbehagen über die Entwicklung der Staatsfinanzen reagiert." Vgl. Jarchow/Rühmann (1997) S. 73.

[5] Goodman (1992) S. 43.

[6] Die Bilanz der Banque de France, die am Monatsende den Notenumlauf auswies, wurde gefälscht, indem einige Operationen mit einer zeitlichen Verzögerung kontiert wurden. Von Oktober 1924 an erlaubten diese Tricks, das Überschreiten des Limits zu verschleiern. Gouverneur Robineau informierte zunächst

Die Banque de France verhielt sich ruhig, die Haltung der Regenten war zunächst die von "défenseurs de la sincerité des comptes" (Verteidiger des Wahrheitsgehalts der Konten), doch andere Überlegungen mischten sich in diese Haltung: 1924 war mit den sogenannten "bordereaux de coupons" (Couponscheinen) ein Mittel geschaffen worden, um die Steuer auf die Einkünfte aus beweglichen Werten zu kontrollieren, die von den konservativen Kreisen vehement abgelehnt wurde. Die Regenten übten Druck auf die Regierung aus, um diesen Kontrollmechanismus aufzuheben. Herriot gab den Regenten nach. Die Regierung versuchte darauf in der anhaltenden Krise, die Idee einer Kapitalsteuer zu lancieren. Außerdem wurde vom Parlament gefordert, das Limit für die Kredite der Banque de France und das des Notenumlaufs zu erhöhen. Diese Vorschläge führten am 10. April 1925 zum Sturz der Regierung Heriott. Mit der Konvention von 1925 wurde das Limit der Kredite um 4 Milliarden Francs und das Maximum des Notenumlaufs[1] erhöht. Somit hatte die Banque de France in dieser Affäre einen Sieg davongetragen.

Zwischen 1924 und 1926 folgten 11 Regierungen, die von den Parteien des Kartells aufgestellt wurden, aufeinander; das von Napoleon geschaffene institutionelle Gleichgewicht des 19. Jahrhunderts hatte es der Banque de France erlaubt, ohne Einflußnahme der Regierung ihre Geldpolitik zu betreiben, doch dieses Gleichgewicht war von nun an gestört.[2]

Im Bewußtsein der französischen Öffentlichkeit waren die Verantwortlichen für das monetäre Desaster die Regenten. "Les deux cents familles" haben eine Feindseligkeit gegenüber der Hochfinanz und auch der Banque de France hervorgerufen, die 1936 zu weitreichenden Einschränkungen der Befugnisse der Banque de France führen sollte. Einen letzten Schlag erlitt das Kartell am 20. Juli 1926 während eines Runs auf den Franc. Der neue Gouverneur Moreau war dafür bekannt, daß er jegliche Manipulation und Einschränkung der Unabhängigkeit der Banque de France ablehnte.[3] Moreau bestätigte diese Haltung in einem Brief an den Präsidenten Doumergue. Der Kredit für das Schatzamt wurde auf das festgelegte Limit begrenzt, die Regierung geriet in Zahlungsschwierigkeiten. Die Banque de France willigte ein, zusätzliche 600 Millionen Francs Kredit zu gewähren, falls ein Gesetz,

---

nicht einmal die Vizegouverneure davon. Erst als Vizegouverneur Leclerc davon erfuhr und den Minister Clementel über Gewissensprobleme, die er mit einem solchen Vorgehen hatte, informierte, begann die Affäre öffentlich zu werden. Robineau nutzte seine Macht, um den Minister zu erpressen, indem er eine Erhöhung des Notenumlaufs forderte, die von Clementel mit der Begründung zurückgewiesen wurde, daß er sich vor den Kammern verpflichtet habe, keine "Inflation zu produzieren", was in der damaligen theoretischen Konzeption hieß, nicht den Notenumlauf zu erhöhen. Daraufhin wandte sich der Gouverneur an den Ratspräsidenten Herriot, beider Gespräch drehte sich aber nur um weitere Möglichkeiten der Verschleierung. Erst im Dezember 1924 informierte der Gouverneur die Regenten. Prate (1987).

[1] Das Umlaufmaximum stammte aus dem Jahr 1848 (Dekrete des 15.3. und 25.3.1848) und diente als "garantie particulière" (besondere Garantie) für den damals gültigen "cours forcé" des Franc.

[2] Aubert (1975) S. 95.

[3] Prate (1987) S. 104.

das den Verkauf eines Dollarüberschusses[1] gestattete, vom Parlament verabschiedet würde. Das Gesetz wurde nicht verabschiedet und am 22. Juli 1926 wurde die gerade neu gegründete Regierung wieder gestürzt.[2]

Besonders in den Augen der Sozialisten haben diese Ereignisse zu einer sehr kritischen Haltung gegenüber der Zentralbank geführt.

"In the view of the left, the Banque de France had abused its power, and actions taken by the central bank in the early 1930s did little to convince them otherwise."[3]

Nachdem Poincaré im Jahre 1926 als Finanzminister und Ratspräsident die Regierung formiert hatte, führte er eine restriktive Finanzpolitik ein. Mit dem Gesetz vom 8. August 1926 wurde die Banque de France zudem erstmalig autorisiert, auf dem Gold- und Devisenmarkt zu intervenieren und dadurch den Wechselkurs des Franc zu stabilisieren.[4] Mit der Wiederherstellung des Vertrauens in die Währung fand auch das Fluchtkapital seinen Weg nach Frankreich zurück.[5] Die liquidisierende Wirkung durch den Anstieg der französischen Währungsreserven konnte neutralisiert werden, indem die freigesetzten Mittel aus dem Verkauf von Gold und Devisen für den Kauf von Staatsschuldverschreibungen genutzt wurden.

Doch die kritische Haltung vieler Politiker und der Bevölkerung gegenüber der Zentralbank blieb auch angesichts der selektiven Kreditpolitik der Banque de France bestehen.

---

[1] Prate (1987) S. 105.

[2] Moreau urteilte: "Die feste Haltung der Banque de France, indem sie die Regierung verpflichtet hat, öffentlich die schlechte Situation des Schatzamtes zu entschleiern, und indem sie verhindert hat, daß, um dieser abzuhelfen, zu illegalen Tricks gegriffen wurde, hat viel zu diesem Resultat beigetragen." Prate (1987).

[3] Goodman (1992) S. 44.

[4] Als Folge der revidierten Finanzpolitik und der Interventionen der Banque de France begann der Franc gegenüber dem Pfund zu steigen. Die Banque de France entschied unabhängig von der Regierung, einen Kurs von 120-125 Francs beizubehalten. Die legale Stabilisierung erfolgte im Juni 1928 mit der Festlegung des neuen Franc auf 65,5 mg Gold. Die durch das Währungsgesetz festgelegte Goldwährung löste die frühere Doppelwährung ab. Die Banque de France mußte gewährleisten, daß die Noten bei Vorlage gegen Gold umgetauscht wurden und daß eine Goldreserve von mindestens 35% der Summe von Notenumlauf und Verbindlichkeiten zur Verfügung standen. Bouveret (1979) S. 6. Durch die Neubewertung des Goldbestandes der Banque de France zu der neuen Parität entstand ein Buchgewinn von 16,9 Mrd. Francs, mit dessen Hilfe die Staatsschuld bei der Banque de France größtenteils getilgt und Zentralbankeinlagen aufgebaut wurden. Die 1931 von neuem ansteigenden Budgetdefizite machten eine neue Abwertung notwendig. Der Poincaré Franc wurde von 65,5 mg 900/1000fein auf eine Parität zwischen 49 mg 900/1000 fein und 43 mg 900/1000 fein (Auriol-Franc) gesenkt. Die neuerliche Bewertung des Goldbestandes führte zu einem Buchgewinn, mit dessen Hilfe der Fonds de Stabilisation des Changes errichtet wurde. Zudem wurde die Goldeinlösungspflicht der Banque de France aufgehoben. Vgl. Veit (1969) S. 677f, Jarchow/Rühmann (1997) S. 83.

[5] Jarchow/Rühmann (1997) S. 83.

Bevorzugung großer Unternehmen in Zeiten restriktiver Geldpolitik und Vernachlässigung kleiner Unternehmen und lokaler Banken trugen dazu bei.[1] Die Reform der Banque de France war auch aus diesem Grund eines der erklärten Ziele der Kommunisten, Sozialisten und Radikalen, als sie 1935 vor den Wahlen die Front Populaire gründeten.

1.1.4. Von der Verstaatlichung bis zum Ende des Zweiten Weltkriegs

Mit Premierminister Léon Blum und seiner Volksfrontregierung erfolgte eine Umstrukturierung der Banque de France. Das Gesetz vom 24. Juli 1936 verschaffte der Regierung mehr Einflußmöglichkeiten.[2] Zugleich wurden alle die Leitung der Zentralbank betreffenden Texte kodifiziert.[3] Die Banque de France erhielt die Aufsicht über den „Fonds de Stabilisation des Changes".[4]

Eine Verstaatlichung erfolgte zu diesem Zeitpunkt nicht, da sowohl die Radikalen[5] als auch die Kommunisten[6] sich dagegen aussprachen. Zudem sollten die Finanzkreise nicht zu sehr beunruhigt werden.[7] Das Regentensystem wurde durch 20 Räte (conseillers) ersetzt, von denen nur zwei von der Generalversammlung der Aktionäre (nun von allen 41.000 Anteilseignern anstatt nur von den 200 "Familien") ernannt wurden, die anderen waren unter anderem Vertreter der Sparkassen, Handelskammern, der Regierung, der Kreditnehmer und der C.G.T[8] (Confédération Générale du Travail). Die Zusammensetzung des Beratungsgremiums und die Begründung des Gesetzes erfolgte auf Basis der "kollektiven nationalen Interessen" und sah den Ausschluß der sogenannten "Finanzkräfte", d.h. der privaten Banken und großen Unternehmen, vor. Die Regierung konnte fortan zwölf der 23 Räte (20 Räte , der Gouverneur sowie die Vizegouverneure) nominieren.[9] Durch die institutionelle Neugestaltung war die Banque de France stärker an die Regierung gebun-

---

[1] Goodman (1992) S. 44.

[2] République Française (1936) S. 7810. Siehe dazu Prate (1987) S. 137.

[3] Banque de France (1995) S. 5, République Française (1936) S. 7810.

[4] Banque de France (1983) S. 90.

[5] Die Radikalen wollten nicht der Regierung die Gewalt über die Geldpolitik einräumen. Siehe Goodman (1992) S. 45.

[6] Die Kommunisten wollten innerhalb der antifaschistischen Koalition keine Differenzen auftreten lassen. Ebenda.

[7] Beibehalten wurde das Recht der Regierung, den Gouverneur und die Vizegouverneure zu bestellen und auch abzuberufen.

[8] Die CGT ist eine kommunistischen Einflüssen unterliegende Gewerkschaft.

[9] Die Rechte der Aktionäre wurde daher nicht verändert, die Teilnahmeberechtigung an der Generalversammlung wurde jedoch auf alle Aktionäre ausgedehnt, so daß auf den Vorwurf einer „banque des 200 familles" reagiert wurde. Die Mitgliedschaft im Conseil général, die die wichtigsten Familien der „Haute Banque" über Jahrzehnte besaß, schien vorher zu einem Erbrecht geworden zu sein. Vgl. Veit (1969) S. 671.

den worden und richtete sich in der Folge nach deren Forderungen.[1]

Blum dehnte die Ausgabenpolitik aus und die Banque de France gewährte der Regierung Kredite in Höhe von 72 Milliarden Francs.[2][3]

Die Sozialisten und Kommunisten der Nachkriegsregierung sahen in den privaten Monopolen einen Grund für das ökonomische Scheitern der Dritten Republik. Der Staat sollte daher in Zukunft eine größere Rolle in der Volkswirtschaft spielen.

Mit der Verstaatlichung der Banque de France wollten sie ein Zurückdrängen der "mur d'argent" erreichen, die Gaullisten hingegen beabsichtigten die direkte und selektive Kreditvergabe der Zentralbank an bestimmte Sektoren durch einen größeren staatlichen Einfluß zu verstärken.[4] Daher fand die Verstaatlichung der Banque de France auch zusammen mit der der vier großen französischen Banken Crédit Lyonnais, Société Générale, der Banque Nationale pour le Commerce et l'Industrie und der Comptoir d'Escompte de Paris statt.[5]

1945 erfolgte die Verstaatlichung durch das Gesetz vom 2. Dezember 1945.[6] Im Austausch gegen die vom Staat übernommenen Aktien erhielten die Aktionäre staatliche Schuldverschreibungen.[7] Die geldpolitischen Kompetenzen der Zentralbank wurden nicht verändert, der Schwerpunkt lag auf der Veränderung der Besitzverhältnisse. Eine Währungsreform, die den monetären Überhang hätte beseitigen können, wie es von dem Sozialisten Pierre Mendès-France gefordert wurde, wurde abgelehnt.[8] Statt dessen wurde ein Anstieg der Preise akzeptiert.

Es begann eine Zeit, in der die Zentralbank eine relativ starke Position bei geringem gesetzlichen Handlungsspielraum gegenüber der Regierung einnahm,[9] ein Phänomen, das

---

[1] Nur noch zwei der Räte (conseillers) vertraten die Interessen der Aktionäre.

[2] Goodman (1992) S. 46.

[3] Der Außenwert des Franc sank fortwährend. Die Parität des Auriol-Franc ließ sich nicht aufrechterhalten, der Franc wurde zum „franc flottant" und mit dem 5.5.1938 an den Sterling gebunden. Vgl. Veit (1969) S. 678.

[4] Goodman merkt an, daß es fragwürdig ist, ob die Banque de France zu diesen Zwecken hätte verstaatlicht werden müssen. Goodman (1992) S. 46.

[5] Aus den beiden letzten wurde die Banque Nationale de Paris gebildet. Vgl. Viebig (1999) S. 122.

[6] République Française (1945) S. 8001ff.

[7] Banque de France (1995) S. 5. Die Banque de France beurteilt heute die Reformen von 1936 und 1945 zwar als eine Zunahme staatlicher Einflußnahme, nimmt jedoch die Rolle des Gouverneurs und die Autonomie der Verwaltung davon aus: "Wenn die Reformen von 1936 und von 1945 privaten Interessen die gesamte Führung des Emissionsinstitutes den privaten Interessen entzogen haben und die Kontrolle des Staates verstärkt haben, so haben sie nicht die Rolle des Gouverneurs gegenüber der öffentlichen Hand vermindert, noch die der Bank zuerkannte Autonomie bezüglich der Verwaltung reduziert." Banque de France (1995) S.6.

[8] Mendès trat daraufhin aus der Regierung aus. Boissieu/Pisani-Ferry (1995) S. 23 Fußnote 9.

[9] In der Literatur wird dieser geringe formale Handlungsspielraum auch zum Anlaß genommen, von einer

durch eine schwache Regierung bedingt war. So gab es von 1945 bis 1960 nur zwei Zentralbankgouverneure (1945 - 1949 Emmanuel Monick und 1949 - 1960 Wilfried Baumgartner), aber 30 Regierungen.

1.1.5. Die Nachkriegszeit

Die Probleme der Nachkriegszeit stellten die Regierungen vor grundsätzliche ökonomische Entscheidungen, die prägend für die Zukunft sein sollten. Das Credo der Währungsstabilität in einer Zeit des Aufbaus wurde nicht von allen Regierungen mit der gleichen Stärke verkündet. In Frankreich wurde im Gegensatz zu Deutschland nie ernsthaft eine Währungsreform in Erwägung gezogen und auch kein Stabilitätsziel proklamiert. *"L'inflation n'est pas un phènoméne monétaire,"* war die gängige Lehrmeinung.[1] Es herrschte die "Politik des billigen Geldes".[2] Frankreich hat noch lange niedrige Zinssätze zur "Ankurbelung der Wirtschaft" propagiert als andere europäische Länder diese Politik schon aufgegeben hatten.[3] Mit dem Gesetz vom 2. Dezember 1945 wurde der Conseil national du crédit (Nationale Kreditrat) gegründet, die zentrale Institution für Geld- und Kreditpolitik. Die Rolle der Banque de France wurde auf die eines ausschließlich ausführenden Organs reduziert. Primäres Ziel des Conseil national du crédit war nicht die Geldwertstabilität, sondern eine unbeschränkte Finanzierung der Wirtschaft, so daß selbst eine Geldmengensteigerung von mehr als 25% im Jahre 1949 als immer noch nicht ausreichend beurteilt wurde.

Die 1945 beschlossenen Gesetze sind bis zum Bankgesetz von 1984 gültig geblieben, das Gesetz vom 3. Januar 1973 hat die Subordination der Banque de France bestätigt:

"La Banque de France est l'institution qui, dans le cadre de la politique économique et financière de la nation, reçoit de l'État la mission générale de veiller sur la monnaie et le crédit."[4]

---

starken Rolle der Regierung gegenüber der Zentralbank zu sprechen. Siehe dazu beispielsweise Veit (1969) S. 672.

[1] Prate (1987) S. 157.

[2] 1949 kam es ob dieser Zinspolitik zu Differenzen zwischen dem Finanzminister und der Banque de France, die damit endeten, daß Gouverneur Monick sein Amt aufgab.

[3] Zwischen 1940 und 1948 erfolgten weitere Abwertungen, am 27.12.1958 wurde die Parität von 2,0 mg Münzgold und seit 1.1.1960 bezogen auf den Nouveau Franc 0,2 g Münzgold festgelegt. Am 1.1.1963 wurde der Nouveau Franc in Franc umbenannt. Vgl. Veit (1969) S. 678.

[4] "Die Banque de France ist die Institution, die im Rahmen der Wirtschafts- und Finanzpolitik der Nation vom Staat die allgemeine Mission erhält, über Währung und Kredit zu wachen."Art.1 Gesetz No.73-7 vom 3. Januar 1973.

Explizit wird ihre Stellung durch den Artikel 4 beschrieben

"Elle contribue à la préparation et participe à la mise en œuvre de la politique monétaire arrêtée par le Gouvernement ... ."[1]

Die expansive Kreditpolitik[2] und das daraus resultierende Inflationswachstum in den Fünfziger Jahren konnte nur durch das Eingreifen des Internationalen Währungsfonds etwas verlangsamt werden. Koreakrieg und Algerienkrise stürzten Frankreich jeweils in hohe Budgetdefizite, die von der Banque de France unterstützt wurden.[3]

1.1.6. Der "Circuit du Trésor"

Die primären Ziele nach dem Krieg waren Wachstum und Modernisierung, „modernisation ou décadence" hieß die Devise. Dahinter stand auch die Zielsetzung, Frankreichs Bedeutung in der internationalen Staatengemeinschaft wieder zu stärken und der Wunsch nach internationaler Anerkennung und - wie Boissieu/Pisani-Ferry (1995) es fassen - nach Macht. Nach dem Zweiten Weltkrieg hatte Frankreich sich für ein vollständig administriertes Geld- und Kreditsystem entschieden:

"The government set the entire structure of interest rates and assured the allocation of credit in accordance with social priorities through the use of selective controls."[4]

Das Bankgeschäft war auf kurzfristige Kredite beschränkt, und die Finanzmärkte waren wenig entwickelt.[5] Bestimmend war der sogenannte "Circuit du Trésor" (Kreislauf des Schatzamtes), über den der Finanzminister verfügte. Es handelte sich dabei um ein Netz, das aus den Sparkassen, der Banque Française du Commerce Extérieur (Französische Außenhandelsbank) und dem Postschecksystem sowie einigen Genossenschaftsbanksystemen

---

[1] "Sie trägt zur Vorbereitung bei und beteiligt sich an der Realisierung der von der Regierung beschlossenen Geldpolitik... ."Art.4 Gesetz No.73-7 vom 3. Januar 1973.

[2] Da das Sparvolumen nicht ausreichte, wurde 1953 mit dem Plan Courant von der Regierung ein Maßnahmenkatalog verabschiedet, der die mittelfristige Kreditaufnahme bei der Banque de France erleichtern sollte. Dadurch wurde das Gesamtvolumen der mittelfristigen Kredite von 195 Mrd. im Jahr 1950 über 992 Mrd. im Jahr 1955 auf 1825 Mrd. Francs im Jahre 1958 aufgebläht.

[3] 1957 machte das Budgetdefizit 5% des BIP aus, Preissteigerungen im Jahr 1958 erfolgten um 15 %. Devisenreserven, die im Herbst 1944 noch 2 Mrd. $ betrugen, waren 1957 negativ geworden und überstiegen mehr als 500 Millionen $.

[4] Die wirtschaftspolitischen Entscheidungen wurden noch wesentlich von den Diagnosen der Vorkriegszeit bestimmt. Mélitz (1991) S. 1, siehe auch Quintyn (1991) S. 277ff.

[5] Es gab außer dem Aktienmarkt und einem Markt für Wertpapiere mit einer Laufzeit von mehr als sieben Jahren keine Sekundärmärkte. Mélitz (1991).

bestand. Die Einlagen aus den Sparkassen wurden von der Caisse des Dépôts et Consignations (Depositenkasse) zentral verwaltet. Diese unterstand direkt dem Schatzamt. Die Einlagen aus den Genossenschaftsbanken und von der Banque Française du Commerce Extérieur wurden den als besonders förderungswürdig gehaltenen Bereichen Landwirtschaft, Handwerk, der lokalen Verwaltung und dem Exportbereich zugeführt.[1] Die Kreditvergabe über den "Circuit du Trésor" förderte das Bauwesen, verstaatlichte Unternehmen und lokale Regierungsprojekte. Entscheidend war die Zugehörigkeit des Finanzierung suchenden Unternehmens zu dem Kreis der privilegierten und staatlich geförderten Bereiche. War ein Unternehmen in diesem Kreis oder wurden seine Wechsel automatisch bei der Banque de France diskontiert, so war die Kreditfinanzierung kostengünstig und unproblematisch. Für die anderen Unternehmen waren die Zinssätze relativ hoch: Die Banque de France steuerte den Markt über Quoten von diskontierbaren Papieren der nichtprivilegierten Banken. Darüber hinausgehende Beträge wurden mit Strafzinssätzen belegt. Zusätzlich wurden 1958 vorübergehend die sogenannten "encadrements de crédit" (Kreditbeschränkungen)[2] eingeführt.[3] Die automatische Refinanzierung und die selektive Natur der Kreditbegrenzungen führten bald zu einem starken Anstieg der Geldmenge.

General de Gaulle rief 1958 einen Sanierungsplan ins Leben, der erstmalig auf eine ausgeglichene Zahlungsbilanz und auf dauerhafte interne Preisstabilität zielen sollte.[4]

Im September 1958 wurde daraufhin die Kommission Rueff gebildet, an der die Banque de France beteiligt war, um Vorschläge für eine neue Wirtschaftspolitik zu unterbreiten. Hinsichtlich der Budgetpolitik erwiesen sich die Empfehlungen als außerordentlich rigide: Abschaffung von Subventionen aller Art, Anhebung der öffentlichen Tarife, Senkung der öffentlichen Ausgaben inklusive der Abschaffung der Veteranenrente.

---

[1] Mélitz (1991) S. 2.

[2] Die „encadrements de crédit" wurden von 1958 bis 1972 punktuell und von 1972 bis 1986 systematisch zur Kontrolle der Refinanzierung genutzt. Gronier (1994) S. 44. Damit wurde die Geldschöpfung durch die Geschäftsbanken begrenzt, ohne daß man eine Zinserhöhung in Kauf nehmen mußte. Innerhalb der Kontingentierung wurden als förderungswürdig bezeichnete Sektoren (Landwirtschaft, Wohnungsbau, Export) und Kreditinstitute weniger restriktiv behandelt, so daß sich auch hier ein Kanal für die Dirigierung von Finanzströmen durch die Regierung ergab, der eine Einheit von Geldpolitik, Finanzpolitik und Industriepolitik begünstigte.

[3] Mélitz sieht in dieser Geld- und Kreditpolitik eine Anwendung des monetären Ansatzes der Zahlungsbilanztheorie."... given the exchange rate, while tightening or loosening of capital controls might temporarily head off reserve movements, the balance of payments was the only genuine safety valve." Mélitz (1991) S. 4.

[4] Das Jahr 1958 war sowohl auf internationaler Ebene ereignisreich - Beginn des gemeinsamen Marktes nach den Römischen Verträgen und Rückkehr der wichtigsten Währungen zur Konvertibilität - als auch für Frankreichs interne Wirtschaftspolitik bedeutungsvoll: Durch ein neues Gesetz wurden die budgetpolitischen Kompetenzen geregelt und der Gesetzgebung per Verordnung in diesem Bereich eine Ende gesetzt.

Mit der Abwertung von 1958 um 17,5% wurden die Vorschläge des Gouverneurs Baumgartner gegen den anfänglichen Widerstand des Finanzministers durchgesetzt. Um auch nach außen den Beginn einer neuen Ära zu signalisieren, wurde ein neuer Franc geschaffen, der 100 alten Francs oder 180 Milligramm Feingold entsprach. Kaum hatte sich die Wechselkurslage entspannt, senkte die Banque de France den Diskontsatz und die quantitativen Kreditbeschränkungen, die ein Jahr zuvor eingeführt worden waren, wurden wieder aufgehoben.

General de Gaulle berief mehrere Beratungsgremien ein, um das Problem der monetären Stabilisierung in den Griff zu bekommen. Bis 1963 hat die Banque de France jedoch, obwohl sie sich der Unterstützung der Regierung sicher sein konnte, das Ziel der Preisstabilität nicht als erstrangig bezeichnet.[1] Aufgrund der Inflationsanzeichen initiierte de Gaulle den Stabilisierungsplan von 1963. Hatte der Plan von 1958 auf liberalen Überlegungen basiert, so setzte das Konzept von 1963 auf die Rückkehr zum traditionellen Dirigismus, der sich in Preisstops und der Aufrechterhaltung der Kreditkontingentierung äußerte.[2] De Gaulle forderte, die Finanzierung des Schatzamtes durch Geldschöpfung zu verbieten; Emissionen des Staates sollten zu Marktkonditionen getätigt werden.[3] In den Jahren bis zur Ölkrise setzte die Banque de France weiterhin auf das Instrument der Kreditkontingentierung. Ein starkes Anwachsen der Geldmenge (18% im Jahr 1971) und niedrige Zinsen waren das Umfeld, in dem der Ölpreisschock von 1973 wirkte.

1.1.7. Die Reform der Statuten im Jahr 1973

1972 wurde auf Initiative der Regierung eine Reform der Statuten der Banque de France eingeleitet, die in dem Gesetz vom 3. Januar 1973 mündete: Die Organisation, die Aktivitäten und die Ziele der Bank wurden definiert und die die Zentralbankverfassung bestimmenden Gesetze durch eine gemeinsame Statutenfassung ersetzt. Die Zusammensetzung des Generalrates (Conseil général) wurde verändert, die Berater wurden nicht mehr als Repräsentanten der unterschiedlichen Wirtschaftssektoren, sondern aufgrund ihrer geldpolitischen oder wirtschaftspolitischen Kompetenzen berufen.[4] Dem Generalrat wurden mehr administrative Befugnisse zugestanden.[5]

1974 veröffentlichte der Zentralbankgouverneur Oliver Wormser einen Artikel, in dem er die Politik der früheren Regierung unter Finanzminister Giscard d'Estaing kritisierte. Er

---

[1] Prate (1987) S. 199.
[2] Er beinhaltete daher keine Abschaffung des "Circuit de Trésor".
[3] Ebenda; S. 201.
[4] Art. 13 Gesetz No. 73 - 7 vom 3. Januar 1973.
[5] Banque de France (1995) S. 7.

forderte eine weniger inflationäre Geld- und Fiskalpolitik. Damit erfolgte erstmalig in der französischen Zentralbankgeschichte eine derartige Kritik durch die Zentralbank in der Presse.[1] Die Folge war, daß Wormser, kaum war Giscard d'Estaing Staatspräsident geworden, entlassen wurde und Bernard Clappier an seine Stelle trat.[2]

Im Zuge der scheinbaren Auflösung der Krise im Jahr 1975 begann die Banque de France, ihre Kreditpolitik zu lockern, um den sozialen Wohnungsbau zu finanzieren und die Baubranche zu unterstützen. Eine Geldmengenerhöhung von 18% war die Folge. Das Zahlungsbilanzdefizit und der Druck auf den Wechselkurs ließen den Franc zum wiederholten Mal aus der Europäischen Schlange austreten. Im Gegensatz zur Budgetpolitik, die 1959 durch ein Gesetz auf eine feste institutionelle Basis bezüglich der Ziele und zu verwendenden Instrumente gestellt worden war, war die Geldpolitik bis 1976 wenig kontinuierlich. Die Banque de France schritt nur auf Aufforderung der Regierung und meistens erst dann ein, wenn die Folgen eines starken Geldmengenwachstums sich durch Preisanstiege und außenwirtschaftliche Ungleichgewichte bemerkbar machten. Eine Folge des Wechsels von restriktiven zu expansiven Phasen war ein Schwinden des Vertrauens der Öffentlichkeit in die Kontinuität der Geldpolitik.[3]

1.1.8. Neue geldpolitische Konzeptionen

1976 änderten sich die Methoden der Banque de France: Ein mittelfristiges Geldmengenziel wurde fortan anvisiert, und die Politik der stoßweisen Anpassung in einer Krise wurde aufgegeben. Bis 1983 bestand dieses Ziel in der Wachstumsrate von M2. Die geplante graduelle Reduzierung des Geldmengenwachstums verlief relativ langsam, auch in Frankreich führte der zweite Ölpreisschock zu starken Preissteigerungen und zur Rückkehr inflationärer Tendenzen.

Nach den Wahlen 1981 wurde die Banque de France unter Druck gesetzt. Man warf ihr vor, die Arbeitslosigkeit erhöht und auf Kosten der internen Nachfrage ein externes Gleichgewicht herbeigeführt zu haben. Unter dem Vorwand "neue Wege" suchen zu wollen, wurde der alte Dirigismus wieder zurückgefordert: selektive Kreditvergabe zur

---

[1] Bouvier (1989) S. 179 und Giannini (1994) S. 56.

[2] Wormser dazu in einem späteren Interview: „Der Gouverneur der Bank habe alle Rechte, sogar das Recht, die Regierung am Sonntag abend öffentlich zu kritisieren. Doch müsse er damit rechnen, am Montag vormittag zu hören, daß er abgesetzt sei. ... Der Gouverneur ist täglich kündbar." Jetter (1990), auch zitiert bei Viebig (1999) S. 124.

[3] Die Maßnahmen der Banque de France konnten in diesem institutionellen Umfeld nur wenig effizient sein, da nach wie vor der "Circuit de Trésor" bestand: Die Zinssätze auf den Finanzmärkten wurden künstlich niedrig gehalten und auch der Bereich der reglementierten Zinssätze der Caisse des dépôts und Crédit agricole konnten von der Banque de France nicht beeinflußt werden.

Steuerung und Unterstützung national für nützlich gehaltener Industrien, Rückführung der Zinssätze, um den Schuldendienst des Schatzamtes und der Unternehmen zu erleichtern, und Abkopplung der internen Bankzinssätze von den internationalen Zinssätzen verbunden mit strikten Devisenkontrollen. Die Banque de France sah die Konsequenzen einer solchen Politik voraus, konnte sie aber nicht verhindern.[1] Die öffentliche Meinung unterstützte die Regierung, so daß die Zentralbank isoliert wurde. Im Oktober 1981 wurde die Banque de France aufgefordert, die "avances provisioires" (direkten Kredithilfen) für das Schatzamt von 10 auf 40 Milliarden Franc zu erhöhen. Der Gouverneur verweigerte seine Unterschrift auf dem bewilligenden Dokument und das Schatzamt mußte zur Finanzierung über neue Schatzanweisungen greifen, die über die Plazierung bei den Geschäftsbanken zum Wachstum der Geldmenge beitrugen. Gleichzeitig stieg die Auslandsverschuldung, und die gesamte Staatsverschuldung verdoppelte sich innerhalb von vier Jahren auf 1042 Mrd. Francs.

Die Zentralbank nutzte den beschränkten Rahmen, indem sie die kurzfristigen Zinssätze erhöhte. Trotz des Druckes, der auf sie ausgeübt wurde, widersetzte sie sich einer Erhöhung des Geldmengenziels auf 17%. Die Banque de France konnte den Finanzminister schließlich davon überzeugen, daß eine zu starke Erhöhung den Franc weiter unter Druck setzen würde. Die Maßnahmen strikter Kreditrationierung wurden bis 1986 beibehalten. Bis zum Jahr 1986 fanden 4 Realignments des französischen Francs statt, die mit jeweiligen Aufwertungen der D-Mark verbunden waren. Innerhalb von nur fünf Jahren hatte der Franc 1/3 seines Wertes gegenüber der D-Mark verloren.[2]

1.1.9. Eine neue Zielsetzung

Seit Mitte der achtziger Jahre hat die französische Regierung zwei makroökonomische Ziele vertreten, das Niedrighalten der Inflation und die Reduzierung der Haushaltsdefizite.[3]

„The political logic was that only with a low-inflation, stable currency France could pretend to

---

[1] So schrieb der Gouverneur: „Da ich die essentiellen Entscheidungen der Haushalts- und Wirtschaftspolitik, an denen ich nicht beteiligt bin, nicht verhindern kann, nutze ich die zu schwachen Instrumente, über die ich verfüge: Zinssatz, Kredite an das Schatzamt, Kreditkontingentierung, Devisenmarkt; in diesen Punkten bin ich zu schwach, um auch nur die geringsten Konzessionen zu machen." Prate (1987) S. 216.

[2] In den ersten drei Jahren kam es zu drei Abwertungen in Folge: 1981 wurde der Franc gegenüber der Mark um 8,8%, 1982 um 10,6% und 1983 um 8,2% abgewertet. Siehe dazu auch Viebig (1999) S. 126.

[3] Der Beginn der Disinflationspolitik wird häufig mit dem Jahr 1983 verbunden. Siehe beispielsweise Le Cacheux (1995) S. 69 und Onofri/Tomasini (1991).

some form of leadership in Europe. ... There was a reward at the end of rigueur: power."[1]

Dazu auch Raymond Barre, Premierminister von 1976 bis 1981:

„*France had to be able to play an eminent role in the EC and in international affairs. She could not fulfil it without an economy able to sustain competition or without a solid and stable currency.*"[2]

Für die Geldpolitik wurde – wie im 10. Plan zitiert – festgelegt: "... *l'objectif en matière d'inflation était un alignement sur la meilleure performance européenne.*"[3] In einem positiven Mit der "désinflation compétitive" sollten Wachstumsbedingungen für die französische Wirtschaft geschaffen werden. So war denn auch die Inflation[4] von 1987 an niedriger als in den großen Handelspartnerländern. Die Risikoprämien an den Finanzmärkten fielen. Dieser Richtungswechsel konditionierte die Geldpolitik in der Folgezeit, als es 1986 und 1988 zu zwei Regierungswechseln kam.[5]

Die starken Exportüberschüsse Deutschlands und die Stärke der D-Mark ließen im Jahr 1989 Forderungen nach einer Aufwertung der D-Mark laut werden. Insbesondere Frankreich setzte sich gegen eine Paritätenveränderung ein.[6] Im Sommer 1992 erhöhte die Bundesbank die Zinssätze und die USA lockerten ihre Geldpolitik. Die Unsicherheit über den Ausgang des Referendums, das Floaten der Lira und des Pfunds sowie die Abwertung der Peseta setzten den Franc unter Druck. Ein starker Eingriff und der Anstieg der kurzfristigen Zinsen brachten den Franc wieder zurück ins EWS. Der Druck verstärkte sich gegen Ende 1992 wieder und hielt weiter an.

„*Insbesondere im Falle des französischen Franc bauten sich seit Anfang Juli immer größer werdende Interventionsvolumina auf ... Alles in allem hat die Bundesbank im Juli für annähernd 60*

---

[1] Boissieu/Pisani-Ferry (1995) S. 23.
[2] Raymond Barre in einem Interview mit „Le débat" im September 1983 zitiert nach Boissieu/Pisani-Ferry (1995) S. 23.
[3] Wyplosz (1992) S. 52.
[4] "Inflation" wird hier entsprechend dem Sprachgebrauch der OECD als Wachstumsrate des "Private Consumption Deflator" verstanden.
[5] Die einzige bemerkenswerte Veränderung während der ersten „cohabitation" (1986-1988) war ein großes Bankenprivatisierungsprogramm, das von den Sozialisten später wieder gestoppt wurde. Mélitz (1990) S. 13
[6] „Der mit einer Abwertung verbundene Vertrauensverlust hätte bedeute, daß das fehlende Vertrauen in die französische Stabilitätspolitik mit einem Risikozuschlag am französischen Geld- und Kapitalmarkt zu kompensieren gewesen wäre und der weitere Abbau der im Vergleich zu Deutschland existierenden Zinsdifferenzen verzögert worden wäre." Viebig (1999) S. 137.

Mrd. DM EWS-Partnerwährungen gekauft und zwar mit Schwergewicht französische Franc."[1]

Im Juli 1993 verlor die Banque de France innerhalb weniger Stunden ihre gesamten Reserven[2] Die neue Regierung bestätigte das Verbleiben im EWS und die Änderung der Statuten der Banque de France wurde vorbereitet. Als Folge ließ die Spekulation gegen den Franc nach.[3]

1.2. Juristische Rahmenbedingungen

Die Statuten der Banque de France sind erstmalig durch das Rahmengesetz vom 3. Januar 1973[4] definiert worden. Ziel des Gesetzes von 1973 war eine Kodifizierung der Rolle der Banque de France.[5] Dieses Gesetz mußte durch Dekrete des Staatsrates über die Anwendung (Dekret vom 30. Januar 1973) ergänzt werden. Die neuen Statuten haben jedoch keine grundlegende Veränderung hinsichtlich der Beziehung zur Regierung herbeigeführt.[6] Die Gesetze vom 11. Februar 1972 und vom 24. Januar 1984, die das Recht der Banken definieren, haben die Rolle der Banque de France als Zentralbank nicht modifiziert und werden daher hier nicht eingehend diskutiert.[7]

---

[1] Deutsche Bundesbank(1993) S. 24f

[2] Burda/Wyplosz (1994) S. 698. In den Jahren 1992 und 1993 ist auch die buchhalterische Wirkung des Devisenstabilisierungsfonds sichtbar: 1992 erhielt die Regierung eine Kreditobergrenze von 26,4 Mrd. FF, die aufgrund der Abwertung des Dollars gegenüber dem Franc auf 40,3 Mrd FF, dem Verlust des Devisenstabilisierungsfonds, erhöht wurde. Schenk (1997) S. 74.

[3] Zu den einzelnen Maßnahmen der Banque de France siehe OECD (1994).

[4] Loi No. 73-7 du 3 Janvier 1973 im folgenden Text als Gesetz von 1973 bezeichnet.

[5] Erste Ansätze einer Kodifizierung der Zentralbankpolitik waren schon früher gemacht worden. Finanzminister Michel Debré hatte 1967 Versuche der Modernisierung des Bankensystems und der Geldpolitik gemacht. In diesem Rahmen wurde das Mindestreservesystem errichtet und der Kreis der Teilnehmer am Geldmarkt erweitert. Die Ereignisse im Mai und November 1968 unterbrachen die Reformbestrebungen, und Kreditkontingentierung und Devisenkontrollen wurden überstürzt wieder eingeführt. Der Bericht Wormser – Marjolin - Sadrin im April 1969 nahm die Idee eines von der Zentralbank über die Zinssätze gesteuerten Marktes wieder auf. Die Initiative konnte nur einen partiellen Erfolg verzeichnen, die systematische Refinanzierung der Geschäftsbanken durch Rediskontierung wurde teilweise aufgegeben und der Diskontsatz war nicht länger Leitzins. Die täglichen Interventionen der Banque de France wichen regelmäßigeren Maßnahmen. Die selektive und subventionierte expansive Kreditpolitik wurde weiterhin praktiziert, die "taux créditeurs" blieben reguliert und auch die Kreditkontingentierung wurde beibehalten. Der Gouverneur Wormser hatte sich mit seiner Reform und auch mit seiner internen Führung der Bank nicht durchsetzen können und verließ 1974 die Bank. Zu den Gründen für den Mißerfolg der Reform von 1967 Quintyn (1993) S. 278ff.

[6] Banque de France (1983) S. 90.

[7] Gavalda/Stoufflet (1990) S. 198f.

1.2.1. Verfassungsrechtliche Grundlagen der Zentralbankpolitik

In der französischen Verfassung vom 4. Oktober 1958 wird die Banque de France nicht erwähnt. Gemäß Artikel 34 der Verfassung müssen der Notenemission und Nationalisierung von Unternehmen vom Parlament beschlossene Gesetze vorangehen. Artikel 37 präzisiert, daß diejenigen Bereiche, die nicht in Art. 34 erwähnt sind, durch Verordnungen (pouvoir réglementaire) geregelt werden. Somit beschränkt sich der Umfang der verfassungsrechtlichen Quellen auf einen geringen Teil der Aufgaben. Darüber hinausgehende Entscheidungen unterliegen dem Verordnungsrecht der Regierung.[1] Bei der Frage der Organisation der Banque de France hingegen ging der Staatsrat davon aus, daß durch Art. 34 das Parlament nicht nur über die Verstaatlichung, sondern auch über die Organisation der zu verstaatlichenden Unternehmen zu befinden habe.[23]

1.2.2. Rechtsnatur der Banque de France

Juristisch und organisatorisch ist die Banque de France kein Teil der unmittelbaren Staatsverwaltung. Sie ist eine Gesellschaft mit eigener Rechtspersönlichkeit.[4] Die Gesetze von 1973 sagen über die Rechtspersönlichkeit nichts aus. In der Debatte in der Nationalversammlung 1973 einigte man sich darauf, daß die Zentralbank eine juristische Person "sui generis" wäre, die nicht in die gewohnten Kategorien eingeordnet werden könne. Da der Staat durch Gesetz No. 45 - 015 vom 2. Dezember 1945 alle Anteile an der vormals privatrechtlichen Aktiengesellschaft[5] erhalten hat, wird die Banque de France der mittelbaren Staatsverwaltung zugerechnet. Aus dieser rechtlichen Konstellation lassen sich aber noch

---

[1] Becker (1985) S. 22.

[2] Morant (1973) S. 25ff. Bonin schließt aus dieser verfassungsrechtlichen Konstellation, daß die politische Autonomie der Zentralbank gegenüber der Regierung ausgeschlossen und eine funktionelle Unabhängigkeit mindestens eingeschränkt ist. Bonin (1979) S. 134.

[3] Die Trennung zwischen Gesetzgebungsrecht des Parlaments und Verordnungsrecht der Regierung erscheint weder in der Praxis noch vor dem verfassungsrechtlichen Hintergrund vollkommen. Die französische Verfassung erlaubt der Regierung aufgrund Artikel 38, Verordnungen zu erlassen, die in den Gesetzgebungsbereich fallen; notwendig ist ein vom Parlament beschlossenes Ermächtigungsgesetz. Die Gesetzgebungskompetenz bleibt die Ausnahme gegenüber dem regelhaften Verordnungsrecht der Regierung. Jacqué (1994) S. 173 und S. 162. Generell wurde durch die Verfassung von 1958 gegenüber der Verfassung der 4. Republik das parlamentarische Prinzip stark eingeschränkt. Die verfassungsrechtliche Praxis seit 1958 führte zu einer immer größeren Stärkung der Rechte des Parlaments; diese Entwicklung wird auch durch das Gesetz über die neuen Statuten der Banque de France von 1993 belegt, das dem Parlament weitreichende Kontrollbefugnisse einräumt. Siehe dazu S. 189. Zum parlamentarischen Prinzip in Frankreich und den unterschiedlichen verfassungsrechtlichen Theorien über die Form des französischen Staatswesens siehe Maus (1990) S. 220ff.

[4] Studt (1992) S. 115.

[5] J.O. vom 3.12. 1945, S. 8001. Das Grundkapital beträgt 250 Millionen Francs in 500.000 Aktien zu 500 Francs. Becker (1985) S. 34.

keine Rückschlüsse für den Handlungsspielraum der Zentralbank gewinnen.

1.2.3. Das zentralbankrechtliche Normengefüge vor 1993

Die Statuten von 1936 beschränkten sich darauf, die bestehenden Normen neu zu ordnen, ohne auf die von der Banque de France wahrgenommenen Funktionen genauer einzugehen.[1] Die Entwicklung auf den Finanzmärkten und im Bankwesen, die der Zentralbank im Vergleich zu den Instrumenten des 19. Jahrhunderts einen weitaus größeren technischen Handlungsspielraum boten, waren nicht berücksichtigt worden. Dadurch mußte der Gesetzgeber laufend die Maßnahmen legitimieren und die Normen an das veränderte ökonomische Umfeld anpassen.

1.2.3.1. Die Aufgabenzuweisung an die Banque de France

Das Gesetz vom 3. Januar 1973 sollte diesen Zustand beenden und enthielt erstmalig eine einheitliche Regelung der Stellung und der Aufgaben der Banque de France.[2] Die Aufgabe der Banque de France wurde im Gesetz von 1973 im Artikel 1 beschrieben:[3]

"La Banque de France est l'institution qui, dans le cadre de la politique économique et financière de la nation, reçoit de l'État la mission générale de veiller sur la monnaie et le crédit. A ce titre, elle veille au bon fonctionnement du système bancaire."[4]

Damit war der Banque de France die Entscheidungskompetenz über die Geldpolitik entzogen und auch kein explizites Preisstabilitätsziel vorgegeben worden.[5]

Einen Beitrag zu dem normativen Abhängigkeitsgeflecht, in dem sich die Zentralbank im Bereich der internen Währungspolitik befand, leisteten Artikel 4 (Vorbereitung und Durchführung der von der Regierung und dem Conseil national du crédit beschlossenen

---

[1] Damit sind die Statuten im Grunde seit 1808 inhaltlich wenig verändert worden, denn obwohl bereits in dem Gesetz vom 2. Dezember 1945 in Art. 3 eine Veränderung der Statuten bis zum 28. Februar 1946 vorgesehen war, blieben die Statuten von 1936 in Kraft. Bouveret (1979) S. 8f.

[2] Gesetz No. 73-7 vom 3. Januar 1973.

[3] In Frankreich gibt es außer den Wirtschaftsplänen keine gesetzlich kodifizierten Globalziele wie beispielsweise das Stabilitätsgesetz. Wirtschaftspläne, die als Einzelgesetze vom Parlament verabschiedet werden, beinhalten mittelfristige Zielvorgaben. Becker (1985) S. 5.

[4] "Die Banque de France ist die Institution, die im Rahmen der Wirtschafts- und Finanzpolitik der Nation, vom Staat den allgemeinen Auftrag erhält, über die Währung und den Kredit zu wachen. In dieser Eigenschaft wacht sie über das gute Funktionieren des Bankensystems."

[5] Siehe dazu Banque de France (1973) S. 59, wo von einer Zielvielfalt die Rede ist.

Geldpolitik)[1] und die Artikel 13 II und 16 II (Teilnahme eines vom Wirtschafts- und Finanzminister nominierten Prüfers an den Sitzungen des Generalrates; Vetorecht des Prüfers, das zu neueren Beratungen führt).

Die Aufgaben wurden folgendermaßen definiert:[2]

1. Ausübung des Notenausgabemonopols; Regelung des Buchgeldverkehrs im Bankensystem,

2. Regulierung des Franc-Wechselkurses für Rechnung des Staates und Verwaltung der öffentlichen Währungsreserven (Art. 3 des Gesetzes von 1973),

3. Vorbereitung und Ausführung der von der Regierung beschlossenen Wirtschafts- und Währungspolitik, unter Mitwirkung des Nationalen Kreditrates im Rahmen seiner Zuständigkeit (Art. 4 des Gesetzes von 1973),

4. Ausübung bankmäßiger Funktionen gegenüber dem Schatzamt (Art. 17 bis 19 und Art. 35 des Gesetzes von 1973) und Durchführung statistischer Erhebungen (Art.5 des Gesetzes von 1973),

5. Funktion einer „Bank der Banken" als Aufsichtsorgan und Lender of last resort (Gesetz No. 84–46 vom 24. Januar 1984).

Zu 1.)

Art. 2 des Gesetzes von 1973 verlieh der Banque de France das alleinige Notenausgaberecht für Frankreich.[3] Die Notenemission als ursprüngliche Funktion der Banque de France unterschied sich durch ihre Beziehung zu den Überseeterritorien von denen der anderen betrachteten Zentralbanken (Art. 2 des Gesetzes von 1973). Über das Volumen der des Notenumlaufs und weitere Entscheidungskompetenzen wurden keine näheren Angaben gemacht.[4]

---

[1] Art. 4 des Gesetzes No. 73-7 vom 3. Januar 1973 spezifiziert diese Position wie folgt: „Die Banque de France ist ermächtigt, bei allen Fragen, die die Währung betreffen, ihre Meinung zu äußern. Sie trägt zur Vorbereitung bei und nimmt an der Durchführung der Geldpolitik teil, die von der Regierung und im Rahmen seiner Entscheidungskompetenz unter Mitwirkung des Conseil national du crédit entschieden wird ... Sie sorgt für die Beachtung der Richtlinien und Ausrichtungen bezüglich des Volumens und der Natur der Verwendung des Bankensystems."

[2] Folgende Liste ist Becker (1985) S. 38 entnommen.

[3] Über die Deckung der französischen Währung gab es keine Vorschriften. Das feste Deckungsverhältnis von 35% des Jahres 1928 wurde zu Beginn des Zweiten Weltkrieges wieder abgeschafft. Auch die Einlösungspflicht der Banknoten in Gold wurde aufgehoben. Bouveret (1979) S. 39.

[4] Die Beziehung zu den Überseeterritorien war durch Art. 28bis (zwei) geregelt, der vorsah, daß die französische Zentralbank den dortigen Emissionsinstituten zinslose Vorschüsse gewähren konnte, die diesen ermöglichen sollten, Banknoten, die in Frankreich gesetzliches Zahlungsmittel waren, in Umlauf zu bringen.

Zu 2. und 3.)

Die einzelnen währungspolitischen Befugnisse wurden nur allgemein beschrieben:[1] Die von der Banque de France verwendeten Instrumente sind nur teilweise kodifiziert worden.[2][3] Auch die formale Grundlage der wechselkurspolitischen Aufgabe ist durch ähnliche Abhängigkeitsverhältnisse gekennzeichnet gewesen.[4] Die Zentralbank verwaltete den „Fonds de Stabilisation des Changes", ein Sonderkonto des Schatzamtes, nach Anweisungen des Finanzministers.[5] Sie handelte also nur als "ausführendes Organ des Finanzministeriums."[6] Die Festlegung des Wechselkurssystems und von Paritätenänderungen lagen im Verantwortungsbereich der Regierung.

Zu 4.)

Bedeutender für die Unabhängigkeit der Banque de France ist ihre Rolle als „Bank des Staates", die in der Section I (Art. 17,18,19) des Titels II des Gesetzes von 1973 geregelt wurde. Sie wurde dazu verpflichtet, die Konten des Schatzamtes unentgeltlich zu führen, dem Schatzamt Kassenkredite zu gewähren und sich als Kapitalmarktagentin an der Emission von Wertpapieren zu beteiligen.[7] Zwischen Zentralbank und Schatzamt wurde je-

---

Banque de France (1995c) S. 109.

[1] Becker (1985) S. 39.

[2] Eine Reihe von spezifischen Geschäften und Befugnissen ist nicht in den Gesetzestexten enthalten. Dazu zählte beispielsweise die Mindestreservepolitik. Becker (1985) S. 39.

[3] Eine Erweiterung der Liste wurde von der Zustimmung des Generalrates abhängig gemacht, so daß sich im Bereich der funktionellen Unabhängigkeit eine gewisse Unbestimmtheit angesichts der formalen instrumentellen Befugnisse der Banque de France zutage tritt. Section III des Gesetzes No. 73-7 vom 3. Januar 1973. Zum operationalen Entscheidungsspielraum siehe auch S. 135 Fußnote 1. Caesar (1981, S. 318) interpretiert dies im Sinne einer größeren Unabhängigkeit.

[4] "Die Banque de France reguliert für Rechnung des Staates und im Rahmen allgemeiner Anweisungen des Wirtschafts- und Finanzministers die Beziehungen zwischen dem Franc und ausländischen Devisen und verwaltet die öffentlichen Devisenreserven. Sie kann sich nach Autorisierung des Wirtschafts- und Finanzministers an internationalen Abkommen beteiligen." Art. 3 des Gesetzes No. 73-7 vom 3. Januar 1973.

[5] Der Fonds de Stabilisation des Changes (Devisenstabilisierungsfonds) hat keine eigene Rechtspersönlichkeit. Es handelt sich nicht um ein separates Organ, sondern lediglich um eine buchhalterische Institution (Abrechnungsstelle der aus den Devisenmarktinterventionen der Bank von Frankreich resultierenden Devisenzu- und -abflüsse), deren Geschäftsführung die Banque de France im Rahmen der allgemeinen Entscheidungen des Wirtschafts- und Finanzministers wahrnimmt. Er ist ein Sonderkonto des Schatzamtes bei der Banque de France, dessen Aufgabe die Regulierung des Wechselkurses des Franc zu ausländischen Zahlungsmitteln ist. Der Fonds verfügte nur über eine sehr geringe Kapitalausstattung, so daß er auf die Unterstützung durch die Banque de France angewiesen war. Bouveret (1979) S. 43 und Becker (1985) S. 30f. Das bedeutet auf der einen Seite, daß die Notenbank als Bevollmächtigte mit flexiblen Kompetenzen auftritt und auf der anderen Seite, daß die Gewinne und Verluste des Fonds dem Schatzamt zufallen. Banque de France (1983) S. 95.

[6] Im Gegensatz zur Banca d'Italia konnte sie nicht eigenständig über Zeitpunkt und Ausmaß sowie die Art der zu verwendenden Instrumente verfügen. Disch (1995) S. 15 und Eizenga (1993) S. 15.

[7] Zu den Einzelheiten Bouveret (1979) S. 47.

doch eine strikte Funktionstrennung verfolgt. Die Banque de France verwaltete weder die Staatsschuld, noch agierte sie als „Buchhalter" (comptable) oder Kassenverwalter des Staates.[1] Hinsichtlich der direkten Finanzierung des Staates sah Art. 19 des Gesetzes von 1973 vor, daß die Regierung von der Banque de France Kredite (Concours direct au Trésor Public) erhalten konnte:[2] Dieser Kreditvergabe und der Aufgabenerfüllung als Kapitalmarktagentin der Regierung mußte eine Vereinbarung zwischen der Banque de France und dem Wirtschafts- und Finanzminister zugrunde liegen. Die letzte "Convention" (Vereinbarung) zwischen der Banque de France und der Regierung wurde am 17. September 1973 geschlossen und am 21. Dezember 1973 vom Parlament als Gesetz beschlossen. Die Höchstgrenze der entsprechenden Bilanzposition variierte abhängig von den Gewinnen und Verlusten des Devisenstabilisierungsfonds, da die Gewinne des Fonds den Aktivposten auf dem Konto der Banque de France reduzierten.[3] Die indirekte Finanzierung der öffentlichen Haushalte wurde vor 1993 von den oben erläuterten Vereinbarungen nicht berührt.[4][5]

Zu 5.)

Die Funktion einer „Bank der Banken", die Zentralbank an der Spitze der aus Kreditinstituten gebildeten Hierarchie, ist in Frankreich besonders ausgeprägt, denn jedes Kreditinstitut ist gehalten, einem „professionellen Organismus" oder einem Zentralorgan anzugehören, die wiederum Mitglieder der „Association française des établissements de crédit" sind.[6] Die Aufsichtsfunktion wurde nach dem Gesetz von 1984 von mehreren Aufsichtsorganen wahrgenommen, denen der Gouverneur der Banque de France angehörte.[7] Die Funktion als Lender of last resort ist insofern berücksichtigt worden, als die Banque de France durch die Normen des Bankengesetzes berechtigt wurde, zum Schutz der Einleger und des Finanzsystems selbständig zu handeln.[8]

---

[1] Banque de France (1983) S. 96.
[2] Art. 19 Gesetz No. 73-7 vom 3. Januar 1973: "Die Bedingungen, unter denen der Staat von der Bank Vorschüsse und Darlehen erhalten kann, werden durch Abkommen bestimmt, die zwischen dem Wirtschafts- und Finanzminister und dem durch den Generalrat autorisierten Gouverneur geschlossen werden." Banque de France (1983) S. 98.
[3] Vgl. Banque de France (1994) S. 275.
[4] Art. 25 des Gesetzes No. 73 - 7 vom 3. Januar 1973 besagte: „Das Schatzamt kann nicht seine eigenen Effekten zum Diskont bei der Banque de France präsentieren."
[5] Für Offenmarktgeschäfte gab es keine Obergrenzen; das direkte Verschuldungsverbot jenseits des gesetzlichen Limits wurde dadurch umgangen, daß der Tresor neue Schatzwechsel kreierte, die jederzeit bei der Banque de France durch das Banksystem rediskontiert werden konnten. Siehe dazu Disch (1995) S. 11 Fußnote 3 und Schenk (1997) S. 74.
[6] Art. 23 des Gesetzes No. 84-46 vom 24. Januar 1984.
[7] Siehe dazu S. 146 und Patat (1987) S. 25 zur Struktur des Bankensystems in Frankreich.
[8] Art. 52 des Gesetzes No. 84-46 vom 24. Januar 1984.

1.2.3.2. Die Organisation der Banque de France und anderer Entscheidungsträger vor der Reform

Die Banque de France war und ist durch eine sehr starke Zentralisierung geprägt, die sich auf die napoleonische Staatsauffassung und ihre Präferenz für zentralisierte Verwaltungen zurückführen läßt. Kennzeichnend ist die starke Einflußnahme des Finanzministers auf die Entscheidungen der Organe und die Ernennung der Mitglieder.

1.2.3.2.1. Nationaler Kreditrat (Conseil national du crédit)

Das entscheidende kreditpolitische Organ nach der Regierung war formal der Conseil national du crédit (CNC), der dem Wirtschafts- und Finanzminister unterstellt war.[1] Der Gouverneur der Banque de France war Vizepräsident. Der Conseil national du crédit sollte hinsichtlich der Leitlinien für die Kredit- und Geldpolitik und der Funktionsweise des französischen Bankensystems von der Regierung konsultiert werden. Es handelte sich seit 1984 nicht um eine de jure mit der Regierung konkurrierende Tätigkeit, sondern gemäß der Statuten lediglich um eine unterstützende Aufgabenerfüllung.[23] Er bestand aus 51 Mitgliedern, die von der Regierung ausgewählt wurden.[4] Der Rat überwachte die Funktionsweise des Banken- und Zahlungssystems, wurde bei Beratungen über Gesetze und Dekrete und bei der Ausarbeitung der nationalen Wirtschaftspläne hinzugezogen.[5]

---

[1] Durch Art. 12 und 13 des Gesetzes No. 45 - 015 vom 2.12.1945 gegründet, war der Nationale Kreditrat bis 1984 ein juristisch selbständiges Organ der Kreditpolitik, das die Beratung der Regierung hinsichtlich des Geld- und Bankwesens, die Zulassung und Schließung der Kreditinstitute, die Aufstellung von bankgewerblichen Richtlinien und die Ausübung währungspolitischer Einzelfunktionen zur Aufgabe hatte. Kreditpolitisch oblag ihm der Erlaß von Vorschriften hinsichtlich des Mindestreservesystems, die Regulierung von Soll- und Habenzinsen und die Festlegung einer Pflichtreserve für mittelfristige Wertpapiere. Faktisch war seine Funktion jedoch darauf begrenzt, Entscheidungsvorlagen der Banque de France zu bestätigen. Becker (1985) S. 26. Siehe dazu auch Masciandaro (1988) S. 362. Mit dem Gesetz No. 84 – 46 vom 24. Januar 1984 wurde der Conseil national du crédit aufgelöst und seine Aufgaben auf das „Comité de la réglementation bancaire" und das „Comité des établissements de crédit" übertragen und unter dem Namen „Conseil national du crédit" ein anderes Gremium geschaffen, das lediglich eine Beratungsfunktion ausüben sollte. (Art. 24 Gesetz No. 84 – 46).

[2] Becker (1985) S. 28.

[3] Mit dem Gesetz vom 2. Juli 1996 wurde die Tätigkeit des Conseil national du crédit auf Wertpapierfragen ausgedehnt und sein Name auf „Conseil national du crédit et du titre" geändert. Vgl. Banque de France (1999h).

[4] Es handelt sich dabei um Mitglieder der beiden Kammern, des Wirtschafts- und Sozialrates, der Regionen und Gewerkschaften sowie sechs Mitglieder, die aufgrund ihrer ökonomischen Kompetenz gewählt werden. Vgl. a.a.O. S. 51. Der Conseil national du crédit bestand aus 13 sogenannten "usagers du crédit" (Kreditnutzer), 9 Gewerkschaftsvertretern, 8 Vertretern der öffentlichen Verwaltung, 7 Vertretern staatlicher und halbstaatlicher Finanzdienstleister und 8 Vertretern privater Banken und anderer Finanzdienstleister. Vgl. Banque de France (1973).

[5] Studt bezeichnet die Banque de France als ein de jure ausführendes Organ des Nationalen Kreditrates.

1.2.3.2.2. Leitende Organe der Banque de France

1.2.3.2.2.1. Gouverneur und Vizegouverneure

Gouverneur und Vizegouerneure wurden durch den Präsidenten der Republik nominiert und vom Ministerrat auf unbestimmte Zeit ernannt. Sie konnten jederzeit abberufen werden.[1] Dem Gouverneur oblag die Unterzeichnung der Verträge und Abkommen im Namen der Banque de France sowie der Beschlüsse des Generalrates, die erst durch seine Unterschrift rechtskräftig wurden. Der Rat konnte dem Gouverneur auch weitere Befugnisse übertragen. Die Vizegouverneure assistierten dem Gouverneur bei den internen Angelegenheiten (Verwaltung, Personal, Kreditoperationen) und den internationalen Beziehungen.

1.2.3.2.2.2. Generalrat (Conseil général)

Der Conseil général war das Verwaltungsorgan der Banque de France. Er bestand aus Gouverneur, Vizegouverneuren und zehn weiteren Ratsmitgliedern, von denen neun durch den Ministerrat gewählt werden und eines vom Personal der Bank.[2] Die Amtszeit der Ratsmitglieder betrug sechs Jahre. *"Le Conseil général traite des questions générales relatives à l'administration de la Banque, fixe les conditions des opérations, délibère des statuts du personnel."*[3] Die Bedingung für die Mitgliedschaft im Conseil général war seit 1973 eine ausgewiesene geld - und finanzpolitische oder allgemein ökonomische Kompetenz.[4] Das so eingeführte "technokratische Element" sollte die Unabhängigkeit des Gremiums und die Qualität seiner Entscheidungen erhöhen.[5] Art. 28 der Zentralbankstatuten sah vor, daß die Bedingungen der Maßnahmen, die auf Initiative des Gouverneurs vorgenommen wurden, vom Generalrat zuvor festgelegt werden mußten. Kredite der Bank an den Staat und Abkommen mit internationalen Bank- oder Finanzorganisationen bedurften der Zustimmung des Generalrates. Außerdem verfügte er über Budgetierung, Gewinnverwendung, Ausgaben und die dem Staat zukommende Dividende. Ein vom Wirtschafts- und Finanz-

---

Mit der Definition des Conseil national du crédit als einem „maßgeblich an der Währungspolitik beteiligten Organ", das der Zentralbank de jure „übergeordnet" ist, bezieht er sich dabei - ohne dies kenntlich zu machen - auf die Situation vor 1984. Studt (1992) S. 118.

[1] Caesar (1981, S. 333) vergleicht die Amtszeiten der Gouverneure miteinander.

[2] Art. 10 und Art 14 I des Gesetzes No. 73-7 vom 3. Januar 1973.

[3] "Der Generalrat behandelt allgemeine Fragen der Administration der Bank, fixiert die Bedingungen der Operationen und berät über die Personalstatuten." Banque de France (1973) S.93.

[4] Vor 1973 war der Generalrat nach dem Interessenproporzverfahren zusammengesetzt, die Berufung erfolgte durch Vorschlag eines Ministers. Vgl. Bonin (1979) S. 157.

[5] Die Forderung der sozialistischen Opposition nach einer dem demokratischen Prinzip eher entsprechenden Zusammensetzung hatte keinen Erfolg. Vgl. Bonin (1979) S. 158.

minister beauftragter Prüfer (censeur)[1] wohnte den Sitzungen bei. Seine Aufgabe bestand in der Kontrolle der Leitung der Bank. Entscheidungen des Rates konnte er durch ein Veto aufhalten und so den Rat zu neuerlichen Beratungen zwingen.

1.2.3.2.2.3. Beratende Versammlung (Conseil consultatif)

Entstanden aus dem "Conseil d'Escompte" hatte der Conseil consultatif[2] die Aufgabe, den Gouverneur über die Situation und die Perspektiven der verschiedenen wirtschaftlichen Sektoren zu informieren. Die beratende Versammlung, bestehend aus 15 bis 24 Mitgliedern aus Industrie, Handel und Landwirtschaft, wurde vom Generalrat auf Vorschlag des Gouverneurs für jeweils drei Jahre gewählt und sollte dem Gouverneur mit Ratschlägen und Informationen aus den verschiedenen Wirtschaftssektoren zur Seite stehen.[3] Auf regionaler Ebene gab es ebensolche Organe, deren Mitgliederanzahl zwischen sechs und 17 je nach Bedeutung der Filiale variierte. Auch hier wurden die Amtsinhaber durch den Generalrat für jeweils drei Jahre gewählt.[4]

1.2.3.2.3. Filialen (succursales)

Vor dem ersten Weltkrieg hat die Banque de France ein Netz von sogenannten "comptoirs" (Niederlassungen bzw. Zweigstellen oder Büros) aufgebaut, deren Zahl sich 1991 auf 212 belief.[5] Im Zuge der Dezentralisierungsbemühungen in Frankreich bekamen die regionalen Niederlassungen und ihre Direktoren ein immer größeres Gewicht. Die Direktoren wurden auf Vorschlag der Regierung vom Wirtschafts- und Finanzminister nominiert.[6]

---

[1] Der "censeur" wurde vom EWI auch "Prüfer" genannt, diese Übersetzung wird hier übernommen. Es ist jedoch anzumerken, daß diese Übersetzung dem potentiellen Handlungsspielraum, über den dieser Vertreter des Wirtschafts- und Finanzministers durch das ihm eingeräumte Vetorecht verfügen kann, nicht gerecht wird. Vgl. EWI (1996).

[2] Mit dem das Gesetz vom 30. Januar 1973 begleitenden Dekret ist die normative Grundlage für die Existenz dieses Rates aufgehoben worden, er besteht dennoch unverändert weiter. Zur Rolle siehe auch Banque de France (1990) S. 136.

[3] Der Conseil d'Escompte prüfte ursprünglich die Qualität der Unterschriften der zur Diskontierung oder Rediskontierung eingereichten Wechsel. Banque de France (1991) S. 136.

[4] Der Conseil consultatif blieb durch die Reform unverändert erhalten.

[5] Im Vergleich dazu verfügte die Bundesbank über ca. 200 und die Banca d'Italia über ca. 100.

[6] Art. 32 II des Gesetzes No. 73-7 vom 3. Januar 1973.

1.2.3.2.4. Organe der Bank- und Finanzaufsicht

Die Banque de France ist mit dem Bankengesetz von 1984 sehr eng mit den Gremien der Bankenaufsicht verbunden.[1] Wenngleich die Bandbreite der von der Bankenaufsicht betroffenen Institute - vor 1984 sind es nur 40% der Banken gewesen[2] - wesentlich vergrößert wurde, so kann hinsichtlich der bankaufsichtlichen Befugnisse der Banque de France für ihre Stellung gegenüber der Regierung keine eindeutige Aussage getroffen werden.[3]

Abbildung 4: Beteiligung der Banque de France an der Bankaufsicht

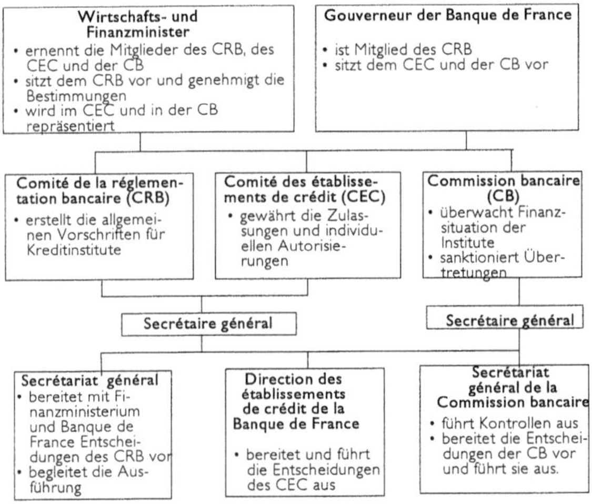

Quelle: Zeichnung nach Banque de France (1995) S. 87.

Eines der wichtigsten Aufsichtsorgane[4] ist das Komitee für Bankenregulierung (Comité de la réglementation bancaire).[5][6] Den Vorsitz führt der Wirtschafts- und Finanzminister,

---

[1] Dazu CECEI (1997) S. 30. Organe der Finanzaufsicht sind der Rat der Finanzmärkte (Conseil des marchés financiers) und die Kommission der Börsenoperationen (Commission des opérations de bourse). Zur Interaktion zwischen diesen Organen und den obengenannten siehe CRBF (1996) S. 35.

[2] Bertero (1995) S. 5.

[3] Die Zusammensetzung der Aufsichtsorgane wird weiterhin durch den Wirtschafts- und Finanzminister determiniert, die Banque de France ist aber bei der Mehrzahl der weiter unten dargestellten Organe zugleich für die Vorbereitung und Durchführung der verabschiedeten Entscheidungen zuständig. Siehe dazu auch S. 169.

[4] Zu den Aufsichtsorganen zählt in Frankreich auch der Conseil national du crédit. Siehe S. 143.

[5] Das Comité de la réglementation bancaire (Art. 30 Gesetz No. 84-46) und das Comité des établissements de crédit sind Rechtsnachfolger des Conseil national du crédit in seiner vor 1984 bestehenden Form. Becker (1985) S. 27. Siehe zu den Aufgaben CECEI (1997) S. 30ff.

[6] Durch das Gesetz vom 2. Juli 1996 über die Modernisierung der Finanzaktivitäten, das die Europäische Direktive vom 10. Mai 1993 (93/22) in französisches Recht umgesetzt hat, wurde das Gesetz von 1984

weitere Mitglieder sind der Gouverneur der Banque de France als Vizepräsident, der Präsident der Bankenkommission und vier andere Mitglieder, die durch den Minister für eine Amtszeit von vier Jahren nominiert werden.[1][2]

Das Komitee der Kreditinstitute (Comité des établissements de crédit)[3] besteht aus dem Gouverneur der Banque de France, dem Präsidenten der Bankenkommission, dem Direktor des Schatzamtes und vier weiteren Mitgliedern, die vom Wirtschafts- und Finanzminister für drei Jahre ernannt werden.[4] Den Vorsitz führen der Gouverneur oder der Präsident der Bankenkommission. Außerdem verfügt ein Vertreter des antragstellenden Unternehmens über eine Stimme.[5] Das Komitee beschließt über Anträge auf Banklizenzen

---

verändert. Die Zusammensetzung des Komitees ist verändert worden und ist um ein weiteres Mitglied, einen sogenannten „Conseiller d'État" (Staatsrat) erweitert worden. Außer dem Gouverneur der Banque de France werden die Mitglieder des CRBF für drei Jahre vom Finanzminister ernannt. Bei Beratungen über allgemeine Angelegenheiten der Investmentgesellschaften wird das Komitee um drei weitere Mitglieder, den Präsidenten der Börsenkommission, den Präsidenten des Finanzmarktrates und einem Repräsentanten der Investmentgesellschaften, der vom Finanzminister nominiert wird, erweitert. CRBF (1997) S. 40. Die Namen der Aufsichtsorgane wurden geändert in Comité de la réglementation bancaire et financière (CRBF), Comité des établissements de crédit et des entreprises d'investissement (CECEI) und Conseil national du crédit et du Titre. Vgl. Banque de France (1999). Für die Investmentgesellschaften übernimmt das CRBF nach der Beratung mit dem Conseil des marchés financiers (Finanzmarktrat) und der Commission des opérations de bourse (Börsenaufsichtskommission) die Regulierung über Mindestkapital und Geschäftsführung. Vgl. Banque de France (1999).

[1] Das Gesetz vom 4. August 1993 hat die Amtszeit auf drei Jahre verkürzt, ansonsten keine wesentlichen Änderungen im Bereich der Bankaufsicht eingeführt. Banque de France (1995a). S. 75f.

[2] Aufgabenbereiche des Komitees sind:

• die Determinierung der Bedingungen, innerhalb derer sich die Bankenaktivität abspielt (z.B. Mindestkapital und Öffnungszeiten) und Festlegung der Charakteristika der Kreditinstitute wie beispielsweise Kreditinstrumente und -verordnungen

• die Organisation des Geldmarktes, insbesondere des Interbankenmarktes und Erstellung von Bilanzierungsregeln sowie die Festlegung der Risiko-, Solvabilitäts- und Liquiditätsnormen und die Verabschiedung der für Finanzdienstleistungen gültigen Normen.

Eine detaillierte Aufstellung der Aufgabenbereiche (Art. 33 No. 1-7 Gesetz No. 84-46) gibt Banque de France (1995a) S. 46ff. Durch verschiedene Gesetze wurden dem Komitee noch andere Aufgabenbereiche zugewiesen. Vgl. Banque de France (1999).

[3] Art. 31 Abs. 2 und 3 Gesetz No. 84-46.

[4] Durch das Gesetz vom 2. Juli 1996 (loi 96-597 du 2 juillet 1996) wurde das Komitee um zwei Mitglieder erweitert: ein Vertreter der Association française des établissements de crédit et des entreprises d'investissement (AFECEI) und ein „Conseiller d'État" (Staatsrat). Handelt es sich um Angelegenheiten der Investmentgesellschaften, dann gehören ihm temporär auch die Präsidenten der Institutionen an, die die Aktivität bewilligt haben (Conseil des marchés financiers, Commission des opérations de bourse). Außerdem wurden die Kompetenzen des Komitees auf Investmentgesellschaften erweitert. Das Komitee muß seine Aktivitäten mit dem Conseil des marchés financiers und der Commission des opérations de bourse abstimmen. Betreffen die Entscheidungen das Investmentgeschäft, so ist auch für Banken eine Zustimmung der beiden anderen Organe notwendig, so daß sich hier eine Tendenz zu einer sektorübergreifenden funktionsorientierten Aufsicht zeigt. CECEI (1997) S. 27f.

[5] Banque de France (1995a) S. 49.

und Modifikationen des Geschäftsbetriebs.[1]

Die Bankenkommission (Commission bancaire) ist für die Bankenüberwachung im engeren Sinne zuständig.[2] Das Kollegium, bestehend aus sechs Mitgliedern, dem Gouverneur der Banque de France als Präsident und fünf weiteren Mitgliedern, wacht auch über den Handel am Interbankenmarkt und sanktioniert Fehlhandlungen.[3][4]

Durch das Gesetz vom 2. August 1989 wurde die Börsenkommission (Commisson des opérations de bourse, COB) errichtet, von deren neun Mitgliedern einer den Gouverneur der Banque de France vertritt.[5]

1.2.4. Aspekte der formalen Abhängigkeit der Banque de France

Die Organisationsstruktur der zentralbankpolitisch relevanten Gremien hat verdeutlicht, daß die Banque de France in ein Abhängigkeitsgeflecht von Regierung,[6] Parlament und auch nichtstaatlichen Interessengruppen eingebunden war. Der vom Wirtschafts- und Finanzminister ernannte und beauftragte Prüfer fungierte als direkte Vertretung der Regierung im administrativen Führungsgremium der Bank, dem Conseil général. Er nahm ohne Stimmrecht an den Sitzungen des Conseil général teil, besaß aber ein aufschiebendes Vetorecht.[7] Eine andere Möglichkeit direkter Einflußnahme bestand in der Ernennung von Ministerialbeamten und Parlamentariern zu Mitgliedern des Generalrates der Bank, was gängige Praxis war.[8] Vertreter aus Wirtschaft und Gewerkschaften konnten über die Beratungsgremien Conseil national du crédit, Conseil général und den Conseil consultatif auf die Entscheidungen einwirken.

Nicht alle von der Banque de France verwendeten Instrumente sind auch in den Zentralbanknormen verankert, so daß sich hier hinsichtlich der funktionellen Unabhängigkeit ein Spielraum für die Zentralbank auftat, der zu einer uneinheitlichen Bewertung des Unab-

---

[1] 1996 wurden die Befugnisse des Komitees auf Investmentgesellschaften ausgedehnt.
[2] Art. 37 – 49 des Gesetzes No. 84-46.
[3] Zu den Sanktionsmöglichkeiten in Frankreich siehe Banque de France (1995a) S. 50.
[4] Vgl. dazu auch Banque de France (1999i).
[5] Vgl. dazu Banque de France (1999, 1999a).
[6] Bouveret stellte eine de jure Unabhängigkeit der Banque de France, die er maßgeblich an die weiten Befugnisse des Gouverneurs knüpft. Bouveret (1979) S. 9.
[7] Art 13 des Gesetzes No. 73 - 7 vom 3. Januar 1973. Von diesem Vetorecht wurde bisher jedoch nur einmal im Jahr 1986 Gebrauch gemacht, als ein Prüfer bei der Budgetplanung das vorgeschlagene Budget abgelehnt und dessen Inkrafttreten verhindert hat. Revès-Lange/Contamine-Raynaud (1990) S. 131. Siehe auch Bouveret (1979) S. 17.
[8] Becker sieht in den Ernennungsmodalitäten ein Mittel, den „vorhandenen Autonomiespielraum der Bank vor Zugriffen der Regierung zu schützen.“ Becker (1985) S. 44.

hängigkeitsgrades der Banque de France in der Literatur geführt hat.[1] Außerdem ist das Vorschlagsrecht der Banque de France bei geldpolitischen Entscheidungen zu berücksichtigen, denn mit der durch Art. 4 eingeräumten Aufgabe der Entscheidungsvorbereitung erhielt die Banque de France eine Möglichkeit, Regierungsentscheidungen in bestimmte Richtungen zu lenken.

Gemäß dem Gesetz von 1973 unterlag die Banque de France vielfältigen Kontrollen bezüglich ihrer Währungspolitik, der inneren Organisation und der Führung des Tagesgeschäfts.[2] Mindestens einmal pro Jahr mußte der Gouverneur dem Präsidenten über alle Aktivitäten der Bank und insbesondere die währungspolitischen Maßnahmen berichten. Ergänzend erstellte der Prüfer einen Bericht. Eine weitere Form der Kontrolle war die Genehmigungsbedürftigkeit einer Veränderung der Personalstatuten[3] und die Überwachung des Rechnungswesens.[4]

Eng verbunden mit der Prüfung der Bilanzen ist die Rechenschaftspflicht der Zentralbank gegenüber dem Parlament oder der Öffentlichkeit. Die gesetzgeberischen Kompetenzen des Parlaments beschränkten sich auf die Währungsemission und die Entscheidung über Nationalisierung bzw. Privatisierung.[5] Weitere Kontrollmöglichkeiten durch das Parlament ergaben sich nur indirekt über die klassischen Instrumente der parlamentarischen Kontrolle der Regierung. Parlamentarische Anfragen richteten sich damit aber nur an den jeweiligen Minister, nicht an die Zentralbank, die nach dem Gesetz von 1973 nicht vor dem Parlament auftrat.[6] Somit erscheint es insgesamt gerechtfertigt, von einer formalen Abhängigkeit der französischen Zentralbank zu sprechen, die sich in der Weisungsgebunden-

---

[1] Vgl. Becker (1985, S. 43) spricht von der Zentralbank als einem „... beratenden Organ der Regierungspolitik ohne gesetzliche Entscheidungsbefugnisse ... (Der) Tatbestand der operativen Autonomie findet seinen Ausdruck in der weitgehenden Entscheidungsautonomie des Generalrats der Bank, die in den Art. 17 bis 28 BvFG (Gesetz über die Bank von Frankreich) in allgemeiner Form und nicht vollständig (enumerativ) aufgeführten währungspolitischen Befugnissen der Zins-, Offenmarkt- und Kreditpolitik durch Ausführungsregelungen zu präzisieren und gegebenenfalls zu ergänzen." Bouveret (1979, S. 9) bezeichnet den Status der Bank als eine „de - jure - Unabhängigkeit".

[2] Bonin (1979) S. 152.

[3] Art. 15 Absatz 4 des Gesetzes No. 73-7 vom 3. Januar 1973.

[4] Art. 31 des Gesetzes No. 73-7 vom 3. Januar 1973 besagte, daß die Konten vom Conseil général geschlossen und dem Wirtschaftsminister zur Genehmigung unterbreitet werden. Somit ist eine wesentliche Bedingung finanzieller Unabhängigkeit nicht erfüllt. Eine Prüfung der anderen Kriterien (Budgetverwendung, Gewinnverteilung) unterstützt diese Einschätzung. Siehe dazu auch die Artt. 15 und 19 des Gesetzes No. 73-7 vom 3. Januar 1973, die dem Generalrat diese Kompetenzen zuweisen.

[5] Hier ergibt sich ein Unterschied zu der deutschen Regelung, nach der der Deutsche Bundestag die uneingeschränkte Gesetzgebungskompetenz für das Währungs-, Geld- und Münzwesen hat. Becker (1985) S. 22.

[6] Bonin (1979) sah darin eher eine Kontrolle der Budgetpolitik der Regierung und damit nur eine mittelbare Kontrolle der Bank. Bonin (1979) S. 154, zur Entwicklung der Kontrollbefugnisse siehe Morant (1973) S. 25ff, Jacqué (1994) S. 178.

heit hinsichtlich der Richtlinien der inneren und äußeren Währungspolitik und in anderen Aufgabenbereichen äußerte, und die unterstützend für eine starke Kohärenz der mikro- und makroökonomischen Strategien der Regierung sorgte.

1.3. Faktischer Handlungsspielraum

1.3.1. Die Funktionen der französischen Zentralbank

1.3.1.1. Hüterin der Währung

1.3.1.1.1. Die Geldpolitik im Rahmen der allgemeinen Wirtschaftspolitik

Die Geldpolitik der Banque de France ist bis zur Änderung der Statuten 1993 durch die geldpolitischen Ansichten und Ziele der Regierung bestimmt worden.[1] Sie gliederte sich in den Rahmen gesamtwirtschaftlicher Ziele ein,[2] die in den Fünf-Jahresplänen ausgearbeitet und formuliert werden. Vorherrschend waren bei der "Planification" lange Zeit quantitative Wirtschaftswachstumsziele.[3] Die vornehmliche Aufgabe der Geldpolitik bestand vor 1977 darin, die Investitionen "wie ein Schmiermittel" durch ein niedriges Zinsniveau anzuregen; der Kapitalflucht wurden Kapitalverkehrskontrollen entgegengesetzt. Die Folge war eine immer bedrohlicher werdende Inflation, die mit punktuellen Stabilisierungseingriffen und Preiskontrollen bekämpft wurde.[4] Der neo-keynesianische Einfluß dominierte zu Beginn der siebziger Jahre die französische Wirtschaftspolitik.[5]

---

[1] Siehe Banque de France (1981) S. 22. Die Zentralbank und der Finanzminister werden gemeinsam als geldpolitische Autoritäten verstanden; geldpolitische Ziele wurden von der Regierung fixiert und verkündet. Vgl. Braunberger (1999).

[2] Für eine detaillierte Darstellung der verschiedenen Phasen geld- und wirtschaftspolitischer Zielsetzungen siehe Guillamont-Jeanneney (1982).

[3] Eine Übersicht über die Wirtschaftspläne von 1946 bis 1974 gibt Pascallon (1974). Siehe auch Denton/Forsyth/MacLennan (1969). Nach dem Mißerfolg des 7. Plans (1976 - 1980) - die Kommissare sagten eine rasche Wiederbelebung der Konjunktur voraus - geriet auch in Frankreich das Verfahren der volkswirtschaftlichen Pläne unter Druck. Auch die sozialistische Regierung konnte an dieser Entwicklung nichts ändern. Der 9. Plan, der auf die Modernisierung Frankreichs zielte, beinhaltete auf nationaler Ebene zu viele Ziele. Mit dem 10. Plan (1989 - 1992) wurde erstmals auf die Fixierung eines expliziten Wachstumsziels und eines quantitativen Rahmens zugunsten der Interdependenzen des europäischen Marktes verzichtet. Priorität hatte die Reduzierung der Arbeitslosigkeit, die von einem Sinken der Inflation und verbesserter Wettbewerbsfähigkeit begleitet werden sollte. Siehe Baleste (1991) S. 22f.

[4] ".... ihre Aufgabe ... ist es, zur Expansion der Ökonomie beizutragen, indem sie sich bemüht, den Wert der Währung aufrechtzuerhalten." Banque de France (1975) S. 9.

[5] Dabei ist nicht durchgehend von einer Dominanz der Fiskalpolitik auszugehen: Von 1963 bis Mitte 1965 und von Ende 1968 bis Mitte 1970 sowie 1974 wurde eine restriktive Geldpolitik dem inflationären Druck und der Verschlechterung der Leistungsbilanz entgegengesetzt. Akkommodierende Geldpolitik wurde von 1960 - 1962 und von 1970 - 1972 praktiziert. In den Jahren 1967 und nach den Streiks 1968 wurde eine expansive Geldpolitik propagiert. OECD (1994) S. 10. Anders Disch (1995) S. 79.

Das Jahr 1977 markiert einen Wendepunkt. Premierminister Barre machte mit seinem "Programme de lutte contre l'inflation" die innere und äußere Geldwertstabilität zum erklärten Ziel der Wirtschaftspolitik und veröffentlichte eine Zielvorgabe hinsichtlich des Wachstums der Geldmenge.[1] Das Stabilitätsprogramm Barres enthielt ferner Bestandteile angebotsorientierter Politik (restriktive Lohnpolitik, Aufhebung der Preiskontrollen, Lockerung der Kapitalverkehrskontrollen), die die Regierung in den Ruf brachten, einer monetaristisch - neoliberalen Wirtschaftspolitik anzuhängen.[2] Die Banque de France äußerte sich dazu im Jahr 1977:

"Les banques centrales devraient toutes être assez monétaristes, puisque le choix d'objectifs quantitatifs implique que l'on établisse une relation assez stable entre la quantité de monnaie et les prix."[3]

Der Barre-Plan war sehr folgenreich für die Entwicklung des wirtschaftspolitischen Denkens in Frankreich, ohne zunächst den gewünschten Erfolg zu zeitigen.[4] Nach dem Regierungswechsel verstärkte die sozialistische Regierung wieder die Rolle staatlicher Interventionen durch Preiskontrollen und Verstaatlichung der Industrie. Geldpolitik wurde wieder in eine marginale Rolle zurückgedrängt, die sogenannte "relance économique" wurde von monetärer Expansion begleitet. Die Instrumente Kreditplafondierung, Zinsregulierung und die die Industriepolitik unterstützende selektive Kreditvergabe wurden verstärkt.[5] Das Endziel der Geldpolitik wurde darin gesehen, das wirtschaftspolitische keynesianische Konzept der Regierung für Wachstum und Beschäftigung zu unterstützen. Dazu die Banque de France 1981:

---

[1] Merkmale einer angebotsorientierten Wirtschaftspolitik prägen das Programm: restriktive Lohnpolitik, Aufhebung der Preiskontrollen, Lockerung der Kapitalverkehrskontrollen und der Abbau der Staatsverschuldung. Disch (1995) S. 128.

[2] Barre wies das von sich: "Sie (die Geldpolitik) ist nicht die Übersetzung einer doktrinären Konzeption einer Wirtschaft, sie ist ausgehend von Fakten erarbeitet worden, d.h. ausgehend von einer Situation, die durch Tendenzen und Zwänge definiert wird." Barre (1980) S. 4.

[3] "Die Zentralbanken müssen alle hinreichend monetaristisch sein, weil die Wahl quantitativer Ziele impliziert, daß man ein stabiles Verhältnis zwischen der Geldmenge und den Preisen etabliert." Banque de France (1977) S.40. Zur dogmengeschichtlichen Bewertung französischer Wirtschafts- und Geldpolitik siehe auch Jeanneney Guillaumont (1982) S. 139-142.

[4] Die Preissteigerungsrate lag 1978 noch bei 8 % und die Arbeitslosigkeit stieg ständig an. Boissieu/Pisani-Ferry (1995) S. 10f.

[5] Kreditplafondierung stellte von 1963 - 1965, 1969 - 1970 und zwischen 1972 und 1985 das wesentliche Kontrollinstrument dar. 1985 wurde die Kreditplafondierung abgeschafft, aber sie wurde durch eine andere Form quantitativer Kontrolle ersetzt, durch Mindestreserven, die sich auf Kredite ohne langfristige Refinanzierung bezogen. Die Banque de France rechtfertigte die Entscheidung für quantitative Kontrollinstrumente damit, daß die Kontrolle der Geldschöpfung durch die Banken unsicherer und zudem ineffizient sei, wenn die Kreditnachfrage nicht direkt durch Zinsschwankungen beeinflußt würden. Banque de France (1981) S. 22.

"L'objectif économique (un développement du produit intérieur rapide) étant évidemment plus accessible à la conscience politique, je le qualifierai de ‚final' réservant l'adjectif ',intermédiaire' à l'objectif monétaire (la stabilité interne et externe de la monnaie)."[1]

Die Wirtschaftspolitik der Sozialisten erfuhr 1982 eine radikale Wende,[2] deren spöttische Titulierung als "barrisme de gauche" im Sinne einer Konvergenz konservativ - liberaler und sozialistischer Wirtschaftspolitik interpretiert werden kann.[3] Bezeichnend war eine Stabilisierungpolitik, die den traditionellen Verfahren restriktiver Geld- und Fiskalpolitik folgte und diese innerhalb eines relativ kurzen Zeitraums und unterstützt durch restriktive Lohn- und Preispolitik fortführte.[4] Delors zeichnete einen "plan de rigueur" vor, der zu einer Reduzierung des Haushaltsdefizites führen sollte. Komponenten dieses Plans waren Ausgabenkürzungen bei den öffentlichen Haushalten, Reduzierung der Importe durch einen Rückgang der inländischen Nachfrage und somit ein außenwirtschaftliches Gleichgewicht. Der nach dem Regierungsantritt wiederaufflammenden Inflation wurde 1982 mit vorübergehenden Preis- und Lohnstopps begegnet, die bereits in der zweiten Hälfte des Jahres 1982 zu einem starken Rückgang der Inflation führten.[5] 1983 wurde der Franc erneut abgewertet. Seither hat Frankreich eine Stabilisierungspolitik verfolgt, die sich auf der Aufrechterhaltung des Wechselkurses gründete.[6] Die Politik stützte sich auf zwei Elemente, marktwirtschaftliche Anpassungsmechanismen über den Rückgang des Lohnwachstums und den Verzicht auf periodische Abwertungen.[7] Mit dem nicht unumstrittenen Entschluß,[8] im EWS[9] zu verbleiben, wurde eine wichtige wirtschaftspolitische Entscheidung

---

[1] "Das ökonomische Ziel (die schnelle Entwicklung des Bruttoinlandsprodukts) als solches greifbarer für das politische Bewußtsein, würde ich als 'final' bezeichnen und das Adjektiv 'intermediär' dem monetären Ziel (der internen und externen Stabilität der Währung) vorbehalten." Banque de France (1981) S. 19.

[2] Zu den politischen Ereignissen und Entscheidungsträgern Cameron (1995) S. 128ff. Jacques Delors war damals Wirtschafts- und Finanzminister und übte einen entscheidenden Einfluß auf den Wandel aus.

[3] Disch (1995) S. 136.

[4] Die Lohn- und Preispolitik setzte an den Erwartungen an. Zum Basiswert für die Indexierung wurde ein Zukunftswert, die geplante Inflationsrate für die nächsten zwei Jahre. Dieses Verfahren wurde auf die Unternehmen aller Sektoren ausgedehnt, über die die Regierung Kontrolle hatte (ca. 38% der Arbeiterschaft). Die Bindung des SMIC (Salaire Minimum Interprofessionnel de Croissance oder Mindestlohn), der 10% der Arbeiter betraf, an die Inflation wurde ausgesetzt. Hinzu kamen kontrollierte Preise in allen Unternehmen mit staatlicher Beteiligung, die ca. 60% der Industrie ausmachten. Onofri/Tomasini (1991) S. 7ff

[5] Trotz der Interventionen zugunsten des Franc erfolgte 1982 die Abwertung. In diesem Jahr erreichten die Währungsreserven ihren niedrigsten Stand. Vgl die Tabellen im Anhang, Disch (1995) S. 135ff und Schenk (1997) S. 68.

[6] Siehe auch Wyplosz (1992) S. 52, Trichet (1994a) S. 49.

[7] Angebotsorientierte Ansätze wie die Senkung von Steuern und Abgaben sind für Premierminister Fabius und seinen Minister Bérégovoy ab 1984 mit sozialistischer Politik zu vereinbarende Maßnahmen gewesen.

[8] Innerhalb der sozialistischen Partei war diese Entscheidung umstritten, letztlich gaben auch Prestigeüberlegungen den Ausschlag. Prate (1987) S. 224ff und Schenk (1997) S. 69.

[9] Zu den drei Realignments, die 1981 bis 1983 erfolgten siehe van Ypserle (1988) S. 98ff.

gefällt.[1] Strikte Kreditpolitik,[2] gemäßigte Zinspolitik aufgrund der gegenüber Deutschland aufrechtzuerhaltenden Zinsdifferenz[3] und eine Reduzierung der direkten Haushaltsfinanzierung durch die Zentralbank sorgten für eine geldpolitische Stabilisierung. Trotz steigender Arbeitslosenzahlen wurde diese Politik beibehalten.

1.3.1.1.2. Die geldpolitische Konzeption

Seit 1977 verfolgt die französische Geldpolitik ein quantitatives Geldmengenziel.[4] Die Formulierung der Zielgröße erfolgte in Abhängigkeit vom Wachstum des nominalen Bruttoinlandsproduktes, das bei Erwartung einer geringen Veränderung der Umlaufgeschwindigkeit leicht über dem Anstieg der Geldmenge liegen sollte.[5]

1987 erfolgte eine Reihe von internen Reformen, die die Aufgabe der „économie d'endettement" zur Folge hatten: die Einführung eines indirekten geldpolitischen Ansatzes,[6] die Eliminierung von Reserveanforderungen auf Bankaktiva und Erhöhung der Mindestreserven, die Abschaffung der Kreditbegrenzungsnormen und die Verbreiterung des Geldmarktes. Diese zum Teil tiefgreifenden Veränderungen hätten, wie die Erfahrung in anderen Ländern zeigt,[7] von Phasen starken monetären Wachstums und steigender Volatilität der Zinssätze begleitet sein können. Daß dies nicht erfolgt ist, unterstützt die These,[8]

---

[1] Disch (1995) S. 138 Fußnote.

[2] 1984 wurde ein System von Aktiv - Mindestreserven eingeführt, dessen Bemessungsgrundlage das ausstehende Kreditvolumen war. Disch (1995) S. 142.

[3] Die Beweggründe waren zum einen das außenpolitische Gewicht und andererseits die schwierige innenpolitische Durchsetzbarkeit einer Antiinflationspolitik: "Insofern war jeder Regierung an der Mitgliedschaft im EWS als äußere Absicherung der nationalen Deflationspolitik gelegen ... ." Disch (1995) S. 141.

[4] Patat (1983) S. 387 - 395 und David (1983) S. 10ff. Zinssätze und Wechselkurse wurden 1981 als gleichberechtigt beurteilt. Zur theoretischen Argumentation für die Entscheidung für bestimmte monetäre Zwischenziele siehe Banque de France (1977) S. 37 - 41. 1991 sind ökonometrische Untersuchungen zur Unterstützung der Wahl eines neuen Zwischenziels M3 veröffentlicht worden. Siehe Banque de France (1991).

[5] Seit 1986 wurde ein Verlaufsziel anvisiert, bei dem der Anstieg der Geldmenge vom 4. Quartal des Vorjahres bis zum 4. Quartal des laufenden Jahres berücksichtigt wird, um nicht punktuelle Entwicklungstendenzen abzubilden.. Siehe zu den Geldmengenaggregaten Tabelle 1 im Anhang. Patat (1987) S. 75. Der Wechsel von M3 zu M2 wurde 1987 bereits angekündigt, denn mit einem Wegfallen der quantitativen Kreditbegrenzungen wurde auch eines der Argumente, die für M3 gesprochen hatten - die Möglichkeit der ex ante - Analyse der Kounterparts - entkräftet. Dabei wurde nicht die generelle Orientierung der Geldpolitik verändert, sondern den Substitutionsbewegungen durch Finanzinnovationen und Internationalisierung der Märkte Rechnung getragen, die zu einer Instabilität der Geldnachfrage beigetragen haben. Gemessen an den Parametern, die in der Geldliteratur für ein geeignetes Zwischenziel gesetzt werden (schnelle Meßbarkeit, Relation zu finalen Zielen wie Wachstum des Bruttoinlandsprodukts) soll ein solches Zwischenziel die Kontrollierbarkeit von Verhaltensweisen der Marktteilnehmer berücksichtigen.

[6] Siehe S. 155.

[7] Quintyn (1993) S. 276f

[8] Dazu Quintyn (1993) S. 285 und Mélitz (1990) S. 13.

daß es sich bei näherer Betrachtung hauptsächlich um qualitative Veränderungen gehandelt hat, deren Ursprung schon in den Jahren 1979 - 1981 mit dem Wechsel zu einer dualen Zwischenzielstruktur zu finden ist. Frühere Reformen leiteten diese Entwicklung ein:[1]

1) Struktur und Reform des Bankensystems: Während der achtziger Jahre verloren die Kreditkontrollen zunehmend an Wirksamkeit und Bedeutung.[2][3][4] Zudem wurde es Anfang der achtziger Jahre aufgrund der Komplexität des Systems schwieriger, eine Kreditwachstumsrate zu prognostizieren.[5] 1984 wurde das gesamte Bankensystem einer umfassenden Umstrukturierung unterworfen und der Weg für die Errichtung von Universalbanken bereitet. Im gleichen Jahr wurde das Auslaufen von subventionierten Krediten beschlossen.[6]

Durch das Bankengesetz wurden andere Charakteristika des französischen Bankensystems (Konzentration, Besitzstruktur,[7] Größe und Bedeutung spezialisierter Institutionen) nur wenig berührt.

2) Außenwirtschaftliche Orientierung: Die wachsende Bedeutung des Wechselkursziels[8] ließ die Bedeutung der Kreditkontrollen in den Hintergrund treten.[9]

---

[1] Zu den makroökonomischen Veränderungen dieser Jahre Onofri/Tomasini (1991) S. 9f.

[2] Die geldpolitischen Entscheidungsträger konnten nur noch einen immer geringer werdenden Anteil an Bankenkrediten und am Gesamtkreditvolumen an die Wirtschaft beeinflussen. Somit wurden Kreditziele und ihre Verwendung als Instrument immer fragwürdiger. Dazu Quintyn (1993) S. 287.

[3] Auf der einen Seite wurden zunehmend Kredite von den Beschränkungen ausgenommen, andererseits stieg der Anteil der Kredite an die Regierung in der zweiten Hälfte der siebziger Jahre an und schließlich ist auch Frankreich seit 1975 von zunehmender Disintermediation betroffen gewesen.

[4] Das „Monory" - Gesetz von 1978 machte die Wertpapieremission durch eine bevorzugte steuerliche Behandlung sehr attraktiv und trug zu der Gründung von sogenannten „SICAV" (Sociétés d'Investissement à Capital Variable, kurzfristigen, offenen Investmentfonds) bei. Der Grad an Bankenintermediation fiel von 80% am Ende der siebziger bis auf 60% Mitte der achtziger Jahre. Patat (1987). Anders Mélitz (1991).

[5] Der komplexe Prognosemechanismus unterminierte die Glaubwürdigkeit der Zielsetzung. Quintyn (1993) S. 288.

[6] Wesentliche Bereiche wurden jedoch davon ausgenommen. Bertero (1995) S. 5

[7] Die größten Banken befanden sich in staatlichem Besitz, durch die Privatisierungen von 1987 bis 1993 hat sich die Zahl der in öffentlichem Besitz befindlichen Banken halbiert, jedoch ist ihr Anteil an den Bankaktiva noch sehr groß. Der französische Staat ist der größte Eigner von Bankanteilen in der westlichen Welt. Bertero (1995) S. 6. Relativierend muß berücksichtigt werden, daß sich diese Besitzverhältnisse nicht auf das tägliche Geschäft auswirken.

[8] Zunächst wurde die duale Zielstruktur angestrebt, da die französische Wirtschaft nicht so offen war wie andere, kleinere Länder im EWS. Hinzu kam, daß die Entscheidungsträger die Auffassung vertraten, daß Wechselkursbewegungen nicht immer von objektiven Beobachtungen der Fundamentaldaten geprägt seien, so daß ein weiteres geldpolitisches Ziel das Wechselkursziel unterstützen sollte. Quintyn (1993) S. 285.

[9] Quintyn (1993) S. 289. Die Folge war eine Endogenisierung des Geldmengenwachstums. Bei Zielkonflikten wurde entweder das Geldangebotsziel angepaßt oder es wurde einer Abweichung des Geldangebots Raum gegeben. Siehe zu einer detaillierten Übersicht geldpolitischer Entscheidungen Disch (1995).

3) Reform der Finanzsysteme: Die Liberalisierung der Finanzmärkte führte außer zur Einführung einer größeren Bandbreite von Instrumenten und Märkten zu einer marktorientierten Entwicklung.

Ein wesentlicher Diskussionspunkt in Frankreich ist die Abhängigkeit des Franc von der Zinspolitik der Bundesbank gewesen. So ist ein weiteres geldpolitisches Zwischenziel neben der Zinsentwicklung seit Mitte der achtziger Jahre in der Stabilisierung des nominalen Wechselkurses gegenüber der D-Mark zu sehen.[1] Die Gewichtung zwischen den Zielen ist in den letzten Jahren eindeutig zugunsten des Außenwertes erfolgt.[2]

1.3.1.1.3. Geldpolitische Steuerung

Wie die Bundesbank erwirkte die Banque de France über die indirekte Steuerung über den Geldmarkt und dort über den Interbankensatz das anvisierte Ziel.[3] Deutlicher noch als erstere sprach sich die Banque de France für eine Zinssteuerung aus, wie auch das gesamte Verfahren der geldpolitischen Steuerung im Vergleich zum deutschen Vorgehen von größerer Transparenz gekennzeichnet war.[4] Im Gegensatz dazu stand die geringe Signalwirkung, die die Ankündigungen der Zentralbank auf die Sozialpartner hatten.[5] Als Operating target fungierten die Geldmarktsätze zwischen einem Tag und einer Woche.

---

[1] Zur Rolle von festen Wechselkursen als geldpolitische Konzeption Bofinger 1996 S. 300.

[2] Siehe Bofinger (1996) S. 450. Enfrun (1994) S. 12. Die Banque de France schloß in ihrem geldpolitischen Konzept einen langfristigen Konflikt zwischen Binnen- und Außenziel aus. Kurzfristig seien Spannungen nicht auszuschließen: Die Märkte neigten dazu, bei tendenzielle Entwicklungen überzureagieren oder sie zu vernachlässigen, was zu Druck auf den Wechselkurs führen könnte, der nicht durch fundamentale Faktoren gerechtfertigt wäre. "Dadurch könnten Zinsbewegungen hervorgerufen werden, die mit dem internen Entwurf der Geldpolitik wenig kompatibel wären." Banque de France (1987) S. 22. Mit der Auflösung des kurzfristigen Zielkonfliktes wurde auch bei der Einführung der Mindestreserve argumentiert. In der Nutzung dieses Instruments sieht die Banque de France die Möglichkeit, durch einen erhöhten Aktionsradius konjunkturelle Schwankungen auszugleichen.

[3] Icard (1988) S. 147-163. Zum Gesamttransmissionsmodell der Banque de France siehe BIS (1994) S. 87f und zum Finanzmodell Banque de France (1993c) S. 41f.

[4] "Die Zinspolitik ist also das Hauptinstrument der Geldpolitik geworden." Banque de France (1995) S. 22 und Bofinger (1996) S. 417f. Das polit-ökonomische Argument, daß die Intransparenz geldpolitischer Steuerungsverfahren quasi als Schutzschild gegen politische Einflußnahme genutzt wird, läßt sich durch das französische Vorgehen nicht bestätigen, da durch die Zwischenzielwahl seit Mitte der achtziger Jahre auf der instrumentellen Ebene nur noch ein geringer Spielraum vorhanden war. Zum Einsatz konnten nur Instrumente kommen, die dem kurzfristigen Horizont gerecht werden konnten. Zudem wurde mit der Abschaffung der Rediskontkontingente die Vorhersehbarkeit der Konditionen der Zentralbankkreditgewährung abgeschafft.

[5] Boissieu/Pisani-Ferry (1995) S. 19.

Offenmarktgeschäfte wurden überwiegend in Form von Pensionsgeschäften durchgeführt.[1] Durch den "taux des appels d'offres" und den "taux des pensions de cinq à dix jours" als Unter- und Obergrenze wurde von der Banque de France ein Korridor aufgespannt.[2]

Abbildung 5: Leitzinssätze in Frankreich

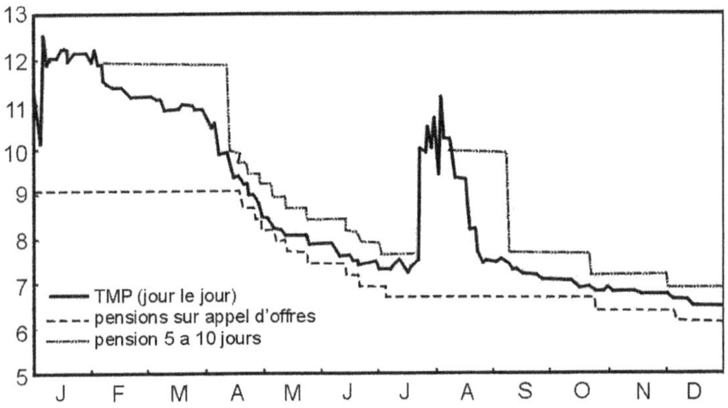

Quelle: Banque de France (1994)

Innerhalb dieser Bandbreite soll sich der Geldmarktsatz bewegen und so dafür sorgen, daß sowohl die "geldpolitische Intention" offensichtlich als auch das Liquiditätsgefühl der Banken beeinflußt wurde. Die französische Notenbank nutzte zur Durchführung der offiziellen Verfahren die "Opérateurs principaux de marché" (Kreditinstitute, die als exklusive Intermediäre der Notenbank fungierten). Die "pensions sur appel d'offres" wurden ähnlich dem holländischen Verfahren des deutschen Zinstenders durchgeführt.[3] Die französischen

[1] Eine andere Form der Offenmarktgeschäfte ist der feste Ankauf von Wertpapieren ohne Verpflichtung zur Rückgabe (achats fermes), dessen Interventionssatz in der Regel zwischen den beiden Leitzinssätzen der Pensionsgeschäfte lag. Siehe Banque de France (1996) S. 51.

[2] Bofinger (1996) S. 451. Disch (1995) S. 108f.

[3] Bis 1987 nutzte die Deutsche Bundesbank dieses Tenderverfahren, bei dem alle über einem Einheitszinssatz liegenden Gebote der Kreditinstitute bedient wurden sowie gegebenenfalls ein Teil der dem Einheitszinssatz entsprechenden Gebote. Bofinger (1996) setzt das französische Verfahren mit dem holländischen Verfahren gleich. Auf eine Aufforderung (appel d'offre) der Notenbank hin gaben die Kreditinstitute ihre Gebote hinsichtlich Zins und Menge ab. Im Unterschied zu dem holländischen Verfahren setzte die Banque de France bei dem französischen Verfahren den Zinssatz unabhängig von den Kreditinstituten fest, sie berücksichtigte zwar Zinssätze des Geld- und Euromarktes, fungierte aber als Preis- und Mengenfixierer. Bei dem holländischen Verfahren erfolgt die Festsetzung des Preises in Form des markträumenden

Wertpapierpensionsgeschäfte basierten auf privaten Handelswechseln und Staatspapieren (zumeist Schatzanweisungen des Trésors), deren Charakteristika von der Banque de France festgelegt wurden. Außerdem verfügte die Banque de France über die Möglichkeit, mittels punktueller Operationen (Kauf und Verkauf von Wertpapieren, 24 - Stunden Wertpapierpensionsgeschäfte) das Niveau des Zinssatzes zu beeinflussen und Fluktuationen zu begrenzen.[1]

1.3.1.1.4. Geldpolitische Instrumente

Bezeichnend für das französische Instrumentarium ist die Kurzfristigkeit, die ihren Ursprung in der Ausrichtung auf eine Wechselkursstabilisierung des Franc hat.[2] Die Geldversorgung der Geschäftsbanken erfolgt hauptsächlich über Wertpapierpensionsgeschäfte,[3] die Zinsobergrenze wird durch die „pensions de 5 à 10 jours" bestimmt.[4] Die Lombardpolitik[5] hat keine Tradition in der französischen Geldpolitik[6] und auch die Diskontpolitik[7] hatte nach der Abschaffung der Rediskontkontingente 1972 keinen großen Einfluß mehr.[8]

Gleichgewichtszinssatzes, so daß die Kreditinstitute an der Preisfindung beteiligt sind. Disch (1995) S. 123. Vgl. Banque de France (1995a) S.24 und Bofinger (1996) S. 451

[1] Banque de France (1986) S. 29. Durch Käufe und Verkäufe von "bons de Trésor" (Schatzwechseln) und handelbaren Schuldscheinen auf dem offenen Markt kann die Banque de France über Portfoliovariationen der Kreditinstitute kurzfristig die Bankenliquidität und die Zinssätze auf dem Interbankenmarkt beeinflussen. Wenn sie die Titel kauft, führt sie dem Bankensystem zusätzliche Liquidität zu und erwirkt tendenziell eine Senkung der Zinssätze. Die Beschränkung durch den kleinen Sekundärmarkt der "bons de Trésor" läßt die Bedeutung dieses Verfahrens hinter der der Pensionsgeschäfte zurückbleiben. Banque de France (1995a).

[2] Bofinger (1996) S. 450, Disch (1995), Banque de France (1990) S. 41, Banque de France (1995 und 1995a) und Becker (1985).

[3] Banque de France (1995a) S. 24.

[4] Die Existenz dieses Instruments läßt sich mit der starken außenwirtschaftlichen Orientierung der Politik der Banque de France begründen, die ein "interest rate smoothing", das in Deutschland und in den USA Ausschlägen der längerfristigen Zinsen vorbeugt, verhindern kann. Bofinger (1996) S. 434.

[5] Die Banque de France wurde 1808 dazu ermächtigt, Lombardkredite gegen Verpfändung öffentlicher Wechsel zu gewähren. Im Unterschied zur Bundesbank durfte die Banque de France nach Art. 24 des Gesetzes No. 73 – 7 vom 3. Januar 1973 den Lombardkredit an Kreditinstitute und Nichtbanken vergeben. Becker (1985) S. 222. 1993 betrugen die sogenannten „avances sur titres" 205 Mio. Francs. Banque de France (1994) S. 296.

[6] Banque de France (1973) S. 104. Die geldpolitische Konzeption der Banque de France fördert diese instrumentelle Ausgestaltung. Bofinger (1996, S. 453) erklärt den Verzicht auf einen Lombardkredit damit, daß die Banque de France in Zeiten eines größeren Abwertungsdruckes über schnelle Zinsänderungsmöglichkeiten verfügen möchte, ohne bereits Leitzinsänderungen zu signalisieren.

[7] Bis 1970 erfüllte der allgemeine Diskontsatz eine dem deutschen Satz vergleichbare Funktion als Leitzinssatz. Die Banque de France verwendete mehrere Diskontsätze. Der allgemeine Diskontsatz (taux ordinaire) wurde für den Rediskont von zentralbankfähigen Handels- und Finanzwechseln genutzt. Becker (1985) S. 51.

[8] Der Rediskont war aufgrund der Enge des Geldmarktes lange Zeit das vorherrschende Instrument. Seit

Für die geringe Bedeutung lassen sich mehrere Gründe anführen. Zum einen spielt auch hier die Wechselkursorientierung und die daraus resultierenden Anforderungen an die Fristigkeit des Instruments eine Rolle, ein anderer Grund liegt in der Art der Unternehmensfinanzierung, die eine kurzfristige Erhöhung des Diskontsatzes wenig wirksam erscheinen ließen, da die Unternehmen bei Finanzierungsbedarf und fehlenden Finanzierungsalternativen sich auch weiterhin zu den hohen Zinsen über Bankkredite finanzierten.[1] Die Bedeutung der Mindestreserven ist - wie in Deutschland - während der achtziger Jahre gesunken.[2] Die niedrigen Sätze führten dazu, daß die Anforderungen an die Steuerung des Geldmarktes durch die Banque de France stiegen, denn die Geschäftsbanken liefen bei fehlender Möglichkeit eines temporär debitorischen Saldos Gefahr, ihre Reservepflicht überzuerfüllen.[3] Die Mindestreserve als Komponente des Zentralbankgeldbedarfs spielte angesichts des Verhältnisses von Mindestreservevolumen und Bargeldumlauf nur eine untergeordnete Rolle.[4] Seit 1987 ist der Anstieg der Reservesätze gleichzeitig mit Bewegungen (Senkungen und Erhöhungen) der Notenbankzinssätze genutzt worden.[5] Insgesamt ist das Instrumentarium wesentlich von der geldpolitischen Ausrichtung am Wechselkurs und der spezifischen Struktur der französischen Finanzmärkte konditioniert worden.[6]

Ende der sechziger Jahre hat die Banque de France die Geschäftsbanken verstärkt dazu angeregt, sich auf dem Geldmarkt zu refinanzieren, indem sie vereinzelt die Rediskontierung bestimmter Wechsel verweigert und den Rediskontsatz über dem Geldmarktsatz gehalten hat. In dem Maße wie der Geldmarkt sich entwickelte, hat auch die Bedeutung der Rediskontpolitik abgenommen. Gronier (1994) S. 43f. 1971 wurde die regelmäßige Gewährung von Zentralbankgeld in Abhängigkeit von individuellen Rediskontkontingenten beendet, und eine Verfahrensweise eingeführt, nach der die Notenbank dem Bankensystem gegen zentralbankfähige Geldmarktpapiere Zentralbankgeld in unregelmäßigen Abständen zu dem kurzfristig fixierten Interventionssatz am Geldmarkt zur Verfügung stellt. Becker (1985) S. 51 und S. 126ff für eine genaue Darstellung der verbleibenden diskontpolitischen Maßnahmen. In Frankreich wird zudem mit der „Brutalität" des Instruments argumentiert, das negative Folgen für die kontinuierliche wirtschaftliche Entwicklung nach sich ziehen könnte. Gronier (1994) S. 43.

[1] Die Kreditfinanzierung betrug von 1970 bis 1984 durchschnittlich 43,9%, 1985 war noch ein Anteil von 44% am Gesamtkreditvolumen subventioniert. Bertero (1995) S. 4 und 6.

[2] Banque de France (1990) S. 34. Nach der Senkung der Sätze am 16. Mai 1992 war das Niveau der Reservesätze sehr niedrig. 1995 betrugen die Sätze 1,0% auf Sicht- und Sparguthaben, 0,5% auf Einlagen zwischen 10 Tagen und einem Jahr und 0% auf Einlagen zwischen einem und 2 Jahren. Banque de France (1996) S. 238.

[3] Bofinger (1996) S. 450.

[4] 1995 betrug der Bargeldumlauf 268 Mrd. Francs und vom 16. Dezember bis zum 15. Januar betrug der Durchschnitt des Reservesolls 21,15 Mrd. Francs. Banque de France (1996) S. 238.

[5] "Sie bleiben nicht mehr als ein sehr nützliches Hilfsmittel zur Regelung der Bankenliquidität, indem sie Effekte auf den Zinssatz durch spontane und unvorhergesehene Variationen dieser letzten (der Bankenliquidität) abschwächen." Banque de France (1995) S. 94. Anders Disch (1995) S. 114.

[6] Zu letzterer in einer intertemporalen vertiefenden Betrachtung Bertero (1995).

1.3.1.1.5. Der Erfolg der faktischen Geldpolitik (1979 - 1992)

Bei der Betrachtung der französischen Geldpolitik ist immer zu beachten, inwieweit das Ziel, die europäische Integration voranzutreiben, eine Rolle gespielt hat. Boissieu/Pisani-Ferry bewerten diesen Einfluß wie folgt:

„The extent to which the pursuance of this objective has shaped French economic policy can hardly be overestimated. For a large part, the major changes in the framework of economic policy that have taken place in the 1980s and the 1990s can be attributed to it. ... France therefore offers the rare example of a medium-size, non-hegemonic country whose domestic policy choices seem to have been shaped by an external agenda."[1]

Frankreich ist es gelungen, innerhalb der zu betrachtenden Periode das Inflationsdifferential gegenüber Deutschland stark zu senken.[2] Von Januar 1987 bis September 1992 blieb der nominale Wechselkurs gegenüber der D-Mark stabil.

Abbildung 6: Nominaler Wechselkurs Franc/DM (1979-1994)

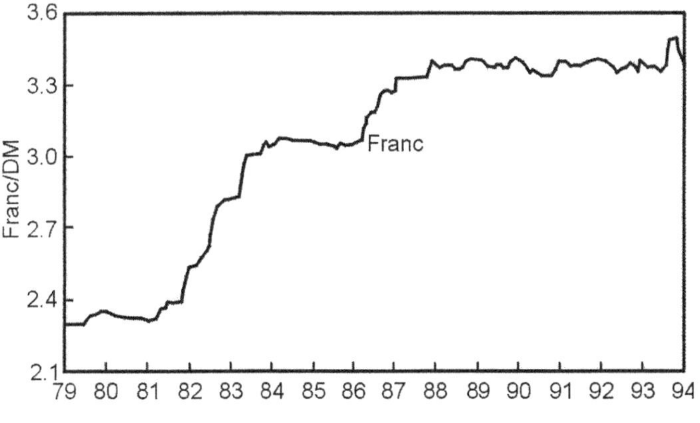

Quelle: Le Cacheux (1995)

Um in einem System wie dem EWS - bei der Annahme, daß die Wechselkurse fix und nicht - adjustierbar sein würden - wettbewerbsfähig zu sein, mußten andere Möglichkeiten als der Wechselkurs gefunden werden.[3] Mögliche Ansätze waren eine geringere Inflations-

[1] Boissieu/Pisani-Ferry (1995) S. 8.
[2] Zur Theorie der Disinflationsstrategie siehe Morin/Thibault (1998) S. 64ff.
[3] Es gibt drei mögliche Ursachen, warum Abwertungen dagegen nur eine begrenzte Wirkung entfalten

rate als die der europäischen Partner, Angebotspolitik oder Produktivitätsverbesserungen oder die Beeinflussung der Erwartungen, um eine Verlangsamung der Lohn- und Preissteigerungen zu erzielen. Die französische Politik setzte während der achtziger Jahre auf eine konsistente Kombination dieser Maßnahmen. Begleitet wurde sie von einer zunehmenden Wechselkursstabilität und Konvergenz der Nominalzinssätze, die jedoch trotz der weitgehenden Abwesenheit von Realignments in der zweiten Phase des EWS, von 1986 bis Mitte 1992, nicht vollständig war.[1] Der internationale Zinsverbund führte dazu, daß die Währungen, die unter einem "Glaubwürdigkeitsmalus" litten, mit einer Risikoprämie belegt wurden, so daß sowohl die realen als auch die nominalen Zinssätze höher waren als die der "glaubwürdigen" Länder.[2] Die Risikoprämie zwischen Frankreich und Deutschland betrug 1987 noch 360 Basispunkte und wurde folgend stark reduziert, was als Erfolg der Disinflationspolitik und des EWS gewertet wurde.[3]

---

können:
1. Die importierten Investitionsgüter und Zwischenprodukte können mit ihren relativ hohen Preisen in nationaler Währung teilweise den Anstieg der Wettbewerbsfähigkeit durch die Abwertung neutralisieren. Vgl. Maffeo (1995) S. 55.
2. Die Aussicht, daß Steigerungen der Wettbewerbsfähigkeit durch eine Abwertung erzielt werden können, macht es für die Unternehmen weniger drängend, in Produktivitätssteigerungen zu investieren, und führt auch zu einer geringeren Aversion gegenüber Lohnforderungen, die sich in der Verhandlungshaltung ausdrückt. Vgl. Blanchard (1993) S. 19.
3. Nach der Logik der kompetitiven Disinflation müßte das Preisdifferential zwischen in- und ausländischen Preisen zu einem Anstieg der Arbeitslosigkeit führen, der sich wiederum in den Nominallöhnen niederschlägt und somit Produktionskosten und die Preise für heimischer Güter senkt. Die Reduzierung des Preisdifferentials würde somit zu einem Anstieg der Beschäftigung führen. Es gibt also einen spontanen Anpassungsprozeß, der sich auch ohne Veränderung der nominalen Wechselkurse abspielt. Dieser Mechanismus wird jedoch maßgeblich von der Flexibilität und Anpassungsgeschwindigkeit der Löhne an die Marktbedingungen bestimmt. Über die oben beschriebenen Preissteigerungen wird durch eine Abwertung das Wachstum der Nominallöhne durch den Anstieg der Konsumgüterpreise unterstützt. Dieser Mechanismus ist um so effektiver, je stärker Löhne an Änderungen der Konsumgüterpreise gekoppelt sind, wie beispielsweise durch Indexierungen. Vgl. Maffeo (1995) S. 59. Alle drei Faktoren führen zu einem Wirkungsverlust der Abwertung als Mittel zur Wettbewerbssteigerung.

[1] Vgl. Onofri/Tomasini (1991).

[2] Eine theoretische Erklärung für dieses Verhalten liefert die Zinsparitätentheorie. Die ungesicherte Zinsparität drückt aus, daß eine Zinsdifferenz zwischen zwei Ländern äquivalenten Wechselkursänderungserwartungen entspricht. Werden zudem in- und ausländische Finanzanlagen von den internationalen Finanzmärkten nicht als perfekte Substitute betrachtet, dann drückt eine Risikoprämie diesen Unsicherheitsfaktor aus. Siehe Bofinger (1996) S. 317f und Commelin (1994) S. 90f.

[3] Banque de France (1994) S. 37

Abbildung 7: Langfristige Zinssätze Frankreich/Deutschland (1981 – 1994)

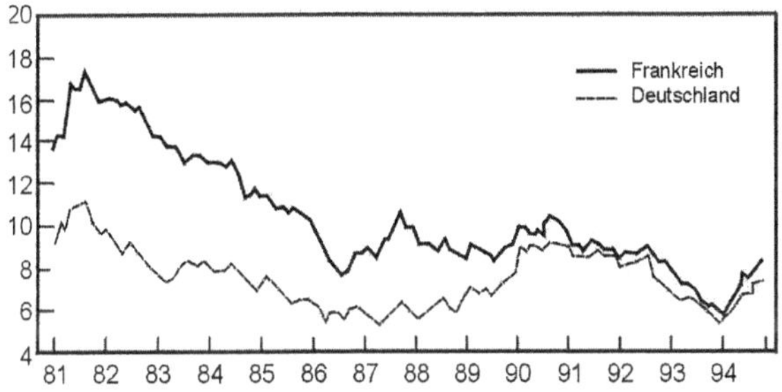

Quelle: Boissieu/Pisani-Ferry (1995)

Auf der anderen Seite standen reale Kosten, die die Disinflationspolitik starker Kritik ausgesetzt haben.[1] Blanchard/Muet und die International Policy Group des OFCE (Observatoire français des conjonctures économiques),[2] haben eine Studie über den Erfolg der Disinflationspolitik in Frankreich vorgelegt und sind zu dem Schluß gekommen, daß der grundsätzliche Mechanismus funktionsfähig war, jedoch in Frankreich (noch) nicht zu dem gewünschten Erfolg geführt hat, da sich der Prozeßablauf als sehr langsam erwies.[3]

"... the choice faced by firms between profit and competitiveness becomes a choice between present and future improved competitiveness. Whatever their choice it will unleash a 'virtous' chain of events. In the first instance, increased foreign demand would lead in a later period to greater investment via multiplier, which would produce productivity gains and so enhanced competitiveness. In the second instance, the sequence of events would be modified, but would in the end lead to favourable employment effects."[4][5]

---

[1] Von Kritikern wurden das relativ niedrige Wachstum – 1983 wuchs das französische BIP nur um 0,7% gegenüber einem europäischen Durchschnitt von 2,4% - die hohe Arbeitslosigkeit und auch inflationäre Effekte angeführt. Le Cacheux (1995) S. 75f.

[2] Dazu gehörten neben Jean - Paul Fitoussi auch Anthony Atkinson, Olivier Blanchard, John Flemming, Edmond Malinvaud, Edmund Phelps und Robert Solow.

[3] Libération v. 13. Dezember 1991 S. 16f. Die ersten Glieder der Reaktionskette funktionierten noch erwartungsgemäß: Während der letzten zwanzig Jahre hat eine Steigerung der Arbeitslosenrate von einem Prozent innerhalb eines Jahres zu einem Rückgang des Reallohnwachstums von 0,6% geführt, wobei langfristig ein Anstieg dieses Mäßigungseffektes erfolgt ist. Dieser hat sich in den Gewinnmargen der Unternehmen niedergeschlagen, jedoch nicht zu einem Anstieg der Investitionen geführt.

[4] Fitoussi (1993) S. 3.

[5] Blanchard/Muet (1993) merken an, daß aufgrund der Reduzierung der wirtschaftlichen Aktivität in der ersten Phase des Disinflationsprozesses der Anpassungsprozeß auch in eine vollständig andere Richtung gehen könnte: "... (a) long period of low activity might also squeeze profits, slow capital accumulation and trigger a wave of bankruptcies. Bankruptcies might bring about structural change, but they might also de-

Das Vertrauen in das Funktionieren des Disinflationsprozesses gründete somit auf zwei Elementen, auf der Abwesenheit negativer Effekte auf die Produktionsstruktur während der ersten Phase des Prozesses und einer ausreichenden Flexibilität der Löhne und Preise.[1] Aus den Erfahrungen mit dem langsamen Verlauf des Anpassungsprozesses schließen die Autoren der Studie des OFCE, daß eine aktivere Beschäftigungs- oder Industriepolitik wieder ins Auge gefaßt werden müßte.

Abbildung 15 zeigt, daß die disinflationäre Entwicklung in Frankreich in zwei Zeiträume geteilt werden kann: In eine Periode der starken Senkung des Inflationsdifferentials gegenüber Deutschland vom Beginn der Mitgliedschaft im EWS bis 1986 und in einen Zeitabschnitt von 1987 bis Ende 1992, in dem es nur noch zu geringen Schwankungen der Inflationsrate kam.

Wesentlich für die geldpolitische Entwicklung waren - wie schon oben dargelegt - die Mitgliedschaft im EWS, die Liberalisierung der Kapitalströme[2] und der Übergang von einer "Verschuldungswirtschaft" zur indirekten geldpolitischen Steuerung mit Hilfe marktbasierter Instrumente.[3]

Der Übergang von einer „économie d'indettement" mit vornehmlich direkten Kontrollinstrumenten und selektiven Kreditverfahren zu der indirekten Steuerung über marktbasierte Instrumente hatte auf mindestens zwei Ebenen direkte Auswirkungen auf den Handlungsspielraum der Zentralbank:[4] Die der direkten Steuerung inhärente Orientierung an spezifischen politischen Zielen der Regierung wurde zunächst abgeschwächt.[5]

Die Ankündigung von Zwischenzielen erforderte dann auf der anderen Seite eine adäquate instrumentelle Umsetzung, die bei einer Marktorientierung per se schon eine positive Wirkung auf den Handlungsspielraum entfalten kann.[6] Ist die Bindung durch ein externes Wechselkursziel eine weitere Möglichkeit, die Geldpolitik gegenüber politischer

---

stroy productive capacity, and hinder the process of recovery." Blanchard/Muet (1993) S. 20. Vgl. auch Maffeo (1995) S. 62.

[1] Maffeo verweist im Rückgriff auf Hicks darauf, daß sich bei hinreichender Flexibilität kein dauerhaftes Problem unzureichender Nachfrage stellt, somit in dieser "traditionelleren" Sichtweise die Flexibilität der Löhne und Preise nicht einfach einen Ausgleich zwischen Inflationsdifferentialen zwischen unterschiedlichen Länder, sondern in erster Linie das Gleichgewicht auf den Güter und Faktormärkten zu sichern habe. Siehe Maffeo (1995) S. 65.

[2] Die vollständige Liberalisierung erfolgte 1990.

[3] Anders ausgedrückt lassen sich die stabilisierungspolitischen Maßnahmen in Frankreich auch unter dem Aspekt der relativen Gewichtung eines Geldangebotsziels und eines Wechselkursziels betrachten. Siehe dazu Onofri/Tomasini (1991) S. 3.

[4] Für die instrumentell - technische Ebene sei auf Quintyn (1993) S. 289f verwiesen.

[5] Zum Zielerreichungsgrad bei den Zwischenzielen siehe Boissieu/Pisani-Ferry (1995) S. 19.

[6] Quintyn (1993) S. 295.

Einflußnahme abzuschirmen, so zeigte sich doch auch, daß sogar einem relativ großen Land wie Frankreich die zunehmende internationale Finanzintegration nicht viel Raum ließ, um in unabhängiger Manier heimische Ziele zu verfolgen.

Wenngleich das „tying" durch das EWS somit als graduelle Methode[1] zur Erreichung des Disinflationsziels beigetragen hat, so läßt sich das EWS im Sinne Barro-Gordons nicht als Mechanismus interpretieren, der eine Kostensenkung der Disinflationspolitik herbeigeführt hat, sondern lediglich als ein Instrument, um die Anreize der geldpolitischen Entscheidungsträger, Überraschungsinflation zu schaffen, zu reduzieren.[2] Der Glaubwürdigkeits- und Erwartungseffekt läßt sich jedoch nicht leicht von anderen disinflationären Effekten trennen.[3]

Erfolgsfaktoren der Disinflation waren neben strukturelle Politikveränderungen wie z.B. Finanzreformen,[4] die sinkende Bedeutung der Einkommenspolitik[5] und die stark kontrollierte Fiskalpolitik. Frankreich war erfolgreich in der ersten Anpassungsphase nach 1982, indem es eine geldmengenzielorientierte Politik mit einer Wechselkurspolitik kombinierte, die den Verlust der Wettbewerbsfähigkeit partiell kompensierte. Somit wurde eine Grundlage für die zweite Anpassungsphase gebildet. Insgesamt sind die Erfolge der französischen Disinflationspolitik auf ein konsistentes Set makroökonomischer Maßnahmen zurückzuführen, die durch eine Reihe von strukturellen Reformen vorbereitet wurden.

1.3.1.2. Bank des Staates

Die Banque de France wird in stärkerem Maße als die Bundesbank auch als Dienstleistungsunternehmen wahrgenommen. Das macht schon die Definition der sogenannten "17 métiers" der Bank[6] deutlich.[1]

---

[1] Ein Vergleich der Zeitpfade der Disinflation zwischen Frankreich und beispielsweise Großbritannien macht eine zeitliche Verschiebung des Anstiegs der Arbeitslosenzahlen in Frankreich deutlich, so daß eine Aussage, die Frankreich einen kostspieligeren Disinflationsprozeß unterstellt, nicht empirisch gestützt wird. De Grauwe (1989) S. 29.

[2] Diese Beurteilung hängt wesentlich davon ab, daß ein Realignment von den Autoritäten als kostspielig angesehen wird. De Grauwe (1989) S. 27.

[3] Siehe beispielsweise De Grauwe (1989), der nicht dem EWS angehörende Länder mit EWS - Mitgliedern vergleicht.

[4] Boissieu/Pisani-Ferry (1995) S. 17.

[5] Die Desindexierung in den frühen achtziger Jahren gab den Disinflationsbemühungen einen positiven Impuls.

[6] Diese 17 "métiers" sind: Fabrikation der Noten, Verwaltung des Notenumlaufes, Verwaltung der Schecküberwachung, Verwaltung internationaler Beziehungen auf der Interbankenebene und im statistischen und Zahlungsbilanzbereich, Ausarbeitung von Statistiken und geldpolitischen Studien, Durchführung der Geldpolitik, Verwaltung der öffentlichen Verschuldung, Regulierung des Bankenmarktes, Bankenaufsicht, Analyse von Unternehmen, Verwaltung und Entwicklung des eigenen Netzes, interne Kontrolle, Entwicklung des

1.3.1.2.1. Fiscal agent

Die Banque de France führt die Konten des Schatzamtes. Steuereinnahmen werden bei der Banque de France eingezahlt und auch die Pensionszahlungen werden über die Banque de France abgewickelt. Die Banque de France wird in hohem Maße als "Bindeglied zwischen Industrie- und Finanzsektor und Staat" verstanden und erfüllt so eine Reihe von Funktionen, die über die "allgemein anerkannten" Aufgaben einer Notenbank hinausgehen.[2]

1.3.1.2.2. Financier der Regierung

Das Notenemissionsmonopol stellt historisch häufig den Preis für Einbußen zentralbankpolitischer Autonomie dar, in der jüngeren Vergangenheit ist es im Zusammenhang mit der Staatsfinanzierung zu betrachten.[34] Seigniorage hat jedoch in Frankreich im Rahmen der Disinflationspolitik seit 1986 an Bedeutung verloren.[5] Von 1980 bis 1995 betrug der Anteil der monetären Seigniorage am Bruttoinlandsprodukt 0,25%, der der Opportunitätskostenseigniorage 0,62%.[6]

Der Transfer von der Zentralbank zur Regierung oder besser zum Schatzamt führt über verschiedene Kanäle:

a) Kredite der Banque de France an den französischen Staat

Die Banque de France konnte nach Art. 19 des Gesetzes No. 73 - 7 vom 3. Januar 1973 dem Staat über das Schatzamt, Darlehen (prêts) und Vorschüsse (avances) gewähren.[7] Voraussetzung war eine Vereinbarung zwischen dem Wirtschafts- und Finanzminister und dem Gouverneur der Bank sowie die Zustimmung des Parlaments.[8] Entsprechend Art. 5

---

eigenen Personals, Verwaltung finanzieller Mittel, Verwaltung der datenverarbeitenden Systeme, Generalinspektion und Kommunikation. Banque de France (1995d) S. 213.

[1] Banque de France (1994) S. 193f.

[2] Zu diesem Konsens über Aufgaben einer Notenbank siehe auch Caesar (1981) S. 67.

[3] Vgl. Lück (1998) S. 46f, der zwischen direkter und indirekter Beteiligung der Zentralbank bei der Staatsfinanzierung unterscheidet und die unterschiedlichen Wirkungen auf die Geldbasispolitik analysiert. Diese Unterscheidung muß auch hinsichtlich der Zinspolitik weitergeführt werden.

[4] Siehe zu den theoretischen Grundlagen Bofinger (1996) S. 48ff.

[5] Vgl. Baert (1994) S. 52.

[6] Lange/Nolte (1998) S. 499. Von 1991 bis 1994 nahm die monetäre Seigniorage negative Werte an. Zu den verschiedenen Seigniorageonzepten Lange (1995) S. S. 23ff.

[7] Becker (1985) S. 225f.

[8] Siehe S. 142, dazu Bouveret (1979) S. 48.

der Vereinbarung vom 17. September 1973 wurde die Obergrenze der Kassenkreditlinie[1] von 20,5 Mrd FF durch einen Verlust oder Überschuß aus dem halbjährlich festgestellten Abschluß der Vermögensrechnung des Devisenstabilisierungsfonds erhöht oder verringert, und ein Devisengewinn wirkte sich forderungsmindernd auf den tatsächlichen Kreditbestand aus.[2]

„Zweck dieses Anrechnungsverfahrens ist es, die unkontrollierbare Wirkung von Devisenverlusten oder -gewinnen auf die Liquiditätssituation und den Finanzmittelbestand des Schatzamtes vollständig zu kompensieren."[3][4]

b)Indirekte Kredithilfen

Die indirekte Finanzierung der öffentlichen Haushalte durch Offenmarktgeschäfte unterlag keinen Obergrenzen. Es war der Zentralbank verboten, direkte Ankäufe der vom Schatzamt emittierten Wertpapiere zu tätigen.[5] Dieses Verbot wurde jedoch dadurch umgangen, daß neue Formen von Wertpapieren durch das Schatzamt geschaffen wurden, die zunächst im Bankensystem abgesetzt wurden und dann jederzeit bei der Banque de France mit geringen Kosten rediskontiert wurden.[6][7]

c) Gewinnverwendung der Banque de France

Die französische Zentralbank unterliegt im Gegensatz zu vielen anderen Zentralbanken

---

[1] 10,5 Mrd Francs waren davon unverzinsliche Kredite. Nach Art. 5 der Vereinbarung vom 17. September 1973 erhöhte ein Devisenverlust die Linie unverzinslicher Kredite. Die verzinslichen Kredite werden mit einem Zinssatz berechnet, der dem niedrigsten der von der Banque de France durchgeführten kurzfristigen Geschäften entspricht. Bouveret (1979) S. 48.

[2] Für eine Beispielrechnung siehe Becker (1985) S. 227f.

[3] Becker (1985) S. 226. Bis zu einer Höhe von 10,5 Mrd. Francs war der Kassenkredit unverzinslich, darüber hinaus verzinslich (Art. 2 Vereinbarung vom 17. September 1973). Siehe dazu auch Bouveret (1979) S. 49.

[4] Siehe zu einem zahlenmäßigen Überblick die Bilanz der Banque de France im Anhang.

[5] Siehe S. 142, Schenk (1997) S. 74, Cottarelli (1993) S. 40.

[6] Schenk (1997) S. 74. Wie zeigt, hat das Schatzamt dieses Verfahren auch genutzt, Wertpapierpensionsgeschäfte wurden nach den Währungsreserven zur zweitwichtigsten Position auf der Aktivseite. Der Bestand an Währungsreserven lag durchschnittlich bei 200 Mrd. FF, die Banque de France strebte nach jedem neuen Interventionszyklus wieder ein Ansteigen der Reserven an.

[7] Bouveret (1979) S. 50. Der Betrag, den die Regierung durch die Produktion von Münzen erhält, ist vernachlässigbar. Wesche/Weidmann (1995) S. 12. Eine andere Komponente sind die laufenden Konten der Postdienste bei der Banque de France und die Unterstützung der Banque de France, die Wechsel von Unternehmen mit öffentlichen Aufträgen ankaufte, gewesen. Bouveret (1979) S. 50.

der Körperschaftsteuer.[1] Nach den Zuführungen zum Reservefonds und verschiedenen Rückstellungen wurden dem Schatzamt von 1980 bis 1993 ca. 45-85 Prozent des Reingewinns überwiesen.[2] Bezieht man jedoch die vor der Ermittlung des Reingewinns bereits an das Schatzamt überwiesene Körperschaftsteuer und die Zinszahlungen auf das Kontokorrentkonto bei der Zentralbank in die Rechnung mit ein, dann beträgt dieser Reingewinn im Durchschnitt mehr als das Doppelte. Wird aus diesem die „Dividende à l'Etat" berechnet, so erhöhen sich die Überweisungen an den Schatzamt bis zum vierfachen Betrag. Die Gewinnausschüttung kann sogar gegenläufig zur Entwicklung der Geldbasis verlaufen: 1992 reduzierte sich die Geldbasis in Frankreich um 44 Mrd. FF, die Zentralbank schüttete im gleichen Jahr einen Anteil von 3,5 Mrd. FF an den Trésor aus.[3] Von 1980 bis 1993 wurden 126 Mrd. FF von der Zentralbank an das Schatzamt überwiesen.[4]

1.3.1.2.3. Kapitalmarktagent der Regierung

Die Banque de France ist auch an der Verwaltung der Schulden der öffentlichen Hand beteiligt und leitet die Emissionsverfahren der Staatspapiere. 1945 ist die Banque de France mit der Verwaltung der Schatzwechsel betraut worden, die von den Banken oder anderen Finanzdienstleistern gehalten werden.

1.3.1.2.4. Informations- und Beratungsdienste

Die Banque de France erfüllt eine weitreichende Informations- und Beratungsfunktion in der französischen Wirtschaft, die über die Konjunkturforschung hinausgeht. So werden von ihr beispielsweise seit 1969 die Bilanzen von 34.000 Unternehmen gesammelt und analysiert.

---

[1] Grundlegend für die Verwendung des Reingewinns (Bénéfice net de l'exercice) sind die Artikel 9-11 des Dekrets No. 73-102 vom Januar 1973 in Verbindung mit Artikel 15 des Gesetzes No. 73-7 vom 3. Januar 1973. Der Betriebsgewinn (Bénéfice d'exploitation) inklusive der außerordentlichen Aufwendungen und Erträge unterliegt dem Steuersatz von 33 Prozent. Durch diese vor Gewinnverwendung zu leistenden Aufwendungen besteht die Möglichkeit, einen großen Teil der Leistungen der Zentralbank an den Staatshaushalt zu „verschleiern". Schenk (1997) S. 62. Vgl. Wesche/Weidmann (1995) S. 13. Art. 9 des Dekrets schreibt lediglich vor, daß von dem Nettogewinn 5% Rückstellungen einem Reservefonds (fonds de réserve) zur Abdeckung eventueller Verluste zugeführt werden sollen. Auf diese Vorgehensweise kann verzichtet werden, wenn der Reservefonds der durchschnittlichen Höhe des Aufwands der Bank während der letzten drei Berichtsjahre entspricht. Schenk (1997) S. 60.

[2] Der deutsche Finanzminister erhielt im Gegenzug dazu – mit Ausnahme des Jahres 1980 als zwei Drittel des Gewinns den Ausgleich des Verlustvortrages zu leisten hatten – zwischen 80 und 96,9 (1993) Prozent. Schenk (1997) S. 44.

[3] Vgl. Schenk (1997) S. 19.

[4] Vgl. die Summe der „tatsächlichen" Gewinnausschüttung von 1980 bis 1993 in Tabelle 11.

Seit 1990 führt die Banque de France das „Secrétariat des commissions de surendettement", das der Vorsorge und der Regulierung von Überschuldung Einzelner und Familien dient. Die in den einzelnen Départements etablierten Kommissionen haben die Aufgabe, in Überschuldungsfällen mit den Schuldnern und Gläubigern Tilgungspläne zu erarbeiten.[1]

1.3.1.3. Bank der Banken

Die Struktur der „économie d'endettement" (Verschuldungswirtschaft)[2] schuf zwischen den Banken und der Zentralbank eine besonders enge Beziehung, denn die bis Mitte der achtziger Jahre überdeterminierte Geldpolitik förderte den Bedarf an verwaltenden Eingriffen der Zentralbank. Auf der anderen Seite bildete das Bankensystem das Herzstück der Finanzwirtschaft und vollzog die Geld-, Kredit- und Industriepolitik der Regierung.[3]

1.3.1.3.1. Lender of last resort (Prêteur en dernier ressort)

Die Grundlage für diese Funktion bildet der Art. 52 des Bankengesetzes von 1948, durch den die Zentralbank berechtigt wird, zum Schutz der Einleger und des Finanzsystems selbständig zu handeln. Ausgehend von dem französischen Verständnis, daß der Zentralbank als Teil des Staates ein sehr breiter Tätigkeitsbereich bei geringem politischen Handlungsspielraum zustehe, wird in der Zentralbank per definitionem der Lender of last resort (LLR) gesehen.[4]

Die Forderung nach einem Lender of last resort wird in Frankreich auf die Unsicherheit und Instabilität der Preise für Aktiva auf den sekundären Finanzmärkten, die Verwundbarkeit der Banken gegenüber Liquiditätsschocks und die hohen sozialen Kosten von sogenannten „Runs" zurückgeführt.[5][6]

---

[1] Zu weiteren öffentlichen Funktionen siehe Banque de France (1996) S. 111ff.

[2] Der theoretische Rahmen wurde erstmalig von Hicks im Jahre 1974 beschrieben, siehe auch Renversez (1986) und Bertero (1995) S. 2. Die Verschuldungswirtschaft bildet demnach eine Untergruppe der bankbasierten Systeme, zu denen auch das deutsche und das japanische System gehören. Im Gegensatz zu diesen ist die Rolle der Banken als Finanzierungsquelle „... defined in conjunction with the role of the banking system as the agent of monetary and industrial policy." Bertero (1995) S. 3. Spezialisierte und häufig in staatlichem Besitz befindliche Kreditinstitutionen wurden errichtet, um als Instrumente einer bestimmten Politik zu agieren. Zudem waren Zinsen durch die Zentralbank festgesetzt und das Gesamtkreditvolumen limitiert. Bertero (1995) S. 3.

[3] Bertero (1995) S. 3.

[4] Raymond (1995) S. 29.

[5] Scialom (1990) S. 177.

[6] Die Situation asymmetrischer Information wird durch den zunehmenden Verbriefungstrend, der auch in Frankreich Einzug gehalten hat, nicht zwangsläufig gemindert, denn er kann zwar als eine Reaktion auf die sich verändernden Risikostrukturen interpretiert werden, birgt in sich jedoch auch die Möglichkeit der

Die Notwendigkeit eines Lender of last resort läßt sich auch mit der traditionellen Heterogenität des Bankensystems begründen, die andere Sicherungsformen in der Vergangenheit erschwerte.[1] Dem theoretischen Dilemma zwischen Moral hazard[2] und der Instabilität der Finanzmärkte bei einer Zusicherung von LLR-Unterstützung begegnet die Banque de France dadurch, daß sie Zentralbankgeld zu unsicheren Refinanzierungskonditionen bereitstellt.[3]

Die Institutionalisierung der Ersparnis über OPCVM (Organismes de placement collectif en valeurs mobilières) hat das kurze Ende des Markte gestärkt. Auch die Internationalisierung hat zu einer tendenziellen Risikoerhöhung geführt.[4][5]

Die Banque de France hat auf die veränderten Risikokonstellationen mit einer Ausweitung der zentralbankfähigen Aktiva reagiert, die die Grundlage für LLR - Maßnahmen bilden.[6]

1.3.1.3.2. Finanz- und Bankenaufsicht

1.3.1.3.2.1. Überwachung der Kreditinstitute

Im Gegensatz zum deutschen System hat die Banque de France eine formal weitgehende bankaufsichtliche Funktion. Bestimmend für diese Funktion ist das Gesetz von 1984. Die Finanz- und Bankensysteme unterlagen in den letzten Jahren weltweit umfassenden Transformationen. Bankenregulierung und Entwicklung der Märkte reagierten aufeinander, so daß die Banken Aufsichtsregelungen durch neue Finanzinstrumente umgingen.[7] Gene-

---

Schwächung des Finanzsystems, da die Risikotransformationsfunktion der Banken auf andere Marktteilnehmer übertragen wird.

[1] Siehe dazu Patat (1987) S. 24ff.

[2] Der Anreiz zu einem solchen Verhalten liegt in einer Informationsasymmetrie zugunsten der Geschäftsbanken gegenüber anderen Banken, der Zentralbank und den Einlegern begründet. Daraus kann sich einerseits ein „lemons' market" entwickeln, andererseits kann die Ankündigung von LLR - Absicherungen das Informationsstreben von Marktteilnehmern senken, so daß der Anreiz zu risikoreichem Verhalten bei den Geschäftsbanken noch gesteigert wird. Die neuere Literatur sieht hingegen das Hauptrisiko in den Transformationsfunktionen der Geschäftsbanken, die über eine Kettenreaktion die einzelne Bank oder auch das gesamte System zu einem Marktaustritt im Run - Fall zwingen kann. Vgl. Thiel (1995) S. 5.

[3] Laffrague (1982).

[4] Diese weithin verbreitete Ansicht wird durch Ergebnisse einer Studie von Kaufman zu der Entwicklung des systemischen Risikos in den USA in Frage gestellt. Siehe dazu Lannoo (1999) S. 52.

[5] Nouy in Plihon (1993b) S. 20. Zu den aus der europäischen Integration erwachsenen Risiken siehe Aglietta in Plihon (1993b) S. 21.

[6] Die mobilisierbaren Papier wurden auf Einlagenzertifikate und Commercial Papers ausgedehnt. Cesarini (1991) S. 80f.

[7] So führten beispielsweise Zinsobergrenzen für Termineinlagen in den Jahren 1981 bis 1986 zu der Entstehung der kurzfristigen Investmentfonds "OPCVM" (Organismes de placement collectif en valeurs mobilières), die eine Anlage in hochverzinsliche Geldmarktpapieren ermöglichten.

rell dominierten aufgrund der hohen Budgetdefizite und der nur schwach entwickelten Wertpapiermärkte in Frankreich die staatlichen Finanzinnovationen.[1]

Vor dem Bankgesetz von 1984 war das französische Bankwesen durch staatlichen Interventionismus geprägt. Zinsfestsetzungen auf der Passivseite, qualitative und quantitative Kreditkontrollen, der "Circuit de Trésor", und subventionierte Darlehen von Spezialinstituten und Genossenschaftsbanken sorgten dafür, daß Sondergeldkreisläufe entstanden, in denen je nach Sektor und Verwendungszweck unterschiedliche Konditionen herrschten.[2] Die Wechselwirkung zwischen dem Handlungsspielraum einer auf Geldwertstabilität ausgerichteten Zentralbank und den unterschiedlichen Ausprägungen der Bankenaufsicht (Prudential supervision, Structural regulation, Fair play regulation)[3] erfolgt auf verschiedenene Ebenen. Dabei kam es zu Konflikten zwischen restriktiveren Aufsichtsnormen und einer expansiven Geldpolitik. Ein Beispiel dafür sind die regulierten Habenzinssätze, die zu der Entwicklung der OPCVM geführt haben.[4][5][6]

Das Bankengesetz von 1984 hat damit begonnen, die Heterogenität des Systems abzubauen. Damit ging eine Abkehr von einer administrativen Bankenkontrolle und eine Hinwendung zu einem stärker marktwirtschaftlich orientierten Ansatz einher. Der steigende Wettbewerb, der mit der Abschaffung der Sonderkreisläufe, und -konditionen verbunden war, entspricht ebenso wie die Tendenz zur Disintermediation und Reintermediation der Finanzintermediäre einem internationalen Trend.

1.3.1.3.2.2. Überwachung der Finanzmärkte

Das Komitee für Bankenregulierung übertrug der Banque de France die Verantwortung

---

[1] Ebenda.

[2] Disch (1995) S. 23.

[3] Die Unterteilung ist Lück (1998) S. 53 entnommen. Im Unterschied zu der dortigen Darstellung wird hier unter "prudential supervision" nicht nur die "Kontrolle solvenzgefährdender Spezialrisiken" verstanden, sondern allgemeiner die Zielsetzung sowohl systemischen und bankbetrieblichen Risiken vorzubeugen als auch Einlegerschutz zu gewähren. Siehe dazu auch Hellwig in Plihon (1993b) S. 19.

[4] Die Regulierung wurde mit der Vermeidung "exzessiver" Konkurrenz unter den Banken und die Finanzierung von kostenfreien Serviceleistungen der Banken durch Kreuzsubventionen begründet. Vgl. Pébereau in Plihon (1993b) S. 18.

[5] Banque de France (1990-1991) S. 42.

[6] Durch die OPCVM (Organismes de placement collectif en valeurs mobilières oder kurzfristigen Investmentfonds) lassen sich auch direkte geldpolitische Beeinträchtigungen nachweisen, denn Arbitragegeschäfte, die von den seit 1986 nach dem Prinzip der Transparenz (monetäre Aktiva der Fonds wurden als direkt den Anteilseignern der OPCVM (kurzfristige Investmentfonds) zugehörig angenommen) behandelten OPCVM getätigt wurden, zu Veränderungen bei den Progressionsrhythmen der Aggregate geführt, die nicht unbedingt Veränderungen im Anlageverhalten der Anteilseigner widerspiegeln. Damit wurde eine Steuerung erschwert.

für den Markt handelbarer Finanzaktiva (Certificates of deposit, Commercial papers; Asset-backed securities). Die Banque de France überwacht sowohl die Emissionsverfahren[1] als auch den Sekundärmarkt.[2] Somit ist die Banque de France auch in diesem Bereich einer der wesentlichen Entscheidungsträger.

1.3.2. Restringierende Aktoren

Die französische Zentralbank war analog zur formalen Vorgabe auch faktisch in die Wirtschaftspolitik der Regierung eingebunden. Das formale Abhängigkeitsverhältnis ist einer genaueren Betrachtung zu unterziehen, denn die Banque de France konnte durch die Ausarbeitung von Vorschlägen mehr Einfluß nehmen, als dies die formalen Vorgaben zunächst vemuten ließen. Unterstützt wird diese These durch die instrumentelle Gestaltung der Geldpolitik.

Den von der Regierung vorgegebenen Zielen wurde nicht nur die Währungsstabilität, sondern auch alle anderen Zentralbankfunktionen untergeordnet, so daß sich eine kohärente Beziehung zwischen Geld- und Industriepolitik ergab. Auch die Disinflationspolitik der achtziger Jahre ist unter diesen Vorzeichen zu betrachten, denn die Wirksamkeit der geldpolitischen Strategie war wesentlich durch die begleitende Wirtschaftspolitik im Bereich der Fiskal- und Lohnpolitik beeinflußt. In ihrer Rolle als Bank des Staates ist insbesondere die Funktion des Financiers von determinierendem Charakter für den Handlungsspielraum der Zentralbank. Zwar unterlag die direkte Finanzierung einer Vereinbarung zwischen Wirtschafts- und Finanzminister und der Banque de France sowie der Zustimmung des Parlaments, woraus Caesar (1981, S. 319) eine relativ starke Position der Notenbank gegenüber der Regierung ableitete. In einer Betrachtung der achtziger Jahre wird ersichtlich, daß der „Concours au Trésor" bis zu einem Höchststand im Jahre 1992 permanent gestiegen ist.

---

[1] Zu den einzelnen Schritten siehe Banque de France (1995) S. 52f.

[2] Der Gouverneur der Banque de France ist zudem im Kollegium der Börsenkommission (Commission des opérations de bourse) vertreten und einer der Generaldirektoren der Banque de France sitzt als Prüfer im Verwaltungsrat zweier spezialisierter Finanzinstitutionen, der Société des bourses françaises und der MATIF SA. Der MATIF (Marché à terme des instruments financiers) ist der französische Termin- und Optionsmarkt. Er wurde 1986 eröffnet. Auch im Comité de liaison des autorités monétaires et financiéres (CLAMEF), einem der wichtigsten Gremien, in dem sich unter dem Vorsitz des Directeur du Trésor die Verantwortlichen verschiedener Institutionen zusammenfinden, um Fehlfunktionen der nationalen Kapitalmärkte vorzubeugen, ist die Banque de France mit einem der Vize-Gouverneure vertreten.

1.3.3. Restringierende Faktoren

Die Mitgliedschaft im EWS fungierte als „Schutzschild" gegen Forderungen von Interessengruppen. Die Banque de France war durch das EWS in ihrem Handlungsspielraum zunehmend beschränkt. Insbesondere die Zinspolitik nach der Wiedervereinigung in Deutschland machte diese Wirkung sichtbar.[1] Zwar gelang es der französischen Zentralbank, ihre monetären Ziele zu erreichen, auf den Finanzmärkten wurde der französische Franc bis in die jüngste Vergangenheit aber immer mit einem gewissen Malus gegenüber der D-Mark gehandelt.[2]

Eine ähnliche Funktion wie das EWS erfüllte auch die Geldmengensteuerung, die gegen spezifische Forderungen von Interessengruppen angeführt werden konnte. Unterstützend wirkte dabei, daß die Steuerung transparenter als die der Bundesbank gehalten wurde und die Zentralbank auch ihre Ziele klarer formulierte. Die Konditionierung durch das außenwirtschaftliche Ziel wirkte bis in die instrumentelle Gestaltung der Geldpolitik hinein:

„So gesehen verbleibt auf der instrumentellen Ebene sehr wenig Spielraum, da die französischen Geldmarktsätze stets so beschaffen sein müssen, daß sie eine Stabilisierung des Wechselkurses ohne größere Veränderungen der Währungsreserven gewährleisten."[3]

Die Heterogenität des Bankensystems, der große Anteil subventionierter Kredite und die Finanzstruktur der Unternehmen[4] wirkten weiterhin einschränkend. Die spezifische Struktur des französischen Bankwesens hat dazu beigetragen, daß sich über die Jahre sehr enge Bindungen zwischen den Geschäftsbanken und der Zentralbank entwickelt haben.

„These provide the entire banking sector with an unusual degree of cohesiveness, which derived from, and assisted in the conduct of, very controlled macroeconomic policies, particularly with respect to the management of interest rates and credit policies (encadrement du crédit). They also eased the allocation, targeting and monitoring of subsidised loans."[5]

---

[1] Die Banque de France und indirekt der französische Staat profitierten aber auch von dem hohen Zinsniveau in Deutschland über den außenwirtschaftlichen Teil des Zentralbankgewinns, der über Steuern und Gewinnausschüttung dem Staat zugeführt wurde. 1992 wurde das Dilemma der Zentralbank offensichtlich: „... einerseits der sich verschlechternden konjunkturellen Lage im Inland Rechnung tragen zu müssen, andererseits darauf zu achten, daß sich die Zinsschere zwischen Frankreich und Deutschland nicht noch weiter öffnete." Schenk (1997) S. 70. Siehe dazu Tabelle 11. Einem hohen inländischen Zinsniveau standen hohe Interventionsvolumina mit Offenmarktgeschäften gegenüber, um den Liquiditätsentzug durch die Devisieninterventionen zu kompensieren. Ebenda S. 70.

[2] Bofinger (1997) S. 49.

[3] Bofinger (1996) S. 450.

[4] Siehe dazu Bertero (1995).

[5] Bertero (1995) S. 7.

Erst nach der Reform des Bankensystems im Jahre 1984 wurde es der Zentralbank ermöglicht, marktbasierte Instrumente zu verwenden und damit das Konzept der Geldmengensteuerung zu unterstützen. Doch auch die Finanzinnovationen waren stark durch die Einwirkungen des Trésor public geprägt:[1]

„Treasury intervention in capital markets is thus more an idiosyncrasy than a paradox of financial liberalization in France."[2]

Zwei neuere Studien haben den Multiplikator zwischen Geldmarktzinsen und repräsentativen Bankkreditzinsen[3] für Unternehmen untersucht.[4] Wenngleich beide Studien aufgrund eines Mangels an repräsentativem Datenmaterial keine endgültigen Schlüsse zulassen,[5] so scheinen sie doch die These, daß es substantielle Unterschiede der Finanzstrukturen gibt, die die Wirksamkeit einer gemeinsamen Geldpolitik beeinträchtigen könnten, zu unterstützen. Die Schnelligkeit der Anpassung variiert zwischen den Ländern. In Frankreich ist selbst langfristig die Anpassung unvollständig, denn eine Veränderung des Geldmarktsatzes schlägt sich nur zu 74% nieder.[6] Barran et alt. (1997) führen die Unterschiede auf die unterschiedlichen Finanzstrukturen und insbesondere die Konkurrenzsituation zwischen den Geschäftsbanken zurück.

Die Wirksamkeit geldpolitischer Maßnahmen ist auch von der Vertragsgestaltung der Bankkredite abhängig, die international variiert. Die größten Unterschiede wurden für den Hypothekenmarkt festgestellt, bei dem in Frankreich 95% der Kreditverträge mit einem festen Zinssatz abgeschlossen werden. Eine Zunahme an anpassungsfähigen Zinssätzen ist in Frankreich zu beobachten, eine sehr vorsichtige Haltung der französischen Haushalte gegenüber variablen Zinsen läßt den Anteil jedoch gering bleiben. Tabelle 8 zeigt, daß im

---

[1] Der zentralisierte Innovationsprozeß machte bei dem starkem Wachstum der Kapitalmärkte den Trésor public zum hauptsächlichen Nutznießer. Siehe dazu Tabelle 1 bei Boissieu/Pisani-Ferry (1995), die den Anteil des Staates am gesamten Finanzierungsvolumen von Nichtbanken wiedergeben. Auf dem Geldmarkt ist der Anteil leicht gesunken, wohingegen er auf dem Bondmarkt gestiegen ist und 1993 einen Prozentsatz von 75% ausmachte. Vgl. Boissieu/Pisani-Ferry (1995) S. 15.

[2] Boissieu/Pisani-Ferry (1995) S. 15.

[3] In Frankreich ergibt sich aufgrund des Basiszinssatzes eine strukturelle Besonderheit. Der Basiszinssatz (taux de base bancaire) wird von den Großbanken autonom festgesetzt und den Veränderungen des Interbankensatzes und des Interventionssatzes der Banque de France angepaßt, so daß er die Zentralbankgeldbeschaffungskosten der Geschäftsbanken anzeigt, mit denen kalkuliert wird. Seine Aussagekraft ist jedoch auf die kleinen Kreditvolumina begrenzt. Becker (1985) S. 54 und Banque de France (1994) S. 51.

[4] Cottarelli/Kourelis (1994) in Spalte (1) und Borio/Fritz (1995) in Spalte (2).

[5] Die Basis für den Kreditzinssatz bildet nicht ein Durchschnitt, sondern „repräsentative" Zinssätze wie der Basiszinssatz, Sollzinssatz und unterschiedliche Kreditzinssätze.

[6] Siehe Tabelle 7.

Falle einer Erhöhung der Zinssätze die über Hypotheken verschuldeten Haushalte in Frankreich relativ wenig berührt würden. Auch die Unternehmenskredite weisen unterschiedliche Strukturen in den betreffenden Ländern auf.[1] Ein weiterer Faktor ist die Existenz vergünstigter Kredite, die 1986 noch 57% ausmachten, 1992 nur noch 28%.[2]

1.3.4. Bestimmungsgründe des politischen Handlungsspielraums

Der politische Handlungsspielraum einer Zentralbank wird auch durch den Stellenwert bedingt, den Zentralbankunabhängigkeit in der politischen und wissenschaftlichen Auseinandersetzung genießt. Die Zentralbank ist in Frankreich bis zum Maastrichter Vertrag nur in sehr geringem Maße Gegenstand öffentlicher Auseinandersetzung gewesen.[3] Somit ist auch die Idee der Unabhängigkeit zunächst nicht diskutiert worden.

„Ein nicht unwichtiger Grund hierfür mag in der prinzipiell positiven Einstellung aller am Wirtschaftsprozeß Beteiligten zu staatlichen Eingriffen liegen....“[4]

Die spezifische Struktur des französischen Bildungswesens hat eine starke Homogenität der Ausbildung und des Werdegangs der politischen und auch geldpolitischen Entscheidungsträger geschaffen.[5] Aufgrund der dadurch entstandenen engen Verbindungen zwischen Finanzministerium und Notenbank sind grundlegende Differenzen lange Zeit schwer vorstellbar gewesen.[6]

---

[1] Siehe Tabelle 9.
[2] Diese Kredite werden hauptsächlich für den Immobilienbereich gewährt.
[3] Siehe zu den wenigen Ausnahmen S. 177.
[4] Caesar (1981) S. 345.
[5] Vgl. S. 187 Fußnote. Der einzige Gouverneur nach dem Zweiten Weltkrieg, der nicht Absolvent der ENA war, Wormser, hat zugleich den einzigen öffentlichen Dissens zwischen Zentralbank und Regierung hervorgerufen.
[6] Siehe Caesar (1981, S. 335) zu den wenigen konkreten Meinungsverschiedenheiten.

2. Der Weg Frankreichs in die Wirtschafts- und Währungsunion

2.1. Der Ratifikationsprozeß des Maastrichter Vertrages

Über den EU-Vertrag hat die Nationalversammlung entgegen der traditionellen Vorgehensweise bereits vor der Maastrichter Konferenz diskutiert.[1] Außenminister Roland Dumas präsentierte am 27. November 1991 eine Erklärung in der Nationalversammlung, der eine Debatte folgte.[2] Die parlamentarische Aussprache beschäftigte sich mit der Errichtung der zukünftigen europäischen Zentralbank und in diesem Kontext auch mit der Rolle der Banque de France.[3] Staatspräsident Mitterrand kommentierte die Resultate von Maastricht am 15. Dezember und kündigte ein Referendum und die Verfassungsreform an, was Jacques Chirac, den Vorsitzenden des RPR, zu einer vielbeachteten Stellungnahme in Le Monde am 21. Dezember 1991 motivierte.[4]

Die normative Grundlage für diese Vorgehen bildete Artikel 52 der französischen Verfassung, der den Staatspräsidenten ermächtigt, Verträge zu verhandeln und zu ratifizieren. Dieser Artikel erhält seine Bedeutung bei genauerer Betrachtung des Gewichts von Innen- und Außenpolitik in Frankreich: Die institutionelle Struktur in Frankreich ist dergestalt, daß der Premierminister, der die Verantwortung für die Wirtschaftspolitik trägt, dem Staatspräsidenten berichtet, der eine wichtige Rolle in der Außenpolitik innehat.[5]

Verträge, die internationale Organisationen betreffen, bedürfen der parlamentarischen Zustimmung. Artikel 11 der Verfassung besagt, daß die Zustimmung des Parlaments durch ein Referendum ersetzt werden kann, wenn es sich um Verträge handelt, die - ohne ge-

---

[1] Damit erweist sich auch die von Michael Sutton aufgestellte Behauptung, das französische Parlament sei im Gegensatz zum englischen Unterhaus erst fünf Monate nach den Maastrichter Verhandlungen involviert gewesen, als unkorrekt. Siehe dazu Sutton (1993) S.113 und J.O. Débats de l'A.N.; Séance du 27 Novembre 1991; S. 6692.

[2] Siehe zu den Parteien Erläuterungen im Anhang.

[3] J.O. Débats de l'A.N.; Séance du 27 Novembre 1991; S. 6681ff.

[4] In diesem politischen Schlagabtausch wurde bereits ersichtlich, was François Mitterrand schon vor der Maastrichter Konferenz in der Zeitschrift "L'Expansion" angekündigt hatte: Die europäische Konstruktion war auf dem Weg, aus der Außenpolitik wieder in die innenpolitische Arena einzutreten. Wesentlich war in Frankreich auch, daß ein Jahr vor den Parlamentswahlen keine der Parteien an Profil verlieren wollte. Die Sozialisten gerieten nach den Mißerfolgen der Regierung Rocard und der zunehmenden Kritik an seiner Nachfolgerin Edith Cresson immer stärker unter Druck. Für Mitterrand war es in dieser Situation sehr wichtig, auf außenpolitischem Feld einen Erfolg zu verzeichnen. Auch die Entscheidung für das Referendum ist unter diesem Vorzeichen zu sehen. Politische Kommentatoren vermuteten darin einen Versuch, die Verbindung zwischen RPR und UDF zu spalten, denn der RPR war sich uneinig, während die UDF geschlossen für die Ratifizierung stimmte. Chantebout (1995) S. 533.

[5] Betrachtet man unter diesem Aspekt die wirtschaftspolitischen Entscheidungen der letzten Jahre in Frankreich, so wird offensichtlich, daß sich die Dominanz außenpolitischer Erwägungen wesentlich in der Wirtschafts- und insbesondere in der Geldpolitik niedergeschlagen hat. Boissieu/Pisani-Ferry (1995) S. 23.

gen die Verfassung zu verstoßen - "... *ont des incidences sur le fonctionnement des institutions*".[1,2]

Der Ratifikation ging eine Verfassungsänderung voraus, deren Notwendigkeit der Verfassungsrat am 9. April 1992 feststellte (Maastricht I). Staatspräsident Mitterrand hatte den Verfassungsrat in einer präventiven verfassungsrechtlichen Kontrollklage angerufen, um gemäß Art. 54 der französischen Verfassung die Vereinbarkeit der Verfassung mit dem Maastrichter Vertrag prüfen zu lassen.

Drei Elemente des Maastrichter Vertrages waren laut Urteil des Verfassungsgerichts mit der französischen Verfassung nicht vereinbar: aktives und passives Wahlrecht für europäische Ausländer bei Kommunalwahlen, die Visumspolitik und der Übergang in die dritte Phase der Europäischen Wirtschafts- und Währungsunion. Eine Verfassungsänderung erfordert in Frankreich in letzter Instanz die Abstimmung des Kongresses (Nationalversammlung und Senat) mit einer Mehrheit von mehr als 3/5 der Stimmen; am 25. Juni 1992 erfolgte die erforderliche Verfassungsänderung.[3]

Als Folge des negativen dänischen Referendums[4] beschloß Staatspräsident Mitterrand, auch in Frankreich die Ratifikation einem Referendum zu unterwerfen. Eine andere Möglichkeit wäre die Entscheidung durch den Kongreß gewesen. Dem Risiko einer wachsenden parlamentarischen Opposition wollte sich Mitterrand nicht aussetzen.[5] Er hätte auch

---

[1] "... Auswirkungen auf die Funktionsweise der (öffentlichen) Institutionen haben." Rideau (1992) S. 617.

[2] Das letzte Mal, daß diese Verfahrensweise genutzt wurde, war 1972. Es wurde über den Beitritt von Irland, Dänemark und Großbritannien abgestimmt.

[3] Die Verfassung wurde um einen Abschnitt XIV (Titre XIV) ergänzt, der in Art. 88-1 vorsieht, daß Frankreich unter Vorbehalt der Reziprozität und entsprechend den Modalitäten, die der EU - Vertrag vorsieht, dem für die Errichtung der Wirtschafts- und Währungsunion notwendigen Kompetenztransfer zustimmt. J.O. Débats parlementaires A.N. 2eme Séance du 18 Juin 1992 S. 2580. Eine weitere Änderung, die im überwiegenden Teil der Literatur nicht erwähnt wird, aber erst die zweite Anrufung des Verfassungsrates möglich machte, ist die Änderung des Art. 54 der Verfassung, der neben den Artt. 2 und 74 (Anerkennung des Französischen als Sprache der Republik, Statut der Überseegebiete) geändert wurde. Der revidierte Art. 54 erschließt die Möglichkeit der Anrufung des Verfassungsrats bei internationalen Abkommen für 60 Abgeordnete oder 60 Senatoren. In der Verfassungsreform von 1974 war die Anrufung des Verfassungsrats zum Zwecke der Kontrolle von Gesetzen durch Senatoren und Abgeordnete nicht auf internationale Engagements ausgedehnt worden. Die Nationalversammlung nahm den Gesetzesentwurf der Regierung zur Verfassungsänderung mit 398 gegen 77 Stimmen bei 99 Enthaltungen an. Der Senat stimmte ihr mit 192 gegen 117 Stimmen zu, fügte aber noch Änderungen hinzu, denen die Nationalversammlung wiederum am 18. Juni mit 388 gegen 43 Stimmen zustimmte. Schließlich nahm der Kongreß (Nationalversammlung und Senat) die Verfassungsänderung mit 592 gegen 73 Stimmen und 14 Enthaltungen an. Siehe Wissenschaftliche Dienste des Deutschen Bundestages (1993)

[4] Dänemark hatte am 3.6.1992 die Ratifizierung des Vertrages mit 50,7% abgelehnt. In einem zweiten Referendum am 18.5.1993 wurde die Ratifikation nach zahlreichen Vereinbarungen über Sonderregelungen für Dänemark von den dänischen Bürgern gebilligt. Zum Ablauf der dänischen Ratifikation siehe Galahn (1996) S. 97ff.

[5] Laut Meinungsumfragen hatte Mitterrand in den Monaten vor den Maastrichter Verhandlungen viel an

die Verfassungsrevision und nicht die Ratifikation des Maastrichter Vertrages einem Referendum unterwerfen können. Es stand aber zu befürchten, daß die Bevölkerung einer Verfassungsänderung, die die nationale Souveränität direkt betraf, nicht zugestimmt hätte. Die Ratifikation eines internationalen Abkommens schien eher akzeptiert zu werden.[1][2]

Der Verfassungsrat wurde noch zweimal während des Ratifikationsprozesses angerufen: Vor dem Referendum versuchte ein Quorum von 70 Senatoren auf der Grundlage des veränderten Art. 54 der Verfassung die Ratifikation aufzuhalten, indem sie den Verfassungsrat anriefen, die Vereinbarkeit des Vertrages mit der revidierten Verfassung und die Möglichkeit der Ratifikation vor dem Hintergrund der dänischen Ablehnung zu prüfen.[3] Der Verfassungsrat beschied am 2. September die Verfassungsmäßigkeit in einer Maastricht II genannten Entscheidung.[4] Das Referendum über den Maastrichter Vertrag erfolgte am 20. September 1992: Eine knappe Mehrheit von 51,08% sprach sich für die Autorisierung der Ratifikation durch den Präsidenten aus.[5] Nach dem Referendum und nur zwei Stunden nach der Schließung der Wahllokale wurde der Verfassungsrat noch einmal angerufen (Maastricht III). Eine Gruppe von 63 Abgeordneten (RPR und UDF)

Boden verloren, der Zustimmung des Kongresses konnte er sich nicht gewiß sein. Libération v. 12.12.1991 S. 8.

[1] Lavroff (1995) S. 26.

[2] Zudem stellte er sich mit der Entscheidung in eine Tradition, die bezüglich europapolitischer Entscheidungen von Pompidou begründet worden war. Am 23. April 1972 hatte Georges Pompidou ein Referendum anberaumt, um über den Vertrag von Brüssel hinsichtlich der Erweiterung der Gemeinschaft der bis dato sechs Mitgliedsländer auf zehn abzustimmen. Das Ergebnis des Referendums - 67,7% der abgegebenen Stimmen votierten für eine Erweiterung - wurde für Pompidou aufgrund der geringen Wahlbeteiligung als eine Niederlage gewertet. Libération v. 12.12.1991 S. 8. Wie Pompidou mußte auch Mitterrand mit dem Ergebnis des Referendums eine Niederlage hinnehmen, seine Hoffnung, die politischen Gegner, UDF und RPR zu spalten, die anfangs aufgrund der Divergenzen innerhalb des RPR und der Geschlossenheit der UDF vielversprechend schienen, wurde enttäuscht.

[3] Die erste Anfrage war, ob es "verfassungsgemäß sei, ein internationales Engagement, das noch nicht in einem Zustand sei, der eine Ratifikation zuließe, zu ratifizieren". Die Antragsteller beriefen sich damit indirekt auf die Bestimmungen des Wiener Vertragsrechtsrechtsübereinkommens vom 23.5.1969 (WVÜ). Die Außenwirksamkeit eines Vertrages wird von der Innenwirksamkeit, das innerstaatliche Wirksamwerden entsprechend dem nationalen Verfassungsrecht, unterschieden. Erstere, die völkerrechtliche Verbindlichkeit, tritt für die Vertragsstaaten zum Zeitpunkt des Inkrafttretens ein. "Erst nach Einholen der jeweils verfassungsrechtlich notwendigen Zustimmungen können die Unterzeichnerstaaten .... die nach außen wirksame Zustimmung erklären, durch den Vertrag gebunden zu sein (vgl. Art. 11 WVÜ)." Galahn (1996) S. 59. Der französische Verfassungsrat wies die Klage mit der Begründung zurück, daß es in dem Moment, wo entsprechend den Regeln des nationalen Rechts ein internationales Engagement existiere, nicht erheblich wäre, ob es nach den Regeln des internationalen Rechts keine Chance hätte, Wirkung zu zeigen. Vgl. Favoreau/Loïc (1995) S. 792. Damit hat sich der Verfassungsrat ausschließlich auf den nationalen rechtlichen Rahmen zurückgezogen, um die Verfassungsmäßigkeit des Ratifikationsprozesses zu beurteilen.

[4] Zur Begründung der Anrufung des Verfassungsrat und der Entscheidung siehe Rideau (1992) S. 617f. Siehe auch Wissenschaftliche Dienste des Deutschen Bundestages (1993), die die Entscheidung Maastricht II dem Prozeß der Verfassungsänderung zuordnen.

[5] Zur demoskopischen Analyse des Referendums siehe Woyke (1993) S. 99f.

versuchte, die Verfassungsmäßigkeit des Gesetzes über den Volksentscheid in Frage zu stellen. Der Verfassungsrat entschied, daß *"der Ausdruck der Volkssouveränität in Form einer Volksabstimmung nicht der Überprüfung durch den Verfassungsrat zugänglich sei."*[1] Damit wurde der Ratifikationsprozeß erfolgreich abgeschlossen.[2] In dem Epilog des Jahres 1998 über die letztendliche Einführung des Euro brachen die alten Gräben zum Teil wieder auf. Eine Erklärung der Regierung Jospins wurde dennoch mit 334 gegenüber 49 ablehnenden Stimmen angenommen.[3]

2.2. Die französische Zentralbankverfassung im Wandel

Die französischen Zentralbanknormen sind in Vorbereitung der dritten Stufe der Wirtschafts- und Währungsunion zweimal grundlegend verändert worden. Die erste, bedeutendere Änderung erfolgte durch das Reformgesetz, das am 5. Januar 1994, also zu Beginn der zweiten Stufe in Kraft trat. Dieses Gesetz wurde im Mai 1998 modifiziert, um die Teilnahme der Banque de France am ESZB zu ermöglichen.

2.2.1. Reformversuche vor 1993

Anfang der siebziger Jahre kamen die Banque de France und die Regierung überein, daß die Zentralbank neue Statuten erhalten sollte. Jedoch konnte die Frage der Unabhängigkeit nicht gelöst werden. Der damalige Zentralbankgouverneur Wormser plädierte für die Unabhängigkeit, stieß jedoch auf Widerstand bei dem damaligen Finanzminister und späteren Präsidenten Valéry Giscard d'Estaing.[4]

Das Gesetz von 1973 hatte die Bank zwar autorisiert, ihre Instrumente den Umständen anzupassen, ohne für jede Anpassung einen legislativen Prozeß durchlaufen zu müssen,

---

[1] Der Verfassungsrat hat mit dieser Beurteilung eine Entscheidung bestätigt, die er bereits 1962 gefällt hatte. Favoreau/Loïc (1995) S. 816 und Galahn (1996) S. 101. „Das bestehende Verfassungsrecht hatte daher keinen rechtlich übergeordneten Rang ... Das Konzept, daß Kontrolle besser als Vertrauen ist, gilt nicht gegenüber dem Volk. ... Aus dieser Perspektive ist der Conseil constitutionnel 1958 in gegenläufiger Absicht geschaffen worden: Er sollte ursprünglich vor allem das Parlament domestizieren, allerdings ohne dem Volk seinen Rang als Souverän zu nehmen." Gerade der Maastrichter Vertrag hat für die Entwicklung der Verfassungsrechtsprechung in Frankreich wesentliche Bedeutung erlangt. „.... es zeigt sich, daß sich die Distanz zur Politik verstärkt, die Gerichtsbarkeit ausgebaut werden soll und die Verfassung daher in ihrer eigenständigen stabilisierenden Funktion eher gewinnen wird." Goerlich (1995) S. 21, 32.

[2] Diese Erklärung ist nicht unumstritten gewesen. Siehe dazu Rideau (1992) S. 617 und Favoreau (1992) S. 745f. Einer materiellen Prüfung von Gesetzen, die durch Volksentscheid beschlossen wurden, widersetzte sich der Verfassungsrat damit. Siehe Walter (1993) S. 184.

[3] Zur Debatte Graham (1998) S. 10.

[4] Goodman (1992) S. 48, Caesar (1981) S. 344. Siehe dazu auch S. 137.

jedoch keinen höheren Grad an Unabhängigkeit geschaffen.[1][2]

Die geänderten wirtschafts- und geldpolitischen Vorstellungen der achtziger Jahre belebten das Interesse an einer Stärkung der Stellung der Banque de France wieder.

Ein erster Anlauf zu einer Reform der Banque de France erfolgte 1985 mit der gaullistischen Oppositionspartei RPR durch Charles Pasqua im Senat.[3]

Gefordert wurde zwar eine Kompetenzerweiterung, die die geldpolitische Verfügungsgewalt im Rahmen der allgemeinen, von der Regierung vorgegebenen wirtschaftlichen Direktiven beinhaltete, explizit ausgeschlossen wurde aber die Unabhängigkeit.[4] Der Vorschlag sah auch eine Stärkung der Parlamentsrechte und die parlamentarische Diskussion der Geldpolitik vor. Damit sollte einem Konflikt zwischen Zentralbank und Regierung vorgebeugt werden.[5] Zunächst fand der Gesetzesvorschlag keine hinreichende Unterstützung. Nachdem Chirac 1986 Premierminister geworden war, wurde 1986 ein erneuter Anlauf genommen, der das Wahlkampfprogramm und den Vorschlag von 1985 vereinen sollte. Das erklärte Ziel der Regierung war, "... *de donner à la Banque de France un statut nouveau qui permette de soustraire son action aux interventions des administrations.*"[6] Im Oktober 1986 hatte das Projekt aber plötzlich seine Dringlichkeit verloren, Balladur begründete eine Zurückstellung der Reform mit den zahlreichen ungelösten juristischen Fragen. Er machte zudem geltend, daß die Banque de France über faktische Autonomie bei der Durchführung der Geldpolitik verfügen würde.[7] Andere Reformvorhaben wurden vorangetrieben, die das Banken- und Finanzsystem im Auge hatten.[8] Die Gründung des

---

[1] Goodman (1992) S. 48.

[2] 1973 war auch versucht worden, die Kontrolle durch die Finanzausschüsse des Senats und der Nationalversammlung in die Statuten der Banque de France aufzunehmen. Die Regierung sollte verpflichtet werden, jede die Banque de France betreffende Verordnung vor ihrer Veröffentlichung den Finanzausschüssen der beiden Kammern vorzulegen. Eine verfassungsrechtliche Prüfung ergab aber, daß dadurch das Verordnungsrecht der Regierung durch das Parlament beschränkt werden würde. Bonin (1979) S. 155 und J.O. Débats parlementaires Sénat, Séance du 2 Novembre 1972, S. 1898.

[3] Correspondence Economique (1985) dazu:"... der wirtschaftliche Aufschwung des Landes setzt voraus, daß die Banque de France die Verfügungsgewalt über die Gesamtheit ihrer natürlichen Vorrechte erhält, ... über Geld und Kredit zu wachen und zu diesem Zweck die Bankenaktivität zu reglementieren, erfordert eine veritable Initiativgewalt und ausgedehnte Vorrechte."

[4] "... aber diesseits dieser Grenze (der Unabhängigkeit) wird die notwendige Autonomie der Banque de France verankert." a.a.O. Die Begriffe Unabhängigkeit und Autonomie werden nicht als Synonyme verstanden.

[5] o.V.; La "Lettre A";16.10.1986; und J.O. 15.12.1986; A.N. Débats parlementaires; question 9538.

[6] "... der Banque de France ein neues Statut zu geben, das es erlauben soll ihre Handlung(en) den Interventionen der Verwaltungen zu entziehen" AGEFI vom 16.4.86.

[7] J.O. 15.12.1986 A.N. Débats parlementaires, question 9538.

[8] 1986 erschien ein Weißbuch über die Reform der Finanzierung der Wirtschaft, das vom Wirtschaftsministerium herausgegeben wurde. In diesem Bericht wurden drei Ziele für das künftige Vorgehen genannt: die Überwindung der Segmentierung des Kreditmarktes, die Reduzierung der vergünstigten Kredite und die Homogenisierung der Finanzinstitutionen. Velo (1994) S. 8.

Deutsch-Französischen Wirtschaftsrates im Jahre 1988 führte zu einem erneuten Aufflammen der Debatte über die Unabhängigkeit der französischen Zentralbank, die aber nicht zu institutionelle Veränderungen führte.

2.2.2. Die zweite Stufe der Wirtschafts- und Währungsunion

Mit dem Gesetz vom 4. August 1993 wurde die Banque de France hinsichtlich ihrer Ziele, Organisation, Befugnisse und institutionellen Stellung grundlegend reformiert. In der Begründung für das Gesetz von 1993 beriefen sich Alain Lamassoure und Charles Millon auf den Vertrag von Maastricht, der in Frankreich am 20. September 1992 ratifiziert wurde. Die früheren Ansätze zu Reformen der Banque de France machen bereits deutlich, daß über die Notwendigkeit, die durch den Maastrichter Vertrag geschaffen wurde hinaus ein starkes Interesse an einer Veränderung der Statuten bestand.[1]

Nach den Beratungen in der Nationalversammlung und im Senat zwischen dem 8. Juni und dem 11. Juli 1993 wurde dem Verfassungsrat ein Gesetzesprojekt über die Reform der Banque de France zur Prüfung überantwortet. Dieser erklärte am 3. August 1993 die allgemeinen Bestimmungen des Textes als verfassungskonform. Solange jedoch der Vertrag von Maastricht nicht in Kraft getreten wäre, könnte der Banque de France nicht die Entscheidungsgewalt über die Geldpolitik und die Sicherung der Preisstabilität verliehen werden.[2] Das Gesetz wurde daher zunächst ohne die entsprechenden Artikel am 6. August 1993 im Journal Officiel veröffentlicht. Erst nach Inkrafttreten des Vertrages über die Europäische Union am 1. November 1993 wurde vom Ministerrat ein Gesetz über die Banque de France,[3] das Versicherungswesen und die Kredit- und Finanzmärkte verabschiedet, das im gleichen Wortlaut von der Nationalversammlung und dem Senat übernommen wurde.[4]

[1] Zunächst liefert diese eine Motivation, warum diese frühzeitige Reform erfolgte. Art. 108 EGV erforderte, daß spätestens zum Zeitpunkt der Errichtung des ESZB jeder Mitgliedsstaat seine innerstaatlichen Rechtsvorschriften einschließlich der Satzung seiner Zentralbank mit dem EGV und der Satzung des ESZB in Einklang gebracht haben mußte. Infolgedessen hätte die Reform der Statuten der Banque de France aus rein juristischer Sicht auch später erfolgen können.

[2] Vgl. J.O. Entscheidung vom 3. August 1993, S. 11014.

[3] Damit waren die zuvor als verfassungswidrig beurteilten Artikel berücksichtigt worden.

[4] Das Gesetz No. 93-1444 vom 31. Dezember 1993 wurde am 5. Januar 1994 im Journal Officiel veröffentlicht. Banque de France (1994) S. 190. Im Dekret 93-1278 vom 3. Dezember 1993 über die Banque de France wurden die Verfahrensweisen zur Anwendung des Gesetzes 93-980 vom 4. August 1993 hinsichtlich der Ernennung und Vergütung des Geldpolitischen Rats und des Generalrats, ihrer Funktionsweise, der Wahl des Arbeitnehmervertreters in den Generalrat, der Aufstellung des jährlichen Haushaltsplans, des Jahresabschlusses und der Gewinnverteilung festgelegt.

2.2.2.1. Funktionen der Banque de France nach der Reform von 1993

Durch die Reform erfolgten noch keine Kompetenzübertragungen auf die Gemeinschaftsebene. Die Veränderung der Funktionen der Banque de France zielten auf die Unabhängigkeit der Zentralbank von Regierung, Parlament und privaten Interessengruppen.

2.2.2.1.1. Gestaltung der Geldpolitik

Die Banque de France wurde in dem Gesetz von 1993 dazu ermächtigt, die Geldpolitik zu definieren und auszuführen, um die Preisstabilität zu sichern.[1]

"La Banque de France définit et met en œuvre la politique monétaire dans le but d'assurer la stabilité des prix. Elle accomplit sa mission dans le cadre de la politique économique générale du Gouvernement."[2]

Die Wortwahl des Reformtextes machte jedoch noch nicht die Priorität des Zieles der Preisstabilität deutlich, die der Maastrichter Vertrag forderte.[3] Zudem führte die mißverständliche Formulierung zu weitreichenden politischen Auseinandersetzungen. Dabei erregte die sogenannte "Dialektik zwischen Regierung und Zentralbank",[4] d.h. der zwischen ihnen bestehende potentielle Zielkonflikt durch den zweiten Satz des Art. 1 der neuen Zentralbankstatuten am meisten Diskussionsbedarf.[5] Die bedeutendste institutionelle Neuerung des Jahres 1993 erfolgte mit der Errichtung des Geldpolitischen Rates. Die Entscheidungsbefugnis über die Geldpolitik ging auf den Conseil de la politique monétaire (Geldpolitischen Rat) über. Er bestimmte bis zum Beginn der dritten Stufe die Geldpolitik und überwachte die Entwicklung der Geldmenge.[6] Bei der Ausübung ihrer Ämter durften weder der Zentralbankgouverneur noch die Vize-Gouverneure oder ein anderes Mitglied

---

[1] Art. 1 Gesetz No. 93-980 vom 4. August 1993 modifiziert durch das Gesetz No. 93-1444 vom 31. Dezember 1993. Folgend wird es auch das Gesetz vom 4. August 1993 genannt. Hinsichtlich der Budgetverantwortung, der Kontenprüfung und der Gewinnverwendung wurden vom EWI weitere Anpassungen gefordert. EWI (1998) S. 164

[2] "Die Banque de France definiert die Geldpolitik und führt sie mit dem Ziel aus, die Preisstabilität zu sichern aus. Sie erfüllt ihre Aufgabe im Rahmen der allgemeinen Wirtschaftspolitik der Regierung. " Art. 1 Satz 1 und 2 des Gesetzes No. 93-980 vom 4. August 1993.

[3] Mit dieser Formulierung sollte ein Konflikt mit Art. 20 der französischen Verfassung vermieden werden, der besagt, daß die Regierung die nationale Politik festlegt.

[4] Trichet (1995a) S. 5.

[5] Von der Finanzkommission wurde die mangelnde Stringenz der Formulierung des Artikels 1 kritisiert. Sie bezeichnete den Reformtext als Kompromiß. So Philippe Auberger, der Berichterstatter der Finanz- und allgemeinen Wirtschaftskommission des Parlaments. Siehe J.O. 6/8/1993 - Débats parlementaires A.N. S. 1106

[6] Art. 7 des Gesetzes No. 93-980 vom 4. August 1993.

des Geldpolitischen Rats Instruktionen von der Regierung oder anderen Personen annehmen oder anfordern.[1] Zudem hieß es dort:

"Il est interdit à la Banque de France d'autoriser des découverts ou d'accorder tout autre type de crédit au Trésor public ou à tout autre organisme ou entreprise publics. L'acquisition directe par la Banque de France de titres de leur dette est également interdite."[2]

Damit wurde die Staatsfinanzierung auf dem Emissions- oder Primärmarkt explizit ausgeschlossen.[3]

2.2.2.1.2. Gestaltung der Wechselkurspolitik[4]

In den Absätzen I und II des Art. 2 des Gesetzes von 1993 wurde die Bestimmung des Gesetzes von 1973 bestätigt, daß die Regierung das Wechselkurssystem und den Wechselkurs des Franc determiniert und die Banque de France das Verhältnis zwischen Franc und ausländischen Devisen reguliert.[5] In den Reformstatuten ist die Verantwortlichkeit der Gemeinschaft für die Wechselkurspolitik nicht berücksichtigt worden. Die Wechselkurspolitik führte noch auf eine andere Weise zu einer Einschränkung der Unabhängigkeit

---

[1] Art. 1 Abs. 2 des Gesetzes No. 93-980 vom 4. August 1993.

[2] "Es ist der Banque de France untersagt, dem Schatzamt oder anderen öffentlichen Organen oder Unternehmen Unterdeckungen oder jegliche andere Kreditform zu gewähren." Art. 3 Gesetz No. 93-980 vom 4. August 1993.

[3] Weiter sah das Abkommen vom 10. Juni 1993 zwischen dem Wirtschaftsminister und dem Gouverneur der Banque de France vor, daß der „Concours au Trésor public" jedes Jahr bis zum Jahr 2003 durch Belastung des Kontos „réserve de réévaluation des réserves en or de l'Etat" um ein Zehntel abgebaut und der Saldo mit 5% verzinst wird. Banque de France (1994) S. 227.

[4] Frankreichs Wechselkurspolitik wirkte über das französische Mutterland hinaus in der Vergangenheit sowohl in Ländern, in denen der CFA - Franc und Franc Comorien verwendet wird, 15 frühere französische Kolonien, als auch in den französischen Überseegebieten. Länder mit dem CFA - Franc wurden beim Start des Euro zu einem vorher festgesetzten Wechselkurs angekoppelt. Damit wurde Befürchtungen entgegengetreten, daß der Euro für diese Länder Abwertungen mit sich brächte. Vgl. o.V. (1998) 11. Der Franc-Zone gehören heute folgende Länder an: Benin, Burkina Faso, Elfenbeinküste, Mali, Niger, Senegal, Togo, Kamerun, Zentralafrika, Kongo, Gabun, Äquatorialguinea, Tschad, Komoren, Guinea-Bissau. Vgl. Banque de France (1999d).

[5] Vor dem Hintergrund der europäischen Integration betrachtet, wäre an dieser Stelle ein Konflikt mit den Regelungen des EWS denkbar. Ein solcher Eindruck könnte gerade durch die Entscheidung des französischen Verfassungsrats von 1978 über die bindende Kraft des EWS verstärkt werden, da dieser festgestellt hatte, daß es sich dabei um eine Erklärung politischen Inhalts nicht aber um ein internationales Abkommen gehandelt habe. Die Einheitliche Europäische Akte von 1986 hat dem EWS einen bindenden Rechtscharakter verliehen. Somit ist der mutmaßliche Konflikt mit Art. 2 Absatz 4 des Gesetzes von 1993 als aufgelöst zu betrachten: "Die Banque de France kann sich nach Autorisierung durch den Wirtschafts- und Finanzminister an internationalen Abkommen beteiligen." Art. 2 Absatz 4 des Gesetzes No. 93-980 vom 4. August 1993.

der Banque de France:

„A cet effet, la Banque de France détient et gère les rèserves de change de L'État en or et en devises. Ces réserves sont inscrites à l'actif de son bilan. Les modalités d'application de ces dispositions font l'objet d'une convention entre l'État et la Banque de France. Cette convention est soumise à l'approbation du Parlement.“ [1]

Die Beteiligung an internationalen geldpolitischen Abkommen wurde der französischen Zentralbank in Art. 2 des Gesetzes No. 93-980 vom 4. August 1993 ermöglicht, sie benötigte dazu die Autorisierung des Wirtschafts- und Finanzministers. Die eigentlichen wechselkurspolitischen Befugnisse haben sich durch die Reform nur geringfügig verändert. Im Reformgesetz wurden in Artikel 18 die zu diesen Zwecken möglichen Operationen aufgelistet.[2]

2.2.2.1.3. Bank der Banken und des Staates

Hinsichtlich der Notenemission in Frankreich haben sich keine wesentlichen Änderungen ergeben.[3] Die neuen Statuten haben die Banque de France in ihrer Verantwortlichkeit für das Zahlungssystem bestätigt. Artikel 4 des Gesetzes von 1993 besagte, daß die Banque de France für den reibungslosen Ablauf und die Sicherheit der Zahlungssysteme verantwortlich sei.[4]

1993 wurde festgelegt, daß die Banque de France fortfahren könne, weitere als die beschriebenen Aufgaben auszuüben.[5] Explizit wurden dabei die Leistungen erwähnt, die die Banque de France für den Staat erbringt.[6] Diese Leistungen sollten nach Maßgabe von Abkommen zwischen der Bank und dem Staat oder Dritten geschlossenen Verträgen

---

[1] "Zu diesem Zweck (der Aufgabe der Wechselkurspolitik, S.T.) hält und verwaltet die Banque de France die Gold- und Devisenreserven des Staates. Die Reserven werden als Aktiva ihrer Bilanz ausgewiesen. Die Anwendungsmodalitäten dieser Bestimmungen basieren auf der Grundlage einer Vereinbarung zwischen dem Staat und der Banque de France. Die Vereinbarung wird dem Parlament zur Genehmigung vorgelegt." Art. 2 Abs. 3 des Gesetzes No. 93-980 vom 4. August 1993.

[2] Art. 18 des Gesetzes No. 93-980 vom 4. August 1993.

[3] Vgl. Art. 5 des Gesetzes No. 93-980 vom 4. August 1993 und Art. 2 des Gesetzes No. 73-7 vom 3. Januar 1973. Art. 5 des Gesetzes No. 93-980 vom 4. August 1993. Neben dem neuen Statut hatte auch das Gesetz des IEDOM (Institut d'émission des départements d'outre-mer) noch Gültigkeit. Das IEDOM gibt im Auftrag der Banque de France in den Übersee - Departements und den "collectivités territoriales" Saint Pierre et Miquelon und Mayotte Banknoten in Umlauf. Vgl. EWI (1998) S. 360.

[4] EWI (1996) S. 228.

[5] Art. 15 des Gesetzes No. 93-980 vom 4. August 1993.

[6] "Die Banque de France kann auf Antrag des Staates oder mit seiner Zustimmung Leistungen für ihn oder Dritte erbringen." Art. 15 Absatz 2 des Gesetzes No. 93-980 vom 4. August 1993.

entlohnt werden.[1] Die Mitgliedschaft der Banque de France in bankaufsichtlichen Organen[2] wurde durch die Reform nur marginal verändert.[3] Neben der geänderten Rolle des Nationalen Kreditrates und der Errichtung des Geldpolitischen Rates, der den Rahmen für die Tätigkeit des Komitees für Bankenregulierung (Comité de la réglementation bancaire) setzte, wurde der Gouverneur der Banque de France zu einem einfachen Mitglied des letztgenannten Komitees.[4]

2.2.2.2. Organisationsstruktur nach der Reform

Die Banque de France blieb auch nach der Reform von 1993 als zentralisierte Struktur bestehen.[5] Mit der Einführung des Geldpolitischen Rats wurde ein neues, kollegiales Element eingeführt. Die Definition der Geldpolitik sollte wie oben dargestellt in der zweiten Stufe durch den Geldpolitischen Rat erfolgen. Verwaltungsaufgaben werden vom Generalrat übernommen. Der Gouverneur ist Vorsitzender beider Organe.

Abbildung 8: Organigramm der Banque de France

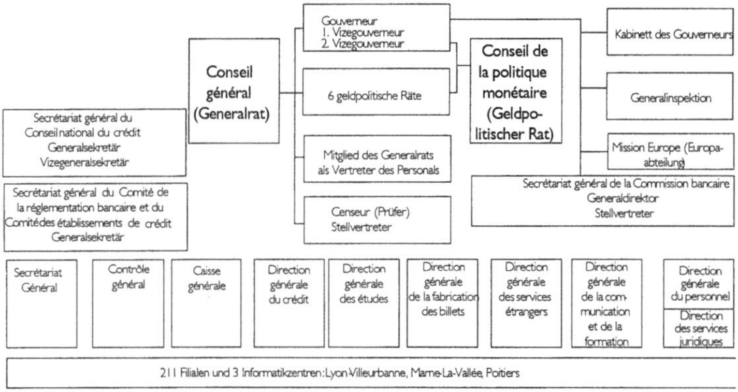

Quelle: Zeichnung nach Banque de France (1995)

---

[1] Siehe dazu Banque de France (1995a) S. 56 - 68.

[2] Für ein Organigramm der französischen Bank- und Finanzaufsicht sowie die Beteiligung der Banque de France in den einzelnen Gremien siehe CECEI (1997) S. 19ff.

[3] Siehe dazu Gesetz No. 84-46 vom 24. Januar 1984, J.O. 25. Januar 1984.

[4] Siehe dazu Banque de France (1995a) S. 75. Der Gouverneur ist als Mitglied der Bankenkommission auch Mitglied des Komitees, des wichtigsten Aufsichtsorgans. Präsident ist der Wirtschafts- und Finanzminister oder sein Stellvertreter. Einschneidendere Bedeutung hatte das Gesetz vom 2. Juli 1996 (loi no. 96-597 du 2 juillet 1996) über die Modernisierung der Finanzaktivitäten, durch das die Direktive vom 10. Mai 1993 in französisches Recht umgesetzt wurde. Siehe dazu CRBF (1997) S. 31f.

[5] Auf eine ausführliche Darstellung der Organisationsstruktur wird an dieser Stelle verzichtet. Gremien, die in Funktion oder Struktur nicht verändert wurden, werden hier nicht noch einmal behandelt.

2.2.2.2.1. Geldpolitischer Rat

Der Geldpolitische Rat besteht aus neun Mitgliedern, dem Gouverneur, den beiden Vizegouverneuren und sechs weiteren Mitgliedern. Diese sechs anderen Mitglieder werden durch den Ministerrat nominiert. Die Auswahlliste wird einstimmig oder zu gleichen Teilen von dem Präsidenten des Senats, dem Präsidenten der Nationalversammlung und dem Präsidenten des Wirtschafts- und Sozialrates beschlossen. Grundlage der Nominierung sollen die Kompetenz und die berufliche Erfahrung der Nominierten sein.[1] Um ihre Unabhängigkeit zu gewährleisten, dürfen Mitglieder des Geldpolitischen Rats nicht für private oder öffentliche Unternehmen arbeiten, ausgenommen sind internationale Organisationen. Diese Bestimmungen gelten auch noch ein Jahr nach dem Ende ihrer Amtszeit. Die sechs anderen Mitglieder haben eine nicht verlängerbare Amtszeit von neun Jahren.[2] Ihr Mandat kann nicht vorzeitig beendet werden. Gouverneur und Vize-Gouverneure werden für sechs Jahre vom Ministerrat ernannt. Ihre Amtszeit kann einmal verlängert werden, eine vorzeitige Abberufung ist nicht möglich.[3] Der Gouverneur leitet die Bank und führt den Vorsitz bei den Beratungen des Geldpolitischen Rates und des Generalrates. Die Ernennung erfolgt durch den Ministerrat.[4] Für Gouverneur und Vizegouverneure gilt darüber hinaus noch drei Jahre nach Beendigung ihrer Amtszeit eine Karenzzeit beruflicher Aktivitäten mit Ausnahme gewählter öffentlicher Ämter oder der Mitgliedschaft in der Regierung.[5]

2.2.2.2.2. Generalrat

Der Generalrat (Conseil général) ist das Verwaltungsorgan der Banque de France.

---

[1] "Diese (die Liste) wird abhängig von der Kompetenz und der beruflichen Erfahrung der zu ernennenden Mitglieder in den Bereichen der Geldpolitik, Finanzen und Wirtschaft erstellt." Art. 8 des Gesetzes No.93-980 des 4. August 1993.

[2] Die Mitglieder des ersten Geldpolitischen Rates unterliegen dieser Bestimmung nur zum Teil, da zwei von ihnen eine drei-, zwei eine sechs- und zwei eine neunjährige Amtszeit haben. Ersteren wird eine einmalige Verlängerung gewährt.

[3] Art 14.2. ESZB-Satzung sieht vor, daß die Amtszeit der Präsidenten der nationalen Zentralbanken mindestens 5 Jahre betragen muß.

[4] Hier liegt ein wesentlicher Unterschied zu den Statuten von 1973, die eine vorzeitige Beendigung der Amtszeit des Gouverneurs und der Vize-Gouverneure ermöglichten.

[5] Mit diesen Bestimmungen kann lediglich ein Schutz gegen private Einflußnahme auf die Mitglieder des Geldpolitischen Rats beabsichtigt sein. Die Ausnahme, die Regierungsposten von diesem Verbot darstellen, erscheint vor dem Hintergrund der politökonomischen Argumente über Anreizstrukturen von zentralbankpolitischen Entscheidungsträgern als fragwürdig. Zudem besteht für alle Mitglieder des Geldpolitischen Rates die Möglichkeit, von dem Verbot der Berufsausübung während der Karenzzeit durch Zustimmung des Geldpolitischen Rats ausgenommen zu werden. Art. 10 Absatz 4 des Gesetzes No.93-980 des 4. August 1993.

"Le conseil délibère sur les questions relatives à la gestion des activités de la Banque autres que celles qui se rattachent directement aux missions définies par l'article premier."[1]

Weitere Aufgaben des Generalrats sind die Festlegung der Personalstatuten, die den entsprechenden Ministern vorgelegt werden müssen, die Verwendung der Eigenmittel (fonds propres) und die Erstellung der vorläufigen und korrigierenden Budgetpläne sowie die Bilanzerstellung und die Planung für die Gewinnverwendung. Zur Kontenkontrolle werden vom Generalrat zwei Wirtschaftsprüfer beauftragt.[2] Der Generalrat[3] besteht aus den Mitgliedern des Geldpolitischen Rats, sowie einem für sechs Jahre gewählten Arbeitnehmervertreter der Banque de France und einem Prüfer (censeur), der vom Wirtschaftsminister nominiert wird.

"Il peut soumettre des propositions de décision à la déliberation du Conseil. Les décisions adoptées par le Conseil sont définitives, à moins que le censeur ou son suppleant n'y fait opposition."[4]

In den Bestimmungen wird nicht ausgeführt, welche Folgen der Widerspruch hat. Nimmt man zum Vergleich die Bestimmungen des Jahres 1973, die den Gouverneur explizit zur Vorlage der Entscheidung innerhalb eines zweckdienlichen Zeitraums (temps utile) verpflichten, so könnte aus der Auslassung eines solchen Zusatzes geschlossen werden, daß es sich bei der Reformgesetzgebung des Jahres 1993 um die Einführung eines echten Vetorechtes handelte.[5] Inwieweit ein solches Recht mit der Unabhängigkeit der Banque de France vereinbar ist, wird noch zu klären sein.[6]

2.2.2.2.3. Nationaler Kreditrat

Der Nationale Kreditrat (Conseil national du crédit) blieb auch nach der Reform von 1993 als Institution erhalten, sein Tätigkeitsbereich beschränkte sich auf eine beratende

---

[1] "Der Rat berät über Fragen betreffend die Verwaltung der Aktivitäten der Bank, die nicht direkt mit den im ersten Artikel definierten Aufgaben verbunden sind." Art. 11 des Gesetzes No. 93-980 des 4. August 1993.

[2] Art. 11 des Gesetzes No. 93-980 des 4. August 1993.

[3] Artt. 11 und 12 des Gesetzes No. 93-980 des 4. August 1993.

[4] "Er kann dem Rat Entscheidungsvorschläge vorlegen. Die vom Rat beschlossenen Entscheidungen sind endgültig, wenn der Prüfer oder sein Stellvertreter dagegen keinen Widerspruch einlegen." Art. 12 Absatz 4 und Absatz 5 des Gesetzes No. 93-980 des 4. August 1993.

[5] Vgl. Montanari (1995) S. 91.

[6] Die Erfahrung von 1986 hat gezeigt, daß es sich bei dem Vetorecht nicht nur um ein theoretisches Konstrukt handelt. Vgl. Revès-Lange/Contamine-Raynaud (1990) S. 131.

Funktion hinsichtlich des Banken- und Finanzsystems mit besonderem Schwerpunkt auf den Kundenbeziehungen der Banken und dem Zahlungssystem. Durch die Erweiterung um 6 Mitglieder, die nachweislich über geldpolitische Kompetenzen verfügen sollten, wurde die Funktion der Interessenvertretung etwas zurückgedrängt.

2.2.2.2.4. Aufsichts- und Beratungsorgane

Der Gouverneur ist nach der durch das Gesetz von 1993 erfolgten Änderung des Gesetzes vom 24. Januar 1984 nicht länger Vizepräsident des Komitees für Bankenregulierung. Er bleibt zwar Mitglied dieses Gremiums, die Leitungsfunktion wird aber als mit der Unabhängigkeit der Geldpolitik unvereinbar angesehen.[1] Das Komitee ist nach der Reform unter Berücksichtigung der Kompetenzen, die dem Geldpolitischen Rat übertragen wurden, für die Kontrolle der Kreditinstitute zuständig. Damit wird der Interdependenz und potentiellen Konflikten zwischen Entscheidungen über die Bankenaufsicht und die Geldpolitik Rechnung getragen.[2] Die Aufsichtsorgane blieben weitgehend in der oben dargestellten Form bestehen.[3]

2.2.2.3. Die Bedeutung der Reform für die Unabhängigkeit der Banque de France

Eine genauere Analyse soll darüber Aufschluß geben, wie weitgehend die Veränderungen für die Stellung der Zentralbank gegenüber der Regierung, dem Parlament und nichtstaatlichen Interessengruppen waren und welche weiteren Schritte zur Erfüllung der rechtlichen Anforderungen für die Teilnahme am ESZB im Sinne des Art. 108 EGV noch notwendig waren.

Dieser Artikel erforderte, daß spätestens zum Zeitpunkt der Errichtung des ESZB jeder Mitgliedsstaat seine innerstaatlichen Rechtsvorschriften einschließlich der Satzung seiner Zentralbank mit dem EGV und der Satzung des ESZB in Einklang gebracht haben mußte. Daß die Reform zu diesem relativ frühen Zeitpunkt erfolgt ist, resultiert aus den politischen Entwicklungen, die 1993 zu einem Wahlsieg der parlamentarischen Rechten führten.[4]

Vor der endgültigen Zustimmung zu dem Reformgesetz kam es sowohl in der National-

---

[1] Banque de France (1993b) S.3.

[2] Siehe dazu Lück (1998) S. 53 - 55.

[3] Vgl. Report of a Working Group of the ECU Institute (1995) S. 187.

[4] Der R.P.R. wurde mit 257 Sitzen gegenüber 215 der U.D.F. und 57 sozialistischen sowie 23 kommunistischen Mandaten die wichtigste Partei und Balladur wurde neuer Premierminister.

versammlung als auch im Senat zu längeren Auseinandersetzungen über die Unabhängigkeit der Banque de France.[1] Von mehreren Seiten wurde gefordert, daß die neuen Zentralbankstatuten die historische Erfahrung des Landes berücksichtigen sollten, damit die Banque de France ihre eigene Identität behielte, ohne sich dem "deutschen Modell" zu sehr anzupassen, in dem in Frankreich das Vorbild für die EZB gesehen wurde.[23] Die funktionelle Unabhängigkeit im Sinne des Art. 105 (I) EGV, der die Gewährleistung des vorrangigen Ziels der Preisstabilität vorschreibt, ist mit der Reform und insbesondere Art. I des Gesetzes von 1993 nicht eindeutig gewährleistet worden.

Die einschneidendste Veränderung der Zentralbankverfassung wurde durch die Errichtung des Geldpolitischen Rats eingeleitet, dem geld- und währungspolitische Kompetenzen übertragen wurden. Die Weisungsfreiheit des Geldpolitischen Rats wurde jedoch - wie oben dargestellt - im Bereich der Wechselkurspolitik eingeschränkt und erstreckte sich nur auf die geldpolitischen Aufgaben.[4]

Die Zusammensetzung des Geldpolitischen Rats verhindert eine direkte Beteiligung der Regierung an dessen Entscheidungen.[56]

In Frankreich hat daher die fehlende Repräsentativität des Gremiums für Kritik gesorgt. Die derzeitige Zusammensetzung - drei der Vertreter stammen jeweils aus den Bereichen Industrie, Banken und Versicherungen - berücksichtigt nach Meinung der Kritiker das Demokratieprinzip nicht in ausreichendem Maße, das sich ihrer Meinung nach in einer stär-

---

[1] Siehe beispielsweise Jean - François Mancel, J.O. 8/7/1993 - Débats parlementaires A.N. S. 1181.

[2] Die Vorbildfunktion der Deutschen Bundesbank ist streng genommen in organisatorischer Hinsicht begrenzt gewesen, eher ließe sich von einer Art Referenzfunktion sprechen.

[3] Siehe Montanari (1995) S. 90 und Gousseau (1993) S. 60. Montanari sieht diese Forderungen in der Reform nicht berücksichtigt. Dagegen spricht die unscharfe Formulierung des Artikels I des Gesetzes No. 93-980 vom 4. August 1993.

[4] EWI (1998) S. 359. In der französischen Literatur wird die Verfügungsgewalt dieses Gremiums im Vergleich zu dem deutschen Zentralbankrat als beschränkter angesehen und auch die geldpolitische Erfahrung einzelner Mitglieder geringer bewertet. Die Mitglieder des Geldpolitischen Rates waren nicht für spezielle Kompetenzbereiche innerhalb der Banque de France, sondern für die Präsentation der Geldpolitik im ganzen Land verantwortlich. Trichet (1995a) S. 5f. Siehe auch Enfrun (1994) S. 8.

[5] Der Premierminister und der Finanzminister dürfen an den Sitzungen des Geldpolitischen Rats teilnehmen, jedoch bleiben ihre Rechte auf Entscheidungsvorlagen ohne Stimmrecht beschränkt. Art. 9 III des Gesetzes No. 93-980 vom 4. August 1993.

[6] Die gegenwärtige Zusammensetzung des Geldpolitischen Rats zeigt allerdings die für den französischen Staat traditionelle Homogenität des beruflichen Werdegangs. Unterstützt wird dieser Faktor durch die Gleichförmigkeit der Ausbildung, die in Frankreich für politische Funktionsträger charakteristisch ist, da die Mehrzahl der Mitglieder des Conseil de la politique monétaire die beiden Schulen IEP (Institut d'Etudes Politiques) und ENA (Ecole Nationale d'Administration) absolviert hat. Dieses Element der politischen Kultur Frankreichs ist zu berücksichtigen. Vgl. 3615 Minitel "Politiscop" und Banque de France (1995d) S. 205f. Zur kritischen Debatte über die Elitenbildung in Frankreich und ihre Auswirkungen auf Politik und Gesellschaft siehe Suleiman (1995).

keren Rolle des Geldpolitischen Rats als Interessenvertretung ausdrücken würde.[1]

Angesichts der Budget-, Bilanz- und Gewinnverantwortung des Generalrats, kann das dem Prüfer verliehene Vetorecht als eine Einschränkung der finanziellen und institutionellen Unabhängigkeit der Banque de France ausgelegt werden, auch wenn in Art. 11 ausdrücklich auf eine Trennung zwischen den geldpolitischen Kompetenzen und den Verwaltungsaufgaben in der Banque de France hingewiesen wird. Die im Maastrichter Vertrag geforderte Unabhängigkeit der nationalen Zentralbanken bezieht sich aber nicht nur auf geldpolitische Aufgaben, sondern auf alle Aufgaben des ESZB, daher erforderte rechtliche Konvergenz im Sinne des Art. 109j (I) an dieser Stelle weitere Anpassungen.[2] Die Gewährleistung personeller Unabhängigkeit[3] ist mit der Reform von 1993 erfolgt, bezog sich jedoch nur auf die Mitglieder des Geldpolitischen Rats.[4]

Ein anderer Aspekt der Unabhängigkeit drückt sich in der Rechenschaftspflicht der Zentralbank gegenüber "Dritten" (Regierung, Parlament, nichtstaatlichen Interessengruppen) aus, die in stärkerem Maße berücksichtigt wurde.

Die Reform führte zu einer Stärkung der Informationsrechte des Parlaments.[5][6] Daß Frankreich eines der ersten europäischen Länder gewesen ist, das die Bestimmungen des Maastrichter Vertags in einer Reform umsetzen wollte, hat bei zahlreichen Beobachtern Erstaunen hervorgerufen.[7] Dem Erstaunen sind Zweifel gefolgt, ob ein Land, das lange Zeit die Zentralbankpolitik allgemeinen wirtschaftspolitische Zielen unterordnete, über die formaljuristischen Bestimmungen hinaus diese politische Tradition aufgeben würde. Bei

---

[1] Vgl. Banque de France (1993a) S. 83f.

[2] Art. 107 EGV und Art. 7 ESZB-Satzung. Vgl. EWI (1996) S. 131. Siehe dazu auch Europäisches Parlament (1993) S. 11.

[3] Diese ist durch Elemente wie die Mindestdauer der Amtszeit, Nebentätigkeitsverbot und Unmöglichkeit der Entlassung für Mitglieder der Beschlußorgane im Sinne von Art. 14.2 ESZB-Satzung erfolgt.

[4] Kritikern zufolge ist der Geldpolitische Rat vornehmlich mit Vertretern des "Franc fort" besetzt worden, was in der politischen Landschaft auf Widerspruch stieß. Philippe Seguin beispielsweise griff 1995 die Banque de France wiederholt wegen der Aufrechterhaltung der hohen Leitzinsen an. Trichet (1995a) S. 5.

[5] Die Berichtspflicht des Gouverneurs gegenüber dem Präsidenten ist auf eine Berichtspflicht gegenüber dem Parlament ausgeweitet worden. Vgl. Art. 8 des Gesetzes No. 73-7 vom 3. Januar 1973. "Der Gouverneur der Banque de France erstattet mindestens einmal pro Jahr dem Staatspräsidenten und dem Parlament Bericht über die Aktivitäten der Banque de France die Geldpolitik und ihre Perspektiven (perspectives)." Art. 19 Gesetz No. 93-980 vom 4. August 1993. Absatz 2 desselben Artikels besagt, daß der Gouverneur von den Finanzausschüssen der beiden Kammern des Parlaments dazu aufgefordert werden kann, gehört zu werden, und eine Anhörung auch von sich aus beantragen kann.

[6] Das EWI (1998) hat kritisiert, daß durch diese Formulierung nicht explizit die Berührung von Art. 107 EGV (Weisungsunabhängigkeit der EZB und der nationalen Zentralbanken) ausgeschlossen wurde. Diese Kritik trifft nur in begrenztem Maße zu, da mit Art. 1 des Gesetzes von 1993 bereits die Weisungsunabhängigkeit der Mitglieder des Geldpolitischen Rats im Rahmen der geldpolitischen Aufgaben der Banque de France verankert wurde.

[7] Caesar (1994) S. 33.

einem Vergleich der Statuten von 1993 mit denen von 1973 zeigt sich, daß erstere nunmehr die geldpolitische Neuorientierung ausdrücken. Die Reform des Jahres 1993 erfüllte vor diesem Hintergrund eine dreifache Funktion:[1] eine Annäherung an die Anforderungen des Maastrichter Vertrages im Sinne des Art. 108 EGV, eine „Strategie für mehr Glaubwürdigkeit" und somit logische Fortsetzung der Disinflationspolitik und eine Stärkung des Vertrauens der Finanzmärkte, was sich in den Ergebnissen der Geldpolitik seit der Ratifikation des Maastrichter Vertrages zeigte.

In diesem Sinne sind die formalen Veränderungen auch hinsichtlich der von ihnen ausgehenden Signalwirkungen zu betrachten. Zusammenfassend läßt sich die Reform als ein wesentlicher Markstein in der französischen Zentralbankpolitik beurteilen Dem wurde - wie noch zu sehen sein wird - in der kontroversen öffentlichen Diskussion Rechnung getragen.[2] Wie gezeigt wurde, erzielte die Reform jedoch keinen "Unabhängigkeitsgrad", der den Anforderungen im Sinne des Art. 107 EGV und Art. 7 ESZB-Satzung sowie den vom EWI formulierten Kriterien gerecht wurde.[3] Zudem wurde die Teilnahme am ESZB nicht berücksichtigt. Das führte dazu, daß hinsichtlich der rechtlichen Integration in das ESZB auch nach der Reform in nahezu allen Aufgabenbereichen noch Anpassungsbedarf bestand.

2.2.3. Die Vorbereitung der dritten Stufe der Wirtschafts- und Währungsunion

Am 12. Mai 1998 wurde die französische Zentralbankverfassung modifiziert, um den Eintritt in die dritte Stufe der Wirtschafts- und Währungsunion zu ermöglichen.[4]

Anders als von offizieller Seite verlautet wurde, handelte es sich nicht nur um eine formale Anpassung an die Maastrichter Kriterien.[5] De facto hat die Regierung die Anpassung bis zur letzten Minute hinausgezögert, da zu befürchten stand, daß die parlamentarische

---

[1] Darüber hinaus ist die politische Motivation zu beachten. Siehe dazu weiter unten.

[2] Illustriert wird die Bedeutung der "Unabhängigkeitserklärung" durch Äußerungen des Premierministers Rocard (PS), der 1988 die Unabhängigkeit der Zentralbank zunächst als ein an "Dummheit grenzendes Dogma" bezeichnete. Er erklärte dann aber im gleichen Jahr in einem Interview mit der Financial Times, daß seine Regierung bereit sei, die Statuten der Banque de France zu modifizieren, um eine bessere ökonomische Kooperation mit Deutschland zu ermöglichen. Die "Schaffung einer Europäischen Zentralbank ist absolute Notwendigkeit. Die französische Regierung ist dafür auch bereit, Konzessionen an die deutschen Vorstellungen zu machen." Hasse (1989) S. 234.

[3] Anders Wesche/Weidmann (1995), die die Reform als sehr viel weitgehender beurteilen."... since the recent reforms the statutes of the Banque de France rank among the most independent CB (Central Bank) charters in the world; comparable to that of Germany and granting a much higher degree of independence than, e.g. the CB law of the United States or Japan." S. 7. Siehe auch EWI (1996).

[4] Gesetz No. 98-357 vom 12. Mai 1998, J.O. No. 110 vom 13. Mai 1998 S. 7168ff.

[5] Offiziell wurde in der Reform von 1993/1994 die maßgebliche Modifikation der Zentralbankverfassung gesehen. Delhommais (1998) S. 9.

Abstimmung über das Zentralbankgesetz noch einmal starke Auseinandersetzungen hervorrufen würde. Hinzu kam die Person Trichets, die bei einigen Parlamentariern als Symbol für die „pensée unique", die wirtschaftspolitische Auffassung der Regierung Mitterrand, galt.[1] Die Gesetzesrevision erfolgte in einer angespannten politischen Atmosphäre, denn zeitgleich erfolgte die Umstrukturierung der Banque de France, die die Schließung lokaler Kassen vorsah. Die Regierung hatte insofern zu befürchten, daß sich an dem Revisionsgesetz erneut eine Diskussion über den Euro entzünden würde, zumal die Parlamentarier über den Vertrag von Amsterdam nicht abstimmen konnten. Für das Gesetz stimmte die Mehrheit der sozialistischen Parlamentsabgeordneten und der oppositionellen bürgerlichen Rechten, dagegen stimmten die Kommunisten und Jean-Pierre Chevènements "Mouvement des citoyens" (Bewegung der Bürger). Die Grünen enthielten sich der Stimme.[2] Daß die Regierung auch in dieser Debatte unter starkem politischen Druck stand, belegen Äußerungen von Wirtschafts- und Finanzminister Strauss-Kahn, die EZB werde „*... nicht unabhängiger sein, als es heute die BdF (Banque de France, S.T.) ist*" und er habe „*keine Angst*" davor, daß die EZB die Oberhand über die Politik gewänne, im Gegenteil werde die Politik „*immer das letzte Wort*" haben.[3]

Mit dem Gesetz wurden die Statuten der Banque de France des Jahres 1993 modifiziert und Veränderungen des 84-708 (Übertragung der Zuständigkeit für die Mindestreserven auf das IEDOM und IEOM)[4] vom 24. Juli 1984 sowie des Gesetzes 84-46 vom 24. Januar (Bankenaufsicht) realisiert.[5]

Unvereinbarkeiten mit dem Maastrichter Vertrag, die sich auf die Unabhängigkeit einer nationalen Zentralbank beziehen, mußten bereits zum Zeitpunkt der Errichtung des ESZB beseitigt werden.[6] Das geschah durch die Staffelung der neuen Bestimmungen: Anpassungen hinsichtlich der institutionellen Unabhängigkeit der Zentralbank traten zeitgleich mit

---

[1] Im Herbst 1997 war die Zinserhöhung der Banque de France von einigen Parlamentariern, darunter Alain Madelin und Jacques Delors, stark kritisiert worden. Zudem wurde der Vorschlag der Kandidatur des französischen Zentralbankgouverneurs Trichet selbst in der sozialistischen Partei als Provokation gewertet. Delhommais (1998) S. 9.

[2] Die letzten drei Fraktionen gehören der Linkskoalition von Premierminister Jospin an. Hehn (1998) S. 11.

[3] Mit diesen Stellungnahmen antwortete der Minister auf eine Kritik des RPR - Abgeordenten Jacques Myard, der in der EZB die „wahre Regierung Europas" sah und von einem „Tag der Trauer" für die Demokratie in Europa sprach. Hehn (1998) S. 11.

[4] Banque de France (1998).

[5] Zudem hat es weitergehende Modifikationen von Normen - im Falle des Dekrets 93-1278 vom 3. Dezember 1993 über die Banque de France und der Verordnungen über die Ausgabe von Münzen - erforderlich gemacht. Das Dekret ergänzte das Gesetz vom 4. August 1993. Es konkretisierte die Ernennung und Vergütung des Geldpolitischen Rates und des Generalrates, ihre Funktionsweisen, die Wahl des Arbeitnehmervertreters der Zentralbank in den Generalrat, die Aufstellung des jährlichen Haushaltsplans und des Jahresabschlusses sowie der Gewinnverteilung. Vgl. EWI (1998) S. 362.

[6] Artt. 108 und 109l EGV.

der Ernennung der Mitglieder des EZB-Direktoriums in Kraft. Die Bestimmungen hinsichtlich der rechtlichen Eingliederung in das ESZB galten ab dem 1. Januar 1999.[1] Mit dem Gesetz vom 2. Juli 1998 wurde die französische Gesetzgebung an die dritte Phase der Wirtschafts- und Währungsunion angepaßt und die Vorkehrungen für die Einführung des Euro getroffen.[2]

2.2.3.1. Unabhängigkeit der Banque de France im Rahmen des ESZB

Die Weisungsfreiheit des Geldpolitischen Rates bezog sich 1993 nur auf die geldpolitischen Befugnisse. 1998 wurde ein neuer Artikel 1 erlassen, dessen 3. Absatz alle Aufgaben im Rahmen des ESZB berücksichtigte.[3]

Art. 2 Abs. 3 der Statuten hatte bisher der Zentralbank die Verantwortung für die Gold- und Währungsreserven des Staates zugewiesen. Die Anwendung der Bestimmungen unterlag einem Abkommen zwischen Staat und Zentralbank.[4] Durch Art. 2 II des Gesetzes No. 98-357 vom 12. Mai 1998 wurde Artikel 2 geändert und besagte fortan, daß die Banque de France im Rahmen der Satzung des ESZB und insbesondere der Artt. 30 und 31 ESZB-Satzung die offiziellen Gold- und Währungsreserven verwaltet und daß sie diese entsprechend der Modalitäten, die wie bisher in einem Abkommen zwischen Staat und Zentralbank festgelegt werden, als Aktiva in ihrer Bilanz ausweist. Die französische Regierung hat sich dem EWI gegenüber verpflichtet, dieses Abkommen der EZB zur Genehmigung vorzulegen.[5]

---

[1] Die folgende Gliederung basiert auf der Stellungnahme des EWI zur rechtlichen Konvergenz. Vgl. S. 359 - 363.

[2] Es handelte sich dabei um „Loi No. 98-546 du 2 juillet 1998 portant diverses dispositions d'ordre économique et financier". Außerdem wurden eine Reihe von Dekreten, Beschlüssen und Bestimmungen verabschiedet. Eine Übersicht gibt Ministére de l'économie et des finances (1999).

[3] "Die Banque de France kann bei Ausübung der Aufgaben, die sie im Rahmen ihrer Teilnahme am ESZB erfüllt, in der Person ihres Gouverneurs, ihrer Vize-Gouverneure oder eines anderen Mitglieds des Geldpolitischen Rats weder um Anweisungen der Regierung oder anderer Personen ersuchen, noch (Anweisungen) annehmen." Art. 1 Absatz 3 des Gesetzes No. 93-980 vom 4. August 1993 modifiziert durch das Gesetz No. 98-357 vom 12. Mai 1998. Eine Ergänzung findet diese Bestimmung in einem neuen Absatz des Art. 9 des Gesetzes No. 93-980 vom 4. August 1993, der vorsieht, daß der Geldpolitische Rat unter Berücksichtigung der Unabhängigkeit des Zentralbankpräsidenten in seiner Eigenschaft als Mitglied des EZB-Rates berät und die Vertraulichkeitsregeln des EZB-Rates berücksichtigt. Vgl. Art 6 des Gesetzes No. 98-357 vom 12. Mai 1998. Die Vertraulichkeit wird auch in Art. 10 des Gesetzes No. 98-357 vom 12. Mai 1998 angesprochen, der besagt, daß der Gouverneur der Banque de France und der Geldpolitische Rat von den beiden Finanzausschüssen der Kammern nur im Rahmen des Art. 107 EGV und der Regeln der Vertraulichkeit der EZB gehört werden dürfen.

[4] Dieses kam unter Zustimmung des Parlaments zustande.

[5] EWI (1998) S. 359. In den neuen Statuten ist diese Selbstverpflichtung nicht festgehalten worden.

Eine solche Regelung ist möglich, da EG-Vertrag und ESZB-Satzung nicht vorgeschrieben haben, auf welche Weise die Anpassung der innerstaatlichen Rechtsvorschriften zu erfolgen hatte. Mit dem Verweis auf den EG-Vertrag wurde den Anforderungen des EWI Genüge getan.[1,2]

2.2.3.2. Integration der Banque de France in das ESZB

Die betreffenden Bestimmungen traten am 1. Januar 1999 in Kraft.[3] Sie berücksichtigten die Teilnahme der Banque de France am ESZB und stellten auch Normanpassungen dar, die in ihrer bisherigen Fassung den Anforderungen an rechtliche Konvergenz inhaltlich oder formal nicht genügten. So wurde Art. 1 der 1998 modifizierten Statuten wurde neu formuliert:

"La Banque de France fait partie intégrante du Système européen de banques centrales, ... et participe à l'accomplissement des missions et au respect des objectifs qui sont assignés à celui-ci par le traité. Dans ce cadre, et sans préjudice de l'objectif principal de stabilité des prix, la Banque de France apporte son soutien à la politique économique générale du Gouvernement."[4]

Damit wurden sowohl die Priorität des Preisstabilitätsziels festgelegt,[5] als auch die Aktivitäten der Banque de France in den Rahmen des ESZB eingeordnet.

---

[1] Vgl. EWI (1998) S. 319.

[2] In dieser "Sonderregelung" wird auch das Grundprinzip der Prüfungsmaßstäbe deutlich, das in der Feststellung der "Vereinbarkeit" der innerstaatlichen Rechtsvorschriften mit dem Vertrag und der ESZB-Satzung besteht und keine "Harmonisierung" der Satzungen der einzelnen Nationalbanken untereinander oder mit der der EZB verlangt.

[3] Das EWI hatte in seinem Konvergenzbericht noch die Formulierung genutzt "... mit Wirkung vom 1. Januar 1999 oder ab dem Zeitpunkt, wo Frankreich die einheitliche Währung einführt, falls dies zu einem späteren Zeitpunkt geschehen sollte... ." EWI (1998) S. 360.

[4] "Die Banque de France ist integraler Bestandteil des ESZB, ... und nimmt an seiner Aufgabenerfüllung teil und folgt den Zielen, die ihm (dem ESZB) durch den Vertrag (von Maastricht) zugewiesen worden sind. Die Banque de France unterstützt in diesem Rahmen und ohne Hintansetzen des Zieles der Preisstabilität die allgemeine Wirtschaftspolitik der Regierung." Art. 1 des Gesetzes No. 93-980 vom 4. August 1993 modifiziert durch das Gesetz No. 98-357 vom 12. Mai 1998.

[5] Die Bedeutung des Begriffes "Preisstabilität" ist analog zum Maastrichter Vertrag nicht näher bestimmt worden. Frankreich verlangte in den Verhandlungen für das Ziel der ESZB ein "inflationsfreies Wachstum", wohingegen Deutschland ein "stabiles Preisniveau" forderte. Vgl. Krägenau/Wetter (1993) S. 343 und S. 331. Stadler (1996) S. 104. Siehe dazu auch Allais, Auszüge Nr. 35/1992, S. 10, "... optimal erachtete Preissteigerungsrate von zwei Prozent..." und Bodemann (1995) S. 35. Zu französischen Stellungnahmen Trichet (1994) S. 2. Siehe dazu auch Allais (1992) S. 10.

Mit einem geänderten Art. 7 wurde die Einbindung des Geldpolitischen Rates in das ESZB berücksichtigt.[1] Im Rahmen der Weisungen der EZB spezifiziert (précise) der Geldpolitische Rat die Modalitäten der Verwendung der in Art. 7 aufgelisteten Instrumente.[2]

Die Zuständigkeit der Regierung bei Wechselkursangelegenheiten[3] wurde mit der Aufhebung der betreffenden Passagen beseitigt.[4]

Bezüglich der Überseegebiete machte man für die Notenemission zunächst keine Aussage.[56] Gemäß dem „Protokoll betreffend Frankreich" zum EU-Vertrag behält Frankreich das Recht, in seinen Überseeterritorien Geldzeichen auszugeben und alleinverantwortlich die Parität des CFP-Franc festzulegen.[7] Dieses Protokoll wurde 1998 im Statut der Banque de France umgesetzt.[8] Damit wurde die Zuständigkeit der EZB für die Notene-

---

[1] "Der Geldpolitische Rat überprüft die monetären Entwicklungen und analysiert die Implikationen der im Rahmen des ESZB ausgearbeiteten Geldpolitik... ." Art. 7 des Gesetzes No. 93-980 vom 4. August 1993 modifiziert durch Art. 5 des Gesetzes No. 98-357 vom 12. Mai 1998.

[2] "Er spezifiziert im Rahmen der Orientierungen und Anweisungen der EZB die Modalitäten des Kaufs oder Verkaufs, der Kreditaufnahme oder -vergabe, des Diskonts, der Pfandübernahme, der Pensionsübernahme oder -gabe von Forderungen und der Emission von zinstragenden Titeln, sowie die Art und Tragweite von Garantien, mit denen die Kredite der Banque de France verbunden sind." Art. 7 des Gesetzes No. 93-980 vom 4. August 1993 modifiziert durch Art. 5 des Gesetzes No. 98-357 vom 12. Mai 1998. Gestrichen wurde mit der Neufassung Art. 7 Absatz 3 des Gesetzes von 1993, in dem die Mindestreservepolitik dem Geldpolitischen Rat unterstellt wurde. Vgl. Art. 5 II des Gesetzes No. 98-357 vom 12. Mai 1998.

[3] Vgl. 2.2.2.1.2.

[4] Art. 2 I des Gesetzes No. 98-357 vom 12. Mai 1998 hat die Art. 2 I und II des Gesetzes No. 93-980 vom 4. August 1993 aufgehoben. Art. 2 I des Gesetzes No. 98-357 vom 12. Mai 1998 bezieht sich auf die Teilnahme der Banque de France an internationalen währungspolitischen Vereinbarungen, die vor 1998 der Zustimmung des Wirtschafts-, Finanz- und Industrieministers bedurfte. Diese Bestimmung berücksichtigt künftig die Verantwortlichkeit der Gemeinschaft entsprechend Art. 109 EGV. Die Teilnahme an internationalen Abkommen bedarf jedoch weiterhin auch der Zustimmung des Wirtschaftsministers. Art. 2III des Gesetzes No. 98-357 vom 12. Mai 1998.

[5] Art. 5 des Gesetzes No. 93-980 vom 4. August 1993.

[6] Neben dem neuen Statut hatte auch das Gesetz des IEDOM (Institut d'émission des départements d'outre-mer) noch Gültigkeit. Das IEDOM gibt im Auftrag der Banque de France in den Übersee-Departements und den "collectivités territoriales" Saint Pierre et Miquelon und Mayotte Banknoten in Umlauf. Vgl. EWI (1998) S. 360 und Revès-Lange/Contamine-Raynaud (1990) S. 113.

[7] Vgl. Protokoll betreffend Frankreich, Protokolle zum EU-Vertrag. Die DOM-TOM (Départements d'Outre-Mer - Territoires d'Outre-Mer) stellen Relikte des vergangenen Kolonialreiches Frankreichs dar. Die Départements haben abgesehen von einigen Sonderregelungen den gleichen Status wie die Départements im Mutterland. Der französische Franc ist die lokale Währung und wird vom IEDOM (Institut d'Èmission des Départements d'Outre-Mer) emittiert und verwaltet. Die überseeische Zentralbank agiert seit 1959 als Korrespondent der Banque de France. Die Überseeterritorien verfügen über zum Teil recht unterschiedliche politische Stellungen und besitzen im Vergleich zu den Départements eine generell größere Autonomie. Die lokale Währung ist der CFP Franc (Communauté Financière du Pacifique), der vom IEOM (Institut d'Emission d'Outre-Mer) verwaltet und emittiert wird. Vgl. Große/Lüger (1997) S. 16-21. Siehe auch Becker (1985) S. 118.

[8] „In Anwendung des Artikels 105 A, Paragraph 1, ... der der Europäischen Zentralbank das Monopol der Autorisierung der Notenemission der Gemeinschaft zuweist, ist die Banque de France allein ermächtigt,

mission in den Normen der Banque de France berücksichtigt, eine vollständige Umsetzung mußte jedoch auch zu einer Veränderung der Vereinbarungen zwischen dem IEDOM und der Zentralbank führen, die von der französischen Regierung in Aussicht gestellt wurde.[1] Hinsichtlich der Zahlungssysteme hat die Reform von 1993 der Banque de France die alleinige Verantwortlichkeit übertragen. Durch das Gesetz von 1998 wurde diese Aufgabe in den Rahmen des ESZB eingegliedert, so daß diesem letztlich die Verantwortung im Sinne des Art. 105 Paragraph 2 übertragen wurde.[2]

Die Banque de France wurde 1998 dazu ermächtigt, Aufgaben "allgemeinen Interesses" wahrzunehmen.[3][4] Hinsichtlich der bankaufsichtlichen Befugnisse erfolgte 1998 nur noch eine Ergänzung, die die Politik des Komitees für Bankenregulierung unter den Vorbehalt der Aufgaben des ESZB stellte.[5]

2.2.3.3. Stellungnahmen des EWI und der Europäischen Kommission zur rechtlichen Konvergenz

Das EWI und die Europäische Kommission waren nach Art. 109j Abs. 1 EGV verpflichtet, dem Europäischen Rat zu berichten, "... *inwieweit die Mitgliedsstaaten bei der Verwirklichung der Wirtschafts- und Währungsunion ihren Verpflichtungen bereits nachgekommen sind.*"

Beide Institutionen haben im März 1998 einen Bericht vorgelegt. Die Europäische Kommission unterbreitete dem Europäischen Rat daraufhin eine Empfehlung für jedes Mitgliedsland, in der festgestellt wurde, ob die notwendigen Voraussetzungen für den Eintritt in die dritte Stufe gegeben seien.[6] In beiden Berichten wurde die Vereinbarkeit der

---

auf dem Gebiet des Mutterlandes Frankreich, der Überseedepartements, (dem Gebiet) von Saint – Pierre – et - Miquelon und Mayotte, Noten zu emittieren, die gesetzliche Zahlungsmittel sind." Art. 5 des Gesetzes No. 93-980 vom 4. August 1993 modifiziert durch Art. 4 des Gesetzes No. 98-357 vom 12. Mai 1998.

[1] EWI (1998) S. 360. Nach Auskunft der Banque de France sind bis Ende Oktober 1998 (Korrespondenz mit der Direction de la Communication, Relations avec le Public vom 29. Oktober 1998) keine weiteren legislativen Veränderungen erfolgt.

[2] Art. 4 des Gesetzes No. 93-980 vom 4. August 1993 modifiziert durch Art. 3 des Gesetzes No. 98-357 vom 12. Mai 1998.

[3] Aufgaben, die sie als "Fiscal agent" oder für das Bank- und Finanzwesen wahrnimmt, müssen - wie schon in der Reform von 1993 festgelegt - von den Nutznießern kostendeckend vergütet werden. Eingefügt wurde lediglich ein Passus, der besagt, daß derartige Dienstleistungen der Zustimmung des Staates bedürfen. Art. 15 des Gesetzes No. 93-980 vom 4. August 1993 modifiziert durch Art. 8 des Gesetzes No. 98-357 vom 12. Mai 1998.

[4] Art. 15 des Gesetzes No. 93-980 vom 4. August 1993 modifiziert durch Art. 9 des Gesetzes No. 98-357 vom 12. Mai 1998.

[5] Art. 33 des Gesetzes No. 84-46 vom 24. Januar 1984 modifiziert durch Art. 12 des Gesetzes No. 98-357 vom 12. Mai 1998.

[6] Zum weiteren Procedere siehe EWI (1998) S. 2.

Rechtsvorschriften in Frankreich mit den Anforderungen des EG-Vertrages und der ESZB-Satzung festgestellt.

In der Stellungnahme des EWI wird in bezug auf die Aufgaben des Generalrats darauf hingewiesen, daß *"... bestimmte Geschäfte, die in Artikel 11 und in Kapitel III des Gesetzes über die Banque de France genannt sind, als Operationen des ESZB im Sinne von Kapitel IV der Satzung anzusehen sind. Dies sollte klargestellt werden."*[1]

Die Europäische Kommission kam in einer weitaus weniger detaillierten Übersicht über die notwendigen Änderungen und die Reform von 1993 zu dem gleichen Ergebnis, ging jedoch bereits davon aus, *"... daß der Generalrat keine Entscheidungskompetenz in Fragen haben wird, die mit der Führung von Geschäften der Bank zusammenhängen, welche sich aus den Aufgaben des ESZB ergeben."*[2] Diese einfache Gegenüberstellung macht bereits die unterschiedliche Auslegung der Detailbestimmungen deutlich. Weitere Faktoren, die bei der Beurteilung der wirtschaftlichen Konvergenz eine Rolle gespielt haben mögen, sind die politische Bedeutung der Berichte und die Rolle der Europäischen Kommission als "Motor der europäischen Einigung".[3] Somit ist auch hier zu berücksichtigen, was vielerorts hinsichtlich der offiziellen Feststellung der wirtschaftlichen Konvergenz kritisiert oder angemerkt wurde:

"Wie immer man die aus beiden Quellen zur Verfügung gestellten Informationen bewertet, fest steht: Das Schaffen einer möglichst umfassenden Wirtschafts- und Währungsunion ist mehr als das Reagieren auf buchhalterische Exegese. Es ist Ausdruck eines politischen Prozesses, der seinen eigenen Gesetzen folgt und damit sowohl Chancen als auch Risiken eröffnet."[4]

2.2.3.4. Kritische Betrachtung der rechtlichen Konvergenz

Mit der neuerlichen Modifikation der Zentralbankstatuten und der anderen zentralbankpolitischen Bestimmungen wurde das Ziel der rechtlichen Konvergenz angestrebt.[5] Dem

---

[1] EWI (1998) S. 363. Eine solche Klarstellung ist bis zum 29. Oktober 1998 nicht erfolgt. Siehe S. 194 Fußnote 1.

[2] Europäische Kommission (1998) S. 61f. Die Kommission urteilte: "Die Zuständigkeit für Angelegenheiten des ESZB geht vom Generalrat auf den Geldpolitischen Rat über." Angesichts der auch vom EWI aufgelisteten Befugnisse des Generalrats in Aufgabenbereichen des ESZB nimmt diese pauschale Einschätzung normative Entwicklungen vorweg, die auch durch das Gesetz No. 98-357 vom 12. Mai 1998 nicht erfolgt sind und auch in dem Gesetzesvorschlag vom März 1998, auf dem die Empfehlungen des EWI und der Europäischen Kommission basieren, nicht enthalten waren.

[3] Siehe dazu Wisdorff (1998) S. 7.

[4] Grün (1998) S. 3.

[5] Die Verpflichtung zur Vereinbarkeit mit Satzung und EGV besteht unbeschadet der Tatsache, daß der

Generalrat wurde durch das Gesetz von 1998 die Aufgabe übertragen, über Fragen, die im Zusammenhang mit Aufgaben der Zentralbank stehen, die sich nicht aus den Aufgaben des ESZB herleiten, zu entscheiden.[1] Da ihm aber auch nach dem Gesetz von 1998 noch ein Vertreter der Regierung mit einem Vetorecht in Person des Prüfers angehört, ist er nicht als unabhängig zu betrachten.[2] Der Aufgabenkatalog des Generalrates, der durch die Art. 11 Abs. 4 sowie Art. 15.2, 17 und 18 der Zentralbankstatuten aufgestellt wurde und auch 1998 nicht verändert wurde, überschneidet sich mit der Liste der Operationen des ESZB, die in Kapitel IV der ESZB-Satzung beschrieben werden,[3] obwohl ausdrücklich an anderer Stelle Aufgaben, für die das ESZB zuständig ist, in der Neuformulierung des Aufgabenbereichs des Generalrates von 1998 ausgenommen wurden.

Die daher auch nach dem Gesetz No. 98-357 vom 12. Mai 1998 bestehenden Unklarheiten[4] haben das EWI und die Europäische Kommission nicht zu einer Verweigerung des Votums der Vereinbarkeit mit den Vertrages- und Satzungsanforderungen für Stufe Drei bewogen.[5] Das EWI hat in seinem Konvergenzbericht diese Unklarheiten dem Bereich der rechtlichen Integration in das ESZB und nicht der Verletzung der Kriterien für die Unabhängigkeit der nationalen Zentralbanken zugeordnet. Damit wurde die Möglichkeit eröffnet, diese Unklarheiten noch vor Beginn der Dritten Stufe zu beseitigen. Wäre eine Zuordnung zum Prüfungsmaßstab der Unabhängigkeit erfolgt, so wäre ein rechtzeitiger Abschluß des französischen Gesetzgebungsprozesses nicht gewährleistet gewesen.

Wie der Vergleich zwischen den Stellungnahmen des EWI und der Europäischen Kommission gezeigt hat, waren bei der Beurteilung der einzelnen Normen unterschiedliche Auslegungen möglich, denn wo das EWI Inkonsistenzen sah, legte die Europäische Kommission den Gesetzesvorschlag bereits im Sinne des EG-Vertrages aus. Die Unklarheiten, die oben dargestellt wurden, stellen jedoch kein Hindernis für das Funktionieren des ESZB

Vertrag und die Satzung Vorrang gegenüber innerstaatlichen Rechtsvorschriften haben. Vgl. EWI (1998) S. 319.

[1] Art. 11 des Gesetzes No. 93-980 vom 4. August 1993 modifiziert durch Art. 7 des Gesetzes No. 98-357 vom 12. Mai 1998.

[2] Vgl.O. Siehe auch EWI (1998) S. 361.

[3] EWI (1998) S. 362.

[4] Die Unklarheiten hinsichtlich der Aufgaben des Generalrates haben ihren Ursprung in der von der Reform von 1993 vorgezeichneten grundsätzlichen Unterscheidung zwischen geldpolitischen Aufgaben, die dem Geldpolitischen Rat zugeordnet waren und Verwaltungsaufgaben, für die der Generalrat zuständig war. Mit der "Nachbesserung" und der Berücksichtigung der Aufgaben und Verantwortlichkeit des ESZB durch das Gesetz von 1998 ist diese strukturelle Unterscheidung nicht völlig aufgehoben worden, wenngleich auch in der Regel die Entscheidungskompetenzen auf supranationaler Ebene berücksichtigt wurden. Eine enumerative Differenzierung zwischen den Kompetenzen des Generalrates und denen des ESZB hätte hier zur Klärung beigetragen.

[5] Vgl. auch Zentralbankrat (1998) S. 4.

in der dritten Stufe dar, sondern eröffnen allenfalls Interpretationsspielräume.[1]

[1] Vgl. auch Europäisches Parlament (1993) S. 11. Die Anpassungen anderer Normen, die oben erwähnt wurden und zum Zeitpunkt der Errichtung des ESZB noch nicht erfolgt waren, stellen keine Ursache für die Unvereinbarkeit dar, da eine Modifikation wie z.B. im Falle des Dekrets 93-1278 vom 3. Dezember 1993 aus dem Gesetz No. 98-357 vom 12. Mai 1998 folgt.

3. Dominanten der zentralbankpolitischen Diskussion in Frankreich

Die zentralbankpolitische Debatte fand in Frankreich in einem angespannten sozialen und wirtschaftlichen Klima statt, in dem unter anderem von einem "sozialem Bruch" (fracture sociale) der Gesellschaft die Rede war. Anhaltende strukturelle Arbeitslosigkeit, die sich verschlechternde konjunkturelle Lage und die Wechselkurskrise versetzten die französische Öffentlichkeit in Krisenstimmung.[1] Diese Ausgangsbedingungen erwiesen sich angesichts der Vehemenz der politischen Argumentationen als folgenreich. Die Wirtschaftspolitik der Regierung geriet ins Kreuzfeuer der Kritik. Damit wurde zugleich die Europapolitik angesprochen, die in den Augen der französischen Öffentlichkeit den wirtschaftspolitischen Handlungsspielraum konditionierte.[2] Die Kritik an der "pensée unique" (Einheitsdenken) der Regierung mündete jedoch nicht in einem konkreten Gegenentwurf, sondern beschränkte sich auf vereinzelte Ansätze, die eine "andere Politik"[3] forderten und eine politische Haltung, die als "republikanischer Nationalismus" bezeichnet wird.[4]

Die zentralbankpolitische Diskussion läßt sich als Teil eines allgemeineren Diskurses der Europa- und Wirtschaftspolitik begreifen. Dabei lassen sich zwei Hauptlinien ausmachen:

"Zum einen für ein wirtschaftsliberales Konzept der Anpassung an die wirtschaftlichen Zwänge, die von der europäischen Integration und den internationalen Märkten ausgehen; zum anderen für ein Konzept zur Rückgewinnung von Handlungsspielräumen für nationale Wachs-

---

[1] Siehe dazu Große/Lüger (1997) S. 158f und Schiller (1997) S. 1f. Ökonomische Fragen und die Frage nach der französischen Identität verschmolzen miteinander. Flynn (1995) S. 9.

[2] Schiller (1997) hat diese politischen Prozesse als Übersicht von Äußerungen französischer Intellektueller dargestellt. Die folgenden einführenden Erläuterungen stützen sich zum Teil auf seine Analyse. Er weist darauf hin, daß die Kritik an dem sogenannten "wirtschaftspolitischen Einheitsdenken" (pensée unique) ihren Ursprung bereits in den achtziger Jahren hatte. Die "pensée unique" ist durch eine pro - europäische, wirtschaftsliberale Haltung gekennzeichnet, die sich in Anerkennung der zunehmenden internationalen wirtschaftlichen Verflechtung für die europäische Integration und eine Fortführung der Stabilitätspolitik im wirtschafts- und währungspolitischen Bereich ausspricht. Siehe dazu auch Uterwedde (1995) S. 7ff.

[3] Stellvertretend sei hier Jean-Paul Fitoussi genannt, der in der europäischen Integration die Ursache für konjunkturhemmende Entwicklungen sieht. Er kritisierte insbesondere die Politik des "Franc fort" und die hohen Realzinsen, die er für die hohe Arbeitslosigkeit in Frankreich verantwortlich machte, und sah in dem möglichst baldigen Eintritt in die dritte Stufe der Währungsunion den einzigen Ausweg. Vgl. Schiller (1997) S. 17 und Fitoussi (1995). RPR - Politiker wie Charles Pasqua und Philippe Séguin wandten sich gegen die Politik des "Franc fort" und die Unabhängigkeit der Zentralbank. Auf sozialistischer Seite tat dies der ehemalige Verteidigungsminister Jean-Pierre Chèvenement mit dem Mouvement des Citoyens.

[4] Schiller (1997, S. 2) im Rückgriff auf Fitoussi: "Intellektuelle und Politiker, die sich als Kritiker des Maastricht - Vertrages exponiert haben, wenden sich in ihrer Argumentation meist gegen den "Ultraliberalismus" und die Gefährdung der Errungenschaften des republikanischen Nationalstaats. Durch Deregulierung und Privatisierung sehen diese Kritiker die Interventionsmöglichkeiten des Staates zur Umsetzung politischer und sozialer Ziele gefährdet. Die "*services publics*" (Hervorhebung des Autors, S.T.) (die Öffentlichen Dienste) sind in Frankreich eingebettet in eine republikanische Ideologie. In erster Linie dienen sie der Umsetzung des republikanischen Gleichheitsgedankens."

tums- und Beschäftigungspolitik (aber bei prinzipieller Bejahung der Einbindung Frankreichs in Europa und den Weltmarkt)."[1]

Die politische Debatte selbst war durch drei Grundtöne gekennzeichnet: Historizität,[2] die wichtige Stellung Deutschlands in der Diskussion sowie die starken politischen Auseinandersetzungen quer durch alle Parteien.[3] Der wissenschaftliche Diskurs war ebenso von stark divergierenden Argumenten geprägt, so daß auch hier galt:

"... le débat en la matière est loin d'être clair - les partisans de l'Accord peuvent l'approuver avec des arguments contradictoires, comme ses adversaires porter des critiques provenant de bords opposés."[4][5]

3.1. Die Motivation für den geld- und währungspolitischen Hoheitstransfer und die Delegation auf eine unabhängige Zentralbank

3.1.1. Die politische Argumentation

Die Begründung des Hoheitstransfers und die Motive für die Disinflationspolitik stehen in einem engen Zusammenhang miteinander. Paradoxerweise war die intensive Diskussion nicht von einer Abschätzung der Folgen weitergehender geldpolitischer Integration begleitet. Auch die ökonomische Debatte ging kaum über eine allgemeine Beurteilung der mikroökonomischen Vorteile hinaus.[6] Aus diesem Grund scheint es gerechtfertigt zu sein,

---

[1] Schiller (1997) S. 6. Die Nähe des letzten Entwurfs zu einem "republikanischen Nationalismus" ist unübersehbar. Während der parlamentarischen Debatten wurde die Grenze zwischen wirtschaftspolitischer Diskussion und letzterem mehrmals überschritten, diese Gefahr wird aber von Vertretern der "anderen Politik" wie beispielsweise Fitoussi erkannt, er bezeichnet den "neo - republikanischen Diskurs" als "Nostalgie einer Nostalgie". Vgl. Schiller (1997) und Fitoussi (1996) S. 163ff.

[2] Vgl. beispielsweise die Argumentation von Edmond Alphandéry J.O. 1/7/1993 - Débats parlementaires Sénat S. 1983.

[3] Die der Ratifikation des Maastrichter Vertrages vorausgehende Kampagne war Schauplatz eines ideologischen Kampfes um die Legitimität einer unabhängigen Zentralbank. Innerhalb der politischen Parteien wurden mit Ausnahme der Kommunisten, der Front National sowie der Génération Ecologie, die sich gegen die Reform wandten, uneinheitliche Positionen vertreten. Auch die Gewerkschaften nahmen keine einheitliche Haltung ein. Vgl. L'année politique 1992 en France (1993) S. 83f und Delhommais (1992).

[4] "... die Debatte in dieser Materie ist weit davon entfernt, klar zu sein: die Verfechter des Abkommens können es mit widersprüchlichen Argumenten befürworten, wie ihre Widersacher Kritik anbringen, die gegensätzlichen Lagern entstammt." Delessy/Lerais/Paris-Horvitz/Sterdyniak (1993) S. 274.

[5] Für einen Überblick über den zeitlichen Ablauf der Debatten über die Ratifikation des Maastrichter Vertrages und die Unabhängigkeit der Banque de France in den beiden Kammern siehe Table des Matières im J.O. Débats de l'A.N. der Jahre 1992 und 1993.

[6] Boissieu/Pisani-Ferry (1995) S. 23.

davon zu sprechen, daß der Maastrichter Vertrag auf eine relativ unvorbereitete Öffentlichkeit traf, was möglicherweise auch das Ausmaß der Kontroverse beeinflußt hat.

3.1.1.1. Die politischen Stellungnahmen: Rückgewinnung politischer Handlungsspielräume durch den Maastrichter Vertrag?

In den Medien und in den Parlamentsdebatten herrschte in weiten Kreisen die Auffassung, daß die Bundesbank Europa in der Zeit nach der Wiedervereinigung in eine Rezession gestürzt hätte, ohne an Einfluß der D-Mark aufzugeben.[1] Frankreich hätte demnach die Konsequenzen dieser Hochzinspolitik zu erleiden, die die Unternehmen dazu brächte, anstatt in die Schaffung neuer Arbeitsplätze auf den Finanzmärkten zu investieren.[2]

In der Errichtung der EZB sahen viele eine Maßnahme, diesen Zustand zu beenden. "*... la création d'une monnaie européenne s'analyse non pas comme un transfert de compétence de la France vers une instance européenne, mais bien dans les faits comme un transfert de compétence monétaire de la Bundesbank vers la future banque centrale européenne.*"[3]

So schrieb beispielsweise Le Monde anläßlich der Ernennung des ersten Präsidenten der EZB:

„*La délégation de pouvoir consentie pour faire l'euro n'est qu'une maniére de regagner un peu de souveraineté monétaire. Que l'on cesse d'avoir peur: la France ne disparaît pas avec le franc. Le principe de subsidiarité est là pour déléguer à ce collectif volontaire qu'est l'Europe que ce qu'elle fait mieux que la nation. L'euro n'est pas un coup porté à l'État-nation; c'est l'État-nation qui s'adapte à la mondialisation.*“[4]

---

[1] Dazu Moïsi (1998, S. 100): „In 1992, the debate about the Maastricht referendum was really a debate about Germany."

[2] Paul Loridant, J.O. 1/7/1993 - Débats parlementaires Sénat S. 2000.

[3] "... die Errichtung einer europäischen Währung ist nicht als ein Kompetenztransfer von Frankreich auf eine europäische Instanz, sondern in Wirklichkeit als ein geldpolitischer Kompetenztransfer von der Bundesbank auf die zukünftige Europäische Zentralbank zu sehen." Edmond Alphandéry, J.O. Débats de l'A.N.; Séance du 5 Mai 1992; S. 852. Ähnlich argumentierten auch die sozialistischen Abgeordneten François Hollande und Laurent Fabius J.O. Débats de l'A.N.; Séance du 5/6 Mai 1992; S. 897 und S. 929. Dazu auch Alain Juppé, der damalige Generalsekretär des RPR: "Frankreich wird wieder über eine Stimme verfügen, während uns heute die Bundesbank ihre Haltung aufzwingt und Frankreich keine Stimme hat." AFP vom 17.9.1992.

[4] „Die zugestandene Machtübertragung, um den Euro zustandekommen zu lassen, ist nur eine Art und Weise, um ein wenig monetäre Souveränität wiederzugewinnen. Man höre auf, Angst zu haben: Frankreich verschwindet nicht mit dem Franc. Das Subsidiaritätsprinzip existiert, nur um auf das freiwillige Kollektiv, das Europa ist, das zu delegieren, was es besser macht als die Nation. Der Euro ist kein Anschlag auf den „Etat - nation"; es ist der „Etat - nation", der sich an die Globalisierung anpaßt." o.V. (1998b) S. 16. Bemerkenswert ist hier die Wortwahl. So ist von Delegation und einem Kollektiv die Rede, das heißt auch

Die Disinflationsperiode weist keinen wesentlichen Wandel politischer Absichten gegenüber der Nachkriegszeit auf, wenn man berücksichtigt, daß „... *economic and monetary policies became instruments serving the political goal of creating an integrated Europe of which France could be the co-leader.*"[1]

Bérégovoy beurteilte die Währungs- und Wirtschaftsunion zunächst als einen weiteren Schritt zu mehr Wachstum und Beschäftigung.[2] Diese positive Einschätzung gründete er auf der Absicht, den "Provinzialismus" und den "Egoismus" der Deutschen Bundesbank zu beenden.[3] Die "geteilte Verantwortung" für die Geldpolitik, die er dem Ausdruck "Souveränitätsverlust" vorzog, wäre eine Möglichkeit, Deutschland in Europa einzubinden und auf diese Weise einer Verhaltensänderung, wenn auch nicht auf militärischem, so doch auf ökonomischem und geldpolitischem Gebiet der Deutschen vorzubeugen.[4] Es gab auch Stimmen, die in dem Maastrichter Vertrag den Versuch Deutschlands vermuteten, Europa und insbesondere Frankreich endgültig "germanisieren" zu wollen.[5] Die Kritiker um Philippe Séguin beklagten den Wandel einer vermeintlichen de facto - Abhängigkeit von der Deutschen Bundesbank in eine de jure - Abhängigkeit und die Errichtung einer unabhängigen EZB,[6] deren größere Effizienz bei der Inflationsbekämpfung keinesfalls gesichert wäre.[7] Frankreich wäre zwar durch das EWS in der Vergangenheit stark in seiner Entscheidungsfreiheit beeinträchtigt gewesen, hätte aber immer noch die Möglichkeit gehabt, abzuwerten oder aus dem System auszutreten. Mit der Europäischen Zentralbank und der einheitlichen Währung würde die Möglichkeit beinahe gänzlich verschwinden.[8] Zu erwarten wäre ein Wiederaufleben der Hochzinspolitik.[9]

---

hier findet keine genaue Bestimmung des Charakters der Europäischen Union statt.

[1] Boissieu/Pisani-Ferry (1995) S. 23.

[2] Le Figaro v. 11.12.1991.

[3] Bérégovoy zitiert von Georges Valence (1996) S. 328.

[4] Interview mit P. Bérégovoy in Les Echos vom 14.9.1992. Ähnlich sprach F. Mitterrand in dem Interview, das er direkt nach den Maastrichter Verhandlungen gab. o.V. (1991) S. 2.

[5] Siehe Thibault (1996). Dabei wurde häufig das Zitat Thomas Manns aus dem Jahr 1926 vom deutschen Europa verkürzt wiedergegeben. Vgl. den vollständigen Wortlaut: "Es wird weder ein französisches Europa sein noch ein deutsches. Wir werden Französisch sprechen, und wir werden Deutsch sprechen, und wir werden einander dennoch gut verstehen." Mann (1986) S. 339.

[6] Das "demokratische Defizit" der europäischen Institutionen und insbesondere der EZB wurde sowohl von sozialistischer als auch von seiten der R.P.R. kritisiert. Siehe dazu Jean-Pierre Chevènement, J.O. 9/6/1993 - Débats parlementaires A.N. S. 1115 und Philippe Séguin, J.O. Débats de l'A.N.; Séance du 5 Mai 1992; S. 871. Es war auch ein Hauptkritikpunkt unter französischen Politologen und Publizisten wie z.B. Duverger (1994).

[7] Philippe Séguin, J.O. Débats de l'A.N.; Séance du 5 Mai 1992; S. 871.

[8] Philippe Séguin, J.O. Débats de l'A.N.; Séance du 5 Mai 1992

[9] Damit würde eine Situation geschaffen, die der Geldpolitik der dreißiger Jahre entspräche und die französische Industrie an den Rand des Ruins getrieben hätte. Ähnlich argumentierte Jean-Pierre Chevènement, der in der EZB eine "wachsame Hüterin der monetären Orthodoxie" sah, aber befürchtete, daß sie sowohl die Funktion einer zweiten Bundesbank als auch eines IWF ausüben und sich als ein "Gendarm der

In Deutschland sorgte die Äußerung Mitterrands in einer Fernsehdiskussion am 2. September 1992, kurz vor dem Referendum, für Aufregung:

"Die Zentralbank, die künftige Zentralbank, die wie Sie wissen nicht vor 1997 bzw. 1999 existieren wird, entscheidet nicht. (....) Die Techniker der Europäischen Zentralbank sind verpflichtet, im monetären Bereich die Entscheidungen des Europäischen Rates auszuführen, getroffen von zwölf Staats- und Regierungschefs, d.h. von Politikern, die ihre Völker vertreten."[1]

Dadurch trat erstmals in Deutschland zutage, daß man in Frankreich möglicherweise über ein anderes Verständnis der Zentralbankunabhängigkeit verfügte als es im Maastrichter Vertrag festgelegt worden war.[2] Mitterrands Nachfolger Chirac setzte diese Interpretation fort, wenn er *„eine verantwortliche politische Institution"* als Gegengewicht zur Zentralbank forderte. Der Ministerrat solle der *„monetären Macht klar die Grenzen ihres Handelns zeigen."*[3] Ähnlich sprach sich auch Ministerpräsident Jospin in seiner Regierungserklärung im Juni 1997 aus: Unabhängigkeit der Europäischen Zentralbank sei kein *„politisches Vakuum."*[4] Und Wirtschafts- und Finanzminister Strauss-Kahn argumentierte, im Dezember 1997 *„einen politischen Partner"* der Europäischen Zentralbank forderte, die sonst *„vor unberechtigten Pressionen der öffentlichen Meinung"* ungeschützt wäre.[5] Auch wenn man diese Äußerungen im Lichte politischen Kalküls und wahltaktischen Verhaltens beurteilt,[6] so wird doch auch deutlich, daß derartige politische Äußerungen, indirekt auf ein anderes Verständnis von Zentralbankunabhängigkeit in der Öffentlichkeit schließen lassen. Die po-

---

Übermäßigen" gebärden würde. Cassen (1992) S. 6.

[1] Galahn (1996) S. 222. Die Äußerung Mitterrands läßt sich auf den hohen politischen Druck zurückführen, der auf ihn in der Vorphase des Referendums ausgeübt wurde. Während der Debatte wurde von ihm gefordert, sein Mandat mit dem Ausgang des Referendums zu verknüpfen. L'année politique 1992 en France (1993) S. 85.

[2] Siehe dazu auch die Berichterstattung über die Resolution des Europäischen Parlaments zur künftigen Berichts- und Transparenzpflicht der Europäischen Zentralbank, die je nach Sprachversion unterschiedliche Konzeptionen über die Zusammenarbeit von Parlament und Zentralbank beinhaltete. So war in der französischen Fassung von einer Evaluation der Interventionen der EZB („évaluer les interventions de la BCE") die Rede, wo die deutsche Version von einer „Leistungsbeurteilung der EZB sprach. Die französische Fassung implizierte somit die Bewertung einzelner Zinsschritte, eine sehr viel weitergehende Aufsicht als sie die deutsche Version vorsah. In der deutschen Fassung möchte das Parlament den Rahmen des Dialogs mit der EZB in einer „gegenseitigen Übereinkunft" stärken, in der französischen ist die Rede von einem „accord formel", also einer formalrechtlichen und somit bindenden Vereinbarung. Die größte Diskrepanz ergab sich bei der Beschreibung der „accountability" der EZB, im Deutschen die „demokratische Rechenschaftspflicht", im Französischen „contrôle démocratique" (demokratische Kontrolle). Klau (1998) S. 10.

[3] Gemeinschaft zum Schutz der deutschen Sparer (1998) S. 16.

[4] Gemeinschaft zum Schutz der deutschen Sparer (1998) S. 16.

[5] Gemeinschaft zum Schutz der deutschen Sparer (1998) S. 16.

[6] Siehe beispielsweise Galahn (1996). In der Süddeutschen Zeitung wurden diese Äußerungen als „linke Politik für die Manege" betitelt, die darauf gerichtet sei, die eigenen Reihen zu beruhigen. Vgl. Bläske (1998) S. 12f.

litische Motivation wurde von Lionel Jospin im April 1998 noch einmal formuliert:

„Die Gründung eines vereinigten und starken Europas ist kein Opfer für die französische Nation. ... Wir erobern vielmehr eine monetäre Machtposition, die wir mit unseren Partnern teilen.“[1]

Anläßlich der Debatte zur Einführung des Euro im April 1998 erklärte Wirtschaftsminister Strauss-Kahn, daß Europa mit dem Euro wieder auf die Weltbühne zurückkommen werde, und Frankreich werde durch die Beteiligung an der EZB seine geldpolitische Souveränität wiedergewinnen, die es in der Vergangenheit „de facto“ verloren habe.[2]

3.1.1.2. Die Reform der Banque de France – Mittel zum Zweck oder politisches Ziel?

Die zentralbankpolitische Diskussion des Maastrichter Vertrages wurde über den Weg der Europapolitik in die französische Öffentlichkeit hineingetragen.[3] Sie entfaltete aufgrund der Verknüpfung mit der Person Mitterrands eine weit über die geschlossenen Zirkel der ökonomischen Auseinandersetzung innenpolitisch polarisierende Wirkung, was sich auch im Wahlkampf in den Jahren 1993 und 1995 zeigte.[4] Innerparteilich divergierende Positionen traten insbesondere bei den Sozialisten und dem RPR zutage.[5] Wenngleich die Positionen auch der allgemeinen europa- und wirtschaftspolitischen Debatte entstammten, so stellte doch die öffentliche Diskussion über die Stellung der Banque de France ein Novum dar.

Die offizielle Begründung für deren Reform erfolgte im Tenor des wirtschaftsliberalen Konzeptes der Anpassung an ökonomische Zwänge:[6] Der Reform lag die Absicht einer Stärkung der Glaubwürdigkeit zugrunde. Eine auf Stabilität ausgerichtete Geldpolitik würde durch eine unabhängige Zentralbank erleichtert werden.[7]

---

[1] Zitiert nach Viebig (1999) S. S. 510.
[2] o.V. (1998d) S. 9.
[3] Die Formulierung "gage crédible" (glaubwürdiges Unterpfand) wurde von der Opposition in der Debatte über den EU-Vertrag verwendet. Diese griff die Regierung an, die ihrer Meinung nach mit ihrer Forderung, europäische geldpolitische Institutionen politischen Entscheidungen zu unterwerfen, den europäischen Integrationsprozeß gefährde. Siehe Alain Madelin, J.O. Débats de l'A.N.; Séance du 27 Novembre 1991; S. 6681.
[4] Anders in FAZ vom 13.6.1997, wo eine geringe Bedeutung im Wahlkampf festgestellt wird.
[5] Siehe dazu im Anhang die Synopse der wichtigsten politischen Stimmen.
[6] Kritiker der Reform opponierten nicht gegen die Existenz dieser Zwänge, sie wandten sich nur gegen konkrete Normen. Eine Ausnahme bildete Jean-Pierre Chevènement, der die "Privatisierung der Banque de France im Namen des europäischen Aufbaus der Märkte" kritisierte. Halimi (1993) S. 7.
[7] Edmond Alphandéry J.O. 1/7/1993 - Débats parlementaires Sénat S. 1983. Allein die Ankündigung der Reform habe bereits zu einer Zinssenkung in Frankreich geführt. Ebenso auch Balladur (1990) und Chirac,

Die unklare Zielformulierung in den Zentralbankstatuten nach der Reform von 1993[1] warf die Frage auf, ob auf dieser Grundlage von einer Priorität des Zieles der Preisstabilität auszugehen wäre oder ob sich die Zentralbank nicht primär an der Zielvielfalt der allgemeinen Wirtschaftspolitik ausrichten und innerhalb dieses Spielraums das Ziel der Geldwertstabilität verfolgen sollte. Daraus entwickelte sich bald eine Diskussion über die "Dialektik zwischen Regierung und Zentralbank".[2] So warnten insbesondere Vertreter der kommunistischen und der sozialistischen Partei vor einem "Primat der Währungspolitik" und verwiesen auf die hohe Arbeitslosigkeit, die die bisherige Stabilitätspolitik bereits generiert hätte.[3] Von einigen Kritikern wurde die "mur d'argent" heraufbeschworen.[4] Philippe Séguin, RPR, wandte sich gegen den Transfer der geldpolitischen Entscheidungskompetenzen auf einen "Klan der Technokraten", der schreckliche Krisen heraufbeschwören könnte, ohne irgendjemandem gegenüber verantwortlich zu sein.[56]

Ein Teil der Diskutanten sprach sich dafür aus, daß die Ziele der Zentralbank denen der Regierung so nahe wie möglich kommen und sich an der allgemeinen Politik orientieren sollten.[7] Die Regierung sah in der Formulierung weder Unbestimmtes noch Verfassungswidriges, da die Unabhängigkeit der Zentralbank in jedem Fall Beschränkungen unter-

---

Reform habe bereits zu einer Zinssenkung in Frankreich geführt. Ebenso auch Balladur (1990) und Chirac, der sich bereits sehr früh für eine Angleichung der Statuten der Banque de France an das Bundesbankstatut ausgesprochen hatte, dies aber nach Meinung politischer Kommentatoren im Hinblick auf die Errichtung der EZB befürwortet hatte, um so die "Hemmschwelle" für eine gemeinsame Währungspolitik abzubauen. Siehe Hasse (1989) S. 234.

[1] Vgl. Gleske (1997) S. 125. Art. 1 Satz 2 des Gesetzes No. 93-980 vom 4. August 1993. Die Debatte entzündete sich zunächst an der unklaren Formulierung des zweiten Satzes des Art. 1 der Reformstatuten von 1993, aus der eine eindeutige Priorität des Stabilitätsziels der Geldpolitik nicht ersichtlich war. Nach Meinung der Kritiker erfolgte keine klare Trennung der Entscheidungsbefugnisse, wodurch die der gefällten Entscheidungen gefährdet werden würde. Von der Finanzkommission wurde die mangelnde Stringenz der Formulierung des Artikels 1 kritisiert. Sie bezeichnete es als Kompromiß, "... einer neuen Institution weitreichende Autonomie zu verleihen, um ihr zu erlauben, ihre Aufgaben auszuüben und dabei zu verhindern, daß diese Autonomie der allgemeinen von der Regierung durchgeführten Wirtschaftspolitik schadet." Philippe Auberger J.O. 6/8/1993 - Débats parlementaires A.N. S. 1106. Beachtenswert ist hier auch die Formulierung "neue Institution", die den Stellenwert der Reform zum wiederholten Male deutlich macht.

[2] Trichet (1995a) S. 5.

[3] Jean-Pierre Brard J.O. 9/6/1993 - Débats parlementaires A.N. S. 1287 und Jean-Pierre Chevènement, J.O. 9/6/1993 - Débats parlementaires A.N. S. 1115.

[4] "Wenn es folglich schon gewagt ist, unter der netten Bezeichnung "Unabhängigkeit" eine Maßnahme vorzustellen, die darauf hinausläuft, ausschließlich Bankern die Verfügungsgewalt über die Zinssätze und die Währung anzuvertrauen und so dem Bürger und seinen demokratisch gewählten Repräsentanten ein wenig mehr zu entziehen (was würde man von einer gleichermaßen "unabhängigen" da nur von Militärs kommandierten Armee halten?), dann ist es absurd, vorzugeben, daß eine solche Reform als Konsequenz eine Verbesserung der Beschäftigungssituation hätte." Halimi (1993) S. 7.

[5] Zitiert von Halimi (1993) S. 7.

[6] Siehe dazu auch Mitterrands Äußerung, der die Mitglieder des Europäischen Zentralbankrates als "Techniker" bezeichnete. S. 202.

[7] Philippe Auberger J.O. 6/8/1993 - Débats parlementaires A.N. S. 1107.

worfen sei, die insbesondere die Regierung als Träger der allgemeinen Wirtschaftspolitik festsetze.[1] Der Sprecher des RPR verwies dazu auf das Beispiel der Bundesbank.

Deutlich wurde, daß die Sozialisten den Maastrichter Vertrag als eine Chance begriffen, der Politik der Bundesbank eine gemeinsam zu entscheidende europäische Zentralbankpolitik und in der Erweiterung der EZB eine europäische Wirtschaftsregierung entgegenzusetzen.[2]

Mit der Weiterentwicklung der Dezentralisierung wurde ein anderes Argument für die Reform ins Spiel gebracht.[3] Die Anpassung der Zentralbankstatuten an die Anforderungen des Maastrichter Vertrages und die europäische Integration standen in dieser Liste erst an letzter Stelle.[4] Mit diesen Argumenten beabsichtigte die Regierung nicht nur eine Rechtfertigung der Reform, sondern führte auch die stabilitätspolitische Argumentation der Disinflationspolitik fort. In diesem Sinne könnte die Reform ihre Motivation auch außerhalb des Maastrichter Vertrages finden.[5] Am 12. April 1992 brachte François Mitterrand seine Vorstellung von Unabhängigkeit der französischen Zentralbank zum Ausdruck:

„Mit diesem Thema treffen Sie bei mir einen empfindlichen Punkt, denn sehr oft hat man verlangt, die Banque de France sollte wie die deutsche Bundesbank völlig unabhängig von den gewählten politischen Verantwortlichen sein. Das habe ich nie akzeptiert, und es fällt mir ein bißchen schwer zu akzeptieren, daß die politische Gewalt der Gemeinschaft, also der Europäische Rat, nur eine indirekte Gewalt über die Entwicklung der Bank haben soll. Aber das ist die Einstellung der Mehrheit unserer Partner. Auch viele Franzosen denken, daß das notwendig ist; andererseits ist nicht gesagt, daß es Beamte , und nur Beamte, sein werden; es könnten genauso Politiker dazu bestimmt werden ... ."[6]

François Mitterrand sprach 1994 sehr deutlich davon, daß die Unabhängigkeit der Banque de France ein Opfer (sacrifice) gewesen wäre:

---

[1] Edmond Alphandéry J.O. 1/7/1993 - Débats parlementaires Sénat S. 1982.

[2] Frankfurter Allgemeine Zeitung vom 13.6.1997.

[3] Seit 1982 sind die Dezentralisierungsbestrebungen intensiviert worden. Siehe dazu Große/Lüger (1997) S. 33. Cassen (1992) S. 7. Bérégovoy bezeichnete die Unabhängigkeit der Zentralbank als eine "kulturelle Revolution". Vgl. Libération vom 12. 12. 1991.

[4] Edmond Alphandéry J.O. 1/7/1993 - Débats parlementaires Sénat S. 1983. Lionel Jospin trat zunächst für ein Beibehalten der alten Statuten der Banque de France ein, lenkte dann aber ein, da er "nicht im Weg stehen wolle, wenn die Unabhängigkeit eine Bedingung für das Fortschreiten der geldpolitischen Union des "deutsch-französischen Paares" sei." Halimi (1993) S. 7.

[5] Vgl. Baert (1994) S. 45.

[6] Presse- und Informationsabteilung der Französischen Botschaft (1992) S. 5.

„... *Chacun devait faire quelques sacrifices pour aller à l'essentiel puisque l'essentiel, dans mon esprit mais aussi dans le cadre de mes fonctions de Président de la République française, était que, si l'indépendance de la Banque de France pouvait présenter certains dangers, il fallait bien que ce fût pour un objectif très haut, très important qui entraînât l'histoire de France plus loin encore. Sans quoi ce sacrifice, je ne l'aurais pas fait. ...*"[1]

Angesichts der Kontroverse, die die Reform der Zentralbankstatuten auslöste ist wohl davon auszugehen, daß „... *the adoption of the German model of monetary policy making was not considered as a benefit in its own right, but rather as the price to pay for the achievement of France's goals.*"[2] Dafür sprechen auch die Reaktionen von Michel Sapin, dem damaligen Finanz- und Wirtschaftsminister, der die Gewährung der Unabhängigkeit als nicht "*konform mit der französischen Tradition*" bezeichnete und von Gouverneur Trichet, der behauptete, daß Unabhängigkeit "*... dem Wesen nach einem politisch-institutionellen System eines Landes wie Frankreich, das dem Staat, also der Exekutive den Vorrang gibt, fremd sei.*"[3] Der Verweis auf ein von dem deutschen System divergierendes Verhältnis der„checks and balances" war in vielen Stellungnahmen präsent:

"Ohne so weit zu gehen, von einer vierten Macht zu sprechen, die als 'geldpolitische Verfügungsgewalt' zu den drei (Staats)gewalten, die Montesquieu unterschieden hat, hinzukäme, ... glaube ich, daß es sich trotzdem um eine Umstrukturierung der Verfügungsgewalten der öffentlichen Hand handelt, die bedeutsam ist, insbesondere in einem Land, das über eine zentralistische Tradition verfügt."[4]

---

[1] „Jeder mußte irgendwelche Opfer leisten, um zum Wesentlichen zu gelangen, da ja das Wesentliche, nach meiner Vorstellung und auch im Rahmen meiner Funktionen als Präsident der Republik, war, daß, wenn die Unabhängigkeit der Banque de France gewisse Gefahren in sich bergen konnte, es für ein sehr großes Ziel, ein sehr wichtiges (Ziel, S.T.) geschehen mußte, das die Geschichte Frankreichs weiter brachte. Ohne das hätte ich dieses Opfer niemals gebracht." Banque de France (1994) S. 78 (eigene Hervorhebung, S.T.).

[2] Boissieu/Pisani-Ferry (1995) S. 27.

[3] Vgl. Trichet (1995a) S. 4. Trichets Aussage führt hinsichtlich des Inhalts von Zentralbankunabhängigkeit im Sinne des Maastrichter Vertrages zu Mißverständnissen, da eine unabhängige Zentralbank - wie beispielsweise die Deutsche Bundesbank - Teil der Exekutive bleibt; ihr werden von der Regierung währungspolitische Kompetenzen übertragen. Die Aussage Trichets ist ein Beispiel für das republikanische Staatsverständnis, das der Zentralbank ähnlich wie den "services publics" soziale und politische Umsetzungsaufgaben der Regierung zuweist.

[4] Enfrun (1994) S. 2. Ein weiteres Argument für diese Sichtweise ist nach Meinung von Boissieu/Pisani-Ferry (1995, S. 27) die Tatsache, daß die Reform der Banque de France eine Verfassungsänderung erforderte, für deren Inkrafttreten der Verfassungsrat die Vollendung der Ratifikation des Maastrichter Vertrages voraussetzte. Die Verfassungsänderung war jedoch zunächst aufgrund des Maastrichter Vertrages erforderlich, was Mitterrand durch seine präventive Kontrollklage deutlich machte.

3.1.1.3. Exkurs: Zentralbankpolitik als Bestandteil nationaler Identität in der politischen Debatte

Insbesondere der von vielen französischen Politikern heraufbeschworene Verlust nationaler Souveränität führte zu starkem Widerstand gegen den Maastrichter Vertrag und seine zentralbankpolitischen Bestimmungen.[1] Die traditionell gaullistische Haltung, sich gegen jede Hoheitsverzicht zu verwahren, weitete sich auf andere Parteien aus.[2]

So warnte Chevènement vor dem Verlust staatlicher Souveränität. Eine "Entstaatlichung" (dénationalisation) der Geldpolitik würde sich gegen Art. 3 der Verfassung richten, der dem Volk die nationale Souveränität verliehe.[3] Chevènement stand in dieser Frage den Vertretern eines "republikanischen Nationalismus" nahe:[4]

"Die 'Enteignung' der Nationen (v.a. ihrer gewählten Repräsentanten) und der Transfer der Macht zu den europäischen Institutionen, nehme den Nationalstaaten die Möglichkeit, eine eigene Wirtschafts- und Finanzpolitik zu betreiben. Dieser Souveränitätsverzicht bedeute auf längere Sicht den Verzicht auf jede nationale Politik überhaupt."[5]

Das Streben nach Föderalismus negiere ihrer Meinung nach die Realitäten Europas und seiner Geschichte.

"Das bundesstaatliche Europamodell ... sei begründet auf dem deutschen Modell der sozialen Marktwirtschaft (unabhängige Zentralbank, Unterordnung der Politik unter die Ökonomie) ... Frankreich müsse selbst wieder zum Modell werden, ohne ehrfürchtig auf das deutsche Wirtschaftssystem zu starren ... Ein bundesstaatlich organisiertes Europa würde nicht nur zum Verschwinden der französischen Nation führen, sondern auch von Deutschland dominiert werden."[6]

---

[1] Die Bedeutung der Geldhoheit für die nationale Souveränität zeigt folgende Aussage des ehemaligen gaullistischen Justizministers Debré: "Ein Staat besitzt zwei Souveränitäten - das Recht zur eigenen Verteidigung und zur Bestimmung des eigenen Geldwertes." Debré zitiert von Niemann (1989) S. 400. Ähnlich auch Mitterrand, siehe Harder (1996) S. 93.

[2] Politologen wie Emanuel Todd erklärten die damit verbundene Hinwendung zum "republikanischen Nationalismus" oder gar reaktionären Nationalismus à la Le Pen mit dem französischen Verständnis der „Nation", das auf der Grundlage einer Willens- oder Staatsnation mehr Probleme hätte, auf den Nationalstaat zu verzichten als die sich ethnisch definierenden Deutschen. Schiller (1997) S. 16.

[3] Mit diesem Terminus wurde versucht der Eindruck zu erwecken versucht, daß es sich bei der Übertragung geldpolitischer Kompetenzen auf die EZB um eine Art "Privatisierung" der Geldhoheit handele, die auf ein Gremium von Privatbankiers oder zumindest Technokraten überginge.

[4] Der französische Nationenbegriff unterscheidet sich vom deutschen Verständnis dadurch, daß in ihm voluntaristische Elemente zum Tragen kommen. "Die Nation könnte durch den Willen definiert werden, zusammen zu leben." Siehe dazu vertiefend Lavroff (1995) S. 223 und Slama (1995) S. 52ff.

[5] Schiller (1997, S. 9) zitiert Max Gallo.

[6] Schiller (1997, S. 12) zitiert Alain Cotta. In der französischen Debatte wurde immer wieder darauf hin-

Die Furcht vor einem übermächtigen Deutschland und vor dem Verlust nationaler Werte und Traditionen vermischen sich in diesen Stellungnahmen.[1]

Mit der Forderung nach der *"exception française"*,[2] die sich auch in der institutionellen Gestaltung der Banque de France zeigen sollte, ist nur eine der zahlreichen Verbindungen zwischen der Zentralbankthematik und der allgemeineren staatspolitischen Sorge vieler Franzosen angesprochen, mit zunehmender europäischer Integration ihrer Identität beraubt zu werden. Oft ist nicht mehr zu unterscheiden, ob es sich bei der Nutzung des Staatsrechts als "ideologischem Steinbruch" um eine Instrumentalisierung staats- und verfassungsrechtlicher Ideengeschichte oder um die Artikulation wirklicher Identität handelt.

3.1.1.3.1. Der Souveränitätsbegriff in Frankreich

Souveränität ist ein Schlüsselbegriff des politischen Denkens in Frankreich.[3] Eine erste systematische Berücksichtigung erfuhr der Begriff „Souveränität" durch Jean Bodin, auf dessen Souveränitätskonzept bereits in der Einleitung eingegangen worden ist.[4] Bodin schuf

---

gewiesen, daß die Unabhängigkeit der Zentralbank eng mit der Staatsform eines Bundesstaates verknüpft sei. Gleske (1997, S. 124) nennt als mögliche Gründe für diese Koinzidenz die Schwierigkeit in zentralistisch organisierten Staaten eine unabhängige Zentralbank in das Staatswesen einzuordnen.

[1] Ähnlich sind auch Leitartikel im Figaro zu werten wie der von Franz-Olivier Giesbert, der überschrieben war mit "Deutschland zahlt heute: Maastricht, das ist der Vertrag von Versailles, nur ohne Krieg". Möschel (1998) S. 219.

[2] Die "französische Ausnahme" wird nicht nur von Politikern reklamiert, sie findet auch ihren Niederschlag in ökonomischen Argumentationen. Siehe dazu kritisch Wyplosz (1992), zur "exception française" Slama (1995) S. 49ff.

[3] Nationale Souveränität ist eines der Prüfkriterien des „bloc de constitutionnalité" (Block der Verfassungsmäßigkeit), an dem jeder Staatsakt durch den Conseil constitutionnel gemessen wird. Andere Prinzipien sind die Menschenrechte und die Staatsform der Republik. Vgl. Goerlich (1995) S. 26f. Der Begriff der Souveränität ist in Übereinstimmung mit der französischen Verfassungsgeschichte trotz der Vielfalt der staatspolitischen Veränderungen nur geringen Wandlungen unterzogen worden. Art. 3 der Verfassung von 1958 besagt: „... die nationale Souveränität gehört dem Volk, das diese durch seine Repräsentanten und durch Referenden ausübt. Kein Teil des Volkes, kein Individuum kann sich der Ausübung bemächtigen."

[4] Zeitgeschichtlich ist Bodins Entwurf vor dem Hintergrund des Bürgerkriegs und der religiösen Streitigkeiten zu sehen, die in der Bartholomäusnacht kulminierten. Der Destabilisierung der Monarchie, die aus der „Pluralisierung der Glaubenswahrheiten" folgte, setzte Bodin seine Staatslehre entgegen. In diesen grundlegenden Schriften finden sich bereits Bestimmungen über das Verhältnis zwischen innerer und äußerer Souveränität, letztere nicht als „faktische Machtvollkommenheit," sondern als eine „Rechtsbeziehung zu anderen Souveränen" in der „Abwesenheit von Gehorsamspflichten gegenüber konkreten Mächten" beschrieben. Die frühe Skepsis der deutschen Theorie gegenüber diesen Auffassungen bildet einen interessanten ideengeschichtlichen Hintergrund für eine Untersuchung des unterschiedlichen Verfassungsverständnisses in Deutschland und Frankreich, der hier nicht weiter vertieft werden kann, jedoch unzweifelhaft auf eine Debatte über den Transfer von Hoheitsrechten einwirkt. Quaritsch (1986) S. 46f, zur deutschen Rezeption S. 70f und zur modernen italienischen Interpretation Matteucci (1993) S. 286f.

mit seiner Souveränitätslehre die Rechtfertigung für einen starken Monarchen.[1]

Einen wesentlichen Beitrag zum heute in Frankreich verbreiteten Souveränitätsverständnis hat Rousseau geleistet, der die unteilbare, unveräußerliche und unvertretbare Souveränität auf die Ausübung der „volonté générale" (allgemeiner oder gemeinschaftlicher Wille) gründete.[2]

Der sogenannte "republikanische Nationalismus", der seinen Ursprung bei den Jakobinern hatte und über Michelet bis in die heutige politische Vorstellungswelt tradiert wurde, beruft sich maßgeblich auf Rousseaus Gedanken.[3]

Dieses Souveränitätsverständnis wurde auch auf die Außenpolitik übertragen.[4]

„Defending the sovereignty of the state on the world scene means protecting the nation from outside agression, just as the nation must be safeguarded at home from factional interests and parties."[5]

Die zweite gedankliche, nationalistische Linie nahm ihren Ursprung am Ende des letzten Jahrhunderts. Die Schwächung der Republik durch eine Aufsplitterung von Interessen-

---

[1] Losgelöst von den Gesetzen, dennoch einem bestimmten Verhaltenskodex unterworfen, der Verfassungsgesetze wie die Thronfolgeordnung und das Naturrecht respektiert, übt der Herrscher seine Macht aus. Sparwasser (1986) S.33.

[2] Volkssouveränität ist Ausdruck des Demokratiegedankens, der zu allgemeinen Wahlen und zum imperativen Mandat führt, jedoch im Sinne von Rousseau das repräsentative System ausschließt. Das Begriffspaar nationale Souveränität - Volkssouveränität ist Gegenstand zahlreicher politischer und staatstheoretischer Auseinandersetzungen gewesen, die letztendlich zugunsten der nationalen Souveränität und des repräsentativen Prinzips entschieden wurden. Siehe dazu Hübner/Constantinesco (1994) und S. 213.

[3] Zu einer vertiefenden Erläuterung Kriele (1981) S. 259f.

[4] In engem Zusammenhang dazu steht der starke Antiföderalismus, der sich auch in der zentralbankpolitischen Debatte äußerte. Die starke antiföderale Haltung ausschließlich als ein Resultat der unter de Gaulle entstandenen Verfassung der V. Republik zu werten, wäre zu kurz gegriffen und würde den Ursprüngen der Auseinandersetzung nicht gerecht werden. Die Idee des Föderalismus ist schon während der Französischen Revolution diskreditiert worden. Die von Sparwasser sehr treffend gezeichnete "Emigration" des Föderalismusgedankens fand in diesem Jahrhundert statt. Nachdem mit dem Abkommen von Evian 1962 die "koloniale Frage" wieder in den Hintergrund getreten war, bestanden keine Chancen, den Föderalismusgedanken innenpolitisch durchzusetzen. Durch die Betonung der "Region" durch de Gaulle (1969) und die Reformgesetze zur Dezentralisierung (1983) wurde diese Tendenz verstärkt. Anders sah die ideengeschichtliche Entwicklung auf europäischer Ebene aus: Durch die europäische Integration wurde das föderale Prinzip als Antagonist zum Glauben an Souveränität und Selbstbestimmung vorangetrieben. Die europäische Föderalismusbewegung orientierte sich verstärkt an der politischen Linken in Frankreich und nahm bereits 1965 erste Kontakte mit Mitterrand auf, der den europäischen Gedanken zu einem Leitmotiv seiner späteren Politik machte. Siehe Sparwasser (1986) S. 63. Als historischer Kontrapunkt weist sich gerade der Beginn europäischer Integration aus, bei dem Frankreich als Betreiber einer supranationalen Entwicklung mit Monnet einen exponierten Vertreter des Föderalismusgedankens aufzuweisen hatte. Marè/Sarcinelli (1998) S. 8ff.

[5] Hoffmann (1995) S. 252.

gruppen ließ Forderungen nach einer starken Autorität laut werden, die mit einer starken Exekutive auch die externe Souveränität schütze sollte.[1]

3.1.1.3.2. Maastricht und das traditionelle Souveränitätsverständnis

Die traditionelle französische Vorstellung von Souveränität hat sich vornehmlich mit der internen Souveränität des Staates befaßt, die unterstützend für die externe Souveränität wirkte. „*Indeed ... a change in the definition or location of internal sovereignty was a way to deal with threats to external sovereignty.*"[2] Der politische Fall Maastricht unterschied sich jedoch von früheren Auseinandersetzungen, denn er konzentrierte sich vornehmlich auf die externe Souveränität, ohne die internen Strukturen des französischen Staates zu thematisieren.

Einen Höhepunkt in der Auseinandersetzung über die nationale Souveränität stellte die Zeit des Zweiten Weltkrieges dar:[3] Seither ist die Verknüpfung von französischer Identität und Souveränität im öffentlichen Bewußtsein noch stärker geworden.

"Thus, the frequency of 'Franco-French wars' of words over external sovereignty in the past half-century reflects not only the defensiveness of France in the international system (since 1933 at least) but the increasing sense that France's distinctiveness, France's nature, France's culture, are increasingly at stake in the international arena."[4]

Maastricht hat in Frankreich eine „Identitätskrise" ausgelöst, für die mehrere Faktoren verantwortlich waren.

„*... the frequent ferocity of the recent debate can be explained by the fact that, for many of the French, the defense of French sovereignty abroad had come to mean something more than the protection of French interests from foreign encroachments, more than just safeguarding the legal and political capacity to preserve French positions, more than preservation of the neces-*

---

[1] Als die Republikaner 1870 an die Macht kamen, war eines ihrer Ziele, "turning peasants into Frenchman". Das "peuple souverain" sollte als "peuple armé" seine Souveränität insbesondere gegen die Bedrohung durch Preußen verteidigen. Dieses Ziel wurde später um die Forderung nach der Rückeroberung der 1871 "verlorenen Provinzen" ergänzt. Hoffmann (1995) S. 252.

[2] Hoffmann (1995) S. 252.

[3] "Vichy's abdication of external sovereignty in essential domains was not only a desaster for French status and interests but also created a risk of creeping Nazification and thus the alienation of the very soul of France." Hoffmann (1995) S. 253. Aus dieser Erfahrung resultiert auch die gaullistische Haltung gegenüber der Errichtung einer Europäischen Verteidigungsgemeinschaft, denn die französische Identität wurde als untrennbar mit der Erhaltung einer nationalen Armee angesehen. Ein in gleichem Maße politisch sensibles Thema stellte nur noch die Währungshoheit dar.

[4] Hoffmann (1995) S. 253.

sary, if not sufficient, precondition for the cherished goods of independence and free hands in world affairs. Now it meant defending France's very identity."[1]

Das Konzept einer unteilbaren Entität, der Souveränität, wurde zugunsten einer Sichtweise aufgelöst, die die Herauslösung von Hoheitsrechten und deren Übertragung für möglich hielt.[2]

Hinzu kommt, daß bis dato Frankreich zwar theoretisch über uneingeschränkte geldpolitische Entscheidungsmacht verfügte, diese jedoch durch die Verflechtung der internationalen Kapitalmärkte und die Funktionsweise des EWS allmählich eingeschränkt wurde. Das hat dazu geführt, daß die Europäische Union für viele Franzosen zu einer Organisation geworden ist, die ohne legitime Grundlage einen Souveränitätstransfer schon längst vollzogen hat, Souveränität, die „über den Umweg Europa" nach Deutschland transferiert wurde.[3]

Ein weiterer Faktor ist in der gaullistische Ära zu finden. Eine der wichtigsten Botschaften de Gaulles war, *daß „... the defense of French sovereignty was a matter of will, and that it could be safeguarded without sacrificing those interests whose protection or promotion could no longer be ensured by France alone and now required international cooperation."*[45] Indem die europäische Integration vorangetrieben wurde, wurde die Hoffnung auf Wiederherstellung der französischen Kontrolle, ohne dafür Souveränitätseinbußen zu erleiden, genährt.[6] Diese Hoffnung hat sich als Trugschluß erwiesen.[7]

Das Referendum und die Wahlen zum Europäischen Parlament im Juni 1994, bei denen die Parteien, die sich für die europäische Integration aussprachen, nur 40% der Stimmen auf sich vereinen konnten, ließen in Frankreich die Vorstellung einer gespaltenen Nation

---

[1] Hoffmann (1995) S. 253. Hoffmann vertritt die These, daß die Verbindung zwischen Identität und externer Souveränität in Frankreich eine zunehmende Rolle spielt, da interne ideologische Unterschiede abnehmen.

[2] Vgl. dazu auch die Einleitung.

[3] Ähnlich Dornbusch/Jacquet (1992).

[4] Hoffmann (1995) S. 255. Das Beispiel des Austrittes aus der NATO illustriert diese politische Haltung. Ohne die nationale Sicherheit zu gefährden, konnte Frankreich diesen Schritt tun, da weiterhin die Möglichkeit zu einer engen Kooperation mit der Bundesrepublik und den USA bestand.

[5] Die von Frankreich in den 60er Jahren verfolgte "Politik des leeren Stuhls" bei der gemeinsamen Agrarpolitik kann als ein Indiz dafür gewertet werden, daß jegliche Stärkung supranationaler Elemente, Souveränitätsverlust oder Transfer von Hoheitsrechten nicht in Frankreichs Interesse lag. Harder (1996) S. 319.

[6] Siehe Bundesministerium des Innern (1998) S. 61.

[7] Der „Schockeffekt" wurde dadurch bestärkt, daß bereits faktische Delegationen von Hoheitsrechten - wie die währungspolitische Interdependenz im EWS, aber auch die Wettbewerbs- und Landwirtschaftspolitik - erstmalig in vollem Umfang durch die Debatte ins öffentliche Bewußtsein drangen. Hoffmann (1995) S. 255. Siehe dazu auch Woyke (1993), Ladrech (1994) und Goybet (1992).

entstehen. Ein Zustand der „deux Frances“[1] wurde als Schreckensbild beschworen und sogleich auch wahltaktisch von Chirac genutzt, der sich wiederholt auf die „fracture sociale“ (den sozialen Bruch) berief, die es zu überwinden gälte.[2] So wuchs Erkenntnis, daß auch die Europäische Union wahrscheinlich keine bessere Garantie als der einzelne Staat gegen wirtschaftliche Risiken und Schocks bieten könne. Die französischen Anstrengungen und Beweggründe werden treffend von Hoffmann beschrieben:

„In a way, the French have become the captives of a policy aimed, above all, at captivating the Germans, and have little choice but using all their still considerable skills and assets to turn the common cage into a comfortable compound.“[3]

3.1.2. Der Maastrichter Vertrag als Prüfstein des Souveränitätsverständnisses in den Urteilen des französischen Verfassungsrats[4]

Die oben dargestellten allgemeinen politischen Erwägungen müssen um die verfassungsrechtlichen Urteile hinsichtlich des Hoheitstransfers ergänzt werden, da mit dem Urteil zum Maastrichter Vertrag die verfassungsrechtliche Sichtweise nationaler Souveränität einen grundlegenden Wandel erfahren hat.

Der Ratifikationsprozeß des Maastrichter Vertrages hat zu einer Reihe von verfassungsrechtlich neuen Verfahrensweisen geführt:[5] Eine Neuerung bestand darin, daß der Ratifizierungsprozeß die Kontrolle der Verfassungsmäßigkeit eines internationalen Engagements

---

[1] Boissieu/Pisani-Ferry (1995) S. 32.

[2] Boissieu/Pisani-Ferry (1995) S. 32.

[3] Hoffmann (1995) S. 257. Die französischen Bemühungen um das Amt des Präsidenten der EZB lassen sich im Lichte dieser These als Versuch interpretieren, den „Käfig“ zu verwandeln. Swann (1995, S. 3) weist auf die Ironie der Geschichte hin, daß Frankreich, das am Beginn der europäischen Integration mit Jean Monnet einen der stärksten Befürworter und wichtigsten Vorkämpfer eines supranationalen und föderalen Europas gestellt hat, sich im Laufe der Geschichte zu einem der heftigsten Gegner entwickelt hat.

[4] Die verfassungsrechtliche Betrachtung des EU-Vertrages führt zu einer Reihe von Hypothesen, die das Verhältnis von Völkerrecht zum Verfassungsrecht, die Diskussion der Supranationalität europäischer Institutionen und den Souveränitätsbegriff im verfassungsgeschichtlichen Wandel betreffen. All diese Punkte fänden in einer juristischen Abhandlung ausführliche Behandlung, können aber in dieser Arbeit nicht hinreichend diskutiert werden. Es wird daher eine Beschränkung auf den Kern der zentralbankpolitisch relevanten Entscheidungen erfolgen. Verwiesen sei auf Favoreau/Loïc (1995) und die dort angegebenen Quellen.

[5] Darunter fällt zunächst die Anrufung des Verfassungsrats durch den Staatspräsidenten, die erstmalig in Form einer "selbständigen" d.h. nicht provozierten Anrufung erfolgte. Bisher waren der Staatspräsident oder der Premierminister immer durch Anfechtungen der Verfassungsmäßigkeit gezwungen worden, den Verfassungsrat anzurufen. Eine solche äußere Einwirkung hat es zu diesem Zeitpunkt im Maastrichter Ratifikationsprozeß noch nicht gegeben. Siehe dazu Favoreau/Loïc (1995) S. 788.

erfuhr.[1] Zudem wurde mit den Entscheidungen vom 9. April und 2. September 1992 (Maastricht I und II) eine Klärung herbeigeführt, welche Normen als Referenz für die Kontrolle der Verfassungsmäßigkeit internationaler Abkommen gelten.[2]

Abgesehen davon war der Maastrichter Vertrag auch inhaltlich richtungsweisend in dem Sinne, daß er die verfassungsrechtliche Beurteilung nationaler Souveränität in neue Bahnen gelenkt hat. Im Zentrum der Diskussion stand die nationale Souveränität[3] und deren Beschränkung[4] oder Transfer durch internationale Abkommen.

Hinsichtlich der geldpolitischen Kompetenzen regelt die Verfassung, daß der nationale Gesetzgeber das "régime d'émission de la monnaie" (Herrschaft über die Geldemission)[5] inne hat. Monetäre Entscheidungskompetenzen sind schon vor 1992 Inhalt zweier Entscheidungen des Verfassungsrates gewesen.[6] Verfassungsrechtlich bedeutender als diese

[1] Zuvor hatte es nur wenige Kontrollen der Verfassungsmäßigkeit von Verträgen oder internationalen Engagements gegeben. Zwar wurde mit Maastricht erstmalig ein internationaler Vertrag, bzw. das Zustimmungsgesetz zu einem internationalen Vertrag für verfassungswidrig erklärt, jedoch kam es bereits zu mehreren Anrufungen des Verfassungsrates hinsichtlich internationaler Verträge, so 1970 (Vertrag der Europäischen Gemeinschaften), 1976 (Europäisches Parlament), 1979 Europäisches Währungssystem und 1985 (Neukaledonien). Siehe dazu Favoreau/Loïc (1995) S. 788. Prüfungen entsprechend der französischen Verfassungstradition der Verfassungsmäßigkeit bezogen sich normalerweise auf ein Gesetz und nicht auf Verwaltungsakte oder die Rechtsprechung. Nach Einschätzung von Kommentatoren werden Entscheidungen dieser Art in Zukunft zunehmen. Favoreau/Loïc (1995) S. 788 und Hübner/Constantinesco (1994) S. 12f.

[2] Der französische Verfassungsrat hat sich geweigert, den EU-Vertrag mit den Normen des Völker- und Gemeinschaftsrechts oder anderer Abkommen zu prüfen und hat damit eine Tradition fortgesetzt, die sich einer Integration des Völkerrechts in französisches Recht widersetzt. Internationale Abkommen sind nach französischem Verfassungsverständnis Gesetzen überlegen und gleichberechtigt mit der Verfassung. Im deutschen Verfassungsrecht hingegen nehmen sie eine dem Grundgesetz untergeordnete Stellung ein. Vgl. Jacqué/Constantinesco (1985) S. 30 und Favoreau/Loïc (1995) S. 803f.

[3] Die nationale Souveränität wird gemäß Art. 3 der Verfassung durch das Parlament oder ein Referendum ausgeübt.

[4] Zeile 14 und 15 der Präambel der französischen Verfassung von 1958 besagen, daß Frankreich in für die Organisation und die Verteidigung des Friedens notwendige Beschränkungen einwilligt.

[5] Art. 34 der Verfassung von 1958 i.d.F. vom 22.2.1996. Siehe dazu Favoreau/Gaïa/Loïc/Philippe (1992) S. 721.

[6] Der Verfassungsrat entschied am 29. April 1978 über die zweite Abänderung der Statuten des Internationalen Währungsfonds und eine Erhöhung der Anteile Frankreichs an dem Fonds. Die Reform der Statuten des IMF resultierten aus den Abkommen von Jamaika von 1967, die eine progressive Reduzierung der Rolle des Goldes und eine Erhöhung der Sonderziehungsrechte vorsahen. Der Verfassungsrat kam zu dem Schluß, daß die zweite Abänderung der Statuten nicht die Souveränität der Mitgliedsstaaten berühre, da sie die nur mit Einstimmigkeit veränderbare Bestimmung, daß die Parität eines Mitgliedes nicht ohne Vorschlag des Betroffenen verändert werden könne, nicht modifiziere. Genevois (1990) S. 367. In einer Entscheidung über das EWS hatte der französische Verfassungsrat am 29. Dezember 1978 festgestellt:
"... die Entschließung des Europäischen Rates vom 5 Dezember 1978 über die Errichtung des EWS sei lediglich eine Erklärung politischen Inhalts, lasse sich hingegen nicht als völkerrechtlicher Vertrag oder internationales Abkommen qualifizieren, da sie keine rechtlichen Wirkungen erzeuge und damit nach französischem Verfassungsrecht keiner Ratifikation bedürfe." Hahn (1990) S. 182.

beiden Urteile ist die den allgemeinen Begriff der "Souveränität" betreffende Entscheidung von 1976 über die direkte Wahl der Abgeordneten des Europäischen Parlaments gewesen[1] Die Entscheidung hat in Frankreich eine lebhafte Diskussion um die beiden Pole "Souveränitätsbegrenzung" und "Kompetenztransfer" ausgelöst.[2]

Justizminister Vauzelle sprach sich noch in der Debatte über den Maastrichter Vertrag - in Anlehnung an die bisherige Rechtssprechung des Verfassungsrates - gegen einen Transfer aus; lediglich eine Beschränkung durch den Souverän selbst wäre möglich. In der Souveränitätsbeschränkung, die der EU-Vertrag seiner Meinung nach intendierte, vereinigten sich zwei traditionelle Interpretationen nationaler Souveränität: die deutsche Tradition des 19. Jahrhunderts, *"... pour qui l'Etat exerce la compétence de sa compétence en délimitant l'objet de sa souverainité..."*,[3] und das Gedankengut des "contrat social", das die Souveränität als nicht teilbar ansieht.

Die Beschränkung auf eine Souveränitätsbegrenzung, die in dem Urteil von 1976 noch vertreten wurde, ist mit dem Urteil "Maastricht I" einer neuen Sichtweise gewichen, nach der die *"... durch die Verfassung gebotene Respektierung der Souveränität nicht im Widerspruch dazu (steht), daß Frankreich internationale Übereinkommen abschließt, um an der Gründung und Entwicklung einer dauerhaften, internationalen Organisation*[4] *teilzunehmen, die mit Rechtspersönlichkeit ausgestattet ist und der von den Mitgliedern Hoheitsrechte übertragen werden."*[5]

Mit dieser Begründung ist von der bisher verfolgten Linie der "Unterscheidung zwischen erlaubter Beschränkung der Souveränität und verbotenener Übertragung von Hoheitsrechten" im Rahmen der EG zugunsten einer Sichtweise abgewichen worden, die die Verfassungskonformität von internationalen Verträgen an die Nichtbeeinträchtigung der "essentiellen Bedingungen der nationalen Hoheitsausübung" knüpft.[6]

---

[1] Der Verfassungsrat interpretierte Artikel 3 dahingehend, daß die dort beschriebene Souveränität national zu verstehen sei und demnach nur vom französischen Volk gewählte Repräsentanten diese ausüben könnten. Hübner/Constantinesco (1994) S. 37.

[2] Favoreau/Loïc (1995) S. 802.

[3] "... für die der Staat die "Kompetenz - Kompetenz" ausübt, indem er das Objekt seiner Souveränität (in seinen Grenzen) absteckt." Michel Vauzelle, J.O. Débats de l'A.N.; Séance du 6 Mai 1992; S. 844. Dazu Kriele (1981) §19.

[4] Das Problem der Supranationalität der Europäischen Gemeinschaften und ihrer Institutionen wird hier nicht näher behandelt, da sich der französische Verfassungsrat in "Maastricht I" direkt nur auf das Europäische Parlament und insofern auf die Bestimmungen über das aktive und passive Wahlrecht bezogen hat, die geldpolitischen Institutionen aber nicht angesprochen hat. Siehe zur Kritik an dieser Vorgehensweise Favoreau/Loïc (1995) S. 778f.

[5] Hübner/Constantinesco (1994) S. 37.

[6] Hübner/Constantinesco (1994) S. 37. Harder (1997, S. 81) vertritt die – durch obige Ausführungen widerlegte - Auffassung, der Maastrichter Vertrag habe keine entscheidende Diskussion über den Hoheitstransfer angeregt.

Eine Verfassungsreform ist nach der Entscheidung des Verfassungsrates notwendig, wenn die internationalen Abkommen gegen die Verfassung verstoßende Klauseln enthalten oder "... *portent atteinte aux conditions essentielles d'exercice de la souveraineté nationale...*"[1]

Die Entscheidung "Maastricht I" besagte bezüglich der Wirtschafts- und Währungsunion, daß mit dem Inkrafttreten des Maastrichter Vertrages die Souveränität eines Staates betroffen wäre, denn "... *le domaine affecté par la mise en œuvre de l'Union économique et monétaire ressortit incontestablement à ce qui touche au cœur même de la puissance régalienne d'un Etat.*"[2]

Die Konzeption und die Durchführung der Geldpolitik in Frankreich beträfe direkt die Ausübung der nationalen Souveränität; der Verfassungsrat betonte, daß es in dieser Entscheidung nicht um die Sicherung der staatlichen Aufgabe gehe, den Fortbestand des "*Respekts der Institutionen der Republik und den Fortbestand des Lebens der Nation zu sichern.*"[3]

Die Beeinträchtigung der nationalen Souveränität hänge nicht nur von der Natur der aufzugebenden Kompetenz, sondern auch von dem Grad der Aufgabe und den Bedingungen ihrer Realisierung ab. Der Vertrag verlangte von den Mitgliedsstaaten eine vollständige Aufgabe der geldpolitischen Kompetenzen.[4] In der Konsequenz wäre eine Verfassungsänderung notwendig.

Die Anrufung des Verfassungsrates nach der Verfassungsänderung durch die 70 Senatoren (Maastricht II) unter der Führung von Charles Pasqua enthielt - wie oben dargestellt - die Klage, daß die dänische Ablehnung eine Ratifizierung in Frankreich vereitelte. Dieser Punkt wurde in der Beschränkung des Urteils des Verfassungsrates auf den nationalen Rechtsraum entkräftet.[5]

Die Senatorengruppe brachte weiter vor, daß der EU-Vertrag unter anderem[6] gegen Art. 20 der Verfassung verstöße, der besagt, daß die Regierung die Politik der Nation bestimme und durchführe. Die Antragsteller sahen in der gemeinsamen Geldpolitik der Union eine Verfassungswidrigkeit. Dazu erklärte der Verfassungsrat, daß analog zu den anderen

---

[1] „... die essentiellen Bedingungen der Ausübung der nationalen Souveränität beeinträchtigen...." Considérant 14, Décision 92-308 DC du 9 Avril 1992.

[2] "... der Bereich, der durch die Errichtung der Währungs- und Wirtschaftsunion betroffen wird, gehört unbestreitbar zu dem, was das Herz selbst der hoheitlichen Macht eines Staates berührt." Décision 92-308 DC du 9 Avril 1992.

[3] Ebenda.

[4] Der Verfassungsrat merkte auch an, daß gerade der von Frankreich geforderte Automatismus des Kompetenztransfers zu kritisieren sei. Décision 92-308 DC du 9 Avril 1992.

[5] Favoreau/Loïc (1995) S. 792 und Walter (1993) S. 186.

[6] Verstöße gegen den Art. 3 (durch die Bestimmungen des Vertrages hinsichtlich des aktiven und passiven Wahlrechts bei Kommunalwahlen) der Menschenrechtserklärung und die Artt. 3 (durch die Bestimmungen über den freie Personenverkehr), und 34 (wie Art. 3) wurden von den Klägern festgestellt.

Punkten dieser Klagepunkt sich auf eine bereits getroffenen Entscheidung (Maastricht I) vom 9. April 1992 bezöge, "*die erste Entscheidung stehe einer erneuten Befassung mit denselben Fragen entgegen, so daß die entsprechenden Anträge unzulässig seien.*"[1]

In dem Verfahren "Maastricht II" wurde auch das grundsätzliche Problem angesprochen, "*... bis wohin Verfassungsreformen gehen können, die sukzessive Beeinträchtigungen der essentiellen Bedingungen der Ausübung nationaler Souveränität nach sich ziehen ... und welches die Schwelle ist, von der an Kompetenztransfers, die diese essentiellen und gebilligten Bedingungen berühren ... dazu führen werden, das Wesen des Staates zu verändern.*"[2] Der Verfassungsrat hat diese Frage nicht beantwortet. In seiner Begründung führte er aus, daß die Frage nicht auf die Entscheidung ziele, ob der Vertrag verfassungsgemäß sei,[3] sondern auf eine Überprüfung der Verfassungsänderung. Sie habe demnach einen anderen Verfahrensgegenstand, der nicht der Prüfung des Verfassungsrates unterstehe.[4] Unbeantwortet blieb somit, welche Haltung der Verfassungsrat auch im Hinblick auf zukünftige Entwicklungen zu der Frage über die Grenzen von Verfassungsänderungen einnehmen würde.[56] Insgesamt stellen die im Zusammenhang mit dem Maastrichter Vertrag erfolgten Entscheidungen des französischen Verfassungsrats nicht nur einen Wendepunkt im französischen Verfassungsrecht, sondern auch grundlegende Klärungen politisch sensibler und kontroverser Probleme dar.

3.1.3. Die ökonomische Argumentation

3.1.3.1. Die ökonomische Ratio der Disinflationspolitik und der supranationale Hoheitstransfer

Disinflationspolitik wird politökonomisch in der Regel entweder durch ein starkes Stabilitätsbewußtsein der Öffentlichkeit oder durch die Erkenntnis der wirtschaftspolitischen Entscheidungsträger, daß Preisstabilität förderlich für höhere allokative Effizienz oder ein

---

[1] Walter (1993) S. 185. Der Verfassungsrat hat sich somit einer doppelten Überprüfung des Maastrichter Vertrages verweigert. Maastricht I ist hinsichtlich der verfassungsrechtlichen Bewertung ausschlaggebend. Interessant ist, daß der Verfassungsrat sich durch dieses Urteil selber als Gericht bezeichnet hat, eine Frage, die in Frankreich bisher noch umstritten war. Vgl. Walter (1993) S. 185.

[2] Favoreau/Loïc (1995) S. 793.

[3] Einzig diese Entscheidungsgewalt ließe sich für den Verfassungsrat aus Art. 54 ableiten. Siehe Maastricht II bei Walter (1993) S. 196.

[4] Walter (1993) S. 187. In der französischen Rechtsliteratur wurde diese Entscheidung stark kritisiert. Siehe Favoreau/Loïc (1995) S. 793.

[5] "Aber der .... Grundsatz der souveränen Gewalt des verfassungsändernden Gesetzgebers läßt eine eher zurückhaltende Überprüfungspraxis des Verfassungsrates erwarten." Walter (1993) S. 187.

[6] In Deutschland setzt zunächst Art. 79 Abs. 3 GG eine solche Grenze, zur Diskussion der Bedeutung dieser Grenzen im einzelnen siehe Jeckel (1997) S. 127f.

höheres Wachstum sei, erklärt.[1]

„Preferences may change over time, either because agents and policymakers learn from their experience, or under the influence of exogenous factors, e.g. changes in size and structure of public debt, or in the distribution of wealth and the asset composition of private portfolios."[2]

Beiden Ansätzen ist gemein, daß sie das Streben nach Disinflation auf interne wirtschaftspolitische Ziele oder Strukturen zurückführen. Wechselkursstabilität wird dazu genutzt, um als „Commitment technology" gegen zeitinkonsistentes Verhalten zu dienen. Der Fall Frankreich läßt sich auch anders interpretieren, denn die Stabilität des Wechselkurses erlangte während der Disinflationsperiode eine Bedeutung, die über das eines Zwischenziels zur Verfolgung des Preisstabilitätsziels hinausging:

„If governments do have a preference for exchange rate stability per se, and come to realize that it is incompatible with having a higher inflation than that of the partner countries, then exchange rate stability becomes the final objective, and disinflation the intermediate objective."[3]

Die Präferenz stabiler Wechselkurse ist eine Konstante in der französischen Wirtschaftspolitik.[4] Wirtschaftspolitische Stellungnahmen der Regierungen haben seit den siebziger Jahren den Zusammenhang zwischen der Liberalisierung des Handels und einer Reform der internationalen Währungsordnung betont und zielten darauf ab, eine derartige internationale Währungsordnung herbeizuführen.

Boissieu/Pisani-Ferry identifizieren dafür mehrere Gründe:

- Die den USA gegenüber skeptische Haltung Frankreichs, die im gaullistischen Denken verankert ist. Demnach könnte die Errichtung einer internationalen Währungsordnung ermöglichen, globale und regionale Hegemonialmächte wie die USA zu begrenzen.[5]
- Die Förderung der Kooperation, die Erfahrungen wie in den zwanziger und dreißiger Jahren mit der „beggar-thy-neighbour-policy" vorbeugen sollte.
- Das grundlegende Mißtrauen in Frankreich in akademischen und privatwirtschaftlichen Kreisen gegenüber einer mit flexiblen Wechselkursen verbundenen „laisser-faire"-

[1] Barro (1995). Die folgenden Überlegungen gehen auf Boissieu/Pisani-Ferry (1995) zurück.
[2] Boissieu/Pisani-Ferry (1995) S. 24.
[3] Boissieu/Pisani-Ferry (1995) S. 24.
[4] Vgl. Viebig (1999) S. 134.
[5] Siehe dazu auch Jeanneney (1994).

Politik[1] wie in den USA als Ausdruck eines anderen Staats- und wirtschaftspolitischen Zielverständnisses.

- Die Forderung nach einem festen Wechselkurssystem als ordnungspolitischem Komplement zu der Gemeinsamen Agrarpolitik.[2]

Ein Vergleich der Zielsetzungen im Rahmen der Wirtschaftspläne seit Beginn der achtziger Jahre macht deutlich, daß Preisstabilität den Rang eines Instruments hatte, nicht den eines Endziels, denn die Inflationsziele wurden immer als Maßnahme für mehr Wachstum durch eine höhere relative Preiswettbewerbsfähigkeit formuliert.

Der theoretische Rahmen war somit implizit ein neokeynesianischer mit festen Wechselkursen, in dem Disinflation zu realer Wechselkursabwertung, Wachstum der Marktanteile und absolutem Wachstum führt.[3] So begann sich der Begriff „désinflation competitive"[4] durchzusetzen und wurde 1992 von dem damaligen Direktor des Schatzamtes Jean-Claude Trichet so begründet:

„... if competitive devaluation is not considered acceptable [in a fixed exchange rate regime], the only remaining competitiveness strategy at the disposal of economic policymakers is competitive disinflation (Hervorhebug der Autoren)."[5]

Anstatt in die allgemeinere Diskussion der überwiegend mikroökonomisch bestimmten Vor- und Nachteile einer Währungsunion einzutreten, [6] deren Behandlung den Rahmen dieser Arbeit sprengen würde, erfolgt hier eine Konzentration auf die makroökonomischen Aspekte bzw. Erwartungen:[7]

- Die (mindestens) gleichberechtigte Teilhabe an währungspolitischen Entscheidungen.[8]

---

[1] Boissieu/Pisani-Ferry (1995) S. 25.
[2] Die Autoren verweisen hier auf Giavazzi/Giovannini (1989).
[3] Boissieu/Pisani-Ferry (1995) S. 25.
[4] Der Begriff „désinflation compétitive" wurde 1986 von Jean-Baptiste de Foucauld, einem ehemaligen Mitarbeiter des Finanzministers Delors, der später die Wirtschaftsplanung leitete, eingeführt. De Foucauld plädierte für eine Nullinflation. Siehe dazu Le Monde v. 8.4.1986 „Une occasion à saisir: l'inflation zéro", auch zitiert bei Boissieu/Pisani-Ferry (1995) S. 26.
[5] Trichet (1992) zitiert von Boissieu/Pisani-Ferry (1995) S. 26.
[6] Larosière (1992) unterteilt diese Vorteile in monetäre, ökonomische und finanzwirtschaftliche Komponenten. Vgl. Wyplosz (1992), Fricke (1993).
[7] Siehe zu den folgenden Gründen Boissieu/Pisani-Ferry (1995) S. 26.
[8] Siehe dazu Aglietta/Boissieu (1992), Larosière (1992), Bordes/Raymond/Strauss-Kahn (1992). Mélitz/Weber haben in einer Studie Kosten und Nutzen einer Währungsunion zwischen Deutschland und Frankreich untersucht und berechnet, was jedes Land hinsichtlich Output, Inflation und Leistungsbilanzeffekten gewonnen oder verloren hätte, wenn es eine gemeinsame Geldpolitik gegeben hätte. Auf der Grundlage der Interpretation unterschiedlicher nationaler Präferenzen kommen sie zu dem Ergebnis, daß

- Das Aufweichen der außenwirtschaftlichen Beschränkung, die als eine Behinderung des wirtschaftlichen Wachstums wahrgenommen wurde.[1]
- Die Konkurrenz des Euro für den Dollar als wichtige Reservewährung.
- Die Abschaffung von Abwertungs- und Risikoprämien, die auf die französischen Zinssätze wirkten.
- Weitere Wettbewerbsgewinne durch die Fortführung der „désinflation competitive".

Wesentlich war die Wirkung des EWS auf die französische Wirtschaftspolitik und die Ergebnisse der Disinflationspolitik.[2]

Innerhalb der allgemeinen Kritik, daß das EWS mit der D-Mark als monetärem Anker bei vollständiger Liberalisierung des Kapitalverkehrs überfordert wäre,[3] lassen sich zwei Punkte unterscheiden, die nicht die grundsätzliche Existenz des EWS, sondern seine spezifische Funktionsweise betreffen, die ungleiche Verteilung der Anpassung des Interventionssystems (Asymmetriekritik) und die Wirkung des EWS auf die Kosten der Disinflationspolitik:

An die Asymmetriekritik knüpfte sich der Vorwurf, daß allein Deutschland die monetären Ziele vorgebe, und die Geldpolitik endogenisiert werde.[4][5] Komme es in Deutschland zu einem Zinsanstieg, so führe dies tendenziell zu Kapitalimporten und in der Folge zu einer Aufwertungstendenz der D-Mark. Die anderen Länder müßten gegen den Abwertungsdruck auf ihre Währungen wirken, indem sie eine ebensolche Zinspolitik betrieben.[6]

Deutschland durch eine französische Teilhabe an der nationalen Geldpolitik Verluste erlitten hätte, während Frankreich daraus einen Nutzen gezogen hätte. Vgl. Mélitz/Weber (1996).

[1] Boissieu/Pisani-Ferry (1995) S. 26.

[2] Immer wieder wird auch auf das "inkonsistente Quartett" von Padoa-Schioppa verwiesen: danach besteht zwischen einem Binnenmarkt für Güter und Dienstleistungen, einer vollständigen Liberalisierung des Kapitalverkehrs, festen Wechselkursen im EWS und autonomer nationaler Geldpolitik eine Unvereinbarkeit. Vgl. Padoa-Schioppa (1988). Mögliche Lösungen lägen beispielsweise in einem Realignment oder der Wiedereinführung von Kapitalverkehrskontrollen vereinbart würden. Diese Lösungen führen jedoch zu einer Beeinträchtigung der Glaubwürdigkeit der Geldpolitik. Dazu Commelin (1994) und Boissieu (1994).

[3] Boissieu (1994) S. 84 und Cohen/Mélitz/Oudiz (1988) S. 667ff. Diese interpretieren das EWS als ein Abkommen, die Asymmetrie von Franc und Mark gegenüber den Dollarfluktuationen zu reduzieren. Siehe auch Giavazzi/Giovannini (1988) S. 659.

[4] Hasse (1989) S. 70, Boissieu (1994), Dornbusch/Jacquet (1992), Wyplosz (1989). Siehe zu den unterschiedlichen möglichen asymmetrischen Wirkungen des EWS auch Giavazzi/Giovannini (1988).

[5] Nach Wyplosz (1989) ist die Asymmetrie vor allem in der Tatsache zu sehen, daß das Starkwährungsland, das Reserven anhäuft, über eine wirksamere Sterilisierungsfähigkeit als das Schwachwährungsland verfügt, das Reserven verliert. Siehe gegen dieses Argument Hasse (1988), der die Vorstellung, daß Währungsreserven in einem System fester Wechselkurse den Spielraum für eine nationale Wirtschaftspolitik definieren, für problematisch hält.

[6] Kaehler/Korn (1995) S. 44

"Die asymmetrische Funktionsweise des EWS hat zu der Hegemonie der Geldpolitik der Bundesbank geführt und hat während der achtziger Jahre Charakteristika einer Mark-Zone auf das System übertragen. Die vollständige Liberalisierung der Kapitalbewegungen in den Hauptländern der Gemeinschaft verstärkt in empfindlichem Maße diesen Autonomieverlust."[1]

Insbesondere der Zusammenbruch des EWS im August 1993 hat dazu geführt, daß der Bundesbank zunehmend „Währungsegoismus" vorgeworfen wurde.[2] Die Erfolge der Disinflationsperiode wurden stark hinterfragt, als die Wiedervereinigung zu einer restriktiven Geldpolitik der Bundesbank führte und sich die Kosten des festen Wechselkurssystems in hohen realen Zinssätzen niederschlugen.[3] Diese setzten in Frankreich eine lebhafte Debatte über die Zinssätze in Gang.[4] Gegner der Zinspolitik der Banque de France urteilten, daß „*... in the context of a recession, pursuing a tight interest rates policy was not warranted on domestic economic grounds, and could be pictured as obsessive.*"[5] Aufgrund dieser Erfahrungen wurden Vorbehalte gegenüber einer gemeinsamen Geldpolitik laut, bei der man fürchtete, daß diese sich an der Zinspolitik der Bundesbank orientieren und ein „übertriebenes Stabilitätsbewußtsein" durchsetzen würde. Dadurch, daß das Endziel der Disinflation nicht primär in der Rückführung der Preissteigerungsraten, sondern in „realen Gewinnen" wie wirtschaftlichem Wachstum propagiert worden war, wurde der Erfolg der Politik auch daran gemessen. Die Politik des "Franc fort" wurde von den Kritikern der Regierungspolitik als "konjunkturhemmend" beurteilt.[6] Dazu Zentralbankgouverneur Trichet:

"La stratégie de "désinflation competitive" ne vise pas à donner à l'économie française le "brevet" de la plus faible inflation ou le "brevet" de la meilleure monnaie pour le plaisir d'accéder à une forme d'orthodoxie monétaire et financière, quel que soit le prix en matière de croissance. C'est tout le contraire. La faible inflation et la monnaie sont des instruments au service d'une stratégie économique de croissance, donc de création d'emplois."[7]

Wenn es um eine Bewertung der Rolle des EWS geht, werden abhängig von der geld-

---

[1] Dornbusch/Jacquet (1992) S. 32.
[2] Kaehler/Korn (1995) S. 43.
[3] Boissieu/Pisani-Ferry (1995) S. 29.
[4] Zur theoretischen Basis des Verlustes des Instruments Zinssatz siehe Wyplosz (1992) S. 38.
[5] Boissieu/Pisani-Ferry (1995) S. 29, siehe dazu Fitoussi (1995).
[6] Siehe dazu auch Bodemann (1995) S. 25, Commelin (1994) S. 90.
[7] "Die Strategie der "kompetitiven Disinflation" zielt weder darauf ab, der französischen Wirtschaft das Zeugnis der schwächsten Inflation noch das der besten Währung auszustellen, nur um einer geldpolitischen und finanziellen Orthodoxie zu entsprechen, welches auch immer der Preis in bezug auf das Wachstum sei. Es ist genau umgekehrt. Die schwache Inflation und die Währung sind Instrumente im Dienst einer wirtschaftlichen Strategie des Wachstums, also der Schaffung von Arbeitsplätzen." Trichet (1994a) S. 49.

theoretischen Ausrichtung zwei Positionen sichtbar:[1] Zum einen wird die Bindung durch das EWS als kostspielig angesehen.[2] Eine Teilnahme an den zentralbankpolitischen Entscheidungsprozessen auf europäischer Ebene stellt daher eine Möglichkeit dar, den geld- und wirtschaftspolitischen Handlungsspielraum zu erweitern und eine nationale Wachstums- und Beschäftigungspolitik zu ermöglichen.[3] Die Währungsunion stellte in diesem Kontext das Ergebnis - oder wie es Boissieu/Pisani-Ferry formulieren - die „Krönung" der Disinflationsbemühungen dar.

Auf der anderen Seite wird in der Bindung eine Kostenminderung gesehen, da inflationäre Erwartungen bei Lohnverhandlungen reduziert werden konnten. Durch die Bindung wäre Glaubwürdigkeit der D-Mark auf den Franc übertragen worden, was sowohl geldpolitisch Disziplin als auch privatwirtschaftliche zu mehr Disziplin geführt hätte.[4] Der Kompetenztransfer auf die europäische Ebene böte somit die Chance, eine stabilitätsorientierte Politik weiterzuführen und zu "garantieren".

3.1.3.2. Die Unabhängigkeit der Banque de France- Mythos oder Mittel zur Erlangung von Glaubwürdigkeit

Wie in der politischen Argumentation soll auch hier gefragt werden, welche Bedeutung die Reform der Banque de France und das allgemeine Konzept der Zentralbankunabhängigkeit in der ökonomischen Diskussion hatte.

Das folgende Diktum über die deutschen Erfolge bei der Preisstabilität läßt sich auch auf die Unabhängigkeit der Zentralbank übertragen:

„Germany was admired not because of its success in mastering inflation, but because stable prices appeared to be a key component of its industrial and foreign trade success."[5]

Die historische Betrachtung hat gezeigt, daß die Abhängigkeit der Zentralbank über lange Zeit eine Konstante bildete, die fest in den Rahmen staats- und wirtschaftspolitischer Vorstellungen eingebunden war.[6]

Es kristallisierten sich zwei Positionen heraus:

---

[1] Siehe dazu Villa (1995).
[2] Insbesondere die Krisen der Jahre 1992/1993 werden zum Anlaß genommen, auf die hohen Kosten der Bindung an den Anker D-Mark hinzuweisen. Siehe dazu Commelin (1994) S. 92.
[3] Siehe z.B. Fitoussi (1995), Le Cacheux/Mathieu/Sterdyniak (1992), Aglietta/Boissieu (1992b) und Gherardi (1992).
[4] Siehe zu empirischen Studien für beide Thesen Villa (1995) S. 77.
[5] Boissieu/Pisani-Ferry (1995) S. 25.
[6] Siehe dazu auch Barbier (1996), Jeismann (1996).

- Ein Motiv für die Übertragung der Währungskompetenz bildet innerhalb der Debatte die Anpassung an die Anforderungen der Finanzmärkte. Für eine erste Gruppe von Diskutanten ist daher das Streben nach Glaubwürdigkeit der geldpolitischen Maßnahmen das Hauptmotiv für die Unabhängigkeit einer Zentralbank.[1] In einer offenen Volkswirtschaft, die durch die Liberalisierung des Kapitalverkehrs gekennzeichnet sei, stelle die Unabhängigkeit der Zentralbank in den Augen der Marktteilnehmer ein wichtiges Signal für eine stabilitätsorientierte Geldpolitik dar. Zentralbankgouverneur Trichet argumentierte ähnlich, als er auf den Internationalisierungstrend verwies, der die Unabhängigkeit der Banque de France zu einem Signal für die internationalen Kapitalmärkte mache.[2] Auf der anderen Seite stehe die Entwicklung der französischen Volkswirtschaft von einer "économie d'endettement" (Verschuldungswirtschaft) zu einer Marktwirtschaft, die einer unabhängigen Zentralbank mit einem marktwirtschaftlichen Instrumentarium bedürfe.[3]

- Eine andere Gruppe von Diskutanten sieht in der Unabhängigkeit der Zentralbank als Mittel zur Erzielung von Geldwertstabilität eine politische Strategie, die auf zwei Faktoren beruht, dem "mythe de l'extériorité des institutions" (Mythos des Außerhalbstehens der Institutionen), und der Möglichkeit, durch eine Streuung der Verantwortlichkeit die Zentralbank bei Bedarf zum Sündenbock zu machen: *"L'indépendance relève donc davantage du mythe, du symbole que de la réalité."*[4] Die Delegation der geldpolitischen Kompetenzen auf eine unabhängige Zentralbank stellt demnach eine "teure" Wahl dar:[5] *"Les hommes politiques peuvent dès lors critiquer l'institution en s'érigeant en défenseurs des citoyens contre "le pouvoir de l'argent."*[6] Ähnlich argumentieren Ökonomen, die die Notwendigkeit der internen Koordination der wirtschaftspolitischen Entscheidungsträger hervorheben, die ihrer Meinung nach eine wichtigere Rolle als die Glaubwürdigkeit der Geldpolitik spielt.[7] Die Annahme, es läge in der Macht der Zen-

---

[1] In diesem Sinne Queva (1994), Ferman (1994), Noyer (1992), Raymond (1995), und Baert (1994)

[2] Dieses Argument erwies sich insbesondere im Zusammenhang mit der Wechselkurskrise, die 1992 ihren Anfang nahm, als stichhaltig. Die Reform der Banque de France wird als wesentlicher Faktor dafür gesehen, daß die Risikoprämien zwischen Frankreich und Deutschland verschwunden sind Banque de France (1994) S. 37.

[3] Trichet (1995a) S. 4.

[4] "Die Unabhängigkeit beruht daher eher auf einem Mythos, auf einem Symbol als auf der Realität." Delalande (1994) S. 78.

[5] Delalande (1994) spricht davon, daß die Regierung diese Delegation vornimmt, es handelt sich aber in Frankreich um die Legislative, der die Gestaltung der Rahmenbedingungen der Geldpolitik als Träger der Geldhoheit im Sinne eines nationalen Hoheitsrechtes obliegt. Vgl. Issing (1995) S. 2.

[6] "Die Politiker können demnach die Institution (Zentralbank) kritisieren, indem sie sich als Verteidiger der Bürger gegen die 'Macht des Geldes' gebärden." Delalande (1994) S. 79.

[7] Pollin/Jaillet (1998) S. 9.

tralbank, Geldwertstabilität zu erzielen, wird als Illusion bezeichnet.[1] Dabei wird auf die Transmissionsproblematik[2] und auf inflationstheoretische Erwägungen verwiesen.[3] Die Wirksamkeit geldpolitischer Maßnahmen könnte nach Meinung dieser kritischen Stimmen schon durch mangelnde Koordination zwischen den verschiedenen wirtschaftspolitischen Bereichen gefährdet werden.[4] Kritisiert wird damit die bisherige Disinflationspolitik Frankreichs demgemäß einen Beleg für die Unterordnung der Ziele Beschäftigung und Wirtschaftswachstum darstellt.[5]

Die Kritiker der Unabhängigkeit beabsichtigten eine stärkere Berücksichtigung konjunktureller und beschäftigungspolitischer Ziele, die sie bei "Übernahme des deutschen Modells" als gefährdet ansahen.[6] Vertreter aller Gruppe verweisen auf die Notwendigkeit einer stärkeren theoretischen Fundierung des Glaubwürdigkeitsbegriffes.[7] Eine abschließende Aussage über eine einhellige oder auch nur herrschende Meinung läßt sich nicht treffen, da die Stellungnahmen je nach geldtheoretischer Ausrichtung differieren.[8]

3.1.4. Interessengruppen, Stellungnahmen der Banque de France und eine gemeinsame europäische Zentralbankpolitik

Die bisherigen Überlegungen und Stellungnahmen entstammen ausschließlich dem Bereich ökonomischer Fachdiskussion oder politischer Auseinandersetzung. Berücksichtigt man den dieser Arbeit vorangestellten Gedanken von Akhtar und Howe (1991), daß die

---

[1] Vgl. Noyer (1992) S. 15, Delalande (1994) S. 76, Baert (1994) S. 50 und Villa (1995) S. 91.
[2] Baert (1994) S. 50f.
[3] Baert (1994) S. 50. Siehe zu möglichen Inflationsursachen Issing (1995) S. 186ff.
[4] Gleiches gelte für die internationale Koordination zwischen den Regierungen. So Villa (1995): Glaubwürdigkeit ist seiner Definition nach die Fähigkeit eines Staates, eine wirtschafts-, haushalts- oder geldpolitische Regel und eine Inflationsrate anzukündigen, die den privaten Marktteilnehmern als Grundlage für ihre Erwartungen dient. Die Unabhängigkeit der Zentralbank bringt jedoch seiner Auffassung nach gravierende Konsequenzen für die interne Koordination der Wirtschaftspolitik mit sich, die die Ziele der Geldpolitik im Kampf gegen die Inflation und die der Budgetpolitik nicht optimal erreichbar machen. Vgl. Delalande (1994).
[5] Llau (1998) S. 213ff. Siehe dazu auch Bonnaz (1998).
[6] Dazu auch Maffeo (1995) S. 55. Zu einem grundlegenden dogmengeschichtlichen Überblick Faugère (1994) S. 35ff. Er merkt an, daß die Auseinandersetzung zwischen der Neuen Klassischen Makroökonomie und keynesianischen Ansätzen wie eine kontinuierliche Balancebewegung gesehen werden kann, die derzeit zu einem Konsens über die Priorität der Preisstabilität geführt habe, jedoch auch den Auftakt zu einer aktiveren Wirtschaftspolitik darstellen könnte, die die Kosten von Inflation geringer einschätzte. Vgl. Burda/Wyplosz (1993).
[7] Unabhängigkeit allgemein nicht als hinreichendes Kriterium für eine glaubwürdige Geldpolitik gesehen. Als Beleg dafür wird die Disinflationspolitik Frankreichs angeführt.
[8] Siehe dazu im Vergleich Baert (1994) und Delalande (1994).

Autonomie der Zentralbank von zwei Faktoren abhängig sei: dem Konsens der Ökonomen, was Geldpolitik leisten kann, und dem politischen und sozialen Konsens, was Geldpolitik leisten muß, so wird eine Betrachtung anderer ökonomischer Agenten notwendig.[1] Die herauszuarbeitenden Positionen können dabei keinesfalls als repräsentative demoskopische Ergebnisse gelten. Ihr Ziel ist es vielmehr, auf strukturelle Gegebenheiten in Frankreich aufmerksam zu machen, die die eine oder die andere Position bedingen. Deutlich wird auch werden, daß Zentralbankpolitik in wenigen Fällen isoliert betrachtet, sondern stets analog zu der oben herausgearbeiteten französischen Motivation als Teil einer weiteren europäischen Integration begriffen wird.

a) Die Stellungnahmen der Banque de France

Anders als die Deutsche Bundesbank hat die Banque de France im Laufe des Prozesses, der mit dem Maastrichter Vertrag in Gang gesetzt wurde, nicht die Rolle eines „Policy maker" oder „Opinion leader" inne gehabt.

Daß auch in den Reihen der Banque de France am Anfang noch ein anderes Verständnis geherrscht hat als in Deutschland, wo eine unabhängige Zentralbank immer noch als essentielles Element der Exekutive begriffen wird, zeigte eine Äußerung über die Zentralbankunabhängigkeit, die *"... dem Wesen nach einem politisch-institutionellen System eines Landes wie Frankreich, das dem Staat, also der Exekutive den Vorrang gibt, fremd sei."*[2]

Die Banque de France hat sich auf der anderen Seite aber immer - und das auch häufig in scharfen Auseinandersetzungen mit der Regierung - für eine Politik der Geldwertstabilität ausgesprochen und diese wesentlich prononcierter vertreten als viele der Politiker aus dem den Maastrichter Vertrag befürwortenden Lager.[3] Insbesondere Jean-Claude Trichet, der 1993 die Nachfolge von Jacques de Larosière antrat, ist in Frankreich zu einem Symbol des „franc fort" geworden, so sehr, daß er bisweilen auch als ein „Klon Tietmeyers" bezeichnet wird. Abgesehen von der „Stabilitätsrhetorik",[4] die die Stellungnahmen der

---

[1] Boissieu/Pisani-Ferry (1995) S. 28.

[2] Vgl. Trichet (1995a) S. 4. Trichets Aussage führt hinsichtlich des Inhalts von Zentralbankunabhängigkeit im Sinne des Maastrichter Vertrages zu Mißverständnissen. Eine unabhängige Zentralbank - wie beispielsweise die Deutsche Bundesbank - bleibt Teil der Exekutive; ihr werden von der Regierung währungspolitische Kompetenzen übertragen. Die Aussage Trichets ist - wie spätere Ausführungen zeigen werden - ein Beispiel für das republikanische Staatsverständnis, das der Zentralbank ähnlich wie den "services publics" soziale und politische Umsetzungsaufgaben der Regierung zuweist.

[3] Die Forderung an die Zentralbank, die konjunkturpolitischen Ziele der Regierung durch eine flankierende Zins- und Liquiditätspolitik zu unterstützen, ist in Frankreich Gegenstand wiederholter Spannungen gewesen. Ein Beispiel sind die Auseinandersetzungen des Jahres 1996 zwischen Jacques Chirac und Jean-Claude Trichet.

[4] Siehe beispielsweise Trichet (1993, 1994, 1994a,1995).

Banque de France kaum von denen der Bundesbank unterschied, war er in Frankreich starker Kritik an der verfolgten Geldpolitik ausgesetzt, so etwa durch Jacques Chirac 1996.[1]

b) Die öffentliche Debatte

Die Disinflationspolitik war zunächst von einer Debatte um eine „andere Politik" (l'autre politique) begleitet. Während der achtziger Jahre erfolgte die wirtschaftspolitische Ausrichtung unter Zustimmung eines großen Teils der Bevölkerung. Erst als zu Beginn der neunziger Jahre die Kosten dieser Politik sichtbar wurden, begannen wieder die Rufe nach einer „anderen Politik" laut zu werden.[2]

Die Spaltung innerhalb der Parteien zeigte sich auch bei den einzelnen Wählern. Das Resultat des Referendums stellte einen Wendepunkt nach der langjährigen breiten Zustimmung französischer Wähler zur europäischen Integration dar.[3] Die Gründe für eine Ablehnung waren jedoch im Gegensatz zu den Standpunkten der Meinungsführer, die sich gegen den Verlust monetärer Autonomie und die Unabhängigkeit der Zentralbank aussprachen eher allgemeiner Natur.[4] Demoskopische Untersuchungen zeigen, daß die Ablehnung an verschiedene, in erster Linie soziologische Faktoren wie Zugehörigkeit zu bestimmten sozialen Schichten und den Bildungsgrad geknüpft war. Boissieu/Pisani-Ferry (1995) weisen darauf hin, daß auch hier die Disinflationsperiode eine wesentliche Rolle gespielt hat, denn es waren die „Verlierer" dieses Prozesses, die Arbeitslosen und die Arbeiter, die sich zum Widerstand formierten. Die Ergebnisse des Referendums gaben Anlaß zu der bereits dargestellten Befürchtung, mit Maastricht hätte sich eine „fracture sociale" offenbart.

---

[1] Vgl. Delhommais (1996) S. 6.

[2] Boissieu/Pisani-Ferry (1995) S. 9.

[3] Die Zustimmung zur europäischen Integration sollte danach noch weiter abnehmen wie es das Eurobarometer der Kommission zeigte. So sank der Anteil der Franzosen, die für Frankreich einen Nutzen in der Teilnahme an der Europäischen Union sahen von 20% im Jahr 1992 auf 0% im Jahr 1994. Boissieu/Pisani-Ferry (1995) S. 31. Interessanterweise erzielte dieser Anteil im Jahr 1986 mit ca. 40% seinen Höchststand. Siehe dazu Reif (1993) S. 36.

[4] Boissieu/Pisani-Ferry (1995) S. 31.

Tabelle 2: Umfrage der Europäischen Bewegung im November 1993 in Frankreich

	Gesamtheit	Unternehmer	Bauern
Die Zentralbank ist gut, denn sie integriert zunächst einmal Deutschland	38	36	37
Sie ist eine schlechte Sache, weil sie Deutschlands Position in Europa stärkt	39	36	38
Keine Meinung	22	28	25
Summe	100	100	100

Quelle: Bodemann (1995) S. 2.

Die Frage, ob es einen sogenannten "Stabilitätskonsens" in Frankreich gebe, hatte einen ebenso hohen Stellenwert wie die Frage nach den Folgen einer auf Preisstabilität ausgerichteten Politik. Keynesianische Argumente, wie die Unterordnung der Rolle der Währungsstabilität unter das Wirtschaftswachstum und die Beschäftigung, spielten eine wichtige Rolle.[12] Der Wirtschafts- und Sozialrat[3] äußerte dazu:

"Jusqu'à maintenant, l'attitude de l'opinion publique française et notre culture économique sont assez éloignées de la religion anti-inflationniste de l'Allemagne et nous paraissent écarter toute idée d'implanter en France, dans le contexte actuel, une conception normative du rôle d'une banque centrale indépendante."[4]

---

[1] Vgl. J.O. 6/8/1993 - Débats parlementaires A.N. und Trichet (1995a) S. 5.

[2] Siehe dazu auch Hodgman (1974).

[3] Der Conseil Economique et Social (CES) ist die "dritte Kammer" Frankreichs. Er wurde 1958 gegründet, um die Entscheidungen der Regierung auf wirtschaftlichem Gebiet kritisch zu begleiten. Im Gegensatz zum Senat integriert der CES im voraus Werturteile seiner Mitglieder in die Beratung. Zu seinen Mitgliedern zählen Interessenvertretungen und Verbände, die ihre Interessen auch gegen das Parlament durchzusetzen versuchen. Ein gemäßigter Keynesianismus als Grundeinstellung ist seit Mitte der achtziger Jahre einer stärker angebotsorientierten Ausrichtung gewichen. Seine Funktion oszilliert zwischen der einer Verbändekammer und eines wirtschaftspolitischen Beratungsgremiums, das sehr pragmatisch auf die Erarbeitung konsensfähiger Politikentscheidungen zielt. Der Conseil Economique et Social nimmt sowohl Einfluß auf die Regierung als auch auf die Verbände und Interessenvertretungen (Gewerkschaften, Vereine, öffentliche Unternehmen, Handwerk etc.).

[4] "Bis jetzt sind die Haltung der öffentlichen französischen Meinung und unsere ökonomische Kultur ziemlich weit von der anti-inflationären Religion in Deutschland entfernt und scheinen uns jegliche Idee, in

Er differenzierte zwischen dem deutschen und dem französischen Demokratieverständnis: Die Legitimierung öffentlicher Macht – und des zentralbankpolitischen Handelns - erfolge durch Regeln, denen nach französischer Auffassung in Deutschland ein eher normatives, und in den angelsächsischen Ländern aber ein prozedurales Verständnis[1] zugrundeliege.

In Deutschland seien die Währung und der Kampf gegen die Inflation eine Art "nationalen Dogmas",[2] und die Aufgabe der Bundesbank als Hüterin der Währungsstabilität Teil des Grundgesetzes und mache die Rechenschaft der Zentralbank gegenüber dem Parlament überflüssig. Die Legitimierung der französischen Zentralbank könnte nach Auffassung des Wirtschafts- und Sozialrats nur dem angelsächsischen Konzept entsprechend durch "procédures adaptées" (angepaßte Verfahren) und eine nachträgliche Kontrolle des Parlaments durch öffentliche Anhörungen erfolgen.

c) Die Unternehmen und Führungskräfte

Die Haltung der Unternehmen in Frankreich gegenüber einer weitergehenden europäischen Integration ist traditionell von großer Skepsis geprägt gewesen. In den fünfziger Jahren war die französische Wirtschaft auf den Handel mit den Kolonien ausgerichtet, was teilweise die Opposition des Arbeitgeberverbandes CNPF (Conseil national du patronat français) gegen die EGKS 1951 bei der Errichtung des Gemeinsamen Marktes 1957 erklärt.[3] Bis in die achtziger Jahre sahen diese Kreise die Wechselkurspolitik als Instrument für eine Steigerung der Wettbewerbsfähigkeit an.[4]

Wie eine Umfrage vom Herbst 1993 zeigt, betrachteten über 75% der französischen befragten Manager die Bundesbankpolitik als angemessen für Deutschland, jedoch belastend für die europäische Wirtschaft.[5]

Der Arbeitgeberverband CNPF (Conseil national du patronat français) äußerte sich 1992 positiv zu der Errichtung des Europäischen Zentralbanksystems[6] und zur Reform der

---

Frankreich im aktuellen Kontext ein normatives Konzept der Rolle einer unabhängigen Zentralbank abzulehnen." Conseil Economique et Social (1993) S. 3.

[1] Der Wirtschafts- und Sozialrat argumentierte, daß in den USA beispielsweise geldpolitische Stabilität zwar eines der wirtschaftlichen Ziele, sein Gewicht aber nicht unveränderlich sei und die Risikovorsorge für das Finanzsystem durchaus einen höheren Rang einnehmen könne. Die Kontrolle des Federal Reserve System erfolge im Rahmen von öffentlichen Anhörungen vor dem Kongreß. Conseil Economique et Social (1993) S. 3.

[2] Ebenda.

[3] Boissieu/Pisani-Ferry (1995) S. 28.

[4] Wyplosz (1992) S. 56.

[5] Kaehler/Korn (1995) S. 43.

[6] Le Monde v. 30.6.1992 S. 31 und Le Quotidien de Paris v. 5.12.1991 S. 14. Einer Umfrage von SOFRES vom 16. Dezember 1991 zufolge sprachen sich 62% der kleinen und mittleren Unternehmen für die

Banque de France. Das "Ja" war jedoch ein eher pragmatisches. Die Entwicklung wurde als eine "ökonomische Evidenz" gesehen[1].

"Loin d'être un saut dans l'inconnu, Maastricht s'inscrit dans une continuité, ce n'est qu'une étape de plus dans la construction européenne."[2]

Die gemeinsame Geldpolitik wird positiv beurteilt und führt zwangsläufig nach Auffassung einiger französischen Wirtschaftsführer zu einem föderalen Europa, in dem die Bedeutung des französischen Staates und seiner repräsentativen Strukturen sinken werden.[3] Ein ähnliches Bild vermittelt eine Umfrage der Europäischen Bewegung vom November 1993, die im Anhang abgebildet ist.[45] Für die Positionen der Unternehmer lassen sich unterschiedliche Faktoren anführen:[6]

Die erfolgreiche Disinflationspolitik ließ französische Unternehmen von der realen Aufwertung konkurrierender Länder mit einer höheren Preissteigerungsrate profitieren.[7]

Währungsunion aus. Gherardi (1992) S. 31. Vergleicht man diese Zahlen (bei aller Vorsicht, die angesichts des Zeitunterschiedes und auch der möglicherweise unterschiedlichen Erhebungsverfahren geboten ist) mit den obigen Ergebnissen, so fällt die Präferenz der kleinen und mittleren Unternehmen ins Auge. Nach einer Untersuchung des Conseil national du crédit aus dem Jahre 1988 nutzten die großen Unternehmen stärker Wege der Selbstfinanzierung und den Anleihemarkt, während die kleinen und mittleren Unternehmen in Frankreich stärker von kurzfristigen Bankkrediten abhängig waren, die mit den Geldmarktzinsen indexiert waren. Boissieu/Pisani-Ferry (1995) S. 38.

[1] Jean Maurus, der Präsident der Föderation des Automobilvertriebs (FEDA) in "Maastricht : paroles de patrons" in Le Monde v. 30.6.1992 S. 31.

[2] „Weit davon entfernt, ein Sprung ins Ungewisse zu sein, schreibt sich Maastricht in eine Kontinuität ein, die einzig eine weitere Etappe in der europäischen Konstruktion ist.“ Ebenda.

[3] Die zukünftige EZB wird mittelfristig nach Ansicht einiger Unternehmer eine Hochzinspolitik betreiben, um die Attraktivität der Währung zu stärken. Daniel Fedou (Racia) in Le Monde v. 30.6.1992 S. 31. Eine Ausnahme unter den überwiegend zustimmenden Meinungsäußerungen bildete Jacques Calvet, Präsident der Peugeot - Citroën S.A., ehemals Kabinettdirektor von Valéry Giscard d'Estaing im Finanzministerium, Präsident der BNP und Mitglied im Conseil consultatif der Banque de France, der den Verfechtern der Unabhängigkeit der Banque de France und des vorrangigen Zieles der Preisstabilität angesichts des Problems der hohen Arbeitslosigkeit in Frankreich und Europa "selbstmörderischen Fundamentalismus" vorwarf. AGEFI v. 11.3.93.

[4] Danach halten 36% der befragten Unternehmer die Währungsunion für gut, da sie Deutschland integriert, andererseits sind aber auch 36% der Meinung, daß sie die Position Deutschlands in Europa stärken würde. Siehe Bodemann (1995) S. 2.

[5] Weitaus positiver sind die Ergebnisse einer Studie, die Andersen Consulting im Winter 1995 unter 168 europäischen Führungskräften durchführte und bei der sich die französischen Teilnehmer hinsichtlich der Erwartungen an die EWWU (Reduktion der Kosten, Stimulierung des Wachstums, Stabilisierung der Konjunktur, Anstieg der Direktinvestitionen Anstieg der Arbeitsmobilität) durchweg sehr positiv äußerten. Sie übertrafen in ihrem Optimismus vielfach die deutschen und die italienischen Führungskräfte. Vgl. Andersen Consulting (1996) S. 13ff.

[6] Siehe dazu Boissieu/Pisani-Ferry (1995) S. 36ff.

[7] Mit der Wechselkurskrise im September 1992 klang dieser Effekt ab. Die italienische Lira hat bis Mitte 1995 30% ihres Wertes gegenüber dem Franc eingebüßt. Boissieu/Pisani-Ferry (1995) S. 36.

Außerdem verlief die industrielle Entwicklung in Frankreich parallel zur Entwicklung der Disinflation, denn die Bindung an den Wechselkurs hielt seit 1986 die Unternehmen dazu an, statt auf nominale Wechselkursänderungen auf eine Steigerung der Wettbewerbsfähigkeit durch Umstrukturierung und Rationalisierung zu setzen.[1] Die Rahmenbedingungen und das Engagement der französischen Unternehmen im europäischen Markt hat sich während der Disinflationsperiode stark verändert.[2]

Die Politik der Bundesbank sorgte in den Augen der Unternehmen, die für den Weltmarkt produzieren, häufig für eine Überbewertung der D-Mark und des Franc gegenüber dem Dollar. Durch den Primat der Preisstabilität befürchteten einige Unternehmen, daß außenwirtschaftliche Ziele in den Hintergrund treten würden.[3]

Nach einer Studie der BIS (Borio 1995) sind französische Unternehmen abhängiger von kurzfristigen Krediten als deutsche Unternehmen, woraus ein stärkerer politischer Widerstand gegenüber einer Geldpolitik mit kurzfristigen Zinssteigerungspotentialen erwächst.[4]

d) Die Gewerkschaften

Nach der Analyse von Blanchard/Muet (1993) sind die Kosten der Disinflation in Frankreich zu weiten Teilen von den Arbeitnehmern getragen worden.[5] Die Mehrheit der Gewerkschaften - mit Ausnahme der den Kommunisten nahestehenden CGT - optierte dennoch für die Ratifikation des EU-Vertrages.[6] Anläßlich der Reform der Banque de France haben die Gewerkschaften CGT, CFDT, FO, CGC und die autonome Gewerkschaft die Angestellten der Banque de France zu verstärktem Widerstand gegen eine Verringerung der "17 métiers" der französischen Zentralbank aufgerufen.[7]

---

[1] Die Produktivitätsgewinne französischer Unternehmen näherten die französische der deutschen Produktivität an. Seit Mitte der achtziger Jahre konzentriert sich die Industriepolitik vor allen Dingen auf Wettbewerbspolitik und Forschungsförderung. Vgl. Boissieu/Pisani-Ferry (1995) S. 16f.

[2] Die Europäische Gemeinschaft wurde der Hauptmarkt für die französischen Produzenten. Die Auslandsdirektinvestitionen stiegen von 20 Mrd. FF 1985-86 auf 150 Mrd. FF im Jahr 1990, die Direktinvestitionen ausländischer Unternehmen in Frankreich stiegen von 276 Mrd. FF auf 774 Mrd FF zwischen 1987 und 1992, wobei der größte Teil des Anstiegs beider Volumina auf den innereuropäischen Markt zurückzuführen war. Boissieu/Pisani-Ferry (1995) S. 35ff.

[3] Nach der Andersen Consulting Studie (1996) halten 50% der Führungskräfte in Frankreich einen destabilisierende Wirkung für möglich, wenn die Währungspolitik in der Verantwortung der Europäischen Zentralbank läge.

[4] Boissieu/Pisani-Ferry (1995) S. 37.

[5] Dazu auch Pisani-Ferry (1995) S. 21.

[6] L'année 1992 en France (1993) S. 84.

[7] Manaille (1993) S. 39.

e) Die Banken

Die Geschäftsbanken in Frankreich sind zunächst wie ihre europäischen Konkurrenten von den mikroökonomischen Kosten des Übergangs und dem Wegfallen von Transaktionsgewinnen betroffen. Ein struktureller Faktor ergibt sich für Frankreich, da sich die Beziehung der Geschäftsbanken zu den Unternehmen stark von dem deutschen „Hausbank" - Prinzip unterscheidet. Untersuchungen der Banque de France über die Auswirkungen der Disintermediation in Frankreich legen nahe, daß hier eine Annäherung an das angelsächsische Trennbankensystem erfolgt.[1]

Abhängig von der Natur der Geschäfte und dem Internationalierungsgrad differieren daher die Einschätzungen einer gemeinsamen Geldpolitik.[2]

Insgesamt ist deutlich geworden, daß für den privaten Sektor kein einheitliches Bild gezeichnet werden kann. Im Gegensatz zu den einzelnen Wählern zeigen sich bei den Unternehmen Tendenzen, die für die monetäre Integration sprechen. Das unvollständige Datenmaterial läßt keine getrennte Behandlung dieses Teilbereichs monetärer Integration zu, scheint jedoch auch hier den Schluß nahezulegen, daß für die Zustimmung oder Ablehnung die Erfahrungen mit der Disinflationsperiode eine große Rolle gespielt haben.

3.2. Die inhaltliche Diskussion

3.2.1. Die theoretische Fundierung der „Glaubwürdigkeit" unabhängiger Zentralbankpolitik in der französischen Literatur

Zahlreiche französische Ansätze sehen in der vagen Konzeption der „Glaubwürdigkeit" einen Hauptansatzpunkt zur Kritik an der Zentralbankunabhängigkeit. Die Meßbarkeit und die Basis der Glaubwürdigkeit stellen Probleme dar, die von der Literatur noch nicht in ausreichendem Maße beantwortet wurden.[3] Hier soll beispielhaft der kritische Ansatz von Aglietta geschildert werden. Aglietta (1992a) stellt die Glaubwürdigkeit der Zentralbank in einen über die institutionelle Unabhängigkeit der Geldpolitik hinausreichenden Kontext: Die Geldpolitik könne weniger als je zuvor von den anderen Dienstleistungen getrennt werden, die die Zentralbank für die Gesellschaft leiste. Das Vertrauen in die Währung hänge nicht allein von der Geldpolitik ab.[4] Die Glaubwürdigkeit der Geldpolitik und deren

[1] Boissieu/Pisani-Ferry (1995) S. 37. Vgl. auch Posen (1993), der die These aufgestellt hat, daß Universalbanken eine stärkere Präferenz für Geldwertstabilität aufweisen und diese durch Druck auf die Politiker zu realisieren versuchen. Anders Bofinger/Hefeker/Pfleger (1998) S. 76.

[2] Boissieu/Pisani-Ferry (1995) S. 38.

[3] Siehe Villa (1995), Aglietta (1992a), Faugère (1991).

[4] Aglietta (1992a) S. 38. Ähnlich auch Faugère (1991).

Verhältnis zur Unabhängigkeit der Zentralbank könnten nicht analysiert werden, ohne das Verhältnis der Geldpolitik zur Regierung, zu den Geschäftsbanken und zu dem privaten Sektor einzubeziehen.[1] Die Unabhängigkeit der Zentralbank sei infolgedessen in einem weiteren Rahmen zu betrachten, dem der Geldordnung und ihrer Legitimität.[2] In diesem weiteren Rahmen werden die Diskrepanz zwischen formaler und faktischer Unabhängigkeit und die Grenzen der Unabhängigkeit ersichtlich, die sich in ihrer Beziehung zu den politischen Kräften und zur jeweiligen Form demokratischer Repräsentation manifestiere.[3] Kritisiert wird auch, daß die spieltheoretischen Modelle nur so lange anwendbar erschienen, wie Konzepte wie die der Glaubwürdigkeit vage blieben.[4] Sobald die Glaubwürdigkeit konkrete Formen annähme, wie etwa in der Negativdefinition als Abweichung zwischen angekündigter Maßnahme und den Erwartungen der Marktteilnehmer über die tatsächliche Politik, bewegten sich diese Modelle auf einem sehr zerbrechlichen Fundament. Da die Erwartungen nicht direkt meßbar wären,[5] würden sie aus ökonometrischen Beziehungen abgeleitet und würden abhängig von der Qualität der Messungen.[6]

Die Modellarchitektur hat bei der Fundierung der "Glaubwürdigkeit" nicht nur normative Bedeutung, sondern umfaßt auch die Rationalität der Entscheidungsträger. Diese kann eine durch Erfahrungen geprägte Sichtweise auf die Volkswirtschaft darstellen.[7]

Ein weiterer Kritikpunkt sind daher die Annahmen der „Credibility" - Modelle:[8]

Die Beziehung zwischen geldpolitischem Entscheidungsträger und privaten Marktteilneh-

---

[1] Ähnlich auch Patat (1992).

[2] Aglietta und Boissieu (1992b) sprechen von einem "Paradoxon des Geldes". Geld sei die Basis aller privaten Kontrakte und zugleich selbst ein soziales Band. Das Paradoxon äußere sich darin, daß Vertrauen das einstimmige Resultat der Erwartung eines Einzelnen an die Akzeptanz der Währung durch die Anderen sei. Die resultierende zirkuläre Referenz verweist auf die Frage der Legitimität einer Währung, denn selbst, wenn sich kollektives Vertrauen bildete, wäre dieses allein durch die Polarisierung von Erwartungen instabil. Legitimität der Währung kann nach Meinung der Autoren weder durch den Staat noch über den Marktmechanismus dauerhaft erzeugt werden. Der erste hat - wie zahlreiche Beispiele der Vergangenheit zeigen - ein starkes Interesse an Mißbrauch; da es sich bei einer Währung nicht um eine Ware handelt, die für sich einen Nutzen hat, sondern ein reines Kommunikationsmedium, entfällt auch der letzte.
Aus diesen Gründen wird eine beständige Institution benötigt, die außerhalb der anderen Machtstrukturen steht, unparteiisch ist und als Garant für das öffentliche Gut des nominalen Ankers, dem Standard aller Preise, fungiert. Aglietta/Boissieu (1992b) S. 4.

[3] Siehe dazu auch Mazier (1991), Patat (1992) S. 3, Cotta (1992) und Allais (1991) und Allais (1994).

[4] Faugère (1991) S. 268 und Aglietta (1992a) S. 43.

[5] Untersuchungen von Artus und Avouyi-Dovi (1990), die eine Reaktionsfunktion der FED auf der Grundlage antizipierter Inflation erstellt haben, griffen beispielsweise, um die Vorhersagen der geldpolitischen Autorität zu bewerten, auf Simulationen zurück, die mit der Hypothese arbeiteten, daß die FED die gleiche Vision inflationärer Entwicklungen wie die Autoren hätte.

[6] Faugère (1991) S. 268.

[7] Faugère (1991) S. 273.

[8] Verwiesen wird hauptsächlich auf das Modell von Barro/Gordon (1983a). Vgl. dazu Bofinger (1996) S. 140f.

mern in Form eines nicht-kooperativen Spiels, eine an der „sozialen Wohlfahrt" orientierten Nutzenfunktion des geldpolitischen Entscheidungsträgers[1] und eine ebensolche Nutzenfunktion der privaten Marktteilnehmer, sowie die um Erwartungen erweiterte (modifizierte) Phillips-Kurve.[2]

"... die Argumentation (dieser Modelle) reiht sich implizit in eine Vision der Volkswirtschaft ein, die zugleich durch Mißtrauen gegenüber der (öffentlichen) Macht und die Präferenz für Preisstabilität geprägt ist; aber diese wirtschaftspolitische Priorität ist vielleicht einfach an eine bestimmte historische Periode gebunden."[3]

In den Augen der Kritiker weist die Modellarchitektur der „Credibility"- Modelle über den theoretischen Rahmen hinaus auf die Frage nach der Existenz eines Stabilitätskonsenses, die in Frankreich selbst kontrovers diskutiert wurde.

3.2.2. Die vertragliche Ausgestaltung der Zentralbankpolitik

3.2.2.1. Die Unabhängigkeit und Preisstabilität im ESZB

Wim Duisenberg vermutete Anfang 1997:

„Die Franzosen haben ihre Notenbank unabhängig gemacht, wie es Maastricht verlangt. Aber die französischen Politiker haben sich vielleicht noch nicht daran gewöhnt..."[4]

Ähnlich wie die Reform der Banque de France[5] wird auch die Unabhängigkeit der EZB von politischer Seite vielfach als „Preis" für andere Ziele begriffen.

So äußerte beispielsweise P. Duquesne, ein hoher Beamter des Schatzamts 1994:

---

[1] Faugère (1991) kritisiert, daß in den Modellen der "Credibility"-Literatur der politische Entscheidungsträger fortfahren sollte, gegen die Arbeitslosigkeit zu kämpfen, obwohl er weiß, daß eine Reduzierung der Arbeitslosigkeit durch eine Überraschungsinflation sinnlos ist. Siehe auch Taylor (1983).

[2] Inflation wird nach Meinung Faugères (1991) aus zwei Blickwinkeln beurteilt: Zunächst wird sie als kostspielig für die Gesellschaft angesehen, auf der anderen Seite aber sind weder der öffentliche Entscheidungsträger noch der private Sektor völlig inflationsavers. Inflationskosten erscheinen seiner Meinung nach im Vergleich zu den Kosten, die eine Gesellschaft im Kampf gegen die Inflation aufwenden muß, sehr gering. Darin liege ein Widerspruch, denn auf der einen Seite wiesen die Politik und die öffentliche Meinung der Inflation ein großes Gewicht zu und auf der anderen Seite gelinge es der ökonomischen Theorie nicht zweifelsfrei, die Kosten der Inflation zu identifizieren. Siehe in diesem Sinne auch Fitoussi (1989) S. 86. Denkbar sind auch andere Nutzenfunktionen, die durch den politischen Konjunkturzyklus oder die Partisanentheorie beeinflußt sein könnten. Siehe auch Greffe (1987) S. 50 und Boissieu (1980) S. 310.

[3] Faugère (1991) S. 273.

[4] Duisenberg zitiert nach Viebig (1999) S. 124.

[5] Vgl. dazu Presse- und Informationsabteilung der Französischen Botschaft (1992).

„The European Central Bank's independence is not primarily the result of an efficiency constraint (some ‚dependent' central banks, such as that of Japan, are at least as efficient as the independent central banks). Its independence results from an institutional choice. In general, the independent central banks have been put together by ‚federal' or ‚confederal' types of States (...). This is naturally the construction chosen for the European framework."[1]

Für die Forderung nach Herstellung eines formal wie faktisch großen Handlungsspielraums der Zentralbank vor dem Maastrichter Vertrag lassen sich nur wenige Belege in der Literatur finden. Dem entspricht auch Enfruns (1994) Aussage, daß mit der Unabhängigkeit der Banque de France nicht eine grundsätzlich andere Politik als vorher intendiert worden wäre, sondern lediglich die Kosten dieser Politik zu senken.[2]

Le Cacheux/Mathieu/Sterdyniak (1992) sprechen von einem "deutschen" und einem "französischen" Modell. Kennzeichen des französischen Modells ist ihrer Meinung nach die gleichzeitige Kontrolle der Geld- und Haushaltspolitik durch die Regierung, die dafür sorge, daß zwischen beiden Politiken eine theoretische Kohärenz bestehe. Bei dem deutschen Modell sehen sie die Gefahr, daß die "bessere" Sicherung der Preisstabilität auf Kosten der anderen wirtschaftspolitischen Ziele erfolge.[3]

„L'indépendance des banques centrales ... peut mettre les autorités monétaire et budgétaire en situation de jeu stratégique, où chacune poursuit son propre objectif, sans se soucier de la cohérence d'ensemble du policy – mix."[4]

Insgesamt ist aus diesen Äußerungen eine weiterhin bestehende Vorstellung einer großen Nähe von Zentralbank und Politik zu lesen, die jedoch nicht immer eine der keynesianischen Linie folgende „politique de relance"[5] fordert.

---

[1] Duquesne zitiert bei Boissieu/Pisani-Ferry (1995) S. 27 Fußnote 19.
[2] Enfrun (1994) S. 7.
[3] Anders äußerte sich Wyplosz (1992), der sich gegen diese Argumentation im Sinne der "exception française" wendete. Noyer (1992) betont die Abhängigkeit der Geldwertstabilität von vier Elementen: der Geldpolitik, die auf den Kredit und die Verschuldung wirkt, der Haushaltspolitik als restringierendem Faktor für den Staat, der Kostenpolitik (Lohnpolitik, Fiskalpolitik) und strukturellen Reformen. Vgl. Noyer (1992) S. 15. Anders als in Deutschland sind die Signaleffekte auf die Sozialpartner durch die Geldmengenzielsetzung seit Beginn ihrer Existenz gering gewesen. Faktoren dafür könnten das begrenzte Wissen über geldpolitische Prozesse aufgrund der fehlenden Tradition der öffentlichen Diskussion von Zentralbankpolitik, ein Informationsmangel, die Abwesenheit eines sozialen Konsenses und die Koexistenz von binnenwirtschaftlichen und außenwirtschaftlichen Zielen sein. Boissieu/Pisani-Ferry (1995) S. 19.
[4] „Die Unabhängigkeit der Zentralbanken ... kann die geldpolitischen und haushaltspolitischen Behörden in die Situation eines strategischen Spiels bringen, wo eine jede ihr eigenes Ziel verfolgt, ohne sich um die Kohärenz der Gesamtheit des Policy-Mix zu kümmern." Desquilbet/Villieu (1998) S. 32.
[5] Diese Vorstellungen sind nicht auf die sozialistische Partei beschränkt, wie die obigen Äußerungen aus dem bürgerlichen RPR gezeigt haben. Siehe dazu auch im Anhang die Synopse der parteipolitischen Äuße-

Die Auseinandersetzung mit der Priorität der Preisstabilität bei der Reform der Banque de France und in den Statuten der EZB zeigt daher eine starke Heterogenität. Die Frage, ob es in Frankreich so etwas wie einen Stabilitätskonsens gibt, wird in Frankreich selbst allerdings sehr unterschiedlich bewertet.[1] [2] Die Kooperation zwischen geld- und haushaltspolitischen Entscheidungsträgern stellt nach Aubin (1998) keinen Widerspruch zur Autonomie der Zentralbank dar, denn in einem wiederholten Spiel erkennen beide Akteure die Grenzen ihrer Handlungen und kommen zu dem Schluß, daß die Glaubwürdigkeit von der Triftigkeit (pertinence) der Gesamtpolitik abhängt. Einig sind sich die verschiedenen Positionen in der Ablehnung eines strikt arbeitsteiligen „Assignments" zwischen Regierung und Zentralbank.[3]

3.2.2.2. Demokratische Legitimation der EZB

Die Forderung nach einer „demokratisch legitimierten" Institution war bereits Bestandteil des französischen Vertragesentwurfes gewesen.[4] Damit hängt auch die Forderung zusammen, Elemente einer Interessenvertretung in den geld- und wirtschaftspolitischen Entscheidungsgremien zu berücksichtigen.[5] Von einem französischen Wirtschaftsberaterstab wurde die Orientierung an der Arbeitsweise der US-Notenbank gefordert, um die politische Verantwortlichkeit der EZB zu stärken.[6] Die Gruppe forderte das EZB-Direktorium dazu auf, dem Europäischen Parlament und den Landesparlamenten regelmäßig Bericht zu erstatten. Außerdem sollte das Protokoll („Minute") der Zentralbankratssitzungen veröffentlicht werden.

„Dies sei keine Frage der politischen Kontrolle über die EZB, aber jede Notenbank könne Fehler machen in Form einer zu laxen oder zu restriktiven Geldpolitik"[7]

Legitimität könne nur durch Dialog und enge Kooperation zwischen allen wirtschaftspolitischen Institutionen garantiert werden.

Das traditionelle Verständnis von Zentralbankpolitik scheint hier für die Zukunft eine er-

---

rungen.

[1] Siehe dazu beispielsweise Conseil Economique et Social (1993).

[2] Konstatieren läßt sich jedoch ein geringerer symbolischer Stellenwert dieses Ziels als in Deutschland. Ähnlich auch Patat (1992).

[3] Siehe dazu auch Pohl (1988) S. 47.

[4] Vgl. Art.. 2-2 des französischen Vorschlags vom 25. Januar 1991, wieder abgedruckt bei Viebig (1999) S. 530ff.

[5] Siehe dazu auch weiter oben.

[6] o.V. (1998) S. 9.

[7] Jacquet zitiert in o.V. (1998) S. 9.

höhte semantische Sensibilität zwischen den Vertragspartnern nahezulegen.[1] Die Forderungen nach einer demokratisch legitimierten Zentralbankpolitik und einer stärkeren Rechenschaftspflicht der EZB sind jedoch nicht nur im Lichte einer möglichen Kontrolle oder gar Einflußnahme zu betrachten. Hier wird auch im Hinblick auf die bisherigen zentralbankpolitischen Erfahrungen in Frankreich eine neue Form des Umgangs mit der Institution Zentralbank geübt, die öffentliche Auseinandersetzung, die nämlich erst durch die Unabhängigkeit der Banque de France möglich wurde.[2] Die komplexe politische Verankerung und Interaktion mit den anderen wirtschaftspolitischen Entscheidungsträgern wird in Frankreich nur stark vereinfacht aufgenommen und in der Öffentlichkeit wiedergegeben.[3]

3.2.2.3. Die Gewichtung nationaler Interessen innerhalb des ESZB

Der politische Druck, mit der die Kandidatur des französischen Zentralbankgouverneurs Trichet verbunden wurde, hat in Deutschland den Eindruck vermittelt, daß Frankreich in den Mitgliedern des Zentralbankrates sehr wohl Vertreter der Länder sähe.[4] Die Vorgehensweise der Regierung ist in Frankreich aber stark kritisiert worden, auch aufgrund der symbolischen Stellung, die die Person Trichet in Frankreich erlangt hat.[5] Trichet steht für die Politik der „pensée unique" von Mitterrand, eine unbedingte Politik der Geldwertstabilität und eine Abkehr von antizyklischer Stabilisierungspolitik.[6][7]

---

[1] Was unter Rechenschaftspflicht in Frankreich im Gegensatz zu Deutschland von politischer Seite verstanden werden will, macht die Resolution des Europäischen Parlaments zur EZB deutlich, in der „contrôle démocratique" in der deutschen Version „demokratische Rechenschaftspflicht" genannt wurde. Klau (1998) S. 10.

[2] Siehe dazu auch Issing (1998) S. 4.

[3] So wird beispielsweise selten auf die Informationspolitik der Bundesbank verwiesen, die ein Element des Selbstverständnisses der Rechenschaftspflicht der Bundesbank darstellt, jedoch kaum formal verankert ist.

[4] Wie auch das Diktum von Chirac es zu beweisen schien, daß in einem „Europa der Nationen" auch „nationale Interessen" zu verteidigen seien. Bonse (1998) S. 11.

[5] Zu den Beweggründen Chiracs, an diesem im In- und Ausland problematischen Kurs festzuhalten, siehe Nonnenmacher (1998) S. 13f, und die französischen Kommentare in Deutsche Bundesbank/Auszüge aus Presseartikeln; Nr. 28; 6. Mai 1998a; S. 15-18.

[6] Delhommais (1998) S. 9. Daher urteilt die die FAZ am 4.5.1998 zutreffend über das erste Führungsgremium der EZB: "Hätten die Franzosen dem absehbaren Duisenberg - Kurs entgegenwirken wollen, dann hätten sie weder Christian Noyer als Vizepräsidenten nominiert, noch hätten sie für die Duisenberg - Nachfolge Jean-Claude Trichet ausgesucht.... Die Mannschaft und die Kräfteverhältnisse, die intern zu erwarten sind, stehen nicht für politisches Geld, nicht für Keynesianismus und nicht für Anpassung an wohlfahrtsstaatliche oder beschäftigungspolitische Wünsche, die im Euro-X-Rat, im Ecofin-Rat oder auf Ratsgipfeln geäußert werden mögen." Weniger treffend fiel hingegen das Urteil aus, der „Kurs der 'Germanisierung' der Geldpolitik unter dem Regime des Euro ... (habe sich, S.T.) um eine Etappe verlängert." o.V. (1998a) S. 12.

[7] Wyplosz (1999) hat eine politökonomische Sichtweise auf die Machtverhältnisse innerhalb des ESZB vorgeschlagen, nach der die Regierungen durch die Wahl ihrer nationalen Zentralbankgouverneure indirekt Einfluß auf den Verlauf der Geldpolitik nehmen können. Jede Regierung habe die Möglichkeit, entwe-

3.2.3. Zentralbankpolitik im Rahmen der allgemeinen Wirtschaftspolitik

Stand zunächst das Problem der Zentralbankunabhängigkeit im Vordergrund, so trat in den letzten Jahren vor Beginn der dritten Phase immer mehr die Frage hervor, wie ein gemeinsamer Policy mix in Europa aussehen sollte.[1]

In der französischen Literatur werden die allgemeinen Kosten des Transfers größtenteils im Rahmen des Mundell-Fleming Modells fixer Wechselkurse bei perfekter Kapitalmobilität betrachtet.[2] Damit ist die Fiskalpolitik nicht nur das einzige verbleibende nationale makroökonomische Instrument, sie ist in der Währungsunion auch wirkungsvoller als im EWS. Ihr kommt damit nach Ansicht französischer Ökonomen eine kurzfristige Stabilisierungsrolle[3] und eine maßgebliche strukturpolitische Funktion zu.[4] Eine gemeinsame Geld- und Währungspolitik in Verbindung mit unterschiedlichen fiskalpolitischen Strategien wirft Probleme der Koordination auf: Koordination zwischen der Geldpolitik und der Fiskalpolitik,[5] sowie Koordination der fiskalpolitischen Maßnahmen der souveränen Staaten untereinander.[6]

3.2.3.1. Die Wechselkurspolitik

Bis zum deutschen Regierungswechsel lag in den Vorstellungen über die Wechselkurspolitik ein bedeutender Dissens zwischen Frankreich und Deutschland. Bereits bei den Verhandlungen zum Maastrichter Vertrag wurden die grundlegenden Unterschiede deutlich. Wollte die deutsche Delegation dem Rat die Kompetenz für Wechselkursregime und

---

der einen „extremen" nationalen Zentralbankgouverneur zu benennen, um das Stimmengleichgewicht innerhalb des Zentralbankrats zu verschieben oder einen „Medianwähler" - Gouverneur. Die Wahl einer der beiden Strategien hängt von der Position der Regierung auf der Skala der Inflationspräferenz gegenüber anderen Regierungen ab. Angewendet auf den französischen Fall ist bei allen Vorbehalten, denen eine solche Vereinfachung unterliegt, die Strategie der französischen Regierung die der Ernennung eines möglichen Medianwählers gewesen.

[1] So auch Muet (1999) S. 11.

[2] Alternativ dazu ist eine Interpretation im Sinne der Angebotspolitik und deren langfristigen Effekten sowie im Rahmen eines Barro-Gordon Modells denkbar. Vgl. Wyplosz (1999) S. 37.

[3] Dornbusch/Jacquet (1992), Masson/Mélitz (1990).

[4] Mazier/Couharde (1990). Hervorgehoben wird in der französischen Literatur die Wirkung öffentlicher Ausgaben auf das langfristige Wachstum. In neueren Wachstumsmodellen hingegen wird der technische Fortschritt endogenisiert. Lordon (1991), vgl. dazu Dornbusch/Fischer (1989) S.703f. In diesem Zusammenhang üben staatliche Ausgaben einen positiven Effekt auf die private Produktion aus. Plihon (1993a) S. 10, Artus/Kaabi (1991). Zur aktuellen Kontroverse CEPII (1999) S. 11.

[5] Plihon (1993a) S. 7.

[6] In Anlehnung an die Trichotomie von Musgrave (Allokation, Distribution, Stabilisierung) geht es vornehmlich um die Stabilisierung. Vgl. Cordier/Jaillet/Plihon (1993). Zu den möglichen Formen der Koordination der Wirtschaftspolitik Wyplosz (1999) S. 19.

Leitkurse übertragen und ihm gestatten, Bestimmungen für die Rahmengestaltung der Wechselkurspolitik der Europäischen Zentralbank gegenüber der gemeinsamen Währung floatenden Währungen zu erlassen, so forderte die französische Delegation eine verbriefte Handlungsermächtigung des Rats über für die Europäische Zentralbank bindende Vorschriften bei der operationellen Ausgestaltung.[1] Hatte sich Frankreich während der Disinflationsperiode des Wechselkurses als Zielbestimmung bedient und eine eigenständige Geldpolitik zurückgestellt, so war in dieser Phase die Behauptung gegenüber dem Dollar ein Argument, um sich vor einer „amerikanischen Ausbeutung" zu schützen.[23] Weniger polemisch drückt Gleske (1988) den grundlegenden Unterschied zwischen der deutschen und der französischen Auffassung der Wechselkurspolitik aus.[4] Während Deutschland eine auf innere Geldwertstabilität ausgerichtete Geldpolitik verfolge und bereit sei

„... dem mit dieser Politik u.U. einhergehenden außenwirtschaftlichen Ungleichgewicht durch eine entsprechende Anpassung des Wechselkurses, auch im EWS, zu begegnen und, wenn sie – wie gegenüber dem Dollar – bei flexiblem Wechselkurs vom Markt her kommt, hinzunehmen ... "

schien in Frankreich folgende Auffassung vorherrschend zu sein:

„... Wechselkurse (möglichst auch gegenüber dem Dollar) sollten stabil und die Wirtschafts- und Währungspolitik auf außenwirtschaftliches Gleichgewicht hin orientiert sein."

Im Prozeß der Umsetzung der Maastrichter Bestimmungen hat der französische Wirtschaftsminister Strauss-Kahn zunächst gemeinsam mit Oskar Lafontaine eine Stellungnahme veröffentlicht, in der er sich gegen eine übermäßige Aufwertung des Euro gegenüber dem Dollar aussprach um für die Festlegung allgemeiner Leitlinien für die Wechselkurse im Bedarfsfall einzutreten. Anfang Februar 1999 legte er bei dem Treffen des Rates der Wirtschafts- und Finanzminister einen Dreipunkteplan zur Schaffung größerer Wechsel-

---

[1] Vgl. Viebig (1999) S. 412 zu weiteren Diskrepanzen zwischen den deutschen und den französischen Vorschlägen.

[2] BHF-Bank (1999) S. 8. „Für die Gemeinschaft ist das Prinzip festgelegt worden, daß die außenwirtschaftlichen Ziele von der politischen Macht bestimmt werden, aber die Definition der (politischen Macht) und die Organisation ihres Dialogs mit dem ESZB bleibt noch ein wenig ungewiß." Maillet (1992) S. 211f. Dazu Strauss-Kahn (1998) S. 19: Die Formulierung der „generellen Orientierungen" der Wechselkurspolitik durch den Europäischen Rat habe wie die Übereinkunft von Luxemburg vorsehe „Ausnahmecharakter".

[3] Dazu auch Karl Otto Pöhl im Jahr 1996: „Die Franzosen haben immer eine andere Philosophie in bezug auf die Geldpolitik gehabt als wir, und die haben sie offensichtlich weiterhin. Es geht dabei gar nicht so sehr um die Geldwertstabilität. Es geht um die Frage der Wechselkurspolitik.". Dunkel/Methfessel (1996) S. 11, auch zitiert bei Viebig (1999) S. 409.

[4] Die folgenden Aussagen basieren auf Zitaten von Viebig (1999, S. 134) eines unveröffentlichen Papiers zur Weiterentwicklung des EWS und der Vorschläge Balladurs vom 19. Januar 1988.

kursstabilität zwischen Dollar, Euro und Yen vor.[1]

Während die Deutschen im Wechselkurs einen Preis für eine Währung sehen, der sich frei am Markt bildet, betrachten ihn viele Franzosen als Instrument der Wirtschafts- und Handelspolitik zu sehen.[2] Schlagzeilen wie „Der Euro. Der zukünftige Herausforderer des Dollars"[3] und die wiederholten Angriffe gegen die „Maginotlinie des starken Francs"[4] machen die Intention deutlich. Die Bedeutung der Wechselkurspolitik in Frankreich wird auch durch Forderungen nach einem „Euro-Währungsausschuß" offenbar, den Valéry Giscard d'Estaing als Gremium von Vertretern nationaler Parlamente errichten wollte und dem gegenüber der Präsident und der Vizepräsident der Europäischen Zentralbank die Währungspolitik vertreten sollten.[5]

3.2.3.2. Der Stabilitätspakt

Im Maastrichter Vertrag sind in den Artt. 103 und 104c EGV und durch das „Protokoll über das Verfahren bei einem übermäßigen Defizit" Verfahren zur Koordinierung und Überwachung der Wirtschafts- und Finanzpolitik vorgesehen, vorgesehen.[6]

Finanzminister Theo Waigel setzte sich 1995 aufgrund der starken Kritik in Deutschland hartnäckig dafür ein, daß zuzüglich zu den Bedingungen für den Eintritt in die Währungsunion noch ein Stabilitätspakt geschlossen wurde.[7]

Der deutsche Vorschlag beinhaltete eine Verschärfung der Haushaltskriterien in folgenden Punkten:[8]

- Der Grenzwert von 3% des Haushaltsdefizites dürfte selbst bei „wirtschaftlich ungünstigen Abläufen" nicht überschritten werden.
- Ein mittelfristiges Defizit von 1% des BIP wäre normalerweise anzustreben.

---

[1] BHF-Bank (1999, S. 8) zu den Erfolgsaussichten dieser Strategie: Gegen diese Perspektive sprechen die Vorbehalte auf amerikanischer Seite. Die einseitige Vorgabe von Wechselkurszielen ist zudem kritisch hinsichtlich der gewünschten Funktion des Euros als Reserve- und Anlagewährung und hinsichtlich der Entstehung möglicher Konflikte mit dem Ziel der Binnenstabilität zu betrachten.

[2] Und kein - wie Alain Juppé es ausdrückte - „Spielzeug für Zentralbankgouverneure". o.V. (1998a) S. 9.

[3] Saint-Marc (1998) S. 13.

[4] Jean-Michel Naulot, ein französischer Bankier zitiert bei Braunberger (1996a), auch zitiert bei Viebig (1999) S. 413.

[5] Giscard d'Estaing (1997), Viebig (1999) S. 413.

[6] Siehe zu einer detaillierten Auseinandersetzung auch im Hinblick auf die rechtliche Verbindlichkeit Hahn (1997) S. 1134.

[7] Finanzminister Theo Waigel 1995 zur weiteren Entwicklung der Finanzpolitik: „Eine Vergemeinschaftung der Finanzpolitik ist weder notwendig noch erstrebenswert... ." Bundesministerium der Finanzen (1995) S. 4.

[8] Die folgenden Ausführungen basieren auf Hahn (1997) S. 1134.

- Ein Überschreiten der Defizitgrenze von 3% sollte die Zustimmung einer qualifizierten Mehrheit von Teilnehmerstaaten erfordern.
- Der Gesamtschuldenstand sollte unterhalb der 60 % Grenze reduziert werden.

Mit dem Überschreiten der Defizitgrenze würde automatisch ein Sanktionsmechanismus einsetzen, der den Teilnehmerstaat dazu verpflichtet, eine unverzinsliche „Stabilitätseinlage" von 0,25 % seines Bruttoinlandsprodukts pro angefangenem Prozentpunkt über die 3 % hinaus zu leisten, die nach zwei Jahren in eine Geldstrafe verwandelt würde, wenn sich ein kontinuierlicher Verstoß gegen die Begrenzung des Defizits ergeben hätte.

Ein Stabilitätsrat würde über die Umsetzung und die Abstimmung der Maßnahmen, nicht jedoch über die Verhängung der Sanktionen entscheiden.[1]

Eine wirkliche Diskussion auf europäischer Ebene kam erst Mitte 1996 in Gang. Am 13./14. Dezember 1996 fand in Dublin ein Gipfel der Staats- und Regierungschefs statt, zu dem die irische Regierung einen ersten ausführlichen Revisionsentwurf vorlegte.[2]

Einen Einschnitt bildete die Wahl in Frankreich; die neu gewählte Regierung unter Lionel Jospin wollte kurz vor dem Gipfeltreffen in Amsterdam den unterschriftsreifen Stabilitätspakt nur in Verbindung mit einer zu vertiefenden Beschäftigungspolitik akzeptieren. Die Idee eines „Stabilitätspaktes" stieß auf Skepsis in Frankreich. Abgesehen von der inhaltlichen Kontroverse erregte besonders das automatische Einsetzen der Sanktionen die Gemüter:[3]

„In Verbindung mit dem Wegfall jeden Mitwirkens des betroffenen Staates am Ermitteln vertragswidrigen Überschreitens der Obergrenze und am Verhängen der Berichtigungsmaßnah-

---

[1] Zur Umsetzung des Stabilitätspaktes war ein völkerrechtlicher Vertrag geplant, der über eine „Selbstverpflichtung" hinaus auch noch eine vertragliche Bindung gegenüber den anderen Mitgliedsstaaten impliziert hätte. Vgl. Hahn (1997) S. 1135.

[2] Die EG-Kommission hatte am 16.10.1996 bereits Entwürfe über eine Verordnung des EG-Rats über den Ausbau der haushaltspolitischen Überwachung und Koordinierung gemäß Art. 103 Abs. 5 EGV und den Entwurf einer Verordnung des EG-Rates über die Klärung und Beschleunigung des Verfahrens bei einem übermäßigen Defizit nach Art. 104c Abs. 14 Unterabs. 2 EGV vorgelegt. Vgl. Hahn (1997) S. 1137. Verantwortlich für Wirtschafts-, Finanz- und Währungsangelegenheiten war der Franzose Yves-Thibault de Silguy, ein ehemaliges Mitglied des französischen Regierungskabinetts. Das Kommissionspapier wandte sich gegen eine 1%-Grenze, automatische Sanktionen und einen Stabilitätsrat und setzte sich für ein Verfahren ein, nach dem Sanktionen ein politisch zu beeinflussender Beschluß des Rates vorausgehen sollte. Zu Einzelheiten Hahn (1997) S. 1138f. Der Ministerrat legte im Dezember 1996 einen Bericht zur „Vorbereitung der Stufe 3 der WWU" vor, der die grundlegenden Bestimmungen der schließlich getroffenen Vereinbarungen enthielt. Vgl. Viebig (1999) S. 368.

[3] Auch der damalige Präsident der niederländischen Zentralbank, Wim Duisenberg, äußerte sich diesbezüglich kritisch. Hahn (1997) S. 1136.

men trug solches Ausschalten nationaler Möglichkeiten der Abwehr und der Teilnahme der für das Defizit verantwortlichen Regierung an etwaiger Wechselrede im wesentlichen den Einwand, das automatische Einsetzen der Sanktionen sei politisch ebenso unzumutbar wie juristisch unzulässig."[1]

Lionel Jospin apostrophierte im Mai 1997 den Stabilitätspakt als ein "Super-Maastricht", eine „absurde Konzession" an die Deutschen, und bestimmte deutsche Zirkel, denen er sich nicht im geringsten verpflichtet fühlte.[2] Eine Woche vor dem Gipfel äußerte die französische Regierung Vorbehalte prinzipieller Natur, sie forderte eine Gedankenpause und eine weitreichende Revision hinsichtlich des Beschäftigungsproblems.[3]

Der vereinbarte Stabilitäts- und Wachstumspakt besteht aus drei Elementen: einer „Entschließung des Europäischen Rates über den Stabilitäts- und Wachstumspakt", einer „Verordnung über den Ausbau der haushaltspolitischen Überwachung und der Überwachung und Koordinierung der Wirtschaftspolitiken" und einer „Verordnung über die Beschleunigung und Klärung des Verfahrens bei einem übermäßigen Defizit".[45]

Mit der Umbenennung in einen „Stabilitäts- und Wachstumspakt" hat Frankreich seine Präferenzen kenntlich gemacht.[6]

Folgend sollen nur die grundlegenden Bestandteile erläutert werden, um dann näher auf die französischen Positionen einzugehen:[7]

---

[1] Hahn (1997) S. 1136.

[2] Lionel Jospin in Le Monde vom 21. Mai 1997, zitiert nach Jochimsen (1997) S. 5.

[3] Jochimsen (1997) S. 3.

[4] Dieser Zusammenfügung von zwei Textformen unterschiedlicher rechtlicher Bedeutung liegt die „Vorstellung zugrunde, daß der Verbund der beiden verschiedenartigen Äußerungsformen der ranghöchsten juristischen Beschlußinstanz und der unbestritten gewichtigsten politischen Institution in der Welt der Tatsachen gleiche Wirkung zu entfalten vermöchte wie die Automatik des Einsetzens der Sanktionen nach dem ursprünglichen deutschen Vorschlag." Hahn (1997) S. 1137.

[5] Die „Entschließung .des Europäischen Rates über den Stabilitäts- und Wachstumspakt" wurde am 16./18. Juni 1997 in Amsterdam vom Europäischen Rat verabschiedet und in endgültiger Version am 2. Oktober 1997 dort unterzeichnet. Siehe dazu Devuyst (19-97) S. 8 und Piepenschneider (1998).

[6] Durchsetzen konnte sich Deutschland lediglich bei der Straffung des Verfahrens auf maximal zehn Monate, der Tatbestand einer schweren Rezession wurde klarer definiert, die politische Selbstverpflichtung aller Beteiligten zur zügigen Abwicklung des Verfahrens wurde dokumentiert, und die Geldbußen sollen nach Übereinkunft auf der Konferenz von Nordwijk Anfang April 1997 an die Nichtüberschreitenden ausgeschüttet werden. Zum Werdegang und zu den deutschen und französischen Positionen Jochimsen (1998) S. 144ff.

[7] Siehe zu einer vollständigen Textversion des Stabilitäts- und Wachstumspakts (OJ C 236, 2.8.97, p.1; OJ L 209, 2.8.97, p.1; OJ L 209, 2.8.97, p. 6) European Council (1999a,b,c). Zu einer detaillierten Darstellung

a) Die Entschließung des Europäischen Rats über den Stabilitäts- und Wachstumspakt beinhaltet sowohl Leitlinien für die Verfahren zur Überwachung der Haushaltssituation und Behandlung übermäßiger Defizite als auch Verfahren, die ungeklärte Aspekte aus den Artt. 103, 104c EGV konkretisieren.[1] Entsprechend der Entschließung verpflichten sich die Mitgliedsstaaten, als mittelfristiges Haushaltsziel einen nahezu ausgeglichenen oder überschüssigen Haushalt einzuhalten.[2]

b) Die „Verordnung über den Ausbau der haushaltspolitischen Überwachung und der Überwachung und Koordinierung der Wirtschaftspolitiken" errichtet eine Form von „Frühwarnsystem" für Abweichungen der öffentlichen Defizite. Die Mitgliedsstaaten werden zur Vorlage jährlicher Stabilitätsprogramme verpflichtet, deren Prüfung und Überwachung durch die Kommission und den Wirtschafts- und Finanzausschuß erfolgt und die dem Rat der Wirtschafts- und Finanzminister werden.[3]

c) Die „Verordnung über die Beschleunigung und Klärung des Verfahrens bei einem übermäßigen Defizit" beinhaltet sowohl Begriffsdefinitionen wie etwa, wann der Rat der Wirtschafts- und Finanzminister ein übermäßiges Defizit festzustellen hat,[4] als auch eine Beschleunigung des Verfahrens und die Verhängung von nicht automatischen Sanktionen.[5]

Als Zugeständnis an die neue französische Regierung verabschiedete der Europäische Rat eine weitere Entschließung zu Wachstum und Beschäftigung, in der der Rat aufgefordert wird, bei der Koordinierung der nationalen Wirtschaftspolitiken, den Beschäftigungsaspekt verstärkt zu berücksichtigen.[67] Darüber hinaus konnte sich Frankreich mit seiner Forderung nach einem Sondergipfel des Europäischen Rates für Beschäftigung während der luxemburgischen Präsidentschaft durchsetzen. Die endgültige Fassung des neugeschaffenen

---

siehe Deutsche Bundesbank (1997e) und Hahn (1997).

[1] European Council (1999c) S. 1ff, Deutsche Bundesbank (1997e) S. 5.

[2] Vgl. Deutsche Bundesbank (1997e) S. 6.

[3] European Council (1999b), Deutsche Bundesbank (1997e) S. 6f.

[4] Eine solche Feststellung erfolgt dann, wenn der Referenzwert von 3% des Bruttoinlandsprodukts überschritten wird und nicht der Tatbestand eines vorübergehenden Zustandes erfüllt ist. Vgl. Deutsche Bundesbank (1997e) S. 7.

[5] Der Betrag der Einlage besteht aus zwei Komponenten: Bei der ersten Sanktion aus einer festen Komponente von 0,2% des BIP und einer variablen Komponente von einem Zehntel der Prozentpunkte, um die der Grenzwert von 3% überschritten wird. Bei weiteren Sanktionen ist ohne Berücksichtigung einer festen Komponenten eine Obergrenze von 0,5% des BIP festgelegt worden. Deutsche Bundesbank (1997e) S. 9, European Council (1999a).

[6] Siehe zur Entwicklung der Beschäftigungspolitik Piepenschneider (1998).

[7] In den Schlußfolgerungen des Europäischen Rates wird zudem festgehalten, daß die Stabilitätsorientierung von Wirtschafts- und Währungspolitik nicht auf Kosten der Beschäftigung gehen dürfe.

Beschäftigungstitels im Amsterdamer Vertrag berücksichtigt sowohl deutsche als auch französische Interessen. Nach einer Empfehlung des EG-Währungsausschusses einigte sich der Rat im Herbst 1998 darauf, bis spätestens Ende 2002 das Ziel eines mittelfristig nahezu ausgeglichenen oder überschüssigen Haushalts zu erreichen. Zusätzlich zum Stabilitätspakt einigten sich die Finanzminister im Mai 1998 auf eine Stabilitätserklärung, die weitere wichtige Selbstverpflichtungen der Mitgliedsstaaten zur Fortsetzung einer Politik solider Staatsfinanzen enthält.

In Frankreich wurde der Stabilitätspakt stark kritisiert. Einer der bekanntesten sozialistischen Ökonomen äußerte sich folgendermaßen:

„On peut faire la monnaie unique sans, pour autant, faire une politique de restriction des dépenses publiques."[1]

Die Kritik aus Frankreich gründete auf mehreren Argumenten, die hier exemplarisch in Anlehnung an einen Vortrag von Philippe Trainar vom französischen Finanz-, Wirtschafts- und Industrieministerium (1997) wiedergegeben werden sollen:

Ein Funktionieren des Stabilitätspakts nach deutschen Wünschen hätte einen weiteren Souveränitätsverzicht mit sich gebracht.[2] Dabei sind die Disziplin und der wirtschaftspolitische Handlungsspielraum, den der deutsche Vorschlag vorsah sind nach französischer Lesart keine Lösung, denn der strikte Automatismus von Sanktionen erzeugt eigene Glaubwürdigkeits- und Effizienzprobleme.[3] Bei außergewöhnlichen Umständen und schweren Rezessionen würde diese den finanziellen Druck auf die betroffene Mitgliedsstaaten noch erhöht. Ein Vorteil der gefundenen Lösung liegt nach dieser Sichtweise zwar auch in der Disziplinierung, da Mitgliedsstaaten davon abgehalten werden, *„... unsustainable paths of government debt which create negative externalities for the rest of the monetary union..."*[4] zu verfolgen.

Der wesentliche Unterschied zum deutschen Verständnis zeigt sich jedoch in den Erwartungen an den Nutzen, der durch eine solche Disziplinierung generiert wird:
„1/ to keeping the union interest rate down,
2/ to decreasing the burden imposed on the government debts of their partners inside the monetary union,

---

[1] „Man kann eine gemeinsame Währung jedoch ohne eine restriktive Politik der öffentlichen Ausgaben schaffen." Zitiert nach Delhommais (1997). Siehe auch Pollin/Jaillet (1998) S. 11, Trichet (1998) S. 21, Desquilbet/Villieu (1998) S. 54, Creel/Sterdyniak (1998) S. 167.
[2] Siehe dazu auch Trainar (1997).
[3] Trainar (1997) S. 22.
[4] Trainar (1997) S. 22.

3/ thus, to avoiding excessive constraints on the fiscal stance of their partners and, more generally, on their policy-mix,
4/ and, as a consequence, to avoiding putting too much pressure on the European Central Bank for laxer monetary policy."

Der vierte Punkt ist nach Trainar nur theoretisch relevant.[1] Nach einer Untersuchung des französischen Finanzministeriums über 18 OECD Länder seit 1973 besteht zwischen niedrigeren Zinssätzen und höherer öffentlicher Verschuldung ein Trade-off.[23]

Dadurch daß der Stabilitätspakt die letzte Entscheidung über Sanktionen dem Rat überläßt, gewähre er eine Flexibilität, die die Souveränität der Mitgliedsländer intakt läßt. Daraus entstünden nach Meinung Trainars weitere Vorteile, denn die Glaubwürdigkeit der „no bail out" - Klausel des Vertrages wird gestärkt:

„There is clearly a trade-off between a minimum amount of flexibility at the national level and more intervention at the Community level. At this stage of the European Union, the confidence among memer countries seems insufficient to allow cyclical activism of the community, In fact, such activism would inevitably include a certain amount of structural and irreversible redistribution that member states cannot accept today."[4]

Mit Verweis auf die französischen Erfahrungen der neunziger Jahre wird argumentiert, daß eine restriktive Budgetpolitik keine höhere Glaubwürdigkeit der Geldpolitik impliziere.[5]

„... une contrainte accrue sur les déficits, impliquant une moindre utilisation contracyclique des stabilisateurs budgétaires, nécessitera une réactivité accrue de la politique monétaire."[6]

Bei der Betrachtung der Fiskalpolitik handelt es sich mithin nicht nur um die mittelfristigen Probleme des Defizits, die durch die Konvergenzkriterien betont wurden, sondern auch um die aktivere Rolle der Fiskalpolitik im Falle kurzfristiger asymmetrischer Schocks.[7]

---

[1] Trainar (1997) S. 22.
[2] Trainar (1997) S. 23.
[3] „Thus, the threat of the sanctions is likely to reinforce the disciplining effects of monetary policy and contribute to more sustainable fiscal policies and more appropriate policy-mix in Europe, with both lower public debt and lower interest rates." Trainar (1997) S. 23.
[4] Trainar (1997) S. 23.
[5] Siehe dazu Desquilbet/Villieu (1998) S. 54, Morin/Thibault (1998) S. 81.
[6] „... eine verstärkte Beschränkung der Defizite, die eine geringere kontrazyklische Nutzung der haushaltspolitischen Stabilisatoren impliziert eine verstärkte Anpassung der Geldpolitik." Desquilbet/Villieu (1998) S. 54.
[7] Fiskalpolitik kann keine adäquate Antwort auf anhaltende Veränderungen der relativen Wettbewerbsfähigkeit sein. Siehe Allsop/Vines (1996) S. 91f. Anders hingegen Delessy/Lerais/Paris-Horviz/Sterdyniak (1993) und Plihon (1993a). Im Lichte der "Optimum - Currency Area" - Literatur hängt die Bedeutung

Muet (1999) schlägt vor, den Einsatz von automatischen Stabilisierungsmechanismen zu ermöglichen, indem gemäß den mehrjährigen Wirtschaftsplänen in Frankreich beispielsweise ein Ausgabenziel gesetzt wird.[1]

Hinsichtlich der quantitativen Begrenzung der Fiskalpolitik kann der Stabilitätspakt in den Augen französischer Ökonomen keinen Ersatz für die Koordination makroökonomischer Maßnahmen leisten.[2]

3.2.3.3. Organisation und Struktur der Fiskalpolitik auf Gemeinschaftsebene

Die Koordination von fiskalpolitischen Interventionen der souveränen Staaten ist bislang noch nicht einmal ansatzweise geregelt worden.[3] Bezüglich zukünftiger fiskalpolitischer Strukturen treten in der Diskussion besonders zwei Vorschläge hervor:[4]

a) Eine weitgehend dezentralisierte Fiskalpolitik, bei der die einzelnen Mitgliedsländer ihre Autonomie bewahren. Jede Regierung würde direkt mit der EZB verhandeln. Diese Lösung würde somit eine relativ große faktische Verhandlungsmacht der EZB bewirken.[5]

b) Fiskalischer Föderalismus als „... *vernünftige Aufteilung staatlicher Aufgaben, Ausgaben und Einnahmen in einem politischen System mit mindestens zwei staatlichen Elementen.*“[6]

---

asymmetrischer Schocks, die national differenzierte wirtschaftspolitische Maßnahmen erfordern würden, von der Häufigkeit und Stärke ihres Vorkommens ab. Weitere Kriterien sind die Anpassungsgeschwindigkeit und die Frage, ob es sich um Nachfrage- oder Angebotsschocks handelt. Die Existenz der Schocks wird durch mehrere Faktoren beeinflußt: Faktormobilität (Mundell), Offenheit der Volkswirtschaft (McKinnon), Diversifikation der Ökonomie (Kenen) und Schockabsorptionskapazität (Masson/Taylor). Empirisch scheint Europa zunächst diesen Kriterien für einen optimalen Währungsraum nicht zu entsprechen. Siehe auch Winkler (1997).

[1] Muet (1999) zitiert in CEPII (1999) S. 11.

[2] Artus (1997), Desquilbet/Villieu (1998) S. 55, Wyplosz (1999) S. 19. Wyplosz (1999) erwartet, daß der Stabilitätspakt zwar die Ineffizienzen im Fall der fehlenden Koordination der Wirtschaftspolitik mindern werde, aber auch die Macht der EZB gegenüber den fiskalpolitischen Institutionen erhöhe.

[3] Muet (1995).

[4] Eine weitere Möglichkeit bestünde in der Zentralisierung der Fiskalpolitik und einem vollständigen Transfer der fiskalpolitischen Kompetenzen. Siehe zu einer Zentralisierung der Haushalte auch Goodhart (1995) und Desquilbet/Villieu (1998) S. 56, Trainar (1997).

[5] Wyplosz (1999) S. 10.

[6] Zum Begriff des fiskalischen Föderalismus Oates (1972), Musgrave (1969) und Feld/Kirchgässner (1998) S. 65. Zur Differenzierung zwischen dem politischen und dem fiskalischen Föderalismus Marè/Sarcinelli (1998). Existiert ein solches föderales System nicht, so könnten einige Länder versucht sein, im Falle eines sehr starken Schocks, aus der Union auszutreten, um abzuwerten. Plihon (1993a) S. 16. Siehe auch dazu Le Cacheux/Sterdyniak/Mathieu (1992) S. 14 und Aglietta/de Boissieu (1992b) S. 6.

Plihon beruft sich auf historische Erfahrungen mit Währungsunionen, wenn er darauf hinweist, daß fiskalischer Föderalismus langfristig eine unvermeidbare Entwicklung sein werde.[1] Die Erfahrung mit Föderationen zeigt auch, daß diese über relativ größere Budgets und höhere Anteile redistributiver Ausgaben an den Gesamtausgaben verfügen.[2] Eine Erhöhung des Gemeinschaftsbudgets und der Stärkung „interner Politik" wird in Frankreich durch die Forderungen nach einem „Europa zu konstanten Kosten"[3] und dem „principe du juste retour" (Prinzip der gerechten Rückkehr, d.h. gerechter Verteilung der Beiträge) als politisch schwer realisierbar, grundsätzlich jedoch als notwendig beurteilt.[4]

3.2.3.4. Der Policy mix in der dritten Stufe der Währungsunion

Der Maastrichter Vertrag interpretiert nach Art. 103 Koordination als eine „multilaterale Überwachung", die auf die Vereinbarkeit der Wirtschaftspolitik mit den vom Europäischen Rat definierten Grundzügen gerichtet ist.[5] Damit ist eine institutionelle Struktur vorgezeichnet, deren Dauerhaftigkeit in der französischen Literatur hinterfragt wird.[6] Nach Auffassung von Plihon (1993a) verhinderte der Maastrichter Vertrag bereits die erforderliche Flexibilität für eine makroökonomische Koordination.

„On ne peut être que frappé par le contraste dans le traité de l'union, entre la conception assez vague du rôle de la politique budgétaire et les règles strictes de discipline budgétaire."[7]

---

[1] Dem läßt sich entgegenhalten, daß die politischen und institutionellen Bedingungen in der Union weit davon entfernt sind, einen solchen Föderalismus zu fördern. Dagegen sprechen die beschränkten Befugnisse des Europäischen Parlaments, die Größe des gemeinsamen Budgets und der Grad an fiskalischer Autonomie der Union. Fast alle Ressourcen sind Beiträge, daher ist das Budget zwangsläufig ausgeglichen. Bureau/Champsaur (1992). Siehe auch Mélitz (1991).

[2] Desquilbet/Villieu (1998), Llau (1998) S. 215f zur Geschichte des europäischen Gemeinschaftsbudgets. Das aktuelle Abkommen setzt fest, daß die Ausgaben 1999 1,27% des BIP der Gemeinschaft betragen können. Im Durchschnitt betragen bei föderalen Staaten die Ausgaben der Bundesregierung 52% der öffentlichen Gesamtausgaben. Dazu Llau (1998) S. 217.

[3] Damit ist die Nichtüberschreitung des Ausgabenplafonds von 1,27% gemeint.

[4] Desquilbet/Villieu (1998). Eine Erhöhung des Budgets auf 2% wird als ausreichend angesehen. Llau (1998) S. 226.

[5] Llau (1998) S. 213, Strauss-Kahn (1998) S. 16.

[6] „... eine Europäische Zentralbank die grundsätzlich das Ziel der Inflationsbekämpfung hat, Beschränkungen der öffentlichen Defizite ohne organisierte Koordination der Budgetpolitiken und ohne zwischen Geldpolitik und Budgetpolitiken koordinierter Strategie." Creel/Sterdyniak (1998) S. 167.

[7] „Man kann nicht umhin, ob des Kontrastes im Unionsvertrag erstaunt zu sein, der zwischen der ziemlich vagen Konzeption der Rolle der Haushaltspolitik und den strikten Regeln haushaltspolitischer Disziplin besteht." Plihon (1993a) S. 13. Siehe dazu auch Strauss-Kahn (1998) S. 13, der von einer „disziplinarischen Auffassung von der wirtschaftpolitischen Lenkung" spricht.

Zwar steigt die Interdependenz der nationalen Fiskalpolitiken,[1] jedoch sind die Mitgliedsländer allenfalls dazu aufgerufen, spontan zu kooperieren. Kooperation oder Koordination[2] könnte durch nationale Egoismen und fiskalische Konkurrenz verhindert werden. Der Maastrichter Vertrag sieht statt des Prinzips der Kooperation Konvergenz vor und führt so nach Auffassung der französischen Kritiker eher zu Konkurrenz als zu Kohärenz der fiskalischen Strukturen.[3]

Das Konzept einer optimalen Kombination der geld- und fiskalpolitischen Instrumente ist nach Meinung einiger französischer Ökonomen im Maastrichter Vertrag einer asymmetrischen Gewichtung zwischen Geld- und Fiskalpolitik gewichen. *„L'affectation d'un objectif spécifique à la banque centrale européenne et la priorité donnée à cet objectif marquent l'abandon de la notion de policy mix dans la conduite des politiques économiques."*[4][5]

Desquilbet/Villieu (1998) beurteilen die Forderung nach einer unabhängigen Zentralbank, die einem Primat der Preisstabilität folgt, als überholt:

"... du principe de la stricte affectation de la politique monétaire à la lutte contre l'inflation par l'ancrage sur une monnaie forte, l'analyse s'est déplacé sur le terrain de la coordination entre la politique monétaire commune et les politiques budgétaires nationales, coordination dont „l'indépendance" de la banque centrale n'est plus perçue comme la condition nécessaire ni suffisante."[6]

---

[1] Ohne Berücksichtigung externer Effekte der nationalen wirtschaftspolitischen Strategien kommt es im allgemeinen zu einer Situation, in der die Ziele der Länder nicht erreicht werden. Daher setzt nach Artus (1991) ein Funktionieren der Währungsunion eine gemeinsame Festlegung der Ziele und Instrumente voraus. Bei einem nicht-kooperativen Einsatz kann es zu einem sub-optimalen Nash-Gleichgewicht kommen. Plihon (1993a) S. 9.

[2] In vielen französischen Quellen wird nicht explizit zwischen Kooperation und Koordination unterschieden. Plihon (1993a, S. 13) versteht Kooperation als Internalisierung externer Effekte nationaler haushaltspolitischer Maßnahmen.

[3] Plihon (1993a) S. 10. Verringert wird ein mögliches fiskalisches Konkurrenzniveau dadurch, daß die Mobilität der Arbeitskräfte und des Kapitals unvollständig bleiben wird und daß die Wirtschaftssubjekte die gezahlten Steuern in Relation zur Qualität der öffentlichen Leistungen bewerten werden. Wyplosz (1990).

[4] „Die Zuweisung eines spezifischen Zieles für die europäische Zentralbank und die Priorität, die diesem Ziel gegeben worden ist, markieren die Aufgabe des Begriffs eines Policy mix bei der Ausführung der Wirtschaftspolitik." Plihon (1993a) S. 13. Siehe auch Le Cacheux/Sterdyniak/Mathieu (1992) S. 16ff.

[5] Desquilbet (1998) S. 52, Debelle (1996). Morin/Thibaut (1998) zeigen anhand der wirtschaftlichen Entwicklung Frankreichs während der neunziger Jahre, daß der Anstieg des Haushaltsdefizits durch die Verlangsamung des Wachstums und das hohe Realzinsniveau verursacht worden ist und damit ein nichtkooperatives Spiel zu einem suboptimalen Policy-Mix geführt hat.

[6] „... vom Prinzip der strengen Zuweisung der Geldpolitik zur Bekämpfung der Inflation durch die Verankerung an eine starke Währung hat sich die Analyse in den Bereich der Koordination zwischen gemeinsamer Geldpolitik und nationalen Haushaltspolitiken verschoben, Koordination, für die die „Unabhängigkeit" der Zentralbank weder als notwendige noch als hinreichende Bedingung wahrgenommen wird." Desquilbet/Villieu (1998) S. 33.

Glaubwürdigkeit der Geldpolitik kann ihrer Meinung nach nicht hergestellt werden, ohne die Haushalts- und Fiskalpolitik gleichermaßen zu berücksichtigen.[1]

„Seul un policy-mix européen pourra assurer que l'Union libère des marges de manœuvre monétaires et budgétaires au lieu d'entraver simultanément les deux instruments."[2]

In politischen Kreisen wird das Verhandlungsergebnis von Amsterdam bereits als ein erster Schritt in Richtung auf eine stärkere Koordination gesehen.[3]

Traditionell wurde in Frankreich im kurzfristigen Bereich eine Reihe von wirtschaftspolitischen Zielen mit einem Maßnahmenbündel verfolgt, „... *the government tends to be present in several dimensions of policy management.*"[4] Demzufolge war die Regierung auch in Fragen der Beschäftigungspolitik und der Lohnverhandlungen stark involviert. Entsprechend wurde auch die Rolle der Geldpolitik innerhalb des Policy mix interpretiert.[5] Es scheint eine französische Präferenz für einen Policy mix auf zentraler Ebene nach dem Vorbild der USA zu geben.[6]

Die Forderung nach einer stärkeren wirtschaftspolitischen Koordination hat auf der politischen Ebene zu dem Vorschlag eines „Conseil d'Euro" (Eurorat) geführt. Der französische Wirtschafts- und Finanzminister argumentierte, daß der EZB in den Augen der Bürger bei

---

[1] Desquilbet/Villieu (1998). „... es ist notwendig, den geld- und haushaltspolitischen Autoritäten vielfältige Ziele zuzuweisen, klare Verfahren der Abstimmung zu definieren und, wenn man nicht restriktive geldpolitische Maßnahmen und expansive Haushaltspolitik provozieren möchte, die, ... unheilvolle Wirkungen auf die Investition und das Wachstum haben." Villa (1995) S. 72. Auch wenn die Unabhängigkeit der Zentralbank als Fähigkeit interpretiert wird, als „Drahtzieher" in einem sequentiellen Spiel gegenüber der Regierung zu agieren – siehe dazu Debelle (1996) und Debelle/Fischer (1994) – so handelt es sich dennoch um eine second-best-Lösung gegenüber der gleichzeitigen Koordination von Geld- und Wirtschaftspolitik. Desquilbet/Villieu (1998) S. 53: „... die zentrale Botschaft der Literatur über die zeitliche Inkonsistenz ist, daß die Wirksamkeit der Geld- und Budgetpolitiken nicht anhand von statischen Kriterien (eine einmalige Veränderung aller Instrumente) sondern dynamischer Kriterien (eine Folge von Veränderungen der Instrumente geleitet durch ... eine wirtschaftspolitische Regel) beurteilt werden soll, und so eine Verbindung mit den Analysen über die staatliche Budgetbeschränkung hergestellt wird."

[2] „Nur ein europäischer Policy-Mix wird absichern können, daß die Union die geld- und haushaltspolitischen Handlungsspielräume freisetzt ... ." Desquilbet/Villieu (1998) S. 56, Creel/Sterdyniak (1998) S. 168: „... die außenwirtschaftliche Beschränkung wird begrenzt sein, die Probleme der Unwirksamkeit der nichtkoordinierten Politiken werden verschwinden. Europa wird sein soziales Modell besser schützen können."

[3] Trainar (1997) S. 26.

[4] Deutsch-Französisches Wirtschaftspolitisches Forum (1997) S. 37.

[5] „In France, it is a widely shared view that any room of manoeuvre should be fully utilised: hence it is believed that the central bank could have lowered interest rates a bit more to sustain a sufficient level of aggregate demand." Deutsch-Französisches Wirtschaftspolitisches Forum (1997) S. 37.

[6] Deutsche Ökonomen favorisierten ein dezentralisiertes System. Deutsch - Französisches Wirtschaftspolitisches Forum (1997) S. 37, dagegen Wyplosz (1999), der beispielsweise die Berücksichtigung länderspezifischer Bedürfnisse in der Politik der EZB in Form eines monetären Föderalismus oder die Einführung von (handelbaren) „Abweichungspunkten" für die fiskalpolitischen Ziele vorschlägt.

fehlenden gemeinsamen wirtschaftspolitischen Institutionen die gesamte Verantwortung für die europäische Wirtschaftspolitik übertragen werde.[12] Zudem sollten die Effekte eines zerstörerischen Spiels zwischen der Zentralbank und den haushaltspolitischen Entscheidungsträgern begrenzt werden.[3]

„L'optimisation des objectifs de politique communs aux membres de l'UEM implique non seulement un renforcement de la coopération entre États mais également la recherche d'une combinaison appropriée des politiques budgétaires avec les autres instruments de politique économique ... La crédibilité de la politique économique de l'UEM risque d'en être affectée."[4]

Langfristig sollte sich der Euro-11-Rat nach französischem Wunsch zu einem zentralen wirtschaftspolitischen Gremium entwickeln und nicht nur ein informelles Gremium der elf Euro-Teilnehmerstaaten ohne Entscheidungskompetenz sein. Forderungen nach einer Form von „Wirtschaftsregierung" stießen jedoch auf deutschen Widerstand. Der Euro-11-Rat soll nun zu einer stärkeren Koordinierung der Wirtschaftspolitik beitragen,[5] womit ein Modell „expliziter Koordination" angestrebt wird, das gemeinsame Entscheidungen unterschiedlicher Akteure beinhaltet.[6]

3.3. Die neue Rolle der Banque de France

3.3.1. Die Bedeutung der Banque de France im ESZB

Die Unabhängigkeit der Banque de France, war wie oben dargestellt wurde, ein Bruch mit

---

[1] Strauss-Kahn (1998) S. 15ff.

[2] Siehe dazu auch Gemeinschaft zum Schutz der deutschen Sparer (1998) S. 16.

[3] Pollin/Jaillet (1998) S. 10. Strauss-Kahn (1998, S. 13) bezeichnete den Wunsch, die „EZB allein regieren zu lassen" als eine „bedrohliche disziplinarische Auffassung von der wirtschaftspolitischen Lenkung", nach der die Mitgliedsstaaten lediglich Haushaltsdefizite vermeiden sollten und die Europäische Union Verstöße bestrafen sollte. Dagegen setzt er die Errichtung der Euro-11-Gruppe aus Finanzministern der Euroländer und Vertretern der Kommission bestehend in einen Dialog mit der EZB treten würde, „..... weil ihre Führung wissen muß, wie die Lenker der Wirtschaftspolitik die Lage beurteilen und was sie vorhaben."

[4] „Die Optimierung der gemeinsamen politischen Ziele der Mitglieder der EWU impliziert nicht nur eine Stärkung der Kooperation zwischen den Staaten, sondern auch die Suche nach einer geeigneten Kombination der fiskalpolitischen Maßnahmen und der anderen wirtschaftspolitischen Instrumente ... Die Glaubwürdigkeit der Wirtschaftspolitik der EWU droht davon berührt zu werden." Plihon (1993a) S. 20.

[5] Konkrete Pläne dazu sind in Frankreich durch ein wirtschaftspolitisches Komitee des französischen Finanzministeriums erarbeitet worden, nach dessen Empfehlungen die europäische Geldpolitik das Wachstum fördern sollte. Bei konjunktureller Überhitzung sollte die „budgetäre Waffe genutzt werden, um die Zentralbank nicht zu zwingen, ihre Zinsen zuungunsten der Länder mit weniger starkem Wachstum zu erhöhen." o.V. (1998e) S. 7.

[6] Vgl. dazu die entsprechenden deutschen Diskussionsbeiträge.

einer langjährigen Tradition. Bedeutete die Unabhängigkeit einerseits einen Machtzuwachs für die Banque de France, so wuchs durch die Entscheidung gegen einen französischen Präsidenten[1] und für Frankfurt als Sitz der EZB die Furcht vor einer deutschen Hegemonialstellung.[2] Frankreich hatte bereits im Dezember 1996 erstmalig auf eventuelle Ansprüche auf das Amt hingewiesen. Im November 1997 wurde Jean-Claude Trichet offiziell von Staatspräsident Chirac und Premierminister Jospin vorgeschlagen. Nach schweren Auseinandersetzungen zwischen Bundeskanzler Kohl und Staatspräsident Chirac sowie dem Niederländer Kok wurde ein Kompromiß gefunden, der darin bestand, daß Wim Duisenberg zum ersten EZB-Präsidenten und Christian Noyer für vier Jahre als erster Vizepräsident berufen wurden. Zu seiner Berufung hat Duisenberg eine Erklärung abgegeben, in der er einen Rücktritt vor Ende der vollen Amtszeit ankündigte, den Zeitpunkt aber ausschließlich seiner eigenen Entscheidung vorbehielt. Es wird gemeinhin angenommen, daß dieser mit dem Ende der Amtszeit des Franzosen Christian Noyer zusammenfällt, da Frankreich ansonsten über kein Mitglied im Direktorium verfügen würde.[3]

Mit der Teilung der Amtszeit ist gerade einer der Bestimmungen, der für Deutschland sehr wichtigen Festschreibung einer möglichst langen Amtszeit zuwidergehandelt worden.[4] Auch die Bedeutung der Banque de France im ESZB erfährt in Frankreich zum Teil eine vom Maastrichter Vertrag abweichende Einschätzung.[5] Hinsichtlich der Weisungsunabhängigkeit äußerte sich Paul Marchelli,[6] ein Mitglied des Geldpolitischen Rates, folgendermaßen:

„Ich wünsche mir auch, daß zumindest während mehrerer Jahre der Zentralbankrat der Banque de France die Fähigkeit - ich würde sogar sagen, die Pflicht - besäße, dem Vertreter

---

[1] Vgl. Viebig (1999) S. 461.
[2] Vgl. Viebig (1999) S. 440.
[3] Vgl. Viebig (1999) S. 461f.
[4] Vgl. Viebig (1999) S. 462.
[5] Als ein Indikator für eine derartige Betrachtungsweise in Frankreich wird die Berufung von Pierre Guillen und Jean-René Bernard im Januar in den Conseil de la politique monétaire als Nachfolger von Bruno de Maulde und Jean Boissonnat gewertet, denn damit wurden zwei enge Vertraute des französischen Präsidenten in dieses Gremium berufen. Piere Guillen, ein ehemaliger Marineoffizier, war zuletzt bis 1996 Vizepräsident des französischen Arbeitgeberverbands (CNPF). Mit Jean-René Bernard wurde zwar kein ausgebildeter Ökonom berufen, er hat jedoch nach einer typisch französischen Verwaltungslaufbahn Erfahrungen im Bankwesen gesammelt und war Vizegouverneur beim Crédit foncier de France. Vgl. dazu Banque de France (1999c). Mit Paul Marchelli ist auch ein Vertreter einer Gewerkschaftsorganisation Mitglied in diesem Gremium.
[6] Paul Marchelli behauptete auch im Januar 1997, daß vereinbart worden wäre, daß Frankfurt Sitz der Europäischen Zentralbank und ein Franzose Präsident werden würde. Dagegen verwahrte Bundeskanzler Kohl sich 1998 vehement. Vgl. Braunberger (1997) und Schäffer (1998).

Frankreichs bei der Europäischen Zentralbank seine Meinung zu sagen."[1]

Hier wird wieder deutlich, daß es sich um eine Abweichung von dem deutschen Verständnis handelt, nach dem der sogenannte „Becket-Effekt"[2] zu einem Phänomen in der deutschen Zentralbanktradition geworden ist.[3]

3.3.2. Aufgaben der Banque de France

Entgegen der in Deutschland gehegten Annahme, die Frage nach der künftigen Rolle der nationalen Zentralbanken würde in den Nachbarländern nicht gestellt,[4] hat sich in Frankreich der Kampf gegen Rationalisierungsmaßnahmen bei der Banque de France zum innenpolitischen Streit entwickelt. Die die Angestellten der Banque de France vertretenden Gewerkschaften entwickeln dabei ein erhebliches politisches Gewicht, was als ein Anzeichen dafür gewertet werden kann, daß auf diese Ebene eine politische Kontroverse verlagert wurde, die aus verschiedenen Gründen auf anderen Ebenen nicht mehr erfolgen kann.[5]

Über die Umstrukturierung der Banque de France gab es im Zuge der Gesetzesveränderungen vor der dritten Stufe der Währungsunion Streitigkeiten. Abgeordnete aller Parteien formierten sich zu einer Oppositionsgruppe, um die Schließung lokaler Kassen zu verhindern und die traditionellen „Métiers" der Banque de France, insbesondere den Notenumlauf, in den Gesetzestexten zu verankern.[6]

3.3.2.1. Halten des Kapitals der EZB und Gewinnverteilung

Nach Art. 28. 1. ESZB-Satzung beträgt das Kapital der EZB bei Aufnahme ihrer Tätigkeit 5 Mrd. Euro. Alleinige Halter des Kapitals der EZB sind die nationalen Zentralbanken. Die

---

[1] Paul Marchelli zitiert nach Braunberger (1997) S. 16, auch zitiert bei Viebig (1999) S. 458.

[2] Der Thomas Becket-Effekt beschreibt ein Phänomen, das in der Geschichte der Bundesbank zu beobachten war. Thomas Becket war der Kanzler des britischen Königs Henry II. Er war vom König beauftragt, die Macht der Kirche zu beschränken. Da er diese Aufgabe gut gemeistert hatte, ernannte der König ihn zum Erzbischof von Canterbury. In diesem Amt verteidigte Becket jedoch die Interessen der Kirche gegen den König. Vgl. Neumann (1997) S. 24, vgl. auch Axt u.a. (1993) S. 184.

[3] Siehe dazu auch die Beurteilungen zur personellen Unabhängigkeit der bisherigen Führungspersönlichkeiten der Deutschen Bundesbank bei Marsh (1992) und die detaillierten Studien über die Präsidenten der Deutschen Bundesbank in Baehrig (1991).

[4] „Der Bedeutungszuwachs ihrer Notenbanken gibt eher Anlaß zu Genugtuung oder gar Stolz – auf die Idee, sie abzuschaffen, kommt dort (in unseren Nachbarländern, S.T.) niemand." Welteke (1998) S. 11.

[5] Banque de France (1996) S. 177.

[6] Delhommais (1998) S. 9.

Zeichnung erfolgt nach dem in Art. 29 festgelegten Schlüssel, der zu gleichen Teilen die Wirtschaftskraft, d.h. den Anteil des Mitgliedslands am Bruttoinlandsprodukt der Gemeinschaft, und den Anteil an der Gesamtbevölkerung der Gemeinschaft berücksichtigt.

Nach dem Schlüssel richten sich

- die Zeichnung des Kapitals der EZB,[1]
- die Beträge der auf die EZB zu übertragenden Währungsreserven,[2]
- der Anteil der nationalen Zentralbanken an der Summe der monetären Einkünfte der nationalen Zentralbanken,[3]
- die Gewichtung von Stimmanteilen bei Entscheidungen im Zusammenhang mit der Kapitalausstattung[4] und die Verteilung des Nettogewinns der EZB unter den Anteilseignern.[5]

Im Vergleich zu der Regelung, die bei der Bundesbank herrschte, ist das föderative Element hier stärker berücksichtigt worden, denn der Bund und nicht die Länder fungierten als Anteilseigner.[6]

In der Frage der erforderlichen qualifizierten Mehrheiten zu den Beschlüssen im Rahmen der Artikel 28, 30, 32, 33 und 51 hatte Frankreich bei den Beratungen zum Maastrichter Vertrag eine Quote von höchstens 75 % vorgeschlagen. Damit wäre eine deutsche Sperrminorität verhindert worden.[7]

Die Banque de France ist mit 16,8703 Prozent am Kapital der EZB beteiligt worden.[8]

Damit ist der Kapitalanteil Frankreichs höher als der relative Anteil an der Zentralbankgeldmenge aller elf Mitgliedsstaaten, der mit 12,2% beziffert wird.[9]

3.3.2.2. Die Verwaltung der Währungsreserven und wechselkurspolitische Sondervereinbarungen

Nach Art. 30 ESZB-Satzung sollte die EZB mit Währungsreserven bis zu einem Gegen-

---

[1] Art. 28.2. ESZB-Satzung.
[2] Art. 30.2. ESZB-Satzung. Siehe dazu weiter unten.
[3] Art. 32.5. ESZB-Satzung.
[4] Art. 10.3. ESZB-Satzung i.V.m. Art. 28,29,30,32,33 und 51 ESZB-Satzung.
[5] Art. 33.1. ESZB-Satzung.
[6] Vgl. Goetze (1999) S. 163.
[7] Siehe dazu Viebig (1999) S. 482. Am 1. Dezember 1998 wurde der Anteil auf 16,8337% verändert. ECB (1999) S. 1.
[8] ECB (1998) S. 3.
[9] Vgl. Sinn/Feist (1997) S. 13.

wert von 50 Mrd. Euro ausgestattet werden. In der ersten Januarwoche 1999 wurden der EZB von den nationalen Zentralbanken Währungsreserven im Gegenwert von 39,469 Mrd. Euro übertragen.[1]

Die der EZB übertragenen Devisenreserven hätten nach französischem Wunsch bei den nationalen politischen Entscheidungsträgern bleiben sollen[2] und die EZB sollte diesem Vorschlag entsprechend keinerlei Devisenmarktinterventionen selbst durchführen können.

Die Banque de France rechtfertigte diese Haltung mit dem Prinzip der Subsidiarität:

„Au total, la subsidiarité signifie que ne sera centralisé que ce qui est strictement et incontestablement nécessaire, et que les banques centrales nationales auront la faculté de poursuivre d'autres activités pour autant que celles-ci n'interfèrent pas avec les objectifs et les missions du Système."[3]

Nach französischer Sicht sollte es sich bei der EZB lediglich um einen „Versammlungsplatz der Gouverneure" handeln.[4] Aus denselben Beweggründen sollte die EZB keine Anbindung an das TARGET-System erhalten und die operativen Geschäfte sollten nicht von ihr betrieben werden. Frankreich hatte zunächst vorgeschlagen, daß die Mitgliedsstaaten anstatt der nationalen Zentralbanken das Kapital zeichnen und diese auch im Besitz der Währungsreserven bleiben.[5]

Für das Anlagemanagement der auf die EZB übertragenen Währungsreserven haben sich die nationalen Zentralbanken an einem Vergleichsportfolio („Benchmark" der EZB) zu orientieren.[6] Die devisenpolitische Kompetenz ist auf die EZB übergegangen, so daß von

---

[1] Nach Art. 48 ESZB-Satzung wird zwar jeder nationalen Zentralbank ein Gewichtsschlüssel für die Zeichnung des Kapitals der EZB zugeteilt. Die Zentralbanken von Mitgliedsstaaten, für die eine Ausnahmeregelung gilt, zahlen das von ihnen gezeichnete Kapital jedoch nicht ein, wenn der Erweiterte Rat nicht mit einer Mehrheit von mindestens zwei Dritteln des gezeichneten Kapitals der EZB und zumindest der Hälfte der Anteilseigner beschließt, daß als Beitrag zu den Betriebskosten der EZB ein Mindestprozentsatz eingezahlt werden muß.

[2] Bereits im Vorfeld der Beratungen hatte man auf französischer Seite argumentiert, daß die währungspolitische Glaubwürdigkeit der EZB auf der Zusicherung der Mitgliedsstaaten beruhen solle, bei Bedarf weitere Aktiva bereitzustellen. Die Mitgliedsstaaten und nicht die nationalen Zentralbanken sollten das Kapital zeichnen und auch weiterhin die Währungsreserven behalten. Vgl. Viebig (1999) S. 484. Nach Art. 30 ESZB-Satzung entscheidet der EZB-Rat über die zu einem späteren Zeitpunkt von der EZB einzufordernden Beträge.

[3] „Insgesamt bedeutet Subsidiarität, daß nur das zentralisiert wird, was unbedingt und unbestreitbar notwendig ist und daß die nationalen Zentralbanken die Fähigkeit haben werden, andere Aktivitäten, soweit diese nicht mit den Zielen und den Aufgaben (missions) des Systems interferieren, ausführen zu dürfen. Banque de France (1992c) S. 92.

[4] Siehe dazu das Handelsblatt vom 7.5.1997, Frankfurter Allgemeine Zeitung vom 7.5.1997.

[5] Vgl. Viebig (1999) S. 484.

[6] Deutsche Bundesbank (1999) S. 27.

dieser jegliche devisenpolitische Operation ausgeht.

Nach Art. 22 ESZB-Satzung können sowohl die EZB als auch die nationalen Zentralbanken Einrichtungen für effiziente und zuverlässige Verrechnungs- und Zahlungssysteme zur Verfügung stellen.[1] Hier stehen sich die Forderungen des Prinzips der Subsidiarität und die nach Effektivität gegenüber. Letzteres wird in Art. 105 Abs. 1 S. 3 EGV und in Art. 2 ESZB-Satzung angesprochen. Ein Ausschluß der EZB von dem TARGET-System und demzufolge von direkten Devisen- und Offenmarktgeschäften könnte zu einer geringeren geldpolitischen Wirksamkeit führen und Maßnahmen in Form von Schnelltendern erschweren.[2]

Von deutscher Seite wurde gemutmaßt, es solle damit verhindert werden, daß Frankfurt zum Zahlungsverkehrsknotenpunkt würde. Analog sprach Frankreich sich auch für eine geringe Ausstattung der EZB mit Währungsreserven aus.[3]

Mit dem Übergang in die dritte Stufe der Währungsunion sind auch die außereuropäischen Territorien wie die französischen Übersee-Departements (Französisch-Guayana, Guadeloupe, Martinique, Réunion) von der Einführung des Euro betroffen. Frankreich hat mit Zustimmung des Rats auch in St.Pierre-et Miquelon und Mayotte - Gebiete, die nicht Teil der Union sind - den Euro eingeführt. In anderen französischen Überseegebieten (Neukaledonien, Französisch-Polynesien, Wallis und Futuna) hat Frankreich nach dem Maastrichter Vertrag das alleinige Recht, nach dem „Protokoll betreffend Frankreich"[4] die Parität des dortigen CFP-Franc (Communauté financière du Pacifique) gegenüber dem Euro festzusetzen. Für die Verwendung des französischen Francs in Monaco hat Frankreich ein Mandat erhalten, im Namen der Gemeinschaft über den Übergang zum Euro zu verhandeln,[5] und ebenso mit den Ländern der afrikanischen Franc-Zone inklusive der Komoren bilaterale Wechselkursvereinbarungen weiterzuführen. Eine Vertiefung der Kooperation durch den Ausbau des Stützungsmechanismus unterliegt jedoch der Genehmigung des Rates.[6]

[1] Vgl. Goetze (1999) S. 145.
[2] Vgl. Goetze (1999) S. 145.
[3] Vgl. Viebig (1999) S. 483.
[4] Siehe dazu den EU-Vertrag.
[5] Dieses Mandat wird durch Art. 109 Absatz 3 EGV gestützt. Deutsche Bundesbank (1998b) S. 111.
[6] Deutsche Bundesbank (1998b) S. 111.

3.3.2.3. Die Veränderung der Instrumente

Die Instrumente im ESZB unterscheiden sich auf dreierlei Weise von den bisher in Frankreich verwendeten Verfahren:

- Größere Anzahl der Instrumente: Es handelt sich um zwei ständige Fazilitäten (offizielle Operationen) und vier Arten von Offenmarktgeschäften über Standard- und Schnelltender oder bilaterale Transaktionen.
- Größere Anzahl an Leitzinssätzen: Nun gibt es drei (zwei Sätze der ständigen Fazilitäten und einer aus der regulären Refinanzierung) an Stelle von zwei Leitzinssätzen, die vorher von der Banque de France festgelegt wurden (taux des appels d'offre und taux des pensions de 5 à 10 jours).
- Größere Vielfalt von Transaktionstechniken: Außer den befristeten Operationen kann die Liquiditätsbereitstellung und -abschöpfung über zwei neue Instrumente erfolgen: Devisenswaps (bei Liquiditätsabschöpfung und -bereitstellung) und die Emission von Schuldverschreibungen.[1]

3.3.2.4. Die mikroökonomischen Funktionen

Ausgehend von dem französischen Zentralbankverständnis, das der Zentralbank als Teil des Staates, dem Garanten für Wohlfahrt und Wohlstand, einen sehr breiten Tätigkeitsbereich zuwies, wurde an der Beschränkung der Zentralbankpolitik auf den monetären Verantwortungsbereich Kritik geübt.[2]

Die Banque de France versteht die Aufgabe einer „Bank der Banken" auch im Sinne eines „Dienstleisters" für das Bankwesen. Zu ihren zentralen Leistungen gegenüber dem Bankensystem gehören daher auch das Führen eines zentralen Risikodienstes (service central des risques)[3] und einer Bankkartei der Unternehmen (fichier bancaire des entreprises, Fiben).[4] Traditionell ist die Banque de France sowohl im Krisenmanagement als auch in Bankrettungen involviert gewesen.[5][6] Über die zukünftige Rolle der EZB als möglicher Len-

[1] Banque de France (1999e).
[2] Eine Übertragung von Hoheitsrechten der Bankenaufsicht hatte jedoch die französische Delegation bei den Verhandlungen von Maastricht verweigert. Vgl. Viebig (1999) S. 503, Raymond (1995) S. 29.
[3] Dieser überwacht regelmäßig die Kreditvergabe der Kreditinstitute gegenüber einzelnen Schuldnern über einen bestimmten Betrag hinaus.
[4] Diese ermöglicht eine Übersicht über 2,4 Millionen Unternehmen hinsichtlich ihrer finanziellen und bilanziellen Situation und Daten über 1,5 Millionen Führungskräfte (dirigeants). Fiben beinhaltet außerdem eine Datenbank über Zahlungsunregelmäßigkeiten bei Wechselgeschäften. Banque de France (1999g).
[5] Goodhart/Schoenmaker (1995) S. 541.
[6] Nach Goodhart/Schoenmaker (1995) hängt die Antwort auf die Frage, ob man die beiden Funktionen

der of last resort und in der Bankenaufsicht gibt es in Frankreich sehr unterschiedliche Auffassungen.[1] So spricht sich beispielsweise Raymond (1995) für die Übernahme der Lender of last resort-Funktion durch die EZB aus:

„*If systemic risk is linked to interest rate, if the solution is to lower interest rate, then the danger of inflation is obvious. ... If it is a matter of the bankruptcy of an important intermediary, it should be easy to sterilise the impact of a rescue operation on liquidity. In addition, the rescue could be organised without money creation in most cases.*"[2]

Andere Ökonomen sprechen sich für einen Verbleib der Aufsichtsfunktion in Verbindung mit der Funktion eines Lender of last resort auf nationaler Ebene aus. Insgesamt scheinen die theoretischen Argumente hier keine eindeutige Aussage zuzulassen:

„*...les arguments théoriques en faveur de l'indépendance de chacun vis-à-vis de l'autre ... sont contrebalancés par ceux à l'encontre d'une séparation totale ...*"[3]

3.3.2.5. Sonstige Aufgaben

Die wirtschaftspolitischen Funktionen über das ESZB hinaus bleiben in einer nur teilweise „entnationalisierten" Wirtschaftspolitik nach Auffassung der Banque de France weiterhin bedeutend:

„*... du maintien d'une très large souveraineté nationale, en particulier, dans le domaine des politiques budgétaires, découle la nécessité d'identifier clairement des politiques macro-économiques nationales; cela justifie de préserver un corps cohérent d'indicateurs pertinents au plan national dans le domaine monétaire et financier, en complément de ceux relatifs à la zone euro.*"[4]

Bankenaufsicht und „Lender of last resort" voneinander trennen soll von der nationalen Tradition und insbesondere der Banken- und Finanzstrukturen ab, wer letztlich zu zahlen hat.

[1] Siehe dazu beispielsweise Pfister (1997) und die dort benannten Quellen sowie die Dokumentationen des CEPII über die Deutsch-Französischen Foren, bei denen sich eine Mehrzahl der Diskussionsteilnehmer für den Verbleib der Aufsichtsfunktion auf nationaler Ebene ausgesprochen hat.

[2] Raymond (1995) S. 30.

[3] „... die theoretischen Argumente für die Unabhängigkeit einer jeden von der anderen werden durch die gegen eine totale Trennung ausbalanciert... ." Pfister (1997) S. 115.

[4] „... durch die Aufrechterhaltung einer sehr großen nationalen Souveränität, insbesondere im Bereich der Haushaltspolitiken, entsteht die Notwendigkeit, die nationalen makroökonomischen Politiken klar zu identifizieren; das rechtfertigt ein kohärentes Gebilde von relevanten Indikatoren auf nationaler Ebene im Finanz- und monetären Bereich als Ergänzung zu denen, die die Euro Zone betreffen." Banque de France

Zu den Aufgaben der Banque de France gehören[1] die Kontoführung für den Trésor public,[2] Beteiligung an der öffentlichen Schuldenverwaltung,[3] die Führung des Kontos der „Bons du Trésor" (Schatzwechsel) und die Erstellung der Zahlungsbilanz.

Die Banque de France ist eine von wenigen Zentralbanken, die den gesamten Notenproduktionsprozeß von der Papierherstellung bis zum Notendruck selbst durchführt.[4] Sie spielt eine wichtige Rolle bei der Entwicklung von Zahlungsmitteln und Interbankenzahlungssystemen. Die Statuten nach der Reform vom 4. August 1993 haben ihre Funktion in dieser Hinsicht gestärkt.[5] Im Rahmen des europäischen TARGET (Trans-European Automated Real-Time Gross Settlement Express Transfer) Systems verfügt jedes Land über ein RTGS System (Real Time Gross Settlement, Echtzeit-Bruttoverfahren). Das französische RTGS System ist das TBF System (Banque de France Transfers), das am 27. November 1997 seinen Betrieb aufgenommen hat.[6]

Die Banque de France hat sich in der Vergangenheit bei Funktionen wie der Finanzplatzförderung,[7] Schuldnerberatung und auch im Rahmen von Rating-Aktivitäten betätigt.

Insgesamt macht die Breite der Dienstleistungen, die die Banque de France für den Staat erbringt, deutlich, daß sie als wichtiger Teil des französischen Staatswesens begriffen wird. Ihre Funktionserfüllung „für die Gemeinschaft" wird sehr viel direkter begriffen als in Deutschland.

3.4. Zwischenergebnis

Die Analyse der französischen Zentralbankverfassung vor 1993 hat gezeigt, daß die Zentralbank über ein vielfältiges Beziehungsgeflecht in der Ausübung ihrer einzelnen Funktionen beschränkt war. Die Basis der Geld- und Kreditpolitik war der politische Konsens, daß das Finanzsystem zum Zweck der Erreichung nationaler Ziele kontrolliert werden müsse.

"Für die französische Seite besitzt eine Zentralbank dann Autonomie, wenn sie nach Verab-

---

(1999h).

[1] Siehe dazu Banque de France (1999f).

[2] Die Banque de France führt das Girokonto des Trésor public. Zu ihren Leistungen zählen Aus- und Einzahlungen der öffentlichen Kassen, die Scheckeinzahlung zur Begleichung von Steuern und Abgaben, die Betreuung des Bankeinzugsverfahrens, die für Rechnung des Trésor public erfolgt und eine monatliche Steuer- und Abgabenbenzahlung ermöglicht.

[3] Zu einer detaillierten Beschreibung der Verfahren Banque de France (1999f).

[4] Zur Emissionsfunktion siehe Banque de France (1999k).

[5] European Monetary Institute (1996b) S. 228ff.

[6] Siehe dazu vertiefend Banque de France (1999l) S. 161ff.

[7] So werden Eingriffe in die Struktur des Bankwesens wie bei der 1999 andauernden „Schlacht der Banken" mit der Aufgabenerfüllung der Finanzplatzförderung gerechtfertigt. Siehe dazu Foshag (1999) S. 10.

schiedung grundsätzlicher Leitlinien über ihre Politik durch die politische Instanz die zur Erreichung dieser Vorgaben notwendigen Maßnahmen in eigener Verantwortung durchführt. Die Richtung der Geld- und Währungspolitik kann aber nach französischer Meinung nicht außerhalb demokratischer Entscheidungsprozesse liegen. Folgerichtig kann auch ein europäisches Zentralbanksystem - als Emittent und Verwalter eines staatstragenden Gutes - nicht frei von demokratischer Legitimation und Kontrolle sein."[1]

Dementsprechend hat die Veränderung der Zentralbankverfassung in Frankreich ein großes politisches und auch wissenschaftliches Echo gehabt. Die französischen Zentralbanknormen sind im Zusammenhang mit dem Maastrichter Vertrag zweimal modifiziert worden. Mit der ersten Veränderung durch das Gesetz vom 5. Januar 1994 wurde die Banque de France hinsichtlich ihrer Ziele, Organisation und Befugnisse sowie ihrer institutionellen Stellung grundlegend reformiert. So wurde eine Veränderung herbeigeführt, die bereits 1985/86 anvisiert, jedoch aufgrund verfassungsrechtlicher Probleme wieder aufgegeben worden war. Diese Reform ist nicht nur als Folge des Maastrichter Vertrages zu sehen, sondern stellte eine „Strategie für mehr Glaubwürdigkeit" dar, um das Vertrauen der Finanzmärkte herzustellen. Die häufig geäußerte Vermutung, die Banque de France habe erst nach der Unabhängigkeit eine auf Preisstabilität ausgerichtete Geldpolitik betrieben und diese öffentlich vertreten, trifft daher nicht zu. Die Disinflationspolitik hatte bereits den Weg für eine solche Entwicklung bereitet, die dann durch eine Veränderung der innenpolitischen Machtverhältnisse erleichtert wurde.

Die Reform erfüllte nicht die Anforderungen des Art. 107 EGV und Art. 7 ESZB-Satzung. In Vorbereitung auf die dritte Stufe der Währungsunion wurde 1998 die französische Zentralbankverfassung am 12. Mai neuerlich modifiziert, indem sowohl hinsichtlich der institutionellen Unabhängigkeit als auch der rechtlichen Eingliederung in das ESZB Änderungen vorgenommen wurden. Die Analyse der institutionellen Modifikationen hat gezeigt, daß auch nach dieser neuerlichen Modifikation noch Unklarheiten bestehen. Weder die Kommission noch das EWI haben jedoch daraus den Schluß gezogen, daß Frankreich die Auflagen für die rechtliche Konvergenz nicht erfüllt hätte.

Die Dominanten der zentralbankpolitischen Diskussion weisen weder eine ökonomische noch eine politische Position oder herrschende Meinung auf. Es ziehen sich jedoch durch alle Debatten zwei Grundpositionen: Eine tritt für ein wirtschaftsliberales Konzept der Anpassung an wirtschaftliche Zwänge ein, die aus der europäischen Integration und allgemeinen Marktentwicklungen entstehen, während die andere in der Errichtung eines Europäischen Systems der Zentralbanken die Möglichkeit sieht, Handlungsspielraum für eine

---

[1] Krägenau/Wetter (1993) S. 66.

nationale Wachstums- und Beschäftigungspolitik zurückzugewinnen.

Im Zentrum der politischen Debatte über den Kompetenztransfer auf die Gemeinschaftsebene stand die Frage nationaler Souveränität. Eine nähere Betrachtung des französischen Souveränitätsverständnisses hat gezeigt, daß in Frankreich mit der Übertragung geldpolitischer Kompetenzen die Frage nationaler Identität eng verbunden ist. Die Entscheidungen des Verfassungsrates über den geldpolitischen Kompetenztransfer markieren einen Einschnitt in der französischen Rechtsgeschichte, da hier erstmalig von der Linie der "Unterscheidung zwischen erlaubter Beschränkung der Souveränität und verbotenener Übertragung von Hoheitsrechten" zugunsten einer Sichtweise, die die Verfassungskonformität von internationalen Verträgen an die Nichtbeeinträchtigung der "essentiellen Bedingungen der nationalen Hoheitsausübung" knüpft, abgewichen worden ist. Den Vorteil aus dem Souveränitätsverzicht oder besser Transfer von Währungshoheit, sah man in Frankreich in der Beteiligung an währungspolitischen Entscheidungen.

Zu kurz gegriffen wäre es, die politischen Äußerungen zu einem „politischen Gegengewicht für die EZB“ , die auch in letzter Zeit für Unruhe in Deutschland gesorgt haben, als „Rückfall“ in die Zeiten vollständiger Abhängigkeit und „Politisierung“ der Zentralbank zu werten. Ein Blick auf die jüngere geldpolitische Vergangenheit relativiert dieses Argument. Was bleibt, ist im französischen Fall das Problem, sich trotz des gemeinsamen Ziels eines höheren internationalen Stellenwerts Frankreichs nicht über den dafür zu zahlenden Preis einigen zu können. Deutlich wird die mangelnde Tradition in der Auseinandersetzung mit Formen von Zentralbankunabhängigkeit.

„Glaubwürdigkeit“ und „Legitimität“ einer unabhängigen Zentralbank sind zentrale Begriffe in der ökonomischen und politischen Debatte. Die einen argumentieren mit der Verfassung und den politischen Grundfesten französischer Tradition, die anderen gelangen dazu über die theoretische Kritik und die Frage, wie sich eigentlich „Glaubwürdigkeit“ konstituiere. Wird die Unabhängigkeit einer Zentralbank von einer Gruppe von Ökonomen als wichtiges Signal für die Glaubwürdigkeit stabilitätsorientierter Geldpolitik gesehen, so sieht eine andere Gruppe darin einen "Mythos" und legt ein größeres Gewicht auf die interne Koordination wirtschaftspolitischer Entscheidungen.

Mit der Währungsunion entfällt die Möglichkeit, durch Auf- und Abwertungen und eine nationale Geldpolitik auf Schocks zu reagieren. Damit wird der Fiskalpolitik ein größeres Gewicht zuteil. Sie erhält damit nach Lesart französischer Ökonomen strukturpolitische und stabilisierende Bedeutung. Im Vordergrund stehen Vorschläge für die interne Koordination der Fiskalpolitik und eine Erhöhung des Gemeinschaftsbudgets. Darauf aufbauend wird ein Policy mix auf zentraler Ebene nach dem Vorbild der USA gefordert. Insgesamt sind insbesondere in den Fragen der Wechselkurspolitik und in der Unabhängigkeit der nationalen und der supranationalen Zentralbank politische wie auch ökonomische Streitthemen zu sehen, was sich bereits bei den Vertragsverhandlungen 1991 abzeichnete.

Zusammenfassend ist in dem Maastrichter Vertrag ein Wendepunkt französischer Zentralbankgeschichte zu sehen, der nicht nur durch die formale Unabhängigkeit der Banque de France und den Übergang der Währungskompetenzen auf eine supranationale Institution, sondern auch durch das Ausmaß der Kontroverse seine Bedeutung erhält.

Teil C: Italien

I. Konstituierende Elemente der italienischen Zentralbankpolitik

I.I. Historische Entwicklung

„Nel caso italiano si sono trasformati, in un certo senso, in virtù i vizi del nostro paese, creando le condizioni per una espressione molto ampia dell'arte del central banking; arte di creare in uno stato senza tradizioni di alta amministrazione pubblica, un servizio civile di alto livello; di adottare linee severe di lotta all'inflazione in un paese senza particolari inclinazioni verso questo obiettivo e senza esecutivi forti ad esso orientato; di preservare la propria autonomia con governi certo meno decisi di quelli inglesi e francesi, e con un regime politico assai più invadente.“[1]

Eine historische Analyse der Stellung der Zentralbank in Italien erweist sich in weiten Teilen als eine Geschichte der Genese der Zentralbankverfassung, die jedoch insbesondere seit der Nachkriegszeit an Bedeutung für den faktischen Handlungsspielraum verloren hat.[2] Die heutige Stellung der Banca d'Italia ist das Resultat eines mühsamen Prozesses:

"Il processo istituzionale ha visto da noi un più duro travaglio per giungere alla sintesi di un'unica Banca Centrale, in un tessuto articolato, frammentato, eterogeneo, come quello della economia e della società dell'Italia."[3]

Das diesem Kapitel voranstehende Zitat macht bereits zwei Aspekte italienischer Zentralbankpolitik deutlich: die Diskrepanz zwischen politischer Instabilität und zentralbankpolitischer Kontinuität und die Reputation, die sich die Banca d'Italia in Italien durch den konsequenten Ausbau ihrer Beratungs- und Forschungstätigkeit erworben und die ihr unter

---

[1] „Im italienischen Fall haben sich auf gewisse Weise die Laster unseres Landes in Tugenden verwandelt, indem sie Bedingungen für eine sehr weite Verwirklichung der Kunst des Central banking geschaffen haben; eine Kunst, die fähig ist, in einem Staat ohne Traditionen (hoher) öffentlicher Verwaltung eine Zivilinstitution hohen Niveaus zu schaffen; strenge Regeln im Kampf gegen die Inflation anzuwenden in einem Land ohne besondere Neigungen zu diesem Ziel und ohne starke auf dieses Ziel ausgerichtete Exekutive; die eigene Autonomie zu bewahren bei Regierungen, die sicher weniger entschlossen als die britischen und französischen waren, und mit einem politischen Regime, das um so stärker zu Übergriffen neigte." Zironi (1993) S. 689.

[2] Artoni (1988) führt den weiten faktischen Handlungsspielraum auf die Kombination eines technischen Monopols der Zentralbank mit der Abwesenheit von regulierenden Elementen zurück.

[3] „Der institutionelle Prozeß hat bei uns härtere Arbeit erfordert, um zur Synthese einer einzigen Zentralbank zu gelangen, in einem bewegten, fragmentierten, heterogenen Feld wie dem der italienischen Wirtschaft und Gesellschaft." Ciocca (1993) S.42.

den öffentlich-rechtlichen Institutionen eine einzigartige Stellung ermöglicht hat.[1]

Große regionale und sektorielle Ungleichgewichte und eine Gesetzgebung, die sehr stark auf staatliche Interventionen ausgerichtet ist, haben jedoch regelmäßig Einschränkungen für die ökonomischen Freiräume der Notenbank gebildet. Auf der anderen Seite standen die Rolle und das Selbstverständnis der Zentralbank hinsichtlich der Struktur des Kredit- und Finanzsystems.

Die institutionelle Stellung der italienischen Zentralbank gegenüber der Regierung hat sich denn auch zunächst nicht Auseinandersetzungen über die Geldpolitik, sondern in der Strukturpolitik und der Haltung der Notenbank gegenüber dem Bankensystem herausgebildet. Konflikte zur Geldpolitik spielten erst in zweiter Linie und in neuerer Zeit eine Rolle.

„La delega che la nostra legislazione conferisce alla banca centrale di plasmare il sistema creditizio e finanziario a seconda delle esigenze date dal momento storico in cui essa si trova ad agire induce a scelte che, data anche l'alta presenza pubblica nel settore, assumono valenze politiche, e quindi di confronto con il governo, non meno, e forse piu, rilevanti delle scelte relative alla politica monetaria.“[2]

1.1.1. Die Gründung im Jahr 1893

Die Entstehung der Banca d'Italia wird mit dem Jahr 1893 datiert, doch dieses Ereignis setzt nur einen historischen Schlußpunkt.[3] Die "pittoreske Fragmentierung"[1] der politischen

---

[1] Guarino (1988) S. 265. Siehe dazu Predieri (1996) S. 78 und die dort angegebenen Quellen sowie Nardozzi (1993) S. 11f.

[2] „Die Ermächtigung, die unsere Gesetzgebung der Zentralbank erteilt, das Kredit- und Finanzsystem entsprechend der Handlungsanforderungen in dem jeweiligen historischen Moment, in dem sie sich befindet, zu formen, führt zu Entscheidungen, die aufgrund der hohen Regierungspräsenz in dem Sektor politische Bedeutung erlangen und demzufolge im Kontrast mit der Regierung (stehen können), (diese sind) nicht weniger (wichtig), vielleicht eher bedeutender als die Entscheidungen hinsichtlich der Geldpolitik.“ Nardozzi (1988) S. 206.

[3] Interessante historische Vergleiche lassen sich zu Deutschland und Italien als „verspäteten Nationen“ und der späten Gründung der beiden Zentralbanken als Ausdruck dieses Aspekts anstellen. Der Begriff bezeichnet die im Vergleich zu Frankreich und Großbritannien „stark retardierte Formung zu einem Nationalstaat“, die sich auf die Zugehörigkeit zum mittelalterlichen Städtegürtel und die Zersplitterung des Staatsgebietes zurückführen läßt. In Deutschland wurde letztere durch die konfessionellen Gegensätze herbeigeführt, Italien mußte sich gegen fremde Mächte und den bremsenden Kirchenstaat zur Wehr setzen. Anders als in Deutschland, wo eine absolutistische Tradition den Weg zur Industrialisierung und zur Ausbildung eines effizienten bürokratischen Apparates wies, entwickelte sich in Italien ein Partikularismus, der in Stärke und Wandlungsfähigkeit eine Konstante des italienischen Staatsgefüges und der Politik wurde und sich zu einem Hindernis für strukturelle Reformen auswuchs. Vgl. Große/Trautmann (1997) S. 2ff. Das

Landschaft in Italien hatte auch einen Einfluß auf den Bankensektor. Es gab eine Reihe von Instituten, die Emissionsrechte besaßen. Der Gebrauch de der von ihnen ausgegebenen "moneta cartacea"[2] (Papiergeld) war nicht sehr verbreitet und bei der Bevölkerung unbeliebt.[3] Es gab Emissionsinstitute im Piemont, die aus einer 1849 erfolgten Fusion der Banca di Genova (1844) und Banca di Torino (1847) hervorgegangene Banca Nazionale nel Regno d'Italia (folgend auch BNR), in der Lombardei die Banca Nazionale Austriaca, im Veneto den Stabilimento Mercantile di Venezia, in Parma die Banca Parmense (1858) und in Bologna die Banca per le Quattro Legazioni (1855). In der Toskana gab es sogar zwei Institute mit Emissionsrecht, die Banca Nazionale Toscana (1857) und die Banca Toscana di Credito (1860). In Rom war das notenemittierende Institut seit 1870 die Banca Romana (vor der Einnahme Roms Banca degli Stati Pontifici). Der Süden wurde vom Banco delle Due Sicilie, die 1860 in Banco di Napoli umbenannt wurde, mit Noten versorgt. Sizilien war die Domäne des Banco Regio dei Reali Domini, 1860 dann in Banco di Sicilia umbenannt.[4] 1874 wurde die Zahl der Emissionsinstitute auf sechs beschränkt. Im Gegenzug verlangte der Staat eine Milliarde Lire. Die Emission wurde zwar beschränkt, doch Überschreitungen dieses Limits waren jedoch in "dringenden Notfällen" erlaubt. Der Notenbankgewinn sollte vollständig dem Staat zufallen.[5] Nach der Einigung des Landes wurde bald der Ruf nach einer reduzierten Zahl von Notenbanken laut,[6] doch zwanzig Jahre lang ohne Erfolg.[7] Erst eine schwere ökonomische Krise, begleitet von einem Finanzskandal, in

---

Bewußtsein in Italien, ein „zu spät entstandener" Staat und insbesondere Wirtschaftsraum zu sein, hat Einfluß auf Entscheidungen über das Finanz- und Bankensystem gehabt, da hier der Einfluß des Staates bei der Kapitalakkumulation quasi als Korrektiv zu dem „historischen Handicap" verstanden wurde. Deutlich wurde diese Einstellung bei der Formulierung des Bankengesetzes von 1936. Siehe dazu Nardozzi (1988) S. 208.

[1] Negri (1989) S. VIII.

[2] Im Italienischen hat das Wort "cartacea" die Konnotation "Scherz, Spiel".

[3] Negri (1989) S. VIII. Das Vertrauen in das Papiergeld war gering, die Banken mußten Metallreserven aufrechterhalten, um ihre Notenemissionen zu decken.

[4] Im engeren Sinn können der Banco di Napoli und der Banco di Sicilia nicht Emissionsinstitute genannt werden, da sie Einlagenzertifikate emittierten, die jedoch die gleiche Funktion wie Banknoten erfüllten. Zudem unterschieden sie sich durch ihre Struktur von den anderen Instituten. Sie waren als Staatskassen gegründet worden, hingen im Moment der Vereinigung völlig vom Finanzministerium ab und hatten kein Eigenkapital. Vgl. Sannucci (1990) S. 184. 500 Tage nach der Krönung des Königs (14.8.1861) wurde die „lira italiana" (4,5 Gramm Silber und 0,2903225 Gramm Gold) geschaffen. Der Name war schon 1806 von Napoleon benutzt worden. De Cecco (1990) S. 7f.

[5] Goodman (1992) S. 51.

[6] Bereits im Dezember 1860 - noch vor der Proklamation des neuen Reiches wurde darüber diskutiert, einen Sitz der BNR in Neapel zu eröffnen, um die Vereinigung zu einer Zentralbank zu beschleunigen. Vgl. Sannucci (1990) S. 185.

[7] De Rosa (1993) schildert in seinem Artikel "Da sei a tre, le banche di emissione in Italia (1861-1893)" wie politische Wirren und Intrigen lange Zeit eine Einigung auf ein Emissionsinstitut verhinderten. Für eine sehr ausführliche Darstellung, bereichert durch Originaltexte, siehe De Mattia (1993). Über die faktischen politischen Hindernisse hinaus haben - wie die italienische Forschung aufzeigt - auch ideologische Gründe

den die Banca Romana verwickelt war,[1] führte Anfang der neunziger Jahre dazu, daß sich das Parlament auf Vorschlag von Giolitti, dem damaligen Schatzminister, zu einer Liquidierung der Banca Romana entschloß und einer Fusion der Banca Nazionale nel Regno d'Italia (vor 1867 Banca Nazionale) und den beiden toskanischen Instituten zustimmte. Der Entscheidung, keine neue Institution zu gründen, sondern die BNR als Basis für die Zentralbank zu nutzen, folgte das politische Vorgehen, die administrativen Systeme des "Regno di Sardegna", in dem die BNR operiert hatte, auf das vereinigte Land zu übertragen. Zudem war die BNR die bedeutendste und auch profitabelste der Emissionsbanken.[2] Neben der institutionellen Einigung war auch eine Einigung der Geldordnung zu bewältigen, denn die vormals napoleonisch beherrschten Regionen Europas waren dem französischen System des Bimetallismus gefolgt. Das Regno delle due Sicilie verfügte jedoch über den Silberstandard. Die monetäre Einigung Italiens erfolgte 1862 mit der Übernahme der französischen Geldordnung.[3][4] Ein Bericht über die desolate Lage der Emissionsbanken, der von Giolitti initiiert worden war, setzte die Regierung unter Druck, die Fusion zu beschleunigen. Im August 1893 wurde die Banca d'Italia aus der Banca Nazionale und den beiden toskanischen Banken, Banca Nazionale Toscana und Banca Toscana di Credito, mit einem Kapital von 300 Millionen Lire gegründet und begann am 2. Januar 1894 den Ge-

---

einer Zentralisierung der Emissionstätigkeit entgegengestanden: Die liberalen Prinzipien, die damals vorherrschten, haben sich gegen jegliche Form von Monopol gerichtet und auch keine Ausnahmen für die Emissionsaktivität zugelassen. Hinzu kam, daß es in dieser Zeit keine Übereinstimmung unter Ökonomen und Politikern über ein Emissionsmonopol gab. Smith (1936). Die Gewichtung zwischen der die Vereinigung behindernden Faktoren ist ein in Italien rege diskutierter Forschungsgegenstand. Sannucci (1990) S. 188, sowie Goodhart (1988), Toniolo (1988) S. 285ff, Cardarelli (1990) S. 110f und Giovannini (1994) S. 32.

[1] Die Krise hatte ihren Ursprung in dem Bruch der Zollvereinbarungen mit Frankreich, der zunächst in der Landwirtschaft, dann im Immobiliensektor und im Anschluß daran im Bereich der Sparkassen und Genossenschaftsbanken Zusammenbrüche hervorrief, die sich wiederum auf die Emissionsinstitute auswirkten. Eine Untersuchung der Emissionsbanken ließ sowohl den Überschuß an umlaufenden Noten als auch Verfehlungen der Banca Romana zutage treten. Vgl. Ciocca (1993) S. 95f. Goodman sieht die Ursache in dem starken amerikanischen Wettbewerb, dem die Landwirtschaft ausgesetzt war. Vgl. Goodman (1992) S. 52.

[2] Mehrere Gründe sprachen für eine führende Rolle der BNR: Neben einer die anderen Emissionsbanken überragenden Größe verfügte die BNR über Erfahrungen mit der Emission nichtkonvertibler Währungen und mit der Aufgabe, die Bedürfnisse des Staates mit denen des privaten Sektors zu vereinbaren, ohne das Vertrauen in die emittierten Noten zu unterminieren. Vgl. Sannucci (1988) S. 247.

[3] Diese Einigung wurde sehr kontrovers diskutiert. Siehe dazu Roccas (1990).

[4] Siehe dazu auch Bagehot (1882) S. 31ff. Die europäische Konvergenz zum Goldstandard nahm ihren Anfang mit der Niederlage Frankreichs bei Sedan. Die Reparationen in Höhe von fünf Mrd. Francs erlaubten Deutschland, den Goldstandard einzuführen. In Italien wird die Einführung des Gold-Devisen-Standards und die Loslösung vom französischen System auf das Jahr 1893 datiert. Für den kritischen Betrachter der politischen Rolle Frankreichs bei den Maastrichter Vertragsverhandlungen ergeben sich interessante Parallelen aus der Rolle, die Frankreich während der Lateinischen Münzunion (1875-1926) gespielt hat. Siehe dazu De Cecco (1990) S. 20, Veit (1969) S. 701.

schäftsbetrieb. Sie übernahm die Liquidierung der Banca Romana.[1] Als die größtes der drei Emissionsinstitute übernahm die Banca d'Italia die Rolle der Bank des Staates und des Lender of last resort und ihre Noten wurden gesetzliches Zahlungsmittel.[2] Zwar behielt sie ihren privaten Status als Aktiengesellschaft, agierte aber unter Aufsicht der Regierung, die einen Finanzinspektor über die Kreditaktivitäten der Bank wachen ließ.[3] In der Folgezeit verloren Gold- und Silbermünzen an Bedeutung, da die Industrialisierung Art und Größe der Kreditnachfrage und die Kapitalmärkte veränderte. Die Bedeutung der Banca d'Italia für die ökonomische Entwicklung des Landes, von einer „economia arretrata" (rückständigen Volkswirtschaft) zu einer „economia progredita" (fortschrittlichen Volkswirtschaft) wurde bereits offensichtlich. Auf der anderen Seite hatte dies auch negative Folgen für die Banca d'Italia.[4] Dazu Gouverneur Carli:

"L'Istituto di emissione non trovò nella crescità ordinata dell'economia nazionale, come nei paesi di più vecchia industrializzazione, un elemento di stabilità per il proprio processo evolutivo. Al contrario, esso fu esposto continuamente agli influssi squilibratori che provenivano dal parallelo turbolento processo dell'economia produttiva, squilibri che si aggiunsero a quelli del travaglio proprio di ogni istituzione che si trasforma e s'ingrandisce."[5]

Die Aufsicht der Regierung über die Notenbank verringerte sich jedoch nicht, denn 1910 wurde ein Gesetz verabschiedet, das dem Schatzminister die Verantwortung für den Diskontsatz übertrug.[6] Eine Regierungsinspektion anläßlich der Erneuerung der Emissionsbefugnis bestätigte 1912 die Solidität der Notenbank.

Während des Krieges unterstützte die Bank das Schatzamt durch direkte Kredite, die Emission von Kriegsanleihen im Inland und Finanzoperationen im Ausland. Den kriegswichtigen Industrien wurden Kredite direkt oder über das Konsortium für Subventionen von Industriewerten zugeführt.[7]

---

[1] Finocchiaro/Contessa (1995) S.14.
[2] Goodman (1992) S. 52 und Goodhart/Capie/Schnadt (1994) S. 171f.
[3] Goodman (1992) S. 52.
[4] Carli zitiert von Finocchiaro/Contessa (1994) S. 23.
[5] „Das Emissionsinstitut fand kein Element der Stabilität für den eigenen Entwicklungsprozeß in dem geordneten Wachstum der nationalen Volkswirtschaft wie in den Ländern, die auf eine ältere Industrialisierung zurückblicken. Es wurde im Gegenteil permanent den störenden Einflüssen ausgesetzt, die von dem parallelen (Entwicklungs)prozeß der produktiven Wirtschaftsbereiche herrührten, Ungleichgewichte, die noch zu den Problemen einer jeden Institution, die sich verändert und wächst, hinzukamen." Carli zitiert von Finocchiaro/Contessa (1994) S. 23.
[6] Goodman (1992) S. 52.
[7] Banca d'Italia (1994) S. 25.

Die Banca d'Italia ist damit aus einer Konkurrenzsituation heraus in eine Monopolstellung gerückt, mußte jedoch ihre zunehmenden Befugnisse mit einer Einbuße ihres faktischen Handlungsspielraums bezahlen.

1.1.2. Die Gesetzgebung von 1926

Zwei Faktoren führten zu den normativen Veränderungen des Jahres 1926: Auf der einen Seite beabsichtigte Mussolini, die internationale Stellung der Banca d'Italia durch eine stärkere Zentralisierung der Emissionstätigkeit zu stärken, und auf der anderen Seite wurde den Veränderungen der Finanz- und Kapitalmärkte durch eine stärkere Kontrolle der Kreditinstitute Rechnung getragen. Mit dem Dekret von 1926 über die Vereinheitlichung der Notenemission[1] wurde der Banca d'Italia das Emissionsmonopol und die Führung der „Stanze di compensazione" (Clearingverfahrens) überantwortet. Im gleichen Jahr wurden Bestimmungen über den Schutz der Ersparnis erlassen, die der Notenbank Kontrollfunktionen über die Geschäftsbanken zuwiesen und die Basis für die Bankenaufsicht darstellten.[2] Die Maßnahmen waren vor allem darauf gerichtet, das Vertrauen der Bevölkerung zu stärken.[3] Somit wurde ein weiterer Schritt auf dem Weg zu einem mit allen zentralbanktypischen Funktionen ausgestatteten Institut gemacht. Die Banca d'Italia befand sich aber nach wie vor in privatem Besitz.

Zwei Jahre später wurde das Amt des Gouverneurs, der zum Vorsitzenden des Direktoriums wurde, geschaffen, wodurch die Befugnisse des Direktoriums verringert und die Aufgaben des Consiglio Superiore neu definiert wurden. Zudem wurde die Banca d'Italia dazu verpflichtet, dem Schatzamt auf Anfrage „anticipazioni temporanee" (vorübergehende oder ordentliche Kredite im Gegensatz zu den außerordentlichen Krediten, den „anticipazioni straordinarie") bis zu einer Höhe von 450 Millionen Lire zu gewähren.[4] Gleichzeitig wurden die Bestimmungen, die dem Schatzamt die Möglichkeit eingeräumt hatten,

---

[1] R.d.l. vom 6.5.1926 Nr. 812. Die Banca d'Italia erhielt jedoch zunächst nur ein vorübergehendes Emissionsmonopol bis 1936. Vorangehendes und die folgenden Dekrete sind, soweit sie die Emissionstätigkeit betreffen und soweit nicht anders kenntlich gemacht in der Gesetzessammlung der Banca d'Italia (1995) „Normativa concernente l'Istituto di Emissione,, aufgeführt.

[2] R.d.l. vom 7.9.1926 Nr. 1511 und r.d.l. vom 6.11.1926 Nr. 1830. Finocchiaro/Contessa (1995) S.14 und Goodhart/Capie/Schnadt (1994) S. 171. Eine einheitliche Aufsicht wurde durch die Gesetzgebung von 1926 nicht erzielt, denn einige Arten von Kreditinstituten blieben dem Finanzministerium und auch dem Landwirtschaftsministerium unterstellt. Banca d'Italia (1994) S. 26. Gesetzestexte zur Bank- und Kreditaufsicht sind in Banca d'Italia (1997) „Testo unico delle leggi in materia bancaria e creditizia" aufgeführt.

[3] Consulenza legale della Banca d'Italia (1992) S. 30.

[4] R.d. vom 17. Juni 1928, n. 1377. Sie wurde 1936 wieder eingeführt. Voraussetzung war eine Vereinbarung zwischen Notenbank und Schatzamt, damit die Notenbank dem Schatzamt diese außerordentlichen Kredite gegen die Überlassung von Buoni Ordinari del Tesoro (Schatzwechseln) gewähren konnte. Finocchiaro/Contessa (1994) S. 222.

„außerordentliche Kredite" zu fordern, ausgesetzt.[1] Die Veränderungen betrafen auch die außenwirtschaftliche Seite der Zentralbankpolitik. Mit der Herstellung der Konvertibilität der Lira in Gold und Devisen wurde der Banca d'Italia die Verpflichtung auferlegt, mindestens 40% der Noten im Umlauf und andere Sichtverbindlichkeiten in Gold und Fremdwährung zu halten.[2]

Die wirtschaftspolitische Neutralität nach dem Ersten Weltkrieg wurde in der Folgezeit zugunsten entschiedener öffentlicher Eingriffe in die Volkswirtschaft aufgegeben. Die starke Verflechtung zwischen Banken und Industrie führte in den dreißiger Jahren zu einer Krise, die auch für die Banca d'Italia schwerwiegende Folgen hatte.

"Attraverso vicende complesse, non di rado critiche, il connubio banca-industria negli anni '30 spinse sin sulla soglia del fallimento la stessa Banca d'Italia, pesantemente esposta verso la grande banca e quindi verso l'industria in difficoltà. Continuo a leggere la vicenda IRI e legge bancaria del 1936 anche nella chiave, se non del salvataggio, della riproposta su basi nuove della Banca Centrale a un Paese che rischiava di perdere quella che la storia aveva sino ad allora espresso."[3]

1.1.3. Die Legge Bancaria von 1936

Für die weitere institutionelle Entwicklung der Banca d'Italia waren die Krisen der dreißiger Jahre, die Weltwirtschaftskrise und die italienische Bankenkrise bestimmende Faktoren. Die enge Verbindung von Banken und Industrie durch die zahlreichen Industriebeteiligungen der Geschäftsbanken führte zu der Auffassung, daß künftig ein System von Mischbanken (banche miste) abzulehnen sei.[4]

---

[1] Der T.U. von 1910 hatte vorgesehen, daß die Emissionsinstitute dem Schatzamt bis zu einem Betrag von 125 Millionen Lire Kredit gewähren durften. Siehe De Vecchis (1986) S. 23.

[2] R.d.l. vom 21. Dezember 1927 Nr. 2325 wurde 1935 „zeitweilig" außer Kraft gesetzt und seither nicht wieder aktiviert. Mit dieser Aufhebung verlor die Banknote ihren ursprünglich vorherrschenden Charakter als Schuldtitel und erlangte den eines Zahlungsmittels. Siehe dazu Banca d'Italia (1994) S. 26 und Consulenza legale della Banca d'Italia della Banca d'Italia (1992) S. 24.

[3] "Durch komplexe Ereignisse, nicht selten kritisch, drängte die Verbindung Bank-Industrie die Banca d'Italia, die der sich in Schwierigkeiten befindenden Hochfinanz und der Industrie stark ausgesetzt war, bis an den Rand des Bankrottes. Ich fahre fort, den Fall IRI und das Bankgesetz des Jahres 1936 auch im Licht, wenn nicht der Rettung, so doch in einem Wiedererstellen der Zentralbank auf neuen Grundlagen für ein Land zu sehen, das zu verlieren riskierte, was die Geschichte bis dahin hervorgebracht hatte." Ciocca (1993) S.43.

[4] In dieser Zeit lassen sich zwei theoretische Visionen unterscheiden, deren Wortführer maßgeblich an der Schaffung des neuen Bankgesetzes beteiligt waren. Beneduce vertrat die Auffassung, daß der Ausgangspunkt der künftigen Politik die Ersparnis sein müsse, die nicht über Investitionen in der Industrie, sondern über die Anlage in Wertpapieren, Aktien und Obligationen transformiert werden solle. Für die Finanzie-

Die 1936 erlassene Legge Bancaria[1] kann daher auch als letzter Akt gesehen werden, mit dem nach der Errichtung des IMI (Istituto mobiliare italiano) 1931 und des IRI (Istituto per la Ricostruzione Industriale) 1933 die schwerwiegende Bankenkrise bewältigt werden sollte.[2] Die Reform von 1936 legte den gesamten institutionellen Rahmen des Kreditwesens fest. Mit ihr wurde die Errichtung eines Trennbankensystems beschlossen.[3]

Die Banca d'Italia wurde erstmalig auch formal als Institut öffentlichen Rechts bestätigt, das die Funktion der Emissionsbank nicht auf Grundlage von Delegation, sondern auf einer institutionell determinierten Basis ausübt.[4] Die Existenz als Aktiengesellschaft wurde davon nicht berührt.[5] Mit dem Gesetz wurde auch die Zusammensetzung des obersten Verwaltungsorgans der Bank des Consiglio Superiore (Oberster Rat) definiert, an dem der Gouverneur und 15 Räte teilhaben sollten. Zwölf der letztgenannten wurden von den Hauptversammlungen der Mitglieder bei den Sitzen der Bank ernannt. Außerdem war ein neues

rung der Industrie sollten institutionelle Lösungen gefunden werden, die sowohl eine starke Beteiligung des Staates als auch die Nutzung von Istituti di Credito Speciale (Spezialkreditinstituten) vorsahen. Damit sollte der Rückstand, den Italien als ein „paese latecomer" (verspätete Nation) aufzuholen hatte, beseitigt werden. Auf der anderen Seite stand Mattioli, dessen theoretischer Ausgangspunkt der Kredit war. Er hielt eine Differenzierung zwischen „credito di esercizio" (laufender Geschäftskredit) und „credito destinato al finanziamento del capitale fisso" (Kredit zur Finanzierung des Anlagevermögens) für unmöglich und schlug vor, nach der Bedeutung der Kredite für das Unternehmen zu unterscheiden. Die Finanzierung sollte nie vollständig durch die Spezialkreditinstitute erfolgen, da diese eine Investition im öffentlichen Interesse darstellte und auch danach bewertet würde. Er sprach sich für eine mehrheitliche Kreditfinanzierung über den Bankenmarkt aus. Die Kombination beider Auffassungen im neuen Bankengesetz führte zu den wesentlichen Rahmenbedingungen für die Banca d'Italia: Die negativen Erfahrungen mit den Industriebeteiligungen bedingten die Einführung des Trennbankensystems. Da die Bedingungen der Kreditvergabe nicht genau festgelegt waren (Mattioli), erhielt die Banca d'Italia weitreichende Kompetenzen bei der Schaffung eines neuen Kreditsystems. Die Diskussion spiegelt auch die Problematik der damaligen Wirtschaftsstruktur, die sich um zwei Blöcke, den Staat und die Verbindung Banken-Industrie, herum konzentrierte, so daß eine Entscheidung für mehr staatliche Eingriffsmöglichkeiten nicht mit einer bewußten ideologisch motivierten Entscheidung für staatlichen Dirigismus gleichzusetzen war, da es keine eigentliche Alternative in Form entwickelter Finanz- und Kreditmärkte gab und auf der anderen Seite in der staatlichen Intervention eine Möglichkeit gesehen wurde, die Verbindung Industrie - Banken zurückzudrängen. Vgl. Nardozzi (1988) S. 209f.

[1] Decreto-Legge 12. März 1936 n. 375 und Legge 7. März 1938 n. 141.

[2] IMI, IRI (gleichzeitig wurde auch die AGIP, die Azienda Generale Italiana Petroli, gegründet) waren vom faschistischen Staat ins Leben gerufen worden, um krisengefährdete Industriebetriebe und Banken zu retten. Der somit zu einem großen Prozentsatz mit IMI, IRI und AGIP verstaatlichte Banken- und Industriesektor wurde in die Nachkriegszeit übernommen. Große/Trautmann (1997) S. 64.

[3] Bankbeteiligungen an Industrieunternehmen waren künftig genehmigungspflichtig, und Kreditinstitute mit langfristigem Geschäft (sogenannte „Istituti di Credito" im Gegensatz zu den mit dem kurzfristigen Einlagen- und Kreditgeschäft befaßten „Aziende di Credito") unterlagen künftig der Aufsicht. Lück (1998) S. 107.

[4] Consulenza legale della Banca d'Italia (1992) S. 7.

[5] Jedoch war das Kapital von 300 Millionen Lire nicht mehr in öffentlich zirkulierende Aktien, sondern in namentlich gezeichnete Anteile aufgeteilt, die ausschließlich Sparkassen, Kreditinstituten öffentlichen Rechts, Banken „nationalen Interesses" vorbehalten waren.

Statut vorgesehen, mit dem hinsichtlich der von der Zentralbank ausführbaren „Operationen" eine Anpassung an die Legge Bancaria erfolgte.[12]

Aus den negativen Erfahrungen der letzten Jahre heraus sollten die Trennung von Bank- und Industriesektor und die strukturelle Aufsicht und Regulierung formal verankert werden. Der Charakter einer „Bank der Banken" wurde mit der Legge Bancaria verstärkt. Die Zentralbank durfte ab dem 10. Juli 1936 Rediskontoperationen nur noch mit Kreditinstituten durchführen, die der Bankenaufsicht unterstellt waren.[3]

Auf der anderen Seite stand die zunehmende Einschränkung der währungspolitischen Kompetenzen der Banca d'Italia, die bereits 1935 ihren Anfang genommen hatte.[4] Die Devisenpolitik war ein essentieller Bestandteil der vom faschistischen Regime intendierten Transformation des Staates in ein dirigistisches und möglichst autarkes System. 1935 gründete man ein Untersekretariat des Staates für Wechselkurspolitik und Devisen (Sottosegretariato dello Stato per gli scambi e le valute)[5], das dann in ein Ministerium - umgewandelt wurde,[6] und das INCE wurde reorganisiert.[7]

Die Funktionsbereiche Bankenaufsicht und Kreditpolitik wurden weitreichenden Einschränkungen unterzogen. Mit der Legge Bancaria beabsichtigte man, das gesamte Kreditwesen einer direkten und möglichst restriktiven Kontrolle zu unterwerfen, die Raum für

[1] Auch nach 1936 wurde das Statut noch mehrfach verändert (d.p.r. vom 19. April 1948 n. 482, vom 12. Februar 1963 n. 369, vom 14. August 1969 n. 593 und vom 20. Juli 1973 n. 607). Die Modifikation von 1948 ist die bedeutendste, da sie nach der neuen Verfassung Kompetenzen, die vorher auf den Finanzminister transferiert waren, wieder dem Schatzminister zuweist.

[2] Art. 24 des r.d.l. vom 12. März 1936, n. 375 (Legge Bancaria) wurde im r.d. vom 11. Juni 1936 n. 1067 umgesetzt. Das erste Statut war 1893 verabschiedet worden. Es wurde fortan mehrfach modifiziert. Siehe dazu Consulenza legale della Banca d'Italia (1992) S. 9. Dieses Statut trat in seiner Bedeutung hinter die Legge Bancaria, was auf seine nachgeordnete juristische Entstehung und auf die mit den neuen Normen intendierten Ziele zurückzuführen war.

[3] Consulenza legale della Banca d'Italia (1992) S. 7.

[4] Die Normen hinsichtlich der Devisenpolitik waren bisher immer eng mit der Kriegswirtschaft verbunden gewesen: Bis zum ersten Weltkrieg war das Devisengeschäft in Form eines Exportverbots von divisionärem Silbergeld und der Aufsicht über die von Emigranten getätigten Überweisungen nur partiell reguliert. 1917 wurde dem INCE (Istituto Nazionale per i Cambi con l'Estero) das Monopol für den Handel mit Devisen übertragen, das jedoch nur für die Dauer des Krieges vorgesehen war und 1919 wieder abgeschafft wurde. Das INCE blieb bestehen, und bis 1934 wechselten sich Perioden liberaler und restriktiver Handhabung der Devisenpolitik ab. Durch den Afrikafeldzug und die damit verbundenen inflationären Tendenzen wurde ein starker Devisenbedarf generiert. Die Folge waren mehrere Dekrete, die von 1934 bis 1936 erlassen wurden und die Wechselkurs- und Devisenoperationen regulierten. Festgelegt wurde die Abtretung von Zahlungsmitteln aus dem Export, das Verbot von Gold- und Silberexport und 1935 – einmalig in der italienischen Geschichte – die zwangsweise Umwandlung von Silbermünzen in Papiergeld. Consulenza legale della Banca d'Italia (1992) S. 39f.

[5] R.d. vom 29. Dezember 1935 n. 2186.

[6] R.d. vom 6. Januar 1936 n. 104.

[7] D.m. vom 4. März 1936. Siehe zu einem historischen Überblick über die die Wechselkurs- und Devisenpolitik betreffenden Normen Consulenza legale della Banca d'Italia (1992) S. 39f.

staatliche Interventionen lassen sollte. Ein Ministerkomitee (Comitato di Ministri), dessen Vorsitz der Regierungschef inne hatte, wurde gebildet. Es erhielt neben einer Reihe von Verwaltungskompetenzen auch die Befugnis, politisch-administrativ im Kreditwesen einzuschreiten.

Die Bankenaufsicht wurde dem sogenannten „Ispettorato per la difesa del risparmio e l'esercizio del credito" übertragen, dessen Vorsitz der Gouverneur der Banca d'Italia führte. Das Inspektorat wurde 1944 wieder ausgesetzt; seine Funktion übernahm die Banca d'Italia.[1]

Die Intention der Legge Bancaria wurde deutlich, als die Regierung Ende 1936 erklärte, daß die Zentralbank dem Schatzamt Finanzierungsmittel zur Verfügung stellen werde, wann immer außergewöhnliche Erfordernisse dieses notwendig mache.[2] Bis zum Ende des Zweiten Weltkriegs war die Zentralbank der Regierung untergeordnet und versorgte diese mit der gewünschten Geldmenge.[3]

Arbeitslosigkeit, Inflation und rückständige Produktionsstrukturen[4] führten für die Banca d'Italia nach dem Krieg zu einer tragenden Rolle im Wiederaufbau des Landes. 1945 begannen Reformen zunächst im Bereich der äußeren Währungspolitik, als das neu geschaffene Deviseninstitut (Ufficio Italiano dei Cambi, UIC) unter die Präsidentschaft des Gouverneurs der italienischen Zentralbank gestellt wurde.[5] Die Aufgabe des UIC bestand als Nachfolgerin des INCE in der Kontrolle der Reserven und in der Überwachung des Wechselkurses. In der Folgezeit wurde ihm ein Monopol für den Handel mit Devisen und Gold eingeräumt. Juristisch autonom war das UIC dazu bestimmt, im Einklang mit der Banca d'Italia zu agieren, derer es sich zur Ausführung seiner Entscheidungen bedienen sollte:

„... secondo una logica unitaria negli indirizzi di politica valutaria e monetaria, assicurata innanzitutto dall'attribuzione, ex officio, della presidenza al governatore della Banca stessa."[6]

Es wurde jedoch unter die Aufsicht des Schatzministers gestellt.

---

[1] Diese Aufgabe erhielt die Bank erst durch Delegation des Schatzministers. 1947 wurde sie ihr als eigentliche institutionelle Aufgabe zugesprochen.

[2] Goodman (1992) S. 54.

[3] Vgl. Lück (1998).

[4] Lück (1998) S. 211.

[5] D.l.lgt. vom 17. Mai 1945 n. 331. Siehe dazu De Vecchis (1986) S. 26f und Consulenza legale della Banca d'Italia (1992) S. 40.

[6] „... nach einer einheitlichen Logik der Richtungen der Wechselkurs- und Geldpolitik, die vor allem durch die Zuweisung, ex officio, der Präsidentschaft des Gouverneurs der Bank selbst gesichert wurde." Banca d'Italia (1994) S. 28.

Der erste Gouverneur der Nachkriegszeit, Luigi Einaudi, stellte - durch seinen starken politischen Einfluß und seine fachliche Autorität - in personeller wie politischer Hinsicht die Weichen für die Politik seines Nachfolgers Menichella. Einaudi stand für eine liberale Grundposition, die im Bereich des Bankensystems mit einer auf institutionelle Intermediation vertrauenden Haltung gekoppelt war.

Er beabsichtigte auf ideologischer Ebene, den traditionellen „historischen italienischen Kapitalismus" einem „idealen Kapitalismus" anzunähern.

Zunächst war es das erklärte Ziel, interne und externe Stabilität zu erreichen, um die Wiedereingliederung Italiens in die internationale Wirtschaftsgemeinschaft vorzubereiten. Die restriktive Geldpolitik seit 1947 stellte einen Beitrag zum Wiederaufbau Italiens dar. Sie erfolgte in einem international stärker expansiven wirtschaftspolitischen Klima.[1] Einer der Gründe für die Zustimmung der Regierung zu der restriktiven Politik des Jahres 1947 beruhte auf der Feststellung, daß die Ursache der Inflation nicht in der Fiskalpolitik, sondern in der Ausweitung der Bankengeldschöpfung liege.[2]

Mit der Einführung eines neuen Mindestreservesystems durch das neugegründete CICR (Comitato Interministeriale per il Credito e il Risparmio) wurde der Einfluß der Banca d'Italia auf dieses Organ gegründet.[3] Alle Banken (mit Ausnahme der Sparkassen und der Landwirtschaftskassen und einiger anderer kleinerer Institute[4]) wurden dazu verpflichtet, eine Reserve von 20% zu halten.[5] Zudem wurde der Diskontsatz von 4% auf 5,5% erhöht.[6]

Die beabsichtigte Reduzierung der Bankengeldschöpfung erwies sich bald als wirksam.

Auch im Bereich der äußeren Währungspolitik wurden stabilisierende Maßnahmen eingeleitet:

„L'uscita da un capitalismo protetto, dominato da grandi gruppi inclini alla richiesta di favori allo Stato e chiusi al rinnovamento imprenditoriale, doveva passare attraverso l'apertura

---

[1] Siehe zur Kritik an der Linie Einaudi - Menichella De Cecco (1968) und Lück (1998) S. 223.

[2] Zu den Gründen, aus denen sich die italienische Zentralbank mit dieser deflationierenden Politik auch bei der Regierung durchsetzen konnte, siehe Nardozzi (1988) S. 233.

[3] Zu den Aufgaben und der Zusammensetzung dieses Organs siehe S. 295.

[4] Siehe dazu und zur weiteren Verwendung der Mindestreserve Finocchiaro/Contessa (1994) S. 287.

[5] Die Banken wurden für die Einlagen, die das zehnfache Nettovermögen überstiegen bis zu einem Prozentsatz von 15% des gesamten Einlagenbestandes reservepflichtig. Die Reserve konnte entweder in Staatsschuldtiteln oder auf Konten bei der Banca d'Italia gehalten werden. Finocchiaro/Contessa (1994) S. 287.

[6] Lück (1998) S. 217.

dell'economia alla concorrenza estera."[1]

Um diese Öffnung zu ermöglichen, war eine Wiederherstellung der Währungsreserven notwendig. Ein Zahlungsbilanzgleichgewicht sollte Italien den Weg in das internationale Währungssystem ebnen.[2]

1.1.4. Das Gouvernement Menichella[3] (1948 – 1960)

Ein bestimmendes Element der Nachkriegszeit waren maßgeblich von der Zentralbank getragene strukturpolitische Entscheidungen, die den geldpolitischen Handlungsspielraum noch langfristig beeinflussen sollten.[4] Die Banca d'Italia verfolgte zunächst drei Ziele:[5]

die Entwicklung des Sparkassensystems und anderer lokaler Banken, die Beschränkung der sogenannten „BIN" (Banche di Interesse Nazionale) und die Erweiterung und Stärkung des Spezialkreditsystems.

Mit der Entwicklung der Sparkassen war der Entschluß verbunden, das Wachstum der über das Postsystem erfolgenden Einlagen einzudämmen und die staatliche Finanzierung zugunsten einer Entwicklung des Bankensystems in strukturell schwachen Regionen zurückzudrängen. Eine Folge war, daß der direkte politische Zugriff auf die Einlagen zur Fi-

---

[1] „Der Austritt aus einem geschützten Kapitalismus, der von großen Gruppen dominiert worden war, die dazu neigten, Gefallen vom Staat zu fordern, und der unternehmerischen Erneuerung verschlossen gegenüberstanden, mußte durch die Öffnung der Volkswirtschaft nach außen erfolgen." Nardozzi (1988) S. 234.

[2] Zunächst wurde gegen die Spekulation eine Abwertung der Lira in Verbindung mit Devisenkontrollmaßnahmen durchgeführt. Siehe dazu Lück (1998) S. 217.

[3] Folgend wird dem monokratischen Charakter der Funktion des Gouverneurs und dem starken „Element des Persönlichen" im Fall Italien Rechnung getragen, indem die historische Gliederung sich an den Amtszeiten der Gouverneure orientiert. Siehe dazu auch Caesar (1981).

[4] Die italienische Notenbank agierte in diesen ersten Jahren als „modellatrice" (Gestalterin) des Kreditsystems, sie erfüllte damit eine Aufgabe, die Nardozzi (1988) als „interprete" (Übersetzerin) eines historischen Bewußtseins beschrieben hat. Dieses Bewußtsein stützte sich auf die Erfahrungen der dreißiger Jahre und wirkte im Sinne der der Gesetzgebung von 1936 zugrundeliegenden Motive auf die Finanz- und Bankstruktur des Landes ein. Die Absicht, eine Verbindung zwischen Banken und Industrie, die in den dreißiger Jahren zur Krise geführt hatte, zu verhindern, gliederte sich zunächst problemlos in die Politik der Regierung, eine Öffnung Italiens nach außen zu erzielen, ein. Anders Baratta (1988), der in der Nachkriegszeit eine Art Gegenreform gegen die Gesetzgebung von 1936 sieht. Diese führte zu einer besonders einflußreichen Stellung gegenüber den Banken, die er mit einer Holdinggesellschaft des Bankensystems vergleicht. Damit sollte vermieden werden, daß die Zentralbank wieder wie in den dreißiger Jahren zu einer Quasi - Holding des Industriesektors wurde.

[5] De Cecco (1968, S. 1968) hat diese Ziele und die daraus folgenden Entscheidungen als verantwortlich für die mangelnde allokative und operative Ineffizienz des italienischen Bankensystems bezeichnet. Diese wurden seiner Meinung nach durch das Monopol der kleinen Banken in kleineren Zentren gefördert und führte dazu, daß Ersparnis „..... zu Intermediären (floß), die nicht dafür gerüstet waren, mit ihr zu arbeiten, und denen entzogen wurde, die traditionell dazu befähigt waren."

nanzierung des Staatshaushaltes verwehrt wurde.[1] Mit der Dezentralisierung des Bankensystems durch die Entwicklung des Sparkassensystems wurde auch die Position der Zentralbankpolitik im Sinne von „divide et impera" gestärkt.[2] Damit war der Boden für die während der Nachkriegszeit wirksame Politik der „moral suasion" bereitet, mit der das Bankenverhalten gesteuert wurde.[3] Konflikte zwischen Regierung und Zentralbank waren durch die Strukturen im Bereich der Unternehmensfinanzierung vorbestimmt.[45]

Um den Anforderungen des Wiederaufbaus nach 1945 gewachsen zu sein, beschlossen die italienischen Verfassungsväter, die Banca d'Italia in dem formal abhängigen Status zu belassen und in der Verfassung nicht ausdrücklich zu verankern.[6]

Im Jahr 1948 wurden die Verhältnisse zwischen der Bank und dem Schatzamt neu definiert: Die Beanspruchung des Kontokorrentkontos bei der Banca d'Italia wurde auf einen bestimmten Prozentsatz der Haushaltsausgaben des Staates festgelegt und das Parlament als „Schiedsrichter" für eventuelle Konflikte benannt.

Die restriktive Geldpolitik und die allgemeine wirtschaftspolitische Linie trugen bereits in den fünfziger Jahren Früchte: Niedrige Preissteigerungsraten und ein jährliches Wirtschaftswachstum von 5% prägten für die fünfziger Jahre den Begriff des „miracolo economico" (Wirtschaftswunders). Hinderlich war hingegen das politische Machtvakuum.[7] Die Banca d'Italia konnte dieses zu ihrem Vorteil nutzen und bei den wichtigsten wirtschaftspolitischen Beschlüssen entscheidend mitwirken.

---

[1] Nardozzi (1988) S. 249. De Cecco (1969) teilte diese positive Einschätzung nicht und gab zu bedenken, daß damit die Politisierung des Bankensystems begünstigt worden wäre. Zudem wäre zunehmend eine Übereinstimmung zwischen Kreditfinanzierung und staatlicher Unterstützung begünstigt worden und die staatliche Finanzierung (Casse Postali, Cassa Depositi e Prestiti) durch die Banken ersetzt worden. Dagegen Nardozzi (1988, S. 215), der nachweist, daß die Entscheidungen der Banca d'Italia faktisch zu keiner starken Beeinträchtigung der großen Banken und Casse Postali (Postbanken) geführt haben, zudem lag es seiner Meinung nach im allgemeinen Interesse, den Wiederaufbau und die strukturschwachen Regionen durch eine dezentralisierte Förderung zu stärken.

[2] Nardozzi (1988) S. 215.

[3] Unter „moral suasion" kann im Fall der Banca d'Italia nicht nur die Beeinflussung des Bankenverhaltens, sondern auch die Wirkung auf die Nichtbanken verstanden werden. Zu einer allgemeinen Beschreibung dieses Instruments und seiner Grenzen siehe Issing (1996) S. 134ff.

[4] Anders Baratta (1988) S. 257.

[5] Das Spezialkreditsystem war darauf gerichtet, unterentwickelte Regionen und kleinere Unternehmen zu fördern. Es fehlte an Instituten, die die Entwicklung mittlerer und größerer Unternehmen zum Ziel hatten. Um den Kapitalmarkt zu entwickeln, mußte die Banca d'Italia einerseits die Banken dazu bringen, selbst ihre Einlagen zu begrenzen, und auf der Seite der Unternehmen eine verstärkte Inanspruchnahme des Aktienmarktes propagieren. Diese Strategie stand im Widerspruch zum starken Expansionswillen der Sparkassen und ihrer zunehmenden Politisierung. Nardozzi (1988) S. 219.

[6] Siehe dazu Seite 287.

[7] Die Instabilität des Kabinetts und die schwache formale Position des Premierministers führten dazu, daß die Regierung nicht als ein effizientes Entscheidungsgremium fungieren konnte. Vgl. Goodman (1992) S. 144f.

Von 1947 bis 1949 war die Währungspolitik noch hauptsächlich auf den Wiederaufbau der Währungsreserven gerichtet. Die Vorsicht, mit der dabei vorgegangen wurde, war Gegenstand internationaler Kritik, führte aber dazu, daß Italien die Konjunkturschwankungen, die durch den Koreakrieg hervorgerufen wurden, unbeschadet überstehen konnte.[1] Bis Ende der fünfziger Jahre erfolgte die Währungspolitik hauptsächlich durch den Ausgleich von Liquiditätsschwankungen, die durch das Ausland und das staatliche Defizit hervorgerufen wurden. Die Banca d'Italia nutzte zur Steuerung der Bankenliquidität vornehmlich die Mindestreserve.[2] Wesentlich für den Erfolg der Geldpolitik war der Einsatz der „moral suasion" von seiten der Banca d'Italia, der sich aus der Struktur des Bankensystems und ihrer politischen Stellung ergab. Zudem war die durch das staatliche Defizit erfolgende Geldschöpfung bis in das Jahr 1957[3] gering.

Konflikte zwischen Regierung und Zentralbank stellten sich nur ansatzweise im mikroökonomischen Bereich ein.[4] Während der gesamten fünfziger Jahre konnte Italien hohe Zuwächse an Produktivität und Beschäftigung verzeichnen.[5]

1.1.5. Das Gouvernement Carli (1960 - 1975)

Unter dem neuen Gouverneur Carli[6] verstärkte die industrielle Expansion die Notwendigkeit zur Entwicklung der Finanzierungsmöglichkeiten der Unternehmen außerhalb staatlicher Subventionierung.[7] Die politische Landschaft in Italien veränderte sich, und be-

---

[1] Nardozzi (1988) S. 234.

[2] Zu den vornehmlich eingesetzten Instrumenten siehe Lück (1998) S. 218: „Das Ziel, mit der Mindestreserve einen Teil der Bankenliquidität dem Schatzamt zuzuführen, wurde einerseits durch die zunehmende Reservehaltung in BOT seitens der Banken erreicht, andererseits durch den Beschluß der Banca d'Italia, die als Sichteinlagen bei ihr gehaltenen Reserven nunmehr zu 100% in BOT zu investieren."

[3] Die Banca d'Italia rief die Banken 1957 dazu auf, liquide Mittel auf den Kapitalmärkten zu investieren, und sie forderte die Regierung auf, die öffentlichen Investitionen zu erhöhen. Nardozzi (1988) S. 235.

[4] Die Entwicklung eines funktionsfähigen Kapitalmarktes stand nicht völlig in Einklang mit der von der Regierung favorisierten Expansion des Spezialkreditwesens. Auf der Seite der Einlagen hätte eine Selbstregulierung der Banken erfolgen und die Unternehmen hätten sich über den Kapitalmarkt finanzieren müssen, anstatt die subventionierten Kredite in Anspruch zu nehmen. Menichella bemühte sich, eine solche Selbstregulierung (Bankenkartell) zu errichten. Am Ende seiner Amtszeit äußerte er sich pessimistisch zu einer Möglichkeit, den politischen Einfluß auf das Bankensystem zurückzudrängen, und erinnerte daran, daß die beste Kontrolle des Kreditsystems in dem Moment erfolge wo die Verwalter des Systems gewählt würden. Nardozzi (1988) S. 218.

[5] Das durch den Marshallplan geförderte Anwachsen der Reserven förderte eine Stabilisierung von Wechselkurs und Preisen. 1958 wurde die Lira wieder konvertibel.

[6] Die Strategien und Absichten Carlis sind in der italienischen Literatur umstritten. Siehe dazu die bei Nardozzi (1988) angegebenen Quellen.

[7] Die Intentionen Carlis erscheinen vor diesem Hintergrund deutlich vom angloamerikanischen Modell inspiriert zu sein, die Finanzierung der Wirtschaft in Italien von den Banken weg zu den Märkten zu leiten. De Cecco (1968) hat dazu kritisch angemerkt, daß Carli der italienischen „pianificazione corporativa"

ginnend mit dem Jahr 1962 wurde Italien von einer Mitte-Links-Koalition regiert. Der PSI (Partito Socialista Italiano) setzte gegenüber seinen Koalitionspartnern höhere Sozialausgaben, Strukturreformen und höhere Löhne durch. Damit wurde die Banca d'Italia erstmalig vor das Problem gestellt, durch die Wirtschaftspolitik der Regierung eine starke Einschränkung ihres Handlungsspielraums zu erfahren. Sie reagierte mit einer Verstärkung der Bindung zwischen Zentralbank und Bankensystem:

„... *l'azione svolta nei confronti del sistema finanziario non era tanto mirata a mutarne la configurazione strutturale per accrescerne l'efficienza allocativa e operativa, quanto ad accentuarne la rispondenza agli indirizzi decisi dall'Istituto di emissione.*"[1]

Auf makroökonomischer Ebene verfolgte Carli eine „Strategie des Gegengewichts auf der realwirtschaftlichen Seite der Wirtschaftspolitik" (strategia del contrappeso sul lato reale della politica economica), die den Gouverneur an der gesamten wirtschaftspolitischen Planung des Landes beteiligen sollte. Diese Entscheidungsmacht erforderte hinsichtlich des der Zentralbank ureigensten Verantwortungsbereiches eine zunehmende Zusammenarbeit mit der Regierung. Die Banca d'Italia gewann jedoch innerhalb der gesamten makroökonomischen Planung an Gewicht.[2]

Der politische Wandel wurde von einem Erstarken der Gewerkschaften begleitet, die in den fünfziger Jahren noch durch ihre parteipolitische Zersplitterung eine unbedeutende Rolle gespielt hatten, nun aber durch das Verschwinden der Arbeitslosigkeit im Norden wichtiger wurden.

Die stark steigenden Löhne führten 1962/1963 zu einer Krise. Die gestiegenen Defizite und die fortschreitende Reduzierung der Selbstfinanzierung wurden von einem Anstieg der privaten Ersparnis durch die gestiegenen Gehälter und einem Verfall der Aktien-

---

(korporative Planung) nicht Rechnung getragen hätte. Anders Nardozzi (1988), der in den ersten Jahren Carlis an der Spitze der italienischen Zentralbank die Reaktion auf ein geändertes Umfeld sieht. Einerseits war aufgrund der veränderten politischen Machtverhältnisse eine interventionistische Linie der Regierung zu befürchten, auf die die Zentralbank mit einer Stärkung ihrer Position gegenüber dem Bankensystem reagieren konnte. Andererseits machte dies aufgrund der für die Zukunft absehbaren begrenzten Wirksamkeit des Instrumentes „moral suasion" eine Hinwendung zu anderen Instrumenten erforderlich. „Aber die Bezugnahme auf dieses (angloamerikanische) Modell darf nicht als Äußerung eines tatsächlichen Wunsches gelesen werden, ein Kreditsystem mit geringer Intermediationstätigkeit der Banken zu fördern, sondern als struktureller Rahmen für ein direkteres und weniger ehrgeiziges und utopisches Ziel, die Hebel der geldpolitischen Kontrolle zu verstärken." Nardozzi (1988) S. 225.

[1] „... die Maßnahme(n) gegenüber dem Finanzsystem waren nicht so sehr darauf gerichtet, das strukturelle Erscheinungsbild zu verändern, sondern die Reaktionsfähigkeit auf die vom Emissionsinstitut entschiedenen Richtungen zu stärken." Nardozzi (1988) S. 225.

[2] Vgl. Nardozzi (1988) S. 226.

märkte begleitet.[1] Die Banca d'Italia reagierte auf die Lohnsteigerungen mit einem expansiven geldpolitischen Kurs.[2]

„La tutela del profitto rappresentava in fondo il contrappeso, a favore del settore privato, delle concessioni al settore pubblico che la strategia collaborativa nei confronti del governo e die partiti politici comportava; e al contempo minimizzava gli effetti negativi di un sistema creditizio sempre meno in grado di assicurare una certa efficienza allocativa."[3]

Die steigende Staatsverschuldung machte eine zunehmende Plazierungstätigkeit der Banca d'Italia notwendig.[4] Sie stabilisierte Rentenmärkte, um den Absatz von Staatstiteln zu fördern. Die Zentralbank hielt die Rendite einer Reihe von Titeln am Markt stabil, indem sie als Käufer und Verkäufer für theoretisch unbegrenzte Beträge auftrat.[5] Die Politik der Zusammenarbeit mit der Regierung äußerte sich nun in der Finanzierung des öffentlichen Defizits.[6] Diese erfolgte einerseits direkt durch das Emissionsinstitut, andererseits durch den Ankauf von BOT durch die Geschäftsbanken sowie durch die Kreditvergabe an öffentliche Unternehmen.

Die Möglichkeit, zu diesem Zeitpunkt einen radikalen Umschwung zu betreiben wird in der italienischen Literatur bestritten:[7]

---

[1] Zu Beginn der sechziger Jahre entbrannte nach einem Artikel von Modigliani - La Malfa eine Debatte über die Zielsetzung der Banca d'Italia auf der Basis der Berichte des Gouverneurs (Relazioni). Die Autoren diskutierten die Tatsache, daß die Zentralbank die konjunkturellen Schwierigkeiten 1962-1963 im Zusammenhang mit der Senkung der Gewinnmargen und demzufolge der Investitionen interpretierte und dementsprechend nach Auffassung der Banca d'Italia einer Veränderung der Einkommensverteilung mit geldpolitischen Instrumenten begegnet werden könne. In diesem Sinne lassen sich die nachfolgende Geldpolitik, die restriktive Vorgehensweise 1969 und die Entscheidung, im Februar 1973 die Lira floaten zu lassen, als Bestandteile eines Programms interpretieren: Die Unternehmensgewinne zu schützen. Nardozzi (1988) S. 227.

[2] Neben der Förderung des Wachstumsprozesses zielte die Politik auch auf einen Ausgleich der Zahlungsbilanz. Die Zentralbank nutzte daher auch die Auslandsposition der Geschäftsbanken; Preisstabilität stellte hier für sie ein Mittel zum Zweck dar. Lück (1998) S. 235.

[3] „Der Schutz des Gewinns stellte im Grunde ein Gegengewicht zu den Konzessionen gegenüber dem öffentlichen Sektor, die die Strategie der Zusammenarbeit mit der Regierung und den politischen Parteien mit sich brachte, zugunsten des privaten Sektors dar; und zur gleichen Zeit minimierte er die negativen Effekte eines Kreditsystems, das immer weniger imstande war, eine gewisse allokative Effizienz zu gewährleisten." Nardozzi (1988) S. 228.

[4] Als eine erste Maßnahme wurde es den Sparkassen gestattet, ihrer Reservepflicht auch in Form von langfristigen Anleihen nachzukommen. Lück (1998) S. 240f.

[5] Lück (1998) S. 242.

[6] Masciandaro (1988) S. 370.

[7] Nardozzi (1988) S. 229, etwas anders Masciandaro (1988) S. 370, der in dergleichen Interventionsversuchen nicht nur eine als „aufständisch" wahrgenommene Maßnahme, sondern aufgrund der Isolation der Banca d'Italia bei einer solchen Maßnahme einen zur Wirkungslosigkeit verdammten Versuch sieht.

„La condotta della Banca d'Italia fu caratterizzata dallo sforzo sistematico di riportare l'andamento effettivo dei flussi monetari verso i valori desiderati, dopo gli scostamenti impressi dall'andamento del fabbisogno pubblico."[1]

Masciandaro definierte diese Politik als „ex-post-Geldpolitik".[2] Zwischen 1969 und 1972 erzielten die Gewerkschaften in den Tarifrunden nominale Gehaltserhöhungen von mehr als 10%.

Das Wachstum der öffentlichen Ausgaben und die Dynamik der Lohn- und Gehaltskosten führten zu stark inflationären Tendenzen. Die Politik der Stabilisierung öffentlicher Titel mußte aufgegeben werden, worauf die Nachfrage sank und es zur Kapitalflucht kam.[3]

In Italien wurde auf die wachsende Bedeutung der Geldpolitik in einer national und international instabilen Situation mit quantitativen Zwischenzielen reagiert. Dazu kam der Gebrauch von administrativen Kontrollinstrumenten wie der „massimali sugli impieghi" (dynamischen Kreditplafondierung) und der „vincoli di portafoglio" (Portefeuille-Restriktionen).[4] Der dramatischen Verschlechterung der außenwirtschaftlichen Position[5] konnte nur durch Unterstützung des Internationalen Währungsfonds begegnet werden, der seine Hilfe an die Einhaltung eines rigiden wirtschaftspolitischen Programms band. Begleitet wurde eine daraufhin restriktive Geldpolitik Ende 1974 von einer Haushaltspolitik, die auf die Kontrolle der Binnennachfrage zielte. Die Folge war 1975 zwar eine Rückführung des Preisanstiegs, jedoch auch ein Produktionsrückgang, dessen Effekte noch durch Lohn- und Gehaltssteigerungen verstärkt wurden.[6]

---

[1] „Das Verhalten der Banca d'Italia war durch die systematische Bemühung gekennzeichnet, den effektiven Verlauf der Geldflüsse nach den Verzerrungen, die durch den Verlauf des öffentlichen Finanzierungsbedarfs beeinflußt worden waren, zu den bevorzugten Werten zu leiten." Masciandaro (1988) S. 370.

[2] Ebenda.

[3] Zu Beginn der siebziger Jahre zeichnete sich in Italien eine Rückentwicklung ab: Die Verschuldung wuchs unaufhaltsam, ohne daß fiskalische Instrumente genutzt wurden, um die Verteilung des Einkommens zwischen Konsum und Investition zu steuern. Fordernde Gewerkschaften, der Rückgang von Unternehmenskapazitäten und Verschlechterungen der Finanzstrukturen der Unternehmen sowie eine Verarmung der Kapitalmärkte komplettierten das Bild. Banca d'Italia (1994) S. 35.

[4] Bei allen Maßnahmen wurde kein Wert darauf gelegt, die allokative und operative Effizienz der Geschäftsbanken zu vergrößern. Nardozzi (1988) S. 229.

[5] Die Banca d'Italia nutzte den größeren währungspolitischen Spielraum nach der Aufgabe des Festkurssystems zu einer inflationär wirkenden Abwertungspolitik. Siehe dazu Lück (1998) S. 254 und Masciandaro (1988) S. 370f.

[6] 1975 vereinbarten die Tarifpartner eine neue Form der Inflationssicherung : Von einer Deckung von 50% ging man auf ein System der Indexierung über, das eine Deckung von über 100% für unter dem Durchschnitt liegende Löhne vorsah. Die Folgen waren längere inflationäre Effekte aufgrund der Erhöhung der Lohnstückkosten, Verschlechterung des Wechselkurses und Ausweitung der öffentlichen Ausgaben. Die Nutzung der Wechselkurspolitik und Fiskalpolitik wurde dadurch beeinträchtigt. Siehe dazu Cotula (1998) S. 474.

1.1.6. Das Gouvernement Baffi (1975 – 1979)

Unter Gouverneur Baffi wurden die notwendigen Reformen initiiert, die bis in die Jahre 1992/93 fortgeführt werden sollten. Er gab die Politik der Anpassung an das Schatzamt auf und führte gleichzeitig die begleitenden Veränderungen hinsichtlich der mikroökonomischen Funktionen der Zentralbank durch:

„... per meglio affermare le esigenze di una gestione volta ai tradizionali obiettivi, congiunturali, strutturali, di una banca centrale."[1]

1975 resultierte die Forderung nach einer expansiveren Politik zunächst in einer expansiven Haushaltspolitik. Die Regierung erhöhte den staatlichen Finanzierungsbedarf um mehr als 60% über den Zielwert und verfügte eine automatische Rediskontierung bei der Banca d'Italia für 50% der kurzfristigen Exportkredite der Geschäftsbanken. Ende 1975 waren die offiziellen Währungsreserven stark zusammengeschmolzen.

Mit der anschließenden Reform des Geldmarktes sollte der Markt für BOT (Staatsanleihen) auch für die Öffentlichkeit erschlossen und somit verbesserte Plazierungsmöglichkeiten geschaffen werden. Auf der anderen Seite erwuchs der Banca d'Italia mit den Zinssätzen der BOT ein wichtiges Instrument für die Steuerung der Banken.[2]

Schließlich wurden 1975 die Emissionsprozeduren der Staatsanleihen (BOT) verändert[3] und die Mindestreserven reformiert.[4] Die Banca d'Italia beabsichtigte damit eine Neutralisierung der Effekte aus der zunehmenden staatlichen Verschuldung sowie mit der Vereinheitlichung der Mindestreserven eine engere Beziehung zwischen Geldbasis und Einlagen.[5]

Von außen wurde Druck auf die Zentralbank ausgeübt, denn OECD, IWF und EWG drängten auf eine expansive Politik.[6]

---

[1] „... um besser den Bedürfnissen einer auf die traditionellen konjunkturellen und strukturellen Ziele ausgerichteten Politik einer Zentralbank gerecht zu werden." Nardozzi (1988) S. 229.

[2] Lück (1998) S. 266.

[3] Beschluß des CICR vom 21. März 1975. An den Auktionen konnten fortan auch Nicht - Banken teilnehmen, und die Banca d'Italia übernahm die Verpflichtung, alle nicht verkauften Titel zu übernehmen. Im Gegenzug erhielt sie die Möglichkeit, auf den Auktionen zu bieten. „For the central bank, this was a substantial gain, since the right to tender bills at auction provided a necessary first step in the creation of a private market in Treasury securities..." Goodman (1992) S. 155. Siehe auch Passacantando (1996) S. 39.

[4] Bereits 1962 war eine Reform des Geldmarktes geplant gewesen und für die BOT monatliche Auktionen eingeführt worden. Es war beabsichtigt worden, die Verbindung zwischen kurzfristigen sowie mittel- und langfristigen Zinsen über die Investition der Banken in Staatstitel zu stärken. Damit wäre die Bedeutung des kurzfristigen Zinses erhöht worden. Die Reform wurde jedoch nur auf die Banken beschränkt und hatte daher nicht den gewünschten Erfolg. Nardozzi (1988) S. 221.

[5] Cotula (1989) S. 491.

[6] Goodman (1992) S. 155.

Der Gouverneur äußerte sich dazu 1976:

„Vi è, a mio avviso, qualcosa di profondamente insoddisfacente nel dovere indirizzare l'azione della banca centrale ad inviluppare un sistema che dispone di propri validi parametri e meccanismi; nel dovere costringere il volume del credito potenzialmente espresso dal flusso di base monetari, perché non si riesce a regolare questo flusso; nel dovere orientare il credito lungo linee obligate, perché le libere decisioni degli operatori vengono distorte da aspettative inflazionistiche o sul cambio, in assenza di politiche di bilancio e retributive che valgano esse stesse ad eliminare quelle aspettative.“[1]

Die weiterhin expansive Strategie und eine politische Krise führten 1976 zu einer Wechselkurskrise, an deren Ende die Banca d'Italia jegliche Intervention aufgab und die Lira frei floaten ließ.[2] Die folgende Abwertung verschaffte der Regierung wieder neuen Handlungsspielraum: Die Exporte stiegen, während die Importe sanken und die Reserven anstiegen. Die Banca d'Italia konnte vom Ende des Jahres 1976 an wieder eine weniger stark akkommodierende Politik umsetzen.[3] Die Wiederherstellung der Reserven und das außenwirtschaftliche Gleichgewicht stellten nunmehr wesentliche Ziele dar.[4] Eine wesentliche Rolle nahm nachfolgend die EWS-Mitgliedschaft ein, die im März 1979 begann.[5]

Der zweite Ölschock traf Italien in einer expansiven Phase, denn die Reform des nationalen Gesundheitswesens und die starken Lohnsteigerungen im öffentlichen Sektor[6] stellten

---

[1] „Es liegt meiner Meinung nach etwas zutiefst Unbefriedigendes darin, Zentralbankaktivität in ein System hineinzuziehen, das über eigene gültige Parameter und Mechanismen verfügt; in der Pflicht, das Kreditvolumen, das durch den Fluß der Geldbasis potentiell ausgedrückt worden ist, zu fesseln, weil es nicht gelingt, diesen Fluß zu regulieren; in der Pflicht, den langfristigen Kredit entsprechend vorgegebener Richtungen zu leiten, weil die freien Entscheidungen der Marktteilnehmer durch inflationäre Erwartungen oder Erwartungen hinsichtlich des Wechselkurses in Abwesenheit geeigneter Haushalts- oder Umverteilungspolitiken, die diese selbst beseitigen könnten, verzerrt werden." Banca d'Italia (1994) S. 36.

[2] Amerikanische Banken waren aufgrund einer Entscheidung des Rechnungsprüfers dazu gezwungen, Kredite an italienische Unternehmen, die sich in staatlichem Besitz befanden, zu beschränken, und signalisierten somit den internationalen Devisenmärkten, daß die italienische Währung nicht länger verteidigt werden konnte. Zugleich entzog die sozialistische Partei der Regierung Moro ihr Vertrauen und destabilisierte somit die interne politische Lage. Goodman (1992) S. 157.

[3] Mit Zustimmung der Regierung wurden die Mindestreserven erhöht und die Devisenkontrollen verstärkt: Die automatische Refinanzierung des Exportkredits wurde abgeschafft, der Diskontsatz wurde verdoppelt. Die Regierung verfügte zudem Deviseneinlagen, die zu einer Senkung der Bankenliquidität führten. Alle Käufer von Devisen wurden dazu verpflichtet, 50% des Wertes der Transaktion auf einem zinslosen Konto bei der Banca d'Italia für einen Zeitraum von 3 Monaten zu deponieren. Goodman (1992) S. 157.

[4] Zu einer detaillierteren Schilderung der währungspolitischen Maßnahmen siehe Goodman (1992) S. 157.

[5] Die Weigerung der Banca d'Italia, durch kompetitive Abwertungen die exportorientierten Unternehmen zu stützen, führte zu starken Umstrukturierungsprozessen, Rationalisierung und Produktivitätssteigerungen. Vgl. Bonaiuti (1993) S. 29 und Onofri/Tomasini (1991) S. 10. Siehe auch S. 346. Zu den Bedenken der Banca d'Italia, einem Festkurssystem zuzustimmen, siehe Lück (1998) S. 276.

[6] Onofri/Tomasini (1991) S. 10.

Ausgabensteigerungen dar, die kurzfristig nicht gestoppt werden konnten. Der Anstieg der Ölpreise erhöhte das italienische Preisniveau, und die Zinssteigerungen in den USA ließen die Kapitalströme von Europa in die USA fließen, so daß die Lira wieder einmal unter Druck gesetzt wurde. Doch im Gegensatz zu 1973 wurde diesmal eine restriktive Politik gewählt.[1] Haushaltsminister Andreatta formulierte den Gesinnungswandel später wie folgt:

„I don't want an exchange rate that will support competitiveness ... I committed that error in 1972, being for devaluation, and I won't repeat it. No. Competitiveness should be frustrated by the exchange rate, so that the production is pushed toward greater innovation, efficiency, and quality."[2]

Mit einer Verleumdungskampagne gegen Gouverneur Baffi und der Verhaftung des stellvertretenden Generaldirektors Mario Sarcinelli 1979 wurde der Höhepunkt eines Konflikts zwischen der Banca d'Italia und der DC nahestehenden politischen Gruppen erreicht.[3] Die ungerechtfertigten Beschuldigungen ließen Gouverneur Baffi im Oktober 1979 sein Amt niederlegen.[4]

1.1.7. Das Gouvernement Ciampi (1979 – 1992)

Nach der zweiten Ölkrise wuchs die Unsicherheit, die durch das starke Anwachsen der Inflation hervorgerufen worden war. In einer häufig zitierten Rede nannte Gouverneur Ciampi drei Bedingungen für die geldpolitische Stabilität: Das Organ, das Geld schöpfen kann, müsse unabhängig von den Stellen sein, die die Ausgaben bestimmen; die Regeln über die öffentlichen Ausgaben müßten bestätigen, daß neue Ausgaben notwendigerweise mit zusätzlichen Einnahmen gedeckt zu sein hätten; die gemeinschaftlichen Gehaltsverhandlungen müßten dem Ziel der geldpolitischen Stabilität untergeordnet werden.[5]

Im Mai 1981 forderte der Gouverneur, daß die Zentralbank aufhören solle, unverkaufte

---

[1] Siehe zur Begründung Goodman (1992) S. 164 und Bonaiuti (1993) S. 29.

[2] Goodman (1992) S. 165. Gestiegene Kapitalmobilität und die veränderte Lohnindexierung machten eine Abwertung sehr kostspielig.

[3] Gerüchten zufolge sollte damit die Banca d'Italia davon abgehalten werden, gegen eine Reihe von Bankiers vorzugehen, die über exzellente politische Verbindungen verfügten. Baffi und Sarcinelli, der der Aufsichtsabteilung der Bank vorstand, wurden beschuldigt, Untersuchungsergebnisse über Kredit, die der Credito Industriale Sardo der mittlerweile bankrotten Società Industriale Resine vergeben hatte, zurückgehalten zu haben. Sechs Monate später wurden sie von allen Beschuldigungen frei gesprochen. Siehe zu den Details Goodman (1992) S. 169 und Panico/Rizza (1996) S. 19.

[4] Siehe dazu auch Onado (1979) S.9. Goodman (1992) wertet die breite Unterstützung, die die Banca d'Italia in dieser Zeit erfahren hat, als Beleg für ihre gestärkte Position. Zu einem anderen Urteil gelangt Nardozzi, der im Gouvernement Baffi den Wendepunkt italienischer Zentralbankpolitik sieht.

[5] Passacantando (1996) S. 38.

Staatstitel zu erwerben.[1] Am 18. Juni 1981 erfolgte die Trennung der fiskal- und geldpolitischen Aufgaben.[2] Die Ereignisse des Jahres 1981 sind in die italienische Zentralbankgeschichte unter dem Namen "divorzio" eingegangen: Die Banca d'Italia war von nun an nicht mehr dazu verpflichtet, als Residualkäufer bei Schatzwechselauktionen zu agieren. Verschiedene Neuerungen (Einführung kompetitiver Auktionen für Schatzwechsel, Abschaffung eines Basispreises für Schatzwechsel, Einführung eines elektronischen Interbankenmarktes)[3] ermöglichten in der Folgezeit eine höhere Flexibilität der kurzfristigen Zinssteuerung und eine verstärkte Nutzung indirekter Kontrollmechanismen.

Padoa-Schioppa beurteilt das Jahr 1981 als „una pietra miliare nell'evoluzione della politica monetaria."[4] Tabellini sieht die Wirkung der „Scheidung" in der Unsicherheit über das Verhalten der Zentralbank hinsichtlich der Finanzierung des Schatzamtes. Dadurch wurde seiner Meinung nach ein Anreiz für eine weniger akkommodierende Politik geschaffen.[5]

Das Schatzamt mußte nun fürchten, daß ab jetzt das Niveau und die Volatilität der Zinssätze steigen würden.[6] Trotz der erfolgten Trennung unterstützte die Banca d'Italia in den nachfolgenden Jahren das Schatzamt noch weiterhin durch die Übernahme von Staatstiteln.[7]

Jedoch wurde mit dem „divorzio" die Politik der Kooperation durch eine explizite Aufgabenteilung ersetzt.

Als die Abnahme von Staatstiteln 1982 auf dem Primärmarkt ein historisches Minimum erreichte, wurde das neue Verhältnis zwischen Banca d'Italia und Schatzamt auf die Probe gestellt. Das Schatzamt erhöhte den Maximalzinssatz um weniger, als die Zentralbank es wünschte, so daß die Banca d'Italia zur Eindämmung der monetären Expansion die Offenmarktzinsen erhöhte. Das Schatzamt erreichte die Grenze der Belastung des Kontokorrentkontos, und die Bank weigerte sich, weitere Staatstitel aufzukaufen. Die Folge war, daß die Regierung einen außerordentlichen Kredit bei der Banca d'Italia beantragen

---

[1] 1981 erreichten die Nettozeichnungen durch die Zentralbank ihr historisches Maximum, um dann bis 1991 zu sinken. In der Relazione Annuale von 1980 hatte Ciampi bereits die Einführung einer „schriftlichen geldpolitischen Verfassung" gefordert, die unmißverständlich die Aufgaben der Bank und der Regierung festhalten sollte. Panico/Rizza (1996) S. 20.

[2] Lück (1998) S. 279.

[3] Finocchiaro/Contessa (1995) S. 17.

[4] „ein Meilenstein in der Entwicklung der Geldpolitik." Zitiert von Passacantando (1996) S. 42.

[5] Passacantando (1996) S. 42. Die weitreichende Bedeutung, die das Jahr 1981 in der italienischen und auch internationalen Literatur erhält, wird von Predieri (1996, S. 286) eingeschränkt, indem er darauf hinweist, daß es sich bei dem „divorzio" um die verspätete Anwendung eines Gesetzes, d.lgs. vom 7. Mai 1948 n. 544 gehandelt hätte.

[6] Siehe dazu Passacantando (1996) S. 43.

[7] Die Banca d'Italia fungierte noch bis Ende 1983 als Nettozeichner von Staatstiteln. Doch war diese Unterstützung später unregelmäßiger. Passacantando (1996) S. 44.

mußte, der auch vom Parlament bewilligt wurde.[1]

Diese Episode machte die Grenzen der neuen Verhältnisse deutlich, denn

„L'arma utilizzata dalla banca centrale per esercitare la propria autonomia era troppo distruttiva per essere credibile."[2]

Die Wechselkurspolitik verlor ihren akkommodierenden Charakter, und die Geldpolitik erhielt eine zunehmend restriktive Gestalt.[3] 1983 wurden die dirigistischen Instrumente direkter Kreditkontrolle abgeschafft.[4]

Die Inflation erreichte 1987 ihren niedrigsten Stand seit 1969, doch das Haushaltsungleichgewicht hielt sich. Bedingt durch die Binnennachfrage erstarkten die inflationären Tendenzen 1987 wieder. Die Erwartung höherer Zinsen sorgte ab Mitte 1987 für eine sinkende Nachfrage nach langfristigen öffentlichen Schuldtiteln. Schrittweise wurden nun die Basispreise bei den Versteigerungen der BOT und langfristigen Papiere abgeschafft, und die Technik der kompetitiven Auktion, bei der die Käufer die Titel zu den von ihnen selbst gebotenen Preisen kaufen, wurde auf die Emissionen der BOT ausgedehnt.[5] Als weitere Reform[6] ist insbesondere die Liberalisierung der Kapitalbewegungen bedeutsam gewesen. Die befürchtete massive Kapitalflucht entstand nicht.

Diese Neuerungen trugen zur Entstehung funktionsfähiger Finanzmärkte bei.[7]

1990 erfolgte die „Mobilisierung" der Mindestreserven, d.h. die Banken durften von nun an Teile ihrer Pflichtreserven bei der Banca d'Italia benutzen, wenn der entsprechende Monatsdurchschnitt gesichert war. Die Privatisierung öffentlich-rechtlicher Banken durch die "Legge Amato" wirkte sich auch direkt auf die Zentralbank aus, denn von nun an durften auch private Geschäftsbanken Anteile an der Banca d'Italia halten.[8] Zu den bis

---

[1] Passacantando (1996) S. 45.

[2] „Die von der Bank genutzte Waffe war zu zerstörerisch, um glaubwürdig zu sein." Passacantando (1996) S. 45. Siehe dazu auch Gai (1995) S. 63.

[3] Zu den unterschiedlichen Interpretationen der Motivation der Banca d'Italia siehe Panico/Rizza (1996) S. 21.

[4] Gai (1995) S. 64 und Lück (1998) S. 291.

[5] Passacantando (1996) S. 47.

[6] Eine weitere Gruppe von Innovationen betraf den Sekundärmarkt für Staatstitel, der im Mai 1988 durch elektronischen Handel gestiegene Bedeutung erhielt, und die Einführung von Derivaten. Die Modernisierung der Zahlungssysteme wirkte sich auch auf die geldpolitischen Steuerungsmöglichkeiten aus. 1989 wurde ein elektronisches Kompensations- und Regulierungssystem geschaffen, 1990 ein Interbankenmarkt für Einlagen. Siehe dazu Passacantando (1996) S. 47ff.

[7] Flexibilität der Zinssätze und die Fähigkeit der Zentralbank diese zu steuern, haben sich bei der Bewältigung der Inflationstendenzen im Jahr 1994 bereits als wirksam erwiesen. Siehe dazu Cottarelli/Ferri/Generale (1995).

[8] Lück (1998) S. 114.

dato erfolgten Veränderungen in Italien urteilte Gouverneur Ciampi:

„L'economia italiana ha realizzato negli anni '80 significativi progressi nell'irrobustire il tessuto produttivo, nello stesso ridurre l'inflazione. Ma nelle strutture, nelle politiche economiche, il Paese stenta a innalzare la qualità complessiva del sistema all'altezza dell'impegno europeo."[1]

Die Forderung nach einer stärkeren Kohärenz in der Wirtschaftspolitik wurde von der Banca d'Italia bereits vor der Währungskrise 1992 geäußert.[2]

Am 2. Juni 1992 lehnte das dänische Referendum den Maastrichter Vertrag ab. Die Lira wurde danach stark unter Druck gesetzt, so daß es am 13. September zu einem Realignment[3] und am 17. September zur Aufhebung der Wechselkursvereinbarungen kam. Am Tag danach erließ die Regierung radikale Maßnahmen zur Eindämmung des Haushaltsdefizits.[4] Es gelang der Banca d'Italia, die Inflationsrate zu senken.[5] Dazu trugen auch das niedrige Wachstum der Gehälter und die Haushaltsmaßnahmen bei.[6] Dieses Resultat ist um so bemerkenswerter, als es von einer Abwertung des effektiven Wechselkurses gegenüber den fünfzehn wichtigsten Handelspartnern Italiens von fast 30% begleitet wurde.[7]

1.2. Juristische Rahmenbedingungen

Rechtliche Grundlagen der Zentralbankpolitik bildeten hauptsächlich der konsolidierte Gesetzestext von 1910,[8] Titel III des Bankgesetzes von 1936[9] und das Bankstatut, das be-

---

[1] „Die italienische Volkswirtschaft hat in den achtziger Jahren bemerkenswerte Fortschritte in der Stärkung des produktiven Sektors und in der Rückführung der Inflation gemacht. Aber in den Strukturen, in den Wirtschaftspolitiken müht sich das Land noch, die vollständige Qualität eines auf der Höhe des europäischen Einsatzes befindlichen Systems zu erreichen." Gouverneur Ciampi zitiert in Banca d'Italia (1994) S. 40f.

[2] Passacantando (1996) S. 66.

[3] Die Lira wurde um sieben Prozent abgewertet. Gleichzeitig senkte die Bundesbank ihre Leitzinsen, was in Deutschland sehr stark kritisiert wurde, da ein Junktim zwischen den beiden Maßnahmen vermutet wurde, was eine Einschränkung der Unabhängigkeit der Zentralbank bedeutet hätte. Kaehler/Korn (1995) S. 31.

[4] Ein großer Teil der Maßnahmen war struktureller Art, betrafen das Renten- und das Gesundheitssystem, sowie die Beschäftigung im öffentlichen Sektor.

[5] Die Inflationsrate sank von 5,2% im September 1992 auf eine Rate von 4% Ende 1994.

[6] Fazio (1998) S. 62.

[7] Eine wesentliche Rolle kam dem Inflationsziel zu, denn die Gehaltsvereinbarungen von 1992 und 1993 sahen explizit vor, daß die Gehälter abhängig von der in den Planungen geschätzten Preissteigerungsrate bestimmt wurden.

[8] T.U. von 1910 n. 204. Die Gesetze betrafen alle Emissionsinstitute. Gültig sind jedoch noch immer die Teile, die sich auf die Dienstleistungen und Operationen der Banca d'Italia beziehen. Finocchiaro/Contessa (1995) S. 21.

[9] R.d.L. vom 12. März 1936 n. 375.

reits im Bankgesetz von 1936 vorgezeichnet worden war.[1]

1.2.1. Verfassungsrechtliche Verankerung

Die Rolle der italienischen Zentralbank ist in der Verfassung von 1947 nicht definiert worden, auch das Ziel der Preisstabilität wurde nicht explizit berücksichtigt.[2]

Zwei Artikel der Verfassung befassen sich mit der Geld- und Wirtschaftspolitik.

Art. 41 legt fest, daß jegliche ökonomische Initiative privat und frei ist.[3]

Art. 47 besagt: „*La Repubblica incoraggia e tutela il risparmio in tutte le sue forme; disciplina, coordina e controlla l'esercizio del credito...*"[4]

Über das Verhältnis dieser beiden Artikel hat sich in der Vergangenheit eine lebhafte Diskussion entwickelt, deren Argumente letztendlich die verfassungsrechtliche Stellung der Banca d'Italia und die Position der Geldpolitik gegenüber der Regierungspolitik betrafen.[5] Die Problematik, die sich aus der Beziehung der Artt. 41 und 47 ergibt,[6] läßt sich auch auf die politischen Konstellationen bei der Verfassungsentstehung zurückführen, die das Ent-

---

[1] Siehe zur vertiefenden Diskussion auch De Vecchis (1986) und Finocchiaro/Contessa (1994).

[2] Das Fehlen eines ausdrücklich formulierten Zieles für die Geldpolitik läßt sich dadurch erklären, daß im Jahr 1936 der Goldstandard Geltung hatte. Es gibt darüber hinaus Interpretationen der Verfassung, die den Artikel 47 derart auslegen, daß die Ersparnisse dann am besten geschützt sind, wenn Preisstabilität erzielt werde. Siehe Eizenga (1993) S. 13.

[3] „... Sie darf nicht im Widerspruch zum Gemeinwohl oder auf eine Weise ausgeübt werden, die der Sicherheit, der Freiheit oder der menschlichen Würde Schaden zufügt. Das Gesetz legt die geeigneten Programme und Kontrollen fest, damit die öffentliche und private ökonomische Aktivität zu gesellschaftlichen Zwecken gelenkt und koordiniert werden kann." Art. 41 der italienischen Verfassung. Im Gegensatz zum Grundgesetz gibt die italienische Verfassung bereits eine bestimmte, nämlich marktwirtschaftliche Wirtschaftsordnung vor, der jedoch interventionistische Elemente beigefügt wurden. Vgl. Kinder (1993) S. 29.

[4] „Die Republik fördert (ermutigt) und schützt die Ersparnis in allen ihren Formen; sie regelt, koordiniert und kontrolliert die Ausübung des Kredites." Art. 47 der italienischen Verfassung. Der Artikel geht auf Bestimmungen des Jahres 1926 zurück, die darauf abzielten, Sparer zu schützen. Anders Merusi (1982, S. 58), der eine fehlende Berücksichtigung der Zentralbank auf die Komplexität des monetären Phänomens zurückführt, die zum Zeitpunkt der Verfassungsentstehung dem Verfassungsgeber bereits bewußt gewesen wäre. Siehe dazu auch Nardozzi (1988), der konstatiert, daß die italienische Verfassung fern von „monetaristischer Orientierung" sei, sich jedoch auch nicht eindeutig als keynesianisch zeige. Sie ist sehr offen gestaltet und läßt sowohl für die Aufsichtsfunktion als auch hinsichtlich der Priorität der geldpolitischen Ziele einen breiten Raum.

[5] Lück (1998) S. 121ff beschreibt die konkurrierenden Auslegungen. Eine weitere Dimension erreicht das Problem damit, daß zahlreiche Normen des T.U. in strenger Auslegung nicht mit der Verfassung und insbesondere Art. 41 vereinbar sind. Zu einer abschließenden Bewertung siehe Predieri (1996) S. 85.

[6] Die Bedeutung des Terminus „Republik" in Art. 47 ist abhängig von der Interpretation dieser Beziehung. Vgl. dazu die Auslegungen von Merusi (1982) S. 50ff und Melica (1994) S. 403f sowie Capriglione (1994) S. 208.

stehen einer neuen Ordnung von Staat und Ökonomie nicht zuließen.[1]

Einige Verfassungsrechtler vertreten die Auffassung, daß die Banca d'Italia per Gesetz kein Mandat zur Verteidigung des internen und externen Wertes der Lira verpflichte und auch ihr Unabhängigkeitsstatus nicht verfassungsrechtlich verankert sei, sie demnach auch nicht den Rang eines Verfassungsorgans habe.[2]

Dabei reicht die Meinungsvielfalt von der Überzeugung, daß es sich bei Art. 41 um die übergeordnete Norm handele, die demnach jegliche zentralbankpolitische Aktivität der direkten Kontrolle der Regierung und des betreffenden Ministeriums unterordne[3] bis hin zu der Auffassung, daß die beiden Artikel als Einheit zu verstehen seien. Aus ihr seien zwar keine Rückschlüsse auf Zielbestimmungen der Banca d'Italia abzulesen, jegliche Ziele müßten sich jedoch in den allgemeinen wirtschaftspolitischen Rahmen einordnen lassen. Demnach wurde vom Verfassungsgeber bewußt ein elastisches und wandelbares Verhältnis zwischen Regierung und Zentralbank geschaffen:[4]

„... *finalità di ordine più generale non sono contenute né esplicitamente né implicitamente in norme di legge, ma sono riconosciute unanimamente alla Banca, con le conseguenti responsabilità morali, dalla prassi e dalla tradizione. Questi scopi non possono essere, tuttavia, compendiati in un'elencazione rigorosa, sia perché sono soggetti nel tempo, secondo le condizioni economiche e sociali, le necessità e le ideologie prevalenti in un dato momento, sia perché sono per la maggior parte obiettivi di ordine generale, al cui conseguimento la Banca concorre con*

---

[1] Zwar stand zu dieser Zeit mit Luigi Einaudi ein Ökonom gemäßigter liberaler Haltung an der Spitze der Banca d'Italia. Es gelang ihm jedoch trotz seiner Autorität weder auf die politische Klasse noch - mit einigen Ausnahmen - auf die Unternehmerschaft einzuwirken. Die politische Klasse wurde durch eine Vielzahl von politischen Strömungen beeinflußt (katholische Soziallehre, die Politik des New Deal, marxistisch - leninistische Gedanken). Eine Folge war, daß das Prinzip des öffentlichen Interesses, das nicht nur als externe Begrenzung, sondern auch als positive Beschränkung der Privatinitiative bereits im Bürgerlichen Gesetzbuch (Codice Civile) bestanden hatte, und der Grundsatz der Legge Bancaria von 1936, nach dem der Staat zum Schutz der Ersparnis und anderer allgemeinerer Ziele die Leitung des Kreditsystems übernommen hatte, wiederaufgenommen wurde. Castronovo (1996) S. 56.

[2] Predieri (1996) S. 220.

[3] Dazu Melica (1994) S. 403. Materiell läßt sich nach Ansicht Melicas daher die Unterordnung der Geldpolitik unter die von der Regierung beschlossene allgemeinen wirtschaftspolitischen Ziele ableiten. Melica führt seine Auslegung darauf zurück, daß durch den Testo Unico von 1910 dem Schatzminister fundamentale Kompetenzen übertragen wurden. Auch die Gesetze von 1947 (Gründung des CICR) und 1967 (Gründung des CIPE) lassen sich seiner Meinung nach in diesem Sinne als Beleg anführen. Ähnlich Salvemini (1988) S. 277ff. Dagegen Lück (1998) S. 123, der als Argument die nicht ausreichende demokratische „accountability" anführt. Man kann einwenden, daß bei einem Verfassungsrang der Banca d'Italia - wie ihn Merusi unterstellt - in der monokratischen Position des Gouverneurs ein demokratisches Defizit offensichtlich wird.

[4] Für diese These spricht die Feststellung im Bericht der ökonomischen Kommission des „Ministro della Costituente" (Minister der verfassungsgebenden Versammlung), die in einer Verstaatlichung der Zentralbank die Zunahme der politischen Einflußnahme auf die Kreditvergabe sah. Capriglione (1994) S. 209.

la sua azione, in misura maggiore o minore, nel quadro più vasto della politica governativa."[1]

Eine Mindermeinung vertritt Merusi, der in der Banca d'Italia ein verfassungsrechtliches Organ sieht, das mit Verwaltungsbefugnissen betraut ist und ein Regierungsorgan mit „technischer Legitimation" darstellt.[2] Sie verfüge damit über eine Position, die mit der anderer Verfassungsorgane, die zum makroökonomischen Gleichgewicht beitragen, vergleichbar sei:[3]

„.... *provvede alla diretta attuazione di una norma costituzionale che assicura la difesa del risparmio, cioè la stabilità monetaria."*[4]

Die Zentralbank und ihre Aufgaben sind dadurch seiner Meinung nach, obwohl im Verfassungstext nicht ausdrücklich erwähnt, verfassungsrechtlich institutionalisiert.[5] Merusi räumt dem Art. 47 damit Vorrang ein und trennt ihn von Art. 41.

Gegen diesen Ansatz gibt es in der italienischen Literatur eine Reihe von kritischen Anmerkungen:

In einer historischen Auslegung läßt sich darlegen, daß bereits bei der Entstehung der Verfassung eine Verankerung des Stabilitätsziels in der Verfassung verworfen wurde. So erklärte zwar eines der Unterkomitees der Wirtschaftskommission in seinem Abschlußbericht:

---

[1] „... allgemeinere Zielbestimmungen sind weder explizit noch implizit in Gesetzesnormen enthalten, aber sie werden einstimmig der Bank mit den folgenden moralischen Verantwortlichkeiten von der Praxis und der Theorie zugesprochen. Diese Zwecke können jedoch in keiner strengen Auflistung aufgeführt werden, da sie abhängig von der Zeit entsprechend den ökonomischen und sozialen Bedingungen, der Notwendigkeit und den vorherrschenden Ideologien in einem gegebenen Moment sind oder weil sie zum größten Teil Ziele allgemeiner Art sind, zu deren Erreichung die Bank mit ihrer Politik in größerem oder geringerem Maße im breiteren Rahmen der Regierungspolitik beiträgt." De Mattia (1967) S. 534.

[2] Merusi stellt die Funktion eines Stabilitätsgaranten in den Vordergrund, spricht sich somit für eine Gewichtung zwischen den beiden Artikeln aus, die zugunsten des Art. 47 ausfällt, der in einem zweiten Schritt als grundlegende Norm für eine stabilitätsorientierte Wirtschaftsverfassung interpretiert wird. Ein weiterer Aspekt, der direkt aus Merusis Interpretation ableitbar ist, ist die erweiterte Anwendung des Art. 11 der italienischen Verfassung auf die Wirtschaftsordnung. Merusi schließt daraus auf die verfassungsmäßig gegebene Notwendigkeit eines außenwirtschaftlichen Gleichgewichts, das durch die Kombination des von ihm angenommenen verfassungsrechtlich bestehenden Stabilitätsziels mit Art. 11 entstehe. Predieri (1996) S. 218.

[3] Merusi spricht von einer gleichberechtigten Position (posizione paritaria). De Vecchis (1986) S. 30.

[4] „...(sie) sorgt für die direkte Verwirklichung einer konstitutionellen Norm, die die Verteidigung der Ersparnis, d.h. der Geldwertstabilität sichert." Merusi zitiert von Predieri (1996) S. 217.

[5] Merusi in Ruland (1981) S. 1141f, siehe dazu auch De Vecchis (1986) S. 30. Dagegen Predieri (1996) S. 217f. Trimarchi (1970) zitiert von Predieri (1996) S. 218f spricht von einem „ministro - tecnico" (technischer Minister).

"(...è) raccomandabile che nella carta costituzionale sia affermato il principio che l'Istituto di emissione ha il preciso dovere di difendere il valore della moneta e che il rispetto di tale principio sia circondato dalle più ampie garanzie costituzionali."[1]

Die Versuche, Preisstabilität verfassungsrechtlich festzulegen, waren aber in der verfassunggebenden Versammlung gescheitert.[2]

Gegen eine Erhebung der Banca d'Italia in den Rang eines Verfassungsorgans spricht auch die Unterordnung der Banca d'Italia unter das CICR, die 1947 erfolgte.[3]

Eine Zentralbank, die losgelöst von politischer Einflußnahme einen Sektor mit wesentlicher Bedeutung für die gesamtwirtschaftliche Entwicklung lenkt (Mikrofunktion) und die Geldpolitik steuert, würde dem Prinzip demokratischer Legitimität und Verantwortlichkeit zuwider laufen.[4]

Zusammenfassend scheint sich eine Interpretation durchgesetzt zu haben, die zwar in dem Schutz der Ersparnis gemäß Art. 47 einen ökonomisch und sozial relevanten Wert sieht, diesen auch als Synonym für Geldwertstabilität begreift, aber den Art. 47 nicht zwingend getrennt von Art. 41 betrachtet und daher auch keine prioritäre Ausrichtung auf das Ziel der Geldwertstabilität feststellt.[5] Die faktische Position der Banca d'Italia, die

---

[1] „...(es ist) empfehlenswert, daß in der Verfassung das Prinzip, daß das Emissionsinstitut die präzise Pflicht hat, den Wert des Geldes zu verteidigen, bestätigt und der Respekt einem solchen Prinzip gegenüber von sehr weitreichenden verfassungsrechtlichen Garantien umgeben wird." Foresti zitiert den Abschlußbericht (1994) S. 497.

[2] Predieri (1996, S. 217) zitiert den sarkastischen Einwurf des Abgeordneten Ruini in der verfassunggebenden Versammlung, der eine Norm als vollkommen unnütz bezeichnete, nach der „... die Republik die Entwertung der Währung verhindert, verbietet und streng bestraft." Eine historische Auslegung muß auch berücksichtigen, daß zum Zeitpunkt der Verfassungsentstehung der Stabilitätsgedanke kein vorrangiges Ziel der politischen Klasse Italiens gewesen ist. Siehe dazu Castronovo (1996).

[3] Ein Argument, das sich weniger aus dem positiven Recht als aus der Praxis ergibt ist das Selbstverständnis der Banca d'Italia, die sich nicht als Verfassungsorgan beschreibt. Finocchiaro/Contessa (1994) S. 51. Dazu auch Spinelli (1991), der über die ersten „considerazioni finali" von Paolo Baffi berichtete, daß dieser die Juristen der Banca d'Italia wiederholt aufgefordert hätte, in jedem „gesetzlichen Winkel" nach einer Norm zu suchen, die eine Stabilitätsverpflichtung beinhaltete. Ähnlich auch Salvemini, die das Selbstverständnis der Zentralbank als Ideologie beschreibt. Sie sieht im Emissionsinstitut ein technisches Organ, das autonome Meinungen von sich gibt, die Geldpolitik auf diskretionäre Weise nutzt, aber weder die Fähigkeit noch die Autorität hat, sich andere Ziele als die der Regierung zu setzen. Salvemini (1988) S. 277.

[4] D'Onofrio (1979, S. 443) spricht hier von einer „legittimazione tecnica", die ausdrücken soll, daß die Banca d'Italia nicht in den Kategorien der politischen Repräsentation, sondern in den Kategorien der ökonomischen Analyse operiert. Ähnlich Merusi (1982). Auch zitiert bei Lück (1998) S. 127. Diese Lesart der materiellen Verfassung gründet ihr Urteil über den Status der Banca d'Italia auf die Funktionsausübung, die in neuerer Zeit erfolgt. Kritisch zu einer solchen Methodik, die *sub specie potestatis* und nicht *sub specie legis* vorgeht. Predieri (1996) S. 220.

[5] Siehe Predieri (1996) für weitere Quellen. Dagegen kann der Einwand geltend gemacht werden, daß die in Art. 41 formulierte Gemeinwohlorientierung zwingend der Geldwertstabilität bedürfe, da eine inflationäre Politik nicht mit den Grundsätzen des Gläubigerschutzes vereinbar wäre. Vgl. auch Capriglione

weder durch Unterwerfung (asservimento) unter die Regierung noch durch eine völlige Loslösung von der Regierung gekennzeichnet ist, scheint letztendlich auch einen Beleg dafür zu liefern.[1]

Formal findet die Banca d'Italia also keine Erwähnung in der Verfassung. Auch eine materielle Prüfung der relevanten Normen stieß sehr bald an ihre Grenzen. Weder die Garantie der Unabhängigkeit noch die Zielsetzung der Preisstabilität ließen sich in der Verfassung nachweisen.[2] Die fehlende Bestimmtheit der verfassungsrechtlichen Normen bedeutet jedoch nicht, daß die Funktion einer Hüterin der Währung nicht von der Banca d'Italia ausgeübt und auch durch einfaches Gesetz anerkannt werden kann.[3]

1.2.2. Rechtsnatur der Banca d'Italia

Nach obigen Überlegungen stellt sich die Frage, ob die Rechtsnatur der Banca d'Italia weitere Aufschlüsse über ihren formalen Handlungsspielraum geben kann. Das Bankengesetz von 1936 hat den Status der Bank verändert; aus einer Gesellschaft privaten Rechts wurde ein „istituto di diritto pubblico" (Institut öffentlichen Rechts), das in einer Aktiengesellschaft verkörpert ist.[4] Der Wandel hat die zuvor herrschende interne Organisation kaum verändert.[5][6] Der Staat hält weder Anteile an der Bank, noch verfügt er über Repräsentanten bei den Anteilseignern. Bilanz sowie Gewinn- und Verlustrechnung werden von den Anteilseignern genehmigt, die auch die Gewinnverwendung bestätigen.[7]

Eine treffende Auslegung der spezifischen Natur der italienischen Zentralbank liefern Finocchiaro/Contessa:

(1994) S. 222.

[1] In diesem Sinne Melica (1994), Predieri (1996), Salvemini (1988), Nardozzi (1988).

[2] Ebenso Capriglione (1994) S. 207.

[3] In diesem Sinne Nardozzi (1988) und Predieri (1996). Anders Melica (1994).

[4] Art. 20 des Gesetzes von 1936, dazu Finocchiaro/Contessa (1994) S. 52. Kritisch dazu Rescigno, der die Banca d'Italia als physisch nicht existent bezeichnet. Es handelt sich bei ihr um eine öffentliche „Autorität", die Regulierungskompetenzen hat und fast völlig losgelöst von den repräsentativen Organen agiert. Rescigno kritisiert, daß damit eine Rückkehr zum Nachtwächterstaat des 19. Jahrhunderts eingeleitet worden sei. Die Banca d'Italia sei die erste Institution dieser Art gewesen. Vergleichbar sei die CONSOB (Commissione nazionale per le società a la borsa), die 1974 errichtet wurde. Rescigno (1997/98) S. 722.

[5] Finocchiaro/Contessa (1995) S. 22.

[6] 1936 wurden die privaten Anteilseigner ausbezahlt und das Kapital wurde in 300.000 Aktien je 1000 Lire aufgeteilt.

[7] Die Umwandlung von öffentlichen Banken in private Aktiengesellschaften ist durch eine Veränderung des Artikels 3 des Statutes berücksichtigt worden, jedoch mußte die Mehrheit der Anteile in öffentlicher Hand verbleiben. Siehe Banca d'Italia (1994) S. 53. Vgl. Zironi (1993) S.663ff. Dazu Finocchiaro /Contessa (1994) S. 52.

„To a certain extent, the Bank retains the nature of a private company in terms of shareholders' liability, although shareholders must have the status prescribed by law and any transfer of shares (only among these categories of shareholders) must have the prior consent of the Bank's Board of Directors."[1]

Insgesamt läßt die Rechtsnatur aber keine Rückschlüsse auf den Handlungsspielraum der Zentralbank zu.[2]

1.2.3. Das zentralbankrechtliche Normengefüge vor 1992

1.2.3.1. Die Aufgabenzuweisung an die Banca d'Italia

Die Satzung der Banca d'Italia legte zwar die Befugnisse der einzelnen Organe fest, sagte aber nichts über den eigentlichen Zweck des Emissionsinstitutes aus.[3] An der Formulierung und Ausführung der Geldpolitik waren formal im weitesten Sinne vier Institutionen beteiligt: Das Comitato Interministeriale per la Programmazione Economica (CIPE),[4] das Comitato Interministeriale per il Credito ed il Risparmio (CICR),[5] der Schatzminister (Ministro del Tesoro) und die Banca d'Italia. Mit der Festsetzung der Diskontpolitik auf Vorschlag des Gouverneurs[6] wurde dem Schatzminister ein wichtiges Instrument der Geldpolitik überantwortet. Die geldpolitischen Befugnisse der Banca d'Italia ließen sich aus den

---

[1] Finocchiaro/Contessa (1995) S. 22. Dazu auch De Vecchis (1986), Predieri (1996) S. 102.

[2] Ebenso Capriglione (1994).

[3] Carli (1988).

[4] Als Verwaltungsorgan der Regierung geplant, das alle bestehenden Komitees - also auch das CICR - ersetzen sollte - wurde das Komitee 1967 gegründet. Die ursprüngliche Absicht wurde jedoch noch während der parlamentarischen Beratungen fallen gelassen. Das Komitee hatte fortan die Aufgabe, die Kriterien für die ökonomische Planung zu entwickeln und zu überprüfen. Siehe dazu Banca d'Italia (1992) S. 14. Dem Komitee gehören als Mitglieder der Ministerpräsident (Vorsitzender), der Haushaltsminister (Vizepräsident), und zahlreiche weitere Minister an. Der Gouverneur der Banca d'Italia nimmt nur auf Einladung an den Sitzungen teil. Die geldpolitische Planung wird als ein Teil der Wirtschaftsplanung verstanden und unterliegt somit zumindest formal der Genehmigung des CIPE, das diese jedoch noch nie verweigert hat. Im Unterschied zu den anderen wirtschaftspolitischen Planungen werden die geldpolitischen Vorschläge nicht im Komitee diskutiert. Siehe dazu Eizenga (1993) S. 6f.

[5] Das CICR wurde 1947 gegründet und hatte zunächst vornehmlich Funktionen der Bankenaufsicht. Aus dieser ursprünglichen Aufgabe heraus erklärt sich auch die für die Geldpolitik relevante Aufgabe der Festsetzung der Mindestreserve auf Einlagen. Das Komitee setzt sich aus dem Schatzminister, dem Haushaltsminister und weiteren mit volkswirtschaftlichen Angelegenheiten befaßten Ministern zusammen. Der Gouverneur nimmt an den Sitzungen teil, ist jedoch kein Mitglied. Siehe Eizenga (1993) S. 8 und De Vecchis (1986) S. 83f. Faktisch hat die Banca d'Italia jedoch auch in diesem Gremium eine eminente Rolle, denn bisher stammten alle in diesem Gremium vorgebrachten Vorschläge von der Banca d'Italia. Guarino (1988) S. 266.

[6] Aufgrund der Statuten hatte der Schatzminister auch das Recht, die Vorschläge des Gouverneurs abzulehnen. Bislang kam es dazu nicht.

Normen nur indirekt erschließen. So hieß es in Art. 1 des Statuts der Banca d'Italia von 1936:

„*Essa esercita funzioni bancarie, può emettere titoli al portatore e, quale unico istituto di emissione, emette biglietti nei limiti e con le norme stabilite dalla legge.*"[1]

Preisstabilität und andere wirtschaftspolitische Ziele, wie Wachstum und Beschäftigung, wurden als gleichbedeutend betrachtet.[2] In einem Vortrag äußerte sich Gouverneur Ciampi folgendermaßen:

„*... central banks still perform the task – not so much traditional as innate – of maintaining the stability of the currency....it has to be performed in the light of its complementary relationship with another basic aim – full employment of resources in conformity with the external constraints.*"[3]

Zwar wurden fortan die geldpolitischen Ziele nicht mehr vom CIPE diskutiert,[4] eine Beschreibung der Banca d'Italia im formal-hierarchischen Sinne als „Ausführungsorgan der geld- und kreditpolitischen Beschlüsse des CICR" würde jedoch dem materiellen Gehalt der Normen nicht gerecht.[5]

Während dem CICR die „*hoheitliche Aufsicht über den Schutz der Ersparnisse, das Kreditwesen und die Wechselkursangelegenheiten*"[6] übertragen wurden, erhielt die Zentralbank dort Entscheidungsbefugnisse „*... wo diese eine ausreichende Garantie für den Schutz allgemeiner Interessen bot.*"[7] Somit läßt sich die organisatorische Gestaltung des Verhältnisses CICR-Banca d'Italia im Sinne einer formalen Absicherung der demokratischen Legitimation interpretieren.[8]

„*Als adäquate Lösung erschien es dem Gesetzgeber, dem Schatzamt in seiner Verantwortung für die Geldpolitik („Makro-Aspekt") eine Art Expertengremium zur Seite zu stellen (aus dem*

---

1 „Sie übt Bankfunktionen aus, kann Inhabertitel emittieren und als alleiniges Emissionsinstitut Noten innerhalb des Umfanges und entsprechend der Normen, die durch das Gesetz festgelegt worden sind, emittieren." Art. 1 Statut der Banca d'Italia i.d.F. von 1993.

2 Vgl. Panico/Rizza (1996).

3 Eizenga zitiert Ciampi (1993) S. 13.

4 Eizenga (1993) S. 6.

5 Vgl. Studt (1992) S. 123 und Lück (1998) S. 177. Lück argumentiert mit dem Kontext, in dem die Bestimmungen über das Verhältnis von CICR und Banca d'Italia entstanden sind.

6 Art. 1 Abs. 1 Verordnung (DLCPS) Nr. 691 vom 17. Juli 1947

7 Lück (1998) S. 178.

8 Unterstützt wird diese Auslegung durch die Zusammensetzung des Gremiums, die eine Form von Richtlinienkompetenz belegen könnte, jedoch für Einzelfallentscheidungen zu komplex ist. De Vecchis (1986) S. 84.

dann das CICR hervorging), während der Banca d'Italia der „Mikro-Aspekt" d.h. die Bankaufsicht (durch Überschreibung der Aufgaben des erloschenen Ispettorato) anvertraut wurde."[1]

Grundsätzlich war der Banca d'Italia somit das Recht zugestanden worden, auf technisch-instrumenteller Ebene die vom CICR gefällten Entscheidungen auszulegen sowie die Mittel und den Zeitpunkt der Durchführung zu bestimmen. Der Einsatz verschiedener Instrumente wie z.B. Diskontsatzänderungen mußte jedoch von politischen Entscheidungsträgern genehmigt werden.[2] Formal wurden der Banca d'Italia folgende Aufgaben zugewiesen:[3]

1. Druck der Noten und Festlegung der Menge des in Umlauf befindlichen Bargelds
2. Verwaltung der Gold- und Devisenreserven zusammen mit dem UIC
3. Bereitstellung von Kassendiensten für das Schatzministerium und Financier des Staates[4]
4. Durchführung der Bank- und Finanzaufsicht

Zu 1:

Die Grundlage des Emissionsrechts bildete die Legge Bancaria von 1936, durch die das Emissionsmonopol der Banca d'Italia institutionalisiert wurde.[5]

Zu 2:

Die Entstehung der Normen zur äußeren Währungspolitik sind in der Regel eng mit der Kriegswirtschaft verknüpft gewesen.[6] Das Wechselkursregime wurde von der Regierung festgelegt, die Beträge und der zeitliche Ablauf von Marktinterventionen unterstanden hingegen der Entscheidungskompetenz der Banca d'Italia. Die Banca d'Italia war zusammen mit dem Ufficio Italiano dei Cambi (UIC) für die Verwaltung der Gold- und Devisenreserven verantwortlich, das 1945 errichtet wurde.[7] Das UIC erhielt eine eigene Rechtspersönlichkeit und eine autonome Geschäftsführung, die dem Schatzminister unterstellt

---

[1] Lück (1998) S. 179. Faktisch ist das CICR häufig über Jahre nicht zusammengetreten. De Vecchis (1986) S. 84.
[2] Caesar (1981) S. 405.
[3] Diese Aufgaben entstammten unterschiedlichen gesetzlichen Quellen.
[4] Siehe dazu Lück (1998) S. 160.
[5] Lück (1998) S. 159, r.d.l. vom 21.12. 1927 n. 2325 durch r.d.l. vom 17.6.1928 n. 1377 bestätigt.
[6] Consulenza Legale (1992) S. 37.
[7] D.l.lgt. vom 17. März 1945 n. 331.

wurde.[1]

Die Aufgaben des UIC waren die Durchführung von Kassen- und Termingeschäften mit Gold und Fremdwährung, ausländischen Schatzwechseln sowie im Ausland oder in Fremdwährung begebenen italienischen Titeln. Die Grundlage für die folgende Neuordnung der Devisenregelungen wurde mit dem Gesetz vom 26. September 1986 n. 599 gelegt, das dem Gouverneur der Banca d'Italia die Verantwortung für die Neuordnung des Sektors übertrug, somit auch eine „... *größere Klarheit und Erkennbarkeit der devisenpolitischen Normen und Informationsgarantie gegenüber den Interessenten*".[2] Damit konnten der Banca d'Italia in Notfällen weitere Entscheidungskompetenzen übertragen werden.[3]

Zu 3:

Die normative Grundlage für den Kassendienst der Banca d'Italia und ihre Rolle als Bank des Staates stellt die Konvention vom 30. Oktober 1894 zwischen Banca d'Italia und Schatzamt dar.[4] Neben dem eigentlichen Kassendienst war die Banca d'Italia zu einer Reihe von anderen Dienstleistungen gegenüber dem Schatzamt oder der Regierung verpflichtet, wie der Vergabe von „anticipazioni ordinari/straordinari" (reguläre und Sonderlombardgeschäfte)[5] und der Konsortialführung und Emission öffentlicher Schuldtitel.[6]

---

[1] Es bedient sich gemäß Art. 2 d.l.lgt. Nr. 331 der Banca d'Italia zur Durchführung seiner Aufgaben und nutzt die Banken, die von der Banca d'Italia autorisiert werden, als ihre Agenturen zu fungieren. In der Praxis besteht zwischen UIC und Banca d'Italia eine sehr enge Verbindung. Der Gouverneur der Banca d'Italia ist zugleich Präsident des UIC und koordiniert demzufolge die Wechselkurspolitik mit der internen Geldpolitik. Passacantando (1996) S. 75. Außerdem gehören dem Verwaltungsrat des UIC zwei Vertreter des Schatzamtes, ein leitender Angestellter der Bank und vier weitere Mitglieder an. Letztere müssen über eine „weitreichende Kompetenz" im Devisenbereich verfügen und dürfen in Ausübung des Amtes keinen Interessenkonflikten unterliegen. Art. 4 Abs. 1 des d.l.lgt. vom 17.5. 1945 n. 331. Zu Details Lück (1998) S. 148.

[2] Consulenza Legale (1992) S. 42. Mit dem d.p.r. vom 31. März 1988 n.148 wurde der „Testo Unico delle norme in materia valutaria" verabschiedet, wodurch die die Freiheit der Devisenbeziehungen mit dem Ausland, das Monopol des UIC und die Kanalisierung der Wechselkurspolitik über die Banca d'Italia bestätigt wurden. Mit dem d.m. vom 27. April 1990 wurde der Kapitalverkehr liberalisiert, und die Gemeinschaftsdirektive vom 24. Juni 1988 kam durch Anwendung des Art. 67 des Vertrages von Rom zur Anwendung.

[3] Consulenza Legale (1992) S. 43.

[4] Bestätigt durch das r.d. vom 10. Dezember 1894, n. 533. Vorher wurde der Kassendienst mehrheitlich durch staatseigene Institutionen gewährleistet. Das Abkommen zwischen Banca d'Italia und Schatzamt sah vor, daß der Kassendienst entsprechend noch festzulegenden Regeln zu erfolgen hatte. Er war nicht auf Ein- und Auszahlungen für Rechnung des Staates begrenzt, sondern umfaßte eine Reihe begleitender Aktivitäten der Bank. Consulenza Legale (1992) S. 45.

[5] D.m. vom 21. Januar 1948 n. 7 und Art. 21 des Gründungsgesetzes der Banca d'Italia.

[6] Siehe zu den Details der Entwicklung Consulenza Legale (1992) S. 50ff.

Zu 4:

Der Banca d'Italia kommt eine zentrale Rolle bei der Finanz- und Bankaufsicht zu. Letztere erhielt sie 1926. Kennzeichnend für das italienische Bankensystem ist die enge Verbindung zwischen der makro- und mikroökonomischen Funktion, die sich in den Normen zur Banken- und Finanzaufsicht widerspiegelt[1] und auch aus den verfassungsrechtlichen Bestimmungen abgeleitet werden kann.[2] Die Aufsichtsfunktion wurde der Zentralbank 1936 wieder entzogen, um ihr 1944 per Delegation (d.l.l. vom 14. September 1944 n. 226) und 1947 per direkter Zuweisung (d.l.c.p.s. vom 17. Juli 1947) erneut übertragen zu werden. Die Aufsichtsfunktion ist durch die parallele Entscheidungsmacht der Bank und des Schatzamtes gekennzeichnet.[3] Zu den Aufgaben zählen die Erteilung und der Widerruf von Banklizenzen, die Überwachung der Bankgeschäfte durch Inspektionen und die Solvabilitäts- und Liquiditätsüberwachung.[4] Der durch den Testo Unico geregelte Bereich umfaßt jedoch nicht alle Aufsichtsfunktionen der Banca d'Italia.[5]

1.2.3.2. Organisation der Banca d'Italia

1.2.3.2.1. Die leitenden Organe

Artikel 5 des Statuts der Banca d'Italia beschreibt die leitenden Organe der Bank:

„I poteri dell'Istituto risiedono:

a) nell'assemblea generale dei partecipanti;

b) nel Consiglio superiore e nel Comitato del Consiglio superiore;

c) nel direttorio, costituito dal governatore, dal direttore generale e da due vice direttori generali.“[6]

---

[1] Lück (1998) S. 169.

[2] Zur Entwicklung der bankaufsichtlichen Normen Consulenza Legale (1992) und Eizenga (1993) S. 17.

[3] De Vecchis (1986) S. 99.

[4] Formal gibt es in Italien keine Liquiditätsvorschriften. Eizenga (1993) S. 18.

[5] Siehe zu den anderen Bereichen Garavelli (1996) S. 105. Außen vor blieben beispielsweise die Gesetze über besondere Investitionsorganismen (fondi communi, SICAV) und die SIM. 1991 wurden diese Gesellschaften gegründet, die den Börsenhandel mit nichtstaatlichen Papieren vornehmen. Die Banca d'Italia ist für die Überwachung des Vermögensstatus der Wertpapierhändler verantwortlich, während die CONSOB direkt die SIM und den geordneten Geschäftsablauf überwacht. Lück (1998) S. 168.

[6] "Die Befugnisse der Bank sind angesiedelt:
a) in der allgemeinen Versammlung der Teilhaber;
b) im Aufsichtsrat und im Komitee des Aufsichtsrats;
c) im Direktorium, das aus Gouverneur, Generaldirektor und zwei Vizegeneraldirektoren besteht." Art. 5 des Statutes der Banca d'Italia.

Zu a) Versammlung der Teilhaber[1]

Die Hauptversammlung gleicht einer Versammlung von Aktionären einer privatwirtschaftlichen Gesellschaft. Die Anteilseigner treffen sich jedes Jahr zu einer ordentlichen Versammlung und bestätigen die Bilanz sowie die Gewinn- und Verlustrechnung, autorisieren die vom Consiglio Superiore vorgeschlagene Zahlung der Dividenden und nominieren die Mitglieder des Consiglio Superiore, die Revisoren (Sindaci) und ihre Stellvertreter.[2] Der Gouverneur führt den Vorsitz in der Versammlung, ein Regierungsinspektor oder ein vom Schatzminister delegierter Beamter nehmen an den Versammlungen teil.[3] Das Stimmrecht ist anteilsmäßig verteilt und auf 50 Stimmen pro Repräsentant begrenzt.[4] An den Sitzen (Sedi) der Banca d'Italia[5] werden die Mitglieder des Consiglio superiore ernannt und abberufen.[6]

Zu b) Consiglio Superiore (Hohe Rat) und Comitato del Consiglio Superiore (Komitee des Hohen Rates)

Ersterer hat als beratendes Organ, das sich aus dem Gouverneur als Präsidenten und 13 Räten zusammensetzt, das Vorschlagsrecht für die höchsten Ämter der Banca d'Italia. Die Räte werden für eine Zeit von 3 Jahren von den bei den Sitzen der Bank ansässigen Generalversammlungen gewählt. Der Gouverneur und die anderen Mitglieder des Direktoriums werden per Dekret vom Staatspräsidenten bestellt, nachdem ihre Ernennung vom Ministerpräsidenten im Verein mit dem Schatzminister und nach Anhörung des Ministerrates unterstützt worden ist.[7] Auch in diesem Gremium ist die Bedeutung der Banca d'Italia außerordentlich groß,[8] faktisch äußert sich einzig der Gouverneur.[9]

Der Consiglio Superiore[10] ist das administrative Hauptorgan der Bank.[11]

Er nominiert und entläßt die Mitglieder des Direktoriums, setzt die Gehälter des Personals

---

[1] Siehe zu den genauen rechtlichen Bestimmungen über ordentliche und außerordentliche Versammlungsfähigkeit Banca d'Italia (1994) S. 63ff und das Statut der Banca d'Italia Artt. 6-16.

[2] Die aufgrund der Neuordnung von 1936 entstandenen Eigentumsverhältnisse waren in der Folge relativ stabil geblieben.

[3] Art. 5 des Dekretes von 1947 und Art, 114 T.U. von 1910.

[4] Zu den genauen Stimmrechtsverteilungen siehe Art. 8 des Statutes der Banca d'Italia.

[5] Ancona, Bari, Bologna, Cagliari, Genua, Neapel, Mailand, Palermo, Turin, Triest, Venedig, Florenz und Livorno.

[6] Siehe dazu Banca d'Italia (1994) S. 65.

[7] Banca d'Italia (1994) S. 68.

[8] Siehe Guarino (1988) S. 267.

[9] Guarino (1988) S. 267 und vertiefend Lück (1998) S. 142.

[10] Artt. 17-22 des Statutes der Banca d'Italia.

[11] Aus historischen Gründen wählen Florenz und Livorno zusammen ein Ratsmitglied.

fest, prüft die jährlichen Bilanzen und die Gewinn- und Verlustrechnung und präsentiert diese bei der Versammlung der Teilhaber.

Der Consiglio Superiore ist unabhängig, da seine Mitglieder keine öffentlichen oder politischen Ämter bekleiden oder in einer Bank arbeiten dürfen. Kein Mitglied der Regierung darf ihm angehören.

Das „Comitato del Consiglio Superiore" (Komitee des Hohen Rates) ist für laufende administrative Angelegenheiten, die keine geldpolitischen Entscheidungen betreffen, zuständig.

„... *delibera su tutte le altre materie che, non essendo esplicitamente demandata all'assemblea generale dei partecipanti, il governatore ritenga di sottoporgli.*"[1]

Es besteht aus vier Mitgliedern, die aus und von dem Consiglio Superiore gewählt werden. Der Gouverneur leitet die Sitzungen.[2] Auch der Generaldirektor wohnt den Sitzungen bei und kann ein beratendes Stimmrecht ausüben.

Zu c) Direktorium

Gouverneur, Generaldirektor und die beiden Vizegeneraldirektoren werden für eine unbestimmte Amtszeit ernannt. Es handelt sich bei dem während der Amtszeit Carlis eingeführten Direktorium – im Gegensatz zu der im Statut genutzten Bezeichnung - nicht um ein separates Organ, das ein Kollegialitätsprinzip widerspiegeln soll, sondern im Sinne eines Vertretungsprinzips um die Organisation bei einer Verhinderung des Gouverneurs.[3]

1.2.3.2.2. Comitato Interministeriale per il Credito e il Risparmio (CICR)

Das CICR[4] ist eine der im Testo Unico zitierten „Kreditautoritäten" und stellt formal die höchste Aufsichtsbehörde dar. Es besteht aus dem ihm vorsitzenden Schatzminister, dem Budgetminister, dem Außenwirtschaftsminister, dem Minister für die Koordination der Landwirtschafts-, Ernährungs- und Forstpolitik, dem Finanzminister, dem Minister für öffentliche Aufträge und dem Minister für Angelegenheiten der Europäischen Gemeinschaft.

---

[1] Art. 20 Nr. 19 des Statuts der Banca d'Italia.

[2] Er nimmt aber nur bei Stimmengleichheit an den Abstimmungen teil. Außer ihm wohnen noch die beiden Vizegeneraldirektoren den Sitzungen bei. Art. 18 des Statutes der Banca d'Italia.

[3] Guarino (1988) S. 267.

[4] Der Schatzminister wird neben der Banca d'Italia und dem CICR zu den „autorità creditizie" gezählt, da er im Notfall das CICR ersetzt. Vgl. Art. 3 des Testo Unico von 1993 und Garavelli (1996) S. 110.

Der Zentralbankgouverneur nimmt an den Sitzungen teil. Trotz dieser Zusammensetzung wird das CICR nicht als ein politisches Organ betrachtet.[1] Es ist für die allgemeinen Prinzipien der Aufsicht verantwortlich, die von der Banca d'Italia in konkrete Regeln und Regulierungen umgewandelt werden. Nur diese kann durch Verwaltungsakte verbindliche Anweisungen für die Geschäftsbanken treffen. Das CICR trifft sich so selten, daß es faktisch seine Aufsichtsrolle nicht ausübt. Diese Funktion kommt dadurch gänzlich der Zentralbank zu, die die Dekrete des CICR vorbereitet.[2] Die Verwaltungsakte zur Bankenaufsicht der Banca d'Italia unterliegen zwar der Kontrolle des CICR, doch hat es in der Praxis bisher sehr selten Widerstand gegen sie gegeben.[3]

1.2.4. Aspekte der formalen Abhängigkeit der Banca d'Italia

Die Stellung der italienischen Zentralbank erschließt sich nur zu einem sehr begrenzten-Teil aus ihrer normativen Verankerung.[4] Diese Unbestimmtheit ist unter anderem auf zum Teil fehlende Aufgaben- und Zielbestimmungen,[5] einen nur partiell kodifizierten Instrumentenkatalog und die fehlende verfassungsrechtliche Verankerung zurückzuführen. Kennzeichnend für die italienische Zentralbankverfassung vor den durch den Maastrichter Vertrag induzierten Veränderungen ist eine Vielzahl von Gesetzen und Dekreten, die jedoch kein klar gezeichnetes Bild des formalen Handlungsrahmens der Entscheidungsträger ergeben.[6] Die relevanten Normen zeichnen sich vor allem durch ihre Heterogenität (Legge Bancaria, Statut, und eine Vielzahl von Regelungen unterschiedlicher Entstehungszeit) aus.[7] Die fehlende Formulierung eines Zieles der Preisstabilität wird in der Literatur häufig zum Anlaß genommen, von einem institutionellen Abhängigkeitsverhältnis auszugehen. Auf der anderen Seite ist es aber gerade die Unbestimmtheit vieler Regelungen, die die Möglichkeit eines breiteren Handlungsspielraumes eröffnen:

„I rapporti fra Banca d'Italia, Tesoro e governo non sono chiaramente definiti, anche se è un dato che la politica del debito pubblico appartiene istituzionalmente alla competenza del Te-

---

[1] Report of a Working Group of the ECU Institute (1995) S. 210.
[2] Art. 4 § 1 T.U..
[3] Siehe dazu auch Eizenga (1993) S. 17f.
[4] Siehe dazu auch Artoni (1988).
[5] Davon auszunehmen ist der Katalog der der Zentralbank möglichen „operazioni", der im Statut festgelegt ist. Siehe dazu Tiolo III des Statuts der Banca d'Italia.
[6] Dies gilt nicht nur für die Zentralbank, sondern auch die anderen wirtschaftspolitischen Träger. Artoni (1988, S. 254) führt diesen Umstand auf das Fehlen von Regeln zurück, die auf einer höheren Ebene die Wirtschaftsverfassung beschreiben wie beispielsweise Normen über die zulässige Staatsverschuldung.
[7] Predieri (1996) S. 77.

soro, organo dello Stato... ."[1]

Das Verhältnis zwischen Regierungsmitgliedern und der Banca d'Italia wird durch eine Vielzahl von vereinzelten Normen geregelt, deren Interpretation in der Literatur divergiert.[2] In Italien obliegt es dem Staatsoberhaupt, das Statut der Banca d'Italia zu bewilligen und die Nominierungen des Gouverneurs, des Generaldirektors und der Vizegeneraldirektoren zu bestätigen.[3] Der Ministerpräsident ist an der Ernennung der Führungsmitglieder der Banca d'Italia beteiligt.

Über das „Comitato Interministeriale per la Programmazione Economica" (CIPE)[4] und das „Comitato per il Credito ed il Risparmio" (CICR) sowie den Schatzminister bestanden lange eine Vielzahl von formalen Abhängigkeitsbeziehungen bei der geldpolitischen Funktionserfüllung, die jedoch hinsichtlich ihrer faktischen Bedeutung genauerer Analyse bedürfen:[5] Das CICR hat 1947 die Aufsicht über den „Schutz der Ersparnis, der Ausübung des Kreditwesens und des Währungswesens erhalten".[6] Die Banca d'Italia hatte - rein formal gesehen - die Entscheidungen des CICR auszuführen, letzteres hat aber faktisch „im Regelfall die einvernehmlich zwischen Tesoro-Minister und dem Gouverneur der Banca d'Italia verbredeten Beschlüsse nur formal sanktioniert."[7]

Somit werden diese nur formal bestehenden Abhängigkeitsverhältnisse durch die Teilnahme des Gouverneurs an den Sitzungen des CICR und sein Vorschlagsrecht relativiert.

Dagegen erweisen sich die Bestimmungen über das Verhältnis zwischen CIPE und Banca

---

[1] „Das Verhältnis zwischen Banca d'Italia, Schatzamt und Regierung ist nicht klar definiert, auch wenn die öffentliche Schuldenpolitik institutionell der Kompetenz des Schatzamts ... zuzuordnen ist ..." Predieri (1996) S. 22.

[2] Siehe dazu Banca d'Italia (1992) S. 10ff.

[3] Art. 19 Statut der Banca d'Italia i.d.F. von 1993.

[4] Das CIPE ist allerdings kein dem CICR übergeordnetes Organ. Anders Lück (1998) S. 151. Durch das d.p.r. vom 30. März 1968 n. 626 wurde hinsichtlich des Verhältnisses beider Organe zwar bestimmt, daß das CICR die allgemeinen Direktiven des CIPE hinsichtlich der Finanzflüsse berücksichtigt, die konform zu den Entwicklungslinien des nationalen Wirtschaftsprogramms geplant wurden. Jedoch sprechen eine Reihe von Erwägungen gegen eine Unterordnung: Zunächst handelt es sich nicht um echte „Direktiven", sondern um Hinweise auf bestimmte Probleme. Außerdem sprechen die Verwendung des Terminus „allgemein" und ihre Regelmäßigkeit im Rahmen der Haushaltsplanung gegen ein spezifisches Weisungsrecht. Auch die juristische Literatur schließt eine Unterordnung aus. Siehe dazu Banca d'Italia (1992) S. 14 und die dort verzeichneten Quellen. Es handelt sich demnach bei der Trennung zwischen CIPE und CICR um eine beabsichtigte Differenzierung zwischen politischen Entscheidungen durch das CIPE und Entscheidungen hinsichtlich des Geld- und Kreditsystems. Diese Praxis hat dazu geführt, daß die für das Finanzsystem relevanten Entscheidungen ausschließlich durch das CICR gefällt wurden, das CIPE somit strenggenommen nicht zu den Organen des Kreditsystems (autorità creditizie) zählen kann.

[5] Siehe dazu Lück (1998) S. 149 – 157.

[6] De Vecchis (1986) S. 87.

[7] Lück (1998) S. 150 Fußnote 255.

d'Italia als praktisch von nur geringer Bedeutung für den Handlungsspielraum der Notenbank, denn hier wird allenfalls die Beratungs- und Expertenfunktion betroffen.[1]

Der Schatzminister verfügte bis 1998 über mehrere Kontrollmöglichkeiten: Er konnte die Beschlüsse der Organe der Banca d'Italia suspendieren oder annullieren (Artt. 114 und 115 T.U. r.d. 204/1910) und die Bilanzen des Instituts kontrollieren (Art. 117 T.U. r.d. 204/1910). Zudem dienten periodische und außerordentliche Untersuchungen von Inspektoren der Überwachung der grundlegenden Operationen[2] des Instituts (Art. 124 T.U. r.d. 204 /1910).

Die Banca d'Italia war nur in relativ geringem Maße gegenüber dem Parlament verantwortlich.[3] Der Gouverneur konnte beispielsweise vom Parlament zu in seinen Kompetenzbereich fallenden Entscheidungen gehört werden. Diese Möglichkeit ist in der Vergangenheit mehrfach genutzt worden.[4]

Alle drei Jahre ordnet der Schatzminister - neben den jährlichen Inspektionen, deren Ergebnis auch dem Parlament präsentiert wird - außergewöhnliche Inspektionen an, die sich durch den Umfang der zu prüfenden Bereiche[5] auszeichnen.[6]

Zudem konnte sich der Schatzminister einer ständigen parlamentarischen Kommission bedienen, die, aus sechs Abgeordneten beider Kammern bestehend,[7] Empfehlungen zur Notenemission, zur Veränderung der Bankstatuten und zu allen Fragen der Aktualisierung des Testo Unico von 1910 abgeben konnte.[8] Diese geringe demokratische Legitimation wurde in Italien nicht ausschließlich kritisch betrachtet,[9] denn in ihr wird ein Vorteil für ein größeres Maß an Handlungsfähigkeit gesehen.[10][11] Instrumentelle Unbestimmtheit macht sich auch auf der personellen Ebene dadurch bemerkbar, daß die Gouverneure in ihrer monokratischen Rolle mehr oder minder unabhängig agieren können.

---

[1] Lück (1998) S. 153f.
[2] Dazu Melica (1994) S. 404.
[3] Kein Mitglied des Parlaments darf bei der Banca d'Italia tätig sein. Art. 132 des T.U./r.d. von 1910/n.204.
[4] Siehe beispielsweise die Anmerkungen zur „Legge Amato" in Banca d'Italia (1992) S. 61ff. Zur „Legge Amato". Zur Rolle der Zentralbank im Gesetzgebungsprozeß: "Die Funktionäre der Zentralbank sind faktisch wichtige Autoren von Gesetzesentwürfen und Verordnungen, von Gesetzgebungsdekreten, Abänderungen, auch wenn im Gesetzgebungsprozeß und in den Verfahren diese Rolle mehrfach keine formalen Anerkennungen erfahren hat." Predieri (1996) S. 179f.
[5] Siehe dazu Art. 124 des T.U./r.d. von 1910/n.204.
[6] Art. 123 des T.U./r.d. von 1910/n. 204.
[7] Art. 110 des T.U./r.d. n. 204 von 1910.
[8] Artt. 111 und 112 T.U./r.d. 204/1910. Lück (1998) sieht auch in der parlamentarischen Ermächtigung zur Überziehung der 14 %-Fazilität eine Form der Kodifizierung der Verantwortlichkeit.
[9] Vgl. Predieri (1996) S. 180 und Finocchiaro/Contessa (1995) S. 79.
[10] Zironi (1993) S. 668.
[11] Siehe dazu Lück (1998) S. 185f.

Hinsichtlich der finanziellen Unabhängigkeit gibt es in Italien aufgrund der besonderen Besitzverhältnisse keine Notwendigkeit, daß die Regierung zum Budget der Bank ihre Zustimmung erteilt. Der Haushalt wird von einem Vertreter oder Inspektor des Schatzamtes geprüft, dann dem Consiglio Superiore vorgelegt und nach einer Prüfung durch die Revisoren (Sindaci) von der Assemblea Generale verabschiedet.[1] Die Beteiligung des Schatzamtes beschränkt sich jedoch auf eine Prüfung nach formalen Kriterien.[2]

Auch über die Gewinnverwendung berät der Consiglio Superiore[3] nach den in Art. 54 des Statuts der Banca d'Italia festgelegten Regelungen.[4] Danach ist vom Nettogewinn nach Abzug von höchstens 20% zur Erhöhung der ordentlichen Rücklagen (Riserva ordinaria) den Anteilseignern eine Dividende von maximal 6% des eingezahlten Kapitals auszuzahlen.[5] Darüber hinaus können nach Vorschlag des Consiglio Superiore und mit Zustimmung des Schatzministers[6] sogenannte „fondi speciali" (Spezialfonds) und außerordentliche Rücklagen (Riserve straordinarie) errichtet werden.[7] Den Aktionären kann zusätzlich noch eine Dividende von maximal 4% des einbezahlten Kapitals ausbezahlt werden.[8] Der verbleibende Betrag wird dem Staat überwiesen.[9] Angesichts eines Grundkapitals von 300 Millionen Lire beträgt die maximal ausschüttbare Dividende nur 30 Millionen Lire. In der Praxis wurden die Rahmenbedingungen für Reservezuweisungen und Dividendenausschüttungen in der Vergangenheit immer ausgeschöpft, so daß eine fast kontinuierliche

---

[1] Theoretisch verfügt der Vertreter des Schatzamtes über die Möglichkeit, bei Verstößen gegen formale Kriterien die Entscheidungen für fünf Tage auszusetzen. Der Schatzminister könnte in diesen Fällen auch die Beschlüsse für nichtig erklären. Abgesehen von der geringen praktischen Relevanz dieser Bestimmungen ist damit noch keine materielle Einflußnahme des Schatzamtes legitimiert. Artt. 114ff des T.U./r.d. von 1910/n. 204.

[2] Zu Einzelentscheidungen hinsichtlich des Vermögens ist die Banca d'Italia nach den Artt. 20 und 42 Abs. 3 des Statuts i.d.F. von 1993 ohne Zustimmung des Staates befugt. Siehe dazu auch Lück (1998) S. 181 und De Vecchis (1986).

[3] Art. 20 des Statuts der Banca d'Italia von 1993.

[4] Im Juli eines jeden Jahres präsentiert der Gouverneur dem Consiglio Superiore die Gewinn- und Verlustrechnung, der über diese nach Anhörung der Revisoren (Sindaci) und Zustimmung des Schatzministers berät und sie der Assemblea Generale zur endgültigen Abstimmung vorlegt. Art. 20 des Statuts i.d.F. von 1993.

[5] Die Rücklagen werden gemäß der Vorgaben des Consiglio Superiore mit Zustimmung des Schatzministers angelegt. Art. 55 des Statuts i.d.F. von 1993.

[6] Schenk (1995, S. 78) hat diesen fälschlich mit „Finanzminister" übersetzt.

[7] Letztere dürfen eine Höhe von 20% des Nettogewinns nicht überschreiten. Art. 54 des Statuts der Banca d'Italia i.d.F. von 1993.

[8] Schenk (1997) S. 79.

[9] Art. 3 des d.m. vom 31.12.1936 in Ergänzung zum r.d.l. vom 5. September 1936, n. 1647. Lück (1998, S. 183) weist in diesem Zusammenhang auch auf die Buchgewinne hin, die durch die vierteljährliche Neubewertung der Gold- und Währungsreserven entstehen. Siehe dazu d.l. vom 30.12.1976 n. 867 und d.m. vom 31.12.1976. Wichtiger als diese zweckgebundenen Gewinne sind die "Vorabzahlungen" der Zentralbank an den Staat, d.h. die Aufwendungen für Steuern und die Erträge aus den Geschäften mit dem Staat. Vgl. dazu auch weiter unten.

Überweisung von 60% des jährlichen Gewinns an den Staat erfolgt.

Wenngleich daher in budgetärer Hinsicht formal ein von staatlichen Einflüssen weitgehend unabhängiger Entscheidungsspielraum zu konstatieren ist, so läßt sich in bezug auf die Gewinnverwendung kein abschließendes Urteil fällen, da zwar eine Pflicht zur Abführung bestand, die Rücklagenbildung und die Dividendenausschüttung jedoch bis zu ihrer gesetzlichen Grenze ausgenutzt wurden. Die Möglichkeit einer erhöhten Ausschüttung wurde nicht wahrgenommen.

Insgesamt vermitteln die juristischen Rahmenbedingungen nur ein sehr undeutliches Bild, so daß abschließend wohl das Urteil Zironis über die Zentralbankpolitik in Italien zutrifft:

"Tutto ciò si è realizzato proprio (o nonostante) perché il nostro istituto centrale non ha trovato nella legislazione un complesso normativo in grado di configurare esattamente le sue funzioni."[1]

1.3. Faktischer Handlungsspielraum

1.3.1. Die Funktionen der italienischen Zentralbank

1.3.1.1. Die Banca d'Italia als Hüterin der Währung

1.3.1.1.1. Die Geldpolitik im Rahmen der allgemeinen Wirtschaftspolitik

Da sich weder aus der Verfassung noch aus anderen Normen eine Priorität der Geldwertstabilität als Ziel der Banca d'Italia und eine explizite Aufgabenzuweisung als Hüterin der Währung feststellen läßt,[2] ist die Banca d'Italia de facto lange Zeit dem Grundsatz der Zielvielfalt verpflichtet gewesen. In diesem Zusammenhang wird auch zwischen makroökonomischen und akzessorischen Funktionen nicht getrennt:

„L'azione della Banca d'Italia non si è limitata alla regolazione della domanda globale e della posizione competitiva. Si è estesa a interventi di struttura sul sistema creditizio e sui mercati dei capitali, diretti a potenziarne la stabilità, l'efficienza e sopratutto la capacità di allocare le risorse. La congiunzione nella banca centrale, della responsabilità istituzionale delle politiche monetarie e del cambio e della supervisione sugli intermediari finanziari ha consentito di far valere importanti complementaretà, nel doppio impegno contro l'inflazione e contro il ristagno

[1] „Alles das ist eigentlich wegen (oder trotz) der Tatsache realisiert worden, daß unser Zentralinstitut in der Gesetzgebung keinen normativen Rahmen gefunden hat, der genau seine Funktionen vorgeben würde." Zironi (1993) S. 633.

[2] Siehe dazu S. 288.

produttivo."[1]

Analog zu den Amtszeiten der Gouverneure lassen sich unterschiedliche Perioden unterscheiden: In der Nachkriegszeit war die Wirtschaftspolitik in Italien auf den Wiederaufbau, die Bekämpfung von Arbeitslosigkeit und Inflation sowie die Wiedereingliederung in das internationale Währungssystem ausgerichtet. Die Banca d'Italia erwies sich angesichts mangelnder politischer Kontinuität und Konzeption der Wirtschaftspolitik als Berater und Agent der Regierung, was dieser aufgrund der Kompetenz und auch Persönlichkeit der Gouverneure zugute kam.

Die Geldpolitik war unter Einaudi und Menichella auf Kontinuität und geldpolitische Stabilität gerichtet. Jedoch hatte dieses Ziel eher instrumentellen Charakter, was auch die während der fünfziger Jahre erfolgte Ausweitung des Geldangebots erklärt.[2]

Wurde 1947/48 noch auf Stabilisierung gesetzt, so dienten die geldpolitischen Ziele und Maßnahmen in den fünfziger Jahren einer Politik des Wachstums. Die Banca d'Italia begleitete das starke Produktionswachstum mit einem mäßigen Geldangebotswachstum bis zum Jahr 1957. Die Mindestreserve erhielt in der Nachkriegszeit erstmalig die Bedeutung eines geldpolitischen Instruments. Außerdem stützte sich die Banca d'Italia sehr stark auf das Instrument der „moral suasion", dessen Wirksamkeit durch die von der Zentralbank maßgeblich mitgestalteten Bankenstruktur gefördert wurde.

Unter Carli wurden erstmalig divergierende Interessen zwischen Zentralbank und Regierung sichtbar. Dennoch verhielt sich die Zentralbank weiterhin kooperativ gegenüber der Regierung, und es gelang Carli, den Einfluß der Zentralbank auf die gesamte Wirtschaftspolitik (strategia del contrappeso) auszudehnen.

---

[1] „Die Maßnahme(n) der Banca d'Italia haben sich nicht auf die Regulierung der globalen Nachfrage und der Wettbewerbsposition beschränkt. Sie wurden auf strukturelle Eingriffe in das Kreditsystem und in die Kapitalmärkte ausgedehnt, die darauf gerichtet waren, die Stabilität, die Effizienz und vor allem die Fähigkeit der Ressourcenallokation zu stärken. Die Vereinigung der institutionellen Verantwortung für Geld-, Wechselkurs- und Aufsichtspolitik über die Finanzintermediäre hat dazu geführt, daß bedeutende Komplementäreffekte wirksam wurden, im doppelten Engagement gegen Inflation und produktive Stagnation." Ciampi im Jahre 1986 zitiert von Bonaiuti (1993) S. 26. Siehe auch Panico/Rizza (1996) S. 5ff.

[2] Siehe Lück (1998) S. 224: "Vor allem schadete Inflation seiner (Menichellas) Ansicht nach dem Wachstumsprozeß. Sie verzerrte die Allokation der Produktionsfaktoren und verunsicherte die Ersparnisbildung."

Tabelle 3: Geldpolitik in Italien von 1960 bis 1992

Gouverneure	Carli	Baffi	Ciampi
Endziele	Ökonomische Stabilität	Ökonomische Stabilität	Währungsstabilität
Maßnahmen zur Stärkung der Unabhängigkeit der Zentralbank	Maßnahmen zur Steigerung der diskretionären Verfügungsgewalt	Reform der Finanzmärkte	Forderung nach „schriftlicher geldpolitischer Verfassung"
Zinsniveaus	Niedrig und stabil	Realzins negativ	Hohe Realzinsen
Wechselkurspolitik	(Bretton Woods)	Akkommodierend	Überbewertete Lira
Finanzierung des öffentlichen Defizits	Reduzierung des Defizits bis 1969 (kooperative Haltung)	Sehr hohes Defizit (kooperative und kritische Haltung)	Hohes Defizit (nicht kooperative Haltung)

Quelle: Panico/Rizza (1996).

Der zunehmende durch den politischen Wechsel motivierte Interventionismus und die Stärkung der Gewerkschaften riefen 1962-63 und 1969-70 Krisen hervor, auf die die Zentralbank mit einer expansiven Geldpolitik reagierte.[1]

Die Zentralbankpolitik unter Baffi war zunächst noch durch eine Unterstützung der wechselnden Orientierungen unterliegenden Politik der Regierung geprägt.[2] Nach der geldpolitischen Restriktion des Jahres 1974, die darauf zielte, das außenwirtschaftliche Defizit und die durch die Abwertung von 1973 entstandene Preissteigerung einzudämmen, richteten die geldpolitischen Entscheidungsträger 1976-1979 ihren Augenmerk auf die Wiederherstellung der Devisenreserven, die bei Schließung des Devisenmarktes im Januar 1976 fast vollständig vernichtet worden waren.[3]

1975 begann eine Veränderung der Strategie, die die italienische Geldpolitik schrittweise zu Stabilität führen sollte.[4] Die damit verbundene Aufgabe der Permissivität gegenüber

[1] Siehe dazu Nardozzi (1988). Der Beginn der siebziger Jahre zeigt gegenüber den sechziger Jahren Kontinuität bei der Verfolgung geldpolitischer Endziele: Im Vordergrund standen die Gewinne der Unternehmen, mit denen die Kapitalakkumulation zu fördern wäre. Nardozzi (1993) S. 396.

[2] Von 1973 bis 1980 waren die Realzinsen mit Ausnahme des Jahres 1978 negativ. Hinsichtlich der Außenwirtschaftspolitik wurde eine akkommodierende Wechselkurspolitik verfolgt, um die exportierenden Sektoren zu fördern, während zu gleicher Zeit Kapitalverkehrskontrollen genutzt wurden, um der Spekulation Einhalt zu gebieten.

[3] Spaventa (1983).

[4] Vgl. Ambrosini (1992, S. 9), die die primäre Zielrichtung der Politik der siebziger Jahre in der monetären Stabilität sieht.

den verschiedenen Interessengruppen (Regierung, Finanzsystem politische Parteien und Gewerkschaften) führte zunächst nicht zu einem offenen Konflikt.[1] Baffi trat zwar für die Autonomie der Zentralbank ein, forderte jedoch noch keine formale Realisierung des Unabhängigkeitsstatus.

„Baffi intendeva difendere le ragioni della stabilità monetaria, ritenendo che ammonire i comportamenti con essa incompatibili fosse doveroso da parte dell'Istituto di emissione, così come lo era cooperare per la stabilità del paese.“[2]

Die Motivation für eine solche Strategie lag jedoch nach Ansicht zahlreicher italienischer Kommentatoren nicht in einer bestimmten wirtschaftspolitische Schule, sondern eher im Entwicklungsgrad der Finanzstrukturen.[3] Der Beginn der Ära Ciampi wurde vor allem durch die Mitgliedschaft im EWS, die zweite Ölkrise[4] und nicht zuletzt die Anschuldigungen gegen Baffi und Sarcinelli geprägt.[5] Für die Änderung der geldpolitischen Strategien, die mit dem Beginn der Amtszeit Ciampis einherging, lassen sich drei unterschiedliche Interpretationen anführen: Eine führt den Wandel auf Umstände zurück, die außerhalb der Bank lagen.[6] Eine zweite Interpretation macht eine stärkere Orientierung der geldpolitischen Entscheidungsträger an monetaristischem Gedankengut geltend.[7] Eine letzte Lesart betrachtet schließlich das Verhältnis zwischen Regierung und Zentralbank und sieht in dem Wandel das Motiv *„... di limitare i danni che potevano derivare all'intera economia, secondo la banca centrale, dalla gestione poco assennata della politica fiscale da parte delle autorità di governo.“*[8]

---

[1] Ein solcher Konflikt trat erst später auf. Siehe dazu Panico/Rizza (1996) S. 19ff.

[2] „Baffi beabsichtigte, die Grundlagen geldpolitischer Stabilität zu verteidigen, indem er es zu einer Pflicht des Emissionsinstitutes erklärte, Verhaltensweisen, die inkompatibel mit diesen wären, zu kritisieren sowie für die wirtschaftliche Stabilität des Landes zu kooperieren.“ Panico/Rizza (1996) S. 16.

[3] Spinelli/Fratianni (1991) S. 689 und Panico/Rizza (1996) S. 19.

[4] Die zweite Ölkrise gab einen neuen inflationären Impuls und führte neben anderen Faktoren in den USA und in Großbritannien zu einer geldpolitischen Neuorientierung, die auch mit dem Begriff „monetaristisches Experiment“ bezeichnet wird. Musella/Panico (1995) S. 20.

[5] In der italienischen Literatur wird dieser Vorfall auch als Wendepunkt in der Beziehung zwischen Regierung und Banca d'Italia betrachtet. Vgl. De Cecco (1982).

[6] Damit wird eine Diskontinuität der geldpolitischen Konzeption ausgeschlossen und die Banca d'Italia als auf nationale und internationale Entwicklungen reagierend dargestellt, die auch während der Amtszeiten der unterschiedlichen Gouverneure auf der Grundlage eher technischer Erwägungen in homogener Weise handelte. Diese Position wird auch von der Banca d'Italia vertreten. Siehe auch Cotula (1989), Arcelli (1991).

[7] Bruni/Monti (1991) S. 49.

[8] „... die Schäden, die der gesamten Volkswirtschaft nach Ansicht der Zentralbank durch eine unvernünftige Fiskalpolitik der Regierung zugefügt werden können zu, begrenzen.“ Panico/Rizza (1996) S. 23.

Damit ist auch der „divorzio" als Bestandteil dieser Strategie aufzufassen und selbst die vom Parlament beschlossene Mitgliedschaft im EWS wurde in dieser Weise genutzt.[1]

Für Ciampis Auffassung einer marktwirtschaftlich orientierten Zentralbankpolitik ist kennzeichnend gewesen, daß er kein unbedingtes Vertrauen in die Selbstregulierungskraft der Märkte gesetzt und die Problematik der Transmissionskanäle hervorgehoben hat:

„... il compito istituzionale del banchiere centrale ... non può essere interpretato fino al punto da trasformare l'istituto di emissione in una centrale di politica economica relativamente autonoma... ."[2]

Damit wurde bei grundsätzlicher Bejahung der marktwirtschaftlichen Ordnung die Rolle der Zentralbank als wirtschaftspolitischer Entscheidungsträgerin auch kritisch beurteilt.

„Le cronache dei rapporti fra banca centrale e Tesoro sono la storia di una alleanza sui generis o di una coabitazione inevitabile, che si muove con un'alterna collaborazione o prevalenza dovuta, volta a volta, a situazioni politiche, a momenti congiunturali, al mutamento progressivo del ruolo e della collocazione istituzionale della Banca d'Italia..."[3]

Treffend erscheint in diesem Zusammenhang die Charakterisierung Lücks der Strategie der Banca d'Italia als „second best"-Lösung:

„Die Bank verstand sich nicht als abhängig von der Regierung, sondern als verpflichtet gegenüber dem gesellschaftlich artikulierten Willen."[4]

1.3.1.1.2. Die geldpolitische Konzeption

Die Veränderungen, die die geldpolitischen Konzeption der Banca d'Italia im Laufe der Zeit erfahren hat, machen jeweils unterschiedliche wirtschaftspolitische Ziele deutlich. Lag der Schwerpunkt in den sechziger Jahren noch auf der Stabilisierung der langfristigen Zinsen,[5] so standen Mitte der siebziger Jahre die Zahlungsbilanzdefizite und die Inflation im

---

[1] Bonaiuti (1993) S. 32f.
[2] Bianchi aus dem Jahr 1982 in Bonaiuti (1993) S. 25.
[3] „Die Chroniken der Beziehung zwischen Zentralbank und Schatzamt sind die Geschichte einer Allianz sui generis oder die einer unvermeidbaren Kohabitation, die sich mit einer wechselnden Kollaboration oder erzwungenen Vorherrschaft Mal über Mal entsprechend der politischen Situationen, konjunkturellen Lagen und fortschreitenden Veränderung der Rolle und institutionellen Stellung der Banca d'Italia verändert... ." Predieri (1996) S. 113.
[4] Lück (1998) S. 351. Vgl. Padoa-Schioppa (1988b) S. 343.
[5] Die Stabilisierung durch ein Pegging sollte auf der einen Seite die Nachfrage nach Staatstiteln stützen und

Mittelpunkt und bedingten 1974 die Wahl des CTI (Credito Totale Interno, gesamter Inlandskredit)[1] als Zwischenziel.[2] Bald stellte die steigende öffentliche Verschuldung die Zwischenzielqualitäten dieses Aggregats in Frage.[3] Während der achtziger Jahre hat die geldpolitische Konzeption der Banca d'Italia einen schrittweisen Wandel von einer primär auf Geld- und Kreditziele ausgerichteten Politik hin zu einer Kontrolle der Zinssätze und des Wechselkurses erfahren. Es wurden große Anstrengungen unternommen, von direkten zu indirekten, marktgesteuerten Interventionsmechanismen zu gelangen.[4]

Ab 1984 wurde das Zwischenziel der „Finanzierung des nichtstaatlichen Sektors" um das Geldmengenaggregat M2 ergänzt.[5] Die Banca d'Italia beobachtete auch das Aggregat M2A

---

andererseits die Möglichkeiten langfristiger Finanzierung und der Investition begünstigen. Problematisch erwies sich dabei die Steuerung der Geldbasisentstehung durch die zunehmende staatliche Verschuldung. Gegen Ende der sechziger Jahre mußte das Pegging temporär aufgehoben werden, da ein Anstieg der internationalen Zinssätze einen massiven Kapitalabfluß generierte. Endgültig wurde diese Politik 1974 aufgegeben. Cotula (1989) S. 482.

[1] Der CTI setzt sich aus dem „Kredit gegenüber dem nichtstaatlichen Sektor" (credito interno al settore non statale) und dem „internen Kreditbedarf des staatlichen Sektors" (fabbisogno interno del settore statale) zusammen. Cotula (1989) S. 486.

[2] Für den CTI als Zwischenziel sprachen sowohl interne Gründe - die besondere italienische Finanzstruktur und Charakteristika der Finanzmärkte als - auch externe Gründe: Die Unternehmensfinanzierung erfolgte hauptsächlich über das Bankensystem, so daß eine Begrenzung des Bankkredits direkt auf das Ausgabeverhalten der Unternehmen wirkte, und die Banken verfügten in ihren Portefeuilles vornehmlich über langfristige Titel, so daß ihre Reaktionsfähigkeit (indem sie Titel nicht wiedererwarben) bei Einschränkung der Refinanzierungsmöglichkeiten der Banca d'Italia begrenzt war. Durch die Verzinsung der Sichtverbindlichkeiten bei italienischen Geschäftsbanken und in Ermangelung alternativer Finanzinstrumente war die Bedeutung der Einlagen in Italien immer relativ hoch. Eine Erhöhung der Zinssätze bei langfristigen Titeln ließ zunächst durch die Verluste bei diesen Titeln die Nachfrage nach liquiden Anlagemöglichkeiten steigen, in der Konsequenz wurden die Möglichkeiten mittel- und langfristiger Finanzierung verknappt und die Realisierung von Anlageinvestitionen negativ beeinflußt. Die Nichtbanken entfernten sich zunächst vom Finanzmarkt; mittelfristig erhöhten die Geschäftsbanken die Verzinsung der Einlagen, um die Renditedifferenz zu den langfristigen Titeln auszugleichen. „ ... die Charakteristika des Finanzsystems und die Existenz administrativer Wachstumsbeschränkungen des Bankkredits haben dazu geführt, daß im Laufe der ersten Hälfte der siebziger Jahre die geldpolitischen Maßnahmen vorwiegend über die Regulierung der 'Verfügbarkeit' von Unternehmenskrediten anstatt über Zinssatzvariationen („Substitutionseffekte") ... ." Cotula (1989) S. 485. Die Zahlungsbilanzprobleme, die durch den Ölpreisschock und die expansive Wirtschaftspolitik von 1973 entstanden, standen fortan im Mittelpunkt des geldpolitischen Interesses. Der IWF machte die Gewährung einer Stand-by Kreditlinie von der Einführung eines Kreditaggregats als Zwischenziel abhängig. Siehe Lück (1998) S. 255.

[3] Während der achtziger Jahre nahm die staatliche Kreditvergabe bald einen Anteil von 2/3 des gesamten Kreditvolumens ein, so daß eine Kompensation durch Reduzierung der Finanzierung des nichtstaatlichen Sektors die Unternehmensfinanzierung zu starken Kontraktionen unterworfen hätte. Cotula (1989) S. 488. Ambrosini (1992, S. 17) bezeichnet diese Wende als Aufgabe des CTI, die Finanzierung des nichtstaatlichen Sektors (credito interno al settore privato) stellte aber auch nach 1983 eine wichtige Referenzgröße für die Banca d'Italia dar.

[4] Marinelli (1995) S. 35. Die Banca d'Italia hat dabei versucht, die privaten Haushalte zu Anlagen in Aktien und Wertpapieren zu veranlassen, um die Reaktionsfähigkeit auf geldpolitische Maßnahmen zu steigern.

[5] Ambrosini (1992) S. 17. Mit den neuen verfügbaren Finanzinstrumenten, die in der zweiten Hälfte der siebziger Jahre eingeführt wurden, (CCT, Certificato di Credito del Tesoro) wurde es der Zentralbank

(M2 reduziert um CD).[1] Weitere Größen mit Zwischenzielcharakter sind der Wechselkurs, die Bankenliquidität[2] und die Geldbasis. Die Zwischenziele erhielten aber immer mehr einen Informationscharakter, der darauf gerichtet war, das Verhalten der Märkte und die Erwartungen der Marktteilnehmer zu beeinflussen.[3]

1.3.1.1.3. Die geldpolitische Steuerung

Die Geldpolitik bediente sich Anfang der achtziger Jahre einer Mischung direkter und indirekter Instrumente wie des Diskontsatzes, der Variationen des Mindestreservesatzes, Offenmarktoperationen, „massimali sugli impieghi" (dynamische Kreditplafondierung) und der „vincoli di portafoglio" (Portefeuille-Restriktionen). Ein Übergang von direkten zu indirekten Instrumenten erfolgte zunächst durch die Reform der „massimali di impieghi" im Jahre 1983 und die im Jahr 1987 endgültige Abschaffung der „vincoli di portafoglio".

Umgehung der Beschränkungen durch parallele Kreditkanäle, Förderung der doppelten Intermediation durch diese Kontrollen, Starrheit der Bankbilanzen, Verzerrung der Zinssätze und die versteckte Besteuerung für Banken und Unternehmen durch die Kreditrationierung[4] standen der Entwicklung eines wettbewerbsfähigen Marktes mit flexiblen Zinssätzen entgegen.

Seit Mitte der achtziger Jahre operierte die Geldpolitik in Italien zunehmend mit marktorientierten Mechanismen. Zentrale Größe im geldpolitischen Modell der Banca d'Italia war der Kreditfluß zum privaten Sektor.[5] Über Offenmarktoperationen beeinflußte die Banca d'Italia die sogenannte „Overnight rate" auf dem Geldmarkt, die wesentlich für das Interbankengeschäft ist.

---

möglich, große Mengen an Staatstiteln bei den Nichtbanken zu plazieren und so für eine Veränderung der privaten Portefeuilles zu sorgen. Die Inflationserwartungen wurden reduziert und die Nachfrage nach Staatstiteln wurde erhöht. Mittels der Erhöhung der Nachfrage der Nichtbanken nach Staatstiteln ist es der Banca d'Italia wieder gelungen, die Kontrolle über die monetäre Finanzierung der Staatsverschuldung und das Wachstum der monetären Aggregate zu erlangen. Cotula (1989) S. 492. Siehe zum Prozeß der Zielformulierung Cotula (1989) S. 500f.

[1] Das starke Wachstum der CD hat dazu beigetragen, daß zwischen der Ersparnis mit Transaktionscharakter (M2A) und stabilerer Ersparnis unterschieden wird.

[2] Unter Bankenliquidität werden neben den Überschußreserven normalerweise alle zentralbankfähigen Aktiva der Kreditinstitute verstanden, die diese aufgrund der entsprechenden Zusage der Zentralbank jederzeit auf eigene Initiative in Zentralbankgeld umwandeln können. Becker (1985) S. 57.

[3] In der italienischen Literatur wird häufig nicht zwischen Operating targets und Zwischenzielen getrennt. Vgl. Ambrosini (1992) S. 19 und Altimari/Rinaldi/Siviero/Terlizzese (1995) S.407.

[4] Ambrosini (1992) S. 21.

[5] Vgl. Altimari/Rinaldi/Siviero/Terlizzese (1995) S.406.

Entscheidende Schritte für die Entwicklung der Geldpolitik waren die Aufhebung des Basispreises 1988 und 1989, die Reform des Sekundärmarktes für langfristige Schatzpapiere und die Bemühungen, über die Zinsstruktur geldpolitische Impulse schneller übertragen zu können.[1]

1.3.1.1.4. Geldpolitische Instrumente

Grundsätzlich steht es der Banca d'Italia zu, über den Einsatz der jeweiligen Instrumente im Rahmen der Vorgaben des CICR selbständig zu entscheiden.[2]

Beschränkt wurde sie bis 1992 dabei durch die Auflistung der möglichen Operationen im Statut und in der Legge Bancaria sowie die Genehmigung von Diskontsatzänderungen durch den Schatzminister. Im Bereich der Mindestreservepolitik und bei den die Kreditinstitute betreffenden Konditionen gilt formal - mit den bereits oben geschilderten faktischen Ausprägungen - eine gemeinsame Zuständigkeit von CICR und Banca d'Italia.[3]

Die Refinanzierung des Bankensystems erfolgt über den „risconto" (Rediskont), „anticipazioni ordinarie e a scadenza fissa" (Lombard- und Sonderlombardkredite)[4] und die „operazioni a mercato aperto" (Offenmarktoperationen). Durch die gesunkene Bedeutung von Wechseln im Bankwesen[5] rediskontierte die Banca d'Italia nur noch landwirtschaftliche Wechsel und Effekten, die aus der Aufgabe der sogenannten „ammassi obligatori" herrühren.[6] Der Diskontsatz behielt seinen Signalcharakter.[7] Der Rediskontierung

---

[1] Altimari/Rinaldi/Siviero/Terlizzese (1995) S.407.

[2] Darunter fallen „Auslegung der Richtlinien, Auswahl und technische Form der einzusetzenden Mittel sowie der Zeitpunkt". Caesar (1981) S. 404. Zu beachten ist, daß nicht alle von der Banca d'Italia verwendeten Instrumente genau kodifiziert sind. Lück (1998) S. 185 und Finocchiaro/Contessa (1994) S. 279. Ein Beispiel dafür ist die Offenmarktpolitik, die zwar in Art. 41 Ziff. 4 des Statuts i.d.F. von 1993 als „Anlagemöglichkeit in vom Staat garantierten und emittierten Titeln" beschrieben wird. Dennoch ist hier nicht von einer weitgehenden Elastizität der Normative bei der Auswahl von anderen als den kodifizierten Instrumenten auszugehen, da im Art. 26 des T.U. /r.d. von 1910/n.204 ausdrücklich eine Beschränkung auf die formal verankerten Operationen festgelegt ist.

[3] Siehe auch Caesar (1981) S. 405.

[4] Der Sonderlombard ist auf 22 Tage beschränkt gewesen, seine Vergabe erfolgt diskretionär und auch die Erhebung eines Strafzinses durch die Banca d'Italia erfolgt nach ihrem Ermessen. Rebecchini/Roma/Teodori/Zautzik (1991) S. 74.

[5] Andere Gründe sind die größere Flexibilität und die geringeren Kosten anderer Finanzierungsformen, die demzufolge von der Zentralbank und dem Bankensystem vorgezogen werden. Finocchiaro/Contessa (1994) S. 280.

[6] Rebecchini/Roma/Teodori/Zautzik (1991) S. 73. Die aus dem Ankauf von Getreide resultierenden Wechsel wurden im Gegensatz zu anderen rediskontfähigen Wertpapieren in vollem Ausmaß akzeptiert. Nach dem Krieg resultierten die Verluste hauptsächlich aus dem niedrigen Brotpreis, der in Italien staatlich fixiert ist. Ende 1991 hatte die Verschuldung des Staates aufgrund der "ammassi obbligatori" (obligatorischen Sammelstellen) eine Höhe von 2587 Mrd. Lire erreicht. Banca d'Italia (1994) S. 224.

[7] Die Höhe der Diskontsätze entsprach der der Lombardsätze während eines großen Teils der achtziger

wurden jedoch die Lombardkredite vorgezogen,[1] die gegen „titoli stanziabili" (beleihungsfähige Titel)[2] den Banken zur Verfügung gestellt wurden.[3] Die Höhe des Lombardsatzes wurde vom Schatzamt auf Vorschlag der Banca d'Italia per Dekret verkündet und bildete die Obergrenze des Korridores für den Geldmarktzinssatz. Er war damit eine wichtige „geldpolitisch motivierte Steuerungsgröße".[4]

Während der siebziger Jahre hatte sich die Geldpolitik angesichts haushaltspolitischer Ungleichgewichte und hoher Inflationsniveaus an quantitativen Kontrollen orientiert. Zu den quantitativen Kontrollinstrumenten zählten die „vincoli di portafoglio"[5] und die „massimali sui prestiti bancari". Vor den „vincoli di portafoglio" (Portefeuille-Restriktion) hatten andere Instrumente wie z.B. die Mindestreserve Funktionen der Kreditsteuerung wahrgenommen.

Der „massimale sui prestiti bancari" (dynamische Kreditplafondierung) wurde 1973 eingeführt, um eine selektive Kreditlimitierung zu ermöglichen. Das Ansteigen der Kreditvergabe an Unternehmen ab einer bestimmten Größe wurde begrenzt.[6] Damit wurde in Perioden restriktiver Geldpolitik verhindert, daß die Geschäftsbanken ihre Nachfrage nach Staatstiteln reduzierten. Nachdem die Wirksamkeit zunehmend nachgelassen hatte, wurde dieses Instrument im Juli 1983 nicht mehr verlängert.[7]

Da sich die geldpolitischen Entscheidungsträger nicht auf effiziente Finanzmärkte stützen konnten, wurden in dem oben beschriebenen konjunkturellen Umfeld die direkten Kontrollinstrumente entwickelt. Die Wirksamkeit dieser Instrumente war jedoch zeitlich begrenzt. Sie ließ trotz weiterem Ausbau und komplexeren Mechanismen bald nach, und die allokative Effizienz im Bankensystem sank.[8] Seit dem Ende der siebziger Jahre übt die

---

Jahre. Finocchiaro/Contessa (1994) S. 285.

1 Dazu Lück (1998) S. 189f.

2 Siehe dazu Rebecchini/Roma/Teodori/Zautzik (1991) S. 76 und Banca d'Italia (1998b) S. 132*.

3 Zu den besonderen Charakteristika und Verfahren siehe Finocchiaro/Contessa (1994) S. 281ff.

4 Lück (1998) S. 190.

5 Die „vincoli di portafoglio" (Portefeuille-Restriktionen) wurden 1973 eingeführt und sahen vor, daß zusätzlich zu den Mindestreserven ein bestimmter Betrag in vorher bestimmten Relationen erst zum Einlagenbestand und ab 1978 zum Einlagenzuwachs in mittel- und langfristige Titel des Staates und der ICS (Istituti di Credito Speciale, Spezialkreditinstitute) zu investieren war. 1979 wurde diese Auflage abgeschwächt und 1986 abgeschafft. Siehe Lück (1998) S. 262.

6 Im folgenden Jahr wurde die Selektion aufgehoben. Erst 1983 wurde dieses Instrument abgeschafft. Lück (1998) S. 263.

7 Es wurde jedoch angesichts schwerer Wechselkurskrisen für kurze Zeit in der ersten Hälfte 1986 und von September 1987-März 1988 wieder eingeführt. Auch während der Wechselkurskrise des Jahres 1992 wurden die Geschäftsbanken und Spezialkreditinstitute von der Banca d'Italia dazu aufgefordert, das Wachstum der Kredite in Lire an Inländer zu beschränken, um ein Ansteigen der inflationären Tendenz angesichts eines schwachen Wechselkurses zu verhindern. Finocchiaro/Contessa (1994) S. 298.

8 Cotula (1989) S. 493ff.

Banca d'Italia die Kontrolle über die Bankenliquidität vorwiegend durch Offenmarktoperationen aus, die gegenüber anderen geldpolitischen Instrumenten sowohl technisch als auch hinsichtlich der Dimensionen des Marktes, auf den sie geldpolitische Impulse übertragen, überlegen sind.[1] Auf der Basis des Art. 41 des Statuts der Banca d'Italia kann sie Offenmarktoperationen in Form von Käufen und Verkäufen durchführen. Angestrebt werden damit Kontrolle der Bankreserven, die Regulierung der kurzfristigen Zinsen und die Aufrechterhaltung der Stabilität der Geld- und Finanzmärkte. Diese sogenannten „pronti contro termine" erfolgten wie auch die Refinanzierungspolitik im Rahmen diskretionärer Entscheidungen der Zentralbank, denn diese konnte es sich vorbehalten, den An- und Verkauf von Titeln abzulehnen.

In den achtziger Jahren wurden zwei neue Formen der Marktfinanzierung geschaffen. Es handelt sich um die „BOT Auktionen" (auch „cintura BOT" genannt) und eine Kreditlinie für die „Marketmaker" auf dem elektronischen Markt für Staatstitel.[2] Nach 1981 wurden die Schwankungen bei den Bankreserven größer, hinzu kamen starke Bewegungen der Kasse des Schatzamtes. Die Eingriffe der Banca d'Italia erhöhten sich fortan. Die „pronti contro termine" sind das wichtigste Instrument geworden und wurden häufig mit der Gewährung von Lombardkrediten koordiniert.

Mindestreserven wurden 1926 in Italien eingeführt. Banken, deren Einlagen mehr als das Zwanzigfache ihres Kapitals betrugen, mußten den diese Summe übersteigenden Betrag in staatliche oder durch den Staat garantierte Papiere investieren oder ihn auf einem zinslosen Konto bei der Banca d'Italia deponieren.[3] Die Funktion der Mindestreserve hat sich im Laufe der Zeit verändert: Waren es anfänglich noch Bestrebungen, die Zahlungsfähigkeit der Banken und die Einlagensicherheit zu gewährleisten, so versuchte man Ende der sechziger Jahre die Ersparnisse zum Ankauf bestimmter Titel zu lenken, um so die Finanzierung verschiedener Programme öffentlichen Interesses zu ermöglichen. Erst mit der Reform von 1975 wurden die Mindestreserven als geldpolitisches Instrument aufgewertet.[4] Dieser

---

[1] Finocchiaro/Contessa (1994) S. 283.

[2] Dazu Finocchiaro/Contessa (1994) S. 271.

[3] Rossignoli (1993) S. 80. Dadurch wurde unter anderem ein einheitlicher Koeffizient (15%) gemessen am monatlichen Einlagenwachstum festgelegt, ohne eine Unterscheidung zwischen Spar- und Kontokorrenteinlagen zu machen. Siehe dazu Banca d'Italia (1994) S. 288f. Die Mindestreserve hatte auch eine direkte Wirkung auf den Markt für Staatsschuldtitel, denn die Zentralbank investierte die von den Geschäftsbanken überwiesenen Beträge in Staatsschuldtitel und überließ dem Schatzamt einen Zinsanteil. Zwei Faktoren bewirkten jedoch, daß die Höhe der Mindestreserven im Vergleich zu anderen Industrieländern geringen Einfluß hatte: Die Geschäftsbanken verfügten über Auswahlmöglichkeiten bei der Erfüllung (Staatstitel oder Geld), und die Mindestreserven wurden verzinst (8,5% p.a. bei Reserven für Einlagenzertifikate und 5,5% p.a. bei Reserven für sonstige Einlagen). Lück (1998) S. 192. Siehe auch Marinelli (1995).

[4] Für die anderen Ziele waren in der Zwischenzeit andere Instrumente eingeführt worden wie beispielsweise die „vincoli di portafoglio" für die Lenkung der Kreditströme und die „anticipazione straordinaria" im Jahr 1974, um die Einleger zu schützen. Die Reform sah einen einheitlichen Koeffizienten von 15% vor.

Trend setzte sich 1987 fort, als ein Koeffizient von 25% auf die monatlichen Veränderungen der Einlagen in Devisen erhoben wurde. Während die Furcht vor einer weiteren Monetisierung nach dem „divorzio" stieg, wurden die Mindestreserven dazu genutzt, um die Liquiditätseffekte durch die Inanspruchnahme der Kontokorrentlinie durch das Schatzamt zu kompensieren.[1] Sie übten mit ihren hohen Koeffizienten eine wichtige Funktion bei der Kontrolle der Geld- und Kreditaggregate aus, denn sie waren nicht nur eine quantitative Begrenzung für das Wachstum der Einlagen, sondern stellten auch eine Steuer auf die Intermediationstätigkeit der Banken dar.[2] Mit der Liberalisierung der Kapitalbewegungen mußten die Zinssätze über eine ausreichende Reaktionsfähigkeit verfügen. Das italienische Bankensystem riskierte durch die hohen Mindestreservekoeffizienten kompetitive Nachteile. Eine erste Maßnahme war deshalb die Erweiterung einer höheren Vergütung der Reserve auf verschiedene Einlagenzertifikate.[3] 1990 wurden die Mindestreserven reformiert, der Reservekoeffizient wurde fortan auf monatlicher Basis kalkuliert.[4] Damit wurde die Nachfrage nach Reserven von seiten des Bankensystems stabiler und vorhersehbarer. Zudem wurden den Banken intertemporale Arbitragegeschäfte auf dem Interbankenmarkt möglich, was zu einer Stabilisierung der sehr kurzfristigen Interbankensätze und verbesserten geldpolitischen Transmissionsleistung des Bankensystems führte.[5]

1.3.1.1.5. Der Erfolg der faktischen Geldpolitik (1979 - 1992)

Das Ausmaß der geldpolitischen Veränderung läßt sich erst erfassen, wenn man auch die Ausgangsbedingungen der hier betrachteten Periode berücksichtigt. In den fünfziger und sechziger Jahren wies die Inflation in Italien zwar eine große Variabilität auf, bewegte sich jedoch auf einem Niveau, das in der Regel bei ca. 3,5% lag.[6] In den siebziger Jahren wurde eine ebenso große Variabilität auf einem zweistelligen Niveau erzeugt. Durch die zweite Ölkrise stieg die Inflation auf ein Niveau von über 20% Anfang 1980 an, auf dem sie anderthalb Jahre blieb. Die Verbreitung der Lohnindexierungsmechanismen und die starke

---

Erst 1982 wurde nach Einlagenarten differenziert.

[1] Sie sorgten dafür, daß das Verhältnis von Geldmenge und Geldbasis stabilisiert wurde und führten zu einer erhöhten Nachfrage nach Staatstiteln, da die Geschäftsbanken Einbußen in Kauf zu nehmen hatten, wenn sie die Zinssätze der Einlagen an die der BOT anpaßten. Finocchiaro/Contessa (1994) S. 293.

[2] Die Differenz zwischen der Vergütung der Reserven und den auf dem Markt vorherrschenden Renditen war während der achtziger Jahre relativ hoch.

[3] Finocchiaro/Contessa (1994) S. 293.

[4] Fortan wurde es möglich, täglich bis zu 3% der Reserve zu mobilisieren. Finocchiaro/Contessa (1994) S. 287, Banca d'Italia (1997) S. 121*, Cesarini (1991) S. 73ff. Dieser Satz ist sukzessive bis1996 auf 12,5% erhöht worden. Seit Juni 1997 ist die intra-day Mobilisierung möglich.

[5] Möglich ist auch eine Verringerung der Kosten der Mindestreserve, wenn es dem Treasurer der entsprechenden Bank gelingt, die Marktzinsbewegungen korrekt vorherzubestimmen. Cesarini (1991) S. 74.

[6] Visco (1994) S. 21.

Verlangsamung der wirtschaftlichen Entwicklung in den wichtigsten Industrieländern drohten eine Spirale von Stagnation und Inflation in Gang zu setzen.

Betrachtet man die Ergebnisse der Geldpolitik anhand der Rückführung der Preissteigerungsraten, so läßt sich in Italien ein Erfolg der restriktiven Geldpolitik konstatieren. Es werden zwei Phasen der Inflationsentwicklung, von 1979 bis 1986 und 1987 bis 1992, ersichtlich, wobei sich gegenüber Frankreich eine leicht verzögerte Entwicklung abzeichnet. Der „divorzio" im Sommer 1981 reduzierte die monetäre Finanzierung des Staatshaushalts, aber der Verschuldungsgrad stieg insgesamt weiter an. Die erste Phase bis 1986 ist noch von häufigen Realignments geprägt gewesen, die jedoch nicht ausreichten, um den starken internen Preisanstieg gegenüber der ausländischen Preisentwicklung zu kompensieren, so daß sich der Wechselkurs real aufwertete.[1]

Abbildung 9: Wechselkursentwicklung der Lira
(monatliche Indices: 1987 = 100)

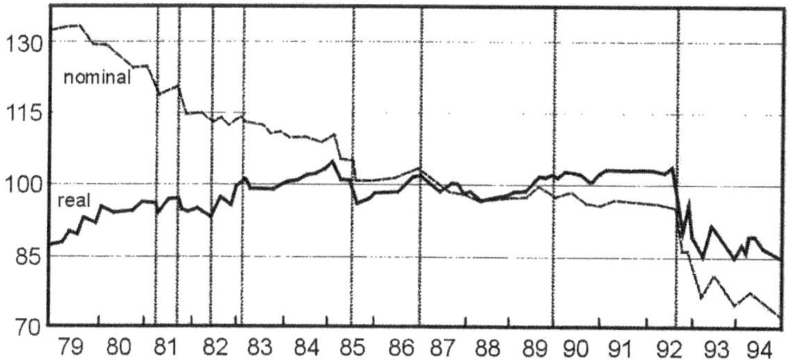

(1) Die vertikalen Linien beziehen sich auf die Realignments im EWS, die die Lira und den Eintritt der Lira in die enge Bandbreite beeinflußt haben
(2) Die anderen europäischen Währungen, die in den Indices enthalten sind, sind die folgenden: belgischer Franc, französischer Franc, deutsche Mark, britisches Pfund, niederländischer Gulden, irisches Pfund Sterling, dänische Krone und spanische Peseta

Quelle: Passacantando (1996)

Diese Aufwertung hatte über die Drosselung der aggregierten Nachfrage Effekte auf den produzierenden Sektor. Unternehmen, die der internationalen Konkurrenz ausgesetzt waren, reagierten auf die rigide Geldpolitik mit Produktivitätssteigerungen, Zurückhaltung bei Lohnerhöhungen und Reduzierung der Beschäftigtenzahlen.[2] In anderen Sektoren

[1] Passacantando (1996) S. 58.
[2] Zwischen 1980 und 1985 wurde ungefähr eine Million Beschäftigte im produzierenden Gewerbe entlas-

wirkte sich diese Politik aber nicht aus, und die Gehälter stiegen trotz fehlender Produktivitätszuwächse.[1] Erst 1985 kam es zu einem sozialen Konsens über die zeitweilige Notwendigkeit von Lohnwachstumsmäßigungen.[2] Die Wechselkurspolitik wurde durch sehr hohe Zinsniveaus gestützt.

Abbildung 10: Kurzfristige nominale und reale Zinssätze in Italien und Deutschland

Kurzfristige nominale Zinssätze (dreimonatiger Durchschnitt)

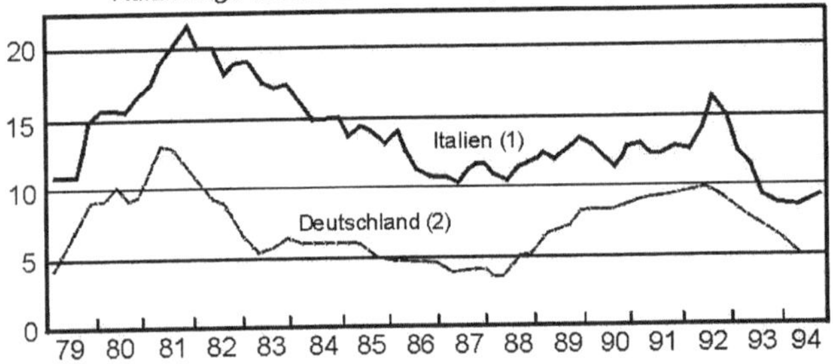

(1) BOT zu drei Monaten, Zuteilungszinssätze
(2) Kredite für drei Monate

Kurzfristige reale Zinssätze (1) (dreimonatiger Durchschnitt)

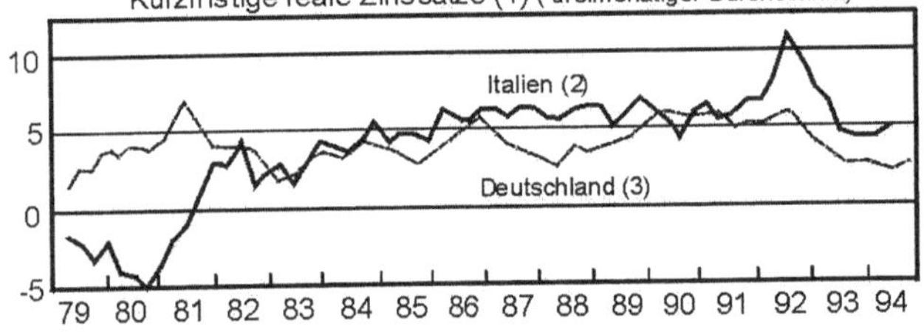

(1) Bruttozinssätze, deflationiert durch die Preisänderungen für Konsumgüter der zwölf vorangehenden Monaten
(2) BOT für drei Monate, Zinssätze der Auktion
(3) Kredite für drei Monate

Quelle: Passacantando (1996)

---

sen, und die Produktivität stieg um 25%. Passacantando (1996) S. 61.

[1] Erst 1983 startete ein langer Prozeß, um die Lohnindexierungssyteme zu beseitigen, der Rhythmus der Lohnänderungen wurde von vierteljährlichen auf halbjährliche Anpassungen geändert und der Grad der Indexierung von über 80% auf 55-60% gesenkt. Onofri/Tomasini (1991).

[2] Onofri/Tomasini (1991) und Passacantando (1996, S. 83ff) mit einer Übersicht der einkommenspolitischen Ereignisse.

Bis 1985 war der Disinflationsprozeß von einer kontinuierlichen Reduzierung der Inflationskomponente internen Ursprungs geprägt. Erst nach dem Ölpreisverfall von 1986 und der Abwertung des Dollars wirkte auch die externe Komponente unterstützend.[1] Die Kosten der restriktiven Geldpolitik wurden im Rückgang des heimischen Nachfragewachstums sichtbar, das 1981-1983 auf fast 0% sank, nachdem es 1979-1980 jedes Jahr bei fast 7% gelegen hatte.

Die zweite Hälfte des Jahrzehnts war durch Reformen auf den Finanzmärkten und die Liberalisierung der Kapitalbewegungen geprägt. Die Bandbreite der Titel auf dem Markt für Staatspapiere wurde erweitert und ein Schwerpunkt auf langfristige Papiere zu festen Zinssätzen gelegt.[2] Zudem wurden die Marktmechanismen reformiert, so daß sich für das Schatzamt ein verbesserter Trade-off zwischen den Finanzierungskosten und der Verfügbarkeit von Finanzierungsquellen ergab, der auch dazu führte, daß zunehmend Schuldtitel bei privaten Anlegern abgesetzt wurden.[3] Auf der anderen Seite gab es Neuerungen auf dem Sekundärmarkt für Staatstitel,[4] durch den indirekt auch die Nachfrage auf dem Primärmarkt angeregt wurde, da die Liquidität der Instrumente staatlicher Verschuldung gesteigert wurde.[5][6] Die traditionellen Nachteile der italienischen Finanzmärkte, die von einer geringen Diversifizierung der Instrumente, niedrigen Handelsvolumina und ineffizienten Handelsstrukturen geprägt waren, wurden verringert.[7] Der Liberalisierung der Kapitalbewegungen war die Furcht vorausgegangen, daß danach eine Kapitalflucht entstehen könnte. Die Anpassungen der Portfolios der Inländer wurde aber von einem gleichzeitigen Kapitalzufluß begleitet.[8]

Dennoch blieb die Inflation von 1986 bis 1991 auf einem Durchschnitt von 5,8%, und das Inflationsdifferential gegenüber den konkurrierenden Ländern ist nicht weiter gesunken. Dadurch kam es zu einer Verschlechterung der Wettbewerbsfähigkeit der italienischen Industrie.

---

[1] Passacantando (1996) S. 61, Visco (1994) S. 22ff.
[2] Alesina/Prati/Tabellini (1990), Passacantando (1996).
[3] Von Juli 1988-März 1989 wurden schrittweise die Basispreise der BOT-Auktionen abgeschafft, im August 1992 wurde der Preis für langfristige Titel vollständig liberalisiert, das Verfahren der kompetitiven Versteigerung wurde auf alle Emissionen angewendet und 1988 und 1989 wurde Versteigerung für langfristige Titel zum Einheitspreis eingeführt. Passacantando (1996).
[4] Derivative Produkte wurden eingeführt und der Handel durch elektronische Handelssysteme unterstützt.
[5] Passacantando (1996).
[6] Ermessen läßt sich der Grad der Veränderung auch daran, daß es vor diesen Reformen keine zuverlässigen Statistiken über den Sekundärmarkt gegeben und ein leistungsfähiger Sekundärmarkt de facto nicht bestanden hat.
[7] Rebecchini/Roma/Teodori/Zautzik (1991) S. 63ff.
[8] Passacantando (1996).

Für die im Vergleich zu Frankreich weniger erfolgreiche Disinflationsperiode in der zweiten Hälfte der achtziger Jahre waren verschiedene Faktoren verantwortlich:[1] Das Preisdifferential zwischen dem Dienstleistungssektor, der nicht der internationalen Konkurrenz ausgesetzt war,[2] und der im Wettbewerb stehenden Industrie wurde größer als in anderen europäischen Ländern. Nach außergewöhnlichen Produktivitätszuwächse in den achtziger Jahren wuchs die Produktivität in der industriellen Fertigung nur wenig bei gleichzeitig erhöhten Lohnforderungen,[3] und der Lohnfindungsprozeß durch Bestimmung der Nominaleinkommen über Indexierung übertrug sich auf alle Sektoren. Der progressive Anstieg der Preise im Dienstleistungssektor und der Handelsspannen hat das Wachstum der Industrielöhne beeinflußt.[4]

„Italian prices reflected the constraints imposed by the exchange rate, but the still high aspirations to real wage increases in both industrial and service sectors did not reflect the nominal adjustment required by the EMS discipline.“[5]

Dennoch stellt sich die Frage, warum diese Voraussetzungen und der positive Effekt, der auf die Erwartungen ausgeübt wurde,[6] nicht ausreichten, den Disinflationsprozeß weiterzuführen. Eine erste Antwort liegt in der Entwicklung der Fiskal- und Lohnpolitik, die dem restriktiven Kurs der Geldpolitik nicht entsprachen. Seit Mitte der achtziger Jahre war das Primärdefizit reduziert worden, jedoch erhöhte sich der Quotient aus Staatsverschuldung

---

[1] Ökonometrischen Untersuchungen zufolge war es nur der stark deflationäre Impuls aus dem Ausland, der es erlaubte, die Inflationsrate tendenziell weiter zu senken, denn während im ersten Trimester 1985 der Anstieg der endogenen Inflationskomponente nur 2,2% betrug, stieg er im 3. Trimester 1986 bereits auf 7%. Visco (1994) S. 30.

[2] Verantwortlich dafür waren die Existenz eines öffentlichen Monopols für viele Dienstleistungen, wirtschaftliche Barrieren durch Absprachen und rechtliche Barrieren für den Markteintritt insbesondere im Handel. Somit wurde der Prozeß der natürlichen Selektion und der Produktivitätssteigerung verlangsamt und Innovationstätigkeiten gebremst. Visco (1994).

[3] Visco (1994) sieht aber auch in den in der Industrie und im Dienstleistungssektor verfolgten Unternehmensstrategien wesentliche Problemfelder.

[4] Siehe dazu auch Onofri/Tomasini (1991), die die Inflationsentwicklung mit Hilfe eines Modells handelbarer/nichthandelbarer Güter erklären. Die sogenannte „scala mobile" (Rolltreppe) war 1975 von den Gewerkschaften und dem Unternehmerverband Confindustria zusammen mit der Lohnausgleichskasse Cassa Integrazione Guadagni (CIG) geschaffen worden. Während letztere staatlich subventioniert die Lohnzahlungen für Betriebe in Krisensituationen übernimmt, wurde die „scala mobile" als Indexierungssystem zum Ausgleich der Inflationsrate geschaffen. Zwar wurde seit Mitte der achtziger Jahre die Lohnpolitik flexibilisiert, die „scala mobile" wurde jedoch erst Mitte 1992 abgeschafft. Große/Trautmann (1997) S. 123. Zum Korporatismus in Italien siehe Bofinger/Hefeker/Pfleger (1998).

[5] Onofri/Tomasini (1991) S. 27.

[6] Zahlreiche Maßnahmen wie die erfolgreiche Wechselkursverteidigung, die Liberalisierung des Kapitalverkehrs und der Eintritt in die enge Bandbreite des EWS hatten zusammen mit den Maßnahmen der Banca d'Italia zur Entwicklung funktionsfähiger Finanzmärkte die Glaubwürdigkeit der Wechselkursvereinbarung gestärkt.

und BIP fortwährend. Auf der anderen Seite standen die massiven Lohnerhöhungen, die Anfang der neunziger Jahre vom öffentlichen auf den privaten Sektor übergriffen. Die Verhandlungen über neue Indexierungsmechanismen begannen erst im Juni 1991 und schritten nur langsam voran.[1]

Bis 1983 agierte die Banca d'Italia als Nettozeichner der Staatstitel. Danach ist eine diskontinuierliche, aber eindeutig negative Korrelation zwischen dem Deckungsverhältnis und den Nettozeichnungen der Titel zu beobachten, die erst gegen Ende der achtziger Jahre schwächer wird. Zurückführen läßt sich dies auf strategische Überlegungen, die die Banca d'Italia angesichts der steigenden Staatsverschuldung anstellen mußte.[2] Die Episode von 1982 zeigt zwar die veränderte Haltung der Banca d'Italia, zeigt aber auch ihre Grenzen auf, wenn sich ein Konflikt mit der Regierung anbahnte.[3]

Insgesamt hat das EWS während der ersten Hälfte der achtziger Jahre zur Disinflation beigetragen.[4] Die Entwicklung bis 1990 hat jedoch gezeigt, inwieweit der Geldpolitik durch andere Faktoren und Aktoren Grenzen gesetzt wurden.

Die Banca d'Italia machte die fehlende Kohärenz der Wirtschaftspolitik dieser Jahre in den „considerazioni finali" 1992 deutlich:

„...la nostra economia vive una fase difficile, nella prossimità delle scadenze europee, sotto l'urgere dei problemi che deve comunque affrontare. Alle questioni che in questa sede da anni sottoponiamo a disamina va data certezza di soluzione in brevi tempi ...."[5]

Zwei Tage später wurde durch das dänische Referendum der Maastrichter Vertrag abgelehnt und der Druck auf die Lira führte am 13. September zu einem Realignment und am 17. September zur Aufgabe des Wechselkursmechanismus. Bereits einen Tag nach dem Austritt aus dem Wechselkursverband erließ die Regierung Maßnahmen zur Eindämmung des Defizits.[6]

---

1 Passacantando (1996) S. 65.

2 Denn sie hatte die Wahl, entweder sofort zu monetisieren oder eine Krise auf dem Primärmarkt entstehen zu lassen.

3 Passacantando (1996) S. 45.

4 Bruni/Monti (1991).

5 „.... unsere Volkswirtschaft durchlebt eine schwierige Phase, kurz vor dem Ablauf der europäischen Fristen, unter dem Drängen der Probleme, die sie jedoch bewältigen muß. Auf die Fragen, die wir an dieser Stelle seit Jahren zur gründlichen Prüfung unterbreiten, wird es mit Sicherheit binnen kurzem eine Lösung geben." Passacantando (1996) S. 66.

6 Siehe zu diesen Maßnahmen Passacantando (1996) S. 66.

1.3.1.2. Die Banca d'Italia als Bank der öffentlichen Haushalte

Die Aufgaben, die die Banca d'Italia als Bank der öffentlichen Haushalte ausfüllte, bilden wesentliche Rahmenbedingungen für die Ausübung ihrer geldpolitischen Funktion.[1]

1.3.1.2.1. Fiscal agent

Die Funktion, Kassendienste für den Staat zu leisten, ist bereits bei der Konstituierung der Banca d'Italia verankert worden.[2] Über die juristische Beziehung dieser Aufgabenteilung - der Tresor übt weiterhin einen Teil des Kassendienstes aus – gibt es in Italien keine eindeutige Meinung: Für die einen führt die Banca d'Italia diese Aufgabe als Konzessionär des Staates aus und ist ein „Dienstleister" für den Staat, für die anderen ist sie Inhaber dieser Staatsfunktion.[3] Bis 1930 füllte sie die Funktion weitgehend unentgeltlich aus. 1947 wurde eine Vergütung von 1890 Millionen Lire festgesetzt, die bis zu den Gesetzesänderungen des Jahres 1992 unverändert blieb.[4] Von Bedeutung für den Handlungsspielraum ist auch die Aufgabenverteilung zwischen Schatzamt und Banca d'Italia. Ersteres ist für die „tesoreria centrale"[5] zuständig, die Filialen der Banca d'Italia sind für die „tesoreria delle sezioni" (Bezirkskassendienst) verantwortlich. Hierbei besteht für sie keine hierarchische Beziehung zur staatlichen Verwaltung des Schatzamtes.[6]

1.3.1.2.2. Financier des Staates

Darüber hinaus kam der italienischen Zentralbank bis 1993 eine wesentliche Bedeutung als Financier des Staates zu, der sie auf unterschiedliche Arten gerecht wurde.[7] Monetäre

---

[1] Sie stehen überdies in einem engen Zusammenhang miteinander: So läßt sich im Grunde die Aufgabe der „tesoreria" (Kassendienst) im Fall der Banca d'Italia aufgrund der bis 1993 bestehenden Möglichkeit zur Überziehung des Kontokorrenkontos nicht von der Staatsfinanzierung trennen. Vgl. z.B. auch Lück (1998).

[2] Die Übertragung der Kassendienste auf die Banca d'Italia ist mit dem Gesetz vom 28. März 1991, n. 104 für zwanzig Jahre mit automatischer Verlängerung festgelegt worden. Finocchiaro/Contessa (1994) S. 203.

[3] Siehe dazu Finocchiaro/Contessa (1994) S. 203, De Vecchis (1996) S. 26.

[4] Diesen Leistungen standen Kosten von einer Höhe von 503 Milliarden Lire im Jahr 1991 gegenüber. Vgl. Finocchiaro/Contessa (1994) S. 203ff zur Entwicklung der Kassendienstfunktion.

[5] Das Amt des „Tesoriere centrale" beinhaltet den Empfang eines Teils der Einnahmen des Staates, Auszahlung für Rechnung der zentralen Verwaltungen, die Übernahme von Kassendiensten für die Fürsorgekassen des Schatzamtes und die Administration der Kontokorrentkonten bei Verwaltungen, Instituten und Einrichtungen, die Beiträge aus dem Staatshaushalt erhalten. Finocchiaro/Contessa (1994) S. 201.

[6] So kann sie beispielsweise die Zahlungsverfahren und technischen Operationen frei wählen, was in den letzten Jahren zu großen Effiziensteigerungen geführt hat. Gleichzeitig wurde dieser Bereich zunehmend vergrößert. Finocchiaro/Contessa (1994) S. 202.

[7] Zur historischen Entwicklung der Staatsfinanzierung De Vecchis (1986) S. 23f.

Seigniorage betrug in den Jahren 1980 bis 1995 in Italien 1,22% und Opportunitätskostenseigniorage 2,01%.[1]

a) Direkte Kreditfinanzierung

Ein automatischer Zugriff des Schatzamtes auf Kredite der Zentralbank durch Überziehen des „conto corrente" wurde bereits nach dem Krieg durch ein Dekret beschränkt.[2] Zu diesem Zeitpunkt wurde auch das System der "anticipazioni", das vorher zur Staatsfinanzierung genutzt worden war, reformiert.[3]

Im Rahmen der Stabilisierung der Lira wurde 1948 beschlossen, daß ohne vorhergehende gesetzliche Ermächtigung keinerlei außerordentliche Kreditgewährung von seiten der Banca d'Italia mehr vorgenommen werden dürfte. Eine solche erfolgte nur 1983, als das Limit des „conto corrente" überschritten wurde und das Parlament ein Gesetz verabschiedete, durch das die Banca d'Italia zur außerordentlichen Kreditvergabe an das Schatzamt befugt wurde. Das Volumen betrug für ein Jahr 8.000 Milliarden Lire. Hatte die Unterdeckung des Kontokorrentkontos nach dem Krieg noch die Funktion eines „Liquiditätspuffers" zum Ausgleich von kurzfristigen Zahlungsengpässen, so erhielt sie in den siebziger Jahren durch das Anwachsen des öffentlichen Ausgaben immer mehr den Charakter eines zudem noch dynamisch wirkenden Finanzierungsinstruments. Durch die Überziehung des „conto corrente" wurde der Regierung daher ein jederzeit verfügbarer automatischer Zentralbankkredit eingeräumt.[4]

---

[1] Lange/Nolte (1998) S. 499. Von 1991 bis 1995 stieg der Prozentsatz der Opportunitätskostenseigniorage auf 1,66%. Ebenda.

[2] Decreto legislativo vom 7. Mai 1948, n. 544.

[3] Bereits 1910 war ein Höchstbetrag festgesetzt worden. In der Reform von 1926-1928 wurde diese Möglichkeit der Finanzierung aufgehoben und für „anticipazioni ordinarie" (gewöhnliche Kredite) wurde ein Höchstbetrag gesetzt. Die Möglichkeit außergewöhnlicher Kredite wurde 1936 wiederhergestellt und das Limit für die „gewöhnlichen" auf eine Milliarde Lire heraufgesetzt. Für die „anticipazioni straordinarie" wurde kein Höchstbetrag festgesetzt, sondern eine "Vereinbarung zwischen dem Finanzminister und der Banca d'Italia" vorausgesetzt. Banca d'Italia (1994) S. 222.

[4] Die Überziehung war auf 14% der geplanten Ausgaben (zuzüglich parlamentarisch beschlossener Mehrausgaben) begrenzt. Der Zinssatz für die Überziehung wurde auf 1% festgesetzt. Kommt es zu einer Überschreitung des Limits, so stellt die Banca d'Italia binnen 20 Tagen ihre Leistungen so lange ein bis das Niveau wieder erreicht ist. Caesar (1981) S. 406. Siehe dazu auch Rossignoli (1993) S. 77f und Lück (1998) S. 335ff. Zu der Entwicklung der Dienstleistungen der Banca d'Italia für das Schatzamt siehe Finocchiaro/Contessa (1995) S. 76.

Abbildung 11: Nettozeichnung der Banca d'Italia auf dem Primärmarkt

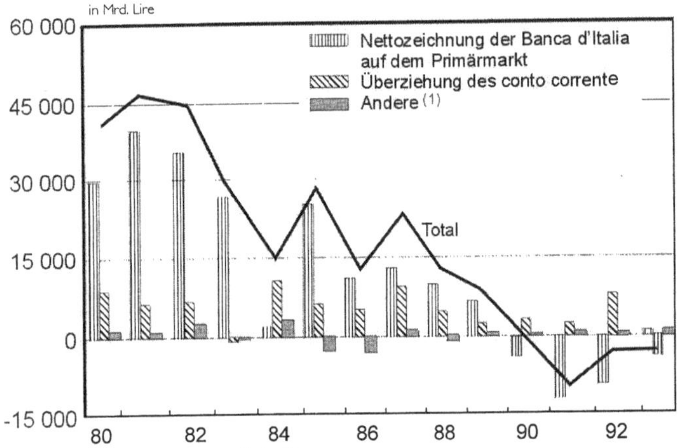

(1) Banknoten und metallische Munzen

Quelle: Passacantando (1996)

Abbildung 12: Maßnahmen der Banca d'Italia auf dem Staatstitelmarkt

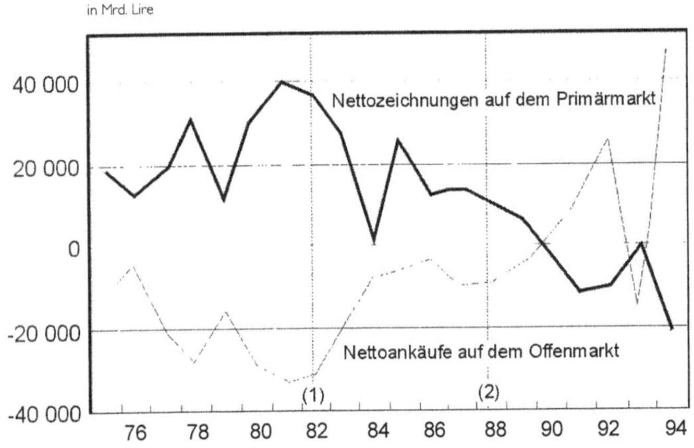

(1) "Divorzio"
(2) Abschaffung des Basispreises

Quelle: Passacantando (1996)

b) Indirekte Finanzierung

Weder Käufe auf dem Primär- noch auf dem Sekundärmarkt für Staatstitel unterlagen formalen Beschränkungen.[1] Auch Regierungseinlagen bei der Zentralbank unterlagen keinen Zinsbeschränkungen. Obwohl die Interventionen der Banca d'Italia auf dem Primärmarkt nach dem „divorzio" von 1981 nur der Geldbasissteuerung dienen sollten, wurde durch den Einfluß des Schatzamtes auf die Setzung des Basispreises für die BOT der Handlungsspielraum der Banca d'Italia eingeschränkt, da sie auch dann noch als Käufer fungieren mußte.[2] Fortan fürchtete man im Schatzamt aufgrund der begrenzten Finanzmärkte und der Emissionsmodalitäten, daß es zu volatileren Zinsen kommen würde. Daher wurde der Basispreis gesteuert.[3] Mit dem „divorzio" wurde nicht nur eine formale Trennung zwischen Regierung und Zentralbank verankert, sondern auch ein Unsicherheitsfaktor hinsichtlich des Verhaltens der Banca d'Italia gegenüber dem Schatzamtes eingeführt.[4]

c) Gewinnverwendung der Banca d'Italia

Die rechtliche Grundlage der Gewinnverwendung stellt Art. 54 des Abschnitts „Titulo IV: Bilanci, Utili, Spese e Perdite Reserve" des Statuts der Banca d'Italia dar. Der maximale Ausschüttungsbetrag an die Aktionäre ist bei einem Grundkapital von 300 Mio. Lire 30 Millionen Lire. Der Restbetrag geht an den Staat. Die Gewinnverwendung der Banca d'Italia ist durch eine außerordentliche Kontinuität gekennzeichnet:[5]

Mit einem Gewinnanteil von 60% wurde dem italienischen Staat von 1980 bis 1993 ein konstanter Prozentsatz überwiesen. Somit beliefen sich die Ausschüttungen wie in der im Anhang zu sehen ist auf gerade einmal 47 bis 525 Millionen Lire im Jahr 1980 bzw. 1991, wobei erst 1990 ein Sprung von um die 100 Millionen auf über 400 Millionen Lire gemacht wurde. Berücksichtigt man jedoch die „Vorabzahlungen", die die Banca d'Italia in Form von Steuern[6] und Ausgaben für Geschäfte mit dem Staat zu leisten hat, so macht

[1] Cottarelli (1993) S. 44, Caesar (1981) S. 406.
[2] Passacantando (1996) S. 89, Rossignoli (1993) S. 77.
[3] Die Tenderverfahren verliefen nach dem Prinzip des Einheitspreises, bei dem das Angebot des marginalen Käufers den Preis für die gesamte Emission festlegt. Das Schatzamt legte den Basispreis so fest, daß die Abweichung zwischen maximal möglicher Rendite und Marktzinssätzen minimiert wurde. Passacantando (1996) S. 43.
[4] Die Episode des Jahres 1982 illustriert das geänderte Verhältnis von Banca d'Italia und Regierung.
[5] Es wäre möglich gewesen, durch Unterschreitung der nur als Höchstgrenzen festgelegten Reservezuweisungen den geringen Gewinnanteil des Staates zu erhöhen. Vgl. Schenk (1997) S. 79.
[6] Zur steuerlichen Behandlung der Banca d'Italia siehe Finocchiaro/Contessa (1994) S. 54. Die Steuerzahlungen bestehen aus einer Steuer für den Notenumlauf und der Einkommen- und Körperschaftsteuer. Sie erhöhten sich innerhalb von zwei Jahren (1990-1992) von 755 auf 2480 Mrd. Lire. Vgl. Schenk (1997) S.

die Bilanzübersicht im Anhang wesentlich höhere Zuweisungen deutlich.[1]

1.3.1.2.3. Kapitalmarktagent der Regierung

Die Banca d'Italia fungierte als Konsortialführerin für die Emissionen der Regierung.[2]

Abbildung 13: Nettozeichnung der Banca d'Italia (1) und Deckungsverhältnis (2)

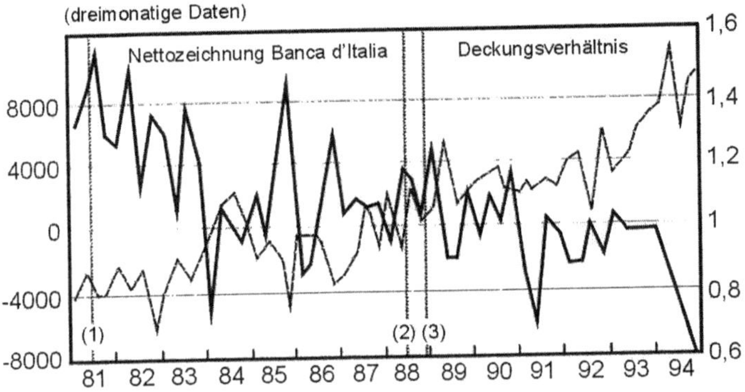

( ) Milliarden Lire
( ) Nachfrage/Angebot auf dem Markt
(1) Divorzio
(4) Abschaffung des Basispreises bei Versteigerungen der BOT mit dreimonatiger Laufzeit
(3) Abschaffung des Basispreises bei Versteigerungen von Titeln mit sechs- bis zwölfmonatiger Laufzeit

Quelle: Passacantando (1996)

Bis 1983 war sie dazu verpflichtet, als Aufkäufer für das Schatzamt zu agieren. zeigt eine fast perfekt negative Korrelation zwischen den Nettozeichnungen der Banca d'Italia und Nettokäufen auf dem Offenmarkt, so daß die Annahme naheliegt, daß die Banca d'Italia

83. Eine steuerliche Sonderbehandlung erfolgt nur hinsichtlich der Neubewertungen des Goldes und der Devisenreserven des UIC und der Banca d'Italia auf der Basis von Marktwerten, wenn diese in einen dazu bestimmten passivischen Fonds eingestellt werden. Art. 104 des Testo Unico über die Ertragssteuern (DPR Nr. 917vom 22.12.1986) .

[1] Beispielsweise betrug der Nettogewinn ohne Berücksichtigung der Steuern und Ausgaben für den Staat 1992 213 Mrd. Lire und mit Berücksichtigung dieser Beträge 5174 Mrd. Lire.

[2] Barucci beschreibt, daß von den ca. 300 Emissionen, für die er verantwortlich gewesen ist nur bei ca. 10% eine Veränderung der Konditionen gegenüber den Vorschlägen der Banca d'Italia erfolgt ist und daß die Anträge der Generaldirektion des Schatzamtes zahlenmäßig sehr begrenzt gewesen sind. ,,... es gab nicht nur stark einheitliche Bewertungen und Verhalten, sondern auch einen fortwährenden Austausch von Meinungen und Analysen; die endgültigen Entscheidungen sind vom Schatzminister gefällt worden, aber die Unterstützung von Ciampi (Gouverneur der Banca d'Italia), Fazio, Dini, Draghi (Generaldirektor des Schatzamtes) hatte eine ebenso große Bedeutung. Barucci in Predieri (1996) S. 110 Fußnote 203.

die erworbenen Titel auch wieder auf dem Sekundärmarkt verkaufen konnte. Nach dem „divorzio" war sie durch den niedrigen Basispreis dazu gezwungen - nun zwar auf diskontinuierliche Weise - weiterhin als Aufkäufer zu fungieren, wenn sie nicht unmittelbar eine Monetisierung des Defizits unterstützen oder die Probleme mit der Nachfrage nach Staatstiteln eskalieren lassen und so unvorhersehbare Kettenreaktionen freisetzen wollte.[1]

1.3.1.3. Die Banca d'Italia als Bank der Banken

Die enge Verbindung zwischen der mikro- und der makroökonomischen Politik als einer der Grundzüge italienischer Zentralbanktradition äußert sich insbesondere in der Stellung der Zentralbank gegenüber dem Bankensystem.[2] Sie erklärt sich auch aus den historischen Erfahrungen der dreißiger Jahre und der auf die Reform von 1936 folgenden „Gegenreform" der Zentralbankgesetzgebung, die eine Loslösung der Zentralbank von der Industriefinanzierung anstrebte. Da ein voll entwickelter Finanzmarkt nicht zur Verfügung stand, blieb nur die Wirkung über das Bankensystem. Es bildete sich somit die Auffassung heran, daß die Banca d'Italia, um nicht wieder zur Holding der Industrie zu werden, auf eine gewisse Art „Holding" des Bankensystems werden mußte. Durch die starke Beteiligung der öffentlichen Hand an den Geschäftsbanken, nahm der Lender of last resort die Funktion eines „indirekten Verwaltungsbeauftragten"[3] ein.[4]

Der Einsatz administrativer Instrumente in der Geldpolitik und eine Haltung gegenüber der Effizienz des Bankensystems, die in der Literatur auch als „benign neglect" bezeichnet wird,[5] hat während der sechziger und siebziger Jahre die Entwicklung und die Konkurrenzfähigkeit des Bankwesens behindert. Am Ende der siebziger Jahre wurde das italienische Finanzsystem noch weithin als unterentwickelt angesehen:[6] Es gab nur wenige Finanzinstrumente und Typen von Intermediären; zwischen den Banken war der Preiswettbewerb gering, viele Intermediäre waren in staatlichem Besitz und das italienische Finanzsystem war nur bedingt nach außen hin offen. Noch vor zehn Jahren wurde über Filialnetze der Geschäftsbanken von der Banca d'Italia entschieden. Die Kontrolle des Systems wurde vor 1993 durch Restriktionen der von den Banken angebotenen Produktpalette und Marktzutrittsbeschränkungen ausgeübt. Diese beruhten auf der Annahme, daß freier

---

[1] Passacantando (1996) S. 45.
[2] Zur Genese der relevanten Normen siehe Lück (1998) S. 169.
[3] Baratta (1988) S. 259.
[4] Ein Beleg für diese Entwicklung ist nach Meinung von Baratta die Weigerung der Banca d'Italia, angesichts der erhöhten Verschuldung der Unternehmen bei den Banken, die Geschäftsbanken einen Teil dieser Kredite in Risikokapital umwandeln zu lassen. Baratta (1988) S. 259.
[5] Vaciago (1988) S. 229.
[6] Nardozzi (1994) S. 22.

Wettbewerb im Bankensektor nicht zur Effizienz führen würde und finanzielle Instabilität oder ein zu hohes Maß an Konzentration erzeugen könnte. Die lange für notwendig erachtete Umstrukturierung wurde bis 1993 nicht erreicht.[1] Noch heute sind ein Fünftel der italienischen Banken in öffentlichem Besitz.

1.3.1.3.1. Die Funktion des Lender of last resort

Die Banca d'Italia hat bei der Refinanzierung nach Art. 41 ihres Statuts die diskretionäre Verfügungsgewalt. Der Zugang zur Refinanzierung ist in Italien nicht durch Kontingente „garantiert". Daraus ergeben sich einerseits Konsequenzen für die Wirksamkeit der geldpolitischen Maßnahmen.[2] Auf der anderen Seite tritt die Verantwortlichkeit der Banca d'Italia für das Bankensystem stärker in den Vordergrund.

Häufig trat die Banca d'Italia in der Vergangenheit ex post als Lender of last resort ein. Dies geschah auf der Grundlage eines Dekrets von 1974,[3] das vorsieht, daß die Banca d'Italia Geschäftsbanken, die „.... *surrogatesi ai depositanti di altre aziende di credito in liquidazione coatta, si trovino a dover ammortizzare, perché tutto o in parte inesigibile, la conseguente perdita nella loro esposizione.*"[4] Die Banca d'Italia kann diesen Kreditinstituten Kredite zu einem Prozent für eine Dauer von 24 Monaten gewähren.

In der Vergangenheit ist die Banca d'Italia auch indirekt Geschäftsbanken bei Liquiditätsproblemen zu Hilfe gekommen.[5]

Von der Veränderung des geldpolitischen Instrumentariums gehen auch Wirkungen auf die Funktionsweise eines Lender of last resort aus. Die Ausübung dieser Funktion basierte in Italien traditionell auf bilateralen Beziehungen. Eine wesentliche Beschränkung für in Liquiditätsprobleme geratene Geschäftsbanken bildete und bildet die begrenzte Band-

---

[1] Erst das neue Bankengesetz und die Einführung von Finanzinnovationen haben das ermöglicht. 1994 kam es im Rahmen einer immer stärker werdenden Konzentration zu einem sogenannten „Krieg der Banken" (Corriere della Sera, Annuario 1994, S. 12), der durch die sich verschlechternde Konjunktur und die zunehmende Privatisierung des öffentlichen Banksektors beeinflußt wurde. Siehe dazu auch Große/Trautmann (1997) S. 76. Die Konzentrationsbemühungen auf dem italienischen Bankenmarkt gehen seither unvermindert unter der Ägide der Banca d'Italia weiter. Siehe dazu den Economist v. 27.3.1999 S. 84.

[2] Finocchiaro/Contessa (1994) S. 286.

[3] D.m. 27.9.1974 (Gazetta Ufficiale 2.10.1974, n. 256).

[4] „.... bei den Einlegern anderer in Zwangsliquidierung (befindlichen, S.T.) Kreditinstitute eingetreten sind und den folgenden Verlust ihrer Position amortisieren müssen, da (die Forderungen, S.T.) ganz oder zum Teil uneinbringlich sind." Banca d'Italia (1998) S. 71*.

[5] 1981 dem IMI durch ein staatlich kontrolliertes Finanzinstitut, 1982 dem Banco Ambrosiano über eine koordinierte Aktion von Geschäftsbanken und 1989 dem Banco Nazionale di Lavoro durch den Einsatz von „obbligazioni subordinate", die im Portefeuille einer Versicherungsgesellschaft unter der Kontrolle der öffentlichen Hand plaziert wurden. Predieri (1996) S. 81.

breite der „titoli stanziabili" (beleihungsfähigen Titeln).[1] Die Wirkung der veränderten geldpolitischen Instrumente ist zwar zunächst quantitativ neutral gewesen, kann sich jedoch im Fall von Krisensituationen in einer geringeren Flexibilität äußern. Zu den betroffenen Reformen zählen die Mobilisierung der Mindestreserven[2] und die Abschaffung des Strafzinses bei Sonderlombardgeschäften. Der Eingriff über den „Fondo interbancario di tutela dei depositi" (Interbankenfonds zum Schutz der Einlagen) wird als eine unzureichende Lösung empfunden, da hier die Vergütung der Einleger im Vordergrund steht. Der Fonds hat die Möglichkeit, Banken, die im Rahmen der „außergewöhnlichen Administration" (amministrazione straordinaria) der Aufsicht der Zentralbank unterworfen sind,[3] Finanzierungsunterstützung zu gewähren.

1.3.1.3.2. Die Funktion des Aufsichtsorgans

1.3.1.3.2.1. Überwachung der Finanzmärkte

Die Banca d'Italia verfügt auch im Bereich der Aufsicht über Nichtbanken über Befugnisse, die sie mit der Consob (Commissione nazionale per le società e la borsa) zusammen koordiniert. Die Aufgabenteilung der beiden Institutionen sieht vor, daß die Banca d'Italia für die Stabilität verantwortlich ist und die Consob für die Korrektheit und die Transparenz der Transaktionen.[4] Faktisch beruht die Aufsichtsfunktion jedoch auf einer starken Koordination der Institutionen, und aufgrund der generell starken Position der Banca d'Italia im Bankensystem, das wesentlich die Intermediation auf den Finanzmärkten bestimmt,[5] ist auch hier eine starke Einflußnahme festzustellen.

1.3.1.3.2.2. Überwachung der Kreditinstitute

Es gibt in Italien keine Aufsichtsautorität für alle Finanzaktivitäten. Banken und andere Fi-

---

[1] Kritisiert wird in Italien die immer geringer werdende Menge von „titoli stanziabili" in den Portfolios der Geschäftsbanken und die Fokussierung der Zentralbank auf einen Kreis von „Kernbanken" in der Annahme, daß der Marktentwicklungsgrad dafür sorgt, daß auch bei Teilnehmern, die nicht zu diesem Kreis gehören, Liquiditätsdefizite ausgeglichen werden. Cesarini (1991) S. 77ff.

[2] Tendenziell können die durch die Reform erlangten Vorteile neutralisiert werden, da mit der Mobilisierung eine Senkung des Gesamtbetrages an Geldbasis über die sogenannten „anticipazioni in conto corrente" verbunden ist, den die Banca d'Italia bisher immer am Ende der vereinbarten Laufzeit von vier Monaten verlängert hat. Außerdem hat die Banca d'Italia die dafür zu zahlende Kommission verdoppelt. Ebenda.

[3] Dazu Finocchiaro/Contessa (1994) S. 356ff.

[4] Zu den einzelnen Befugnissen siehe Finocchiaro/Contessa (1994) S. 327ff.

[5] Zur Aufsicht der Nichtbanken Finocchiaro/Contessa (1994) S. 330.

nanzintermediäre unterliegen der Aufsicht des CICR (Comitato Interministeriale per il Credito e il Risparmio), dem Schatzminister und der Banca d'Italia.[1] Entsprechend dem Testo Unico von 1936 und den später erfolgten Veränderungen ist die Banca d'Italia verantwortlich für die Aufsicht des Banken- und Finanzsystems. Die Schlüsselposition wird auch in diesem Funktionsbereich vom Gouverneur eingenommen.[2] Im faktischen Vollzug der Aufsichtsfunktion hat sich die Rolle des CICR als weniger erheblich gezeigt, da das Vorschlagsrecht der Banca d'Italia normalerweise den Anstoß zu Aufsichtsmaßnahmen gab.[3]

Die relativ weitgehende Unabhängigkeit der Banca d'Italia in bezug auf die Aufsichtsfunktion ist das Resultat der fehlenden Aktivität des CICR und wird auf der anderen Seite auch durch den Autonomieprozeß verstärkt.[4]

„There are no express rules relating the separation of the Bank of Italy's supervisory functions and its other functions, notably those relating to the conduct of monetary policy."[5]

Kennzeichnend für die Normen, die seit dem Testo Unico von 1936 herrschten, war daher auch die „Neutralität" der Kontrollinstrumente, die für jegliches Ziel (Stabilität, Effizienz, geld- und wirtschaftspolitische Steuerung) genutzt werden konnten.[6]

Die Banca d'Italia nutzt drei verschiedene Kanäle, um ihrer Aufsichtsfunktion nachzukommen:

- Verwaltungsakte (Art. 54 T.U.)
- Kontrolle der Kreditinstitute (Art. 54 T.U.)
- Informationssammlung über Kreditinstitute (Artt. 51f T.U.)

Zudem ist sie für die Vergabe der Banklizenzen und für Bankenzusammenschlüsse zuständig.[7] Die Bankaufsicht in Italien ist in den letzten Jahren in zweierlei Hinsicht verändert worden: Seit Beginn der 90er Jahre ist die Bandbreite der von der Aufsicht betroffenen

---

[1] Art. 2-5 Testo Unico beschreibt die Zusammensetzung der Gremien und ihre Aufgaben. An der Aufsicht über Aktivitäten mit Wertpapieren ist neben der Consob und der Zentralbank auch noch der Schatzminister beteiligt. Versicherungen werden vom ISVAP (Istituto per la Vigilanza sulle Assicuarazioni Private) und dem Industrieminister überwacht. Nach Art. 7 Paragraph 5 Testo Unico müssen die Banca d'Italia, die Consob und das ISVAP zusammenarbeiten.

[2] Zironi (1993) S. 681 Fußnote 18.

[3] Zu den einzelnen Befugnissen Eizenga (1993) S. 17.

[4] Report of a Working Group of the ECU Institute (1995) S. 211.

[5] Report of a Working Group of the ECU Institute (1995) S. 211.

[6] Banca d'Italia (1993) S. 19*.

[7] Artt. 13-14 und 56f T.U.. Zu anderen mit der Aufsicht zusammenhängenden Funktionen siehe Report of a Working Group of the ECU Institute (1995) S. 215.

finanziellen Aktivitäten erweitert worden.[1] Auf der anderen Seite wurden die extremen Beschränkungen, die durch die Bankgesetzgebung aufgebaut wurden, gelockert. Dieser Trend begann bereits in den achtziger Jahren mit der Abschaffung der territorialen Begrenzungen. Der bedeutendste Wandel wurde mit der Umsetzung der 2. Bankendirektive in Italien eingeleitet, die in Europa einen Wettbewerb zwischen den Finanzsystemen in Bezug auf ihre gesetzliche Ausgestaltung in Gang gesetzt hat. 1992 wurde damit eine „Entspezialisierung" des Bankensystems veranlaßt, mit dem eine Annäherung an ein Universalbankensystem begann.

Bis in die achtziger Jahre hat die Banca d'Italia eine Form der strukturellen Aufsicht ausgeübt, die unter anderem darauf abzielte, allokativ zu wirken.[2] Die strukturelle Politik ist nicht nur zur Lenkung von Finanzströmen in politisch bevorzugte Bereiche oder zugunsten des verfassungsrechtlich bedeutenden Einlagenschutz genutzt worden,[3] sondern stellte auch die Voraussetzung für die wirksame Nutzung des geldpolitischen Instruments der „moral suasion" dar. Die zunehmende Orientierung an indirekten Aufsichtsinstrumenten[4] seitens der Banca d'Italia seit Beginn der achtziger Jahre wird unterschiedlich bewertet: Sehen die einen darin die Orientierung an einer längerfristig ausgerichteten Wirtschaftspolitik, so wird von anderer Seite betont, die Banca d'Italia passe in der ihr eigenen grundsätzlichen Pflicht die Finanzstrukturen den Bedürfnissen der ökonomischen Entwicklung an.[5] 1991 gab es erste Ansätze zu einem Gesetzentwurf, der eine stärkere Trennung der Aufsichtsfunktion von der geldpolitischen Funktion mit sich bringen sollte.[6]

1.3.2. Restringierende Faktoren

Wenngleich die Banca d'Italia auch über einen größeren Handlungsspielraum verfügte als es der normative Rahmen vermuten läßt, so war doch ihre geldpolitische Funktionserfüllung und insbesondere ihre Fähigkeit, die Geldbasis und die kurzfristigen Zinsen zu beeinflussen, beschränkt.

Die formalen Charakteristika wie beispielsweise der Überziehungskredit bis zu 14% oder die Festsetzung des Diskontsatzes auf Vorschlag der Banca d'Italia durch das Schatzamt führten zunächst nicht notwendigerweise zu einer Dominanz der Fiskalpolitik über die

---

[1] Ein Grund liegt in dem Kampf gegen Geldwäsche. Siehe dazu Report of a Working Group of the ECU Institute (1995) S. 208.
[2] Nardozzi (1988) S. 227 und Lück (1998) S. 196.
[3] Siehe dazu auch Nardozzi (1988) S. 222f.
[4] Masciandaro (1993) S. 536, Nardozzi (1988) S. 245.
[5] Vicarelli (1988) S. 301.
[6] Rapporto Sarcinelli (1991) S. 49.

Geldpolitik. Sie bewirkten, daß die Kontrolle der Geldbasis schwieriger wurde.[1] Erst als die Inflationsrate Anfang der achtziger Jahre zu einer extremen Realzinsentwicklung führte, wurde die Verpflichtung zum Ankauf der nicht absetzbaren Staatspapiere des Primärmarktes aufgehoben. Bis zur Aufhebung der Basispreise für Emissionen (Juli 1988 und März 1989, abhängig von der Laufzeit der Titel) hat die Banca d'Italia aber auf dem Primärmarkt Staatstitel aufgekauft, um zumindest teilweise eine fehlende Nachfrage auszugleichen.

Die Wirkung der direkten Kreditfinanzierung durch den Überziehungskredit beschränkte sich nicht nur auf die Problematik der kurzfristigen Kontrolle der Geldbasis. Die Verbindung der Aufgabe eines Financiers des Schatzamtes mit der der Kassenhaltung entfaltete somit eine Wirkung, die auch andere Bereiche berührte:[2]

Sowohl ein höheres Zinsniveau als auch die Verwendung administrativer Kontrollinstrumente sind begünstigt worden.[3] Die automatische Kreditfinanzierung hat dazu beigetragen, daß die Zentralbank zunehmenden strukturellen Einfluß auf die Entwicklung des Finanzsystems nehmen konnte, um die Entwicklung neuer und die Weiterentwicklung bestehender Märkte zu fördern.[4] Auf der operationalen Ebene wurde die Fähigkeit der Zentralbank beschränkt, die Entwicklung des gesamten Inlandskredits (Credito Interno Totale oder CTI) entsprechend der Planungen zu gewährleisten.[5]

Schließlich wurde durch die automatische Finanzierung der Anpassungspfad bei Abweichungen von der geplanten geldpolitischen Entwicklung verlängert. Die Praxis, über die Überziehung des Kontokorrentkontos den Staat zu finanzieren, hat die Liquidität des Zentralbankportfolios gesenkt.[6]

---

[1] In den Jahren 1975 bis 1981 trug die Banca d'Italia mit durchschnittlich 23,7% zur Deckung des öffentlichen Finanzbedarfs bei. Schenk (1997) S. 86.

[2] Die Finanzierung des öffentlichen Defizits hatte auch auf die Wirksamkeit der Geldpolitik hinsichtlich der wirtschaftspolitischen Endziele Einfluß. So wurde 1991 in den Considerazioni finali geurteilt, daß „die Unzulänglichkeit des Verhaltens ... dazu beigetragen hätte, daß verhindert worden ist, daß die gesamte Volkswirtschaft Nutzen aus der Wechselkurspolitik .... hätte ziehen können." Zitiert in Finocchiaro/Contessa (1994) S. 227, Marinelli (1995) S. 36ff.

[3] Mit der Abschaffung der direkten Finanzierung wurde eine Reform der Mindestreserven möglich, die die Belastung des Bankensystems reduzieren konnte. Diese war über bestimmte Zeitabschnitte wesentlich für die Absorption der vom Schatzamt geschaffen Liquidität gewesen und verursachte auf der anderen Seite eine geringere Wettbewerbsfähigkeit des italienischen Bankensystems in Europa. Finocchiaro/Contessa (1998) S. 227 und Lück (1998) S. 337.

[4] Zu den Finanzmarktstrukturen in Italien Finocchiaro/Contessa (1994) S. 261ff.

[5] Die unerwarteten Überschreitungen des an den Staat fließenden Teils des CTI hätten eine exzessive Reduzierung des Kredits an den Privatsektor notwendig gemacht.

[6] Cottarelli (1993) S. 6.

Diese Entwicklungen lassen nicht nur eine fehlende Disziplinierung der Fiskalpolitik, sondern auch eine Einschränkung der geldpolitischen Funktionsausübung der Banca d'Italia deutlich werden.[1] Folgt man der These, daß die notwendige Finanzierung des öffentlichen Defizits zu verzerrenden Effekten bei der Bankenstruktur geführt hat,[2] so ist über den geldpolitischen Transmissionsmechanismus auch eine indirekt restringierende Wirkung zu konstatieren.

Wenn man die von der Banca d'Italia durchgeführten Reformen seit Beginn der achtziger Jahre betrachtet, so ist zu konstatieren, daß große Anstrengungen gemacht wurden, um die ganze Kontrolle über die internen Kanäle der Geldbasisschöpfung zu erlangen.

Das Verhältnis von makro- und mikroökonomischen Funktionen weist im Fall Italien eine starke Gewichtung zugunsten strukturpolitischer Aufgaben auf. Die Zentralbank ist nicht nur Institution in einem Sektor, und ihre Maßnahmen sind nicht nur auf diesen einen Sektor begrenzt:

„Il suo controllo della base monetaria ha effetto non solo sulle banche, ma... su tutto il sistema economico che è il vero supercliente della banca centrale."[3]

Zwischen den mikroökonomischen Aspekten und den geldpolitischen Entscheidungen der Banca d'Italia bestanden auf mehreren Ebenen Verbindungen: Auf institutioneller Ebene mußte die Banca d'Italia lange auf die Existenz eines funktionsfähigen und aktiven Geldmarktes verzichten, der ihr zu einer starken Position gegenüber der Regierung verholfen hätte.[4] Auf Finanzmarkt - Ebene sind die Unverhältnismäßigkeit der Aktivitäten von Intermediären und marktbasierten Transaktionen, eine beschränkte Bandbreite von Instrumenten und Formen von Akteuren auf den Finanzmärkten, niedriger Preiswettbewerb zwischen den Banken und die öffentliche Eigentümerschaft einer großen Anzahl von In-

---

[1] Für den „fiscal hazard" der Regierung bestehen unterschiedliche Erklärungshypothesen. Siehe dazu Masciandaro (1993) S. 533.

[2] Diese These - von Nardozzi (1993) mit den relevanten Quellen diskutiert - macht die administrativen Kontrollen der Aktivaentwicklung der Banken wie „massimale di credito" und „vincolo di portafoglio" für die Entstehung einer „verborgenen Fiskalität" verantwortlich. Auf der allokativen Ebene werden durch die „vincoli" dem öffentlichen Sektor Finanzierungsquellen zugeführt, der somit nach eigenen allokativen Kriterien als „banchiere occulto" (verborgener Bankier) agiert. Diese Interpretation steht im Widerspruch zu einer italienischen Theorieentwicklung, die weiter unten erläutert wird und nach der die Charakteristika des Finanzsystems nicht auf die Regulierung der Banken zurückgeführt werden können, sondern auf ein bestimmtes Intermediationsmodell, das eine Konstante der italienischen Wirtschaftsgeschichte darstellt. Siehe dazu S. 366 Fußnote 6.

[3] „Ihre Kontrolle der Geldbasis hatte nicht nur auf die Banken Wirkung, sondern ... auf das gesamte Wirtschaftssystem, das der wahre 'Überkunde' der Zentralbank ist." Predieri (1996, S. 55) zitiert Carli.

[4] Erst 1975 wurde mit einer Reform der Auktionsverfahren der BOT ein solcher Markt initiiert.

stituten sowie eine begrenzte internationale Öffnung zu nennen.[1] Die Verantwortlichkeit für die Restriktion der Banca d'Italia wird dabei in der italienischen Literatur durchaus nicht nur außerhalb der Zentralbank gesehen.[2]

1.3.3. Restringierende Aktoren

Gerade die Ära Ciampi erweist sich für die Methodik, die jeweils vor dem Maastrichter Vertrag gelegene zentralbankpolitische Ära näher zu betrachten, als überaus fruchtbar.

Als restringierender Aktor fungierte neben dem Schatzamt auch das Bankensystem, wenngleich die Banca d'Italia aufgrund der spezifischen Finanzstrukturen in Italien eine relativ große Wirkung diesem gegenüber entfaltete.

Das italienische Bankensystem förderte nicht nur durch die doppelte Intermediation die Finanzierung des staatlichen Defizits,[3] sondern stellte auch selbst eine Restriktion dar:

„La riacquisizione del controllo monetario da parte della banca centrale richiedeva un diverso atteggiamento sia nei confronti del governo che del sistema creditizio."[4]

1.3.4. Bestimmungsgründe des politischen Handlungsspielraums

„Zugunsten der Notenbank hat sich weiterhin ausgewirkt, daß in Italien die Meinung immer noch durchaus verbreitet zu sein scheint, eine unpolitische und von unmittelbaren Staatseinflüssen möglichst freie Notenbank sei zu befürworten. Diese ... Ansicht überwiegt nicht nur in der Öffentlichkeit, sondern auch in wissenschaftlichen Kreisen."[5]

---

[1] Ciocca (1989).

[2] In einer historischen Betrachtung der Amtszeit von Carli wird die Politik der Banca d'Italia auch kritisch beurteilt: „In dieser Sichtweise ist die Funktion der Banca d'Italia als 'Regisseur' gegenüber dem Kreditsystem .... als Kosten zu sehen, die dafür gezahlt werden mußten, um die Politik der Regierung zu konditionieren, indem ihr die vollständige und ausschließliche Herrschaft über die Finanzströme demonstriert wurde (daher die außerordentliche Macht, die die Zentralbank während des Gouvernement Carlis erlangte, die sich auf der anderen Seite der Medaille in der Unterentwicklung der Finanzmärkte ausdrückt)." Nardozzi (1993) S. 405.

[3] Vaciago (1988) S. 229.

[4] „Die Wiederherstellung der geldpolitischen Kontrolle von seiten der Zentralbank erforderte ein anderes Verhalten sowohl gegenüber der Regierung als auch gegenüber dem Kreditsystem." Vaciago (1988) S. 229.

[5] Caesar (1981) S. 438.

War Unabhängigkeit noch als Tenor aus dem Bericht der ökonomischen Kommission für die verfassungsgebenden Versammlung von 1946 herauszulesen, so wurde sie im politischen Feld erst wieder 1963-65 anläßlich des ersten Fünfjahresplans diskutiert.[1] Intensiver beschäftigten sich juristische Abhandlungen mit diesem Thema.[2]

Die ersten wirtschaftswissenschaftlichen Arbeiten zum Thema Zentralbankunabhängigkeit stellten die Beziehung zwischen Zentralbank und Finanzsystem in den Mittelpunkt.[3]

Die Stellung der italienischen Zentralbank im politischen Gefüge wird wesentlich von ihrer Rolle als Beratungsinstanz mit einer Vielzahl ausgewiesener Fachleute und von den Persönlichkeiten der bisherigen Gouverneure bestimmt:

„Il prestigio deriva dall'alone di influenza e di potere, dalle capacitá di grand corp(s, S.T.) de l'État di alto livello specialistico, fornito di funzionari di elevato carisma dotati di tecnica e di stabilità, ben consapevole del proprio apparato logico o metodologico in grado di procurare gli strumenti per una prassi sempre più meditata teoricamente di una valutazione delle interconnessioni, la cui preparazione e le cui capacità vengono utilizzate per le scelte autonome dell'ente, e per le funzioni istruttorie ausiliarie, serventi a favore delle altre istituzioni."[4]

In dieser Charakterisierung klingt bereits die "Stellvertreter"-Funktion der Banca d'Italia im wirtschaftspolitischen Entscheidungsgefüge an, die durch die Qualität ihrer Entscheidungen, aber auch durch das Versagen und die Diskontinuität anderer staatlicher Institutionen und politischer Organe begünstigt wurde.[5]

Der hohe Grad an faktischer Macht als Bank der Banken, die zu einer wesentlichen Einflußnahme auf die Entwicklung des Finanz- und Bankensystems geführt hat und noch weiter anhält, legt die Frage nahe, ob nicht im Sinne der Politökonomie das Eigeninteresse der Banca d'Italia Eingang in die Beurteilung der Zentralbankpolitik finden sollte.[6] Die

---

[1] Caesar (1981) S. 438.

[2] Caesar (1981). Für eine Übersicht der neueren juristischen Literatur siehe Predieri (1996).

[3] De Cecco (1968) und Nardozzi (1981).

[4] „Das Prestige rührt aus dem Nimbus von Einfluß und Macht, den Fähigkeiten eines *grand corp(s, S.T.) de l'État* mit einem hohen fachlichen Niveau, der aus Beamten mit großem Charisma, technischer Qualifikation und Standvermögen besteht. Er (der corps de l'État, S.T.) ist sich des eigenen logischen und methodologischen Apparats für die Bereitstellung von Instrumenten zur praktischen Ausübung einer durch theoretische Überlegungen immer stärker bestimmten Bewertung von Querverbindungen bewußt. Die Vorbereitung der Politik und die dazugehörigen Fertigkeiten werden für die autonomen Entscheidungen des Instituts genutzt und liegen auch der beratenden (wörtlich: lehrenden, S.T.) Unterstützung anderer Institutionen zugrunde." Predieri (1996) S. 231.

[5] Siehe dazu Toniolo (1995) S. 58ff. Belege für diese These könnten die Bestellung von Carlo Azeglio Ciampi zum Ministerpräsidenten und Staatspräsidenten und die Wahl von Luigi Einaudi zum Staatspräsidenten sein.

[6] Ansätze finden sich lediglich bei Nardozzi (1988) in der Betrachtung der Politik des „contrappeso".

wichtige politische Stellung der Zentralbank zeigt, daß es sich bei der Banca d'Italia nicht um eine „... *padrona di tecniche di fronte alle quali il ministro politico stima più opportuno starsene zitto....* "[1] handelt.

[1] „... Herrin der Techniken gegenüber denen es der politische Minister vorzieht, sich still zu verhalten... ." Predieri (1996) S. 111.

2. Der Weg Italiens in die Wirtschafts- und Währungsunion

2.1. Der Ratifikationsprozeß in Italien

Italiens Verfassung ist wie das deutsche Grundgesetz zu den Verfassungen zu zählen, die den möglichen Transfer von Souveränität als ein grundlegendes Prinzip der Außenpolitik formulieren.[1] Wie auch im Grundgesetz werden in der Verfassung weder die Kompetenzen genannt, die transferiert werden dürfen, noch ein Kernbestand an Kompetenzen, der für die Aufrechterhaltung staatlicher Souveränität zwingend notwendig ist, noch die Bedingungen, unter denen ein solcher Transfer stattfinden kann. Somit ergibt sich auch hier das Problem der Unbestimmtheit der Grenzen des Hoheitstransfers und des Inhalts dieses Transfers.

Die Norm, die das einfache Ratifizierungsverfahren ermöglichte, der Artikel 11 der italienischen Verfassung, besagt:

„L'Italia ripudia la guerra come strumento di offesa alla libertà degli altri popoli e come mezzo di risoluzione delle controversie internazionali; consente, in condizioni di parità con gli altri Stati, alle limitazioni di sovranità necessarie ad un ordinamento che assicuri la pace e la giustizia fra le Nazioni; promuove e favorisce le organizzazioni internazionali rivolte a tale scopo."[2]

In dieser Norm ist zwar nur die Rede von "Begrenzungen" der Souveränität: Die herrschende Meinung ist zu dem Schluß gelangt, daß eine Auslegung im Sinne des weiter gefaßten und auch weiter reichenden Terminus "Transfer" anzuwenden ist.[3] Der Verfassungsrat hatte bereits 1984 Gelegenheit, sich dazu zu äußern, und er hat bestätigt, daß die Souveränitätsbegrenzungen des Art. 11 der Verfassung erlauben würden, durch ein einfaches Gesetz gemeinschaftsrechtliche Normen, die der Verfassung nicht entsprechende Bestimmungen enthielten, in Kraft zu setzen. Mit dieser Begründung wurde zunächst eine

---

[1] Vgl. Art. 11.2 der italienischen Verfassung und Art. 24 GG. Diese grundlegende Haltung wird aus der Entstehungsgeschichte der beiden Verfassungstexte und der Rolle der beiden Staaten während des Zweiten Weltkriegs - gleiches gilt auch für Japan, das über eine ähnlich "transferfreundliche" Verfassung verfügt - hergeleitet. "By means of article 11.2 and 24, the Italian and the German founding fathers looked for a useful tool to achieve their successful reincorporation into the international society." Martin Martinez (1993) S. 15ff.

[2] „Italien weist Krieg als Instrument des Angriffs auf die Freiheit anderer Völker und als Mittel zur Lösung internationaler Auseinandersetzungen zurück; es läßt unter Bedingungen der Gegenseitigkeit mit anderen Staaten notwendige Souveränitätsbegrenzungen in einer Ordnung, die den Frieden und die Gerechtigkeit unter den Völkern sichert, zu; es fördert und unterstützt internationale Organisationen die diesem Zweck dienen. Art. 11 der italienischen Verfassung.

[3] Siehe Martin Martinez (1992) S. 21f und die dort angegebenen Quellen.

Verfassungsänderung vermieden.[12]

Die Berufung auf Art. 11 der italienischen Verfassung ist auch kritisiert worden, denn dort ist die Rede von „Beschränkungen" und „internationalen Organisationen" jedoch nicht von „Übertragungen" staatlicher Souveränität auf „supranationale" Organisationen, wie Gegner dieser Vorgehensweise betonen:

„... può dunque riguardare solo obblighi esterni, assunti dall'Italia nelle condizioni – tutte da verificare – di cui all'art. 11, e che limitano la tradizionale sovranità statale nei rapporti internazionali .....non invece situazioni incidenti direttamente sui poteri degli organi statali, per assegnare poi gli stessi ad organi esterni quelli comunitari."[3]

In Italien werden internationale Verträge gemäß Artt. 80 und 87 Absatz 8 der Verfassung nach Autorisierung durch ein Gesetz der beiden Kammern (Abgeordnetenkammer und Senat) vom Präsidenten der Republik ratifiziert.[4] Wie in den vorherigen vergleichbaren Fällen der Ratifikation von Verträgen über die Europäischen Gemeinschaften handelte es sich hier um ein einfaches Gesetz.[5]

Die Abstimmungsergebnisse zeigten bereits, welche Einmütigkeit im Gegensatz zu Frankreich innerhalb der italienischen politischen Klasse hinsichtlich der europäischen Integration herrschte: Am 17. September 1992 votierte der Senat mit 176 Stimmen für die Autorisierung des Präsidenten bei 16 Gegenstimmen und einer Enthaltung, die Abgeordnetenkammer wies am 29. Oktober eine ähnlich große Mehrheit für die Autorisierung (403

---

1 Sénat de la République française zitiert in Camera dei Deputati (1992).

2 Kritik an dem Kompetenztransfer durch den Maastrichter Vertrag erfolgte mit dem Hinweis auf ein demokratisches Defizit der künftigen Entscheidungsstrukturen und die fehlende Supranationalität der Europäischen Union. Darauf kann in diesem Zusammenhang nicht weiter eingegangen werden. Es sei deshalb auf Matteucci (1995) S. 287 und Melica (1994) S. 396 verwiesen.

3 „... er kann also nur äußere Verpflichtungen betreffen, von Italien unter - zu verifizierenden Bedingungen - darunter Art. 11, übernommen, und die die traditionelle Souveränität des Staates bei internationalen Beziehungen beschränken und nicht Situationen, die sich direkt auf die Verfügungsgewalten der staatlichen Organe auswirken, um dieselben (Verfügungsgewalten) dann auswärtigen Organen, jenen gemeinschaftlichen zu übertragen." Bernardini (1992) S. 212. Ähnlich auch Luciani (1997) S. 213. Maastricht führt nach Meinung dieser Kritiker zu einem totalen Entzug oder einer Beschränkung der Souveränität einiger Organe, darunter vor allem der des Parlaments.

4 Eine Autorisierung muß zunächst für notwendig erklärt werden. Artikel 72 Absatz 4 und Artikel 80 sehen vor, daß die normale Prüfung und direkte Zustimmung dann notwendig werden, wenn die Verträge politischer Natur sind oder Gesetzesänderungen betreffen. Vgl. Rideau (1992) S.620.

5 Es handelt sich bei den Präzedenzfällen um die Gesetze n. 766 vom 25. Juni 1952 und n. 1203 vom 14. Oktober 1957 zu den Verträgen über die Europäische Gemeinschaft für Kohle und Stahl, die Europäische Wirtschaftsgemeinschaft und die Europäische Atomgemeinschaft. Auch bei der Einheitlichen Europäischen Akte ist durch das Gesetz n. 909 vom 23. Dezember 1986 auf diese Weise verfahren worden. Zum detaillierten Ablauf siehe Camera dei Deputati (1992) S. 23. Die italienische Verfassung verbietet die Ratifizierung durch Referenden. Vgl. Art. 75 Absatz 2 der italienischen Verfassung.

Stimmen dafür, 46 dagegen und 18 Enthaltungen) auf.

2.2. Die italienische Zentralbankverfassung im Wandel

Die geplanten und bereits erfolgten normativen Veränderungen finden sich in den Gesetzen der Jahre 1992 und 1993, den Modifikationen in Vorbereitung der dritten Stufe der Wirtschafts- und Währungsunion und dem Projekt einer grundlegenden Verfassungsreform, die die Stellung der Zentralbank in der Verfassung verankern und den bisherigen unitarischen in einen föderalen Staat verwandeln soll.[1]

2.2.1. Die zweite Stufe der Wirtschafts- und Währungsunion

2.2.1.1. Das Gesetz von 1992

Das Gesetz vom 7. Februar 1992 n. 82 umfaßt zwei Artikel, von denen der erste die Festlegung des Diskont- und Lombardsatzes durch die Banca d'Italia bestimmt:[2]

„Le variazioni alla ragione normale dello sconto e alla misura dell'interesse sulle anticipazioni in conto corrente e a scadenza fissa presso la Banca d'Italia sono disposte, in relazione alle esigenze di controllo della liquidità del mercato, dal governatore della Banca d'Italia con proprio provvedimento, da pubblicarsi nella Gazetta Ufficiale della Repubblica italiana."[3]

In Übereinstimmung mit dem zweiten Artikel wurde Art. 25 des Statutes der Banca d'Italia um diesen Text ergänzt.[4]

Eine andere normative Veränderung des Jahres 1992 betraf die Vergütung für den Kassendienst (Tesoreria), den die Banca d'Italia bis dato zu einem symbolischen Preis leistete:

---

[1] Rescigno (1997/98) S. 221.

[2] Das Gesetz ist von der Kommission Spaventa vorgeschlagen worden, die auch für ein bereits im Mai 1991 verabschiedetes Gesetz verantwortlich zeichnet, das der Banca d'Italia die Entscheidungskompetenz über das Zinsniveau von Krediten mit fester Laufzeit an Geschäftsbanken verleiht. Siehe dazu Senat der Republik 6. Kommission (Finanze e tesoro) 19. Mai 1993 S. 4. Die Ministerialkommission Spaventa mit dem Schwerpunkt Schuldenpolitik wurde 1989 gebildet. Sie nahm einige der Vorschläge aus der Vergangenheit wieder auf, und schlug außer der Schaffung von neuen Certificati del Tesoro (Schatzzertifikate) mit der Option einer vorzeitigen Rückzahlung auch zahlreiche institutionelle Veränderungen vor. Nardozzi (1993) S. 399.

[3] „Die Veränderungen der normalen Diskontsatzberechnung und der Höhe des Zinssatzes auf Kontokorrentkredite und Kredite mit festem Laufzeitende werden entsprechend der Anforderungen an die Kontrolle der Marktliquidität vom Gouverneur der Banca d'Italia auf eigene Initiative festgesetzt." Gesetz vom 7. Februar 1992 n. 82.

[4] Banca d'Italia (1994) S. 17.

In der Konvention zwischen Gouverneur und Schatzamt wurde erstmalig eine Quantifizierung der jährlichen Vergütung der Bank, die von beiden Parteien verändert werden kann, festgelegt.[1]

2.2.1.2. Die Gesetze von 1993

2.2.1.2.1. Das Finanzierungsverbot und die Mindestreserven

Im November 1993 wurde ein Gesetz verabschiedet, das einerseits die „automatische" Finanzierung des öffentlichen Defizits durch die Banca d'Italia verbot und somit Art. 104 EGV in italienisches Recht umsetzte,[2] auf der anderen Seite der Zentralbank die Entscheidungskompetenzen über die Mindestreserven verlieh:

„A fini di regolazione monetaria, la Banca d'Italia può disporre che gli enti creditizi ...... una riserva mediante versamento di contante presso la Banca stessa."[3]

Mit dem Finanzierungsverbot wurde ein weiterer Schritt auf dem Wege der Trennung von geld- und haushaltspolitischen Entscheidungsbefugnissen gemacht. Durch das Überziehen des „conto corrente" des Staates bei der Zentralbank konnte eine andere Möglichkeit der Finanzierung wahrgenommen werden. Mit dem Maastrichter Vertrag (Art. 104 EGV) wurde eine solche Finanzierung verboten. Das Gesetz 483/93 untersagte der Banca d'Italia, dem Schatzamt Kredite zu gewähren. Es sah die Errichtung eines Kassenfonds (fondo di cassa) des Schatzamtes bei der Banca d'Italia vor[4] und legte die Modalitä-

---

[1] Finocchiaro/Contessa (1994) S. 203.

[2] Ein anderes Dekret, das eine Besonderheit der italienischen Zentralbank aufhebt, wird aufgrund der geringen quantitativen Bedeutung nicht weiter behandelt werden. Es betrifft die Funktion, die die Banca d'Italia bei der staatlichen Finanzierung von Getreidekäufen erfüllt hat und die mit dem Ankauf von staatlichen Obligationen vergleichbar ist. Das betreffende Dekret 565 vom 30. Dezember 1993 hebt diese Funktion auf. Siehe dazu Banca d'Italia (1994) S. 224.

[3] „Zu Zwecken der monetären Regulierung kann die Banca d'Italia verfügen, daß die Kreditinstitute ..... durch Überweisung von Bargeld zur selbigen Bank eine Reserve bilden." Art. 10 Gesetz vom 26. November 1993 n. 483.

[4] Das „conto corrente" wurde in drei Phasen abgeschafft und der Kassenfonds errichtet. In der ersten Phase wurde eine Emission von Staatstiteln von einem Nettobetrag von 30.000 Milliarden Lire durch den Schatzminister veranlaßt. Der Nettobetrag wurde auf ein Übergangskonto bei der Banca d'Italia überwiesen, dessen Zinssatz gerade die Zinsausgaben kompensieren sollte. In der zweiten Phase wurde daraus ein Kassenguthaben auf einem Konto mit dem Namen „Disponibilità del tesoro per il servizio di tesoreria" (Verfügungsmasse des Schatzamtes für Kassendienstleistungen) gebildet. Der Sollsaldo des bisherigen „conto corrente" wurde in einem dritten Schritt in zu 1% verzinsliche Staatstitel umgewandelt, die der Banca d'Italia übertragen wurden. Somit verfügt der Staat weiterhin über einen Stock privilegierter Finanzierung, während der Zahlungsfluß zu Marktkonditionen verzinst wird. Senat der Republik 6. Kommission (Finanze e tesoro) 19. Mai 1993 S. 5 und Banca d'Italia (1994) S. 224f.

ten der Führung des Fonds fest.[1] Der Kassenfonds ist ausschließlich dazu bestimmt, temporäre Zahlungsschwankungen auszugleichen.[2] Guthaben auf dem Konto werden zu einem dem Durchschnittszins der BOT des letzten Semesters entsprechenden Zinssatz vergütet.[3]

Das Konto darf keinen Sollsaldo aufweisen; ergäbe sich ein solcher, so würde dieser auf einem provisorischen Konto verbucht, das dem offiziellen Diskontsatz unterläge. Jegliche Zahlungen von seiten der Zentralbank würden so lange eingestellt werden, bis ein Ausgleich stattgefunden hätte.[4]

Durch Art. 10 des Gesetzes vom 26. November 1993 wurde der Banca d'Italia die Verfügungsgewalt über die Erhebung von Mindestreserven verliehen. Die italienische Zentralbank setzt von nun an die Bemessungsgrundlage, die Reservesätze, die Ausnahmen und die Sanktionen bei Nichterfüllung der Reservepflicht fest.[5][6]

Die Banca d'Italia verfügte bis zu diesen Reformgesetzen nur über eine partielle Autonomie bei der Ausübung der Geldpolitik. Sie war sowohl von der Festsetzung der offiziellen Zinssätze als auch von der Entscheidung über die Mindestreserven ausgeschlossen. In Italien wurden diese Bestimmungen als institutioneller Widerspruch beurteilt:

„...mentre la fissazione dei tassi ufficiali spettava al Ministro del Tesoro, la regolazione della liquidità del mercato attraverso la manovra dei tassi stessi era di competenza della banca centrale.“[7]

---

[1] 1) Wenn der Saldo am Monatsende unter 30.000 Milliarden Lire liegt, muß das Schatzamt innerhalb von drei Monaten diesen Betrag wiederherstellen.
2) Wenn der Saldo unter 50% des genannten Betrags liegt, muß der Schatzminister bis zum fünften Tag des folgenden Monats einen Bericht an das Parlament schicken, in dem er die Gründe der Unterdeckung und mögliche Korrekturmaßnahmen darlegt.
3) Wenn in drei aufeinanderfolgenden Monaten der Saldo unter 30.000 Milliarden liegt, muß der Schatzminister sich ebenso an das Parlament wenden.
4) Der Schatzminister kann den genannten Betrag abhängig von einer Verringerung der Zahlungsschwankungen innerhalb eines Monats reduzieren.
Gesetz vom 26. November 1993 n. 483.

[2] Rossignoli (1993) S. 79.

[3] Banca d'Italia (1994) S. 212f.

[4] Banca d'Italia (1994) S. 212f. Die Banca d'Italia hat beschlossen, das neugeschaffene Konto „conto disponibilità del Tesoro“ als Bestandteil der Entstehungsseite für Geldbasis mit negativem Vorzeichen zu führen. Jede Erhöhung des Bestands führt somit zur Vernichtung von Geldbasis. Zur Analyse dieses Vorgehens siehe Marinelli (1995) S. 41.

[5] Art. 10 Gesetz vom 26. November 1993 n. 483.

[6] Es handelte es sich bei diesem Gesetz nicht um eine direkte Folge des Art. 109 E EGV, denn es kann auf Überlegungen des CICR vom 20. Januar 1989 zurückgeführt werden. Predieri (1996) S. 72.

[7] „... während die Festlegung der offiziellen Zinssätze durch den Schatzminister erfolgte, fiel die Regulierung der Marktliquidität durch die Steuerung derselben Zinssätze in den Kompetenzbereich der Zentralbank.“

Damit wurde die Diskrepanz zwischen den geldpolitischen Aufgaben der Banca d'Italia und ihrer institutionell festgelegten Rolle noch deutlicher.

Mit dem Gesetz 483/1993, das der Banca d'Italia die Verfügungsgewalt über die Mindestreserven verlieh, wurde dieser Widerspruch aufgehoben.[1] Der Mindestreservekoeffizient wurde gesenkt, um Wettbewerbsnachteile italienischer Geschäftsbanken zu verringern, und die Mindestreservepflicht wurde auf Spezialkreditinstitute ausgedehnt.[2] Damit wurde eine weitere Homogenisierung der Bankenregulierung in Italien angestrebt. Zudem führte man innerhalb der Bemessungsgrundlage für die Mindestreserven eine Differenzierung ein. Es wurde ein Satz von 17,5% auf kurzfristige Einlagen und von 10% auf Einlagenzertifikate erhoben. Das Gesetz 483/93 erkannte somit die Mindestreserve explizit als ein geldpolitisches Instrument an.[3] Zwischen der Mindestreservereform und dem Finanzierungsverbot besteht ein inhärenter Zusammenhang, der es notwendig machte, zunächst die Finanzierung des Schatzamtes zu reformieren, um dann zu der Senkung der in Italien sehr umstrittenen Mindestreserven zu gelangen.[4] So urteilte der Gouverneur in den „considerazioni finali" von 1991:

„La riforma del conto corrente rimuoverà il principale ostacolo che si frappone a una revisione complessiva della disciplina della riserva obbligatoria delle aziende di credito."[5]

Die Mindestreserve hatte dazu gedient, automatisch einen Teil der über den Schatzamtskanal geschaffenen Geldbasis abzuschöpfen; bevor man sie also abschaffen konnte, mußte dafür gesorgt werden, daß diese Geldschöpfung unterblieb.[6] Auf der anderen Seite sprach

---

Rossignoli (1993) S. 80.

[1] Zudem wurde durch die Senkung des durchschnittlichen Reservesolls von 21,7 auf 16,4% eine Liquiditätswirkung von 700 Mrd. Lire erzeugt. Lück (1998) S. 192.

[2] Vorher waren ländliche Institute und die ehemaligen „istituti di credito speciale" davon ausgenommen. Passacantando (1994) S. 77.

[3] Am 27. Mai 1994 wurden die Mindestreservebestimmungen einer Reform unterzogen. Darin wird festgelegt, daß "... der Mindestreservesatz 15% des Zuwachses an kurzfristigen Einlagen beträgt, Depositen bis 200 Mrd. Lire von der Reservepflicht befreit sind, die Verzinsung der Reserven zu 5,5% erfolgt sowie ein schrittweiser Abbau der Reservepflicht auf Einlagenzertifikate und ähnlich verbriefte Depositen mit einer Laufzeit von über 18 Monaten erfolgen wird." Lück (1998) S. 193 und Passacantando (1994) S. 77. Ab April 1998 galt ein Zinssatz von 4,5%. Banca d'Italia (1998b) S. 121 Anhang.

[4] Marinelli (1995) S. 44f

[5] „Die Reform des Kontokorrentkontos wird das hauptsächliche Hindernis beseitigen, das sich einer vollständigen Revision der Mindestreservedisziplin der Kreditinstitute entgegenstellt." Marinelli (1995) S. 45.

[6] Dieses Argument ist jedoch nur bedingt valide, denn während der gesamten achtziger Jahre haben die Mindestreserven mehr als durch den Schatzamtskanal geschaffen wurde, absorbiert. Siehe dazu Innocenzi/Rovelli (1992), die zeigen, daß zwischen 1984 und 1988 das Kontokorrentkonto für die Schöpfung von 43.000 Milliarden Lire an Geldbasis verantwortlich war und die Mindestreserven 48.000 Milliarden abgeschöpft haben. Noch offensichtlicher wird das Verhältnis von 1989 bis 1991, wo durch das Schatzamt 7.000 Milliarden Lire geschaffen wurden, während die Mindestreserven 28.000 Mrd. Lire betrafen.

ein technischer Grund dafür, zuerst die Reform des Kontokorrentkontos durchzuführen, denn die Senkung der Mindestreserven setzte, um nicht die Kontrolle über eine Erhöhung des Multiplikators über die Liquidität und die Geldmenge zu verlieren, eine Erhöhung des Bestandes an Staatstiteln bei der Zentralbank voraus.[1]

Mit dem Gesetzesdekret vom 30. Dezember 1993 wurde außerdem ein Posten in der Bilanz der Banca d'Italia eliminiert, der aus der Rediskontierung des "portafoglio ammassi" entstanden war, einem Ankauf von staatlichen Obligationen vergleichbar.[2]

2.2.1.2.2. Die Neufassung des Bankengesetzes

Die Banca d'Italia hat bis in die achtziger Jahre eine Form der strukturellen Aufsicht ausgeübt, die unter anderem darauf abzielte, allokativ zu wirken.[3]

Demgegenüber wirkt der Ansatz der „prudential control" auf Effizienz und Stabilität[4] und setzt statt auf administrative Maßnahmen auf indirekte über marktwirksame Instrumente. Mit der Veränderung des „Testo Unico delle leggi in materia bancaria e creditizia" wurde dem veränderten Ansatz in der Normative Rechnung getragen.[5] Diese Neufassung läßt sich nicht völlig von dem Maastrichter Vertrag trennen, wenngleich sie auch – im Unterschied zu den vorher genannten Gesetzen – damit nicht in direktem Zusammenhang steht.[6] Mit der Neufassung wird dem Umstand Rechnung getragen, daß die Banca d'Italia

---

[1] Siehe zu alternativen Vorgehensweisen Innocenzi/Rovelli (1992).

[2] Decreto-Legge vom 30. Dezember 1993 n. 565. Siehe dazu auch Banca d'Italia (1994) S. 223. Durch das Dekret von 1993 wurden der Banca d'Italia im Ausgleich zu den Wechseln (die einem Wert von 2895 Mrd. Lire entsprechen) ohne Gegenleistung Staatstitel mit einer maximalen Laufzeit von 30 Jahren überlassen. Siehe zu den Einzelheiten Banca d'Italia (1994) S. 224.

[3] Nardozzi (1988) S. 227 und Lück (1998) S. 196.

[4] Nach Masciandaro (1993, S. 537) haben beide Ansätze die Stabilität des Finanzsystems zum Ziel.

[5] Artt. 5 und 106 des T.U. 385/93 unterstellen alle Finanzintermediäre der Aufsicht der Banca d'Italia. Seit 1993 sind eine Reihe von wichtigen Änderungen erfolgt: Zunächst durch das Gesetzesdekret 415 vom 23. Juli 1993, das die Kapitaladäquanzrichtlinie (93/22/EEC) "Investment Services"- Direktive (93/22/EEC) in italienisches Recht umsetzt, gefolgt von dem Dekret 659 vom 4. Dezember 1996, das die Einlagensicherungsdirektive (94/19/EEC) umsetzt. Siehe dazu Banca d'Italia (1997) S. Vf.

[6] Durch die Neufassung bleiben die Artikel 32 d) und 35, Abs. 2 b) der Legge Bancaria von 1936 bestehen. Vgl. Art. 147 T.U. von 1993. Art. 32 d) bezieht sich auf die 1973 eingeführten "vincoli di portafoglio" (Portefeuille-Restriktionen), die die Kreditinstitute dazu verpflichteten, in bestimmten Relationen erst zum Einlagenbestand und ab 1978 zum Einlagenzuwachs in bestimmte Titel zu investieren, die von der Banca d'Italia bestimmt wurden. 1979 wurde diese Auflage abgeschwächt und 1986 abgeschafft. Mit dem betreffenden Artikel bleibt jedoch die theoretische Möglichkeit dazu bestehen. Art. 35 Abs. 2 b) bezieht sich auf die "massimali sugli impieghi" (dynamische Kreditplafondierung), die 1973 eingeführt wurden und zusammen mit den „vincoli" der Banca d'Italia die Möglichkeit verschafften, Liquiditätsströme von einer kurzfristigen und inflationsträchtigen Kreditausweitung weg in eine langfristigere und indirekte Finanzierung des Staatssektors und ausgewählter Unternehmen umzuleiten. Zu den von der Banca d'Italia bestimmten Titeln gehörten Obligationen, die unter anderem von der IRI (Istituto per la Ricostruzione Italiano, eine

die Aufsichtsfunktion als Teil eines auf die Geldwertstabilität ausgerichteten wirtschaftspolitischen Konzeptes betrachtete.

Die Rollen des CICR und des Schatzministers bleiben unverändert, jedoch ist die Unterordnung der Banca d'Italia unter die Direktiven des CICR[1] fortan reduziert. Die Banca d'Italia kann künftig Vorschläge für das CICR vorbereiten und auch eigene Bestimmungen verabschieden.[2] Die explizite Zielsetzung[3] und die vorgesehene Reichweite[4] der Aufsicht in Art. 5 des neuen Testo Unico ermöglichen nach Ansicht von Garavelli (1996) nur noch technische Maßnahmen und verhindern somit eine parteipolitische Einflußnahme auf die Struktur des Bankensystems.[5] Zudem wird durch die Vorgabe bestimmter Ziele erstmalig die Diskretionalität der Aufsichtsorgane begrenzt.[6]

Der Text läßt sich somit eher in den allgemeinen Trend zur Erhöhung der Transparenz des Kredit- und Finanzsystems einordnen. Die Aufsichtsfunktion der Banca d'Italia wurde bestätigt und dem Modell einer „Prudential control" angepaßt, das in gemeinschaftsrechtlichen und internationalen Aufsichtsbestimmungen verankert ist.[7] Der Testo Unico 385/93

1933 von Mussolini zum Zwecke der Sanierung gegründete Holding, die 1992 in eine Aktiengesellschaft umgewandelt wurde), der staatseigene Energiekonzerne ENI (Ente Nazionale Idrocarburi) sowie sogenannten autonomen Staatsunternehmen und dem Kreditkonsortium für öffentliche Aufträge (Consorzio di Credito per le Opere Pubbliche) emittiert wurden. Beabsichtigt wurde damit neben der Steuerung der Kreditvolumina der Banken eine Kreditselektion. Siehe dazu auch Banca d'Italia (1994) S. 297ff. Die Wirksamkeit dieser direkten Kreditkontrollen wurde durch die Entwicklung konkurrenzfähiger Finanzmärkte und die damit verbundene größere Wirksamkeit marktgerechter geldpolitischer Instrumente relativiert. Die "massimali" wurden 1983 nicht wieder erneuert, jedoch für kurze Phasen bei schwerwiegenden Devisenkrisen wiedereingeführt (erste Hälfte 1986 und September 1987 - März 1988), 1992 wurden die Banken und Spezialkreditinstitute von der Banca d'Italia dazu aufgefordert, angesichts des schwachen Wechselkurses und der Inflationsgefahr, das Wachstum von Krediten in Lire begrenzt zu halten. Siehe Banca d'Italia (1994) S. 298. Die auch nach der Neufassung noch bestehende Option der Banca d'Italia über direkte Kreditkontrollmechanismen zu verfügen, ist somit allenfalls als theoretisch bestehend zu bezeichnen. Siehe dazu auch Lück (1998) S. 195, der diese zu den Maßnahmen zählt, auf die im Falle von Zahlungsbilanzschwierigkeiten im Sinne von Art. 109 h) und i) EGV zurückgegriffen werden konnte.

[1] Vorher wurde diese Unterordnung durch Art. 2 des d.l.c.p.s. n. 691 von 1947 beschrieben. Dazu auch Garavelli (1996) S. 110.

[2] Art. 4 des Testo Unico von 1993.

[3] Art. 5.1. des Testo Unico von 1993 (in englischer Version): „The credit authorities shall exercise the powers of supervision conferred on them by this Legislative Decree having regard to the sound and prudent management of the persons subject to supervision, to the overall stability, efficiency and competitiveness of the financial system and to compliance with provisions concerning credit."

[4] Aufsicht soll über Banken, Bankgruppen und Finanzintermediäre ausgeübt werden.

[5] Garavelli (1996) S. 110.

[6] Banca d'Italia (1993) S. 19*.

[7] „Prudential control" läßt sich im Gegensatz zu strukturellen Maßnahmen als Maßnahmenkatalog beschreiben, mittels Liquiditäts- und Solvabilitätskoeffizienten auf die Risiken des Banken- und Finanzsystem einzuwirken. Siehe zur Struktur der Bankenaufsicht in Italien Capolino (1996) S. 111f und weiter unten. Der neue Testo Unico hat Teile des Gesetzes übernommen, mit dem die Zweite Bankrechtskoordinierungslinie in Italien 1992 umgesetzt worden war. Zironi (1993) S. 682 und Lück (1998) S. 170 Fußnote

umfaßt eine Reihe von Bankgesetzen, viele wichtige normative Aspekte blieben aber wie auch schon in der Fassung von 1936 unberücksichtigt.[1] Er faßt alle seit 1936 erfolgten Modifikationen des Bankgesetzes zusammen.[2] Im Unterschied zu Deutschland, wo Anpassungen der Normen an die zunehmende Internationalisierung und insbesondere Integration der Märkte in Europa kontinuierlich stattfanden, war dies in Italien bisher nicht in adäquatem Maße erfolgt.[3]

2.2.2. Die Bedeutung der Normenänderungen für die Unabhängigkeit der Banca d'Italia

Mit den Gesetzen der Jahre 1992 und insbesondere 1993 wurde ein weiterer Schritt zur Trennung der haushalts- und geldpolitischen Befugnisse getan und die instrumentelle Unabhängigkeit der Banca d'Italia gestärkt.[4]

Wenngleich mit der Abschaffung des „conto corrente" auch eines der Erschwernisse für die Kontrolle der Geldbasis beseitigt worden ist, so muß konstatiert werden, daß sich damit eine seit dem „divorzio" eingeleitete Tendenz fortsetzt.[5] Seit 1990 hat das Schatzamt jedoch eher Geldbasis absorbiert als geschaffen, und die Finanzierung durch das „conto corrente" und der Ankauf von Staatstiteln sind geringer gewesen als der Betrag der fälligen Titel im Portefeuille der Bank.[6]

Die Banca d'Italia konstatiert somit 1994: *„Il finanziamento diretto della Banca d'Italia si è dunque annullato."*[7] Die normativen Veränderungen sind jedoch in ihrer Bedeutung differenzierter zu betrachten. Im Hinblick auf eine mögliche Signalwirkung und die Aussagekraft geldpolitischer Zielsetzungen wurde mit dem Gesetz von 1992 ein wichtiger Mark-

---

358.

[1] Dazu De Vecchis (1994) S. 725.

[2] Predieri (1996) S. 121. Zur Rolle der Banca d'Italia konstatierte Guarino, daß es aufgrund der großen Unabhängigkeit der Banca d'Italia nicht in ihrem Interesse sein könnte, eine allgemeine Reform der Bankengesetze voranzutreiben, was aus der Überzeugung geschähe, daß sich in einer Reform nur schwerlich die notwendigen Voraussetzungen für eine Fortführung der Unabhängigkeit der Zentralbank verwirklichen ließen. Guarino (1988) S. 265.

[3] Predieri (1996) S. 122 und Capriglione (1994), der auf die Homogenisierung des Bankensystems und die verstärkte öffentliche Kontrolle des Finanzsystems als Resultat der Bemühungen der Regierung hinweist. Garavelli (1996) verweist auf die fehlende Beachtung der Zentralbankfunktionen (hier als geldpolitische Funktion verstanden) im Testo Unico.

[4] Siehe dazu auch Banca d'Italia (1994) S. 213.

[5] Der Anfang dieser Entwicklung läßt sich bis in das Jahr 1975 zurückverfolgen, als mit der Reform der Emissionsverfahren der BOT die Grundlage für einen funktionsfähigen und offenen Geldmarkt geschaffen wurde. Nardozzi (1988) S. 228.

[6] Zwei Faktoren sind dafür verantwortlich gewesen: die Abschaffung eines Basispreises 1988/89 und die Stärkung des Sekundärmarktes durch technologische Fortschritte im Handelsverfahren. Banca d'Italia (1994) S. 226.

[7] Banca d'Italia (1994) S. 226.

stein gesetzt.[1] Weniger offensichtlich ist die Veränderung der Aufsichtsfunktion der Banca d'Italia durch den neuen Testo Unico. Hier kann einerseits von einer Entwicklung zu einer stärker an marktmäßigen Instrumenten orientierten Aufsichtspolitik gesprochen werden, die sich in die allgemeine europäische und auch internationale Tendenz einreiht. Damit hat der neue Text zwar keine Veränderungen des Kontrollapparates der Bankenaufsicht herbeigeführt – dem CICR und dem Schatzminister kommen nach wie vor Kompetenzen zu –, aber hinsichtlich der Zielsetzung und Instrumente der Banca d'Italia sind Veränderungen erfolgt, die eine Stärkung ihrer Rolle mit einer Ausrichtung auf Stabilität, Effizienz und Wettbewerbsfähigkeit des Finanzsystems vereinbaren.[2]

„È così giunto a compimento un lungo processo evolutivo per effetto del quale la Banca centrale, che aveva cessato nella prima metà del secolo di essere diretta finanziatrice dell'economia, ha gradualmente cessato nell'ultimo cinquantennio, anche di essere diretta finanziatrice del Tesoro, limitandosi, nei confronti di esso alla funzione di agente operativo nei pagamenti e negli interventi."[3]

2.2.3. Die Vorbereitung der dritten Stufe der Wirtschafts- und Währungsunion

Die Anpassung an die Anforderungen der dritten Stufe der Währungsunion erforderte eine Änderung der Normen, die mit dem Maastrichter Vertrag nicht kompatibel waren.

Dazu zählten:[4]

- Testo Unico von 1910 über die Emissionsinstitute (r.d. 28. April 1910 n. 204 und folgende Veränderungen)
- Statut der Banca d'Italia (r.d. 11. Juni 1936, n. 1067 und folgende Veränderungen)
- Titel III des Bankgesetzes von 1936 (r.d. 12. März 1936 und folgende Änderungen)
- Gesetz vom 12. Dezember 1962 n. 1715
- Präsidialdekret vom 9. Oktober 1981 n. 811
- Dekret des Schatzministers vom 30. Juli 1983

---

[1] Eizenga (1993) S. 8.
[2] Vgl. Art. 5 des Testo Unico von 1993.
[3] „Man ist so zur Vollendung eines langen Prozesses gelangt, durch den die Zentralbank, die in der ersten Hälfte des Jahrhunderts aufgehört hatte, direkter Financier der Wirtschaft zu sein, schrittweise in den letzten fünfzig Jahren aufgehört hat, auch direkter Financier des Schatzamtes zu sein, indem sie sich darauf beschränkte, diesem gegenüber die Funktion eines operativen Agenten bei den Zahlungen und den Interventionen (einzunehmen)." In Banca d'Italia (1994b) S. 79.
[4] Siehe EWI (1998) S. 345f und Gesetzesdekret vom 10.3.1998 n. 43.

- Gesetz vom 7. Februar 1992 n.82
- Gesetz vom 26. November 1993 n. 483
- Gesetz vom 12. Dezember 1962 n. 1715.

Mit dem Gesetz vom 17. Dezember 1997 n. 433 („Sull'introduzione dell'Euro") wurde die Regierung dazu ermächtigt, gesetzgebende Dekrete zu erlassen, die die nationalen Gesetze mit dem Art. 108 EGV (Anpassung der innerstaatlichen Rechtsvorschriften) kompatibel machen sollten.[1] Die für die dritte Phase notwendigen Anpassungen der Zentralbanknormen erfolgten durch das Gesetzesdekret vom 10. März 1998 n. 43 (folgend "Dekret").[2,3] Ohne detailliert auf die veränderten Normen einzugehen, werden nachfolgend die wichtigsten Veränderungen dargestellt, die hinsichtlich der Unabhängigkeit der Banca d'Italia und der Eingliederung in das ESZB erfolgten.[4]

2.2.3.1. Die Unabhängigkeit der Banca d'Italia im Rahmen des ESZB

Die Modifikationen betrafen nicht nur die Bereiche institutioneller und personeller Unabhängigkeit, wenngleich diese auch bei der Beurteilung der rechtlichen Konvergenz im Vordergrund standen:[5]

Zur Erfüllung ihrer Aufgaben ist der Banca d'Italia vom Gesetzgeber ein Katalog möglicher "operazioni" vorgegeben.[6] Dazu zählt die Möglichkeit, Kontokorrentkonten einzurichten

---

[1] Das Gesetz trägt den Namen "Delega al Governo per l'introduzione dell'Euro" (Ermächtigung der Regierung für die Einführung des Euro). Die "leggi di delega" sind einfache Gesetze, die ihre Existenz der Mitwirkung des Parlaments bei der Rechtsetzung der Regierung verdanken. Kinder (1993) S. 39.

[2] Decreto legislativo 10. März 1998 n. 43 "Adeguamento dell'ordinamento nazionale alle disposizioni del trattato istitutivo della Comunità europea in materia di politica monetaria e di Sistema europeo delle banche centrali" veröffentlicht in der Gazetta Ufficiale vom 14.3.1998 S. 4 - 8. (Anpassung der nationalen Rechtsordnung an die Bestimmungen des Vertrages zur Gründung der Europäischen Gemeinschaft in bezug auf die Geldpolitik und das ESZB).

[3] Innerhalb der verschiedenen Phasen, die von dem Dekret beschrieben werden, sind drei Zeitpunkte zu unterscheiden : Der von Artikel 109j Paragraph 4 vorgegebene Zeitpunkt der Errichtung des ESZB für die Teilnahme der Banca d'Italia am ESZB und die Reserveverwaltung nach Maßgabe des Art. 31 ESZB-Satzung, der Zeitpunkt der Verwendung der einheitlichen Währung (adozione della moneta unica), d.h. Beginn der dritten Stufe und der Zeitpunkt der Veröffentlichung der Gazetta Ufficiale am 14.3.1998.

[4] Zur operationellen Einführung des Euro in Italien und deren normative Vorbereitung siehe Banca d'Italia (1997) S. 77ff.

[5] Anders der Konvergenzbericht des EWI (1998) S. 345, der nur von diesen beiden Dimensionen ausgeht.

[6] Siehe dazu das Statut der Banca d'Italia i.d.F. von 1993 Art. 41f und zu ihrer rechtlichen Bedeutung De Vecchis (1986) S. 33f. Dieser Katalog ist jedoch nicht deckungsgleich mit dem verwendeten Instrumentarium. Zur Kodifizierung des Zentralbankinstrumentariums in Italien Lück (1998) S. 185.

und für diese verzinsliche Einlagen zu erhalten.[1] Den Zinssatz für diese Einlagen legte bisher der Schatzminister fest.[2] Mit Art. 3.1. Satz 1 des Dekrets wurde diese Entscheidungsbefugnis auf den Zentralbankgouverneur übertragen, der sie bis zur Verwendung des Euro in Italien innehaben sollte. Danach soll sie im Rahmen der durch den Maastrichter Vertrag vorgesehenen Kompetenzverteilung ausgeübt werden. Die Entscheidungsbefugnis des Schatzministers über den Zinssatz der Einlagen auf dem Kontokorrentkonto interferierte mit der institutionellen Unabhängigkeit der Zentralbank, da über Zinsänderungen sowohl Einfluß auf das Bankensystem ausgeübt als auch die Verzinsung zusätzlicher Staatseinnahmen gesteuert werden konnte.

Der Schatzminister hatte durch den Testo Unico von 1910 weitreichende Aufsichtsbefugnisse erhalten.[3] Dazu zählte auch das Recht, Entscheidungen des Consiglio Superiore[4] durch den Abgesandten des Schatzministers zu suspendieren und letztendlich zu annullieren, wenn letzterer diese für rechtswidrig hielt.[5] Art. 3.3 des Dekrets sieht vor, daß diese Möglichkeit nicht mehr für zu den Kompetenzbereichen des ESZB zählende Entscheidungen des Consiglio Superiore möglich ist. Dazu zählen Entscheidungen hinsichtlich auf Lire lautender Banknoten, Bestimmungen über die Aktivitäten der Zentralbank und die Ernennung der Korrespondenten (corrispondenti) im In- und Ausland.[6]

Der Consiglio Superiore legt die Geschäftsbedingungen für die italienische Zentralbank fest und entscheidet über die Notenemission. Die jeweilige Amtszeit der Mitglieder betrug 3 Jahre. Die Amtszeit ist auf fünf Jahre angehoben worden.[7]

Bisher wurden die offiziellen Reserven vom Ufficio Italiano dei Cambi (UIC) und von der Zentralbank verwaltet, die im In- und Ausland als das ausführende Organ fungierte. Art. 7.2 des Dekrets sieht vor, die entsprechende Norm durch eine Formulierung zu ersetzen, die der Banca d'Italia bei Berücksichtigung des Artikel 31 der Satzung (des ESZB und der

---

[1] Art. 36 des Testo Unico delle leggi sugli istituti di emissione r.d. 28. April 1910 n. 204 und folgende Modifikationen und Einfügungen.

[2] R.d.l. 23. November 1914 n. 1284 und Art. 5 r.d. 17. Juni 1928 n. 1377.

[3] Vgl. Cosentino (1985) S. 1125 - 1136.

[4] In der deutschen Übersetzung des Konvergenzberichts des EWI (1998) ist für den Consiglio Superiore die Bezeichnung Direktorium gewählt worden, dieser besteht jedoch als zentraler Verwaltungsrat der Banca d'Italia aus dem Gouverneur und 13 Vertretern der Regionen. Das Direktorium (direttorio) besteht nach Art. 5 des Statuts der Banca d'Italia i.d.F. von 1993 aus dem Gouverneur, dem Generaldirektor und zwei Vizegeneraldirektoren. Somit ist die vom EWI gewählte Übersetzung irreführend. Vgl. Statuto (1993) Art. 5 und zur eher formalen Bedeutung des Direktoriums als Organ De Vecchis (1986) S. 32.

[5] Art. 114 Testo Unico i.d.F. von 1993. Bei dieser potentiellen Begrenzung der institutionellen Unabhängigkeit handelt es sich jedoch lediglich um eine theoretische Option, die faktisch noch nie genutzt worden ist. Vgl. Lück (1998) S. 157.

[6] Art. 3.3 des Dekrets vom 10. März 1998 n. 48.

[7] Art. 3.2 des Dekrets vom 10. März 1998 n. 43 und Art. 17 des Statuts i.d.F. vom 24. April 1998.

EZB) die Verwaltung der Währungsreserven überträgt.[1]

Die personelle Unabhängigkeit des Consiglio Superiore war durch das Statut (insbesondere Art. 60) nicht gesichert. Denn die Liste der nicht kompatiblen Funktionen schloß jedoch keine Einflußnahme bestimmter Interessengruppen wie beispielsweise von Banken und anderen Finanzintermediären aus. Durch einen neuen Satz 2 des Artikels 60 wurde diese Liste erweitert und um den allgemeineren Zusatz ergänzt, daß darin auch „.... *in ogni caso tutti coloro che si trovino in situazione di conflitto di interessi con la Banca in considerazione della posizione personale o delle cariche ricoperte....*"[2] eingeschlossen seien.

2.2.3.2. Die Integration in das ESZB

Durch Art. 2.1 des Dekrets wird die Banca d'Italia zu einem Bestandteil des ESZB.[3]

In den Modifikationen von 1992/1993 war die Zuständigkeit der EZB für die Bereiche Notenemission,[4] Geld- und Währungspolitik,[5] Instrumentarium[6] und Finanzen[1] noch nicht

---

[1] Art. 4.2 des Testo Unico delle norme di legge in materia valutaria, durch Dekret vom 31. März 1988 n. 148 bestätigt.

[2] "…. in jedem Fall alle diejenigen, die sich bei Erwägung der persönlichen Stellung oder übernommener Ämter in einem Interessenkonflikt mit der Zentralbank befänden… ." Art. 60 des durch das Präsidialdekret vom 24. April 1998 modifizierten Statuts. Siehe dazu auch Banca d'Italia (1998a) S. 5.

[3] "Die Banca d'Italia, Zentralbank der italienischen Republik ist integraler Bestandteil des ESZB. Sie erfüllt die ihr dadurch übertragenen Aufgaben und Funktionen unter Berücksichtigung des Statuts des ESZB. Sie verfolgt die dem ESZB zugewiesenen Ziele im Sinne des Art. 105, Par. 1 des Vertrages und handelt nach Vorgaben und Instruktionen der EZB." Art. 2.1 des Dekrets vom 10. März 1998 n. 48.

[4] Die geänderten Bestimmungen beziehen sich zum einen auf die Ausgabe von Banknoten und andererseits auf die Beträge der von der Zentralbank gehaltenen Noten und Münzen. Zu den durch die Berücksichtigung der EZB abgeänderten Artikeln über die Emission zählen Art. 1 und Art. 20 Abs. 2 Punkt 1 und 2 der Satzung i.d.F. von 1993 und Art. 4 und 142 des Testo Unico über die Emissionsinstitute von 1910. Die Kontrolle über den Banknotenumlauf wurde von einem Parlamentsausschuß unter Leitung des Schatzministers ausgeübt (Artt. 110f des Testo Unico über die Emissionsinstitute von 1910), dessen Zuständigkeit für den Banknotenumlauf wurde aufgehoben, es blieb die Kontrolle über das Emissionsinstitut. Artt. 120, 122, 124 a)b)c) und 130 (Überwachung der Regeln des Banknotenumlaufes durch den Schatzminister und Berichtspflicht des Schatzministers über die Banknotenausgabe gegenüber dem Parlament) des Testo Unico über die Emissionsinstitute von 1910 sowie das Gesetz vom 31. März 1966 n. 171 (Autorisierung des Schatzministers, mit der Banca d'Italia Vereinbarungen über die Produktion und Emission von Banknoten zu treffen) und das Präsidialdekret vom 9. Oktober 1981 n. 811 Regulierung der Notenproduktion und Emission) wurden abgeschafft.

[5] Vgl. Art. 6.1 des Dekrets vom 10.3.1998 n. 43 und Art. 25.4 des durch das Präsidialdekret vom 24. April 1998 modifizierten Statuts. Die Übertragung der offiziellen Währungsreserven und die Entscheidungskompetenz des über Währungsgeschäfte nach den Artt. 30 und 31 der Satzung (des ESZB und der EZB) wurden durch den Art. 7 des Dekrets durchgeführt.

[6] In den Artt. 26, 27, 29 und 60, 62, 121, 124 e)g), 125, 128, 131 des Testo Unico über die Emissionsinstitute von 1910 und in den Artt. 41, 42 und 45 Abs. 2 bis 53 des Statuts i.d.F. von 1993 wurden die Geschäfte festgelegt, die die Zentralbank durchführen konnte und die Modalitäten der Kontrolle der Geschäfte durch den oben erwähnten Parlamentsausschuß determiniert. Diese Artikel wurden mit Artt. 6.2

berücksichtigt worden. Ihre Aufgaben und Befugnisse wurden durch das Dekret in den italienischen Zentralbanknormen verankert.[2]

2.2.4. Stellungnahmen des EWI und der Europäischen Kommission zur rechtlichen Konvergenz

Das EWI und die Europäische Kommission haben in ihren abschließenden Konvergenzberichten die Vereinbarkeit der Rechtsvorschriften in Italien mit den Anforderungen des EG-Vertrages und der ESZB-Satzung festgestellt.[3] Im Gegensatz zu Frankreich sind in Italien keine offensichtlichen Unklarheiten bestehen geblieben, da das gesamte Normengerüst hinreichend verändert worden ist. Diese Gesamtbeurteilung ist nicht in Frage zu stellen.

2.2.5. Die geplante Verfassungsreform

Am 6. August 1996 wurde ein Gesetz erlassen, das die Errichtung einer parlamentarischen Kommission vorsah, um institutionelle Reformen und eine Verfassungsreform einzuleiten.[4] Die Konstitutionalisierung der Banca d'Italia läßt sich nicht ausschließlich auf den Maastrichter Vertrag zurückführen:[5] Ein aktuelles Motiv beruht auf der Argumentation, daß die Skandale um die Banca d'Italia im Jahr 1994 eine verfassungsmäßige Berücksichtigung der Zentralbank und ihrer Ziele notwendig machen.[6] Sie spiegelten im Grunde eine Auseinandersetzung über das Verhältnis zwischen der Regierung und der Zentralbank wider. Eher als Schlußpunkt einer lang anhaltenden Debatte ist hingegen das Motiv zu

---

und 6.3 des Dekrets abgeschafft. Durch Art. 6.4 des Dekrets werden die Aufgaben des Consiglio Superiore in den Rahmen der Satzung (des ESZB und der EZB) gestellt und die endgültige Entscheidungsmacht der EZB noch einmal betont. Siehe dazu auch Art. 20 Abs. 2 Punkt 3 und 5 des durch das Präsidialdekret vom 24. April 1998 modifizierten Statuts der Banca d'Italia.

[1] Art. 8.4 des Dekrets hat Art. 11 des Gesetzes 483 vom 26. November 1993 aufgehoben. Das Gesetz besagte, daß die Zentralbank einen bestimmten Betrag der Einkünfte aus der Verwaltung der Mindestreserven an den Schatzminister zu überweisen hatte.

[2] Siehe zu weiteren normativen Veränderungen das Dekret vom 10.3.1998 n. 43 und Banca d'Italia (1998a).

[3] Europäische Kommission (1998) S. 32 und EWI (1998) S. 349.

[4] Zur allgemeinen Diskussion der italienischen Verfassung im europäischen Integrationsprozeß siehe Sorrentino (1992) S. 417ff.

[5] Die Regierung erklärte 1992, daß es sich bei dem Maastrichter Vertrag um eine Frage handele, die von verfassungsrechtlichem Interesse sei, und daß sie Schritte zu einer verfassungsrechtlichen Anpassung unternehmen werde. Camera dei Deputati (1992) S. 23.

[6] Dieses Argument wird sowohl von Kritikern als auch von Anhängern der Banca d'Italia verwendet. Die einen sehen darin die Möglichkeit, dem Handlungsspielraum durch eine Konstitutionalisierung Grenzen zu ziehen, die anderen eine Absicherung gegen die Einflußnahme der Regierung, also eine Stärkung der Unabhängigkeit.

bewerten, mit der Konstitutionalisierung den lange bestehenden Status der Zentralbank auch formal umzusetzen und ihrer gewachsenen Bedeutung im italienischen Staatsgefüge Rechnung zu tragen.[1] Am 24. Januar 1997 wurde eine parlamentarische Kommission mit dem Auftrag versehen, die Verfassungsänderungen vorzubereiten.[2] Ziel war eine Veränderung des gesamten zweiten Teils der Verfassung.[3] Hinsichtlich der Zentralbank wurde von der Kommission folgender Text vorgeschlagen:

„La politica economica e monetaria si svolge nel rispetto dei principi e degli obiettivi stabiliti dai trattati europei e dagli altri atti dell'Unione Europea. La legge garantisce l'independenza della Banca d'Italia e detta le altre norme necessarie per la partecipazione italiana agli organismi comunitari che esercitano competenze in campo monetario."[4]

2.2.6. Bewertung der Normenänderungen

Die Bedeutung der jeweiligen normativen Veränderungen läßt sich im Falle Italien nicht direkt aus den Bestimmungen herleiten. Dafür gibt es mehrere Gründe:

Die Vielzahl und Heterogenität der betroffenen Rechtsquellen unterschiedlichen Entstehungsdatums werden in Italien im jeweiligen historischen und zentralbankpolitischen Kontext verständlich. Zudem versperrt die Vielzahl der Einzelregelungen den Blick für ihre relative Bedeutung. Zahlreiche Normen stellen formal zwar eine Beschränkung der Unabhängigkeit der Zentralbank dar, haben aber entweder nur theoretische Bedeutung oder sind in ihrer Anwendung durch die Entwicklung auf den internationalen Märkten überholt. Eine weitere Relativierung müssen die formalen Veränderungen durch den faktischen Handlungsspielraum der italienischen Zentralbank erfahren, der sich in der Vergangenheit

---

[1] Die italienischen „Verfassungsväter" hatten sehr wohl in Erwägung gezogen, Inflationsaversion in der Verfassung zu verankern. Dies wurde jedoch nach dem Einwurf des Abgeordneten Ruini verworfen, der eine solche Norm als völlig nutzlos verurteilte. Predieri (1996) S. 217 Fußnote 411.

[2] Dieses Vorhaben war bereits nach einem 1993 verabschiedeten Gesetz erfolglos verlaufen und stieß auch 1997 auf große politische Schwierigkeiten.

[3] Im einzelnen sehen die wichtigsten geplanten Reformen wie folgt aus: Der Präsident der Republik soll künftig direkt gewählt werden, das Mißtrauensvotum wird abgeschafft, und das Zweikammernsystem soll in eine Art Dreikammernsystem umgewandelt werden. Innerhalb des Senats soll eine Kommission errichtet werden, die auch Repräsentanten der Regionen, Gemeinden und Provinzen umfaßt und unter bestimmten Bedingungen in den politischen Entscheidungsprozeß eingreift. Rescigno (1997/98) S. 221. Zu den Erfolgsaussichten Große/Trautwein (1997) S. 57f.

[4] „Die Wirtschafts- und Geldpolitik erfolgt unter Berücksichtigung der Prinzipien und der Ziele, die von den europäischen Verträgen und den anderen Akten der Europäischen Union aufgestellt worden sind. Das Gesetz garantiert die Unabhängigkeit der Banca d'Italia und schreibt die anderen für die italienische Teilnahme an den Gemeinschaftsorganismen, die im geldpolitischen Feld Kompetenzen ausüben, notwendigen Normen vor." Art. 8 des Basistextes, Camera dei Deputati Servizio Studi (1997) S. 89.

gerade durch die Unbestimmtheit des Rechtsrahmens vergrößerte.[1] Die Modifikationen von 1998 in Vorbereitung der dritten Stufe der Währungsunion stellen zwar den formalen Unabhängigkeitsstatus im Sinne der rechtlichen Konvergenz her sie haben jedoch keine substantiellen Änderungen des faktischen Unabhängigkeitsstatus der Zentralbank herbeigeführt. Vergleicht man ihre Bedeutung zudem mit den Reformen von 1992/1993, so ist zu konstatieren, daß zu diesem Zeitpunkt bereits ein großer Teil des Weges zurückgelegt worden war, der nicht erst mit dem Maastrichter Vertrag begonnen hatte.[2]

---

[1] Siehe dazu Lück (1998) S. 205.

[2] Zu trennen sind hier natürlich die Herstellung formaler Unabhängigkeit und die Bestimmungen, die eine Integration der Banca d'Italia in das ESZB ermöglichten. Letztere sind nur im Hinblick auf die Überwindung des "principio di tassatività" (Prinzip der gesetzlichen Bindung) der "Operationen" der Banca d'Italia von besonderer Bedeutung. Mit der Eingliederung in das ESZB wurde das besagte Prinzip abgeschafft.

3. Dominanten der zentralbankpolitischen Diskussion in Italien

Das politische Klima, in dem die normativen Veränderungen im Zuge des Maastrichter Vertrages stattfanden, nahm auch in Italien Einfluß auf den Verlauf der Debatten: 1992 brach in Italien das traditionelle Parteiensystem (Tangentopoli,[1] Mani pulite[2]) zusammen. In dieser Zeit des politischen Umbruchs wurden Forderungen nach einer grundlegenden Veränderung des politischen Systems laut. Davon betroffen waren die zentralen Institutionen der „ersten Republik" (1948-1992), das Parlament, die Regierung, die staatliche Verwaltung und insbesondere das Wahl- und Parteiensystem.[3]

Zentralbankpolitische Themen schienen dabei nur eine marginale Rolle zu spielen. Als eine von wenigen öffentlichen Institutionen symbolisierte die Banca d'Italia aber von je her Unabhängigkeit, Unbestechlichkeit und Sachverstand, was sie gerade im Vergleich zum politischen Umfeld besonders auszeichnete. Eine Hinwendung zu einer stärker technokratisch – im ursprünglichen Sinn als „Herrschaft der Fertigkeit und Fähigkeit" verstanden - geprägten Politik wurde mit den „governi tecnici" infolge der Parteienkrise offenbar. Zudem bot die Banca d'Italia ein Reservoir an Fachleuten zur Führung des Landes wie Ciampi und Dini.[4] Das Zitat von Caesar aus dem Jahr 1981[5] ist zwar für einen Großteil der zentralbankpolitischen Äußerungen noch immer gültig, doch haben sich in der jüngeren Vergangenheit die Auseinandersetzungen um die Stellung der Banca d'Italia gemehrt. Diese betreffen allerdings nicht die Idee der Unabhängigkeit zurückzuführen.[6]

Eine breite öffentliche Diskussion über den Handlungsspielraum der Banca d'Italia ergab sich unter der Regierung Berlusconi, beruhte aber vorwiegend auf Polemik und Unter-

---

[1] „Tangentopoli" (Tangenti sind „Anteile am Ertrag einer Firma") bezeichnete das illegale System von Bestechungsgeldern an Journalisten, Beamte, Richter und Parteienfinanzierung, die durch die spezifisch italienische Verwurzelung der Parteienherrschaft in den Institutionen (Partitocrazia) und die kontinuierliche Herrschaft der Democrazia Cristiana die politische Struktur Italiens wesentlich beeinflußte. Große/Trautmann (1997) S. 45f.

[2] Die Gruppe „mani pulite" (reine Hände) bestand 1992 aus Staatsanwälten und Richtern, die zunächst ausgehend von Mailand die Enthüllung der Korruption in den Parteien und einflußreicher Politiker wie Craxi, De Michelis, Forlani und Andreotti vorantrieben. Diese Bewegung erfaßte bald ganz Italien und führte zu Prozessen, die heute noch andauern und auch Unternehmer wie Fiat-Präsidenten Cesare Romiti und Silvio Berlusconi vor Gericht brachten. Große/Trautmann (1997) S. 45 und Gütgemann (1997) S. 3f.

[3] Siehe dazu auch die Ansätze zu einer Verfassungsreform S. 345. Der Erfolg der damals initiierten Reformen ist als mittelmäßig zu beurteilen. Große/Trautmann (1997) S. 50 zum Wahlsystem. Insgesamt scheint sich aber ein schrittweiser Wandel der politischen Kultur durchzusetzen. Die Hoffnung auf dessen Fortbestehen setzt wesentlich auf den Zwang zu einer „Normalisierung" durch die zunehmende europäische Integration.

[4] Piller (1999) S. 31.

[5] Siehe S. 328.

[6] Ebensowenig hat es in frühen Auseinandersetzungen eine genaue Definition des Terminus „Unabhängigkeit" gegeben. Bruni/Monti (1991) S. 32.

stellung.[1] Der Ablauf der Kontroverse barg damit Ähnlichkeiten mit der Verleumdungskampagne gegen Baffi.

Die Veränderungen der die Zentralbank betreffenden Normen und die Gewährung der formalen Unabhängigkeit haben zu keinen größeren parlamentarischen Auseinandersetzungen geführt, zentralbankpolitisch relevante Diskussionen haben sich in geringem Maße lediglich anläßlich der Ratifikation des Maastrichter Vertrages entwickelt.

Diese Einmütigkeit wirkte auch auf die ökonomische Diskussion. Mit der größeren formalen Unabhängigkeit der Banca d'Italia wurden Forderungen erfüllt, die die wirtschaftswissenschaftliche Disziplin in Italien schon lange in Form eines „costituzionalismo monetario" gestellt hatte. Die Übertragung der Währungskompetenzen auf eine supranationale Ebene wurde wie in der politischen auch in der ökonomischen Debatte überwiegend befürwortet.

3.1. Die Motivation für den geld- und währungspolitischen Hoheitstransfer und die Delegation auf eine unabhängige Zentralbank

3.1.1. Die politische Argumentation

3.1.1.1. Die politischen Debatten über den Hoheitstransfer

Insgesamt verliefen die Debatten im Vergleich zu Frankreich wenig kontrovers und fanden daher auch in der Presse nur geringe Berücksichtigung.[2]

Die Zinspolitik der Deutschen Bundesbank bildete den Ausgangspunkt für den Vorwurf

---

[1] Die Debatte um die Banca d'Italia begann 1994 mit der Person Ciampi, der als Führer einer verborgenen politischen Opposition dargestellt wurde. Seine Ernennung zum Gouverneur ehrenhalber stellte ihn bald in den Mittelpunkt der Tagespresse. Nach der Nominierung des Schatzministers Lamberto Dini wurde zunächst öffentlich über die Personenfrage und dann auch über die Ernennungsrechte debattiert. Daran schloß sich eine generelle Debatte über die Kompetenzen und insbesondere die Pflichten der Zentralbank im Rahmen der allgemeinen Wirtschaftspolitik an. Besondere Aufmerksamkeit erregte die Veränderung des Diskontsatzes, die als gegen die Regierung gerichtete Maßnahme interpretiert wurde. Weiteres Aufsehen und negative Presseberichte erregten die Bilanzen der Zentralbank und der „Fall" der Banca Nazionale della Communicazione, letzterer ein Anlaß, die Aufsichtsbefugnisse der Bank ins Kreuzfeuer der Kritik zu stellen. Siehe dazu Banca d'Italia (1995). Das Thema rückte ins öffentliche Bewußtsein, als Minister Tartarella, Vizepräsident der Regierung, in der Zeitung La Stampa Erklärungen über die „starken und geheimen Machtbefugnisse" der Banca d'Italia abgab. Die Banca d'Italia war bei diesen Angriffen aber nicht alleinige Zielscheibe, denn auch die Corte Costituzionale (Verfassungsrat) wurde stark kritisiert. Predieri (1996) S. 94.

[2] Die Ratifikation des Vertrages bezeichnete Rizzo als „.... eine Formalität, die im Namen guter und alter Prinzipien absolviert werden mußte, wie zum Beispiel der (abstrakten) Treue zum Ideal eines vereinten Europas." Rizzo (1996) S. 4.

„deutscher Hegemonialansprüche", die sich nach Meinung der Kritiker auch in der Modellierung der EZB ausdrückte.[1] Ein Abgeordneter der Democrazia Cristiana zitierte Carlo Azeglio Ciampi, der von den Kommissionen angehört worden war:

„In futuro non uso più il potere, come governatore, di spingere il bottone che regola i tassi di interesse e si corre il rischio che, se il collega tedesco spinge il suo bottone, anche il mio automaticamente mi scivola sotto il dito, allora preferisco che vi sia un solo pulsante comune e poter contribuire a decidere come usarlo."[2]

Es wurden Befürchtungen einer deutsch-französischen „Achse" geäußert.[3] Dazu Außenminister Colombo:

„... in questa Europa comunitaria si crea lo spettro della Germania e si ritorna ad antichi timori, ad antiche visioni e si crea il pericolo della Germania."[4]

Auch die Senatsdebatte befaßte sich mit dem Souveränitätsverlust durch die Errichtung des ESZB.

„... la moneta è il simbolo della sovranità e ... quando non avranno più la loro moneta (quando i tedeschi non avranno più il marco, i francesi il franco, gli italiani la lira), sarà messo in causa l'emblema, il simbolo della sovranità."[5]

Weitere Themen waren ein demokratisches Defizit und der Vorrang des Zieles der Preisstabilität. Die Existenz des ersten wurde von der Regierung zwar eingeräumt, jedoch mit

---

[1] Severino Galante am 28. 10.1992 in der Abgeordnetenkammer, Gazetta Ufficiale S. 5228.

[2] „Ich nutze in Zukunft nicht mehr die Macht als Gouverneur, den Knopf, der die Zinssätze reguliert, zu drücken und wenn mein deutscher Kollege seinen (Knopf) drückt, läuft man Gefahr, daß auch meiner automatisch unter den Finger rutscht, daher ziehe ich einen einzigen gemeinsamen Knopf und die Möglichkeit an der Entscheidung über seine Betätigung beteiligt zu sein, vor." Carlo Amedeo Giovanardo am 28. 10.1992 in der Abgeordnetenkammer, Gazetta Ufficiale S. 5271.

[3] Ein Abgeordneter der Lega Nord äußerte, daß auch „... wenn Kohls neues Deutschland den mitteleuropäischen Traum Bismarcks ungeschickt verbirgt, der durch die schreckliche Hitlersche Kriminalität verschlimmert worden ist, Maastricht nicht nach den Rhythmen des 'Deutschland über alles' in der Orchestrierung der Bundesbank und auch nicht nach der Marseillaise marschieren soll.". Siehe zu ähnlichen Befürschtungen von Politikwissenschaftlern und Publizisten Luigi Rossi am 28. 10.1992 in der Abgeordnetenkammer S. 5243 und verschiedene Aufsätze in politica internazionale (1995).

[4] „... in diesem gemeinschaftlichen Europa schafft man das Gespenst Deutschland, und man kehrt zu alten Ängsten zurück, zu alten Visionen, und man schafft die Gefahr Deutschland." Außenminister Colombo am 17. September 1992 im Senat, Gazetta Ufficiale S. 52.

[5] „... die Währung ist das Symbol der Souveränität und wenn sie nicht mehr ihre Währung (wenn die Deutschen nicht mehr die Mark, die Franzosen den Franc und die Italiener die Lire) haben werden, wird das Emblem, das Symbol der Souveränität in Frage gestellt." Außenminister Colombo am 17. September 1992 im Senat, Gazetta Ufficiale S. 51.

dem Hinweis auf die geplante Stärkung der Kompetenzen des Europäischen Parlaments relativiert.

Den Vorrang des Ziels der Preisstabilität kritisierten einige Senatoren mit dem Hinweis, daß dieses und die geforderte Haushaltsdisziplin eine restriktive Wirtschaftspolitik bedeuten würden, ohne den Entwicklungsstand der Volkswirtschaft und der Beschäftigung zu berücksichtigen.

Außenminister Colombo entgegnete darauf:

„Al contrario, avendo un unico tasso di interesse fissato d'intesa fra i vari paesi, e facendo convergere le economie delle singole nazioni, modificandole strutturalmente, vi sarà una simbiosi tra economie forti ed economie deboli, ma non è detto ... che, in questo ambito, non i possa essere, ad esempio, un deficit per una nazione, al fine di sollecitarne il progresso economico, ma sempre nel quadro di una economia integrata."[1]

Lediglich die kommunistische Partei und die neofaschistische Partei MSI-DN sprachen sich gegen eine Ratifikation des Maastrichter Vertrages aus.[2] Insgesamt verlief die Debatte wenig kontrovers, was sich auch in der außerparlamentarischen Behandlung des Themas abzeichnete. Analog zu der Offenheit der italienischen Verfassung gegenüber Souveränitätsbegrenzungen oder -transfers hat sich keine bedeutende Debatte über einen durch geldpolitischen Kompetenztransfer bedingten Souveränitätsverlust entwickelt.[3]

Die geringere politische Resonanz hat in Italien die Kommentatoren vermuten lassen, daß es in der politischen Klasse als inopportun gelten könnte, als „Gegner Europas" an die Öffentlichkeit zu treten:[4]

---

[1] „Im Gegenteil, indem es einen Zinssatz geben wird, der durch Einverständnis zwischen den Ländern gesetzt wird, und dadurch, daß die Volkswirtschaften der einzelnen Nationen konvergieren und sie strukturell verändert werden, wird es eine Symbiose zwischen starken und schwachen Volkswirtschaften geben, aber es ist nicht gesagt, daß in dieser Umgebung kein Defizit für eine Nation existieren kann, um den wirtschaftlichen Fortschritt anzuregen, aber immer im Rahmen einer integrierten Volkswirtschaft." Außenminister Colombo am 17. September 1992 im Senat, Gazetta Ufficiale S. 51.

[2] Dazu kamen noch einige Liberale unter dem ehemaligen Außenminister Martino, die in der Währungsunion ein „zu enges Korsett für die italienische Kreativität" sahen. FAZ vom 13.6.1997.

[3] Gerade der Verlust nationaler Souveränität wird als Restitution von staatlicher Gewalt interpretiert, die durch die „partitocrazia" (Parteienherrschaft) und ihre negativen Folgen eingeschränkt wurde. Matteucci (1993) S. 279ff. Zu einer vertiefenden verfassungsrechtlichen Analyse des Maastrichter Vertrages aus italienischer Sicht Sorrentino (1992) S. 417ff.

[4] Forte, ein wirtschaftspolitischer Sprecher des PSI, sah jedoch zwei Lager von Maastricht - Gegnern: Die einen gründeten ihren Widerstand auf kulturellen und ökonomischen Argumenten. Maastricht bedeutete ihrer Meinung nach freie Marktwirtschaft, die insbesondere den Marxisten und der extremen Rechten verhaßt sei. Die anderen sähen bei dem Maastrichter Vertrag die Schuld für den hohen Diskontsatz. Zu ihnen zählten einige Mitglieder der DC, ein Flügel des PDS, viele Mitglieder der Lega Nord und Faschisten. Vaiano (1992) S. 122.

„I politici italiani, dopo tanti proclami di europeismo accantito, sembrano avere un timore reverenziale nel criticare apertamente Maastricht."[1]

3.1.1.2. Das Fehlen einer politischen Diskussion über die Unabhängigkeit der Banca d'Italia

Die Stellungnahmen der Parteien erfolgten analog zu den parlamentarischen Debatten relativ zurückhaltend.[2] Dafür lassen sich mehrere Erklärungen anführen:

a) Ein Grund liegt in dem weitreichenden Handlungsspielraum der Banca d'Italia. Wie gezeigt worden ist, lassen sich die Reformen der Jahre 1992 und 1993 auch als Schlußpunkt eines Prozesses interpretieren, der mit dem „divorzio" von 1981 seinen Anfang nahm.[3]

b) Auch die generell positive europapolitische Stimmung in Italien wird für die Rezeption der zentralbankpolitischen Reformen in der zweiten und dritten Stufe bestimmend gewesen sein. In weiten Teilen der Öffentlichkeit war von „Europa als Versicherungspolice" für die italienische Wirtschaft und Demokratie die Rede.[4] Nicht die Probleme des Beitritts zur Währungsunion standen daher im Mittelpunkt des Interesses, sondern die Probleme, die ein Ausschluß mit sich gebracht hätte.[5]

c) In Italien herrscht ein weitgehender Konsens über die Notwendigkeit einer unabhängigen Zentralbank, dem jedoch in jüngster Zeit immer wieder das Problem der sehr weitreichenden faktischen Macht der Banca d'Italia gegenübergestellt worden ist. Die Konfrontation mit der Regierung Berlusconi hat zu Bestrebungen geführt, diesen Handlungsspielraum zu beschränken oder in andere Bahnen zu lenken.

---

[1] „Die italienischen Politiker scheinen nach so vielen Proklamationen starken Europäertums eine ehrerbietige Furcht davor zu haben, Maastricht öffentlich zu kritisieren." Vaiano (1992) S. 122.

[2] Die Normenänderungen der Jahre 1992 und 1993 wurden nur in geringem Maße von politischen Vertretern kommentiert.

[3] Siehe auch S. 339.

[4] Gütgemann (1997) S. 8.

[5] Gütgemann (1997) S. 6. Lebhaft wurden in Italien daher die Konvergenzkriterien diskutiert. Dazu Forum CEIS (1993).

3.1.2. Die verfassungsrechtliche Wirkung auf die Banca d'Italia

Wenngleich in Italien eine Verfassungsänderung noch nicht erfolgt ist (und von Kritikern auch in Zweifel gezogen wird, daß sie jemals erfolgen könne), so ist dennoch auch hier von der geldpolitischen Kompetenz als essentieller Funktion des Staates die Rede:

„...in essi si svolge lo Stato, che a quelle funzioni fa risalire la sua stessa ragione di esistere. Moneta e sicurezza; due prerogative essenziali dello Stato; per gli economisti, i due beni pubblici fondamentali.“[1]

Die italienische Verfassung hat im Bereich der Geldpolitik ursprünglich eine bestimmte wirtschaftspolitische Determination erhalten, die sich am staatlichen Interventionismus orientierte. Die Mehrdeutigkeit, die durch die Polarität der Artikel 47 und 41 bestehen blieb, ist in der Vergangenheit ein vieldiskutiertes verfassungsrechtliches Thema gewesen.

Die verfassungsrechtliche Stellung der italienischen Zentralbank wurde durch den Maastrichter Vertrag auf zwei Ebenen berührt: Mit der - im engen, verfassungsrechtlichen Sinne auch von Ökonomen intendierten - Konstitutionalisierung der Zentralbank[2] erhält der Unabhängigkeitsstatus der Zentralbank verfassungsrechtlichen Rang.[3] Auf der Zielebene der Zentralbankpolitik ist die Mehrdeutigkeit in den relevanten Passagen der Artt. 41 und 47 der italienischen Verfassung mit der Ratifizierung des Maastrichter Vertrages zugunsten des Artikels 47 aufgelöst und eine eindeutige Abtrennung von Art. 41 durchgeführt worden.[4]

---

[1] „... in ihnen (dem Gebiet der Währung und der Außenpolitik) manifestiert sich der Staat, der aus diesen Funktionen seine Existenzberechtigung zieht. Währung und Sicherheit; zwei essentielle Vorrechte des Staates; für die Ökonomen zwei fundamentale öffentliche Güter.“ Padoa-Schioppa (1991) S. 61.

[2] Jedoch werden mit diesen Veränderungen auch neue Fragen aufgeworfen, die eine vorherige Auslegung in Form einer verfassungsrechtlichen Unterordnung der Banca d'Italia unter die Regierung nicht entstehen ließen. Die Rede ist von einem demokratischen Defizit des ESZB, das durch fehlende Kompetenzen des Europäischen Parlaments entsteht und einer nur eingeschränkten Verantwortlichkeit. Siehe Melica (1994), Marè/Sarcinelli (1998).

[3] Art. 10 I der italienischen Verfassung bestimmt, daß sich die italienische Rechtsordnung nach dem dualistischen Ansatz automatisch, d.h. ohne eigenen Umsetzungsakt, anpaßt. Mit der Ratifikation wird ein Völkerrechtsvertrag für Italien verbindlich. Vgl. Kinder (1993) S. 51. Fraglich ist, ob unter diesen Voraussetzungen eine Verfassungsänderung eine materielle Veränderung herbeiführt.

[4] In der Institutionalisierung der Unabhängigkeit wird auch die Gefahr gesehen, daß sich daraus ein gegenüber dem bisherigen Status verminderter Handlungsspielraum ergeben könnte. Melica (1994) S. 403 und Capriglione (1994) S. 222.

3.1.3. Die ökonomische Argumentation

In den ökonomischen Argumentationen wird deutlich, daß von einer „italienischen Diskussion" auf zwei Bedeutungsebenen gesprochen werden kann. Zum einen scheinen in der Debatte die Restriktionen auf, die dem zentralbankpolitischen Handeln in der Vergangenheit entgegenstanden.[1] Zum anderen ergeben sich bei näherer Betrachtung spezifisch italienische Theorieansätze.[2] Dazu zählt die Analyse der Rolle der Zentralbank in der Wirtschaftspolitik und bei der Regulierung des Finanzsystems, die Forderung nach einer „costituzione monetaria" und die Bedeutung des Bankensystems.[3]

Trotz einer traditionell keynesianisch geprägten ökonomischen Theorie[4] lassen sich die dominierenden Motive nicht auf eine Kontroverse zwischen Keynesianismus und Monetarismus oder Neoklassischer Makroökonomie reduzieren.[5]

Hier sollen zunächst die ökonomischen Motive für die Übertragung währungspolitischer Kompetenzen auf supranationale Entscheidungsebenen behandelt werden, um dann in einem Exkurs die Tradition des monetären Konstitutionalismus in Italien und schließlich die aktuelle Unabhängigkeitsdebatte zu erläutern.

---

[1] Padoa-Schioppa vergleicht die Debatte mit dem Prozeß des „reverse engineering" in der Industrie. *Reverse engineering* bedeutet, daß eine Maschine auseinandergebaut wird, um ihre Funktionalität zu begreifen.

[2] Zu einem Überblick über zentralbank- und geldtheoretische Literatur vor dem Maastrichter Vertrag siehe Nardozzi (1994) S. 4.

[3] Vicarelli (1988) S. 285ff und Arcelli (1991) S. 11. Dieser Schwerpunkt läßt sich auch zurückgreifend auf die keynesianische Tradition der „Theorie des monetären Kreislaufes" begreifen. Beim „monetären Kreislauf" handelt es sich um eine vereinfachte Veranschaulichung der Rolle des Geldes im Produktionsprozeß. In Anlehnung an Keynes "Monetäre Theorie der Produktion" wird von den italienischen Vertretern dieser Schule die hervorgehobene Rolle der Banken bei der Kreditschöpfung (und nicht als Intermediäre zwischen Einlagen und Darlehen) gegenüber den Finanzmärkten betont. Die Kreditvergabe durch die Banken erlaubt es den Unternehmern, den Produktions- und Akkumulationsprozeß zu steuern, während die Finanzierung durch die Emission von Wertpapieren erst später erfolgt. Zur historischen Entwicklung siehe Nardozzi (1993) S. 381. Eine andere Interpretation der Bedeutung der Banken erfolgt im Rahmen der postkeynesianischen Betrachtungen. Dazu Vicarelli (1988).

[4] Dazu Nardozzi (1993) S. 382. Auf der einen Seite steht die (neo- und post-)keynesianische Orientierung der akademischen Tradition und auf der anderen Seite die Bedeutung, die institutionellen Besonderheiten von der Mehrheit der Ökonomen beigemessen wurde, so daß der Monetarismus nur geringen Widerhall gefunden hat. Ausnahmen stellen Fratianni (1976 und 1980), Spinelli (1980, 1989), Martino (1984) und Parboni (1984) dar.

[5] Siehe für eine solche Gegenüberstellung angewendet auf die Währungsunion Palley (1997) S. 147ff.

3.1.3.1. Die Motivation für eine supranationale Kompetenzübertragung - das EWS und die politischen Strukturen Italiens

Im Vordergrund standen Motive, die in der Funktionsweise des EWS und in den politischen Strukturen Italiens gründen:

1. die Furcht vor einer Marginalisierung Italiens
2. die Funktionsweise des EWS
3. die Absicherung gegen den Mißbrauch der Geldpolitik

Das erste Argument ist im Rahmen der politischen Ausgangslage bereits zur Sprache gekommen,[1] daher werden hier nur die beiden letzten Motive behandelt.

Zu 2.

Die Betrachtung der Funktionsweise des EWS liefert mehrere sich zum Teil ausschließende Argumentationslinien:

In der ersten Hälfte der achtziger Jahre fungierte das EWS als „... *potente coadiuvante della politica disinflazionistica.*"[2] Der „circolo virtuoso" durch das EWS[3] wurde so für die Geldpolitik in Italien zu einem wichtigen Faktor.[4] Deutschland konnte seiner Rolle als „Anker" des EWS aufgrund struktureller Probleme und den Belastungen der Wiedervereinigung nach italienischer Lesart nicht mehr gerecht werden.[5]

---

[1] Ambrosini (1992) S. 14. Darin äußert sich auch die Haltung gegenüber Deutschland, die von „rispetto e sospetto" (Respekt und Argwohn) geprägt ist. Vertone, zitiert von Gütgemann (1997) S. 5. Curzio (1996) führte dazu an, daß Italien Deutschlands Nachkriegsstrategie übernehmen solle, indem wirtschaftliche Stärke und soziale Kohäsion angestrebt würden, um politisches Gewicht zu erlangen. Siehe dazu Gütgemann (1997) S. 5. Siehe S. 351.

[2] „... mächtiges Hilfsmittel der disinflationären Politik." Marè/Sarcinelli (1998) S. 11. Dazu auch De Grauwe (1994).

[3] Giavazzi/Pagano (1988).

[4] Die aus dem fixen Wechselkurs resultierende Disziplin wurde aus verschiedenen Gründen geschwächt. Dazu zählen die Glaubwürdigkeit der Zentralbank des preisstabileren Landes und die Wahrscheinlichkeit, mit der Realignments von den anderen Mitgliedern des Abkommens erwartet werden. Siehe dazu Bruni/Monti (1991) S. 42.

[5] Zur italienischen Beurteilung der Rolle Deutschlands Scandizzo (1993) S. 95f, Masera (1993), Bagella (1993), Tullio (1993) und Marè/Sarcinelli (1994) S. 344. Scandizzo weist auch darauf hin, daß Deutschland nicht nur als Anker fungierte, sondern auch als Versuchslabor für einige der wirtschaftlichen und politischen Probleme der Gemeinschaft betrachtet werden kann.

Abbildung 14: Der "circolo virtuoso" der monetären Stabilität

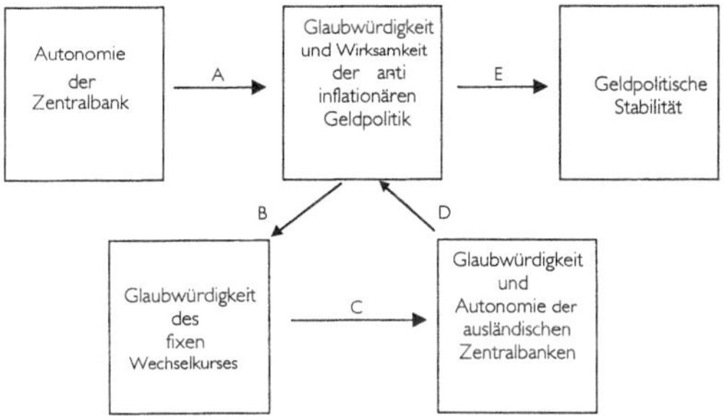

Quelle: Bruni/Monti (1991)

Die Asymmetrie des EWS ist auch in Italien Gegenstand kritischer Auseinandersetzungen und mehrerer empirischer Studien[1] gewesen. Sie wurde auf verschiedenen Ebenen betrachtet, die von der asymmetrischen Verteilung intramarginaler Interventionen über den Verlust der Sterilisationsmöglichkeit[2] bis zur Hegemonie der deutschen Zinspolitik reichten.[3] Insbesondere in der Betrachtung der Krise des Jahres 1992 wurde die Funktionsweise des EWS kritisiert.[4]

Der Maastrichter Vertrag läßt sich ferner als „spill over" der Entstehung des gemeinsamen Marktes interpretieren. Im Sinne der Bürokratietheorie und der Logik der Institutionen

[1] Siehe Giavazzi/Giovannini (1987 und 1988).
[2] Giavazzi/Spaventa (1990).
[3] Für eine Übersicht siehe Jossa (1995) S. 227f. Zahlreiche Studien haben nachgewiesen, daß auch die anderen EWS - Währungen die deutschen geldpolitischen Variablen beeinflußt haben. Jossa (1995) relativiert die These, daß einzig Deutschland geldpolitische Autonomie im EWS beibehalten konnte. Er zitiert die Theorie von der Substituierbarkeit der Währungen, die bei festen Wechselkursen die Währungen als perfekte Substitute betrachtet. Um geldpolitische Autonomie zu behalten, habe sich Deutschland jeglicher intramarginaler Interventionen enthalten und externe monetäre Impulse sterilisiert. Damit ist seiner Meinung nach nicht vollständige geldpolitische Autonomie verbunden. Er kommt abschließend aber auch zu dem Schluß, daß das EWS eine asymmetrische Struktur gewesen ist.
[4] Die Senkung der deutschen Zinsen hätte nach Auffassung italienischer Ökonomen den Druck auf die Lira entschärft, „... angenommen, daß jeder Prozentpunkt mehr an Zinsen auf Lire 15.000 Milliarden mehr Schuldenlast bedeutet, und daß jede Variation der deutschen Zinsen mehr als proportional die italienischen Zinsen beeinflußt, dann hätte eine eventuelle Senkung um 1% der deutschen Zinsen der italienischen Volkswirtschaft für ca. 20.000 Milliarden Lire Luft verschafft, der Druck der italienischen Regierung auf die deutsche war sehr stark, aber Anfang September senkte die Bundesbank den Zinssatz um gerade 0,25% (...). Der Markt empfing die Nachricht: Deutschland überläßt Italien seinem Schicksal. Italien war gezwungen, das Europäische Währungssystem zu verlassen." Bruni/Roccia (1995) S. 117. Ähnlich Masera (1993) S. 73. Anders Große/Trautmann (1997) S. 94f. Siehe dazu auch Predieri (1996) S. 70

erscheint daher eine institutionelle Weiterentwicklung unabdingbar.[1]

Zu 3.

Analog zu der Delegation der Geldpolitik auf eine unabhängige Zentralbank wird auch der Transfer der währungspolitischen Kompetenzen auf die Gemeinschaftsebene als Absicherung gegenüber einem Mißbrauch der Geldpolitik durch politische Kräfte gesehen.[2]

„*In Italia, infatti, sembra lecito parlare di un'accentuata tendenza da parte di gruppi in posizione dominante dal punto di vista economico o politico a difendere i propri interessi anche a discapito del rispetto delle regole su cui si fonda la convivenza civile e democratica.*"[3]

Damit wird ein Argument vorgebracht, das bereits 1948 von Luigi Einaudi formuliert wurde[4] und sich in der politökonomischen Debatte in Italien zur Konstante entwickelt hat:

„*... la disciplina antiinflazionistica oggi non può più provenire come é provvenuta, per un certo periodo, dalla disciplina esterna. Non é più il tasso di cambio fisso che può essere usato come leva per convincere le parti sociali ad aderire ad una filosofia di crescità con bassa inflazione. Il convincimento che l'inflazione va mantenuta bassa deve nascere da una forza interna dei governi, dell'elettorato, dei cittadini, dei partiti, in poche parole, da un'autodisciplina.*"[5]

---

[1] Mit der gleichen Begründung wird auch eine Veränderung in der dritten Phase im außerhalb der Geldpolitik liegenden wirtschaftspolitischen Bereich gefordert. Marè/Sarcinelli (1998) S. 59f.

[2] Ähnlich Pivetti (1995) S. 7, Bruni (1997) zitiert von Gütgemann (1997) S. 25 und Bruni/Monti (1991) S. 44.

[3] „In Italien erscheint es in der Tat legitim von einer verstärkten Tendenz bei Gruppen in dominierender ökonomischer oder politischer Position zu sprechen, ihre eigenen Interessen auch auf Kosten des Respekts für Regeln, auf denen das bürgerliche und demokratische Zusammenleben gründet, zu verteidigen." Panico/Rizza (1996) S. 7. Siehe auch Carli (1993) S. 5.

[4] „There appears to be no reason to question the evolution to the federation of the task of regulating money and money surrogates ... The benefit would not consist solely in the simplicity of accounting and the convenience of international payments and transitions ... If the European Federation takes away the federated states' authority to finance public works by operating the banknote printing press and obliges them to finance their activities solely through taxes and voluntary loans, it will by that alone have accomplished a great deal, infusing a dose of healthy, effective democracy; for the rulers of the federal states could no longer hoodwink the people with the mirage of cost - free public works through the miracle of paper money but would have to win consensus for new taxes or credit for new loans by demonstrating their capacity to provide effective services to the citizens." Luigi Einaudi in „La guerra e l'Unità Europea" zitiert von Maré/Sarcinelli (1994) S. 342.

[5] „... die antiinflationäre Disziplin kann heute nicht mehr wie es für eine gewisse Zeit erfolgt ist, durch externe Disziplin hergestellt werden. Der feste Wechselkurs kann nicht mehr als Hebel benutzt werden, um die sozialen Gruppen von einer Philosophie des Wachstums bei niedriger Inflation zu überzeugen. Die Überzeugung, daß die Inflation niedrig gehalten wird, muß aus einer inneren Kraft bei den Regierungen, der Wählerschaft, den Bürgern, den Parteien, in wenigen Worten, durch Selbstdisziplin entstehen." Onida

3.1.3.2. Reform oder Unabhängigkeit der Banca d'Italia?

Zur Wirkung von Zentralbankunabhängigkeit scheint sich in Italien ein Konsens herausgebildet zu haben:

„...*l'esistenza di una banca centrale indipendente, responsabile della stabilità monetaria, aumentando il controllo monetario - sia direttamente sia indirettamente attraverso le aspettative - favorisce nel lungo periodo un andamento non inflazionistico delle grandezze monetarie, senza creare contraccolpi negativi sulle grandezze fiscali e reali.*"[1]

Die Reform der Banque de France hat in Italien zur Diskussion über eine Veränderung der Zentralbankstatuten und der normativen Stellung der Banca d'Italia beigetragen. Diskutiert wurde zunächst, ob man wie in Frankreich die Anpassung an die Bestimmungen des Maastrichter Vertrages zum Anlaß nehmen sollte, eine komplette Reform des Zentralbankstatuts durchzuführen.[2] Diese erfolgte nicht. Der Grund dafür liegt nicht nur in der notorischen Langsamkeit des italienischen Verwaltungsapparats, sondern vorrangig im faktischen Status der italienischen Zentralbank.

Die normativen Veränderungen im Rahmen des Maastrichter Vertrages und insbesondere die Vorbereitung der zweiten Stufe[3] wurden auf theoretischer Seite durch den „costituzionalismo monetario" begleitet, als dessen Anwalt sich die Banca d'Italia erwiesen hat. Daher läßt sich auch hier eine kontinuierliche Entwicklung feststellen.

3.1.4. Interessengruppen, Stellungnahmen der Banca d'Italia und eine gemeinsame europäische Zentralbankpolitik

a.) Die Banca d'Italia

Wie bereits oben dargestellt hat sich die Banca d'Italia bei der Forderung nach einem größeren formal gesicherten Handlungsspielraum als einer der wichtigsten Protagonisten in der Debatte erwiesen. Die jährlichen „considerazioni finali" - deren Bedeutung als Medium der „moral suasion" über die regelmäßigen Stellungnahmen der Bundesbank hinaus-

---

(1993) S. 66.

[1] „... die Existenz einer unabhängigen Zentralbank mit der Verantwortung für geldpolitische Stabilität fördert entweder direkt oder indirekt durch die Erwartungen einen nicht - inflationären Verlauf der monetären Größen fördert, indem die geldpolitische Kontrolle vergrößert wird, ohne im Gegenzug negative Wirkungen auf fiskalische und reale Größen zu haben." Masciandaro (1993) S. 527f, siehe auch Spinelli/Masciandaro (1992) S. 2 und Cottarelli (1993) S. 3. Kritisch dazu einzelne Stimmen wie beispielsweise Pivetti (1995).

[2] Velo (1994) S. 2.

[3] Nardozzi (1988) S. 228.

geht - nutzten die Zentralbankgouverneure, um ihrer Forderung Ausdruck zu verleihen:[1]

„Una complessa economia di scambio non può vivere senza una misura di valore attendibile nel presente e per il futuro. Per sottrarsi all'inganno di una moneta che si corrode in modo rapido e imprevidibile, essa adotta quale proprio metro, attraverso una molteplicità di pratiche e di istituti, l'insieme stesso dei beni e dei servizi che produce. In tali condizioni anche i successi della manovra monetaria tradizionale rischiano di risolversi in episodi tattici che non evitano la sconfitta strategica rappresentata dal consolidamento dell'inflazione."[2]

Analog zu dieser Auffassung wurde auch die institutionelle Stellung einer Europäischen Zentralbank beurteilt.

Während die Einführung des EWS in der Banca d'Italia mit sehr großer Skepsis betrachtet worden war,[3] haben ihre Vertreter schon früh die Errichtung einer EZB thematisiert: Guido Carli betrachtete 1988[4] eine EZB als „Fernziel", die autonom und dem Ziel der Geldwertstabilität verpflichtet sein solle. Ihre Organisationsstruktur solle der des Federal Reserve Systems gleichen. Auch Tommaso Padoa-Schioppa trat früh für eine EZB ein, die seiner Meinung nach eine Ergänzung zum Binnenmarkt darstellte. Er sprach sich für ein mehrstufiges Zentralbankensystem aus, bei dem die EZB als „Bank der Zentralbanken" die Geldmenge innerhalb der Europäischen Gemeinschaft steuern solle.[5][6] Es gelte, den Widerspruch aufzulösen, der im gemeinsamen Markt der Freiheit der Kapitalbewegungen und des System fester Wechselkurse des EWS bestehe.[7] Dabei sei eine Zentralbank das

---

[1] Siehe dazu Gai (1995).

[2] „Eine komplexe Tauschwirtschaft kann gegenwärtig und in der Zukunft nicht ohne einen verläßlichen Wertmaßstab leben. Um sich der Täuschung einer Währung zu entziehen, die sich schnell und unvorhersehbar zersetzt, nutzt sie ihren eigenen Maßstab, durch eine Vielzahl von Praktiken und Instituten, die Gesamtheit der Güter und Dienstleistungen selbst, die sie hervorbringt. Unter diesen Bedingungen laufen auch die Erfolge der traditionellen Geldpolitik Gefahr, sich in taktische Episoden aufzulösen, die die strategische Niederlage durch eine Konsolidierung der Inflation nicht verhindern können." Carlo Azeglio Ciampi 1982 zitiert bei Gai (1995) S. 83.

[3] Padoa-Schioppa (1988b, S. 342) betont, daß dieser Widerstand sehr viel größer gewesen sei, als es nach außen hin sichtbar wurde.

[4] Näherliegende Ziele waren für ihn der freie Kapitalverkehr und freie Finanzdienstleistungen, Preis- und Wechselkursstabilität und eine gemeinsame Geldschöpfungmethodik. Zitiert bei Hasse (1989) S. 236.

[5] Eine einheitliche Währung erachtete er zunächst nicht als zwingend notwendig. Zitiert bei Hasse (1989) S. 237. 1992 hatte er seine Meinung geändert und sprach sich für eine einheitliche Währung aus. Padoa-Schioppa (1992) S. 64*.

[6] In der Begeisterung für eine Europäische Zentralbank bestehen jedoch durchaus Unterschiede zwischen den Gouverneuren, so heißt es von Antonio Fazio, er sei ein „Euroskeptiker" und habe sich bei den Verhandlungen zum ESZB immer für den Verbleib eines möglichst großen Handlungsspielraums bei den nationalen Zentralbanken ausgesprochen. Piller (1999) S. 31.

[7] Padoa-Schioppa (1992) S. 63*.

wirklich qualifizierende Merkmal einer Währungsunion.[1]

Die Banca d'Italia wurde immer ihrer Aufgabe als Mahner gerecht, daß es nicht nur darum ginge, an der dritten Phase teilzunehmen, sondern auch darum, in der Währungsunion zu bleiben. Dabei trat sie offen gegen die von ausländischer Seite vorgebrachten Annahmen auf, es handelte sich bei Italien um ein „*paese predisposto più di altri all'inflazione*" (stärker als andere zur Inflation neigendes Land) oder eines Landes, das, wirtschaftlich rückständig, das Instrument des Wechselkurses zum „Aufholen" nutzte.[2] Doch sie mahnte:

„... *per stare nell'unione economica e monetaria, mancando la flessibilità del cambio, è indispensabile che il sistema economico accresca altri elementi di flessibilità: che il sistema dei costi sia più elastico; che la mobilità degli investimenti sia maggiore; che l'impiego e il costo della manodopera possano variare, che la struttura dei tassi di interesse si muova con più facilità; che la spesa pubblica e il bilancio dello Stato abbiano maggiore elasticità.*"[3]

b.) Die öffentliche Meinung

Die öffentliche Diskussion war von einer breiten Zustimmung geprägt. Untersuchungen im Rahmen von „Eurobarometer" weisen Italien als das Land aus, dessen Bewohner konstant den höchsten Stimmenanteil für die Erwartung eines „Netto"-Nutzens durch die EG-Mitgliedschaft zeigen.[4]

Seit Mitte der achtziger Jahre war das Primärdefizit reduziert worden, jedoch verschlechterte sich das Verhältnis von Staatsverschuldung zu BIP fortwährend.[5] In der Folge stiegen die Zinssätze und die Unzufriedenheit der Wähler mit den Parteien. Die Bewegung, die im Zuge der „mani pulite" schließlich zu einem Zusammenbruch des alte Parteiensystems geführt hat, stand symptomatisch für den Wunsch, das traditionelle politische System hinter sich zu lassen.[6] Die Unverantwortlichkeit der italienischen politischen Klasse ist somit in den Augen der Öffentlichkeit eines der wichtigsten Motive für die Zustimmung zu einem Hoheitstransfer.[7]

---

[1] Padoa-Schioppa (1992) S. 63*.
[2] Dazu Padoa-Schioppa (1992) S. 7*.
[3] Padoa-Schioppa (1992) S. 67*.
[4] Reif (1993) S. 36.
[5] Entgegen dem Argument, daß somit die Geldpolitik für das fiskalpolitische Dilemma verantwortlich zu machen sei, zeigt ein Vergleich der staatlichen Nettoeinnahmen und -ausgaben in Prozenten des BIP, daß die Rückführung des Primärdefizits nicht auf einer Reduzierung der Ausgaben, sondern auf einer Erhöhung des fiskalischen Drucks beruht. Panico/Rizza (1996) S. 29ff.
[6] Siehe dazu Gütgemann (1997).
[7] Diese habe in „atavistischer Weise" in der Vergangenheit weder die Verpflichtungen und Regeln des

Die sehr positive Einstellung der italienischen Öffentlichkeit belegen Meinungsumfragen, bei denen 54% der Italiener gegenüber 39% der Deutschen finanzielle Opfer für Maastricht zu erbringen bereit wären.[2] Diese generell positive Haltung ist aber sehr emotional geprägt, da sich im Gegensatz zu der hohen Zahl der Befürworter überhaupt nur ein Viertel der Italiener für die Probleme der Europäischen Union interessiert.[3] Das mangelnde Interesse bei gleichzeitiger Begeisterung für die europäische Idee ist jedoch nicht unbedingt als eine Oberflächlichkeit des Urteils zu bewerten. Eine andere Erklärungsmöglichkeit liegt in dem fehlenden Zugehörigkeitsgefühl der Bürger zu ihrem Staat. Das Mißtrauen gegenüber Staat, Regierung und der italienischen Politik hat im Gegenzug die europapolitischen Kräfte, die das Gewicht des nationalen Staates und der nationalen Politik in den Augen vieler Italiener verringern werden, mit einem um so größeren positiven Vorschuß belegt. Die feste Überzeugung, daß mit der Beteiligung an der Wirtschafts- und Währungsunion sich alles zum Besseren wenden würde (58% der Italiener haben sich in diesem Sinne 1997 ausgesprochen), führt dazu, daß die Probleme, die mit einer weitergehenden europäischen Integration verbunden sein werden, zurücktreten.[4]

c.) Die Unternehmen und Führungskräfte

Auf der Seite der Arbeitgeber wurde die Befürchtung laut, daß Italien sich mit einer subalternen Rolle in Zukunft zufrieden geben müßte. Insgesamt wurden auch hier positive Erwartungen geäußert, daß die italienische Regierung durch den Maastrichter Vertrag dazu gezwungen würde, die gemeinschaftlichen Entscheidungen anzuwenden und zu respektieren.[5] Auch bei den Führungskräften war die Politik der Bundesbank sehr stark kriti-

---

Marktes, noch der Demokratie und der Entscheidungsbefugnisse des Parlaments berücksichtigt. Siehe Masciandaro/Spinelli (1992). Bereits De Gasperi hat die Entscheidung über eine Teilhabe an den Beschlüssen von Bretton Woods damit begründet, daß dies geschehe. „.... um einen Ordnungskomplex in der Wurzel der Ökonomie zu verankern, den diese aus ihrem Inneren heraus nicht hätte produzieren können." Carli (1993) S. 5. Siehe dazu auch Addis (1994, S. 23f): „Jedoch ist zu diskutieren, ob der fiskalische Verfall in Italien mit einem Mangel an Zentralbankautonomie oder nicht viel eher mit einer Anomalie des politischen Systems verbunden ist."

1 Siehe dazu Gütgemann (1997) S. 1, die in einer kurzen Zusammenfassung eine Übersicht politischer Phänomene und Klischees in Italien gibt, die sich für ein Verständnis politischer Entwicklungen vor 1994 als unabdingbar erweisen. Der italienische Staat und das Politikverständnis in Italien sind seit den Korruptionsprozessen einem Wandel unterworfen gewesen, der eine Orientierung an den in Italien selbst gebildeten politischen Strukturphänomenen der Vergangenheit nicht mehr zuläßt.

2 Gütgemann (1997) S. 8.

3 So konnten nur 5% der befragten Italiener im Jahr 1995 den richtigen Zeitpunkt der Einführung der gemeinsamen Währung nennen, in Deutschland waren es 11% und in Frankreich 3%. Vgl. Europäische Kommission (1999).

4 Gütgemann (1997).

5 Il Sole 24 Ore vom 17. 2. 1992 wiederabgedruckt in Camera dei deputati (1992) S. 14f.

siert worden, nach einer Umfrage von UPS aus dem Herbst 1993 unter 1490 Managern in Europa schätzten über 60% der italienischen Befragten die Bundesbankpolitik als *„angemessene Politik für Deutschland, welche jedoch Belastungen für die europäische Wirtschaft gebracht hat"* ein. Über 20% hielten die Politik generell für unangemessen.[1]

Nach der Andersen Consulting-Studie (1996) verbanden 76,4% der befragten italienischen Führungskräfte mit der Europäischen Zentralbank eine Reduzierung und bessere Vorhersehbarkeit der Konjunkturschwankungen[2] Skeptisch hingegen waren die italienischen Befragten, was einen möglichen Anstieg des Wettbewerbs durch Investitionen und Exporte innerhalb Italiens anging. Hier wirken die Erfahrungen der achtziger Jahre nach: Die italienischen Unternehmen mußten durch die nur partiell erfolgreiche Disinflation bis 1992 Wettbewerbseinbußen hinnehmen. Zudem zeigte sich, daß innerhalb Italiens insbesondere im Dienstleistungssektor noch viele Wettbewerbsbarrieren bestanden.[3]

Ein anderes Motiv könnte in der Abhängigkeit italienischer Unternehmen von kurzfristigen Zinsen liegen, denn nach Boissieu/Pisani-Ferry (1995) kann sich die Abhängigkeit von kurzfristigen Zinsen bei der Unternehmensfinanzierung als inkompatibel mit der Aufrechterhaltung eines festen Wechselkurses erweisen. Die kurzfristige Finanzierung ist in Italien im Vergleich zu Deutschland und Frankreich besonders ausgeprägt.[4]

d.) Die Gewerkschaften[5]

Hinsichtlich der Unabhängigkeit einer zu errichtenden Europäischen Zentralbank hatte sich Antonio Lettieri für die Gewerkschaften CGIL-CISL-UIL 1990 noch folgendermaßen geäußert:

---

[1] Kaehler/Korn (1995) S. 43.

[2] Im Gegenzug urteilten nur 66,7% der Befragten positiv über die bis dato erfolgten Schritte zur Schaffung eines europäischen Binnenmarktes für Italien, was innerhalb des europäischen Spektrums der weitaus niedrigste Prozentsatz war. Im Vergleich dazu sahen die Franzosen französische Unternehmen als Nutznießer des Binnenmarktes mit einem Prozentsatz von 95,7%. Andersen Consulting (1996) S. 36.

[3] Visco (1994).

[4] Barran/Coudert/Mojon (1997) S. 140.

[5] Die Gewerkschaften in Italien unterscheiden sich in mehreren Punkten von den deutschen Arbeitnehmervertretungen. Die Militanz und Medienwirksamkeit ihres Auftretens läßt vergessen, daß es den Gewerkschaften in der Vergangenheit nur selten gelungen ist, als institutionalisierte Gegenmacht wirksam zu sein. Die gewerkschaftliche Organisation entsprach 1992 mit 40% der Beschäftigten in Italien ungefähr dem Organisationsgrad in den alten Bundesländern. Frankreich verfügt hingegen nur über einen Anteil von 10%. Vgl. Große/Trautmann (1997). Zudem stehen hinter den drei großen Landesgewerkschaften unterschiedliche politische Ausrichtungen, die von einer kommunistisch - sozialistischen Grundlinie bei der CGIL (Confederazione Generale Italiana del Lavoro) über die sozialdemokratisch-republikanische UIL (Unione Italiana del Lavoro) bis hin zur christdemokratischen CISL (Confederazione italiana sindacati lavoratori) reichen.

"Selbstverständlich muß die europäische Zentralbank autonom handeln können. Aber diese Autonomie - nicht zu verwechseln mit politischer Unabhängigkeit - muß sich in den gesamtpolitischen Rahmen einfügen. Sie muß also mit den wirtschaftspolitischen Entscheidungen bezüglich Wachstumsraten, Vollbeschäftigung, regionalem Gleichgewicht sowie der schrittweisen Angleichung der sozialen Bedingungen im Sinne einer quantitativen Verbesserung vereinbar sein."[1]

Neben diesen Forderungen setzten die Gewerkschaften auf eine gemeinsame Wirtschaftspolitik, die Hand in Hand mit politischen Reformen gehen sollte.[2]

Wie die Parteien hielten sich nach der Unterzeichnung des Maastrichter Vertrages auch die Gewerkschaften mit kritischen Äußerungen zurück. Vorherrschend war die Sorge um die Haushaltslage und die Preisstabilität der italienischen Währung.

„Maastricht o no, per l'Italia è giunto il momento di risanare i conti pubblici, di abbattere l'inflazione e di ridare competitività internazionale all'economia. La strada é obbligata."[3]

Die Gewerkschaften zeigten sich jedoch besorgt hinsichtlich der deutschen geldpolitischen „Rigidität".[4] Durch die rigorose Sparpolitik geriet die italienische Regierung jedoch noch vor der Entscheidung über die Teilnahme an der Wirtschafts - und Währungsunion unter starken Druck.[5]

Zusammenfassend lassen auch hier die vereinzelten demoskopischen Untersuchungen und Stellungnahmen kaum zu, das Thema Zentralbankpolitik aus dem allgemeineren Bereich Währungsunion herauszulösen und zu validen Schlußfolgerungen zu gelangen.

---

[1] Die Ausgangslage habe sich seit der deutschen Vereinigung verändert, urteilte Lettieri. Habe man bis zum Straßburger Gipfel noch dem bundesdeutschen Modell folgen und die europäische Zentralbank mit genau soviel Autonomie ausstatten können, wie die Bundesbank, so erscheine eine solche Forderung nun unaufrichtig, denn die Entscheidungen zur deutsche Währungsunion, über die der Bundesbankpräsident noch nicht einmal informiert wordensei, hätten deutlich gemacht, daß währungspolitische Unabhängigkeit nur solange gewährt werde, wie es den Politikern passe. Antonio Lettieri zitiert vom Europäischen Gewerkschaftsinstitut (1990) S. 76.

[2] Lettieri zitiert vom Europäischen Gewerkschaftsinstitut (1990) S. 76.

[3] „Maastricht oder nicht, für Italien ist der Moment gekommen, die öffentlichen Konten zu sanieren, die Inflation zu bewältigen und der Volkswirtschaft internationale Wettbewerbsfähigkeit zurückzugeben. Der Weg ist obligatorisch." Sergio D'Antonio, Generalsekretär der CISL (Confederazione italiana sindacati lavoratori, Bund der Italienischen Arbeitergewerkschaften) zitiert von Vaiano (1992) S. 122.

[4] „Für einige italienische Unternehmen besteht das Risiko, daß die Zwangsvollstrecker (zu ihnen) kommen, aber das Urteil ist in Deutschland verhängt worden." Pietro Larizza, Generalsekretär der UIL (Unione Italiana del lavoro, Italienischer Gewerkschaftsbund) zitiert von Vaiano (1992) S. 122.

[5] Die Gewerkschaften forderten eine gezielte Subventionspolitik für den unterentwickelten Süden. Dazu auch Antonio Bassolino, Neapels populärer Bürgermeister: "Dem Mezzogiorno muß künftig jene Bedeutung in der italienischen Wirtschaftspolitik zukommen, die bisher Maastricht einnahm." Knees-Bastaroli (1998) S. 16.

3.2. Die inhaltliche Diskussion

Die ökonomische Debatte in Italien thematisierte nur in sehr geringem Maß den konkreten Vertragstext. Im Vordergrund standen die theoretische Auseinandersetzung mit dem Konzept der Zentralbankunabhängigkeit[1] und die Frage nach der Rolle einer unabhängigen Zentralbank im Rahmen der allgemeinen europäischen Wirtschaftspolitik.

3.2.1. Die Unabhängigkeit der Banca d'Italia im Spiegel der Literatur

Die Forderung nach der Unabhängigkeit der Zentralbank geht in der italienischen Literatur auf eine lange Tradition zurück.[2] Daher soll hier zunächst ein Einblick in die Theorieentwicklung gegeben werden, um dann im nächsten Abschnitt die aktuelle Debatte zu beleuchten.

3.2.1.1. Exkurs: Monetärer Konstitutionalismus in Italien

Geldpolitischer Konstitutionalismus wird in der italienischen Literatur im Rückgriff auf Yeager und Schwarz als „*... jegliches System juristischer Normen, das zur Erhöhung des wirtschaftlichen Wohlstandes als Ganzes die Diskretionalität der demokratisch gewählten Regierung bei der Veränderung des Geldangebots beschränkt,*" verstanden.[3] Unter dem Oberbegriff „Konstitutionalismus" werden Motive unterschiedlicher Art für eine normative Verankerung der Zentralbank und/oder des Ziels der Preisstabilität zusammengefaßt.

Die Debatte über diese Verankerung geht bis ins Jahr 1946 zurück, als die verfassungsgebende Versammlung zusammentrat, und die Ökonomische Kommission, zu der neben anderen namhaften Ökonomen auch der spätere Zentralbankgouverneur Baffi gehörte, in ihrem Abschlußbericht konstatierte:

„*(...é) raccomandabile che nella carta costituzionale sia affermato il principio che l'Istituto di emissione ha il preciso dovere di difendere il valore della moneta e che il rispetto di tale princi-*

---

[1] Siehe zu empirischen Untersuchungen über den Zusammenhang von Zentralbankunabhängigkeit, Preisstabilität und realen Variablen Grilli/Masciandaro/Tabellini (1991), Bruni/Monti (1991), Alesina/Grilli (1992), Masciandaro (1993), Bagella/Becchetti (1996). Insbesondere der Fall Italien macht die Grenzen dieser Vorgehensweise deutlich.
Siehe dazu auch Arcelli (1991) S. 14, Lück (1998) S. 355ff.

[2] Die Termini „Autonomie" und „Indipendenza" werden häufig synonym gebraucht, in älteren Abhandlungen ist jedoch eher von „Autonomie" die Rede. Siehe auch Padoa-Schioppa (1988b) S. 343.

[3] Masciandaro/Spinelli (1992) S. 24.

pio sia circondato dalle più ampie garanzie costituzionali."[1]

Diese Forderung stieß jedoch auf Widerstand.[2] Man hielt es für möglich, durch Geldentwertung die Staatsschuld zu reduzieren und durch letztere die Produktion anzuregen.[3]

Bereits 1952 sprach sich die Banca d'Italia in der „Relazione Annuale" (Jahresbericht) dagegen aus.[4] Nach weiteren zwanzig Jahren schrieb Baffi dann 1977:

„La disamina delle relazioni che intercorrono oggi tra inflazione e sviluppo permette di discernere il vacuo ed il torbido della proposta di superare le difficoltà presenti per il tramite die processi inflazionistici (... Ogni) moto di ripresa diventa labile quando sia dissociato da una strategia di riconquista della stabilità monetaria (....)."[5]

Die wissenschaftliche Debatte nahm ihren Ausgang im Jahr 1980, als Gouverneur Ciampi in der „Relazione Annuale" der Banca d'Italia die Notwendigkeit einer „costituzione monetaria" (geldpolitischen Verfassung) in Italien hervorhob. Die steigende Beanspruchung der Banca d'Italia als Financier wurde fortan von der Forderung nach einem „costituzionalismo monetario" und „economico" begleitet, denn das „Staatsversagen" in Italien wird auch auf das Fehlen einer eindeutigen Wirtschaftsverfassung zurückgeführt.[6]

Ein wichtiges Datum der Debatte war ein Vorschlag, den Monti 1983 machte.[7] Er forderte, daß die Zentralbank eine disziplinierende Rolle spielen und die versteckten Steuern, die aus der Finanzierung des sich ausweitenden öffentlichen Defizits resultierten, offenlegen sollte. Dazu müsse ihr eine größere Unabhängigkeit vom Schatzamt gewährt werden. Zugleich werde eine Begrenzung ihrer Aufsichts- und Regulierungsfunktion über

---

[1] „(... es ist) empfehlenswert, daß das Prinzip, daß das Emissionsinstitut die präzise Pflicht hat, den Geldwert zu verteidigen, in der Verfassung festgelegt wird und daß der Respekt dieses Prinzipes von den weitesten konstitutionellen Garantien umgeben wird,." Masciandaro/Spinelli (1992) S. 8 zitieren aus dem Abschlußbericht.

[2] Sogar der Generaldirektor der Banca d'Italia, Introna, schrieb: "Der gesellschaftliche Nutzen der monetären Stabilität ist unbestritten. Jedoch ist es nicht klug, die Verfassung auf eine Erklärung der Verfassungswidrigkeit eventueller monetärer Entwertung festzulegen." Masciandaro/Spinelli (1992) S. 10.

[3] Siehe dagegen Masciandaro/Spinelli (1992, S. 16).

[4] „Die Inflation kann einen produktiven Entwicklungsprozeß in Gang setzen, aber sie kann ihn aufgrund der Verzerrungen, die sie verursacht, und der Unmöglichkeit, die arbeitenden Klassen über lange Perioden zu einer erzwungenen Ersparnis anzuhalten, nicht für lange Zeit aufrechterhalten." Masciandaro/Spinelli (1992) S. 17.

[5] „Die Prüfung der Beziehungen, die heute zwischen Inflation und Entwicklung bestehen, erlaubt es, die Leere und die Wirren in dem Vorschlag zu erkennen, die derzeitigen Schwierigkeiten durch inflationäre Prozesse zu überwinden. (... Jede) Bewegung des Wiederaufschwungs wird labil, sobald sie von einer Strategie der Wiedererlangung monetärer Stabilität getrennt wird." Masciandaro/Spinelli (1992) S. 18.

[6] Artoni (1988).

[7] Monti (1983a), siehe dazu auch Nardozzi (1988) S. 26, Bonaiuti (1993) S. 24 Fußnote 6.

das Kreditsystem den Widerstand gegen politische Finanzierungsforderungen stärken. Dagegen sprach sich Vaciago (1983) aus, der das Problem in der Koordination zwischen Fiskal- und Geldpolitik sah. Eines der Hauptargumente gegen den monetären Konstitutionalismus ist daher auch die Forderung nach der Berücksichtigung historischer Zentralbankentwicklungen, weshalb eine formale Unabhängigkeitserklärung nicht für ausreichend gehalten wird.[1]

Zusammenfassend ist eine theoretische Abgrenzung des Konstitutionalismus vor die Schwierigkeit gestellt, daß dieser sich zwar wie eine Konstante durch die italienische Zentralbankgeschichte zieht, jedoch wechselnden Begründungen unterworfen war.[2][3]

3.2.1.2. Zentralbankunabhängigkeit in der neueren Literatur

Anknüpfungspunkt für die Auseinandersetzung mit dem Konzept der Zentralbankunabhängigkeit ist die Situation der Banca d'Italia.

„La questione dell'autonomia è troppo importante per essere lasciata allo stato informale. Non è alla tradizione, né alla reputazione, alla coerenza, alla benevolenza del Governatore che vogliamo essere debitori della stabilità dei prezzi."[4]

So wird beispielsweise die derzeitige Verteilung von Entscheidungskompetenzen, der monokratische Charakter des Gouverneursamtes im Sinne der Theorie der Bürokratie zum Anlaß genommen, für eine Veränderung des Normengerüstes einzutreten.[5]

Doch auch neuere theoretische Konzepte spielen in der Debatte eine große Rolle:

Die Auseinandersetzung mit den spieltheoretischen Ansätzen zur „dynamischen Zeitinkonsistenz" geldpolitischer Entscheidungen (Credibility-Modelle) nimmt einen breiten

---

[1] Eine ähnliche Kritik richtet sich gegen die spieltheoretischen Ansätzen von Tabellini (1984) und Alesina (1987 und 1989), die auf politischen Konjunkturzyklen basieren. Zur Kritik Nardozzi (1988, 1993).

[2] In neueren Arbeiten wie bei Giavazzi/Pagano (1988) wird ein Bezug zur „Credibility" - Literatur hergestellt.

[3] Zu Parallelen der Entwicklung der Theorie der Geldpolitik und des Konstitutionalismus Masciandaro/Spinelli (1992) S. 24f, Ciocca (1995), Padoa-Schioppa (1988b).

[4] „Die Frage der Autonomie ist zu wichtig um in einem informellen Zustand belassen zu werden. Nicht durch Tradition, nicht aufgrund der Reputation, der Kohärenz, des Wohlwollens des Gouverneurs wollen wir Schuldner der Preisstabilität sein." Bruni/Monti (1991) S. 34.

[5] Masciandaro/Spinelli (1992). Nardozzi (1993) wendet gegen eine uneingeschränkte Befürwortung der Konstitutionalisierung der Zentralbank ein, daß die bisherige institutionelle Positionierung der italienischen Zentralbank, die keine Repräsentanten der Regierung in Zentralbankgremien und ein unbegrenztes Mandat des Gouverneursamtes vorsah, ein Kräftegleichgewicht zur Folge hatte, das wesentlich gegen politische Einflußnahmen schützte.

Raum ein und wird auf den italienischen Fall bezogen.[1] Lossani, Natale und Tirelli (1997) zeigen auf der Basis von Svenssons (1997) Überlegungen zu Inflationszielen, wie das Zusammenspiel von Geld- und Fiskalpolitik die Struktur eines optimalen Vertrages zwischen Zentralbank (Agent) und Principal verändern kann. [2] In ihrem Modell ist ein zielkonservativer Banker ein ausgabenkonservativer Banker.

Die kritische Auseinandersetzung mit den „Credibility"-Modellen setzt an der Beschaffenheit der Finanzmärkte an.[3] Aus der Kritik an der Hypothese perfekter Märkte[4] - in Anlehnung an einen Zweig der italienischen ökonomischen Theorie[5] - werden alternative Argumente für die Unabhängigkeit einer Zentralbank entwickelt.[6][7]

Ein Argument der „Public Choice" - Theorie untersucht das Scheitern verschiedener Geldordnungen, einen Interessenausgleich zwischen der Regierung und der Zentralbank zu verhindern.[8] Politökonomische Modelle erweisen sich besonders angesichts der politischen Instabilität im Gegensatz zu zentralbankpolitischer Kontinuität in Italien als relevant.[9]

---

[1] Bruni/Monti (1991) S. 38, Arcelli (1991) S. 11, Ciocca (1995) S. 86, Cottarelli (1993) S. 3 und Foresti (1994). Ebenso wie in der französischen Literatur wird auf die Ungeklärtheit des Begriffs „Glaubwürdigkeit" verwiesen. Marè/Sarcinelli (1998) S. 162

[2] Die Entscheidungsträger erzielen die sozial optimalen Niveaus von Inflationsrate, Steuern und öffentlichen Ausgaben nur bei Glaubwürdigkeit der Vertragsgestaltung und Einführung einer linearen Inflationsstrafe, ansonsten würde die optimale Inflationsrate nur über ein negatives Inflationsziel erreichbar sein. Lossani/Natale/Tirelli (1997) S. 9.

[3] Arcelli (1991) S. 11, Nardozzi (1991), Sacchi (1994), Vaciago (1991), Cozzi (1991) S. 88 und Bruni/Monti (1991). Ambrosini (1992) analysiert die Wirkung von deregulierten Finanzmärkten auf die Rolle der Erwartungen der Marktteilnehmer.

[4] Informationsasymmetrien (adverse selection, moral hazard), unvollständige Märkte, Nichtneutralität der Finanzstrukturen der Unternehmen und Unsicherheit und Instabilität sind einige der Faktoren. Vaciago (1991) S. 65.

[5] Die Analyse der Finanzmärkte in kritischer Auseinandersetzung mit neoklassischen Ansätzen zur Geldpolitik und erfolgte zunächst durch Studien von Ciocca (1975) und Balducci-Marconi (1976). Aus dieser Kritik entwickelte sich ein eigener Ansatz, der historische und empirische Studien der Vergangenheit mit stilisierten Fakten über die Finanzsysteme einbezog. Eine grundlegende Annahme dieses Verfahrens ist, daß historisch - institutionelle Charakteristika der Finanzsysteme keine Abweichungen eines von der ökonomischen Theorie vorgezeichneten Weges darstellen, sondern wichtige Elemente einer allgemeinen Analyse darstellen. Diese Überlegungen setzen die Endogenität der Finanzinstitutionen und die Notwendigkeit ihrer Regulierung voraus. Zur Vertiefung Nardozzi (1993) S. 390ff und die dort aufgeführten Quellen.

[6] Vgl. Vicarelli (1988), Vaciago (1991), Nardozzi (1991)

[7] „... das Resultat des Spieles selbst hängt von der größeren oder geringeren Effizienz des Marktes ab. Und davon hängt der mögliche Grad der Autonomie der Zentralbank ab: Vollständige Autonomie ist nur in Anwesenheit eines „perfekten" Finanzmarktes optimal." Vaciago (1991) S. 61f.

[8] Siehe dazu Spinelli/Fratianni (1991).

[9] Finocchiaro/Contessa (1995) S. 67. Es läßt sich in Italien keine Verbindung zwischen der Regierungsverantwortung bestimmter Parteien, wie z.B. im Fall des PCI und stabilitätspolitischen Kompromissen herstellen, wobei die Ursache dafür sowohl in der faktischen Stärke der Zentralbankposition als auch in wirtschaftspolitisch ähnlichen Strategien oder - wie im Fall des PCI (Partito Comunista Italiano) - in einer Nutzung der Wirtschaftspolitik mit der eine höhere Akzeptanz der Partei bei den Wählern und im Ausland erzielt werden sollte, liegen kann. Dazu auch Goodman (1992) S. 181.

Das hohe faktische Maß an Einfluß der Banca d'Italia wird als ein Einfallstor für eine Beschränkung des geldpolitischen Handlungsspielraums gesehen, denn die Verfolgung eigener Ziele - wie einer einflußreichen Position innerhalb des Staates - kann in bestimmten Situationen nur in einem Trade-off gegen geldpolitischen Freiraum erzielt werden.[1]

Aus der konkreten Anwendung auf den Zusammenhang zwischen mikro- und makroökonomischer Funktionserfüllung der Banca d'Italia wird das Argument für die Trennung der Aufgabe einer „Hüterin der Währung" und der Bankenaufsichtsfunktion entwickelt: [23] Bereits die formale Aufgabenbeschreibung der Banca d'Italia legte einen Schwerpunkt auf die stabilisierende Rolle der Zentralbank im Finanzsektor.[45] Das Verhältnis von Zentralbank und Bankensystem wird als weitere Determinante für die geldpolitische Stabilität angesehen,[6] was durch empirische Untersuchungen unterstützt wurde.[7]

---

[1] So wurde z.B. die Entscheidung Carlis die allgemeine Wirtschaftspolitik stärker mitzugestalten (strategia del contrappeso) mit Kosten für den Handlungsspielraum der Zentralbank in geldpolitischer Hinsicht bezahlt. Siehe Nardozzi (1993) S. 405 und weiter oben S. 275. Bruni/Monti (1991) S. 34

[2] Siehe dazu auch Masciandaro (1993), der auf die Bedeutung der Funktion der Bankenaufsicht hinweist. Für eine allgemeine Behandlung der Theorie der Interessengruppen Willeke (1994) S. 85. Giusso (1995) S. 17f. Der Rapporto Sarcinelli" hatte im Frühjahr 1991 eine stärkere Trennung zwischen der geldpolitischen und der bankaufsichtlichen Funktion der Banca d'Italia gefordert. Eine betrachtete Möglichkeit waren „Chinesische Mauern" im Inneren der Bank. Die zugrundeliegende Motivation ist einerseits aus weltweiten Tendenz zur Harmonisierung der Bankaufsicht und andererseits aus der Notwendigkeit zu sehen, mit dem Bankensektor auch zugleich den Nichtbankensektor zu kontrollieren. Mit dem neuen Testo Unico ist diesem zweiten Motiv Rechnung getragen worden.

[3] Bruni/Monti (1991) S. 37. Mit dem neuen Bankengesetz ist die Diskretionalität reduziert worden und eine stärker technisch und operativ ausgerichtete Normative verankert worden. Siehe Garavelli (1996). Eine Trennung der beiden Aufgaben war bereits in der Legge Bancaria von 1936 angelegt worden. Zur Genese der relevanten Normen Predieri (1996) S. 197. Zu den Beiträgen bis 1991 siehe Bruni/Monti (1991). Zu diesem Thema im Hinblick auf die EZB siehe De Cecco (1992) S. 24.

[4] Dieser Schwerpunkt zeigt sich sowohl in der Formulierung des Art. 47 der italienischen Verfassung, der den Schutz der Ersparnisse betont, als auch in der Gestaltung der Legge Bancaria, die die Aufsichtsfunktion umfassend beschreibt, wohingegen die geldpolitische Funktion keine derartige normative Ausgestaltung erfahren hat.

[5] Ein theoretisches Komplement findet diese Regelung in der Bedeutung der keynesianischen monetären Theorie der Produktion, die in ihrer modernen Version die Bedeutung der Banken und des Finanzsystems gegenüber dem neoklassischen Paradigma der Konsumentensouveränität hervorhebt. Giusso (1995) S. 17. Siehe dazu auch Abschnitt D in Stadermann/Steiger (1993).

[6] Grilli/Masciandaro/Tabellini (1991), Masciandaro (1993) S. 528f. Die italienischen Forschungen unterscheiden sich trotz einiger Gemeinsamkeiten wesentlich von der „Theorie der Finanzintermediation". Die ersten konzentrieren sich auf die Raison d'être der Finanzinstitutionen, ihre Charakteristika und die Notwendigkeit ihrer Regulierung, und nicht auf die Faktoren unvollständiger Information auf den Märkten. Gemeinsam ist ihnen die Bedeutung, die sie den Banken - Nardozzi (1993, S. 393) nennt sie in Anlehnung an Schumpeter „social accountants"- beimessen sowie die Unmöglichkeit, diese vollständig zu ersetzen, und die Grenzen des Marktes als Allokations- und Kontrollmechanismus. Eine weitere Gemeinsamkeit besteht in der Idee der Property Rights zur Analyse des Finanzsystems.

[7] Siehe dazu die bei Masciandaro (1993) und Bruni/Monti (1991) genannten Quellen. Kritisch läßt sich dazu anmerken, daß in diesen Untersuchungen die Kausalität nicht hinterfragt wurde, die bei einer Verbindung beider Aufgabenbereiche zu den schlechteren geldpolitischen Ergebnissen geführt hat. Lück (1998, S.

Die Vereinigung beider Aufgaben kann in Inkohärenz der Politikziele, Fehlallokation der Instrumente,[1] Undurchsichtigkeit des Zentralbankverhaltens und Reputationsverlust münden und als Einfallstor für Einflußmöglichkeiten der Regierung wirken. Diese versucht über die Zentralbank auf die Struktur des Bankensystems einzuwirken, um Umverteilungspolitik zu betreiben oder die Finanzierung des staatlichen Defizits (fiscal hazard) zu erleichtern.[2] Die starke Präsenz des öffentlichen Sektors im Bankensystem wirkt hier noch verstärkend.

Insgesamt kam die italienische Literatur zu dem Schluß, daß Interessenkonflikte zwischen Geld- und Bankaufsichtszielen in Italien ein hohes Risiko darstellen. Anders als für die Aufsichtsfunktion wurde für die LLR - Funktion keine Trennung von der geldpolitischen Aufgabe gefordert,[3] obwohl das italienische Bankensystem durch Politisierung und hohe öffentliche Beteiligungen derart gekennzeichnet war, daß die Banca d'Italia als „amministratore delegato indiretto" (indirekter Geschäftsführer) bezeichnet wurde.[4]

Die Unabhängigkeit der Zentralbank ist immer auch als Instrument gesehen worden, um über die Beschränkung der Inflation hinaus die Ausgeglichenheit der öffentlichen Finanzen anzuregen. Letztere ist unabhängig von ihren indirekten Effekten auf die Preisstabilität notwendig, um eine offensichtliche Fehlallokation von Ressourcen und zwischen den Generationen zu korrigieren.[5] Für eine Disziplinierung[6] der Fiskalpolitik durch geldpolitische Entscheidungen sind mehrere theoretische Ansätze denkbar, die jedoch in der Regel von der umgekehrten Wirkungsrichtung ausgehen: Ein Argument basiert auf der „unangenehmen monetaristischen Arithmetik", die eine gegenüber dem laufenden Geldmengenwachstum enge Verbindung zwischen Budgetdefiziten und einer eventuellen Inflationsrate beschreibt.[7] Eine andere Erklärung setzt bei einer Kosten/Nutzen - Analyse der Staatsver-

---

56) weist darauf hin, daß auch eine tendenziell größere Abhängigkeit in Ländern mit höheren Inflationsraten eine Erklärung bieten könne. Diese Aussage wird durch die Untersuchung von Masciandaro (1993) bestätigt, der die Parameter Unabhängigkeit und Funktionsverteilung untersucht hat und zu dem Schluß gekommen ist, daß mit Ausnahme der Niederlande gilt, daß eine Mehrzahl der Banken, die auch die Aufsichtsaufgabe erfüllen sich in einem Zustand der institutionellen Abhängigkeit befinden. Er stellt weiter innerhalb der Gruppe der institutionell abhängigen Institute eine Korrelation zwischen dem Aufsichtsmonopol einer Zentralbank und einer höheren Inflationsrate fest.

[1] Siehe dazu Bruni/Masciandaro (1991).

[2] Nardozzi (1988) S. 229ff, Masciandaro (1993) S. 539 und Bruni/Monti (1991) S. 336..

[3] Bruni/Monti (1991) und Masciandaro (1993).

[4] Cesarini (1991), Predieri (1996) S. 205ff, Ciocca (1990).

[5] Arcelli (1991) S. 13, in gleichem Sinn auch Bruni/Monti (1991) S. 31. Art. 81 der italienischen Verfassung letzter Absatz fordert ein Gleichgewicht zwischen öffentlichen Einnahmen und Ausgaben. Mit der permanenten defizitären Haushaltspolitik wurde auch kontinuierlich die Verfassung verletzt. Matteucci (1993) S. 284.

[6] Andere Ansätze beziehen sich auf den Einfluß der Fiskalpolitik auf die Geldpolitik im Sinne eines Phänomens des „fiscal hazard". Siehe zu den unterschiedlichen Hypothesen Masciandaro (1993) S. 533.

[7] Bruni/Monti (1991) S. 40. Bruni/Monti (1991) argumentieren, daß sich die Haushaltspolitik früher oder später an den geldpolitischen Entscheidungsträger anpassen muß. Vgl. Dornbusch/Fischer (1989) S. 647 zu

schuldung an. Wenn eine unabhängige Geldpolitik in höhere Zinskosten für die Regierung mündet, so kann dies abhängig von den intertemporalen Präferenzen der Regierung zu einer Disziplinierung der Staatsausgaben führen.[1] Ohne auf intertemporale Präferenzen zurückzugreifen, gibt es die Möglichkeit, den Rückgang der staatlichen Verschuldung bei Unabhängigkeit der Zentralbank über den Crowding out - Effekt zu erklären. Insgesamt basieren diese Kanäle auf indirekten Wirkungsketten.[2] Die Existenz einer institutionalisierten antiinflationären Politik wird demzufolge zwar als eine notwendige, jedoch nicht hinreichende Bedingung für die Disziplinierung der Fiskalpolitik betrachtet. Um eine solche Wirkung zu erzielen, wird die Herstellung direkter haushaltspolitischer Beschränkungen gefordert.[3] Analog zu der Forderung einer monetären Konstitution wurden daher in der Vergangenheit auch Forderungen nach einer fiskalpolitischen Verfassung in Italien laut.[4]

Einige Ökonomen treten für eine stärkere Berücksichtigung spezifischer wirtschaftspolitischer Systemcharakteristika ein. Nardozzi (1991) beispielsweise sah in der Unabhängigkeit einen Mythos, dessen Erstarken seiner Meinung nach durch das deutsche Vorbild maßgeblich beeinflußt worden ist. Der „deutsche Kapitalismus" mit der engen Verflechtung von Banken und Industrie scheint ihm nicht übertragbar zu sein. An anderer Stelle (1994) nennt er ein solches Vorgehen „reduzionismo monetario" (monetaristischer Reduktionismus).

"Weder die Theorie noch die historische Erfahrung lassen die Schlußfolgerung zu, daß die Autonomie der Zentralbank davon abhängt, daß sich die geldpolitischen Autoritäten nur um die Stabilität des Geldwertes kümmern sollen, während die fiskalpolitischen (Entscheidungsträger) sich auf Wachstumsziele, Vollbeschäftigung und die Abweichungen im Einkommen und bei der regionalen Entwicklung kümmern sollen."[5]

In der theoretischen Auseinandersetzung mit der Zentralbankunabhängigkeit traten bei

---

den Bedingungen einer fortgesetzten Schuldenfinanzierung. Zur empirischen Untersuchung des Falls Italien Tabellini (1986).

[1] Siehe Alesina/Tabellini (1990), Tabellini/Alesina (1990).

[2] Bruni/Monti (1991) S. 41 und Arcelli (1991).

[3] Bruni/Monti (1991) S. 41, 51ff und Spinelli (1992), die einen „costituzionalismo" im Bereich der Fiskalpolitik fordern.

[4] „Eigentlich an die italienische Schule der Finanzwissenschaft anknüpfend hat James Buchanan eine fiskalische Konstitution vorgeschlagen, die die Entscheidungsmacht der Mehrheit bei der Haushaltsführung begrenzen sollte, um eine exzessive fiskalische Belastung des individuellen Einkommens zu verhindern, die den Markt schädigt und das Eigentum bedroht .... Die fiskalische Konstitution dürfte keine Erhöhung der öffentlichen Ausgaben zur Erhöhung des nationalen Einkommens erlauben, während der Staat bei der jährlichen Ausweitung des Papiergelds begrenzt wird. Eine Entwicklung des Konstitutionalismus kann nur von diesem Artikel ausgehen." Matteucci (1993) S. 285. Siehe dazu auch Bruni/Monti (1991) S. 51ff.

[5] Zitiert bei Panico/Rizza (1996) S. 7 (eigene Übersetzung, S.T.). Siehe dazu auch Nardozzi (1993) S. 405 und Addis (1994) S. 23.

der geringen „accountability" der Banca d'Italia immer wieder Forderungen nach einer stärkeren Berücksichtigung der parlamentarischen Verantwortlichkeit hervor,[1][2] die weniger der Wahrnehmung eines demokratischen Defizits als dem Wunsch entstammten, die „accountability" der Zentralbank zum Schutz vor Einflußnahme und zur Steigerung der Glaubwürdigkeit zu nutzen:

Je mehr Garantien oder Indizien eine Gesellschaft dafür besitzt, daß die Zentralbank dem Ziel der Preisstabilität verpflichtet ist, desto effektiver wird die Geldpolitik durch die Wirkung auf die Reputation der Bank. Die „Garantien" sind extern, indem sie die Bank vor Druck von außen schützen (Zentralbankautonomie)[3] und intern, indem sie der Gesellschaft durch Transparenz die Zielgerichtetheit der geldpolitischen Steuerung deutlich machen (Verantwortlichkeit oder accountability).[4] Damit einher geht auch die Forderung nach einer Kodifizierung von Formen der Kontroverse zwischen Zentralbank und Regierung, die die Verantwortlichkeit der Zentralbank stärkt und sie dazu anregt, öffentlich Stellung zu nehmen.[5] „Accountability" wird hier also nicht nur als „Rechenschaftspflicht" gegenüber den politischen Repräsentanten, sondern als Stärkung der Position in der Auseinandersetzung mit ebendiesen oder anderen Interessengruppen verstanden.

3.2.2. Die Gestaltung der weiteren Wirtschaftspolitik angesichts einer unabhängigen Geldpolitik

Die Währungsunion zeichnet sich gegenüber existierenden föderalen Systemen durch eine besondere asymmetrische Struktur aus:

„Monetary policy will be central, while fiscal policies will be absolutely decentralized: though subject to constraints on certain tax rates, on deficits and the volume of public debt, they will not necessarily be coordinated to cope with the economic cycle or respond to any specific shock."[6]

[1] Vgl. Predieri (1996) S. 224ff. Ciocca (1995) S. 90 und Bruni/Monti (1991) S. 41, die von einem „kontrollierbaren Zentralbankhandeln" sprechen.
[2] Siehe dazu S. 298. Anders Goodman (1992) S. 181.
[3] Vgl. hier die politische Motivation von S. 351.
[4] Siehe auch Nardozzi (1991) S. 61, Bruni/Monti (1991) S. 32f, und Masciandaro (1993) S. 534.
[5] Bruni/Monti (1991) S. 36.
[6] Marè/Sarcinelli (1994) S. 359, Addis (1995) S. 14.

3.2.2.1. Die Wirkung des Stabilitätspaktes und die Weiterentwicklung der fiskalpolitischen Strukturen

Die Banca d'Italia hatte sich in der Person von Tommaso Padoa-Schioppa schon früh für eine gemeinschaftliche Haushaltsdisziplin ausgesprochen:

„Una disciplina comunitaria della politica di bilancio può essere considerata necessaria innanzitutto per motivi di stabilità macroeconomica, al fine di evitare effetti contagiosi da parte dei paesi in condizioni finanziarie pubbliche non ordinate; può essere auspicata anche per motivi di ridistribuzione delle risorse tra aree che hanno diversi livelli di benessere; può essere invocata, infine, per non caricare di troppi compiti la politica monetaria, nella quale altrimenti si esaurirebbe, o quasi, la politica economica della Comunità."[1]

In einer spektakulären Rede warnte der italienische Schatzminister Rainer Masera im September 1995 vor dem *„Trittbrettfahren zu Lasten der übrigen".*[2]

Die Reduzierung konjunkturpolitischer diskretionärer Freiheitsgrade führt daher nach Marè/Sarcinelli (1998) dazu, daß *„... i confini della politica economica grosso modo coincidono con quelli delle azioni strutturali di medio periodo che si traducono fondamentalmente nel trinomio: detassare, liberalizzare, privatizzare."*[3]

Die Wirksamkeit des Stabilitätspaktes wird in der ökonomischen Literatur jedoch kritisch betrachtet, *„... though subject to constraints on certain tax rates, on deficits and the volume of public debt, they (fiscal policies) will not necessarily be coordinated to cope with the economic cycle or respond to any specific shock."*[4]

Untersuchungen, die auf einer retrospektiven hypothetischen Auswirkung des Stabilitätspaktes beruhen, machen geltend, daß sich die ersten Jahre der Währungsunion bei

---

[1] „Eine gemeinschaftliche Disziplin der Haushaltspolitik kann aus Gründen der makroökonomischen Stabilität für notwendig erachtet werden, um ansteckende Effekte von seiten der Länder in ungeordneten öffentlichen Finanzverhältnissen zu vermeiden; sie kann auch aus Motiven der Umverteilung von Ressourcen zwischen Gebieten, die unterschiedliche Wohlstandsniveaus haben, gewünscht werden; sie kann schließlich herbeigerufen werden, um der Geldpolitik nicht zu viele Aufgaben aufzubürden, (der Geldpolitik), in der sich andernfalls die Wirtschaftspolitik vollständig oder fast vollständig erschöpfen würde." Padoa-Schioppa (1992) S. 65*. (Der Stern bezieht sich auf die Paginierung in dem zitierten Text.)

[2] Masera (1995) S. 4.

[3] „... die Grenzen der Wirtschaftspolitik stimmen ungefähr mit denen der mittelfristigen strukturellen Maßnahmen überein, die sich grundsätzlich im Trinom übersetzen: Steuern senken, liberalisieren, privatisieren." Marè/Sarcinelli (1998) S. 135f.

[4] Marè/Sarcinelli (1994) S. 359.

einem gleichzeitigen Rückgang der Konjunktur als überaus schwierig erweisen:[1] Restriktive Maßnahmen in rezessiven Perioden zu vermeiden, hängt von der Fähigkeit der Regierungen ab, in anderen Perioden die Verschuldung zurückzuführen.[2]

Ob für die italienische Regierung bei dem derzeitigen hohen Verschuldungsstand ein Anreiz und Möglichkeiten bestehen, einen solchen Mechanismus in Gang zu setzen, wird nicht nur in der italienischen Presse bezweifelt.[3]

In Gemeinschaftsdokumenten wird nach Auffassung einiger italienischer Ökonomen zwar anerkannt, daß die nationale Haushaltspolitik eine wichtigere Rolle bei der Stabilisierung konjunktureller Schwankungen und im Fall länderspezifischer Schocks haben solle, aber durch die Begrenzung des zulässigen Defizits wird die nationale Haushaltspolitik diese Aufgabe nicht wahrnehmen können.[4] Daraus resultiert ein stärkeres Gewicht des Gemeinschaftsbudgets.

„.... *the role of the Union budget and common fiscal policy will be accordingly crucial, with the triggering of built - in or discretionary stabilizers, unless the policy makers of the Union are so thoroughly monetarist as to deem such programmes worthless or worse.*“[5]

Ersatz für die Koordination fiskalpolitischer Maßnahmen wird durch den Stabilitätspakt daher nicht geleistet und es bedarf der Weiterentwicklung der fiskalischen Strukturen.[6]

In Italien wird seit Jahrzehnten eine föderale Reform des Staates oder zumindest des Fiskalsystems gefordert.[7] Demzufolge hat die Theorie des fiskalischen Föderalismus[8] auch einen besonderen Stellenwert in der Debatte des Maastrichter Vertrages erhalten.[9] Der

---

[1] Buti/Franco/Ongena (1997).
[2] Siehe dazu auch Panico/Rizza (1996) und Ferrucci (1997) S. 166f.
[3] Siehe dazu beispielsweise Sell (1999) S. 4.
[4] Marè/Sarcinelli (1998, S. 170) berufen sich auf einen Bericht der Europäischen Kommission (Buti-Franco-Ongena 1997), nach dem die Mitgliedsländer nur von einem Haushaltsgleichgewicht ausgehend genug fiskalpolitischen Handlungsspielraum haben. Bei einem Defizit von 2-3% des BIP, d.h. nahe am Limit des Stabilitätspaktes, könnten sie gezwungen sein, eine prozyklische Haushaltspolitik zu betreiben, um ein übermäßiges Defizit zu vermeiden. Vgl. Ferrucci (1997) S. 169f.
[5] Marè/Sarcinelli (1994) S. 358.
[6] Marè/Sarcinelli (1998) S. 170.
[7] Siehe dazu Giarda (1994), Fondazione Agnelli (1993), CNR (1994) und Patrizi/Rossi (1994).
[8] Siehe dazu auch die älteren Beiträge von Forte, die von Marè/Sarcinelli (1998) zitiert werden.
[9] Das italienische System, das von lokaler Autonomie geprägt ist, kombiniert dezentrale Ausgabenentscheidungen mit Einnahmen in den Händen der zentralen Regierung. Die Möglichkeit, eine Dezentralisierung und insbesondere Rationalisierung der fiskalpolitischen Befugnisse durchzuführen, ist eng mit der Ausbalancierung der Haushaltspolitik und der Rückführung des Schuldenstands verbunden, so daß auch auf dieser Ebene der disziplinierende Effekt der Konvergenzkriterien und des Stabilitätspaktes zu strukturellen Wirkungen innerhalb Italiens führen kann. Zur möglichen Weiterentwicklung des italienischen Fiskalsystems Patrizi/Rossi (1994) S. 304.

fiskalische Föderalismus ist jedoch nach Auffassung von Marè /Sarcinelli (1994) für die Währungsunion kurzfristig nur von bedingter Anwendbarkeit,[1] da es sich zunächst um eine statische Theorie handelt. Aus diesem Ansatz lassen sich jedoch konzeptionelle Anregungen für einen dynamischen Entwurf europäischer Institutionen ziehen und im Sinne eines „progressiven Föderalismus" verwenden.

Bei Berücksichtigung der Theorie des fiskalischen Föderalismus sind vier wirtschaftspolitische Funktionen des öffentlichen Sektors (Stabilisierung, Umverteilung, Allokation und Steuererhebung) zu unterscheiden.[2] Diese Funktionen werden in unterschiedlichem Maße durch die Übertragung der Geld- und Währungskompetenz auf die suprantionale Ebene beeinflußt. Zudem bestehen Komplementaritäten zwischen ihnen.[3] Hier soll vornehmlich auf die Stabilisierungsfunktion eingegangen werden, da nur diese in einem engeren Zusammenhang mit der Geld- und Währungspolitik steht. Eine andere Funktion wäre die Beseitigung struktureller Hindernisse für eine schnelle Anpassung nach einem Schock.[4] Das Konzept des Subsidiaritätsprinzips wird in der italienischen Literatur als nicht geeignet beurteilt, zu bestimmen, welche Funktionen auf welcher staatlichen Ebene ausgeführt werden sollen.[5] Es kann zudem so interpretiert werden, daß es fiskalpolitische Aufgaben grundsätzlich auf der nationalen Entscheidungsebene beläßt, so daß die EZB auf supranationaler Ebene isoliert wird.[6]

Eine Möglichkeit, asymmetrischen Schocks zu begegnen, besteht in der Errichtung eines Steuer- und Transfersystems auf zentraler Ebene. Ein solches setze das automatisch eine Einkommensverteilung zugunsten der von Schocks betroffenen Gebiete in Gang. Diese sollte aber auch nach Meinung von Befürwortern eines solchen Systems lediglich als komplementäre Elemente, nicht als Ersatz für Faktormobilität und Lohnflexibilität fungieren.[7]

---

[1] Dagegen sprechen sowohl ökonomische als auch politische Charakteristika der beteiligten Länder. Zudem hat die Union keine wohldefinierte Struktur mit einer zentralen und konsolidierten Regierung, ihre Regierungsorgane sind nicht unabhängig von den Mitgliedsstaaten, obwohl sie einige staatliche Befugnisse besitzen. Marè/Sarcinelli (1998) S. 97. Die bisherigen empirischen Untersuchungen bezogen sich auf reife föderale Staaten wie die USA und Kanada. Diese verfügen über eine wesentlich höhere ökonomische Integration, die sich in einer höheren Arbeits- und Kapitalmobilität ausdrückt. Die US-Industrie ist zu einem höheren Grad regional spezialisiert, wodurch starke regionale Schocks entstehen können, die aber durch das Bundesbudget gedämpft werden. Marè/Sarcinelli (1994) S. 357, Ferrucci (1997) S. 157ff.

[2] Letztere unterscheidet sich durch ihre Orientierung an der Einnahmenseite und war in den klassischen Arbeiten von Musgrave und Oates noch nicht erwähnt, wurde aber später als eine wesentliche Funktion in den Katalog aufgenommen. Siehe dazu bei Oates (1991) S. 46 die Abschnitte zum „optimal tax assignment" und Marè/Sarcinelli (1998) S. 87ff.

[3] Padoa-Schioppa (1988).

[4] Ferrucci (1997) S. 164.

[5] „Actually, more than anything else it appears to be an ingenious way of placing the burden of proof in federalization suits on the central authority." Marè/Sarcinelli (1994) S. 367.

[6] Addis (1995) S. 23.

[7] Ferrucci (1997) S. 170.

Beispiele für zentrale Stabilisierungselemente ließen sich in der Mehrzahl der föderalen Staatengebilde finden.[1][2]

Für eine zentrale Lösung spricht auch das integrationspolitische Argument, daß Länder, die keinen ausreichenden inneren Zusammenhalt in der Union besitzen, um einer zentralen oder Bundesregierung fiskalpolitische Kompetenzen zu übertragen aus der Wirtschafts- und Währungsunion ausscheiden könnten.[3]

Eine andere Auffassung vertritt Ferrucci, der es für unerheblich hält, ob die Währungsunion von einer Zentralisierung nationaler Budgets begleitet würde: Sowohl bei Dezentralisierung als auch bei Zentralisierung oder fiskalischem Föderalismus sei es möglich, den von negativen Schocks betroffenen Ländern automatisch Transferleistungen zukommen zu lassen. Einzig bedeutsam sei die Flexibilität der Fiskalpolitik.[4]

Aufgrund der Gefahr konjunktureller Schocks würde theoretisch ein wirksames zentrales Budget erforderlich sein, das direkt stabilisierend wirkt.[5] Kurzfristig macht die Größe des europäischen Haushalts eine solche Option unmöglich.[6] Es bleibt allenfalls, durch die Kommission eine Koordination der Fiskalpolitiken zwischen den Mitgliedsstaaten anzuregen.

Eine erste Reform könnte nach Meinung italienischer Ökonomen in einer vorsichtigen Lockerung der Regel des ausgeglichenen europäischen Haushalts und der Möglichkeit der Verschuldung liegen.[7] Damit würde eine automatische Stabilisierungsfunktion des Gemeinschaftshaushalts als automatischer Stabilisierer ermöglicht. Weiter denkbar wäre die Er-

---

[1] Über das Ausmaß der Reduzierung von regionalen Einkommensvariationen durch einen föderalen Haushalt gibt es unterschiedliche empirische Erhebungen. Siehe dazu die bei Marè/Sarcinelli (1998) S. 170 zitierten Studien.

[2] Majocchi (1997) hat die Errichtung eines europäischen Stabilisierungsfonds vorgeschlagen, der eine starke Abweichung der Beschäftigung eines Mitgliedslandes vom Gemeinschaftsdurchschnitt auszugleichen hätte. Er sieht eine wirksame Stabilisierungsmaßnahmen durch den Gemeinschaftshaushalt bereits bei sehr begrenzten zusätzlichen Ressourcen - in Höhe von ca. 0,2 % des gemeinschaftlichen Bruttoinlandsproduktes - als möglich an.

[3] Marè/Sarcinelli (1998) S. 154 und Goodhart (1993).

[4] Ferrucci (1997) S. 169.

[5] Außerdem erforderlich wäre eine Überprüfung der Haushaltsregeln. Majocchi (1993, S. 24) fordert eine Erweiterung der Entscheidungsbefugnisse des Europäischen Parlaments und des Ministerrats, dem die Verantwortung über Ausgaben und ihre Finanzierung überantwortet werden sollte..

[6] Majocchi (1993) S. 21ff.

[7] Dagegen hat sich das Bundesverfassungsgericht in seinem „Maastricht-Urteil" ausgesprochen: „Art. F Abs. 3 EUV ermächtigt die Union jedoch nicht, sich aus eigener Macht die Finanzmittel und sonstigen Handlungsmittel zu verschaffen, die sie zur Erfüllung ihrer Ziele für erforderlich erachtet..." Wissenschaftliche Dienste (1993) S. 55.

richtung eines antizyklischen Fonds.[1] Da eine starke regionale Spezialisierung zunächst nicht zu erwarten ist, wird die Stabilisierungsfunktion - auch aus politischen Gründen - langfristig bei den Mitgliedsstaaten verbleiben,[2] denn

„... *con la perdita di strumenti centrali della loro azione macroeconomica – il tasso di cambio* e *la moneta – i paesi membri saranno molto restii, almeno nei primi tempi* e *finché non si raggiunga un ulteriore stadio di integrazione, a rinunciare a un altro segmento di politica economica quale la politica fiscale, cioè la potestà tributaria* e *di spesa.*"[3]

Ähnlich sieht es mit der Allokationsfunktion aus, deren Zuweisung auf supranationale Ebene allenfalls langfristig ins Auge gefaßt werden kann.[4] Bei der Umverteilung geht die Theorie von einer Funktionswahrnehmung auf Bundesebene aus, da individuelle Mobilität bei lokalen Umverteilungsmaßnahmen kontraproduktiv wirken würde.[5] Bei der derzeitigen geringen Mobilität der Arbeitskräfte stellen jedoch persönliche Einkommensteuern in der Regel keine Grundlage für fiskalpolitischen Wettbewerb dar, so daß diese weiterhin eine stabile Grundlage für nationale Einkommensumverteilungsmaßnahmen bilden werden:

„*Not until integration is very far advanced and many of the barriers to individual mobility have been removed ... can part of the redistributive function be reassigned to the federal level of government.*"[6]

Eine mittelfristige Umverteilung auf zentraler Ebene setzt eine Potenzierung des derzeitigen Gemeinschaftshaushalts voraus.[7]

---

[1] Marè/Sarcinelli (1994) S. 362, Addis (1995) S. 23, Bell (1997) S.112.

[2] Marè/Sarcinelli (1998) S. 101 und Giovannini/Spaventa (1990).

[3] ... mit dem Verlust der zentralen Instrumente makroökonomischer Handlungsfähigkeit - dem Wechselkurs und der Währung - werden die Mitgliedsländer zumindest in der ersten Zeit, solange man nicht ein anderes Stadium der Integration erreicht, sehr abgeneigt sein, ein weiteres wirtschaftspolitisches Segment wie die Fiskalpolitik, das heißt die Steuer- und Ausgabenpolitik, aufzugeben." Marè/Sarcinelli (1998) S. 101f, Ferrucci (1997) S. 164ff.

[4] Ausnahmen in Form der Verteidigungspolitik, der Außenpolitik und des Umweltschutzes bestehen bereits ansatzweise.

[5] Anders Perotti (1993).

[6] Marè/Sarcinelli (1994) S. 364.

[7] Bereits der MacDougall Bericht (1977) sah die Notwendigkeit einer substantiellen Erhöhung des Gemeinschaftshaushalts vor, um Stabilisierungs- und Umverteilungsmaßnahmen zu ermöglichen. Vgl. Ferrucci (1997, S.191), der sich für eine Umverteilungsfunktion auf zentraler Ebene ausspricht.

3.2.2.2. Der „Policy-Mix" in der italienischen Debatte

Im Maastrichter Vertrag wird von einigen Ökonomen eine eindeutige Stellungnahme zugunsten monetaristischer Thesen gesehen:

„... un monetarista di buona scuola non potrebbe che rallegrarsi leggendo ciò che é stato approvato a Maastricht ... l'indicazione, nei fatti, di un unico obiettivo quale la stabilità die prezzi e la non interferenza politica nella sua determinazione sembrano consolidare in un atto internazionale la tesi che é errato cercare di influire sull'andamento economico attraverso l'uso di strumenti monetari."[1]

Die italienische Geschichte zeige dagegen „*... che é riduttivo identificare l'autonomia della banca centrale con la separazione degli obiettivi finali delle autorità monetarie da quelli delle autorità fiscali...*"[2] Mit Bezug auf Samuelson wird argumentiert, daß das Endziel einer Zentralbank nicht nur die Geldwertstabilität sein dürfe, sondern die „nationale ökonomische Stabilität", die neben Geldwertstabilität auch Wachstum, Beschäftigung und die Beseitigung distributiver und regionaler Ungleichgewichte beinhalten solle.[3]

„Per conseguire queste finalità, le autorità monetarie non devono seguire regole fisse, ma cooperare con le altre autorità di governo e intervenire discrezionalmente per evitare le oscillazioni die tassi di interesse e delle altre variabili economiche, interagendo con le forze di mercato per il raggiungimento del pieno impiego e di un'equa distribuzione del reddito."[4]

Die Politik einer Zentralbank mit den historischen und institutionellen Charakteristika der Deutschen Bundesbank wäre nach Meinung der Kritiker des Maastrichter Vertrages keine hinreichende Garantie für Preisstabilität, denn

„... essa esprime una particolare interpretazione del concetto di indipendenza rispetto al governo ed al sistema economico: un'interpretazione che può risultare eccessivamente costosa. Una politica monetaria coordinata e non inflazionistica già oggi é richiesta dalla liberalizzazio-

---

[1] „... ein Monetarist guter Schule könnte sich nur freuen, wenn er das liest, was in Maastricht beschlossen worden ist ... die Vorschrift des einzigen Zieles der Geldwertstabilität und die politische Nichteinmischung in ihre (der EZB) Entscheidung(en) scheinen in einem internationalen Akt die These zu verankern, daß es verfehlt ist, den ökonomischen Entwicklungsgang durch den Gebrauch geldpolitischer Instrumente zu beeinflussen." Sarcinelli (1992) S. 165, ähnlich auch Pivetti (1995) S. 9 und Addis (1995) S. 15ff.

[2] „... daß eine Gleichsetzung von Zentralbankautonomie mit der Trennung der Endziele der geldpolitischen Entscheidungsträger von denen der fiskalpolitischen Entscheidungsträger reduzierend wirkt ..." Panico/Rizza (1996) S. 6.

[3] Siehe zum Policy Mix in Italien De Cecco/Giovannini (1989), Giavazzi/Pagano (1988), Bruni/Monti (1991) und Panico/Rizza (1996).

[4] Panico/Rizza (1996) S. 11.

ne e può essere vantaggiosa per tutti purché tuttavia si usino teorie corette, non teorie dogmatiche."[1]

Das Endziel der Geldpolitik hat sich in der italienischen Zentralbankgeschichte analog zu den wirtschaftspolitischen Strategien der Gouverneure verändert.

„So hat immer diejenige Endzielgröße, in deren Erreichung sie den größten Wohlfahrtsgewinn sah, die Strategie der Bank bestimmt, unabhängig von der dazu erforderlichen Koordination oder Unabhängigkeit gegenüber der Regierung."[2]

Das Selbstverständnis der Banca d'Italia umfaßte jedoch neben der Verantwortung für die strukturelle Gestaltung des Banken- und Finanzsystems auch reale Ziele.[3]

Die Frage, ob dieses Verständnis nicht auch als eine Folge der Stellvertreterfunktion über die „normale" dialektische Beziehung zur Regierung hinaus gewertet werden kann, ist in der italienischen Literatur umstritten.[4]

Seit den frühen achtziger Jahren ist das Ziel der Preisstabilität vorherrschend.[5] Die Banca d'Italia sprach sich gegen Forderungen aus, die ihr explizite Beschäftigungs- und Wachstumsziele zuweisen wollten:[6]

„Un' Amministrazione pubblica funzionale ed efficiente é indispensabile per lo sviluppo ma la crescità e L'occupazione non devono, più fondamentalmente non possono essere garantite dal settore pubblico. Sono affidate alle imprese."[7]

---

[1] „... sie drückt eine bestimmte Interpretation aus, die sich als übermäßig teuer erweisen kann. Eine koordinierte und nicht inflationäre Geldpolitik wird schon heute durch die Liberalisierung erfordert und kann für alle vorteilhaft sein, wenn man korrekte Theorien, keine dogmatischen Theorien verwendet." Onida (1993) S. 67. Dazu auch Masera (1993).

[2] Lück (1998) S. 348. Erleichternd wirkt bei einer restriktiven Politik im Falle Italien die unbedingte Unterstützung die der Zentralbank auch in Konflikten mit der Regierung von seiten der Bevölkerung entgegengebracht wurde.

[3] Vgl. dazu Lück (1998) S. 350, der die Politik der siebziger Jahre als bewußte Entscheidung gegen mögliche soziale Spannungen beurteilt, und Finocchiaro/Contessa (1995) S. 67, die für eine Prävalenz der Stabilitätspolitik gegenüber Wachstumszielen plädieren.

[4] Siehe dazu Nardozzi (1993) und Gai (1995) im Vergleich.

[5] Vgl. die Stellungnahmen in den Considerazioni finali bei Gai (1995).

[6] Eine solche Forderung zeigte sich auch in der Forderung von Romano Prodi im September 1998, die Währungsreserven der Mitgliedsländer zu einer gemeinschaftlichen Beschäftigungspolitik zu nutzen. BHF-Bank (1999) S. 7.

[7] „Eine funktionale und effiziente öffentliche Verwaltung ist unabdingbar für die Entwicklung, aber das Wachstum und die Beschäftigung dürfen nicht, noch grundlegender können nicht vom öffentlichen Sektor garantiert werden." Banca d'Italia (1999) S. 35.

Unabhängigkeit der Zentralbank und Verfolgung des Preisstabilitätsziels werden aber nicht als Antithesen zu einer expliziten Koordination zwischen Geld- und allgemeiner Wirtschaftspolitik verstanden.[1]

„É necessario che si realizzi un coordinamento tra la politica monetaria e il resto della politica economica. Tutti gli obiettivi devono essere raccordati per il benessere collettivo. Quindi, indipendenza non per separare nettamente le autorità responsabili della politica economica, ma come un modo per riequilibrare i poteri."[2]

Eine effektive Koordinierung der wirtschaftspolitischen Maßnahmen auf europäischer Ebene wird in Italien nur langfristig für realisierbar gehalten.[3]

„The current difficulties of the European Union reflect an unsatisfactory approach to the federal construction of Europe and the reluctance of the member countries to sponsor the clear and direct creation of federal institutions. So far the architects of European Union have had to work with a restricted notion of sovereignty. The postwar Community has not developed the functions that have historically characterized the sovereign state."[4]

Die monetäre Einigung Europas erfordert demnach auch auf politischer Ebene eine adäquate Antwort:

„La volontà politica rimane ... l'elemento cruciale di qualsiasi processo federativo; il mercato può aiutarla ma non può sostituirsi ad essa."[5]

---

[1] Predieri (1996), Foresti (1994), Cozzi (1991) S. 57. Arcelli (1991) S. 12 zitiert Padoa-Schioppa/Saccomanni. Kritisch dazu Nardozzi (1993) S. 405.

[2] „Es ist notwendig, daß eine Koordination zwischen der Geldpolitik und dem Rest der Wirtschaftspolitik stattfindet. Alle verfolgten Ziele müssen für die gesellschaftliche Wohlfahrt miteinander verbunden werden. Also Unabhängigkeit nicht, um die für die Wirtschaftspolitik verantwortlichen Entscheidungsträger klar zu trennen, sondern als ein Modus, um die Verfügungsgewalten wieder ins Gleichgewicht zu bringen." Ciocca (1995) S. 96f.

[3] Marè/Sarcinelli (1998) S. 51.

[4] Marè/Sarcinelli (1994) S. 344.

[5] „Der politische Wille bleibt ... das wesentliche Element jeglichen föderativen Prozesses; der Markt kann dazu beitragen, er kann (diesen Willen, S.T.) unterstützen, er kann ihn aber nicht ersetzen." Marè/Sarcinelli (1998) S. 40.

3.3. Die neue Rolle der Banca d'Italia

3.3.1. Die Rolle der Banca d'Italia im ESZB

Im Gegensatz zu den französischen Erwartungen wurden in Italien keine vom Maastrichter Vertrag abweichenden Stimmen laut, die eine Funktion des Präsidenten der Banca d'Italia im EZB-Rat als „Stellvertreter Italiens" einforderten.

Die mit dem Eintritt in die dritte Stufe der EWWU einhergehenden Veränderungen werden in Italien nicht mit einem Bedeutungsverlust für die Banca d'Italia assoziiert.[1]

Ganz im Gegenteil zu der deutschen Haltung ist der Eintritt in die dritte Stufe ein Erfolg, an dem die Banca d'Italia einen großen Anteil für sich in Anspruch nimmt.[2]

Das liegt zunächst an den vielfältigen Aufgaben, die diese außerhalb der geldpolitischen Kompetenzen schon immer wahrnahm, und an den Aufgaben, die ihr von der Regierung neu übertragen wurden.[3][4] Mit der Übertragung der währungspolitischen Hoheitsrechte hat die Banca d'Italia nach italienischem Verständnis nur wenig an Bedeutung verloren. Die mikroökonomischen Funktionen haben in Italien einen ebenso großen Stellenwert und sind zu Beginn der dritten Stufe noch ausgeweitet worden.

Zudem wird mit dem Eintritt ein Prozeß abgeschlossen, den die Banca d'Italia maßgeblich mitgetrieben hat und an dessen Ende sie sich ihrer Stellvertreterfunktion entledigen kann.

3.3.2. Die Aufgaben der Banca d'Italia

3.3.2.1. Die Veränderung der Instrumente

Mit dem Eintritt in die dritte Stufe entfallen die Instrumente „anticipazioni ordinarie" (reguläre Lombardgeschäfte) und die „attività di risconto" (Diskontgeschäfte).[5]

An den Geschäften mit dem Hauptrefinanzierungsinstrument kann ein Großteil der europäischen Kreditinstitute teilnehmen, wohingegen bis Ende 1998 nur ca. 50 Institute in Itali-

---

[1] Dazu Piller (1999, S. 31): „Während bei anderen Zentralbanken im Euro - Gebiet Trauer über den Verlust an Macht und Selbständigkeit vorherrscht, sind in der Führungsriege der Banca d'Italia ganz gegenteilige Stimmen zu hören."

[2] Vgl. Piller (1999) und Banca d'Italia (1999) S. 4*.

[3] Somit ist es bisher auch nicht zu einer Reduzierung des Personals (1998 waren es 8914 Mitarbeiter gegenüber einer Anzahl von 9123 im Vorjahr) gekommen, es kam lediglich zu einer internen organisatorischen Reform. Vgl. Banca d'Italia (1999) S. 11*.

[4] Die Organisationsstruktur des EZB-Rates, der dem nationalen Zentralbankpräsidenten eine exponierte Stellung einräumt, kommt dem italienischen System der „monokratischen" Gouverneursstellung entgegen.

[5] Siehe zur Bedeutung dieser GeschäfteTabelle 13.

en an den PCT-Geschäften (Pronti contro termine) beteiligt waren.[1] Damit wird auf europäischer Ebene eine stärkere Rivalität um die vom ESZB bereitgestellte Liquidität als bis dato in Italien entstehen.[2] Die Unterschiede zwischen den bisherigen Instrumenten und den neuen Bedingungen sind darüber hinaus in vielen Fällen nur terminologischer Art, wie beispielsweise bei den „anticipazioni a scadenza fissa", die der Spitzenrefinanzierugsfazilität entsprechen.[3] Der größte Unterschied ergibt sich im Bereich der Mindestreserve, deren Koeffizient den europäischen Durchschnitt um ein Mehrfaches überstieg.[4]

3.3.2.2. Verwaltung der Devisenreserven und der Gewinnanteil

Per Dekret vom 26. August 1998 wurde die Funktion des UIC (Ufficio Italiano dei cambi) verändert:[5] Dieser ist nicht mehr Verwalter der Devisenreserven, sondern „ente strumentale", d.h. Teil der Banca d'Italia, geworden. Damit wurde die Duplizität der Institutionen im Devisenbereich aufgelöst.[6] In Vorbereitung dieser Regelung hatte die Banca d'Italia im Juli 1997 die Goldreserven des UIC aufgekauft.[7] 1998 wurden die Währungsreserven in Yen und US-Dollar der Banca d'Italia übertragen.[8] Der EZB wurden 7447, 5 Millionen Euro an Gold- und Währungsreserven (141 Tonnen Gold, 6647 Millionen US-Dollar, 84067 Millionen Yen) übertragen.

Der Anteil Italiens am Kapital der EZB beträgt 14,9616%.[9] Obwohl Italien mit 93 Mrd. Euro Ende 1995 über eine relativ hohe monetäre Basis verfügte, ist diese Zahl nicht in ein hohes Seigniorageniveau zu übertragen, denn wie oben dargestellt wurde, werden in Italien die Mindestreserven verzinst. Nach einer Untersuchung von Lange/Nolte (1998) wird Italien zu den eindeutigen Verlierern bei der Vergemeinschaftung der Geldschöpfungsgewinne zählen.[10]

---

[1] Siehe zu Einzelheiten den Bericht der italienischen Bankenvereinigung ABI (1997).
[2] Da keine Quoten für die einzelnen Staaten bestehen, könnte der theoretische Fall eintreten, daß keine der Geschäftsbanken den Zuschlag erhält, zudem wird in Italien befürchtet, daß viele italienische Banken aufgrund der fehlenden Vertrautheit mit bestimmten Verfahren einen Wettbewerbsnachteil erfahren könnten. ABI (1997) S. 2.
[3] Siehe dazu ABI (1997) S. 2.
[4] ABI (1997) S. 3.
[5] D.lgs. vom 26. August 1998, n. 319.
[6] Finocchiaro/Contessa (1994) S. 250.
[7] Der Preis dieser Reserven entsprach dem Swappreis mit dem EWI. Banca d'Italia (1998) S. 22*.
[8] D.lgs. 43/98.
[9] European Central Bank (1998) S. 3. Am 1. Dezember 1998 wurde dieser Anteil auf 14,8950 verändert. ECB (1999) S. 1.
[10] Siehe dazu weiter unten zu der Auseinandersetzung über die Berechnung der Gewinnanteile in Deutschland.

3.3.2.3. Die mikroökonomischen Funktionen im ESZB

Mit dem Inkrafttreten des „Testo unico della finanza" im Jahr 1998 wurden die Befugnisse der Bank bei der Kontrolle der Intermediäre und der Marktaufsicht ausgeweitet.[1]

Die Bank erhielt die Aufsichtsbefugnis über die Märkte (all'ingrosso) von Staatstitel (Art. 76), über den Interbankenmarkt von Einlagen (Mercato Interbancario dei Depositi, MID) und über Systeme und unterstützende Strukturen der Finanzmärkte (Art. 77, 82).

Der Einfluß, den die Banca d'Italia auf die Bankenstruktur ausübt, wird auch weiterhin eines der konstituierenden Elemente des italienischen Finanzsystems bleiben.[2] Eine Entscheidung des CICR bestätigt das Recht der Banca d'Italia im Konzentrations- und Beteiligungsprozeß des privatisierten italienischen Bankensystems mitzuentscheiden.[3][4] Sie nimmt damit über die Aufsichtsfunktion hinaus auch einen Einfluß auf die Entwicklung des Bankensystems.

Die umfassende Verantwortlichkeit für die Stabilität des Finanz- und Bankensystems, die nach italienischem Verständnis bestehen sollte, erfordert demzufolge auch ein explizites Mandat. Die Abwesenheit eines solchen im Vertrag von Maastricht wurde kritisiert:[5]

„... *la mancata attivazione di questa previsione produrrà il perpetuarsi della attuale situazione in cui il controllo prudenziale degli enti creditizi è di competenza delle autorità nazionali e ... potrebbe non consentire al BCE di acquisire la competenza e le informazioni necessarie per esercitare con efficacia il ruolo di prestatore di ultima istanza.*"[6]

---

[1] D.lgs. vom 24.2.1998 n. 58, Banca d'Italia (1999) S. 4.

[2] Vgl. dazu o.V. (1999a) S. 16.

[3] Die Entscheidungen wurden durch die Ausübung des Vetorechts von Gouverneur Fazio herbeigerufen, der unter Berufung auf das Verfassungsgebot des Schutzes der Ersparnis gegen einen Fusionsprozeß der San Paolo-Imi mit der Banca di Roma opponiert hatte. Er hatte sich auch gegen die Fusion der Unicredito mit der Banca Commerciale Italiana eingesetzt. o.V. (1999a) S. 16.

[4] Padoa-Schioppa hat die jüngsten Entscheidungen der Banca d'Italia, zwei großen Bankenfusionen den Weg zu versperren, kritisiert, da sich die Bank in Eigentümerfragen neutral zu verhalten habe. Die Banca d'Italia habe in den vergangenen Jahren Bankprivatisierungen und -veränderungen der Eigentümerstrukturen befürwortet. Padoa-Schioppa deutete damit an, daß unter Fazio die Schwerpunkte verschoben wurden. Marktbeobachter sahen die Entscheidung politisch motiviert, denn die Großaktionäre des BCI und der Banca di Roma sind politisch und wirtschaftlich einflußreiche Marktteilnehmer. o.V. (1999b)

[5] De Cecco (1994) S. 196.

[6] „... die fehlende Aktivierung dieser Vorkehrung wird ein Weiterbestehen der derzeitigen Situation hervorbringen, in der die „prudential control" der Kreditinstitute zu den nationalen Kompetenzen gehört und ... könnte nicht erlauben, daß die EZB die Kompetenz und die notwendigen Informationen erwirbt, um die Rolle eines Lender of last resort wirksam auszuüben." ABI (1996) S. 1.

Wird Art. 25.1 der ESZB-Satzung, der es der EZB ermöglicht, hinsichtlich der Bankenaufsicht „... *zu beraten und konsultiert zu werden vom Ministerrat, der Kommission und den zuständigen Behörden der Mitgliedstaaten*" als Unterordnung der EZB unter die nationalen Aufsichtsorgane oder Zentralbanken oder wenigstens als subsidiäre Entscheidungsbefugnis verstanden, so könnten die nationalen Regierungen versucht sein, die EZB zu einer verstärkten Nutzung der LLR-Fazilitäten zu bringen.[1]

Es wird die Befürchtung geäußert, daß die EZB auf der Basis von Art. 3.3. ESZB-Satzung von den nationalen Aufsichtsbehörden unter Druck gesetzt werden könnte. Als Grund wird genannt, daß die nationalen Behörden einerseits ein politisches Interesse an dem Weiterbestehen heimischer Finanzintermediäre hätten und andererseits die Kosten für die Insolvenz auf das gesamte ESZB abwälzen könnten.[2]

3.3.2.4. Sonstige Aufgaben

Die Banca d'Italia hat 1997 eine Veränderung ihrer Funktion als Fiscal agent erfahren.[3] Im Zuge der Zusammenlegung der Ministerien des Schatzamtes, des Haushalts und für ökonomische Planung wurde ihr die „tesoreria centrale"[4] überantwortet, so daß der Kassendienst seit dem 1.1.1999 in einer Hand liegt.[5] Dieser war vorher so aufgeteilt, daß die „tesoreria centrale" direkt von den Büros des Schatzamtes betrieben wurde, die Filialen der Banca d'Italia für die „tesoreria delle sezioni" (Bezirkskassendienst) zuständig waren. Die Bedeutung der Banca d'Italia für den Kassendienst war in der Vergangenheit kontinuierlich erhöht worden.[6]

Das italienische RTGS System, BI-REL (Banca d'Italia Regolamento Lordo), hat das zuvor bestehende BISS (Banca d'Italia Continuous Settlement System, 1997 ersetzt.[7]

---

[1] Giovannini (1992).
[2] Giovannini (1992) S. 29.
[3] „Unificazione dei Ministeri del tesoro e del bilancio e della programmazione economica e riordino delle competenze del CIPE, a norma dell'articolo 7 della legge 3 aprile 1997, n. 94", d.l. vom 5. Dezember 1997, n. 430.
[4] Das Amt des „Tesoriere centrale" beinhaltet den Empfang eines Teils der Einnahmen des Staates, Auszahlung für Rechnung der zentralen Verwaltungen, die Übernahme von Kassendiensten für die Fürsorgekassen des Schatzamtes und die Verwaltung der Kontokorrentkonten bei Verwaltungen, Instituten und Einrichtungen, die Beiträge aus dem Staatshaushalt erhalten. Finocchiaro/Contessa (1994) S. 201.
[5] Siehe dazu Ministro del Tesoro (1998) S.1, Banca d'Italia (1999)
[6] Dabei wuchsen auch die Aufgabenfelder der „Sezioni", die nicht mehr nur Ein- und Auszahlungen für Rechnung des Staates ausführen, sondern auch über die Liquidität der öffentlichen Institutionen verfügen. Finocchiaro/Contessa (1994) S. 204.
[7] Siehe dazu EMI (1996) S. 336.

3.4. Zwischenergebnis

Die Entstehungsgeschichte der Banca d'Italia hat bereits ein Charakteristikum, das in der Folgezeit bestimmend sein sollte, anklingen lassen: die Stabiliserung des Bankensystems. Die dann folgende Entwicklung der italienischen Zentralbank läßt sich am ehesten durch vier Merkmale von der anderer Emissionsinstitute unterscheiden: der Einfluß auf die Regierung und auf die Privatwirtschaft, vielfältige Funktionen, die von der Zentralbank in Abwesenheit effektiver öffentlicher Organe erfüllt wurden, ihre Bedeutung als Lender of last resort sowie ihre allokative Rolle.[1]

Die Entwicklung der achtziger Jahre zeigt, daß wesentliche Schritte in Richtung „Autonomie" oder „Unabhängigkeit" getan wurden, um die Rolle als Financier des Schatzamtes zu reduzieren und die Kontrolle über den internen Kanal der Geldbasisschöpfung wiederzuerlangen. Jedoch zielten diese Veränderungen eher darauf ab, die Banca d'Italia aus dieser Pflicht zu entlassen, was auch durch die weiteren Aktivitäten auf dem Primärmarkt nach dem „divorzio" unterstrichen wird. In diese Richtung gingen denn auch die Erwartungen an die weitere Entwicklung des Prozesses, so daß in Italien der Maastrichter Vertrag trotz bereits starkem „autonomen" Unabhängigkeitsstrebens der Banca d'Italia - wenn man von dem nicht leicht zu beurteilenden weitgehenden faktischen Handlungsspielraum absieht und sich auf die Einschränkungen durch die Schatzamtsfinanzierung beschränkt - den institutionellen Reformen mehr Tiefe gegeben hat.

Die normativen Veränderungen in Vorbereitung der Stufen zwei und drei der Währungsunion haben unterschiedliches Gewicht. Hervorzuheben sind die Veränderungen mit Blick auf die zweite Stufe und dabei insbesondere die Abschaffung der „automatischen" Finanzierung über das Kontokorrentkonto des Schatzamtes.

Die während der achtziger Jahre erfolgte Entwicklung der Finanzmärkte wirkte sich unterstützend aus: Einerseits wurde die Direktfinanzierung durch die Banca d'Italia reduziert, so daß es sogar zur Absorption von Geldbasis über den Schatzamtskanal kam und andererseits wurde die Transmission der geldpolitischen Signale verbessert, da sich die Steuerbarkeit der Zinssätze verbesserte.

Insgesamt ist die politische und ökonomische Debatte weniger kontrovers als in Frankreich geführt worden. Man kann sogar von einem weitgehenden Konsens hinsichtlich der Unabhängigkeit der Zentralbank sprechen. Der Fall Italien zeigt, daß sich bei der Bewertung der Argumentationen und der bisherigen Geldpolitik auch Elemente politischer und soziologischer Natur bedeutsam erweisen. Bestimmend haben sich hier einige der im ersten Teil festgestellten Elemente der Zentralbankpolitik gezeigt. Unabhängigkeit wird als

---

[1] Toniolo (1995) S. 59.

ein mehrdimensionales Problem begriffen, auch wesentlich bestimmt von der Rolle der Zentralbank auf den Bank- und Finanzmärkten. Kritische Stimmen äußern sich nicht im Sinne einer Ablehnung von Zentralbankunabhängigkeit, sondern lediglich hinsichtlich der Begründung für die Notwendigkeit und plädieren gegen „Reduktionismus" und für eine stärkere Berücksichtigung historischer Entwicklungen und struktureller Besonderheiten. Die Banca d'Italia wird nicht als ausschließlich antiinflationär agierende Zentralbank begriffen. Ihre Verantwortung im realen Sektor und insbesondere in der strukturellen Sorge für das Banken und Finanzsystem bleibt immer berücksichtigt.

Die ökonomische Debatte, die der Maastrichter Vertrag in Italien im Hinblick auf die Stellung der Zentralbank entfacht hat, stellt stärker noch als in Deutschland und Frankreich einen Moment der Konsolidierung der bisherigen Überlegungen dar und steht daher in enger Beziehung zu der bisherigen zentralbankpolitischen Literatur.[1] Es hat sich gezeigt, daß der Konsens über die positive Wirkung von Zentralbankunabhängigkeit nicht bis in das theoretische Fundament hineinreichte.

Die ökonomische Motivation für eine unabhängige Zentralbank auf nationaler Ebene stützt sich in Italien auf mehrere Argumente, unter denen die „Credibility" - Thematik und der Einfluß der Zentralbankunabhängigkeit auf die Fiskalpolitik hervorzuheben sind. In der Auseinandersetzung mit den „Credibility" - Modellen wird insbesondere die Vernachlässigung länderspezifischer Strukturen und Marktunvollkommenheiten betont. Über die disziplinierende Wirkung einer unabhängigen Zentralbank auf die Fiskalpolitik – worin in Italien ein wesentliches Argument für die Unabhängigkeit der Banca d'Italia gesehen wurde - gibt es keine eindeutigen Belege. In der Fiskalpolitik wird jedoch der wichtigste restringierende Faktor für die italienische Zentralbank gesehen.

Die Auseinandersetzung setzt damit einerseits an den restringierenden Faktoren der italienischen Zentralbankpolitik und andererseits an ihrer besonderen Verantwortung für die strukturelle Gestaltung des Banken- und Finanzwesens an.

Für den Hoheitstransfer auf die supranationalen Institutionen spielen im wesentlichen zwei Motive eine Rolle: Auf der einen Seite steht die Asymmetriekritik im Rahmen des EWS, auf der anderen die politische Motivation, Europa als eine Art Absicherung für Wirtschaft und Demokratie gegen die Unbeständigkeit italienischer Politik zu nutzen. Hinsichtlich der verfassungsrechtlichen Problematik, welche Ziele die Banca d'Italia anstreben solle und wie das Spannungsverhältnis zwischen den Artikeln 41 und 47 der italienischen Verfassung aufzulösen sei, hat der Maastrichter Vertrag eine schon seit langem von der Banca d'Italia wie von ökonomischer und staatsrechtlicher Seite geforderte Konkretisierung herbeige-

[1] Arcelli (1991) S. 11.

führt. Inhaltlich stand in der Diskussion über den supranationalen Hoheitstransfer der Zusammenhang zwischen einer europäischen Geld- und Fiskalpolitik im Mittelpunkt. Dabei wurde insbesondere im Modell eines „progressiven fiskalischen Föderalismus" ein für die Zukunft gangbarer und notwendiger Weg der Weiterentwicklung für die Währungsunion gesehen. Auf der Grundlage des Verständnisses von Zentralbankpolitik und der Zielsetzungen, die die Banca d'Italia in der Vergangenheit verfolgt hat, wurden bei gleichzeitiger Befürwortung der Unabhängigkeit auch kritische Stimmen zur engen Zielbestimmung im Maastrichter Vertrag laut, die nicht mit dem traditionellen Verständnis von Zentralbankpolitik in Italien übereinstimmen.

Teil D: Deutschland

I. Konstituierende Elemente der deutschen Zentralbankpolitik

I.I. Historische Entwicklung

„The Deutsche Bundesbank's present structure and its legal and institutional operating basis may be said to reflect the troubled history of more than 100 years of German central banking."[1]

In den Erfahrungen von 1914 bis 1923 und der Zeit vor der Währungsreform werden in der Regel die Motive für ein besonderes „Stabilitätsbewußtsein"[2] in Deutschland gesehen.[3][4] Die Wurzeln des Verhältnisses „der Deutschen" zu Preisstabilität und Unabhängigkeit der Zentralbank scheinen weit über das Faktische der Geschichtsschreibung hinauszugehen.[5] Untrennbar ist damit die durch äußere Einflußnahme geprägte Gestalt der Zentralbankverfassung verbunden.[6]

Beginnend mit den Anfängen des Zentralbankwesens in Deutschland scheinen die Ähnlichkeiten zwischen der italienischen und der deutschen Zentralbankentstehung auf den ersten Blick sehr groß zu sein, verringern sich jedoch bei genauerem Hinsehen.

---

[1] Gleske (1995) S. 21, siehe auch Hahn (1990) S. 135.

[2] Das Wort „Stabilitätsbewußtsein" wurde denn auch in keine der Sprachen der hier behandelten Länder übersetzt. Vorherrschend ist der Terminus „Stabilitätskultur" als Ausdruck der inflationären Verwendung des Suffixes -kultur und vermutlich auch der mangelnden Klarheit, die in dem Ungelösten des Kulturbegriffs ein adäquates Pendant findet. Die Struktur der deutschen Finanzmärkte, die die Kosten einer Inflation für Deutschland relativ hoch steigen läßt, da eher langfristige als kurzfristige Finanzierungen getätigt werden und auf dem Hypothekenmarkt überwiegend zu fixen Zinssätzen kontrahiert wird, könnte als ein anderes Argument dienen.

[3] Vgl. Kennedy (1991) S. 6ff.

[4] Die Personen, die für die Zentralbankpolitik nach dem Zweiten Weltkrieg wegweisend waren, sind in ihrer Bedeutung hinter die Institution zurückgetreten. So schloß Norman Lamont, der britische Schatzkanzler, im Herbst 1993 anläßlich des Wechsels an der Bundesbankspitze: „Die Stärke der Bundesbank liegt vor allem in der Geschichte des Hauses und geht deshalb über die Summe der einzelnen Mitarbeiter hinaus." Lamont (1993) S. 46. Vgl. dazu auch Manfred Lahnstein zitiert von Marsh (1992) S. 60. Vgl. Pébereau (1993) S. 50f, Marsh (1992).

[5] Beispielhaft Marsh (1992) S. 40.

[6] Dahinter standen immer auch Befürchtungen vor einer hegemonialen Stellung oder aggressiven Haltung Deutschlands. Vgl. Veit (1969) S. 539. Zur Entwicklung des „Tabus" siehe Caesar (1981).

In beiden Fällen hat ein Staat, Preußen in Deutschland und Piemont in Italien, die politische Einheit auf militärischem Wege vorwärtsgetrieben und danach jeweils ein Währungssystem im gesamten nationalstaatlichen Gebiet errichtet. Zwar konnten sowohl die Reichsbank als auch die Banca Nazionale nel Regno d'Italia (BNRI) eine beherrschende Stellung bei der Notenemission erlangen, die Reichsbank unterschied sich jedoch als staatliche Institution von der privaten italienischen Notenbank.[1] Erstere konnte in einem politischen und finanziellen Umfeld beginnen, in das soeben Reparationen in Höhe von fünf Milliarden Francs in Gold geflossen waren, während Italiens größtes Emissionsinstitut aus der Krise heraus in einem stark verschuldeten Staat mit weiteren Kompetenzen betraut wurde. Das Deutsche Reich wies bereits ein hohes Maß an ökonomischer Integration mit einem einheitlichen Währungsstandard auf. Somit ist in Deutschland in Umkehrung von Italiens Weg aus ökonomischer und monetärer Integration die politische Einigung entstanden.[2]

1.1.1. Die Gründung der deutschen Reichsbank

Die Gründung der Reichsbank erfolgte am 1. Januar 1876.[3] Bei der Gründung des Deutschen Reichs im Jahr 1871 gab es in zwanzig verschiedenen Staaten 33 Notenbanken, sogenannte Zettelbanken.[45] Unter diesen hatte die Preußische Bank eine besondere Stel-

---

[1] Die Preußische Bank, die Vorgängerin der Reichsbank, war zwar unter Hinzuziehung von Privatkapital gegründet worden, jedoch wurde eine formelle Unterscheidung zu einer Aktiengesellschaft betont, denn die Anteile der Privaten wurden nicht Aktien, sondern „Bankantheile" genannt. Bei Gründung der Reichsbank wurde den Anteilseignern die Umwandlung in Reichsbankanteile angeboten, was diese überwiegend annahmen. Veit (1969) S. 477.

[2] Insbesondere in der italienischen Literatur wird immer wieder auf die symbolische Bedeutung dieser Prozesse für den weiteren Verlauf der Zentralbankgeschichte und den europäischen Einigungsprozeß hingewiesen. De Cecco/Giovannini (1989) S. 8f und Sannucci (1989) S. 244.

[3] Notenbanken entstanden in Deutschland erst im 19. Jahrhundert. Davon zu unterscheiden sind die sogenannten Girobanken, die dem Geldwechslergeschäft entstammend als Depositenbanken und nicht als Kreditbanken tätig waren. Der Giroverkehr nahm in den Anfängen der Reichsbank eine besondere Stellung ein: Die Technik des Giroverkehrs wurde von der Hamburger Girobank übernommen, die 1619 nach dem Vorbild der „Amsterdamsche Wisselbank" von 1609 geschaffen worden war, welche sich wiederum an den Florentiner Banken der Medici, Bardi und Peruzzi orientierte. Vgl. Veit (1969) S. 467f. Bereits 1870 hatte man versucht, durch das Gesetz über die Ausgabe von Papiergeld vom 16.6.1870 eine Reform und Vereinheitlichung des Papiergeldes herbeizuführen. Den Mitgliedern des Norddeutschen Bundes wurde verboten, die Emission von Staatspapiergeld ohne Genehmigung des Bundes auszuweiten. Das Papiergeld wies im übrigen eine sehr große Erscheinungsvielfalt auf und war durchaus nicht überall gesetzliches Zahlungsmittel. Hahn (1990) S. 136f.

[4] Deren Verfassung, Organisation und Beziehung zum Staat variierte stark, für alle galt jedoch das Prinzip der Notendeckung. Hahn (1990) S. 137.

[5] Die französischen Reparationen in Höhe von fünf Milliarden Franc in Gold waren ausreichend, um eine gemeinsame Währung zu begründen, so daß der Reichstag und der Bundesrat durch die Gesetze von 1871 (Gesetz betreffend die Ausprägung von Reichsgoldmünzen) und 1873 (Münzgesetz) die Reichsgold-

lung, denn ihre Noten wurden in ganz Deutschland angenommen und stellten Mitte 1872 ungefähr zwei Drittel des gesamten deutschen Notenumlaufs.[1] Die Preußische Bank diente als Vorbild für die Reichsbank,[2] der Staat agierte wie bei der Vorgängerin als Minderheitsaktionär.[3] Es handelte sich bei beiden um juristische Personen des öffentlichen Rechts, die einer formalen Kontrolle der Regierung unterworfen waren:[4] § 12 BankG 1875 sah vor, daß die Reichsbank unter „Aufsicht und Leitung des Reiches" stand,[5] welche von einem vom Reichskanzler geleiteten Bankkuratorium geleistet wurde und dessen Mitglieder vom Kaiser und Bundesrat ernannt wurden. Die Geschäftsführung wurde vom Reichsbankdirektorium in enger Abhängigkeit vom Reichskanzler wahrgenommen.[6] Das normative Gefüge der vollständigen Abhängigkeit wurde etwas durch die Eigenständigkeit des Reichsbankdirektoriums bei der Geschäftsführung abgeschwächt.[7] Jegliche Veränderung des Status der Reichsbank war von lebhaften Debatten im Reichstag begleitet, so daß die zentralbankpolitische Diskussion von Anfang an eine bedeutende Stellung in der Öffentlichkeit erhielt und sich eine Tradition der Auseinandersetzung entwickelte.[8]

---

währung mit einem System aus Gold-, Silber-, Nickel- und Kupfermünzen als neues Münzsystem durch eine kaiserliche Verordnung vom 22. September 1875 einführen konnten. Das Papiergeld wurde 1874 vereinheitlicht, als die in den einzelnen Ländern emittierten Noten eingezogen wurden und gleichzeitig Reichspapiergeld emittiert wurde. Der Reichskanzler durfte Reichskassenscheine bis zu 120 Millionen Mark ausgeben, für die im Privatverkehr kein Annahmezwang bestand. Vgl. Hahn (1990) S. 140f.

[1] Zwölf der verbleibenden 32 Zettelbanken gaben ihre Emissionstätigkeit sofort nach 1875 auf, während sechzehn andere noch in den folgenden dreißig Jahren tätig waren. Zu Beginn des Ersten Weltkriegs gab es noch vier Emissionsbanken (in Baden, Bayern, Sachsen und Württemberg). Holtfrerich (1988) S. 86.

[2] Das Reich übernahm die Preußische Bank und gründete damit die Reichsbank. Hahn (1990) S. 138.

[3] Anders Hahn (1990, S. 141), nach dem sich das Grundkapital in Höhe von 120 Millionen Mark vollständig in privater Hand befand. Vgl. Holtfrerich (1988) S. 87.

[4] Die Anteilseigner wählten als Generalversammlung einen Zentralausschuß, der drei Deputierte bestimmte. Der Zentralausschuß hatte beratende Funktionen und trat einmal im Monat zusammen; die Aktionäre konnten bei einer zu großen Staatsfinanzierung durch die Bank von einem Vetorecht Gebrauch machen. Vgl. Marsh (1992) S. 124.

[5] RGBl. 1875, 177.

[6] Diesem gehörten in der Regel acht Mitglieder an, die auf Lebenszeit gewählt wurden und der Weisungsbefugnis des Reichskanzlers unterstanden. Vgl. Hahn (1990) S. 142, Marsh (1992) S. 124.

[7] Hahn (1990, S. 142) weist auf politisch motivierte Eingriffe Bismarcks hin: Im Dezember 1880 befahl er der Reichsbank, den Diskontsatz zu erhöhen und den Lombardkredit einzuschränken, 1887 gab er eine Weisung an die Reichsbank, russischen Titeln die Lombardierung zu verweigern. Vgl. Holtfrerich (1988) S. 91.

[8] So erfolgten in den Jahren 1889, 1899 und 1909 Diskussionen über die Verstaatlichung der Reichsbank. Diese wurde von den Parteien der parlamentarischen Rechten und den Vertretern der Bauern und Handwerker unterstützt, die sich von einer verstaatlichten Reichsbank eine günstigere Kreditpolitik erhofften. In der Gewährung des Emissionsprivilegs für die Bank sahen sie eine Begünstigung der weiterhin existierenden privaten Anteilseigner der Bank. Die Verteidiger des status quo argumentierten mit der erfolgreichen Bilanz der privaten Eigentumsverhältnisse unter staatlicher Kontrolle. In einer Verstaatlichung sahen sie die Gefahr einer zunehmenden fiskalischen Nutzung der Zentralbank. Das Hauptargument war jedoch, daß eine Differenzierung zwischen Bank und Regierung positiv für beide war. Die Delegation des Emissionsprivilegs auf eine separate Bank, die spezifischen Normen unterworfen war, wurde als „beste

Die Aufgaben der neugegründeten Bank bestanden nach § 12 I BankG 1875 darin, „*den Geldumlauf im ganzen Reichsgebiete zu regeln, die Zahlungsausgleichungen zu erleichtern und für die Nutzbarmachung verfügbaren Kapitals zu sorgen.*"[12]

Den Handlungsspielraum der Reichsbank schränkte neben der Regierung[3] faktisch die Existenz des Goldstandards ein.[4] In der Goldwährungsepoche bis 1914, wurde die Politik der Reichsbank durch zwei Normen beschrieben: die Dritteldeckung[56] und die indirekte Kontingentierung.[7] Über die indirekte Kontingentierung sollten die Notenbanken dazu gebracht werden, bei stark ansteigendem Notenumlauf, ihren Diskontsatz zu erhöhen.[8] Zudem war die Reichsbank verpflichtet, die Noten gegen „kursfähiges"[9] deutsches Geld und später deutsche Goldmünzen einzulösen.[10] Dabei wurden mit einem Ankaufskurs von 1392 Mark und einem Verkaufskurs von 1395 Mark je Pfund Gold die Schwankungsbreite der Mark festgelegt.[1112] Eine binnen- und außenwirtschaftliche Beschränkung der Geldpolitik war der Reichsbank bewußt, denn ihr damaliger Präsident von Havenstein sagte in einer Reichstagsdebatte, „... *die Bank könne dem Zinsfuß des Geldmarkts nur folgen .... nicht*

Sicherheitsmaßnahme gegen den inflationären Nutzen der Notenemission gesehen." Holtfrerich (1988) S. 92.

[1] Hahn (1990) S. 141.

[2] Weitere Aufgaben der Preußischen Bank waren die Unterstützung des Handels und der Produktion und der Schutz gegen starke Zinsanstiege. Diese Aufgaben wurden formal nicht für die Reichsbank übernommen, jedoch faktisch nach der Reform von 1924 berücksichtigt. Vgl. Holtfrerich (1988) S. 88.

[3] Holtfrerich (1988) verweist auf den faktischen Handlungsspielraum des Reichsbankdirektoriums, der über die formale Stellung hinausging.

[4] Caesar (1988) S. 142, Holtfrerich (1988) S. 89.

[5] Nach § 17 BankG 1875 hatte die Reichsbank mindestens zu einem Drittel den Banknotenumlauf mit einem Barvorrat aus „kursfähigem deutschem Geld, Reichskassenscheinen, Goldbarren und ausländischen Goldmünzen" zu decken. Diese Deckungsvorschrift bildete laut Veit (1969, S. 498) jedoch keine echte Beschränkung, denn selbst in den letzten beiden Vorkriegsjahre, als die höchsten Überschreitungen des steuerfreien Notenkontingents zu verzeichnen waren, waren noch über 40% des Notenumlaufs durch einen Barvorrat gedeckt.

[6] Issing (1995, S. 16) verweist auf Versuche, diskretionäre Elemente in dieser Währungsordnung zu entdecken.

[7] Nach § 9 BankG 1875 war ein von der Dritteldeckung verschiedener Barvorrat zu bilden, zu dem ein bestimmter Betrag den Notenbanken hinzugerechnet wurde. Bei Überschreitung der daraus gebildeten Grenze mußte eine Notensteuer von jährlich 5 % der darüber hinaus umlaufenden Noten gezahlt werden. Die Besteuerung bildete jedoch nach 1895 keine echte Abschreckung der Reichsbank mehr. Vgl. Veit (1969) S. 143.

[8] Hahn (1990) S. 143, Marsh (1992) S. 125.

[9] Unter kursfähigem deutschem Geld sind Goldmünzen und andere Münzen, die sich in Goldmünzen umtauschen ließen, zu verstehen. Hahn (1990) S. 143.

[10] Hahn (1990) S. 143.

[11] Hahn (1990) S. 144.

[12] „Indem Zahlungsbilanzdefizite zu einem Goldabfluß führten, war die Bank zur Erhöhung des Zinssatzes gezwungen, während ein Aktivsaldo wegen des dann zufließenden Goldes zu einer Herabsetzung des Diskontsatzes führen mußte." Hahn (1990) S. 145.

aber schaffen; nur in bestimmten Grenzen sei eine Beeinflussung möglich."[1]

Das Reichsbankdirektorium traf schon 1911 Vorbereitungen für den Kriegsfall und vergrößerte die Goldreserven durch die Umwandlung eines Teils der ausländischen Wertpapiere.[2] Die Regierung war dazu entschlossen, den Krieg ohne Steuererhöhungen zu führen. Die Kosten des Krieges sollten größtenteils durch die Reparationen nach dem Sieg gedeckt werden. Die Aufhebung der Goldeinlösungspflicht im Jahr 1914 im Zuge der Kriegswirtschaft war der Beginn der Inflationsperiode.[3] Die Reichsbank geriet durch den steigenden Finanzierungsbedarf in einen Teufelskreis und wurde bald zu einer "Kriegsbank".[4] Von 1914 bis 1918 verdreifachten sich die Preise infolge einer Neuregelung des Papiergeldwesens[5] und völligen Geldschöpfungsfreiheit der Reichsbank unter Aufsicht der Regierung.[6] Zwar blieb die Regelung der Dritteldeckung bestehen, jedoch wurden zum Barvorrat fortan auch die Darlehenskassenscheine gezählt:[7]

„Da die Darlehenskassen mit der Reichsbank verwaltungsmäßig verbunden und die Beträge der emittierbaren Kassenscheine durch einfachen Bundesratsbeschluß zu verändern waren, kam das im Ergebnis der Aufhebung jeder Beschränkung der Stückgeldschöpfung der Reichsbank - für die Schaffung von Giralgeld hatte es ja ohnehin keine normative Limitierung gegeben - gleich."[8]

Der Geldumlauf stieg von 1,9 Mrd. Mark zu Beginn des Krieges auf 22,2 Mrd. Mark am Ende des letzten Kriegsjahres.[9]

---

[1] Hahn (1990) S. 145.

[2] Die Goldreserven stiegen dadurch auf 1,1 Milliarden Mark an, sie wurden jedoch für nicht ausreichend für den Kriegsfall gehalten. Vgl. Marsh (1992) S. 125.

[3] Dazu Marsh (1992) S. 125, Hahn (1990) S. 147.

[4] Mit der Notgesetzgebung vom 4.8.1914 wurde eine dementsprechende Änderung der Geldverfassung vorgenommen. Sie bestand aus vier Gesetzen: dem „Gesetz betreffend die Reichskassenscheine und die Banknoten", dem „Gesetz betreffend die Änderung des Münzgesetzes", dem „Gesetz betreffend die Änderung des Bankgesetzes" und dem „Darlehnskassengesetz". Siehe dazu Veit (1969) S. 507.

[5] Reichskassenscheine wurden zu gesetzlichen Zahlungsmitteln und die Reichshauptkasse, die organisatorisch eine Abteilung der Bank war, wurde von der Einlösungspflicht des Papiergeldes entbunden. Zudem wurden Darlehenskassenscheine eingeführt, die zwar keine „legal tender" - Eigenschaft besaßen, jedoch von den öffentlichen Kassen als Zahlungsmittel akzeptiert waren. Die Grundlage der Darlehenskassenscheine bildeten Verpfändungen von Waren oder Wertpapieren und Schuldbuchforderungen. Hahn (1990) S. 146.

[6] Hahn (1990) S. 147.

[7] Als ein weiterer Inflationsfaktor erwies sich die Veränderung des Geschäftskreises der Reichsbank. Zu den einzelnen Bestimmungen Hahn (1990) S. 148.

[8] Hahn (1990) S. 147, vgl. auch Holtfreich (1988) S. 92f.

[9] Siehe zur Entwicklung der schwebenden Staatsschuld des Reiches Veit (1969) S. 513 Tabelle 30.

1.1.2. Das Autonomiegesetz von 1922

Der währungspolitische Zusammenbruch erfolgte vollständig, als das Problem der zu zahlenden Reparationen offenbar wurde. Lange hatte Ungewißheit über deren Höhe geherrscht.[1] Die Regierung fuhr in einer durch den Versailler Vertrag vom Mai 1919 angespannten innenpolitischen Lage mit der Aufnahme von kurzfristigen Krediten fort, gegen die sich die Reichsbank nur schwach zur Wehr setzte.[2] 1921 wurden die Reparationen auf 132 Milliarden Goldmark in drei Serien von Schuldverschreibungen und zahlbar in Dollar in Jahresraten festgesetzt.[3] Die deutsche Regierung reagierte darauf zunächst mit der Notenpresse, sie wechselte Mark an den Devisenmärkten für Dollars ein und führte so einen weiteren Wertverlust der Währung herbei.

Die Weimarer Republik hatte das Währungssystem des Kaiserreiches übernommen. Die Alliierten verlangten nun, daß die Reichsbank - im Austausch gegen ein Zahlungsmoratorium für die Kriegsschäden - „autonom" werden sollte. Mit dem Autonomiegesetz vom 26. Mai 1922 wurde die Weisungsbefugnis des Reichskanzlers aufgehoben.[4] Formal war die Reichsbank nun unabhängig geworden, wenngleich die Aufsichtsbefugnisse des Kuratoriums bestehen blieben.[5] Faktisch hatten diese formalen Änderungen keine große Wirkung für die Rolle der Geldpolitik und ihre Ausrichtung.[6][7] Als das Bankenkomitee der Reparationskommission unter der Leitung von J.P. Morgan im Juni 1922 gegen eine Vergabe von Krediten an Deutschland entschied, setzten ein starker Fall der Mark auf den Devisenmärkten und die Zeit der Hyperinflation ein.[8] Anstatt sich gegen die Forderungen der Regierung nach einer weiteren Finanzierung zur Wehr zu setzen, wie es der Autonomie-

---

[1] Durch diese Stimmung wurde auch die Reichsbank in ihrer Haltung gegenüber der Regierung geschwächt. Vgl. Marsh (1992) S. 129.

[2] Siehe dazu Marsh (1992) S. 130.

[3] Marsh (1992) S. 131.

[4] Caesar (1988) S. 143, Holtfrerich (1988) S. 93.

[5] Veit (1969) S. 196.

[6] Dazu auch Havenstein in einem Brief an Montagu Norman, den Gouverneur der Bank of England: „Für die Inflationsbekämpfung dürfte die jetzige Autonomie der Reichsbank jedoch kaum von Nutzen sein." Zitiert bei Marsh (1992) S. 132.

[7] Caesar (1988) hebt hervor, daß dafür sowohl die personelle Kontinuität im Inneren der Bank als auch restringierende außenwirtschaftliche Faktoren sowie das Selbstverständnis der Leitung der Reichsbank verantwortlich waren: „Eine Politik der Kreditverweigerung hätte bei den bestehenden Bedingungen zu nichts geführt, indem sie nur eine schreckliche Verwirrung im Währungssystem geschaffen hätte, einen Mangel an Liquidität für das Reich, die Paralyse der internen Reichsverwaltung, und, letztendlich politische Revolten mit unvorhersehbaren Folgen." Verwaltungsbericht der Reichsbank für das Jahr 1922, S. 10, zitiert bei Caesar (1988) S. 143.

[8] Vgl. Holtfrerich (1988) S. 94. 1922 lag die Inflationsrate bei 1300 Prozent, trotzdem diskontierte die Reichsbank weiterhin Schatzanweisungen der Regierung. Vgl. Marsh (1992) S. 132.

status ermöglicht hätte, unterstützte die Reichsbank die Politik der Regierung weiterhin.[1] Im Oktober 1923 erreichte der Bargeldumlauf die Höhe von 2500 Billiarden Mark und von 487 Trillionen im Dezember des gleichen Jahres. Die Reichsbank stellte sich auf die Seite der Regierung und warf den Alliierten eine "gänzliche Vernichtung unseres Vaterlandes" vor.[2]

Ende 1923 wurde eine Stabilisierung durch die Rentenmark[3] herbeigeführt und diese dann durch die Reichsmark abgelöst.[4] Die Reichsbank beendete nach Maßgabe der Verordnung zur Errichtung der Deutschen Rentenbank die Diskontierung von Schatzanweisungen (§ 19). Kredite an das Reich wurden strikt nach § 16 II begrenzt. Somit gelang innerhalb weniger Tage die Stabilisierung der Mark.[5] Zusätzlich erfolgte eine Änderung des Bankengesetzes, durch das die Reichsbank das Recht zum Handel mit Rentenbriefen und Rentenbankscheinen und zur Ausnutzung des Rentenmarkkontingents erhielt.[6] Begleitet wurden diese Maßnahmen durch rigorose haushaltspolitische Maßnahmen Hans Luthers, des Finanzministers Stresemanns, der auch eine wichtige Rolle bei der Einführung der Rentenmark gespielt hatte.

1.1.3. Das Bankgesetz von 1924 und der Young-Plan

Der Dawes-Plan hatte detaillierte Vorschläge zur Neuordnung des deutschen Notenbankwesens gemacht.[7] Im Mittelpunkt der Debatte stand nicht mehr die Aufsicht der Regierung über die Zentralbank, sondern die Existenz der Bank selbst.[8] Der Fortbestand der

---

[1] Siehe dazu Veit (1969) S. 520 und Holtfrerich (1988) S. 95 sowie Hahn (1990) S. 149.

[2] Marsh (1992) S. 132.

[3] Die Rentenbank wurde ohne Einflußmöglichkeiten der Regierung gegründet (§1 der Verordnung über die Errichtung der Deutschen Rentenbank). Sie emittierte „Rentenscheine", die zwar kein gesetzliches Zahlungsmittel waren, aber an öffentlichen Kassen angenommen wurden. Zur Deckung der sogenannten „Rentenmark" dienten „Rentenbriefe" auf der Basis einer gesetzlich festgelegten Grundschuld auf alle landwirtschaftlichen Grundstücke und Wirtschaftsunternehmen, die jederzeit umgetauscht wurden. Die Ausgabe der Rentenbankscheine war gesetzlich streng begrenzt. Siebelt (1988) S. 52.

[4] Vgl. Holtfrerich (1988) S. 92.

[5] Der Kurs lag bei 1 US$= 4,2 Billionen Mark. Siebelt (1988) S. 53.

[6] Vgl. Siebelt (1988) S. 53.

[7] Das Reich hatte 1923 die Sachleistungen an Frankreich und Belgien eingestellt. Am 24.10.1923 beantragte die Reichsregierung bei dem alliierten Wiedergutmachungausschuß eine Prüfung der Leistungsfähigkeit Deutschlands für die Reparationen. Die Folge waren zwei Sachverständigenausschüsse, von denen der eine den Auftrag erhielt, „Mittel zum Ausgleich des Staatshaushaltes und die Maßnahmen zur Stabilisierung der deutschen Währung zu erforschen." Der Vorsitzende war Charles G. Dawes, stellvertretender Vorsitzender Owen D. Young. Ein Ergebnis war ein Gutachten, das auch einen „Plan für die Errichtung einer Notenbank in Deutschland" enthielt. Im Dawes - Plan wurde zugleich der Grundstein für die hohe Auslandsverschuldung Deutschlands gelegt, denn durch die sogenannte „Transfer - Klausel" wurde Außenwertstabilität der Reichsmark versprochen. Vgl. Veit (1969) S. 540, Jarchow/Rühmann (1997) S. 87.

[8] Siehe dazu Siebelt (1988, S. 57) und die dort zitierten Quellen zu den grundlegenden Überlegungen

Reichsbank wurde aus organisatorischen Gründen beschlossen, die Bedingungen ihrer Existenz aber verändert.[1] Das Bankgesetz von 1924[2] vertiefte die formale Unabhängigkeit noch, indem die Unabhängigkeit der Reichsbank von der Regierung explizit formuliert wurde:[3]

„Die Reichsbank ist eine von der Reichsregierung unabhängige Bank, welche die Eigenschaft einer juristischen Person besitzt und die Aufgabe hat, den Geldumlauf im gesamten Reichsgebiete zu regeln, die Zahlungsausgleichungen zu erleichtern und für die Nutzbarmachung verfügbaren Kapitals zu sorgen."[4]

Nach wie vor war das Reichsbankdirektorium das Organ, das über die Währungs-, Diskont- und Kreditpolitik entschied (§ 6).[5] Das Gesetz stärkte den Einfluß ausländischer Gläubiger auf die Zentralbank, denn diese erhielten Sitze im Generalrat der Bank.[6]

über den Fortbestand der deutschen Zentralbank.

[1] So war das Bankgesetz von nun an nur für die Reichsbank gültig. Zu dem Geschäftskreis der Reichbank nach dem neuen Bankgesetz Siebelt (1988) S. 65

[2] Verordnung zur Abänderung des Bankgesetzes vom 14. März 1875, vom 26.10.1923, RGBl. 1926 II, 402, Bekanntmachung vom 18.11.1923, RGBl. 1923 II, 426. Auf Grundlage des Dawes-Plans erfolgten die Veränderungen von 1924. Außerdem wurde die Reichsbank dazu verpflichtet, vierzig Prozent der Noten durch Gold oder Devisen zu decken (Primärdeckung). Mindestens drei Viertel davon mußten aus Gold, Barrengold oder Goldmünzen bestehen. Für den Restbetrag sollten diskontierte Wechsel oder Schecks (Sekundärdeckung) gehalten werden. Eine Überschreiten der 40%-Grenze war möglich, die Notenbank hatte jedoch dafür eine progressive Notensteuer an das Reich zu zahlen. Zudem mußte der Diskontsatz entsprechend dieser Progression auf wenigstens 5 % festgesetzt werden. Vgl. zu den Details und den Hintergründen dieser Regelung Siebelt (1988) S. 64. Mit der Änderung des Münzgesetzes wurde zunächst die Geltung der Goldwährung bestätigt. Im Unterschied zur Kaiserzeit erfolgte keine Goldmünzenausprägung, so daß es einen Übergang von einer Goldumlaufwährung zu einer Goldkernwährung, die Gold lediglich zur Deckung nutzte, gab. Mit dem neuen Münzgesetz wurde die Reichsmark eingeführt, eine Billion Mark entsprachen einer Reichsmark. Vgl. Siebelt (1988) S. 55.

[3] Die weitere Abnahme des Einflusses der Regierung auf die Reichsbank läßt sich an folgenden Veränderungen festmachen: Die Aufsicht des Reiches wurde ersetzt durch die Pflicht des Direktoriums, die Regierung über währungs- und finanzpolitische Angelegenheiten regelmäßig und auf deren Wunsch zu unterrichten (§ 20II). Dem Zentralausschuß und den Deputierten wurden Einflußrechte zugunsten der Generalversammlung genommen (§11), das Reichsbankdirektorium wählte den Präsidenten mit einer Mehrheit von neun Mitgliedern, von denen sechs deutsche Staatsbürger sein mußten (§ 6 IV). Reichspräsident und Reichsregierung besaßen nur noch ein Vetorecht für die Bestellung des Zentralbankpräsidenten. Das Direktorium wurde nach Entscheidung des Reichsbankpräsidenten und Zustimmung des Generalrats mit qualifizierter Mehrheit zusammengestellt. Um die Unabhängigkeit zu stärken, wurde das Beamtenrecht für die Mitglieder des Direktoriums abgeschafft und ihre Amtszeit auf vier für den Präsidenten und auf zwölf Jahre für die anderen Direktoriumsmitglieder gegenüber der vorherigen Ernennung auf Lebenszeit begrenzt. Der Generalrat konnte die Leitung der Zentralbank jederzeit entlassen. Vgl. Siebelt (1988) S. 61.

[4] § 1 Abs. I BankG 1924, siehe Veit (1969) S. 196, Hahn (1990) S. 154f.

[5] Zentrales Steuerungsinstrument der Reichsbank war der Diskontsatz. Vgl. Siebelt (1988) S. 60.

[6] Der Generalrat war als Nachfolger des Bankkuratoriums gegründet worden. Er sollte dafür sorgen, daß die Interessen der Reparationsgläubiger berücksichtigt wurden. Die sieben ausländischen Mitglieder durften jedoch keine von der Regierung ihres Staates abhängig Beschäftigten sein. Den ausländischen Mitglie-

Schacht urteilte dazu:

„Die deutsche Gesetzgebung hat sich des Rechts begeben, einseitig Änderungen an dem Bankgesetz zu treffen, solche müssen vielmehr zunächst von den am Londoner Abkommen beteiligten Mächten und der Reparationskommission genehmigt werden."[1]

Nach § 19 des neuen Bankgesetzes[2] wurde mit dem Kommissar für Notenausgabe ein weiteres Organ bestellt, das durch einen Ausländer besetzt werden mußte.[3]

Mit dem Bankgesetz wurde die Goldwährung wieder eingeführt:[4] Die Reichsbank war verpflichtet, Barrengold zu einem festen Preis anzukaufen, und zugleich ihre Noten[5] gegen Gold zu tauschen. Sie wurde ausdrücklich zum An- und Verkauf von Devisen ermächtigt und die Kredite an die öffentliche Hand wurden eingeschränkt.[6]

Dem formal gestiegenen Handlungsspielraum der Reichsbank gegenüber der Regierung - als ein Zeichen der Veränderung wurde die Reichshauptkasse aus der Reichsbank heraus-

---

dern standen sieben deutsche Mitglieder gegenüber, deren Wahl der Zustimmung der Generalversammlung bedurfte. Der Reichsbankpräsident war Vorsitzender des Gremiums. Zu weiteren Einzelheiten Siebelt (1988) S. 62.

[1] Zitiert bei Veit (1969) S. 540.

[2] Es wurden außer dem Bankgesetz noch drei weitere Gesetze beschlossen: das Privatnotenbankgesetz, das Gesetz über die Liquidierung des Umlaufs an Rentenbankscheinen und das Münzgesetz. Mit letzterem (§ 1): „Im Deutschen Reiche gilt die Goldwährung.") wurde die Goldwährung in Deutschland wiederhergestellt. Das Münzgesetz bildete allerdings nur einen Rahmen für die neue Währungsordnung. Zu Einzelheiten Veit (196) S. 542ff.

[3] Der Generalrat wählte den Kommissar für Notenausgabe, der für die Einhaltung der Deckungsvorschriften zuständig war. Er prüfte zudem die Kredit-, Diskont- und äußere Währungspolitik der Bank. Vgl. Siebelt (1988) S. 63.

[4] Die Reichsbank unterlag der Verpflichtung, Barrengold zu einem festen Satz von 1392 Reichsmark für das Pfund fein gegen ihre Noten zu tauschen und unterlag somit einem Kontrahierungszwang. Der Goldankaufspflicht stand eine Goldeinlösungspflicht der Banknoten gegenüber, die „in suspenso" gehalten wurde. Dazu auch Veit (1969), der diesen Zustand, der bis 1930 andauerte als einen „latenten Goldstandard" bezeichnet. Nach § 31 konnte die Reichsbank die Noten in deutsche Goldmünzen, Goldbarren und auch in Schecks oder Auszahlung in ausländischer Währung in Höhe des in Gold umgerechneten Marktwertes der jeweiligen Währung einlösen. Diese „Einlösungspflicht" bedurfte nach § 52 eines übereinstimmenden Beschlusses des Reichsbankdirektoriums und des Generalrates der Reichsbank. Erst am 17.4.1930 wurde § 31 in Kraft gesetzt. Die Gründe liegen einerseits in den geringen Währungsreserven in Deutschland und der Unsicherheit über die Reparationshöhe und andererseits auch in dem Vorgehen anderer Länder wie beispielsweise Frankreich, die die Goldeinlösung auch noch nicht in Kraft gesetzt hatten. Vgl. Veit (1969) S. 547.

[5] Die Reichsbank besaß weiterhin das Recht, Noten zu emittieren. Dieses Recht wurde ihr nach § 2 BankG 1924 für fünfzig Jahre verliehen, das Bankgesetz in seiner alten Fassung hatte hingegen die Möglichkeit vorgesehen, das Emissionsrecht alle zehn Jahre aufzuheben. Vgl. Siebelt (1988) S. 63.

[6] Lombarddarlehen auf Grundlage von Schuldverschreibungen des Reiches oder anderer öffentlicher Stellen konnten nur an als zahlungsfähige Schuldner vergeben werden, der An- und Verkauf von staatlichen Papieren durfte nur insoweit betrieben werden, als er zur „Aufrechterhaltung des laufenden Kundengeschäfts" notwendig war. Vgl. Veit (1969) S. 543ff.

gelöst - standen somit eine höhere Abhängigkeit von den Alliierten und die technischen Erfordernissen einer Rückkehr zur Goldwährung gegenüber.[1]

Mit dem Bankgesetz von 1924 wurde ein Höhepunkt der Reichsbankautonomie erreicht, auf den bald wieder eine Entwicklung hin zur „Re-Etatisierung"[2] folgen sollte: Bereits 1926 erfolgten Veränderungen des Bankgesetzes in dieser Richtung.[3] Mit der Bankgesetznovelle vom 8.7.1926 wurde die Reichsbank dazu befugt, Schatzwechsel des Reichs, die nach drei Monaten fällig waren und aus denen noch ein anderer als zahlungsfähig bekannter Verpflichteter haftete, zu diskontieren.[4]

Die Reparationen wurden zum großen Teil mit Auslandskrediten bezahlt. Bereits 1927 kam es zu einer ersten Krise.[5] Mit dem 1929 geschlossenen Young-Plan wurden die Reparationen zwar gesenkt, blieben jedoch immer noch eine substantielle Belastung. Unter dem Vorsitz von Owen D. Young war von den alliierten Regierungen und der deutschen Regierung 1928 ein Ausschuß eingesetzt worden, um Vorschläge für eine endgültige Regelung des Reparationsproblems zu erarbeiten.[6][7] Mit dem Abkommen war eine Bankgesetznovelle verbunden, die am 13.3.1930 verabschiedet wurde.[8]

---

[1] Mit der Einführung des Devisengeschäfts in den Geschäftskreis der Notenbank wurden die Funktionen der Zentralbank erweitert, es wurde außerdem nach § 25 II BankG 1924 ein Kreditplafond in Höhe von 100 Mio. Reichsmark für das Reich und 200 Mio. Reichsmark für Reichspost und Reichsbahn festgelegt und die Kreditvergabe an Länder und Kommunen nach § 26 VI BankG 1924 untersagt. Die Laufzeit dieser sogenannten „Betriebskredite" wurde auf drei Monate begrenzt. Zusätzlich wurde die Lombardierung von staatlichen Papieren restriktiv gehandhabt. Siehe dazu Siebelt (1988) S. 67. Die Reichsbank war verpflichtet, für das Reich als „Fiscal agent" zu agieren und Bankgeschäfte durchzuführen. Sie hatte aber auch das Recht, die Durchführung abzulehnen (§ 25 II BankG 1924). Vgl. Siebelt (1988) S. 67f.

[2] Siebelt (1988) S. 69.

[3] Gesetz zur Änderung des Bankgesetzes, vom 8.7.1926, RGBl. 1926 II, 355. Gestattet war fortan die Diskontierung und Lombardierung von Schatzwechseln des Reiches bis zu 400 Millionen Reichsmark, wenn diese noch die Unterschrift eines als zahlungskräftig bekannten Verpflichteten aufwiesen. Zur Notendekkung konnten sie nicht eingesetzt werden. Mit diesen Vorschriften wurde dafür gesorgt, daß es zu keiner direkten Finanzierung kam und daß die Wechsel zunächst noch einmal auf dem freien Markt verkauft werden mußten. Vgl. Siebelt (1988) S. 69.

[4] Außerdem wurde fortan die Lombardierung von Drei – Monats - Schatzwechseln gestattet, der Gesamtbetrag der diskontierten und lombardierten Schatzwechsel durfte 400 Mio. Reichsmark nicht übersteigen. Die Betriebskredite blieben bestehen. Vgl. Veit (1969) S. 545.

[5] Schacht äußerte sich dazu wie folgt: „Es gibt heute zwei Reichsbanken in Deutschland, einmal die Reichsbank, die wir vertreten und dann die, die in ausländischen Krediten besteht." Zitiert von Veit (1969) S. 560.

[6] Dazu Veit (1969) S. 551ff

[7] Hinter der Verabschiedung des Young-Plans standen auf deutscher und alliierter Seite unterschiedliche Interessen: Waren vor allen Dingen die Franzosen daran interessiert, sich der eigenen Kriegsschuld zu entledigen, so hoffte Deutschland auf eine vorzeitige Räumung des Rheinlandes. Insgesamt bedeutete der Plan eine Verschlechterung für Deutschland. Im Rahmen des Young-Plans wurde die Bank für Internationalen Zahlungsausgleich gegründet. Vgl. zu den Einzelheiten und dem Wegfallen des Transfermechanismus Veit (1969) S. 553.

[8] Gleichzeitig trat der die Suspendierung des § 31 aufhebende Beschluß in Kraft, so daß die Reichsbank zu

Hjalmar Schacht, der 1923 zum Reichsbankpräsidenten ernannt worden war und zusammen mit dem Industriellen Albert Vögler als Mitglied der Sachverständigen-Kommission zur Reparationsfrage an den Verhandlungen beteiligt war, trat am 7. März 1930 mit der Begründung zurück, *„die ausländischen Gläubigen hätten durch den Young-Plan übermäßigen Einfluß auf die deutsche Wirtschaft bekommen."*[1] Im Gegensatz dazu standen die formalen Änderungen der deutschen Notenbankgesetzgebung, die aufgrund des Young-Plans explizit die Beseitigung der ausländischen Kontrolle und die Autonomie der Reichsbank vorsahen.[2] Normative Veränderungen betrafen daher in erster Linie den Generalrat:[3] Mitglieder des Rates mußten nun die deutsche Staatsbürgerschaft besitzen, vor einer Bestellung der Mitglieder war die Reichsregierung zu hören, so daß sich hier ein zunehmender Einfluß ergab.[4] Ein anderer möglicher Einflußkanal öffnete sich durch die Ernennung des Reichsbankpräsidenten und der Mitglieder des Direktoriums. Der Rat war nach wie vor das entscheidende Gremium für die Wahl des Reichsbankpräsidenten, das Direktorium mußte jedoch vorher gehört werden, und das Vetorecht des Reichspräsidenten wurde zugunsten einer Bestätigung abgeschafft. Eine solche mußte auch bei der Abberufung des Reichsbankpräsidenten und der Wahl der Mitglieder des Direktoriums vorliegen.

Mit der Weltwirtschaftskrise 1930 verschärfte sich das Problem der Auslandsverschuldung: Es kam zu einem Konjunkturrückgang bei fast fünf Millionen Arbeitslosen. Nach starken Kursstürzen im Mai 1931 kam es in Deutschland zum wiederholten Mal zu einer Bankenkrise.[5] Die Reichsregierung reagierte mit dem Notverordnungsrecht: Mit der 1931

---

einer Einlösung der Banknoten verpflichtet wurde.

[1] Marsh (1992) S. 142. Der Zeitpunkt des Rücktritt Schachts war absichtsvoll gewählt, denn am 7. März wurde der Young-Plan in zweiter Lesung vom Reichstag behandelt. Schacht verfügte weder bei Hindenburg noch in konservativen bürgerlichen Kreisen über hinreichend Rückhalt. Ihm wurde erstens die Distanzierung vom Young-Plan, zweitens die Boykottierung des Dillon - Kredits, eines Überbrückungskredits, den die Regierung aufgrund des Vetos Schachts von dem amerikanischen Bankhaus Dillon Read & Co. nicht erhalten hatte, und drittens sein Verhalten auf der zweiten Haager Konferenz, während der er unerfüllbare Bedingungen gestellt hatte, die nur auf eine Scheitern des Youngplans gezielt sein konnten, zur Last gelegt. Vgl. Müller (1973).

[2] Zu Einzelheiten Siebelt (1988) S. 71.

[3] Das Amt des Kommissars für Notenemission wurde auf den von Weisungen der Reichsregierung unabhängigen Präsidenten des Rechnungshofes des Deutschen Reiches übertragen. Vgl. Siebelt (1988) S. 72.

[4] Vgl. zu den konträren Aussagen dazu in der Literatur die bei Siebelt (1988) S. 71 Fußnote 194 genannten Quellen.

[5] Der Untersuchungsausschuß für das Bankwesen, der daraufhin eingesetzt wurde, identifizierte die größten Risiken in der sinkenden Liquidität und dem ungewöhnlich hohen Anteil von Auslandseinlagen im deutschen Bankwesen. Die Reichsbank hatte keine Kontrolle und auch keinen Überblick über die Auslandsverschuldung. Langsam verloren die ausländischen Gläubiger das Vertrauen und es kam zu starken Abzügen der Einlagen und zu einem Run im Rahmen der Danatbank-Krise. Zu den Einzelheiten Veit (1969) S. 564ff.

erlassenen Zahlungsmittelverordnung, der Kapitalfluchtverordnung und der ersten Verordnung des Reichspräsidenten über die Devisenbewirtschaftung wurde die Reichsbank zur zentralen Stelle für den Devisenhandel und -verkehr. Diesen weitgehenden technischen Aufgaben stand auf der anderen Seite eine größere Einflußnahme der Regierung und des Parlaments über die Devisen- und Außenwirtschaftsgesetze gegenüber. In den Landesfinanzämtern wurden Devisenbewirtschaftungsstellen eingerichtet. Eine Spaltung der Binnenwertgestaltung und der Außenwertregulierung wurde vollzogen.[1] Daraus ergab sich ein neues „... *Bild der Zentralbank, die zwar technisch noch den Zahlungsverkehr mit dem Ausland vermittelt, eine durch ihre geldpolitischen Instrumente bewirkte Wechselkurspolitik aber nicht zu treiben in der Lage ist, diese vielmehr lediglich zur Beeinflussung des Binnenwertes einzusetzen vermag.*"[2]

1.1.4. Die Reichsbank in den Jahren 1933-1945

War die Wirtschaftspolitik des Dritten Reiches zunächst auf die Loslösung von der Weltwirtschaft gerichtet, so wurde doch erst 1939 die formale Autonomie der Reichsbank aufgehoben. Im Februar 1932 stieg die Arbeitslosigkeit in Deutschland auf 33,94%.[3] Am 30.5.1932 wurde Reichskanzler Brüning gestürzt. Die Deflationspolitik und das Verständnis, das der deutschen Wirtschaftspolitik zunächst im Ausland entgegengebracht worden war, wirkten in der Folge unterstützend für das neue Regime.

Am 27.10.1933 kam es zu einer Bankgesetznovelle, durch die der Notensteuer - Diskontsatz - Mechanismus durch eine Regelung ersetzt wurde, die Gold- und Devisendeckung lockerte. Außerdem wurde der Generalrat abgeschafft.

Zwischen dem Nachfolger Schachts, Hans Luther, und Adolf Hitler kam es über die Gewährung von zusätzlicher Unterstützung für die Aufrüstung 1933 zu einer Auseinandersetzung, während der Hitler Luther zum Rücktritt aufforderte. Schacht, der sich in der Zwischenzeit immer mehr der politischen Rechten genähert hatte, wurde zu seinem Nachfolger ernannt.[4]

Nach dem Röhm - Putsch wurde Schacht Wirtschaftsminister. 1934 wurde auch die Autonomieklausel aufgehoben. Schacht sah nun in der Zentralbankautonomie, nachdem er in der Weimarer Republik noch grundlegend anderer Auffassung gewesen war, im Dritten Reich eine Anomalie, „... *weil die oberste Staatsführung in ihrer Person die Idee des Na-*

---

[1] Veit (1969) S. 569.
[2] Siebelt (1988) S. 74.
[3] Vgl. Veit (1969) S. 582.
[4] Zur Identifizierung Schachts mit dem Regime Marsh (1992) S. 147 und Müller (1973) S. 103ff.

tionalsozialismus verkörpert, der der Volksbetrug einer Inflation wesensfremd bleiben muß."[1] Im Jahr 1936 kam es zu Handelsbilanzproblemen und Devisenmangel, so daß Schacht als Verantwortlicher für den Devisenbereich gestürzt und durch Göring ersetzt wurde.[2]

Die Reichsbank erwies sich als willfähriger Helfer und unterstützendes Element der Regierung, das Gespann Hitler - Schacht wurde zu einem Symbol dieser Zeit. Schacht unterstützte die Aufrüstung durch die sogenannten „Mefo - Wechsel" (Metallurgische Forschungsgesellschaft).[3] Als die Einlösung der ersten Mefo - Wechsel (2 Mrd. Reichsmark) Anfang 1939 nach fünfjähriger Gesamtlaufzeit nicht erfolgte, wurde Schacht zum 20.1.1939 als Reichsbankpräsident entlassen.[4]

Die Reichsbank sprach sich in dieser Zeit ausdrücklich für die Stabilität der Währung aus, die als direkte Folge einer starken Regierung galt.[5] Die Bedeutung der Stabilität der Währung wurde hervorgehoben, um für Vertrauen für die eigene Wirtschaftspolitik zu werben und „die der diktatorischen Macht eigene Disziplin" hervorzuheben.[6] Am 15.6.1939 erließ man das „Gesetz über die Deutsche Reichsbank", durch das dem „Führer und Reichskanzler", dem diese schon durch ein Gesetz vom 10.2.1937 unterstellt war, die Entscheidungsbefugnis über die Höhe der dem Reich zu gewährenden Betriebskredite und den Höchstbetrag der vom Reich zu übernehmenden Schatzwechsel überantwortet wurde. Fortan erfolgte eine „geräuschlose" Kriegsfinanzierung.[7]

1.1.5. Die Nachkriegszeit und die Gründung der Bank deutscher Länder

Nach dem Krieg war die erste Aufgabe, die langsam wieder entstehenden ökonomischen

---

[1] Zitiert bei Müller (173) S. 116.

[2] 1937 wurde Schacht auch seiner Funktion als Wirtschaftsminister enthoben. Sein Nachfolger wurde Walther Funk.

[3] Damit wurden kurzfristige Finanzmittel in langfristiges Kapital umgewandelt. Siemens, Guthoffnungshütte, Krupp und Rheinstahl gründeten eine mit wenig Kapital versehene Gesellschaft. Die Mefo stellte Wechsel aus, die von der Reichsbank diskontiert wurden. Insgesamt wurden zwölf Milliarden Reichsmark auf diese Weise zur Finanzierung der Rüstungsausgaben genutzt. Zironi (1993) S. 689. Marsh (1992) S. 149f. Zu einer Bewertung der Rolle der Reichsbank im Dritten Reich Marsh (1992, S. 122): „Die Reichsbank machte in dieser traumatischen Zeit keine gute Figur, weil sie fundamentale Schwächen hatte: Sie war in Selbstzufriedenheit versunken, mußte niemandem Rechenschaft ablegen und hatte unrealistische Ziele, und es fehlte ihr an urteilskräftigen Mitarbeitern."

[4] Vgl. Veit (1969) S. 592.

[5] Vgl. dazu Marsh (1992, S. 41), der Funk folgendermaßen zitiert: "Nicht Gold und Devisen, auch nicht das Wechselportefeuille garantieren die Sicherheit einer Währung, sondern die innere und äußere Kraft eines Staates, und nach dieser Richtung hin, meine Männer und Frauen, glaube ich, brauchen Sie und braucht keiner in Deutschland den geringsten Zweifel zu haben. Die Reichsmark ist stabil geblieben, die Reichsmark wird stabil bleiben – und nach Beendigung des siegreichen Krieges erst recht!"

[6] Marsh (1992) S. 43.

[7] Vgl. Veit (1969) S. 594f.

Aktivitäten zu fördern. Problematisch erwies sich im Wiederaufbau die Abwesenheit eines wirksamen Kapitalmarktes.[1,2] Die Gründung eines Zentralbanksystems erfolgte nach dem Krieg unter amerikanischem Einfluß. Die Notenbanktradition in Deutschland war bis dahin zentralistisch gewesen.

"Das in der zweiten Hälfte der vierziger Jahre entstandene System der Bank deutscher Länder und der Landeszentralbanken war im wesentlichen ein Gebilde der damaligen Besatzungsmächte.[3,4]

Die amerikanische Militärregierung sorgte für eine Aufteilung der Reichsbank in Landeszentralbanken und veranlaßte später auch eine Aufteilung der privaten Filialgroßbanken, die in der amerikanisch besetzten Zone lagen.[5] Sowohl die Briten als auch die Franzosen schlossen sich diesem Vorgehen bei den Landeszentralbanken an.

Die Aufgaben der Landeszentralbanken mußten koordiniert werden.[6] Die Bank deutscher Länder wurde daher kurz vor der Währungsreform gegründet mit Inkrafttreten der Gesetze am 1.3.1948.[7] Für das 1948 geschaffene System stand zwar das amerikanische Vorbild Pate, jedoch wurden die neu geschaffenen Landeszentralbanken als landeseigene, rechtlich selbständige öffentliche Institutionen ausgestaltet, die Anteilseigner der Bank deutscher Länder wurden.[8] Überwacht wurde die Bank deutscher Länder bis 1951 durch

---

[1] Paprotzki (1991) S. 224.

[2] Paprotzki (1991) S. 224.

[3] Gleske (1997) S. 124.

[4] Die Zweistufigkeit beruhte in erster Linie auf der Absicht der Amerikaner, die Dezentralisierung in Deutschland aufrechtzuerhalten. Begleitet wurde die dezentralisierte Notenbankstruktur durch eine Dezentralisierung des Bankwesens, das nach dem Vorbild der damaligen amerikanischen Bankenstruktur gestaltet sein sollte. Mit der neuen Struktur sollte auch ein stärkerer Einfluß der Zentralbank auf das Bankwesen gewährleistet sein als durch die Reichsbank. Die Briten verfochten in einem zwei Jahre andauernden Streit eher das zentralistische Element. Den Ausschlag gab die Sorge um die „Bedrohung aus dem Osten". Vgl. Marsh (1992) S. 191.

[5] Ziel der USA wäre es, „... sicherzustellen, daß die deutsche Finanzwelt nie mehr den Frieden der Welt stören kann." Joseph Dodge, Leiter der Finanzabteilung des Office of Military Government of the United States (OMGUS), zitiert von Marsh (1992) S. 196.

[6] Für die Verrechnung im Zahlungsverkehr wurde im Oktober 1947 in Frankfurt eine Verrechnungsstelle eröffnet, die als Vorgängerin der Bank deutscher Länder betrachtet werden kann. Vgl. Interview mit Ernst Welteke o.V. (1997d) S. 506.

[7] Auch die Namensgebung war Gegenstand einer Kontroverse, denn in Deutschland wollte man die neu zu gründende Institution „Deutsche Zentralbank" nennen, die Alliierten traten für „Union Bank" ein, der Kompromiß „Bank der deutschen Länder" wurde noch kurz vor der Errichtung um das Wort „der" verringert, um keine mißverständlichen Aussagen über die sowjetische Besatzungszone zu implizieren. Siehe dazu auch Veit (1969) S. 617ff.

[8] Gleske (1997) S. 129. Daher läßt sich diese Verwandtschaft nur in der äußeren Form feststellen. In den USA werden die Zentralbankfunktionen von mehreren Zentralbanken innerhalb desselben Währungsgebietes ausgeübt, und es gibt ein gemeinsames Lenkungsorgan. Der Zentralbankrat war anders zusammen-

die Allied Bank Commission in Frankfurt, die einen Grundstein für die deutsche Währungspolitik legte.

„Nicht nur wurde die deutsche Währungspolitik während dieser Kontrollzeit unpolitisch und neutral geführt; sondern eine Tradition wurde geschaffen, die in der politischen Unabhängigkeit des Zentralbankrates nach Errichtung der Bundesrepublik Deutschland Früchte trug."[1]

Nach den faktisch begrenzt wirksamen Unabhängigkeitserklärungen von 1922 und 1924 wurde erstmals wieder das Prinzip der Unabhängigkeit in einem Bankgesetz verankert. Die Bank deutscher Länder wurde 1951 dazu verpflichtet, *„die allgemeine Wirtschaftspolitik der Bundesregierung zu beachten und im Rahmen ihrer Aufgaben zu unterstützen."*[2]

Der Zentralbankrat der Bank deutscher Länder war das oberste Entscheidungsgremiums. Er bestand aus den Präsidenten der Landeszentralbanken, dem Präsidenten des Zentralbankrates sowie dem Präsidenten des Direktoriums[3] der Bank deutscher Länder, das das Exekutivorgan darstellte. Den Präsidenten der Landeszentralbanken kam eine zentrale Funktion zu.[4] Die Landeszentralbanken waren mit der Ausführung der Entscheidungen des Zentralbankrates betraut.[5][6] Die Bedeutung der Gründung der Bank deutscher Länder wird durch die Tatsache illustriert, daß diese ein Jahr vor der Gründung der Bundesrepublik erfolgte. Der Stellenwert der „Währung" für den Aufbau wurde in den Kontroversen der Alliierten über die Gestalt der deutschen Notenbank ersichtlich.

Auch die der Bank deutscher Länder zu diesem Zeitpunkt zugestandene Unabhängigkeit war nicht unumstritten.[7] Eine gewisse politische Rücksichtnahme wurde von dieser neuen

---

gesetzt als der Board of Directors. Auch eine Zweistufigkeit ließ sich nicht feststellen, da eine übergeordnete Bank fehlte. Veit (1969, S. 609ff) verweist daher auf die Ähnlichkeit mit der Bank of England.

[1] Veit (1969) S. 613.

[2] Die Bundesminister für Finanzen und Wirtschaft erhielten das Recht, an den Sitzungen des Zentralbankrates teilzunehmen. Sie konnten Anträge stellen, den Aufschub von Entscheidungen um acht Tage verlangen und auch Sitzungen einberufen, erhielten jedoch kein Stimmrecht. Veit (1969) S. 613.

[3] Das Direktorium war als zentralistisch orientiertes Element von den Briten gefordert worden. Es war jedoch aufgrund seiner Abhängigkeit vom Zentralbankrat und beschränkter Kompetenzen - so war es beispielsweise nur durch seinen im Präsidenten im Zentralbankrat stimmberechtigt - nur ein schwaches Gegengewicht zum föderal organisierten Zentralbankrat. Vgl. Dickhaus (1996) S. 56.

[4] Von ihnen wurde der Vorsitzende gewählt und der Präsident, der Vizepräsident sowie die anderen Mitglieder des Direktoriums bestellt. Gleske (1997) S. 130.

[5] Die Präsidenten wurden auf Vorschlag des Finanzministers vom Ministerpräsidenten ernannt. Dickhaus (1996) S. 58.

[6] Bundestag und Bundesregierung sollten erst ein Jahr nach der Bank deutscher Länder geschaffen werden. Sie hatten demzufolge keine Einflußmöglichkeiten. Vgl. Gleske (1995) S. 24.

[7] England nationalisierte 1946 die Bank of England, Frankreich verstaatlichte die Banque de France. In Deutschland wirkte unterstützend für die Unabhängigkeit der Zentralbank, daß einer politischen Bizone ein trizonales Zentralbanksystem gegenüberstand, demzufolge die politischen Einwirkungsmöglichkeiten, die in der Bizone gefordert wurden, politischen Grenzen gegenüberstanden. Vgl. Dickhaus (1996) S. 57.

Institution erwartet, die zudem als Zentralbank des besiegten und wirtschaftlich am Boden liegenden Deutschlands auch noch keine internationale Bedeutung besaß.[1]

Die Währungsreform von 1948 und die Einführung der D-Mark in Form einer reinen Papierwährung war der Beginn eines „gesunden" Geldwesens.[2] Die Bank deutscher Länder war damit zunächst nur mittelbar befaßt. Neben dem Notenmonopol und der Fähigkeit, Zins- und Diskontsätze zwischen den Landeszentralbanken und der Bank deutscher Länder und den Landeszentralbanken und den Kreditinstituten festzusetzen, wurde ihr als neues Instrument die Mindestreserve überantwortet.[3] Zudem wurde das Recht auf Offenmarktpolitik kodifiziert.[45]

Durch das Grundgesetz wurde der Bund 1949 damit beauftragt, eine Währungs- und Notenbank zu errichten. Außenwirtschaftlich wurde die deutsche Währung kontinuierlich stärker. Es wurde auf dem heimischen Markt immer schwieriger, die Kaufkraft der Deutschen Mark aufrechtzuerhalten, obwohl die Preissteigerungen in Deutschland geringer als in anderen Industrieländern waren.[6] Eine erste Zahlungsbilanzkrise gab es 1950. 1951/52 begann eine Periode von Zahlungsbilanzüberschüssen, in deren Zuge die Importrestriktionen aufgehoben wurden. Als Höhepunkt dieser Entwicklung erfolgte 1958 der Übergang zur Konvertibilität.[7] 1955 änderte die Bank deutscher Länder ihre geldpolitische Konzeption und ging von einem Zins- zu einem Liquiditätskonzept über. Die Liquidität des Bankensektors war bis zum neuerlichen Konzeptionswechsel in der ersten Hälfte der siebziger Jahre das monetäre Zwischenziel der Bundesbank.[8]

1.1.6. Das Bundesbankgesetz

Bereits mit der Bank deutscher Länder hatte Bundeskanzler Adenauer einen Konflikt ausgefochten, der für die Stellung der künftigen Bundesbank richtungsweisend sein sollte.[9] Es

---

[1] Dickhaus (1996) S. 58.

[2] Am 20. Juni 1948 wurde die Reichsmark durch die D-Mark ersetzt. Preisstopps und Rationierung wurden zugunsten einer freien Marktwirtschaft aufgegeben. Siehe dazu Marsh (1992) S. 198ff, Emminger (1987) S. 127ff. Das Recht zur Prägung von Münzen erhielt die Bank deutsche Länder kurzzeitig, mit dem Münzgesetz vom 8.7.1950 wurde die Hoheit der Scheidemünzenausgabe der Regierung zugesprochen. Vgl. Veit (1969) S. 613.

[3] Vgl. Dickhaus (1996) S. 59.

[4] Vgl. Veit (1969) S. 276, zu weiteren Veränderungen des Geschäftsbereiches Dickhaus (1969) S. 59.

[5] Zu den Besonderheiten des Systems, die mehr im Innenverhältnis zwischen der Bank deutscher Länder und den Landeszentralbanken lagen als in der Währungspolitik siehe Veit (1969) S. 618-624.

[6] Zur deutschen Geldpolitik in den Jahren von 1948 bis 1967 und ihren kurz- und langfristigen Zielsetzungen siehe Müller (1969).

[7] Siehe dazu Dickhaus (1996).

[8] Paprotzki (1991) S. 225.

[9] Adenauers scharfe Kritik in der „Gürzenich"-Rede richtete sich gegen zwei Leitzinserhöhungen der Bank

hatte immer Gegner des zweistufigen Systems gegeben.[1] Auch um das Bundesbankgesetz entstand eine starke Kontroverse.[2] Die Macht der Regierung wurde durch das Berufungsrecht des Direktoriums gestärkt.[3] Die Landeszentralbank - Beiräte, die die früheren Verwaltungsräte ersetzten, erhielten nur eine beratende Funktion.[4] Die Landeszentralbanken waren fortan rechtlich nicht mehr selbständig, sondern agierten nun als „Hauptverwaltungen" der Bundesbank. Waren 1949 und 1950 noch Versuche gemacht worden, einen stärkeren politischen Einfluß durchzusetzen, so wurde 1951 sichtbar, daß der Gedanke der Zentralbankunabhängigkeit mehrheitliche Unterstützung fand.[5] Am 1.8.1957 trat das Gesetz über die Deutsche Bundesbank in Kraft.

Die außenwirtschaftliche Stärke Deutschlands wurde in den späten fünfziger Jahren zu einer potentiellen Inflationsquelle. Die Bundesbank war nun mit der Frage nach der Priorisierung eines Ziels konfrontiert.[6] 1960 kam es zu einer ersten Auseinandersetzung über die Aufwertung der D-Mark, die dann im März 1961 erfolgte. Während die Bundesbank den Zielschwerpunkt auf die Wechselkursstabilisierung legte,[7] trat die Bundesregierung für eine Aufwertung ein.[8] Im März 1961 wurde die D-Mark erstmalig gegenüber allen anderen Währungen aufgewertet und die Dollarparität von DM 4,20 auf DM 4 pro Dollar gesenkt. In den Jahren 1965 und 1966 kam es zu einer neuerlichen Auseinandersetzung

---

deutscher Länder. Eine Fortsetzung erfuhr diese Kritik 1959, als sich die Bundesbank an die Öffentlichkeit wandte, um für einen haushaltspolitischen Sparkurs zu werben. Vgl. dazu Caesar (1981) S. 188.

[1] Ein anderer Faktor war die Dezentralisierung des Bankwesens durch die Alliierten, die 1952 wieder aufgehoben wurde. Von nun an standen den Entscheidungsbereichen der Landeszentralbanken geographisch größere Gebiete der privaten Banken gegenüber. Am 24.12.1956 wurden durch das 2. Großbankengesetz alle Niederlassungsbegrenzungen aufgehoben, so daß fortan ein Hauptargument für die dezentralisierte Struktur fehlte. Der Bundesrat trat jedoch gegen eine Abschaffung der Zweistufigkeit ein. Fraglich war zu dieser Zeit, ob das Grundgesetz rechtlich selbständige Landeszentralbanken überhaupt zuließ und auch die Kompetenz des Bundesrates war umstritten. Nach einer sechsjährigen Kontroverse kam man zu dem Entschluß, daß die rechtliche Zweistufigkeit nicht mit dem Grundgesetz zu vereinbaren war. Zugleich wurde die Frage nach der rechtlichen und institutionellen Zweistufigkeit von der föderativen Zusammensetzung der Leitungsorgane in dem neuen Entwurf als Kompromiß getrennt. Vgl. Veit (1969) S. 625.

[2] Wilhelm Vocke, der Präsident des Direktoriums der Bank deutscher Länder dazu gegenüber Fritz Schäffer, dem ersten Finanzminister der Bundesrepublik: „Ein gewisses Mißtrauen gegen die Notenbankleitung zieht sich wie ein roter Faden durch die von Ihnen neu eingefügten Bestimmungen hindurch. Wie Sie selbst ausführten, ist dabei die Sorge für Sie maßgebend, daß die Notenbank die Regierung stürzen könne"'. zitiert bei Marsh (1992) S. 223, vgl. Dickhaus (1996, S. 58, Fußnote 31) zu Äußerungen Erhards über das Bundesbankgesetz.

[3] Vgl. Gleske (1995) S. 24f.

[4] Ihnen gehören zwei Landesminister als Gäste an, und ihre Mitglieder werden von den jeweiligen Landesregierungen vorgeschlagen und vom Bundesbankpräsident berufen. Siehe dazu o.V. (1997) S. 506.

[5] Zur Geschichte der Debatte Bethusy-Huc (1962) S. 83ff.

[6] Hatte man 1948 fast ohne Reserven an Gold und Devisen begonnen, so waren diese 1967 auf ca. 30 Mrd. DM angewachsen. Vgl. Emminger (1987) S. 130.

[7] Die Bundesbank wollte die Mindestreserven senken, um einer Aufwertung zuvorzukommen, und die Bundesregierung war nahe daran, von ihrem Vetorecht Gebrauch zu machen.

[8] Vgl. Caesar (1981) S.189, Emminger (1987) S. 136.

zwischen der Bundesbank und der Regierung sowie Teilen der öffentlichen Meinung.[1] Gegen eine prozyklische Fiskalpolitik trat die Bundesbank mit starken Kreditrestriktionen auf. In der Folge mußte Erhard nach einem Koalitionsstreit zurücktreten.

1.1.7. Das Stabilitätsgesetz

Das "magische Viereck" (Geldwertstabilität, Vollbeschäftigung, Zahlungsbilanzgleichgewicht und angemessenes Wirtschaftswachstum)[2] bildete die Grundlage für die Vorstellung, daß vermehrt staatliche Eingriffe erforderlich seien.[3] Mit dem Stabilitätsgesetz wurde 1967 der Rahmen für eine aktive Prozeßpolitik gesetzt. Die Bundesbank hat im Laufe der siebziger Jahre beschäftigungs- und wachstumspolitischen Zielen eine größere Bedeutung beigemessen.[4] In der Folge wurden wirtschaftspolitische Gremien geschaffen, die auch die Bundesbank einbezogen und die Kontakte zwischen Regierung und Bundesbank intensivierten.[5]

Im November 1968 kam es zu einer Krise des Franc, in deren Folge es zu einer neuerlichen Kontroverse um eine Aufwertung der D-Mark kam. Im gleichen Monat wurde eine sogenannte „Ersatz - Aufwertung"[6] in Form von steuerlichen Import - Entlastungen und Export - Belastungen veranlaßt, die von der Bundesbank kritisiert wurde. Diese an die Öffentlichkeit gedrungenen Äußerungen wurden von der Regierung als *„Dolchstoß gegen Bonns offizielle Währungspolitik"* tituliert, da sie zu entsprechenden Forderungen im Ausland geführt hatten. Die Währungspolitik nahm auch einen wichtigen Platz in den Bundestagswahlen von 1969 ein. Danach wurde die D-Mark um 9% aufgewertet. Das konnte jedoch nicht verhindern, daß der internationale Preisdruck weiterhin wirkte. Von Mai bis Dezember 1971 „floatete" die deutsche Währung.[7] Der Rohstoffpreisanstieg 1972-1973

---

[1] Vgl. Caesar (1981) S. 189ff.

[2] Issing (1996) S. 10. Vgl. hier die Teilelemente des Stabilitätsgesetzes (Währungsstabilität, Wahrung eines hohen Beschäftigungsgrades, die Förderung eines stetigen und angemessenen Wirtschaftswachstums und die Herstellung des außenwirtschaftlichen Gleichgewichts) im Gesetz zur Förderung der Stabilität und des Wachstums der Wirtschaft vom 8.6.1967. Nach §13 III StWG sollen alle bundesunmittelbaren Körperschaften, Anstalten und Stiftungen des öffentlichen Rechts im Rahmen der ihnen obliegenden Aufgaben die Ziele des § 1 StWG berücksichtigen. Das Stabilitätsgesetz ist aber nach in Deutschland herrschender Meinung nicht auf die Bundesbank anwendbar. Siehe dazu Siebelt (1988) S. 159. Abgesehen von der juristischen Begründung dieser These läßt sich auch anführen, daß der Bundesbank bei Anwendung des Stabilitätsgesetzes ein von ihr nicht zu erfüllender Auftrag zugewiesen worden wäre.

[3] 1967 wurde der Höchstbetrag für Kassenkredite an den Bund auf sechs Mrd. DM heraufgesetzt. Im Rahmen des Konjunktureinbruchs dieser Jahre und des Inkrafttretens des Stabilitätsgesetzes wurden alle Instrumente der Konjunkturpolitik diskutiert und die Ausweitung des Kreditplafonds damit begründet, daß sich das Haushaltsvolumen seit 1957 stark ausgeweitet habe. Deutsche Bundesbank (1994) S. 34.

[4] Siehe dazu auch Erkel (1997).

[5] Vertiefend dazu Caesar (1981) S. 199 Fußnote 179.

[6] Siehe zu den folgenden Erläuterungen Caesar (1981) S.190.

[7] Blessing bezeichnete die Asymmetrie des Bretton Woods-Systems nachträglich als „perfekte Inflations-

und die erste Ölkrise Ende 1973 wirkten inflationsfördernd.[1] Bis 1973 kam es zwischen der Bundesregierung und der Bundesbank noch mehrfach zu Auseinandersetzungen, in deren Verlauf Karl Schiller zurücktrat.[2]

Für die Geldpolitik der Bundesbank bedeutete das Ende der Verpflichtung zum Dollarkauf im Frühjahr 1973 ein grundlegender Wandel der Aktionsbedingungen:

„It released the Bundesbank from the necessity to create central bank money involuntarily via purchases of foreign exchange, that is monetary policy was better protected against external influences."[3]

Eine Folge war auch, daß den geldpolitischen Instrumenten mehr Aufmerksamkeit geschenkt wurde. So verkündete die Bundesbank im Dezember 1974 erstmalig ein quantitatives Ziel für ihre Politik mit einem Wachstum der Zentralbankgeldmenge von 8%. Der Übergang von einer Liquiditätssteuerung zu einer Zentralbankgeldsteuerung[4] war eine Reaktion auf Veränderungen in den institutionellen Gegebenheiten der Währungsordnung.[5]

Die folgenden Jahre waren von einer nach außen hin demonstrierten Einmütigkeit zwischen Bundesregierung und Bundesbank geprägt.[6] Von 1973 bis 1977 stieg der Wert der D-Mark gegenüber den offiziell in Frankfurt notierten Währungen stark an, was zu einer erheblichen Belastung der deutschen Exportwirtschaft führte.[7] Von 1970 bis 1975 wurden Mindestreserve- Diskont- und Lombardsätze fast vierzigmal geändert.[8]

„Eine Geldpolitik der „ruhigen Hand" entsprach damals nicht dem Ideal deutscher Geldpoliti-

---

maschine". Emminger (1987) S. 131.

[1] Zu anderen Preissteigerungsfaktoren Emminger (1987) S. 134ff.

[2] Der zentrale Punkt waren außenwirschaftliche Absicherungen, für die die Bundesbank eintrat. Die Bundesbank verweigerte im Mai 1971 die Zustimmung zur Wechselkursfreigabe, gab später dann nach. In der Auseinandersetzung, die zum Rücktritt Schillers führte, sprach sie sich für administrative Schranken gegen Auslandsgelder aus. Vgl. Caesar (1981) S. 191.

[3] Emminger (1987) S. 141.

[4] Zum Unterschied zwischen der Zentralbankgeldmenge und dem Aggregat M3 Paprotzki (1991) S. 236f und Bofinger/Reischle/Schächter (1996) S. 250.

[5] Schlesinger (1976) S. 451. Zu dem geldpolitischen Credo der Bundesbank in dieser Zeit siehe Emminger (1987) S. 142. Zentraler Punkt war ein „pragmatischer Monetarismus", der durch den Zwischenzielcharakter des Geldangebotsziels, die mittelfristige Ausrichtung und das Verständnis gekennzeichnet war, daß Geldpolitik nicht als „Allheilmittel" für wirtschaftspolitische Probleme fungieren konnte, denn „.... the desired effects could only be reached if the other participants in the economic process, in particular fiscal policy, fell into line." Emminger (1987) S. 144.

[6] Zu den wenigen Ausnahmen Caesar (1981) S. 191f.

[7] Vgl. Emminger (1987) S. 131ff.

[8] Welteke (1998) S. 8.

ker. Ihre Vorstellung bestand vielmehr aus einem komplexen Ineinandergreifen von Instrument- und Zielbeziehungen, deren Beherrschung der damalige Bundesbankpräsident mehr als Kunst denn als Wissenschaft verstand."[1]

Marktkonformität trat in den folgenden Jahren bei den Instrumenten in den Vordergrund. Daher wurde nun auch zunehmend mit Offenmarktgeschäften operiert.

„Waren vorher Bankenliquidität, Geldversorgung und Zinsniveau die Ansatzpunkte der Geldpolitik, so trat von da an die Geldmenge deutlich in den Mittelpunkt. Einer ruhigen und stetigen Geldpolitik wurde der Vorzug gegeben vor reinem antizyklischen Interventionismus, der letztlich enttäuscht hatte."[2]

Auch die neuere Geschichte der Deutschen Bundesbank ist von Konflikten zwischen der Bundesbank und der Regierung geprägt gewesen.[3] Die Gründung des EWS, das von Bundeskanzler Helmut Schmidt und dem französischen Staatspräsidenten Valéry Giscard d'Estaing gemeinsam initiiert wurde, stieß bei der Bundesbank nicht auf Begeisterung. Sie reagierte zunächst zurückhaltend.[4]

1981/1982 kam es aufgrund des Zweiten Ölschocks zu einer weltweiten Rezession. In Deutschland stiegen Arbeitslosigkeit und Inflation an, die Leistungsbilanz wurde stark defizitär. Zugleich geriet die D-Mark unter Abwertungsdruck gegenüber dem Dollar. Die Bundesbank setzte den normalen Lombard aus und bot einen Sonderlombard zu stark erhöhten Zinsen an. Bundeskanzler Helmut Schmidt forderte hingegen Zinssenkungen und plante eine Kreditaufnahme in Saudi-Arabien, an der sich die Bundesbank beteiligen sollte, um das Wachstum über einen fiskalpolitischen Impuls zu beleben.[5] Die Bundesbank lehnte ab. Helmut Schmidt sprach sich in der entscheidenden Bundestagsdebatte gegen die Folgen einer, wie er sie nannte, „deflationistischen Politik" aus. Die Koalition zerbrach.

---

[1] Welteke (1998) S. 8.

[2] Welteke (1998) S. 9.

[3] Das Vetorecht wäre beinahe im Januar 1979 zum Einsatz gekommen. Die Bundesbank hatte unter Emminger Anfang 1979 eine Überhitzung der Wirtschaft befürchtet, worauf am 18.1.1979 eine Erhöhung des Lombardsatzes von 3,5 auf 4% erfolgte. Manfred Lahnstein, Staatssekretär im Finanzministerium, sprach sich dagegen aus und trat – was das Ereignis gegenüber der gewöhnlichen Vorgehensweise heraushob – damit an die Öffentlichkeit. Emminger dazu zitiert von Marsh (1992, S. 232): „Mir war ganz recht, daß einmal ein solcher Konflikt mit der Regierung an die Öffentlichkeit kam und nicht, wie sonst üblich nur abseits der Öffentlichkeit ausgetragen wurde."

[4] Um einem eventuellen Widerstand der Bundesbank gegen die Unterzeichnung des Abkommens über das EWS vorzubeugen, begab sich Schmidt im November 1978 persönlich in die Bundesbank. Helmut Schmidt dazu: „Ich ließ sie wissen, daß sie ihre Unabhängigkeit nicht überstrapazieren sollten." Zitiert bei Marsh (1992) S. 258.

[5] Zu den vorangehenden wirtschaftspolitischen Maßnahmen der Regierung Marsh (1992) S. 231ff.

Aber auch die Regierung Kohl war vor Auseinandersetzungen mit der Bundesbank nicht gefeit. Anläßlich der Gründung des deutsch-französischen Wirtschaftsrates kam es zwischen der Bundesregierung und der Bundesbank zu Spannungen, da eine bilaterale „Harmonisierung" der Wirtschaftspolitik die Unabhängigkeit der Bundesbank gefährdete.[1] Diese Spannungen wurden durch die Maßnahmen, die als Reaktion auf den Börsenkrach 1987 folgten, noch vertieft. 1988 nahm die Bundesbank einen Wechsel ihrer geldpolitischen Zwischenzielgröße von der Zentralbankgeldmenge zur Geldmenge M3 vor.[2]

1.1.8. Die Wiedervereinigung

Das wichtigste politische und wirtschaftspolitische Ereignis der Nachkriegszeit, die Wiedervereinigung, führte zu erheblichen Spannungen zwischen der Bundesregierung und der Bundesbank, in deren Verlauf Bundesbankpräsident Karl Otto Pöhl seinen Abschied nahm.[3] Im Juli 1990 wurde der Staatsvertrag zur Währungs-, Wirtschafts- und Sozialunion zwischen der Bundesrepublik und der DDR wirksam. Dazu Willeke/König (1995):

„A slower process would certainly have been preferable from a purely economic point of view. ... a phased process seemed ... to be appropriate, one in which basic macroeconomic conditions could gradually be brought into line with those in the former Federal Republic and which could ultimately lead to monetary union."[4]

Vor der Einführung der D-Mark mußte ein Umstellungskurs von Mark in D-Mark festgelegt werden, für den die Bundesbank ein Verhältnis von 2:1 empfahl.[5][6] Im Staatsvertrag

---

[1] Dazu Marsh (1992, S. 371): "Wäre der Rat effektiv gewesen, hätte er die Bundesbank hindern können, Entscheidungen über die Zinssätze ohne vorherige Rücksprache mit den Franzosen zu treffen – ein untragbarer Zustand. Es gelang der Bundesbank, die Bestimmungen des Vertrages so zu verwässern, daß der Rat nicht wie von den Franzosen gewünscht bindende Entscheidungen treffen konnte, sondern auf eine beratende Funktion beschränkt war."

[2] Es handelte sich dabei nach Aussage der Bundesbank um eine rein technische Veränderung, die einer in der Vergangenheit immer stärker werdenden Überzeichnung der monetären Entwicklung durch die Zentralbankgeldmenge entgegenwirken sollte. Paprotzki (1991) S. 240.

[3] Wilhelm Nölling, Präsident der Hamburger Landeszentralbank, forderte damals in einem Zeitungsinterview: „Die Bundesregierung muß endlich aufhören, so zu tun, als ob die Autonomie der Bundesbank für den Prozeß der Wiedervereinigung außer Kraft gesetzt worden wäre." Marsh (1992) S. 288.

[4] König/Willeke (1995) S. 29.

[5] Natürliche Personen sollten Bankguthaben bis zu 2000 Mark im Verhältnis 1:1 tauschen dürfen. Die Frage der „richtigen" Umstellungskurse war nicht nur ökonomisch sondern auch politisch umstritten. Weder der offizielle Umtauschkurs noch der Kurs auf dem freien Markt, dem es an Liquidität mangelte, waren verläßliche Indikatoren. Die Wahl, die getroffen wurde, sollte folgende Ziele unterstützen: Minimierung der Inflationsrisiken, Sicherung der Wettbewerbsfähigkeit der DDR-Industrie und politische Zustimmung in der Bevölkerung. König/Willeke (1995) S. 30.

[6] Nach König/Willeke (1995) war das Umtauschverhältnis für laufende Gehälter und Gehaltszahlungen

wurde der generellen Empfehlung zwar Folge geleistet, Löhne und Gehälter wurden jedoch im Verhältnis 1:1 berücksichtigt und die Grenzen für umtauschfähige Bankguthaben wurden zum Kurs 1:1 höher angelegt.[1] Eine rapide Verschlechterung der Finanzlage und ein Umschwung in der Leistungsbilanz - von einem 77 Milliarden D-Mark-Überschuß im Jahr 1990 auf ein 34 Milliarden D-Mark-Defizit im Jahr 1991 - begleiteten diese Entscheidung.[2] Durch die Währungsumstellung stieg M3 um 180 Mrd. DM oder 15% der westdeutschen Geldmenge.[3] Mit der Währungsunion wurde die deutsche Wirtschaft einem starken geldpolitischen Schock ausgesetzt, der, verstärkt durch lohn- und fiskalpolitische Effekte, das Risiko eines starken mittelfristigen Preisniveauanstiegs zu induzieren drohte.[4]

Die Bundesbank begann 1991, eine restriktive Geldpolitik zu verfolgen, und erhöhte im gleichen Jahr dreimal sowie noch einmal im Juli 1992 den Diskontsatz. Die starke Ausweitung der Nachfrage, die durch die deutsche Wiedervereinigung induziert worden war, hatte vergessen lassen, daß immer noch substantielle Wechselkursrisiken bestanden. Mit dem dänischen Referendum waren Spekulationen eingeleitet worden, die in der Folge massive Interventionen notwendig machten. Durch die Wiedervereinigung hatte sich in Deutschland die Geldentwertung beschleunigt und war im April 1992 auf einen Höchststand von 4,9% gestiegen.[5] Die Rezession in den Partnerländern ließ Zweifel daran aufkommen, ob diese imstande waren, den Leitzinserhöhungen der Bundesbank zu folgen.[6] Die Bundesbank wurde politisch immer stärker unter Druck gesetzt und im In- und Ausland ob ihres restriktiven Kurses kritisiert. Der Anpassungsdruck, der sich durch fehlende

---

gerechtfertigt, denn die Unterschiede zwischen den Gehältern spiegelten ungefähr die Produktivitätsunterschiede wider. International wurde die Wettbewerbsfähigkeit der handelbaren Güter aus der DDR geschwächt, denn zuvor war ein Wechselkurs von 4,40 Mark zu 1 DM genutzt worden. Die Verbraucher wurden bei gleichzeitig steigenden Preisen für Grundnahrungsmittel mit einem starken Anstieg ihrer realen Kaufkraft konfrontiert. Vgl. König/Willeke (1995) S. 31.

[1] Personen zwischen 15 und 59 Jahren konnten 4000 Mark und Personen ab dem 60. Lebensjahr 6000 Mark im Verhältnis 1:1 tauschen. Kaehler/Korn (1995) S. 28f. Der Umtausch der Bankeinlagen war bestimmend für das Ausmaß des Anstiegs der Geldmenge M3. Die Bundesbank setzte sich für einen Umtauschkurs ein, der mit einer auf Preisstabilität gerichteten Politik vereinbar sein sollte. Der sensiblen politischen Frage nach der Bewertung der Bankeinlagen stand auf der anderen Seite das Problem der Bankaktiva, der Firmenkredite, gegenüber. Nachdem eine asymmetrische Vorgehensweise ausgeschlossen wurde, da zinstragende Ausgleichsforderungen der Banken an den Bund geschaffen worden wären, die die Fiskalpolitik in der Folgezeit stark unter Druck gesetzt hätten, wurde der Kompromiß von 2:1 geschlossen, obwohl die DDR-Unternehmen dadurch mit einer Hypothek belastet wurden, die sich in der Folgezeit als zu belastend erwiesen hat. Vgl. König/Willeke (1995) S. 32.

[2] Zu den Erwartungen der Regierung Marsh (1992) S. 260ff.

[3] König/Willeke (1995) S. 31 zu einer Analyse des Verlaufs und der Portfolioanpassungen.

[4] Zu den einzelnen Wirkungsmechanismen König/Willeke (1995) S. 32.

[5] Vgl. Bofinger (1996) S. 276.

[6] Tietmeyer (1994, S. 24) dazu: „Eine rechtzeitige Wechselkursneuordnung - gemäß den Regeln des EWS - hätte einen Großteil der späteren Spannungen und Fehlentwicklungen - auch in Deutschland - vermutlich vermeiden können."

Realignments und unterschiedliche Kosten- und Preisentwicklungen im EWS angestaut hatte, brach im September 1992 als Wechselkurskrise durch.[1] Eine Krise wäre vermutlich früher eingetreten, wenn die D-Mark nicht durch die Belastung der Wiedervereinigung auf den Devisenmärkten geschwächt gewesen wäre.[2]

Im Zuge der Wiedervereinigung wurde die Organisationsstruktur der Bundesbank verändert.[3] Die veränderte Rolle Deutschlands in Europa wirkte auch auf die Bundesbank und ist sowohl an der Bedeutung, die ihr im Ausland beigemessen wurde, als auch an der Beziehung zur Regierung und an der Art, mit dieser Konflikte auszutragen, ablesbar.[4] So wurde der Bundesbank vorgeworfen, Europa durch eine rigide Zinspolitik in eine Rezession geführt zu haben und während der Wechselkurskrisen „im Stich gelassen zu haben".[5][6]

1.2. Juristische Rahmenbedingungen

1.2.1. Das zentralbankrechtliche Normengefüge vor 1993

Der formale Rahmen des Handlungsspielraums der Bundesbank wird durch Art. 88 GG und das Bundesbankgesetz bestimmt. Auf die verfassungsrechtlichen Grundlagen der Deutschen Bundesbank und ihre Rechtsnatur[7] ist bereits in der Einführung eingegangen worden. Hier sollen nur noch im Überblick die kodifizierten Aufgaben und deren Konsequenzen für den formalen Handlungsspielraum skizziert werden.

1.2.1.1. Aufgabenzuweisung an die Deutsche Bundesbank

Nach § 3 des Bundesbankgesetzes werden die Aufgaben wie folgt formuliert:

---

[1] König/Willeke (1995) S. 34.

[2] König/Willeke (1995) S. 34.

[3] Die Zahl der Landeszentralbanken wurde auf neun reduziert. Vgl. Gleske (1995) S. 22.

[4] Dazu Karl Otto Pöhl anläßlich seiner Abschiedsfeier am 27. August 1991 zitiert von Marsh (1992, S. 15): "Nach der Vereinigung Deutschlands hat sich unsere Rolle und unser Gewicht in Europa verändert. Deutschland ist das Modell, auf das unsere Nachbarn im Westen und im Osten blicken, und wir sind das Land, von dem in erster Linie signifikante Beiträge für die wirtschaftliche Entwicklung Osteuropas erwartet werden. Unsere Währung und ihre dafür verantwortliche Notenbank werden dabei eher noch wichtiger."

[5] Zu den Vorwürfen einer bedingungslosen Rigidität äußerte sich Hans Tietmeyer 1994: „Viele dieser Stimmen setzen offenbar Stabilitätspolitik erneut mit wachstumshemmende, rückwärtsgerichteter Politik gleich, die dogmatische Geldwertstabilität auf Kosten von Wachstum und Beschäftigung erreichen will." Tietmeyer (1994) S. 23.

[6] Es gab auch Kritiker, die die Zinssenkungen im September 1992 als ein Zurückweichen vor dem europapolitischen Druck werteten. Vgl. dazu Jochimsen (1998) S. 48.

[7] Dazu auch Bonin (1979) S. 171f.

„Die Deutsche Bundesbank regelt mit Hilfe der währungspolitischen Befugnisse, die ihr nach diesem Gesetz zustehen, den Geldumlauf und die Kreditversorgung der Wirtschaft mit dem Ziel, die Währung zu sichern, und sorgt für die bankmäßige Abwicklung des Zahlungsverkehrs im Inland und mit dem Ausland."[1]

In dieser Bestimmung kommen sowohl das Objekt der Tätigkeit (Regelung von Geldumlauf und Kreditversorgung) als auch die zu diesem Zweck zur Verfügung gestellten Instrumente (währungspolitische Befugnisse) und das Ziel der Tätigkeit (Währungssicherung) zum Ausdruck.[2] Der prozeßpolitische Auftrag wird somit um die ordnungspolitische Aufgabe der Regelung eines geordneten Geldverkehrs ergänzt, dem die Deutsche Bundesbank durch die technische Durchführung des Zahlungsverkehrs Folge leistet.[3]

Das vorrangige prozeßpolitische Ziel der Preisstabilität ist vom Gesetzgeber verankert worden. Dazu zählt einerseits die Geldwertstabilität im Inneren und andererseits die außenwirtschaftliche Stabilität, die, ungenau formuliert, näher bestimmt werden muß.[4] Die Deutsche Bundesbank sieht darin die „Kaufkraft des Geldes in fremder Währung".[5]

Zwei Faktoren konditionieren die Aufgabenerfüllung, die Aufrechterhaltung einer knappen Geldversorgung[6] und die Sorge für die Wechselkurspolitik.[7]

Die Bundesbank ist ihrem Selbstverständnis nach nicht dazu verpflichtet, bei Verteilungskämpfen und Ansprüchen an das Sozialprodukt akkommodierend zu wirken. Dementsprechend hat sie sich in der Vergangenheit auch zu lohnpolitischen Entwicklungen geäußert so durch Bundesbankpräsident Pöhl im Februar 1991 anläßlich der Diskont- und Lombardsatzerhöhung:

„Wir können uns auch nicht zufrieden äußern zu dem, was auf lohnpolitischem Gebiet auf uns

---

[1] §3 des BBankG. Soweit nicht anders kenntlich gemacht beziehen sich die Verweise auf die Bundesbankgesetzgebung auf die jeweilig gültige Version in dem beschriebenen Zeitabschnitt.
[2] Becker (1985) S. 36.
[3] §3 BBankG.
[4] Bofinger (1996) S. 11. Zunächst hatten im Regierungsentwurf der zweiten Wahlperiode folgende Zusätze gestanden: „...die Währung nach innen und außen zu sichern" und „Die Verantwortung der Bundesregierung für die Sicherung der Währung bleibt unberührt." Die Bundesregierung hatte unter der „Sicherung der Währung nach innen und außen" eine Kombination mehrerer Ziele verstanden. Der Ausschuß für Geld und Kredit unter der Leitung des Abgeordneten Scharnberg hatte diese Zusätze gestrichen. Zur Entstehung des Bundesbankgesetzes und der damaligen Debatten sowie den unterschiedlichen Entwürfe Braun (1969) S. 6ff.
[5] Deutsche Bundesbank (1995) S. 24.
[6] Die Deutsche Bundesbank führt dazu aus, daß „... ohne eine übermäßige Ausweitung der Geldmenge allgemeine Preissteigerungen auf die Dauer nicht möglich sind." Deutsche Bundesbank (1987) S. 11.
[7] Paprotzki (1991) S. 208.

zukommt: Lohnforderungen von mehr als 10 Prozent im öffentlichen Dienst."[1]

Auch die fiskalpolitischen Entwicklungen kommentierte die Bundesbank und wies bei drohenden Anzeichen von „Anspruchsinflation" auf deren schädliche gesamtwirtschaftliche Wirkung hin.[2]

Von besonderer Bedeutung für den formalen Handlungsspielraum der deutschen Zentralbank ist der § 12, durch den das Verhältnis zwischen Zentralbankpolitik und allgemeiner Wirtschaftspolitik festgelegt ist:

„Die Deutsche Bundesbank ist verpflichtet, unter Wahrung ihrer Aufgabe die allgemeine Wirtschaftspolitik der Bundesregierung zu unterstützen. Sie ist bei der Ausübung der Befugnisse, die ihr nach diesem Gesetz zustehen, von Weisungen der Bundesregierung unabhängig."[3]

Darunter wird ausdrücklich eine zum Ziel der Geldwertstabilität subsidiäre Verpflichtung zur Unterstützung verstanden. Demgegenüber wird häufig mit einem Hinweis auf § 13 Abs. 3 BBankG eingeworfen, daß die Bundesbank als juristische Person des Öffentlichen Rechts an die Ziele des § 1 StabG gebunden ist.[4] Diese Bindung findet ihre Grenze jedoch in der Wahrung der Aufgabe der Deutschen Bundesbank.[5] So ist auch § 13 BBankG als eine Form der Vorbeugung für Konflikte zwischen Bundesbank und Bundesregierung zu verstehen.[6] Die Bundesbank hat danach die Bundesregierung in wichtigen währungspolitischen Frage zu beraten und ihr auf Verlangen Auskunft zu geben.[7] In diesem Sinne schließt sich auch der zweite Absatz des § 13 BBankG an, nach dem Mitglieder der Bundesregierung das Recht besitzen, an den Sitzungen des Zentralbankrates teilzunehmen und Anträge ohne Stimmrecht stellen können. Zudem steht ihnen das Recht zu, eine Aussetzung der Beschlußfassung für zwei Wochen zu verlangen.[8] Das formal ungleichgewichtige Beratungsrecht ist aber keineswegs asymmetrisch gestaltet, denn auch der Bundes-

---

[1] Kaehler/Korn (1995) S. 36.
[2] Kaehler/Korn (1995) S. 36.
[3] § 12 BBankG.
[4] Die Bundesbank ist bereits aus ihrer Gefolgschaftspflicht gegenüber der Bundesregierung - diese aufgrund §1 StabG und Art. 109 GG a.F. - zur Beachtung des gesamtwirtschaftlichen Gleichgewichts verpflichtet. Coburger (1988) S. 43.
[5] Siehe dazu auch S. 417.
[6] Hahn (1990) S. 256.
[7] § 13 Abs. 1 BBankG.
[8] § 13 Abs. 2 Satz 3 BBankG. Das aufschiebende Vetorecht der Bundesregierung ist nicht angewendet worden, Caesar (1981, S. 185) weist allerdings darauf hin, daß es mehrfach zu einer Verschiebung der Beschlußfassung des Zentralbankrates auf Bitten der Bundesregierung gekommen sei, was möglicherweise einem Veto vorbeugen sollte. So auch Marsh (1992) S. 99.

bankpräsident nimmt an Kabinettssitzungen von währungspolitischer Bedeutung teil.[1]

Dem Endziel der Geldwertstabilität entspricht auch das Verbot der Finanzierung von Haushaltsdefiziten nach §22 BBankG: Kreditgeschäfte mit Nichtbanken sind untersagt und Kredite an die öffentliche Hand werden nach § 20 Abs. 1 stark begrenzt. Danach darf die Bundesbank Kassenkredite dem Bund, seinen Sondervermögen und den Ländern nur kurzfristig bis zu vorher festgesetzten Höchstgrenzen gewähren.[2] Der Bundesbank ist es auch untersagt, direkte Ankäufe staatlicher Schuldverschreibungen zu tätigen, die nicht im Rahmen der Offenmarktpolitik zur Regelung des Geldmarktes erfolgen.[3] Die eingeräumten Kassenkredite dürfen nicht zur Finanzierung von Haushaltsdefiziten genutzt werden.[4]

Der Handlungsspielraum der Bundesbank wurde dadurch begrenzt, daß ihr nicht die Entscheidungen hinsichtlich des Wechselkurses oblagen.[5][6] Diese Beziehung wurde durch 13 Abs. 3 BBankG ergänzend beschrieben, nach dem die Bundesregierung den Präsidenten der Deutschen Bundesbank zu ihren Beratungen über Angelegenheiten von währungspolitischer Bedeutung hinzuziehen soll.

Nach Art. 88 GG a.F. ist die Deutsche Bundesbank als Notenbank zu errichten.[7] § 14 spezifiziert, daß ihr das alleinige Recht zusteht, das einzige unbeschränkte gesetzliche Zahlungsmittel in Form von auf D-Mark lautenden Noten auszugeben.

Die Aufgaben der Bundesbank umfassen die in den §§14 bis 17 geregelten Kompetenzen:

---

[1] Dazu vertiefend Caesar (1981) S. 185.

[2] Hahn (1990) S. 291 zu den mehrmaligen Anläufen der Länder, den Kreditplafond erhöhen zu lassen. Nach § 20 Abs. 1 Satz 2 BBankG wird auf die Kreditplafond der Umlauf von Schatzwechseln angerechnet, die die Bundesbank gekauft oder deren Ankauf sie zugesagt hat. Ebenda.

[3] § 21 BBankG.

[4] Dazu Hahn (1990) S. 292, der auf die Praxis von Bund und Ländern hinweist, in den Haushalten Verschuldungsermächtigungen hinsichtlich der Kassenkredite vorzusehen.

[5] Art. 73 des Grundgesetzes. Zwar lag die Zuständigkeit für die Entscheidungen über Paritätenänderungen bei der Regierung, jedoch hat es die Bundesbank sowohl in diesem Bereich als auch bei der Entscheidung über Devisenmarktinterventionen zur Stabilisierung des Wechselkurses eine wesentliche Rolle gespielt. Gemäß §13 BBankG hat die Bundesbank in dieser Beziehung nur beratende Funktion. Insbesondere die deutsche Wiedervereinigung und der daraus entstehende Konflikt zwischen Regierung und Bundesbank hat die Bedeutung dieser Normen hervorgehoben. Siehe dazu Pivetti (1995) S. 16.

[6] Die Regelungen der Bank deutscher Länder und der Landeszentralbanken wurden unverändert übernommen. Gleske (1997) S. 133. Nach Art. 73 Nr. 4 GG hat der Bund die ausschließliche Gesetzgebung über das Währungs-, Geld- und Münzwesen. Gleske sieht den Konsens in der Gesellschaft über das Ziel der Geldwertstabilität als Einflußfaktor für diese Regelung, die trotz fehlender Klarheit der gesetzlichen Zuständigkeitsabgrenzung möglich war. Vgl. Gleske (1997) S. 133.

[7] Das Münzregal liegt beim Bund, in dessen Auftrag die Bundesbank die Münzen in den Verkehr bringt. Für die Emission von Münzen ist jedoch die Zustimmung der Bundesbank erforderlich, um eventuellen Konflikten vorzubeugen. „Diese Monopolstellung der Bundesbank im gesamtwirtschaftlichen Kreislauf .... stellt die eigentliche Grundlage dafür dar, daß die Bundesbank die Ausweitung der gesamten Geldbestände wirksam kontrollieren kann, d.h. dieses Privileg begründet – neben der Mindestreservepflicht der Banken – die Monopolstellung der Bundesbank im Geldangebotsprozeß." Paprotzki (1991) S. 210.

Befugnisse der Bundesbank stellen zum einen die Versorgung der Geschäftsbanken mit Zentralbankguthaben über Refinanzierungs- und Offenmarktgeschäfte (§ 15) dar und zum anderen die gesetzliche Mindestreserve, die die Geschäftsbanken dazu verpflichtet, in Höhe eines bestimmten Prozentsatzes ihrer Verbindlichkeiten aus Sichteinlagen, befristeten Einlagen und Spareinlagen von Nichtbanken sowie aus aufgenommenen kurz- und mittelfristigen Geldern gegenüber nicht mindestreservepflichtigen Marktteilnehmern Guthaben auf einem Girokonto bei der Bundesbank zu unterhalten.[1] Darüber hinaus zählen zu währungspolitischen Befugnissen neben der Notenausgabe die Einlagenpolitik und statistische Erhebungen.

In den §§ 19 bis 25 BBankG wird der sogenannte „Geschäftskreis der Bundesbank" beschrieben, welcher auch teilweise zum währungspolitischen Instrumentarium gezählt werden kann.[2] Hinsichtlich der Bankenaufsicht ist die Bundesbank an eine Zusammenarbeit mit dem Bundesaufsichtsamt für das Kreditwesen gebunden, deren Gestaltung durch das Gesetz über das Kreditwesen (KWG) ausgeführt wird. Die Kooperation zwischen dem Bundesaufsichtsamt für das Kreditwesen und der Deutschen Bundesbank wird in § 7 KWG beschrieben: Die Deutsche Bundesbank kann die Vorlage von Bilanzen und Buchführung verlangen, ihren Forderungen aber nur durch die Verständigung des Bundesaufsichtsamtes für das Kreditwesen Nachdruck verleihen, falls dieser nicht Folge geleistet wird.[3]

1.2.1.2. Die Organisation der Deutschen Bundesbank

1.2.1.2.1. Zentralbankrat

Das Bundesbankgesetz hat gegenüber der vorher geltenden Normative das zentralistische Element in der Willensbildung verstärkt, denn der Zentralbankrat setzt sich nun aus den Mitgliedern des Direktoriums und den Präsidenten der Landeszentralbanken zusammen.[4] Direktorium und der Zentralbankrat sind nach dem Kollegialprinzip organisiert.[5] Der Zentralbankrat hat die Aufgabe, die Währungs- und Kreditpolitik der Bank festzulegen:

---

[1] § 16 BBankG.

[2] Becker (1985) S. 37.

[3] Durch die Kooperation mit dieser Institution erhält die Deutsche Bundesbank eine Vielzahl regelmäßiger Informationen. Die Benachrichtigungen beziehen sich auf das Kreditgeschäft (§§ 10 (8),§13,§13a (1) KWG), die Banken betreffende Veränderungen (§24,24a, 53a KWG) und monatliche Ertragsmeldungen (§ 25 KWG) sowie die Jahresberichte der Banken (§26 KWG). Report of a Working Group of the ECU Institute (1995) S. 140.

[4] §§ 5, 6 BBankG.

[5] Er trifft sich alle zwei Wochen und fällt die Entscheidungen mit einfacher Mehrheit. Vgl. dazu Gleske (1995) S. 25.

„Er stellt allgemeine Richtlinien für die Geschäftsführung und Verwaltung auf und grenzt die Zuständigkeit des Direktoriums sowie der Vorstände der Landeszentralbanken im Rahmen der Bestimmungen ... ab."[1]

Vor der dritten Stufe der Währungsunion war der Zentralbankrat das oberste Leitungsorgan der Bundesbank. Mitglieder des Zentralbankrates haben eine Amtsdauer von maximal acht Jahren und bleiben damit zwei Legislaturperioden im Amt.[2] Durch die Teilnahme der Landeszentralbankpräsidenten an den Sitzungen des Zentralbankrates kommt diesen und dem föderalen Element auf der formalen Ebene eine wesentliche Bedeutung zu.

1.2.1.2.2. Direktorium

Das Direktorium ist das Durchführungsorgan der Deutschen Bundesbank. Begrenzungen erfährt seine Verfügungsgewalt durch die Zuständigkeit der Vorstände der Landeszentralbanken.[3] Es besteht aus dem Präsidenten und dem Vizepräsidenten sowie bis zu sechs weiteren Direktoriumsmitgliedern.[4] Voraussetzung für die Ernennung eines Mitglieds des Zentralbankrates ist eine „besondere fachliche Eignung".[5] Der Präsident ist in diesem kollegialen Gremium „primus inter pares".[6] Die Aufgaben des Direktoriums bestehen insbesondere in überregionalen Tätigkeiten, d.h. in Geschäften mit dem Bund und seinen Sondervermögen, mit zentralen Kreditinstituten sowie in Devisen- und Offenmarktgeschäften.[7]

1.2.1.2.3. Landeszentralbanken (LZB)

Die Landeszentralbanken gehören nach § 8 BBankG neben dem Zentralbankrat und dem Direktorium zu den Organen der Bundesbank. Durch die interne Struktur der Bundesbankorganisation wird einerseits berücksichtigt, daß es sich bei der Bundesbank um eine juristische Person handelt, da die Landeszentralbanken anders als unter dem BdL - Gesetz

---

[1] §6 BBankG.
[2] § 7 BBankG, Paprotzki (1991) S. 209.
[3] § 7 BBankG. Zu seinen besonderen Aufgabengebieten gehören die Geschäfte mit dem Bund, seinen Sondervermögen und Kreditinstituten, die zentrale Aufgaben im Bundesgebiet wahrnehmen, sowie Devisengeschäfte. Hahn (1990) S. 239, Goetze (1999) S. 202f.
[4] Die Ernennung erfolgt auf Vorschlag der Bundesregierung. § 7 Abs. 3 Satz 1 BBankG.
[5] § 7 Abs. 1 Satz 2 BBankG.
[6] Gleske (1997) S. 131.
[7] § 7 Abs. 1 S. 2 BBankG.

nicht mehr rechtlich selbständige Einrichtungen der Länder sind, sie wurden zu Hauptverwaltungen der Deutschen Bundesbank. Andererseits wird dem föderalistischen Prinzip durch die beiden Organisationsstufen Rechnung getragen. Die Landeszentralbanken führen bis zu Beginn der dritten Stufe der Währungsunion keine Weisungen aus, sondern nehmen ihre Aufgaben in eigener Verantwortung wahr.[1]

Dem Direktorium können nach dem Bundesbankgesetz bis zu zehn Mitglieder angehören. Ihnen stehen elf Landeszentralbanken gegenüber, deren Zahl nach der Wiedervereinigung auf neun reduziert wurde. Zugleich wurde die maximale Zahl der Direktoriumsmitglieder auf acht gesenkt.[2] Jede Landeszentralbank wird von einem Vorstand geleitet, der aus Präsident, Vizepräsident und - wenn eine Landeszentralbank für drei Bundesländer zuständig ist - einem weiteren Vorstandsmitglied besteht.[3]

Die LZB-Präsidenten werden auf Vorschlag des Bundesrates bestellt, der wiederum Vorschläge der nach Landesrecht zuständigen Stellen, also der Landesregierungen, der beteiligten Länder berücksichtigt.[4] Bis zum Beginn der Währungsunion wurden die Präsidenten der Landeszentralbanken nach § 8 Abs. 4 BBankG für eine Dauer von acht Jahren, mindestens jedoch für zwei Jahre gewählt.

In den Aufgabenbereich der Landeszentralbanken fällt auch die Aufsicht über die Zweiganstalten. Das relativ dichte Netz der Zweiganstalten in Deutschland wurde von der Reichsbankstruktur übernommen.[5] Ein häufig vernachlässigtes Gremium, dessen geringe Beachtung auf seine faktische Bedeutungslosigkeit für den geldpolitischen Entscheidungsprozeß zurückzuführen ist, ist die Institution der LZB-Beiräte.[6] Die Beiräte stellen aber die einzige Möglichkeit privater Interessengruppen dar, auf die Bundesbank im Rahmen der

---

[1] Interview mit Ernst Welteke in o.V. (1997d) S. 506.

[2] Diese Veränderung läßt sich formal auch als eine Abwertung föderalistischer Elemente bewerten und kann als weiterer Schritt in einem historischen Prozeß begriffen werden, der den Landeszentralbanken seit ihrer Entstehung eine immer geringere formale Bedeutung zuweist. Vgl. Goetze (1999) S. 217.

[3] Goetze (1999) S. 193ff.

[4] §8 Abs. 4 S. 1 u. 2 BBankG.

[5] Dazu gehört auch die Unterscheidung von „selbständigen" Zweiganstalten, die als Hauptstellen von zwei Direktoren geleitet werden, und „unselbständigen" Zweiganstalten, die als Zweigstelle der jeweils vorgesetzten Hauptstelle untergeordnet sind. Obst/Hintner (1993) S. 206. 1998 besaß die Bundesbank 147 Zweiganstalten und einen Gesamtpersonalbestand von 14458 Vollzeitmitarbeitern. Deutsche Bundesbank (1999a) S. 172.

[6] § 9 BBankG. Der Beirat besteht aus höchstens vierzehn Mitgliedern, die „besondere Kenntnisse auf dem Gebiet des Kreditwesens" haben sollen. Höchstens die Hälfte der Mitglieder sollte dabei dem Kreditwesen entstammen. Die Mitglieder werden von der Landesregierung vorgeschlagen und vom Präsidenten der Bundesbank ernannt. Das Bundesbankgesetz gibt vor, daß eine gewisse Streuung der Herkunft der Mitglieder aus verschiedenen Wirtschaftsbereichen berücksichtigt werden sollte. Vgl. auch Gleske (1995) S. 25.

vom Bundesbankgesetz vorgesehenen Möglichkeiten einzuwirken.[1] Sie haben die Aufgabe, „... *mit dem Präsidenten der Landeszentralbank über Fragen der Währungs- und Kreditpolitik und mit dem Vorstand der Landeszentralbank über die Durchführung der ihm in seinem Bereich obliegenden Aufgaben*"[2] zu beraten.

1.2.2. Aspekte der formalen Unabhängigkeit der Deutschen Bundesbank

Die normative Stellung der Bundesbank vor der dritten Stufe wird in der Literatur als „relatives Höchstmaß an Unabhängigkeit"[3] bezeichnet. Einzig die wechselkurspolitische Befugnis der Regierung bedeutet eine Einschränkung. Das aufschiebende Vetorecht der Bundesregierung wird in der Literatur nicht als echte Beschränkung, sondern als „formelle Einflußmöglichkeit" bezeichnet.[4]

Die Ernennung der Mitglieder der Entscheidungsgremien erfolgt weitgehend nach dem Prinzip des „Pluralismus der Entscheidungsinstanzen".[5] Eine Möglichkeit der Abberufung ist nicht vorgesehen worden.[6] Die der Deutschen Bundesbank zugestandene Unabhängigkeit ist explizit im Bundesbankgesetz festgehalten. Dem entspricht das Verbot der Defizitfinanzierung bei Bund und Ländern, das auch für den Ankauf von Schuldtiteln gilt, der nicht im Rahmen der Offenmarktpolitik erfolgt. Ihre Aufgabenbeschreibung weist der Bundesbank darüber hinaus ein klares Endziel zu. Hinsichtlich der Instrumente wird bereits ein formaler Rahmen festgehalten, innerhalb dessen die Bundesbank flexibel prozeßpolitisch operieren kann.[7] Das der Bundesbank zugestandene Recht, Bund und Ländern die Ausnutzung von Kassenverstärkungskrediten zu verweigern oder aufzuschieben, wurde von ihr in der Vergangenheit auch genutzt.[8] Für den finanziellen Handlungsspielraum der Deutschen Bundesbank sind die §§ 26,27 BBankG ausschlaggebend. Danach ist es Aufgabe des Direktoriums, den Jahresabschluß aufzustellen und diesen durch einen oder mehrere vom Zentralbankrat bestellte Wirtschaftsprüfer prüfen zu lassen.[9] Der Zentralbankrat stellt dann auch den Jahresabschluß fest.

---

[1] Bis zum Stabilitätsgesetz waren die Kontakte zwischen der Bundesbank und dem privaten Sektor auf das Bundesanleihekonsortium und den Zentralen Kapitalmarktausschuß sowie informelle Kontakte beschränkt. Dazu vertiefend Caesar (1981) S. 200.

[2] § 9 BBankG.

[3] Veit (1969) S. 198.

[4] Caesar (1981) S. 185, Lampe (1971) S. 53.

[5] Zu einschränkenden Punkten Hahn (1990) S. 241.

[6] Diese besteht nach Auffassung der herrschenden Meinung jedoch trotzdem, da sie aus der Existenz eines solchen Rechtes für alle anderen staatlichen Organe herzuleiten ist. Hahn (1990) S. 243.

[7] § 13 Abs. 2 Satz 3 BBankG.

[8] Vgl. Caesar (1981) S. 185f.

[9] Dazu Gleske (1995, S. 23): „... the Bundesbank ... is not obliged to establish a budget."

Die Gewinnverwendung ist nach § 27 so geregelt, daß 20% des Reingewinns und mindestens 20 Millionen D-Mark einer gesetzlichen Rücklage solange zuzuführen sind, bis diese 5% des Notenumlaufs erreicht hat.[1] Aus dem verbleibenden Reingewinn dürfen bis zu 10% sonstige Rücklagen gebildet werden, und ein Betrag von dreißig Millionen D-Mark sind dem Fonds zum Ankauf von Ausgleichsforderungen[2] zuzuführen. Der Rest wird an den Bund abgeführt.[3] Damit werden die Ausgabenentscheidungen, die Entscheidungen über die Strukturierung der Aktivseite der Bilanz und die Gewinnverwendung von Organen der Bundesbank gefällt.[4]

Seit der Entstehung der Bundesbank hat es Forderungen nach einer stärkeren Berücksichtigung des demokratischen Prinzips gegeben.[5] Ein sachlich - inhaltliches Legitimationsdefizit wird vor allem in der fehlenden unmittelbaren und auch mittelbar nur geringfügig vorhandenen parlamentarischen Kontrolle gesehen.[6] Obwohl es keine formale „accountability" gibt, versucht die Bundesbank durch ihre Öffentlichkeitsarbeit, zu informieren und für politische Unterstützung ihrer Entscheidungen zu werben.[7] Aus § 12 BBankG oder den Regelungen des Stabilitätsgesetzes ist keine Beschränkung der Unabhängigkeit abzuleiten.[8] Gegen eine solche sprechen der Wortlaut der relevanten Bestimmung, nach dem ein Vorbehalt der Wahrung der Preisstabilität existiert,[9] und die Entstehungsgeschichte des Bundesbankgesetzes.[10] [1] In der deutschen Literatur hat sich hinsichtlich der angesproche-

---

[1] Die gesetzliche Rücklage darf laut § 27 Satz 1 BBankG nur zum Ausgleich von Wertminderungen und zur Deckung anderer Verluste verwendet werden.

[2] „Ausgleichsforderungen" sind Forderungen der Bundesbank gegenüber dem öffentlichen Sektor, die noch aus der Währungsreform resultieren. Vgl. Schenk (1995) S. 43.

[3] Zur Charakterisierung der Bundesbank als „Kaufmann" Siebelt (1988) S. 161f.

[4] Die Bundesbank ist wie jede öffentliche Verwaltung der Prüfung des Bundesrechnungshofs unterworfen, dessen Bericht ans Parlament geschickt wird. Vgl. Gleske (1995) S. 23.

[5] Gegen eine stärker determinierte Position der Bundesbank spricht sich Schuppert aus: „An solchen bewußt geschaffenen Kontrollinstitutionen, denen die Weisungsfreiheit Bedingung ihres Funktionierens ist, die Elle ihrer parlamentarischen Kontrollierbarkeit anzulegen, gibt nicht nur wenig Sinn, sondern zeugt von geringem Verständnis für die Aufgabe, die Verfassung so auszulegen, daß sie auch unter sich verändernden Bedingungen einen gemeinwohlorientierten politischen Prozeß ermöglicht." Schuppert (1981) S. 356.

[6] Personelle Legitimationsdefizite schafft nach Meinung einiger Autoren auch die Berufung der Landeszentralbankpräsidenten durch den Bundespräsidenten und den Bundesrat, da der Bundesrat über keine auf dem Bundesvolk basierende demokratische Legitimation verfügt und der Bundesrat seine Vorschläge auf Grund eines Vorschlags der zuständigen Stellen der beteiligten Länder macht. Vertiefend dazu Brosius-Gersdorf (1997) S. 134 und die dort genannten Quellen. Siehe auch Gleske (1995) S. 23.

[7] Gleske (1995) S. 23.

[8] Die Begründung einer Zielvielfalt im Sinne des „Magischen Vierecks" wird einerseits an die zeitliche Stellung des Stabilitätsgesetzes nach dem Grundsatz „lex posterior derogat legi priori" gebunden, andererseits an die Materialien zur Entstehungsgeschichte des Bundesbankgesetzes geknüpft. Ossenbühl in Erichsen/Martens (1986) S. 126. Coburger (1988, S. 43f) mit einer Liste der so argumentierenden Autoren.

[9] Coburger (1988) S. 43.

[10] War ursprünglich die Festschreibung der Ziele des „Magischen Vierecks" ausdrücklich geplant, so nahm man davon Abstand, als erkannt wurde, daß es allein durch zentralbankpolitische Maßnahmen nicht mög-

nen Unterstützungspflicht der Bundesbank gegenüber der allgemeinen Wirtschaftspolitik der Bundesregierung die Auffassung durchgesetzt, daß diese Pflicht dort ihre Grenzen findet, wo sie die Kernfunktion der Bundesbank, die Geldmarktbeeinflussung zum Zwecke der Währungssicherung gemäß §3 BBankG, gefährden würde. Das Bundesbankgesetz regelt jedoch weder Sanktionen, noch sind Vorkehrungen für die Lösung eines Konflikts vorgesehen.[23]

1.3. Faktischer Handlungsspielraum

1.3.1. Die Funktionen der deutschen Zentralbank

1.3.1.1. Hüterin der Währung

1.3.1.1.1. Die Geldpolitik im Rahmen der allgemeinen Wirtschaftspolitik

In der Geschichte der Bundesbank wurde ein sich tendenziell wandelndes Verständnis des Endziels hinsichtlich der außen- und binnenwirtschaftlichen Ausrichtung offenbar. Waren bis 1967 Meinungsverschiedenheiten zwischen der Bundesbank und der Bundesregierung auch auf temporär divergierende Zielvorstellungen der beiden Entscheidungsträger zurückzuführen,[4] so war die Folgezeit von Auseinandersetzungen über die anzuwendenden Mittel zur außenwirtschaftlichen Absicherung geprägt. Die grundlegende wirtschaftspolitische Ausrichtung hingegen unterlag keinen Meinungsdifferenzen:

---

lich sein würde, diese zu erreichen, und somit eine Überforderung der Zentralbank vermieden werden sollte. Siehe dazu Referentenentwurf zum BBankG; BT-Drucks. 2/2781, S. 20ff.

[1] Ein weiteres Argument ist, daß sich die Bundesbank mit einer anderen als der begrenzten Aufgabe der Währungssicherung zu einer „echten Nebenregierung mit völlig unzureichenden Mitteln" entwickeln könnte. Konrad (1982) S. 13.

[2] Zur Formulierung des Bundesbankgesetzes Marsh (1992, S. 230): „Diese [das Verhältnis von Bundesbank und Regierung regelnden] Bestimmungen mögen im Einzelfall unbequem sein, im ganzen muß man aber davon ausgehen, daß Bundesregierung und Bundesbank im Einklang miteinander handeln und daß unvermeidliche Meinungsverschiedenheiten im Wege der Übereinkunft geschlichtet werden, so daß wirkliche Konfliktfälle, die tatsächlich zu einer zeitlichen Verschiebung wichtiger Maßnahmen der Bundesbank führen könnten, selten sein werden." Die Bundesbank erkannte und formulierte früh die Grenzen der Zentralbanknorm. So schrieb Karl Blessing 1960: „Die Vorschriften des Bankgesetzes genügen indessen nicht für eine erfolgreiche Währungspolitik. Entscheidend ist, was Männer, die die Verantwortung für die deutsche Währung tragen, daraus machen werden." Spindler/Becker/Starke (1960) S. VI.

[3] Dazu Caesar (1981, S. 184) über vergangene Diskussionen: „Das Gesetz steht demnach im Mittelpunkt aller Diskussionen um die Stellung der Bundesbank." Staatswissenschaftlich ist ein divergierendes Verständnis von Normen bis hin zu verfassungsrechtlichen Bestimmungen durchaus gegeben, im Kontext bedarf es jedoch der Überprüfung der Motive, aufgrund derer eine derartige Äußerung gemacht wurde. Zu unterschiedlichen normativen Traditionen Kriele (1988).

[4] Siehe dazu die bei Caesar (1981) erläuterten Konfliktfälle.

„... so waren sich Notenbank und Regierung 1970 über die Notwendigkeit von Bremsmaßnahmen (die dann allerdings schwergewichtig doch nur von der Bundesbank ergriffen wurden) ebenso einig wie 1974 über die Wünschbarkeit einer expansiveren Politik."[1]

Nach dem Selbstverständnis der Bundesbank dienten zwar Informationen über die Konjunktur, Außenwirtschaft und Beschäftigung einer Entscheidungsfindung. Im Fall von Zielkonflikten war jedoch immer das prioritäre Ziel der Geldwertstabilität vertreten worden.[2]

Hinsichtlich der Beziehung zwischen dem außen- und dem binnenwirtschaftlichen Ziel der Währungsstabilität sollte nach Aussage der Bundesbank die *„... Entwicklung des Wechselkurses dem Maßstab der sog. Kaufkraftstabilität der D-Mark zum Ausland entsprechen. Bei einer solchen Interpretation sind äußere und innere Stabilität tatsächlich nur zwei unterschiedliche Aspekte des gleichen Ziels. Denn die Forderung nach äußerer Kaufkraftstabilität verlangt eine Aufwertung der D-Mark, wenn im Ausland vergleichsweise stärker inflationiert wird ... Bei dem engen Zusammenhang der einzelnen Volkswirtschaften wird damit zugleich der binnenwirtschaftliche Stabilitätsvorsprung nach außen abgesichert."*

Der Kritik, die an den geldpolitischen Maßnahmen der Bundesbank geübt wird und auf eine stärkere Berücksichtigung konjunkturpolitischer Ziele drängt, begegnet die Bundesbank mit der Argumentation, daß sie den Grund für Inflationstendenzen häufig in Verteilungskämpfen und überhöhten Ansprüchen an das Sozialprodukt sieht und nicht bereit ist, diese Politik zu akkommodieren.[3]

Die Geldmengenziele erfüllen dabei eine wichtige Signalfunktion, *„besonders für die Tarifpartner, um eine Richtschnur für monetäre Spielräume zu haben."*[4]

Mit zunehmender Kritik an der Asymmetrie im EWS mußte sich die Bundesbank immer häufiger für ihre Politik rechtfertigen. Leonhard Gleske, Mitglied des Direktoriums der Deutschen Bundesbank, betonte, daß die Asymmetrie des EWS aus Sicht der Bundesbank *„... gewollt und systemgerecht ...„* sei.[5]

Er führte weiter aus:

„... Das Problem der Dominanz der D-Mark im EWS, das für manche unserer Partner und insbesondere für Frankreich auch ein politisch - psychologisches Problem ist, sollte jedenfalls nicht dadurch gelöst werden, daß die Bundesrepublik auf einen Weg gebracht wird, der ihre innere

---

[1] Caesar (1981) S. 193.
[2] Kaehler/Korn (1995) S. 32.
[3] Kaehler/Korn (1995) S. 36, kritisch dazu Pohl (1988) S. 48ff.
[4] Kaehler/Korn (1995) S. 36.
[5] Gleske in einem unveröffentlichten Papier zum Balladur-Memorandum, zitiert nach Viebig (1999) S. 135.

Preisstabilität gefährdet. Dies wäre für uns ohnehin nicht akzeptabel; es läge aber auch nicht im Interesse der Gemeinschaft."[1]

1.3.1.1.2. Die geldpolitische Konzeption

Die Kritik an der Bundesbank beinhaltete auch den Vorwurf eines strikt monetaristischen Vorgehens. Das Konzept der Geldmengensteuerung wurde erstmalig 1974 von der Deutschen Bundesbank verwendet.[2]

Die Geldmenge ist das Zwischenziel eines mittelfristig potentialorientierten Steuerungskonzepts.[3] Die große Übereinstimmung zwischen den grundlegenden Annahmen des Monetarismus[4] und der geldpolitischen Konzeption resultiert nicht nur aus Entscheidungen für eine bestimmte Geldtheorie, sondern bildet auch die Beziehung zwischen dieser Theorie und dem Bundesbankgesetz ab.[5] Die sogenannte „Potentialformel"[6] basiert auf der Quantitätsgleichung.[7]

Das grundlegende Problem der Geldpolitik (Unkenntnis des Transmissionsprozesses, zeitliche Wirkungsverzögerungen) wird durch einen Prozeß fallweiser Entscheidungen[8] auf

---

[1] Gleske in einem unveröffentlichten Papier zum Balladur-Memorandum, zitiert nach Viebig (1999) S. 135, Hervorhebungen aus dem Original.

[2] Vgl. Schnelting (1998) S. 162, eine vertiefende theoretische Analyse liefert Paprotzki (1991) S. 206ff. Der Wechsel zu einem Geldmengenziel erfolgte aufgrund der Schwierigkeiten in den siebziger Jahren mit den Preissteigerungsraten und wegen des Zusammenbruchs von Bretton Woods, wodurch erst ein Spielraum für eine nationale Ausrichtung am Geldmengenziel ermöglicht wurde. Schmid (1995) S. 42.

[3] Vgl. Schlesinger (1988) S. 8ff. Bis 1987 wurden die Geldmengenziele auf die Zentralbankgeldmenge ausgerichtet, die aus den Bargeldbeständen der Nichtbanken und dem Mindestreserve-Soll zu konstanten Reservesätzen bestand. Kritisiert wurde daran die Gewichtung, die als willkürlich bezeichnet wurde, und die Divergenz zwischen den tatsächlichen Mindestreservesätzen, die kontinuierlich abnahmen, sowie den Sätzen des Bezugsjahres 1974. Kaehler/Korn (1995) S. 40.

[4] Obwohl sich der Monetarismus nicht zu einer homogenen Gruppe entwickelt hat, lassen sich Grundzüge eines „monetaristischen Kanons" ableiten. Mayer (1978, S. 10) nennt diese das „monetaristische Paradigma". Grundlegende Annahmen sind folgende: Inflation ist langfristig ein monetäres Phänomen und es besteht ein enger Zusammenhang zwischen der nominalen Geldmenge und dem nominalen Bruttosozialprodukt (Gültigkeit der Quantitätstheorie des Geldes). Mittelfristig ist die Preisstabilität deshalb in der Verantwortung der Notenbank anzusiedeln. Ein Trade-off zwischen Arbeitslosigkeit und Inflation im Sinne einer realen Phillips-Kurve ist abzulehnen.

[5] Vgl. Schlesinger (1988) S. 5.

[6] Zu ihrer Herleitung Bofinger/Reischle/Schächter (1996) S. 253, Schnelting (1998) S. 162.

[7] Damit orientiert sich die Bundesbank an der Kritik des Monetarismus, der eine Verstetigung des Geldangebots im Gegensatz zu einer antizyklischen Geldpolitik anstrebt. Vgl. Bofinger/Reischle/Schächter (1996) S. 253, Schnelting (1998) S. 162, Schlesinger (1988) S. 5.

[8] Die Ankündigung jährlicher Geldmengenziele kann nach Aussage der Bundesbank als eine „auf Verstetigung angelegte Regelbindung" interpretiert werden. Vgl. Paprotzki (1991) S. 244.

der Basis von Indikatoren und Zwischenzielen als "monetären Hilfsvariablen" gelöst. [1] Zwar bildet die Geldmenge die zentrale Orientierungsgröße,[2] es werden jedoch auch andere Indikatoren wie Wechselkurse, Zinsen, Kreditvolumen und die reale Entwicklung herangezogen.[3] Somit orientierte sich das geldpolitische Konzept der Bundesbank nicht ausschließlich am monetaristischen Konzept, sondern bildete eine Mischform,[4] die von Emminger „Pragmatischer Monetarismus"[5] genannt wurde.[6] Die häufigen Abweichungen vom Zielkorridor legen nahe, daß die Bundesbank sich bei ihren geldpolitischen Maßnahmen an einer - wie Bofinger (1996) sie nennt - „Meta - Regel" orientiert hat. Dazu die Bundesbank selbst:[7]

„Die Bundesbank hat die jährlichen Geldmengenziele auf kurze Sicht nie als alleinige Richtschnur für liquiditäts- und zinspolitisches Handeln betrachtet, sondern auch die jeweiligen binnen- und außenwirtschaftlichen Rahmenbedingungen berücksichtigt. Dies bedeutet jedoch nicht, daß sie damit auch ihre mittelfristigen Zielvorstellungen für das angemessene Geldmengenwachstum aufgegeben hat."[8]

1.3.1.1.3. Die geldpolitische Steuerung

„Its ideas on monetary management are rather 'conservative'. They are aimed at influencing the credit supply of Banks and non-Banks' demand for money and credit indirectly through

---

[1] Vgl. Paprotzki (1991) S. 228 und die dort angegebenen Quellen.
[2] Siehe dazu Erkel (1997).
[3] Schnelting (1998) S. 162.
[4] Abweichungen ergeben sich in der Wahl des Zielaggregats mit der Zentralbankgeldmenge bis 1988 und mit M3 (statt der Geldbasis), der Interpretation des Geldmengenziels und der Zielquantifizierung in Form von Zielkorridoren für das Geldmengenwachstum. Zudem läßt sich im Vergleich zu Friedman beispielsweise eine andere Fristigkeit der Entscheidungen feststellen, denn Friedman beabsichtigte einen wöchentlichen oder monatlichen Anstieg. Issing (1995) S. 18.
[5] Vgl. Emminger (1982) S. 286ff, Emminger (1987), Schmid (1995) S. 41.
[6] Zu einer differenzierteren Betrachtung der geldtheoretischen Einordnung der deutschen Politik siehe Paprotzki (1991) S. 206ff, die in den Äußerungen der Bundesbank auch die der keynesianischen Anschauung entpsrechende Einschätzung wiederfindet, daß von Geldmengenerhöhungen auch expansive Effekte ausgehen können.
[7] Siehe dazu auch die empirische Untersuchung von Erkel (1997), der zeigt, daß die Bundesbank von 1975-1994 de facto keine Geldmengenzielpolitik betrieben hat, da weder eine starke Einflußnahme der Instrumente auf die Geldmenge noch eine erhebliche Indikatorfunktion der Entwicklung der Geldmenge auf den Instrumenteneinsatz nachgewiesen werden konnte. Er stellt fest, daß die Bundesbank den Einsatz ihres Instrumentariums an der gesamtwirtschaftlichen Situation ausrichtete. Dazu auch Schmid (1995, S. 42): „... the monetary target acts as a shield for the Bundesbank – in addition to its independent status – against unjustified demands."
[8] Deutsche Bundesbank (1995) S. 89, wieder zitiert bei Bofinger/Reischle/Schächter (1996) S. 272.

changes in bank liquidity and the interest rate mechanism in the financial markets."[1]

Seit dem Übergang zu einem monetären Aggregat als Zwischenziel

„.... ist die Deutsche Bundesbank ... weder zu einer reinen Zinssteuerung am Geldmarkt übergegangen, um ihr gewähltes Zwischenziel zu erreichen, noch zu einer reinen Mengensteuerung, wie dies in Anlehnung an monetaristische Lehren erwartet worden wäre."[2]

Die „Operating targets" der Deutschen Bundesbank sind der Satz für Dreimonatsgeld und für Tagesgeld.

„Im Rahmen der indirekten Geldmarktsteuerung ist der Tagesgeldsatz für die Bundesbank die zentrale Größe, an der sie ihren zinspolitischen Hebel direkt ansetzt. Als Angebotsmonopolist beherrscht die Bundesbank die Preisbildung am kurzen Ende des Geldmarkts."[3]

Der Lombardsatz bildet dabei die Obergrenze des Satzes für Tagesgeld,[4] die Untergrenze für den Dreimonatssatz wird durch den Rediskontkredit gebildet.[5] Durch die Struktur der Banken- Finanzmärkte in Deutschland wird eine marktwirtschaftliche und auf dem Geldmarkt basierende monetäre Steuerung gefördert:[6] Es besteht ein hoher Anteil langfristiger Kreditbeziehungen mit festen Zinssätzen,[7] überdies wirkt das Universalbanksystem, das die Rolle der „Hausbanken" in der Vergangenheit gestützt hat.

1.3.1.1.4. Die geldpolitischen Instrumente[8]

Das geldpolitische Instrumentarium ist zum großen Teil im Bundesbankgesetz kodifiziert.[9] Die Mindestreserven unterlagen wie in den anderen betrachteten Ländern einem Bedeutungswandel. 1948 bei Gründung der Bank Deutscher Länder eingeführt, sollten sie zunächst kreditpolitischen Zwecken dienen,[10][1] sie haben mittlerweile auch eine Funktion

---

[1] Schmid (1995) S. 48.
[2] Paprotzki (1991) S. 286, ähnlich auch Bofinger/Reischle/Schächter (1996) S. 417.
[3] Deutsche Bundesbank (1995) S. 47, auch zitiert bei Bofinger/Reischle/Schächter (1996) S. 418.
[4] Zum Ausnahmecharakter des Lombardkredits vgl. Deutsche Bundesbank (1995) S. 109, Bofinger/Reischle/Schächter (1996) S. 421.
[5] Zu den Einzelheiten Bofinger/Reischle/Schächter (1996) S. 430, vgl. auch Obst/Hintner S. 110ff.
[6] Paprotzki (1991) S. 214.
[7] Vgl. Schnelting (1998) S. 195.
[8] Zu den hier nicht aufgeführten Instrumenten Obst/Hintner (1993) S. 119 und Bofinger/Reischle/Schächter (1996) S. 435 sowie für eine kritische Gesamtbeurteilung des Instrumentariums.
[9] Siehe dazu die §§ 14, 15,16,19 BBankG und Hahn (1990).
[10] § 16 BBankG. Die Unverzinslichkeit der Mindestreserven beruht auf § 19 Abs. 1 Nr. 4 BBankG über

als Stabilisator des Tagesgeldsatzes erhalten.[2] In der Praxis ist die Mindestreserve umstritten. Immer wieder wurden Forderungen des Bankensystems laut, daß diese eine nicht marktkonforme Besteuerung und eine Wettbewerbsverzerrung gegenüber den europäischen Konkurrenten darstellten.[3] So beliefen sich die „Steuereinnahmen" nach einem Mindestreserve - Ist vom September 1995 auf 1,7 Mrd. DM pro Jahr.[4]

Zur Refinanzierungspolitik der Deutschen Bundesbank gehörten zunächst nur der Rediskontkredit[5] und der Lombardkredit.[6] 1973 wurden Offenmarktgeschäfte mit Wechseln auf der Basis einer Rückkaufsvereinbarung (Wechselpensionsgeschäfte) und der Sonderlombardkredit eingeführt.[7] Erst 1979 wurden diese Geschäfte auch mit Wertpapieren eingeführt. Seit Mitte der achtziger Jahre haben die Wertpapierpensionsgeschäfte eine zunehmend wichtigere Position eingenommen, da der Wandel der internationalen Finanzmärkte eine flexiblere Steuerung der Geldmarktsätze erforderte, welche durch die Änderung der Diskont- und Lombardsätze nur sehr schwer zu erreichen wäre.[8]

Insgesamt wird der Katalog der Maßnahmen als ein effizientes Instrumentarium beurteilt.

Dazu Schmid (1995):

„'Unproductive' rate fluctuations are rare and in addition, they are limited by the Lombardrate at the top end and - if appropriate – by offers of very – short - term Treasury bills at the bottom end."[9]

In der Literatur werden jedoch die geringe Transparenz des Steuerungskonzepts und die durch den Rediskontkredit und Mindestreserven sinkende Allokationsneutralität kritisiert.[10]

Geschäfte mit Kreditinstituten, der besagt, daß die Bundesbank unverzinsliche Giroeinlagen annehmen darf.

[1] Zu den genauen Modalitäten Obst/Hintner (1993) S. 111.

[2] Deutsche Bundesbank (1994a) S. 62. Die Bundesbank muß nicht ständig auf dem Geldmarkt agieren. Schmid (1995) S. 50.

[3] Zur Verwendung der Mindestreserve in den anderen europäische Ländern Europäisches Währungsinstitut (1995) S. 126f.

[4] Bofinger/Reischle/Schächter (1996) S. 415. Siehe auch dort für eine Beurteilung der Wirkung der Mindestreserve auf das Ausweichverhalten der deutschen Geschäftsbanken.

[5] Siehe dazu Obst/Hintner (1993) S. 106.

[6] Siehe zu den Einzelheiten Obst/Hintner (1993) S. 106.

[7] Vgl. Obst/Hintner (1993) S. 106f.

[8] Offenmarktgeschäfte sind kurzfristig reversibel und belassen die Initiative für die Bereitstellung von Zentralbankgeld bei der Bundesbank. Vgl. dazu auch Tabelle 14.

[9] Schmid (1995) S. 50.

[10] Bofinger/Reischle/Schächter (1996) S. 435.

1.3.1.1.5. Der faktische Erfolg der Geldpolitik (1979-1992)

„Erfolgsmaßstab kann allein der erreichte Grad der Preisstabilität sein."[1]

Die Effektivität der deutschen Geldpolitik, die zu einer Übertragung wesentlicher institutioneller Charakteristika der Bundesbank auf die EZB geführt hat, zeigt sich in der niedrigen Inflationsrate in Deutschland seit der Nachkriegszeit.[2][3] Auf Basis der Zwischenzielerreichung läßt sich kein uneingeschränkt positives Urteil fällen,[4] denn hier war die Bundesbank von 1975 bis 1995 nur in 50% der Fälle erfolgreich.[5][6]

Das Ziel, die Inflationsrate nicht über zwei Prozent ansteigen zu lassen, wurde von der Bundesbank während der Mitte der achtziger Jahre erfüllt.[7] Während des gesamten abgebildeten Zeitraums ist eine synchrone Bewegung des Diskontsatzes und der Inflationsrate zu beobachten, die eine schnelle Reaktion der Bundesbank nahelegt.[8] Bei Betrachtung der Inflationsentwicklung lassen sich für den beobachteten Zeitraum drei Höhepunkte feststellen, die mit den beiden Ölpreisschocks 1973/1974 und 1979/1980 und der Wiedervereinigung einhergingen. Kurz nach der Wiedervereinigung entwickelte sich die Geldmenge zunächst positiv, ab Mitte 1991 begann sie stark zu steigen.[9] 1992 wurde das Ziel weit verfehlt: Statt geplanter 3,5 bis 5,5 Prozent stieg M3 um 9,4 Prozent an. Die Bundesbank machte sowohl den starken Anstieg des nominalen Wirtschaftswachstums als auch die Krise im EWS dafür verantwortlich, bei der sie mit Stützungskäufen eingriff.[10] Vom 8.7.

---

[1] Hagen/Neumann (1996) S. 11.
[2] Die durchschnittliche Inflationsrate betrug von 1948-1990 2,8 %. Kösters (1995) S. 212. Dieses Ergebnis läßt sich auch als Bestätigung für die Annahmen der direkten Nachkriegszeit interpretieren: War es vor dem Krieg noch der Staat gewesen, der für eine stabile Währung zu sorgen hatte, so zeigte der Erfolg Nachkriegsdeutschlands, daß auch eine stabile Währung den Staat stabilisieren konnte. Vgl. Marsh (1992) S. 41. Der Wandel der politischen Bedeutung der Währungspolitik läßt sich daher nicht nur auf die unterschiedlichen Formen der Bindung der Währung bzw. Nichtdeckung oder Flexibilität des Wechselkurses zurückführen, sondern erhält auch eine eigenständige Bedeutung im politischen Bewußtsein der Öffentlichkeit der Nachkriegszeit.
[3] Zur komplexen Beziehung zwischen Außenhandel und Wechselkurs in Deutschland siehe Deutsche Bundesbank (1997f) S. 43-63, Tietmeyer (1994) S. 27.
[4] Auch die Orientierung an M3 ist in der ökonomischen Literatur kritisiert worden. Die durch Leitzinserhöhungen hervorgerufene inverse Zinsstruktur zu Beginn der neunziger Jahre führt danach zu Portfolioumschichtungen von langfristigen Anleihen zu Termingeldern mit kürzeren Laufzeiten, was zu einer Aufblähung von M3 führte. Kaehler/Korn (1995) S. 41.
[5] Bofinger/Reischle/Schächter (1996) S. 271.
[6] Paprotzki (1991) S. 258.
[7] Vgl. Abbildung 15.
[8] Kaehler/Korn (1995) S. 33.
[9] Gründe dafür lagen nach Auffassung der Bundesbank in der starken Kreditexpansion. Kaehler/Korn (1995) S. 28.
[10] Die Stützungskäufe beliefen sich auf einen Betrag von 92 Mrd. DM. Kaehler/Korn (1995) S. 29. Insge-

bis zum 1.8. 1993 wurden 107 Mrd. DM zur Wechselkursstabilisierung eingesetzt. Die Gründe für das Versagen des EWS lagen nicht im System an sich, sondern an der Politisierung, die mit dem Festhalten an den Paritäten verbunden war.

„*Der wirkliche Reformbedarf hätte darin bestanden, die Geld- und insbesondere die Wechselkurspolitik in der Weise zu entpolitisieren, daß man sie in die Hände unabhängiger, primär auf die Sicherung der Geldwertstabilität verpflichteter Notenbanken legt.*“[1]

Deutschland und seine europäischen Partner wurden darüber hinaus mit unterschiedlichen binnenwirtschaftlichen Situationen konfrontiert.[23]

1.3.1.2. Bank des Staates

1.3.1.2.1. Kassendienste für den Staat

Die Bundesbank agiert für den Bund als Hausbank. § 20 BBankG gibt der Bundesbank nur die Möglichkeit, dem Bund, einigen Sondervermögen und den Ländern kurzfristige Kredite in Form von Buch- und Schatzwechselkrediten (Kassenkrediten) zu gewähren.[4] Die Höchstgrenze beträgt dabei für den Bund 6 Milliarden DM und für die Länder 40

DM je Einwohner.[5] Die Kassenkredite sollten ausschließlich der „*technischen Erleichterung bei der Abwicklung der Zahlungstransaktionen*“[6] dienen.[7] Bis 1990 wurden die Kredite mit dem Diskontsatz verzinst, danach in Höhe des Lombardsatzes. Die Inanspruchnahme ist seit Mitte der achtziger Jahre stark rückläufig.[81]

---

samt wurden vom 3. Juni bis zum 25. September 1992 184 Mrd. DM zur Stützung der Wechselkurse im EWS aufgewendet. Jochimsen (1998) S. 47.

[1] Jochimsen (1998) S. 50.

[2] Tietmeyer (1994) S. 25.

[3] Stand auf der einen Seite in Deutschland das Inflationsrisiko, so war in Frankreich nach der erfolgreichen Disinflationspolitik der konjunkturelle Abschwug das drängendste Problem. In Italien hingegen drängte das Problem der Verschuldung immer mehr in den Vordergrund. Jochimsen (1998, S. 49) dazu. „Zum wiederholten Male zeigte sich, daß Wechselkurse nur dann dauerhaft stabilisiert werden können, wenn sowohl die volkswirtschaftlichen Fundamentaldaten als auch die wirtschaftspolitischen Grundüberzeugungen und die daraus abgeleiteten Strategien weitestgehend deckungsgleich sind.“

[4] Unter die Begrenzung durch die Kreditplafonds fielen auch Schatzwechsel, deren Ankauf nur von der Bundesbank zugesagt war. Vgl. § 20 Abs. 1 Satz 2 BBankG, Deutsche Bundesbank (1994) S. 33.

[5] § 20 Abs. 1 Satz 1 f) BBankG i.d.F. vom 30.10.1992.

[6] Deutsche Bundesbank (1994) S. 33.

[7] Dabei unterlag auch die Erteilung der diskretionären Entscheidung der Deutschen Bundesbank. Sie hat von dieser Entscheidungsmacht in der Vergangenheit auch mehrfach Gebrauch gemacht und Bund und Ländern den Kassenkredit verweigert oder diesen nur unter bestimmten Bedingungen erteilt. Caesar (1981) S. 186.

[8] Die Deutsche Bundesbank (1994, S. 36) sieht in Kostenüberlegungen keinen Grund für eine Verände-

Tabelle 4: Kassenkreditplafonds* (in Mio. DM) der öffentl. Stellen bei der Deutschen Bundesbank

Zeitraum ab	Bund	Länder[1]	Lastenausgleichsfonds	ERP-Sondervermögen	Bundesbahn	Bundespost	Insgesamt
1.Aug. 1957	3000	1137	200	50	400	200	4987
1. Juli 1959	3000	1158	200	50	400	200	5008
19. Juni 1962	3000	1216	200	50	400	200	5066
23. Nov. 1967	6000	2439	200	50	600	400	9689
27 Jan. 1972	6000	2613	200	50	600	400	9863
18. Mai 1989	6000	2611	200	50	600	400	9861
1. Juli 1990	[2]6800	2611	200	50	600	400	10661
3. Okt. 1990	6000	3312	200	50	600	400	10562

*Buchkredite und Schatzwechsel im Bestand mit Ankaufszusage der Bundesbank.

[1] bis November 1967 20DM/40 DM pro Einwohner in Flächenstaaten/Stadtstaaten, danach 40DM/80DM pro Einwohner).

[2] einschl. 800 Mio. DM für den DDR-Staatshaushalt vom 1. Juli bis 3. Oktober 1990.

Quelle: Deutsche Bundesbank (1994)

Der Bund, die Länder und die Sondervermögen sind nach § 17 bis 1994 dazu verpflichtet gewesen, „... *ihre flüssigen Mittel, auch soweit Kassenmittel nach dem Haushaltsplan zweckgebunden sind, bei der Deutschen Bundesbank auf Girokonto einzulegen.*"[2]

---

rung der Inanspruchnahme. Allenfalls eine Korrelation der Beanspruchung des Kassenkredits mit der Entwicklung des allgemeinen Zinsniveaus bis Ende der achtziger Jahre läßt sich feststellen. Die Wiedervereinigung wirkte positiv auf die Haltung von höheren Kassenreserven des Bundes, da die Kassendisposition unübersichtlicher wurde. Die Bedeutung der Zinserhöhungen tritt jedoch zurück, wenn berücksichtigt wird, daß dem Staat die Bundesbankgewinne mit zeitlicher Verzögerung wieder zugeführt werden.

[1] Deutsche Bundesbank (1990) S. 35.

[2] § 17 BBankG.

Eine anderweitige Anlage bedurfte der Zustimmung der Bundesbank. Die Einlagen wurden als Möglichkeit gesehen, liquide Mittel der öffentlichen Haushalte dem privaten Geldkreislauf zu entziehen, und hatten somit eine währungspolitische Funktion.[1] Ein wettbewerbs- und strukturpolitisches Element kam mit der beabsichtigten Gleichbehandlung aller Kreditinstitute ins Spiel.[2] Die bis 1994 möglichen sehr kurzfristigen § 17-Verlagerungen erlangten bald an Bedeutung für die kurzfristigen Geldmarktsteuerung im Rahmen des sogenannten „Fine tuning".[3] Die Bundesbank konnte damit sowohl tageweise als auch über längere Zeiträume liquiditätsentziehend oder -zuführend auf dem Geldmarkt eingreifen. Insbesondere bei durch Steuertermine bedingten Schwankungen wurde dieses Instrument angewendet.[4]

1.3.1.2.2. Financier der Regierung

Die Möglichkeit der Staatsverschuldung bei der Bundesbank ist negativ bestimmt, d.h. die unmittelbare Kreditgewährung an Bund und Länder wird durch das Bundesbankgesetz beschränkt.[5] Kreditgeschäfte mit Nichtbanken sind fast vollständig verboten gewesen.[6] Monetäre Seigniorage machte in Deutschland zwischen 1980 und 1995 nur einen Anteil von 0,43% aus, Opportunitätskostenseigniorage belief sich hingegen auf 0,73%.[7]

a) direkte Finanzierung

Notenbankkredite an öffentliche Verwaltungen sind in Deutschland relativ unbedeutend.[8] Eine Unterscheidung zwischen den restriktiv geregelten Kassenkrediten und Haushaltskrediten zur Finanzierung von Staatsausgaben in Form einer „Sockelfinanzierung" läßt sich durch die Kriterien der Dauer der Nutzung und des Umfangs der Nutzung vornehmen:[9] Bund und Länder sehen in ihren Haushalten Verschuldungsmittelermächtigungen vor, die

---

[1] Dieser Funktion lag die Überlegung zugrunde, daß auch „die öffentlichen Haushalte bei der Verwaltung ihrer liquiden Mittel selbst geldpolitische Verantwortung und währungspolitischen Gesichtspunkten Rechnung zu tragen" hätten. Deutsche Bundesbank (1994) S. 38.

[2] § 17 BBankG betont allerdings, daß die Bundesbank das Interesse der Länder an der Erhaltung der Staats- und Landesbanken zu beachten habe.

[3] Sie wurden 1975 erstmalig eingesetzt. Deutsche Bundesbank (1994) S. 39.

[4] Hahn (1990) S. 290.

[5] § 20 BBankG, Caesar/Hansmeyer (1982) S. 250.

[6] § 22 BBankG, Hahn (1990) S. 291.

[7] Lange/Nolte (1998) S. 499.

[8] Die Deutsche Bundesbank sieht darin eine Folge der Erfahrungen mit der Inflation zu Beginn der zwanziger Jahre und der Kriegsfinanzierung im Dritten Reich. Vgl. Deutsche Bundesbank (1994) S. 32, Hahn (1990) S. 291.

[9] Deutsche Bundesbank (1994) S. 33.

es nahelegen, die Kassenkredite als ausschließliche „Betriebsmittelkredite zur Überbrükkung kurzfristiger Fehlbeträge im Verlauf des Haushaltsvollzugs" zu hinterfragen.[1] Die Deutsche Bundesbank hat sich jedoch wiederholt geweigert, einer Erhöhung der Kassenkreditrahmen der Länder zuzustimmen.[2] Die Inanspruchnahme lag bis Ende der siebziger Jahre beim Bund unter einem Zehntel des zulässigen Betrags, stieg in den achtziger Jahren stark an, erreichte jedoch nicht auch nur annähernd den oberen Rand des Plafonds.[3]

b) indirekte Finanzierung

Die indirekte Finanzierung durch den Ankauf staatlicher Schuldverschreibungen war verboten.[4] Die Bundesbank durfte Wertpapiere nur im Rahmen ihrer Offenmarktpolitik zur Regelung des Geldmarktes ankaufen.[5] Voraussetzung für eine solche Maßnahme war die Deckung eines Liquiditätsbedarfs im Bankensystem.[6]

c) Gewinnverwendung

Die gesetzliche Grundlage für die Gewinnverwendung der Bundesbank ist weiter oben beschrieben worden.[7] Die Bundesbank hat mit Ausnahme des Jahres 1987 dauerhaft relativ hohe Beträge an den Bund ausgeschüttet.[8]

1.3.1.2.3. Kapitalmarktagent der Regierung

Die Bundesbank verkauft für den Bund die angebotenen Finanzierungsschätze, Bundesschatzbriefe und Bundesobligationen und führt Ausschreibungen und Plazierungen von Kassenobligationen und unverzinslichen Schatzanweisungen durch.[9] Sie agiert als Konsortialführerin im Bundesanleihe - Konsortium und betreibt auf Rechnung der Emittenten

---

[1] Siehe dazu Hahn (1990) S. 292.
[2] Hahn (1990) S. 291 Fußnote 153.
[3] Ein Maximum erreichte der Bund 1981 und die Länder 1990 mit knapp zwei Fünfteln des möglichen Betrags. Deutsche Bundesbank (1994) S. 36.
[4] Deutsche Bundesbank (1994) S. 33.
[5] § 21 BBankG i.d.F vom 30.10.1992.
[6] Die zum Teil erheblichen Wertpapierkäufe der Bundesbank sind nach Aussagen der Bundesbank geldpolitisch motiviert gewesen. Vgl. Caesar (1981) S. 195, der kritisch anmerkt, daß die Bundesbank zwar nicht fiskalische Gesichtspunkte in den Vordergrund gestellt, jedoch durch eine Aufweichung ihrer Prinzipien zur reibungslosen Durchführung der Verschuldung beigetragen hat.
[7] Siehe S. 417.
[8] Siehe zu einer detaillierten Betrachtung Schenk (1995) S. 43ff.
[9] § 20 Abs. 2 BBankG, Hahn (1990) S. 293.

Kurspflege.[1] Darüber hinaus wirkt sie koordinierend bei der Begebung von Landesemissionen.[2]

1.3.1.3. Bank der Banken

1.3.1.3.1. Lender of last resort

Die Aufgabe eines Lender of last resort läßt sich bei Betrachtung der §§ 3 und 12 BBankG ableiten, denn ein funktionierendes Finanzsystem unterstützt sowohl die monetäre als auch die realwirtschaftliche Entwicklung.[3] Die Bundesbank hat sich in der Vergangenheit nicht klar über die LLR - Aufgabe und die Systemverantwortung ausgesprochen. Sie hat damit eine Haltung im Sinne der „constructive ambiguity"[4] eingenommen. Häusler (1993) äußerte sich in einem Vergleich mit der Haltung der angelsächsischen Zentralbanken wie folgt:

„... während einige andere Notenbanken viel schneller die Fragen nach Auffangnetzen im Falle sogenannter 'systemic risks' stellen und die Verantwortung der Zentralbanken betonen, verweisen Vertreter der Bundesbank eher auf das Problem des 'moral hazard', daß also Finanzmarktakteure im Vertrauen darauf, die Notenbanken werden es schon richten, sich allzu sorglos bei ihren Dispositionen verhalten könnten. Das Bankensystem in Deutschland verhält sich m.E. auch deswegen vorsichtiger, weil es weiß, daß die Notenbank nicht sofort zur Verfügung steht, wenn die Dinge schief laufen ... An diesem Beispiel läßt sich gut zeigen, daß unser konzeptionelles Denken in vielen wichtigen Fragen von dem mancher anderer Länder abweicht."[5]

Die Instrumente der Bundesbank, die im Notfall für die Aufgabe eines Lender of last resort genutzt würden, entsprechen dem gewöhnlichen geldpolitischen Instrumentarium.[6]

---

[1] Hahn (1990) S. 293.
[2] Hahn (1990) S. 293.
[3] Prigge (1997) beschränkt den normativen Zusammenhang auf die realwirtschaftliche Entwicklung, doch gerade aus der normativen Bedeutung der Geldwertstabilität ließe sich für den Fall Deutschland die Notwendigkeit eines Lender of last resort ableiten.
[4] Der Begriff wurde von Corrigan geprägt: „.... the authorities maintain a policy of what I like to call ‚constructive ambiguity' as to what they will do, how they will do it, and when they will do it". Corrigan (1989/1990) S. 7.
[5] Zitiert bei Prigge (1997) S. 256f.
[6] Siehe Prigge (1997, S. 285ff) für eine detaillierte Analyse des Instrumentariums auf LLR-Fähigkeit, als deren Ergebnis er der Bundesbank nur eine beschränkte LLR-Fähigkeit bescheinigt: „Die Bundesbank besitzt zwar ein reichhaltigeres Instrumentarium, um Kreditinstitute mit Liquidität zu versorgen, wenn man es mit ihren Möglichkeiten gegenüber NKI (Nichtkreditinstituten, S.T.) vergleicht. Aber dennoch erreicht sie auch gegenüber dem Bankensektor keine uneingeschränkte LLR-Fähigkeit, da letztendlich bei jedem Instrument der Bestand, den das liquiditätssuchende Kreditinstitut an den zulässigen Vermögensobjekten vorhält, zum

Für die LLR - Funktion muß in Deutschland auch die Liquiditäts - Konsortialbank (Liko - Bank)berücksichtigt werden, die nach dem Herstatt - Zusammenbruch[1] auf Initiative der Bundesbank gegründet wurde. Die Bundesbank ist zu 30 Prozent und die Vertreter der Kreditinstitutsgruppen zu 70 Prozent daran beteiligt.

„Gegenstand des Unternehmens sind Bankgeschäfte mit Kreditinstituten zur Sicherung ihrer Liquidität, und zwar mit der gesamtwirtschaftlichen Zielsetzung, die bankmäßige Abwicklung des Zahlungsverkehrs im Inland und mit dem Ausland zu gewährleisten. Das neue Institut wird überall dort helfen, wo ein an sich gesundes Kreditinstitut in Liquiditätsschwierigkeiten zu geraten droht, insbesondere um die Gefahr eines allgemeinen Vertrauensschwundes gegenüber den deutschen Banken zu verhindern."[2]

Die Liko - Bank betreibt keine Geschäfte mit Nichtbanken und verfügt über eine Haftungsmasse von 2,232 Mrd. DM.[3] Sie agiert nach dem Verständnis der Bundesbank als „Puffer". Demzufolge ist die Zentralbank keine „Finanzmarktfeuerwehr".[4][5]

Bei der Krise der Privatbank Schröder, Münchmeyer, Hengst & Co. (SMH) im Jahr 1983 nahm die Bundesbank an den Beratungen teil, und die Liko - Bank vergab eine durch eine Bürgschaft des Einlagensicherungsfonds besicherte Kreditlinie, zudem stellte die Bundesbank eine weitere Kreditlinie bereit, die nicht in Anspruch genommen wurde.[6]

Zwar haben die wenigen Krisenfälle und ihre Auflösung in Deutschland gezeigt, daß die Maßnahmen der Bundesbank im weiteren Sinne sehr wohl mit dem klassischen Konzept

---

begrenzenden Faktor werden kann." Ebenda S. 289.

[1] Die Herstatt-Krise wird in Deutschland wie auch international immer wieder als Paradebeispiel für das Eintreten der Bundesbank als Lender of last resort zitiert. Vgl. Predieri (1996) und die dort angegebenen Quellen zu anderen Krisen. Aber weder die Bundesbank noch eine andere staatliche Institution haben direkt eingegriffen. Bei Herstatt handelte es sich nach Einschätzung von Prigge um ein insolventes Unternehmen, das die Bundesbank bei Beachtung des klassischen Solvenzkonzeptes zur Vorbeugung gegen Moral Hazard nicht unterstützen durfte. Dazu Lepetit (1982, S. 252): „In the Herstatt affair, it seems that the German authority wanted to teach speculators, as well as Banks dealing with speculators, a lesson." Anders der auch bei Prigge zitierte Brimmer (1976) S. 25: „Although it is difficult to document the conclusion, it appears that the German Central Bank underestimated the seriousness and consequences of the Herstatt bank failure." Die Bundesbank hat die Bildung eines Konsortiums durch die Deutsche Bank angeregt, die scheiterte. Infolge dieser Vorgänge erleichterte die Bundesbank Refinanzierungsrestriktionen für solvente Banken und erhöhte die Refinanzierungslinie der Privatdiskont-AG von 900 Mio auf 1,1 Mrd. DM, um kleine Institute zu unterstützen, die besonders von dem Vertrauensverlust betroffen waren. Zudem wurde einem Liquiditätskonsortium des Bundesverbandes deutscher Banken eine Refinanzierungshilfe zugesagt. Prigge (1997) S. 263.

[2] Deutsche Bundesbank (1974) zitiert bei Prigge (1997) S. 264.

[3] Zur genauen Beschreibung der Liquiditätshilfen siehe Prigge (1997) S. 290.

[4] Tietmeyer in o.V. (1994) S. 11.

[5] Schieber (1993) S. 33 zitiert von Prigge (1997) S. 260.

[6] Prigge (1997) S. 265.

eines Lender of last resorts zu vereinbaren sind, jedoch behält sich die Bundesbank ein großes Maß an Ambiguität vor.[1]

1.3.1.3.2. Banken- und Finanzaufsicht

Das Bundesaufsichtsamt für das Kreditwesen wird durch die intensive Mitwirkung der Bundesbank unterstützt.[2] Die Bundesbank ist auch für die Berichterstattung der Kreditinstitute und die Analyse von bankaufsichtlichen Daten zuständig.[3] Der Umfang der Zusammenarbeit wird durch § 7 Abs. 1 S. 1 KWG bestimmt. Das Bundesaufsichtsamt ist für hoheitliche Akte wie z.B. die Vergabe von Erlaubnissen zuständig, und die Bundesbank ist vor dem Erlaß von allgemeinen Bestimmungen zu konsultieren.[4]

Die Bundesbank nimmt nur innerhalb des vom Kreditwesengesetz vorgegebenen Rahmens an der Aufsicht teil. Sie hat keine Befugnis, in diesem Bereich eigene Verwaltungsakte zu erlassen. Jedoch ergibt sich aus der Anforderung des § 10 Abs. 1 KWG, nach dem die Aufstellung von Grundsätzen für die Eigenkapitalausstattung im Einvernehmen zwischen Bundesbank und Bundesaufsichtsamt zu erfolgen hat, faktisch ein Vetorecht der Bundesbank.[5] Die institutionalisierte Aufgabentrennung wird mit dem Schutz der geldpolitischen Entscheidungsträger vor Interessenkonflikten begründet.[6]

Die zentralbankpolitische Erfahrung hat gezeigt, daß die faktischen Einflußmöglichkeiten der Bundesbank in der Vergangenheit mögliche aufsichtsrechtliche Konflikte hinter zins- und vor allen Dingen wechselkurspolitischen Kontroversen haben zurücktreten lassen.[7]

1.3.2. Restringierende Faktoren

Der breite faktische Handlungsspielraum der Bundesbank bedeutet keine Freiheit von restringierenden Faktoren. Caesar (1981) urteilt über die Verpflichtungen aus dem EWS:

---

[1] Prigge (1997) 267.

[2] Die gesetzliche Grundlage – das Kreditwesengesetz – dient dazu, einen allgemeinen Ordnungsrahmen zu setzen. Diese ist wesentlich von der Berücksichtigung marktwirtschaftlicher Gesichtspunkte beeinflußt. Siehe dazu Becker (1995) S. 63.

[3] Eine Zusammenarbeit ergibt sich auch daraus, daß das Bundesaufsichtsamt nicht über den organisatorischen Unterbau der Bundesbank verfügt, der der Bundesbank durch die Aufgabenwahrnehmung für das Bundesaufsichtsamt wiederum Informationen für die Wahrnehmung ihrer Kernaufgaben liefert. Goetze (1999) S. 211.

[4] Zu den Instrumenten der Aufsicht siehe Becker (1995) S. 64.

[5] Goetze (1999) S. 211.

[6] Gleske (1995) S. 27.

[7] Vgl. dazu beispielsweise Caesar (1981) und Bonin (1977).

„... die Bank hat somit die durch die verbesserte außenwirtschaftliche Absicherung im Verhältnis zum Dollar ermöglichte ökonomische Effizienzsteigerung mit dem Risiko stärkeren politischen Drucks - und zwar nicht nur von seiten der Bundesregierung, sondern auch des Auslands - erkaufen müssen."[1]

Die Funktion der Deutschen Mark als nominaler Anker in Europa hat der Deutschen Bundesbank eine Rolle als „primus inter pares" zugewiesen.[2]

„It (the Deutsche Bundesbank, S.T.) has an advantage over other national central banks only in the sense that German monetary policy is for most part able to follow its own monetary targets, although it is increasingly pressed to consider the implication of its policy actions for the whole of Europe."[3]

Die starke Position wird in der Literatur als Resultat der geldpolitischen relativen Effizienz gesehen, die durch die steigende deutsche Wirtschaftskraft nach 1948 unterstützt wurde.[45] Die Aufgabe, einen konsensfähigen geldpolitischen Kurs zu steuern bildete im EWS eine wesentliche politische Anforderung an die Bundesbank.[6] Diese Konsensfähigkeit ist in der Vergangenheit nicht immer erreicht worden.[7]

---

1 Caesar (1981) S. 198.

2 Kloten (1995) S. 200, Kösters (1995) S. 207.

3 Kloten (1995) S. 201.

4 Kloten (1995) S. 201. Dazu äußerte sich auch Gleske, zitiert nach Viebig (1999, S. 136), der die Leitwährungsrolle der D-Mark nicht auf eine auf Prädominanz ausgerichtete Politik der Bundesregierung oder der Bundesbank zurückgeführt sehen wollte, sondern drei Faktoren hervorhebt: die erfolgreiche stabilitätsorientierte Wirtschafts- und Währungspolitik in Deutschland und die vergleichsweise niedrige Inflationsrate, die volkswirtschaftliche Bedeutung der Bundesrepublik Deutschland sowie die Entscheidung der Partnerländer, ihre Wechselkurse innerhalb des EWS stabil zur D-Mark zu halten.

5 Dazu im „Delors-Bericht" der Ausschuß zur Wirtschafts- und Währungsunion (1993): „Außerdem hat das System von der Rolle der DM als „Anker" für die Geld- und Interventionspolitik der Teilnehmerländer profitiert." Siehe dazu auch Deutsche Bundesbank (1993a) S. 41ff. Siehe dazu Filc (1990) S. 171.

6 Die Bundesbank war dem Abkommen unter dem Vorbehalt beigetreten, daß „dadurch die gesetzliche Aufgabe der Bundesbank, für die Stabilität der D-Mark durch die Erhaltung der binnenwirtschaftlichen Kaufkraft zu sorgen, nicht beeinträchtigt oder gar unmöglich gemacht wird. Damals hat die Bundesregierung übrigens der Bundesbank zugesagt, daß – soweit erforderlich – der Wechselkurs der D-Mark (zuvor klare Vorbehalts-Domäne der Bundesregierung) nur noch im gegenseitigen Einvernehmen festgelegt wird." Jochimsen (1998) S. 42.

7 Ein Beispiel dafür ist das Jahr 1987, als die Bundesbank ab November 1986 die Wertpapierpensionssätze mehrfach angehoben hatte. Das EWS geriet in der Folge unter Druck und im Januar 1987 kam es zu einem Realignment, das in den Partnerländern auf eine unzureichende Abstimmung wirtschaftspolitischer Maßnahmen zwischen Deutschland und den USA zurückgeführt wurde. Siehe dazu auch Filc (1990) S. 173.

Tabelle 5: Bruttointerventionsvolumen der Deutschen Bundesbank im EWS und ihre Liquiditätswirkungen, März 1979-März 1988 (in Mrd. DM und in Prozent)

	Gesamte Interventionen (1)	Liquiditätswirkungen (2)	(2) in % von (1)
März 1979-Dezember 1981	67,5	61,4	90,7
Januar 1982-Dezember 1987	452,1	105,3	23,3
8.Juli 1986-11. September 1987	110,2	16,1	36,4
14. September 1987-Ende März 1988	44,2	16,1	36,4

Quelle Hasse (1989) S. 75.

Ein jüngeres Beispiel war die Wechselkurskrise 1992, als Interventionen in Höhe von 92 Mrd. DM erforderlich wurden.

1.3.3. Restringierende Aktoren

Die formale und auch faktische Kooperation verschiedener Aktoren wie privater Interessenverbände und Gewerkschaften mit der Bundesbank ist begrenzt.[1]

Dadurch, daß die Deutsche Bundesbank sich hinsichtlich der Bankenaufsicht auf eine weitere Institution stützen kann, ist zumindest institutionell ein Konfliktpotential zwischen den geldpolitischen und mikroökonomischen Funktionen reduziert.

Bereits in den fünfziger und sechziger Jahren wurde von verschiedenen Autoren die Entscheidungskompetenz in währungspolitischen Fragen und insbesondere bei Paritätenänderungen als mögliche Restriktion der Bundesbank in Form einer „offenen außenwirtschaftliche Flanke" kritisiert.[2]

1.3.4. Bestimmungsgründe des politischen Handlungsspielraums

Die Bedeutung der Preisstabilität in Deutschland wird vielfach mit den Erfahrungen der Hyperinflation von 1923 erklärt oder als Substanz eines deutschen Staatsverständnisses begriffen, dem die Preisstabilität Sinnbild deutscher Sekundärtugend ist:

---

[1] Siehe dazu Caesar (1981) S. 200.

[2] Arndt (1963, S. 354) sah darin gar einen Beleg dafür, daß die Bundesbank „bei der Wahl ihrer Planziele ... de facto ... von Weisungen abhängig (gewesen sei), obwohl ihr Gesetz de jure das Gegenteil stipuliert." Kritisch zu dieser Einschätzung Caesar (1981) S. 197. Zu weiteren Konfliktsituationen Caesar (1981) S. 188ff. In der Beteiligung der Bundesbank an internationalen Währungsorganisationen äußert sich ein diesem Effekt entgegenwirkender Faktor. Siehe dazu Caesar (1981) S. 197.

„Die Wurzeln der deutschen Sorge um die Geldwertstabilität reichen noch tiefer; sie gehen letztlich auf die Vorstellung von Ordnung als Fundament der staatlichen Gewalt zurück. Für ein Land, dessen Grenzen sich immer wieder verschoben haben und dessen Geschichte so verwikkelt ist, eröffnete die stabile Mark einen Ausweg aus den Traumata der Vergangenheit; sie ist ein Fixpunkt in einem Meer von Veränderungen."[1]

Neuere Erklärungsmuster setzen an stärker differenzierten Analysen an, die kulturelle Faktoren im engeren Sinne (low trust/high trust - Gesellschaften, Konfessionszugehörigkeit) und politökonomische Faktoren (sozialer Konsens/Korporatismus, politische Stabilität, Einkommenshöhe, institutioneller Rahmen) berücksichtigen.[2]

Obwohl die öffentliche Position der Bundesbank und ihre Kompetenz unbestritten sind, hat die Kritik an ihrer Politik eine lange Tradition in Deutschland.[3] Eines der bekanntesten Beispiele ist die „Gürzenich - Rede" im Mai 1956 von Konrad Adenauer, in der er die Bank deutscher Länder sehr stark für die zwei erfolgten Leitzinserhöhungen kritisierte und diese als einen „schweren Schlag für die deutsche Konjunktur" bezeichnete.[4]

Auch in der weiteren Nachkriegszeit entstanden starke Konflikte mit der Zentralbank, die in der (ausländischen) Literatur sogar zu der Behauptung führten, die drei betroffenen Kanzler (Ludwig Erhard 1966, Kurt Georg Kiesinger 1969, Helmut Schmidt 1982) wären infolge ihres Widerstands gegenüber der Zentralbank zur Demission gezwungen worden.[5][6] Auch beim Rückrtritt von Willy Brandt 1974 spielte die Zinspolitik der Bundesbank eine gewichtige Rolle.[7] Eine Validierung der Faktoren, die zu den Demissionen geführt haben, kann hier nicht erfolgen.[8]

Im Gegensatz zu der starken Wirkung, mit der die Bundesbankpolitik politische Ereignisse zumindest mit beeinflußt, wenn nicht gar ausgelöst hat, ist die umgekehrte Wirkung als wesentlich geringer einzuschätzen: Lediglich Karl Otto Pöhl nahm viereinhalb Jahre vor

---

[1] Marsh (1992) S. 40.
[2] Bofinger/Hefeker/Pfleger (1998) S. 28ff.
[3] Siehe dazu beispielsweise Marsh (1992) S. 225ff, Kennedy (1991).
[4] Kaehler/Korn (1995) S. 25.
[5] Siehe Zironi (1993) S. 689, Holtfrerich (1988) S. 85.
[6] Helmut Schmidt plädierte seit 1980 für eine expansive Geldpolitik der Bundesbank durch Zinssenkungen und Liquiditätsfreigabe. Er kritisierte nach seinem Sturz am 1.10.1982 die Hochzinspolitik stark. Siehe dazu die Rede von Schmidt vor der Industriegewerkschaft Bau-Steine-Erden am 18.10.1982 in Herlt (1982) S. 1f.
[7] Auch bei dem Rücktritt von Wirtschafts- und Finanzminister Schiller spielte die Bundesbankpolitik eine Rolle: Bundesbank und Mehrheit des Kabinetts sprachen sich außer für die Bardepotpflicht für weitere Geldimportkontrollen nach § 23 AWG aus. Schiller lehnte diese „dirigistischen" Methoden ab. Er trat am 7. Juli 1972 zurück. Becker (1985) S. 42. Siehe auch Marsh (1992).
[8] Siehe dazu Caesar (1981) S.190ff und Marsh (1992) S. 222ff.

Ende der Amtszeit seinen Abschied.[1] Die politische Bedeutung der Deutschen Bundesbank ist mit der Aussage von Emminger von 1978, es habe keine Konflikte zwischen Bundesregierung und Bundesbank gegeben, da Einigkeit über die Notwendigkeit einer stabilitätsorientierten Geldpolitik bestanden habe, nicht hinreichend charakterisiert.[2]

Trotz zum Teil heftiger Auseinandersetzungen, die auch in die Öffentlichkeit gedrungen sind,[3] hat die Bundesregierung in der Vergangenheit eine Novellierung oder Veränderung der Autonomiebestimmung nicht gegen den Willen der Bundesbank durchgesetzt. Dazu Faber (1989): *„Es gibt auch sonst Anzeichen dafür, daß die Bundesbank gegenüber Novellierungsbestrebungen eine faktische Veto - Position besitzt."*[4]

Von akademischer Seite wurden hingegen immer wieder kritische Stimmen laut, die die geldpolitische Konzeption der Bundesbank für nicht geeignet hielten oder ähnlich wie die politischen Stimmen eine stärkere Berücksichtigung realwirtschaftlicher Ziele forderten.[5] Diese kritischen Stimmen gingen aber selten so weit, die Basis der deutschen Notenbankverfassung, die Unabhängigkeit der Bundesbank, in Frage zu stellen.

Für die besondere Haltung in Deutschland wird vereinzelt auch ein *„tiefsitzendes Mißtrauen in die wirtschaftspolitische Zuverlässigkeit politischer Instanzen"*[6] verantwortlich gemacht. Caesar (1981) hat diese tief verankerten Vorstellungen im Rückgriff auf andere Autoren mit einem „nationalen Tabu" verglichen,[7] das gerade von den politischen Entscheidungsträgern in ihren Grundzügen lange Zeit geteilt wurde.[8]

Ein wesentlicher Faktor für die Bedeutung der Bundesbank und die Aufrechterhaltung ihrer herausragenden Position ist auch ihr Erfolg bei der Inflationsbekämpfung gewesen.[9]

Ähnlich wie die Banca d'Italia verfügt die Bundesbank in der Öffentlichkeit über einen weithin geachteten Expertenstatus, den sie aber im Unterschied zur italienischen Notenbank nicht als „Stellvertreter" ausfüllt. Damit erhöht sich auch das Risiko einer konfliktären

---

[1] Blessing hatte kurzzeitig 1961 öffentlich über einen Rücktritt nachgedacht, als es um die Aufwertung der D-Mark ging. Vgl. Marsh (1992) S. 226.

[2] Emminger (1978) S. 10.

[3] Siehe zu den bedeutendsten Fällen Caesar (1981) und zu dem spektakulären Konflikt anläßlich der Wiedervereinigung Marsh (1992) S. 278ff.

[4] Faber (1989) S. 854.

[5] Vgl. dazu Kaehler/Korn (1995) S. 40, Neumann (1988) S. 73, Pohl (1988).

[6] Caesar (1981) S. 203.

[7] Caesar (1981) S. 204.

[8] Vgl. dazu die Begründung der Bundesregierung zum Bundesbankgesetz bei Caesar (1981) S. 205 Fußnote 215. Marsh (1992, S. 42) weist auf den Zusammenhang der politischen und der Währungsgeschichte in Deutschland hin. Karl Schiller konzentrierte die vielfach vertretene Haltung auf die Formel: „Stabilität ist nicht alles. Aber ohne Stabilität ist alles nichts." Zitiert von Marsh (1992) S. 42.

[9] Über die Erfüllung der in die Bundesbank gesetzten Erwartungen Caesar (1981) S. 205f.

Position zur Regierung.[1] Die Rolle und die Macht der Bundesbank werden jedoch in der Öffentlichkeit eher heruntergespielt:

„Aus den Erfahrungen der letzten vierzig Jahre haben die Bundesregierungen gelernt, daß ein Kampf gegen die Bundesbank meist die eigene Stabilität gefährdet. Gleichzeitig wissen die Männer an der Spitze der Notenbank instinktiv, daß sie ihre Aufgaben besser erfüllen können, wenn sie in der Öffentlichkeit nicht allzu häufig als Herausforderer der gewählten politischen Führung auftreten."[2]

---

[1] Das nach Pfleiderer (1967, S. 571) den Maßnahmen von 1965 zugrundeliegende Selbstverständnis, als „Stellvertreter" zu handeln, d.h. durch energische Kreditrestriktionen der von der Finanzpolitik verursachten Preissteigerung entgegenzutreten, hat im Gegenteil nicht nur zu einer heftigen Auseinandersetzung zwischen Bundesbank und Regierung, sondern erstmalig zu scharfen Angriffen der Bundesbank durch Interessenverbände und die Presse geführt. Vgl. Caesar (1981) S. 189 und S. 206.

[2] Marsh (1992) S. 223.

2. Der Weg Deutschlands in die Wirtschafts- und Währungsunion

2.1. Der Ratifikationsprozeß

Die Umsetzung von Völkerrecht in deutsches Recht[1] erfordert nach Art. 59 Abs. 2 GG, wenn es sich um *„Verträge (handelt, S.T., welche die politischen Beziehungen des Bundes regeln oder sich auf Gegenstände der Bundesgesetzgebung beziehen ..."* die Zustimmung oder Mitwirkung des Gesetzgebers in Form eines Zustimmungsgesetzes.[2] Handelt es sich bei dem Zustimmungsgesetz um ein verfassungsänderndes Gesetz, so ist eine Mehrheit von zwei Dritteln der Mitglieder des Bundestages und zwei Dritteln des Bundesrates erforderlich.[3] Das deutsche Grundgesetz verfügt ähnlich wie die italienische Verfassung über eine relativ offene Haltung gegenüber dem Völkerrecht, was sich in Art. 24 Abs. 1 GG a.F. niederschlug, der die „Öffnung der deutschen Staatlichkeit" gegenüber zwischenstaatlichen Einrichtungen, bzw. die Übertragung von Hoheitsrechten auf zwischenstaatliche Einrichtungen ermöglicht.[4] Art. 24 Abs. 1 GG a.F. wird daher in der Literatur auch als „Integrationshebel" bezeichnet.[5] Die Grenzen des Hoheitsverzichts über einfaches Bundesgesetz aus Art. 24 Abs. 1 GG a.F. werden nach der Rechtsprechung des Bundesverfassungsgerichts[6] durch die Grundrechte und die Verfassungsgrundsätze in Art. 20 GG bestimmt. Über die Frage, ob der Spielraum des Art. 24 Abs. 1 GG a.F. weit genug war, um den Maastrichter Vertrag ohne Grundgesetzänderung zu ratifizieren, bestand in der Literatur keine Einigkeit.[7] In den zentralbankpolitischen Bestimmungen (Kapitel 2, Artt. 105-109 EGV), die die Übertragung der Funktion einer unabhängigen Währungs- und Notenbank auf eine supranationale Ebene beschrieben, wurde von einigen Autoren ein Widerspruch zu der institutionellen Garantie aus Art. 88 GG a.F. für das „Bestehen und Wirken" der

---

[1] Im Gegensatz zum französischen Recht basiert das Verhältnis zwischen Völkerrecht und internem deutschem Recht auf dem Grundsatz des Dualismus, der eine Umsetzung erfordert.

[2] Das Bundesverfassungsgericht hat solche Verträge spezifiziert als „wesentlich und unmittelbar den Bestand des Staates oder dessen Stellung und Gewicht innerhalb der Staatengemeinschaft oder die Ordnung der Staatengemeinschaft .." betreffend. BVerfG, Urteil vom 29.7.1952 – 2 BvE 2/51, BVerfGE 1, 371 (382).

[3] Art. 79 Abs. 1 Satz 1, Abs. 2 GG.

[4] Im Gegensatz zur italienischen Verfassung, die hinsichtlich der Unterscheidung von „Übertragung" und „Begrenzung" sehr vage ist - Art. 11 war anfangs auch nur darauf gerichtet, Italien eine Mitgliedschaft bei den Vereinten Nationen zu ermöglichen - ist Art. 24 GG a.F. präziser und stand in enger Verbindung mit der Präambel des Grundgesetzes. § 1 war bereits mit dem Blick auf eine europäische Integration und eine künftige supranationale Organisationsform gestaltet, während der Adressat von Paragraph 2 eine friedenssichernde Organisation wie die UNO war. Martin Martinez (1993) S. 21.

[5] Hahn (1992) S. 107, Tomuschat (1993) S. 492, Jeckel (1997) S. 116, Janzen (1996) S. 44ff.

[6] BVerfGE 37, 271 (279) „Solange I"; vom 22.10.1986-2 BvR 197/83, BVerfGE 73,339 (375f.) „Solange II". Siehe dazu auch Galahn (1996) S. 63f.

[7] Siehe dazu auch Hahn (1992) S. 116.

Bundesbank[1] gesehen.[2] Am 14.1.1992 war eine Gemeinsame Verfassungskommission von Bundestag und Bundesrat gebildet worden, um auf der Grundlage des Art. 5 des Einigungsvertrages die Revision des Grundgesetzes vorzubereiten. Die Kommission befaßte sich auch mit der Ratifizierung des Maastrichter Vertrages und empfahl die Einführung eines neuen Art. 23 GG als speziellem Integrationshebel zugunsten der Europäischen Union sowie verschiedene Änderungen des Grundgesetzes.[3] Hier relevant ist die Veränderung des Art. 88 GG a.F.. Die Artt. 73 Nr. 4 und 109 Abs. 2 GG werden auch als das „Geld- und Währungsverfassungsrecht" bezeichnet.[4] Art. 88 GG a.F. („Der Bund errichtet eine Währungs- und Notenbank als Bundesbank") wurde ein Satz 2 hinzugefügt: *„Ihre Aufgaben und Befugnisse können im Rahmen der Europäischen Union der Europäischen Zentralbank übertragen werden, die unabhängig ist und dem vorrangigen Ziel der Sicherung der Preisstabilität verpflichtet."*[5]

Die Einfügung des neuen Satzes erfolgte aufgrund der Überlegung, daß die Bundesbank mit dem Hoheitstransfer *„der politischen Funktionen entkleidet (würde, S.T.), die ihr die Verfassung zuschreibe. ... Hierin bestehe ein Eingriff in die Struktur der Staatsorganisation, der nicht mehr von der sonst durch Art. 24 ermöglichten Verfassungsänderung gedeckt würde."*[6]

Durch die Veränderung der Identität der Bundesbank wurde eine Ergänzung des Art. 88 durch die Einfügung eines Satzes 2 notwendig.[7] Bemerkenswert an diesem Zusatz ist, daß mit dem Verweis auf die Unabhängigkeit und die Verpflichtung zur Sicherung der Preisstabilität, die ja auch durch den Auftrag des ESZB bereits formuliert waren, als „verfassungsimmanent" geltende Charakteristika der Bundesbankpolitik (§§12,14 BBankG) expli-

---

[1] Maunz/Düring (1997) Art. 88 Rn3.

[2] Donner/Neumann (1994) S. 160f zur Notwendigkeit einer Verfassungsänderung aufgrund des Eingriffs in die Struktur der Staatsorganisation: „Maßgeblich sei die Erwägung, daß der Verfassungsgeber erstmals und in wohlbegründeter Absicht von Verfassungs wegen die Währungspolitik einer eigenständigen, von der Administration getrennten Einrichtung zugewiesen und damit von Verfassungs wegen eine bestimmte Struktur für einen besonderen Bereich staatlicher Betätigung festgelegt habe." Umstritten war auch, ob es sich bei der im Maastrichter Vertrag geregelten Europäischen Union um eine „zwischenstaatliche Einrichtung" oder bereits um einen Bundesstaat handelte, für den Art. 23 GG a.F. keine Rechtsgrundlage mehr darstellt. Galahn (1996) S. 65ff.

[3] Darunter fallen außer den folgend angesprochenen Änderungen die Artt. 24, 26, 50, 52, 45,115e Abs. 2 S. 1 GG. Siehe dazu Janzen (1996) S. 15f. Zum Prozeß der Ausfertigung des „Gesetzes zur Änderung des Grundgesetzes" Galahn (1996) S.67f.

[4] Zur „Neutralität der Wirtschaftsverfassung" in Deutschland Stober (1994) S. 52.

[5] BGBl. I, S. 2086, 2087.

[6] Donner/Neumann (1994) S. 160 im Rückgriff auf Wahlig. Hinzuzufügen ist, daß auch der Gesetzgeber durch Art. 73 Abs. 4 GG, die ihm als Gegenstand zugewiesene Kompetenz zur Regelung des Währungs-, Geld- und Münzwesens verliert. Jedoch – so merken Donner/Neumann (1994) an – „würde der Gesetzgeber nicht im Kernbereich seiner Funktion so betroffen, daß die konstituierenden Strukturen in ihrem Grundgefüge verändert würden."

[7] Vgl. Donner/Neumann (1994) S. 162.

zit wurden.[1] Die Regierung legte am 14. August 1992 Gesetzesentwürfe hinsichtlich der Ratifikation und der Verfassungsänderung vor. Am 2. Dezember 1992 wurde das Ratifikationsgesetz mit 543 gegen 17 Stimmen bei acht Enthaltungen und das Verfassungsänderungsgesetz mit 547 gegen 17 Stimmen und einer Enthaltung angenommen.[2] Der Bundesrat nahm das Ratifikationsgesetz und das Gesetz zur Änderung des Grundgesetzes am 18. Dezember einstimmig an.[3] Die Grundgesetzänderung trat am 25.12.1992 in Kraft, das Zustimmungsgesetz wurde am 31.12.1992 in Kraft gesetzt.[4] Damit wurden die Voraussetzungen für die innerstaatliche Wirksamkeit des Maastrichter Vertrages hinsichtlich der Bundeskompetenzen erfüllt, und Bundespräsident und Bundesregierung wurden zur die Ratifikation des Vertrages ermächtigt.[5]

Im Dezember 1992 wurde von einer Gruppe von vier Europa - Abgeordneten der Grünen und von Manfred Brunner, dem ehemaligen Kabinettschef von EG-Kommissar Martin Bangemann, Verfassungsbeschwerde beim Bundesverfassungsgericht eingelegt und der Erlaß einer einstweiligen Anordnung beantragt. Dem weiteren Verfahren wurde somit die Entscheidung des Bundesverfassungsgerichts vorausgesetzt.[6]

Am 12. Oktober 1993 entschied das Bundesverfassungsgericht über die Verfassungsbeschwerden gegen das Ratifikationsgesetz und das Gesetz zur Änderung des Grundgesetzes vom 21.12.1992 (Maastricht-Urteil). Die von Manfred Brunner vorgebrachte Beschwerde war zulässig, wurde jedoch als unbegründet abgewiesen. Die Verfassungsbe-

---

[1] Die Gemeinsame Verfassungskommission von Bundesrat und Bundestag hatte auf Vorschlag des Bundesrats für den Satz 2 eine Formulierung gewählt, nach der die „Aufgaben und Befugnisse" der Bundesbank „einer Europäischen Zentralbank übertragen werden können". Demgegenüber hatte der Sonderausschuß des Bundestages „Europäische Union" eine Berücksichtigung des Kontextes der Europäischen Union und eine Betonung der Unabhängigkeit und der Verpflichtung zur Sicherung der Preisstabilität der EZB gefordert. Vgl. Donner/Neumann (1994) S. 162.

[2] Zudem wurden zwei Entschließungen zum Unionsvertrag und zur Wirtschafts- und Währungsunion angenommen. Der Bundestag forderte: „Der Deutsche Bundestag wird sich jedem Versuch widersetzen, die Stabilitätskriterien aufzuweichen, die in Maastricht vereinbart worden sind. ... Der Übergang zur dritten Stufe der Wirtschafts- und Währungsunion erfordert auch eine Bewertung durch den deutschen Bundestag...." Galahn (1996) S. 75. Zugleich wurden auch die beiden Ausführungsgesetze gebilligt: das Gesetz über die Zusammenarbeit der Bundesregierung und dem Deutschen Bundestag in Angelegenheiten der Europäischen Union und das Gesetz über die Zusammenarbeit von Bund und Ländern in Angelegenheiten der Europäischen Union. Wissenschaftliche Dienste des Deutschen Bundestages (1993) S. 21f.

[3] Die Entschließung des Bundesrats zum Unionsvertrag orientierte sich weitgehend an der Entschließung des Bundestages. Die beiden Ausführungsgesetze verursachten die Anrufung des Vermittlungsausschusses, dessen Empfehlungen von beiden Kammern im Februar gebilligt wurden. Wissenschaftliche Dienste des Deutschen Bundestages (1993) S. 21f.

[4] Die Grundgesetzänderung war die Voraussetzung für das Ausfertigen und Inkrafttreten des Zustimmungsgesetzes. Galahn (1996) S. 75.

[5] Galahn (1996) S. 76.

[6] Galahn (1996) S. 77.

schwerden der Grünen wurden als unzulässig abgelehnt.[1] Sie hatten vor allem das „Demokratiedefizit" in den EG-Institutionen kritisiert, während Manfred Brunner sich gegen die „Aushöhlung der deutschen Staatlichkeit" gewandt hatte.

Am 12. Oktober 1993 wurde die Ratifikationsurkunde hinterlegt, so daß das Vertragswerk gemäß seinem Art. R Abs. 2 am 1. November 1993 in Kraft getreten ist.[2]

Einen Epilog erfuhr das Ratifikationsverfahren im April 1998, als zwei Verfassungsbeschwerden abgewiesen wurden. Die Beschwerdeführer wiesen auf die Risiken hin, die eine vorschnelle Einführung des Euro in einem heterogenen Wirtschaftsraum mit sich brächte, und sahen durch eine potentiell höhere Inflationsrate ihre Eigentumsrechte gefährdet.[3] Das Verfassungsgericht nahm zu diesem zweiten Punkt keine Stellung, die Beschwerde wurde mit der Begründung abgewiesen, daß der einzelne Geldeigentümer kein Recht habe, die politische Entscheidung über den EWWU - Beitritt vor Gericht prüfen zu lassen.[4]

2.2. Die deutsche Zentralbankverfassung im Wandel

2.2.1. Die zweite Stufe der Wirtschafts- und Währungsunion

1992 erfolgte eine Reform des Bundesbankgesetzes. Das Vierte Gesetz zur Änderung des Gesetzes über die Deutsche Bundesbank (4. BBankGÄndG.) führte zu einer organisationsrechtlichen Veränderung der Struktur der Bundesbank im Zuge der deutschen Wiedervereinigung. [5] Dabei wurde ausdrücklich in der Begründung des Gesetzes darauf hin-

---

[1] 2 BvR 2134/92.

[2] Die Bundesregierung hinterlegte noch am Tag der Urteilsverkündung des Bundesverfassungsgerichts diese noch letzte ausstehende Ratifikationsurkunde in Rom. Ursprünglich hatte der Vertrag am 1.1.1993 in Kraft treten sollen. Da sich aber die Ratifikationsverfahren in Dänemark, Großbritannien und Deutschland schwieriger gestalteten als vorgesehen, stand eine Zeitlang das Inkrafttreten des Vertrages in Frage. Galahn (1996) S. 60.

[3] Welter (1998) S. 9f. Mit der Ablehnung waren auch die Beschwerden der anderen elf Beschwerdeführer nicht mehr einklagbar.

[4] Mit der Entscheidung von 1998 wurde an das „Maastricht-Urteil" von 1993 angeknüpft, da zwar ausdrücklich die Verantwortung für einen Transfer der Währungskompetenz den politischen Entscheidungsträgern überantwortet wurde, jedoch hier die Bewertungsspielräume durch die Konvergenzkriterien maßgeblich wären, es sich also keinesfalls um einen Freibrief für eine bedingungslose Abgabe von Kompetenzen handelte.

[5] Die Begrenzung der Zahl der Ländervertreter war Karl Otto Pöhl schon lange ein Anliegen gewesen. Er schlug vor, die Zahl der Ländervertreter von elf aus der bisherigen Bundesrepublik auf acht für ein vereinigtes Deutschland zu begrenzen. Damit nahm er im Grunde eine Idee wieder auf, die in einem Gutachten vom Januar 1970 geäußert worden war, in dem die Abschaffung der Landeszentralbankpräsidenten nach einem Vorschlag der zu diesem Zeitpunkt pensionierten Karl Blessing und Heinz Troeger empfohlen worden war. Der Zentralbankrat hatte diesen Vorschlag jedoch am 10.3.1970 abgelehnt. Vgl. Marsh

gewiesen, daß die Grundlagen der Notenbankverfassung unverändert blieben. Bei näherer Betrachtung enthält die Reform gleichwohl eine tendenzielle Veränderung der bisherigen Notenbankverfassung und zwar dort, wo die Fähigkeit der Bundesbank, als Lender of last resort zu agieren, auf dem Prüfstand steht. Mit der Fassung des § 21 Nr. 4 BBankG i.d.F. vom15. Juli 1992, der es der Bundesbank erlaubt, „ *andere von der Bank bestimmte Schuldverschreibungen*" zu kaufen und verkaufen, wo vorher nur „*andere zum amtlichen Börsenhandel zugelassene Schuldverschreibungen*" erlaubt waren, löst sich die Bundesbank aus der Abhängigkeit von Dritten in bezug auf bundesbankfähige Schuldverschreibungen.[1]

Mit dem Maastrichter Vertrag stand die Reform nur sehr mittelbar in Beziehung, da nur in der Begründung der Straffung der Organisationsstruktur auf die zukünftige ESZB Struktur Bezug genommen wurde.[2]

Mit dem Fünften Gesetz zur Änderung des Gesetzes über die Deutsche Bundesbank (5.BBankGÄndG) vom 8. Juli 1994 wurden erforderliche Anpassungen im Hinblick auf den Maastrichter Vertrag durchgeführt. Die Veränderungen der zweiten Stufe betrafen in Deutschland:

a) die Vergabe von kurzfristigen Kassenkrediten an Bund, Länder und Sondervermögen (§ 20 BBankG), und

b) die Einlagenpflicht des Bundes, einiger Sondervermögen und der Länder (§ 17 BBankG).[3]

Zu a)

Nach Art. 104 EGV ist es den Notenbanken seit 1.1.1994 verboten, staatlichen Stellen Kredite zu gewähren. Zudem waren alle am Jahresbeginn 1994 bereits bestehenden Notenbankforderungen gegenüber dem öffentlichen Sektor mit einer festen Laufzeit zu versehen.[4] In Deutschland wird dadurch vor allem §20 BBankG berührt, der bis zu diesem Zeitpunkt kurzfristige Kassenkredite von insgesamt 10 Mrd. DM an den Bund, seine Son-

(1992) S. 431.

[1] Prigge (1997) S. 288.

[2] Deutsche Bundesbank (1992a) S. 49.

[3] Außer diesen durch den Maastrichter Vertrag motivierten Veränderungen des Bundesbankgesetzes durch das Fünfte Bundesbankänderungsgesetz kam es zu weiteren den Lombard betreffenden geringfügigen technischen Veränderungen. Deutsche Bank (1994) S. 43.

[4] „Altforderungen" im Sinne des Maastrichter Vertrages gegenüber dem öffentlichen Sektor waren nur in Form der Ausgleichsforderungen, die 1948 durch die Währungsreform entstanden waren, in Höhe von 8,7 Mrd. DM vorhanden. Diese Forderungen werden laut einer Verpflichtung des Bundes gegenüber der Bundesbank ab dem Jahr 2024 in zehn Jahresraten getilgt. Deutsche Bundesbank (1994) S. 31.

dervermögen und die Länder ermöglichte.[1] Art. 104 EUV trat zunächst an die Stelle von § 20 BBankG, ohne daß das Bundesbankgesetz verändert wurde.[2] In der Konsequenz war es fortan dem Bund verboten, sich wie bisher die Fremdmittel, die sich auf bis zu 6 Mrd. DM belaufen konnten, bei der Bundesbank zu beschaffen. Das Überziehungsverbot galt jedoch nur für den Buchungsschluß. Überziehungen während des Tages waren und sind durch die später erfolgte Anpassung des Bundesbankgesetzes erlaubt.

Zu b)

Nach § 17 BBankG sind der Bund, einige Sondervermögen und die Länder dazu verpflichtet gewesen, ihre flüssigen Mittel auf einem Girokonto bei der Bundesbank unverzinslich einzulegen. Bis Ende 1993 leisteten nur noch der Bund und die Sondervermögen dieser Auflage Folge.[3] Anders als bei dem Wegfall der Kassenkredite ist die Einlagenpflicht nicht automatisch durch die zweite Stufe der Wirtschafts- und Währungsunion am 1. Januar 1994 aufgehoben worden, denn dazu war die Erteilung von Sonderbefugnissen durch die Bundesbank in Form von Globalkontingenten zur anderweitigen Anlage notwendig.[4] § 17 BBankG wurde mit dem Fünften BBankGÄndG vom 8. Juli 1994 gestrichen.[5] Die Bundesguthaben wurden für sogenannte § 17-Verlagerungen genutzt, die dazu dienten, Liquiditätsengpässe der Geschäftsbanken zu beseitigen.

Die Bedeutung der Aufhebung des § 17 ist nicht an dem Ausfall von Zinserträgen durch die Differenz zwischen Marktzins und zinsloser Anlage auf dem Girokonto der Bundesbank zu messen, sondern sie besteht in der zeitlichen Verschiebung von Zinseinnahmen, die nach der Aufhebung der Einlagepflicht möglich geworden ist.[6][7] Ein zusätzlicher Gewinn

---

[1] Nimmerrichter (1994) S. 12, Stadler (1996) S. 68.

[2] Aufgrund der Überlagerung des Bundesrechts durch EG-Recht war eine solche Lösung möglich, so daß vom 1.1.1994 bis zum 8. Juli 1994 noch keine Umsetzung in Deutschland stattgefunden hatte.

[3] Die Länder waren durch die Einräumung von Globalkontingenten zur Anlage außerhalb der Bundesbank faktisch beinahe freigestellt. Nimmerrichter (1994) S. 12.

[4] Die Einlagepflicht muß durch den nationalen Gesetzgeber aufgehoben werden. Um diese Bestimmungen dennoch zum 1.1.1994 außer Kraft setzen zu können, hatte die Bundesbank dem Bund unter Vorbehalt eines jederzeitigen Widerrufs ein Globalkontingent eingeräumt, das zur anderweitigen Anlage der Bundesmittel berechtigte. Für die Länder sind die bereits bestehenden Globalkontingente erhöht worden, die Sondervermögen waren faktisch schon vorher befreit. Das Globalkontingent für den Bund betrug 24 Mrd. DM und für die Länder 13 Mrd. DM. Deutsche Bundesbank (1994) S. 38.

[5] Nimmerrichter (1994) S. 12.

[6] Die Nettoguthaben der zentralen öffentlichen Haushalte bei der Bundesbank beliefen sich im Jahr 1993 im Durchschnitt auf 11 Mrd. DM.

[7] Indem die Bundesbankguthaben nicht bei den Geschäftsbanken angelegt wurden, stand den privaten Banken weniger Liquidität zur Verfügung, was sich in einem höheren Refinanzierungsbedarf bei der Bundesbank und in höheren Zinszahlungen niederschlug . Der aus Refinanzierungsgeschäften erzielte Bundesbankgewinn wurde ein Jahr später an den Bund ausgeschüttet. Somit sind die Einlagen des Bundes indirekt

des Bundes seit Januar 1994 gegenüber der vorherigen Regelung ließe sich allenfalls aufgrund von vorher herrschenden Zinssatzdifferenzen und der zeitlichen Verzögerung der Ausschüttung des Bundesbankgewinns herleiten.[1] Durch den Wegfall der Einlagepflicht ergibt sich als Nettoeffekt eine Erhöhung der Liquidität im Bankensystem.[2] Ein weiterer Effekt ist ein geringerer Feinsteuerungsbedarf: Schätzungen der Kassentransaktionen des Bundes bei der Bundesbank waren in der Vergangenheit nur unter großer Unsicherheit möglich.[3] Zudem war die Entwicklung der Zentralbankguthaben der Banken stark durch öffentliche Kassendispositionen bestimmt.[4] Daraus folgte ein bestimmtes Liquiditätsprofil der Geschäftsbanken, auf das sich die Planung der Liquiditätsbereitstellung der Bundesbank stützen konnte.[5] Zu guter Letzt war auch die Abgrenzung der Geldmengenaggregate von der Veränderung betroffen.[6]

Hinsichtlich des Zahlungsverkehrs blieb nach der Neuformulierung des § 20 Abs. I für die zentralen öffentlichen Haushalte die Möglichkeit bestehen, die in § 19 aufgeführten Geschäfte über die Bundesbank abzuwickeln. Für den Zahlungsverkehr darf die Bundesbank weiterhin keine Kosten und Gebühren berechnen (§ 20 Abs. I BBankG). Die Funktion des Kapitalmarktagenten blieb erhalten, so daß die zentralen öffentlichen Haushalte Anleihen in erster Linie über die Bundesbank oder „im Benehmen" mit ihr zu begeben haben.[7]

2.2.2. Die Bedeutung der Normenänderungen in Vorbereitung der zweiten Stufe

Die Stellung der Bundesbank im Normengefüge entsprach bereits vor dem Eintritt in die Übergangsstufe weitgehend den Anforderungen, die im Maastrichter Vertrag an die formale Unabhängigkeit der Notenbanken gestellt worden waren.[8]

Die Bedeutung der Kassenkredite war vor dem Bundesbankänderungsgesetz nicht besonders groß, was sich an der geringen Inanspruchnahme seit Bestehen und an der auch

---

über den Refinanzierungsbedarf der Geschäftsbanken verzinst worden. Nimmerrichter (1994) S. 12.

[1] Deutsche Bundesbank (1994) S. 41.

[2] Der Bund war gehalten, seine fortan frei anlegbaren Mittel auf eine Vielzahl von heimischen Kreditinstituten zu verteilen. Deutsche Bundesbank (1994) S. 41.

[3] Diese Schätzungen erfolgten im Rahmen der laufenden Liquiditätsvorschau, die die Grundlage für die Zuteilungen von Wertpapierpensionsgeschäften bildete. Deutsche Bundesbank (1994) S. 40.

[4] Zu den Ursachen der Schwankungen Deutsche Bundesbank (1994) S. 40.

[5] Der Verlauf der Zentralbankguthaben wies einen hohen Stand an Übererfüllung des Mindestreserve-Solls am Monatsanfang auf, das sich im Verlauf des Monats „im Zuge des Steuertermins" senkte und gegen Monatsende wieder anstieg. Deutsche Bundesbank (1994) S. 40.

[6] Deutsche Bundesbank (1994) S. 41f.

[7] § 20 Abs. II BBankG .

[8] Deutsche Bundesbank (1994) S. 32.

schon vorher praktizierten Kreditaufnahme auf dem Geldmarkt ablesen läßt. Eine weitreichendere Wirkung entfaltete die Aufhebung des § 17 BBankG. Generell erfolgte durch die dauerhaft bei den Geschäftsbanken verbleibenden Bundesguthaben tendenziell eine Abnahme des Bedarfes an Feinsteuerung, da daraus keine Liquiditätsverschiebungen zwischen Bundesbank und Kreditinstituten mehr erfolgten.

Die Bundesbank blieb aber auch nach dieser Veränderung die Hausbank des Bundes.[1] Die Abstimmung der Konten muß nun möglichst genau und früh erfolgen, um Debetsalden bei Buchungsschluß zu vermeiden. Außerdem muß für den Fall vorgesorgt sein, daß eine Fehldisponierung erfolgt, so daß mit Geschäftsbanken Rückhalt - Vereinbarungen getroffen werden. Die Bindung des Bundes an die "Hausbank" Bundesbank ist durch den Wegfall der Einlagepflicht geringer geworden, nichtsdestotrotz bleibt die Rolle einer "Bank des Staates" bestehen.[2]

2.2.3. Die Vorbereitung der dritten Stufe der Wirtschafts- und Währungsunion

Für die Vorbereitung der dritten Stufe der Wirtschafts- und Währungsunion mußten folgende Gesetze im Hinblick auf die Unabhängigkeit der Bundesbank und die Einbindung in das ESZB verändert werden:

- das Gesetz über die Deutsche Bundesbank vom 26. Juli 1957 i.d.F. des Fünften Bundesbankänderungsgesetzes vom 8. Juli 1994,
- das Münzgesetz (Gesetz über die Ausprägung von Scheidemünzen) .

Die Veränderung des Bundesbankgesetzes erfolgte durch das Sechste Gesetz zur Änderung des Gesetzes über die Deutsche Bundesbank vom 22.12.1997, die des Münzgesetzes durch das Euro - Einführungsgesetz.

2.2.3.1. Die Unabhängigkeit der Bundesbank nach Art. 108 EGV

Das EWI hatte im Konvergenzbericht im November 1996 die Unvereinbarkeit der möglichen Aussetzung der Beschlußfassung des Zentralbankrats durch die Bundesregierung (Art. 13.2 BBankG i.d.F. vom 8. Juli 1994) mit den Anforderungen an die nationalen Zentralbankverfassungen unter dem Kriterium der institutionellen Unabhängigkeit festgestellt. Nach dem Sechsten Gesetz zur Änderung des Gesetzes über die Deutsche Bundesbank

---

[1] Nimmerrichter (1994) S. 12.
[2] Nimmerrichter (1994) S. 13.

vom 22.12.1997 gibt es diese Möglichkeit nicht mehr. Ein weiterer Kritikpunkt war die Mindestamtszeit der Zentralbankratsmitglieder, die von zwei auf die geforderten fünf Jahre heraufgesetzt wurde.[1]

2.2.3.2. Die Integration in das ESZB

Die Mehrzahl der Veränderungen bezieht sich auf die Berücksichtigung der Verantwortlichkeit der EZB im Bundesbankgesetz:

a) Gesetzliche Zielbestimmung

Die Aufgabenbestimmung in § 3 BBankG i.d.F. vom 8. Juli 1994 berücksichtigte die Zielsetzung des ESZB nicht.[2] Die Neuformulierung des § 3 BBankG lautet:

"Die Deutsche Bundesbank ist als Zentralbank der Bundesrepublik Deutschland integraler Bestandteil des Europäischen Systems der Zentralbanken. Sie wirkt an der Erfüllung seiner Aufgaben mit dem vorrangigen Ziel mit, die Preisstabilität zu gewährleisten, und sorgt für die bankmäßige Abwicklung des Zahlungsverkehrs im Inland und mit dem Ausland. Sie nimmt darüber hinaus die ihr nach diesem Gesetz oder anderen Rechtsvorschriften übertragenen Aufgaben wahr."[3] Außerdem wurde § 12 i.d.F. vom 8. Juli 1994, der das Verhältnis der Deutschen Bundesbank zur Bundesregierung regelt, auf Anregung des EWI verändert.[4] Damit wurde zugleich mehr Rechtsklarheit geschaffen:

"Die Deutsche Bundesbank ist bei der Ausübung der Befugnisse, die ihr nach diesem Gesetz zustehen, von Weisungen der Bundesregierung unabhängig. Soweit dies unter Wahrung ihrer Aufgabe als Bestandteil des Europäischen Systems der Zentralbanken möglich ist, unterstützt sie die allgemeine Politik der Bundesregierung."[5]

---

[1] Art. 1 Abs. 5 des 6. BBankGÄndG i.d.F. vom 22. Dezember 1997. Auch die Mindestdienstzeiten der Landeszentralbankpräsidenten wurde auf fünf Jahre erhöht, obwohl nach Art. 14.2. ESZB Satzung nur die Mitglieder des EZB-Rates eine derartige Mindestdienstzeit haben müssen. Die Präsidenten der Landeszentralbanken sind keine Mitglieder des EZB-Rates, dennoch war eine Anhebung geboten, da sonst im deutschen Zentralbankrat unterschiedliche Mindestdienstzeiten bestanden hätten. Goetze (1999) S. 199f.

[2] Vgl. auch Schmidt-Bleibtreu/Klein (1999) S. 1354ff.

[3] § 3 BBankG i.d.F. vom 22.12.1997 (BGBl. I S. 3274).

[4] § 12 BBankG a.F. hat in der Vergangenheit häufig den normativen Hintergrund für Konflikte zwischen der Bundesbank und der Bundesregierung gebildet. Dazu Caesar (1981) S. 190ff, Robert (1978) S. 17ff, Bonin (1979) S. 224. In der Literatur werden diese Konflikte zum Anlaß genommen, hier von einer nicht genügend fundierten Rechtsstellung der Bundesbank oder einer "lex imperfecta" zu sprechen. Vgl. Faber (1989) S. 868, Hahn (1990) S. 256.

[5] § 12 BBankG i.d.F. vom 22.12.1997 (BGBl. I S. 3274). Die Veränderung der Reihenfolge der Sätze über

b) Aufgaben und Instrumente

In der alten Fassung des § 14, der die Zuständigkeit der Bundesbank für die Notenemission bestimmte, war die Verantwortlichkeit der EZB in diesem Bereich nicht berücksichtigt. Das erfolgte mit der Bezugnahme auf Art. 105a Abs. 1 EGV.[1]. Um die Verantwortlichkeit der EZB zu berücksichtigen, wurden die §§ 15 und 16 i.d.F. vom 22.10.1992 aufgehoben. Bis Ende 2001 bleibt die D-Mark in Deutschland gesetzliches Zahlungsmittel, das von der Bundesbank emittiert wird. Die Ausgabe von Noten muß jedoch in diesem Übergangszeitraum von der EZB genehmigt werden.[2]

Auch mit dem Eintritt in die dritte Stufe bleiben die Aufgaben, für die bankmäßige Abwicklung des Zahlungsverkehrs im Inland und mit dem Ausland zu sorgen,[3] im Bereich der Bankenaufsicht und als Bank des Staates tätig zu sein, bestehen.[4]

c) Position der Bundesbank innerhalb des ESZB

Der alte Paragraph 6 Abs. 1 Satz 1 beschrieb die Kompetenz des Zentralbankrats für die Währungs- und Kreditpolitik der Bank. Mit der Neufassung[5] wurde die Position der Bundesbank innerhalb des ESZB im Bundesbankgesetz verankert:[6]

- Die Verantwortung für die Festlegung der Geld- und Währungspolitik in Stufe Drei geht auf den EZB-Rat über, der Zentralbankrat bestimmt fortan im Rahmen der Leitlinien des ESZB die Geschäftspolitik der Bundesbank,[7]
- Die Bundesbank handelt bei der Erfüllung der Aufgaben des ESZB im Rahmen der

---

Unabhängigkeit und Unterstützungsgebot soll jegliche Zweifel hinsichtlich der Subsidiarität des letzteren ausräumen. Vgl. dazu auch Deutsche Bundesbank (1998).

[1] EWI (1998) S. 348.

[2] § 14 BBankG.

[3] Die geldpolitische Aufgabe in Kombination mit der Verantwortlichkeit für die Zahlungssysteme haben die Anpassung der Allgemeinen Geschäftsbedingungen der Deutschen Bundesbank erfordert. Die Umsetzung der Geldpolitik in Deutschland erfolgte entsprechend der Tradition der Bundesbank und des deutschen Bankgewerbes, Einzelheiten des Rechtsrahmens in Allgemeinen Geschäftsbedingungen festzuhalten. Die Neufassung der Allgemeinen Geschäftsbedingungen der Bundesbank wurde durch Mitteilung Nr. 2013/98 vom 6. Oktober 1998 bekanntgemacht. Deutsche Bundesbank (1999) S. 23. In anderen europäischen Ländern werden zum Teil Musterverträge genutzt. Siehe dazu vertiefend Deutsche Bundesbank (1998) S. 20ff.

[4] Deutsche Bundesbank (1999) S. 22.

[5] Art. 1 Abs. 4 des Sechsten Gesetzes zur Änderung des Gesetzes über die Deutsche Bundesbank vom 22.12.1997 BGBl. I Nr. 88, vom 30.12.1997, S. 3274-3275.

[6] Diese Positionierung spiegelt sich auch in den Vorschriften der Rechnungslegung wider, die mit den §§ 26 Abs. 2 Satz 2 und 3 BBankG neu gefaßt wurden. Mit § 45 BBankG wurde eine Vorschrift zur Regelung des Übergangs eingefügt. Siehe dazu Deutsche Bundesbank (1998) S. 30.

[7] Dazu auch Deutsche Bundesbank (1999) S. 22.

Leitlinien und Weisungen der EZB,

- Der Präsident der Bundesbank ist als Mitglied des EZB - Rates von Weisungen des EZB - Rates unabhängig.

Zusätzlich zu diesen durch Art. 108 EGV bedingten Veränderungen wurde ein Vorschlag des EWI berücksichtigt, § 4 BBankG a.F. zu ändern, um die Notwendigkeit der Zustimmung der EZB bei einer Beteiligung der Bundesbank an internationalen Währungseinrichtungen zu verdeutlichen.[1]

d) Änderung von Grundkapital, Rücklagen und Rechnungslegung

Das Grundkapital der Deutschen Bundesbank wurde von 290 Mio. DM auf 5 Mrd. DM erhöht, die gesetzliche Rücklage (§ 27 Nr. 1 BBankG) auf 5 Mrd. DM festgelegt.[2] Die Verteilung des Reingewinns wurde so geändert, daß jährlich 20% des Bundesbankgewinns, mindestens jedoch 500 Mio. DM (bisher 20 Mio. DM) so lange der gesetzlichen Rücklage zugeführt werden, bis die 5 Mrd. DM erreicht sind. War die Höhe der gesetzlichen Rücklage bisher noch an den Banknotenumlauf geknüpft, so wurde dieser Passus nun aufgehoben. Die bisherige „sonstige Rücklage" aus § 27 Nr. 2 BBankG a.F. wurde damit hinfällig.[3] Die Stellung der Deutschen Bundesbank als ein Element des ESZB wird auch durch die künftige Rechnungslegung nach § 26 Abs. 2 BBankG dokumentiert. Die Regeln für die Rechnungslegung werden von der EZB übernommen, Währungsreserven werden daher zu Marktpreisen bewertet.[4] Die bezüglich der Unabhängigkeit notwendigen Veränderungen traten am 31.12.1997 in Kraft, während alle anderen Bestimmungen mit dem Eintritt Deutschlands in die dritte Stufe Gültigkeit erlangten.[5]

2.2.3.3. Das Euro - Einführungsgesetz

Das Euro - Einführungsgesetz[6] beseitigte Hindernisse, die der Einführung des Euro in Deutschland entgegenstanden und beinhaltete eine Reihe von Regelungen, die auch die

---

[1] EWI (1998) S. 349.
[2] Damit wird einer für die EZB geltenden Regelung entsprochen, deren allgemeiner Reservefonds der Höhe des Kapitals von 5 Mrd. DM entspricht. Deutsche Bundesbank (1999) S. 23.
[3] Deutsche Bundesbank (1999) S. 23.
[4] Eventuell anfallende stille Reserven sind als „Ausgleichsposition aus Neubewertung" zu bilanzieren. Deutsche Bundesbank (1999) S. 24.
[5] Art. 2 des Sechsten Gesetzes zur Änderung des Gesetzes über die Deutsche Bundesbank vom 22.12.1997 BGBl. I Nr. 88, vom 30.12.1997, S. 3274-3275.
[6] EuroEG v. 9.6.1998 BGBl. I S. 1242-1255.

Deutsche Bundesbank betrafen.[1] Eine zunächst eher technische Veränderung erfolgte mit dem Diskontsatz – Überleitungs - Gesetz (Art. 1 § 1 EuroEG). Danach wurde der Diskontsatz aus Anlaß der Einführung des Euro als Bezugsgröße für Zinsen und andere Leistungen bis zum Ablauf des 31. Dezember 2001 durch den jeweiligen Basiszinssatz ersetzt, der sich aus dem am 31. Dezember 1998 geltenden Diskontsatz inklusive der Veränderungen der von der Bundesregierung zu bestimmenden Bezugsgröße errechnet. Der Lombardsatz wurde durch einen EZB - Zinssatz ersetzt. (Art. 1 § 3 Abs. 2 Nr. 1 EuroEG). Andere Änderungen betrafen die Zivilprozeßordnung, das Bilanzrecht, Mahnverfahren und Änderungen im Gesellschafts- und Preisangabenrecht sowie in anderen Rechtsgebieten und Gesetzen.[2] Im Münzgesetz (Gesetz über die Ausprägung von Scheidemünzen), dessen Änderung im Konvergenzbericht des EWI (1998) ausdrücklich angesprochen wurde, wurde eine Bezugnahme auf Art. 105a Abs. 2 Satz 1 EGV eingefügt.

2.2.4. Stellungnahmen des EWI und der Europäischen Kommission zur rechtlichen Konvergenz und die Bedeutung der Normenveränderung für die Stellung der Deutschen Bundesbank

Das EWI und die Europäische Kommission hatten außer einem Hinweis auf eine noch ausstehende Veränderung des Münzgesetzes keinerlei kritische Anmerkungen.

Das Gesetz über die Deutsche Bundesbank stand demnach mit den Anforderungen des Maastrichter Vertrages und der ESZB-Satzung für Stufe Drei in Einklang.[3]

Mit den Veränderungen des Bundesbankgesetzes wurde nicht nur allen Hinweisen aus dem Konvergenzbericht des EWI Folge geleistet, sondern es wurden auch noch Formulierungen zur Verdeutlichung der künftigen Zielsetzung und Stellung der Bundesbank eingeführt.[4]

Insgesamt sind die Veränderungen in bezug auf die Unabhängigkeit sehr begrenzt gewesen. So hatte das Vetorecht der Bundesregierung zur Aufschiebung von Zentralbankratsentscheidungen allenfalls formelle Bedeutung,[5] und auch die Frage, ab welcher Mindestamtszeit man von einem weitgehenden Effekt auf die personelle Unabhängigkeit der zentralbankpolitischen Entscheidungsträger sprechen kann, ist in der Literatur nicht eindeutig geklärt.[6] Art. 88 a.F. zeichnete sich dadurch aus, daß er zu den wesentlichen verfas-

---

[1] Siehe dazu auch Schmidt-Bleibtreu/Klein (1999) S. 1364.
[2] Vgl. EuroEG v. 9.6.1998 BGBl. I S. 1242-1255.
[3] Europäische Kommission (1998) S. 55, EWI (1998) S. 347-349.
[4] Siehe dazu S. 445.
[5] Dazu Caesar (1981) S. 186.
[6] Nach Neumann (1997) S. 25 bewirkt eine lange erwartete Amtszeit einen kleinen persönlichen Diskon-

sungsrechtlichen Fragen keine Aussage machte und somit eine breite verfassungsrechtliche Kontroverse nach sich zog.[1] Die Unabhängigkeit der Deutschen Bundesbank ist nun auch explizit verfassungsrechtlich garantiert.[2]

tierungsfaktor und demzufolge eine höhere personelle Unabhängigkeit. Kritisch zu solchen Einschätzungen Möschel (1998) S. 221.

[1] Faber (1989) S. 868.

[2] Schmidt-Bleibtreu/Klein (1999) S. 1356.

3. Dominanten der zentralbankpolitischen Diskussion in Deutschland

„Most Germans evaluate the economic and political integration of Europe as a unique historical option not to be missed."[1]

Die Aufgabe nationaler Währungssouveränität fand in Deutschland ebenso wie in Frankreich lauten politischen Widerhall in der Öffentlichkeit.[2][3] Dabei zeigte sich für den aufmerksamen Beobachter ein Phänomen, das nach Meinung Hasses (1989) zu den typischen Begleiterscheinungen europäischer Politik zu gehören scheint:

„Sobald die allmähliche Übertragung relevanter Kompetenzen von der nationalen auf die Gemeinschaftsebene geplant ist, werden in drastischeren Farben die Konsequenzen dieses Schrittes ausgemalt; nach einer gewissen Gewöhnungszeit wird diese Dramatik relativiert; und schließlich kann die frühere Aufregung kaum noch nachvollzogen werden."[4][5]

Mit einer gemeinsamen Geldpolitik stand für Deutschland nicht nur die Aufgabe einer nationalen Geldpolitik, sondern auch die Aufgabe einer hegemonialen Stellung zur Debatte, die in der Vergangenheit zunehmend politische Forderungen gegenüber der Bundesbank nach sich gezogen hatte:[6] *„Germany is going to suffer a major loss. In particular, its hegemonial power in monetary affairs will dwindle."*[7]

Mit der Aufgabe einer nationalstaatlich verfolgten Geldpolitik[8] wurde die Frage nach der ökonomischen Notwendigkeit einer solchen Ordnung laut.

„Zur Zeit gibt es daher kein ökonomisch zwingendes Argument dafür, von oben eine monetäre

---

[1] Kloten (1995) S. 201.

[2] Dazu zitierte Francis Fukuyamas (1992, S. 5) eine Äußerung: „ ... we have no national traditions, a German said, of which to be proud, and the strong D-Mark is our only point of stability."

[3] Vgl. beispielsweise Matthes (1992) S. 515, der Alt - Bundeskanzler Helmut Schmidt mit folgender Aussage aus einem Interview, das dieser dem Figaro gegeben hatte, zitiert: „Deutschland ist gefährlich. Nicht wegen seiner Kultur oder wegen seines Volkscharakters, aber wegen unserer Geschichte und unserer geographischen Lage." Siehe dazu auch positiv formuliert das Ende der Stellungnahme der Chef-Volkswirte dreier deutscher Großbanken zum Manifest der 60 Ökonomen Lipp/Ramm/Walter (1993) S. 164.

[4] Hasse (1989) S. 15.

[5] Die Parallelen zur Debatte um das EWS, als von einem „deutschen Stabilitätsopfer auf dem Altar der Europäischen Gemeinschaft" die Rede gewesen war, das zu einer „Inflationsgemeinschaft" führen würde, drängen sich auf. Hasse (1989) S. 16.

[6] Kloten (1995) S. 203.

[7] Kloten (1995) S. 203.

[8] Vgl. Bofinger (1993) S. 77f.

Einheit auf ein wirtschaftlich, sozial und interessenpolitisch noch uneiniges Europa zu stülpen..."[1]

Unterschiedliche makro- und mikroökonomische Strukturen[2] erfordern verschiedene geldpolitische Vorgehensweisenso die Befürworter einer nationalstaatlich organisierten Geldpolitik.[3]

In diesem Zusammenhang wurde auch die Wirksamkeit und der Sinn der Konvergenzkriterien diskutiert.[4] Von den Kritikern wurde angenommen, daß es nicht im Interesse der europäischen Partner läge, in Zukunft eine der deutschen Geldpolitik ähnliche Politik zu betreiben und daß sich die Vertreter der anderen Nationen keineswegs als losgelöst von den Interessen ihrer Heimatländer betrachten würden.[5] Überdies fürchteten sie, daß der für die Durchsetzung von Geldwertstabilität notwendige „Stabilitätskonsens" fehlen würde.[6]

Die EZB würde nach Meinung der Kritiker eines Kompetenztransfers damit konfrontiert, daß ein „*Konsens, Preisstabilität als Priorität zu betrachten, wie er traditionell in Deutschland vorliegt ...*"[7] in Gesamteuropa (noch) nicht existieren würde,[8] also einer supranationalen

---

[1] These 9 des Manifests von 60 Ökonomen gegen Maastricht (1993) S. 160.

[2] Nach Ohr (1993, S. 91) betreffen diese Inflationsraten, sektorale Wirtschaftsstrukturen, die Entwicklung der Arbeitsproduktivitäten, Wachstumsraten, Tarifpolitik, Sozialpolitik, Steuersysteme, Haushaltspolitik, außenwirtschaftliche Verflechtungen.

[3] Vgl. Ohr (1993) S. 91, Bofinger (1993).

[4] Dazu These 3 des Manifests von 60 Ökonomen gegen Maastricht (1993, S. 159), die die Kriterien für zu weich halten. Nicht eine relative, sondern eine in absoluten Werten definierte Preisniveaustabilität wäre als ökonomische Vorbedingung für die Wirtschafts- und Währungsunion zu fordern gewesen. Dagegen die Antwort der Chef-Volkswirte der drei deutscher Großbanken, die Kriterien in bezug auf die Verschuldung und die relative Preisstabilität für zu hart hielten, denn mit dem Kriterium der öffentlichen Verschuldung blieben auch „stabilitätsehrgeizige Länder" wie Belgien und Irland außen vor, und das Kriterium einer absoluten Preisstabilität würde den Status quo in Deutschland übersteigen. Stellungnahme der Chef-Volkswirte dreier deutscher Großbanken zum Manifest der 60 Ökonomen (1993) S. 162. Eine andere Argumentationslinie sprach sich gegen den Sinn von Konvergenzkriterien überhaupt aus, oder sah in der vertraglichen Gestaltung eine laxe Handhabung bereits impliziert. Ohr (1993) S. 92. Andere Kritiker beurteilten die Auswahl zwar als weitgehend willkürlich, hielten aber die generelle Vorgehensweise für richtig, um mit der Nennung von Zahlen die Selbstverpflichtung der Staaten zu stärken und in der Öffentlichkeit zu unterstreichen. Krause-Junk (1997) S. 282f.

[5] Über diesen Punkt konnte und kann nur gemutmaßt werden. Vgl. Ohr (1993) S. 95.

[6] Ohr (1993) S. 94-96, Kösters (1995) S. 211.

[7] These 7 Manifests von 60 Ökonomen gegen Maastricht (1993, S. 160), Ohr (1993) S. 92.

[8] Anders dagegen These 16 des Plädoyers der Europa - Wissenschaftler für Maastricht, vgl. Axt u.a. (1993) S. 183: „Die Vertragsbestimmungen zur Wirtschafts- und Währungsunion erklären sich aus dem Konsens der Mitgliedsstaaten, nicht den nationalen Wirtschafts- und Finanzpolitiken allein Vorleistungen für eine stabilitätsorientierte Politik abzufordern, sondern das Stabilitätspotential einer europäischen Geld- und Währungspolitik gemeinsam und gleichzeitig mit den anderen Politiken zu nutzen." Ebenso Issing (1995, S. 21): „This means, that the opinion prevailing in Germany has been generally accepted, including the fact that the European central bank is committed to ensuring price stability as ist primary objective."

Geldpolitik nationale Interessen gegenüberständen:

„Nur mit einem solchen Konsens, den Notenbank, Regierung und Bevölkerung gemeinsam tragen, kann jedoch eine konsequente Stabilitätspolitik verfolgt werden, da diese unter anderem der Unterstützung der Lohnpolitik und der Finanzpolitik des Staates bedarf."[1]

Somit wäre die Gefahr groß, daß durch eine „überhastete Lösung" die daraus folgenden starken ökonomischen Spannungen zu einer politischen Zerreißprobe führen könnten.[2][3]

„Der Exporterfolg des ‚deutschen' stabilitätsorientierten Modells ist deshalb inzwischen so groß geworden, weil andere Mitgliedsländer damit ebenfalls Erfolge erzielen konnten. Diesen Ländern, die sich wie Deutschland aus eindeutigem Eigeninteresse dem Stabilitätsziel verpflichtet haben, zu unterstellen, daß sie diese Grundsatzentscheidung bei erstbester Gelegenheit wieder aufgeben würden, wäre genauso einseitig, wie der deutschen Politik den Willen und die Fähigkeit abzusprechen, die derzeitige Inflation so bald als möglich wieder unter Kontrolle zu bekommen."[4]

Die institutionelle Gestaltung des Maastrichter Vertrages fand weitreichende Zustimmung in der Öffentlichkeit, da das Ziel der Preisstabilität und die Philosophie des „freien Marktes" in starkem Maße berücksichtigt worden waren.[5]

„It is hard to swallow that Germany will have to sacrifice its most valid international asset: the Deutsche Mark as the outstanding symbol of German stamina and German economic efficiency."[6]

Dabei spielte nicht nur der Symbolcharakter eine Rolle, den die D-Mark in Deutschland erlangt zu haben schien, sondern auch die Furcht vor einer starken Zentralisierung politischer Befugnisse bei den europäischen Entscheidungsträgern und ein Verlust der Effizienz der Geldpolitik:[7]

---

1 These 7 des Manifests von 60 Ökonomen gegen Maastricht (1993) S. 160.
2 Baßeler u.a. (1993) S. 160.
3 Vgl. Stellungnahme der Chef-Volkswirte dreier deutscher Großbanken zum Manifest der 60 Ökonomen (1993) S. 163, Steinherr/Biehl/ Bofinger/Gros (1993) S. 166, die auf das Bestehen des EWS und die aktuelle internationale Rangfolge bei der Preisstabilität verwiesen, die auf das Ziel der Währungsunion zurückzuführen waren. Gerade dieses Argument diente der anderen Seite wieder dazu, zu zeigen daß der Stabilitätsdruck, der durch das EWS geherrscht hätte, in einer Währungsunion wegfallen würde. Vgl. Ohr (1993) S. 100.
4 Steinherr/Biehl/Bofinger/Gros (1993) S. 167.
5 Kloten (1995) S. 201.
6 Kloten (1995) S. 201.
7 Kösters (1995) S. 208.

„Any federal centralisation bears endogenous tendencies to advance further centralisation by attracting competences and powers to an ever-increasing extent, as New Institutional Economic Theory and Public Choice Theory are stressing so vehemently."[1]

Bald mehrten sich die Stimmen, die vor einem Verlust der hegemonialen monetären Stellung Deutschlands warnten.[2]

3.1. Die Motivation für den geld- und währungspolitischen Kompetenztransfer

3.1.1. Politische Argumentation

Politisch relevanten Widerstand gab es gegen die Errichtung der Europäischen Zentralbank nicht.[3] Standen im Bundesrat naturgemäß Fragen wie die Subsidiarität und das Bund - Länder Verhältnis zur Debatte, so fiel bei den Beratungen im Bundestag auf, daß die Europäische Zentralbank allenfalls als begleitendes Element einer gemeinsamen Währung wahrgenommen wurde. In beiden Kammern war ein starker Einfluß des Referendums in Dänemark und der kurz zuvor in Frankreich durchgeführten Volksabstimmung zu spüren, die auch mehrmals als Grund für die Einmütigkeit der Debatte geäußert wurde.[4] Insgesamt zeigte sich eine starke Diskrepanz zwischen den Äußerungen während der parlamentarischen Debatten und den zunehmenden Zweifeln und dem Widerstand in der Öffentlichkeit gegen eine Aufgabe der D-Mark ab, mit der die Errichtung einer Europäischen Zentralbank verbunden wurde. Übereinstimmend wurde von den Parteien auf die Rolle des Maastrichter Vertrages für die Friedenswahrung in Europa hingewiesen. Bundeskanzler Kohl sah darin gar eine Frage von Krieg und Frieden im 21. Jahrhundert.[5] Die ökonomische Relevanz einer gemeinsamen Geldpolitik und ihrer Folgen für die Wirtschaftspolitik traten demgegenüber in den Hintergrund.

In der Regierungserklärung äußerte sich Kohl folgendermaßen:

„Der Weg zur Europäischen Einheit ist unumkehrbar. Die Mitgliedstaaten der Europäischen

---

[1] Kloten (1995) S. 202. Der Verweis auf das Subsidiaritätsprinzip wurde nicht als ausreichende Gewähr angesehen. Kloten (1995, S. 202) empfahl aus diesen Gründen eine Veränderung des Grundgesetzes vor einer Ratifizierung des Maastrichter Vertrages, um die Länder vor einer ungerechtfertigten Zentralisierung zu schützen.

[2] Kloten (1995) S. 201.

[3] Darin weichen der Plan einer gemeinsamen Währung und der einer gemeinsamen Zentralbank voneinander ab. Möschel (1998) S. 218.

[4] Siehe dazu beispielsweise die Debatten im Bundesrat und im Bundestag PlPr 646 S. 419-439 vom 25.9.1992 und PlPr 12/110 S. 9314-9324 vom 8.10.1992.

[5] Vgl. Möschel (1998) S. 219.

Gemeinschaft sind jetzt für die Zukunft in einer Weise miteinander verbunden, die ein Ausbrechen oder einen Rückfall in früheres nationalstaatliches Denken mit all seinen schlimmen Konsequenzen unmöglich macht. ... Maastricht ist der Beweis dafür, daß das vereinte Deutschland seine Verantwortung in und für Europa aktiv wahrnimmt und zu dem steht, was wir immer gesagt haben, nämlich, daß die deutsche Einheit und die europäische Einigung zwei Seiten ein und derselben Medaille sind."[1]

Die Regierung hob den Verhandlungserfolg hervor, sich entgegen anderer Erwartungen mit den Forderungen nach der Unabhängigkeit der Europäischen Zentralbank durchgesetzt zu haben, wofür ihr auch von der Oppositionsbank Anerkennung gezollt wurde.[2] Bundesfinanzminister Theo Waigel betonte im Bundestag die wichtige Rolle der deutschen Zentralbankverfassung als Modell für die europäische Währungsordnung:

„Die deutsche Währungsordnung hat sich als Konstruktionsprinzip der Währungsunion uneingeschränkt durchgesetzt. ... Unsere Partner bei den Vertragsverhandlungen wußten: Bei den Stabilitätsanforderungen gab und gibt es keine Kompromisse. ... Die Stabilität der zukünftigen europäischen Währung wird durch den Vertrag von Maastricht völkerrechtlich sogar noch besser abgesichert sein als die D-Mark durch die deutsche Geldverfassung."[3]

Und an die französische Adresse gerichtet:

„Der Europäische Zentralbankrat wird keine Versammlung von Technokraten, die Weisungen der politischen Ebene gehorcht. Die Mitglieder sind vielmehr völlig unabhängig und stehen allein im Dienste ihres gesetzlichen Auftrags, vor allem die Preisstabilität zu gewährleisten. Damit ist der Stabilitätsauftrag für die Europäische Zentralbank noch strenger formuliert als im Bundesbankgesetz. Mindestens ebenso wichtig wie die rechtlichen Vorkehrungen zur Stabilitätssicherung ist die gemeinsame Grundüberzeugung der Mitgliedsländer, durch dauerhafte Stabilität Wachstum und Beschäftigung am besten zu fördern. Deshalb sollen und dürfen der Währungsunion nur die Länder beitreten, die Stabilitätsbewußtsein konkret und nachprüfbar unter Beweis gestellt haben."[4]

In den parlamentarischen Debatten und während der Abstimmungen sprachen sich SPD und die Grünen zwar auch für die Ratifizierung aus, gaben jedoch der Kritik Ausdruck, daß

---

[1] Helmut Kohl in der Regierungserklärung am 13. Dezember 1991 in Bundespresseamt (1991) S. 51, auch zitiert bei Sarrazin (1998) S. 84. Ähnlich der Ministerpräsident Thüringens, Bernhard Vogel, im Bundesrat, Bundesrat PlPr 646 vom 25.9.1992 S. 419.
[2] Helmut Kohl im Bundestag PlPr 12/110 vom 2.12.1992 S. 10826.
[3] Theo Waigel im Bundestag PlPr 12/110 vom 8.10.1992 S. 9321.
[4] Theo Waigel im Bundestag, PlPr 12/110 vom 8.10.1992 S. 9321.

man in Maastricht über den „kleinsten gemeinsamen Nenner" übereingekommen wäre. Insbesondere das „demokratische Defizit" des Vertragstextes und die Beteiligung des Parlaments vor dem Eintritt in die dritte Stufe der Währungsunion wurden herausgestellt.[1] In der SPD gab es aber auch Stimmen, die im Maastrichter Vertrag eine Möglichkeit sahen, den Handlungsspielraum der Bundesbank einzuschränken:

„Die gemeinsame Wirtschafts- und Währungspolitik kann man nicht allein der Bundesbank überlassen. Im Augenblick ist es de facto die Bundesbank, die die Finanzpolitik in Europa bestimmt. Dies ist weder für die anderen politisch noch ist es für uns als bundesrepublikanische Bürgerinnen und Bürger akzeptabel, die Bundesbank in eine Rolle hineinzudrängen, die sie letztendlich selber nicht erfüllen kann. Für eine größere Rolle der D-Mark als Weltreservewährung ist so nicht der Platz."[2]

Einzig aus den Reihen der FDP kamen kritische Anmerkungen hinsichtlich des französischen geldpolitischen Verständnisses und der wechselkurspolitischen Regelungen:

„Können wir einmal darüber nachdenken, ob es nach den Erfahrungen der letzten Woche nicht zweckmäßig wäre, die Wechselkurspolitik den Notenbanken zu übergeben, um sie aus dem politischen Gezerre der Regierungen herauszuholen?"[3]

Die Verabschiedung der Modifikationen des Bundesbankgesetzes erfuhr in der Öffentlichkeit keine größere Beachtung.[4] Das sechste Bundesbankänderungsgesetz wurde mit einer breiten koalitionsübergreifenden Mehrheit bestätigt.[5]Politische Reserven[6] wurden überwiegend kurz vor dem Eintritt in die dritte Stufe vor allen Dingen von denjenigen Politikern geäußert, die 1998 eine Landtagswahl zu bestehen hatten.[7] Zu den wichtigen Wortführern in der Öffentlichkeit zählte Helmut Schmidt, einer der Wegbereiter der Währungsunion, der hinsichtlich der primär politischen deutschen Motivation für die Ratifizierung des Maastrichter Vertrages eine dem christdemokratischen Bundeskanzler ähnli-

---

[1] Siehe dazu beispielsweise die Äußerungen von Wolfgang Clement, Ministerpräsident von Nordrhein-Westfalen im Bundesrat, PlPr 646 vom 25.9.1992 S. 422ff.

[2] Fritz Gautier im Bundestag, PlPr 12/110 vom 8.10.1992 S. 9374.

[3] Otto Graf Lambsdorff im Bundestag, PlPr 12/110 vom 8.10.1992, S. 9335.

[4] Die breite parlamentarische Zustimmung wurde bereits während des Ratifikationsverfahrens in den Abstimmungsergebnissen deutlich. Siehe dazu Wissenschaftliche Dienste des Deutschen Bundestages (1993) S. 21ff und 2.1.

[5] o.V. (1997a) S. 4.

[6] Sachsens Ministerpräsident Kurt Biedenkopf sprach sich 1998 noch für eine fünfjährige Testphase aus. Bundeszentrale für politische Bildung (1998) S. 66.

[7] Vor allem die Regierungschefs Bayerns und Hamburgs, Edmund Stoiber (CSU) und Henning Voscherau (SPD) nutzten die Gelegenheit, um sich im Landtagswahlkampf durch Widerstand zu profilieren. Vgl. Bundeszentrale für politische Bildung (1998) S. 66.

che Position einnahm:

„Es liegt im zentralen strategischen Interesse Deutschlands, eine Rückkehr zu einer Lage zu vermeiden, in der sich unsere vielen Nachbarn gegen eine vermeintlich oder tatsächlich bedrohliche Stärke Deutschlands miteinander verbünden, um uns Deutsche in Schach zu halten. Wenn der Bundeskanzler in diesem Zusammenhang bisweilen, scheinbar allzu pathetisch, von Krieg und Frieden in Europa spricht, hat er gleichwohl recht! Dagegen sind seine Parteifreunde Tietmeyer oder Stoiber und meine Parteifreunde Schröder oder Spöri strategische Pygmäen."[1]

Er vertrat umstrittene Positionen wie beispielsweise bei der äußeren Währungspolitik oder in der Frage der Nominierung des Präsidenten der Europäischen Zentralbank, als den er im November 1997 Valéry Giscard d'Estaing vorschlug.[2] In einer Folge von kritischen Artikeln[3] über die Haltung der Bundesbank stellte er das „Modell Bundesbank" in Frage, bezichtigte diese der „Penetranz", des „Mangels an strategischer Einsicht" und „deutscher Großmannssucht".[4]

Nach dem Regierungswechsel in Bonn wurde mit Oskar Lafontaine ein Finanzminister ernannt, der eine offene Konfrontation mit der Bundesbank suchte. Er forderte niedrigere Zinsen und Interventionen an den Devisenmärkten zugunsten der Exportwirtschaft.[5] Lafontaine suchte in vielen Positionen die Nähe zu seinem französischen Kollegen Strauss-Kahn und zum französischen Premierminister Lionel Jospin, so beispielsweise als er Zielzonen für den Euro forderte.[6] Insgesamt zeigte sich in Deutschland eine starke Diskrepanz zwischen den Äußerungen in den parlamentarischen Debatten und den zunehmenden Zweifeln und dem Widerstand in der Öffentlichkeit gegen eine Aufgabe der D-Mark, mit der die Errichtung einer Europäischen Zentralbank verbunden wurde.[7] Daher wurden auch die wiederholten Initiativen von Ökonomen und Rechtswissenschaftlern für und gegen die Währungsunion in dieser Atmosphäre allgemeiner Unsicherheit kritisiert.[8]

---

[1] Schmidt (1996). Der damalige baden-württembergische Wirtschaftsminister Dieter Spöri nannte die Währungsunion im Landtagswahlkampf ein „Harakiri - Programm" und warnte vor „verheerenden Arbeitsplatzverlusten". Siehe dazu Stuttgarter Zeitung vom 11.1.1996, zitiert nach Sarrazin (1998) S. 88f.

[2] Er tat dies mit der an französische Äußerungen erinnernden Begründung, daß Währungspolitik immer auch eine außenpolitische Funktion habe und nicht allein „Währungstechnikern" überlassen werden dürfe. Schmidt (1997).

[3] Die hier zitierten Stellen sind Jochimsen (1998) S. 142 entnommen.

[4] Zum Verhältnis zwischen Helmut Schmidt und der Bundesbank siehe auch Marsh (1992).

[5] Der designierte Staatssekretär im Finanzministerium, Claus Noé, forderte, daß sich die Bundesbank endlich einer öffentlichen Debatte stellen müsse. Pichler (1998) S. 10.

[6] Pichler (1998) S. 10.

[7] Siehe dazu S. 471f.

[8] Schwartz (1998) S. 7.

3.1.2. Verfassungsrechtliche Argumentation

Das sogenannte „Maastricht" - Urteil ist ein Schwerpunkt der Debatte gewesen, so daß hier zunächst einmal die wichtigsten Punkte zusammengefaßt werden sollen.

Die Beschwerdeführer[1] sahen folgende Rechte durch das Zustimmungsgesetz zum Maastrichter Vertrag bedroht:

1. das Recht aus Art. 38 Abs. 1 GG, das *„jedem Bürger ein Recht auf demokratisch legitimierte Vertretung im Deutschen Bundestag gewähre und sein Recht auf Teilhabe an der Ausübung der Staatsgewalt (Art. 20 Abs. 2 Satz 2 GG) schütze."*[2] (Brunner);
2. die Grundrechte aus den Artt. 1 Abs. 1; 2 Abs. 1; 5 Abs. 1; 9 Abs. 1 i.V.m. 21 Abs. 1 Satz 2; 12 Abs. 1; 14 Abs. 1 GG (Brunner);[3]
3. das Recht auf „andere Abhilfe" gemäß Art. 20 Abs. 4 GG i.V.m. Art. 93 Abs. 1 Nr. 4 a GG (Brunner und die vier Abgeordneten des Europäischen Parlaments);[4]
4. das Recht auf Durchführung einer Volksabstimmung aus Art. 38 GG oder aus Art. 146 GG (Abgeordnete des Europäischen Parlaments).[5]

Die Verfassungsbeschwerde der Grünen-Abgeordneten wurde vom Zweiten Senat des Bundesverfassungsgerichts mit der Begründung abgelehnt, daß das Demokratieprinzip die Bundesregierung nicht an der Mitgliedschaft in einer zwischenstaatlichen Gemeinschaft

---

[1] Siehe dazu S. 439.
[2] Galahn (1996) S. 78.
[3] Das Bundesverfassungsgericht wies diese Beschwerde als unzulässig zurück, da in den Artt. 23 und 24 GG die Offenheit für eine europäische Integration angelegt sei und „grundrechtserhebliche Eingriffe auch von europäischen Organen ausgehen können ... ein Grundrechtsschutz dementsprechend für das gesamte Geltungsgebiet dieser Maßnahmen gewährleistet werden muß... ." Das Bundesverfassungsgericht gewährleistete den Schutz der Grundrechte. 2 BvR 2134/92, 2 BvR 2159/92, EuGRZ 1993/434. Brunner hatte weiterhin geklagt, daß er durch den Eintritt in die dritte Stufe der Wirtschafts- und Währungsunion in seinen Grundrechten aus Art. 2 Abs. 1 und Art. 14 Abs. 1 GG verletzt werde, da er wie jeder Deutsche „... die wirtschaftliche Vertrauensgrundlage verliere, die sich aus der spezifischen, auf die Deutsche Mark aufgebauten Währungsverfassung ergebe ... Dies verletze seine Grundrechte aus Art. 2 Abs. 1 und Art. 14 GG unmittelbar und gegenwärtig, weil Deutschland nach einem Inkrafttreten des Unions - Vertrages 'automatisch' in die Währungsunion eintrete, aus ihr dann aber nicht mehr austreten dürfe, und ein Zustimmungsvorbehalt zugunsten von Bundestag und Bundesrat gegenüber den Vertragspartnern rechtlich unerheblich sei." 2 BvR 2134/92, 2 BvR 2159/92, EuGRZ 1993/432. Das Bundesverfassungsgericht sah in Art. 2 Abs. 1 GG und Art. 14 Abs.1 GG keinen Ausschluß der Ersetzung der Deutschen Mark durch die ECU, da in Art. 88 Satz 2 GG ausdrücklich vorgesehen ist, daß „... die Aufgaben und Befugnisse der Deutschen Bundesbank im Rahmen der Europäischen Union der Europäischen Zentralbank übertragen werden dürfen." 2 BvR 2134/92, 2 BvR 2159/92, EuGRZ 1993/434.
[4] 2 BvR 2134/92, 2 BvR 2159/92.
[5] 2 BvR 2134/92, 2 BvR 2159/92, EuGRZ 1993/433; Galahn (1996) S. 81f.

hindere. Voraussetzung wäre allerdings *„eine vom Volk ausgehende Legitimation und Einflußnahme"*,[1] die auch innerhalb des Staatenverbundes[2] gesichert sein müsse. Hier soll lediglich auf die Begründung des Bundesverfassungsgerichts hinsichtlich des Rechts aus Art. 38 Abs. 1 GG eingegangen werden, da diese einen engeren Bezug zur zentralbankpolitischen Debatte und zur Frage weiterer Kompetenztransfers aufweist.[3]

Beschwerdeführer Brunner sah sich in seinem Recht nach Art. 38 Abs. 1 GG verletzt, da sein Teilhaberecht als deutscher Bürger an der Ausübung der Staatsgewalt (Art. 20 Abs. 2 Satz 2 GG) dadurch substantiell vermindert werde, daß wesentliche Kompetenzen des Deutschen Bundestages auf Organe der Europäischen Union übertragen und der Union durch Art. F Abs. 3 EUV[4] eine „Kompetenz - Kompetenz" eingeräumt werden würde, die sie dazu nutzen könne, um weitere Kompetenzen an sich zu ziehen.[5] Außerdem würde durch das Demokratiedefizit auf Gemeinschaftsebene der Art. 38 GG verletzt: *„Der eigentliche Gesetzgeber in der Europäischen Union sei der Rat ... das Europäische Parlament habe im wesentlichen nur eine beratende Funktion. Damit würden das demokratische Prinzip und das Erfordernis der Gesetzmäßigkeit der Verwaltung in ihr Gegenteil verkehrt, weil die Verwaltung, die die Gesetze vollziehe, sich die Gesetze selbst gebe."*[6] Das Bundesverfassungsgericht hielt eine solche Verletzung der Rechte aus Art. 38 GG für möglich, erklärte die Verfassungsbeschwerde in der Folge aber für unbegründet.

Die Urteilsbegründung kann folgend nur summarisch dargestellt werden:

1. Mit dem Maastrichter Vertrag wird kein sich auf ein Staatsvolk gründender Staat gegründet, sondern ein europäischer Staatenverbund. Der weitere Integrationsprozeß bleibt im gemeinten Ziel letztlich offen. Das Prinzip der begrenzten Einzelermächtigung wird eingehalten, *„.... keine Kompetenz - Kompetenz für die Europäische Union be-*

---

[1] 2 BvR 2134/92, 2 BvR 2159/92, EuGRZ 1993/433; Galahn (1996) S. 82f

[2] Die Bezeichnung „Staatenverbund" ist eine Neuschöpfung, durch die das Bundesverfassungsgericht der Notwendigkeit enthoben wurde, den Status der Europäischen Union staatsrechtlich zu definieren. Es hat damit bekräftigt, daß es sich um eine Institution sui generis handelt.

[3] Zu den anderen Antragsgründen Galahn (1996) S. 78ff.

[4] „Die Union stattet sich mit den Mitteln aus, die zum Erreichen ihrer Ziele und zur Durchführung ihrer Politiken erforderlich sind." Art. F Abs. 3 EUV.

[5] 2 BvR 2134/92, 2 BvR 2159/92, EuGRZ 1993/432. Der Begriff „Mittel" ist mehrdeutig: Wendet man eine restriktive Definition an, so können darunter „Haushaltsmittel" verstanden werden, während er bei einem weiteren Verständnis als „Kompetenz" begriffen werden kann. Dagegen hat sich die Kommission ausgesprochen, die in Art. F Abs. 3 EUV weder eine Kompetenz noch eine Kompetenz - Kompetenz sieht. Wissenschaftliche Dienste des Deutschen Bundestages (1993) S. 60.

[6] Brunner machte geltend, daß bereits vor dem Inkrafttreten des Maastrichter Vertrages fast 80% aller Regelungen im Bereich des Wirtschaftsrechts durch das Gemeinschaftsrecht festgelegt und beinahe 50% aller deutschen Gesetze durch das Gemeinschaftsrecht veranlaßt seien, somit die Kompetenzen des Deutschen Bundestages völlig entleert würden. 2 BvR 2134/92, 2 BvR 2159/92, EuGRZ 1993/432ff, vgl. Galahn (1996) S. 78f.

gründet und die Inanspruchnahme weiterer Aufgaben und Befugnisse ... von Vertragsergänzungen und Vertragsänderungen abhängig gemacht."[1]

2. Deutschland bleibt weiter einer der „Herren der Verträge", die Zugehörigkeit kann durch einen gegenläufigen Akt wieder aufgehoben werden.[2]
3. Die demokratische Legitimation eines Verbundes demokratischer Staaten erfolgt durch die Rückkopplung des Handelns europäischer Organe an die Parlamente der Mitgliedsstaaten. „*Entscheidend ist, daß die demokratischen Grundlagen der Union schritthaltend mit der Integration ausgebaut werden und auch im Fortgang der Integration in den Mitgliedsstaaten eine lebendige Demokratie erhalten bleibt.*"[3]
4. Durch die Artt. 105-109m EGV werden deutlich Art und Intensität der eingeräumten Befugnisse bestimmt. Diese gesetzliche Bestimmtheit wird durch Art. F Abs. 3 EUV nicht durchbrochen.[4]
5. Das Prinzip der begrenzten Einzelermächtigung wird durch den neuen Art. 4a EGV ergänzt, der klarstellt, daß das ESZB und die EZB nur nach Maßgabe des Vertrages und der darin vorgesehenen Zeitfolge handeln dürfen.[5]

Mit den Punkten (1)-(3) sind Rechtsfragen angesprochen worden, die den Kompetenztransfer im allgemeinen betreffen, somit in einem eher weiteren Zusammenhang mit dem hier behandelten Thema stehen, jedoch für die künftige Ausgestaltung der Wirtschafts- und Währungsunion erhebliche Bedeutung haben und somit auch die Politik der EZB betreffen. Das Verfassungsgericht erklärte sich damit nicht bereit, stillschweigende Kompetenzerweiterungen zu tolerieren.

In zwei Entschließungen hatten der Bundesrat und der Bundestag im Dezember 1992 einen Anspruch auf Mitbestimmung über die Einführung des Euro erhoben, bevor sie der Ratifikation zustimmten. In der Entschließung des Bundesrates hieß es - fast wortgleich mit der des Bundestages: „*Der Übergang zur dritten Stufe der Wirtschafts- und Währungsunion erfordert auch eine Bewertung durch den Bundesrat.*"[6]

Das Bundesverfassungsgericht hat diese Sichtweise unterstützt und in der Urteilsbegründung darauf hingewiesen, daß das „*Grundkonzept der Währungsunion als Stabilitätsgemein-*

---

[1] 2 BvR 2134/92, 2 BvR 2159/92, EuGRZ 1993/436, Art. 3b Abs. 1, 4 Abs. 1 Satz 2 EGV.
[2] 2 BvR 2134/92, 2 BvR 2159/92, EuGRZ 1993/439.
[3] Leitsätze des Gerichts 2 BvR 2134/92, 2 BvR 2159/92, EuGRZ 1993/429.
[4] 2 BvR 2134/92, 2 BvR 2159/92, EuGRZ 1993/440.
[5] 2 BvR 2134/92, 2 BvR 2159/92, EuGRZ 1993/440.
[6] Gelinsky (1998) S. 81.

schaft", als „*Grundlage und Gegenstand des deutschen Zustimmungsgesetzes*" zum Unionsvertrag gewahrt bleiben müsse.[1]

Die verfassungsrechtliche Bedeutung des Maastrichter Vertrages für die Stellung der Deutschen Bundesbank ist im Gegensatz zu den Streitfragen über die Währungsunion in der Öffentlichkeit in den Hintergrund getreten. Dabei sind mit der Ratifizierung erstmalig auf dieser Ebene Probleme gelöst worden, die lange Jahre im Mittelpunkt der akademischen und auch politischen Debatte standen. Die Unabhängigkeit der Bundesbank ist seither ausdrücklich verfassungsrechtlich garantiert, die konjunkturpolitische Direktive des Art. 109 Abs. 2 GG mit der prioritären Sicherung der Preisstabilität eindeutig festgelegt worden.[2]

Neben der europäischen Integration und dem Hoheitstransfer stand auch die Unabhängigkeit einer Zentralbank, hier der Europäischen Zentralbank, hinsichtlich ihrer Vereinbarkeit mit dem Demokratieprinzip auf dem Prüfstein. Damit wurde an eine lange anhängige Forderung nach einer stärkeren demokratischen Legitimierung der Deutschen Bundesbank angeknüpft.[3] Das Bundesverfassungsgericht urteilte:

„Die Einflußmöglichkeiten des Bundestages und damit der Wähler auf die Wahrnehmung von Hoheitsrechten durch europäische Organe sind allerdings nahezu vollständig zurückgenommen, soweit die Europäische Zentralbank mit Unabhängigkeit gegenüber der Europäischen Gemeinschaft und den Mitgliedsstaaten ausgestattet wird (Art. 107 EGV). Ein wesentlicher Politikbereich, der mit dem Geldwert die individuelle Freiheit stützt und mit der Geldmenge auch das öffentliche Finanzwesen und die davon abhängigen Politikbereiche bestimmt, wird der Weisungsbefugnis von Hoheitsträgern und – außerhalb einer Vertragsänderung – zugleich der gesetzgeberischen Kontrolle von Aufgabenbereichen und Handlungsmitteln entzogen. Die Verselbständigung der meisten Aufgaben der Währungspolitik bei einer unabhängigen Zentralbank löst staatliche Hoheitsgewalt aus unmittelbarer staatlicher oder supranationaler parlamentarischer Verantwortlichkeit, um das Währungswesen dem Zugriff von Interessentengruppen und der an einer Wiederwahl interessierten politischen Mandatsträger zu entziehen (so bereits Regierungsentwurf zum Bundesbankgesetz, BTDrucks. 2/2781 S. 24f)."

---

[1] Dagegen hatte sich jedoch die Europäische Kommission in Person des Franzosen Yves-Thibault de Silguy 1997 ausgesprochen, der auf Anfrage des Europaparlaments mitteilte, daß der 1.1.1999 als Termin für den Beginn der Währungsunion „endgültig" feststehe. Gelinsky (1998) S. 81.

[2] Schmidt-Bleibtreu/Klein (1999, S. 1356) weisen darauf hin, daß es sich damit bei der Preisstabilität um ein Staatsziel handele. Zum Meinungsstand vor dem Maastricht-Urteil Faber (1989) S. 859.

[3] Zum Legitimationsdefizit der EZB und der Deutschen Bundesbank in der dritten Stufe der Europäischen Währungsunion siehe Brosius-Gersdorf (1997) S. 399-408.

Damit wurde nach Einschätzung des Bundesverfassungsgericht das Demokratieprinzip durch die Einschränkung der demokratischen Legitimation in wesentlichen Teilen betroffen.[1]

„*Diese Modifikation des Demokratieprinzips im Dienste der Sicherung des in eine Währung gesetzten Einlösungsvertrauens ist vertretbar, weil es der - in der deutschen Rechtsprechung erprobten und, auch aus wissenschaftlicher Sicht, bewährten - Besonderheit Rechnung trägt, daß eine unabhängige Zentralbank dem Geldwert und damit die allgemeine ökonomische Grundlage für die staatliche Haushaltspolitik und für private Planungen und Dispositionen bei der Wahrnehmung wirtschaftlicher Freiheitsrechte eher sichert als Hoheitsorgane, die ihrerseits in ihren Handlungsmöglichkeiten und Handlungsmitteln wesentlich von Geldmenge und Geldwert abhängen und auf die kurzfristige Zustimmung politischer Kräfte angewiesen sind. Insofern genügt die Verselbständigung der Währungspolitik in der Hoheitskompetenz einer unabhängigen Europäischen Zentralbank, die sich nicht auf andere Politikbereiche übertragen läßt, den verfassungsrechtlichen Anforderungen, nach denen das Demokratieprinzip modifiziert werden darf (vgl. BverfGE 30,1 [24]; 84, 90 [121] = EuGRZ 1991,121 [129]).*"[2]

In verfassungsrechtlicher Hinsicht wurde mit dem „Maastricht-Urteil" keine Wende in der Behandlung von Kompetenzübertragungen auf die supranationale Ebene eingeläutet.[3] Die Frage, wie das Gebilde EU zu beurteilen sei, hat in Deutschland in eine Diskussion über den Fortbestand der Staatlichkeit Deutschlands gemündet.[4]

Gefragt wurde, „... *ob es sich bei der EU um eine völkerrechtliche oder staatsrechtliche Verbindung handelt, somit die Glieder einer Staatenverbindung entweder eine wie auch immer ausgestaltete Souveränität bzw. Staatlichkeit behalten oder aber durch die Eingliederung in einen 'höheren' Staat ihre eigene Staatlichkeit verlieren und die ihnen zustehenden (Hoheits)-Rechte somit zur Disposition stehen.*"[5]

Das Bundesverfassungsgericht hat eine Position vertreten, die weitere Kompetenztransfers einer neuerlichen Kontrolle unterwirft und auch die getroffene Entscheidung über den Maastrichter Vertrag nicht als endgültig und unveränderlich gelten läßt. Stattdesssen sieht es in den Mitgliedsstaaten weiterhin die Herren der Verträge und billigt diesen das - wenn

---

[1] EuGRZ 1993/444.
[2] EuGRZ 1993/ 445.
[3] Nach Lhotta (1997, S. 196) „... ist der Maastrichter Vertrag kein kühner Entwurf, sondern Ergebnis und Projekt zugleich eines inkrementalen Wandels, dessen supranationale Finalität allerdings schon früh angelegt war und vom integrationsoffenen Grundgesetz auch so aufgenommen wurde."
[4] Eine wesentliche Rolle für die Intensität der Debatte hat sicherlich auch das zeitliche und kausale Zusammenfallen mit dem Wiedererlangen der „vollen Staatlichkeit" Deutschlands gespielt.
[5] Lhotta (1997) S. 194.

auch politisch gesehen lediglich hypothetische - Recht auf den Austritt aus diesen Abkommen zu.[1] [2]

3.1.3. Ökonomische Argumentation

Die zentralbankpolitische Debatte unter den Ökonomen war auch in Deutschland Teil einer allgemeineren Auseinandersetzung über die Europäische Währungsunion. Das damit intendierte „gemeinsame Geld" stieß jedoch auf weitaus geringeren Widerstand als eine gemeinsame Geld- und Wechselkurspolitik.[3]

Wie in der allgemeineren Diskussion schienen die Befürworter eher bemüht, den Kritikpunkten der Gegner entgegenzutreten[4] als originäre Vorteile des ESZB aufzuzeigen.[5]

Diese Vorgehensweise spiegelte sich auch in der Dramaturgie der Debatte, die ihren medialen Auftakt mit dem „Manifest von 60 Ökonomen gegen Maastricht" am 11.6.1992 in der Frankfurter Allgemeinen Zeitung erfuhr.[6] Zu deren Thesen nahmen folgend die Chefvolkswirte dreier deutscher Großbanken und eine Gruppe europäischer Wirtschaftswissenschaftler Stellung.[7] Dem Mangel an Argumenten für die Währungsunion aus deutscher Sicht trat eine Gruppe europäischer Wirtschaftswissenschaftler in „Für die Wirtschafts- und Währungsunion: Eine Stellungnahme europäischer Wirtschaftswissenschaftler"[8] entgegen. Sie beschrieben die politischen Intentionen einiger Mitgliedsländer:

„Die deutsche Führungsrolle im EWS wird allgemein anerkannt und geschätzt, gab aber auch

---

[1] Dieses Recht läßt sich nach dem „Maastricht-Urteil" an zwei Anhaltspunkten festmachen: Ist es einerseits die explizite Formulierung (C.II.1.a.), Deutschland sei einer der „Herren der Verträge", so bietet die Textstelle, an der von der „Lösung aus der Gemeinschaft" (C.II.2.a.) die Rede ist, die Möglichkeit, eine Aufhebung der Währungsunion ins Auge zu fassen, falls die Union den ihr selbst gesetzten Zielen, als „Stabilitätsgemeinschaft" zu fungieren, nicht gerecht werden kann. Mit dem Hinweis auf den Plural der Wendung „Herren der Verträge" wird in der Literatur angeführt, daß die eingetretene völkerrechtliche Bindung sich nicht einseitig beseitigen lasse, „... der Grundsatz der Völkerrechtsfreundlichkeit des Grundgesetzes würde einem bewußten Zuwiderhandeln gegen übernommene Verpflichtungen als Sperre im Wege stehen." Tomuschat (1993) S. 495.

[2] Zu einer staatstheoretischen Untersuchung der Bedeutung des Maastrichter Vertrages für die Entwicklung einer „etatistischen Renaissance" und dem deutschen (ungelösten) Verständnis von „Staatlichkeit" siehe Lhotta (1997) S. 194f.

[3] Vgl. Krause-Junk (1997) S. 275.

[4] Davon zu trennen sind die allgemeinen mikroökonomischen Vorteile einer Wirtschafts- und Währungsunion wie die Senkung der Risikoprämien innerhalb Europa, die Senkung der Transaktionskosten oder eine Erhöhung der Markttransparenz. Vgl. Matthes (1992) S. 514, Krause-Junk (1997) S. 275ff.

[5] Vgl. Bofinger (1993) S. 77, Für die Wirtschafts- und Währungsunion: Eine Stellungnahme europäischer Wirtschaftswissenschaftler (1993) S. 164ff.

[6] Folgend auch als Baßeler u.a. zitiert, wiederabgedruckt in Hrbek (1993) S. 159f.

[7] Folgend auch als Lipp/Ramm/Walter zitiert, wiederabgedruckt in Hrbek (1993) S. 161ff.

[8] Folgend auch als Steinherr/Biehl/Bofinger/Gros zitiert, wiederabgedruckt in Hrbek (1993) S. 164ff.

Anlaß zu Friktionen. Die mit der deutschen Vereinigung verbundenen Schwierigkeiten haben es auch keineswegs leichter gemacht, geldpolitische Ziele mit oder ohne Koordinierung durchzusetzen. Die Hartwährungsländer in der DM-Zone erwarten mit berechtigter Ungeduld ein Mitspracherecht."[1]

Am 26.6.1992 wurde eine „Kritik deutscher Rechts- und Wirtschaftswissenschaftler an Maastricht"[2] im Handelsblatt veröffentlicht. Moniert wurde, daß Kompetenzen auf Organe der Europäischen Gemeinschaft übertragen würden, ohne die daraus resultierende Zentralisierung einer hinreichenden Kontrolle zu unterwerfen. Ein Plädoyer für Maastricht verfaßte eine Gruppe von Europa - Wissenschaftlern mit der Stellungnahme „Europa - Wissenschaftler plädieren für Maastricht"[3],in dem die Bedeutung des Maastrichter Vertrag als „Etappenziel" auf dem Weg zu einer umfassenden Politischen Union und Wirtschafts- und Währungsunion hervorgehoben wurde. Eine weitere Episode erfuhr die kritische Begleitung der Währungsunion mit der Initiative von 155 deutschen Wirtschaftsprofessoren, die auf eine Verschiebung des Beginns der Europäischen Währungsunion drangen.[4]

In der folgenden Darstellung wird soweit wie möglich auf die oben genannten Stellungnahmen Bezug genommen, da sie bereits Aggregate der vertretenen Auffassungen darstellten und in der Öffentlichkeit - im Sinne eines beendeten „permissive consensus" in der Europapolitik[5] - eine große Wirkung entfalteten.

Wenngleich die Wirtschafts- und Währungsunion als Ziel des europäischen Integrationsprozesses auch bei der Mehrheit der Kritiker nicht zur Debatte stand,[6] so schien es, daß es außer allgemeinen politischen Begründungen keine makroökonomischen Vorteile für Deutschland gebe.[7]

---

[1] Steinherr/Biehl/Bofinger/Gros (1993) S. 165.
[2] Folgend auch als Bernholz u.a. zitiert wiederabgedruckt in Hrbek (1993) S. 170ff.
[3] Folgend auch als Axt u.a. zitiert, wiederabgedruckt in Hrbek (1993) S. 179ff.
[4] Dazu Schwartz (1998) S. 6f, Oldag (1998) S. 7f.
[5] Das Konzept des „permissive consensus" beschreibt die Wechselwirkung zwischen politischen Eliten und der Bevölkerung bei der Bildung von öffentlichen Meinungen und Verfassungskonsensen. Die öffentliche Meinung hat in der Vergangenheit, solange es bei der Mehrheit der politischen, kulturellen und ökonomischen Eliten keine Kontroverse gab, die positive Meinung zur europäischen Integration stillschweigend übernommen. Der Maastrichter Vertrag macht eine allmähliche Erosion des „permissive consensus" sichtbar. Zu den Ursachen Reif (1993) S. 27f.
[6] These I des Manifests von 60 Ökonomen gegen Maastricht (1993) S. 159, Bernholz u.a. in der Kritik deutscher Rechts- und Wirtschaftswissenschaftler an Maastricht (1993) S. 170.
[7] Ohr (1993) S. 89.

„Überzeugende ökonomische Vorteile, die die unbestreitbaren Risiken eines so weitreichenden Systemwechsels rechtfertigen könnten, sucht man demgegenüber auch bei den meisten Anhängern der Maastrichter Beschlüsse vergeblich. So gesehen ist es nicht überraschend, daß in der Bevölkerung die Skepsis ausgesprochen groß ist, ob sich das Wagnis Währungsunion letztlich für Deutschland „rechnen" wird."[1]

Die Argumente, die in der Debatte für einen Transfer der Währungshoheit auf die supranationale Ebene[2] vorgebracht wurden, lassen sich in zwei Kategorien einteilen:

a.) die Defekte aus der nächstbesten Alternative, dem Weiterbestehen des EWS, und der drittbesten Lösung, einem System flexibler Wechselkurse zu überwinden,

b.) allgemein politische oder integrationstheoretische Aspekte.

Zu a.)

Die Argumentation zur Überwindung der Defekte aus der nächstbesten Alternative, dem Weiterbestehen des EWS, geht in zwei Richtungen. Zum einen ist die Rede von einer „Objektivierung der Europäischen Geldverfassung":

„Da die anderen EWS - Länder die Herrschaft über ihr nationales Geld ohnehin als illusionär erkannt haben, erreichen sie durch Gründung der Europäischen Zentralbank eine Objektivierung der Europäischen Geldverfassung."[3]

Möschel (1998) sieht diese „Objektivierung" als eine Form der „Entpolitisierung" der Geldpolitik an, die auch für Deutschland von Vorteil wäre. Somit würde der faktische Zustand der mit der Ankerwährung D-Mark verbundenen Stabilitätsorientierung auch formal niedergelegt.[4] Zum anderen wurde mit Blick auf die Krisen auf den Devisenmärkten argumentiert, der Maastrichter Weg wäre zu beschleunigen, um das „*EWS mit seiner gegenwärtigen Asymmetrie - Krise bald wieder mit glaubwürdigen Erwartungskosten auszustatten, welche die Risikoprämien minimieren."*[5]

---

[1] Bofinger (1993) S. 77.

[2] In vielen Diskussionsbeiträgen wurde lediglich von einem Transfer auf das ESZB oder gar nur die EZB gesprochen. Siehe Krause-Junk (1997), Bofinger (1992).

[3] Vgl. Matthes (1992) S. 513.

[4] Zugleich warnte er vor einer Überforderung der Währungsunion, durch sie ungelöste Strukturfragen lösen zu wollen. Vgl. Möschel (1998) S. 219.

[5] Matthes (1992) S. 515. Zur notwendigen Weiterentwicklung des EWS Vehrkamp (1992) S. 645. Vgl. auch Axt u.a. (1993) These 17.

Die Krisen im EWS waren Gegnern und Befürwortern einer Währungsunion gleichermaßen Motiv für ihr Anliegen.[1] Im Sinne der Argumentation für eine Währungsunion handelte es sich bei den Währungswirren um eine für das Festkurssystem EWS spezifische Krise.[2] Die Kritiker einer Währungsunion hingegen argumentieren:

„Die Tatsache, daß dieses Festschreiben der Wechselkurse (durch die Aufgabe von Realignments im EWS, S.T.) nun gescheitert ist, ist kein Beweis für das Scheitern des EWS, sondern im Gegenteil dafür, daß die EG-Länder noch nicht reif sind für eine Währungsunion!“[3]

Eine langfristig erfolgreiche Geldpolitik im Rahmen eines weiter bestehenden EWS würde nach Meinung von Bofinger (1993) Folgendes voraussetzen:

Die Deutsche Bundesbank könnte auch in einem auf den gesamten europäischen Raum ausgedehnten Finanzbinnenmarkt eine mittelfristige, auf Preisstabilität ausgerichtete Geldmengenpolitik betreiben.[4] Hierbei könnte sich besonders die Mobilität der deutschen Anleger als problematisch erweisen.

Eine weitere Voraussetzung besteht in dem Gelingen, durch Paritätsanpassungen, Deutschland vor importierter Inflation zu schützen und daß die Bundesbank weiterhin in der Lage wäre, wechselkurspolitische Interventionen zu sterilisieren.[5][6]

Ein System flexibler Wechselkurse würde die mit dem anpassungsfähigen Festkurssystem verbundene „Politisierung“ von Paritätsänderungen aufheben. Neben den mikroökonomischen Kosten einer solchen Lösung, die im Sinne der konsistenten Argumentation hier nicht den Ausschlag geben können,[7] werden in der Literatur seit den siebziger Jahren Zweifel an der Isolationsfähigkeit durch flexible Wechselkurse und an der Möglichkeit eines ungestörten internationalen Handels geäußert.[8]

„Bei flexiblen Wechselkursen in Europa ist also keineswegs gesichert, daß die D-Mark stets eine Aufwertungs-tendenz aufweisen wird. Sollte sie unter Abwertungsdruck kommen, würde das Konzept der Stabilitätsinsel erheblich gefährdet. Deutschland würde dann nicht nur unge-

---

[1] Siehe dazu beispielsweise Vehrkamp (1992), Scharrer (1992), Tietmeyer (1992).

[2] Eng verbunden mit dieser Argumentation ist die Kritik an der Rationalität der Devisenmärkte. Vgl. Bofinger (1993) S. 77, Vehrkamp (1992) S. 639ff.

[3] Ohr (1993) S. 101.

[4] Bofinger (1993) S. 83f. Auch hier kommt wieder der Problematik spekulativer Attacken und Rationalität der Devisenmärkte eine zentrale Rolle zu.

[5] Steinherr/Biehl/Bofinger/Gros (1993) S. 165. In diesem Sinne Ohr (1993) S. 101f.

[6] „Ohne Währungsunion würde die Rolle der D-Mark als weltweite Reserve- und Gläubigerwährung überfordert.“ Axt u.a. (1993) S. 184.

[7] Vgl. Bofinger (1993) S. 86.

[8] Vgl. Jarchow/Rühmann (1997) S. 202ff, Pohl (1988) S. 41.

schützt die höhere Inflation aus den Partnerländern importieren, es erhielte durch die Abwertung noch zusätzliche inflatorische Impulse."[1]

Die Währungsunion bietet gegenüber diesen Risiken die Beseitigung von Wechselkursunsicherheiten als „eigenständige Schockursache".[2]

Zu b.)

Die integrationstheoretischen und politischen Argumentationen verweisen auf die Kosten einer Alternative der nichtrealisierten Wirtschafts- und Währungsunion. Hier handelt es sich um politische Kosten, die ein neuerliches Vorhaben auf Jahrzehnte hinweg diskreditieren würden.[3] In einer integrationstheoretischen Sichtweise ist die EWWU ein Schritt in der Entwicklung zu einem echten europäischen Binnenmarkt:[4]

Die Verfasser der Stellungnahme „Europa - Wissenschaftler plädieren für Maastricht" sahen den Vertrag von Maastricht als

„... *eine notwendige Etappe dar auf dem Weg von den Gründungsverträgen über die Einheitliche Europäische Akte zu einem handlungsfähigen, solidarischen, demokratischen und stabilen Europa."*

Der Maastrichter Vertrag stünde in einer historischen und logischen Kontinuität europäischer Integrationsgeschichte. Das Ziel dieser Entwicklung wird implizit, ohne daß der Maastrichter Vertrag eine genaue Beschreibung gegeben hätte, in einer Politischen Union gesehen.[5][6]

---

[1] Bofinger (1993) S. 87.

[2] Vgl. Bofinger (1993) S. 87, Vehrkamp (1992) S. 645.

[3] Keinesfalls befriedigend erscheint in diesem Zusammenhang das Urteil des Bundesverfassungsgerichts (Maastricht I), Deutschland könne wieder aus der EU austreten. BVerfG (Fn. 2), JZ 1993, 1100f. Ähnlich negativ wird die Option beurteilt, daß Deutschland bei einem Weiterbestehen des EWS aus diesem ausscheren könnte. Nachteile werden vor allen Dingen für den deutschen Export befürchtet, dem durch die Währungsinstabilität erhebliche Kosten entstehen könnten. Steinherr/Biehl/Bofinger/Gros (1993) S. 165.

[4] Stellungnahme der Chef-Volkswirte dreier deutscher Großbanken zum Manifest der 60 Ökonomen (1993) S. 161, Axt u.a. (1993) S. 179.

[5] Kritisch dazu Möschel (1998) S. 219 und Ohr (1993) S. 99, die in dem Fehlen entscheidender Schritte zur Politischen Union einen Anlaß für den Verdacht sieht, daß man die Währungsunion nicht angestrebt habe, um der Politischen Union näher zu kommen, sondern um die Dominanz der stabilitätsorientierten Deutschen Bundesbank auszuschalten und daß diese Zielsetzung nicht nur die europäischen Nachbarn bewegt habe, sondern auch einige deutsche Politiker, die es „als positiv ansehen würden, wenn sie auf diese Weise von der „Nebenregierung" Bundesbank befreit würden."

[6] Die historische Betrachtung macht deutlich, daß keinesfalls von einer geradlinigen Entwicklung die Rede sein kann, vielmehr ist Matthes (1992) zuzustimmen, der betont, daß die *„mangelnde Bereitschaft der beteiligten Regierungen zu echten, neuen Souveränitätsverzichten in Maastricht ... also dialektisch in Richtung auf eine ausgesprochen liberale Grundverfassung gewirkt (hat, S.T.)."* Matthes (1992) S. 513.

Über die (macht)politischen Motive anderer Vertragspartner bestanden in der deutschen ökonomischen Debatte kaum Illusionen.[1]

Dazu auch Sievert:

„Es mag ja sein, daß manche unserer Partner nicht die edelsten Motive hatten, als sie 1991 den Vertrag wollten und abschlossen. Aber was besagt das schon? Wenn jemand aus Furcht vor Übermacht der Deutschen, aus nationaler Eitelkeit, aus Eifersucht auf die einzigartige und machtvolle Stellung der Bundesbank in Europa einer Geldverfassung für ganz Europa mit einer vollständig unabhängigen Notenbank- nach dem Muster der Bundesbank – zugestimmt haben sollte, was sollten wir dagegen haben? Ich sage vielmehr: Freuen wir uns darüber, daß es solche Motive gab! So billig bekommt man selten etwas Vernünftiges, als wenn man eines Menschen Eitelkeit befriedigt und dafür dessen Zustimmung zu etwas ganz und gar Vernünftigem erhält, eine Zustimmung, die er andernfalls nie und nimmer gegeben hätte."[2][3]

Damit zeigt sich ein grundlegender Unterschied zu den anderen Ländern, in denen über die ökonomischen und politischen Motive Deutschlands weitgehend Unklarheit besteht.

3.1.4. Interessengruppen, Stellungnahmen der Deutschen Bundesbank und eine gemeinsame europäische Zentralbankpolitik

a) Stellungnahmen der Deutschen Bundesbank

In einer Stellungnahme zum Genscher-Memorandum hatte die Deutsche Bundesbank am 3. März 1988 die von ihr bevorzugte Reihenfolge der Integrationsschritte erläutert:

„Wir haben das EWS immer auch als Etappe zu dem Endziel einer Wirtschafts- und Währungsunion verstanden, wie sie in dem Stufenplan des luxemburgischen Ministerpräsidenten

---

[1] Pauschalisierend dazu Möschel (1998, S. 219): „Außerhalb Deutschlands ist das überragende Motiv, die D-Mark und mit ihr die Deutsche Bundesbank zu beseitigen. Der sogenannte DM-Imperialismus soll ein Ende finden." Motive der politischen Klasse waren die Beseitigung der deutschen Hegemonie und traditionelle Rivalitätsgedanken. In diesem Sinne äußerte Balladur: „Die Macht Deutschlands zu begrenzen ist der Dauerauftrag der französischen Politik." Jacques Delors: „Ich habe immer für die Abschaffung der DM gekämpft; sie ist das letzte Machtmittel der Deutschen." Zitiert bei Möschel (1998) S. 219.

[2] Möschel (1998) S. 219f, vgl. auch Steinherr/Biehl/Bofinger/Gros (1993) S. 165.

[3] Wie bereits die Debatte um die Präsidentschaft und den Stabilitätspakt gezeigt hat, sind die Motive politischer Entscheidungen keineswegs zu vernachlässigen, wenn ähnliche Kontroversen sich auf den Finanzmärkten als negative Signale für die Glaubwürdigkeit der neugeschaffenen Institution niederschlagen. Bezeichnender wäre hier möglicherweise die Charakterisierung eines bestimmten normativen Verständnisses, das sowohl auf die Bindungskraft eingegangener Verträge verweist als auch diese à la lettre befolgt wissen möchte. Möschel erinnert an eine Aussage De Gaulles darüber, daß internationale Verträge dahinwelkten wie die Rosen und die jungen Mädchen. Möschel (1998) S. 220.

Werner von Anfang der siebziger Jahre schon angelegt war."[1]

Mit diesem Hinweis schloß sie an die Argumentation der „Monetaristen" an. Den Plänen zu einer Währungsunion war die Bundesbank anfangs noch relativ skeptisch begegnet.[2]

Karl Otto Pöhl äußerte im Juni kurz nach der Veröffentlichung des Delors-Berichts 1989:

"Wir können sehr gut mit dem Status quo leben."[3]

Mit der Vorlage des „Entwurfs des Statuts des Europäischen Systems der Zentralbanken und der Europäischen Zentralbank" vom 27. November 1990 gelang es dem Ausschuß der Notenbankgouverneure unter Vorsitz des Bundesbankpräsidenten Pöhl, eines der wichtigsten Dokumente für den Maastrichter Vertrag zu veröffentlichen. In diesem Entwurf wurde das Bundesbankgesetz als Orientierungsmaßstab verwendet, und zentrale Punkte fanden später nach Veröffentlichung einer endgültigen Version am 26. April 1991 Eingang in den Maastrichter Vertrag.[4]

Vor dem Maastrichter Gipfel mahnte Vizepräsident Hans Tietmeyer im Juni 1991 zur Vorsicht:

"Die innerdeutsche Einigung [sollte] den europäischen Einigungsprozeß nicht verzögern. Allerdings sollte die deutsche Einigung das Tempo der europäischen Währungsintegration nicht beschleunigen. Politische > Pressionen< nach dem Strickmuster: > Wir haben die deutsche Einigung unterstützt, jetzt muß die deutsche Seite auch ja zu ehrgeizigen europäischen Währungskonstruktionen sagen<, halte ich für problematisch ... Das vereinte Deutschland [kann] bei der anstehenden Währungsunion viel verlieren, nämlich eine der erfolgreichsten und besten Geldverfassungen der Welt."[5]

---

[1] Zitiert nach Viebig (1999, S. 143) aus einer unveröffentlichen Stellungnahme der Deutschen Bundesbank zum Genscher-Memorandum.

[2] Bereits der erste Bundesbankpräsident Karl Blessing hatte 1963 seiner Besorgnis Ausdruck gegeben. Vgl. Marsh (1992) S. 322.

[3] Marsh (1992) S. 311, an anderer Stelle verteidigte er sich gegen den Vorwurf der Euro - Skepsis mit den Worten: „Meine Kollegen und ich haben uns seit Jahr und Tag öffentlich immer wieder dafür ausgesprochen, daß das Ziel der europäischen Zusammenarbeit einer Wirtschafts- und Währungsunion sein müsse und daß am Ende dieses Weges eine europäische Zentralbank und eine europäische Währung stehen sollten." Zitiert nach Viebig (1999, S. 138).

[4] Die Zentralbankpräsidenten konnten sich über eine Reihe von Bestimmungen nicht endgültig verständigen wie beispielsweise die Frage, ob die EZB das Recht zur Forderung von Mindestreserven erhalten sollte. In den Entwürfen hatten sich die Zentralbankpräsidenten für die Übernahme der Aufsichtsfunktion durch die EZB ausgesprochen. Viebig (1999) S. 434.

[5] Marsh (1992) S. 312.

In der Stellungnahme zur Währungsunion machte die Bundesbank deutlich, daß diese „*eine nicht mehr kündbare Solidargemeinschaft (sei, S.T.), die nach aller Erfahrung für einen dauerhaften Bestand eine weitergehende Bindung in Form einer umfassenden politischen Union benötigt.*"[1][2]

Die Bundesbank wies immer wieder darauf hin, daß eine wesentliche Voraussetzung für eine weitergehende europäische Integration eine Konvergenz der wirtschaftlichen Entwicklungen auf der Basis einer strikten stabilitätspolitischen Ausrichtung sein müßte.[3][4]

Dazu Helmut Schlesinger:

„*Eines sehen unsere Nachbarländer durchaus: Die D-Mark ist nun mal derzeit die Leitwährung in Europa, und es läge nicht in ihrem Interesse, wenn die D-Mark eine Inflationswährung wäre.*"[5]

„*Natürlich wissen wir, daß es für bestimmte Länder im Europäischen Währungssystem ... Probleme geben kann, wenn unsere Zinsen steigen. ... Wir sind uns völlig im klaren, daß es hier zum Teil gewisse Bewegungen geben könnte, die aus der Sicht des einzelnen Landes nicht kongruent zu ihren eigenen binnenwirtschaftlichen Problemen sind.*"[6]

Hinsichtlich der Rolle der nationalen Zentralbanken im ESZB sprach sich die Bundesbank bei den Verhandlungen über den Entwurf des ESZB-Statuts vom 27. November ausdrücklich für eine Zentralisierung und weisungsabhängige nationale Zentralbanken sowie ein starkes Direktorium aus, um ein reibungsloses Funktionieren einer europäischen Geldpolitik zu ermöglichen.[7] Auch ihre Position hinsichtlich der Rolle der Wechselkurspolitik mußte in Frankreich auf Dissens stoßen:

„*Aus Frankfurter Sicht kann die Wechselkursstabilität einzig das Resultat einer auf Preisstabilität bedachten Währungspolitik im Inland und nicht von Interventionen am Devisenmarkt sein. Kooperationsbereitschaft zur Abwehr äußerer Einflüsse in Form einer Interventionsfinanzierung oder einer koordinierten Zinspolitik zur Abwehr von externen Einflüssen auf das EWS werden in Frankfurt nicht ausgeschlossen. Einen Ersatz für stabilitätsorientierte Wirtschafts- und Wäh-*

---

[1] Deutsche Bundesbank (1990) S. 1.
[2] Siehe zu den Positionen auch sehr kritisch Marsh (1992) S. 329.
[3] Zu den verschiedenen Stimmen zur Währungsunion innerhalb des Zentralbankrates Marsh (1992) S. 330f.
[4] Für eine Übersicht Kurm-Engels (1998) S. 4f.
[5] Schlesinger in einem Interview mit dem Spiegel vom 17.2.1992.
[6] Deutsche Bundesbank aus dem Jahr 1992, zitiert bei Kaehler/Korn (1995) S. 45.
[7] Vgl. Viebig (1999) S. 448.

rungspolitik in den Mitgliedsstaaten des EWS können sie aus dortigem Verständnis allerdings nicht darstellen."[1]

In der Stellungnahme zur Konvergenzlage hat sich die Bundesbank dem Urteil des EWI über die Vereinbarkeit der Notenbankverfassungen mit dem Maastrichter Vertrag angeschlossen,[2] was in der Presse sehr kritisch aufgenommen worden ist. Es war die Rede davon, die Bundesbank hätte sich in eine Falle locken lassen,[3] als sie sich dafür aussprach, daß der Eintritt in die Währungsunion ab 1999 vor dem ... „*Hintergrund der erreichten Konvergenzfortschritte in vielen Mitgliedsstaaten und nach Abwägung der noch bestehenden Probleme und Risiken*" stabilitätspolitisch vertretbar wäre.[4] Als ein Grund für die Form des Votums wurde die Heterogenität der Meinungen im Zentralbankrat vermutet, die bereits 1992 an die Öffentlichkeit gedrungen war.[5]

Die Rolle der Deutschen Bundesbank im europäischen Integrationsprozeß ist bei näherer Betrachtung weit über die der anderen hier behandelten Zentralbanken hinausgegangen. Sie war nicht nur in der öffentlichen Diskussion Thema und Protagonist zugleich,[6] sondern auch bis zu einem gewissen Grad Modell für das Vertragsdesign.[7]

---

[1] Viebig (1999, S. 135) paraphrasiert ein unveröffentliches Papier zum deutsch - französischen Dissens über die Rolle der Wechselkurspolitik.

[2] Zentralbankrat der Deutschen Bundesbank (1998) S. 4.

[3] Kurm-Engels (1998) S. 4, andere Urteile waren die Betitelung „Daumenschrauben" in der Börsenzeitung und „Ram raiders" im Guardian vom 28. März 1998.

[4] Nicht richtig ist die Einschätzung, daß sie „ohne Not über den Bericht des EWI hinaus Position bezogen habe". Nach § 13 Abs. 1 BBankG ist die Bundesbank dazu verpflichtet, die Bundesregierung in Angelegenheiten von wesentlicher währungspolitischer Bedeutung zu beraten und ihr auf Verlangen Auskunft zu geben. Dieser Verpflichtung und einer Aufforderung des Bundeskanzlers hat die Bundesbank Folge geleistet. Ein Votum, das primär ein politisches Signal war, wurde von ihr erwartet und geliefert. Siehe dazu Zentralbankrat der Deutschen Bundesbank (1998) S. 1ff.

[5] Damals hatte sich Reimut Jochimsen, der sozialdemokratische Präsident der Landeszentralbank in Nordrhein-Westfalen zuerst öffentlich kritisch geäußert. Helmut Hiss, Präsident der Landeszentralbank in Berlin, nannte das automatische Eintreten in die dritte Stufe „äußerst bedenklich", und Karl Thomas von der hessischen Landeszentralbank äußerte sich folgendermaßen: „Die Deutschen müssen zuerst damit fertig werden, daß sie die D-Mark aufgeben; dann müssen sie hinnehmen, daß in Europa ein >Kohäsionsfonds<gegründet wird, in den die Deutschen für die ärmeren europäischen Länder einzahlen sollen. Und schließlich sollen sie auch noch akzeptieren, daß man ihnen Frankfurt als Sitz der Europäischen Zentralbank wegnimmt?" Aus Bayern kam der stärkste Widerstand mit Lothar Müller, der sich für Neuverhandlungen aussprach. Marsh (1992) S. 330ff.

[6] 1990 schrieb Wolfgang Filc (1990, S. 164), daß „jede Fortentwicklung des EWS mit der Einstellung der Bundesbank zu entsprechenden Regelungen" steht und fällt. In mehrfacher Hinsicht läßt sich daher die Errichtung des ESZB auch als ein Versuch - nicht nur Frankreichs - deuten, dieses faktische Vetorecht der Bundesbank zu überwinden.

[7] Siehe Viebig (1999) zu der Teilnahme von Bundesbankvertretern an wichtigen Gremien.

b) Die öffentliche Meinung

Über die Zentralbankpolitik gibt es keine spezifischen Erhebungen, so daß hier nur auf die Umfragen zur gemeinsamen Währung verwiesen werden kann. Bis zu den Verhandlungen in Maastricht hatte die deutsche Presse das Thema einer europäischen Währung wenig behandelt. Erst während der Verhandlungen begannen Schlagzeilen wie „Angst um die Mark" das öffentliche Klima zu schüren.[1]

Analog dazu zeigten die demoskopischen Untersuchungen bis 1990 einen wechselnden, sich jedoch innerhalb einer Bandbreite von 10-30% bewegenden Anteil der Befragten, die einen „Netto" - Nutzen in der EG-Mitgliedschaft erwarteten. Dieser sank in der Folge rapide.[2] Der Maastrichter Vertrag wurde in der Öffentlichkeit immer weniger unterstützt, was sich in den Ergebnissen der Landtagswahlen 1992 niederschlug.[3] 1995 sprachen sich dann 55% der Befragten in Deutschland gegen eine gemeinsame Währung aus gegenüber 38%, die dafür stimmten.[4]

c) Die Unternehmen und Führungskräfte

Nach der Umfrage von UPS aus dem Jahr 1993 hielten über 55% der deutschen befragten Manager die Bundesbankpolitik für eine „*... angemessene Politik, die keine Ursache für Europas Wirtschaftsmisere ist*". Über 37% sahen darin noch eine angemessene Politik für Deutschland, befanden jedoch, daß diese Belastungen für die europäische Wirtschaft mit sich gebracht habe.[5]

Im Interesse der exportorientierten Unternehmen lag dabei besonders die internationale Wettbewerbsfähigkeit:

„Die enormen innereuropäischen Währungsverwerfungen der letzten Jahre haben zu gravierenden Verzerrungen der Wettbewerbsposition zum Nachteil deutscher Unternehmen geführt und deutliche Spuren hinterlassen."[6]

Immer wieder sprachen sich Vertreter der Verbände zwar für die Vergemeinschaftung der Geldpolitik aus, warnten aber zugleich vor den Kosten:

---

[1] Zu den Pressereaktionen Marsh (1992) S. 316f.
[2] Reif (1993) S. 36.
[3] In Baden-Württemberg und Schleswig-Holstein spielte die Angst um die „Zukunft der deutschen Währung" eine Rolle im Wahlkampf, da diese von den extremen rechten Parteien relativ erfolgreich dazu genutzt wurde, Stimmen für sich zu gewinnen. Vgl. Marsh (1992) S. 332f.
[4] Europäische Kommission (1999).
[5] Kaehler/Korn (1995) S. 43.
[6] Henkel (1996) S. 15, ähnlich auch Emmerich (1996) S. 12. Siehe auch Stihl (1996) S. 20ff.

„Die Verwirklichung der Währungsunion darf aber nicht um jeden Preis erfolgen, sie darf nicht auf Kosten der Geldwertstabilität gehen. ... Die Schaffung der Währungsunion ist Teil des europäischen Integrationsprozesses, sie kann nur erfolgreich sein, wenn Europa auch in anderen Bereichen weitere Fortschritte macht..“[1]

d) Die Gewerkschaften

Der DGB-Bundesvorstand veröffentlichte 1997 ein Positionspapier zur Europäischen Wirtschafts- und Währungsunion. Der Grundtenor war ein positiver, die vertretenen Thesen reichten über den Abbau der schwankenden Wechselkurse und DM-Aufwertungen, die in der Vergangenheit zu Wachstums- und Beschäftigungsverlusten geführt hätten, allgemeinen Wohlfahrtsgewinnen bis hin zur Rückgewinnung des *„mit der Verflechtung der europäischen Volkswirtschaften bedingten Verlusts an nationalem wirtschaftspolitischem Handlungsspielraum“*, für den die Wirtschafts- und Währungsunion nach Auffassung des DGB eine notwendige Voraussetzung schaffen würde.[2]

„Eine Europäische Union mit einer Europäischen Zentralbank hätte wegen seiner wirtschaftspolitischen Autorität die Möglichkeit, mit den USA (Dollar) und Japan (Yen) stabilere Absprachen über eine koordinierte Währungspolitik zu treffen, als die heutige Bundesbank.“[3]

In der Wirtschafts- und Währungsunion sah der Deutsche Gewerkschaftsbund eine Möglichkeit, die Bundesbank in einen europäischen Koordinierungsmechanismus einzubinden.

„Die Gewerkschaften haben ganz unabhängig von der Währungsunion schon seit längerem eine koordinierte Geld- und Finanzpolitik auf europäischer Ebene verlangt. Diese Forderung brach sich jedoch an den politischen Realitäten. Die Bundesbank war, mit dem Verweis auf das Bundesbankgesetz, nicht bereit, sich in einen europäischen geldpolitischen Koordinierungsmechanismus einbinden zu lassen. ... Die Bundesrepublik als wirtschaftlich bei weitem stärkstes Land, mit einer Bundesbank, die die europäische Geldpolitik dominiert, läßt sich nur schwerlich in einen gleichberechtigten europäischen Koordinierungsprozeß einbinden.“[4]

e) Die Banken

Auf die Stellungnahmen der Chefvolkswirte der drei großen privaten Banken ist bereits

---

[1] Emmerich (1996) S. 12.
[2] Siehe dazu Deutscher Gewerkschaftsbund - Bundesvorstand (1997) S. 5ff.
[3] Deutscher Gewerkschaftsbund - Bundesvorstand (1997) S. 5ff, (Fehler im Original, S.T.).
[4] Deutscher Gewerkschaftsbund - Bundesvorstand (1997) S. 6.

hingewiesen worden. Auch die Verbandsvertreter äußerten sich in diesem Sinne positiv, verwiesen aber zugleich auf die Notwendigkeit einer Stabilitätsgemeinschaft:

„Wohlfahrtssteigernde Wirkungen kann eine Europäische Währungsunion nur als Stabilitätsgemeinschaft entfalten."[1]

Der BVR (Bundesverband der Deutschen Volks- und Raiffeisenbanken) forderte bereits früh die Ergänzung des Maastrichter Vertrages um einen Stabilitätspakt.[2] Er sprach sich auch für eine stärkere Beachtung möglicher Wettbewerbsverzerrungen durch das Instrumentarium der Europäischen Zentralbank aus:

„Es kann nicht Aufgabe der Europäischen Zentralbank sein, mit ihrem Instrumentarium Strukturpolitik zu betreiben. ... Daher muß auch in Europa der Zugang zu Zentralbankgeld allen Instituten unabhängig von ihrer Größe und ihren Firmensitze, offen stehen, er darf nicht wettbewerbsverzerrend einigen wenigen großen Instituten vorbehalten sein. ... Die Europäische Zentralbank darf sich aber nicht ausschließlich oder ganz überwiegend auf die Marktpolitik beschränken. Gerade für kleinere Banken, die nicht ständig am Geldmarkt aktiv sein können, ist eine gesicherte Basisrefinanzierung unverzichtbar."[3]

3.2. Die inhaltliche Auseinandersetzung

3.2.1. Die vertragliche Gestaltung der Aufgabenerfüllung

Der Rahmen für die Aufgabenerfüllung des ESZB wird durch den Grundsatz der Subsidiarität, das Ziel der Preisstabilität und die Weisungsunabhängigkeit der Zentralbanken beschrieben.[4]

a) Subsidiarität

Die vertikale Aufgabenverteilung umfaßt die Teilhabe der nationalen Zentralbanken an den Entscheidungen durch ihre Stimme im EZB-Rat und die Heranziehung derselben zur

---

[1] Grüger (1996) S. 14.
[2] Grüger (1996) S. 14.
[3] Grüger (1996) S. 14. Siehe auch Äußerungen anderer Bankenvertreter wie von Köhler (1996), Lüthje (1996) und eines Vertreters der Versicherungswirtschaft Michaels (1996).
[4] Andere Grundsätze sind die Effektivität, die Wettbewerbsneutralität und die Marktkonformität des Systems. Vgl. dazu Goetze (1999) S. 89ff.

Durchführung von Aufgaben des ESZB.[1] Mehrheitlich wird davon ausgegangen, daß bei der konkreten Aufgabenverteilung das Subsidiaritätsprinzip zugrunde zu legen ist.[2] Die Gültigkeit des allgemeinen Subsidiaritätsprinzips des Art. 3 b II EGV für die gemeinsame Geld- und Währungspolitik ist jedoch zu hinterfragen.[3] Die relevante Bestimmung im Maastrichter Vertrag ist Art. 12.1. 1 Absatz 3 ESZB-Satzung.

„*Inhaltlich entsprechen sich diese Regelungen allerdings insoweit, als es bei beiden um die Zuordnung von Kompetenzen an Gemeinschaft oder Mitgliedsstaaten geht, die auch anhand der gleichen Kriterien vorgenommen wird. Damit stellt Art. 12.1. Abs. 3 ESZB-Satzung eine spezielle Ausprägung des Subsidiaritätsprinzips im Verhältnis zwischen EZB und NZBen dar.*"[4]

Art. 12.1 Absatz 3 ESZB-Satzung besagt denn auch, daß die nationalen Zentralbanken zur Durchführung von Geschäften in Anspruch genommen werden, soweit dies „möglich und sachgerecht" erscheint.[5]

In Deutschland ist der Grundsatz der Subsidiarität aufgrund der föderalistischen Tradition stark unterstützt worden. Die Struktur des ESZB wird auch mit der Aufgabenverteilung zwischen dem Direktorium der Deutschen Bundesbank und den Landeszentralbanken verglichen.[6]

Zielt das Subsidiaritätsprinzip darauf, Entscheidungsebenen möglichst nah an den Bürger heranzubringen, wie es in der Präambel zum EU-Vertrag ausgeführt wird, so ist gerade im Bereich der Geldpolitik der „effiziente Einsatz der Ressourcen" (Art. 105 Abs. 1 S. 3 EGV) mit einem möglichst hohen Maß an Wirksamkeit der geldpolitischen Maßnahmen gleichzusetzen - wie es auch Art. 12.1. Absatz 3 ESZB-Satzung gebietet - und somit nicht in jedem Fall von einer dezentralisierten Aufgabenerfüllung auszugehen.[7]

---

[1] Goetze (1999) spricht hier auch von einem bizephalen Charakter der nationalen Zentralbanken.

[2] Vgl. Tietmeyer (1994) S. 1, Zeitler (1996) S. 137, Schnelting (1998) S. 52 und Schmidhuber (1993) S. 417ff. Diese Auffassung wird auch instrumentalisiert wie im Fall Frankreich nachzuweisen ist.

[3] Siehe dazu die Erläuterungen in der Einleitung. Zudem wird das Subsidiaritätsprinzip auch nicht für ausreichend gehalten, als Ordnungsprinzip für derartig umfassende Bereiche von faktischem Nutzen zu sein. Kloten (1995). Siehe dazu auch Goetze (1998) S. 89ff.

[4] Goetze (1999) S. 91.

[5] Nicht bestimmt wird jedoch, was darunter zu verstehen ist und wer darüber zu entscheiden hat.

[6] Eine solche Analogie ergibt sich aber nur zum Teil, denn das Bundesbankdirektorium verfügt anders als das Direktorium der EZB über eigene Geschäftsbereiche wie Interventionen am Devisenmarkt und Offenmarktgeschäfte, die von den Landeszentralbanken technisch unterstützt werden. Vgl. Schnelting (1998) S. 65.

[7] Siehe Bofinger/Reischle/Schächter (1996) S. 171 und 128ff.

b) Preisstabilität

Obwohl die Priorität der Preisstabilität an mehreren Stellen im Vertragswerk verankert ist,[1] wurden Zweifel an der Realisierbarkeit laut. Dazu auch das Manifest von 60 Ökonomen gegen Maastricht:

„Die Europäische Zentralbank wird - trotz weitgehender Unabhängigkeit - Preisstabilität in Europa nicht durchsetzen, weil es für sie aufgrund unterschiedlicher Interessen der nationalen Entscheidungsträger keinen genügend starken Anreiz gibt, dies zu wollen."[2]

Skepsis über die faktische Stabilitätsorientierung der Partnerländer wurde auch von der Bundesbank geäußert:[3]

„Noch so gute Rechtsvorschriften sind aber noch keine Garantie dafür, daß auch tatsächlich Geldwertstabilität und Konvergenz die bestimmenden Orientierungspunkte sind."[4][5]

Überdies wurde auf die Aussichtslosigkeit einer isolierten auf Preisniveaustabilität ausgerichteten Geldpolitik hingewiesen. Ein institutioneller Schwachpunkt wurde von dem „Manifest der 60 Ökonomen" gegen Maastricht aufgrund der Abwesenheit von Sanktionen bei Verletzung des Stabilitätsziels festgestellt. Im Sinne der „Principal - Agent" - Literatur wurde argumentiert, daß es keine ausreichend starken Anreize für das Streben nach Preisstabilität bei den geldpolitischen Entscheidungsträgern gäbe.[6]

Andere hingegen erwarteten, daß sich der „Geist von Frankfurt" auch auf das ESZB übertragen würde.[7] Positiv äußerten sich beispielsweise die drei Chefvolkswirte der deut-

---

[1] Art. 2, Art. 3a Abs. 2 u. 3, Art. 105 Abs. 1 S. 1, 109 Abs. 1 u. 2 EGV, Art. 2 S. 1 ESZB-Satzung, 6. Erwägungsgrund der Präambel des EU-Vertrages.

[2] Baßeler u.a. (1993) S. 159.

[3] Ähnlich Steinherr/Biehl/Bofinger/Gros (1993) S. 166.

[4] Tietmeyer (1994) S. 31.

[5] Ebenso war bereits über die genaue Auslegung des Bundesbankgesetzes diskutiert worden, als beispielsweise von Veit (1969) die Verankerung der Verpflichtung des Staates zur Erhaltung des Geldwertes im Verfassungstext gefordert wurde, wissend, daß das kein „unfehlbares Medikament gegen die Gefahr der Entwertung des Geldes" ist. Siehe dazu auch Eucken (1960, S. 256f), der den Primat der Währungspolitik aus ordnungspolitischen Gründen als konstituierendes Prinzip der Wettbewerbsordnung forderte: „Alle Bemühungen, eine Wettbewerbsordnung zu verwirklichen, sind umsonst, solange eine gewisse Stabilität des Geldwertes nicht gesichert ist. Die Währungspolitik besitzt daher für die Wettbewerbsordnung ein Primat ... Durch eine gewisse Stabilisierung des Geldwertes wird es möglich, in den Wirtschaftsprozeß ein brauchbares Lenkungsinstrument einzubauen." Vgl. Braun (1969) S. 16.

[6] Anreizkompatible Lösungen könnten in einem solchen Fall beispielsweise die Kopplung von Gehältern und dem Zielerreichungsgrad der Preisstabilität darstellen, wie es in Neuseeland erfolgt ist. Kösters (1995) S. 211. Dazu Bofinger (1996, S. 220): „Eine befriedigende Umsetzung des vertragstheoretischen Ansatzes in der geldpolitischen Praxis dürfte kaum möglich sein."

[7] Krause-Junk (1997) S. 280, anders Kösters (1995).

schen Großbanken, die die formale Lösung als zur Zeit *„bestmögliche Lösung für eine europäische Notenbankverfassung"* bezeichneten.[1] Ein Sanktionsverfahren für zentralbankpolitische Entscheidungsträger lehnten sie mit der Begründung ab, daß diese Modelle *„... weder der europäischen Mentalität noch dem Selbstverständnis von der Ethik wirtschaftspolitisch Verantwortlicher und der Erfahrung damit"*[2] entsprächen. Ein weiterer Einwand gegen Sanktionsmodelle lag in der Problematik der Zielfestschreibung und der Zuweisung der Verantwortlichkeit.[3]

Weder im Vertrag noch in der Satzung des ESZB wird in einem zahlenmäßigen Wert determiniert, was „preisstabil" ist.[4] Ökonomisch reichten die Interpretationsvarianten von absoluter Preisstabilität im Sinne des Fehlens jeglicher Inflation (oder auch Deflation) bis zu recht großzügigen Auslegungen von „relativer Stabilität."[5][6] Die Deutsche Bundesbank ging davon aus, daß eine Bandbreite von 0-2% als angemessen zu betrachten sei.[7] Der Wortlaut des Maastrichter Vertrages und insbesondere des Art. 105 EGV i.V.m. Art. 2 S. 1 ESZB-Satzung lassen auf eine Zielfestsetzung in Form von Binnenstabilität schließen.[8][9]

---

[1] Lipp/Ramm/Walter (1993) S. 162.

[2] Lipp/Ramm/Walter (1993) S. 162.

[3] Formal betrachtet gibt der Maastrichter Vertrag hinsichtlich der Priorität der Preisstabilität eine klare Vorgabe, die nicht nur ein Programmsatz ist, sondern eine Rechtspflicht darstellt. Sanktionen würden rechtlich somit keinen erhöhten Wirkungsgrad bedeuten. Goetze (1999) S. 87.

[4] Siehe dazu Veit, der Außenwertstabilität als „Stabilität im Raum" oder „Kursstabilität" definiert und Binnenwertstabilität als „Stabilität in der Zeit" oder auch „Kaufkraftstabilität". Veit (1969) S. 35, 45. Dazu auch Baßeler u.a. (1993) S. 159. Siehe zu den unterschiedlichen Zahlenwerten Schnelting (1998) S. 64. Vgl. Bodemann (1995) für die französischen Äußerungen. Goetze (1999) zur rechtlichen Analyse.

[5] Caesar (1989) S. 274, auch zitiert bei Schnelting (1998) S. 64.

[6] Die Befürchtungen, daß die Zielformulierung mißverständlich erfolgt ist und in Zukunft zu unterschiedlichen Auslegungen führen würde, teilten juristische Kommentatoren in Deutschland nicht. Vgl. dazu Nicolaysen (1993) S.30 und Hahn (1990) S. 54. Die - wenn auch subsidiäre, so doch bestehende - Verpflichtung des ESZB, sich an den Zielen der Gemeinschaft zu orientieren und diese nach Möglichkeit zu unterstützen, führt durch die Berücksichtigung des Art. 2 EGV, die in Art. 105 Abs. 1 Satz 2 vorgegeben ist, zu einer genaueren Bestimmung der Preisstabilität als "Inflationsfreiheit" und zu der Erhebung des allgemeinen Gemeinschaftsziels des "inflationsfreien Wachstums" in die Zielhierarchie des ESZB.

[7] Die letztendliche Beurteilung dessen, was unter „Preisstabilität" zu verstehen ist, unterliegt nach Art. 12.1. ESZB-Satzung im Rahmen der Verantwortlichkeit für die Festlegung der Geldpolitik dem EZB-Rat. Neuere Untersuchungen der Forschungsgruppe der Deutschen Bundesbank stützen die Forderung nach einer Inflationsrate von Null: Die Reduzierung der Inflation um 2% führte für Deutschland zu einem Wohlfahrtsgewinn von 1,4% des Bruttosozialprodukts, dieses Ergebnis liegt weit über einem geschätzten break even - point von 0,3% des Bruttosozialprodukts. Volkswirtschaftliche Forschungsgruppe (1997).

[8] Vgl. Schnelting (1998) S. 63, Stadler (1995) S. 100. Dazu auch Issing (1995, S. 22): „In practice ... even setting the central bank a one-dimensional target such as 'maintaining price stability' loses its unambiguous character, quite apart from the appropriate implementation of the correct policy. Yet a more unambiguous commitment by the central bank regarding the objective of price stability is probably nowhere to be found."

[9] Der Euro-Wechselkurs dient jedoch als einer der Indikatoren der Geldpolitik der EZB. Vgl. Remsperger (1999) S. 2.

Die größte Beeinträchtigung der Zielerreichung des ESZB wurde durch die Kompetenz des Rates bei der Wechselkurspolitik befürchtet. Der Beteiligung des Rates an der Währungspolitik liegen unterschiedliche Intensitäten zugrunde, abhängig davon, ob es sich um eine förmliche Vereinbarung über ein Wechselkurssystem gegenüber Drittlandswährungen handelt (Art. 109 Abs. 1 EGV) oder ob ein solches nicht besteht (Art. 109 Abs. 2 EGV). Dazu Issing (1998):

„... the provision giving the power to make exchange rate arrangements is likewise a potential source of vulnerability."[1]

Unter förmlichen Vereinbarungen können die Wahl eines Wechselkursregimes fester oder floatender Wechselkurse und Interventionsbestimmungen zur Veränderung der Wechselkurse verstanden werden.[2,3] Art. 109 EGV sieht vor, daß die Wechselkursabkommen oder Wechselkursänderungen nur bei Beachtung des Zieles der Preisstabilität und nach Anhörung der EZB erfolgen.[4] Der Abschluß derartiger Abkommen ist derzeit nicht abzusehen.[5] Da eine

„... Kompetenzübertragung nicht vorgesehen ist, besteht die Gefahr, daß über politische Einflußnahme auf die Wechselkurse die Geldpolitik stabilitätswidrig konterkariert wird. Dies gilt gleichermaßen für die Tatsache, daß Kapitalverkehrskontrollen gegenüber Drittländern immer noch möglich sind."[6]

Besteht ein Wechselkurssystem mit Drittstaaten nicht, so liegt es in der Verantwortung des Rates, „allgemeine Orientierungen"[7] für die Wechselkurspolitik aufzustellen.[8] Auch hier wird von Kritikern die Absicht vermutet, durch die Wechselkurs - Kompetenz den Handlungsspielraum der Geldpolitik einzuschränken. Dazu noch im Januar 1999 die Deutsche Bundesbank (1999, S. 27, eigene Hervorhebungen, S.T.):

---

[1] Issing (1998) S. 3.
[2] Erstere bedürfen einer einstimmigen Entscheidung des Rates nach Art. 109 Abs. 2 S. 1 EGV, letztere eine qualifizierte Mehrheit nach Art. 109 Abs. 1 S. 2 EGV. Vgl. Goetze (1999) S. 136 und Schlesinger (1994) S. 8ff.
[3] Baßeler u.a. (1993) S. 160, Ohr (1993) S. 98, andere kritische Stellungnahmen bei Goetze (1999) S. 137 Fußnote 512.
[4] Zu Zielkonflikten zwischen Binnen- und Außenwert in den sechziger Jahren in Deutschland Braun (1969) S. 21ff.
[5] Deutsche Bank Research (1995) S. 18.
[6] Vgl. Möschel (1998) S. 220, Lipp/Ramm/Walter (1993) S. 162, weniger kritisch wird diese „offene Flanke" von Heun (1998), Bofinger (1993) mit dem Hinweis auf die Regelung in Deutschland beurteilt.
[7] Die „allgemeinen Orientierungen" werden in der Regel als für die EZB verbindlich angesehen. Schlesinger (1994) S. 8, Goetze (1999) S. 137.
[8] Vgl. Art. 109 Abs. 2 EGV.

„Der Europäische Rat hat in Luxemburg im Dezember 1997 den Grundsatz wechselkurspolitischer Zurückhaltung bestätigt. Er hat in einer Entschließung festgehalten, daß er von der Möglichkeit zum Erlaß allgemeiner Orientierungen für die Wechselkurspolitik gegenüber Drittwährungen nach Art. 109 Abs. 2 EGV nur unter außergewöhnlichen Umständen, wie zum Beispiel im Falle eindeutiger Wechselkursverzerrungen, Gebrauch machen wird. Solche allgemeinen Orientierungen müssen die Unabhängigkeit des ESZB respektieren und mit dem vorrangigen Ziel des ESZB, die Preisstabilität zu gewährleisten, vereinbar sein."[1]

Bald wurde dies von weitergehenden Äußerungen überholt. Durch den deutschen Regierungswechsel wurde ein gemeinsamer wirtschaftspolitischer Grundtenor von Frankreichs und Deutschlands Regierungen möglich, der für Annäherungen in einigen Bereichen sorgte. So sprachen sich die Finanzminister beider Länder, Strauss-Kahn und Lafontaine, in einem gemeinsamen Papier[2] gegen eine übermäßige Aufwertung des Euros gegenüber dem Dollar aus und schlossen die Festlegung allgemeiner Leitlinien für die Wechselkurse, falls diese erforderlich würden, explizit nicht aus.[3] Die Bundesbank äußerte sich mehrfach negativ zu Wechselkurszielzonen:[4]

„Es ist eine Illusion zu glauben, Stabilität auf den Finanzmärkten sei allein damit zu erreichen, daß sich die drei großen Zentralbanken in der Welt auf bestimmte Wechselkurse einigten."[5]

Im Auftrag an die Kommission, Entscheidungen des Ministerrates vorzubereiten, wird eine Aufforderung zur politischen Einflußnahme gesehen.[6] Die Übertragung der Wechselkurskompetenz auf das ESZB wird von Kritikern wie Befürwortern, die auch auf die Kompetenzverteilung in Deutschland hinweisen,[7] als ein weiteres Desiderat an eine Reform des Maastrichter Vertrages betrachtet.[8]

---

[1] Deutsche Bundesbank (1999) S. 27 (eigene Hervorhebungen, S.T.). Siehe dazu auch o.V. (1997b) S. 5.

[2] An dieser Stelle ist nuancierend auf das im Juni 1999 veröffentlichte sogenannte „Schröder-Blair-Papier" hinzuweisen, das in französischen Regierungskreisen für starke Irritationen über die wirtschaftspolitische Stoßrichtung innerhalb der europäischen Union sorgte.

[3] BHF-Bank (1999) S. 7.

[4] Dabei wurde auf die Abkommen von Plaza und Louvre hingewiesen, die am 22. September 1985 und am 22. Februar 1987 zwischen den sieben wichtigsten Industrienationen getroffen wurden, um die Wechselkurse zu beeinflussen, und zwar zunächst den Dollarkurs zu senken und um eine Stabilisierung auf dem niedrigen Niveau zu erreichen. Jarchow/Rühmann (1997) S. 267.

[5] Tietmeyer in o.V. (1998) S. 2, Stark in Einecke (1998) S. 6f.

[6] Gemeinschaft zum Schutz der deutschen Sparer (1998) S. 16.

[7] Das Europäische Parlament hat aber anders als der Deutsche Bundestag gegenüber der deutschen Regierung kein Recht, den Rat zu kontrollieren. Nach Art. 109 EGV ist nur eine Anhörung des Europäischen Parlaments vorgesehen. Vgl. Viebig (1999) S. 411.

[8] Baßeler u.a. (1993) S. 159f, Lipp/Ramm/Walter (1993) S. 162.

c) Die Unabhängigkeit der zentralbankpolitischen Entscheidungsträger

Dem Maastrichter Vertrag liegt die Annahme zugrunde, daß die Unabhängigkeit eine wesentliche Voraussetzung für das Erreichen des Preisniveaustabilitätsziels darstellt.[1] Wie die obige Analyse gezeigt hat, war die Deutsche Bundesbank von den hier betrachteten Zentralbanken die einzige mit einem formal und faktisch breiten Handlungsspielraum, der verallgemeinernd auch unabhängig genannt werden kann. Die Vergemeinschaftung der Währungspolitik brachte somit für die Bundesbank einen „einzigartigen Verlust an Handlungsspielraum"[2] mit sich.

Die Unabhängigkeit stellte daher eine zentrale Forderung Deutschlands dar und wurde so im Vertrag verankert, daß der formale Handlungsspielraum der EZB gegenüber der Bundesbank noch wuchs. Einige Stimmen gingen sogar so weit, von einer Art „Super - Bundesbank" zu sprechen.[3] Sie gründen diese Auffassung darauf, daß die EZB in drei Punkten den formalen Handlungsspielraum der Bundesbank übertrifft:[4]

- Die Unabhängigkeit der EZB beruht nicht mehr nur auf einem einfachen Bundesgesetz, das aufgehoben werden kann, sondern ist erstmalig verfassungsrechtlich verankert.[5]
- Die personelle Unabhängigkeit ist mit der Unmöglichkeit der Wiederernennung der Direktoriumsmitglieder gestärkt worden.[6]
- Die Supranationalität der Europäischen Zentralbank gilt einigen Ökonomen als zusätzliche Absicherung für eine - in Abwandlung des ursprünglichen Diktums von Hayek – „Entnationalisierung des Geldes". Die Abnahme des Einflusses der einzelnen nationalen Regierungen macht es danach schwieriger, die Zentralbank unter Druck zu setzen. Weiter wird ausgeführt daß es sich gerade nicht bei den Entscheidungsträgern der Zentralbankpolitik um Vertreter nationaler Interessen handele. Dementsprechend

---

[1] Auf der Grundlage empirischer Untersuchungen wie beispielsweise von Grilli/Masciandaro/Tabellini (1991) scheint „die Unabhängigkeit der Notenbank nach allen Erfahrungen zwar eine notwendige, aber keineswegs schon eine hinreichende Bedingung für die Sicherheit der Geldwertstabilität." Issing (1993) S. 31.

[2] Goetze (1999) S. 65.

[3] Steinherr/Biehl/Bofinger/Gros (1993) S. 164, Bofinger (1993) S. 79.

[4] Vgl. Bofinger (1993) S. 79f.

[5] Stark zitiert bei Einecke (1998) S. 5f. Aus dieser verfassungsrechtlichen Verankerung kann auf der anderen Seite keine stärkere Berücksichtigung des demokratischen Prinzips gefordert werden, denn die Bundesbank war zwar vor dem Maastrichter Vertrag vom Parlament als Gesetzgeber abhängig, unterlag aber nicht der parlamentarischen Kontrolle. Zu diesem komplexen dialektischen Verhältnis Lampe (1971) S. 45.

[6] Vgl. Steinherr/Biehl/Bofinger/Gros in der Entgegnung „Für die Wirtschafts- und Währungsunion: Eine Stellungnahme europäischer Wirtschaftswissenschaftler" (1993) S. 166, Neumann (1997) S. 25. Von anderen wird jedoch gewarnt, daß dadurch politische Abhängigkeiten keineswegs ausgeschlossen würden. Vgl. Krause-Junk (1997) S. 221.

wird auch das Fehlen einer Politischen Union als Gegenspieler einer Europäischen Zentralbank positiv beurteilt.[1]

Stärker noch als das Bundesbankgesetz, in dem die Deutsche Bundesbank in § 12 BBankG dazu verpflichtet wird, unter Wahrung ihrer Aufgabe die allgemeine Wirtschaftspolitik der Bundesregierung zu unterstützen, betont der Maastrichter Vertrag in Art. 105 Abs, 1 EGV die Subsidiarität dieser Verpflichtung, die eine Unterstützung unter den Vorbehalt des Prinzips der Preisstabilität stellt.[2] Die deutschen Erfahrungen haben aber auch gezeigt, daß es immer wieder zu Versuchen gekommen ist, den Handlungsspielraum der Bundesbank einzuschränken.[3] Neben den klaren formalen Bestimmungen kann hier nach überwiegender Meinung nur das Bewußtsein der Bevölkerung über den Wert der Unabhängigkeit einen Schutz bieten.[4] In dem formalen Gerüst und der institutionalisierten Stabilitätsorientierung wurden wesentliche Elemente einer Europäischen Union gesehen, jedoch der Vertrag insgesamt als eine „lex incompleta et imperfecta" bezeichnet.[5] Diese Unvollständigkeit reflektiert auch den Stand der wissenschaftlichen Forschung:

„Up to now, the academic study and research have failed to come up with a convincing proposal for a foolproof institutional arrangement.."[6]

In eine verhaltene Zustimmung zu den grundsätzlichen stabilitätspolitischen Aussagen des vertraglichen Designs mischten sich Zweifel über die faktische Ausübung einer stabilitätsorientierten Zentralbankpolitik.[7] Selbst wenn im europäischen Zentralbankrat so etwas wie ein „Thomas Becket" - Effekt entstehen würde, würde nach Meinung der Kritiker immer noch die die Notenbank schützende öffentliche Meinung und - wie weiter unten erläutert werden wird - die Wechselkurskompetenz fehlen.[8] Deutlich wurde insgesamt in

---

[1] Vgl. Bofinger (1993) S. 80, Krause-Junk (1997) S. 280.

[2] Vgl. Goetze (1999) S. 66.

[3] Vgl. Marsh (1992). Der letzte Versuch von Finanzminister Lafontaine wurde in der Presse überwiegend kritisch aufgenommen. Lafontaine forderte eine „demokratische" Kontrolle der Geldpolitik und verwies dabei auf das amerikanische System. Zum derzeitigen System in Deutschland siehe auch Marsh (1992) S. 87. In den USA werden gemäß dem „Government in the Sunshine Act" die Meetings des Board of Governors öffentlich abgehalten. Auch die „Minutes" des Offenmarktkomitees (FOMC) werden wenige Tage nach dem nächsten folgenden regulären Meeting veröffentlicht. Nach dem „Full Employment and Balance Growth Act" von 1978 hat das Federal Reserve Bank System zweimal jährlich einen sogenannten „Humphrey Hawkins Report" zu erstellen, zu dem der Chairman im Senat und im Abgeordnetenhaus Zeugnis (Testimony) abzulegen hat. Vgl. Federal Reserve Board (1999).

[4] Vgl. Möschel (1998) S. 219, Kösters (1995) S. 211.

[5] Jochimsen (1998) S. 147. Gegner des Vertrages sprachen von einem „schlechten Vertrag des guten Willens". Barbier (1992).

[6] Issing (1998) S. 6.

[7] Vgl. Bofinger (1993) S. 80.

[8] Möschel (1998) S. 221.

den obigen Ausführungen, daß die Grundsätze der Funktionsausübung eine klare und transparente Politik im Sinne von mittelfristiger Kalkulierbarkeit und eindeutigen geldpolitischen Signalen forderten.[1]

3.2.2. Die geldpolitische Konzeption

Anders als in den beiden oben betrachteten Ländern ging die Debatte in Deutschland so weit, sich über das künftige Instrumentarium und die geldpolitische Konzeption auseinanderzusetzen. Mit Art. 105 EGV war zwar das Ziel der Geldpolitik definiert worden, nicht aber die geldpolitische Konzeption. Diese Form der Übereinkunft erfolgte, weil die Veränderungen der Strukturen der Finanzmärkte durch die Währungsunion und den Binnenmarkt noch nicht abzusehen waren und angesichts der bestehenden Unsicherheiten über den komplexen Transmissionsprozeß geldpolitischer Maßnahmen eine Einigung sehr schwer zu erzielen war.[2]

Die Deutsche Bundesbank hat sich früh für eine Orientierung an der Geldmenge M3 ausgesprochen.[3] Die Diskussion konzentrierte sich - aufbauend auf der langjährigen Debatte[4] über die geldpolitische Konzeption der Bundesbank - auf diese Variante und das in Großbritannien und Schweden praktizierte „Inflation targeting."[5][6]

Bei der Entscheidung für letzteres ist der Trade-off zwischen der offensichtlichen Transparenz des Endziels und dem Verlust an Reputation zu beachten, wenn das Ziel nicht erreicht wird.[7]

Bedingungen für die Geldmengenpolitik sind die Stabilität der Geldnachfrage in Europa, sowie ein statistisch gültiger Zusammenhang zwischen dem spezifischen Geldmengenaggregat und dem Preisniveau.[8] Empirische Untersuchungen scheinen die Annahme zu be-

---

[1] In theoretischer Betrachtung Bofinger/Reischle/Schächter (1996) S. 133, vgl. Goetze (1999) S. 92.
[2] Dabei waren sowohl theoretische Auseinandersetzungen als auch politische Positionen wesentlich. Vgl. Schnelting (1998) S. 153. Schnelting (1998) S. 153ff zu den externen Faktoren, siehe zu Kriterien für die Auswahl einer geldpolitischen Strategie EWI (1997a) S. 7, Polleit (1998) S. 3.
[3] Gespräch vom 2.4.1998 mit Herrn Manfred Körber, damals noch Pressesprecher der Deutschen Bundesbank, Tigges (1998) S. 8.
[4] Unter einer auf ein Inflationsziel ausgerichteten Politik wird folgend in Anlehnung an Bofinger/Reischle/Schächter (1996) eine Konzeption verstanden, die das Endziel der Geldwertstabilität ansteuern „ohne daß dabei traditionelle Zwischenzielgrößen wie der Wechselkurs oder die Geldmenge verwendet werden." Siehe dazu Paprotzki (1991) S. 243ff, Kaehler/Korn (1995) S. 40ff.
[5] Zur vertieften Debatte über die einzelnen Zwischenziele siehe die bei Schnelting (1998) S. 159 angegebenen Quellen und Heun (1998) S. 871.
[6] Bofinger/Reischle/Schächter (1996) S. 365, Hervorhebung der Autoren.
[7] Bofinger/Reischle/Schächter (1996) S. 376,
[8] Siehe dazu auch König/Willeke (1995) S. 36.

stätigen, daß sich in den elf Ländern des Euro - Währungsraums eine zumindest langfristig stabile Geldnachfrage nachweisen läßt.[1]

Die Erhebung und Gestaltung einer einheitlichen Mindestreserve beeinflußt wirkt sich direkt auf die Stabilität von Geldmengenaggregaten aus.[2] Über den Einsatz der Mindestreserve kam es in Deutschland zu einer Kontroverse, die sich an die langjährigen Forderungen nach der Abschaffung dieses Instruments anschloß. Analog dazu wurde mit der Wettbewerbsfähigkeit des nunmehr europäischen Bankensystems gegenüber konkurrierenden Systemen argumentiert.

Für ein Geldmengenziel im Euro - Währungsraum sprachen - trotz der Unwägbarkeiten nach dem Eintritt in die dritte Stufe der Währungs- und Wirtschaftsunion, die die pragmatische Verwendung von Elementen eines direkten Inflationsziel nahelegen[3]- politökonomische Gründe.[4][5] Weiterhin wurde vorgebracht, daß das Festhalten an einem Geldmengenziel in Deutschland trotz der Zielverfehlung mit einer stabilitätsorientierten Geldpolitik verbunden wurde.[6] Ein direktes Inflationsziel suggeriert eine ausschließliche Verantwortung der Zentralbank für die Geldwertstabilität. Als weiterer Nachteil wird genannt, daß die Steuerungsmöglichkeiten der Geldpolitik durch lange und variable Wirkungsverzögerungen beeinträchtigt würden.[7]

Gegen eine Geldmengensteuerung wurde mit der anfänglich noch großen Unsicherheit

---

[1] Siehe zu den diesbezüglichen Ergebnissen für Deutschland Polleit (1998) S. 4.
[2] Siehe dazu vertiefend Polleit (1998a) S. 113f.
[3] Issing (1998, S. 49) wendet sich gegen das Argument, daß ein Inflation target für eine stärkere Öffentlichkeit leichter verständlich sein und demzufolge der Forderung nach einer größeren Rechenschaftspflicht der EZB eher entsprechen würde: „This line of argument is misleading, though, as it confuses two different levels of monetary policy - that of the final objective and that of the strategy."
[4] Es kann als eine Form von „Schutzschild" gegenüber Forderungen verschiedener gesellschaftlicher Gruppen genutzt werden. Somit stellt die Geldmengenkonzeption eine Unterstützung der formalen Unabhängigkeit der Zentralbank dar, denn Forderungen nach Zinssenkungen kann mit einem Verweis auf die starke Geldmengenexpansion begegnet werden. Bofinger/Reischle/Schächter (1996) weisen darauf hin, daß eine diesen Mechanismus nutzende Zentralbank die Geldmengenziele etwas niedriger ansetzen muß. Sie legen eine Interpretation der Geldmengenziele der Bundesbank von 1975 bis 1994 in diesem Sinne nahe, weisen aber auch darauf hin, daß sich aus einer solchen Funktion für die Zielformulierung der Zentralbank falsche Anreize und deflationärer Druck bilden könnten und die Reputation bei einer permanenten Zielabweichung Schaden erleiden könnte.
[5] Siehe hingegen Issing (1998, S. 4), der herausstellt, daß ein Inflation target unabhängig von der geldpolitischen Strategie der Zentralbank verwendet werden kann: „Admittedly, it is an explicit part of inflation targeting. However, in principle, it can be combined with any other strategy - it is implicitly contained in a monetary targeting system.".
[6] Bofinger/Reischle/Schächter (1996) S. 298. Inwieweit die Signalfunktion auch für die anderen Mitgliedsländer Gültigkeit hat, ist offen.
[7] Schlesinger und Jahnke (1987) haben für expansive Geldpolitik einen Lag von neun bis elf Quartalen errechnet. Siehe dazu und zur weiteren Diskussion Bofinger/Reischle/Schächter (1996) S. 129, 248ff.

über die Bestandteile und Größen der Geldmengen argumentiert.[1] Ein Multi - Indikatorenansatz hingegen würde zwar die Flexibilität der Zentralbank stärken, macht eine Erfolgskontrolle letztendlich jedoch schwieriger.[2] Erschwert wurde die Debatte dadurch, daß statistische Daten der Teilnehmerstaatennicht zur Verfügung standen.[3] Zudem waren die monetären Aggregate, denen Indikatorfunktion zugewiesen werden sollte, noch nicht definiert.

„Da jedoch Geldmengenaggregate kurzfristig nur eingeschränkte Indikatorfunktion übernehmen können, sollte ... zu Beginn der Währungsunion den zugrundeliegenden Transaktionen wie der Entwicklung des gesamtwirtschaftlichen Kredit - bzw. Finanzierungsvolumens oder des Zahlungsmittelbestandes und dessen Umlaufgeschwindigkeit verstärkte Aufmerksamkeit gewidmet werden."[4]

Das Ausmaß der theoretischen Debatte suggeriert große Unterschiede zwischen den beiden Konzepten Geldmengenziel und Inflation targeting. Die praktische Handhabung der Bundesbank und die faktische Bedeutung der theoretischen Differenzen legten jedoch nahe, eine Kombination beider Ziele in Erwägung zu ziehen wie es auch die Deutsche Bundesbank im Vorfeld der dritten Stufe getan hat.[5]

3.2.3. Zentralbankpolitik im Rahmen der allgemeinen Wirtschaftspolitik

Der Maastrichter Vertrag hat in Art. 105.1 EGV eine eindeutige Aussage zur Frage der Zielsetzung der Geldpolitik getroffen. Art. 102a EGV verpflichtet die Mitgliedsstaaten, ihre Wirtschaftspolitik so auszurichten, daß sie zur Verwirklichung der Ziele der Gemeinschaft im Sinne des Artikels 2 beitragen. Art. 105 klärt die Beziehung des Ziels der Preisstabilität zu dieser Bestimmung im Sinne der Subsidiarität.[6]

Der Koordination dienen Grundzüge der Wirtschaftspolitik, die der Rat - auf Empfehlung der Kommission und nach Erörterung im Europäischen Rat - jährlich verabschiedet. Außer dem Recht, Empfehlungen auszusprechen, gibt es in diesem Bereich für den Rat keine

---

[1] Vgl. Heun (1998) S. 871, zu den Vor- und Nachteilen und den anderen möglichen Zwischenzielen Wechselkurs, nominelles Bruttosozialprodukt, Zinsen und Zinsstruktur siehe im Überblick Bofinger/Reischle/Schächter (1996).
[2] Heun (1998) S. 871.
[3] Polleit (1998a) S. 113.
[4] Einführung zu einem Artikel von Polleit (1998a) S. 113.
[5] Deutsche Bundesbank (1997a) S. 119, dazu auch Goetze (1996) S. 100.
[6] Dazu Remsperger (1999, S. 4): „... the single European monetary policy remains unaffected by this coordination precept."

Sanktionsmöglichkeiten.[1] Gemäß der Definition von Artis/Winkler (1998) wurde ein Modell „impliziter Koordination" vereinbart, in dem spezifische Ziele bestimmten Politikbereichen zugewiesen wurden. Mit starkem Mißtrauen wurden in Deutschland daher die französischen Absichtserklärungen zur allgemeinen Wirtschaftspolitik in der Europäischen Union aufgenommen, die das Prinzip einer „expliziten Koordination"[2] favorisierten.[34]

Von Kritikern und Befürwortern des Maastrichter Vertrages wurde vor einer Überforderung der Währungspolitik gewarnt:

„Für den dauerhaften Erfolg der WWU sind daher stabile Rahmenbedingungen im gesamten Euroraum eine wesentliche Voraussetzung. Diese können aber nicht allein von der gemeinsamen Geldpolitik gewährleistet werden, sondern erfordern Unterstützung insbesondere durch eine disziplinierte Wirtschafts- und Finanzpolitik. Im Vorfeld der dritten Stufe wurden die Rahmenbedingungen für die grundsätzlich in nationaler Zuständigkeit liegende Wirtschafts- und Finanzpolitik auf der Grundlage der vertraglichen Bestimmungen konkret abgesteckt."[5]

„Die gemeinsame europäische Währung, der Euro, ist kein Wundermittel zur Lösung der aktuellen Strukturprobleme unserer Wirtschaft. Der Euro kann für sich betrachtet wahrscheinlich keine zusätzlichen Arbeitsplätze schaffen. Er setzt vielmehr flexible Arbeits- und Gütermärkte voraus, da in einer Währungsunion das Ventil der Wechselkursanpassungen nicht mehr besteht, wenn sich zwischen einzelnen Ländern größere Unterschiede in der gesamtwirtschaftlichen Leistung und Produktivität aufgebaut haben."[6]

Gegen eine aktive konjunkturpolitische Ausrichtung der Geldpolitik[7] zur Senkung der Arbeitslosigkeit wird in der theoretischen Debatte unter anderem die „natürliche Arbeitslo-

---

[1] Deutsche Bundesbank (1999) S. 30.

[2] Unter dem Begriff „expliziter Koordination" sind gemeinsame Entscheidungen unterschiedlicher Aktoren zu verstehen. Vgl. Remsperger (1999) S. 1.

[3] Siehe Gemeinschaft zum Schutz der deutschen Sparer (1998) S. 16, Krause-Junk (1997) S. 279.

[4] Gegen die Ausdehnung der Koordination über das beschriebene Gerüst hinaus sprechen Gefahren der Destabilisierung, die wie bei der Geldpolitik durch Unsicherheit über intrinsische Verzögerungen der Wirksamkeit politischer Maßnahmen entstehen könnten, und eine Verwischung der Verantwortlichkeiten in der Wirtschaftspolitik. Vgl. Remsperger (1999) S. 6.

[5] Deutsche Bundesbank (1999) S. 29.

[6] Meister (1999) S. 8.

[7] Bei der Forderung nach einer stärkeren konjunkturellen Orientierung der Geldpolitik lassen sich mehrere Argumente unterscheiden: Werden einerseits die Risiken für die Preisstabilität einer Geldpolitik, die auf Wachstum und Beschäftigung gerichtet ist, für gering erachtet, so tritt eine zweite Gruppe von Ökonomen dafür ein, daß Geldpolitik auf Nachfrageschocks reagieren solle. Sie sieht in dem Ziel der Preisstabilität ein ausschließlich mittel- oder langfristiges Ziel. Eine dritte Gruppe tritt für eine aktive wachstums- und beschäftigungspolitische Ausrichtung der Geldpolitik ein, während Preisstabilität durch eine produktivitätsorientierte Lohnpolitik erzielt werden soll. Vgl. Remsperger (1999) S. 2.

sigkeitsrate" ins Feld geführt, die strukturelle Charakteristika der Güter- und Arbeitsmärkte widerspiegelt.[1] In dem besonderen Umfeld der Währungsunion sind die Unsicherheit über die Wirkung nationaler Transmissionsmechanismen und die unterschiedlicher Finanzierungsmuster, Tarifverhandlungsmechanismen und Regulierungen weitere Argumente.[2]

Als Folge französischer Forderungen drängte die Frage nach dem Policy mix ins öffentliche Bewußtsein:[3]

„Only now do some seem to be getting the picture that this monetary arrangement (the priority accorded to stable money, S.T.) has implications for many other policy areas, too. Now it will inevitably be revealed to what extent all the other areas comply with the conditions set by the objective of 'stable money'."[4]

Im Vordergrund der deutschen Debatte standen die Gefahren, die von stabilitätswidrigem Verhalten der Mitgliedsländer für die Geldpolitik der EZB ausgehen würden. Stabilitätswidriges Verhalten wurde aus zwei Gründen erwartet: Mit der gemeinsamen Währung entfällt eine „Bestrafung" durch Abwertung, und der "crowding - out" - Effekt höherer Defizite kann niedriger ausfallen, da er nicht mehr nur auf den nationalen Kapitalmarkt beschränkt ist.[5] Für die Glaubwürdigkeit der Europäischen Zentralbank birgt stabilitätswidriges Verhalten Risiken von mehreren Seiten:[6]

Eine starke Neuverschuldung kann expansive Effekte auf die gesamteuropäische Nachfrage auslösen. Bei einer Politik des knappen Geldes können Liquiditätsengpässe sowie Zinssteigerungen und Verdrängung der Investitionsnachfrage in Ländern mit einer ausgeglichenen Finanzpolitik die Folge sein. Letztere könnten daraufhin versuchen, Druck auf die EZB auszuüben.[7]

Auch das sich stark verschuldende Land könnte versuchen, Druck auszuüben, um sich zu „entschulden". Da die Staatsverschuldung nominal bestimmt ist, droht Zeitinkonsistenz-

---

[1] Vgl. die bei Remsperger (1999, S. 2) angegebenen empirischen Belege.
[2] Zur empirischen Bedeutung Remsperger (1999) S. 3f.
[3] Vgl. Jochimsen (1998) S. 142ff und die dort verzeichneten Quellen.
[4] Issing (1998) S. 5.
[5] Bofinger (1993) S. 81f. Regierungen sind durch das Verbot der Notenbankfinanzierung erstmals einem Insolvenzrisiko ausgesetzt. Zudem treten die öffentlichen Emittenten auch durch die Beseitigung von Kapitalverkehrskontrollen stärker miteinander in einen internationalen Wettbewerb und die Möglichkeit entfiele, sich mittels Inflationssteuern zu finanzieren. Vgl. Steinherr/Biehl/Bofinger/Gros (1993) S. 167.
[6] Vgl. Krause-Junk (1997) S. 281.
[7] Dazu Krause-Junk (1997) S. 282: „Freilich müßte man solchen Überlegungen entgegenhalten, daß Nachfrageverdrängungen in einem Gemeinsamen Markt typisch sind und nicht anders ablaufen würden, wenn die expansiven Impulse z.B. von zusätzlicher Investitionsnachfrage in einem anderen Land ausgingen."

problem kommen. Erhöht sich die Verschuldung, so könnte Druck auf die EZB ausgeübt werden, den Realwert des staatlichen Schuldendienstes durch Überraschungsinflation zu senken.[1] Eine hohe bestehende Staatsverschuldung kann die finanzpolitische Flexibilität einschränken.[2] Die EZB könnte dazu aufgefordert werden, die Wirkung externer negativer Schocks durch eine expansivere Geldpolitik zu dämpfen oder über höhere Seigniorage die Haushaltsdefizite zu senken.[3]

Um direkten Forderungen bei der Haushaltsfinanzierung unter den Mitgliedsländern und einem Trittbrettfahren entgegenzutreten, wurde die „no – bailing - out" - Klausel (Art. 104b Abs. 1 EGV) in den Maastrichter Vertrag aufgenommen. Kritiker wie auch Befürworter stimmten bald nach Vertragsschluß überein, daß das zukünftige Verhalten maßgeblich durch die Glaubwürdigkeit der „no - bailing - out" - Klausel bestimmt werde.[45] Hohe Transferzahlungen im Sinne eines „Finanzausgleichs" wurden somit befürchtet.[6] Bei einer gemeinsamen Währung würden die ökonomisch schwächeren europäischen Partnerländer einem verstärkten Konkurrenzdruck ausgesetzt, wodurch sie aufgrund ihrer geringeren Produktivität und Wettbewerbsfähigkeit wachsende Arbeitslosigkeit erfahren würden.

„Seit langem ist klar: Der Binnenmarkt ist politisch nur realisierbar und auf die Dauer tragfähig, wenn eine wirksame Wirtschaftsunion ihn ergänzt. Gravierenden regionalen Disparitäten muß durch effiziente Strukturfonds und einen stabilitätsfördernden Kohäsionsfonds entgegengewirkt werden. Daher ist es irreführend, die Ausgaben hierfür dem Vertrag von Maastricht anzulasten."[7]

Sie führen weiter aus:

„Die Realisierung dieses Konzepts (der Wirtschafts- und Währungsunion, S.T.) erfordert allerdings auch die Bereitschaft der stärkeren Länder zur Stabilisierungshilfe für die schwächeren. Auf welche Weise und in welchem Ausmaß die wirtschaftsstärkeren Mitgliedsstaaten allerdings

---

[1] Issing (1993) S. 186.
[2] Gaddum (1998) S. 4.
[3] Issing (1993) S. 186.
[4] Zweifel an der Ernsthaftigkeit der Klausel werden durch indirekte Hilfen (Regionalfonds, Strukturfonds, Kohäsionsfonds) und das Eigeninteresse, das die Mitgliedsstaaten an der Hilfe für ein anderes Land haben, genährt. Die Wirkung des Art. 104b EGV würde dann darin bestehen, daß die Finanzmärkte nicht von einem Automatismus ausgehen könnten. Krause-Junk (1997) S. 281, Issing (1993) S. 186.
[5] Die Folgen eines „bail-out" sind auch in einer undifferenzierten Bewertung durch die Finanzmärkte zu sehen, da sich ohne eine differenzierte Risikoprämie ein einheitliches Zinsniveau für Staatspapiere in der Währungsunion einstellt. Issing (1993) S. 187.
[6] Baßeler u.a. (1993) S. 160.
[7] Axt u.a. (1993) S. 182.

auf mögliche Transferforderungen reagieren werden, ist eine Frage der politischen Solidarität, nicht aber ein mit der Währungsunion verbundenes Problem."[1]

Gegen eine sogenannte „Transferrutschbahn" besteht ein großer politischer Widerstand in Deutschland:

„Es führt also kein Weg daran vorbei, daß die praktische „Solidarität" auch nach dem Eintritt in die Endstufe als einer unkündbaren Solidargemeinschaft stets durch das ökonomisch Machbare und politisch Durchsetzbare begrenzt bleibt und bleiben muß."[2]

3.2.3.1. Fiskal- und Lohnpolitik in der Wirtschafts- und Währungsunion

Der europäische Dissens über den Stabilitäts- und Wachstumspakt ließ in Deutschland die Erkenntnis ins öffentliche Bewußtsein dringen, daß die grundlegenden unterschiedlichen wirtschaftspolitischen Vorstellungen in den Partnerländern sich negativ auf den weiteren Verlauf der europäischen Integration auswirken würden.

„This all demonstrates that people have at last acknowledged the high price of having failed to accept Germany's original package deal, which saw the creation of political union as a precondition for monetary union to work. A common currency without a solid political framework – that cannot function, but is prone to produce tensions, in particular if objectives and goals are drifting apart and the construction of the monetary edifice is incomplete."[3]

Die Wirksamkeit der Artt. 103 und 104c EGV wurde in Zweifel gezogen,[4] da die dort in Aussicht gestellten Sanktionen im Falle von stabilitätswidrigem Verhalten

- erst nach einigen Jahren wirksam würden,
- am Ende eines langen politische Prozesses stünden,
- verschoben werden könnten,
- nicht die umgekehrte Beweisführung zum Grundprinzip erhoben hätten, daß ein Mit-

[1] Axt u.a. (1993) S. 184.
[2] Jochimsen (1998) S. 180, Merklein (1996), Welter (1996).
[3] Jochimsen (1997) S. 4.
[4] Dazu die Wirtschaftsforschungsinstitute in ihrem Herbstgutachten 1996: Bei Beginn einer EWWU mit einem Kreis von Ländern, die nicht den Referenzkatalog erfüllen wäre es kaum denkbar, „daß Mitglieder des Rates sogleich Sanktionen gegen Länder beschließen, für deren Finanzpolitik sie selbst die Verantwortung tragen. "Arbeitsgemeinschaft Deutscher Wirtschaftswissenschaftlicher Forschungsinstitute (1996) S. 34.

gliedsstaat mit übermäßigem Defizit bis zum Beweis des Gegenteils „schuldig" wäre,

- keinen automatischen Effekt nach sich gezogen hätten.[1]
- Der Stabilitäts- und Wachstumspakt wird als ein unzureichendes quid pro quo der fehlenden Übereinkunft der Vertragspartner über eine weitergehende politische Integration betrachtet.[2]

Kritisch wurden die folgenden Elemente betrachtet:

1) Die Verhängung von unverzinslichen Einlagen und Geldbußen unterliegt der Beschlußfassung des Rates mit einer Zweidrittelmehrheit auf Empfehlung der Kommission (Art. 104c Abs. 12 und 13 EGV). Eine solche Mehrheit läßt sich durch das Bemühen der meisten Mitgliedsstaaten, gegenseitiges Entgegenkommen zu zeigen, schwer herstellen.[3] Durch die Wortwahl im Text der Entschließung und in den Verordnungen sind der Stabilitätsauftrag und die Auferlegung von Sanktionen nicht klar verankert worden:

„The Council is invited always to impose sanctions if a participating Member State fails to take necessary steps to bring the excessive deficit situation to an end as recommmended by the Council."[4]

2) Da eine Geldbuße erst im dritten Jahr eines kontinuierlichen Defizits verhängt werden kann, besteht die Möglichkeit, durch geschicktes finanzpolitisches „Window dressing" alle drei Jahre die 3%-Begrenzung zu unterschreiten.[5]

3) Handelt es sich bei der Ursache für die Überschreitung des Defizits um ein „außergewöhnliches Ereignis" oder einen „schweren Wirtschaftsrückgang", so wird eine Übertretung der Defizitgrenze nicht sanktioniert.[6] Bei der Identifikation eines „übermäßigen Defizits" wurde zwar die Ausnahme einer Rezession klar definiert, nicht präzisiert wurde hingegen, was unter einem *„unusual event outside the control of the Member State concerned and which has a major impact on the financial position of the general government"*[7] zu ver-

---

[1] Vgl. dazu die Regelungen der Artt. 103, 104c EGV.
[2] Vgl. Jochimsen (1997) S. 4.
[3] Vgl. Viebig (1999) S. 370.
[4] European Council (1999c) S. 3. Der Wortlaut in den Verordnungen ist noch schwächer, vgl. European Council (1999a,c). Dazu auch Deutsche Bundesbank (1997e, S. 5), die darauf hinweist, daß die Entschließung nur politisch verbindlich ist. Zu einer rechtlichen Beurteilung dieses Faktums Hahn (1997) S. 1136.
[5] Vgl. Viebig (1999) S. 370.
[6] Ein „schwerer Wirtschaftsrückgang" wird mit einem Rückgang des realen Bruttoinlandsprodukts um mindestens 2% gleichgesetzt. European Council (1999b) Art. 2 Satz 2. Siehe dazu auch die Regelung in der Entschließung, wonach zur Bewertung, ob es sich um einen schweren ökonomischen Rückgang handelt, ein Referenzwert eines jährlichen Rückgangs des Bruttoinlandsprodukts um mindestens 0,75% angelegt wird. European Council (1999c) S. 2.
[7] European Council (1999b) Art. 2.

stehen ist.

Zusammenfassend dazu auch Neumann (1998):

„Der Pakt wird aber wenig bewirken, wenn die finanzpolitische Entwicklung eines Landes aus dem Ruder gelaufen ist und sich seine Regierung als praktisch handlungsunfähig erweist. Was dann zu tun ist, läßt sich nicht generell bestimmen. Aus heutiger Sicht kommt es darauf an, eine Kultur finanzpolitischer Stabilität zu verankern. Das braucht Zeit und Beharrlichkeit."[1]

Ähnlich äußerte sich auch die Deutsche Bundesbank:

„So sollen alle Mitgliedsstaaten dauerhaft alle erforderlichen Anstrengungen unternehmen, um die gesetzten Haushaltsziele zu erreichen. Sofern sich die wirtschaftlichen Bedingungen günstiger als angenommen entwickeln, sind sie aufgefordert, die „Wachstumsdividende" zur verstärkten Haushaltskonsolidierung zu nutzen. Mitgliedsstaaten mit hoher Staatsverschuldung müssen zudem verstärkte Anstrengungen für deren Abbau unternehmen."[2]

Die parallele Existenz von supranationalen und nationalstaatlich geprägten Institutionen, die in einer föderalen Balance zueinander stehen, wird durch den Stabilitäts-Pakt gestützt.[3] Die Bestimmungen des Stabilitäts- und Wachstumspaktes ersetzen aber keine föderative Finanzverfassung, die für eine glaubwürdige und erfolgreiche Disziplinierung gefordert wurde.[4] Insgesamt wurde der Stabilitäts- und Wachstumspakt zwar nicht als hinreichend beurteilt, er hat jedoch einige grundlegende fiskalpolitische Regeln auf europäischer Ebene verankert und gegenüber dem Maastrichter Vertrag zu einer Präzisierung geführt.[5] Die Risiken, die von der Lohnpolitik für die Geldwertstabilität ausgehen können, treten regelmäßig in der Öffentlichkeit gegenüber denen der Fiskalpolitik zurück. In Deutschland wurde vor einer schnellen Angleichung der Löhne bei weiterhin bestehenden Produktivitätsunterschieden mit dem Hinweis auf die verheerenden Folgen der deutsch-deutschen Währungsunion gewarnt.[6]

Ein Blick auf die deutsche Tarifautonomie und die stark differierenden Lohnverhandlungs-

---

[1] Neumann (1998) S. B 5.
[2] Deutsche Bundesbank (1999) S. 30.
[3] Weidenfeld/Giering (1998) S. 19.
[4] Siehe zu den Elementen, die eine solche Finanzverfassung beinhalten müßte, Issing (1993) S. 188.
[5] Vgl. Jochimsen (1997) S. 13f.
[6] Steinherr/Biehl/Bofinger/Gros (1993) S. 167f wenden sich gegen eine Analogie zur deutsch-deutschen Währungsunion, da in Deutschland ein wesentlich stärkerer Integrationsgrad und ein verfassungsrechtlich gesicherter Anspruch auf „Einheitlichkeit der Lebensverhältnisse" bestand.

strukturen in Europa stellt Überlegungen zu einer weiteren Zentralisierung der Lohnverhandlungen in Frage:[12]

„Precisely because monetary policy can no longer respond to national conditions the exact opposite of greater centralisation and harmonisation may be required in other areas. Talk of uniform European wage setting or of an ambitious social union is going in the wrong direction; different productivity and real economic conditions across the euro area must be taken into account more than ever.“[3]

So stießen auch die Anstrengungen von französischer Seite, die Beschäftigungspolitik im Stabilitäts- und Wachstumspakt zu verankern, auf Skepsis. Die Wirksamkeit einer solchen Absichtserklärung – über das bereits in den Römischen Verträgen in Art. 2 EGV als Aufgabe der Gemeinschaft berücksichtigte verankerte allgemeine Beschäftigungsziel hinaus - auf überwiegend strukturell verursachte Beschäftigungsprobleme wurde in Frage gestellt.[4] Durch den deutschen Regierungswechsel wurden die Meinungsverschiedenheiten zunächst etwas entschärft.[5] Es bleibt jedoch der Eindruck, daß „... *the fundamental dissension between the underlying economic policy concepts in France and Germany, but by no means in these two countries alone, remains unresolved.*“[6]

Insgesamt zielten die bisherigen Maßnahmen nach deutschem Verständnis nicht darauf ab, den Nukleus einer weitergehenden Koordination im Sinne eines supranationalen Policy mix darzustellen:[7]

„Mit den Bestimmungen zum Stabilitäts- und Wirtschaftspakt und den Verfahren zur wirtschaftspolitischen Zusammenarbeit ist der Rahmen für die Koordinierung der Politiken innerhalb der Euro-11-Gruppe und des Rates abgesteckt. Damit wurden die grundlegenden Voraussetzungen für eine dauerhafte wirtschaftliche Konvergenz der Mitgliedsstaaten geschaffen. In

---

[1] Siehe dazu auch Bofinger/Hefeker/Pfleger (1998) S. 80ff.

[2] Horn/Zwiener (1998) weisen darauf hin, daß in der Diskussion angebotsseitige Veränderungspotentiale mit dem Hinweis auf eine Verteilung einer Anzahl gegebener Arbeitsplätze in der EU vernachlässigt werden. Sie haben in einer Simulation gezeigt, daß koordinierte Senkungen der Nominallöhne in allen EWU Ländern positive Beschäftigungs- und Wachstumseffekte generieren.

[3] Issing (1999) S. 10, zitiert bei Remsperger (1999) S. 6.

[4] Vgl. Jochimsen (1997) S. 12.

[5] Zu einem Paradigmenwechsel in der deutschen Wirtschaftspolitik siehe das Streitgespräch von M.J.M. Neumann und Heiner Flassbeck, Staatssekretär im Bundesfinanzministerium vom 3. März 1999 in Hohenthal (1999) S. 15 und BHF-Bank (1999) S. 7-9.

[6] Jochimsen (1997) S. 14.

[7] Vgl. Remsperger (1999) S. 5. Anders Jochimsen (1998, S. 146ff) dazu: „Es fehlt an einer mit hinreichenden Handlungsvollmachten ausgestatteten finanz- und wirtschaftspolitischen Zentralinstanz auf supranationaler Ebene, die den nationalen Finanzpolitiken zumindest bindende Richtlinien vorgeben und für Konsistenz sorgen könnte."

Stufe 3 der WWU wird es jetzt entscheidend darauf ankommen, diese Bestimmungen in der Praxis strikt anzuwenden, damit sich ein spannungsfreier Policy-mix zwischen gemeinsamer Geldpolitik und in nationaler Zuständigkeit verbleibender Wirtschafts- und Finanzpolitik einstellt.“ [1]

Die Forderung nach einer weitergehenden Koordination wird in Deutschland immer wieder unter dem kritischen Aspekt der möglichen Einflußnahme auf die EZB betrachtet:

„Yet the necessary coordination of economic policy within the EU should not be allowed to become an instrument which undermines the European Central Bank's Independence.“[2]

3.2.3.2. Folgerungen für eine weitergehende politische Integration

Der langfristige Erfolg der gemeinsamen europäischen Zentralbankpolitik hängt nach deutscher Sicht davon ab, inwieweit die Währungsunion in Zukunft durch eine weitergehende politische Integration begleitet wird.[3]

„A broad base of public support for the ECB's clear stability-oriented policy stance will be a crucial factor. ... Permanent confidence in the stability of the currency can be installed only within the context of a well-conceived status and its implications for monetary policy; this is confidence which, in turn, underpins monetary policy measures geared to stability.“[4]

In der Literatur wird auf die Erfahrungen mit Währungsunionen verwiesen, die gleichzeitig oder auch nach der politischen Einigung entstanden, gemeinsame Währungen, die nicht von politischer Integration begleitet waren, hingegen nicht überlebt haben.[5] Das Verhältnis zwischen Politischer und Wirtschaftlicher Union, das im Maastrichter Vertrag verankert worden ist, wird in Deutschland als „ungleichgewichtig“ angesehen.[6]

Der Maastrichter Vertrag stellt als „constitutio emergens“[7] in dem andauernden Entscheidungsprozeß einen wichtigen Knotenpunkt dar. Er zeigt, ob die Mitgliedsländer gewillt sind, einen weiteren Hoheitstransfer in Zukunft zu fördern und auch einer weiteren Konzentration von Gemeinschaftsbefugnissen zuzustimmen oder ob Europa künftig aus

---

[1] Deutsche Bundesbank (1999) S. 31.
[2] Issing (1998) S. 5.
[3] Kösters (1995) S. 210.
[4] Issing (1998) S. 6.
[5] Kösters (1995) S. 208.
[6] Kloten (1995) S. 203, Kösters (1995) S. 208.
[7] Jochimsen (1998) S. 147.

grundlegenden souveränen Staaten bestehen und einem weiteren Kompetenztransfer Einhalt geboten werden soll.[1]

3.3. Die neue Rolle der Deutschen Bundesbank

3.3.1. Die Bedeutung der Bundesbank im ESZB

3.3.1.1. Primus inter pares im EZB-Rat?

Mit dem Übergang der geldpolitischen Entscheidungskompetenzen auf die EZB hat die wichtigste Aufgabe der Bundesbank eine gravierende Veränderung erfahren. Ein Gewichtsverlust zeigt sich auf der formalen Ebene auch im Bereich der währungspolitischen Außenvertretung, denn wo die Bundesbank nach § 4 BBankG i.d.F. v. 22.10.1992 das Recht hatte, sich an der Bank für internationalen Zahlungsausgleich und mit Zustimmung der Bundesregierung an anderen Einrichtungen der internationalen Währungspolitik oder des internationalen Zahlungs- und Kreditverkehr zu beteiligen, bedingt die währungspolitische Außenvertretung nach Art. 109 Absatz 3 EGV lediglich die Anhörung der Europäischen Zentralbank.[2]

Eine der originären Aufgaben der Bundesbank, d.h. durch Vertrag oder ESZB-Satzung zugewiesen,[3] ist die Teilnahme der Präsidenten an der Entscheidungsfindung im EZB-Rat.

Innerhalb des EZB-Rates gibt es nach Art. 10.2. ESZB-Satzung keine Gewichtung.[4] Die Mitglieder des ESZB-Rates sollen nicht als Vertreter ihres Landes agieren, sondern den gemeinschaftlichen Zielen verpflichtet sein und dementsprechend abstimmen.[5] Befürchtungen über ein anderes Verständnis wurden insbesondere aufgrund französischer Äußerungen genährt[6] Die Kritiker brachten vor, daß die Betrachtungsweise zu sehr „durch die Erfahrungsbrille der Deutschen Bundesbank" erfolgen würde, wenn sie unterstelle,

"...ein Befehlsempfänger, einmal als solcher erkannt, werde im Europäischen Zentralbankrat keinen Fuß auf den Boden bekommen, geschweige denn eine Mehrheit hinter sich bringen,

---

[1] Kloten (1995) S. 204.

[2] Die Bundesbank hatte eine Verpflichtung zur Bemühung des Rates um einen Konsens mit der Europäischen Zentralbank gefordert. Vgl. Viebig (1999).

[3] Goetze (1999).

[4] Schlesinger (1994, S. 8) vergleicht diese Situation mit der im Zentralbankrat, in dem „...immer nur die Argumente Gewicht (hatten), die Größe des Landeszentralbankbereichs, den ein Mitglied vertrat, mußte dem nicht entsprechen."

[5] Tietmeyer (1999) S. 2.

[6] So sprach beispielsweise Chirac von einem „Europa der Nationen", in dem es auch nationale Interessen zu verteidigen gälte. Siehe dazu Bonse (1998) S. 11.

außer einer protokollierten Chronik seiner Niederlagen, die er seiner Regierung schicken dürfe, werde er nichts zuwege bringen..."[1]

Hinter diesen Befürchtungen stand die Annahme, daß sich der Präsident der Bundesbank im EZB-Rat weniger stabilitätsorientierten Voten gegenübersehen würde, beruhend auf der starken Einflußnahme der jeweiligen Regierung.

Zu der Frage, ob die Bundesbank über ein besonderes Gewicht im EZB-Rat verfügen werde, wurden folgende Argumente geäußert:

- Die institutionelle Gestaltung des ESZB steht in der Tradition der Deutschen Bundesbank. Wenngleich hier auch nicht von einer Deckungsgleichheit des institutionellen Designs gesprochen werden kann, so besteht doch die Möglichkeit, daß der „Geist von Frankfurt" weiter bestehen bleibt.[2]
- Die Bundesbank wird aufgrund ihres Gewichts, das sie im EWS eingenommen hat, und auch wegen der Größe des Finanzplatzes Deutschland innerhalb des EZB-Rates vermutlich eine herausragende Rolle einnehmen.
- Die Erfahrung, die sie als „Hüterin der Währung" mit der Ankerrolle besitzt, hat sie den anderen nationalen Zentralbanken voraus, die entweder aufgrund ihres Abhängigkeitsverhältnisses zu den jeweiligen Regierungen oder externer Beschränkungen keine eigenständige Währungspolitik betreiben konnten. Daher wird erwartet, daß auch bei Gültigkeit des „one state one vote" - Grundsatzes das Votum der Bundesbank besonderes Gewicht erhält.[3] Innerhalb des EZB-Rates wird aber im Vergleich zur Bundesbank bei dem Verhältnis von Direktorium und Präsidenten nationaler Notenbanken eine Akzentverschiebung erwartet.[4] War das maßgebliche Element im deutschen Zentralbankrat der Präsident und konnten die acht Mitglieder des Direktoriums schon wegen der räumlichen Nähe homogener auftreten als die neun Präsidenten der Landeszentralbanken,[5] so ist das Kräfteverhältnis auf europäischer Ebene zunächst ein anderes: Hier stehen sechs Direktoriumsmitgliedern elf - und später fünfzehn - Präsidenten von nationalen Zentralbanken gegenüber. Die Aufgabe des EZB-Direktoriums wird damit dem Direktorium der Bank deutscher Länder in den ersten Jahren ähneln.[6]

---

[1] Möschel (1998) S. 221.
[2] Zum Vergleich des institutionellen Designs Tietmeyer (1999) S. 1.
[3] Tietmeyer in einem Interview in Aalund (1999) S. 17.
[4] Welteke (1998) S. 10.
[5] Zum faktischen Kräfteverhältnis von Direktorium und Landeszentralbankvertretern und dessen Wandel Marsh (1992) S. 97f.
[6] Welteke (1998) S. 10.

3.3.1.2. Die Veränderung der Instrumente

Die in der dritten Stufe der Währungsunion verwendeten Instrumente ähneln dem bisherigen deutschen Instrumentarium, sie sind aber nicht völlig identisch.[1]

Neu sind:

- die ausschließlich elektronische Teilnahme an Offenmarktgeschäften,
- die Einführung einer Einlagefazilität zur Bindung von Liquiditätsüberschüssen
- die Ablösung der bisherigen Eigentumsübertragung im Rahmen der Offenmarktgeschäfte durch eine Verpfändung der Wertpapiere und
- der Wegfall des Rediskontkredits.[2]

Insgesamt bedeuten die Veränderungen eine Verschlankung des Instrumentariums.[3] Die Bundesbank hat einen geringen Ermessensspielraum, um nationale Regelungen und Besonderheiten zu berücksichtigen. Die Kreditinstitute bekommen in Deutschland daher über die Landeszentralbanken Zugang zur Notenbank-Refinanzierung. Als Sicherheiten für die Refinanzierung können weiterhin Wechsel als sogenannte „Kategorie-2"-Papiere eingereicht werden.[4] Mit diesem Verzeichnis soll die Heterogenität der nationalen Finanz- und Bankensysteme berücksichtigt werden.[5] Es kann sich für die nationalen Zentralbanken zu einem bedeutenden ordnungspolitischen Instrument entwickeln.[6]

---

[1] Zu der genauen Umsetzung Deutsche Bundesbank (1998) S. 19ff.

[2] Nach Art. 20 ESZB-Satzung besteht die Möglichkeit, noch weitere Instrumente einzuführen. Der EZB-Rat kann mit einer Mehrheit von zwei Dritteln darüber entscheiden. In Deutschland wird für die Nutzung des Diskontkredits eingetreten, der - so die Verfechter dieses Instruments - den Vorteil besitzt, „... den Marktteilnehmern verläßliche Signale zu liefern und nicht nur kurzfristige, die sich gegenseitig verwischen." Zeitler (1996) S. 13ff, auch zitiert bei Goetze (1999) S. 121. Der Handelswechsel als Kreditsicherheit ist nicht abgeschafft worden. Vgl. Deutsche Bundesbank (1998) S. 21. § 19 Abs. 1 Nr. 1 u. 2 BBankG bestehen weiterhin, so daß es im Rahmen des Art. 20 ESZB-Satzung (sonstige geldpolitische Instrumente) zu einer Nutzung des Instruments nach Befürwortung von zwei Dritteln der abgegebenen Stimmen im EZB-Rat kommen kann. Zur Zeit ist eine solche jedoch nicht geplant. Die Konkurrenz zwischen der supranationalen und der nationalen Regelung bedeutet, daß die deutsche Bestimmung brach liegt. Vgl. Goetze (1999) S. 210.

[3] Welteke (1998) S. 10.

[4] Tietmeyer (1999) S. 2. Die nationalen Zentralbanken erstellen Kataloge von sogenannten Kategorie-2-Sicherheiten, die neben den Kategorie-1-Sicherheiten der EZB als zusätzliche Sicherheiten für die Kreditgeschäfte des ESZB dienen.

[5] Von deutscher Seite war darauf gedrungen worden, auch Papiere privater Emittenten als Sicherheiten zuzulassen. Goetze (1999) S. 109.

[6] Bei kleineren Banken ist tendenziell der Zugriff auf staatliche Schuldtitel geringer als bei den größeren Geschäftsbanken. Wenn private Titel nicht zur Teilnahme an der Refinanzierung des ESZB berechtigen, dann bedeutet dies eine Erhöhung der Refinanzierungskosten der kleinen Banken. Vgl. Goetze (1999) S. 110.

3.3.1.3. Die Verwaltung der Devisenreserven

Der Anteil der Bundesbank an den Währungsreserven der EZB beträgt 12 247 Mio Euro, wovon 15% in Gold und 85% in Devisen geleistet wurden.[1] Nach deutscher Präferenz hätte die Ausstattung noch umfangreicher ausfallen sollen.[2] Die bei der Deutschen Bundesbank verbleibenden Währungsreserven können ohne vorherige Genehmigung nach Art. 30.1. ESZB-Satzung nur für Geschäfte verwendet werden, die zur Erfüllung von Vorschriften gegenüber internationalen Organisationen dienen. In der deutschen Literatur wird davon ausgegangen, daß auch noch weitere Geschäfte genehmigungsfrei sind, wie beispielsweise Aktivitäten im Bereich der Entwicklungspolitik, die außerhalb des Tätigkeitsbereiches des ESZB liegen.[3]

3.3.1.4. Mikroökonomische Funktionen

Hier zeigte sich - bei Vernachlässigung des Problems der kausalen Beziehung zwischen der institutionellen Gestaltung und einem bestimmten wirtschaftspolitischen Ordnungswillen - ein Paradoxon:

„It is the German tradition which exhibits the greatest concerns about conflicts of interest, and the greatest desire for a separation of responsibilities; yet it is the German system, dominated by an oligopoly of enourmously powerful universal Banks, with relatively under-developed, competitive wholesale financial markets, in which such „conflicts" of interest will be the least bothersome."[4]

Die Bundesbank hat sich in der Vergangenheit weder klar über die LLR-Aufgabe noch über ihre Systemverantwortung ausgesprochen. Im Zusammenhang mit der Diskussion über das Systemrisiko durch Derivate läßt sich seit 1993 ein Kurswechsel in den offiziellen Stellungnahmen feststellen: Zunehmend wird auf die Bedeutung eines funktionsfähigen Finanzsystems und auch die Rolle der Zentralbanken in der Systemverantwortung hingewiesen, die jedoch sehr restriktiv interpretiert werden sollte.[5]

---

[1] Dadurch wurde die Bilanzposition „Forderungen aus der Übertragung von Währungsreserven an die EZB" geschaffen. Vgl. Deutsche Bundesbank (1999a) S. 209.

[2] Vgl. Viebig (1999) S. 483.

[3] Vgl. Goetze (1999) S. 125.

[4] Goodhart/Schoenmaker (1993) S. 12.

[5] Prigge (1997, S. 258) sieht in der Erwähnung der Bundesbank als „verantwortlich für die Sicherung der Stabilität des Finanzsystems" im EWI - Bericht von 1994 eine indirekte Anerkennung dieser Rolle, da diese Beschreibung sicher nicht gegen den Willen der Bundesbank erfolgt wäre.

„In einem Punkt ist die Bundesbank jedoch eindeutig: Es ist zuallererst Aufgabe der Marktteilnehmer, dafür zu sorgen, daß sie die übernommenen Risiken tragen können. Erfordert die Stabilität des Finanzsystems ein staatliches Eingreifen, sind indirekte Formen direkten Gebots- oder Verbotsnormen vorzuziehen."[1]

Während der Maastrichter Vertrag hinsichtlich der makroökonomischen Funktionen weitgehende Klarheit geschaffen hat, blieb er dahinter auf der mikroökonomischen Ebene sowohl bei vertikaler (Verhältnis zwischen EZB und den nationalen Zentralbanken) als auch in der horizontalen Betrachtung (Übernahme mikroökonomischer Funktionen durch EZB oder nationale Zentralbanken) zurück. Daß die LLR-Funktion im Maastrichter Vertrag nicht ausdrücklich benannt wird, wird auch auf die Einflußnahme der Bundesbank zurückgeführt.[2] Nach Art. 3.1 der Satzung des ESZB hat dieses die Aufgabe, *„das reibungslose Funktionieren der Zahlungssysteme zu fördern."* Daraus wird in der deutschen Literatur kein explizites Mandat für die Funktion eines Lender of last resort (LLR) abgeleitet, jedoch werden die Voraussetzungen für die Übernahme einer solchen Rolle als gegeben betrachtet.[3] In der Literatur wird die Frage gestellt, ob die EZB es den nationalen Zentralbanken erlaubt, eine aktive Rolle als LLR zu übernehmen oder ob sich die EZB auf eine minimale Funktionserfüllung als LLR zurückzieht und *"damit das Risiko von Bankkrisen mit Systemeinfluß (erhöht, S.T.) und folglich die Entwicklung von Euro-Märkten (behindert, S.T.)."*[4]

Eine dezentrale Inanspruchnahme der nationalen Zentralbanken bei der Durchführung der Geldpolitik scheint auf eine ebenfalls dezentrale Aufgabenerfüllung im Fall eines Bedarfs an LLR-Aktivitäten hinzudeuten. In diesem Fall stellt sich allerdings neben der Übernahme der Kosten - die durch Art. 32.4 der ESZB-Satzung nicht endgültig geregelt ist - das Problem der zunehmenden Vernetzung europäischer Geschäftsbanken, die eine Identifizierung nach einem „Heimatland" immer schwieriger macht.

Art. 32.4 besagt, daß *„... der EZB-Rat beschließen kann, daß die nationalen Zentralbanken für die Kosten ... unter außergewöhnlichen Umständen für spezifische Verluste aus für das ESZB unternommenen währungspolitischen Operationen entschädigt werden."*[5] Nach Art. 18 ESZB-Satzung können die EZB und die nationalen Zentralbanken Offenmarkt- und Kre-

---

[1] Prigge (1997) S. 258.

[2] Dazu Hoffman und Keating über die Beratungen: „One major difference between the Governors' blue - print and that of the Bundesbank is the extent to which the ESCB should be a „Lender of last resort" in times of financial crisis. The Bundesbank draft implicitly rejects such a role. The German representatives at the Governors drafting meetings apparently maintained that it could raise moral hazard and the potential for inflation." Zitiert aus Prigge (1997) S. 296.

[3] Schnelting (1998) S. 69, Prigge (1997) S. 296.

[4] Schnelting (1998) S. 70.

[5] Vgl. dazu Schnelting (1998) S. 72.

ditgeschäfte tätigen, wobei die EZB die Grundsätze formuliert. Nicht festgelegt ist allerdings, ob es sich bei diesen um Geschäfte im Rahmen der Ausübung einer LLR-Funktion handelt. [1] Da die nationalen Zentralbanken entweder direkt oder indirekt wie die Bundesbank an der Bankenaufsicht beteiligt sind, ist hier zumindest eine Kooperation mit der EZB im Sinne einer effizienten Ressourcennutzung ratsam.

„Erfahrungen und Vertrautheit mit Finanzmärkten und -institutionen sowie Informationen über die Marktbedingungen und über individuelle Banken-Liquidität bzw. -Solvenz wird Fehler im Original, S.T.)daher naturgemäß bei den nationalen Zentralbanken lokalisiert sein und nicht bei der EZB."[2]

Die enge Beziehung zwischen der Funktion eines Lender of last resort und der Funktion der Bankenaufsicht wird darüber hinaus für die Vorstellung zum Anlaß genommen, auch die Funktion des LLR dem Prinzip der Heimatlandkontrolle (Zuständigkeit bei den Behörden des Mitgliedslandes, bei dem die Geschäftsbank ihren Hauptsitz hat)[3] zu unterwerfen. Mögliche Richtlinien für eine mikroökonomische Funktionserfüllung könnten sich auf den Katalog der zu verwendenden Sicherheiten, die Festlegung eines Heimatlandprinzips bei der Maßnahmendurchführung und der Kostenübernahme im Notfall beziehen.[4] Dennoch wird in der Literatur auch eine Beteiligung der EZB an der LLR-Funktion für notwendig gehalten. Schnelting (1998) stellt dazu fest, daß

„... Liquiditätsunterstützung für einzelne Banken mit Liquiditätsproblemen auch weiterhin und auf Initiative und auf Kosten der nationalen Zentralbanken durchgeführt werden kann. Da diese Liquiditätsprobleme allerdings die gesamten Europa-Märkte beeinflussen werden, werden Interventionen der EZB notwendig werden, um den Druck auf den Geldmarkt weg zu nehmen."[5]

Hinsichtlich der Überwachung des Kreditwesens übernimmt die Bundesbank auch in der dritten Stufe eine wichtige Rolle.[6] Die Erfahrung und die Verbindungen im Bankensystem sprechen über die vertragliche Gestaltung von Maastricht hinaus auch mittelfristig für ein Verbleiben auf nationaler Ebene. Davon zu trennen sind die Regelungen, die über den

---

[1] Eine solche Vorgehensweise könnte im Sinne der „konstruktiven Ambiguität" gewählt worden sein, die auch die Politik der Bundesbank bestimmt. Vgl. Schnelting (1998) S. 71.

[2] Schnelting (1998) S. 71.

[3] Schnelting (1998) S. 69.

[4] Schnelting (1998) S. 69.

[5] Schnelting (1998) S. 73.

[6] Mit der Schaffung eines eigenen Bundesaufsichtsamtes für den Wertpapierhandel hat das Zweite Finanzmarktförderungsgesetz auch im Bereich der Börsenaufsicht eine Rechtsaufsicht um eine Marktaufsicht erweitert. Schmidt-Bleibtreu/Klein (1999) S. 1361.

europäischen Rahmen hinaus auf internationaler Ebene getroffen werden.

Durch eine Kombination von zentraler LLR-Funktion und dezentraler Bankenaufsicht könnten Risiken aufgrund der asymmetrischen Informationsverteilung zwischen EZB und den nationalen Zentralbanken entstehen, die sich in einem „free rider"-Verhalten der nationalen Zentralbanken und in politischem Druck der nationalen Regierungen, der durch die Aufsichtsbehörden[1] ausgeübt wird, äußern könnten.

Prigge (1997) weist darauf hin, daß die Orientierung der Regelungen der EZB hinsichtlich der LLR-Funktion an der Bundesbank ohne das Vehikel der Liko - Bank zu einer Sicherungslücke führen könnte, denn nur mit dem Instrumentarium der gewöhnlichen Geldpolitik versehen wäre keine Vorsorge für den LLR - Fall getroffen. Eine Lösung bestünde darin, das ESZB mit ähnlichen Befugnissen wie das Federal Reserve System[2] zu versehen. Er schlägt vor, die Maßnahmen des Notfalls vorab zu institutionalisieren, um so zum Aufbau von Vertrauen beizutragen.[3] Damit wäre eine Abkehr von dem Prinzip der „konstruktiven Ambiguität", das bisher in Deutschland verfolgt wurde, verbunden.

3.3.1.5. Sonstige Aufgaben

Die Bundesbank ist auch weiterhin mit den Aufgaben der Durchführung der Refinanzierung, des Zahlungsverkehrs,[4] der Bargeldversorgung und der Verwaltung der Währungsreserven befaßt.[5] Sie ist dazu ermächtigt, als Fiskalagent tätig zu sein und nimmt internationale und weitere europäische Aufgaben war, wie beispielsweise im Rahmen der IWF-Mitgliedschaft.[6] Viebig (1999) weist darauf hin, daß der Zusatz des Art. 109 Absatz 5 EGV, der den Mitgliedsstaaten das Recht einräumt, unbeschadet der Gemeinschaftszugehörig-

---

[1] Schnelting (1998) S. 73.

[2] Das Federal Reserve System hat seine LLR-Aufgabe immer anerkannt, weist doch auch die Präambel der Federal Reserve Act von 1913 in diese Richtung. Bei konkreten Notfallsituationen verfolgte das FRS in der Regel das klassische Konzept, nur bei solventen Wirtschaftssubjekten und nur bei Systemgefahr einzuschreiten (Bagehot principle), wich aber in einzelnen Punkten auch davon ab. Durch das sogenannte „discount window" ist das FRS uneingeschränkt LLR - fähig, denn damit kann es jedem Wirtschaftssubjekt und unter Berücksichtigung von Sicherheiten, die es nach eigenem Ermessen akzeptiert, Mittel bereitstellen. Dazu Prigge (1997) S. 254.

[3] Konkret fordert er eine Trennung der gewöhnlichen Geldpolitik von der Notfallpolitik, die Zuständigkeit des ESZB-Rates für die Feststellung einer Krise und deren Begründung, die laufend überprüft werden sollte und eine strikte Handhabung des Solvenzprinzips. Vgl. Prigge (1997) S. 298, ähnlich auch Schnelting (1998) S. 70.

[4] Das neue Echtzeit - Bruttoverfahren TARGET (Trans-European Automated Settlement Express Transfer) steht seit dem 4.1.1999 zur Verfügung. Durch das Echtzeit-Bruttoverfahren Elektronischer Schalter (ELS) ist die Bundesbank mit dem TARGET-System verbunden.

[5] Zentralbankrat der Deutschen Bundesbank (1999) S. 2.

[6] Siehe dazu Zentralbankrat der Deutschen Bundesbank (1999) S. 5.

keit und den Gemeinschaftsvereinbarungen auf internationaler Ebene Verhandlungen zu führen und Vereinbarungen zu treffen, zu einer Form von „Neben - Währungspolitik" führen könnte.[1]

Nach § 13 BBankG hat die Bundesbank die Verpflichtung, die Bundesregierung in Angelegenheiten wesentlicher währungspolitischer Bedeutung zu beraten und ihr Auskunft zu geben. Diese Regelung besteht auch weiterhin.[2]

Die Emission der Noten stützt sich auf die bereits bestehende Infrastruktur, das Zweigstellennetz der Bundesbank, das in der Vergangenheit jedoch eine erhebliche Verschlankung erfahren hat. Die dezentrale Produktion[3] erfolgt in Deutschland sowohl durch eine staatliche (Bundesdruckerei) als auch durch eine private Druckerei (Giesecke & Devrient in München).

Eine in Deutschland bisher noch wenig umrissene Aufgabe wird der Bundesbank im Bereich der Finanzplatzförderung zukommen, die bisher „schon beim Verdacht des Konflikts mit den geldpolitischen Erfordernissen" hinter die Aufgabe der Hüterin der Währung hatte zurücktreten müssen.[4] Zudem bleiben die Aufgaben der Statistik und der Außenwirtschaft im Rahmen der Regelungen des Maastrichter Vertrages bestehen.[5]

3.3.1.6. Kapitalschlüssel und Gewinnverteilung

Den Prolog zu der europäischen Auseinandersetzung über die Gewinnverteilung der EZB bildete die sogenannte „Operation Rhinegold":[6] Bundesfinanzminister Theo Waigel schlug vor, im Frühjahr 1997 die Gold- und Devisenreserven höher als zu dem bisher verwendeten Niederstwert[7] anzusetzen und den Bewertungsgewinn teilweise zur Tilgung von

---

[1] Vgl. Viebig (1999) S. 415.

[2] Die Vorgehensweise, die der Bundesbank den aktiven Part zuwies, ist mit Art. 109b Absatz 3 EGV auf supranationaler Ebene genau umgekehrt worden. Siehe dazu auch Zentralbankrat der Deutschen Bundesbank (1999) S. 4.

[3] Siehe zu den Gründen für eine solche Lösung Schnelting (1998) S. 67.

[4] Welteke (1998) S. 11.

[5] Tietmeyer (1999) S. 2.

[6] Dieser Name wurde dem Vorhaben von der Times gegeben. Vgl. Caesar (1998) S. 80.

[7] Rechtsgrundlage ist der § 26 BBankG i.d.F. vom 22. 10. 1992, nach dem für die Wertansätze die Vorschriften des Handelsgesetzbuchs für Kapitalgesellschaften anzuwenden sind. § 280 Abs. 1 des Handelsgesetzbuches braucht nicht angewendet zu werden. Die Bundesbank ist vom Wertaufholungsgebot für Kapitalgesellschaften ausgenommen. Das Direktorium stellt den Jahresabschluß (Bilanz, Gewinn- und Verlustrechnung) auf, der durch einen oder mehrere vom Zentralbankrat bestellte Wirtschaftsprüfer zu prüfen ist. Festgestellt wird der Jahresabschluß durch den Zentralbankrat und geprüft durch den Bundesrechnungshof geprüft, um dann dem Bundesministerium für Finanzen mit den Feststellungen des Bundesrechnungshofes mitgeteilt zu werden.

Schulden des Erblastentilgungsfonds zu überweisen.[1] Eine Bewertung zu Marktpreisen, wie sie auch im Rahmen der EZB bzw. des ESZB in der Eröffnungsbilanz der Deutschen Bundesbank zum 1. Januar 1999 verwendet wird, hätte zum damaligen Zeitpunkt einen Bewertungsgewinn von ca. 50 Mrd. D-Mark generiert.[2]

Finanzpolitisch hätte die Maßnahme zu einem indirekten Entlastungseffekt geführt, der auf der anderen Seite aber den Zwang zu einer Konsolidierung der Finanzpolitik gelockert hätte.[3] Damit wäre mit einer in Deutschland langjährige Tradition hinsichtlich des Verbots der Finanzierung des Staates durch Geldschöpfung gebrochen worden. Dazu urteilte die Bundesbank:

„Die im Konzept des Bundesfinanzministeriums bisher vorgesehene detaillierte Sonderregelung für die Jahre 1997 und 1998 kann als Eingriff in die eigenverantwortliche Aufstellung und Feststellung der Bilanz und insoweit in die Unabhängigkeit der Bundesbank angesehen werden."[4]

Geldpolitisch wurde die Ausschüttung der stillen Reserven als beherrschbar beurteilt. Eine gesetzliche Vorschrift der Neubewertung wurde jedoch von der Bundesbank als ein Eingriff in die Geldpolitik und ihre Tradition gewertet und wäre auch mit den Vorgaben des Maastrichter Vertrages nicht vereinbar gewesen.[5]

In einer außenwirtschaftlichen Betrachtungsweise hätten alle Bemühungen um eine solide

---

[1] Außerdem wurde eine Neuordnung der Kapitalausstattung und Rücklagen angestrebt. Vgl. Deutsche Bundesbank (1997c) S. 5.

[2] Die Goldposition der Deutschen Bundesbank von 95 Mio Unzen Feingold wurde zu Anschaffungsdurchschnittskosten von 144 DM je Unze Feingold bewertet. Sie beinhaltete jedoch nur 80% des gesamten Goldbestandes, da 20% seit der Errichtung des Europäischen Währungssystems im Jahr 1979 in Form von Drei – Monats - Swapgeschäften auf den Europäischen Fonds für währungspolitische Zusammenarbeit (EFWZ) übertragen worden waren. Vgl. Deutsche Bundesbank (1999a) S. 177. Die Aufgaben des EFWZ und auch die Verantwortung für die Währungsreserven wurden am 1.1.1994 vom Europäischen Währungsinstitut übernommen. Die Guthaben bei ausländischen Banken und die Geldmarktanlagen im Ausland beliefen sich am 31. Dezember 1996 (ohne die auf das EWI vorläufig übertragenen Dollarreserven) auf 72 333 Mio DM. Sie wurden zu einem Bilanzkurs von 1,3620 DM je Dollar bewertet. Der Bilanzkurs basierte auf dem historisch niedrigsten Tageswert im Jahr 1995, d.h. auf dem Kurs vom 19. April 1995. Vgl. Deutsche Bundesbank (1998a) S. 185. Am 31. Dezember 1996 betrug der Kurs des US-Dollar 1,5548 DM, so daß sich durch die Bewertung mit dem höheren Kurs ein Differenzwert von ca. 10 Mrd. DM ergeben hätte. Der Marktpreis für die Feinunze Gold von Ende 1996 lag bei 370 US-Dollar. Vgl. Viebig (1999) S. 474. Für die Eröffnungsbilanz 1999 der Deutschen Bundesbank erfolgte eine Bewertung des Goldes zum Marktpreis zum 1.1.1999 (1ozf=246,368 Euro). Ein Bilanzkurs von 1,16675 US-Dollar = 1 Euro wurde in der Eröffnungsbilanz zugrundegelegt. Der Unterschiedsbetrag wird auf einem gesonderten Neubewertungskonto „Ausgleichsposten aus Neubewertung" mit 25 322 Mio Euro erfaßt. Zur Auflösung der Bewertungsgewinne Deutsche Bundesbank (1999a) S. 202f.

[3] Caesar (1998) S. 80.

[4] Deutsche Bundesbank (1997c) S. 2.

[5] Deutsche Bundesbank (1997c) S. 2, dazu auch kritisch Caesar (1998).

Finanzpolitik - so auch der Stabilitäts- und Wachstumspakt – nach diesem Vorzeichen Schaden erlitten. Frankreich und Italien nutzten die Gelegenheit, sich für die impliziten oder expliziten Vorwürfe der „kreativen Buchführung" bei dem „Musterschüler Deutschland" zu revanchieren.[1] Der Vorschlag Waigels stieß auch in der deutschen Öffentlichkeit auf starke Kritik.[2] Der Zentralbankrat lehnte am 28. Mai 1997 das Vorhaben einstimmig ab und stellte klar, daß auch die Rechnungslegung eine Dimension des Handlungsspielraums der Notenbank ist. Die Entscheidung über den an den Bund abzuführenden Betrag für das Geschäftsjahr 1997 fiel jedoch relativ großzügig aus, was aus einer Höherbewertung der Devisenreserven resultierte. Danach wurde ein Betrag von 24,2 Mrd. DM an den Bund abgeführt, der ein Mehrfaches des Vorjahresbetrags darstellte.[3] Damit wurde die letzte Gewinnausschüttung, die noch in deutscher Eigenregie entschieden werden konnte, dazu genutzt, zur Konsolidierung des Bundeshaushalts beizutragen.[4] Diese Entscheidung fiel unter dem Eindruck der europäischen Debatten über die Gewinnverteilung der Europäischen Zentralbank. Die drei wichtigsten Ertragsposten der Deutschen Bundesbank werden in Zukunft aus dem Zinsertrag für die bei der Bundesbank verbleibenden Währungsreserven, der Ausschüttung des anteiligen Gewinns der EZB und den anteilig an die Bundesbank auszuschüttenden monetären Einkünften aller nationalen Zentralbanken bestehen.

Der Nettogewinn wird nach Art. 33.1. ESZB-Satzung wie folgt verteilt:

Der EZB-Rat wird darüber entscheiden, welcher Betrag - der 20% des Nettogewinns nicht überschreiten darf - einem allgemeinen Reservefonds bis zu einer Obergrenze von 100% des Kapitals zugeführt wird. Der verbleibende Nettogewinn wird an die Anteilseigner nach dem Kapitalschlüssel ausgeschüttet.[5]

Die „monetären Einkünfte der nationalen Zentralbanken" entsprechen den Beträgen, die jede nationale Zentralbank als jährliche Einkunft aus *„Vermögenswerten, die sie als Gegenposten zum Bargeldumlauf und zu ihren Verbindlichkeiten aus Einlagen der Kreditinstitute hält."*[6]

Sie entstehen im Rahmen der durch die nationalen Zentralbanken durchgeführten geldpolitischen Maßnahmen für die EZB und werden nach dem Kapitalschlüssel auf die natio-

---

[1] Vgl. dazu Viebig (1999) S. 475.

[2] Siehe dazu beispielsweise Wiebe (1997).

[3] Von der Gewinnausschüttung der Bundesbank wurde ein Betrag von 7 Mrd. DM an den Bundeshaushalt abgeführt, alle über diesen Betrag hinausgehenden Einnahmen wurden dem Erblastentilgungsfonds zur Zahlung seiner Zins- und Tilgungsverpflichtungen zugeführt. Vgl. Bundesministerium der Finanzen (1998) S. 4.

[4] Vgl. Hiller (1998) S. 4.

[5] Art. 33.1. ESZB-Satzung.

[6] Art. 32.2. ESZB-Satzung.

nalen Zentralbanken verteilt.[1] Der deutsche Kapitalanteil wurde auf 24,4096 % festgelegt.[2]

In Deutschland wurden aufgrund des Verfahrens der Ermittlung der Kapitalanteile erhebliche Mindereinnahmen befürchtet.[3] Sinn/Feist (1997) haben in einer vielbeachteten Studie geschätzt, wie hoch die Gewinne und Verluste durch die Vergemeinschaftung der Geldpolitik und der Geldschöpfungsgewinne bei unterschiedlichen Beitrittsszenarien sein würden, und sind zu dem Ergebnis gekommen, daß sich die Verluste durch die Vergemeinschaftung für Deutschland auf rund 47 Mrd. Euro belaufen würden. Italien würde danach einen Gewinn von 9,6 Mrd. Euro und Frankreich von 25,6 Mrd. Euro verzeichnen.[4] Der Gewinnverteilungsmechanismus erweist sich danach für die Bundesbank als ungünstig. Die Maßzahlen Bruttoinlandsprodukt und Bevölkerungszahl führen in Deutschland zu einem relativ niedrigeren Anteil am Gewinn als bei einer Berücksichtigung des Anteils des deutschen Banknotenumlaufs am Gesamtnotenumlauf.[5] Grundlage der Schätzungen über die Seigniorage-Einbußen war die Geldbasis in den einzelnen Ländern.[6] Sinn/Feist verglichen den relativen Anteil der Mitgliedsstaaten an den Vermögensquellen der Europäischen Zentralbank mit dem prozentualen Anteil der nationalen Zentralbanken an den Vermögensquellen der europäischen Zentralbanken vor der dritten Stufe der Wirtschafts- und Währungsunion.[7] Sie interpretierten die Veränderung der Anteile an den Vermögensquellen des Geldschöpfungsgewinns durch die Vergemeinschaftung der Geldpolitik als Vermögensgewinn oder -verlust.[8]

In ihren Untersuchungen haben sie eine Harmonisierung der Mindestreserveanforderungen berücksichtigt und sind zu dem Schluß gekommen, daß der Verlust Deutschlands bei einer Mindestreserve von 2% und zwölf Mitgliedern - Griechenland, Schweden und Großbritannien ausschließend - 27 Mrd. Euro und einen Pro-Kopf-Verlust von 337 Euro entsprechen würde. Demgegenüber könnte Frankreich mit einem Gewinn von 23,9 Mrd Euro oder 412 Euro pro Kopf rechnen. Auch Italien könnte über einen Gewinn in Höhe

[1] Nach Art. 32.3. ESZB-Satzung kann der EZB-Rat mit qualifizierter Mehrheit beschließen, daß die monetären Einkünfte für maximal fünf Jahre nach einem anderen als dem in Art. 32.2. ESZB-Satzung beschriebenen Verfahren bemessen werden.

[2] ECB (1998) S. 3. Am 1. Dezember wurde dieser Anteil auf 24,4935% erhöht. ECB (1999) S. 1.

[3] Vgl. Poser S. 129, Welteke (1997) S. 53ff; o.V. (1997c) S. 79; Maennig/Hunger (1996) S. 227ff.

[4] Diese Schätzungen basieren auf der Annahme, daß es nicht zu einer Harmonisierung der Mindestreserven und zu einer Teilnahme von 15 Mitgliedern kommt. Vgl. Sinn/Feist (1997) S. 13.

[5] Dazu Goetze (1999) S. 163, Viebig (1999) S. 486, Sinn/Feist (1997).

[6] Vgl. zu den unterschiedlichen Seigniorage-Konzepten Lange (1995).

[7] Vgl. Viebig (1999) S. 489. Dazu Sinn/Feist (1997, S. 4): „It is a matter of taste whether the redistribution effected through the euro is calculated in terms of this interest income (which is generated by its assets, S.T.) or in terms of the assets generating it." Sinn/Feist nutzen eine Bestandsrechnung, um Verfahrensprobleme zu umgehen, die aus Zinsdifferentialen, Portfoliostrukturen und unterschiedlichen Diskontierungsverfahren entstehen könnten.

[8] Vgl. Viebig (1999) S. 489.

von 9,2 Mrd. Euro oder 160 Euro pro Kopf verfügen.[1]

Der den Untersuchungen von Sinn/Feist zugrundeliegende Seigniorage-Begriff stimmt nicht mit den in der Literatur überwiegend genutzten Konzepten überein. Zu anderen Ergebnissen kommen Lange/Nolte (1998), die ihren Untersuchungen die Konzepte der monetären und der Opportunitätskosten-Seigniorage zugrunde legen. Die bei Sinn/Feist verwendete Geldbasis geht in ihre Analyse als Steuerbasis mit ein:

„Will man jedoch jedoch für ein Land das Steueraufkommen aus Geldschöpfung vor der Währungsunion ermitteln und es dem nach der Währungsunion gegenüberstellen, so genügt es nicht, allein die Steuerbasen heranzuziehen. Vielmehr ist das Produkt aus dementsprechenden Steuerbasen und den erhobenen Steuersätzen zu vergleichen."[2]

Bei Berücksichtigung verschiedener Szenarien[3] hinsichtlich der Preisniveauentwicklung (Stabilitäts-, Inflationsgemeinschaft oder „Normalfall" mit 2%, 7% oder 4% Preisniveausteigerung), einem Opportunitätszins von 4%, einer Wachstumsrate des realen Bruttoinlandsprodukts von 1,5%, 2,5% und 3,5% und einem angenommenen Mindestreservesatz von 2% kommen sie für Deutschland zu Änderungen der Opportunitätskosten-Seigniorage zwischen einem Verlust von 0,35% bei einer Stabilitätsgemeinschaft und einem Zugewinn von 0,27% bei der monetären Seigniorage und einer Inflationsgemeinschaft. Bezogen beispielsweise auf das BIP von 1996 ergeben sich jährliche Einbußen bei der Opportunitätskosten-Seigniorage von 13 Mrd. DM für Deutschland.[4] Für Frankreich sind demgegenüber Gewinne zwischen 0,02% und 0,76% zu erwarten, wobei die Opportunitätskostenseigniorage regelmäßig höher ausfällt.

In Italien hingegen sind bei Verwendung des Opportunitätskostenkonzeptes Verluste von 0,93% bis 1,26% des realen BIP auszumachen.

Diese Ergebnisse können jedoch nur als Anhaltspunkte dienen, da eine Reihe von Faktoren, die die tatsächlichen Verluste und Gewinne bestimmen werden, unberücksichtigt bleiben mußten. Dazu zählen neben den oben erwähnten grundlegenden Annahmen die Anzahl der Mitgliedsländer, die tatsächlich an der dritten Stufe der Wirtschafts- und Währungsunion teilnehmen, die Wirkungen der Angleichung der geldpolitischen Instrumente und der Rechnungslegung auf die Zentralbankgeldmenge, die exakte Bestimmung der zu-

[1] Vgl. Sinn/Feist (1997) S. 21.
[2] Lange/Nolte (1998) S. 514.
[3] Sie vernachlässigen dynamische Prozesse und gehen von einer Mitgliederzahl von 15 aus. Lange/Nolte (1998) S. 504.
[4] Lange/Nolte (1998) S. 515.

künftigen Nettogewinne der EZB und der monetären Einkünfte der nationalen Zentralbanken.[1] Deutlich wurde jedoch, daß sich einige Länder klar als Nutznießer der gefundenen Regelung und andere Länder als Verlierer herauskristallisieren werden.

Der Effekt der Vergemeinschaftung der Geldschöpfungsgewinne ist von dem Effekt auf den ausgeschütteten Bundesbankgewinn zu unterscheiden.[2] Die Veränderungen werden in einer noch nicht quantifizierbaren Weise auf den Bundesbankgewinn wirken.[3] Der Maastrichter Vertrag und die ESZB-Satzung legen nicht fest, wie die den nationalen Zentralbanken zugehenden Gewinne verwendet werden sollen, so daß die bisherigen Regelungen bestehen bleiben. Das bedeutet für die Bundesbank, daß diese nach § 27 BBankG den gesetzlichen und sonstigen Rücklagen zu- und an den Bund abzuführen sind.

3.3.2. Die Rolle der Landeszentralbanken

Die Aufgaben der Landeszentralbanken wurden durch die Novelle des Bundesbankgesetzes zunächst nicht berührt. Ihre Durchführung kann nach dem Maastrichter Vertrag weiterhin den traditionellen Gepflogenheiten entsprechend erfolgen, soweit dies nicht mit den Regelungen des ESZB kollidiert. Hier ist jedoch zu fragen, inwieweit die dritte Stufe für eine Veränderung der Funktion der Landeszentralbanken sorgt.[4]

Der Zentralbankrat verliert mit der dritten Stufe seine eigentliche Hauptaufgabe, die Gestaltung der Währungs- und Kreditpolitik, die nun in der Hand des Rates der EZB liegt. Da die EZB nach Art. 107 EGV grundsätzlich weisungsunabhängig ist, ist auch eine vorherige Absprache des Abstimmungsverhaltens für den EZB-Rat im Zentralbankrat nicht zulässig.[5] Daher hat der Zentralbankrat neben der Bestimmung der Geschäftspolitik der Bundesbank nunmehr nur noch die Möglichkeit, die Geld- und Währungspolitik zu „erörtern".[6] Da auch die Aufgaben, die der Zentralbankrat im Rahmen der Artt. 14.4 und 24

---

[1] Vgl. Viebig (1999) S. 490f.

[2] Siehe dazu Viebig (1999) S. 494f.

[3] Vgl. Viebig (1999) S. 493.

[4] Bereits früher ist es zu Forderungen nach Veränderungen der Bundesbankstrukturen gekommen. So hat beispielsweise Helmut Schmidt, dessen durch den Koalitionsstreit verursachter Rücktritt mit der Politik der Bundesbank in Verbindung gebracht wird, 1991 geurteilt: „Manche Leute in der Bundesbank maßen sich Rechte an, die nur dem Verfassungsgericht in Karlsruhe zukommen. Sie haben die lächerliche Angewohnheit abzustimmen, statt den Vorgaben des Präsidenten zu folgen. Die Föderalisierung der Bundesbankstrukturen war in den fünfziger Jahren, als diese Institution gegründet wurde, politisch sinnvoll, um der Angst vor zu großer Zentralisierung zu begegnen. Doch heute sollte man dies ändern." Marsh (1992) S. 103.

[5] Anders Zeitler (1995) S. 1609ff, der dafür eintritt, daß sich die Weisungsunabhängigkeit nur auf das Außenverhältnis des ESZB beziehe.

[6] § 6 Abs. 1 Satz 1 BBankG i.d.F. v. 22.12.1997.

ESZB-Satzung wahrnimmt, vorbehaltlich der Zuständigkeit der Landeszentralbanken und des Direktoriums bestehen, ist hier von einer Verengung des Aufgabenbereichs zu sprechen, was in der Literatur schon zu Bezeichnung „Funktionslosigkeit" und der Forderung nach Abschaffung dieses Gremiums geführt hat.[1] Dem ist entgegenzusetzen, daß mit der Möglichkeit zur Erörterung der Politik der EZB auch dem kollegialen Charakter der Leitungsspitze der Bundesbank Rechnung getragen wird.[2] Die veränderten Funktionen des Zentralbankrats wirken sich auf die Stellung der Landeszentralbanken aus, denn solange die Landeszentralbankpräsidenten noch geldpolitisch mitverantwortlich waren, wurde aus der Bedeutung ihrer persönlichen Unabhängigkeit für die geldpolitische Willensbildung die Eigenständigkeit der Landeszentralbanken in Bereichen der Personal- und Verwaltungsangelegenheiten abgeleitet.

Die sieben Direktoriumsmitglieder und neun Landeszentralbankpräsidenten der Deutschen Bundesbank werden künftig keine geldpolitischen Entscheidungen mehr treffen. Ihnen bleibt, die europäische Geldpolitik mit dem Präsidenten der Bundesbank zu diskutieren.[3][4] Eine interne Umstrukturierung der Deutschen Bundesbank steht bevor. Ein Zeichen in diese Richtung war die Reduzierung der Zweigstellen.[5] Auch das 4. Bundesbankänderungsgesetz wies darauf hin, da es sich von der bisherigen Regelung des § 8 Abs. 1 BBankG i.d.F. vom 20.2.1991 abwandte, daß in jedem Bundesland eine Hauptverwaltung unterhalten werden muß.[6] Hinsichtlich der Beschäftigtenzahl bei der Bundesbank ist bereits angesichts der technischen Entwicklungen und strukturellen Verschiebungen im heimischen Bankensektor die Frage nach einer Neudimensionierung zu stellen.[7] Der Zentralbankrat der Deutschen Bundesbank hat am 12. Juli 1999 eine Pressemitteilung mit „Überlegungen und Vorschlägen zur künftigen Organisationsstruktur der Deutschen Bundesbank" veröffentlicht, in der er zwei Optionen für eine zukünftige Organisationsstruktur mit folgender Begründung vorgestellt hat:[8]

„Die derzeitige Entscheidungs- und Organisationsstruktur der Bundesbank entspricht in wichtigen Punkten nicht mehr dem durch die Währungsunion vorgegebenen Handlungsrahmen und

---

[1] Vgl. Goetze (1999) S. 202.

[2] Goetze (1999, S. 202) führt dagegen an, daß dem Zentralbankrat in der dritten Stufe noch eine Reihe von Kompetenzen verbleiben und er dazu dienen könnte, die europäische Zentralbankpolitik bei den Landesregierungen zu erörtern.

[3] Welteke (1998) S. 9.

[4] Welteke (1998) S. 9.

[5] Schnelting (1998) S. 98.

[6] Deutsche Bundesbank (1992) S. 48.

[7] Welteke (1998) S. 9, ähnlich auch Herr Körber von der Deutschen Bundesbank in einem Gespräch am 2.4.1998.

[8] Zentralbankrat der Deutschen Bundesbank (1999).

den ihr dadurch gestellten Aufgaben. Zielsetzung der Reform muß es deshalb sein, die Bundesbank so zu reorganisieren, daß sie ihre derzeitigen und künftigen Aufgaben wirksam und kostengünstig erfüllen kann."[1]

Grundprinzipen dieser Erwägungen - deren Realisierung nicht vor 2003 geplant ist - sind die Beachtung der Dezentralität der Struktur,[2] eine Zusammenführung der bisherigen dreigeteilten Leitungsorgane (Zentralbankrat, Direktorium, Vorstände der Landeszentralbanken) zu einem neuen Leitungsgremium, die Reduzierung der Zahl der Organmitglieder, die Aufhebung der Vorbehaltszuständigkeiten aus den §§ 7 und 8 BBankG[3] und die Wahrung des Kollegialprinzips.[4]

Die Optionen beziehen sich sowohl auf die Leitungsstruktur der Bundesbank als auch auf die übrige Organisation:

1) Option 1 weist ein einziges Leitungsorgan auf, den „Vorstand" aus acht Mitgliedern von denen neben Präsidenten und Vizepräsidenten noch zwei weitere Mitglieder auf Vorschlag der Bundesregierung und vier Mitglieder auf Vorschlag des Bundesrats bestellt werden sollen. Regional soll die Bundesbank durch neun Hauptverwaltungen vertreten werden, denen Regionaldirektoren vorstehen sollen.[5] Eine zusätzliche interne Neuverteilung von Aufgaben und Funktionen könnte zu einer weiteren Verschlankung und Effizienzsteigerung beitragen. Zusätzlich könnte ein Verwaltungsrat als externes Gremium errichtet werden.[6]

2) Option 2 sieht eine Zusammenlegung der bisher dreigeteilten Leitungsorgane zu einem neuen Zentralbankrat vor, der nicht mehr als 13 Mitglieder haben sollte, von denen die sieben LZB-Präsidenten auf Vorschlag des Bundesrats und die restlichen fünf Mitglieder auf Vorschlag der Bundesregierung bestellt werden sollten. Zugleich würde die Zahl der Landeszentralbanken von neun auf sieben reduziert. Diese Option weist eine stärkere territoriale Verhaftung des Leitungsgremiums in der Region auf, da die Präsidenten der Landeszentralbanken ihren Sitz in den Regionen haben.[7]

Auch hier entfallen die bisherigen Vorbehaltszuständigkeiten, die Landeszentralbanken bleiben jedoch als Hauptverwaltungen bestehen.[8]

---

[1] Zentralbankrat der Deutschen Bundesbank (1999) S. 3.
[2] Zentralbankrat der Deutschen Bundesbank (1999) S. 7.
[3] Zentralbankrat der Deutschen Bundesbank (1999) S. 8.
[4] Zu weiteren Kriterien Zentralbankrat der Deutschen Bundesbank (1999) S. 8.
[5] Zentralbankrat der Deutschen Bundesbank (1999) S. 9.
[6] Zentralbankrat der Deutschen Bundesbank (1999) S. 10.
[7] Zentralbankrat der Deutschen Bundesbank (1999) S. 11f.
[8] Zentralbankrat der Deutschen Bundesbank (1999) S. 12.

Im folgenden ist anhand der einzelnen Funktionen der Landeszentralbanken zu prüfen, inwieweit eine Veränderung eingetreten ist, die eine grundlegende Umstrukturierung rechtfertigt. Der Katalog der wichtigsten Aufgaben der Landeszentralbanken umfaßt folgende Elemente:[1]

- Organisation des Bargeldkreislaufs: Die Landeszentralbanken wurden aus Gründen der Wirtschaftlichkeit und Sicherheit zur Durchführung hinzugezogen und agierten als Vertriebsnetz der Bundesbank. Die EZB nimmt die nationalen Zentralbanken dafür in der 3. Stufe weiterhin in Anspruch.[2] In einer langfristigen Betrachtung der Aufgabenverteilung im ESZB ist ein Verbleib dieser Aufgabe bei den Landeszentralbanken – auch in veränderter Position - zu rechtfertigen.[3]
- Organisation des unbaren Zahlungsverkehrs: Die Bundesbank stellt unterschiedliche Abrechnungsverfahren zur Verfügung, an denen die Landeszentralbanken beteiligt sind. Mit dem Maastrichter Vertrag erfolgt in diesem Bereich kaum eine Veränderung für die Funktion der Zentralbanken, wenn sich die Zahlungsströme verändern, und somit allenfalls mittelbar.[4]
- Beteiligung an der Festlegung und Durchführung der Geldpolitik: Wie weiter oben dargestellt wurde, entfällt die Beteiligung der Landeszentralbanken an der Festlegung der Geldpolitik. Auch für die Durchführung der Geldpolitik ergeben sich Veränderungen aufgrund der Verlagerung des Schwerpunkts der geldpolitischen Operationen auf Offenmarktgeschäfte.[5] Diese fallen in den Zuständigkeitsbereich des Direktoriums.[6]
- Unterstützung der Bankenaufsicht: Die Landeszentralbanken haben einen wesentlichen Teil der Unterstützung des Bundesaufsichtsamtes durch die Bundesbank geleistet.[7] Wenn vor der dritten Stufe ein potentieller Interessenkonflikt zwischen den Aufgaben der Geldpolitik und der Bankenaufsicht bestanden hat, dann wird dieser durch die

---

[1] § 8 Abs. 2 S. 2 BBankG. Die folgenden Ausführungen beruhen auf Goetze (1999) S. 202ff. Ebenda für weitere Aufgaben, wie die Überwachung der Zweiganstalten, die Bildung von Beiräten und die Genehmigung von Wertsicherungsklauseln und deren Entwicklung in der dritten Stufe.

[2] Der EZB-Rat besitzt zwar nach Art. 105 a Abs. 1 EGV das ausschließliche Recht, die Ausgabe von Banknoten zu genehmigen. Damit ist jedoch nach Goetze (1999, S. 205.) nicht die tatsächliche Durchführung der Emission gemeint.

[3] Schnelting (1998, S. 98ff) unterscheidet hinsichtlich der Arbeitsteilung auf europäischer Ebene langfristig zwischen dem Spezialistenmodell, der dezentralen und der zentralen Lösung.

[4] Goetze (1999) S. 208. Siehe dazu im Detail auch EWI (1996b).

[5] Die Geschäfte der Landeszentralbanken mit den selbständigen Kreditinstituten sind in § 19 BBankG festgelegt. Goetze (1999) S. 210.

[6] § 7 Abs. 1 S. 3 Nr. 4 BBankG i.d.F. v. 22.10.1992.

[7] Dazu gehörten Meldepflichten, Monatsausweise und Überprüfungen. Goetze (1999, S. 211) dazu: „Die Hauptlast der von der Bundesbank ausgeführten Aufsicht über die Kreditinstitute liegt bei den Landeszentralbanken."

stärkere Funktionstrennung aufgehoben, woraus ein Verbleiben der Aufsichtsfunktion auf der nationalen Ebene und eine weitere Beteiligung der Landeszentralbanken gerechtfertigt werden kann.

- Zu möglichen zusätzlichen Aufgaben der Landeszentralbanken werden Rating-Aufgaben[1] und Schuldnerberatung gezählt.[2] Mit diesen Aufgaben würden die Landeszentralbanken in neue Bereiche eintreten.

Die wichtigste Veränderung für die Landeszentralbanken ist in dem Verlust der Beteiligung bei der Festlegung der Geldpolitik zu sehen.[3] Durch die Schwerpunktverlagerung des geldpolitischen Instrumentariums wird weiterer Einfluß auf ihre Position ausgeübt. Die Aufgabenentwicklung der Landeszentralbanken ist aber auch von Faktoren wie der Konzentration des Bankgewerbes und dem technischen Fortschritt betroffen.[4] Insgesamt stellt der Maastrichter Vertrag und der Übergang zur dritten Stufe der Europäischen Wirtschafts- und Währungsunion einen weiteren Schritt in einem kontinuierlichen Prozeß des Einflußverlusts der Landeszentralbanken dar.[5]

3.4. Zwischenergebnis

Die Entwicklung der deutschen Zentralbankgesetzgebung hat gezeigt, daß diese häufig das Produkt des Zusammenspiels innerer Interessen und äußerer Einwirkung gewesen ist.[6] Die normative Gestaltung der Zentralbankstellung führte zu wechselnden Ausprägungen des formalen Handlungsspielraums. Bestimmend sind die beiden Währungszusammenbrüche in diesem Jahrhundert und das damit verbundene „Tabu" einer inflationierenden Politik gewesen.

Die Anpassung der deutschen Zentralbanknormen hat - wie auch durch das EWI bestätigt wurde - hinsichtlich des Handlungsspielraums der Bundesbank nur geringe Veränderungen erfordert. Mit dem 5. Bundesbankänderungsgesetz vom 8. Juli 1994 wurden die kurzfristigen Kassenkredite an Bund, Länder und Sondervermögen (§ 20 BBankG) abgeschafft und die Einlagepflicht aus § 17 BBankG aufgehoben. Die Vorbereitung der dritten

---

1 Bonitätsanalysen von Unternehmen werden schon seit längerer Zeit von den Landeszentralbanken durchgeführt. Interview mit Ernst Welteke, o.V. (1997) S. 509.

2 Interview mit Ernst Welteke, o.V. (1997) S. 509.

3 Goetze (1999) S. 217.

4 Vgl. Goetze (1999) S. 216, Welteke (1998) S. 10, Schnelting (1998) S. 67.

5 Goetze (1999, S. 216) spricht von einem permanenten Aufgabenverlust. Dem ist jedoch entgegenzusetzen, daß den Landeszentralbanken im Bereich der Bankenaufsicht auch Aufgaben zugewachsen sind.

6 Somit ließe sich unter dem Gesichtspunkt der Währungshoheit auch eine Kontinuität in der Preisgabe durch den Maastrichter Vertrag sehen. Eine solche vereinfachende Betrachtungsweise bedarf jedoch einer genaueren Untersuchung als sie hier zu leisten ist.

Stufe der Wirtschafts- und Währungsunion führte zu überwiegend formalen Veränderungen, die die Eingliederung der Bundesbank in das ESZB ermöglichten.

Verfassungsrechtlich hat der Maastrichter Vertrag eine Veränderung der formalen Stellung der Bundesbank bewirkt, denn nunmehr ist die Unabhängigkeit nicht nur immanent verfassungsrechtlich garantiert.

Die parlamentarischen Debatten wiesen anläßlich der Ratifikation und der Veränderung der Bundesbankgesetzgebung eine erstaunliche Einigkeit auf, die wesentlich durch den Schock des kurz zuvor erfolgten Referendums in Frankreich beeinflußt war. Der Hoheitstransfer wurde übereinstimmend als eine politische Vorbedingung für den Frieden in Europa beurteilt. Die ökonomischen Argumente oder zentralbankpolitischen Gesichtspunkte traten darüber in den Hintergrund.

Im Mittelpunkt der verfassungsrechtlichen Debatte stand das „Maastricht-Urteil" vom 12.10.1993. Das Bundesverfassungsgericht bestätigte seine Haltung, daß eine Modifikation des Demokratieprinzips *„im Dienste der Sicherung des in eine Währung gesetzten Einlösungsvertrauens"* vertretbar sei, weil damit der Besonderheit Rechnung getragen werde, *„... daß eine unabhängige Zentralbank damit die allgemeine ökonomische Grundlage für die staatliche Haushaltspolitik und für private Planungen und Dispositionen bei der Wahrnehmung wirtschaftlicher Freiheitsrechte eher sichert als Hoheitsorgane, die ihrerseits in ihren Handlungsmöglichkeiten und Handlungsmitteln wesentlich von Geldmenge und Geldwert abhängen und auf die kurzfristige Zustimmung politischer Kräfte angewiesen sind."*[1]

Das Bundesverfassungsgericht hat eine Position vertreten, die weitere Transfers einer neuerlichen Kontrolle unterwirft und auch die getroffene Entscheidung über den Maastrichter Vertrag nicht als endgültig und unveränderlich gelten läßt, sondern in den Mitgliedsstaaten weiterhin die „Herren der Verträge" sieht und diesen das - wenn auch politisch gesehen lediglich hypothetische - Recht auf den Austritt aus diesen Abkommen zugesteht.

Die zentralbankpolitische Debatte war in der ökonomischen Argumentation Teil einer allgemeineren Auseinandersetzung mit der Europäischen Währungsunion. Dabei zeigte sich, daß die makroökonomischen Motive für den Transfer der währungspolitischen Kompetenzen auf eine supranationale Ebene - wenn sie nicht politisch oder integrationstheoretisch begründet wurden - überwiegend negativ bestimmt waren. Nicht die Vorteile einer gemeinsamen Geldpolitik standen im Vordergrund, sondern die Nachteile der Alternativen, der „second best" - Lösung eines Fortbestehens des EWS in seiner bisherigen Form und eines in der Debatte als „third best" - Lösung bezeichneten Systems flexibler

---

[1] EuGRZ 1993/445.

Wechselkurse. In Deutschland erfolgte im Gegensatz zu den anderen Ländern eine Reihe von Stellungnahmen von Gruppen deutscher und auch europäischer Wirtschafts- und Rechtswissenschaftler, die wesentlich zur öffentlichen Diskussion beitrugen. Die nachhaltigste Wirkung entfaltete dabei das kritische „Manifest von 60 Ökonomen gegen Maastricht" im Jahr 1992.

Die inhaltliche Auseinandersetzung konzentrierte sich zunächst auf die vertragliche Gestaltung des neuen Systems. Dabei wurde zwar verhaltene Zustimmung über die Verankerung des Preisstabilitätsziels und der Unabhängigkeit geäußert, jedoch erhoben sich angesichts der unterschiedlichen Stabilitätsorientierungen der Partnerländer auch grundsätzliche Zweifel an der faktischen Realisierbarkeit auf supranationaler Ebene. In der fehlenden Übertragung der Wechselkurskompetenz auf die EZB wurde eine offene Flanke gesehen, von der sowohl Risiken für die Unabhängigkeit der Zentralbanken als auch für das Ziel der Geldwertstabilität ausgehen könnten.

Die Debatte knüpfte an zahlreiche Konstanten der geldpolitischen Geschichte an. Dazu zählten beispielsweise die Auseinandersetzung über das geeignete Zwischenziel oder auf der politischen Ebene die immer wieder auftauchende Forderung an die Deutsche Bundesbank konjunkturpolitische Ziele bei ihrer Politik stärker zu berücksichtigen, indem sie eine Politik der niedrigen Leitzinsen verfolgen sollte.

Die erst später als Reaktion auf französische Vorstöße einsetzende Debatte über einen europäischen Policy mix hat gezeigt, daß das in Maastricht vereinbarte Modell einer „impliziten Koordination", die den einzelnen wirtschaftspolitischen Entscheidungsträgern für sie bestimmte Bereiche zugewiesen hat, im wesentlichen deutschen Vorstellungen entsprach.

Die Wirksamkeit der im Maastrichter Vertrag festgelegten Bestimmungen gegen stabilitätswidriges fiskalpolitisches Verhalten einzelner Mitgliedsländer in Form der „no bail out" - Klausel und Sanktionen wurde von Anfang an in Zweifel gezogen. Der auf deutsche Initiative geschlossene „Stabilitäts- und Wachstumspakt" hat in dieser Hinsicht jedoch nur zu inkrementalen Verbesserungen geführt. Bemängelt wird insbesondere der fehlende Sanktionsautomatismus, der die aus dem Pakt hervorgehende Anreizstruktur schwächt. Den Bemühungen Frankreichs, die Beschäftigungspolitik stärker zu berücksichtigen, als Ziel zu verankern und so den Nukleus einer supranational koordinierten Wirtschaftspolitik zu schaffen, wurde kritisch begegnet.

Zudem werden die Erfolgsaussichten einer derartigen konzertierten Beschäftigungspolitik gering eingeschätzt. Für die weitere Integration und langfristige Funktionsfähigkeit des bis dato Realisierten wird ein dringender Entwicklungsbedarf einer gemeinsamen politischen Zielvorstellung in Form einer Politischen Union festgestellt. Mit der neuen Rolle der nationalen Zentralbanken im ESZB und dem „one state one vote" - Prinzip[1] für alle Entscheidungen, die nicht das Innenverhältnis (Kapitalerhöhung, Übertragung von Währungsreserven, Gewinnverteilung) zwischen EZB und nationalen Zentralbanken betreffen, ist für die Deutsche Bundesbank eine Einbuße an faktischer Macht verbunden. Dieser Verlust wird von der Hoffnung begleitet, daß die Bundesbank aufgrund ihrer Rolle im europäischen Integrationsprozeß, ihrer partiellen Modellfunktion für das institutionelle Design der EZB, ihrer bisherigen Bedeutung im EWS und der relativen Größe des deutschen Wirtschaftsraums eine herausgehobene Funktion einnehmen wird, die eine Stabilitätsorientierung gewährleisten soll. Auf die modifizierten Anforderungen im ESZB hat die Deutsche Bundesbank bereits mit Vorschlägen für eine Veränderung der Organisations- und Leitungsstruktur reagiert.

---

[1] Art. 10.2. ESZB-Satzung.

Teil E: Zusammenfassung und Ausblick

Eine Arbeit wie diese kann im Grunde keinen Abschluß finden: zu breit das Thema, zu vielschichtig die Problemebenen und zu umfangreich die Quellenlage. Dennoch sollte an dieser Stelle noch einmal auf den Anspruch verwiesen werden, mehr zu leisten als eine „bibliographie raisonnée", die sich auf die Auflistung unterschiedlicher Stimmen beschränken darf, und eine systematische Analyse der wichtigsten Argumentationslinien zu erstellen. Der Reiz einer solchen programmatischen Überforderung liegt denn auch gerade in der Verknüpfung und in dem länderübergreifenden Vergleich von an anderen Stellen isoliert betrachteten Phänomenen wie den Charakteristika der Zentralbankpolitik und der Diskussion eines für die weitere wirtschaftspolitische Zukunft wegweisenden politischen Abkommens.

Bis zur zweiten Hälfte der siebziger Jahre wurde die theoretische Debatte über die Währungsunion von den Wirkungen der internationalen ökonomischen Integration dominiert. Die Debatten der achtziger und neunziger Jahre haben strategische Verhaltensweisen der wirtschaftspolitischen Entscheidungsträger und insbesondere die „Credibility" - Thematik der auf rationalen Erwartungen basierenden Modelle (Barro/Gordon, Rogoff) in den Vordergrund treten lassen. Der Einfluß der eingangs betrachteten theoretischen Modelle hat sich in der ökonomischen Debatte des Maastrichter Vertrages als maßgeblich erwiesen und auch das Vokabular für die politischen Argumentationen geliefert. Daher erscheint es angebracht, hier von einer Form „geldtheoretischer Orthodoxie" zu sprechen, die auch in Italien und Frankreich große Wirkung entfaltet hat.

Das Problem des zentralbankpolitischen Handlungsspielraums stellte sich in dem Moment, als die Zentralbanken begannen, Aufgaben allgemeinen Interesses wahrzunehmen. Der Übergang von einer privatwirtschaftlich organisierten Institution zu einem Institut öffentlichen Rechts zeigte die Probleme hinsichtlich des Verhältnisses zwischen Regierung und Zentralbank auf. Dieses Verhältnis hat sich im Laufe der Zeit immer wieder verändert, so daß von einem „Balancieren der Kräfte" die Rede sein kann.[1] Frankreich und Italien haben zudem gezeigt, daß nicht nur das Verhältnis zur Regierung betrachtet werden muß, sondern auch ihre Rolle gegenüber den Geschäftsbanken. Sowohl in der französischen als auch in der italienischen Zentralbankgeschichte wird ersichtlich, daß es sich bei dem Verhältnis zur Regierung um einen dynamischen Prozeß handelt, der wesentlich durch die relative Stärke der jeweiligen Partner bestimmt war. So hatte die französische Zentralbank von 1945 bis 1960 nur zwei Zentralbankgouverneure gehabt, während sich 30 Regierungen abwechselten; dieses Bild in Italien wird noch durch die neuesten politischen

---

[1] Ciocca (1995) S. 81.

Entwicklungen bestätigt.[1] Auch in Deutschland sind bis zur Errichtung der Bank deutscher Länder unterschiedliche Ausprägungen zentralbankpolitischen Handlungsspielraums feststellbar gewesen.

Die Analyse des formalen und faktischen Handlungsspielraums in Italien und Frankreich im Vergleich zum deutschen Beispiel hat auch deutlich gemacht, daß die Bedeutung und Einflußmöglichkeiten der italienischen Zentralbank durchaus von denen der Banque de France abweichen, dieser Status jedoch in formaler Hinsicht unberücksichtigt blieb. Daß sich diese Positionierung nicht vollständig in der faktischen Geldpolitik niedergeschlagen hat, ist auf die Einbettung der geldpolitischen Maßnahmen in den Rahmen der gesamten Wirtschaftspolitik zurückzuführen.

Die normativen Veränderungen infolge des Maastrichter Vertrages sind in Italien Schritte eines Prozesses gewesen, der sich in der Zentralbankpolitik bereits seit Beginn der achtziger Jahre abgezeichnet hat. Dies ist auch eine der Erklärungen dafür, warum keine Reform stattgefunden hat. Der Beginn dieser Periode in Italien erfolgte mit dem „divorzio". In Frankreich hingegen ist eine Reihe von Reformen zu berücksichtigen, die bereits 1979 ihren Anfang nahmen. Das Ziel der normativen Veränderungen in Frankreich war nicht so weit gesteckt wie das des Maastrichter Vertrages. Es ist eher von einer größeren Effektivität der Geldpolitik als von einer Veränderung der Zentralbankposition zu sprechen.

In Italien zielten die Anstrengungen – unterstützt durch den „costituzionalismo monetario" auf eine weitgehende Unabhängigkeit der Zentralbank, die auch dazu dienen sollte, die Fiskalpolitik zu beeinflussen. Gleichzeitig kam es wie in Frankreich auch hier zu einer Reformierung der Finanzmärkte, die der Autonomie der Zentralbank von dem Zwang zur Staatsfinanzierung dienen sollte.

Die Bedeutung, die dem Wechselkurs in der Disinflationsperiode zukam, läßt für Frankreich das EWS als „commitment technology" hinter eine klare, in letzter Konsequenz politisch motivierte Vorgehensweise zurücktreten, deren Ziel eine Steigerung der Bedeutung Frankreichs in Europa war.

Die Reform der Banque de France ist für Frankreich ein Einschnitt gewesen, der sich auch in dem Ausmaß der damit verbundenen Kontroverse gezeigt hat. Der Verlauf der Modifikation der Zentralbankgesetzgebungen illustriert diese Ergebnisse, denn während in Frankreich eine vollständige Reform mit einer Verfassungsänderung Einzug hielt, fehlte diese in Italien. Ökonomisch erfüllte die Reform der Banque de France mehrere Funktionen: Sie war als Teil einer „Strategie für mehr Glaubwürdigkeit" eine logische Fortsetzung der konsequent betriebenen Disinflationspolitik und diente dazu, das Vertrauen der Finanz-

---

[1] Siehe dazu Lück (1998) S. 356 und Posen (1993) S. 55.

märkte in der Krisenperiode zurückzugewinnen. Und letztendlich stellte sie eine – wenngleich unzureichende - Annäherung an die vertraglichen Anforderungen des Art. 108 EGV dar. Die normativen Veränderungen der Bundesbankgesetzgebung waren im Vergleich zu den beiden anderen Ländern eher gering.

Trotz ähnlicher Gestaltung der formalen Abhängigkeit ergaben sich in Italien und in Frankreich unterschiedliche restringierende Faktoren und auch Aktoren, die unterschiedliche Schwerpunkte in der Debatte hervorgerufen haben. Dabei wurden unter den konstituierenden Elementen der Zentralbankpolitik zusammengefaßten Themen wie restringierende Faktoren und Aktoren in Italien stärker debattiert.

In Deutschland wurde hingegen an Themen angeknüpft, die auch schon in der Vergangenheit kontrovers diskutiert worden waren, wie beispielsweise das geeignete geldpolitische Zwischenziel und die Forderung nach einer stärkeren Berücksichtigung konjunkturpolitischer Ziele in der Geldpolitik.

Die Verbindung zwischen den zentralbankpolitischen Charakteristika und den Dominanten der Diskussion läßt sich nicht in jedem Fall herstellen. Gerade die ökonomischen Diskussionen zeigen dies und lassen die in der Einleitung schematisch dargestellten Argumentationen wieder hervortreten. Dennoch waren länderspezifische Schwerpunkte auszumachen, deren Ursprung in divergierenden dogmengeschichtlichen und politisch-administrativen Traditionen liegt. Nicht feststellbar waren hingegen eindeutige Zuordnungen keynesianischer oder neoklassischer Ausrichtung, was auf die außerordentlich große Bandbreite in allen drei Ländern zurückgeführt werden kann.

Die politischen Motivationen weisen unterschiedliche Charakteristika auf. Dabei ist in Frankreich und Italien noch eine Unterscheidung zwischen den Debatten über die Unabhängigkeit der nationalen Zentralbanken und der supranationalen Ebene zu treffen.

Für die Reform der Banque de France werden zwei Argumentationslinien genutzt: Ein wirtschaftsliberales Konzept der Anpassung an wirtschaftliche Zwänge und ein Konzept zur Rückgewinnung von Handlungsspielräumen für eine nationale Wachstums- und Beschäftigungspolitik. Wiederholte Äußerungen hochrangiger französischer Politiker legen die Annahme nahe, daß es sich nach politischem Verständnis bei der Reform um ein „sacrifice" (Opfer) gehandelt habe. Im Zentrum der politischen Debatte über den Kompetenztransfer stand die Frage des Erhalts der nationalen Souveränität. Souveränität nahm und nimmt in Frankreich einen ähnlichen Stellenwert wie in Deutschland die Grundrechte ein, was auch in den Prüfungskriterien der Verfassungsgerichte zum Ausdruck gekommen ist.

Wie die Vergangenheit gezeigt hat, wird die Währungspolitik - analog zu der Definition des „battre la monnaie" (Münzrechts) als eines der acht Souveränitätsrechte bei Jean Bodin – für einen essentiellen Bestandteil staatlicher Verfügungsgewalten gehalten. Der französische Verfassungsrat sah in dem Hoheitstransfer einen das *„Herz staatlicher Macht"* betreffenden Vorgang. Geldhoheit als Identifikationsmerkmals des Gemeinwesens wurde zum Mittelpunkt einer Debatte über die französische Identität und deren Bedrohung durch innere und äußere Faktoren.

Derlei Erwägungen spielten in Italien keine Rolle; hier ging es in erster Linie um die Frage der Zugehörigkeit zum „Euroland", demgegenüber alle weiteren politischen Aspekte in den Hintergrund traten.

Eine politische Debatte über die Unabhängigkeit der Banca d'Italia fand nur in sehr geringem Umfang statt. Einerseits läßt sich das auf den über den formalen Rahmen hinausgehenden faktischen Handlungsspielraum in Italien zurückführen, der durch die Forderung eines „costituzionalismo monetario" begleitet wurde, und andererseits spiegelte sich auch hier die hohe Akzeptanz jeglicher Anforderungen an Italien, die es zu erfüllen galt, um an der dritten Stufe der Wirtschafts- und Währungsunion teilzunehmen.

Die verfassungsrechtlichen Entscheidungen sind in allen drei Ländern in mehrfacher Hinsicht bedeutsam gewesen: Zunächst können sie von außen betrachtet als Indikator für den Grad der politischen Kontroverse dienen. Sowohl in Frankreich als auch in Deutschland hat der Ratifikationsprozeß die mehrmalige Anrufung des Verfassungsgerichts erfordert.[1] Auf der Ebene der politischen Weiterentwicklung der EWWU und der Übertragung von Kompetenzen auf die supranationale Ebene hat das Urteil des französischen Verfassungsgerichts einen Wendepunkt markiert. Erstmalig wurde der Transfer von Kompetenzen, nicht mehr nur die Beschränkung der nationalen Souveränität zugestanden. Das Bundesverfassungsgericht hingegen hat keine weitergehende Öffnung im Vergleich zu früheren Urteilen vorgenommen. Die Hinweise auf die Kontrollpflicht durch die demokratisch legitimierten Organe und die Tatsache, daß die Mitgliedsstaaten jederzeit noch als „Herren der Verträge" agieren müßten, können dem kritischen Beobachter im Gegenteil als Beleg dafür dienen, daß hier Hoffnungen auf eine schnelle Entwicklung zu einem Bundesstaat gemindert werden sollten. Unterstützend für diesen Eindruck wirkt die Bezeichnung der Europäischen Union als „Staatenverbund". Die italienische Position läßt sich über die generelle Offenheit der italienischen Verfassung hinaus nicht eindeutig bestimmen, da eine Verfassungsänderung und auch ein Grundsatzurteil im Rahmen des Maastrichter Vertrages nicht erfolgt sind.

Sowohl in Italien als auch in Deutschland ist mit dem Maastrichter Vertrag eine Klärung verfassungsrechtlicher Probleme erfolgt: Stand in Deutschland die Unabhängigkeit der

---

[1] Außer acht gelassen wurden hier die unterschiedlichen Funktionen der Verfassungsgerichte in Deutschland und Frankreich, die auf verschiedenen Rechtstraditionen gründen. Siehe dazu Koenig (1985).

Zentralbank bisher nicht auf einer verfassungsrechtlich garantierten Basis, so war in Italien die Zielbestimmung der Währungspolitik nicht eindeutig geklärt. Darüber hinaus war die Zentralbank verfassungsrechtlich nicht explizit berücksichtigt. Eine der wesentlichen Fragen der Wirtschaftsverfassung demnach ungelöst. Es liegt eine Ironie der Geschichte darin, daß diese lange bestehende Streitfrage just mit der normativen Veränderung eine Klärung erfuhr, durch die die nationalen Zentralbanken ihre Kompetenzen auf eine andere Entscheidungsebene übertrugen. Deutlich geworden ist, daß in allen drei betrachteten Ländern eine klare Grenzziehung zwischen politischen und ökonomischen Argumentationen nicht möglich war.

Unterschiedliche Argumente haben in den betrachteten Ländern eine Rolle gespielt: Die ersten - einer Form „geldtheoretischer Orthodoxie" entstammend – propagierten die Unabhängigkeit der Zentralbank und strebten danach, losgelöst von nationalen zentralbankpolitischen Eigenarten zu einer Angleichung der Wirtschaftsverfassungen gelangen. Die anderen bedienten sich der besonderen Charakteristika zentralbankpolitischer Tradition, um für länderspezifische Zentralbankverfassungen zu plädieren. Im Mittelpunkt der theoretischen Auseinandersetzung in den Ländern Frankreich und Italien standen die Argumente der „Credibility" - Modelle. Dabei lösten in beiden Ländern die Annahmen der Modelle kritische Auseinandersetzunge aus. Geäußert wurde in allen drei Ländern die Forderung nach einem höheren Grad an „accountability" der Europäischen Zentralbank.

Der Vergleich zwischen der italienischen und der französischen Debatte zeigt, daß sich trotz ähnlicher wirtschaftstheoretischer Traditionen, die in beiden Ländern eine Hinwendung zur keynesianischen Theorie aufweisen, Unterschiede ergeben: Wird in Italien im Rahmen einer eigenen theoretischen Entwicklung, des „costituzionalismo monetario", die Forderung nach Unabhängigkeit maßgeblich auf die restringierenden Faktoren der bisherigen Zentralbankpolitik gestützt, so ist mit Zentralbankunabhängigkeit in Frankreich nicht unbedingt eine Veränderung der bisherigen Geldpolitik intendiert. Motive stellen hier vielmehr die Erweiterung des eigenen wirtschaftspolitischen Handlungsspielraums und die Anpassung an die Anforderungen der Finanzmärkte dar. Auf die bisherigen nationalen restringierenden Faktoren wird in der ökonomischen Debatte wenig Bezug genommen.

Vor diesem Hintergrund ist auch die Frage zu stellen, inwieweit sich von einer Deckungsgleichheit des Verständnisses von Zentralbankunabhängigkeit reden läßt. Nimmt man die deutschen Positionen als Vergleichsmaßstab, so zeigt sich, daß in den anderen beiden Ländern eine stärkere Verantwortung der Emissionsinstitute für realwirtschaftliche Ziele erwartet wurde. War die Disinflationspolitik mit Hilfe des EWS in Italien Ausdruck eines im Kontrast, nicht in Opposition zur politischen Klasse geleisteten „kontinuierlichen Staatsdienstes", der das Endziel Preisstabilität mit dem größten Wohlfahrtsgewinn verband, so ist die Geldpolitik in Frankreich Teil eines konsistenten wirtschaftspolitischen Programms gewesen, das wenig gemein hatte mit dem klassischen keynesianischen Dogma, sich diesem jedoch durch das Streben nach einem weiteren Handlungsspielraum für Einkommens- und Beschäftigungspolitik wieder annähert. Obwohl Italien während der zweiten Hälfte der achtziger Jahre stärker dem Druck durch das EWS ausgesetzt war und durch einen inkonsistenten Policy mix höhere reale Kosten erlitten hat, wurden letztere nicht in gleichem Maße wie in Frankreich thematisiert.

Damit kann aber keine negative oder positive Aussage über einen „Stabilitätskonsens" oder eine „Stabilitätskultur" getroffen werden. Sowohl in Italien als auch in Frankreich wurde in der asymmetrischen Funktionsweise des EWS ein Grund für das Streben nach einer Währungsunion gesehen. Die Währungskrisen von 1992 und 1993 dienten hier der Bestätigung dafür, daß Deutschland die Funktion eines Ankers nicht länger wahrnehmen könne. Auch in Deutschland wurde bei der Motivation für einen Hoheitstransfer auf das EWS verwiesen. Dabei wurden die Defekte eines Weiterbestehens des EWS oder der Alternative eines Systems flexibler Wechselkurse neben allgemeinen politischen oder integrationstheoretischen Motiven als Gründe genannt. Im Vordergrund der inhaltlichen Auseinandersetzung standen Aspekte der Vertragsgestaltung und die Stabilitätsorientierung der Partnerländer.

Die eingangs aufgestellte Hypothese, es hätten sich spezifische Themen in der Debatte analog zur zentralbankpolitischen Erfahrung entwickelt, wurde bestätigt. Jochimsen ist darin beizupflichten, *„daß sich Wahlen, Wahlkämpfe, demokratische Kontrolle und wirtschaftspolitische Debatten unverändert ganz überwiegend (nur) national vermitteln und der Sprach-, Kultur- und Medienraum diese Strukturen effektiv noch durchgängig national prägt."*[1]

Zusätzlich zu den eingangs in Gestalt konstitutierender Elemente aufgezeigten Themen haben das Staatsverständnis und der Begriff der Souveränität in der Diskussion große Bedeutung erlangt. Die Betrachtung der Rollen der nationalen Zentralbanken hat gezeigt, daß auch in der dritten Stufe der Wirtschafts- und Währungsunion hinsichtlich der Aufgaben, die die Zentralbanken über die Aufgaben des ESZB hinaus erfüllen, weiterhin Unterschiede bestehen bleiben. Eine historische Analyse ergibt, daß sich der Schwerpunkt von der Zentralbankunabhängigkeit weg zu der Koordination zwischen Geld- und Fiskalpolitik hin bewegt hat. Diese Debatte hat gerade erst begonnen, und es zeichnen sich sehr unterschiedliche Auffassungen über einen europäischen Policy Mix ab. Der Stabilitäts- und Beschäftigungspakt war nur ein erster Schritt. Es geht nun nicht mehr um die Frage, die den Streit zwischen Ökonomisten und Monetaristen ausmachte.

Die Länder sind nun gefordert, sich nach der Absprache über die Verfahren und wirt-

---

[1] Jochimsen (1999) S. 168.

schaftspolitischen Existenzbedingungen auf ein gemeinsames Ziel festzulegen, ein Ziel, das der Maastrichter Vertrag nicht formulieren konnte. Die zentralbankpolitische Debatte hat gezeigt, daß diese Differenzen nicht nur in der Zentralbankpolitik, sondern auch im weiteren Bereich des Policy mix, des Souveränitätstransfers und der politischen Begleitung eines unabhängigen Zentralbanksystems Bestand haben.[1] Dabei ist nicht so sehr der Begriff „Stabilitätskultur" zu bemühen, als ein grundsätzlich differierendes Verständnis über die Rolle des Staates im Auge zu behalten. Dieses zeigt sich sowohl in einer aufbau- als auch ablauforganisatorischen Betrachtung. Naturgemäß wirken diese Differenzen direkt auf die wirtschaftspolitischen Vorstellungen.

Im Rückgriff auf das am Anfang dieser Arbeit zitierte Wort von Max Weber bleibt daher festzustellen, daß nur der lebendige Vollzug der Normen zeigen kann, inwieweit der Name Maastricht - „Traiectum ad Mosam" - in politischer Hinsicht ein Omen sein wird.

---

[1] Jochimsen (1998).

Anhang

Tabelle 6: Entwicklung der Geldpolitik

	Ziele		Zielvariablen		Definition der Geldmengenaggregate	Instrumente	
	Periode 1	Periode 2	Periode 1	Periode 2	Definition	Periode 1	Periode 2
Deutschland	1 / 2	2	ZBG= Bargeldumlauf + mit konstanten Reservesätzen gewichtete (DD + TD +SD)	M3 ([2]) * Zinssatz / Wechselkurs	M3= Bargeldumlauf + DD + TD + SD	Zinssätze (Diskont- und Lombardsätze) Rediskontkontingente Mindestreserveanforderungen	
Frankreich	1	2	M2	M3* Wechselkurs / Zinssatz	M2 = Bargeldumlauf + DD + SD M3 = M2 + TD + CD + CP+MF	Kreditplafondierung Devisenkontrollen	Zinssätze und Mindestreserveanforderungen
Italien	1	2	CTI	CTI + M2* Wechselkurs / Zinssatz	CTI= Kredite aus heimischen Quellen für den privaten und öffentlichen Sektor M2= Bargeldumlauf + DD + SD + nichthandelbare Zertifikate		
	Periode 1: bis Mitte der achtziger Jahre Periode 2: von Mitte der achtziger Jahre bis 1992 1: Wachstum, internes und externes Gleichgewicht 2: Geldwertstabilität * Hauptziel ist die Interbankenrate			DD= Sichteinlagen TD= Termineinlagen SD = Spareinlagen CD = Einlagenzertifiikate CP= commercial paper MF= Mutual funds			

Quellen: Zusammengestellt nach Uctum (1992), Bofinger (1996).

Tabelle 7: Wirkung auf den Bankkreditsatz nach einer Veränderung des Geldmarktzinses um einen Prozentpunkt

	Sofort[1]		3 Monate		6 Monate		Langfristig	
Quellen:	(1)[2]	(2)[3]	(1)	(2)	(1)	(2)	(1)	(2)
Deutsch-	0,38	0,11	0,67	0,45	0,83	0,61	1,04	1,05
land	-	0,43	-	0,45	-	0,51	-	0,74
Frankreich	0,11	0,26	0,40	0,69	0,61	0,84	1,22	1,22
Italien								

Quelle: Barran/Coudert/Mojon (1997)

Tabelle 8: Zinssätze auf dem Hypothekenmarkt
Näherungsweiser Anteil an der Gesamtheit der Hypothekenkredite

Zinssätze	Deutschland	Frankreich	Italien
Variabel	90	5	75
(indexiert)	-	(5)	-
(abänderungsfähig)	(> 45)	-	(75)
(wiederverhandelbar)	(< 45)	-	-
fix	10	95	25

Quelle: Barran/Coudert/Mojon (1997).

Tabelle 9: Zinssätze für Unternehmen
in % der Gesamtkredite

	Deutschland	Frankreich	Italien
Kurzfristige Kredite	21	22	57/56
Mittel- und langfristige anpassungsfähige Kredite	19	34	20
Fixe Kredite	60	34	23/24

Quelle: Barran/Coudert/Mojon (1997) S. 140.

[1] Effekt nach einem Monat.
[2] (1) Datenmaterial aus Cottarelli/Kourelis (1994) S. 16.
[3] (2) Datenmaterial aus Borio/Fritz (1995) S. 125.

Abbildung 15: Inflation in Deutschland, Frankreich und Italien, 1975 - 1993

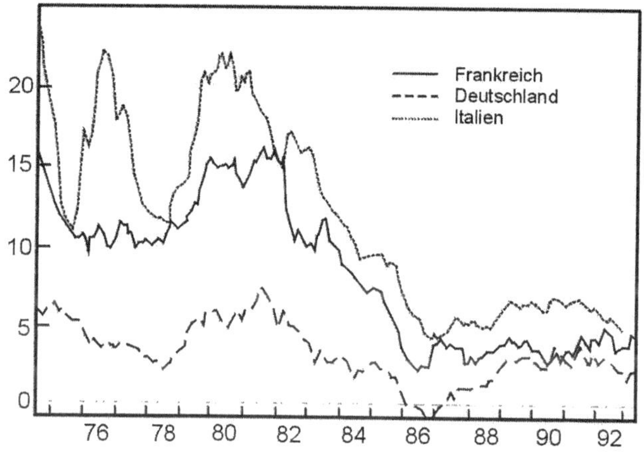

Quelle: Burda/Wyplosz (1994)

Tabelle 10: Kosten und Gewinne der Anpassung

	Δ i	ΣΔi	ΔU	ΣΔU	Δd	Δb	ΣΔi/ΣΔU
a) 1981 – 86							
Italien	-12.0	-6.4	3.1	1.9	28.3	-1.5	-3.3
Frankreich	-10.8	-5.8	3.2	2.0	11.3	-2.2	-2.9
Deutschland	-6.4	-3.7	3.3	3.2	4.2	3.5	-1.2
b) 1987 – 91							
Italien	1.6	1.3	-1.1	-0.5	9.5	-5.9	-2.6
Frankreich	-0.2	-0.1	-1.2	-1.1	0.9	-3.1	0.1
Deutschland	3.3	2.3	-2.5	-1.3	4.3	4.1	-1.8

$\Delta x = x_T - x_t$ und $\Sigma\Delta x = 1/(n+1)\ \Sigma_k\ (x_T - x_{t+k})$
T= 1986 oder 1991 t= 1981 oder 1987 k=0,...,n n= 3 oder 4
Wobei x: i= CPI (Verbraucherpreisindex)
U= Arbeitslosenrate
d= Nettostaatsverschuldung/BIP
b= Nettoauslandsaktiva/BIP

Quelle: Onofri/Tomasini (1991)

Tabelle 11: Bilanz der Banque de France (1980 – 1993)

	1980	1981	1982	1983	1984	1985	1986	1987	1988	1989	1990	1991	1992	1993
in Mio. FF														
I. Aktiva	**566024**	**542189**	**697441**	**732323**	**771405**	**729249**	**723243**	**876858**	**787365**	**808069**	**734937**	**710338**	**794959**	**843024**
1. Gold	226898	194582	247039	258980	256914	210166	218316	223348	205903	196607	161544	164248	144992	177923
2. Rediskontgeschäft (Escomptés)	59813	72789	85963	86138	87819	83641	72439	61000	45771	30897	21249	13016	7101	3499
3. Offenmarktgeschäft	34998	49839	167792	119285	117890	114953	72349	159001	200727	250895	163502	182341	318709	391320
a. Staatspapiere (Titres d'Etat)	11959	2257	33408	56726	62950	24967	32465	81928	56610	66763	37741	70439	171244	179600
aa mit Rückkaufsverein-barung								72509	46668	56082	14422	41392	134810	156973
ab. ohne Rückkaufsverein-barung								9419	9942	10681	23319	29047	36434	22627
b. Effekten privater Emittenten (Effets pr.)	23039	47582	134384	62559	54940	89986	39884	76648	143683	183832	125205	111625	142436	208740
c. Andere Geldmarktpapiere	0	0	0	0	0	0	0	425	434	300	556	277	5029	2980
ca . mit Rückkaufsverein-barung								0	94	0	356	137	4989	2960
cb. ohne Rückkaufsverein-barung								425	340	300	200	140	40	20
4. Finanzielle Unterstützung an den Staat	15460	0	0	5760	11540	23580	25280	36500	36890	28870	38520	26440	40760	36030
(Concours au Trésor public)														
5. Währungsreserven	193075	182223	151056	200277	227826	236230	277693	250935	224535	208758	245618	232288	204241	172979
6. Sonstige	35780	42756	45591	61883	69416	60679	57166	146074	73539	92042	104504	92005	79156	61273
Veränderung gg Vorjahr in %														
I. Aktiva		**-4,2**	**28,6**	**5,0**	**5,3**	**-5,5**	**-0,8**	**21,2**	**-10,2**	**2,6**	**-9,1**	**-3,3**	**11,9**	**6,0**
1. Gold		-14,2	27,0	4,8	-0,8	-18,2	3,9	2,3	-7,8	-4,5	-17,8	1,7	-11,7	22,7
2. Rediskontgeschäft (Escomptés)		21,7	18,1	0,2	2,0	-4,8	-13,4	-15,8	-25,0	-32,5	-31,2	-38,7	-45,4	-50,7
3. Offenmarktgeschäft		42,4	236,7	-28,9	-1,2	-2,5	-37,1	119,8	26,2	25,0	-34,8	11,5	74,8	22,8
a. Staatspapiere (Titres d'Etat)		-81,1	1380,2	69,8	11,0	-60,3	30,0	152,4	-30,9	17,9	-43,5	86,6	143,1	4,9
aa. mit Rückkaufsverein-barung)									-35,6	20,2	-74,3	187,0	225,7	16,4
ab ohne Rückkaufsverein-barung									5,6	7,4	118,3	24,6	25,4	-37,9
b. Effekten privater Emittenten (Effets pr.)		106,5	182,4	-53,4	-12,2	63,8	-55,7	92,2	87,5	27,9	-31,9	-10,8	27,6	46,6
c. Andere Geldmarktpapiere									2,1	-30,9	85,3	-50,2	1715,5	-40,7
ca . mit Rückkaufsverein-barung												-61,5	3541,6	-40,7
cb. ohne Rückkaufsverein-barung									-20,0	-11,8	-33,3	-30,0	-71,4	-50,0
4. Finanzielle Unterstützung an den Staat					100,3	104,3	7,2	44,4	1,1	-21,7	33,4	-31,4	54,2	-11,6
(Concours au Trésor public)														
5. Währungsreserven		-5,6	-17,1	32,6	13,8	3,7	17,6	-9,6	-10,5	-7,0	17,7	-5,4	-12,1	-15,3
6. Sonstige		19,5	6,6	35,7	12,2	-12,6	-5,8	155,5	-49,7	25,2	13,5	-12,0	-14,0	-22,6

	1980	1981	1982	1983	1984	1985	1986	1987	1988	1989	1990	1991	1992	1993
II. Passiva	**566021**	**542190**	**697440**	**732324**	**771405**	**729251**	**723245**	**876858**	**787367**	**808070**	**734942**	**710335**	**794959**	**843024**
1. Notenumlauf	144008	163328	180597	195777	204962	212287	218379	228853	240736	252488	263260	263958	265330	263577
2. Einlagen gesamt	78946	69669	151069	127252	164635	185121	153784	279707	178579	211484	181542	158544	281127	277662
2.a. Kreditinstitute	38760	23233	32185	20976	27363	42265	45731	92144	87715	82843	64702	56717	11084	8001
2.b. Trésor	33275	31704	81574	46775	64767	78887	60724	120003	75599	107029	103657	85581	147732	197563
2.c. Ausländische Banken und Institutionen	3078	1753	2292	3110	4501	2679	4211	13538	6505	16275	7919	8974	65972	2198
2.d. Sonstige	3833	12979	35018	56391	68004	61290	43118	54022	8760	5337	5264	7272	56339	69900
3. Capital et Fonds de réserve	1769	1932	2266	2563	2817	3030	3130	3206	3332	3518	3858	4223	4528	4760
4. Sonstige Passiva	341298	307261	363508	406732	398991	328813	347952	365092	364720	340580	286282	283610	243974	297025
Zentralbank-geldmenge	**182768**	**186561**	**212782**	**216753**	**232325**	**254552**	**264110**	**320997**	**328451**	**335331**	**327962**	**320675**	**276414**	**271578**
Veränderung in **Mio. FF**		**3793**	**26221**	**3971**	**15572**	**22227**	**9558**	**56887**	**7454**	**6880**	**-7369**	**-7287**	**-44261**	**-4836**
in %		2,1	14,1	1,9	7,2	9,6	3,8	21,5	2,3	2,1	-2,2	-2,2	-13,8	-1,7
Gewinnaus-schüttung an den Staat	**2384**	**5600**	**4745**	**3931**	**3143**	**1110**	**800**	**1625**	**2601**	**5073**	**5478**	**4455**	**3533**	**2975**
Anteil Gewinnausschüttung an dZBGM in %		147,6	18,1	99,0	20,2	5,0	8,4	2,9	34,9	73,7	-74,3	-61,1	-8,0	-61,5
Gewinnaus. + Körperschafts-steuer+Zinsen	**6523**	**12357**	**12133**	**10264**	**8610**	**4556**	**3699**	**6003**	**7291**	**11506**	**13093**	**11522**	**9707**	**8772**
Anteil Gewinnaus.+KöSt.+Zins an dZBGM in %		325,8	46,3	258,5	55,3	20,5	38,7	10,6	97,8	167,2	-177,7	-158,1	-21,9	-181,4
KöSt. & Zinsen	4139	6757	7388	6333	5467	3446	2899	4378	4690	6433	7615	7067	6174	5797

Quelle: Schenk (1997)

Abbildung 16: Aufteilung der Überweisungen der Banque de France an den Staat

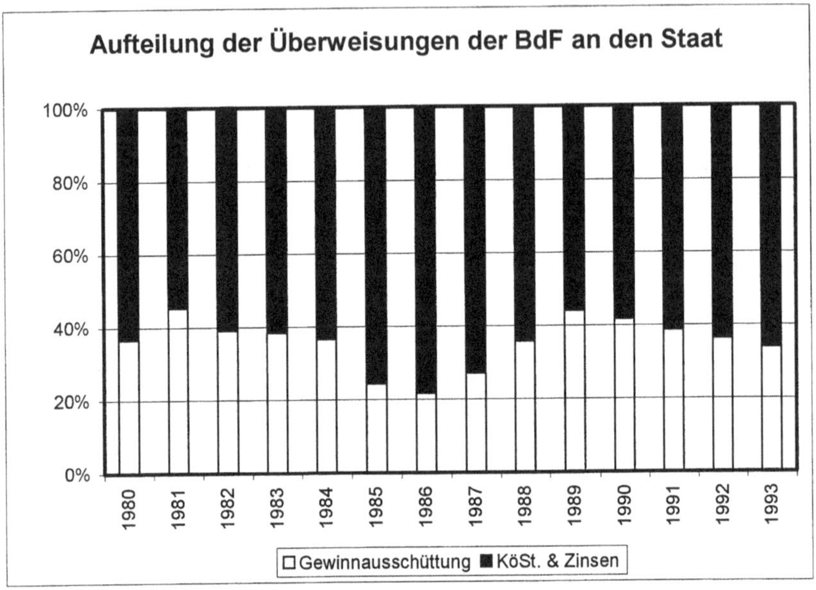

Quelle: nach obiger Tabelle

Tabelle 12 : Kreditvergabe an die Regierung in Frankreich, Italien und Deutschland

Frankreich

Instrument	Grad der Kontrolle	Erlaubte Laufzeit	Quantitative Begrenzung	Zinssatz
Überziehung auf laufendem Konto	M(L)	Nicht anwendbar	FF 20.5 Mrd. + Neubewertung der Devisenreserven des Devisenstabilisierungsfonds	Null
Kredite und Vorschüsse mit fester Laufzeit	P(L)	-	-	-
Kauf von Wertpapieren (Primärmarkt)	P(L)	-	-	-
Kauf von Wertpapieren (Sekundärmarkt)	D(L)	Unbeschränkt	Keine	Unbeschränkt
Regierungseinlagen bei der Zentralbank	M(L)[1]	Unbeschränkt	Keine	„Taux d'appels d'offres"

Italien

Instrument	Grad der Kontrolle	Erlaubte Laufzeit	Quantitative Begrenzung	Zinssatz
Überziehung auf laufendem Konto	M(L)	Nicht anwendbar	14 % der geplanten Ausgaben	1%
Kredite und Vorschüsse mit fester Laufzeit	M(L)	-	Keine	-
Kauf von Wertpapieren (Primärmarkt)	D(L)	Unbeschränkt	Keine	Unbeschränkt
Kauf von Wertpapieren (Sekundärmarkt)	D(L)	Unbeschränkt	Keine	Unbeschränkt
Regierungseinlagen bei der Zentralbank	M(L)	Unbeschränkt	Keine	Unbeschränkt

[1] Die Regierung darf keine Einlagen außerhalb der Zentralbank haben. Cottarelli (1993) S. 40.

Deutschland

Instrument	Grad der Kontrolle	Erlaubte Laufzeit	Quantitative Begrenzung	Zinssatz
Überziehung auf laufendem Konto	P(L)	Nicht anwendbar	-	-
Kredite und Vorschüsse mit fester Laufzeit	D(L)	Bis zu 3 Monaten	10,5 Mrd. DM[1]	Lombardsatz
Kauf von Wertpapieren (Primärmarkt)	P(L)	-	-	-
Kauf von Wertpapieren (Sekundärmarkt)	D(L)	Unbeschränkt	Keine	Marktsätze
Regierungseinlagen bei der Zentralbank	M(L)[2]	Unbeschränkt	Keine	Null

M obligatorisch

L Quelle der formalen Bestimmung ist Gesetz

P verboten

D diskretionär, d.h. die Zentralbank kann auf freiwilliger Basis handeln

Quelle: Cottarelli (1993)

[1] Schatzwechsel eingeschlossen, die die Bundesbank gekauft oder versprochen hat zu kaufen. Aus dem Gesamtvolumen können 7,3 Mrd. DM der Bundesregierung und ihren Spezialfonds und 3,3 Mrd. DM den Länderregierungen vergeben werden.

[2] Gemäß Art. 17 des Bundesbankgesetzes sind die Bundesregierung, die Länderregierungen und einige Regierungsinstitutionen dazu verpflichtet, ihre Einlagen bei der Bundesbank zu halten. Den Länderregierungen ist jedoch von der Bundesbank eine Ausnahmegenehmigung erteilt worden, die es ihnen ermöglicht, auch bei anderen Banken Einlagen zu haben; das Bundesbankgesetz ermächtigt die Bundesbank dazu, in Übereinstimmung mit den öffentlichen Institutionen, öffentliche Gelder zeitweise Geschäftsbanken zu übertragen, um den Geldmarkt zu beeinflussen.

Tabelle 13: Bilanz der Banca d'Italia (1980 – 1993)

	1980	1981	1982	1983	1984	1985	1986	1987	1988	1989	1990	1991	1992	1993
in Mrd. Lire														
I. Aktiva	**114431**	**130350**	**135296**	**166157**	**181031**	**198252**	**204082**	**223989**	**234105**	**255318**	**269780**	**283694**	**305021**	**328924**
1. Gold	24785	25236	23537	31479	30382	28673	25534	28878	27013	24418	22181	21244	21719	26773
2. risconti e anticipazioni	2020	2590	3742	6620	3185	8880	5659	6055	6690	7717	9458	10639	11349	5242
3 Offenmarktgeschäft	25447	32240	36183	38835	39913	64038	73574	70263	69153	73999	72381	89025	120718	137698
a. frei verfügbar	23713	30790	34370	36548	37205	60817	70058	65980	64351	68692	65997	82095	112971	128701
b. Sonstige Wertpapiere	1734	1450	1813	2287	2708	3221	3516	4283	4802	5307	6384	6930	7747	8997
4 Kontokorrentkonto des Staates	19249	25568	32486	32127	42617	49031	53485	62731	67110	68948	71855	73840	81395	76644
5 Währungsreserven	20977	22727	20733	27949	28443	25211	22185	25794	23128	24791	23382	24569	43305	32663
6. Konto der Währungsbehörde	17152	17199	13119	21771	29022	14479	17366	23459	33990	47918	61387	51883	12150	34593
7 Sonstige	4801	4790	5496	7376	7469	7940	6279	6809	7021	7527	9136	12494	14385	15311
Veränderung gg. Vorjahr in %														
I. Aktiva		**13,9**	**3,8**	**22,8**	**9,0**	**9,5**	**2,9**	**9,8**	**4,5**	**9,1**	**5,7**	**5,2**	**7,5**	**7,8**
1. Gold		1,8	-6,7	33,7	-3,5	-5,6	-10,9	13,1	-6,5	-9,6	-9,2	-4,2	2,2	23,3
2. Rediskontgeschäft		28,2	44,5	76,9	-51,9	178,8	-36,3	7,0	10,5	15,4	22,6	12,5	6,7	-53,8
3. Offenmarktgeschäft		26,7	12,2	7,3	2,8	60,4	14,9	-4,5	-1,6	7,0	-2,2	23,0	35,6	14,1
a. frei verfügbar		29,8	11,6	6,3	1,8	63,5	15,2	-5,8	-2,5	6,7	-3,9	24,4	37,6	13,9
b. Sonstige Wertpapiere		-16,4	25,0	26,1	18,4	18,9	9,2	21,8	12,1	10,5	20,3	8,6	11,8	16,1
4. Kontokorrentkonto des Staates		32,8	27,1	-1,1	32,7	15,1	9,1	17,3	7,0	2,7	4,2	2,8	10,2	-5,8
5. Währungsreserven		8,3	-8,8	34,8	1,8	-12,0	16,3	-10,3	7,2	-5,7	5,1	76,3	-24,6	-100,0
6 Konto der Währungsbehörde		0,3	-23,7	66,0	33,3	-50,1	19,9	35,1	44,9	41,0	28,1	-15,5	-76,6	184,7
7. Sonstige		-0,2	14,7	34,2	1,3	6,3	-20,9	8,4	3,1	7,2	21,4	36,8	15,1	6,4

	1980	1981	1982	1983	1984	1985	1986	1987	1988	1989	1990	1991	1992	1993
II. Passiva	114431	130348	135297	166156	181032	198251	204079	223991	234105	255316	269779	283690	305019	328925
1. Notenumlauf	26317	30659	34242	38443	43198	46994	50528	54454	58952	70022	73376	80491	89222	93508
2 Einlagen gesamt	38848	48061	50884	60474	69356	84342	90586	99524	108529	118959	129184	132467	139011	114372
2.a Kreditinstitute	34038	36988	45532	54624	63479	75693	84714	93454	102898	112465	121357	127263	127398	103791
2.b. Staat	654	1256	1124	1121	925	492	878	695	473	647	555	727	912	1209
2 c Ausländische Banken und institutionen	2255	2435	2413	3711	3677	3660	3397	3264	3574	3433	3047	2573	9127	7928
2.d. Sonstige	1901	7382	1815	1018	1275	4497	1597	2111	1584	2414	4225	1904	1574	1444
3. Kapital und Reservefonds	289	361	470	610	780	1051	1361	1742	2116	2488	2954	3618	4440	5100
3.a Ordinary Reserve Fund	140	174	228	295	376	506	665	842	1022	1203	1419	1741	2140	2450
3.b Extraordinary Reserve Fund	149	187	242	315	404	545	696	900	1094	1285	1535	1877	2300	2650
4. Sonstige Passiva	48977	51267	49701	66629	67698	65864	61604	68271	64508	63847	64265	67114	72346	115945
Zentral-bankgeld-menge	**60355**	**67647**	**79774**	**93067**	**106677**	**122687**	**135242**	**147908**	**161850**	**182487**	**194733**	**207754**	**216620**	**197299**
Veränderung in Mrd. Lire		7292,0	12127,0	13293,0	13610,0	16010,0	12555,0	12666,0	13942,0	20637,0	12246,0	13021,0	8866,0	-19321,0
in %		12,1	17,9	16,7	14,6	15,0	10,2	9,4	9,4	12,8	6,7	6,7	4,3	-8,9
Gewinnaus-schüttung an den Staat	**47**	**81**	**110**	**127**	**237**	**210**	**235**	**184**	**144**	**268**	**402**	**525**	**128**	**438**
Anteil an der dZBGM in %		1,1	0,9	1,0	1,7	1,3	1,9	1,5	1,0	1,3	3,3	4,0	1,4	-2,3
Gewinnaus-schüttung + Körper-schafts-steuer + Zinsen	**297**	**442**	**493**	**880**	**927**	**3584**	**3377**	**2096**	**1603**	**1912**	**2725**	**3492**	**5089**	**5886**
Anteil an der dZBGM in %		6,1	4,1	6,6	6,8	22,4	26,9	16,5	11,5	9,3	22,3	26,8	57,4	-30,5
KöSt & Zinsen	250	361	383	753	690	3374	3142	1912	1459	1644	2323	2967	4961	5448

Quelle: Schenk (1997)

Abbildung 17: Aufteilung der Aktivseite der Bilanz der Banca d'Italia 1980-1993

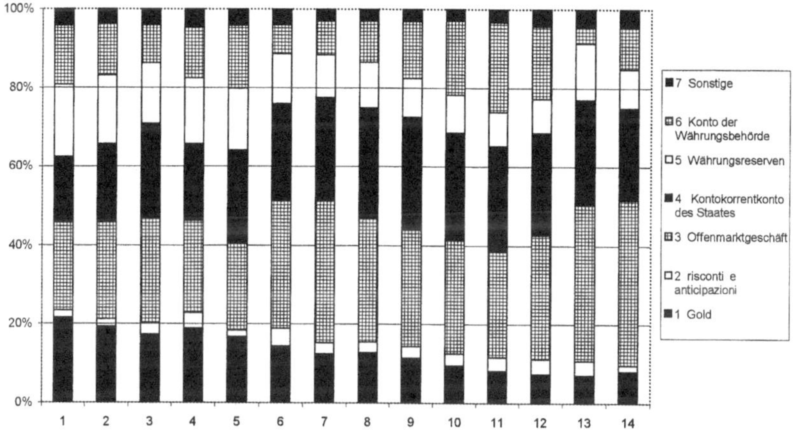

Quelle: nach obiger Tabelle

Tabelle 14: Bilanz der Deutschen Bundesbank

	1980	1981	1982	1983	1984	1985	1986	1987	1988	1989	1990	1991	1992	1993
in Mio. DM														
I. Aktiva	**185723**	**198090**	**207350**	**197147**	**208248**	**216899**	**220852**	**230476**	**268925**	**308571**	**349550**	**359861**	**368340**	**405566**
1. Gold	13688	13688	13688	13688	13688	13688	13688	13688	13688	13688	13688	13688	13688	13688
2 Refinanzierungsgeschäft	51390	56180	65770	69329	70550	63698	63227	54716	66756	66496	91089	76861	64830	72970
3 Wertpapierpensionsgeschäft	6164	11876	9103	16168	25736	41627	33191	27640	77980	108828	117435	148457	124099	184531
4. Kassenkredite	2437	4745	1395	901	2440	179	2950	808	1010	1053	742	189	4542	0
5 Währungsreserven	86466	89987	94274	70322	70391	72317	80349	108943	83439	86272	92908	83658	130271	109076
6. Sonstige	25578	21614	23120	26739	25443	25390	27447	24681	26052	32234	33688	37008	30910	25301
Veränderung gg Vorjahr in %														
I. Aktiva	**7,0**	**6,7**	**4,7**	**-4,9**	**5,6**	**4,2**	**1,8**	**4,4**	**16,7**	**14,7**	**13,3**	**2,9**	**2,4**	**10,1**
1. Gold	0,0	0,0	0,0	0,0	0,0	0,0	0,0	0,0	0,0	0,0	0,0	0,0	0,0	0,0
2. Refinanzierungsgeschäft	41,8	9,3	17,1	5,4	1,8	-9,7	-0,7	-13,5	22,0	-0,4	37,0	-15,6	-15,7	12,6
3 Wertpapierpensionsgeschäft		92,7	-23,3	77,6	59,2	61,7	-20,3	-16,7	182,1	39,6	7,9	26,4	-16,4	48,7
4. Kassenkredite	688,7	94,7	-70,6	-35,4	170,8	-92,7	1548,0	-72,6	25,0	4,3	-29,5	-74,5	2303,2	-100,0
5 Währungsreserven	-7,4	4,1	4,8	-25,4	0,1	2,7	11,1	35,6	-23,4	3,4	7,7	-10,0	55,7	-16,3
6. Sonstige	-14,5	-15,5	7,0	15,7	-4,8	-0,2	8,1	-10,1	5,6	23,7	4,5	9,9	-16,5	-18,1

	1980	1981	1982	1983	1984	1985	1986	1987	1988	1989	1990	1991	1992	1993
II. Passiva	**185720**	**198088**	**207351**	**197150**	**208249**	**216895**	**220851**	**230474**	**268925**	**308572**	**349547**	**359860**	**368339**	**405567**
1 Banknotenumlauf	83730	83790	88575	96073	100636	105416	113983	125608	143942	150548	166909	181300	213355	224341
2. Einlagen	56591	53523	56648	58034	58048	59640	60290	68418	69785	78519	102244	94919	90093	87655
2.a. Kreditinstitute	53845	50609	51875	52702	54254	55824	55869	60491	61241	66874	76678	81273	88872	73378
2.b. Öffentliche Haushalte	1015	767	1258	2160	982	2249	1144	4664	3535	6129	19145	12722	429	13496
2.c. Sonstige	1731	2147	3515	3172	2812	1567	3277	3263	5009	5516	6421	924	792	781
3. Verbindlichkeiten aus dem Auslandsgeschäft	7721	8910	12035	9781	11439	14620	19915	17078	24020	48471	49154	39449	24653	22052
4 Grundkapital und Rücklagen	1390	2164	4770	5009	5384	5612	5851	6279	6347	7777	8107	8925	9645	11248
5 Sonstige	36288	49701	45323	28253	32742	31607	20812	13091	24831	23257	23133	35267	30593	60271
Zentralbankgeldmenge	**137575**	**134399**	**140450**	**148775**	**154890**	**161240**	**169852**	**186099**	**205183**	**217422**	**243587**	**262573**	**302227**	**297719**
Veränderung in Mio. DM	**-6591**	**-3176**	**6051**	**8325**	**6115**	**6350**	**8612**	**16247**	**19084**	**12239**	**26165**	**18986**	**39654**	**-4508**
in %	-4,6	-2,3	4,5	5,9	4,1	4,1	5,3	9,6	10,3	6,0	12,0	7,8	15,1	-1,5
Gewinnausschüttung an den Staat	**2271**	**10510**	**11038**	**11366**	**12944**	**12654**	**7337**	**240**	**10040**	**9964**	**8265**	**14464**	**13092**	**18255**
Anteil Gewinnausschüttung an dZBGM in %	-34,5	-330,9	182,4	136,5	211,7	199,3	85,2	1,5	52,6	81,4	31,6	76,2	33,0	-404,9

Quelle: Schenk (1997)

Synopse politischer Stellungnahmen

a) Frankreich[1]

Innerparteilich divergierende Positionen traten insbesondere bei den Sozialisten und dem RPR zutage. Im Gegensatz dazu zeigten der PCF und die UDF weitgehende Geschlossenheit in ihren Äußerungen.

PCF (Parti Communiste Français)

- Politische Ausrichtung: Der PCF begreift sich nach seinem traditionellen Selbstverständnis als linke Klassenpartei und Avantgarde. Bei den Parlamentswahlen von 1993 erreichte er einen Anteil von 9,21% der Stimmen.[2]
- Äußerungen zu Maastricht: Der PCF wandte sich gegen den EU-Vertrag, in dem er die Manifestation ultraliberaler Wirtschaftsvorstellungen sah, die sich insbesondere in dem Verbot der Kredite an öffentliche Haushalte äußerte. Der Grund für Inflation sei nicht in der Finanzierung öffentlicher Defizite zu suchen, sondern in der größeren Anziehungskraft spekulativer Investitionen als der Entwicklung von Beschäftigung und Wohlstand für die Ersparnis und die Geldschöpfung.[3] Der Primat der Preisstabilität führe unweigerlich zu Arbeitslosigkeit, was die Politik des "Franc fort" schon bewiesen habe.[4] Den Vertretern des PCF lag insbesondere eine "Demokratisierung der europäischen Institutionen" und damit eine Reduzierung nichtgewählter Institutionen am Herzen, und sie übten Kritik an der Regierung, die die Reform der Banque de France von dem Maastrichter Vertrag zu trennen suchte.[5] Die Positionierung der Geldpolitik "im Rahmen der allgemeinen Wirtschaftspolitik" durch den Art. 1 der reformierten Statuten der Banque de France täusche ihrer Meinung nach darüber hinweg, daß die Regierung keine Rolle mehr in der Bestimmung der Geldpolitik spielen werde. Mit dieser Gewichtung solle nur „vorgetäuscht" werden, daß die geldpolitischen Entscheidungen von rein technischen Regeln statt von politischen Entscheidungen abhingen und dadurch die wirtschaftspolitischen Entscheidungen vor den Forderungen der sozialen Bewegung geschützt würden.[6]

---

[1] Die Zusammenfassungen basieren hauptsächlich auf den parlamentarischen Debatten zur Ratifikation und zur Reform der Banque de France soweit nicht anders im Text gekennzeichnet.
[2] Vgl. dazu Große/Lüger (1997).
[3] Sie optierten für die Beibehaltung nationaler Währungen, die die Basis für eine "ECU der Kooperation" bilden sollten. Vgl. Dupin (1994) S. 4.
[4] Jean-Pierre Brard J.O. 9/6/1993 - Débats parlementaires A.N. S. 1287.
[5] Jean-Pierre Brard J.O. 9/6/1993 - Débats parlementaires A.N. S. 1287.
[6] Jean-Pierre Brard J.O. 9/6/1993 - Débats parlementaires A.N. S. 1249.

Verts

- Politische Ausrichtung: Die Grünen leiden in Frankreich einerseits unter innerparteilicher Zersplitterung und darunter, daß in allen großen Parteien Reste des „patriotischen Erbes" verankert sind, die bei politischem Widerstand gegen Vorhaben von großem nationalem Prestige Unterstützung in der Bevölkerung erschweren.[1] 1993 konnten sie einen Anteil von 9,21% der Stimmen erlangen.
- Äußerungen zu Maastricht: Der Widerstand der Kommunisten wurde von dem linken Rand der Partei mitgetragen, während die Génération Ecologie zu den Befürwortern zählte.

PS (Parti Socialiste)

- Politische Ausrichtung:[2] Die sozialistische Partei pendelt seit jeher zwischen einer „alliance à gauche" und einer „alliance au centre". 1991 hat die Partei auf einem außerordentlichen Parteitag mit „Horizon 2000" ein Programm verabschiedet, das dem „Godesberger Programm" der SPD vergleichbar ist und eine soziale Marktwirtschaft propagiert. Zu einer vergleichbaren sozialdemokratischen Position fehlt dem PS unter anderem eine enge Verbindung mit der Gewerkschaft. 1993 konnte er bei den Parlamentswahlen zusammen mit dem MRG (Mouvement des Radicaux de Gauche) 20,06% der Stimmen verbuchen.
- Äußerungen zu Maastricht: Die Sozialisten wiesen eine große Stimmenvielfalt auf.[3] Für Aufregung sorgte insbesondere in Deutschland die Äußerung des Staatspräsidenten Mitterrand in einer Fernsehdiskussion am 2. September 1992, also kurz vor dem Referendum: *"Die Zentralbank, die künftige Zentralbank, die, wie Sie wissen nicht vor 1997 bzw. 1999 existieren wird, entscheidet nicht. (....) Die Techniker der Europäischen Zentralbank sind verpflichtet, im monetären Bereich die Entscheidungen des Europäischen Rates auszuführen, getroffen von zwölf Staats- und Regierungschefs, d.h. von Politikern, die ihre Völker vertreten."*[4] Die Äußerung Mitterrands läßt sich zum Teil auf den hohen politischen Druck zurückführen, der auf ihn in der Vorphase des Referendums ausgeübt wurde,[5] ist aber auch Indiz für die französische Motivation des Vertragsabschlusses.

---

[1] Vgl. Große/Lüger (1997).
[2] Vgl. Große/Lüger (1997) S. 84.
[3] Zu einer detaillierten Analyse der europapolitischen Position der sozialistischen Partei siehe Prosche (1991).
[4] Galahn (1996) S. 222.
[5] Während dieser Diskussion wurde von ihm gefordert, sein Mandat mit dem Ausgang des Referendums zu verknüpfen. L'année politique 1992 en France (1993) S. 85.

Der damalige Wirtschafts- und Finanzminister Bérégovoy beurteilte die Unabhängigkeit der Banque de France als "kulturelle Revolution",[1] und die Währungs- und Wirtschaftsunion als einen weiteren Schritt zu mehr Wachstum und Beschäftigung.[2] Diese positive Einschätzung gründete auch auf dem von vielen französischen Politikern geteilten Wunsch, den "Provinzialismus" und den "Egoismus" der Deutschen Bundesbank zu beenden.[3] Bérégovoy sah in der "geteilten Verantwortung" für die Geldpolitik, die er dem Ausdruck "Souveränitätsverlust" vorzog, eine Möglichkeit, Deutschland in Europa einzubinden und auf diese Weise einer Verhaltensänderung, wenn auch nicht auf militärischem, so doch auf ökonomischem und geldpolitischem Gebiet der Deutschen vorzubeugen.[4] Die Zentralbank - sowohl die nationale als auch die zukünftige europäische - dürfe zwar nicht den *"Wechselfällen des politischen Lebens ausgeliefert sein"*, die währungspolitische Unabhängigkeit bedeute jedoch nicht, *"... daß man nicht weiß, was politisch notwendig ist."* Er sah währungspolitische Unabhängigkeit nur im Rahmen der wirtschaftspolitischen Leitlinien als möglich an.[5] Das Auftauchen einer "währungspolitischen Macht" in Europa verlangte laut Bérégovoy ein Gegengewicht, eine "gemeinschaftliche Wirtschaftsregierung". Geld- und Währungspolitik könne sich nicht außerhalb der demokratischen Legitimation und Kontrolle stellen. Der französische Vertragsentwurf spiegelte denn auch die Äußerung Bérégovoys wider: *"There must be an economic power that offsets monetary power; there is no such thing as a completely independent monetary policy."*[6] Die Mehrheit der Sozialisten folgte Mitterrand und Bérégovoy. Gegner des Maastrichter Vertrages sammelten sich um den damaligen Verteidigungsminister Chevènement und sein "Mouvement des citoyens".[7] Er sah in der EZB zwar eine "wachsame Hüterin der monetären Orthodoxie", befürchtete aber, daß sie sowohl die Funktion einer zweiten Bundesbank als auch eines IWF ausüben und sich als ein "Gendarm der Übermäßigen" gebärden werde.[8] Chevènement warnte vor dem Verlust "staatlicher Souveränität". Eine "Entstaatlichung" der Geldpolitik[9] werde sich ge-

---

[1] Libération v. 12. Dezember 1991.

[2] Le Figaro v. 11.12.1991.

[3] Bérégovoy zitiert von Georges Valence (1996) S. 328.

[4] Interview mit P. Bérégovoy in Les Echos vom 14.9.1992. Ähnlich sprach F. Mitterrand in dem Interview, das er direkt nach den Maastrichter Verhandlungen gab. o.V. (1991) S. 2.

[5] Damit liegen diese Äußerungen Bérégovoys durchaus in einer Linie mit den tradierten geldpolitischen Vorstellungen in Frankreich. Krägenau/Wetter (1993) S. 66.

[6] Krägenau/Wetter (1993) S. 66.

[7] Die europapolitische Diskussion der Sozialisten war bisher nur von vereinzeltem Widerstand geprägt, der sich beispielsweise in der Weigerung des ehemaligen Premierministers Fabius äußerte den Text der Konferenz der Parlamente hinsichtlich der Europäischen Wirtschafts-, Währungs- und Politischen Union zu unterzeichnen.

[8] Cassen (1992) S. 6.

[9] Jean-Pierre Chevènement, J.O. 9/6/1993 - Débats parlementaires A.N. S. 1115.

gen Art. 3 der Verfassung richten, der dem Volk die nationale Souveränität verleihe. Die Manifestation staatlicher Souveränität bei zentralbankpolitischen Entscheidungen sei zudem ein historisches Faktum.[1] Die Errichtung einer Europäischen Zentralbank komme einer Niederlage des Sozialismus in Frankreich gleich und habe zu *der "Privatisierung der Banque de France im Namen des europäischen Aufbaus der Märkte"* geführt.[2] Premierminister Lionel Jospin hingegen wollte zunächst die alten Statuten der Banque de France beibehalten, lenkte dann aber mit der Begründung ein, daß er nicht im Wege stehen wolle, wenn die Unabhängigkeit eine Bedingung für das Fortschreiten der geldpolitischen Union des "französisch-deutschen Paares" sei.[3] Aus seinen Motiven machte er keinen Hehl: *„Die Gründung eines vereinigten und starken Europas ist kein Opfer für die französische Nation. ... Wir erobern vielmehr eine monetäre Machtposition, die wir mit unseren Partnern teilen.“*[45]

RPR (Rassemblement pour la République)

- Politische Ausrichtung:[6] Der RPR (Rassemblement pour la République) ist der Nachfolger der gaullistischen Bewegung, die sich bei der Rückkehr von General de Gaulle 1958 gegründet hatte. 1976 wurde er von Jacques Chirac gegründet, der bis 1994 ihr Präsident blieb. Chirac wurde der erste Premierminister, der im Rahmen der "Cohabitation" mit einem sozialistischen Staatspräsidenten regierte. Die Wiederwahl von Mitterrand im Jahre 1988 gegen Chirac verwies den RPR in die Opposition. 1993 gewannen die konservativen Parteien die Parlamentswahlen. Der RPR erreichte einen Stimmenanteil von 20,35%. Eine zweite "Cohabitation" mit Edouard Balladur als Premierminister begann, während sich Chirac auf die Präsidentschaftswahlen 1995 vorbereitete, die er gewann.
- Äußerungen zu Maastricht: Die Führung des RPR sprach sich für den EU-Vertrag und die darin enthaltenen zentralbankpolitischen Bestimmungen aus.[7] Der damalige Generalsekretär der Partei Alain Juppé formulierte die allgemeine Haltung des RPR, indem

---

[1] Verwiesen wird auf de Gaulle, der 1945 forderte, die Banque de France müsse so organisiert sein, "... daß kein Monopol, keine Koalition in der Lage sei, Druck auf den Staat auszuüben." Jean-Pierre Chevènement, J.O. 9/6/1993 - Débats parlementaires A.N. S. 1115.
[2] Halimi (1993) S. 7.
[3] Halimi (1993) S. 7.
[4] Lionel Jospin 1998 zitiert nach Viebig (1999) S. S. 510.
[5] Jospins wirtschaftspolitisches Credo wird in Frankreich als „keynesianisches wirtschaftspolitisches Denken gewürzt mit Marxismus“ beschrieben. Vgl. Mauduit (1997).
[6] Zum neogaullistischen "Rassemblement pour la République" (RPR) siehe Große/Lüger (1997) S. 59ff.
[7] Der RPR hatte bereits 1989 in einem europäischen Statement eine "autonome" Europäische Zentralbank gefordert. RPR (1989) S. 4.

er die Errichtung der Europäischen Zentralbank befürwortete, da sie eine zusätzliche Chance für Frankreich darstelle, Einfluß auf geldpolitische Entscheidungen zu nehmen: *"La France aura une voix alors qu'aujourd'hui la Bundesbank impose ses vues et elle n'en a aucune."*[1] Die Bedenken der Kritiker der Unabhängigkeit wies Juppé mit der Aussage zurück, daß die Regierungen die Entscheidungen, die sie für richtig hielten, den Technokraten der Zentralbank aufzwingen könnten.[2] Edouard Balladur war - wie auch der damalige Präsident der Nationalversammlung Philippe Séguin - zunächst ein Verfechter einer gemeinsamen Währung gewesen, die in Konkurrenz zu den nationalen Währungen zirkulieren sollte (Parallelwährung),[3] sah aber in der Errichtung der Europäischen Zentralbank und deren Unabhängigkeit eine Notwendigkeit,[4] während Séguin und Pasqua zum Widerstand gegen den Maastrichter Vertrag aufriefen. Die Reform der Banque de France befürwortete er in diesem Zusammenhang aus Gründen der Erhöhung der "Glaubwürdigkeit", die in zunehmenden Maße ein wesentlicher Faktor für die Wirksamkeit der Zentralbankpolitik geworden sei. Jacques Chirac hatte sich bereits sehr früh für eine Angleichung der Statuten der Banque de France an das Bundesbankstatut ausgesprochen.[5] Er trat jedoch dafür ein, in einem Europa der „Nationen" auch „nationale Interessen" durchsetzen zu wollen, setzte sich demzufolge auch gegen Widerstände im eigenen Land für die Kandidatur Trichets als Präsident der EZB ein. Die Reform der Banque de France wurde von der Mehrheit der RPR-Abgeordneten mitgetragen, doch auch in dieser Frage zählten der damalige Innenminister Philippe Séguin und Charles Pasqua zu den Kritikern. In gaullistischer Tradition hatten sie von Anfang an auf spektakuläre Weise gegen den Vertrag und die Unabhängigkeit der Europäischen Zentralbank opponiert, deren Status der "Irresponsabilité" (Unverantwortlichkeit im Sinne einer fehlenden Rechenschaftsbeziehung) keine Garantie für geldpolitische Stabilität bedeute. Der Prozeß der Wirtschafts- und Währungsunion erneuere eine Politik der hohen Zinsen, die die Investitionen und die Beschäftigung begrenzten. Sie kritisierten die Politik des "franc fort", die die Weigerung einer Abwertung mit Investitionseinbrüchen und einem explosiven Wachstum der Arbeitslosigkeit bezahlen würde. Durch den EU-Vertrag würde jegliche Alternative zu dieser Politik unmöglich gemacht, denn die Errichtung eines Europäischen Zentral-

---

[1] "Frankreich wird eine Stimme haben, während heute die Bundesbank ihre Sichtweisen auferlegt und (Frankreich) keine Stimme hat." AFP 17.9.1992.

[2] AFP 17.9.1992.

[3] Balladur (1990) S. 1f. 1988 hatte er für eine EZB gestimmt, die als "Lender of last resort" für die nationalen Zentralbanken fungieren sollte. Eine "gewisse" Autonomie hatte er als wünschenswert beurteilt. Hasse (1989) S. 233.

[4] Das hinderte ihn nicht daran, als Motiv anzugeben: „Die Macht Deutschlands zu begrenzen ist der Dauerauftrag der französischen Politik." Zitiert bei Möschel (1998) S. 219.

[5] Hasse (1989) S. 234.

banksystems, das zwar von den Regierungen unabhängig sein würde, aber unter starkem Einfluß der Deutschen Mark stünde, würde dieser Wechselkurspolitik und ihren geldpolitischen Folgen ein konstitutioneller Stellenwert gegeben.

UDF (Union pour la démocratie française)

- Politische Ausrichtung:[1] Der UDF ist eigentlich keine Partei, sondern ein Wahlbündnis, das 1978 vor den Parlamentswahlen von mehreren kleinen Parteien gegründet wurde. Er vertritt eine liberal - konservative Grundlinie, die im Vergleich mit dem RPR hinsichtlich der Europapolitik offener ist.
- Äußerungen zu Maastricht: Dem Widerstand aus den Reihen des RPR gesellte sich mit einigen Abgeordneten und Senatoren unter der Führung von Philippe de Villiers eine Minderheit der UDF hinzu. Im Unterschied zu den anderen Kritikern war ihre Position nicht durch die inhaltliche Auseinandersetzung mit dem EU-Vertrag bestimmt, sondern hauptsächlich durch die Opposition gegenüber François Mitterrand. Andere Politiker der UDF hingegen beurteilten den Vertrag als *"Lebensversicherung gegen den Sozialismus"*.[2]

Front National

- Politische Ausrichtung:[3] Der Front national ist eine rechtsextreme Partei, die mit stark rassistischer Programmatik einen festen Platz in der französischen Parteienlandschaft errungen hat. Sie hat sich den Kampf gegen Immigranten und ein „Empire de l'Europe" auf die Fahnen geschrieben. 1993 konnte die extreme Rechte in Frankreich einen Stimmenanteil von 12,9% erringen.
- Äußerungen zu Maastricht: Der Front National unter der Führung von Jean-Marie Le Pen nutzte die Debatte dazu, Mitterrand zu kritisieren, und ließ Themen anklingen, die mit dem konkreten Vertragsinhalt in keinem Zusammenhang standen.[4]

---

[1] Zum liberal-konservativen Parteienbund "Union pour la démocratie française" (UDF) siehe Große/Lüger (1997) S. 59ff.
[2] Cassen (1992) S. 7.
[3] Große/Lüger (1997) S. 96.
[4] o.V. L'année 1992 en France (1993) S. 85.

b) Italien

Die zentralbankpolitischen Stellungnahmen der Parteien erfolgten analog zu den parlamentarischen Debatten relativ zurückhaltend. Das breite italienische Parteienspektrum ist daher hier nur in Ausschnitten vertreten, denn nicht alle Parteien äußerten sich in den parlamentarischen Debatten zur Problematik.[1] Lediglich die kommunistische Partei und die neofaschistische Partei MSI-DN sprachen sich gegen eine Ratifikation des Maastrichter Vertrages aus und bezogen sich mit ihrer Kritik auch explizit auf die Zentralbank.

Rifondazione Comunista

- Politische Ausrichtung:[2] Die Partei ist eine Nachfolgepartei des PCI (Partito Comunista Italiano), der 40 Jahre lang die stärkste kommunistische Partei des Westens war. Im Gegensatz zu anderen kommunistischen Parteien vereinte er aber mit dem Grundmodell einer zentralistisch–leninistischen Partei Elemente einer Volkspartei. Sie übt großen Einfluß auf die größte Landesgewerkschaft CGIL aus. 1991 wurde der PCI in die Rifondazione Comunista und in den PDS (Partito Democratico della Sinistra) gespalten. Die Rifondazione wandte sich gegen die Preisgabe der kommunistischen Identität, während sich der PDS der Mittelschicht zuwandte. Die Rifondazione Comunista verfügte nach den Parlamentswahlen 1994 über 6,0%.
- Äußerungen zu Maastricht: Die Kommunisten befürchteten eine deutsche Hegemonie; durch die Rückführung der öffentlichen Verschuldung würden der Bevölkerung exzessive Lasten auferlegt und die Arbeitslosigkeit weiter verstärkt. Die deutsche Hochzinspolitik habe dafür gesorgt, daß Italiens Währungsreserven aufgebraucht worden seien.

PDS

- Politische Ausrichtung:[3] Siehe dazu unter der Rifondazione Comunista. Bei den Parlamentswahlen von 1994 erzielte der PDS 20,4%.
- Äußerungen zu Maastricht: Der PDS nutzte die Gelegenheit, um die Regierung anzugreifen, die angeblich ihre eigene Schwäche hinter einer supranationalen Autorität wie der EZB zu verstecken suche. Das demokratische Defizit sei eine unvermeidliche Kon-

---

[1] Da die Normenänderungen der Jahre 1992 und 1993 nur in geringem Maße von politischen Vertretern kommentiert wurden, beziehen sich die folgenden Positionen auf die Ratifikationsdebatte.
[2] Große/Trautmann (1997) S. 37ff.
[3] Zur Nachfolgepartei "Partito Democratico della Sinistra" der PCI siehe Große/Trautmann (1997) S. 37f.

sequenz der Konzentration ökonomischer Macht in der EZB. Der PDS sprach sich ausdrücklich für die in Maastricht getroffenen Vereinbarungen aus, sah aber das Risiko, daß eine ökonomische und monetäre Union nicht zu einer Politischen Union führen würde.

DC (Democrazia Cristiana)

- Politische Ausrichtung: Die DC ist von 1946 bis 1993/1994 in Italien ununterbrochen an der Macht gewesen, dabei aber im Gegensatz zur CDU/CSU sehr heterogen aufgetreten. Seit 1991 haben zahlreiche Abspaltungen (La Rete, Popolari per la Riforma, Patto per l'Italia) stattgefunden. 1994 erfolgte eine Namensänderung in PPI (Partito Popolare Italiano), die 1994 13,1% erzielte. Danach erfolgten weitere Abspaltungen durch Berlusconi mit der Forza Italia und der Alleanza Nazionale von Fini, die die eigentliche DC verschwinden ließen.
- Äußerungen zu Maastricht: Die Democrazia Cristiana wies zwar auf einige Schwächen des Vertrages hin, sprach sich aber ausdrücklich für die Ratifikation aus.

  Abgeordnete der PSI und PSDI kritisierten, daß mit dem Maastrichter Vertrag eine „Büro- und Technokratenherrschaft" eingeleitet worden wäre, die unter der ökonomischen Führung der Bundesbank agierten. Das Wiedererlangen monetärer Souveränität wurde von den Republikanern als Motiv genannt.

PLI (Partito Liberale Italiano)

- Politische Ausrichtung:[1] Der liberale PLI gilt in Italien als Unternehmerpartei.
- Äußerungen zu Maastricht: Ähnlich wie der PDS formulierten es die Liberalen, die die deutsche Rolle in der politischen Entwicklung betonten: *„Maastricht è la risposta europea al problema della CEE con la Germania e la fine della guerra fredda."*[2]

[1] Siehe zum "Partito Liberale Italiano" (PLI) S. 39ff.
[2] „Maastricht ist die europäische Antwort auf das Problem der Europäischen Wirtschaftsgemeinschaft mit Deutschland und dem Ende des Kalten Krieges." Paolo Battistuzzi in der Sitzung vom 28. Oktober 1992 S. 5263.

c) Deutschland[1]

CDU/CSU

Während der Debatten zur Ratifikation des Vertrages demonstrierte die Regierungspartei Geschlossenheit. Das hauptsächliche Motiv, ein politisches, hatte Bundeskanzler Kohl schon während der Regierungserklärung im Dezember 1991 formuliert: Die deutsche Wiedervereinigung und die europäische Entwicklung sind zwei Seiten einer Medaille.[2] Auf dieser Ebene war für eine Diskussion über die Europäische Zentralbank und deren Ausgestaltung wenig Raum.

Wolfgang Schäuble, Michael Glos, Rudolf Seiters und Karl Lamers haben 1997 in einem gemeinsamen Papier die Währungsunion und den Maastrichter Vertrag als die „Institutionalisierung" der in Deutschland erprobten Stabilitätspolitik bezeichnet. Es liegt danach nicht nur in *„Deutschlands Interesse, sondern auch in seiner Verantwortung"*, daß die Währungsunion zustande kommt.[3] In Sachsen sprach sich der dortige Ministerpräsident Kurt Biedenkopf noch kurz vor der dritten Phase der EWWU für eine fünfjährige Verschiebung aus.[4]

SPD

Die Haltung der SPD erläuterte Heidemarie Wieczorek-Zeul in der Ratifizierungs-Debatte:

„Aber ich bin mir ziemlich sicher, sollte die europäische Integration zurückfallen oder gar scheitern und Deutschland sich selbst überlassen bleiben, würde der alte Ungeist wieder in großem Umfang gesellschafts- und politikfähig werden. Die europäische Integration ist auch ein Stabilitätsanker für die politische Stabilität in Deutschland. Das ist der Hauptgrund, warum viele in meiner Fraktion, die 'Maastricht' durchaus kritisch sehen, dem Vertrag und den notwendigen Vertragsänderungen dennoch zustimmen."[5]

Der damalige niedersächsische Ministerpräsident Gerhard Schröder warnte 1995/1996 vor enormen „Transferzahlungen" und kritisierte die Stabilitätskriterien des Maastrichter

---

[1] Im folgenden werden die betrachteten Parteien nur auf ihre Äußerungen zum Maastrichter Vertrag hin untersucht.
[2] Er wiederholte diese Grundmotiv noch einmal in Bundestag PlPr 12/110 vom 2.12.1992 S. 10824.
[3] Schäuble/Glos/Seiters/Lamers (1998) S. 78.
[4] Bundeszentrale für politische Bildung (1998) S. 66.
[5] Heidemarie Wieczorek-Zeul im Bundestag, PlPr 12/110 vom 8.10.1992 S. 9336.

Vertrages.[1] Er gesellte sich 1997 zu dem Kreis der Euro-Skeptiker, dem auch Henning Voscherau, der damalige Erste Bürgermeister Hamburgs, angehörte, der eine Volksabstimmung durchführen wollte. [2]

FDP

In den Ratifizierungsdebatten äußerte sich die FDP weitgehend übereinstimmend mit der CDU/CSU-Fraktion.[3] Helmut Haussmann forderte den Sitz Frankfurt für die Europäische Zentralbank. Kritisch äußerte sich Otto Graf Lambsdorff, der das andere geldpolitische Verständnis Frankreichs hervorhob und vorschlug, die wechselkurspolitischen Bestimmungen noch einmal zu überdenken.[4]

Bündnis 90/ Die Grünen

Vom Bündnis 90/Die Grünen wurde der Ratifizierung trotz einzelner Vorbehalte zugestimmt. „ ... *bei der Einschätzung des Maastrichter Vertrages kann man mit guten Argumenten zu sehr unterschiedlichen Ergebnissen gelangen. Fest steht allerdings, daß es zur europäischen Integration keine Alternative gibt und daß die europäische Einigung ganz Europa umfassen muß. ... Das Europäische Währungssystem muß modifiziert werden, nicht weil es den großen Währungskrach mit der Folge der Abwertungen und vorläufigem Austritt von Pfund und Lira gab, sondern weil es ihn erst so spät gab und weil er so krisenhaft und chaotisch vor sich ging.*“[5]

PDS

Die PDS stellte sich gegen die Ratifizierung des Vertrages mit dem Argument, daß dieser eine „*Vorherrschaftsrolle Deutschlands in Europa*“ ermöglichen würde:[6] „*Nur aus dieser Tatsache heraus, nämlich der geplanten Herrschaft Deutschlands in Europa, läßt sich die breite Übereinstimmung in diesem Bundestag erklären.*“[7]

---

[1] Gerhard Schröder in einem Interview, „Nicht die deutsche Wirtschaft überfordern“ in Focus 45/1995.
[2] „Euro: Große Koalition der Zweifler wird stärker, Landtagswahlkampf steigert Druck auf Bonn“ im Bonn Express vom 9.9.1997.
[3] Vgl. dazu die Äußerungen von Helmut Haussmann im Bundestag, PlPr 12/110 vom 8.10.1992 S. 9352.
[4] Otto Graf Lambsdorff im Bundestag, PlPr 12/110 vom 8.10.1992 S. 9335.
[5] Werner Schulz im Bundestag, PlPr 12/110 vom 8.10.1992 S. 9342.
[6] Gregor Gysi im Bundestag, PlPr 12/110 vom 8.10.1992 S. 9339.
[7] Gregor Gysi im Bundestag, PlPr 12/110 vom 8.10.1992 S. 9339.

Literaturverzeichnis

A. Monographien sowie namentlich gekennzeichnete Artikel in Sammelwerken, Zeitschriften und Zeitungen

Aalund, D.; Tietmeyer sees Key Role for Bundesbank; in: Wall Street Journal Europe v. 26.5.1999; wiederabgedruckt in: Deutsche Bundesbank/Auszüge aus Presseartikeln; Nr. 36 v. 27.5.1999; S. 17-18.

Addis, E.; La Banca Centrale Europea nel Trattato di Maastricht e la Teoria della Politica Monetaria; in: Economia e Banca; Annali Scientifici; Nr. 7 -8/1994 -1995; S. 13-39.

Adenauer, K.; Entwurf eines Gesetzes über die Deutsche Bundesbank; in: BT-Drucks. 2/2781 v. 16.10.1956; S. 1-75.

Aganbegjan, A.; Ciocca, P.; Sylos Labini, P. (Hrsg.); Perestrojka e ristrutturazione produttiva; Bologna 1989.

Aglietta, M.; Boissieu, C. de; L'émergence de la monnaie européenne; in: problèmes économiques; Nr. 2290; 9.9.1992b; S. 2-10.

Aglietta, M.; L'indépendance des banques centrales; in: Dossier: L'indépendance des banques centrales; Herbst 1992a; Nr. 22; S. 37-56.

Akhtar, M.A.; Howe, H.; The Political and Institutional Independence of US monetary Policy; in: BNL Quarterly Review; Vol. XLIV; September 1991; S. 343-389.

Alesina, A.; Macroeconomics and Politics; NBER Macroeconomics Annual; 1988; S. 13-52.

Alesina, A.; Politics and business cycles in industrial democracies; in: Economic Policy; Nr. 8; 1989; S. 57-98.

Alesina, A.; Prati, A.; Tabellini, G.; Public Confidence and Debt Management: a Model and a Case Study of Italy; in: Public Debt Management; Theory and History; hrsg. von R. Dornbusch und M. Draghi; Cambridge 1990; S. 94-121.

Alesina, A.; Summers, L.; Central Bank Independence and Macroeconomic Performance: Some Comparative Evidence; in: Journal of Money, Credit and Banking; Vol. 25; Nr. 2; Mai 1993; S. 151-162.

Alesina, A.; Tabellini, G.; A Positive Theory of Fiscal Deficits and Government Debt in a Democracy; in: The Review of Economic Studies; Band 57; 1990; S. 403-414.

Alesina, A.; Tabellini, G.; Credibility and politics; in: European Economic Review; Vol. 32, Nr. 2/3; März 1988; S. 542-550.

Alesina, A; Grilli, V.U.; The European Central Bank: Reshaping Monetary Politics in Europe; in: Establishing a Central Bank: Issues in Europe and Lessons from the US; hrsg. von M.B. Canzoneri, V.U. Grilli und P.R. Masson; Cambridge 1992; S. 49-77.

Allais, M.; Combats pour l'Europe; Paris 1994.

Allais, M.; L'Europe face à son avénir; Paris 1991.

Allais, M.; L'intégration monétaire de la Communauté européenne; in: Le Figaro v. 13. Dezember 1990.

Allais, M.; Soll der Vertrag von Maastricht ratifiziert werden?; Le Figaro v. 29.4.1992; wiederabgedruckt in deutscher Übersetzung in: Deutsche Bundesbank/Auszüge aus Presseartikeln; Nr. 35 v. 13.5.1992, S. 8.

Allsopp, C.; The political Economy of E.M.S.; in: Revue économique; Vol. 30; Nr. 5 September 1979; S. 866-901.

Allsopp, C.; Vines, D.; Fiscal Policy and EMU; in: National Institute Economic Review; 4/96; Nr. 158; S. 91-107.

Alogoskoufis, G.D.; Smith, R.; The Phillips Curve, the Persistence of Inflation and the Lucas Critique: Evidence from Exchange-Rate Regimes; in: The American Economic Review; Vol. 81 Band II; Dezember 1991; S. 1254-1275.

Alogoskoufis, G.S.; Monetary Accomodation, Exchange Rate Regimes and Inflation Persistence; in: The Economic Journal; Vol. 102 Band 1; Mai 1992; S. 461-480.

Altimari, S.N.; Rinaldi, R.; Siviero, S.; Terlizzese, D.; Monetary policy and transmission channels in the Bank of Italy's quarterly econometric model; in: Financial Structure and the Monetary Transmission Mechanism; hrsg. von der Bank für Internationalen Zahlungsausgleich; Basel 1995. S. 405-434.

Ambrosini, M.G.T.; Aspetti evolutivi della politica monetaria in Italia nella prospettiva dell'unione economica e monetaria europea; in: Rivista Bancaria Minerva; Nr. 1, Januar /Februar 1991; S. 9-34.

Andersen Consulting; Die Europäische Wirtschafts- und Währungsunion Eine Untersuchung aus Sicht deutscher, schweizerischer und österreichischer Führungskräfte; Sulzbach 1996.

Ando, A.; Eguchi, H.; Farmer, R.; Suzuki, Y. (Hrsg.); Monetary Policy in Our Times; Cambridge 1985.

Andreotti, G.; Maastricht e le prospettive dell'unione europea; in: Affari Esteri; Nr. 93; Januar 1992; S.1-6.

Angelini, P.; Passacantando, F.; Central Banks' Role in The Payment System and its Relationship with Banking Supervision; in: Prudential Regulation, Supervision and Monetary Policy: Theory, international Comparison and the European Central Banks' Role; hrsg. von F. Bruni; Proceedings of the Conference organized by the „Paolo Baffi" Centre for Monetary and Financial Economics; 5. Februar; Mailand 1993; S. 453-491.

Arbeitsgemeinschaft Deutscher Wirtschaftswissenschaftlicher Forschungsinstitute; Die Lage der Weltwirtschaft und der deutschen Wirtschaft im Herbst 1996; Essen 1996.

Arcelli, M. (Hrsg.); Il ruolo della Banca Centrale nella Politica Economica; Rom 1991.

Arcelli, M.; Introduzione; in: Il ruolo della banca centrale nella politica economica; hrsg. von M. Arcelli; Rom 1991; S. 11-19.

Arndt, H.-J.; Politik und Sachverstand im Kreditwährungswesen. Die verfassungsstaatlichen Gewalten und die Funktion von Zentralbanken; Berlin 1963.

Arnim, H.H. von; Staatslehre der Bundesrepublik Deutschland; München 1984.

Arnold, H.; "Maastricht" - Anfang oder Ende einer Entwicklung; in: Außenpolitik III/1993; S. 271-280.

Arnold; H.; Die Europäische Union zwischen Maastricht und Maastricht-Revision; in: Aus Politik und Zeitgeschichte Beilage zur Wochenzeitung Das Parlament; 13. Januar 1995; S. 3-9.

Artis, M; Winkler, B.; The Stability Pact: Safeguarding the Credibility of the European Central Bank; in: National Institute Economic Review; Heft 1; 1998; S. 87-98.

Artoni, R.; Banca d'Italia e politica di sviluppo: un commento; in: L'autonomia delle banche centrali; hrsg. von D. Masciandaro und S. Ristuccia; Mailand 1988; S. 253-255.

Artus, P.; Absence de coopération des activités: principes et exemples; Document de travail de la Caisse des Dépôts et Consignations; Oktober 1991.

Artus, P.; Avouyi Dovi, S.; Inflation anticipée, politique monétaire et taux d'intérêt aux Etats Unis; in: Revue économique; Vol. 41; Band 1; Nr. 3; Mai 1990; S. 581-598.

Artus, P.; Is the Stability Pact an Efficient Agreement?; in: Employment and EMU; Deutsch-Französisches Wirtschaftspolitisches Forum; Juli 1997; Paris; S. 14-35.

Artus, P.; Kaabi, M.; Dépenses publiques, progrès technique et croissance; Document de Travail de la Caisse des Dépôts et Consignations; November 1991.

Artus, P.; Que retenir des thèses contre l'Union monétaire européenne?; in: Revue d'économie financière; Sept. 1992; S. 139-154.

Artus, P.; Union monétaire: quelles contraintes vont subir les pays ou les régions les moins avancés d'Europe?; in: Problémes économiques; Nr. 2274; 7 Mai 1992; S. 19-21.

Associazione Bancaria Italiana; La Banca Centrale Europea come prestatore di ultima istanza; Dezember 1996.

Associazione Bancaria Italiana; Rapporto IME „The single monetary policy in stage three" (September 1997) - Sintesi e prime valutazioni dei riflessi operativi sulle banche italiane; Dezember 1997.

Aubert, F.; La Banque de France; Paris 1975.

Aubin, C.; Banque centrale et pouvoir politique dans une union monétaire; in: Révue d'économie politique; Vol. 105; Sept.-Okt. 1995; S. 197-212.

AUME/NIESR (Association for the Monetary Union of Europe/The National Institute of Economic and Social Research); Maastricht - und was dann?; Landsberg 1992.

Ausschuß der Präsidenten der Zentralbanken der Mitgliedsstaaten der Europäischen Wirtschaftsgemeinschaft; Jahresbericht 1992; Basel 1993.

Ausschuß zur Prüfung der Wirtschafts- und Währungsunion; Bericht zur Wirtschafts- und Währungsunion in der EG (Delors-Bericht); in: Europäische Wirtschafts- und Währungsunion; hrsg. von H. Krägenau und W. Wetter; Baden-Baden 1993; S. 146-157.

Axt, H-J.; u.a.; Europa-Wissenschaftler plädieren für Maastricht; in: Der Vertrag von Maastricht in der wissenschaftlichen Kontroverse; hrsg. von R. Hrbek; Baden-Baden 1993; S. 179-187.

Bade, R.; Parkin, M.; Central Bank Laws and Monetary Policies; University of Western Ontario; Ontario1987.

Baehring, B.; Die Präsidenten der Deutschen Bundesbank: Das Zentralbanksystem von Vocke zu Pöhl – Macht und Gefährdung des Amtes; Aufsätze in Börsenzeitung Juli 1991.

Baert, D.; La politique monétaire en France; in: Cahiers Français: Monnaie et politique monétaire; Juli-September 1994; Nr. 267; S. 45-53.

Bagehot, W.; Lombard Street; London 1882.

Bagella, M.; Becchetti, L.; Inflation, Central Bank Independence, Labour and Financial Governance: Some Evidence from OECD Countries; in: Rivista di Politica Economica; März 1996; Nr. 3; S. 53-89.

Bagella, M.; C'è un futuro per la moneta europea?; in: L'Economia mondiale e l'Italia – Occupazione e Crescità nell'Europa del Dopo-Maastricht; Porto Cervo 1-2 Ottobre 1993; S. 101-111.

Baldessarini, M.; Mundell, R. (Hrsg.); Building the new Europe; New York 1993.

Balducci, R.; Marconi, M.; Accumulazione in stato uniforme e struttura finanziaria; in: Rivista internazionale di scienze sociali; Januar-April 1976; Fascicolo I-II; S. 3-35.

Baleste, M.; L'économie française; Paris 1991.

Balladur, E.; Pour l'Union européenne; in: Le Monde v. 9.2.1990; S. 1.

Baltensperger, E.; Böhm, P.; Geldmengenpolitik und Inflationskontrolle - Möglichkeiten, Kosten, flankierende Maßnahmen; Diessenhofen 1984.

Banca d'Italia; Bollettino Economico; Februar 1994b.

Banca d'Italia; Il dibattito sulla Banca d'Italia e i suoi vertici attraverso la stampa del 1994; Sammlung von Pressetexten; Rom 1995.

Banca d'Italia; Il testo unico delle leggi in materia bancaria e creditizia; in: Bollettino economico; Nr. 21; Oktober 1993; S. 18*-23*.

Banca d'Italia; La Banca d'Italia e i problemi della moneta e del credito; Rom 1994.

Banca d'Italia; La ristrutturazione della banca pubblica e la disciplina del gruppo creditizio; in: Quaderni di ricerca giuridica della consulenza legale; Nr. 26 Januar 1992.

Banca d'Italia; La tutela della concorrenza nel settore del credito; Rom 1992a.

Banca d'Italia; Le Autorità creditizie e i loro poteri; in: Quaderni di ricerca giuridica della Consulenza Legale; Nr. 27; März 1992.

Banca d'Italia; Relazione Annuale 1997; Rom 1998.

Banca d'Italia; Relazione Annuale 1998; Rom 1999.

Banca d'Italia; Ricerche per la Storia della Banca d'Italia; hrsg. von der Banca d'Italia; Vol. I; Rom 1990.

Banca d'Italia; The National Financial Changeover Plan: the transition to the euro in the Italian financial system; in: Economic Bulletin; Nr. 26; Februar 1998c; S. 77-82.

Banca d'Italia; Assemblea Generale Ordinaria di Partecipanti; Rom 1998b.

Banca d'Italia; Relazione illustrativa delle Proposte di modifica dello Statuto; Rom 1998a.

Banca d'Italia; Testo unico delle leggi in materia bancaria e creditizia; Rom 1997.

Bandulet, B.; Das Maastricht Dossier; München 1993.

Bank für Internationalen Zahlungsausgleich (BIZ); 60. Jahresbericht, 1. April 1989 - 31. März 1990; Basel 1990.

Bank für Internationalen Zahlungsausgleich (Hrsg.); Financial Structure and the Monetary Transmission Mechanism; Basel 1995.

Bank of Italy; The Bank of Italy Portrait of an Institution; Rom 1995.

Banque de France; Audience du Conseil de la politique monétaire, texte de l'allocution prononcée à l'occasion de cet événement par M. François Mitterand, président de la République, au Palais de l'Élysée, le jeudi 27 janvier 1994; in: Bulletin de la Banque de France; Nr. 2; Februar 1994a; S. 77-80.

Banque de France; Banque de France Histoire Organisation Rôle; Paris 1995a.

Banque de France; Banque de France; Paris 1973.

Banque de France; Banque de France; Paris 1983.

Banque de France; Bulletin de la Banque de France Statistiques monétaires et financiéres annuelles 1994; Paris 1995b.

Banque de France; Bulletin de la Banque de France; Nr. 25 Januar 1996.

Banque de France; Bulletin Mensuel, Juni 1993a.

Banque de France; Bulletin Trimestriel; Nr. 24; September 1977.

Banque de France; Bulletin Trimestriel Nr. 41; Dezember 1981.

Banque de France; Bulletin Trimestriel Nr. 76; Sept./Okt. 1990.

Banque de France; Bulletin Trimestriel Nr. 77; Dezember 1990 - Januar 1991.

Banque de France; Bulletin Trimestriel Nr. 78; Juni 1991.

Banque de France; Bulletin Trimestriel; Nr. 81; März 1992c.

Banque de France; Cahiers économiques et monétaires; Nr. 42; Paris 1993c; S. 41-65.

Banque de France; Compte Rendu 1986; Paris 1987.

Banque de France; Compte Rendu 1987; Paris 1988.

Banque de France; Compte Rendu 1988; Paris 1989.

Banque de France; Compte Rendu 1989; Paris 1990.

Banque de France; Compte Rendu 1990; Paris 1991.

Banque de France; Compte Rendu; Exercice 1975; Paris 1976.

Banque de France; Exercice 1991; Paris 1992.

Banque de France; Exercice 1995; Paris 1996.

Banque de France; Info No.93.12: Projet de Loi relatif au Statut de la Banque de France; 1993b.

Banque de France; La Banque de France et la monnaie; Paris 1995c.

Banque de France; Rapport-Exercice 1998; Paris 1999l.

Banque de France; Rapport-Exercice 1993; Paris 1994.

Banque de France; Rapport-Exercice 1994; Paris 1995d.

Banque de France; Recueil des textes relatifs à l'exercice des activités bancaires et financiéres; Paris 1998.

Baratta, P.; La Banca d'Italia tra sistema industriale e sistema creditizion; in: L'Autonomia delle Banche Centrali; hrsg. von D. Masciandaro und S. Ristuccia; Mailand 1988; S. 204-252.

Barbier, H.D.; Bourdieu und die Idee Tietmeyer; in: Frankfurter Allgemeine Zeitung; 5.11.1996; S. 17.

Barbier, H.D.; Ein schlechter Vertrag des guten Willens; in: Frankfurter Allgemeine Zeitung; 30.11.1992.

Barran, F.; Coudert, V.; Mojon, B.; La transmission des politiques monétaires dans les pays européens; in: Revue française d'économie; Vol. XII; Frühjahr 1997; S. 133-158.

Barre, R.; L'économie française quatre ans après; in: Revue des Deux Mondes; September 1980; S. 4.

Barro, R.; Gordon, D.; A Positive Theory of Monetary Policy in a Natural Rate Model; in: Journal of Political Economy; Vol. 91, Nr. 4; 1983b; S. 589-610.

Barro, R.; Gordon, D.; Rules, Discretion and reputation in a model of monetary policy; in: Journal of Monetary Economics; Vol. 12; Nr. 1; Juli 1983a; S. 101-122 wiederabgedruckt als Kapitel 4 in: Monetary and Fiscal Policy; hrsg. von T. Persson und G. Tabellini; Cambridge 1994; S. 99-122.

Barro, R.; Inflation and Economic Growth; in: Bank of England Quarterly Bulletin; Vol. 35; Nr. 2; Mai 1995; S. 166-176.

Baßeler, U.; u.a.; Manifest von 60 Ökonomen gegen Maastricht; zuerst veröffentlicht in: Frankfurter Allgemeine Zeitung v. 11.6.1992; wiederabgedruckt in: Der Vertrag von Maastricht in der wissenschaftlichen Kontroverse; hrsg. von R. Hrbek; Baden-Baden 1993; S. 159-161; zuerst veröffentlicht in: Frankfurter Allgemeine Zeitung v. 11.6.1992.

Bauer, E.; Art. 88 (Bundesbank); in: Grundgesetz-Kommentar; hrsg. von I. von Münch und P. Kunig; 3. neubearbeitete Auflage; München 1996; S. 483-494.

Becker, W.; Das währungspolitische Instrumentarium in der Bundesrepublik Deutschland und in Frankreich – ein Vergleich; Dissertation; Hamburg 1985.

Bell, U.-L.; L'impatto dell'Unione monetaria sui mercati del lavoro in Europa; in: Unione Monetaria e Politiche di Integrazione Europea; hrsg. von G. Marini und B. Quintieri; Università degli Studi di Roma „Tor Vergata"; Oktober 1997; S. 109-156.

Benett, R. (Hrsg.); Decentralization, Local Governments and Markets; Oxford 1991.

Benkhoff, W.; Geldmenge als Strategie?; in: Handelsblatt v. 26.1.1996; wiederabgedruckt in Deutsche Bundesbank/ Auszüge aus Presseartikeln; Nr. 6 v. 31.1.1996; S. 5-6.

Bernardi, L. (Hrsg.); La finanza pubblica italiana. Rapporto 1997; Bologna 1997.

Bernardini, A.; Anche in Italia per ratificare il trattato bisogna cambiare la Costituzione; in: Liberazione v. 18.9.1992; wiederabgedruckt in: Il Trattato di Maastricht L'Adesione Italiana; Rassegna Stampa dossier Nr. 606; hrsg. von der Camera dei deputati; S. 212.

Bernholz, P.; u.a.; Kritik deutscher Wirtschaftswissenschaftler an Maastricht; zuerst veröffentlich in: Handelsblatt v. 26.6.1992; wiederabgedruckt in: Der Vertrag von Maastricht in der wissenschaftlichen Kontroverse; hrsg. von R. Hrbek; Baden-Baden 1993; S. 170-179.

Bertero, E.; The Banking System, Financial Markets and Capital Structure: Some new Evidence from France; in: LSE Financial Markets Group Special Paper Series; Februar 1995.

Bethusy-Huc, U. von; Demokratie und Interessenpolitik; Wiesbaden 1962.

BHF-Bank; Europapolitik: Keine automatischen Integrationsfortschritte durch deutsch-französische Annäherung in der Wirtschaftspolitik; in: Wirtschaftsdienst Nr. 1921; Frankfurt v. 20.2.1999; wiederabgedruckt in: Deutsche Bundesbank/Auszüge aus Presseartikeln; Nr. 12 v. 24. Februar 1999; S. 7-9.

Bies, P.; Pas d'ECU CFA; in: Le Quotidien de Paris v. 11.12.1991; S. 10.

Bini Smaghi, L.; How can the ECB be credible?; in EUI Working Paper RSC Nr. 96/24; 1996.

Bini-Smaghi, R.; Micossi, S.; Managing Exchange Rate in the EMS with Free Capital; in: BNL Quarterly Review; Vol. 43 Nr. 169; 1. Trimester 1990; S. 33-70.

BIS; National Differences in Interest Rate Transmission; April 1994.

Blanchard, O.J.; Muet, P.A.; Competitiveness through Disinflation; An Assessment of French Macroeconomic Policy since 1983; in: Economic Policy; Vol. 16; April 1993; S. 12-56.

Bläske, G.; Linke Politik nur für die Manege; in: Süddeutsche Zeitung v. 27.5.1998; wiederabgedruckt in Deutsche Bundesbank/Auszüge aus Presseartikeln; Nr. 32; 27. Mai 1998; S. 12-13.

Bodemann, D.; La Banque Centrale Européenne: les enjeux de la stabilité des prix; D.E.S.S. Université Paris I Panthéon Sorbonne; Dezember 1995.

Bodin, J.; Les six livres de la République; Faksimiledruck der Ausgabe Paris 1583, 1961; Sechs Bücher über den Staat. Übersetzung der französischen Ausgabe 1583 durch Bernd Wimmer; Bd. I 1981; Bd. II 1986.

Boettcher, E.; Der neue Institutionalismus als Teil der Lehre von der Neuen Politischen Ökonomie; in: Jahrbuch für Neue Politische Ökonomie; Band 2; 1983; S. 1-15.

Boettcher, E.; Herder-Dorneich, P.; Schenk, K.-E. (Hrsg.); Jahrbuch für Neue Politische Ökonomie; Band 2; Tübingen 1983.

Boettcher, E.; Herder-Dorneich, P.; Schenk, K.-E. (Hrsg.); Jahrbuch für Neue Politische Ökonomie; Band 7; Tübingen 1988.

Bofinger, P.; Stabilitätsinsel Deutschland oder Stabilitätszone Europa?; in: Der Vertrag von Maastricht in der wissenschaftlichen Kontroverse; hrsg. von R. Hrbek; Baden-Baden 1993; S. 77-88.

Bofinger, P.; The Conduct of Monetary Policy by the European Central Bank According to Article 105 of the Treaty Versus the Real Economy; Briefing Paper for the Monetary Subcommittee of the European Parliament; 1999.

Bofinger, P.; Hefeker, C.; Pfleger, K.; Stabilitätskultur in Europa; Stuttgart 1998.

Bofinger, P.; Ketterer, H.-U. (Hrsg.); Neuere Entwicklungen in der Geldtheorie und geldpolitik; Tübingen 1996.

Bofinger, P.; Reischle, J.; Schächter, A.; Geldpolitik; München 1996.

Bofinger, P.; u.a.; Geldpolitik; München 1996.

Bofinger, P.; u.a. (Hrsg.); Europa vor dem Eintritt in die Wirtschafts- und Währungsunion; Berlin 1993.

Bofinger, P., u.a. (Hrsg.); Währungsunion oder Währungschaos? Was kommt nach der D-Mark?; Wiesbaden 1993.

Böhm, B.; Economic performance A look at Austria and Italy; Heidelberg 1994.

Böhret, C.; Grosser, D. (Hrsg.); Interdependenzen von Wirtschaft und Politik; Beiträge zur Politischen Wirtschaftslehre; Berlin 1967.

Boissieu, C. de; Avantages de 'Union économique et monétaire; in: Revue économique politique; Vol. 101; Januar-Februar 1991; S. 153-168.

Boissieu, C. de; Le système monétaire international en perspective; in: Cahiers Français: Monnaie et politique monétaire; Juli-September 1994a; Nr. 267; S. 81-88.

Boissieu, C. de; Principes de politique économique; Göttingen 1978.

Boissieu, C. de; Quelques réflexions sur l'analyse économique des innovations financières; in: Économie appliquée, Nr. 3; 1986; S. 449-472.

Boissieu, C. de; Pisani-Ferry, J.; The Political Economy of French Economic Policy and the Transition to EMU; in: CEPII; Document de travail; Nr. 95-09; 1995.

Bollaert, B.; La Banque de France sera indépendante avant 1997; in: Le Figaro vom 11.12.1991.

Bonaiuti, G.; Oltre il governo del credito: finalità e limiti nell'azione della Banca d'Italia durante gli anni ottanta; in: Struttura ed evoluzione dell'economia italiana. Progetto CNR. Sottoprogetto I, 9; Mailand 1993; S. 23-58.

Bonin; K. von; Zentralbanken zwischen funktioneller Unabhängigkeit und politischer Autonomie; Baden-Baden 1979.

Bonnaz, H.; Le Policy-mix vu de l'Allemagne; in: Révue d'économie politique; Vol. 105; Sept.-Okt. 1995; S. 233-251.

Bonse, E.; Der Euroschock; in: Handelsblatt Wirtschafts- und Finanzzeitung v. 5.5.1998; wiederabgedruckt in: Deutsche Bundesbank/Auszüge aus Presseartikeln; Nr. 28 v. 6. Mai 1998; S. 11-12.

Bordes, C.; Driscoll, M.; Mac Donald, G.; Le contenu en information des aggrégats monétaires français; in: Revue économique; Nr. 6 November 1985; S. 1169-1175.

Bordes, C.; Raymond, R.; Strauss-Kahn, M.-O.; La coordination internationale des politiques monétaires: une évaluation difficile; in: Problèmes économiques; Nr. 2256; 2 Januar 1992; S. 1-6.

Borio, C.; Fritz, W.; The Response of Short-term Bank Lending Rates: a Cross-country Perspective; in: Financial Structure and the Monetary Transmission Mechanism; hrsg. von der Bank für Internationalen Zahlungsausgleich; Basel 1995.

Borner, S.; Grubel, H. (Hrsg.); The European Community after 1992: Perspectives from the Outside; Basingstoke 1992.

Bosco, L.; Tamborini, R.; Targetti, F. (Hrsg.); L'Italia e l'Europa oltre Maastricht; Supplemento zu „Economia e Banca" der Banca di Trento e Bolzano; 1994.

Bösmann, E.; Volkswirtschaftliche Probleme der Transaktionskosten, in: Zeitschrift für die gesamte Staatswissenschaft; Bd. 138; Heft 4; Dezember 1982; S. 664-679.

Bouveret; A.M.; Die zentralen Lenkungsorgane der französischen Kreditwirtschaft; Würzburg 1979.

Bouvier, J.; La banca di Francia e il governo negli anni 1850-1986; in: L'autonomia delle Banche Centrali; hrsg. von D. Masciandaro und S. Ristuccia; Mailand 1988; S. 151-183.

Brandstätter, H.; Güth, W. (Hrsg.); Essays on Economic Psychology; Berlin 1994.

Braun, D. von; Die monetäre Integration in Europa in ihren Auswirkungen auf Deutschland und Frankreich; Frankfurt 1996.

Braun, K.; Die Stellung der Notenbank als währungspolitische Instanz; Stuttgart 1969.

Braunberger, G.; „Die Deutschen müssen Wort halten"; in: Frankfurter Allgemeine Zeitung vom 14. Januar 1997; wiederabgedruckt in: Deutsche Bundesbank/Auszüge aus Presseartikeln; Nr.3 v. 15.1.1997; S. 16.

Braunberger, G.; Die Banque de France - bis vor kurzem noch unter dem Primat der Politik; in: FAZ v. 12.1.1999; S. 22.

Braunberger, G.; Flirt mit einem schwachen Franc; in: Frankfurter Allgemeine Zeitung vom 2. Dezember 1996; S. 15.

Braunberger, G.; Frankreich sieht mit Zuversicht auf den Euro; in: Frankfurter Allgemeine Zeitung vom 17.1.1997.

Braunberger, G.; Trichet plädiert gegen Abwertung des Franc; in: Frankfurter Allgemeine Zeitung vom 2.12.1996a; S. 15.

Briault, C; Haldane, A.G.; King, M.A.; Independence and Accountability; in: Bank of England Working Paper Series; Nr. 49; 1996.

Brociner, A.; L'Union monétaire européenne: une revue de la littérature théorique; in: Observations et diagnostics économiques; Nr. 43; Januar 1993; S. 349-363.

Brosius-Gersdorf, F.; Deutsche Bundesbank und Demokratieprinzip; Berlin 1997.

Broß, S.; Art. 87 (Gegenstände der bundeseigenen Verwaltung); in: Grundgesetz – Kommentar; hrsg. von I. Münch und P. Kunig; München 1997; S. 381-393.

Bruni, F. (Hrsg.); Proceedings of the Conference organized by the „Paolo Baffi" Centre for Monetary and Financial Economics; 5. Februar 1993; Mailand 1993.

Bruni Roccia, F.; L'impatto geoeconomico dei rapporti finanziari con l'estero; in: Geoeconomia. Il dominio dello spazio economico; hrsg. von P. Savona und C. Jean; Mailand 1995; S. 84-140.

Bruni, F.; Masciandaro, D.; Evaluating Central Bank Independence. Theoretical Issues and European Perspectives; in: Rivista internazionale di Scienze Sociali; Nr. 1; 1991; S. 93-117.

Bruni, F.; Monti, M.; Autonomia della banca centrale, inflazione e disavanzo pubblico: osservazioni sulla teoria e sul caso intaliano; in: Il ruolo della Banca Centrale nella Politica Economica; hrsg. von M. Arcelli; Bologna 1991; S. 31-59.

Bryant, R. (Hrsg.); Macroeconomics in an Interdependent World; Washington 1989.

Bryant, R. C., Hooper, P., Mann, C. L.; Evaluating Policy Regimes: New Research in Empirical Macroeconomics, Washington D.C. 1993, Brookings Institution.

Bryant, R.; Portes, R. (Hrsg.); Global Macroeconomics: Policy conflict and cooperation; London 1987.

Buchanan, J.; An Economist's Approach to Scientific Politics; in: Perspectives in the Study of Politics; hrsg. von M.B. Parsons; Chicago 1968; S. 77-88.

Buiter, W.H.; Marston, R.C. (Hrsg.); International Economic Policy Coordination; Cambridge 1985.

Bull, H.P.; Allgemeines Verwaltungsrecht; Heidelberg 1997.

Bundesministerium der Finanzen; Stabilitätspakt für Europa - Finanzpolitik in der dritten Stufe der WWU, Bonn 10. November 1995; wiederabgedruckt in: Internationale Politik Europa-Archiv 6/1996; S. 65-69.

Bundesministerium der Finanzen; Bundesbankgewinn 1997: 7 Mrd. DM für den Bundeshaushalt; wiederabgedruckt in: Deutsche Bundesbank, Auszüge aus Presseartikeln; Nr. 30 v. 15.5.1998; S. 4.

Bundesministerium für Finanzen; Stabilitätspakt für Europa-Finanzpolitik in der dritten Stufe der WWU, Bonn 10. November 1995; Bonn 1995.

Bundesministerium des Innern; Dokumente zur Deutschlandpolitik; Deutsche Einheit Sonderedition aus den Akten des Bundeskanzleramtes 1989/1990; München 1998.

Bundespresseamt; Auf dem Weg zur Europäischen Union; Bonn 1991.

Bundeszentrale für politische Bildung (Hrsg.); Europa an der Schwelle zum 21. Jahrhundert; Bonn 1998.

Burda, M.; Wyplosz, C.; Makroökonomik; München 1994.

Burdekin, R. C. K.; Wihlborg, C.; Willett, T. D.; A Monetary Constitution Case for an Independent European Central Bank; in: World Economy; Vol. 15, Nr. 2; März 1992; S. 231-251.

Bureau, D.; Champsaur, P.; Fédéralisme budgétaire et unification monétaire européenne; in: Observations et diagnostics économiques; Nr. 39; Januar 1992; S. 87-100.

Burstein, M. L.; The new art of central banking; London 1991.

Buscher, H.S.; Schröder, W.; Instabilität der Geldnachfrage stellt Geldmengenregel in Frage; in: Wirtschaftsdienst; Vol. 63; Nr. 6 1983; S. 309-312.

Buti, M.; Franco, D.; Ongena, H.; Budgetary Policies during Recessions. Retrospective Application of the „Stability and Growth Pact" to the Post War Period; in: Economic Papers/Commission of the European Communities, Directorate –general for Economic and Financial Affairs; Nr. 121; 1997.

Caesar, R.; Der Handlungsspielraum von Notenbanken - Theoret. Analyse und intern. Vergleich; Baden-Baden 1981.

Caesar, R.; Die „Autonomie" der Deutschen Bundesbank – Ein Modell für Europa?; in: Europäische Zentralbankpolitik; hrsg. von R. Hasse und W. Schäfer; Göttingen 1990; S. 111-127.

Caesar, R.; Fortschritte sind unverkennbar, Der Delors-Bericht: ein wegweisendes Dokument?; in: Wirtschaftsdienst; 69. Jg.; 1989; Heft 6; S. 271-276.

Caesar, R.; Für die Europäische Währungsunion ein schlechtes Omen; in: Frankfurter Allgemeine Zeitung vom 4.6.1997; wiederabgedruckt in: Europa an der Schwelle zum 21. Jahrhundert; hrsg. von der Bundeszentrale für politische Bildung; Bonn 1998; S. 80.

Caesar, R.; Hansmeyer, K.-H.; Bundesbankpolitik und Staatsverschuldung; in: Beihefte zu Kredit und Kapital; Heft 7: Geld- und Währungspolitik in der Bundesrepublik Deutschland;1982; S. 245-258.

Caesar, R.; L'evoluzione del grado di autonomia dalla Deutsche Reichsbank alla Deutsche Bundesbank; in: L'autonomia delle banche centrali; hrsg. von D. Masciandaro und S. Ristuccia; Mailand 1988; S. 141-150.

Cairncross, A.; La Banca d'Inghilterra: relazioni con il governo, la pubblica amministrazione e il Parlamento; in: L'autonomia delle banche centrali; hrsg. von D. Masciandaro und S. Ristuccia; Rom 1988; S. 40-75.

Camera dei Deputati Servizio Studi; Il progetto di revisione della Parte seconda della Costituzione; Rom 1997.

Camera dei Deputati Servizio Rapporti Comunitari e Internazionali; Trattato di Maastricht sull'Unione Europea (Prime Analisi e Commenti); Dossier di documentazione n. 15 XI. Legislaturperiode; Rom 1992.

Camera dei deputati (Hrsg.); : Il Trattato di Maastricht L'Adesione Italiana; Rassegna Stampa dossier Nr. 606; Rom 1992.

Camera dei Deputati; Trattato di Maastricht sull'unione Europea, Prime Analisi e Commenti; Dossier di documentazione Nr. 15; XI Legislaturperiode; Juni 1992.

Cameron, D.R.; Economic Policy in the Era of the EMS; in: Remaking the Hexagon; hrsg. von G. Flynn; Boulder 1995; S. 117-157.

Camilleri, J.A.; Falk, J.; The end of sovereignty? The politics of a shrinking and fragmenting world; Aldershot 1992.

Canzoneri, M.B.; Diba, B.; Fiscal Constraints on Central Bank Independence and Price Stability; in: CEPR Discussion Paper; Nr. 1463; September 1996.

Canzoneri, M.B.; Grilli, V.U.; Masson, P.R. (Hrsg.); Establishing a Central Bank: Issues in Europe and Lessons from the US; Cambridge 1992.

Capie, F.; Central Bank Statutes – the Historical Dimension; in: Die Bedeutung der Unabhängigkeit der Notenbank für die Glaubwürdigkeit der europäischen Geldpolitik; hrsg. von der Oesterreichischen Nationalbank; Wien 1997; S. 42–55.

Capie, F.; Goodhart, C.; Fischer, S.; Schnadt, N.; The development of central Banking; in: The Future of Central Banking; hrsg. von F. Capie, C. Goodhart und S. Fischer und N. Schnadt; Cambridge 1994; S. 1–231.

Capie, F.; Goodhart, C.; Fischer, S.; Schnadt, N. (Hrsg.); The Future of Central; Cambridge 1994.

Capolino, O.; I poteri di vigilanza della Banca d'Italia; in: La Nuova Legge Bancaria; hrsg. von P. Ferro-Luzzi und G. Lastaldi; Band I; Mailand 1996; S. 110-113.

Capriglione, F. (Hrsg.); Commentario al Testo unico delle leggi in materia bancaria e creditizia; Padua 1994.

Capriglione, F.; L'ordinamento finanziario verso la neutralità; Padua 1994.

Capriglione, F.; Mercati e intermediari in trasformazione; Rom 1994.

Cardarelli, S.; La questione bancaria in Italia dal 1860 al 1892; in: Ricerche per la storia della Banca d'Italia; Vol. I.; Rom 1990; S. 105-180.

Carli, G.; Cinquant'anni di vita italiana; Bari 1993.

Carli, G.; Eine Währung für Zwölf - Wie eine europäische Bank nach dem Muster des amerikanischen "Board" realisiert werden kann; in: La Repubblica v. 13.7.1988; wiederabgedruckt in Deutsche Bundesbank/Auszüge aus Presseartikeln; Nr. 52 v. 20.6.1988; S. 7.

Cassel, D.; Ramb, B.T.; Thieme, H.-J. (Hrsg.); Ordnungspolitik; München 1988.

Cassen, B.; Au nom de l'orthodoxie monétaire; in: Le Monde Diplomatique; Juni 1992; S. 6.

Castronovo, V.; Stato e mercato nell'Italia repubblicana; in: Cinquant'anni di Repubblica italiana; hrsg. von G.N. Modona; Turin 1996; S. 51-75.

CECEI; Rapport-Exercice 1996; Paris 1997.

CEPII; Document de travail; Nr. 99-04; 1999.

Cesarini, F.; Gestione della liquidità e credito di ultima istanza: gli sviluppi recenti della problematica; in: Il ruolo della Banca Centrale nella Politica Economica; hrsg. von M. Arcelli; Bologna 1991; S. 71-82.

Chantebout, B.; Droit communautaire et science politique; Paris 1995.

Charpin, J.-M.; Nguyen, K.; Problèmes économiques n° 2.331; 23. Juni 1993; S. 1-6.

Chouraqui, J.-C.; Comment formuler la politique monétaire? Les enseignements de l'expérience récente; in: Revue française d'économie; Vol. V; 4, Automne 1990; S. 5-28.

Ciampi, C. A.; Rede vor dem Italienisch-Deutschen Gesprächsforum zur Währungsunion in Bad Neuenahr, 18.10.1989; in: Europäische Wirtschafts- und Währungsunion; hrsg. von H. Krägenau und W. Wetter; Baden-Baden 1993; S. 378-380.

Ciocca, P.; Introduzione; in: Le banche e lo sviluppo del sistema industriale; hrsg. von R. Cameron; Bologna 1975.

Ciocca, P.; L'autonomia della Banca Centrale; Tesi di Laurea; Aquila 1995/1996.

Ciocca, P.; La moneta e l'economia. Il ruolo delle banche centrali; Bologna 1983.

Ciocca, P.; Occorre riaprire il dibattito sul credito di ultima istanza; in: Bancaria; 46. Jg.; 1990; Nr. 4; S. 73-78.

Ciocca, P.; Progressi e problemi del sistema finanziario italiano negli anni '80; in: Perestrojka e ristrutturazione produttiva; hrsg. von A. Aganbegjan, P. Ciocca, P. Sylos Labini; Bologna 1989; S. 27-36.

Ciocca, P.; Sulla specifità della storia della Banca Centrale in Italia; in: La Formazione della Banca Centrale in Italia; hrsg. von der Facoltà di Economia e di Scienze Bancarie, Finanziarie e Assicurative dell'Università Cattolica del Sacro Cuore di Milano; Turin 1993; S. 41-45.

Ciocca, P. (Hrsg.); Money and the Economy: Central Bankers' Views; Houndmills 1987.

Cipolla, C.M.; Prefazione; in: L'Italia e il sistema finanziario internazionale 1861 – 1914; hrsg. von M. De Cecco; Rom 1990; S. IX-XIII.

CNR Istituto di Studi sulle Regioni; Per un nuovo regionalismo; März 1994.

Coase, R.H.; The Problem of Social Cost; in: Journal of Law and Economics; 3; 1960; S.1 - 44.

Cohen, D.; Mélitz, J.; Oudiz, G.; Le système monétaire européen et l'asymétrie franc-mark; in: Revue économique; Vol. 39; Band 1; Nr. 3; Mai 1988; S. 667-677.

Cohen, D.; Wyplosz, C.; The European Monetary Union: an Agnostic Evaluation; in: Macroeconomic Policies in an Interdependent World; hrsg. von R. Bryant; Washington 1989; S. 311-337.

Collignon, S.; Geldwertstabilität in Europa. Die Währungsunion auf dem Prüfstand; Gütersloh 1996.

Commelin, B.; Taux d'intérêt et taux de change; in: Cahiers Français: Monnaie et politique monétaire; Juli-September 1994a; Nr. 267; S. 89-97.

Commissariat du Plan; Europe financière et monetaire; Paris 1989.

Commons, J.R.; Institutional Economics Its Place in Political Economy; New York 1961.

Commons, J.R.; Institutional Economics; in: American Economic Review; Vol. 21; Dezember 1931; S. 648-657.

Confalonieri, A.; Banca e industria in Italia 1894-1906; Bologna 1979.

Conseil Economique et Social; Les implications d'un statut renové de la Banque de France présentée par la Section des Finances - Etude ; Paris 27. April 1993.

Consulenza legale della Banca d'Italia; La normativa sulla Banca d'Italia Dalle origini a oggi; Bari 1992.

Cordier, J.; Jaillet, P.; Plihon, D.; La coordination des politiques économiques et le policy-mix dans l'UEM; in: Économie et Statistiques; Nr. 262-263; 1993; S. 37-48.

Corrigan, E.G.; Legislative priorities, Statement by E.G. Corrigan, President of the Federal Reserve Bank of New York before the United States Senate Committee on Banking, Housing and Urban Affairs on Thursday July 13 1989; in: FRBNY; Quarterly Review; Vol. 14; 1989/1990; Nr. 2; S. 1-6.

Cosentino, A.; L'autonomia dell'istituto di emnissione nel finanziare il fabbisogno del tesoro; in: Bancaria; 41. Jg. 1985; S. 1125-1136.

Cotta, A.; Pour l'Europe, contre Maastricht; Paris 1992.

Cottarelli, C.; Ferri, G.; Generale, A.; Bank lending rates and financial structure in Italy: a case study; in: IMF Staff Papers; Vol. 42; Nr. 3; September 1995; S. 670-702.

Cottarelli, C.; Giannini, C.; Credibility without Rules? Monetary Frameworks in the Post-Bretton Woods Era; in: Temi di discussione; hrsg. von der Banca d'Italia; Nr. 312; August 1997.

Cottarelli, C.; Kourelis, A.; Financial Structure, Bank Lending Rates and the Transmission Mechanism of Monetary Policy; IMF Working Paper 1994.

Cottarelli, C.; Limiting Central Bank Credit to the Government; in: IMF Occasional Papers Nr. 110; Dezember 1993.

Cotula, F.; La politica monetaria in Italia; Bologna 1989.

Cozzi, T.; Quale autonomia per la banca centrale?; in: Il ruolo della banca centrale nella politica economica; hrsg. von M. Arcelli; Rom 1991; S. 83-90.

CRBF; Rapport-Exercice 1996; Paris 1997.

Creel, J.; Sterdyniak, H.; Du Bon Usage Des Politiques Monétaire Et Budgétaire En Europe; in: Revue d'Économie Financière; Nr. 45; Januar 1998; S. 167-196.

Cukierman, A.; Central Bank Strategy, Credibility and Independence: Theory and Evidence; Cambridge 1992.

Cukierman, A.; Rodriguez, P.; Webb, S.; Central Bank Autonomy and Exchange Rate Regimes – their Effects on Monetary Accomodation and Activism; Center for Economic Research Tilburg; Paper Nr. 9792; Oktober 1997.

Cukierman, A.; Webb, S.; Neyapti, B.; Measuring the Independence of Central Banks and its Effect on Policy Outcomes; in: World Bank Economic Review; Vol. 6; Nr. 3; S. 353-398.

Currie, D.; Levine, P.; Pearlman, J.; European Monetary Union or Hard EMS; in: European Economic Review; Vol. 36; Nr. 6; August 1992; S. 1185-1204.

D'Onofrio, F.; Banca d'Italia e costituzione economica: la prospettiva della crisi dello stato nazionale; in: Banca, borsa e titoli di credito; 42. Jg.; 1979; S. 385-444.

David, J.- H.; La monnaie et la politique monétaire; Paris 1983.

De Cecco, M.; Giovannini, A. (Hrsg.); A European Central Bank? Perspectives on monetary unification after ten years of the EMS; Cambridge 1989.

De Cecco, M.; Giovannini, A.; Does Europe need ist own central bank?; in: A European Central Bank? Perspectives on monetary unification after ten years of the EMS; hrsg. von M. De Cecco und A. Giovannini; Cambridge 1989; S. 1-12.

De Cecco, M.; L'Italia e il sistema finanziario internazionale 1861 - 1914; Rom 1990.

De Cecco, M.; Note su alcuni problemi relativi al sistema europeo delle banche centrali; in: Il ruolo della banca centrale nella politica economica; hrsg. von M. Arcelli; Rom 1991; S. 21-29.

De Cecco, M.; On the European System of Central Banks: A note; in: Economic performance; hrsg. von B. Böhm; Heidelberg 1994; S. 197-197.

De Cecco, M.; Saggi di politica monetaria; Mailand 1968.

De Cecco, M.; Una politica monetaria per gli anni Ottanta; in: Note Economiche; 5-6; 1982; S. 299-318.

De Gaulle, C.; Mémoires d'espoir; T.I; Paris 1994.

De Grauwe, P.; The cost of disinflation and the European Monetary System; University of Leuven and Centre for European Policy Studies; Juni 1989.

De Grauwe, P.; Vanhaverbeke, W.; Is Europe an Optimal Currency Area? Evidence from Regional Data, in: Policy Issues in the Operation of Currency Unions; hrsg. von P.R. Masson und M. Taylor; Cambridge 1993; S. 111-129.

De la Genière, R.; Les fondements de la politique monétaire française; in: Bulletin trimestriel de la Banque de France; Nr. 41; Dezember 1981; S. 19-22.

De Long, J.B.; Summers, L.; Macroeconomic Policy and Long-Run-Growth; in: Federal Reserve Bank of Kansas City, Economic Review; 4. Trimester 1992; S. 5-29.

De Mattia, R.; Gli Istituti di Emissione in Italia. I Tentativi di Unificazione (1843 - 1892); Rom 1993.

De Mattia, R.; La Banca d'Italia; in: Letture di politica monetaria e finanziaria; hrsg. von F. Di Fenizio; Mailand 1967; S. 527-534.

De Rosa, L.; Da sei a tre, le banche di emissione in Italia (1861-1893); in: La Formazione della Banca Centrale in Italia; hrsg. von der Facoltà di Economia e di Scienze Bancarie, Finanziarie e Assicurative der Università Cattolica del Sacro Cuore di Milano; Turin 1993; S. 79-103.

De Vecchis, P.; Art. 147; in: Commentario al Testo unico delle leggi in materia bancaria e creditizia; hrsg. von F. Capriglione; Padua 1994; S. 725.

De Vecchis, P.; Il Comitato interministeriale per il credito ed il risparmio; in: La Nuova Legge Bancaria; hrsg. von P. Ferro-Luzzi und G. Lastaldi; Band I; Mailand 1996; S. 79-99.

De Vecchis, P.; L'Istituto di emissione; in: Quaderni di ricerca giuridica della Consulenza Legale della Banca d'Italia; Nr. 3; Februar 1986.

Debelle, G.; Central Bank Independence. A free lunch?; in: IMF Working Paper 96/1.

Debelle, G.; Fischer, S.; How Independent should a Central Bank be?; in: Goals, Guidelines and Constraints Facing Monetary Policymakers; hrsg. von J.C. Fuhrer; Federal Reserve Bank of Boston Conference Proceedings; Juni 1994; Nr. 38; S. 195-221.

Delalande, D.; L'indépendance des banques centrales; in: Cahiers Français: Monnaie et politique monétaire; Juli-September 1994; Nr. 267; S. 65-79.

Delessy, H.; Lerais, F.; Paris-Horvitz, S.; Sterdyniak, H.; Après Maastricht Quelles politiques économiques en Europe; in: Observations et diagnostics économiques; Nr. 42 Januar 1993; S. 273-301.

Delhommais, P.-A.; La révision de la loi sur le statut de la Banque de France s'annonce délicat; in: Le Monde v. 29. Januar 1998; wiederabgedruckt in Deutsche Bundesbank/Auszüge aus Presseartikeln; Nr. 7; 2. Februar 1998; S. 9.

Delhommais, P.-A.; Le changements au conseil de la Banque de France suscitent des interrogations; in: Le Monde vom 21. November 1996; wiederabgedruckt in: Deutsche Bundesbank/Auszüge aus Presseartikeln; Nr.74 v. 27.11.1996; S. 6-7.

Delhommais, P.-A.; Les marchés sont persuadés que la gauche renoncera à appliquer son programme; in: Le Monde vom 4. Juni 1997.

Delors-Ausschuß: Ausschuß zur Prüfung der Wirtschafts- und Währungsunion; Bericht zur Wirtschafts- und Währungsunion in der Europ. Gemeinschaft; 17.4.1989; in: Europa-Archiv Zeitschrift für internationale Politik; Folge 10/1989; D283-D304.

Demsetz, H.; The Exchange and Enforcement of Property Rights; in: Journal of Law and Economics; 7; 1964; S.11-26.

Denton, G.; Forsyth, M.; MacLennan, M.; Planification et politiques économiques en France, Allemagne et Grande Bretagne; Paris 1969.

Desquilbet, J.-B.; Villieu, P.; La Théorie du Policy-Mix: Un Bilan Critique; in: Revue d'Èconomie Financière; Januar 1998; Nr. 45; S. 31-62.

Deutsche Bank Research; Eine stabile Währung für Europa; Sonderbericht; 2. Auflage; Oktober 1995.

Deutsche Bundesbank; Geldmarktsteuerung der Deutschen Bundesbank; in: Monatsbericht Mai 1994a; S. 61-75.

Deutsche Bundesbank; Die Deutsche Bundesbank, Geldpolitische Aufgaben und Instrumente; Sonderdruck Nr. 7; Frankfurt 1987.

Deutsche Bundesbank; Die Deutsche Bundesbank, Geldpolitische Aufgaben und Instrumente; in: Sonderdrucke Nr. 7; 1983.

Deutsche Bundesbank; Die Geldpolitik der Bundesbank; Frankfurt a. M. 1995.

Deutsche Bundesbank; Entwicklungen und Bestimmungsfaktoren des Außenwerts der D-Mark; in: Monatsberichte der Deutschen Bundesbank; November 1993a; S. 41-60.

Deutsche Bundesbank; Europäische Organisationen und Gremien im Bereich von Währung und Wirtschaft; Mai 1997.

Deutsche Bundesbank; Geschäftsbericht für das Jahr 1974; Frankfurt a.M. 1975.

Deutsche Bundesbank; Geschäftsbericht 1996; Frankfurt 1997a.

Deutsche Bundesbank; Geschäftsbericht 1997; Frankfurt a.M. 1998b.

Deutsche Bundesbank; Geschäftsbericht 1998; Frankfurt a.M. 1999a.

Deutsche Bundesbank; Gründung der Liquiditäts-Konsortialbank GmbH; in: Deutsche Bundesbank/Auszüge aus Presseartikeln; Nr. 58 vom 12. September 1974; S. 1.

Deutsche Bundesbank; Informationsbrief zur Europäischen Wirtschafts- und Währungsunion; Nr. 4 Februar 1997e.

Deutsche Bundesbank; Memorandum; in: House of Commons, Session 1979 – 1980; Treasury and Civil Service Committee; Memoranda on Monetary Policy; Vol. II; 1980; S. 11.

Deutsche Bundesbank; Monatsbericht August 1992a.

Deutsche Bundesbank; Monatsbericht August 1993.

Deutsche Bundesbank; Monatsbericht Februar 1992b.

Deutsche Bundesbank; Monatsbericht Januar 1994.

Deutsche Bundesbank; Monatsbericht Januar 1999.

Deutsche Bundesbank; Monatsbericht Juni 1997d.

Deutsche Bundesbank; Monatsbericht November 1993.

Deutsche Bundesbank; Monatsbericht November 1998.

Deutsche Bundesbank; Monatsbericht November 1998a.

Deutsche Bundesbank; Monatsbericht Oktober 1992c.

Deutsche Bundesbank; Monatsberichte; Nr. 5; Vierzig Jahre Deutsche Mark; 40. Jg.; S. 13.

Deutsche Bundesbank; Neubewertung der Gold- und Devisenreserven; in: Monatsbericht Juni 1997c; S. 5-7.

Deutsche Bundesbank; Stellungnahme der Deutschen Bundesbank zur Errichtung einer Wirtschafts- und Währungsunion in Europa; Frankfurt a.M. 1990.

Deutsche Bundesbank; Stellungnahme des Zentralbankrates zur Konvergenzlage in der Europäischen Union im Hinblick auf die dritte Stufe der Wirtschafts- und Währungsunion, Frankfurt am Main, vom 26. März 1998; in: Deutsche Bundesbank/Auszüge aus Presseartikeln Nr. 21 v. 30. März 1998a; S. 1-8.

Deutsche Bundesbank; Wechselkurs und Außenhandel; in: Monatsbericht Januar, 1997f; S. 43-62.

Deutscher Gewerkschaftsbund-Bundesvorstand; Währungsunion ja – aber auf die Ausgestaltung kommt es an! Gewerkschaftliche Thesen zur europäischen Wirtschafts- und Währungsunion; in: Informationen zur Wirtschafts- und Strukturpolitik; Juni 1996.

Deutsch-Französisches Wirtschaftspolitisches Forum; Employment and EMU; Paris 1997.

Devuyst, Y.; The Treaty of Amsterdam: An Introductory Analysis; in: ECSA Review X, 3/1997, S. 6-14.

Diatkine, S.; Fonctions et formes de la monnaie; in: Cahiers Français: Monnaie et politique monétaire; Juli - September 1994; Nr. 267; S. 3-9.

Dickertmann, D.; Hansmeyer, K.-H.; Die Bundesbank im Streit der politischen Interessen; in: Wirtschaftsdienst: Zeitschrift für Wirtschaftspolitik; 53. Jg. 1973; S. 579 - 584.

Dickhaus, M.; Die Bundesbank im westeuropäischen Wiederaufbau; München 1996.

Di Fenizio, F. (Hrsg.); Letture di politica monetaria e finanziaria; Mailand 1967.

Disch, W.; Die geldpolitische Konzeption der Banque de France und der Deutschen Bundesbank: eine vergleichende Analyse der Geldmengenpolitik in Deutschland und Frankreich; Pfaffenweiler 1995.

Dittus, P.; Die Wahl der Geldverfassung; Köln 1987.

Donner, H.; Neumann, P.; Die Auswirkungen der Europäischen Währungsunion auf die Unabhängigkeit der Deutschen Bundesbank; in: Banken in gesamtwirtschaftlicher Verantwortung; hrsg. von L. Hübl und M. Bodin; Stuttgart 1994; S. 150-163.

Dooley, M.; Frankel, J.; Mathieson, D. J.; International Capital Mobility. What Do Saving-Investment Correlations Tell Us?; in: IMF Staff Papers; Nr. 34; September 1987; S. 503-530.

Dorn, J.A.; Schwartz, A.J. (Hrsg.); The Search for Stable Money – Essays on Monetary Reform; Chicago 1987.

Dornbusch, R.; Draghi, M.(Hrsg.); Public Debt Management Theory and History; Cambridge 1990.

Dornbusch, R.; Fischer, S.; Makroökonomik; München 1989.

Dornbusch, R.; Jacquet, P.; La France et l'Union économiqe et monétaire européenne; in: Observations et diagnostics économiques; Nr. 39; Januar 1992; S. 31-72.

Downs, A.; Ökonomische Theorie der Demokratie; Tübingen 1968.

Drèze, J.; Regions of Europe; in: Economic Policy; Nr. 17; Oktober 1993.

Dubiel, H.; Institution; in: Historisches Wörterbuch der Philosophie; hrsg. von Ritter, J.; Gründer, K.; Darmstadt 1976; S. 418-423.

Dunkel, M.; Methfessel, K.; „Rein psychologisch", Interview mit Karl Otto Pöhl; in: Wirtschaftswoche vom 12.9.1996; wiederabgedruckt in: Deutsche Bundesbank Auszüge aus Presseartikeln N. 57, 18. September 1996 S. 10-12.

Dupin, E.; Les programmes dans leurs grandes lignes; in: Libération; 11./12.6.1994; S. 4.

Duquesne, P.; EMU: Institutional Aspects and Main Stages; in: Economie et Statistique; Special Issue on EMU; INSEE; Paris 1994; S. 63-73.

Duverger, M.; Europe des hommes; Paris 1994.

Duwendag, D.; Alternative Ansätze der Geldmengensteuerung; in: Probleme der Geldmengensteuerung; hrsg. von W. Ehrlicher und A. Oberhauser; Berlin 1978; S. 49-93.

Duwendag, D.; Ketterer, K.-H.; Kösters, W.; Pohl, R.; Simmert, D.B.; Geldtheorie und Geldpolitik; Köln 1993.

EC Commission; One Market, One Money; in: European Economy; Nr. 44; Oktober 1990.

Ehrenberg, H.; Zwischen Marx und Macht; Frankfurt 1974.

Ehrlicher, W.; Oberhauser, A. (Hrsg.); Probleme der Geldmengensteuerung; Berlin 1978.

Ehrlicher, W.; Simmert, D. (Hrsg.); Geld- und Währungspolitik in der Bundesrepublik Deutschland; Beiheft 7 zu Kredit und Kapital; Berlin 1982.

Eichengreen, B.; Is Europe an Optimum Currency Area?; in : The European Community after 1992: Perspectives from the Outside; hrsg. von S. Borner und H. Grubel; Basingstoke 1992; S. 138-161.

Eichengreen, B.; Wyplosz, C.; The unstable EMS; in: Brookings Papers on Economic Activity; Nr. 1; 1993; S. 51-144.

Eijffinger, S.; Schaling, E.; Central Bank Independence in Twelve Industrial Countries; in: BNL Quarterly Review; Vol. 46; Nr. 184; März 1993; S. 49-90.

Einecke, H.; „Die Verfassung noch einmal studieren"; in: Süddeutsche Zeitung; 31.10./2.11.1998; wiederabgedruckt in: Deutsche Bundesbank/Auszüge aus Presseartikeln; Nr.65 v. 2.11.1998; S. 5-7.

Eizenga, W.; The Banca d'Italia and Monetary Policy; Tilburg 1993.

Elsner, W.; Institutionen und ökonomische Institutionentheorie; in: WiSt (Wirtschaftswissenschaftliches Studium); Vol. 16; Heft 1; Januar 1987; S. 4-14.

Elsner, W.; Ökonomische Institutionenanalyse - Paradigmatische Entwicklung der ökonomischen Theorie und der Sinn eines Rückgriffs auf die ökonomische Klassik am Beispiel der Institutionenanalyse; Berlin 1986.

Elsner, W.; Ökonomische Institutionenanalyse; in: Volkswirtschaftliche Schriften; Heft 367; Bielefeld 1986.

Emerson, M.; u.a.; Un marché, une monnaie; in: Économie Euroopéenne; Nr. 44; Oktober 1990.

Emmerich, E.; „Eine einheitliche Währung wird vor allem Wechselkursrisiken ausräumen"; in: Zeitschrift für das gesamte Kreditwesen; 1/1996; S. 12.

Emminger, O.; 30 Jahre Deutsche Mark; in: Monatsberichte der Deutschen Bundesbank; 30. Jg.; Nr. 6; Juni 1978; S. 10.

Emminger, O.; Deutsche Geldpolitik im Zeichen des Monetarismus; in: Sparkasse; Deutscher Sparkassen- und Giroverband; 99. Jg.; Heft 7; S. 286-301.

Emminger, O.; Thirty Years of the Deutsche Mark; in: Money and the Economy: Central Bankers' Views; hrsg. von P. Ciocca; Houndmills 1987; S. 127-146.

Enfrun, B.; Autonomie de la Banque de France et politique monétaire: La maîtrise des taux; stenographische Mitschrift von der Banque de France veröffentlicht; Paris 20.1.1994.

Erichsen, H.-U.; Martens, W. (Hrsg.); Allgemeines Verwaltungsrecht; 7. Auflage; Berlin 1986.

Erichsen, H.-U.; Martens, W.; Allgemeines Verwaltungsrecht; Berlin 1988.

Erkel, S.; Die Geldpolitik der Deutschen Bundesbank seit Einführung des Geldmengenziels; Lohmar 1997.

Erlei, M.; Institutionenökonomik-normativ, positiv oder allgemein?; in: Probleme der deutschen und der europäischen Integration; hrsg. von M. Leschke; Münster 1994; S. 34-40.

Eucken, W.; Grundsätze der Wirtschaftspolitik; hrsg. von E. Eucken und K.P. Hensel; Tübingen 1960.

Europäische Kommission; Euro 1999, Teil 1 und 2; Luxemburg 1998.

Europäisches Parlament; Bericht des Ausschusses für Wirtschaft, Währung und Industriepolitik über die Unabhängigkeit der nationalen Zentralbanken in der Perspektive der 2. und 3. Stufe der WWU; Sitzungsdokumente; 1.12.1993.

Europäisches Währungsinstitut; Die einheitliche Geldpolitik in Stufe 3 Festlegung des Handlungsrahmens; Frankfurt 1997a.

Europäisches Währungsinstitut; Fortschritte auf dem Wege zur Konvergenz 1996; Frankfurt 1996.

Europäisches Währungsinstitut; Jahresbericht 1994; Frankfurt 1995.

Europäisches Währungsinstitut; Jahresbericht 1995; Frankfurt 1996a.

Europäisches Währungsinstitut; Jahresbericht 1996; Frankfurt 1997.

European Central Bank; The President's introductory statement for the press conference on 9 June 1998; wiederabgedruckt in: Deutsche Bundesbank, Auszüge aus Presseartikeln; Nr. 35 v. 15.6.1998; S. 2-3.

European Monetary Institute; Payment Systems in the European Union; Frankfurt 1996b.

European Monetary Institute; Report required by Article 109j of the Treaty establishing the European Community; März 1998; Frankfurt.

Faber, H.; Art. 88; in: Kommentar zum Grundgesetz für die Bundesrepublik Deutschland; 1989 Neuwied; S. 847-869.

Facoltà di Economia e di Scienze Bancarie, Finanziarie e Assicurative dell'Università del Sacro Cuore di Milano (Hrsg.); La Formazione della Banca Centrale in Italia; Turin 1993.

Falkinger, J.; Kreativität und Sensibilität versus Interdisziplinarität; in: Jahrbuch für Neue Politische Ökonomie; hrsg. von E. Boettcher; P. Herder-Dorneich; K.-E. Schenk; 7. Band; Tübingen 1988; S. 3-19.

Faugère, J.-P.; Les analyses économiques de la politique monétaire; in: Cahiers Français: Monnaie et politique monétaire; Juli - September 1994; Nr. 267; S. 35-41.

Faure, E.; La Banqueroute de Law; Paris 1977.

Favoreau, L.; Gaïa, P.; Philip, L.; Philippe, X.; Jurisprudence du Conseil constitutionnel; in: Revue française de Droit constitutionnel; Nr. 12 1992; S. 719-797.

Favoreau, L.; Loïc, P.; Les grandes décisions du Conseil constitutionnel; Paris 1995.

Fazio, A.; La Banca d'Italia e il Sistema europeo di banche centrali La convergenza legale; in: Bollettino Economico; Nr. 30 Februar 1998; S. 62-65.

Federal Reserve Bank of Kansas City (Hrsg.); Budget Deficits and Debt; Kansas City 1996.

Feld, L.; Kirchgässner, G.; Fiskalischer Föderalismus; in: WiSt; Heft 2; Februar 1998; S. 65-70.

Felderer, B.; Homburg, S.; Makroökonomik und neue Makroökonomik; Berlin 1991.

Ferman, D.; Une Banque de France indépendante, pourqoi?; in: Info Banque de France Nr. 94.07; 31.1.1994; S. 1.

Ferro-Luzzi, P.; Lastaldi, G.; La Nuova Legge Bancaria; Band I; Mailand 1996.

Ferrucci, G.; Flussi fiscali e stabilizzazione nell'UME: Una valutazione empirica; in: Unione Monetaria e Politiche di Integrazione Europea; hrsg. von G. Marini und B. Quintieri; Università degli Studi di Roma „Tor Vergata"; Oktober 1997; S. 157-195.

Filc, W.; Europäische Geldpolitik nach 1990; in: Europäische Zentralbank: Europas Währungspolitik im Wandel; hrsg. von R.H. Hasse und W. Schäfer; Göttingen 1990; S. 156-176.

Finocchiaro, A.; Contessa, A.M.; La Banca d'Italia e i problemi della moneta e del credito; Rom 1994.

Finocchiaro, A.; Contessa, A.M.; The Banca d'Italia and the problems of money and credit; Rom 1995.

Fischer, A.M.; Central Bank Independence and Sacrifice Ratios; in: Open economies review;Vol. 7; 1996; S. 5-18.

Fischer, S.; Rules versus Discretion in Monetary Policy; NBER Working Paper Series; Nr. 2518; Cambridge 1988.

Fitoussi, J.P.; Cours de macro-économie; Paris 1989.

Fitoussi, J.-P.; Rosanvallon, P.; Le nouvel âges des inégalités; Paris 1996.

Fitoussi, J.P.; u.a.; Competitive disinflation, the Mark, and fiscal policies in Europe; Oxford University Press 1993.

Fitoussi, J.-P-; Le débat interdit; Paris 1995.

Flassbeck, H.; Europa braucht institutionell verankertse Abstimmung der Finanzpolitiken; in: Die Sparkasse; 115. Jg.; Heft 12 1988; S. 556-557.

Flassbeck, H.; Horn, G.; Zwiener, R.; Rigide Preise, flexible Mengen – Ansätze zu einer dynamischen Analyse von Angebots- und Nachfrageschocks; In: Sonderheft 149; Deutsches Institut für Wirtschaftsforschung; Berlin 1992.

Fleischmann, G.; Nationalökonomie und sozialwissenschaftliche Integration; in: Jahrbuch der Neuen politischen Ökonomie; Band 7; Tübingen 1988; S. 20-37.

Flynn, G. (Hrsg.); Remaking the Hexagon; Boulder 1995.

Flynn, G.; Remaking the Hexagon; in: Remaking the Hexagon; Boulder 1995; S. 1-13.

Fondazione Giovanni Agnelli; Nuove regioni e riforma dello stato; Turin 1993.

Foresti, M.; The independence of the European Central Bank. The Maastricht Treaty in the Light of the Theory of „Central Bank Independence"; in: Il Politico; Nr.3; 1994; S. 469 -502.

Forum CEIS; L'Economia mondiale e l'Italia – Occupazione e Crescità nell'Europa del Dopo-Maastricht; Porto Cervo 1-2 Oktober 1993.

Foshag, J.; Gescheiterte Trichet-Intervention; in: Börsen-Zeitung vom 1. Juli 1999; wiederabgedruckt in: Deutsche Bundesbank/Auszüge aus Presseartikeln; Nr.44 v. 01.07.1999; S. 10-11.

Fraenkel, G.; Die italienische Wirtschaftspolitik zwischen Politik und Wirtschaft; Berlin 1991.

Fratianni, M.; Domestic bank credit, money and the open economy; in: Bank Credit, Money and Inflation in Open Economics; Beihefte zu Kredit und Kapital Heft 3; hrsg. von M. Fratianni und K. Tavernier; Berlin 1976; S. 77-142.

Fratianni, M.; Money, prices and wages in Italy; in: BNL Quarterly Review; Vol. 33; Dezember 1980; S. 515-537.

Fratianni, M.; Tavernier, K. (Hrsg.); Bank Credit, Money and Inflation in Open Economics; Beihefte zu Kredit und Kapital Heft 3; Berlin 1976.

Frediani, C.M.; Il trattato sull'unione europea; in: Affari Esteri; Nr. 94 April 1992; S. 313-322.

Frey, B.; Entwicklung und Stand der neuen Politischen Ökonomie; in: Politische Ökonomie des Wohlfahrtsstaates; hrsg. von H. P. Widmaier; Frankfurt 1974; S. 30-63.

Frey, B.S.; A New View of Economics: Comparative Analysis of Institutions, in: Economia delle Scelte Pubbliche, Anno II 1984; S. 3-16.

Frey, B.S.; Politisch-ökonomische Modelle: Übersicht und Stand der Forschung; in: Neuere Entwicklungen in den Wirtschaftswissenschaften; hrsg. von E. Helmstädter; Berlin 1978; S. 503-517.

Frey, B.S.; Schneider, F.; Politico-Economic Models of Macroeconomic Policy: A Review of the Empirical Evidence; in: Political Business Cycles; hrsg. von T.D. Willet; London 1988; S. 240-275.

Fricke, T.; D'une Bundesbank à l'autre; in: Observations et diagnostics économiques; Nr. 44; April 1993; S. 155-180.

Friedman, M.; Monetarism in Rhetoric and Practice; in: Monetary Policy in Our Times; hrsg. von A. Ando, H. Eguchi, R. Farmer und Y. Suzuki; Cambridge 1985; S. 15-28.

Friedman, M.; Monetary Policy - Tactic versus Strategy; The Search for Stable Money - Essays on Monetary Reform; hrsg. von J.A. Dorn und A.J. Schwartz; Chicago 1987; S. 361-382.

Friedman, M.; Monetary Policy - Theory and Practice; in: Central Bankers, Bureaucratic Incentives, and Monetary Policy; hrsg. von E.F. Toma und M. Toma; Dordrecht 1986; S. 11-35.

Friedman, M.; Old wine in new bottles; in: Economic Journal ; Vol. 101; Januar 1991; S. 33-40.

Friedman, M; The role of monetary policy; in: American Economic Review; Vol. 58; 1968; S. 1-17.

Fröhlich, H.-P.; Geldwertstabilität in der Europäischen Währungsunion - Eine Analyse des Vertrags von Maastricht; Köln 1992.

Frowen, S.F.; Mc Hugh, F.P. (Hrsg.); Financial Decision-Making and Moral Responsibility; New York 1995.

Fuhrer, J.C. (Hrsg.); Goals, Guidelines and Constraints Facing Monetary Policymakers; Federal Reserve Bank of Boston Conference Proceedings; Juni 1994.

Fukuyama, F.; An American in Paris; in: New Statesman and Society; Vol. V; 6. März; Nr. 192; S. 7.

Furubotn, E.G.; Pejovich, S.; The Economics of Property Rights; Cambridge 1974.

Gaddum, J.W.; Zukunftsaufgaben der Wirtschafts- und Währungsunion; in: Deutsche Bundesbank/Auszüge aus Presseartikeln; Nr. 39; 30.6.1998; S. 2-5.

Gai, L.; Le considerazioni finali come strumento di moral suasion; Turin 1995.

Galahn, G.; Die Deutsche Bundesbank im Prozeß der europäischen Währungsintegration; Köln 1996.

Gallo, M.; L'Europe contre l'Europe; Paris 1992.

Garavelli, P.Z.; Le funzioni di vigilanza e le altre funzioni della Banca d'Italia; in: La Nuova Legge Bancaria; hrsg. von P. Ferro-Luzzi und G. Lastaldi; Band I; Mailand 1996; S. 105-106.

Garavelli, P.Z; L'indipendenza della Banca d'Italia; in: La Nuova Legge Bancaria; hrsg. von P. Ferro-Luzzi und G. Lastaldi; Band I; Mailand 1996; S. 108-110.

Gavalda, C.; Stoufflet, J.; Droit Bancaire; Paris 1990.

Gelinsky; K.; Der Bundesrat hat schon 1992 entschieden; in: Frankfurter Allgemeine Zeitung vom 17.9.1997; wiederabgedruckt in: Europa an der Schwelle zum 21. Jahrhundert; hrsg. von der Bundeszentrale für politische Bildung; Bonn 1998; S. 81.

Gemeinschaft zum Schutz der deutschen Sparer; Bedenkliche Bestrebungen zur Einbindung der Europäischen Zentralbank; in: Mitteilungen und Kommentare zur Geldwertstabilität v. 10.1.1998; wiederabgedruckt in Deutsche Bundesbank/Auszüge aus Presseartikeln; Nr. 4; 20. Januar 1998; S. 16-17.

Genevois, B.; La jurisprudence du Conseil Constitutionnel; Paris 1990.

Gerelli, E.; Majocchi, A. (Hrsg.); Unità economica e monetaria europea: politica fiscale e vincolo di bilancio; Mailand 1993.

Gherardi, S.; La RFA, pivot de l'espace économique européen?; in: problèmes èconomiques; Nr. 2259; 22 Januar 1992; S. 1-3.

Gherardi, S.; Maastricht: paroles de patrons in: Le Monde v. 30.6.1992; S. 31.

Giarda, P.; Tra status quo e federalismo: una ipotesi di riforma di finanza regionale; Relazione conclusiva della Commissione per la Riforma della Finanza Regionale istituita dal ministro per gli Affari Regionali e dal Ministro delle Finanze; Rom 1994.

Giavazzi, F.; Giovannini, A.; Limiting Exchange Rate Flexibility: The European Monetary System; Cambridge 1989.

Giavazzi, F.; Giovannini, A.; Modèles du SME: L'Europe n'est -elle qu'une zone Deutsche Mark?; in: Revue économique; Vol. 39; Nr. 3; Mai 1988; S. 641-666.

Giavazzi, F.; Giovannini, A.; Models of the EMS: Is Europe a greater DM area? ; in: Global Macroeconomics: Policy conflict and cooperation; hrsg. von R. Bryant und R. Portes; London 1987; S. 237-265.

Giavazzi, F.; Pagano, M.; The Advantage of Tying One's Hands: EMS Discipline and Central Bank Credibility; in: European Economic Review; Vol.32, Nr. 5; Juni 1988; S. 1055-1074.

Giavazzi, F.; Spaventa, L.; The „new" EMS; in: CEPR Discussion Papers; Nr. 369; 1990.

Giersch, H.; Rechte der Bürger; in: Wirtschaftswoche; Vol. 46 Nr. 25. vom 12.6.1992; S. 53-56.

Giovannini, A.; Central banking in a Monetary Union: Reflections on the proposed Statute of the European Central Bank; in: CEPR Occasional Paper; Nr. 9; London 1992.

Giovannini, A.; Spaventa, L.; Fiscal Rules in the European Monetary Union: A No-Entry Clause; in: Discussion Papers; Dipartimento di Scienze Economiche; Università di Roma „La Sapienza"; Rom 1990.

Giscard d'Estaing; V.; Fremde Federn: Vermeiden wir deutsch-französischen Währungsstreit; in: Frankfurter Allgemeine Zeitung vom 8. Februar 1997; S. 14.

Giusso, L.; Riflessioni sull'autonomia delle banche centrali; in: Nord e Sud; September 1995; S. 11-19.

Gleske, L.; Bundesbank Independence, Organisation and Decision-making; in: Understanding the Bundesbank Special Issue of Central Banking; Vol. VI Nr. 1; Summer 1995; S. 21-28.

Gleske, L.; Organisation, Status und Aufgaben der zweistufigen Zentralbanksysteme in den vereinigten Staaten von Amerika, in der Bundesrepublik Deutschland, in der künftigen Europäischen Währungsunion; in: Währung und Wirtschaft Das Geld im Recht; hrsg. von A. Weber; Baden-Baden 1997; S. 123-140.

Goerlich, H.; Verfassungspolitik und Modernität in Frankreich dargestellt am Conseil constitutionnel; in: Leipziger Juristische Vorträge; Leipzig 1995; S. 11-35.

Goetze, H.; Die Tätigkeit der nationalen Zentralbanken in der Wirtschafts- und Währungsunion; Frankfurt 1999.

Goodhart, C.; A European Central Bank; in: European Banking; hrsg. von A. Mullineaux; Oxford 1992; S. 12-43.

Goodhart, C.; Central banking; in: The New Palgrave: A dictionary of Economics; London 1987; S. 385-387.

Goodhart, C.; Discussion; in: A European Central Bank? Perspectives on monetary unification after ten years of the EMS; hrsg. von M. De Cecco und A. Giovannini; Cambridge 1989; S. 280-284.

Goodhart, C.; European Monetary Integration; in: European Economic Review; Vol. 40; Nr. 3-5; April 1996.

Goodhart, C.; La Politique monétaire dans les Année Quatre-Vingt-Dix Objectifs et Moyens d'Actions; in: Cahiers économiques et monétaires; Nr. 41; 1993; S. 5-20.

Goodhart, C.; Notenbankunabhängigkeit und Demokratie; Podiumsdiskussion anläßlich der Volkswirtschaftlichen Tagung 1997 der Oesterreichischen Nationalbank; in: Die Bedeutung der Unabhängigkeit der Notenbank für die Glaubwürdigkeit der europäischen Geldpolitik; hrsg. von der Oesterreichischen Nationalbank; Wien 1997; S. 166-168.

Goodhart, C.; The Political Economy of Monetary Union; in: Understanding Independence; hrsg. von P. Kenen; Princeton 1995; S. 448-505.

Goodhart, C.; Schoenmaker, D.; Should the functions of Monetary Policy and Banking Supervision be separated; in: Oxford Economic Papers; Vol 47; 1995; S. 539-560.

Goodhart, C.; Schoenmaker, D.;Institutional separation between Supervisory and Monetary Agencies; in: Special Paper Nr. 52; LSE Financial Markets Group; 1993

Goodman, J.B.; Monetary Sovereignty; London 1992.

Goodwin, G.L.; The erosion of external sovereignty?; in: Between sovereignity and integration; hrsg. von Ionescu, G.; London 1974; S. 100-117.

Gosset, B.; Michel Pébereau: "Il faut prendre des décisions irréversibles"; in: Le Quotidien de Paris v. 5.12.1991; S. 14.

Gousseau, M.; Banque de France: les conditions de l'autonomie; in: Banque; Nr. 538; Juni 1993; S. 60-62.

Gowland, D.; James, S. (Hrsg.); Economic policy after 1992; Aldershot 1991.

Goybet, C.; Le Oui à Maastricht ... et après; in: Revue du marché commun et de l'union européenne; Nr. 361 Sept./Okt. 1992; S. 681-682.

Goybet, C.; Le pari politique de Maastricht; in: Revue du marché commun et de l'union européenne; Nr. 354 Janvier 1992; S. 5-6.

Graham, R.; French expose divisions over plan for euro; in: Financial Times vom 23. April 1998; wiederabgedruckt in: Deutsche Bundesbank/Auszüge aus Presseartikeln; Nr. 26. v. 24.4.1998; S. 10-11.

Gramlich, L.; Weber, A.; Zehetner, F. (Hrsg.); Auf dem Wege zur Europäischen Währungsunion;: Symposium zum 65. Geburtstag von Prof. Dr. ur. Dr. h.c. H.J. Hahn; Baden-Baden 1992.

Greffe, X.; Politique économique; Paris 1987.

Grilli, V.; Masciandaro, D.; Tabellini, S.; Political and Monetary Institutions and Public Financial Policies in the Industrial Countries; in: Economic Policy; Oktober 1991; Vol. 13; S. 341-392.

Grilli, V.; Seigniorage in Europe; in: A European Central Bank? Perspectives on monetary unification after ten years of the EMS; hrsg. von M. De Cecco und A. Giovannini; Cambridge 1989; S. 53-79.

Gronier, A.; Les instruments de la politique monétaire; in: Cahiers Français: Monnaie et politique monétaire; Juli-September 1994; Nr. 267; S. 42-44.

Große, E.U.; Trautmann, G.; Italien verstehen; Darmstadt 1997.

Grüger, W.; „Die Währungsunion muß durch einen Zusatzvertrag flankiert werden"; in: Zeitschrift für das gesamte Kreditwesen; 1/1996; S. 14.

Grün, K.; Reifezeugnisse; in: Börsenzeitung vom 26. März 1998; wiederabgedruckt in: Auszüge aus Presseartikeln v. 26. März 1998; Nr. 20; S. 3f.

Guarino, G.; Il ruolo della Banca d'Italia; in: L'autonomia delle banche centrali; hrsg. von D. Masciandaro und S. Ristuccia; Mailand 1988; S. 264-274.

Guillamont-Jeanneney; S.; Pour la politique monétaire; Paris 1982.

Gütgemann, A.-V.; Italien und die Europäische Währungsunion Zur Politischen und Wirtschaftlichen Diskussion in Italien auf dem Weg zur EWWU; Konrad Adenauer Stiftung Arbeitspapier; September 1997.

Hagen; J. von; Neumann, M.J.M.; Entwurf für eine europäische Geld- und Währungspolitik; Diskussionspapier Universität Mannheim/Universität Bonn 1996.

Hahn, H.; Der Vertrag von Maastricht als völkerrechtliche Übereinkunft und Verfassung. Anmerkungen anhand von Grundgesetz und Gemeinschaftsrecht; Baden-Baden 1992.

Hahn, H.J.; Währungsrecht; München 1990.

Hahn, H.J.H.; Der Stabilitätspakt für die Europäische Währungsunion; in: Juristen Zeitung; 52. Jg. 5. Dezember 1997; S. 1133-1141.

Hahn, O.; Die Währungsbank: Behörde, Unternehmung, Autorität; Berlin 1993.

Halimi, S.; La Banque de France va-t-elle redevenir le "mur d'argent"?; in: Le Monde Diplomatique; April 1993; S. 7.

Hallett, H.A.J.; Vines, D.; Adjustment Difficulties Within a European Monetary Union: Can they be Reduced ?; in: Building the new Europe; hrsg. von M. Baldessarini und R. Mundell; New York 1993; S. 283-321.

Hallwirth, V.; Und Keynes hatte doch recht; Frankfurt 1998.

Hankel, W.; Europäische Währungsperspektiven; in: Europa-Archiv; Folge 11 1989; S. 351-360.

Hankel, W.; Mit der Währungsunion verabschiedet sich die Wirtschaftspolitik; in: Handelsblatt vom 10.12.1996; wiederabgedruckt in: Europa an der Schwelle zum 21. Jahrhundert; hrsg. von der Bundeszentrale für politische Bildung; Bonn 1998; S. 75.

Hankel, W.; Währungspolitik; Stuttgart 1971.

Harder, B. von; Die Interdependenzen zwischen Währungsunion und Politischer Union in der Europäischen Union des Maastrichter Vertrages; Frankfurt 1997.

Hasse, R.; Die Europäische Zentralbank: Perspektiven für eine Weiterentwicklung des Europäischen Währungssystems; Gütersloh 1989.

Hasse, R.H.; Die "Nach-Maastricht"-Ära: Neuorientierungen für den Übergang zur Europäischen Währungsunion; in: Währungsunion oder Währungschaos? Was kommt nach der D-Mark?; hrsg. von Peter Bofinger u.a.; Wiesbaden 1993; S. 123-141.

Hasse, R.; Schäfer, W. (Hrsg.); Europäische Zentralbank: Europas Währungspolitik im Wandel; Göttingen 1990.

Hauser, H.; Die Ergebnisse von Maastricht zur Schaffung einer Europäischen Währungsunion; in: Außenwirtschaft 1992; 47. Jg. 1992; Heft 2; S. 151–171.

Hawtrey; R.G.; The art of central banking; London 1970.

Hayek; F.A. von; Entnationalisierung des Geldes; Tübingen 1977.

Hehn, J.; „Politik behält das letzte Wort"; in: Die Welt v. 9. 4.1998; wiederabgedruckt in Deutsche Bundesbank/Auszüge aus Presseartikeln; Nr. 24; 16. April 1998; S. 11.

Helmstädter, E. (Hrsg.); Neuere Entwicklungen in den Wirtschaftswissenschaften; Berlin 1978.

Henkel, H.-O.; „Stabilität und Solidität sind wichtiger als Termintreue; in: Zeitschrift für das gesamte Kreditwesen; Vol. 49; 1/1996; S. 15-16.

Herder-Dorneich; P.; Politisches Modell zur Wirtschaftstheorie. Theorie der Bestimmungsfaktoren finanzwirtschaftlicher Staatstätigkeit; Freiburg 1957/1959.

Herlt, R.; Ist die Bundesbank an der Arbeitslosigkeit schuld?; in: Die Zeit v. 29.10.1982; abgedruckt in: Deutsche Bundesbank, Auszüge aus Presseartikeln; Nr. 95 v. 2.11.1982; S. 1-2.

Hiller, C. von; Geld aus Frankfurt; in: Die Welt vom 15.5.1998; wiederabgedruckt in: Deutsche Bundesbank, Auszüge aus Presseartikeln; Nr. 30 v. 15.5.1998; S. 4.

Hodgman, D. R.; National Monetary Policies and International monetary cooperation; Boston 1974.

Hodgman, D. R. (Hrsg.); The political economy of monetary policy: National and international aspects; Perugia 1983.

Hodgman, D.R.; Resek, R.W.; Determinants of monetary policy in France, the Federal Republic of Germany, Italy and the United Kingdom: A comparative analysis; in: The political economy of monetary policy: National and international aspects; hrsg. von D. R. Hodgman; Perugia 1983; S. 147-170.

Hoffman, S.; In Search for France; Cambridge 1963.

Hoffmann, D.; Zur Unabhängigkeit der Deutschen Bundesbank; in: Auf einem Dritten Weg; hrsg. von E. Stein und H. Faber; Festschrift für H. Ridder zum siebzigsten Geburtstag; Neuwied 1989; S. 49-63.

Hoffmann, S.; Thoughts on Souvereignty and French Politics; in: Remaking the Hexagon; hrsg. von G. Flynn; Boulder 1995; S. 251-258.

Hohenthal; C. Graf; Flassbecks Glück wohnt nur im Binnenland; in: Frankfurter Allgemeine Zeitung vom 3.3.1999; wiederabgedruckt in: Deutsche Bundesbank/Auszüge aus Presseartikeln; Nr. 15 v. 4.3 .1999; S. 15-16.

Holtfrerich, C.-L.; Autorità monetarie e istituzioni di governo: la Bundesbank dal XIX secolo ai giorni nostri; in: L'autonomia delle banche centrali; hrsg. von D. Masciandaro und S. Ristuccia; Mailand 1988; S. 84-140.

Horn, G.; Zwiener, R.; Lohnpolitik in der Europäischen Währungsunion, Eine Simulationsstudie; in: DIW Wochenbericht; Vol. 65; Nr. 31-32; 1998; S. 551-561.

Hübl; L.; Bodin, M. (Hrsg.); Banken in gesamtwirtschaftlicher Verantwortung; Stuttgart 1994.

Hübner, U.; Constantinesco, V.; Einführung in das französische Recht; München 1994.

Hrbek, R. (Hrsg.); Der Vertrag von Maastricht in der wissenschaftlichen Kontroverse; Baden-Baden 1993.

Icard, A.; Interventions de la Banque de France sur le marché monétaire et hierarchie des taux; in: Banque de France, Cahiers économiques et monétaires; Nr. 32; 1988; S. 147-163.

Innocenzi, F.; Rovelli, R.; Due riforme parallele: il conto corrente di tesoreria e la riserva obbligatoria; in: Centro di Economia Monetaria e Finanziaria P. Baffi; Heft 16 1992.

Ionescu, G. (Hrsg.); Between sovereignty and integration ; London 1974.

Isensee, J.; Kirchhof, P. (Hrsg.); Handbuch des Staatsrechts der Bundesrepublik Deutschland; Bd. II; Das Handeln des Staates; Heidelberg 1987.

Issing, O.; Disziplinierung der Finanzpolitik in der Europäischen Währungsunion?; in: Europa vor dem Eintritt in die Wirtschafts- und Währungsunion; hrsg. von P. Bofinger u.a.; Berlin 1993; S. 181-194.

Issing, O.; Einführung in die Geldpolitik; München 1996.

Issing, O.; Einführung in die Geldtheorie; München 1995.

Issing, O.; Stability of monetary policy-stability of monetary system Experience with monetary targets in Germany; Paper for the Symposium of the Swiss National Bank on March 17 1995; wiederabgedruckt in: Deutsche Bundesbank /Auszüge aus Presseartikeln, Nr. 22 v. 22.3.1995; S. 4-9.

Issing, O.; The Euro-Four Weeks after the Start, Speech delivered to the European Atlantic Group, House of Commons, London; 28. 1. 1999; wiederabgedruckt in: Deutsche Bundesbank/ Auszüge aus Presseartikeln; Nr. 9 v. 11.2.1999; S. 8-13.

Issing, O.; The European Central Bank as a new institution and the problem of accountability; Paper at the Symposium on „Challenges for Highly Developed Countries in the Global Economy“ in Kiel March 20, 1998; wiederabgedruckt in: Deutsche Bundesbank, Auszüge aus Presseartikeln; Nr. 19. v. 24.3.1998; S. 1-7.

Issing, O.; The Role of the Central Bank and ist Responsibility; in: Financial Decision-Making and Moral Responsibility; hrsg. von S. F. Frowen und F.P. Mc Hugh; New York 1995; S. 15-26.

Issing, O.; Über das EWS zur Währungsunion?; in: Wechselkursstabilisierug, EWS und Weltwährungssystem?; hrsg. von O. Issing; Hamburg 1988; S. 55-86.

Issing, O.; Unabhängigkeit der der Notenbank und Geldwertstabilität; Stuttgart 1993.

Issing, O. (Hrsg.); Wechselkursstabilisierung, EWS du Weltwährungssystem?; Hamburg 1988.

Jacqué, J. P.; droit constitutionnel et institutions politiques; Paris 1994.

Jansen, T.; Mahncke, D. ; Persönlichkeiten der Europäischen Integration; Bonn 1981.

Jarchow, H.-J.; Rühmann, P.; Monetäre Außenwirtschaft II. Internationale Währungspolitik; Göttingen 1997.

Jeanneney, J.-M.; De Bretton-Woods à la Jamaïque: contestations françaises; in: Economie internationale; Nr. 59; Juli 1994.

Jeckel, S.; Die Staatlichkeit Deutschlands in der Europäischen Union aus verfassungsrechtlicher und gemeinschaftsrechtlicher Sicht; Köln 1997.

Jeismann, M.; Der schwarze Freitag, Pierre Bourdieu über „Idee Tietmeyer", den Wohlfahrtsstaat und die Mythen des Ökonomismus; in: Frankfurter Allgemeine Zeitung vom 28.10.1996; S. 37.

Jetter, K.; Wider das Diktat aus Frankfurt; in: Frankfurter Allgemeine Zeitung vom 8. 12.1990, S. 13.

Jochimsen, R.; A Stability Pact for Europe; in: A Stability Pact for Europe A Forum organized by Zentrum für Europäische Integrationsforschung Bonn 27 June 1997; in: ZEI Policy Paper B97-01; S. 2-14.

Jochimsen, R.; Perspektiven der europäischen Wirtschafts- und Währungsunion; Baden-Baden 1998.

Jochimsen, R.; Perspektiven der Europäischen Wirtschafts- und Währungsunion; Köln 1994.

Jossa, B.; La Moneta Unica: Argomenti Pro e Contra; in: Politica Economica; a. XI, Nr.2; August 1995; S. 201-241.

Kaehler, J.; Korn, O.; Wirkungszusammenhänge zwischen Zinsen und makroökonomischer Aktivität: Eine Untersuchung zu binnen- und außenwirtschaftlichen Effekten der deutschen Geldpolitik; Baden-Baden 1995.

Katz, A.; Staatsrecht; Heidelberg 1987.

Kaufman, H. M.; The European Monetary System Embryo of a European Central Bank 1992 and beyond; in: Il Politico; Nr. 1 1990; S. 31-50.

Kees, A.; Maastricht – Vorentscheidung für eine europäische Währung; in: Auf dem Wege zur Europäischen Währungsunion: Symposium zum 65. Geburtstag von Prof. Dr. iur. Dr. h.c. Hugo J. Hahn; hrsg. von L. Gramlich, A. Weber, F. Zehetner; Baden-Baden 1992; S. 19-36.

Kenen, P. (Hrsg.); Understanding independence; Princeton 1995.

Kenen, P. B.; The European Central Bank and monetary policy in stage three of EMU; in: International Affairs; Nr. 68 3/1992; S. 457-474.

Kennedy, E.; The Bundesbank; New York 1991.

Keynes, J.M.; The General Theory of Employment, Interest and Money; London 1936.

Kinder, P.; Einführung in das italienische Recht; München 1993.

Kindleberger, C.P. (Hrsg.); Financial Crises – Theory, history and policy; Cambridge 1982.

Kirsch, G.; Politische Grenzen der Geldpolitik; in: Geld- und Währungspolitik in der Bundesrepublik Deutschland, hrsg. von W. Ehrlicher und D. B. Simmert; Beiheft 7 zu Kredit und Kapital; Berlin 1982, S. 33-47.

Klau, T.; Disqualifiziertes Europaparlament; in: Börsen-Zeitung v. 4.4.1998; wiederabgedruckt in Deutsche Bundesbank/Auszüge aus Presseartikeln; Nr. 24 v. 16. April 1998; S. 10.

Klein, M.; Neumann, M.; Seigniorage: What is it and who gets it?; in: Weltwirtschaftliches Archiv; Band 126; 1990; S. 205-221.

Kloten, N.; EMU: Sovereignty and Hegemony; in: Financial Decision-Making and Moral Responsibility; hrsg. von S. F. Frowen und F.P. Mc Hugh; New York 1995; S. 197-206.

Kloten, N.; Stein, J.H. von (Hrsg.); Geld-, Bank- und Börsenwesen;: Ein Handbuch; 39. Auflage; Stutgart 1993.

Knapp, G.F.; Staatliche Theorie des Geldes; München 1918.

Knees-Bastaroli, T.; Mezzogiorno statt Maastricht?; in: Börsen-Zeitung vom 21. März 1998; wiederabgedruckt in: Deutsche Bundesbank, Auszüge aus Presseartikeln; Nr. 19. v. 24.3.1998; S. 16-17.

Koenig, P.; Le contrôle de constitutionnalité en France et en République fédérale d'Allemagne; in: Die Kontrolle der Verfassungsmäßigkeit in Frankreich und in der Bundesrepublik Deutschland; hrsg. von P. Koenig, und W. Rüfner; München 1985. S. 1-32.

Koenig, P.; Rüfner, W. (Hrsg.); Die Kontrolle der Verfassungsmäßigkeit in Frankreich und in der Bundesrepublik Deutschland; München 1985.

Köhler, H.; „Der Vertrag von Maastricht verlangt geradezu unterschiedliche Geschwindigkeiten"; in: Zeitschrift für das gesamte Kreditwesen; Vol. 49; 1/1996; S. 16-17.

Kommuniqué der Konferenz der Staats- und Regierungschefs der EWG-Mitgliedsstaaten in Den Haag am 1. und 2. Dezember 1969; in: Europäische Wirtschafts- und Währungsunion; hrsg. von H. Krägenau und W. Wetter; Baden-Baden 1993; S. 97.

König, R.; Geld- und Währungspolitik zu Beginn der zweiten Stufe der EWWU; in: Geld - Währung- Kapitalmarkt Working Papers; Frankfurt a.M. 1994.

König, R.; Willeke, C.; German monetary unification; in: Understanding the Bundesbank Special Issue of Central Banking; Vol. VI Nr. 1; Summer 1995; S. 29-39.

Konrad, W.; Die Lenkung des Kreditbereichs durch die Deutsche Bundesbank; Würzburg 1982.

Köster, W.; Europäische Zentralbank und Preisniveaustabilität; in: HJfWG; 36. Jg. 1991; S. 155-167.

Kösters, W.; Comment on „European Monetrary Union: Sovereignty and Hegemony" by Norbert Kloten; in: Financial Decision-Making and Moral Responsibility; hrsg. von S. F. Frowen und F.p. Mc Hugh; New York 1995; S. 207-212.

Krägenau, H.; Wetter, W. (Hrsg.); Europäische Wirtschafts- und Währungsunion; Baden-Baden 1993.

Krause-Junk; G.; Die Europäische Währungsunion: Ein Plädoyer dafür; in: Staatswissenschaften und Staatspraxis; 8. Jg. 1997; S. 275-287.

Kriele, M.; Einführung in die Staatslehre; Hamburg 1988.

Krugman, P.; Lessons of Massachussets for EMU; in: Adjustment and Growth in the European Monetary Union; hrsg. von F. Torres und F. Giavazzi; Cambridge 1993.

Kuisel, R.; Le capitalisme et l'Etat en France; Paris 1984.

Kunzmann, P.; Burkard, F.-P.; Wiedmann, F.; dtv-Atlas zur Philosophie; München 1991.

Kurm-Engels, M.; Die Deutsche Bundesbank hat sich in eine Falle locken lassen; in Handelsblatt Wirtschafts- und Finanzzeitung vom 6.4.1998; wiederabgedruckt in Deutsche Bundesbank/Auszüge aus Presseartikeln; Nr. 23 v. 8.4.1998; S. 4-5.

Kuroda, I. (Hrsg.); Towards more Effective Monetary Policy; 7. Internationale Konferenz vom 26.-27. Oktober 1995 der Bank of Japan; London 1997.

Kydland, F.E.; Prescott, E.C.; Rules Rather than Discretion: The Inconsistency of Optimal Plans; in: Journal of Political Economy; Vol. 85; Nr. 3; 1977; S. 473-491.

Ladrech, R.; Europeanization of Domestic Politics and Institutions: The Case of France; in: Journal of Common Market Studies; Vol. 31; Nr. 1; März 1994; S. 69-88.

Laffrague, J.P.; Comment; in: Financial Crises – Theory, history and policy; hrsg. von C. P. Kindleberger; Cambridge 1982; S. 256-291.

Lagayette, P.; Le contenu économique et monétaire du Traité de Maastricht; Rede anläß-lich der Preisverleihung des Club des jeunes financiers in Paris am 25. Juni 1992; S. 113-116.

Lagayette, P.; Le rôle des banque centrales dans l'environnement actuel; in: Revue d'Économie Financière; Nr. 19; Winter 1991.

Laidler, D.; Taking Money Seriously; New York 1990.

Lamfalussy, A.; The European Central Bank: Independent and Accountable; in: Die Be-deutung der Unabhängigkeit der Notenbank für die Glaubwürdigkeit der europäischen Geldpolitik; hrsg. con der Oesterreichischen Nationalbank; Wien 1997; S. 10-17.

Lamont, N.; Schluß mit der Illusion; in: Die Zeit, Nr. 40; 1.110.1993; S. 46.

Lampe, O.; Die Unabhängigkeit der Deutschen Bundesbank; Köln 1971.

Lange, C.; Seigniorage Eine theoretische und empirische Analyse des staatlichen Geld-schöpfungsgewinns; Berlin 1995.

Lannoo, K.; Financial Supervision and Economic Policy Coordination in EMU; in: CEPII, document de travail Nr. 99-04; S. 45-66.

Larosière, J. de; Die Europäische Wirtschafts- und Währungsunion, ein wesentlicher Bei-trag zur internationalen Inflationsbekämpfung; in: Frankreich-Info; Nr. 91 - 33; S. 1-6.

Larosière, J. de; Le Traité de Maastricht et L'Union Économique et Monétaire; Interventi-on dans le cadre du séminaire "Réussir" (CRCAM de la Somme) Amsterdam 23.Oktober 1992.

Lastra, R.M.; The independence of the European System of Central Banks; in: Harvard International Law Review; Vol. 33; Nr. 2; Frühjahr 1992; S. 475-519.

Lavroff, D.G.; Le droit constitutionnel de la Ve République; Paris 1995.

Le Cacheux, J.; Mathieu, C.; Sterdyniak, H.; Maastricht: les enjeux de la monnaie unique; in: Problèmes économiques; Nr. 2.274; 7. Mai 1992; S. 10-18.

Le Cacheux, J.E.; Franc Fort and te EMU; in: Remaking the Hexagon; hrsg. von G. Flynn; Boulder 1995; S. 69-86.

Lebégue; D.; L`Europe bancaire et financière; in: La Revue Banque; Nr. 513 Februar 1991; S. 134-139.

Lecheler, H.; Das Subsidiaritätsprinzip - Strukturprinzip einer europäischen Union; Berlin 1993.

Leipold, H.; Ordnungspolitische Konsequenzen der ökonomischen Theorie der Verfassung; in: Ordnungspolitik; hrsg. von D. Cassel, B.T. Ramb und H.-J. Thieme; München 1988; S. 257-283.

Lepetit, J.F.; Comment; in: Financial Crises – Theory, history and policy; hrsg. von C. P. Kindleberger; Cambridge 1982; S. 248-255.

Leschke, M. (Hrsg.); Probleme der deutschen und der europäischen Integration; Münster 1994.

Lhotta, R.; Der Staat als Wille und Vorstellung; in: Der Staat; 36. Band 1997; S. 189-210.

Lindberg, L.; Scheingold, S.; Europe's Would - Be Policy, Patterns of Change in the European Community; Englewood Cliffs 1970.

Lipp, E.M.; Ramm, U.; Walter, N.; Stellungnahme der Chef-Volkswirte dreier deutscher Großbanken zum Manifest der 60 Ökonomen; in: Der Vertrag von Maastricht in der wissenschaftlichen Kontroverse; hrsg. von R. Hrbek; Baden-Baden 1993; S. 161-164.

Llau; P.; La Coordination des Dépenses Publiques D'Allocation Et De Redistribution Face Au Féderalisme Budgétaire En UEM; in: Revue d'Économie Financière; Nr. 45; Januar 1998; S. 213-231.

Loef, H.-E.; Variabilität der Wechselkurse als Problem der Währungspolitik; in: Wechselkursstabilisierug, EWS und Weltwährungssystem?; hrsg. von O. Issing; Hamburg 1988; S. 123-159.

Löffelholz, T.; Erst die Mark machte das Land; in: Die Welt vom 13. Juni 1998; wiederabgedruckt in: Deutsche Bundesbank/Auszüge aus Presseartikeln; Nr. 36/19. Juni 1998; S. 6-8.

Longo, F.; Dopo Maastricht: l'Europa verso una politica estera commune?; in: Politica Internazionale; Nr. 1-2; Januar-April 1992; S. 17-28.

Lordon, F.; Théories de la croissance: quelques développements récents; in: Observations et Diagnostics Économiques; Nr. 37; Juli 1991; S. 193-243.

Lossani, M.; Natale, P.; Tirelli, P.; Fiscal Policy and Imperfectly Credible Inflation Targets: Should we Appoint Expenditure-Conservative Central Bankers?; Mailand 1997.

Louis, H.; Les Français et la Monnaie unique; Umfrage für die Europäische Bewegung; November 1993.

Louis, J.-V.; Vers un système européen de banques centrales: projet de dispositions organique (Rapport du groupe présidé par Jean-Victor Louis); Etudes européennes, Brüssel 1989.

Löwenthal, P.; De l'autonomie des autorités monétaires; in: reflets et perspectives de la vie économique; Nr. 3,1991; Vol. 30; S. 1147-1160.

Luciani, M.; La illegittima al varco; in: L'Unità v. 20.9.1992; wiederabgedruckt in: Il Trattato di Maastricht L'Adesione Italiana; Rassegna Stampa dossier Nr. 606; hrsg. von der Camera dei deputati; S. 213.

Lück, M.; Zentralbankpolitik in Italien; Frankfurt 1998.

Ludlow, Peter; Setting European Community Priorities 1991-1992; London 1991.

Lüthje, B.; „Wer den Integrationsprozeß bejaht, muß der einheitlichen Währung positiv gegenüberstehen"; in: Zeitschrift für das gesamte Kreditwesen; Vol. 49; 1/1996; S. 17-19.

Lunghini, G. (Hrsg.); Scelte politiche e teorie economiche in Italia 1945-1978; Turin 1981.

MacDougall, D.; Report of the Study Group on the Role of Public Finance in European Integration; Brüssel 1977.

Mäding, H.; Zum interdisziplinären Charakter der Theorie der Wirtschaftspolitik; in: Jahrbuch der Neuen politischen Ökonomie; Band 7; Tübingen 1988; S. 229-247.

Maennig, W.; Hunger, A.; Seigniorageverluste – Hemmnis für die Euopäische Währungsunion?; in: Wirtschaftswissenschaftliches Studium; 25/1996´; S. 227-232.

Maffeo, V.; Presupposti teorici e Risultati empirici della Strategia della "Disinflazione Competitiva": Il Caso dell'Italia; in: Studi economici; Nr. 55; 1995/1; S. 53-101.

Maillet, P.; Le double visage de Maastricht: achèvement et nouveau départ; in: revue du marché commun et de l'union européenne; Nr. 356; März 1992; S. 209-219.

Majocchi, A.; Dal Rapporto MacDougall all'UEM: il ruolo della politica fiscale; in: Unità economica e monetaria europea: politica fiscale e vincolo di bilancio; hrsg. von E. Gerelli und A. Majocchi; Mailand 1993.

Majocchi, A.; Il Patto di stabilità e i vincoli per la politica fiscale; in: La finanza pubblica italiana. Rapporto 1997; hrsg. von L. Bernardi; Bologna 1997.

Majocchi, A.; Rey, M.; A Special Financial Support Scheme: Need and Nature; in: European Economy, Reports and Studies on The Economics of Community Public Finance; Nr. 5; Brüssel 1993.

Manaille, M.; Indépendance ou Démocratisation du Pouvoir; in: Economie et Politique; März April 1993; S. 6-9.

Manaille, M.; Les enjeux d'une réforme; in: Economie et Politique; Mai 1993; S. 36-39.

Mann, F.A.; Das Recht des Geldes; Frankfurt, Berlin 1960.

Mann, T.; Leiden und Größe der Meister; in: Gesammelte Werke in Einzelbänden; Band 8; hrsg. von Peter de Mendelsson; Frankfurt 1986.

Marè, M.; Sarcinelli, M.; Europa: cosa ci attende?; Rom 1998.

Marè, M.; Sarcinelli, M.; The European Union: How to Assign the Functions of Government?; in: BNL Quarterly Review; Vol. 47; Nr. 191; Dezember 1994; S. 341-377.

Marinelli, M.L.; Riforme recenti della Banca d'Italia e Controllo della Liquidità: Il conto disponibilità del tesoro e la riduzione delle riserve obbligatorie; In. Studi economici; Nr. 55; 1995/1; S. 35–51.

Marini, G.; Quintieri, B. (Hrsg.); Unione Monetaria e Politiche di Integrazione Europea; Università degli Studi di Roma „Tor Vergata"; Oktober 1997.

Marquardt, R. - M.; Vom europäischen Währungssystem zur europäischen Wirtschafts- und Währungsunion: eine Untersuchung langfristiger geldpolitischer Implikationen und ihrer Folgen für die Preisstabilität; Bielefeld 1994.

Marsh, D.; Die Bundesbank; München 1992.

Martin Martinez, M.; National Sovereignty and International Organizations; Den Haag 1993.

Masciandaro, D.; Il grado di autonomia della banca centrale e la politica monetaria nei maggiori paesi industrializzati; in: in: L'autonomia delle banche centrali; hrsg. von D. Masciandaro und S. Ristuccia; Mailand 1988; S. 347-386.

Masciandaro, D.; Indipendenza della banca centrale, vigilanza bancaria e stabilità monetaria; in: Moneta e credito; Nr. 184; Dezember 1993; S. 527-558.

Masciandaro, D.; Modelli macroeconomici, „political hazard", indipendenza della banca centrale e regimi monetari; in: Giornale degli Economisti ed Annali di Economia; Januar Februar 1990; S. 65-97.

Masciandaro, D.; Teoria della politica monetaria e costituzionalismo economico; in: Giornale degli Economisti ed Annali di Economia; Juli-August 1992; S. 347-372.

Masciandaro, D.; Ristuccia, S. (Hrsg.); L'autonomia delle banche centrali; Mailand 1988.

Masciandaro, D.; Spinelli, F.; Costituzionalismo, banche centrali e stabilità monetaria; in: CEEP/Centro Studi di Politica Economica; 1992; S. 23-46.

Masera, R.; Haushalt und Verfassung – Revisionshypothesen im Lichte des Maastrichter Vertrages; wiederabgedruckt in: Deutsche Bundesbank/Auszüge aus Presseartikeln; Nr.64 v. 21.09.1995; S. 1-5.

Masera, R.; La crisi del sistema monetario europeo; in: L'Economia mondiale e l'Italia – Occupazione e Crescità nell'Europa del Dopo-Maastricht; Porto Cervo 1-2 Oktober 1993; S. 71-77.

Masson, P. R., Taylor, M. P., Currency unions: a survey of the issues, in: Policy issues in the operation of currency unions, hrsg. von R. Masson und M. P. Taylor, Cambridge 1993; S. 3-51.

Masson, P. R., Taylor, M. P. (Hrsg.); Policy issues in the operation of currency unions, Cambridge 1993.

Masson, P.; Mélitz, J.; Fiscal Independence in a Monetary Union; in: CEPR Discussion Paper; Nr. 414; April 1990.

Matteucci, N.; Costituzione italiana ed europea: la sovranità ripartita; in: La riconquista dell'Italia; Mailand 1993.

Matthes, H.; Maastricht und das deutsche Interesse; in: Wirtschaftsdienst; Vol. 72; X/1992; S. 513-515.

Mauduit, L.; Une pensée économique keynésienne pimentée de marxisme; in: Le Monde vom 23.11.1996.

Maunz, T.; Dürig, G.; u.a.; Grundgesetz Kommentar; München 1997.

Maus, Didier; Études sur la constitution de la Ve République; Paris 1990.

Mayer, T.; Die Struktur des Monetarismus; in: Die Monetarismus-Kontroverse; Beihefte zu Kredit und Kapital; Heft 4; Berlin 1978; S. 9-55.

Mazier, J.; Couharde, C.; Croissance et efficacité des politiques struturelles dans la Communauté économique euroéenne; in: Revue du Marché commun; Nr. 350; September 1991; S. 604-613. .

Mazier, J.; Marché unique, union monétaire et politique économique en Europe; in: Revue du Marché Commun et de l'Union Européenne; November 1991; S. 760-773.

Mazzoni, C.M.; Nigro, A. (Hrsg.); Credito e moneta; Mailand 1982.

McKinnon, Ronald I., Optimum Currency Areas, in: American Economic Review, Vol. 53.; September 1963; S. 717-725.

Meister, E.; Europäische Arbeitsmarkt- und Beschäftigungspolitik; Thesen zum Generalthema einer Podiumsdiskussion des Managerkreises der Friedrich-Ebert-Stiftung in Bonn am 16. Juni 1999; wiederabgedruckt in: Deutsche Bundesbank/Auszüge aus Presseartikeln; Nr. 41 v. 17.6.1999; S. 8-9.

Melica, , L.; Il sistema europeo delle banche centrali e la sovranità degi stati membri della comunità europea: riflessioni sull'ordinamento italiano; in: Rivista Italiana Diritto Pubblico Comunitario; Nr. 4; 1994; S. 388-413.

Mélitz, J.; Discipline monétaire, République fédérale Allemagne et Système monétaire européen; in: Annales d'économie et statistique; Okt. – Dez. 1987; Nr. 8; S. 59-88.

Mélitz, J.; Monetary Policy in France; CEPR Discussion paper; Januar 1991.

Mélitz, J.; Weber, A.; The Costs/Benefits of a Common Monetary Policy in France and Germany and possible Lessons for Monetary Union; in: Discussion Paper Nr. B-369; Sonderforschungsbereich 303 "Information und die Koordination wirtschaftlicher Aktivitäten; Rheinische Friedrich-Wilhelms-Universität Bonn; April 1996.

Meltzer, A.H.; On Making Monetary Policy More Effective Domestically and Internationally; in: Towards More Effective Monetary Policy; hrsg. von I. Kuroda; 7. Internationale Konferenz vom 26.-27. Oktober 1995 der Bank of Japan; London 1997; S. 5-27.

Merklein, R.; Deutschlands Politiker sind für den „worst case" nicht gerüstet; in: Handelsblatt v. 31.12.1996.

Mersch, M.; Die Banque de France: Organisation und Operationen; Berlin 1972.

Merusi, F.; La posizione costituzionale della banca centrale in Italia; in: Credito e Moneta; hrsg. von C. Mazzoni und A. Nigro; Mailand 1982; S. 47-66.

Michaels, B.; „Die Unumkehrbarkeit der Währungsunion muß deutlich werden"; in: Zeitschrift für das gesamte Kreditwesen; Vol. 49; 1/1996; S. 19-20.

Mishkin, F.; Les canaux de transmission monétaire: Leçons pour la politique monétaire; in: Bulletin de la Banque de France; Nr. 27; März 1996; S. 91-103.

Mittelstädt, A.; Frankreichs Währungspolitik von Poincaré zu Rueff; Frankfurt 1967.

Modona, G.N. (Hrsg.); Cinquant'anni di Repubblica italiana; Turin 1996.

Moïsi, D.; The Trouble with France; in: Foreign Affairs; Mai/Juni 1998; S. 94-104.

Montanari, L.; L'independenza delle banche centrali nella prospettiva europea: il caso francese; in: Economia Pubblica; Nr. 4; 1995; S. 71-117.

Montesquieu, C.; Œuvres complètes II; hrsg. von R. Caillois; Paris 1951

Monti, M.; Governi e banche centrali – quale assetto istituzionale. Più autonomia monetaria, meno poteri fiscali „occulti"; in: Politica ed Economia; Nr. 4; 1983a; S. 5-8.

Morant, H.; Les nouveaux textes qui régissent la Banque de France; in: Bulletin Trimestriel de la Banque de France; Mai 1973; S. 25-30.

Morin, P.; Thibault, F.; Performances Macro - Èconomiques Françaises eEt Policy-Mix: Quelques Interrogations Sur Les Années Quatre-Vingt-Dix; in: Revue d'Économie Financière; Nr. 45; Januar 1998; S. 63-94.

Möschel, W.; An der Schwelle zur Europäischen Währungsunion; in: Juristische Zeitung; 5/1998; S. 217-223.

Möschel; W.; Europapolitik zwischen deutscher Romantik und gallischer Klarheit; in: Aus Politik und Zeitgeschichte Beilage zur Wochenzeitung Das Parlament; 13. Januar 1995; S. 10-16.

Mouvement Européen; Les Français et la Monnaie unique; Paris 1993.

Mueller, D.C.; Public Choice II; Cambridge 1989.

Muet, P.- A.; Ajustements macroéconomique, stabilisation et coordination en union monétaire; in: Révue d'économie politique; Vol. 105; Sept.-Okt. 1995; S. 739-777.

Müller, H.; Die Politik der deutschen Zentralbank 1948-1967 Eine Analyse der Ziele und Mittel; Tübingen 1969.

Müller, H.; Die Zentralbank – eine Nebenregierung; Opladen 1973.

Münch, I. von; Kunig, P. (Hrsg.); Grundgesetz-Kommentar; München 1996.

Münchhausen, T.; Freiherr von; Wohlüberlegter Angriff auf die Währungspolitik Juppés; in: Frankfurter Allgemeine Zeitung vom 29. November 1996.

Mullineaux, A. (Hrsg.); European Banking; Oxford 1992.

Mundell, R. A., A theory of Optimum Currency Areas, American Economic Review, Vol. 51, September 1961, S. 657-656.

Musella, M.; Panico, C.; The money supply in the economic process; Elgar 1995.

Musgrave, R.; Theories of Fiscal Federalism; in: Public Finance; Nr. 24; Vol. 4; 1969.

Nardozzi, G.; Accumulazione di capitale e politica monetaria: il punto di vista della Banca d'Italia; in: Scelte politiche e teorie economiche in Italia 1945-1978; hrsg. von G. Lunghini, Turin 1981.

Nardozzi, G.; Autonomia della banca centrale e istituzioni di governo: il caso della Banca d'Italia; in: L'Autonomia delle Banche Centrali; Hrsg. von D. Masciandaro und S. Ristuccia; Mailand 1988; S.204-252.

Nardozzi, G.; Il ruolo della Banca Centrale nella recente evoluzione dell'economia italiana; in: Struttura ed evoluzione dell'economia italiana; Progetto CNR, sottoprogetto I, 9; Mailand 1993; S. 11-22.

Nardozzi, G.; Moneta e credito: vent'anni di dibattito in Italia; in: Moneta e Credito; Nr. 183; September 1993; S. 379-427.

Nardozzi, G.; Money and Credit: Twenty Years of Debate in Italy (1970 – 1990); in: BNL Quarterly Review; Vol. 47; Nr. 188; März 1994; S. 3-51.

Nardozzi, G.; Sul mito dell'autonomia della banca centrale; in: Il ruolo della Banca Centrale nella Politica Economica; hrsg. von M. Arcelli; Bologna 1991; S. 91-95.

Negri, G.; Giolitti e la nascità della Banca d'Italia; Rom 1989.

Neldner, M.; Geld- und Währungsordnungen; in: WiSt; Heft 6; Juni 1998; S. 287-294.

Neldner, M.; Wege zur Währungsintegration; in: Wechselkursstabilisierung, EWS und Weltwährungssystem; hrsg. von O. Issing; Hamburg 1988; S. 261-283.

Neumann, M.J.M.; A Comparative Study of Seigniorage: Japan and Germany; Universität Bonn; Diskussionspapier SFB 303; Nr. 304.

Neumann, M.J.M.; Central Bank Independence and Price Stability; in: Die Bedeutung der Unabhängigkeit der Notenbank für die Glaubwürdigkeit der europäischen Geldpolitik; hrsg. von der Oesterreichischen Nationalbank; Wien 1997; S. 18-29.

Neumann, M.J.M.; Die Deutsche Bundesbank als Modell für eine Europäische Zentralbank? Koreferat zu Roland Vaubel; in: Europa vor dem Eintritt in die Wirtschafts- und Währungsunion; hrsg. von P. Bofinger u.a.; Berlin 1993; S. 81-95.

Neumann, M.J.M.; Geldpolitik: Nichtneutralität als Problem; in: Wandlungen des geldpolitischen Instrumentariums der Deutschen Bundesbank; hrsg. von W. Ehrlicher und D.B. Simmert; Beihefte zu Kredit und Kapital Heft Nr. 10; Berlin 1988; S. 61-76.

Neumann, M.J.M.; Kann der Euro überleben?; in: Neue Zürcher Zeitung; 30.6.1998; Sonderbeilage Neuland Euroland; S. B 5.

Neumann, M.J.M.; Society, Government, and Central-Bank Independence; Discussion Paper B 338; Bonn 1995.

Neumann, W.; Auf dem Weg zu einer Europäischen Wirtschafts- und Währungsunion; Stuttgart 1991.

Nicolaysen, G.; Rechtsfragen der Währungsunion; Berlin 1993.

Niemann, U.; Zentralbank und Währung für Europa? Deutsche und französische Ausgangspositionen; in: Dokumente 5/1989; S. 400-405.

Nimmerrichter, W.; Neues Verhältnis Bundesbank-Staat; in: Bundesbankmagazin; Januar 1994; S. 12-13.

Nonnenmacher, G.; Frankreichs Prestige; in: FAZ v. 5.5.1998; wiederabgedruckt in Deutsche Bundesbank/Auszüge aus Presseartikeln; Nr. 28; 6. Mai 1998a; S. 13-14.

Nordhaus, W.; The Political Business Cycle; in: Review of Economic Studies; Vol.42; 1975; S. 169-190.

Noyer, C.; A propos du statut et de l'indépendance des banques centrales; in: Revue d'Economie Financière; Herbst 1992; S. 13-18.

Nuck, S. W.; Zur ökonomischen Theorie geldpolitischer Institutionen: Alternative theoretische Analysemöglichkeiten insitutionellen Wandels in der Geldordnung - dargestellt am Beispiel der Bundesrepublik Deutschland; Pfaffenweiler 1994.

Oates, W.; Decentralization of the Public Sector: an Overview; in: Decentralization, Local Governments and Markets wiederabgedruckt in: Studies in Fiscal Federalism; hrsg. von R. Bennet; Oxford 1991; S. 49-64.

Oates, W.; Fiscal Federalism; New York 1972.

O'Brian; R. (Hrsg.); Finance and International Economy; New York 1993.

Obst, G.; Hintner, O.; Geld-, Bank- und Börsenwesen: Ein Handbuch; hrsg. von N. Kloten und J.H. von Stein; 39. Auflage; Stuttgart 1993.

Oebbecke, J.; Weisungs- und unterrichtsfreie Räume in der Verwaltung; Köln 1986.

OECD; Economic Surveys 1994-1995 France; Paris 1995.

OECD; Economic Surveys France, Paris 1994.

OECD; Fiscal Policy in Seven Countries; März 1969.

OECD; France, Etudes Economiques 1986/1987; Paris 1987.

OECD; France, Januar 1987; Paris 1987.

OECD; Monetary Policy in France 1994; Paris 1995.

OECD; Monetary Targets and Inflation Control; Paris 1979.

Oesterreichische Nationalbank (Hrsg.); Die Bedeutung der Unabhängigkeit der Notenbank für die Glaubwürdigkeit der europäischen Geldpolitik; Wien 1997.

Ohr, R.; Koreferat zu Stabilitätsinsel Deutschland oder Stabilitätszone Europa? Von P. Bofinger; in: Der Vertrag von Maastricht in der wissenschaftlichen Kontroverse; hrsg. von R. Hrbek; Baden-Baden 1993; S. 89-102.

Ohr; R.; Die Maastricht-Kriterien sind zu weich; in: FAZ; 14. Okt. 1995; S. 14.

Oldag, A..; Keine Angst vor Euro-Kritikern; in: Süddeutsche Zeitung vom 10.2.1998; wiederabgedruckt in: Deutsche Bundesbank, Auszüge aus Presseartikeln; Nr. 10 v. 13.2.1998; S. 7-8.

Onado, M.; L'attacco alla Banca d'Italia e la politica di vigilanza; in: Politica ed economia; 10. Jg.; Nr. 3; S. 9-21.

Onofri, P.; Tomasini, S.; France and Italy: A Tale of two Adjustments; Paper für die Konferenz „Preconditions For Monetary Union In Europe" am National Institute of Economic and Social Research; London, 12.- 13. Dezember 1991.

Ordelheide, D. (Hrsg.); Betriebswirtschaftslehre und ökonomische Theorie; Stuttgart 1991.

Padoa - Schioppa, T.; L'Unione monetaria europea e l'Italia; In: Bollettino Economico; Februar 1992; S. 61-68.

Padoa - Schioppa, T.; L'unione monetaria europea e l'Italia; in: Affari Esteri; Nr. 94 April 1992; S. 323-341.

Padoa - Schioppa, T.; Policy Cooperation and the EMS experience; in: International Economic Policy Coordination; hrsg. von W.H. Buiter und R.C. Marston; Cambridge 1985; S. 331-365.

Padoa-Schioppa, T.; Effizienz, Stabilität und Verteilungsgerechtigkeit: Eine Entwicklungsstrategie für das Wirtschaftssystem der Europäischen Gemeinschaft; Wiesbaden 1988.

Padoa-Schioppa, T.; Il significato di autonomia nell'esperienza delle banche centrali; in: L'autonomia delle banche centrali; hrsg. von D. Masciandaro, S. Ristuccia; Mailand 1988b; S. 341-346.

Palley, T.; European Monetary Union: An Old Keynesian Guide to the Issues; in: BNL Quarterly Review; Vol. 50; Nr. 201; Juni 1997; S. 147-164.

Panico, C.; Rizza, M.O.; Integrazione Europea, Autonomia della Banca Centrale e Debito Pubblico: Note sull'Esperienza Italiana; in: Studi Economici; Nr. 59; 1996; S. 5-35.

Papier, H.-J.; Die Zentralbank im Verfassungsgefüge; in: Der Staat; Beiheft 5: Instrumente der sozialen Sicherung und der Währungssicherung in der Bundesrepublik Deutschland und in Italien; 1981; S. 109 - 121.

Paprotzki, M.; Die geldpolitischen Konzeptionen der Bank von England und der Deutschen Bundesbank; Frankfurt 1991.

Paqué, K.-H.; EMU and the Labour Market – A Speculative Assessment; in: CEPII, document de travail Nr. 99-02; S. 7-19.

Parboni, R.; Moneta e monetarismo; Bologna 1984.

Parrillo, F.; Europa: la via della salvezza; in: Rivista Bancaria Minerva; Nr. 5 Sept/Okt. 1991; S. 3-9.

Parrillo, F.; Scenario macroeconomico e prospettive dell'Unione Economica e Monetaria; in: Rivista Bancaria Minerva; Nr. 4; Juli/August 1991; S. 3-10.

Parsons; M.B. (Hrsg.); Perspectives in the Study of Politics; 1986.

Pascallon, P.; La planification de l'économie française; Paris 1974.

Passacantando, F.; La creazione di un assetto istituzionale per la stabilità monetaria: il caso italiano (1979 – 1994); in: Moneta e Credito; Nr. 193; März 1996, S. 37-88.

Patat, J.-P.; Les nouveaux aggrégats monétaires en France: signification, contenu et comportement; in: Cahiers Economiques et Monétaires; Nr. 27; Paris 1987; S. 59-99.

Patat, J.-P.; Monnaie, institutions financières et politique monétaire; Paris 1987.

Patat, J.-P.; Quelques Remarques sur la Question de l'Indépendance de la Banque Centrale; in: Revue d'Economie Financiére; Herbst 1992; S. 1-3.

Patat, P.; Le Rôle des Banques Centrales dans le Processus d'Union Monétaire; in: Bulletin de la Banque de France; 4e trimestre 1994; Supplement Etudes; S. 21-26.

Patrizi, V.; Rossi, N.; L'autonomia fiscale possibile; in: Il Mulino; Nr. 2; März-April 1994.

Pauly, L.; Who elected the central bankers?; Cornell 1997.

Pébereau, M.; A propos de la Bundesbank; in: Banque; Nr. 536; März-April 1993; S. 50-52.

Pechstein, M.; Koenig, C.; Die Europäische Union Die Verträge von Amsterdam und Maastricht; Tübingen 1998.

Perotti, R.; The political economy of redistribution in a federal system; New York 1993.

Persson, T.; Credibility of Macroeconomic Policy : An Introduction and a broad survey; in: European Economic Review; Vol.32, Nr. 2/3; März 1988; S. 519-532.

Persson, T.; Tabellini, G.; Macroeconomic Policy, Credibility and Politics; Paris 1990.

Persson, T.; Tabellini, G. (Hrsg.); Monetary and Fiscal Policy Volume I: Credibility; Cambridge 1994.

Pfister, C.; Déreglementation dans le domaine de la monnaie et du crédit?; in: Bulletin de la Banque de France; Supplément Études; 3. Trimester 1995.

Pfleiderer, O.; Die Notenbank im Spannungsfeld von Wirtschafts- und Finanzpolitik; in: Interdependenzen von Politik und Wirtschaft; Beiträge zur Politischen Wirtschaftslehre; hrsg. v. C. Böhret und D. Grosser; Berlin 1967; S. 563-575.

Pichler, R.; Angriff auf die Bundesbank; in: Stuttgarter Zeitung vom 31.10.1998; wiederabgedruckt in Deutsche Bundesbank/Auszüge aus Presseartikeln; Nr. 66 v. 6.11.1998; S. 10.

Piepenschneider, M.; Der Vertrag von Amsterdam Analyse und Bewertung; Arbeitspapier der Konrad Adenauer Stiftung Bereich Forschung und Beratung – Internationale Politik; Sankt Augustin Januar 1998.

Pisani-Ferry, J.; Les politiques budgétaires dans l'UEM: les questions en débat; in: De Pecunia; Vol. II Oktober 1990; S. 261-274.

Pivetti, M.; Maastricht e l'indipendenza politica delle banche centrali: teoria e fatti; in: Studi economici; Nr. 55; 1995; S. 5-33.

Platone, F.; Les partis politiques en France; Toulouse 1995.

Plihon, D.; L'action des banques centrales face aux risques d'instabilité; Synthese eines Kolloqiums der Banque de France über das Thema „La banque centrale et les mutations de l'économie monétaire et bancaire"; in: Problèmes économiques; Nr. 2.331; 23. Juni 1993b; S. 17-22.

Plihon, D.; Le statut ambigu de la politique budgétaire dans le traité de l'union; in Cahiers économiques et monétaires; Nr. 42; 1993a; S. 5-21.

Pohl, R.; Möglichkeiten und Grenzen der Geldpolitik; in: Wandlungen des geldpolitischen Instrumentariums der Deutschen Bundesbank; Beihefte zu Kredit und Kapital; Heft 10; 1988; S. 37-60.

Pöhl; K. O.; Die Vision eines europäischen Währungssystems; in: FAZ v. 28.5.1988 wiederabgedruckt in Deutsche Bundesbank/Auszüge aus Presseartikeln; Nr. 39 v. 28.5.1988; S. 2.

Polleit, T.; Ein Geldmengenaggregat als Indikator für die europäische Geldpolitik?; in: Zeitschrift für das gesamte Kreditwesen; Vol. 51; März 1998a; S. 113-116.

Polleit, T.; Plädoyer für eine Geldmengenpolitik; in: Neue Zürcher Zeitung; 28.7.1998; wiederabgedruckt in: Deutsche Bundesbank, Auszüge aus Presseartikeln; Nr. 46 v. 4.8.1998; S. 3-4.

Pollin, J.-P.; Jaillet, P.; Éditorial; in: Revue d'Économie Financière; Nr. 45; Januar 1998; S. 7-14.

Posen, A.; Why Central Bank Independence Does not Cause Low Inflation: There is no Institutional Fix for Politics; in: Finance and International Economy; hrsg. von R. O'Brian; New York 1993; S. 40-65.

Poser, A.M. von; Europäische Währungsunion. Struktur und Perspektiven; Stuttgart 1996.

Prate, A.; La France et sa monnaie; Paris 1987.

Predieri, A.; Il potere della banca centrale: isola o modello?; Florenz 1996.

Presse- und Informationsabteilung der Französischen Botschaft; Interview von Staatspräsident Mitterand gegenüber TF 1, Antenne 2, Europe 1, France Intern und RTL; in: Frankreich-Info Nr. 92-14 vom 16. April 1992; Paris 12. April 1992; Auszüge.

Presse- und Informationsamt der Bundesregierung; Die Vertragstexte von Maastricht mit den deutschen Begleittexten; Bonn 1995.

Prigge, S.; Zentralbank, Aktienkurssturz und Systemkrise; Wiesbaden 1997.

Prosche, G.; L'identité européenne du parti socialiste français; in: Revue du Marché Commun et de l'Union Européenne; Januar 1991; S. 49-56.

Quaden, G.; Indépendance et responsabilité des banques centrales: l'expérience des banques nationales; in: reflets et perspectives de la vie économique; Nr. 3; 1991; Vol. 30; S. 133-146.

Quaritsch, H.; Souveränität: Entstehung und Entwicklung des Begriffs in Frankreich und Deutschland; Berlin 1986.

Querat, Jean; Banque de France: la réforme vue du Sénat; in: Le Figaro vom 24.04.1985.

Quermonne, J.-L.; Trois Lectures du Traité de Maastricht; in: Révue Française de Science Politique; Vol. 42 Nr. 5 Oktober 1992; S. 802-812.

Queva, H.; La Banque de France après la reforme de ses statuts; Cycle de conférences 1993-1994; Banque de France, Succursale de Reims 1995.

Quintyn, M.; Managing Monetary Policy Reforms, Lessons from the French Experience; in: BNL Quarterly Review; Vol. 46; Nr. 186; September 1993; S. 275-297.

R.P.R.; Pour une Europe unie; Paris 1989.

Ramon, G. Histoire de la Banque de France; S. 9; Paris 1929.

Rapporto Sarcinelli; Per un'ipotesi di legge delega; Rapporto al ministro del Tesoro del Gruppo di Lavoro per il riordinamento delle disposizioni in materia di intermediazione finanziaria bancaria e non bancaria; Rom 1991.

Raymon, R.; Comments on „The Role of the Central Bank and its Responsibility" by Otmar Issing; in: Financial Decision-Making and Moral Responsibility; hrsg. von S. F. Frowen und F.P. Mc Hugh; New York 1995; S. 27-30.

Rebecchini, S. Roma, S.; Teodori, G.; Zautzik, E.; I mercati monetari dei principali paesi europei e gli interventi delle banche centrali; in: Rivista Bancaria Minerva; Nr. 4 Luglio/Agosto 1991; S. 11-36.

Rebecchini, S. Roma, S.; Teodori, G.; Zautzik, E.; I mercati monetari dei principali paesi europei e gli interventi delle banche centrali; in: Rivista Bancaria Minerva; Nr. 5 Sept./Okt. 1991; S. 47-82.

Recktenwald, H.C.; Lexikon der Staats- und Geldwirtschaft; München 1983.

Reich, C.; Le développement de l'union européenne dans le cadre des conférrences intergouvernementales; in: revue du marché commun et de l'union européenne; Nr. 351; Oktober 1991; S. 704-709.

Reif, K.; Ein Ende des "permissive consensus"? Zum Wandel europapolitischer Einstellungen in der öffentlichen Meinung der EG-Mitgliedstaaten; in: Der Vertrag von Maastricht in der wissenschaftlichen Kontroverse; Beiträge für das Jahreskolloqium des Arbeitskreises Europäische Integration e.V.; 12.-14. November 1992 in Bonn; Baden-Baden 1993; S.23-40.

Reif, K.; Ein Ende des „permissive consensus"? Zum Wandel europapolitischer Einstelln-gen in der öffentlichen Meinung der EG-Mitgliedstaaten; in: Der Vertrag von Maastricht in der wissenschaftlichen Kontroverse; hrsg. von R. Hrbek; Baden-Baden 1993; S. 19-40.

Remsperger, H.; The role of monetary policy in the macro policy mix; Speech at the 27th Economics Conference of the Oesterreichische Nationalbank, Vienna June 11, 1999; wiederabgedruckt in: Deutsche Bundesbank/Auszüge aus Presseartikeln; Nr. 40 v. 14. Juni 1999; S. 1-7.

Renversez, F.; Elements d'analyse monétaire; Paris 1988.

Renversez, F.; Facteurs Constitutifs d'une Économie d'Endettement; in: Cahiers Français; Nr. 224; 1986; S. 3-10.

Renversez, F.; Innovations financières, désintermédiation et économie d'endettement; in Économie et Sociétés; Nr. 4; 1988; S. 49-79.

Report of a Working Group of the ECU Institute; Banking Supervision in the European Community; Brüssel 1995.

République Française; Bulletin des lois de l'Empire Française; 4.e série, tome huitième, contenant des lois rendues pendant le 1.er Semestre de l'année 1808, n.° 174 à 196 (Décret imperial qui arrête définitivement les Statuts de la Banque de France); Paris 1808; S. 30-39; (Décret impérial contenant Organisation des Comptoirs de la Banque de France du 18 mai 1808); S. 324-332; (Décret impérial qui autorise l'établissement de Comptoirs d'escompte à Lyon at à Rouen du 24 juin 1808); S. 376f.

République Française; Bulletin des lois de l'Empire Française; 4.e série, tome quatrième, contenant des lois et les arrêtés rendues depuis le 1.er Vendémiaire an XIV jusqu'au dernier jour du mois de Mai 1806, n.° 59 à 95 (Loi relative à la Banque de France du 22 avril 1806); Paris 1806; S. 437-442.

République Française; Bulletin des lois de la République Française; X.e série, tome premier, premier semestre de 1948, contenant les lois, décrets et arrêtés d'intérçt public et général publiés depuis le 24 février jusqu' au 30 juin; n. os 1 à 47; (Décret du 15 mars 1948) Paris 1948; S. 112f.

République Française; Bulletin des lois de la République Française; 3.e série, tome premier, contenant des lois et les arrêtés depuis le mois Nivôse jusqu'au dernier jour Complémentaire an VII, n. os 1 à 45 inclusivement, (Arrêté qui destine un local á l'établissement de la Banque de France du 28 Nivôse an VII (18. Januar 1800)); Paris 1801; S. 7f.

République Française; Bulletin des lois de la République Française; 3.e série, tome huitiéme, contenant des lois et les arrêtés rendus pendant le 2.e Semestre de l'an XI, n.° 263 à 317 (Loi relative à la Banque de France du 24 Germinal an XI (14. April 1803); Paris 1804; S. 142-146.

Rescigno, G.; Corso di diritto pubblico; Bologna 1997/98.

Revès-Lange, J.-L.; Contamine-Raynaud, M.; droit bancaire; Paris 1990.

Rey, J.-J.; Indépendance et responsabilité: le projet de banque centrale européenne; in: reflets et perspectives de la vie économique; Nr. 3,1991; Vol. 30; S. 1147-160.

Riché, P.; Wyplosz, C.; L'Union monétaire de l'Europe; Paris 1993.

Richter, R.; Geldtheorie Vorlesung auf der Grundlage der Allgemeinen Gleichgewichtstheorie und der Institutionenökonomik; Berlin 1987.

Richter, R.; Institutionenökonomische Aspekte der Theorie der Unternehmung; in: Betriebswirtschaftslehre und ökonomische Theorie; hrsg. von D. Ordelheide; Stuttgart 1991; S. 395-429.

Richter, R.; Macroeconomics as viewed through the Looking Glass of the New Institutional Economics; Saarbrücken 1991.

Richter, R.; Neue Institutionenökonomik; in: WiSt; Heft 3; März 1995; S. 132-140.

Richter, R.; New Institutional Economics Applied to Monetary Economics; in: Journal of Institutional and Theoretical Economics; Vol. 54; Nr. 144; 1988; S. 208-224.

Rideau, J.; Les procédures de ratification du traité sur l'Union européenne; in: Revue française de Droit constitutionnel; Nr. 12; 1992; S. 611-624.

Ritter, J.; Gründer, K. (Hrsg.); Historisches Wörterbuch der Philosophie; Darmstadt 1976.

Rittershausen, H.; Die Zentralnotenbank; Frankfurt 1962.

Rizzo, A.; L'Italia in Europa tra Maastricht e l'Africa; Bari 1996.

Robert, R.; Die Unabhängigkeit der Bundesbank; Kronberg/Ts.1978.

Roccas, M.; L'Italia e il sistema monetario internazionale dagli anni Sessanta agli anni Novanta del secolo scorso; in: Ricerche per la Storia della Banca d'Italia; hrsg. von der Banca d'Italia; Vol. I; Rom 1990; S. 3-67.

Rogoff, K.; Reputational Constraints on Monetary Policy; in: Carnegie-Rochester Conference Series on Public Policy; Vol. 26; S. 21-46.

Rogoff, K.; The Optimal Degree of Commitment to an Intermediate Monetary Target; in: Quarterly Journal of Economics; Vol. 100 Band 2; November 1985; S. 1169-1189.

Rossignoli, B.; Legge 26 novembre 1993, n. 483: completamento dell'autonomia della Banca d'Italia; in: Rivista milanese di economia; n. 48; Oktober-November 1993; S. 76-82.

Rudolf, W.; Verwaltungsorganisation; in: Allgemeines Verwaltungsrecht; hrsg. von H.-U. Erichsen und W. Martens; Berlin 1988; S. 617-671.

Rueff, Jacques; L'Age de l'inflation; Paris 1963.

Ruland, F.; Die Entwicklung des öffentlichen Rechts Soziale Grundrechte und Zentralbank im Verfassungsgefüge - Bericht über das 3. Deutsch-italienische Verfassungsrechtskolloqium; in: DVBl; 1981; S. 1141-1144.

Sacchi, S.; L'autonomia della Banca Centrale e le teorie del „Central Banking": indicatori di impatto e inflazione; tesi di laurea; Università di Tor Vergata Roma III; Rom 1995.

Saint-Marc; M.; L'euro, futur challengeur du dollar; in: Le Monde v. 9. Januar 1998; wiederabgedruckt in: Deutsche Bundesbank/Auszüge aus Presseartikeln; Nr.11/17.2.1998; S. 13-14.

Salvemini, M.T.; L'autonomia della politica monetaria nel rapporto tra Banca d'Italia e Tesoro; in: L'autonomia delle banche centrali; hrsg. von D. Masciandaro und S. Ristuccia; Mailand 1988; S. 275-284.

Samm, C.-Th.; Die Stellung der Deutschen Bundesbank im Verfassungsgefüge; Berlin 1967.

Samm,C.-T.; "Geld" und "Währung" - begrifflich und mit Blick auf den Vertrag von Maastricht; in:Währung und Wirtschaft Das Geld im Recht; Festschrift für Prof. Dr. Hugo J. Hahn zum 70. Geburtstag; Baden-Baden 1997; S. 227-244.

Sannucci, V.; Molteplicità delle banche di emissione; in: Ricerche per la Storia della Banca d'Italia; hrg. von Paolo Baffi, Guido Carli, Carlo Azeglio Ciampi u.a.; Rom 1990.; S.181-218.

Sannucci, V.; The establishment of a central bank: Italy in the nineteenth century; in: A European Central Bank?; hrsg. vonM. De Cecco und A. Giovannini; Cambridge 1989; S. 244-274.

Santini, J.J.; Les mutations du système financier français depuis le début des années quatre-vingt; in: Les notes bleues Nr. 386 1988 du Ministére de l'Économie des Finances et du Budget; S. 1-12.

Sarcinelli, M.; La Banca Centrale Europea: istituzione concettualmente evoluta o all'inizio della sua evoluzione; in: Moneta e Credito; vol. 45; n. 178; 2. Trimester 1992.

Sarrazin, T.; Der Euro; Bonn 1998.

Savona, P.; Jean, C. (Hrsg.); Geoeconomia. Il dominio dello spazio economico; Mailand 1995.

Sayers, R.S.; La banca centrale; Mailand 1967.

Scandizzo, P.L.; Quale Futuro per lo SME?; in: L'Economia mondiale e l'Italia – Occupazione e Crescità nell'Europa del Dopo-Maastricht; Porto Cervo 1-2 Oktober 1993; S. 93-99.

Schäffer, A.; Kohl verteidigt den Kompromiß von Brüssel, „Meilenstein der europäischen Einigungspolitik; in: Frankfurter Allgemeine Zeitung vom 5. Mai 1998.

Scharrer, H.-E.; Die EG nach den Währungswirren; in: Wirtschaftsdienst Zeitschrift für Wirtschaftspolitik; Vol. 72; 1992; Heft 10; S. 498-499.

Scharrer, H.-E.; Probleme einer Europäischen Wirtschafts- und Währungsunion nach Maastricht; in: HJfWG (Hamburger Jahrbuch für Wirtschaft- und Gesellschaftspolitik) 1992; 37. Jg.; S. 207-224.

Schäuble, W.; Glos, M.; Seiters, R.; Lamers, K.; Die Europäische Währungsunion – Deutschlands Interesse und Verantwortung; in: Frankfurter Allgemeine Zeitung vom 17.9.1997; wiederabgedruckt in: Europa an der Schwelle zum 21. Jahrhundert; hrsg. von der Bundeszentrale für politische Bildung; Bonn 1998; S. 78.

Schauer, H.; Europa der Vernunft; Bonn 1993.

Schelling, F.W.; Ist §3 Bundesbankgesetz (BBankG) grundgesetzkonform?; in: WM; Nr. 31; 30. Jg. 31. Juli 1976; S. 782–788.

Schenk, J.; Die Gewinnverwendung der Zentralbanken im internationalen Vergleich; Pfaffenweiler 1997.

Schieber, H.; Die Unabhängigkeit der Deutschen Bundesbank in einer veränderten finanzwirtschaftlichen und währungspolitischen Umgebung; in: Diskussionsbeiträge zur Wirtschaftspolitik Universität der Bundeswehr; Nr. 30; Hamburg 1993.

Schiller, T.; Intellektuelle, Nation und Europa: Aspekte der Europadiskussion in Frankreich - Bibliographie Raisonnée; In: Arbeitspapier des Bereiches Forschung und Beratung - Internationale Politik; Konrad Adenauer - Stiftung; Sankt Augustin; Januar 1997.

Schlesinger, H.; Das Konzept der Deutschen Bundesbank; in: Wandlungen des geldpolitischen Instrumentariums der Deutschen Bundesbank; Beihefte zu Kredit und Kapital; Heft 10; Berlin 1988; S. 3-20.

Schlesinger, H.; Die Geldpolitik der künftigen Europäischen Zentralbank. Vortrag anläßlich einer Veranstaltung der Oesterreichischen Nationalbank, Wien am 27. Juni 1994; in: Auszüge aus Presseartikeln Nr. 48 v. 8.7.1994; S. 8ff.

Schlesinger, H.; Geldwertstabilität eine nationale und übernationale Aufgabe; in: Neuere Entwicklungen in der Geldtheorie und Geldpolitik; hrsg. von P. Bofinger und K.-H. Ketterer; Tübingen 1996.

Schlesinger, H.; Neuere Erfahrungen der Geldpolitik in der Bundesrepublik Deutschland; in: Kredit und Kapital; H. 4; 1976; S. 433-454.

Schmid, P.; Monetary Policy: Targets and Instruments; in: Understanding the Bundesbank Special Issue of Central Banking; Vol. VI Nr. 1; Summer 1995; S. 40-51.

Schmidhuber, P.M.; Das Subsidiaritätsprinzip im Vertrag von Maastricht; DVBl.; Heft 8; 15. April 1993; 1993; S. 417-422.

Schmidt, H.; „Politik"; in: Philosophisches Wörterbuch; Stuttgart 1978; S. 529-530.

Schmidt, H.; Der zweite Anlauf, die letzte Chance; in: Die Zeit vom 5. April 1996.

Schmidt, R.; Geld und Währung; in: Handbuch des Staatsrechts der Bundesrepublik Deutschland; hrsg. von J. Isensee und P. Kirchof; Bd. II; Das Handeln des Staates; Heidelberg 1987; S. 1121-1139.

Schmidt; H.; Helmut Schmidt schlägt Valéry Giscard d'Estaing als Präsident der Europäischen Zentralbank vor; in: Die Zeit vom 7. November 1997.

Schmidt-Bleibtreu, B.; Klein, F.; Art. 88; in: Kommentar zum Grundgesetz; 9. Auflage; Neuwied 1999; S. 1354-1365.

Schnelting, G.; Die Europäische Zentralbank, die neue Institution in der Union und ihre geldpolitischen Funktionen; Aachen 1998.

Scholz, R.; Grundgesetz und europäische Einigung; in: NJW; Vol. 45; 1992; S. 2593-2601.

Schönfelder, W.; Thiel, E.; Ein Markt-Eine Währung, Die Verhandlungen zur Europäischen Wirtschafts- und Währungsunion; Baden-Baden 1994.

Schröder, U.; Währungspolitik; in: Jahrbuch der Europäischen Integration 1996/1997; hrsg. von W. Weidenfeld und W. Wessels; Bonn 1997; S. 111-118.

Schröder, W.; Obskure Bundesbankgewinne?; in: Wirtschaftsdienst VII; 1981; S. 310-311.

Schumpeter, J.A.; Capitalism, Socialism and Democracy; New York 1942.

Schumpeter, J.A.; Das Wesen des Geldes; Göttingen 1970.

Schuppert, G.F.; Die Erfüllung öffentlicher Aufgaben durch verselbständigte Verwaltungseinheiten; Göttingen 1981.

Schwartz, R.D.; Euro der verpaßten Gelegenheiten; Frankfurter Rundschau vom 13.2.1998; wiederabgedruckt in: Deutsche Bundesbank, Auszüge aus Presseartikeln; Nr. 10 v. 13.2.1998; S. 6-7.

Scialom, L.; Banque centrale européenne et fonction de prêteur en dernier ressort; in: revue française d' économie; Vol.VI,1; Winter 1991; S. 161-187.

Scotto Di Carlo, G.; Il monitoraggio delle politiche strutturali e la convergenza delle economie per l'U.E.M.; in: Rivista Bancaria Minerva; Nr. 4 Juli/August 1991; S. 36-48.

Seeger, M.M; Die Politik der Reichsbank von 1876 – 1914 im Lichte der Spielregeln der Goldwährung; Berlin 1968.

Senat der Republik 6. Kommission (Finanze e tesoro); Sitzung vom 19. Mai 1993.

Siebelt, J; Der deutsch-französische Wirtschafts- und Finanzrat; in: DVBl; Vol. 103; 15.7.1988; S. 672-677.

Siebelt, J.; Der juristische Verhaltensspielraum der Zentralbank; Baden-Baden 1988.

Siebert, H.; Bedingungen für eine stabile Währung; in: Die Weltwirtsschaft 1992; Heft 1; 1992; S. 40-49.

Sinn, H.-W.; Feist, H.; Eurowinners and Euro-Losers: The Distribution of Seigniorage Wealth in EMU; in: Center of Economic Studies Working Paper Series; University of Munich; Working Paper Nr. 134; May 1997.

Slama, A.-G.; The Demise of French Exceptionalism; in: Remaking the Hexagon; hrsg. von G. Flynn; Boulder 1995; S. 49-65.

Smith, A.; The Theory of Moral Sentiments; hrsg. von Raphael, D.D. und Macfie, A. E.; Oxford 1976.

Smith, M.R.; Power, Norms and Inflation: A Skeptical Treatment; New York 1992.

Smith, V.; The Rationale of Central Banking; Wiederabdruck des Originals von 1936; Indianapolis 1990.

Smits, R.; The European Central Bank Institutional Aspects; Den Haag 1997.

Sorrentino, F.; La costituzione italiana di fronte al processo di integrazione europea; in: Quaderni regionali; 11. Jg.; Nummer 3 – 4; Juli – Dezember 1992; S. 417-463.

Sparwasser, R.; Zentralismus, Dezentralisation, Regionalismus und Föderalismus in Frankreich: eine institutionen-, theorien- und ideengeschichtliche Darstellung; Berlin 1986.

Spaventa, L.; Two letters of intent: external crises and stabilization policies; Italy 1973-1977; in: IMF Conditionality; hrsg. von J. Williamson; Cambridge 1983; S. 441-473.

Spindler, J. von; Becker, W.; Starke, O.-E.; Die Deutsche Bundesbank; 4. Aufl. Stuttgart 1973.

Spinelli, F.; Dal pessimismo della storia monetaria al costituzionalismo economico; in: Il ruolo della banca centrale nella politica economica; hrsg. von M. Arcelli; Rom 1991; S. 97-101.

Spinelli, F.; Fratianni, M; Storia monetaria d'Italia; Mailand 1991.

Spinelli, F.; Masciandaro, D.; Per un costituzionalismo monetario in Italia; in: CEEP/Centro Studi di Politica Economica; 1992; S. 1-21.

Spinelli, F.; Per la storia monetaria dell'Italia; Turin 1989.

Spinelli, F.; Stabilità monetaria per legge; in: Il Sole 24 Ore; 10. Dezember 1991; S. 6.

Spinelli, F.; The demand for money in the Italian economy: 1867-1965; in: Journal of Monetary Economics, Vol. 7; 1980; Nr. 1; S. 83-104.

Stadermann, H.-J.; Steiger, O.; Der Stand und die nächste Zukunft der Geldforschung; Berlin 1993.

Stadler, R.; Der rechtliche Handlungsspielraum des Europäischen Systems der Zentralbanken; Baden-Baden 1995.

Starbatty, J.; Gerding, R.; Zur Entnationalisierung des Geldes; Tübingen 1980.

Starke; O.S E.; Das Gesetz über die Deutsche Bundesbank und seine wichtigsten öffentlich-rechtlichen Probleme; in: Die öffentliche Verwaltung 1957; VOl. 10; Heft 22; S. 606-612.

Stein, E.; Faber, H.; Auf einem Dritten Weg; Festschrift für H. RIdder zum siebzigsten Geburtstag; Neuwied 1989.

Steinherr, A.; Biehl, D.; Bofinger, P.; Für die Wirtschafts- und Währungsunion: Eine Stellungnahme europäischer Wirtschaftswissenschaftler; in: Der Vertrag von Maastricht in der wissenschaftlichen Kontroverse; hrsg. von R. Hrbek; Baden-Baden 1993; S. 164-170.

Stihl, H. P.; „Qualitätsdruck muß vor Termindruck gehen"; in: Zeitschrift für das gesamte Kreditwesen; Vol. 49; 1/1996; S. 20-22.

Stober, R.; Wirtschaftsverwaltungsrecht; Köln 1994.

Strauss - Kahn, D.; Le Conseil d'Euro: Un Forum Pour La Coordination Des Politiques Économiques; in: Revue d'Économie Financière; Nr. 45; Januar 1998; S. 15-19.

Strauss-Kahn, D.; Lang lebe Euro-11; in: La Tribune v. 4. Juni 1998; wiederabgedruckt in Deutsche Bundesbank/Auszüge aus Presseartikeln; Nr. 38; 25. Juni 1998; S. 12-13.

Studt, D.; Rechtsfragen einer europäischen Zentralbank; Berlin 1995.

Sturm; R.; The Role of the Bundesbank in German Politics; in: West European Politics, Vol.12 April 1989 Nr. 2; S. 1-11.

Suleiman, E.; Change and Stability in French Elites; in: Remaking the Hexagon; hrsg. von G. Flynn; Boulder 1995; S. 161-179.

Sutton, M.; Le débat parlementaire en France et en Grande Bretagne; in: Revue d'Économie Financière; Sept. 1992; S.113-119.

Svensson, L.; Inflation Targets, Output Variability and Optimal Central Bank Contracts; IIES Working Paper; 1995.

Swann, D.; The Economics of the Common Market; London 1995.

Tabellini, G.; Alesina, A.; Voting on the Budget Deficit; in: American Economic Review; März 1990.

Tabellini, G.; Istituzioni politiche e debito pubblico; Relazione presentata alla riunione annuale della Società degli Economisti; 1991.

Taylor, J.B.; Discretion versus Policy Rules in Practice; in: Carnegie-Rochester Conference Series on Public Policies; Vol. 39; 1993; S. 195-214.

Taylor, J.B.; Kommentar zu Barro/Gordon; in: Journal of monetary economics; Vol. 12; Juli 1983; S. 123-125.

Taylor, J.B.; Monetary Policy Implications of Greater Fiscal Discipline; in: Budget Deficits and Debt; hrsg. von der Federal Reserve Bank of Kansas City; 1996; S. 151-170.

Taylor, J.B.; Policy Rules as a Means to a More Effective Monetary Policy; in: Towards More Effective Monetary Policy; hrsg. von I. Kuroda; London 1997; S. 28-39.

Thibault, P.; L'Europe allemande .... définitivement?; in: Esprit; Nr. 5; Mai 1996; S. 53-65.

Thiel, M.; Die Zentralbank als Lender of Last Resort; in: Geld-Währung-Kapitalmarkt Working Papers; März 1995.

Thornton, H.; An Enquiry into the Nature and Effects of the Paper Credit of Great Britain; London 1802.

Thygesen, N.; Monetary Management in a Monetary Union, in: European Economic Review; Vol. 35 Bd. 1; Mai 1991; S. 477-483.

Tietmeyer, H.; Aktuelle Fragen der währungspolitischen Integration in Europa; in: Auszüge aus Presseartikeln der Deutschen Bundesbank; Nr. 73; 1992; S.1-7.

Tietmeyer, H.; Der Euro: Veränderte Aufgaben für die Deutsche Bundesbank; in: Deutsche Bundesbank, Auszüge aus Presseartikeln; Nr. 5 v. 22.1.1999; S. 1-3.

Tietmeyer, H.; Der Euro: Veränderte Aufgaben für die Deutsche Bundesbank; beim Bank Information und Genossenschaftsforum v. Januar 1999; wiederabgedruckt in Deutsche Bundesbank/Auszüge aus Presseartikeln; Nr. 5; 22.1.1999; S. 1-3.

Tietmeyer, H.; Deutsche Geldpolitik in Europa; in: Die politische Meinung; Nr. 291, Februar 1994; S. 23-32.

Tietmeyer, H.; Deutsche Geldpolitik in Europa; in: Die politische Meinung; Nr. 291; Februar 1994; S. 23-32.

Tietmeyer, H.; Interview by Garth Hewitt and members of the Banking World Editorial Panel; in: Banking World September 1994; wiederabgedruckt in: Deutsche Bundesbank; Auszüge aus Presseartikeln; Nr. 61; 30.8.1994; S. 1-7.

Tigges, C.; Die Europäische Zentralbank sucht ihre geldpolitische Strategie; in: FAZ v. 4.5.1998; wiederabgedruckt in Deutsche Bundesbank/Auszüge aus Presseartikeln; Nr. 28; 6. Mai 1998; S. 8-10.

Tirole, J.; The Internal Organization of government; in: Oxford Economic Papers; Januar 1994; Vol. 46 (1); S. 1-29.

Toma, E.F.; Toma, M. (Hrsg.); Central Bankers, Bureaucratic Incentives and Monetary Policy; Dordrecht 1986.

Tomuschat, C.; Die Europäische Union unter der Aufsicht des Bundesverfassungsgerichts; in: EuGRZ; Vol. 20; Heft 20-21; 15.12.1993; S. 489-496.

Toniolo, G.; Discussion; in: A European Central Bank?; hrsg. von M. De Cecco und A. Giovannini; Cambridge 1989; S. 285-289.

Toniolo, G.; Sull'arte del banchiere centrale in Italia: fatti stilizzati e congetture (1861 – 1947) in: Temi di discussione; hrsg. von der Banca d'Italia; Nr. 255; September 1995.

Torres, F.; Giavazzi, F. (Hrsg.); Adjustment and Growth in the European Monetary Union; Cambridge 1993.

Trainar, P.; The Future, Effectiveness and Consequences of the Stability and Growth Pact; in: A Stability Pact for Europe A Forum organized by Zentrum für Europäische Integrationsforschung Bonn 27 June 1997; in: ZEI Policy Paper B97-01; S. 21-26.

Trichet, J.-C.; La politique de "désinflation competitve"; in: Cahiers Français: Monnaie et politique monétaire; Juli-September 1994a; Nr. 267; S. 49.

Trichet, J.-C.; L'inflation est maîtrisée, notre croissance sera donc durable; Texte de l'entretien accordé par le gouverneur Jean-Claude Trichet au journal „Les Echos" le 9 septembre 1994; in: info n. 94.24; 9. September 1994; 1-10.

Trichet, J.-C.; Nous avons rendu crédible notre indépendance; Entretien avec le Gouverneur de la Banque de France; in: Banque de France - Revue de presse économique étrangère; 6 November 1995a; S. 3-6.

Trichet, J.-C.; Texte de l'Interview accordé au journal "Les Échos"; in: info n° 94.03; 11. Januar 1994b; S. 1-6.

Trichet, J.-C.; Y a-t-il une montée des risques systèmiques et comment y faire face? In: Bulletin de la Banque de France; Nr. 20; August 1995; S. 77-82.

Trichet, J-C.; L'Equilibre Du Policy-Mix: Une Condition Essentielle De Réussite Pour La Politique Unique; in: Révue d'économie politique; vol. 105; Sept.-Okt. 1995; S. 21-30.

Tullio, G.; Le conseguenze della riunificazione tedesca per il sistema monetario europeo; in: L'Economia mondiale e l'Italia – Occupazione e Crescità nell'Europa del Dopo-Maastricht; Porto Cervo 1-2 Oktober 1993; S. 113-121.

Uctum, M.; Financial Integration and the Transmission of Monetary Policy: The Case of France, Germany and Italy; Federal Reserve Bank of New York 1992.

Uhlenbruck; D.; Die verfassungsmäßige Unabhängigkeit der Deutschen Bundesbank und ihre Grenzen; Köln 1967.

Ungerer, H.; A concise History of European Monetary Integration; Westport 1997.

Ungerer, H.; Die Regierungskonferenz der Europäischen Gemeinschaft über die Wirtschafts- und Währugsunion; in: Geld und Währung Working Papers April 1992.

Uterwedde, H.; Frankreich nach den Präsidentschaftswahlen: Chancen und Grenzen des Wandels; in: Aus Politik und Zeitgeschichte; B30/95, 21.7.1995; S. 3-10.

Vaciago, G.; Autonomia e funzioni delle banche centrali; in Politica ed economia; 14. Jg.; Nr. 10; 1983; S. 49-51.

Vaciago, G.; Banca centrale tra Governo e mercato; in: Il ruolo della Banca Centrale nella Politica Economica; hrsg. von M. Arcelli; Bologna 1991; S.61-70.

Vaiano, D.; Il partito degli anti Maastricht; in: Corriere della Sera vom 8.9.1992; wiederabgedruckt in: Il Trattato di Maastricht L'Adesione Italiana; in: Rassegna Stampa dossier N. 606; hrsg. von der Camera dei deputati; S. 122.

Valence, G.; La légende du Franc; Paris 1996.

Van Ypserle, J.; Le système monétaire européen; Brüssel 1988.

Vaubel, R.; Eine Public-Choice Analyse der Deutschen Bundesbank und ihre Implikationen für die Europäische Währungsunion; in: Europa vor dem Eintritt in die Wirtschafts- und Währungsunion; hrsg. von P. Bofinger u.a.; Berlin 1993; S. 23-79.

Vaubel, R.; Überholte Glaubenssätze; in: Wirtschaftsdienst; 1989/IV; S. 276-279.

Vehrkamp, R.; Die Lehren der Währungskrise; in: Wirtschaftsdienst; H. XII; 1992; S. 639-645.

Veit, O.; Pecunia in Ordine Rerum; in: Ordo; Jahrbuch für die Ordnung von Wirtschaft und Gesellschaft; 6. Band; 1954; S. 39-77.

Veit; O.; Grundriß der Währungspolitik; Frankfurt 1969.

Velo, D.; La riforma della Banque de France e le prospettive di riforma della Banca d'Italia; in: Bancaria; April 1994; Nr. 4; S. 2-9.

Vicarelli, F.; Autonomia delle banche centrali e teoria monetaria; in: L'autonomia delle banche centrali; hrsg. von D. Masciandaro und S. Ristuccia; Mailand 1988; S. 285-301.

Viebig, J.; Der Vertrag von Maastricht Die Positionen Deutschlands und Frankreichs zur Europäischen Wirtschafts- und Währungsunion; Stuttgart 1999.

Villa, P.; Policy-mix et indépendance des banques centrales; in: Economie Internationale; n. 61; 1. Trimester 1995; S. 71-97.

Villiaz; P.; La question de l`écu; in: Banque; Nr. 513 Februarr 1991; S. 149 - 154.

Visco, I.; Caratteri strutturali dell'inflazione italiana 1986-1991; in: Caratteri strutturali dell'inflazione italiana; Bologna 1994; S. 19-60.

Visentini, B.; I dubbi su Maastricht; in: la Repubblica v. 24.6.1992; wiederabgedruckt in: Il Trattato di Maastricht L'Adesione Italiana; Rassegna Stampa dossier N. 606; hrsg. von der Camera dei deputati; S. 206.

Volkswirtschaftliche Forschungsgruppe der Deutschen Bundesbank; Preisstabilität oder geringe Inflation in Deutschland?; in: Diskussionspapiere der Volkswirtschaftlichen Forschungsgruppe; Nr. 3; Juli 1997.

Währungsausschuß; Bericht zur Wirtschafts- und Währungsunion nach Vollendung der ersten Stufe; vorgelegt am 23.7.1990.

Waller, C.; Walsh, C.E.; Central-Bank Independence, Economic Behavior and Optimal Term lengths; in: The American Economic Review; Dezember 1996; S. 1139-1153.

Walsh, C.E.; Optimal Contracts for Central Bankers; in: American Economic Review; Vol. 85; Nr. 1; 1995; S. 150-167.

Walter, C.; Die drei Entscheidungen des französischen Verfassungsrats zum Vertrag von Maastricht über die Europäische Union; in: EuGRZ; VOl. 20; Heft 7-8; 28.5.1993; S. 183-197.

Weber, A. (Hrsg.); Währung und Wirtschaft Das Geld im Recht; Baden-Baden 1997.

Weber, M.; Die Kompetenzverteilung im Europäischen System der zentralbanken bei der Festlegung und Durchführung der Geldpolitik; München 1995.

Weidenfeld, W.; Wessels, W. (Hrsg.); Jahrbuch der Europäischen Integration 1996/1997; Bonn 1997.

Welteke, E.; Auf dem Weg zur Europäischen Währungsunion: Apekte der Umsetzung; in: Sparkasse; 14. Jg.; 2/1997; S. 53-56.

Welteke; E.; Die Rolle der nationalen Zentralbanken im Europäischen System der Zentralbanken; Rede im Rahmen der „Herbstszenarien" bei der DG-Bank v. 10.9.1998; wiederabgedruckt in Deutsche Bundesbank/Auszüge aus Presseartikeln; Nr. 57; 22.9.1998; S. 8-11.

Welter, P.; Der Euro ebnet einen Weg in eine Transferunion; in: Handelsblatt v. 31. 12.1996.

Welter, P.; In Politikerhand; in: Handelsblatt Wirtschafts- und Finanzzeitung vom 3. April 1998; wiederabgedruckt in Deutsche Bundesbank/Auszüge aus Presseartikeln; Nr. 22/3. April 1998; S. 9-10.

Wesche, K.; Weidmann, J.; Central Bank Independence and Seigniorage: The Banque of France; in: Discussion Paper Nr. B-307; Sonderforschungsbereich Information und die Koordination wirtschaftlicher Aktivitäten; Rheinische Friedrich-Wilhelms-Universität Bonn; Februar 1995.

Widmaier, H.P. (Hrsg.); Politische Ökonomie des Wohlfahrtsstaates; Frankfurt 1974.

Wiebe, F.; Vertrauen zerstört, Waigel und das Gold der Bundesbank; in: Handelsblatt vom 30./31. Mai 1997.

Wiegel, M.; Die Nationalversammlung in Paris mit großer Mehrheit für die Einführung des Euro; in: Frankfurter Allgemeine Zeitung vom 23. April 1998.

Wilkens; H. (Hrsg.); Die Verwirklichung des EG-Binnenmarktes; Berlin 1990.

Willeke, C.; Zentralbanken und Inflation; Berlin 1993.

Willet, T.D. (Hrsg.); Political Business Cycles; London 1988.

Williamson, J. (Hrsg.); IMF Conditionality; Cambridge 1983.

Willms, M.; Internationale Währungspolitik; München 1992.

Winkler, B.; Bundesbank for Sale An Economic Analysis of the Maastricht Treaty; Ph.D. Thesis; European University Institute Florence; Juni 1997.

Wisdorff, E.; Im milden Licht der Kommission; in: Handelsblatt Wirtschafts- und Finanzzeitung vom 25. März 1998; wiederabgedruckt in: Auszüge aus Presseartikeln v. 26. März 1998; Nr. 20; S. 7-8.

Wissenschaftliche Dienste des Deutschen Bundestages; Maastricht: Ratifizierung und Verfassungsprozeß; in: Materialien Nr. 123; November 1993.

Working Group on EU Pament Systems; Report to the Council of the European Monetary Institute on the Target System; Frankfurt 1995.

Woyke, W.; Der Unionsvertrag von Maastricht in der Diskussion der Bürger der EG-Mitgliedsstaaten; in: Bürger und Europa; hrsg. von Rudolf Hrbek in Gemeinschaft mit dem Arbeitskreis Europäische Integration e.V.; Baden-Baden 1993; S. 99-117.

Wyplosz, C.; Asymmetry in the EWS: Intentional or Systemic?; in: European Economic Review; Vol. 33; 1989; S. 310-320.

Wyplosz, C.; Economic Policy Coordinatio in EMU: Strategies and Institutions; in: CEPII; Document de Travail; Nr. 99-04; 1999; S. 25-44.

Wyplosz, C.; La France et sa politique économique en UEM; in: Economie Prospective Internationale; Nr. 52; 4éme trimestre 1992; S. 37-68.

Wyplosz, C.; Les implications budgétaires de l'union monétaire; in: Observations et diagnostics économiques; Nr. 33; Oktober 1990; S. 155-173.

Zeitler, F. - C.; Die Zentralbanken in der europäischen Integration; in: Das Währungswesen in der europäischen Integration; Baden-Baden 1996; S. 129-152.

Zeitler, F.-C.; Die Europäische Währungsgemeinschaft als Stabilitätsgemeinschaft; in: WM; 49. Jg.; Nr. 37 vom 16.9.1995; S. 1609-1616.

Zeitler, F.-C.; Geldpolitische Instrumente – Auswirkungen auf das Bankensystem und die Wirtschaftsstruktur, Vortrag bei der 10. European Finance Convention in Dublin am 27.11.1996; in: Deutsche Bundesbank, Auszüge aus Presseartikeln; Nr. 77 v. 11.12.1996; S. 13-16.

Zentralbankrat der Deutschen Bundesbank; Stellungnahme des Zentralbankrates zur Konvergenzlage in der Europäischen Union im Hinblick auf die dritte Stufe der Wirtschafts- und Währungsunion, Frankfurt am Main, vom 26. März 1998; in: Deutsche Bundesbank/Auszüge aus Presseartikeln vom 30. März 1998; S. 1-8.

Zentralbankrat der Deutschen Bundesbank; Überlegungen und Vorschläge zur künftigen Organisationsstruktur der Deutschen Bundesbank; 12. Juli 1999.

Zironi, S.; Le banche centrali: autonomia istituzionale ed organizzativa; in: Il diritto dell'economia; März 1993; S. 663-704.

B. Nicht namentlich gekennzeichnete Artikel in Sammelwerken, Zeitschriften und Zeitungen

o.V. ; Tietmeyer gegen kurzfristig orientierte Geldpolitik; in: Deutsche Bundesbank/Auszüge aus Presseartikeln; Nr. 5 v. 22.1.1999; S. 3-4.

o.V.; „Das Weltwirtschaftssystem braucht kein neues Bretton Woods; in: Frankfurter Allgemeine Zeitung; 23. 11.1998; wiederabgedruckt in: Deutsche Bundesbank/Auszüge aus Presseartikeln; Nr.69 v. 23.11.1998; S. 1-2.

o.V.; „Politik behält das letzte Wort"; in: Die Welt v. 9. April 1998; wiederabgedruckt in: Deutsche Bundesbank Auszüge aus Presseartikeln Nr. 24 v. 16. April 1998 S. 11.

o.V.; AFP-Meldung v. 17.9.1992.

o.V.; Bank von Frankreich; HBl. vom 20.12.1993; S. 10.

o.V.; Bundesbankgesetz geändert; in: Börsen-Zeitung vom 13. Dezember 1997; wiederabgedruckt in: Deutsche Bundesbank, Auszüge aus Presseartikeln; Nr. 73. v. 16.12.1997a; S. 4.

o.V.; Débat autour d'un manifeste allemand; in: problèmes économiques; Nr. 2290; 9 Sept. 1992; S. 16-19.

o.V.; Der Euro-Stimmungen und Meinungen in den Partnerstaaten; in: FAZ vom 13.6.1997; wiederabgedruckt in Europa an der Schwelle zum 21. Jahrhundert; hrsg. von der Bundeszentrale für politische Bildung; Bonn 1998c; S. 84-85.

o.V.; Deutsche und Franzosen im währungspolitischen Dissens; in: Handelsblatt Wirtschafts- und Finanzzeitung; 17.2.1998; wiederabgedruckt in: Deutsche Bundesbank/Auszüge aus Presseartikeln; Nr.11 v. 17.2.1998; S. 9.

o.V.; Die Deutsche Bundesbank; in: FAZ v. 12.11.1994; S. 11.

o.V.; Die erste Mannschaft; in: FAZ v. 4.5.1998; wiederabgedruckt in Deutsche Bundesbank/Auszüge aus Presseartikeln; Nr. 28; 6. Mai 1998a; S. 12-13.

o.V.; „Die D-Mark ist die Leitwährung"; Interview mit H. Schlesinger; in: Der Spiegel v. 17.2.1992; S. 102-104.

o.V.; Euro-Wechselkurspolitik läßt Fragen offen; in: VWD-Finanz- und Wirtschaftsspiegel vom 15. Dezember 1997; wiederabgedruckt in: Deutsche Bundesbank, Auszüge aus Presseartikeln; Nr. 73. v. 16.12.1997b; S. 5.

o.V.; Franzosen profitieren; in: Der Spiegel; 27/1997c; S. 79.

o.V.; Interview accordée par M. François Mitterand Président de la République à TF1

(Emission "7/7"); in: http://www.france.diplomatie.fr; 15.12.1991; S. 2.

o.V.; Interview mit Ernst Welteke: Zur Rolle der Landeszentralbank: Positionen und Perspektiven; in: Zeitschrift für das gesamte Kreditwesen; 11/97d; S. 506–509.

o.V.; Italiens Notenbank behält als Kontrollinstanz ein Vetorecht; in: Handelsblatt Wirtschafts- und Finanzzeitung vom 5. Mai 1999; wiederabgedruckt in: Deutsche Bundesbank, Auszüge aus Presseartikeln; Nr. 30. v. 6.5.1999a; S. 16.

o.V.; L`Europe suspendue à la France; in: L'Expansion; 17/30 September 1992; S. 16-17.

o.V.; L'euro est né, vive l'euro; in: le Monde v. 5.5.1998; wiederabgedruckt in Deutsche Bundesbank/Auszüge aus Presseartikeln; Nr. 28 v. 6. Mai 1998a; S. 15-16.

o.V.; Le groupe R.P.R. entend redonner à la Banque de France un véritable pouvoir d'initiative et des prérogatives étendues; in: Correspondance Économique; 24.4.1985.

o.V.; Les étapes de l'Union économique et monétaire (extrait du chapitre "Politique monétaire: aspects internes et internationaux" du 62° rapport annuel de la Banque des réglements internationaux); in: problèmes économiques; Nr. 2290; 9 Sept. 1992; S. 1-2.

o.V.; Libération vom 12.12. 1991; S. 8.

o.V.; Paris sagt ja zum Euro; in: Handelsblatt Wirtschafts- und Finanzzeitung vom 23. 4.1998; wiederabgedruckt in: Deutsche Bundesbank, Auszüge aus Presseartikeln; Nr. 26. v. 24.4.1998; 1998d; S. 9.

o.V.; Paris will den „Eurorat" auf Wachstumskurs trimmen; in: Handelsblatt Wirtschafts- und Finanzzeitung vom 4. Juni 1998; wiederabgedruckt in: Deutsche Bundesbank/Auszüge aus Presseartikeln; Nr. 34 v. 8.6.1998e; S. 7.

o.V.; Paris: EZB muß mehr Verantwortlichkeit besitzen; in: VWD- Finanz- und Wirtschaftsspiegel v. 15. April 1998; wiederabgedruckt in Deutsche Bundesbank/Auszüge aus Presseartikeln; Nr. 24 v. 16.4.1998; S. 9.

o.V.; Rocard prêt à modifier les statuts de la Banque de France; in: La Tribune de L'Expansion vom 13.12.88.

o.V.; Spaghetti junction; in: Economist; 27.3.1999; S. 84.

o.V.; UEM: l'accord de Maastricht; Nr. 2261; 5. Februar 1992; S. 21-22.

o.V.; Un projet de reforme des statuts de la Banque de France sera prochainement deposé; in: AGEFI v. 16.4.86.

o.V.; Un vice caché dans le cercle vertueux de la rigueur; in: Libération v. 13.12.1991; S. 16-17.

o.V.; Waigel drängt zu neuer Stabilitätserklärung; in: Handelsblatt Wirtschafts- und Finanzzeitung vom 23. März 1998; wiederabgedruckt in: Deutsche Bundesbank, Auszüge aus Presseartikeln; Nr. 19. v.24.3.1998b; S. 1-7.

C. Dokumente aus dem World Wide Web

o.V.; EZB/Padoa-Schioppa kritisiert Banca d'Italia; in: *http://finanzen.de.yahoo.com/schlagzeilen/19990607/finance/29-928766865.html* vom 21.6.1999b.[1]

Ministro del Tesoro, del Bilancio e della Programmazione Economica; Convenzione Banca d'Italia per Funzioni Tesoreria dal 1 Gennaio 1999; in: *http://wwwdb.tesoro.it/ricerca/htmvire.asp?Item=3* vom 29.7.1999.

European Central Bank; Key for the ECB's Capital; in: *http://www.ecb.int/press/pr981201_1.html*; vom 29.7.1999.

European Council; Council Regulation (EC) No 1467/97 of 7 July 1997 on speeding up and clarifying the implementatin of the excessive deficit procedure; OJ L 209, 2.8.97, p. 6; in: *http://ue.eu.int/emu/en/policy/2/main3.html* vom 25.7.1999a.

European Council; Council Regulation (EC) No 1466/97 of 7 July 1997 on the strengthening of the surveillance of budgetary positions and the surveillance and coordination of economic policies; OJ L 209, 2.8.1997, p.1; in: : *http://ue.eu.int/emu/en/policy/2/main2.html* vom 25.7.1999b.

European Council; Resolution of the European Council on the Stability and Growth Pact, Amsterdam, 17 June 1997 26 ; OJ C 236, 2.8.97, p. 1; in: *http://ue.eu.int/emu/en/policy/2/main1.html* vom 25.7.1999c.

Europäische Kommission; Standard Eurobarometer 15 Oct – 15 Dec; in: *http://europa.eu.int/en/comm/dg10/infcom/epo/euro/graph*10.html vom 22.7.1999.

Ministére de l'économie et des finances; Sommaire; in: *http://www.finances.gouv.fr/euro/textes/recueil/sommaire.html* vom 7.7.1999.

Banque de France; Qu'est-ce que la Zone franc?; in:

http://www.banque-france.fr/fr/zonefr/questce/page1.html vom 7.7.1999d.

Banque de France; Organigramme; in: *http://www.banque-france.fr/fr/banque/main.html* vom 7.7.1999c.

---

[1] Die Jahreszahlen beziehen sich auf das Datum der Suche, nicht auf das Datum der Veröffentlichung im Internet, da ein solches in der Regel nicht nachvollziehbar ist.

Banque de France; Le Comité de la réglementation bancaire et financière; in: *http://www.banque-france.fr/fr/infobafi/ec/1a.html* vom 7.7.1999.

Banque de France; Le Comité des établissements de crédit et des entreprises d'investissement; in: *http://www.banque-france.fr/fr/infobafi/ec/3b.html* vom 7.7.1999b.

Federal Reserve Board; Monetary Policy Report to the Congress; *http://www.bog.frb.fed.us/boarddocs/hh/about.html* vom 24.6.1999.

o.V.; Interview accordée par M. François Mitterand Président de la République à TF1 (Emission "7/7") 15.12.1991; S. 2.; in: *http://www.france.diplomatie.fr.*, Suchbegriff: Datum (15.12.1991) vom 12.7.1999.

Banque de France; La mission fondamentale de la Banque de France; in: *http://www.banque-france.fr/fr/banque/missions/5.html* vom 7.7.1999e.

Banque de France; Services rendus à l'État; in: *http://www.banque-france.fr/fr/banque/missions/4a.html* vom 7.7.1999f.

Banque de France; Services rendus aux banques; in: *http://www.banque-france.fr/fr/banque/missions/4b.html* vom 7.7.1999g.

Banque de France; Le Conseil national du crédit et du titre; in: *http://www.banque-france.fr/fr/banque/missions/3d.html* vom 9.7.1999h.

Banque de France; La Commission bancaire; in: *http://www.banque-france.fr/fr/banque/missions/3c.html* vom 9.7.1999i.

Banque de France; La collecte et l'interprétation des informations nécessaires à la politique monétaire; in: *http://www.banque-france.fr/fr/banque/missions/6.html* vom 9.7.1999j.

Banque de France; L'émission et l'entretien de la monnaie fiduciaire; in: *http://www.banque-france.fr/fr/banque/missions/6.html* vom 9.7.1999k.

D. Gesetzestexte, Entscheidungen, Verordnungen und Verträge

a) Frankreich

Constitution française de 1958 (Version 22.2.1996); in: http:www.légifrance.fr.

Loi tendant à modifier et à compléter les lois et statuts qui régissent la Banque de France du 24 juillet 1936; in: Journal Officiel 25.7.1936; Nr. 173; S. 7810f.

Décret pris en application de la loi du 24 juillet 1936 modifiant et complétant les textes organiques régissant la Banque de France du 13 août 1936; in: Journal Officiel 14. 8.1936; Nr. 190; S. 8753f.

Loi No. 45-015 du 2 décembre 1945 relative à la nationalisation de la Banque de France et des grandes banques et à l'organisation du crédit; in: Journal Officiel 3. 12.1945; Nr. 285; S. 8001-8004.

Loi No. 73-7 du 3 janvier 1973; Journal Officiel vom 4. Januar 1973; S. 165-167.

Loi No. 93-980 du 4 août 1993 relative au statut de la Banque de France et á l'activité au contrôle des établissements de crédit; Journal Officiel 6.8.1993; Nr. 180; S. 11047-11050.

Loi No. 93-1287 du 3 décembre 1993 sur la Banque de France ; Journal Officiel 4.12.1993; Nr. 281; S. 16854-16857.

Loi No. 93- 1444 du 31décembre 1993 portant diverses dispositions relatives à la Banque de France, à l'assurance, au crédit et aux marchés financiers; Journal Officiel 5.1.1994; Nr. 3; S. 231-236.

Loi No. 84-46 relative à l'activité et au contrôle des établissements de crèdit; in: Journal Officiel 25.1.1984.

Loi No. 96-597 du 2 juillet 1996 de modernisation des activités financiéres.

Loi No. 98-546 vom 2. Juli 1998 portant diverses disposisions d'ordre économique et financier

Décision 92-308 DC du 9 avril 1992, Maastricht I, in: Journal Officiel vom 11. April 1992, S.5354.

Décision 92-312 DC du 2 septembre 1992, Maastricht II, in: Journal Officiel vom 3. September 1992, S. 12.

Décision 92-313 DC du 23 septembre 1992, Maastricht III, in: Les grandes décisions du Conseil Constitutionnel; hrsg. von L. Favoreau und P. Loïc; Paris 1995; S. 770-817.

Verschiedene Jahrgänge des Journal Officiel, A.N., Débats parlementaires

b) Italien

Costituzione della Repubblica Italiana; in: *http://www.crs4.it-ricardo/Letteratura/Costituzione.html*. vom 15.4.1998.

Legge 7 febbraio 1992 n. 82; Modificazoni alle procedure stabilite dal testo unico sugli istituti di emissione e sulla circolazione dei biglietti di banca, approvato con regio decreto 28 aprile 1910, n. 204, in materia di variazioni del tasso ufficiale di sconto e dell'interesse sulle anticipazioni; in: Gazetta Ufficiale vom 14.2.1992; n. 37; S. 6-7.

Legge 26 novembre 1993 n. 483; Disciplina del conto intrattenuto dal Tesoro presso la Banca d'Italia per il servizio di tesoreria e modifica della disciplina della riserva obbligatoria; in: Gazetta Ufficiale n. 282; 1.12.1993; S. 4-7.

Statuto; Banca d'Italia; Rom 1993.

Decreto del Presidente della Repubblica 24 aprile 1998; Modificazioni allo statuto della Banca d'Italia, a norma dell'art. 10, comma 2, del decreto legislativo 10 marzo 1998, n. 43 in: Gazetta Ufficiale n. 99; 30. 4. 1998.

Legge 17 dicembre, n. 433; Delega al Governo per l'introduzione dell'EURO; in Gazetta Ufficiale n. 295; 19.12.1997; S. 3-5.

Decreto legislativo 10 marzo 1998 n.43 "Adeguamento dell'ordinamento nazionale alle disposizioni del trattato istitutivo della Comunità europea in materia di politica monetaria e di Sistema europeo delle banche centrali"; in: Gazetta Ufficiale 14.3.1998; S. 4 – 8.

Decreto ministeriale 27 settembre 1974; in: Gazetta Ufficiale 2.10.1974, n. 256.

Decreto legislativo 5 dicembre 1997, n. 430; „Unificazione dei Ministeri del tesoro e del bilancio e della programmazione economica e riordino delle competenze del CIPE, a norma dell'articolo 7 della legge 3 aprile 1997, n. 94", in: Gazetta Ufficiale n. 293; 17 12.1997.

Testo Unico delle leggi sugli istituti di emissione r.d. 28. April 1910 n. 204; in: Normativa concernente l'Istituto di Emissione; hrsg. von der Banca d'Italia; Rom 1995.

Testo Unico delle leggi in materia bancaria e creditizia; Rom 1997.

Testo Unico 1. September 1993; in: Quaderno; n. 32 vom 24. März 1994; hrsg. von der Consulenza Legale della Banca d'Italia.

Banca d'Italia; Normativa concernente l'Istituto di Emissione; Roma 1995.

Verschiedene Jahrgänge der Gazetta Ufficiale

c) Deutschland

Grundgesetz für die Bundesrepublik Deutschland vom 23. Mai 1949 in: Grundgesetz Beck-Texte im dtv; Stand 1.2.1994; 31. Auflage; S. 1-67.

Gesetz über die Deutsche Bundesbank in der Fassung der Bekanntmachung vom 22. Oktober 1992; in: Bankrecht Beck-Texte im dtv; 27. Auflage 1998; S. 1-22.

Gesetz zur Förderung der Stabilität und des Wachstums der Wirtschaft vom 8.6.1967; in: BGBl. 1967 I, 582.

Gesetz zur Änderung von Vorschriften über die Deutsche Bundesbank vom 8.7.1994 BGBl. I 1994 S. 1465-1466.

Gesetz über das Kreditwesen in der Fassung der Bekanntmachung vom 22. Januar 1996; in: Bankrecht Beck-Texte im dtv; 27. Auflage 1998; S. 29-110.

Verordnung über die Errichtung der Deutschen Rentenbank vom 15.10.1923, RGBl. 1923 I, 963.

Gesetz über die Ausprägung von Scheidemünzen vom 8. Juli 1950 (BGBl. S. 323) zuletzt geändert durch Euro-Einführugsgesetz vom 9. Juni 1998, BGBl. I S. 1242, 1252.

Sechstes Gesetz zur Änderung des Gesetzes über die Deutsche Bundesbank vom 22.12.1997 (6. BBankÄndG); in: BGBl I vom 30.12.1997; S. 3274-3275.

Fünftes Gesetz zur Änderung des Gesetzes über die Deutsche Bundesbank (5. BBank-GÄndG) vom 8. Juli 1994; in: BGBl. vom 15. Juli 1994; S. 1465-1466.

Viertes Gesetz zur Änderung des Gesetzes über die Deutsche Bundesbank (4.BBankGÄndG) vom 15. Juli 1992; in: BGBl. I vom 21. Juli 1992, S. 1287-1289.

Gesetz zur Einführung des Euro (Euro-Einführungsgesetz – EuroEG)vom 9.6.1998; in: BGBl. vom 15.6.1998; S. 1241-1256.

BTDr. II/2781 vom 18. 10.1956; Entwurf der Bundesregierung eines Gesetzes über die Deutsche Bundesbank

BTDr. 11/3258, 3265 u. 3410 z. Protokoll vom 22.10.1988 zum deutsch-französischen Vertrag vom 22.1.1963 über die deutsch-französische Zusammenarbeit.

Bankgesetz vom 14. März 1875, in: RGBl. 1875, 177.

Verordnung zur Abänderung des Bankgesetzes vom 14. März 1875, vom 26.10.1923, RGBl. 1926 II, 402, Bekanntmachung vom 18.11.1923, in: RGBl. 1923 II, 426.

Gesetz zur Änderung des Bankgesetzes, vom 8.7.1926, in: RGBl. 1926 II, 355.

BVerfG; Urteil 12.10.1993; in: EuGRZ 1993; S. 429 (AZ: 2 BvR 2134/92).

BVerfGE 9 (1958), 268 (S. 282).

BVerfGE 89 (1993), 155 (166/167; 169); wiederabgedruckt in NJW 1993 S. 3047ff.

BVerfGE 62, 169, 183.

Verschiedene Jahrgänge des Parlamentsspiegels

d) Europa

Vertrag über die Europäische Union vom 7. Februar 1992 i.d.F. vom 1. Januar 1995, Protokolle zum Vertragswerk, Schlußakte mit Erklärungen; in: Europäische Union Europäische Gemeinschaft Die Vertragstexte von Maastricht mit den deutschen Begleitgesetzen; hrsg. vom Presse- und Informationsamt der Bundesregierung; Bonn 1995.

Vertrag zur Gründung der Europäischen Gemeinschaft i.d.F. vom 1. Januar 1995; Europäische Union Europäische Gemeinschaft Die Vertragstexte von Maastricht mit den deutschen Begleitgesetzen; hrsg. vom Presse- und Informationsamt der Bundesregierung; Bonn 1995.

Klaus Hüfner / Jens Martens

UNO-Reform zwischen Utopie und Realität

Vorschläge zum Wirtschafts- und Sozialbereich der Vereinten Nationen

Frankfurt/M., Berlin, Bern, Bruxelles, New York, Oxford, Wien, 2000. XIV, 277 S.
Internationale Beziehungen. Herausgegeben von Klaus Hüfner. Bd. 6
ISBN 3-631-44783-3 · br. DM 89.–*

Nach dem Ende des Ost-West-Konfliktes wurde das Hauptanliegen der Charta der Vereinten Nationen von 1945 „wiederentdeckt", ein umfassendes Konzept der Sicherheit zu operationalisieren. Der „Agenda für den Frieden" von 1992 folgte 1994 eine „Agenda für Entwicklung". In der Arbeit wird die bisherige Diskussion zur Reform des Wirtschafts- und Sozialbereichs vor dem Hintergrund der weltweiten Veränderungen und Krisen aufgearbeitet. Dabei wird in der chronologisch-inhaltlich gegliederten Arbeit auf den jeweiligen historischen bzw. VN-spezifischen Kontext eingegangen, in dem die Reform-Studien entstanden sind. Berücksichtigt werden über einen Zeitraum von über 50 Jahren Reform-Entwürfe der unterschiedlichsten inhaltlichen Ebenen und von den verschiedensten Autoren. Im abschließenden Kapitel werden die zukünftigen Möglichkeiten für Reformen der Vereinten Nationen im Wirtschafts- und Sozialbereich sowie der Stellenwert bisheriger Reform-Vorschläge behandelt.

Aus dem Inhalt: Zur Analyse der Reform-Vorschläge · Die 40er und 50er Jahre: Die Jahre der US-Hegemonie · Die 60er Jahre: Die Vereinten Nationen auf dem Wege zur Universalität · Die 70er Jahre: Die Auseinandersetzungen um eine „Neue Weltwirtschafts-Ordnung" · Die 80er Jahre: Die Zuspitzung der Krise im VN-System · Die 90er Jahre: Auf der Suche nach einer „Neuen Welt-Ordnung" · Zusammenfassung und Ausblick

FSC
www.fsc.org
MIX
Papier | Fördert gute Waldnutzung
FSC® C083411

Kolibri 360 GmbH
Ferdinand-Jühlke-Straße 7
99095 Erfurt, Deutschland
produktsicherheit@kolibri360.de

Druck:
CPI Druckdienstleistungen GmbH
im Auftrag der
Kolibri 360 GmbH
Ferdinand-Jühlke-Str. 7
99095 Erfurt